中国黄金海岸年鉴

1999

中国经济出版社

责任编辑：孟庆玲

图书在版编目（CIP）数据

中国黄金海岸年鉴　1999/罗涵先主编 .-北京：中国经济出版社，1999.11

ISBN 7-5017-4766-0

Ⅰ. 中…　Ⅱ. 罗…　Ⅲ. 沿海经济-概况-中国-1999-年鉴　Ⅳ. F127-54

中国版本图书馆 CIP 数据核字（1999）第 39160 号

中国黄金海岸年鉴　1999

*

中国经济出版社出版发行

（北京市百万庄北街 3 号）

邮编：100037

各地新华书店经销

北京忠信诚胶印厂印刷

*

开本：787×1092 毫米　1/16　44 印张　26 彩页　1500 千字

1999 年 11 月第 1 版　1999 年 11 月第 1 次印刷

印数：5000

ISBN7-5017-4766-O/F·3789

定价：150 元

進一步推進改革開放

發展社會主義市場經濟

江澤民

一九九三年四月九日

黄金海岸是改革开放的前沿阵地

李鹏

一九九三年元月十八日

编辑说明

一、本年鉴是反映中国沿海12省、自治区、直辖市改革开放和经济、贸易、企业、对外经济合作等方面情况以及港、澳、台地区经济发展的资料书、工具书，每年出版一卷，基本上不重复上一年内容。

二、本年鉴内的论文和专题分析部分的稿件，系由国务院有关部委和科研部门供稿，实行个人署名，文责自负。

三、本年鉴内富有大量沿海省市的统计资料，均由国家统计局供稿，大部分系首次发表，带有公报性质，具有权威性。

四、排列顺序：文稿部分直辖市按北京、上海、天津排列；省、自治区按地理位置，由北往南、自东到西顺序排列；省、自治区所属各沿海城市按政府颁布的行政区划顺序排列；统计资料按行政区划顺序排列。

五、本年鉴所含资料时间界限是1998年。

六、本年鉴所刊载的文稿和统计资料，均系独家首次发表。各部类的资料数据，除特别说明外，都未包括台湾省。文、表中各项产值，除特别说明外，都是按当年价格计算的，比上年增长速度，都是按可比价格计算的。

特　邀　编　委

（一）经济学界

杨培新　国务院发展研究中心研究员
杨世基　北京市政协委员、农科院农经所研究员
何茂春　国家对外贸易经济合作部“白支书编辑部”主编
邵　秦　北京大学经济学院教授
陈　多　国务院港澳办港澳研究所副所长、副研究员
陈纪元　社会科学院农村发展所所长
陈昊苏　对外友好协会会长
张铁诚　中国轻工总会中华全国手工业合作总社副主任、集体经济部主任
范家骧　北京大学经济学院教授
尚　明　第八届全国政协委员、原中国人民银行副行长
尚　勇　科学技术部体改司司长
罗元铮　全国政协委员、北京经济学院教授
罗肇鸿　中国社会科学院世界经济研究所所长
季之华　农业部畜牧局副局长、高级经济师
季崇威　国务院发展研究中心研究员
宗锦耀　农业部乡镇企业局副局长
周叔莲　全国政协委员、中国社会科学院工业经济研究所所长
胡锡骥　北京农学院农业经济系教授
胡邦定　国务院物价局编审
胡政光　全国政协委员
赵　宏　全国工商联法律部部长
赵　靖　全国政协委员、北京大学经济系教授
姜　习　全国政协委员、原商业部副部长
施用海　国家对外经济贸易研究院院长
施希祥　浙江省温州市政协经委办公室主任
郝盛琦　中国农学研究会会长
高尚全　全国政协委员、国家体改委原副主任
徐更生　全国政协常委、社会科学院世界经济研究所研究员
陶建华　全国政协委员、天津大学教授
晓　亮　中国社会科学院研究员、中国民（私）营经济研究会副会长
郭　森　全国供销合作总社办公厅主任
黄正岩　《远东经济画报》总编辑
曹力群　农业部农村经济研究中心固定观察点管理处处长、副研究员
章荣高　浙江省体制改革委员会主任
盛益军　改革月报副总编辑
萧灼基　北京大学经济学院教授
韩　雷　中国农村金融学会会长、原中国农业银行行长

裘元伦　中国社会科学院世界经济研究所研究员
雷　强　广州中山大学港澳研究所教授
路爱国　社会科学院世界经济与政治研究所研究员
蔡赤萌　国务院港澳办港澳研究所副研究员
潘履孚　中国人民保险（集团）公司常务董事、中国保险协会会长

（二）市长及省市机关

（按姓氏笔画顺序）

丁卜人　无锡市政府秘书长
王德和　烟台市副市长
王大操　朝阳市代市长
王法仁　海口市市长
王安任　海口市政府秘书长
仇宝兴　杭州市市长
司徒捷　江门市常务副市长
卢新民　青岛市政府副秘书长
丛忠信　威海市政府副秘书长
米克勤　丹东市副市长
朱晓明　上海市政府副秘书长
朱毅力　营口市政府副秘书长
孙致远　烟台市政府副秘书长
许德茂　唐山市政府秘书长
陈　坚　广东省政府副秘书长、办公厅主任
陈德铭　苏州市市长
陈维钦　厦门市副市长
陈开枝　广州市副市长
陈从亮　淮阴市市长
陈立新　大连市政府秘书长
陈孙文　三亚市市长
李景垣　佛山市市长助理
李全林　盐城市市长
李长讯　广西对外贸易经济合作厅纪检组长、党组成员
李秀焱　肇庆市政府秘书长
李冀平　泉州市政府副秘书长
李应适　南宁市政府副秘书长
宋大伟　辽宁省政府办公厅副主任
宋家新　南通市常务副市长

宋枝旺　深圳市政府秘书长
余茂桂　泉州市副市长
吴新雄　无锡市市长
吴明君　淄博市副市长
邹世华　河北省对外贸易经济合作厅厅长
苏明实　佛山市政府秘书长
苏永胜　丹东市政府秘书长
苏斐华　秦皇岛市政府副秘书长
佟百复　葫芦岛市政府副秘书长
陆德宇　盐城市政府秘书长兼办公室主任
张东生　葫芦岛市市长
张先平　青岛市副市长
张　和　唐山市市长
张景杰　威海市外经贸委主任
张群力　山东省外经贸委副主任
张　健　福建省省政府副秘书长兼省特区办主任
张　庆　北京市政府研究室副主任
张峻屹　天津市政府研究室主任
张庆华　沧州市市长
张　华　北海市政府副秘书长兼办公室主任
张守华　淄博市政府副秘书长
张家盟　舟山市市长
佘义和　宿迁市市长
金仁寿　北海市市长
林国强　南宁市市长
林　彬　福州市政府副秘书长
林志坚　三亚市政府秘书长
周日方　汕头市市长
周镇宏　湛江市市长
岳崇民　南京市经贸委主任
赵振祥　滨州市副市长
赵友六　嘉兴市副市长
郝庆会　营口市副市长
贾玉良　潍坊市外经贸委主任
夏　耕　连云港市市长
钱兴中　温州市市长
徐　燕　江苏省外经贸委副主任

徐广荣　东营市政府副秘书长
徐国生　南通市政府副秘书长兼办公室主任
徐应生　淮阴市政府秘书长兼办公室主任
顾九生　苏州市政府副秘书长
郭绍明　海南省政府副秘书长
翁福琳　福州市市长
菅瑞亭　秦皇岛市市委副书记、常务副市长
曹建华　江阴市副市长
梁伟发　肇庆市市长
黄　静　中共珠海市市委顾问
黄　翔　张家港市副市长
黄源泉　漳州市政府副秘书长兼办公室主任
章大李　宿迁市政府副秘书长
韩宝光　东营市副市长
董镇广　沈阳市政府秘书长
程志有　连云港市政府秘书长
褚光宇　锦州市市长
赖　勇　湛江市政府副秘书长兼办公室主任
窦晖来　滨州市外经贸委主任
蔡宗泽　汕头市政府副秘书长兼办公室主任
蔡寿国　厦门市政府秘书长
谭荣尧　浙江省政府副秘书长
潘景阳　深圳市政府办公厅副主任
薄熙来　大连市市长
戴秀开　舟山市政府秘书长

（三）企业界

（按姓氏笔画顺序）

王炳新　北京金谷旅游资源开发公司总经理
王基铭　上海石油化工股份有限公司董事长兼总经理
刘永好　新希望集团董事长
许兴武　中国黄山经济信息咨询公司董事长
吴正林　上海市第一百货商店股份有限公司总经理
吴邦胜　上海三峡实业公司总经理
吴栋材　张家港永刚集团董事长
张达夫　上海华联商厦股份有限公司董事长兼总经理
杨仁忠　江苏银玲集团公司董事长

杨金岛　“今日中国”专题片制片人
周芝石　上海市政协常委、中信实业银行上海分行行长
赵光学　河北大洋集团公司总经理
殷　俭　龙德行有限公司董事长兼总裁
夏晓梅　上海金龙塑料有限公司总经理
夏　萍　香港长江实业集团秘书
高德友　石狮海星食品公司总经理
唐嘉明　江苏省浏家港港口开发区发展总公司总经理
梅显利　发景集团公司总经理
黄乐夫　珠海中富集团董事长
葛子平　全国政协委员、天津立达集团公司董事长兼总经理
韩民权　上海施湾实业总公司总经理
赖　木　华夏领导科学学校董事长
蔡伊兰　上海富达文化企业有限公司常务副董事长
蔡伊强　上海富达文化企业有限公司总经理
蔡鲁伦　民生银行行长
冀　松　北京都市房地产开发公司总经理
戴凤举　中国人民保险（集团）公司副总经理

全国名优企业介绍

宜宾五粮液集团有限公司

1999年4月18日，中共中央总书记、国家主席江泽民视察五粮液集团有限公司

宜宾五粮液集团有限公司

宜宾五粮液集团有限公司是以五粮液系列酒生产为主业，塑胶加工、药业、印务、果酒、信息、科研、外贸、矿泉水等多元化经营的企业集团。集团公司占地5.5平方公里，现有职工15 000人。1998年创税利12.5亿元，出口创汇1 700多万美元。

五粮液酒是浓香型白酒的典型代表，是以高粱、大米、糯米、小麦和玉米五种粮食为原料，包包曲为动力，经陈年老窖发酵，长年陈酿，精心勾兑而成，具有香气悠久、味醇厚、入口甘美、入喉净爽、各味谐调、恰到好处，酒味全面的独特风格，是当今酒类产品中出类拔萃的珍品。自1915年获巴拿马万国博览全金奖以来，五粮液又相继在世界各地的博览会上，共获33次金奖；四次蝉联“国家名酒”称号；四度荣获国家优质产品金质奖章；1991年被评为首届中国“十大驰名商标”；1995年在第十三届巴拿马国际食品博览会上再获金奖，铸造了五粮液“八十年金牌不倒”。

近年来，企业不断研制开发了五粮春、五粮神、五粮醇、五湖液等几十种不同档次、不同口味的系列产品。特别是十二生肖五粮液、一帆风顺珍品五粮液，采用现代吹制特种工艺技术，灿烂远古的酒文化被赋予了新的内涵。

90年代以来企业迈开了向现代化大型企业转化的步伐，借鉴国内外先进管理经验，不断提高管理现代化水平，不断技术改造、技术革新，极大地提高了生产率，走出了一条具有五粮液特色的质量规模效益多元发展的路子。1990年企业获得“国家质量管理奖”；1995年企业被第五十届世界统计大会评为“中国酒业大王”；在全国500家最大工业企业排名中，位居第263位，效益居100位；1994年以来企业连续五年稳居酒类规模效益之冠；在白酒制造业和食品行业“最有价值品牌”中排位第一，品牌价值达60.62亿元。

今天的五粮液集团公司，享有“花园公司”的美名，独具匠心的雕塑、现代气魄的建筑、四季常青的花木构筑起极富特色的五粮液企业文化。这里有全国最高的企业形象雕塑——奋进塔，全国规模最大的酒文化博览馆，气势恢宏的鹏程广场，美丽幽雅的文化公园酒圣山，雄伟壮观的东大门……浓郁的文化气氛，优美的工作环境，先进的技术设备，一流的科技人才和职工队伍，使酿酒这一古老的传统行业焕发出勃勃生机。五粮液人迈着坚实的步伐，永远奋进，再创辉煌。

世纪之战
——“五粮液”得名90周年记

左孝木

90年前的历史钩沉

世纪之初，1909年，古城宜宾。

一位酿酒大师，以商人其特有的前瞻与竞争意识，在商场上拉开了“世纪之战”的序幕。

古城宜宾，素有酒乡之称。早在2000年前就以“酱”而闻名西汉。到明清时期，全城糟房林立，酒业大兴。

在城北门顺河街这条古老的街道上，一杆杏黄旗挑出一个“酒”字，商号为“温德丰”。这就是据今已有600年历史的明代时期的“老窖”而进传之于五粮液集团公司的“温德丰”糟房，它成了中国酒文化先锋——五粮液的历史佐证。

“温德丰”糟房，素以“杂粮酒”而闻名远近，只因这家陈氏老板勇于创新，在配方中精确地加入了大米、糯米，而成了有名的“陈氏密方”，“陈氏密方”传

子不传女，可是到了第六代的陈三，他膝下无子，眼见自己年事已高，重病在身，便违背祖训，于清代同治八年（1809年）传给了他的爱徒赵铭盛。赵将“温德丰”改号为“利川永”。赵铭盛手下有一精明能干的酿酒师，名曰邓子均，在赵病逝前，他再次将“陈氏密方”传给了外姓，于是，邓子均便成了“五粮液”前身的第八代传人。邓将“陈氏密方”加以改造，优选出大米、高粱、糯米、小麦、玉米五种粮食作为酿酒原料，并在配方比例上进行创造性的改进，酿制出了与众不同的新“杂粮酒”。1909年的一天，宜宾县团练局长雷东垣举行家宴，邓子均应邀出席，并以亲手酿制的佳酿作为礼品相赠。当打开酒瓶时，芳香四溢，众人品尝后，满座皆惊，交口称赞。晚清举人杨惠权问：“如此上乘佳品的琼浆玉液，取名为何？”邓答曰：“杂粮酒”。杨曰；“大俗，不雅，另更新名如何？”邓说：“那就有劳先生了。”杨惠权略作思忖道：“此酒集五谷之精华而成玉液，何不更名为五粮液？”众人闻之，皆拍案叫绝，独具特色的“五粮液”便从此而得名。

犹如大鹏展翅，扶遥万里，五粮液穿越历史时空，近一个世纪。

五粮液集团总裁兼董事长王国春说“五粮液的事业不是一两代人的事业。”从它得名之日起，五粮液就展开了一场“世纪之战”。

从第一个辉煌到33块国际金牌

1915年，大洋彼岸，万国博览会在巴拿马举行。

邓子均带着五粮液飘洋过海，参加了这届博览会。在博览会上，洋人们第一次领略了来自东方的琼浆，五粮液一举夺得了金质奖章——它的第一块国际金牌。从此五粮液展露头角，名声远播。“利川永”为纪念这一“创世”殊荣，特制了一块扁额，上书“名振全球”。

于此，五粮液，奠定了它90年来最初的荣耀。

春秋90载，诞生了五粮液，近一个世纪的风雨历程，特别是建国50周年和改革开放20年来的灿烂阳光，五粮液一路征程，一路凯歌；一路雄风，一路豪情。不断用新的历史，雕塑着它的一步步辉煌——

从1956年到1984年，五粮液四次蝉联国家金奖，跻身于国家名酒的地位；

1990年，五粮液酒厂荣获“国家质量管理奖”；

1991年，经亿万消费者投票，五粮液被国家工商行政管理局商标评为“中国十大驰名商标”；同年，该厂被国务院授予“推广技术进步企业”称号和国家大型一类企业；

1993年，五粮液酒厂荣获全国“五一劳动奖状”；

1994年，五粮液酒厂在全国同行业首家通过了法国国际检验局BVQI质量体系标准认证，同年被评为“最佳省级文明单位”；

1995年，五粮液酒厂又荣获了迄今为止国内最高殊荣——“中国酒业大王”。

五粮液人的眼光是开放型的。五粮液集团老厂门右侧墙壁的红色版块上的“营销战略”，就分明写着“全球配置资源，全球寻求市场”。这是五粮液人若干年来经营之道。当五粮液在巴拿马夺得它的第一块国际金牌以来，到尔后的香港摘冠、柏林夺魁、扫荡东南亚、远征俄罗斯……雄风猎猎映征程。到1996年11月20日在美国休斯顿国际食品博览会上，一举夺得它的第33块国际金牌而再度辉煌。五粮液铸就了它的“80年金牌不倒”的光辉业绩，同时也铸就了“世纪之战”的新的“东方不败”。

为了这“世纪之战”的纪念，在酒圣山上，王国春亲自为此设计了一个写意雕塑——8个相连耸立的三棱锥，“80年金牌不倒”，“芝麻开花节节高”的丰富意喻皆隐含其间。

五粮液坐上了中国白酒行业的头把交椅，五粮液傲立于中国酒业之林，成了中国白酒行业的王牌。

从八家糟房到“十里酒城”

事物均有发生发展的过程。

五粮液始于90年前，起步于建国之初，创业于50-60年代，发展，腾飞于如火如荼的改革开放。

1949年，炮声隆隆，百万雄师过大江而挥师南下，进军大西南。解放军横扫千军如卷席，1950年宜宾解放。

1951年，国家扶持酒业，将“利川永”、“钟三和”、“德胜福”、“全恒昌”等八家糟房联合起来，形成集体协作工厂。单一的作坊式生产宣告结束，新中国宜宾第一个酒厂诞生了。具有爱国思想的邓子均，经政府精诚动员，献出了“陈氏密方”。其后，超出糟房规模的五粮液与尖庄酒，同时推向市场。尖庄依附于五粮液，同享盛名。

1957年，集体协作工厂被正式命名为“宜宾五粮液酒厂”。次年，国家拨款60万元，建成了金沙江南岸的“跃进区”，完成了它的第一次扩建，8个糟房的“基础区”与“跃进区”构成了五粮液酒厂的最初规模。

1984年，一个38岁的年轻厂长上任了，他就是毕业于重庆大学机械系的王国春，王厂长年轻有为，朝气蓬勃，锐意创新，他置身五粮液酒厂，一干就是15个春秋。

当时的五粮液酒厂职工800多人，厂子不大，规模不大，气魄不大，设备简陋，技术力量薄弱，管理与先进国家比，落后近半个世纪。78年以前还面临亏损，79年工厂被列入国家100个大中型企业试点单位，开始推行“全面质量管理”，工厂开始了较快发展，但步子不大，80年代初年产量仅3000多吨，到1984年年产仅4100吨。他下车间，去科室；赴日本、北美考察。经过全面调查分析，形成了他的“创新思维”——“总目标是在尽可能短的时间内，把五粮液酒厂建成中国第一流的现代化企业，使五粮液成为驰名世界的中国名酒，使五粮液人成为无愧于新中国第一流的现代职工。”他向全厂喊响了这一口号。接着，他大刀扩斧地作了足以影响后来腾飞的3件大事：

——抓变革，强管理。在1986年和1988年的计划经济时代，他在全厂相继推行“承包责任工作制”和“经济责任制承包制”。这一充分调动职工积极性的新举措，获得了创造力，到1991年实现产值1.734亿元，利税首次突破亿元大关。崭新局面打开了。

——抓质量，创名牌。在他看来，“质量是企业的生命，名牌是企业的灵魂。质量、名牌不倒，工厂才能成为生命型企业。”他将“全面质量管理”上升到“朱兰螺旋式”阶段，加强质量管理部门建设，完善了各个环节的管理措施，充实了160多名科技人员；引进现代检测设备和微生物电子技术广泛运用于生产的关键环节：用现代微生物工程技术取代老式窖泥培养法，用微机技术控制制曲，利用微机的高选择性和高速度的特性指导勾兑，推广利用“T”法新技术。其间发明的新技术，有10余项获国家、部、省优奖，有的还属首创，填补了国内空白。今集团公司又启动了CIMS应用示范工程技术，使人员、组织、技术、生产、经营等管理系统，将在2年之内走向集团优化。这一系列高科技的运用，保证了产品质量，使名牌永保青春。

——抓规模，构建新优势。在1990年形成万吨生产能力的基础上，于1992年和1994年投资8亿元，两次进行4万吨酿酒配套工程的技改，建成了横卧酒圣山下的两幢排列着6000口窖池的世界最大酿酒车间；1995年又投资1.5亿元进行配套工程建设，1997年，在完成年包装能力为8万吨的中国第一勾包中心之后，1999年1月又建成了具有世界先进水平的占地15000平方米的现代化大型塑胶包装车间，同时，又在孜岩山下，荡平数座小山，建起果酒、洋酒、塑胶、包装等几个大公司。一个公司就是一个中型工厂，使五粮液集团成为酒都宜宾的象征。

十里酒城，无边春色。10多年的艰辛创造，五粮液夯实了基础，生产规模已达到年产12.5万吨的能力，形成了中国一流的企业、一流的产品、一流的质量、一流的技术、一流的规模。

从资本运作到建构“航空母舰”

历史进入了市场经济时代。

王国春意识到，市场经济实质上是一场没有硝烟的商战，而“商战靠的就是力量的对抗，科技的对抗、智慧的对抗”。这种对抗的一条必由之路是：通过资本的大运作，实现资本和企业的扩张。唯其如此，才能实现最大程度的增值，国有大中型企业才能搞活。

五粮液人以建立现代企业制度为目标，着眼于“质量、规模效益型的多元化发

展”的格局，按照“资产大重组，机制大转换，结构大调整”的发展战略，通过集团化道路，跨上了建立“航空母舰”的征程。

两个轮子——对内扩展与对外扩展，同时开始了转动。

首先展开了以酒为龙头，发展系列酒以实现名牌延伸的内部扩展第一步。

当今酒类市场雄风阵阵，黔酒、鲁酒、晋酒……铺天盖地而来，在“白酒大战”中，独尊一族，显然已不能力敌市场，五粮液人的发展战略是：以五粮液挂帅，实现名牌延伸。他们通过科技的运转，把生产五粮液的一级酒从10%提高到了50%，扩大了五粮液的产量；又从二级酒中开发出五粮春、五粮神、五粮醇、五湖液、四海春、六百岁等10余个“五字家族”；同时还采取走“厂商结合”之路，培育了10多个诸如京酒、华西村、圣酒、东方龙等地方性品牌和葡萄酒、青梅酒、广柑酒等果酒和亚洲伏特加、亚洲威士忌、安培纳斯、吉马等洋酒。满足消费者的需求和多层次价位就是市场，20多个系列酒的50多个品牌和不同的价位把握，填补了价位链，实现了名牌的延伸，同时构成了国际性品牌，全国性品牌和地域性品牌相结合的新格局，使五粮液家族执牛耳于中国酒类市场，衡量市场定位度的消费者心目中的理想品牌，实际购买品牌、消费者首选品牌等诸项测定，均连续5年稳居全国之冠。

其次是资本重组，多元化出击，实施跨行业，跨地区的外部扩展。

1998年4月，五粮液酒厂进行了股份制改造，并成功地在深圳上市。冻结资金1549亿元，创下了中国股市的最高记录。在赢得雄厚资本以后，建立了集团公司。一年多来，通过强强联合。或强弱联合，或兼并、或收购、先后组建了融塑胶、印刷、包装、运输、药业、贸易、科研、信息、畜牧、服务、咨询、饮品、果酒、洋酒等21个子公司。五粮液集团的“多兵种”的联合阵线所形成的“航空母舰”诞生了。两数之和大于整体之和。这种融进了资本、人才、科技与智慧的“航空母舰”出了合成战斗力。长期亏损的宜宾药厂得到集团公司的输血以后，半年就回报了600多万元；塑胶公司去年9月底独立核算以来，3个月就创利润800多万元；伏特加公司成立4个月就获利税600多万元；而宜宾印务总公司去年人均创利税9万元，成为全省同行业之首。去年五粮液集团公司尽管在亚洲金融风暴的影响下，仍获得了历史以来的最好效益；实现销售收入42.41亿元，创利税12.5亿元，税利每年仍以一个亿的速度增长。对此，总裁兼董事长的王国春说：“我们纵横扩张组建的‘航空母舰’，增强了回避市场风险的对抗力，出了竞争力，也出了生命力”。

五粮液集团，中国酒业中一艘现代“航空母舰”，正乘风破浪，高歌远航。

从“消费者至尊”到企业形象

在市场经济时代，市场是消费者的市场。谁赢得了消费者，谁就赢得市场。

五粮液集团一直以消费者至尊，视消费者为上帝。

在集团公司新大门的左侧，新近落成了一座用红色花岗岩组成的椭圆形“镜碑”，总裁兼董事长王国春亲自题写了“镜碑”词：“敬业奉公，精艺克靡。我们为消费者而生而长，先天下消费者之忧而忧，后天下消费者之乐而乐。如此而已，别无它求。”恒额是“以此为镜”。

这不是一块普通之“镜”，而是一块显示企业胆量、气魄、服务宗旨、精神境界之“镜”。古人常以“镜”取鉴，以示诫尤。故有“以人为镜，可以正衣冠，以史为镜，可以知得失”之说。五粮液集团以“镜碑”为镜，实质上是对消费者的承诺，它开诚布公地向消费者庄严宣告：消费者至尊。

这是五粮液人向社会公开挑出的显示企业形象的一面旗帜。

长期以来，五粮液人一直扼守诺言，从市场需求到生产规模，从名牌战略到产品质量，从品种档次到价位把握，从全国性品牌到地方性品牌，从营销策略到售后服务，从包装艺术到打假防伪……均一一体现出“为消费者而生而长，先天下消费者之乐而乐，后天下消费者之忧而忧”的宗旨。进入原老厂大门，一系列红色标牌便夺目而来：“以人为本，质量先行，创新开拓，质量永恒。”“质量犹如人的灵魂，灵魂出窍则亡。”“追求质量效益，是企业的永恒主题。”“没有最好，只有更好。”半个世纪以来，特别是改革开放以来，五粮液人用一步步的实际行动实践着这一宗旨——世纪之战的永恒策略。从10年前遍及10大城市纵横万里的质量跟踪评议，到去年的行程20万公里的打假大行动；从专程千里送货上门，到三防盖、激光防伪和3M回归反射瓶盖的投放市场；从专卖柜到遍布全国各大中城市的专卖店，一流的服务，刷新着企业的崭新形象。

企业形象包含着无形资本，把无形资本变成活资本，是五粮液集团又一战略行动，于是就有了有层次的创意公关策划——开国内先河的卫星发射架上的“五粮液”大展示；国家和省市电视台《神州神酒》专题片中的五粮液风情；京津、津广、天津至上海、重庆至峨嵋、重庆至宜宾的“五粮液号”和“尖庄号”列车；奋进塔、飞鹰群雕、中国酒神、醉八仙、鹏程广场、酒文化先锋史浮雕等这些遍布厂区的40多处艺术群雕；绿化面积达78万平方米的园林式工厂；每年见诸报端的20余万字的企业文化介绍和形象描绘……这一切，构成了企业形象的灿烂星光。于是，就获得了“中国十大驰名商标”，就有了“中国酒业大王”称号，就有了60.62亿元的品牌——无形资产价值。

无形资产与有形资产的并驾齐驱，诞生了“世纪之战”的累累硕果——金牌的酒、金牌的人、金牌的形象。

从网铺国内到阵布五洲

如果说伟业的前提是质量、是名牌、是规模，那么铸成伟业的基础是市场。失去市场，就失去了效益，失去“利润的最大化”。而市场的占领决定于营销策略。

市场是海，企业是船，营销是帆。

五粮液集团的营销策略是：全球配置资源，全球寻求市场。

于是，五粮液人演绎了网铺国内，阵布五洲的幕幕活剧。

军人出身的副总裁徐和强，亲领一路人马，常年累月转战大江南北，长城内外，雪域高原，塞外北国。一年360天，有200多天在市场。他具有军人的敏捷、商人的头脑、企业领导人的智慧，横空列阵，大鹏高飞，抢占市场的制高点。

按照企业的营销策略，他“先安内”而后“攘外”——借局布阵而网铺国内。他实施抢占“滩头阵地”的五种战术：

战术之一：调整价位，以灵活的价位度适应各个层次消费者的需求。在1988年名酒价格放开后，当茅台酒100元一瓶时，五粮液只有45元。按照价值规律，厂里通过几次调价，到1994年5月，五粮液的价格第一次超过了茅台，从此稳居“中华第一名酒”的地位。厂里又看到，从300多元五粮液的最高价到尖庄3～4元的价格，其间空出许多价位链，这些价位链便是市场。珍品五粮液、精品五粮液和系列酒、果酒的问世，填补了大量的价位空间。使市场猛增十余倍。

战术之二：建立根据地，形成稳定市场。一个地、市选择一两家糖酒主营公司或多渠道批发企业作为主渠道经销商。这样的根据地全国已有400多家。

战术之三：组建集团军，走集团营销之路，由一个省糖酒公司的各二级站共同组成专营集团公司，到1998年已相继在11个省建立，年销售量均在3000吨以上。

战术之四：推行直销，由专卖柜到专卖店，平衡价格，统一打假，统一服务规则。1995年在湖南长沙建立第一个专卖店以来，全国至今已有150多家。

战术之五：由城市包围农村，占领广阔天地。用中低档价位的尖庄及其系列酒首先突破“两山”（山东、山西），与山东“四大家族”和山西汾酒系列争雄；与一切名酒产地一争高下。又以“尖庄与消费者心连心”活动挺进北国江南，以名风民俗的圣酒进军西藏，于是，尖庄和系列酒岁月留迹：年销量山东4000多吨，山西3000多吨，江苏5000多吨，安徽4000多吨，浙江3000多吨……从山西浪潮到山东旋风，从边塞北国到雪城极地。铺天盖地的销售阵势，使五粮液系列酒雄视天下。去年，五粮液系列酒销售量达十多万吨。

“攘外”，则是冲出国门，走向世界。

亚特兰大奥运会上的五粮液啦啦队、卫星发射架上的大特写、欧洲时报、美国华侨日报、香港和内地对外各新闻媒体的舆论宣传，未冲出国门早已先声夺人。接着便是建立国际销售网点，1994年五粮液酒厂取得出口经营自主权，利用这一有利形式，在美国、德国等国家建立“五粮液大酒店”，实施跨国经营；同时与美国、英国、日本、新加坡、马来西亚、法国等20多个国家建立稳定的市场关系或联合开发新产品，仅去年出口创汇达8000多万美元。

横空列阵，鸿雁高飞，全新的市场经济观，全新的经营方针，全新的营销策略以及灵活多变的营销战术，构筑了广阔的天空，实现了从国内到国外的大市场格局。

大市场，赢得了五粮液集团的辉煌。去年集团公司实现销售收入42.41亿元，实现利税12.5亿元，创造了历史最高记录。五粮液品牌价值达60.62亿元，居中国白

酒制造业和食品行业之首。

居高峰自远，一览众山小。

——这是近一个世纪的耕耘与收获！一个世纪的大跨越！一场成功的卓然独步而独超众类的“世纪之战”！

90个春秋，近一个世纪的岁月，五粮液穿历史越时空，跃出万里长江第一城，以大江的磅礴气势，奠定了中国酒文化先锋的地位！

50个春秋，半个世纪的艰辛创业，五粮液人成就了“中国酒业大王”的伟业！

20个春秋，五粮液人高举改革开放的大旗，游刃于市场经济的征程，赢得了世界性品牌的声誉。

2000年，是又一个龙年。龙腾盛世，五粮液集团必将升华今天，孕育未来，在新的“世纪之战”中，五粮液人必将赢得新的辉煌，而新的辉煌已跃出了新世纪的地平线。

古都液
GU DU YE JIU
古都液

ZunJiu
52%VOL 500mL
尊酒
五粮液
尊酒

JINGJIU
500mL 38%VOL
京酒
五粮液
京酒

中国
宜宾
BAFUJIU
八福
八福

尖庄

DONGFANGLONG
東方龍
中国·四川省宜宾五粮液酒厂
WULIANGYE DISTILLERY
YIBIN SICHUAN CHINA
東方龍

目　录

调查报告

专题分析

问题研讨

北京、上海、天津三直辖市改革开放与经济发展

沿海九省（自治区）改革开放与经济发展

北京、上海、天津三直辖市与沿海九省（自治区）统计资料（1998年） ……… 国家统计局供稿

[基本情况]

[国民经济主要指标]

[工业经济]

[运输和邮电通讯业]

[国内商业和城乡居民生活]

［效益指标］

沿海开放城市选介

香港特别行政区与台湾、澳门地区经济贸易

香港特别行政区经济贸易发展综述

香港特别行政区主要社会经济指标

台湾地区经济贸易发展综述

台湾地区主要社会经济指标

董事单位介绍

CONTENTS

Economic Situation and Macro Adjustment

Looking Back to 20th Century and Looking Forward to 21th Century

1998 Special Paper

Special Paper for Macao Return

State-Own Big and Medium Enterprise

Procession of Market Orientation Capital Market

Expanding Domestic Demand

Investigation Reports

Special Analysis

Problem Research

The Reform and Open as well as Economic Development of Beijing, Shanghai and Tianjing which are Metropolises Directly Under Central Government

The Reform and Open as well as Economic Development of Nine Provinces and Autonomous Regions Along the Coast

Statistics of Beijing, Shanghai, Tianjing and Nine Provinces and Autonomous (1998)

······················ Provided by State Statistical Bureau

Selected Recommandation of Opening Cities Along the Coast

The Economy and Trade of Hongkong Special Administrative Region and Macao as well as Taiwan Regions

The Comprehensive Report of Economic and Trade Development in Hongkong Special Administrative Region

The Main Social and Economic Indices of Hongkong Special Administrative Region

A Summany of Economy and Trade Development in Macao Region

关于改善宏观经济管理的几个问题

厉以宁

一

在讨论当前中国的宏观经济问题时，首先应当引起重视的是财政状况。

1998年，面对亚洲金融危机的冲击和出口需求的下降，国务院决定采取增发国债、扩大国内需求的措施，增发的国债用于加快基础设施建设，以保证经济增长。

国务院的这一举措与以往的做法是不一样的。

以往的做法是：力求缩小财政赤字，争取早日实现财政收支平衡。如果政府用国内借债（包括发行政府债券和向银行借款）的办法来弥补财政赤字，那就是赤字财政政策，应予摒弃。其实，以往的做法及其依据不一定妥当。赤字财政本身并不反映经济政策中的“是”与“非”，用国内借债的方式来弥补财政赤字也要根据具体情况进行分析，才能判明这种方式是否合理，是否可行。这是涉及财政支出是否合理的问题。从调整产业结构、技术结构、地区经济结构，以维持经济持续增长，不断增加社会所需要的产品和劳务的角度来看，技术改造和设备更新是提高生产能力，提高劳动生产率，增加供给的物质条件。假定社会上确实需要增加投资，而企业对其中某些项目的投资兴趣不大或感到投资风险较大，这就需要政府承担或部分承担投资任务。但政府的财力有限，要完成这些投资任务，可行办法之一是国内举债。在这种情况下，如果仅仅着眼于财政收支平衡和防止以政府借债方式来弥补财政支出而宁肯紧缩政府的投资，那就很难从物质条件方面来着手调整产业结构、技术结构、地区经济结构，很难通过生产能力的增加来实现经济的持续增长。不仅如此，在需要政府投资而又缺乏政府投资，以致技术无法更新的条件下，经济持续增长的前景是不佳的，甚至会出现经济负增长，这样就会不利于财政收支的长期平衡，不利于社会经济发展目标的实现。

可见，不能把政府用于必要的产业结构、技术结构、地区经济结构调整的投资以及由此所引起的政府债务看成是经济中的不稳定因素。只要政府的投资是有效的、合理的投资，那么这反而是用来稳定经济，维持长期财政收支平衡的因素。应当紧缩和停止的，只是那些不具备投资条件，无助于形成生产能力和促进供给增加的投资。为这种无效的、不合理的政府投资而举债，才是需要避免的。

在经济增长的全过程中，一个时期的政府债务可以由下一个时期的政府增加的收入来偿还，但下一个时期同样可以存在政府的债务，它们又可以由再下一个时期的政府增加收入来偿还，如此持续不已。只要政府的债务是同政府的有效投资和合理投资相联系，而政府的有效投资和合理投资又能使政府得到新的收入，那么这种政府债务的延续不仅不会引起经济的不稳定，而且是维持长期经济稳定和经济增长的重要因素。我们可以把这种情况下的政府负债称为有效的和合理的政府负债，它是活跃、繁荣国民经济的推动力量，也是不断增长的财政收入的有力保证。

根据以上所述，在当前情况下，扩大财政赤字，增加政府投资是保证经济增长的必要措施，问题主要在于使政府投资成为有效的、合理的投资，而不能变为低水平的、无效益的重复建设的资金来源。

当然，在这里仍然应当从市场经济理论出发，即在民间投资（包括企业和个人投资）有积极性时，不必用政府的投资来代替民间的投资，在民间投资者能够通过资金的融通而筹集到投资所需要的资金时，不必用政府的负债来筹集投资的资金。政府的首要任务始终是以自己的服务来促进微观经济单位的有效和合理的经济活动，促进市场机制充分发挥作用，以政府投资带动民间投资。只有在市场的作用仍受到限制以及微观经济单位缺乏投资的能力或投资的积极性的场合，政府才有必要直接参预产业结构、技术结构、地区经济结构的调整工作（包括政府直接进行投资），以补充市场力量之不足和微观经济单位活力之不足。现阶段推行财政政策时，应充分注意这一点，即应把带动民间投资作为政府投资的重要任务。

从长期看，大量发行国债，增加巨额赤字，是在特定条件下采取的特定政策。今后，仍应趋向于财政收支基本平衡，并应提高偿债能力，控制国债规模。

二

地方财政实际上是地方经济运行状况的反映。在考察目前的地方财政时，不能忽略区域经济发展不平衡对各地经济状况和财政状况的影响。

一般说来，内地省、市、县的财政比较困难，沿海的情况要好一些。而且，即使都是内地省、市、县，省与省的差距大，省内各个县也有较大差距。财政困难的省、市、县，情况有别，困难程度不一，所以不能一概而论。另一方面，由于地方财政的困难反映的是地方经济的困难，所以不能脱离地方经济来讨论地方财政能否有重大改进的问题。从经济上着手解决那些影响地方财政收支的困难问题，更加重要，更有助于地方财政的好转。不妨把国内或省内某个地方财政较好的县同另一个地方财政较差的县作一番比较，看看前者是如何使地方财政收大于支的，后者又是如何连年入不敷出的。总的说来，凡是乡镇企业发达的县、私营经济与个体经济有较大发展的县，凡是流通渠道通畅和集贸市场繁荣的县，财政状况都比较好。这样的县，经济搞活了，地方财政收入多了，城镇建设搞好了，教育事业发展了，人们的收入也增长了。

要改善本地的财政状况，一定要把重点放在多种所有制经济的共同发展上。每个地区总会有自己的相对资源优势，或者是矿产资源较多，或者是土地价格低廉，或者是劳动力充足，或者有某些土特产。要利用这种资源相对优势，使之由潜在的优势转化为现实的优势，于是就要靠多种所有制经济的多方投入，仅靠中央政府拨款来兴建大工程、大项目，是不现实的，而且会延误时机。那种把地方政府的主要精力用于跑项目、争项目的做法，对地方经济的发展只会有害。内地某些市县应当从过去的经历中吸取教训。

换言之，对拥有各自相对资源优势的地区来说，要扭转本地财政入不敷出的情况，必须把工作重点放在发展地方经济上，放在推进经济改革上，放在促进多种所有制共同发展之上。有些地区为了繁荣本地经济，采取了减免税费的措施。这是有道理的。只要不是越权擅自决定的，就有可行性，因为这涉及经济与财政两者之间的相互制约关系。地方上的某些减免税费措施，正是发展经济的措施，否则，地方经济的增长就受到限制，所以，对减免税费的作用应当从经济全局来考虑。有的地方，减免税费后，经济增长了，市场扩大了，就业也增加了。单纯从税费收入角度看，减免税费使地方财政在一段时间内少收入一些，但由引促成的经济增长、市场扩大、就业增多，却能给地方经济带来种种好处，结果，地方税费收入反而增加了，地方财政有了可靠的基础。因此可以这样看：在一个地区，如果减免税费能使经济增长，即使暂时会使地方财政收入减少，但财政必将从地方经济的增长中获得更大的好处。

在讨论如何改善中国地方财政时，一定要正确处理地方上的国有小企业问题。许多市、县的国有小企业，厂房破旧、设备落后，冗员多，成本高，产品又无销路，要改造技术则缺少资金投入，怎么办？这些国有小企业已经成为包袱了。不卸掉这些包袱，地方财政难以改善。卖掉，是可以的，但“卖”并非唯一的办法。而且变卖国有小企业应合乎程序，要防止国有资产流失。要根据具体情况，有的可以承包，或出租，或改组为职工持股的企业，还可以采取合资经营方式。在国有小企业改革方面，既要解放思想，又要从实际出发。各地有自己的经验，不要照搬，更不要“一刀切”。如果适宜卖掉的话，迟卖不如早卖。早卖，回收的资金会多一些。迟卖，可能回收不了多少钱。这不是国有资产的损失又是什么？国有小企业这个包袱卸掉以后，地方财政的好转是有希望的。

三

在改善宏观经济管理方面，对金融风险的防范应引起足够重视。目前国内发生金融动荡的原因可能有三个：

第一，银行的呆账、坏账如果继续增加，金融动荡是避免不了的。为此，必须严格贯彻全国人大常委会通过的《商业银行法》。根据《商业银行法》，各级政府、任何政府官员都不能命令商业银行给企业贷款，或命令商业银行作担保。市场经济中，商业银行根据效益贷款。企业效益越好，商业银行越愿意贷款；效益不好，怎么恳求，商业银行也不会贷款。这是商业银行的原则。不能把商业银行当成是扶贫的银行。商业银行不管扶贫。商业银行贷出的钱是老百姓存入的钱。如果商业银行能把住这一关，就好了。还有，要防止银行呆账、坏账的增加，银行要增强责任制，即对贷款负责。必须经过充分的调查研究，证明贷款效益是好的。而且，除非信誉特别好的单位，一般而言，应采用担保、抵押贷款的形式。所以严格贯彻《商业银行法》，对防止金融风险是必不可少的。

第二，金融风险来自上市公司质量的下降。实行股份制目的是转换企业经营机制，促使政企分开，自主经营，而不是单纯为了筹钱。现在有些人对股份制的理解是不对的，他们把筹资当作唯一目的。社会上流行三句话：国有企业的第一阶段吃财政，吃补贴；第二阶段吃银行，银行呆账、坏账增多了；第三阶段就吃社会，吃股民，吃老百姓的。反正造个假账糊弄糊弄，就把钱筹到手了。这种情况如不改正，一定会出大问题。股份企业必须走规范化的道路。那种不规范的、糊弄老百姓、以假账骗人的做法，是有害的。公司要上市，组装上市，包装上市都可以，但不应该伪装上市。上市公司一定要保证质量。

第三，国内金融风险可能发生的原因之一是地下金融活动。只有商业银行和信用社才能吸收居民存款，但有些地方打出各种牌子，用很高的利息吸收存款。这是对金融秩序的破坏。必须严厉打击各种非法集资活动。

总之，为了防范金融风险，要保证银行信贷质量，保证上市公司上市质量，打击非法集资。但更为重要的，是必须加快企业改革。深化企业改革，让企业有效益，这样就可以支撑经济增长，增加对金融动荡的抗拒能力。也就是说，企业改革，多种所有制经济共同发展，不能放慢。“内功”增强了，国内金融动荡发生的可能性就会大大降低。

金融管理的任务显然不仅仅在于防范金融风险。应当通过货币政策的运用来促进经济增长。当前，私营企业、个体工商户的发展不仅有助于缓解严重的失业问题，而且对经济增长率的贡献也将越来越大。而私营企业、个体工商户的贷款却是相当困难的。他们在向银行贷款方面受到歧视，同时他们又缺乏正常的融资渠道。因此，改善金融管理的一项重要措施是增加对私营企业、个体工商户的银行贷款，并要大力发展部门对私营企业、个体工商户贷款的地方商业银行。

四

为了调整产业结构，减少无效供给，节约资源的使用，提高宏观经济效益，近年来，政府在纺织业、煤炭业等行业采取了有力的措施，关闭小厂、小矿；同时，为了治理江河，防止环境污染，还对淮河、长江等流域的工业企业进行整顿，使一些造成污染的企业停产、转产。这些措施十分必要。但需要强调的是，产业结构调整不是“一阵风”，产业结构的调整不可能一劳永逸。产业结构的调整以及与此相应的投资结构的调整，是一个连续的过程。在这个过程中，可能会发生局部的、暂时的、部门之间的不协调，这是不足为奇的。

假定不实行产业结构的连续调整，让原有的产业结构基本上照旧存在，那么，或者经济的持续增长得不到实现，或者产业结构之间的不协调会越来越严重。因此，对于由产业结构连续调整所导致的不协调，应当持有这样一种观点，即在产业结构调整过程中，只有容许出现局部的、暂时的部门之间的不协调，才能避免更严重的部门之间不协调现象的产生。反之，假定由于害怕部门之间出现局部的、暂时的不协调，从而迟迟不愿进行产业结构的调整，那么惟有以牺牲经济的持续增长作为代价。但即使做到了这一点，也只能认为这是一种经济停滞状态条件下产业结构的勉强的协调，是停留于原有收入水平条件下的产业结构的维持现状，这又显然不符合社会主义经济发展的目标。何况，这里所说的“产业结构的维持现状”，是以假定经济中原来存在“产业结构的勉强的协调”作为前提的。

事实上，在大多数情况下，原来的产业结构并非处于协调之中。“停留于原有收入水平条件下的产业结构的维持现状”，只不过意味着这样两点：第一，收入水平不变；第二，产业结构的不协调依然如故。因此，既应当承认在经济增长和产业结构调整过程中局部的、暂时的部门之间不协调的不可避免性，更应当承认这种不协调的积极意义，即如果希望保持持续的经济增长，必须容许某些产品的生产较迅速增长，另一些产品生产的增长相对缓慢。在产业之间的比例方面，只有超越旧轨道，才会有经济增长。因此，产业结构在一定时期内的这种不协调是正常的现象。

由此引伸出一个重要的论点：不管在经济发展的某一个起点上产业结构是否处于协调状态，只要经济由此开始持续增长，那就必须通过投资结构的调整而进行产业结构的调整。在产业结构调整过程中，即使出现了局部的、暂时的部门之间的不协调，那也是值得的，因为这是为了经济持续增长而必须付出的代价。各个部门之间的平衡，只是一种缺乏现实性的愿望，如果要力求各个部门之间平衡，那就意味着整个经济增长率的放慢，甚至意味着经济的停滞、收入水平的停滞。

正如在社会总需求与社会总供给之间的关系中，“为平衡而平衡”是没有意义的一样，在经济增长中也不应该把追求各个部门之间的平衡作为一种目标，这同样是没有意义的。假定产业结构连续调整的结果促进了经济的增长，即使产业结构调整过程中出现了新的部门之间的不协调，或者原有的部门之间的不协调并未消失，那也无关紧要。这是因为，既然经济在持续增长，而产业结构的调整又是连续性的，从而完全有可能在新的基础上不断调整产业结构，使之符合于社会经济发展目标的要求。

我们常说资源配置的合理化是没有绝对标准的，也是没有止境的。难道投资结构的调整以及与之有关的产业结构的调整会有止境么？难道投资结构的合理化以及与之有关的产业结构的合理化会有绝对标准么？如果既无产业结构调整的止境，又无产业结构合理化的绝对标准，那么又何必去追求经济增长过程中各个部门之间的平衡呢？看来，只要不致于阻碍经济持续增长就行了。这就是对产业结构调整的连续性及其与经济持续增长之间的关系的认识。这对当前中国经济的意义在于：切不要把产业结构调整当做“一阵风”，而应当有持续调整的考虑。

还有必要指出，我们要制止的是低水平的、无效益的重复建设，而不是笼统地限制重复建设。在工业建设中，如果没有重复建设，高新技术企业又如何能发展？社会的技术创新不就受限制了吗？制止重复建设这句话被滥用，很可能形成行业垄断。垄断保护落后，垄断损害消费者利益，这是我们谁都不愿看到的。

五

在近年来的宏观经济调节工作中，经常听到这样一种说法：“上有政策，下有对策”。这种说法反映了某些领域内的实际情况。那么究竟应当怎样看待所谓“上有政策，下有对策”呢？

要知道，公众总是对政府的经济措施进行分析的。政府是一个，企业和个人是无数个。无数个企业和个人的眼睛都集中到政府身上，而政府却无法把眼光具体地投到每一个企业和个人。也就是说，政府所要采取的或即将出台的政策易于被公众料到，而政府却不易于了解每一个企业和个人将会采取的措施。所以宏观经济调节的结果往往不像政府事先设计的那样完满，实际的情况会同政府的预期存在一定的差距。

在市场经济中，微观经济单位通常是追求自身利益最大化的单位。他们对政府行为的对策，是指对经济调节而采取的应变措施或保护自身利益的措施。

既然微观经济单位是独立的经济主体，在经济运行过程中要求自身的利益得到保障，并针对政府将要采取或已经采取的措施而制定对策，以增加自身利益或减少自身损失，这是完全可以理解的。在国民经济利益和微观经济单位的利益发生矛盾时，以及在政府行为不完善时，都会导致微观经济单位的对策的产生。

尽管政府在进行经济调节时也考虑到微观经济单位的利益应当得到保护的问题，但微观经济单位是众多的，彼此之间存在着矛盾，很难说任何一项政府的经济调节措施会使得所有的微观经济单位的利益都有所增加，这样，一部分微观经济单位就会采取对策，使自己少受损失，多得利益。当然，这里并不排除这样一种极端的情况，即微观经济单位总是从自己的利益出发，占国家的便宜，甚至不顾法律法规，为所欲为，以致于政府的调节措施难以生效。如果出现了这种极端情况，那就不是一般意义上的政府调节与微观经济单位的行为的相适应问题，而是如何加强监督，依法办事，纠正与处罚微观经济单位违法违规行为的问题了。关于这种极端情况，在这里可以略去不谈，而只考察在合法条件下，或者说在国家政策与规章所容许的条件下，企业、个人和其他单位针对政府经济调节所采取的对策。微观经济单位的对策包括如下的内容：

1. 它们有可能设法利用法律法规中的不完备之处，采取某些措施来减少损失，增加收益。

2. 它们有可能绕过政府调节所规定的束缚性的措施，寻求实现预期利益的途径。

3. 它们也可能利用市场机制，在比较熟悉的经济环境中，加强自身的适应能力，对市场前景做出灵活的反应，以达到增加利益的目的。

4. 它们还可能根据对已有信息的分析，猜测政府在下一阶段将会采取什么样的政策措施，这些政策措施会对自身的利益产生哪些不利影响，从而及早采取预防性措施，予以回避，使政府的政策措施达不到预期的效果。

以上这些对策就其性质而言，并不违法，它们反映了政府在政策制定和运用过程中确有不完善之处，因此，对政府来说，最重要的是通过微观经济单位的对策，收集信息，为改善宏观经济调节作准备。同时，政府还应当严格区分微观经济单位不违法的对策与违法的对策。对违法的对策，如上所述，是一个依法处理的问题；而对不违法的对策，则需要仔细研究，如果说这与法律法规与规章制度方面存在的漏洞相联系，那就应当采取适当措施来消除这些漏洞。

此外，还应当注意这样一种情况，即微观经济单位之所以采取对策，有时同政府部门工作人员不依法办事或在执行公务中有较大的随意性有关。在管理者凭个人的意志进行管理，不以法律为依据时，微观经济单位采取对策是不得已的。

因此，当我们强调依法管理市场时，决不意味着可以忽视管理者的个人品质或不注意管理者本身的自律问题。对市场的依法管理，正是考核管理者个人品质与能力的依据。管理者正是在依法管理市场的前提下才能充分发挥自己的作用和施展自己的才能，他们的自律也就显得更加重要。

（作者所在单位：北京大学光华管理学院）

对经济形势的估量和对策建议

吴敬琏

自从我国政府针对经济可能出现的严峻形势采取一系列因应措施以来，我国较好地经受了几次东亚金融危机的新冲击；同时，也有一些新的情况发生。在这个时刻，瞻前顾后地对情况作出新的估量并根据新的情况调整我们的政策，将会有很大的好处。

一

在增加内需的拉动作用不明显的情况下，在经济界出现了某些抱怨和急躁的情绪。例如，要求人民币贬值的议论比较多，要在放松银根上“用急药，用猛药”的呼声也时有所闻。对于这些意见，需要耐心听取，认真研究，但也不能“病急乱投医”，贸然行事。

对于人民币贬值，虽然我认为我国政府不应作出硬性的长期（例如三五年）承诺，但是在近期内主动贬值显然不是时候。我国对亚洲各国出口不振，主要的原因并不是人民币坚挺因而中国商品竞争力相对削弱，而是进口国购买力严重不足。人民币贬值并不能使这方面的状况有根本改善，而它所造成的经济上和政治上的不利后果却十分巨大。特别是1998年我国对亚洲各国出口的减少主要是靠对欧美出口的大幅度上升弥补的。预计今后与欧美、特别是美国的贸易摩擦将会增加。如果不是主要采取增加出口附加值、提高产品质量和改善外贸经营，并辅以提高退税率、增加出口信贷等办法来支持出口，而是进一步采取本币贬值的办法来强化我国商品出口的价格竞争，肯定会使这种摩擦加剧，甚至危及江泽民、克林顿互访后建立起来的有利的国际关系格局。

关于在增加需求方面“用急药、用猛药”的意见，也需要加以分析。目前我们的确需要采取进一步的措施来增加需求，但采取何种方法必须十分讲究。在企业改革和投融资改革尚未到位的情况下，既增加投资又要保证效率是有一定难度的。在上半年投资拉动作用不明显、从上到下又普遍形成“8%情结”的情况下，有些地方已经出现草率地上项目和压银行对无效项目贷款的情况。在这种条件下，如只求拉动1998年的增长，不择手段，大撒大放，将不但不能促进有效的增长，还将遭致严重的消极后果。

需求的增加不外两个来源：一个是政府（包括各级政府导演的国有企业投资），另一个是民间（包括已实现改革的国有企业的自主投资）。

我们先看政府这一面。在金融方面，虽然存在实际利率偏高（对于这一问题，后面还要作专门讨论）、有的金融机构因为追求高利而不愿对一些有利项目发放足够的贷款等问题需要解决，但是如果笼统地批评银行“惜贷”并大撒大放，就会使经过好几年艰苦工作才开始形成的银行商务核算观念和信贷约束机制将毁于一旦，回到用银行的钱大铺摊子、大上无效项目的老路上去。所以我认为，最近财政部领导同志提出的主要运用财政手段来增加投资的建议是正确的。当然，采用扩张性财政政策也有一个力度问题。看来力度小了是不行的。在这个问题上，政府的举措受到人大九届一次会议通过的预算的约束，需要与人大常委会进行协调。

但是，政府的力量毕竟有限，光靠政府的力量拉动一个处于景气循环低谷、又处于金融危机包围的国际环境中的经济是它所力不胜任的。现在的问题是民间投资的意愿不足，融资渠道不畅，因此这方面的需求增加不足。目前各银行都有大量资金积压。浙江全省各银行存差1200亿元，温州一个市存差就达251亿元。1998年上半年大中型企业的自主投资呈下降趋势（这可以从技改投资较上年负增长看出来）。如果民间投资意愿萧索，担子全要财政用赤字预算来背，这个担子是无论如何也背不动的。

二

根据上面所说的情况，现在我们应该“双管齐下”，除了采取“凯恩斯主义”式的政策外，还要采取“供应经济学”式的政策，这就是说，除了强化业已采取的扩大需求的措施，还要在激发企业的活力，启动民间投资上多下功夫。

前些时我到浙江绍兴、台州、温州和义乌考查中小企业的发展，看了一些工厂，找了许多地方干部和企业负责人谈话。我对这些地方经济活力虽然闻名已久，但亲身了解它们实际表现以后，仍然对所取得的业绩感到惊讶。这些地方成千上万中小企业的生产发展、产品质量提高速度以及它们的国际营销能力使我深受鼓舞。1998年1~5月温州市工业增长12%，大大高于全国工业增长的平均水平。浙江省的同志们说，他们完成今后全省GDP增长10%的计划没有大的困难。照我看，其原因就在于广大具有很强活力的非国有中小企业已经成为浙江省经济的主力。

虽然在经济已经趋于成熟的温州、台州等地达到如此之高的增长率已经令人惊讶，但从我们了解的情况看，它们在提高产品质量、实现技术升级、增加出口以及扩大生产和销售等方面还有很大的潜力没有充分发挥出来。如果把这些潜力解放出来，其发展前途是不可限量的。

抑制潜力发挥的制约因素来自两个方面：

第一，从企业内部看，主要是企业的发展战略和组织形式不能适应新的形势。这些地方的中小企业是在严重供不应求的环境下发展起来的。当时在全国范围内国有企业还占有支配地位，群众的基本需要都未能得到满足，对商品从不挑拣，因此，只要质量还过得去、价格可以承受，任何产品都有销路。温州、台州等地的小企业就是在这种情况下靠自己的勤劳与节俭和自己商品的低廉价格赢得了市场的。现在市场状况已经发生了根本性的变化。在买方市场的情况下，大多数企业并未改变自己的发展战略在“特”字上作文章，发展自己的专有技术，为自己创造市场，而是沿用原来的战略，以降价作为唯一的竞争手段。于是形成一种千军万马过独木桥的格局。乐清市柳市一千余家低压电器厂，绝大多数没有自己特色、产品同构、相互间恶性竞争，使该镇经济的进一步增长受到有限市场的极大制约。与此同时，在企业组织形式上也存在不小的问题。温州、台州中小企业是以家庭工场或前店后厂的形式起家的。在它们发展壮大以后，几乎清一色地组织成为多级法人“交叉投资、循环持股”的集团公司。这种集团公司被看作中小企业发展的方向。实际上这种企业组织形式由于不利于公司的统一经营和科学管理，已经阻碍了企业的进一步发展和产品质量的提高。如果能在这方面正确引导各个企业根据自己的特点选择最合适的制度，仅此一项，就能大大加快企业的发展。

从政府发挥在市场经济中的应有作用的角度看，我们不应当对企业的供产销、人财物决策发号施令。政府要做的，是准备良好的环境，制定并执行市场游戏规则并对经济活动的参与者，包括企业和消费者提供他们所缺乏的信息。在所有这些方面，我们过去做得还很不够。

第二，从外部环境看，制约的因素就更加明显。由于中小企业绝大多数属于非国有企业甚至非公有企业，由于在计划经济下的传统观念和传统做法的影响仍严重存在，即使很有内在活力的企业，由于经营环境不良，也未能充分发挥它们的潜力。浙江企业界和地方干部反映最强烈的有以下领域的问题：

(1) 人们议论最多的仍然是融资问题。融资的第一个问题是近年来实际利率偏高，使一般的制造业企业借款投资很难有利可图。由于通货膨胀率下降很快，经过5次降息，现在的实际利率仍在7%左右，而从国际资本流动看，似乎进一步降息已经没有多少余地，这一问题如何解决需要专门研究。1998年5月在哈佛大学开会时我曾问过里根的经济顾问委员会主席、“供应学派”政策的支持者费尔德斯坦教授有些什么可行的办法。他的回答是：除降息以外，还可以采取投资减税、资产折旧抵扣等财政手法。他的想法也值得考虑。

最近中央银行采取一些措施增加对中小企业信贷融资。这些措施得到普遍的欢迎。但是许多人反映，已经采取的措施还是不够的。拿银行信贷来说，在不少地方，银行仍然不依据借贷企业的担保能力和还款能力，而是看企业的“成份”，对非国有企业给予歧视性待遇。即使是愿意给规模大、绩效优的民间企业贷款的银行，也往往要求将贷款利率上浮到最高限。而且由于贷款担保安排不下来或方式不妥当，银行对中小企业贷款有相当大的顾虑。此外，国有大银行处理大额贷款比较得心应手，而不善于处理小企业的信贷问题。因此对小额贷款需要作出特别的安排。对于各地城市信用社，似不宜采取一刀切的办法加以归并。除银行信贷外中小企业几乎没有别的融资渠道。企业家对股票上市向国有企业倾斜的做法提出了强烈的批评，希望加以改正。同时，对如何开辟中小企业股权流通的渠道，例如建立类似美国NASTAQ的“第二板块市场”，而又不重蹈第一板块市场和有的地方“产权交易市场”秩序混乱、舞弊盛行、财产流失严重等覆辙，也应当积极加以研究。

(2) 税费负担问题。为了刺激企业活力的一条重要措施是减税。但是，改革以来国家的税收收入呈逐年下降的趋势，减税已无多少余地。不过，在预算以外征收的各种收费名目繁多，数量巨大（一般认为总额已超过法律规定的税收总额）。出现这种情况的一个重要原因是各级政府缺乏正常的收入来源或收入不足以弥补必要的支出。不解决这一问题，简单地列单禁止额外收费往往收效甚微。所以，“费改税”是一项关系到许多方面的改革，要得到各级政府部门和全党的大力支持才能做好。

(3) 市场秩序问题。目前无论在商品市场还是金融市场上，市场无序问题都十分严重。欺行霸市、地方保护，贪污盗窃、设套诈骗等成为司空见惯的行为。如不采取严厉措施加以整顿，建立起依法治市一整套机制，就会使人们视经营工商业为畏途。在这种情况下，经济很难发展。

(4) 流通渠道问题。在经济发展到当前阶段以后，非但由国营商业和供销社组成的"主渠道"已经大落后，原来起了良好作用的专业市场这种由众多的小商贩组成的有形市场也渐渐不能适应已经长足发展了的生产的需要。去年橘子丰收却卖不出去，造成了果农的巨大损失。中小型制造业企业现在也深感他们的生产扩张受到流通组织落后的严重制约。

(5) 公正执法问题。目前执法不力、执法不公，执法不严以及某些地方政府在执法中存在地方保护主义倾向、少数司法人员贪赃枉法等等，成为阻碍企业发展的一项重要因素，必须采取坚决措施加以解决。

总之，从我在浙江看到的情况可以得出结论：在一些地区已经形成具有很大活力的中小企业群体，只要我们采取措施支持它们的发展并积极加以引导，很快就会在全国形成一些或大或小的"增长极"。它们的投资和扩张活动所创造的需求将拉动自身生产的进一步扩张和其他地区的经济复苏，从而形成供给与需求相互拉动的良性循环的局面。这样，国民经济这盘棋就能够全局皆活。这正是我们要努力争取的。

（作者所在单位：国务院发展研究中心）

经济形势与中小企业的发展

吴敬琏

在当前的形势下，中小企业的改革和发展是关系国民经济稳定增长的一个关键问题。我在浙江的绍兴、温州、台州等地作了些调查研究，与当地企业家和领导同志探讨了中小企业发展有关的问题。我把看到的、想到的关于中小企业的有关问题提出来，与各位交换意见。

一、当前经济形势的特点

1998 年我们面对的经济形势相当严峻。要保持经济持续增长的势头，保持社会稳定，需要付出很大的努力。而且，不能希望国内外环境改善得很快。很可能环境的压力会在相当长时间内保持。为什么我们会面临这样的形势？我想主要有这样三个原因：

第一个原因是我们正处在经济周期的低谷上。市场经济有许多好处，但是也有自己的缺点。缺点之一，是经济增长上下起伏波动。从 1992 年初开始，中国经济出现了高涨，经济建设和各项事业蓬勃发展。但高速发展也带来一些问题，到 1992 年下半年，出现了经济过热，通货膨胀和经济气泡的生成。针对这种情况，从 1993 年夏天开始，党中央决定加强宏观调控，治理通货膨胀。应当说，治理通货膨胀的工作是做得相当好的。到 1996 年冬天就逐渐实现了"软着陆"。在市场经济里，当抑制通货膨胀取得成效时，通常会发生银根过紧、需求不足的情况。这是因为通过市场进行宏观调控有个时间上的滞后期：要抑制通货膨胀，要采取紧缩性的财政货币政策把总需求压下来，当这种宏观经济政策作用显现的时候，往往力度已经过了，这样就会出现一个需求不足的时段，经济出现萧条，甚至衰退。这是难以避免的。1997 年的经济正好处在这个阶段上。从 1992 年开始的通货膨胀是改革以来历次通货膨胀最严重的，而且由于种种原因动手治理晚了一年左右，这就要求紧缩有很大的力度。1994 年全年平均通货膨胀率按零售物价指数计算是 22%，按消费物价指数计算是 24%。这么高的通货膨胀率，外国人普遍认为难以压下来，但我们顺利实现了，而且增长速度没有太大的降低。改革以来前几次抑制通货膨胀，到物价涨势被抑制住的时候，一般增长率会到零。这次经济增长没有大的滑坡，但确实出现了需求不足，销售不畅和速度下降。

第二个原因，是国有企业改革和国有经济改组到了一个关键时刻，进入了决战的阶段。决战的胜利会给为我国的长期稳定发展打下一个坚实的基础，但从短期看，却会带来一定的困难。

我们从 80 年代改革的初期阶段就采取了一种具有中国特色的、相当成功的改革战略，这就是在国有企业的改革方面只做一些小的改良，而不是采取大的动作。十多年来，我们的经济增长和出口增加主要靠的是非国有企业。把我们的改革重点放到非国有部门去，从包产到户、发展乡镇企业等方面着手。

按邓小平同志的想法，1984 年十二届三中全会决定把改革的重点从农村转移到城市去，实现国有经济的系统改革。但因种种原因进行得不顺利。真正把改革重点放到国有经济上去的是1992年的十四大，特别是1993年的十四届三中全会，确定了要在国有企业里实现企业制度创新，建立现代企业制度。1997年的十五大决定对国有经济进行战略性改组。这样，国有企业的改革和国有经济的改组就全面展开了。

国有经济虽然从改革以来比重在下降，现在在整个经济中比重不占优势，但是它运用的资源量还是大部分的。在国有经济改革和改组过程中，要对国有经济几十年积累起来的各种弊端加以处理，就给整个国民经济增加了负担。例如，国有经济有一个明显的弊端，它在东欧叫扩张冲动、投资饥渴，在中国叫大铺摊子、搞重复建设。于是，很多资源投进去了，却没有产生效益，只形成一些富余的低水平的生产力；很多劳动力投进去了，大量的是在职的隐蔽失业。这些问题都要在改革和改组中处理。纺织业最先暴露出问题，其实这些问题在整个国有工业中都存在。1986年我们在规划“七五”期间的改革时，就估计到在国有企业的就业人员中有1/3是富余劳动力。原来准备在“七五”期间通过对国有企业的全面改革加以解决。后来在1986年10月取消了原定的配套改革计划，其中一个原因就是害怕实现改革后，企业要求提高效益，把这1/3富余人员放到社会上去，会影响社会的稳定。

那么，我们是不是可以继续沿用80年代的办法，维持国有企业呢？我看是不行的。在80年代初期，稳定国有经济主要靠给企业财政补贴。随着改革的深入，到80年代中期已经不能再用财政补贴维持国有企业了。当时采取了另一种办法，就是用银行来接替财政，由国家银行用贷款形式给国有企业以补贴。我们有些国有企业厂长经理说得很明白：我借钱的时候就没有想还。银行是国家的，企业也是国家的，保证工人不失业是国家交给企业的任务，为什么要还银行的钱？这样就出现了银行不良贷款不断积累的问题。据中国人民银行戴相龙行长在新闻发布会上的披露，目前中国各银行不良贷款占贷款余额的25%，其中已经肯定无法收回的呆账占2%，逾期2年以上的占3%。而且现在银行自有资本充足率，大大低于巴塞尔协议所要求的8%的资本充足率的规定。当然中国的大银行都是国家银行，实际上不会破产。不过，大量的不良资产积累会使银行资信下降。国际评级社对我们还是比较客气的，他们考虑到我们的银行是国家银行，不会破产，所以，没有把我们发行的债券级别降到很低的地步。如果一个国家的资信评级降到“垃圾债”的级别，对我们从事国际融资将非常不利，甚至弄到连利息都付不起。所以，虽然我们在安排国有企业的改革和国有经济改组的进度和方法时要注意经济和社会的承受能力，不可搞得太急。但是，国有经济的问题决不能像以前那样拖着不加以解决了，越拖会越被动。

从东南亚金融危机可以看到，深层经济结构中的隐患必须及时消除，否则如果出点什么事的话，那么，整个经济发展就会走一个大的弯路。中国积累起来的问题和东南亚发生危机国家存在的深层问题有许多相似之处。幸运的是，因为我们从1993年夏季开始的整顿金融秩序，加强宏观调控工作和1994年开始的宏观经济改革取得了很大的成效，通货膨胀被抑制，经济气泡有所缩小，国际收支情况大为改善，所以，我们才在东南亚金融危机冲击下站住脚根。然而根据东亚金融危机的教训，国有经济的改革和改组决不能再往后拖。

解决国有经济长期积累的问题，在大多数场合得先做“减法”，后做“加法”，而且在近期内主要是做“减法”，这样，势必增加宏观经济的困难。

第三个原因，是东南亚金融危机的影响。我们抵抗住了1997年7月开始的东南亚金融风波冲击，没有陷入危机，但是不容否认，它对我们的影响是巨大的。

首先是对我国外贸的影响。1997年12月，中央的经济领导部门已经预计到由于许多亚洲国家和地区本国货币的深度贬值，我国商品的竞争能力会相对降低。固而出口会受到些影响。针对这种情况，采取了一系列应对措施。这些措施有效地防止了出口滑坡。不过现在看来，我们当时对问题的估计还是有所不足：第一，当时没有估计到，东南亚金融危机对我国出口的最大影响在于有关国家由于经济衰退所引起的进口购买力严重不足。单靠提高退税率，增加出口信贷等办法并不能解决这个问题。1998年上半年我国对亚洲出口的大幅下降是靠对美、对欧出口大幅度增长弥补的。单纯靠这种办法维持出口容易引起贸易摩擦的加剧。所以，看来我们在提高出口产品的附加价值、广泛开辟新市场、实现出口多元化等方面还要多做努力。第二，对东南亚危机会迁延多久的估计不足，认为1997年年底、1998年年初就能结束，现在看来，东南亚国家的问题还很多，一二年解决不了。要恢复东南亚经济的蓬勃发展，没有三五年还不行。那么，我们要作长期的打算。

上面讲的三个因素，造成了我们1998年严峻的经济环境。早几年我们还是卖方市场，现在变成了供过于求相当严重的市场，于是增长速度下滑，企业亏损增加，就业状况恶化。从1997年12月开始，中央采取了增加基础设施投资，支持出口等一系列措施来增加需求。这些措施在方向上是正确的，执行上也没有大的失误。但从上半年经济运转的情况看，已经采取措施的力度还不够大，拉动有效增长的作用还不够明显。目前正在考虑采取进一步措施。

二、中小企业的改革和发展是保持国民经济有效率的增长和保持社会稳定的关键

我们从1997年12月中旬以来采取的措施，主要是通过增加固定资产投资来扩大内需，其中着重增加基础设施投资。据国家计委计算，如果1998年社会固定资产投资增长15%以上，就可以保证8%的GDP有效增长。

从上半年的实际情况看投资大约只增长了13%，国内生产总值大约只增长了7%。这就是说，下半年需要大大提高投资力度实现9%的增长，才能实现全年增长8%的计划指标。这里我要插一句，对于1998年8%的增长率指标，报刊上似乎强调得有点过分了，好象完不成8%，就会天下大乱；而只要完成8%，就会一切顺遂。其实中国经济的问题，主要不在速度而在效率。实现8%并不难，难是难在没有水分和有效率的8%。而且只要有效率，7%也可以，这比没有效率的8%可能更好。当然，我们还是要尽一切可能实现有效率的8%，所以进一步增加需求还是必要的。但是这就带来一个问题，这么大规模地增加投资，能不能保证绝大多数项目都是有效益的。在目前投融资体制改革还没有到位的情况下，很难保证投资效益。而且拉动增长的要求愈是迫切，计划审批的尺度就会愈松，甚至要求银行降低放贷标准。可是这样一来，就会上一些无效项目。而如果无效项目上得太多，又会造成新的一轮通货膨胀的基础，使不良贷款增加和增大发生金融危机的可能性。

最近，《人民日报》刊登了财政部长项怀诚的讲话，表明政府在增加内需拉动增长上，将更多地采用财政手段而不是金融手段。我觉得这个意见是正确的。看来，在增加内需的过程中金融手段不能用得太多太滥。适时调节利率，使实际利率降低到合适程度以便刺激投资，是十分必要的。但是要防止不加分析地批评银行“惜贷”，更不能要求它们降低贷款标准。我们从1993年开始进行金融改革。1996年开始见到一些效果。到了1997年，在硬化信贷预算约束方面出现了好的苗头，这就是各银行的信贷额度没有用完。它说明银行贷款的时候要考虑自己经济核算的利益，经济约束有所加强。可是如果我们1998年在增加内需上过分地运用金融手段，银行放松贷款标准，将会使好不容易才得到的一点金融改革成果毁于一旦。采用财政投融资的方式，用财政纪律控制，可能会好一些。当然，如果主要靠财政投融资来增加内需，也会造成只做“可批性研究”而不做可行性研究、“跑部钱进”等计划经济下的老做法死灰复燃。而且这样大的增加内需的任务，光靠政府用财政手段来背，是很难背得动的。

面对这种情况，我们除了要从需求方面着手，努力增加投资，扩大内需，还要在供给方面作出努力，激发企业的活力，启动民间投资的积极性。从理论上讲，就是除了要实行“凯恩斯主义”式的扩大需求政策外，还要实行“供应学派”式的激发企业活力和投资积极性的政策。

现在我对这两种理论观点作一点说明。

从30年代到70年代，当市场经济出现经济停滞或衰退时，人们通常从需求方面着眼，来用扩张性的宏观经济政策，通过增加需求使之得到缓解，也就是说，用凯恩斯主义的政策来加以处理。凯恩斯主义是1929年大危机以后形成的一种经济思想。它认为经济危机之所以产生，是因为总需求不足，因此，为了缓解危机要靠政府运用财政金融手段来扩大需求。在凯恩斯主义以前，罗斯福和希特勒就用了扩大需求的办法，来改善危机笼罩下的美国和德国经济，前者的具体办法是搞公共设施建设，以工代赈，修桥铺路，营造森林；后者的具体办法则是开动印钞机，用赤字财政扩军备战，使德国很快从危机中恢复过来。凯恩斯对这一问题作了理论上的概括，指出市场经济经常会发生需求不足的问题，当总需求与总供给的矛盾尖锐化时，就会爆发经济危机。为了摆脱危机，政府可以通过自己的财政货币政策创造需求，弥补需求的不足。战后除德、日两个战败国以外的主要西方国家采用这种凯恩斯主义的需求政策，在二十几年时间里避免了严重的经济危机。战后即使出现过几次经济停滞，在采取增加需求的措施以后，也很快得到了克服。反之，如果出现了通货膨胀，则用紧缩政策来加以缓解。可是到了70年代，也就是美国尼克松和福特总统当政的时代，出现了一个新问题，就是“滞”与“胀”两症并发：一方面经济停滞，另一方面物价上涨。显然，无论是增加需求还是减少需求都治不了“滞胀”的疑难杂症。这时候出来一种新的理论，叫做供应经济学。供应学派的经济学家针对凯恩斯主义的基本信条是经济状况决定于需求状况，政府的基本经济职能是运用宏观经济政策调节的观点提出，经济状况好坏从根本上说取决于供给的状况，也就是企业是否具有活力，有没有增加投资、扩大生产的积极性。他们进而认为，“滞胀”之所以发生，是长期实行凯恩斯主义的结果。由凯恩斯主义的扩张性宏观经济政策造成的环境钝化了美国企业的竞争能力。扩张性的赤字财政必然要用高税收加以弥补，而高税收（当时美国所得税税率高达40%～70%）又会挫伤企业投资的积极性。所以，供应经济学主张把政策的重点放在刺激企业的积极性

方面。针对美国的情况，重点是实行减税。1981年就任的里根总统采纳供应经济学的主张，任用赞成这种政策的马丁·费尔德斯坦担任经济顾问委员会主席。在往后共和党当政的10年中，大体上采用了这种政策。回过头来看，共和党的政策在减少赤字和治理通货膨胀上并没有取得预期的结果。但在调整经济结构，提高美国企业的竞争力方面却有明显的成效。许多人认为，90年代美国重新夺回在汽车、电子等工业的霸主地位，80年代经济调整和企业竞争力的加强是一个重要的原因。特别明显的是电子工业方面，美国的领导权本已被日本夺走，但现在日本的电子工业的创造力和竞争力远远落在美国企业的后面。人们也许认为，美国的电子工业就是靠INTEL、微软这样的大企业支撑的。其实你到那儿看一看，在硅谷和其他地区，成千上万家在竞争中顽强拼搏、极富活力的中小企业，它们才是美国电子工业力量之所在。美国通信电子技术能把日本甩得很远，在很大程度上归根于这些中小企业。

回头来说我们自己的问题。针对当前需求不足的情况，我们应当采取“凯恩斯主义”式的增加需求的政策，但光靠这一手不行，还应当同时实行“供应学派”式的激发企业活力、启动民间投资的政策。第一，在出现供过于求时片面强调增加需求是会出毛病的。目前社会上有一种议论，认为买方市场是一种对企业不利的市场状态，最好大力增加需求，直到转回到卖方市场，企业又可以过舒服日子了。之所以出现这样的想法，有的是认识上的问题，有的是利益上的问题。例如有些因炒房地产、股票而被套住的人就选成凯恩斯主义，因为全面放松银根，房地产和股票价格就涨上去了。但是，这样做会带来消极后果。我们的许多企业提高效率、增强活力这一关并没有过，如果片面强调增加需求，又会回到皇帝女儿不愁嫁的状态，企业的竞争力也不可能得到提高。第二，全靠政府投融资拉动需求，由于政府财力有限，很难背得动。1998年固定资产投资要增长15%以上，今后三年基础设施投资要达到7500亿美元（合6万亿人民币），光靠政府的力量是难以做到的。为了实现这一点，也需要启动民间的积极性。现在民间资本是有的，问题是怎样把企业投资的积极性调动起来，由它们去调动民间资本用于投资。

美国搞供应学派的政策时，刺激企业积极性的主要措施是减税。目前我国预算内的税收不足，不能再降。但减轻企业负担还有相当大的余地。这就是在预算外征收的各种费用。目前费大于税，企业不堪重负。所以财政部把今年的一项工作重点规定为“费改税”，是十分正确的。当然，为了激发企业的活力，除了减轻企业负担，需要做的、可以做的事还很多。

企业活力的发挥，对于大企业和对于小企业有很不相同的情况。目前国有大企业还处在创建新企业制度的过程中。即使改制实现，没有个三五年也很难完全活起来。但中小企业的情况不同，过去几次在爆发通货膨胀后调整经济时期，都出现增长速度减慢，甚至零增长的情况。但几乎每一次都是从中小企业开始复苏的。就拿1989—1990年的那次衰退来说，从1989年第四季度开始，政府采取了“贷款启动”的政策，大规模地向国有企业发放贷款，1989年第四季度一个季度把全年的贷款用掉了，但国有企业还是“启而不动”，用贷款买进原材料进行生产，产品卖不掉放在仓库里，资金又压在那里了，这样一次次重复。1990年说要启动最终需求，给国有企业大量投资，效果仍然不好。但就在这里，非国有的乡镇集体和私营企业经过激烈竞争的考验和优胜劣汰的筛选，优势企业开始活跃起来。到1991年一些地区中小企业的情况已经相当好了。所以1992年春天小平同志讲话，新的高潮就很快到来了。

三、中小企业怎样才能具有活力

中小企业要具有活力和发挥活力，需要具备企业内部机制和外部经营环境这两方面的条件。我们先看内部条件。

企业具有活力的首要条件，是建立在经过明晰界定的产权基础之上。这一条件对于不少地区的中小企业来说还没有完全具备。目前一些地区的“放小”工作还在进行当中。一些复杂问题解决得还不那么妥善。不过在我们浙江，特别在我刚刚去过的台州、温州等地区，这个问题已经基本上解决。不过即使在这样的地区，进一步发挥企业在提高产品质量、实现技术升级、开辟新的市场和增加出口等方面的潜力，还有许多工作要做。

从我这次调查收集到的情况看，目前抑制企业潜力发挥的因素存在于两个方面：

第一，是企业的发展战略不能适应新的形势。应当说，我们这个地区中小企业的发展战略是很成功的，例如通过专业市场活跃流通，打开销路，带动千千万万个小企业的生产。需要注意的是：这种发展战略适合于国有经济仍占优势的卖方市场条件；现在情况变了，如果还是按照原来的路子走下去，企业的路就会越走越窄，甚至会遇到难以克服的困难。过去我们处在普遍的卖方市场的条件下，群众的基本生活需要都不能得到满足；处于支配地位的国有企业在不愁女儿嫁不出去的地位上，并不努力改进自己的工作去满足群众的需求；所以几乎所有产品都供不应求。在这种情况下，只要质量还过得去，中小企业价格低廉的产品是不愁没有销路的。于是就弄成一种粗制滥造大路货，靠价格低的优势取胜的传统。现在市场的情况变了，从原来供不应求的卖方市场变到了供过于求的买方市场，竞争大大加剧。在这种情况下，再按原来的路子走下去，企业只有靠价格求生存。价格上的恶性竞争使一些企业用偷工减料的方法来降低成本，一些企业利润愈来愈薄，直到完全无力进行技术更新。这样下去，弄得不好会把整个行业搞垮。我在调查的路上一直在看台湾生产力（率）中心领导人石滋宜先生写的一本讨论企业经营战略的书：《世纪变革》。我十分惊异地发现台湾的中小企业在它们的发展历程中，也经历过同样的历程。当时台湾不少中小企业家也有过同样的想法：只要一种产品能赚钱，谁都想挤到这个领域里去，靠自己的产品成本比别人低在竞争中取胜。石先生认为这种思路不对。他有一句名言，叫做不要想在同一个市场上比别人做得“好”，重要的是要比别人“特”。这就是说，要掌握自己的专有技术，创造自己与众不同的产品，找到自己安身立命之地，并在这个基础上增加产量、降低成本、提高竞争力和增加产量。换句话说，要有市场细分的观念，因为任何一种产品的市场不是笼统的，而是细分为许许多多不同的小市场。例如低压电器每个品种都有高、中、低档之分，而且同一档次的产品还会有各自不同的特性。我们的中小企业一定要避免同一行业的许许多多企业挤在同一个市场里，要做到“小而专”、“小而特”，以具有自己特点的产品为自己开辟市场。如果乐清市柳市的一千多家低压电品厂都能针对不同顾客的特殊需要，创造各具特点的产品，就能改变现在这种产品结构雷同，犹如千军万马涌向一架独木桥的恶性竞争状态，形成在波澜壮阔的大河上百舸争流的有序竞争局面。

另一个制约因素是现在的企业体制和组织制度不能适应新的经济发展的需要。我感到目前有些企业家和基层领导同志对企业组织形式的认识似乎有个误区，就是认为所有的企业都要向现代大企业升级。其实合适的企业制度是因时因地而异的。不同行业、不同规模、不同发展阶段和不同历史背景的企业各有适合于自己情况的企业制度，而没有普遍适用的标准模式。所谓现代企业制度，是专指现代经济中的一种企业制度，就是现代公司。十四届三中全会以后的一段时间里，社会上流行一种说法，以为所有的企业都要向现代公司的方向发展。这种认识是不确切的。我们知道，现代公司是上个世纪末期开始出现的，其特点是所有权与经营权的分离，主要的经营者往往并不是股东，即使是股东，也不是大股东。在学术界，人们把现代企业制度定义为由支薪水的经理人员（即香港人所说的“高级打工仔”）经营管理的多部门公司。在发达的市场经济里，并不是所有的企业都要搞成现代公司的。一般说来，它只适合于采用所谓“福特生产方式”的大规模工商业。至于目前在西方国家大量存在的高科技企业，由于“人力资本”起着主要的作用，大多数是由发明家自己或加上参与投资的风险投资家当老板。在初期阶段，高科技企业的主要形式是个体业主制和合伙制。发展到一定规模后，才改组为公司，而且很少有几家最后成为上市公司。像微软、网景（NETSCAPE）等公司上市是很晚的。所以，我们应当树立这样的观念：一种企业制度安排是否优越，就看它能不能够降低交易成本，有利于企业的发展。过去开创时期那种作坊式的制造业组织，显然已经不适应目前的市场形势，需要及时加以改变。但是到底采取什么样的组织形式，还是要根据企业的具体情况，由它们自行决定。我们所能做的事情，不是具体地教企业家怎样经营企业，而是把相关的知识传输给企业家，提供信息咨询服务。选择什么形式，是他们自己的事情。

关于企业制度，还有另一种认识误区，就是把“集团”看作公司制的高级形式，稍大一点的企业都要力争使自己成为集团公司。中国的“集团公司”既不是具有产权集中的特点的公司，也跟英国式的由母公司控股子公司的集团公司或日本式的松散联合的企业集团不一样。中国式的集团公司是在中国文化背景下的特殊产物。租地小农户充斥的中国历来缺乏所谓“法人文化”，不善于运用有严密规章制度的科层组织去组织大生产。在中国，大型组织通常采取多级化的形式，靠把产权切块，每一级给一份产权实行“分封”的办法来维系。改革中出现的企业承包制，后来的企业集团和当前的集团公司都有这种特点。集团公司采取所谓“多级法人制”，违反了现代民法的一些基本理念：所谓“法人”是指具有和自然人相同的民事能力和民事责任的团体；而这里的“自然人”，又是指的具有所谓自然权力的独立个人。可是在多级法人制下，“二级法人”、“三级法人”并不具有完全独立的权利。这就好象在中国过去宗法制社会中的情况，一个人虽然已经成年，但只要父亲仍然在世，他就仍然在人格上从属于家长，不具有完全的独立性。“多级法人制”的好处，据说是可以靠这种财产安排来“调动”各成员企业的积极性。但在事实上，它往往像中国旧时没有分家的大家庭允许各“房”设立自己的小金库，有自己的“私房钱”那样，造成相互之间的利益冲突，或者现代经济理论所说的“激励不兼容”的问题。我们知道，在设计激励体系时必须考虑激励的兼容性问题。这就是说，既要调动下级组织或个人的积极性，但又要保证调动起来的积极性符合上级组织的目标，否则就会“调动”起积极性来挖自己的墙角。这种分级、多级法人制违反了企业组织学基本原则。按照现代企业理论（不完全合同理论）的说法，凡是缔约各方应负的责任在合同上能写得清楚的经济活动，都可以通过缔约企业之间的平等交易来实现。这样做，最能调动缔约各方的积极性来完成互补的活动。而对于各方应负的责任在合同上写不清楚的事情，只宜于放到企业内部来，在一个行政权威的指挥和管理下来完成。否则的话，就会发生独立的产权所有者之间相互侵权，相互要挟，无穷无尽的扯皮、摩擦等问题，大大提高了交易成本。多级法人制就是容易在这里出问题。我在乐清听一些集团公司的老总说起，在他们公司的核心企业和成员企业之间就存在这类摩擦，例如因为共用一个品牌，成员企业往往用偷工减料，降低产品质量的办法损公（集团公司）肥己（成员企业），而且屡禁不止，屡教不改。我想这是很自然的，因为发生这种问题的根源不是个别人的思想品质问题，而是制度安排有缺陷。

在工业发展的早期阶段，通过集团公司的形式把许多个体户联合在一起，这可能是一个进步。但是把多级法人制固化为一种制度，我总担心它的消极面会愈来愈突出。这一点，我们可以从中国大百货公司“包柜台”做法的后果看出来。这种做法从表面上看有调动每个包柜户积极性的好处，但它同时使各个柜台都倾向于卖价高利大的同类商品，而价低利薄的针头线脑没人卖的现象，浪费了许多营业面积，使大商场的整体优势不能得到发挥。总之，我觉得不宜于普遍推广多级法人制的集团公司这种企业组织形式。

四、政府应当做哪些工作

要充分发挥中小企业的活力，光靠企业自身的力量是不够的。那么，政府应该和能够做些什么呢？

1. 进行十五大精神的教育，建立多种所有制经济共同发展的社会共识。党的十五大明确规定：多种实现形式的公有制为主体、多种所有制经济共同发展，是社会主义初级阶段的基本经济制度；一切符合“三个有利于”原则的所有制形式都可以而且应当用来为社会主义服务。这些论断具有重大的理论意义和实践意义，必须通过我们的宣传教育工作，使之深入人心，成为全社会的共识。虽然这些论断得到了广大干部群众的拥护，但把所有制分为三六九等，国有经济入正册，集体经济入另册，非公有经济不入册的旧观念仍然有相当大的影响。即使在我们浙江这样比较先进的地区，也不是完全没有问题。包括一些个体、私营企业家在潜意识中往往把自己看成二等公民。对他们的明显歧视也许不存在，但总还是另眼相看。我听说有的银行对私营企业贷款要加息，这就不符合市场经济原则。市场经济要求平等竞争。资信好、还款能力强的企业利息应该低，贷款风险大的企业利息应该高，这跟所有制没有什么关系。

2. 努力为企业开辟通畅的融资渠道。目前中小企业缺乏通畅的融资渠道，是一个反应最强烈的问题。中小企业融资渠道不通畅，有两方面的原因：一是体制和政策问题。最近中国人民银行发出加强对中小企业信贷的通知。应当说对它们的歧视问题在原则上解决了。二是中小企业有一些天然存在的弱点，例如资信差、还款无保证，如果不在这方面做出一些特殊安排，银行对它们发放贷款会有很大的顾虑。人民银行的《通知》提出了四项办法：联保、互保，设立担保基金，建立信贷保险制度。温州的同志们认为前两种办法不大可行，后两种办法正在进行试验。我们应当多方面探索解决问题的办法。斯坦福大学的刘遵义教授告诉我，台湾在早期也有同样问题。他们的办法是让中小企业在借款时就开一张签上到期日子的还款支票，同时严格票据法管理，如果开空头支票，除了罚款还至少要坐六个月的班房。

我们在企业融资上的另一个毛病，是融资方式单一，主要靠信贷融资。看来，还要开通股票融资、债券融资等其他融资渠道。中小企业大部分不可能在证券交易所上市融资，但应当考虑设立“第二板块市场”进行“场外交易”。前几年有的地方做了一些试验，也出了不少毛病，以致去年决定原则上关掉。我觉得最好的办法是一方面堵漏洞，另一方面采取疏导的方法，存利去弊，为企业开辟证券融资渠道。一种建议是开放柜台交易。还有一种建议是改造B股市场，更多地开放给中小企业。债券融资，在外国蓬勃发展，但在我国发展很慢，几乎没有，需要有更多的试验探索。最近温州市把基础设施，公路捆起来以H股的形式在香港上市，这是一种可以广泛运用的项目融资方式。公共基础设施通常被看作准公共物品，认为应当由政府投资。事实上，这种准公共产品项目，只要有收入来源，就可以组织成为一个企业。由业主向资本市场进行项目融资。

3. 整顿市场秩序。现在市场秩序十分混乱。欺行霸市、诈骗行为盛行。这使人们把设厂经商视为畏途，严重阻碍了经济的发展。现在要从两方面作出努力：第一是政府在设定市场规则和严格执法。目前假货太多，各级政府有不小的责任。好多地方政企不分，当地政府很难公正执法。第二是要完善市场组织。完善市场组织需要讲究方法，例如销售假冒伪劣产品、牟取暴利的行为能够得逞的主要原因，是所谓“信息不对称”即消费者不可能掌握与销售者同样多的信息。所以，改善市场状况的一种事半功倍的办法是用自愿组织消费者协会方式加强市场信息的弱势一方。我们过去所采取的办法，例如“反暴利法”等等似乎没有掌握住要点和打中要害。一些官方组织的消费者协会甚至帮助信息的强势方面来骗信息的弱势方面（消费者）。在改善市场状况方面，行业协会（商会）也能起很好的作用。西方的商会有它的一套行规，你如果专门搞邪门歪道，它就不承认你是它的会员，要纪律处分。

4. 减轻企业负担。现在苛捐杂税多如牛毛，需索之重，使企业怨声载道。目前预算内的税收不足以支持政府提供公共服务，减税没有多大余地，但费大于税，已成为企业沉重负担。所以无论如何要下决心进行费改税改革，大量减费。

5. 政府要在组织教育、提供信息方面加强服务。现在有一种流行的思路，好象政府管的事愈小愈好。我觉得这种看法不太全面。目前的问题一方面是不该管的事管得太多，另一方面是该管的事没有管。特别是在中小企业发达的地方，迫切需要管理信息、技术信息、产业发展情况、世界市场的供求情况等。如果每一家都搞，成本太高，必须由社会组织来负责。可以是政府，可以是社区，可以是行业协会。我看日本的每一个小城市都有一个科技馆，提供所有小企业共用的资源，各级政府和同业工会都应帮助企业提供各种有关企业发展的信息，帮助企业解决各种困难，满足需要，尽到我们的责任。

在这方面，民间商会也可以起很好的作用。这次调查我有一个收获，就是商会的作用，在温州很有启发。商会，我们叫中介组织，这种叫法大概是从工会之类的组织演变而来的，这种叫法不妥。商会应是企业家的组织，保护企业家自己的利益，同时进行自我教育、自我监督、自我执行纪律，这个组织是非常有用的。温州搞得不错，可以提出来，总结这方面的经验。

当然，政府在提供服务时，也要改变计划经济、准计划经济的领导方式。在过去人家不懂办企业时，政府提供指导、帮助，老百姓就满意了，现在仅仅这样不行了。现在政府要研究应该做什么，怎么做，用什么方式提供服务。总之，不能局限在原有思维模式的框架内作一点改进，而要有所突破。这是我们必须作出回答的新课题。

（作者所在单位：国务院发展研究中心）

加强技术创新，发展高技术，实现产业化
——国家创新系统的理论与政策

冯之浚*

当前我国政治稳定、经济繁荣，改革进入攻坚阶段，发展进入关键时期，经济科技体制改革正在不断深入。要使我国的经济实现三步走的战略目标，在21世纪迎接知识经济的挑战，唯一的、根本的出路是完善和发展国家创新系统，变潜在生产力为现实生产力，大力提高国家综合国力。江泽民同志指出：“创新是一个民族进步的灵魂，是一个国家兴旺发达的不竭动力”。要实现科技和经济的密切结合，经济的可持续发展，国家竞争力的提高，要实现产业的调整、升级和不断创新，必须坚持、发展并完善我国现有的创新系统，加强技术创新，发展高技术，实现产业化，必须从国家创新系统的角度出发来规划我国的经济科技体制改革和发展战略。

一、国家创新系统的基本概念

创新是一个从新思想的产生，到产品设计、试制、生产、营销和市场化的一系列的活动，也是知识的创造、转换和应用的过程。其实质是新技术的产生和商业应用。它既包括技术创新，又包括非技术创新，如管理创新、组织创新和服务领域的创新。

1. 国家创新系统是指一个国家内各有关部门和机构间相互作用而形成的推动创新的网络，是由经济和科技的组织机构组成的创新推动网络。

随着知识经济时代的来临，国际竞争的战线明显前移，以推动各种知识成果为核心的国家创新系统已成为提高综合国力的重要因素。竞争的层次已从企业上升到国家和政府一级的系统整合水平。

* 作者还有罗伟、方新、柳卸林、薛澜、王春法。

2. 创新系统概念的形成是一个演化与积累的过程。新古典经济学的代表马歇尔曾明确指出，知识是生产力中最强大的动力，而组织则帮助知识发挥作用。美藉奥地利经济学家熊彼特关于经济变革的动态理论，则更强调以要素的新组合为基础的各种创新在推动经济变革中的巨大作用。在其后的深入研究中经济学家们进一步发现，创新不是一个简单的从新思想的产生到科研机构的开发、中试，再由生产部门生产、营销部门营销的线性过程。它是企业内的研究开发部门、生产部门和营销部门，以及企业与企业外的研究开发机构、高等院校及其他企业互相作用的结果。不仅如此，政府、金融、法律、文化等因素也都是影响创新的重要变量。因而，对创新效率的考察，必须从系统整合的角度出发。而政府在创新系统中的作用十分重要。国家创新系统的概念正是1987年英国学者费里曼在研究日本的经济发展的基础上，发现日本的产业政策以及政府有关部门在日本创新中的重要作用而提出来的。90年代后，国家创新系统的研究成为许多国家和国际组织研究的课题和制订政策的基础。

3. 创新涉及新思想新发明的产生、产品设计、试制、生产、营销和市场化等一系列活动，涉及多个部门和组织。从国家创新系统的构成来说，企业、大学、科研机构、中介机构和政府部门是创新系统的主要组成部门。

近年来对国家创新系统的研究不仅关注企业的技术创新，更关注知识在国家经济发展中的作用，重视在国家层次上的知识的生产、传播和应用。国家创新系统的制度安排和网络结构是一个国家创新活动的重要决定因素，通过影响知识的生产，进而影响经济发展。这种结构是由产业界、科技界、政府在发展科学和技术中相互联系与交往而形成的。

（1）企业是创新的主体。首先，创新是一项与市场密切相关的活动，企业会在市场机制的激励下去从事创新。其次，根据新古典学派的创新理论，创新是指生产要素的重新组合，这种组合只有企业家通过市场来实现，这个作用是其他组织和个人无法替代的。再次，技术创新需要很多与产业有关的特定知识，它们是产业技术创新的基础。由于这些知识具有局域性，常带有产业或企业专有的特点，从而是科研机构难以提供。从基础知识向应用的转化需要很多新知识，如工艺、制造方面的知识，企业更具有这方面的供给优势。过去人们常以为，科学发现和技术发明可无成本地转化为商品。现在人们认识到，科研成果要转化为商品，还需要大量的工程化的知识，市场的知识。这些知识很多不是书本上的知识，而是在干中学、用中学的实践中积累的知识，是需要投入时间和资金才能获得的东西。

在技术创新中，科技型小企业与大企业同等重要。大企业具有较强大的资金和技术实力，使它们有能力从事产品创新与大规模的工艺创新；它所具有的比较完善的创新组织，又使其可以较容易地实施技术创新战略。而科技型小企业因机制灵活，创新动力大，一旦有资金帮助，会更愿意从事创新。当今许多微电子方面的大创新都是当时一些名不见经传的小企业发明出来的。微软、网景等公司的发展便是例证。值得指出的是，作为创新的主体的企业是指现代企业制度意义上的企业，它们具有创新的动力和能力，是创新投入、活动和收益的主体。

（2）科研机构和大学。科研机构和大学都是重要的技术创新源。在讨论对知识的生产、传播和使用的制度安排和结构时，一般将知识分成科学知识和技术知识两类。科学知识的特征是增加人类对客观世界的认识，一般没有直接的、特定的实用意义，是“公共产品”；但它是技术知识发展的基础，对国家社会经济发展和国家竞争活力有着深远的影响。由于科学知识与实际的生产应用往往有相当的距离，企业不能立即见到经济效益，因此它们对科学知识的生产兴趣不大。同时，为了使科学知识产生最大的公共利益，实现其社会目标，美国、日本和德国等国政府承担着大部分的科学知识研究与开发的投入，主要投入在基础研究和应用研究中，由大学和国立科研机构来执行。另外，企业也不同程度上开展自己的基础研究，其目的并不仅仅是要生产多少科学知识，而是要掌握该领域的发展动态，以抓住新出现的商业机会，例如AT & T公司的贝尔实验室。

知识经济时代的来临强化了科研机构、高校在国家创新系统的作用，因为企业的创新活动越来越依赖于它们生产的知识。

（3）教育培训。教育和培训是知识创造生产、应用以及传播的重要环节，其主要功能是传播知识、提供人才和提高人的素质。从根本上说，创新依赖于人的素质及创新思维能力的提高。没有一支高水平的人才队伍，新的知识难以创造，难以产生。没有宏大的高素质的劳动者队伍，难以掌握和运用新的知识和技术，技术成果也难以转化为现实生产力。况且，在知识不断更新的时代，只有对员工进行新技术知识的再培训，才能提高员工进行新产品开发和生产的能力。同时，从知识流动的角度看，教育和培训能通过人这个载体，使知识和技术向社会扩散。

（4）中介机构。中介机构是沟通知识流动尤其是科研部门与中小企业间知识流动的一个重要环节。各国都把这种中介机构的建设看作是政府推动知识和技术扩散的重要途径。

值得指出的是，创新系统是一个以市场为基础的资源配置系统，因为在确定从事什么创新、什么时候进行创新、以什么方式创新、给创新者以什么样的回报时，市场机制能为之提供信号，驱使企业在一定时候从事某种创新，这种信息不是随便能计划或规划的，不是个别政府官员能预测的，不是行政的方式能够及时作出反映的。只有处在市场竞争中的企业能够做到。但由于创新过程内在的技术的不确定性、市场的不确定性、权益分配的不确定性和政策环境的不确定性，以及市场机制在激励创新中的不完善、从而需要政府的一定程度的干预，需要政府负担起应负的责任并对相关的各项事务发挥重要影响，因而在国家创新系统中强调政府和市场机制的互补作用。对发展中国家而言尤其如此，因为这些国家的企业的创新能力低。政府可在为企业创新构筑良好的符合本国国情的政策法律环境和基础设施方面，以及通过政策、法规、计划、项目、采购、财政金融、服务等多种形式，影响、引导与干预创新活动中的作用与效率。

4. 国家创新系统是各国历史发展的产物。不管有意还是无意，受历史、政治和文化等因素的影响，每一个国家都会以不同的制度安排来推动创新系统的整合。这种差异性造成了创新系统多样性和系统效率上的差异。即使同是发达的市场经济国家，创新系统也各不同。

在发展中国家和新兴工业化国家，由于其市场机制不够完善，企业的创新能力比较薄弱，政府在推进创新中发挥了重要作用。韩国和日本的经济起飞过程一直是在政府的积极参预下实现的。

美国、英国和德国虽然在经济体制、社会环境和文化上有很大的不同，但是基本上都是以市场作为配置资源的基础的国家。在研究开发活动的投入和执行上有很多共性。主要有以下几点：研究开发投入占GDP的比重为2%～3%，资金投入较稳定，而且由于GDP基数较大，因此在研究开发活动中有充分的资金保障，促进了知识的生产、传播和应用，提高了国家竞争能力。从总体上来看，企业在研究开发投入和执行方面扮演主要角色，在投入方面占总投入的50%～70%，执行方面占60%～70%，主要侧重于应用研究和开发；在基础研究投入方面，政府承担绝大部分，大学和公共科研机构是主要执行机构。

各国在研究开发方面又各有特色，存在差异。各国政府在其研究开发投入中的社会目标上有差异，美国政府侧重支持国防方面的研究，而德国、日本政府更注重工业技术的研究与开发。另外在企业研究开发活动专业化方面，所选择的技术领域也不同。

总的说来，美国、日本和德国的国家创新系统是随着其经济的发展，经历了一段很长的历史而形成的，都属于成熟的市场经济条件下的国家创新系统模式。深入分析它们的创新系统的共性和个性，有利于从我国国情出发，依照经济和科学技术发展规律，完善和发展我国的面向社会主义市场经济，面向知识经济时代的国家创新系统。

二、完善和发展我国国家创新系统加强技术创新，发展高技术，实现产业化的迫切性与必要性

1. 完善和发展国家创新系统加强技术创新，发展高技术，实现产业化是国际竞争的需要。国家之间综合国力的竞争取代了传统的军事对抗，经济竞争的焦点从生产、市场向研究开发、知识创新前移，政府的宏观指导和组织功能在国家创新系统中显示出巨大重要的作用。

(1) 经济全球化趋势持续发展，世界科技进步一日千里，综合国力竞争日趋激烈。国家之间的竞争已经更多地表现为国家整体创新水平的竞争。东南亚金融危机表明，国家安全的含义决不仅仅限于军事领域，而且还包括经济领域、技术领域，经济安全已经上升到与军事安全具有同等重要、在某些情况下甚至更为重要的地位。传统的国际竞争概念已经不能涵盖国家安全的全部内容，国家之间的竞争已经由政治军事竞争发展为综合国力的竞争，国家创新系统的完善和发展，是提高综合国力的至关重要的因素。

(2) 随着知识经济时代的到来，国际竞争的战线明显前移。在工业经济时代，企业之间乃至国家之间的竞争是建立在自然资源和资本资源的基础之上的，谁拥有更多更好的自然资源和更多的资本，谁就会在国际经济竞争中占据优势地位。竞争的焦点是以自然资源为基础的产品品种及其质量。然而，在知识经济时代，企业之间乃至国家之间的竞争是建立在知识资源的基础之上的，知识的无国界性和无限供应性以及非独占性这三个特点又决定了知识经济必然是一种全球经济。在这种情况下，国际竞争的焦点不再是各种生产活动的最终产品，而是各种知识活动的成果，竞争的战线已经前移到产品的研究开发阶段乃至基础研究阶段。

(3) 由于综合国力竞争的主体是国家，其实质是国家总体实力的较量，竞争的层次由企业一级上升到国家一级，因而是一种更为广泛、更为激烈的竞争。在这种情况下，创新的主体虽然是企业，但企业担负不起系统整合的作用，而必须发挥政府的组织功能。政府以其特有的职能从总体上加强对于科学技术知识

的生产、扩散及其应用的规划和指导。正是在这样一个意义上，关注的重点不再仅是以企业为主体的创新，而且扩展到国家层次上的国家创新系统。

(4) 当今世界是国际经济一体化不断加快的时代，我国正在建设的社会主义市场经济既是国际经济的重要组成部分，又受到国际政治经济格局的影响。在这样一种背景下强调国家创新系统的作用具有十分重要的意义。

2. 完善和发展国家创新系统加强技术创新，发展高技术，实现产业化是国家经济发展和实现三步走战略的需要，是促进科技与经济结合的需要。在党的领导下，经过全国人民的努力奋斗，我们初步实现了小平同志提出的三步走战略的前两步目标，正在开始实施第三步战略。第三步战略的目标是要“达到中等发达国家水平”，这是一个更加开放的、动态的指标，因而也是一个更加艰巨的任务。

国际比较研究表明，经济发展的不同阶段对科学技术特别是本国科学技术的需求是不同的。发展中国家在人均GNP1000美元以下时，一般处于技术引进、仿制为主的阶段，其研究开发经费占GNP的比例不足1%（如目前我国和印度、巴西、马来西亚等国）；而在1000美元以上时则进入以技术的消化、吸收、改进为主的阶段，研究开发经费占GNP的比例往往超过1%（如日本在60年代，韩国在80年代）；在以创新技术为主阶段，则研究开发经费一般超过GNP比例的2%（现在大部分发达国家，以及日本、韩国便如此）。我国目前正进入以消化、吸收、改进为主的阶段。到21世纪初，特别是到2010年，按中央的要求，国民生产总值要比2000年翻两番，也就是说，届时的经济增长将主要依靠技术创新。这就要求我们不仅关注经济发展在当前阶段对科技的需求，还必须考虑到科学技术的长远发展，以便能够为经济发展提供切实的、持续的支撑。

3. 我国正处在社会主义市场经济的初级阶段，市场机制正在建设和发展之中，因此，更需要政府的宏观指导和政策投入，强化对创新的支持，以提高创新的效率。

总之，国家创新系统的完善与发展加强技术创新，发展高技术，实现产业化，能为我国的经济与科技体制改革带来新思路；能为解决我国的科技与经济紧密给合提供有效途径方法；能为我国的综合创新能力提高提供制度保障与技术基础；最终将有助于提高中国产业的素质和国际竞争力。

三、我国国家创新系统存在的问题

考察国家创新系统的效率可从制度安排和政策选择着手，即：①能否解决创新主体的激励机制；②能否解决创新中的市场失效；③能否加强创新各环节之间的系统整合。

经过50年的建设，特别是近20年的改革开放，我国的国家创新系统已初具规模，在繁荣科技、培育人才、发展经济、保卫国防等方面都为国家作出了积极的贡献。我国的研究开发人员居世界第二位，企业研究开发人员居第四位，科技竞争能力居于发展中国家的中上水平。就各个子系统而言，都已有可观的力量并取得了较好的成绩，但是从系统整合的角度分析，尚存在以下问题。

1. 政府与市场在创新中的互动关系尚未确立起来。这主要是由于我国还处在由传统的计划体制向社会主义市场经济过渡的阶段，市场关系尚未完善，而传统的计划体制的惯性还在起作用。主要表现在政府在有些方面仍干预过多，尚不能自如地行使宏观调控职能；市场在配置资源（创新过程中各相关生产要素）方面尚显得乏力；市场需求的拉力不足，而政府的推力又未能很好地起到作用。

2. 企业作为技术创新主体的地位尚未真正确立。对国有企业而言，由于产权不清晰，管理体系不健全，企业缺乏创新的动力和相应的实力。在过去几年中，企业对创新的投入没有较大幅度的提高，企业的技术开发能力也比较薄弱，多数企业没有形成自己的核心技术能力，创新的组织机制也不完善。全国大中型企业的研究开发经费只占销售额的0.3%，即使高技术企业也只占0.6%。这个比例不到发达国家的1/10。从全国研究开发经费的来源看，50%来自政府，只有35%来自企业。从研究开发的执行看，40%～50%在科研院所，企业只占30%。

3. 我国的科技体制改革已经取得很大成绩。但主要是解决科研院所的问题，还没有来得及研究解决高层次（包括国家层次）上科技与经济结合的体制问题。由于部门之间分工不同，各司其职，相互衔接、协调的“结合部”的问题尚未很好解决。政府各部门的科技计划缺乏衔接，资源配置缺乏协调。

4. 技术创新涉及多个环节、多个部门。在部门内部已经形成了相当的力量，但官产学或产学研之间缺乏密切合作，没有形成合力。从创新过程来说，突出的问题是各个环节之间相互脱节，没有形成有效运行的系统。

5. 技术改造、技术引进和技术创新脱节。技术改造和引进是发展中国家企业技术能力提高的重要手段，也是我国政府面向企业技术能力提高最大的资源投入。日本等国的发展表明，技术改造、技术引进必须和技术创新结合起来，才能实现企业从依赖外国技术向提高自主开发能力的转变。而我国长期的三者脱节，加上国内工业研究与开发经费同技术引进金额不成比例(1995年为1:12)，使企业的技术创新能力不能随企业的经济实力的增强而增强。在技术改造中，由于企业可获得较优惠的政策贷款，可从国外买先进技术，造成大企业的技术进步基本上与科研部门无关。许多国内已有能力的技术仍从国外进口重复引进的局面。从科技角度看，国家的一些重大科技计划，主要是面向科研机构，对企业的影响有限，企业参与的比例很少。

6. 加速科研成果转化和提高广大中小企业技术能力的重要途径之一是建设中介机构。但我国现有的创新系统中的中介机构和支撑服务体系还很薄弱，不能满足企业技术创新的需要。

7. 创新系统各要素相互作用的外部环境还很不理想。作为知识载体的人的流动仍有许多障碍（如工资、住房、社会保障体系等），风险资金没有建立，对科技型企业的融资常有许多限制，等等。

四、完善和发展我国创新系统加强技术创新，发展高技术，实现产业化的措施

国家创新系统的发展和完善，加强技术创新，发展高技术，实现产业化，必须以市场机制为基础，以确立起创新的激励机制，发挥企业的创新能动性，逐步使企业成为技术创新的主体。但我国目前仍处在社会主义初级阶段，市场发育仍不完善，企业创新能力不强，在此情况下，政府对技术创新的引导和扶持是十分必要的。即使市场经济体系比较完善，政府在国家创新系统中的作用仍至关重要。这种作用主要表现在三个方面：一是完善并运用市场机制的作用，促进企业的技术创新；二是组织和协调创新系统中各部门和组织的相互关系，各种功能的相互关系；三是提出国家创新战略的目标，并引导和吸收各方面力量为实现国家战略目标而努力。

科技部作为主管科技工作的国务院组成部门，应在国家创新系统的建设中，在国家创新目标的制订和实施中发挥重要作用。

1. 完善与发展国家创新系统加强技术创新，发展高技术，实现产业化的原则。

（1）市场机制的原则。国家创新系统的发展和完善加强技术创新，发展高技术，实现产业化必须以市场机制为基本原则。以确立起创新的激励机制、发挥企业的创新能动性，逐步使企业成为技术创新的主体。我国处在社会主义的初级阶段，市场发育还不完善，因此，加快市场化进程的改革是完善国家创新系统的重要内容。

（2）政府引导、扶持的原则。在我国市场机制不完善和企业技术创新能力较弱的现状下，政府对技术创新的引导和扶持是必需的。即使市场经济体系较完善，政府的创新引导作用仍至关重要。

（3）开放的原则。在经济全球化的背景下，一国的创新系统必须是开放的。

2. 我国国家创新系统的目标。我国的国家创新系统应该建成一个以社会主义市场经济为基础，以企业为主体、市场为导向、应用为目的、创新为核心、政府职能转变为关键的体制，推动科技、教育与经济的整合，促进科技进步与经济增长，增强国家的创新能力和国际竞争力。在知识经济的背景下，国家创新系统更明确的目标是推动知识的创造、传播和使用，推动高技术产业化，并用以改造传统产业的水平。

3. 制度安排及深化改革。体制改革（包括经济科技体制改革、政府职能调整）和政策完善是完善我国创新系统的基本措施。经济科技体制改革和政府职能调整是发展国家创新系统的关键。因此，制度安排的目的以解决系统失效为主，市场失效为辅。政策的完善则以解决创新的市场失效为主，解决系统失效为辅。

充分发挥政府与市场在推动创新中的互补作用。完善市场机制的建设，推动企业成为技术创新的主体应是当前政府工作的重点。政府在市场机制下的作用点应该是创新的市场失效点、系统失效点。应以一定的方式扶持、引导技术创新。加强各部委在创新中的分工和职能协调。使技术改造、技术引进与科技计划有机地集成起来。

（1）转变政府职能。从直接组织创新项目、干预企业技术创新为主转向以宏观调控、政策引导、创造环境、提供服务为主。政府部门要进一步明确职责，理顺管理体制，努力做好规划指导、财力支撑、政策激励、培育市场、提供保护、聚集人才、综合服务等方面的工作，强化政府的指导作用。

（2）经济体制改革。确立企业是技术创新主体的关键是加快经济体制改革，建立适应市场经济发展规律的企业制度，培育市场，使市场在创新资源配置中起主导作用，使企业成为有创新动力的企业，成为创新投资、决策和收益的主体。

（3）科技体制改革。要合理配置科技资源。对科研机构进行分类管理，确定适当的公共研究机构的规模，充分发挥公共研究机构在实现国家创新目标中的主导作用，以及在产学研合作体系中的积极作用。要充分发挥高等学校在知识生产中的重要作用。要鼓励发展非盈利性科研社会组织，削减独立的从事应用开发的机构数量。把更多的研究活动导向创新活动。促使更多的科学家和工程师转移到企业组织中去从事研究开发活动。

(4) 教育体制改革。教育一方面要在学校加强学生创新能力的教育。一方面应加强面向企业的技术培训计划。再者，应使课程设计更好地满足企业的需要。

(5) 区域基础。区域创新系统的建设是国家创新系统建设的基础和重要内容。要发挥地方在区域创新系统建设中的能动性，用创新系统推动区域经济的发展。

(6) 中介机构。加大对生产力促进中心等中介机构的投资和建设，充分发挥各种社会组织的中介职能，充分运用信息基础设施在获得和传播知识与技术中的作用。在科技与经济部门之间架起桥梁，推动新技术的扩散。

(7) 创新与文化。文化是创新的基础。应把中华民族的创新精神的培育放在重要的位置上。中国传统的文化既有利于创新的一面，又有不利于创新的一面。我们应继承发扬有利于创新的文化遗产，并吸收世界各国进步文化的营养。

4. 完善国家创新系统加强技术创新，发展高技术，实现产业化的政策措施。要充分利用政府的政策工具。各项政策要有利于社会主义市场体系的完善，有利于产学研合作，有利于实现国家战略目标和提高国家的竞争力。政策制定过程中要采用堵和疏双管齐下的方针，堵住传统计划经济的惯性及残余，疏导社会主义市场经济的通道和途径。

(1) 财政激励政策。由于研究开发本身是重要的创新源，并且具有溢出效应，因此，各国政府都对研究开发，尤其是基础研究给予财政支持。政府对于创新系统的财政刺激主要是针对企业和有关部门的研究开发活动，财政激励政策分为研究开发的补贴与税收优惠两大类。补贴主要支持特定企业尤其是高技术企业的研究开发活动，税收优惠则主要是为从事技术活动的企业提供单一的非歧视性的税收减免优惠，因而是一项普惠性间接影响创新的政府资助形式。我国应加强这两方面的激励政策。一是要加大对创新的投入，特别是加强对市场失效或低效的领域如基础研究、战略性研究项目和教育的投入；二是改变现行的由承担单位提供配套资金的做法，改为政府对企业的创新项目给予补贴；三是对于增加研究开发投入的企业、对应用新技术开发新产品的企业、对产学研合作等给予税收优惠，对于高技术企业应减收增值税，对于非营利机构要减免非经营资产转为经营资产的国有资产占用税和所得税，以推动科研机构和高等院校等事业单位的改制。

(2) 金融政策。政府激励创新的金融政策要着重解决创新风险分担和新建科技企业的融资问题。除在经常性的贷款项目中要对创新有所倾斜之外，要特别注意建设风险投资机制。风险资本以长期股权投资的形式提供给企业的建立、扩张和收购活动，分担企业创业和创新的风险。它在推动高新技术产业化及高新技术企业创业方面的作用已被世界各国所承认。在美国，允许退休基金、保险基金和个人基金等涉足风险投资，允许小型高技术企业的股票上市，使美国形成了世界上最好的风险投资产业，大大促进了美国的高技术创新和高技术产业的发展。政府推动风险资金的最重要的措施是在股市上降低高技术企业上市的门坎，设立第二板块，完善风险资本的退出机制。政府还应设立创业与创新基金，其主要作用一是作为创新项目的“种子资金”，二是扶植高技术小企业的创业，三是为企业创新项目的贷款提供担保。

(3) 政府采购政策。政府采购是影响创新方向和速度的重要政策工具，它可以有效地降低创新企业进入市场的风险。采购决策通过价格、数量、标准和交货期等都对创新有影响。

政府采购实施的对象主要是处于产品或产业生命周期早期阶段的创新以及政府是新产品（服务）的最终使用者的创新项目。政府采购的方式包括预付定购金、以略高于成本和进口货的价格收购等。这类采购要有严格的技术标准，要坚持平等、公开的原则。

(4) 知识产权保护政策。随着知识在经济发展中作用的加强，原有的以专利为核心的知识产权保护措施已显得有些不得力。政府应出台更强有力的知识产权保护措施，以维护持有者的权益。同时，政府应对国家出台的有关知识产权的法律法规如成果转让法等制订实施细则，加强其可操作性。当前要特别注意对发明人的激励，以及对发明人合法权益的保护，并鼓励到国外申请专利。此外，政府应关注专利的实施工作，以更好地发挥专利等知识产权在经济发展中的重要作用。

(5) 中小企业政策。中小企业尤其是民营科技企业是最活跃的创新群体，在国家创新系统中具有重要作用。它比大企业有更大的平均创新能力，提供更多的就业机会，经常能够成为新的经济增长点。常见的推动中小企业的措施有：政府融资、风险资金、项目支持、信贷担保等。要鼓励中小企业在创新中建立战略合作关系。

(6) 人才政策。人才是知识的主要载体，是创新的决定要素。为推动技术创新，当前要特别注意培养一大批懂科技、会管理、善经营的企业家。可考虑稳定、引进、培养三管齐下：稳定现有科学家队伍，从工资报酬、住房、福利、职称等多方面给予支持，鼓励他们投入创业与创新活动；在国际上有计划有重点地广揽人才，吸引一批复合型人才充实到创新活动中，为创新注入新的活力；建立产学研合作培育人才的新机制。当前还应加强鼓励人才流动的政策，科技部、教育部、中国科学院、中国社会科学院都已出台了许多吸引人才的政策，但国家还没有面向全国的相应政策，在体制改革日益深入的今天，尽快出台此类政策是适宜的。

(7) 鼓励创新主体间合作的政策。各路科技大军的组成人员都是中华民族的宝贵财富，应打破条块分割，拆除产学研之间、各部门之间以及中央和地方之间的蕃篱，加强创新系统的整体集成。为此，应出台使各部门的计划在创新系统的基础上集成的政策，鼓励通过创新改造传统产业、促进地方经济发展，鼓励技术改造、技术引进和科技计划的集成，如规定大的科技计划必须有企业的参预，大的技术改造和引进的计划必须有科技部门的参与，制定大规模的产学研合作创新计划以及大规模的产学研教合作创新计划。

(8) 产业政策。在知识经济时代，建设国家创新系统的重要方面是通过产业政策以推动高技术产业的发展和实现传统产业的知识化。它们是国家创新体系建设中产业层次上的重要内容。现各地都有针对高新技术产业的特殊政策，应注意利用高技术、信息技术提高传统产业的创新能力和竞争力，促进国有大中企业的改革。

(9) 鼓励创新国际合作的政策。随着经济全球化步伐的加快，知识的国际流动量在不断增加。产品从创新到在国际市场上流通的时间不断在缩小。我们应该利用这一趋势，以缩短与发达国家的距离。首先，应通过政策，鼓励科研部门、企业及高校开展国际合作。其次，要采取特殊政策，吸引在国外高技术企业的海外华人回国办企业，成为企业家，报效祖国。第三，中国的企业也要走出国门，在海外办合资企业，以学习国际上的经验，提高国际市场的占有率。

中国金融体制改革已到进一步深化阶段

赵海宽

中国的金融体制改革，同整个经济体制改革一样，已进行了二十个年头，取得了巨大的成绩和丰富的经验，现在已进入了进一步深化的阶段。

一、前二十年的改革过程

二十年来，中国的金融体制改革过程，可以划分为以下三个阶段：

1979到1987年的大发展阶段。在这一阶段，改变了改革前只有人民银行一家银行的状况，初步建成了一个以人民（中央）银行为核心，几家国有大银行为主体，其他金融机构为补充的金融系统；打破了银行只能发放流动资金贷款的老框框，开始发放固定资产贷款、科技贷款等等；又改变了所有资金只能按照国家计划运行的体制，初步放开了金融市场。

1988到1993年的巩固提高阶段。这一阶段对已实行的改革进行了一些整顿，例如停办违规的同业拆借，克服了乱用拆借资金的现象；实现限额管理，在信贷资金使用上弱化了经济手段，加强了指令性计划。但也新采取了一些突破性改革措施，1990年11月和1991年7月，先后开放了上海和深圳证券交易所，使我国的金融市场大大向前跨进了一步。

1994年以后进入深化改革阶段。进入这一阶段以后已实现了外汇汇率并轨，人民币经常项目可自由兑换；成立了国家开发银行、进出口信贷银行、农业发展银行等三家政策性银行；中央银行对财政停止透支；把大部分城市信用社改组为城市商业银行；在信贷资金掌握方面，取消了限额管理，实行了资产负债比例管理等等。

总之，在这二十年中，我国金融业已发生了巨大的变化，面貌从根本上得到了改观。

二、二十年改革的主要经验

二十年来，中国的金融体制改革已取得丰富的经验，其中主要的有以下几条：

1. 承认市场经济的共性，大胆引进外国银行的作法。我国经济改革的目标是建立社会主义市场经济体制。社会主义市场经济是市场经济的一种类型，自然同一般的市场经济存在着共性，特别在微观经济领域更是如此。这就是说，市场经济国家的银行的许多作法，我国可以借鉴和参考。根据改革的需要，结合我国实际情况，引进这些国家的银行的某些作法，可以避免从头开始探索，取得事半功倍的效果。我国金融体制改革，所以能在短短二十年内取得如此巨大的成就，除了重视总结我国银行业自身的经验，解放思想，大胆创新外，就是因为我们已从市场经济国家的银行创造性地吸收了许多作法。例如，我们实行了的中央银行制度、金融市场制度、银行参与宏观经济调控的手段等等，就是从市场经济国家引进，结合我国情况，略加修改后实行的。今后我国金融业还需深化改革，并积极创造条件走上国际市场，重视吸收国外作法，具有更加重要的意义。

2. 金融体制改革同经济体制改革必需同步配套进行。金融体制改革相对于经济体制改革，应该超前、稍后、还是同步，是我国理论界曾经讨论很长时间的一个问题。20年的事实已经证明，超前和稍后都会对改革和经济发展带来损失，只有同步进行才能协调配合，加快经济的改革和发展。1988至1993年期间，为了有效治理通货膨胀，加强了指令性计划，实行了限额管理，整顿了同业拆借，金融体制改革处于巩固阶段，前进步伐放慢，对当时经济体制改革的进展带来一些致约。经济理论界不少人批评银行是“经济改革的卡脖子部位”，“是就地打转转”“拉了整个经济体制改革的后腿”。中共十四届三中全会，特别是中共十五大以后，我国的金融体制改革步伐加快，而国有企业的改革相对较慢，又明显阻碍着金融体制和整个经济体制改革的进展。今年银行取消信贷资金的限额管理，决定运用经济手段进行宏观调控。然而由于国有企业营运机制改进不大，亏损企业较多，对这些企业的贷款到期收回无保障，很难按照经济原则正常发放和收回贷款，银行贷款实际上仍然没能完全摆脱行政手段的影响。同理，金融体系内部各部分的改革，也应该同步配套进行。在党的十五大之后，中国人民银行向规范的中央银行前进的步伐大大加快，而国有大银行向商业银行推进的速度却相对慢些，致在宏观经济政策传导方面出现了不协调现象。今年人民银行几次降低贷款利率，促进商业银行增加贷款，扩大国内市场需求，然而国有大银行的贷款一度还是增加不快。这固然反映这些银行担心贷款收不回来，增加不良资产，但也在一定程度上说明它们增加贷款和增加利润的积极性还不够高。当前对银行人员自身来说，增加贷款的好处不明显，而增加不良资产却可能遭受批评。

3. 稳步掌握金融对外开放进度。随着市场经济的迅速发展，各国在经济上的联系日益密切，出现了全球经济一体化的趋势。然而亚洲金融危机说明，实现一体化必需具备条件。在当前国家之间贫富悬殊很大，富国、强国总想控制或左右贫国、弱国，且无一个能够代表各国利益、有权在世界范围进行宏观调控和监管的国际金融或经济机构的情况下，如实行全球经济一体化，只能弱肉强食，给少数超级富国从本国利益出发，主宰世界铺平道路。这次亚洲金融危机前，一些国家过早实行资本项下自由兑换，放弃对国际投机资本的警惕，为拥有巨额资本的国际投机家，来本国兴风作浪，大捞好处打开大门，结果成了这次危机的暴发点。这些教训，对我国考虑实行资本项下自由兑换和其他有关国际金融问题，具有很大现实意义。

4. 必需坚持稳定货币的政策。我国改革开放以来的事实说明，只有实现币值稳定，才能顺利进行经济和金融体制改革。20年来我国的货币市场在多数年份是稳定的，但也出现过几次通货膨胀。每次通货膨胀都对经济和金融体制改革带来不利的影响。例如，1988年后我国一度对金融体制改革进行的整顿，重要原因之一，就是当时出现了比较严重的通货膨胀。这也是需要记取的重要经验。

三、金融体制改革已进入更加深化阶段

在1997年召开的中国共产党第十五次全国代表大会之后，同经济体制改革同步，中国的金融体制改革也开始向更加深入方向展开，正在进行和今后需要进行的改革主要有以下几个方面：

1. 把人民银行进一步建成规范的中央银行。近年来人民银行的改革进度比较快，1988年初在信贷资金方面，已经取消限额管理，放弃指令性计划，改用经济手段进行调控；在内部管理方面，彻底同附属的经营性企业脱钩。特别重要的是，从1988年11月起，根据党中央和国务院的决定，开始大刀阔斧地改革机构设置，主要为撤消原省、市、自治区分行，新设上海、天津等9个区分行。这样，在大框架方面我国人民银行就已接近规范的中央银行。今后除应最后完成机构调整任务，加快新机构同各方面关系的磨合，建立新的工作制度，发挥新机构体制的优点，把中央银行的宏观经济调控工作进一步搞好外，必需花更大力气加强金融监管。

金融监管的加强，既要强化组织工作，又要深化经济改革。应促进国有企业尽快实现现代企业制度，改革营运机制，改善经营管理，彻底消除新的亏损。已形成的损失，如无法通过改善经营管理解决，则应通过倒闭等形式由企业的所有者承担，再绝不能把这些损失推给贷款银行。国有商业银行也要进一步深化改革，建立能自身解决经营风险和损失的机制。要使全社会都明白，银行自身是没有最终承担风险的能力的。如社会有关方面把不应由商业银行承担的损失推给商业银行，国有商业大银行一旦因此出现支付困难，中央银行又不能不救助。而中央银行的救助办法就是通过增发货币把这些损失再返还全社会。这种把损失由社会推给银行，又由银行推给社会的作法，不但形成不合理分担损失的状况，而且由于造成损失者不承担应有的损失，不能形成改善经营管理的压力，不利于经营管理的改善。特别可能形成通货膨胀，造成社

会经济活动混乱，给经济发展带来严重损害，甚至引发社会和政治危机。

2. 积极创造条件，对国有大银行试行股份制。把国有大银行改革为社会主义商业银行，一直是我国金融体制改革，乃至经济体制改革的一项重要内容。国家在这方面已采取了不少措施，例如试行资产负债比例管理；成立监事会；充实资本金；试行贷款质量按正常、关注、次级、可疑、损失五类划分办法等。

然而，同党的“十五大”提出的改革目标相比，国有大银行的改革深度还是远远不够的，许多问题还没有解决。例如，在管理体制上政企尚未分开，国有大银行还没有真正的自主权，有时还要发放一部分政策性贷款；多年积累的不良资产尚未解决，且还在产生新的；来自出资人的压力不大，经营管理改善慢，业务活力和创新能力不够强等等。这些都可能同国有大银行，至今在所有制实现形式方面，没有什么突破有关。因此，国有大银行也可考虑试行股份制，以便有力地把国有大银行的改革再向前推进一步。

国有大银行试行股份制，首先有利于企业改善经营管理。法人和个人购买股票，目的是为了赚取股利。在实行规范的股份制情况下，他们会利用股东拥有的各种权利和手段，迫使入股银行改善经营管理，最大限度地增加利润。其次有利于大银行政企分开。试行了股份制，银行归股东所有，国家虽然可以处于控股地位，掌握这些银行的发展方向，但在具体业务活动方面，再不能直接下达指令，过多干预。再次还可以充实资本金，处理一部分不良资产。国有大银行是我国银行业的主体，创利能力很强，如试行股份制，发行股票，必然可以大幅度溢价售出，筹到巨额股本金。这样，不仅资本金不足的问题自然解决，而且还可以冲销该由银行自身负责的那部分不良资产。用发行股票款冲销不良资产，是不是损害了股东的利益？不是的。银行股票能够出卖，甚至溢价出卖，说明银行的创利能力强，股民们对银行的业务和财务前景抱有信心，而银行的这种创利能力，是其成立以来长期建设的成果。过去形成的应由银行负责的这部分不良资产，是银行形成现有创利能力的代价，或称成本，用发行股票款冲销，是理所当然的。冲销这部分不良资产，使银行轻装前进，更快改善经营管理，归根结底增加了股东的利益。

国有大银行试行股份制，要稳步前进，不能太急，更不能一哄而起。应找一家条件适当的银行，先试行一年或二年，经认真总结，确认利大于弊，有利于我国社会主义金融事业的发展，再考虑第二家。如果试行结果不利于我国金融业的发展，即可停办。同时只能试行国家控股的股份制。试行时要先提出需要的资本金总额。再彻底进行清产核资，搞清该银行的国有资产数额，包括流动资金、固定资金、历年提留公积金和其他应属于国家的资产，还要合理考虑无形资产，并全部转作国家股金。国家股金应达资本金总额的51%，最少不低于40%。如原在该行的国有资产达不到这个数额，应由国家财政拨足；如财政难以做到，则应调低资本金总额，使国有股金达到这个比例。此外的资本金通过发行股票筹集。要试行规范的股份制，充分发挥股东代表大会的作用，使其真正有权决定本行领导人员的任用、业务方针和利润分配等重大问题。要确认股东是本行的所有者，领导人员的工作、全行业务活动，都得要为他们的利益负责。在股东代表大会上，国家股代表要尊重其他股东，除重大原则问题，如关系到银行性质和贯彻执行国家宏观经济政策等问题，要发挥控股权作用外，在其他问题上，应尽可能听取和尊重其他股东的意见。还可考虑由国家明确规定，哪些问题国家股代表使用控股权，哪些问题不使用控股权，以便使本行尽快转上以利润为动力的发展轨道。

国有大银行试行股份制，国有资产会不会流失？这是不会的。本来国家在银行的资产，考虑到不良资产会形成的损失，实际已经不多。试行股份制，国家原有资产不但仍属国家所有，且因用发行股票获得资金，冲销了该由银行自身负责的不良资产损失而得到保全。更重要的是，国家处于控股地位，通过发行股票筹得的资金，也在国家控制之下，扩大了国有资本的支配范围。还有，国有大银行试行股份制会不会削弱国家宏观经济调控能力？不但不会削弱还可能得到加强。中共“十五大”确定，今后主要用经济手段进行宏观经济调控，即主要用影响商业银行和企业经济利益的手段进行调控。国有大银行转化为股份制商业银行后，更加重视利润，从而对国家的宏观经济调控措施也会更加主动执行。那么会不会减少国家财政收入？实行股份制，法人股东和个人股东都要参与分红，在实行初期，可能使国家财政从银行的收入减少一些。然而这些股东的股金，大部分是银行存款转过来的，银行在增加股息支出的同时，却减少了存款利息的支出，国家财政和国家股的收入不会减少很多。特别从发展来看，银行实行股份制后，经营管理改善，成本降低，业务扩大，国家能够得到的收入，比实行股份制前一定会更多，更稳定。

3. 把农村信用社改组为真正的合作金融组织。即要把农村信用社改组为主要由农民和农村集体经济组织入股，为入股社员服务，由社员民主管理的金融组织。可根据当地经济情况，适当增加社员入股金额。应建立和健全社员代表大会、理事会、监视会制度。

社员代表大会是信用社的最高权力机构，理事会和监视会应由社员代表大会产生，领导班子应由理事会提名、社员代表大会通过、报人民银行批准。社员代表大会决定问题时，每个社员享有一票投票权。实行资产负债比例管理。在贷款和利率方面对社员进行一定的优惠，社员贷款应占全部贷款的50%以上。同时要以县为单位成立联社，由辖区信用社入股组成，为信用社服务，由信用社民主管理。

4. 进一步开放和规范金融市场。我国现在的金融市场有许多方面需要提高和改革，这里只能提出几个最重要的改革设想：首先应严格审查和掌握上市的股票。坚决取消分配指标，按指标上市的作法。申请股票上市的公司，一定要如实申报和公布财务和经营状况，绝对不允许弄虚作假，不符合条件的特别是发行企业有亏损的不能上市。其次，逐步创造条件统一股票市场，应有步骤地批准法人股、国家股上市，打通a股b股市场，建立所有股票统一的股票市场。再次，尽快贯彻《证券法》，所有证券交易活动都要依法办事；规范各种有关的服务机构，大大提高服务质量；增加机构投资者，提高证券交易水平。

5. 积极稳妥地实现人民币资本项下自由兑换。人民币在资本项上实行自由兑换是金融体制改革的目标之一，要积极创造条件争取尽早实现。需要创造的条件就是，经济实力进一步强大，国际金融活动经验更加丰富，且拥有一批能熟练进行国际金融业务操作、精通国际金融活动策略的银行工作人员。具备了这些条件，人民币不但应该实现自由兑换，而且应该逐步发展为重要的世界货币之一。

（作者所在单位：中国人民银行金融研究所）

关于确保金融安全与金融发展的十点建议

萧 灼 基

在经济市场化和全球化进程中，确保金融安全与金融发展是一项长期的任务。为此，谨提出以下建议：

第一，把金融发展放在首位。金融是现代经济的核心，金融与经济的发展是维护金融安全的基础。在东南亚金融危机中，我国金融市场基本未受国际投机资本的直接冲击，人民币汇率稳定，股市平稳发展，经济继续保持增长的势头，其原因是多方面的，但最主要、最基本的原因是我国改革开放以来，经济快速发展，金融实力不断壮大，外汇储备达到创记录的1400多亿美元。如果金融市场的发展，没有强大经济实力，没有金融发展过程中积累起来的金融监管经验和能力，后果不堪设想。“发展才是硬道理”。金融必须发展，而且必须把发展放在首位。只有金融发展，才能支持经济持续快速发展，才能增强防范和抵御金融风险的实力。不发展就是最大的不安全。把金融发展放在首位就是从根本上维护金融安全。

第二，适度放松货币政策。几年来，我国实行适度从紧的货币政策，对于抑制一个时期投资过热、增速过快的情况，起到了良好的作用。适度从紧的货币政策，作为长期的战略方针是可取的，但并不排除根据国民经济情况变化作适当调整。针对1998年有效需求不足的现实，政府适时适度放松货币政策，对推动经济增长发挥了积极作用。根据当前有效需求仍然不足，市场疲软，投资不旺的情况，1999年仍需继续放松货币政策。一是适当增加基础货币投放，保持货币信贷的适度增长，在灵活运用利率、再贷款、再贴现、公开市场操作、存款准备金等政策工具的同时，重点规划调控好基础货币投放，确保基础货币的合理增幅；二是及时解决商业银行和农村信用社出现的临时性、季节性资金需要，增加货币流通量；三是既要坚持信贷原则，保证贷款质量，又要采取更加灵活的措施，保持必要的贷款规模，避免出现通货紧缩；四是对一些大型项目，组织银团贷款，这样既可分散风险，又能增加贷款规模；五是进一步从体制上和观念上解决银行“惜贷”、“怕贷”现象，鼓励银行对产品有市场、有经济效益、有开发潜力、有还贷能力的企业增加贷款，促其发展。

第三，灵活运用利率杠杆。这是宏观调控的重要手段。从1996年5月以来，我国先后七次调低存贷款利率。当前实际利率水平与企业净资产收益比较，与许多发达国家和发展中国家（地区）比较，仍属偏高，所以老百姓还是愿意存款。为了降低企业财务成本，支持固定资产投资，刺激有效需求，改善个人金融资产结构，推动经济增长，当前仍有调低利率的空间。在运用利率杠杆时，要做好“适度”的文章。从我国实际情况出发，每次利率调整幅度以1%左右、实际利率保持在3%～5%比较适当。

第四，支持中小企业发展。中小企业具有较强的适应市场变动的能力。国内外经验证明，发展中小企业，是我国保持经济持续快速增长的重要途径。当前融资体制障碍和金融支持力度不够是制约中小企业发展的主要因素。一要根据中小企业的特点，建立专门的金融机构或在金融机构中设立专门为中小企业服务的融资部门。城市商业银行和城市信用社要把城市中小企业作为主要支持对象；二是要成立中小企业贷款担保机构和中小企业信用担保基金；三是建立中小企业发展基金，为中小企业开发新产品和新技术提供贷款贴息；四是设立创业投资基金和风险投资基金，为中小企业尤其是投资风险较大的高新技术产业提供资金来源。

第五，发展消费信贷。当前，有效需求不足是消费品市场的主要特点。国内外经验表明，发展消费信贷，是刺激消费的重要措施，也是改善金融机构信贷结构、降低金融风险的重要方式。当前要继续积极地从观念上、政策上、体制上推广消费信贷。一是要改变人们的消费观念，鼓励有条件的居民敢于从持币购物转为负债购物；二是住房、汽车的贷款要从贷给生产者为主转为贷给消费者为主，通过消费促进生产；三是大力试办城市耐用消费品信贷；四是把消费信贷从城市推向十分广阔、很有潜力的农村消费信贷市场；五是要在税收政策上给予一定优惠，鼓励金融机构发展消费信贷。

第六，协调货币市场与资本市场的关系。货币市场与资本市场，是金融市场的两个密切联系、相辅相成的市场。从当前情况出发，我们既要反对银行资金无序、违规进入资本市场，也要防止把两个市场分隔开来。为了维护金融市场的平稳发展，特别是维护资本市场的平稳发展，货币市场和资本市场必须协调。一是在禁止银行资金违规进入证券市场的同时，为证券市场设计资金扩容的来源；二是在客户准备金全额上交商业银行的同时，为券商提供合法融资的渠道；三是允许券商进入同业拆借市场，享受同业拆借待遇；四是建立证券融资公司，发行金融债券，为有信誉的券商融资；五是允许和鼓励保险基金的一定比例进入证券市场，增加证券市场的机构投资者和长期投资者。

第七，对下岗职工发放低息贷款。当前我国生产性贷款，主要对象是具有法人资格的企业。大量下岗职工及失业人员，从事生产经营活动，缺乏金融机构的资金支持。建议对下岗和失业人员发放生产性低息贷款，由下岗职工原就业单位或职工自找企业担保，分期偿还。可参照国际上行之有效的“小额信贷”模式，吸收国际上非政府组织的资金和国内社会资金，在政府推动和金融机构支持下，在城市下岗职工中逐步推行。这样做不仅可以充分利用资源，还可为金融业的发展探索新形式。

第八，维护股市平稳发展。1998 年我国股市进一步扩容。上市公司从 745 家增至 851 家，从股市筹集资金 800 亿元，股票市价总值已占 GDP 的 24%。我们要像维护汇率稳定一样维护股市平稳发展。一是要提高上市公司素质，为股市发展打下良好基础；二是要增加市场有效需求，在禁止和取缔违规资金进入股市的同时，要扩大股市资金来源，增加合法的机构投资者；三是要适当降低交易成本，减轻投资者负担；四是要按照《证券法》规定，保护广大投资者尤其是中小投资者利益，鼓励更多投资者入市。

第九，保持国际收支的良好势头。1994 年实行汇制改革以来，我国国际收支连续五年实现资本项目与经常项目双顺差。1999 年初以来，欧元启动，巴西金融震荡，全球金融市场和外汇率处于动荡之中。为了维护我国金融安全和金融发展，一是要继续努力做好外贸外资工作，保持资本项目与经常项目双顺差的良好势头，增强国家的金融实力；二是要严厉打击外汇黑市活动，严格禁止逃汇、骗汇；三是要根据国际外汇市场动态，调整外汇储备的币种结构，增加一定的欧元储备。

第十，继续积极稳妥地开放金融市场。东南亚金融危机为我国金融开放提供了深刻的教训，但决不应影响我国金融开放的基本原则。我们应继续坚持积极、稳妥的开放政策。一是要在金融体制上积极引进国际惯例，加快与国际金融市场接轨；二是要继续有步骤地引进外资金融机构，在有效监督的前提下，扩大外资金融机构的经营范围和活动地区；三是要继续进行外资银行经营人民币业务的试点，及时总结经验，逐步推广；四是要探索外资进入 A 股市场的渠道，积极进行组建中外共同投资基金的试点；五是继续探索利用国际资本市场，发行股票和债券，加大国际筹资的力度。

（作者所在单位：北京大学经济学院）

当前经济形势和国有企业改革

张 志 刚

当前经济形势和国有企业改革情况我分三个问题介绍。第一个问题，简要讲讲去年经济形势的特点和今年的发展趋势；第二个问题，介绍一下国有企业改革的进展、成效、困难和今后的打算；第三个问题，谈谈今年经济工作的基本思路和经贸委打算重点抓的几项工作。

第一个问题：关于当前的经济形势

刚刚过去的1998年在我国经济发展的历史上是很不寻常的一年，我们在极为复杂的国内外经济环境下，成功地抵御了亚洲金融危机的冲击，战胜了历史上罕见的特大洪水灾害，基本实现了年初确定的各项目标，保持了国民经济的快速增长，很不容易，也很不简单。对于1997年的经济形势，中央领导同志在各种场合讲过多次，国内外新闻媒介也作过很多报道、评论，特别是国外给予我们很高的评价，大家已经有相当多的了解，我不准备多作介绍了。如果把1997年与1998年乃至今后一个时期的经济发展联系起来看，我们1997年所进行的一切努力，不仅对于保证1997年的经济增长作出了很大贡献，而且也为1998年乃至1998年后一个时期的经济发展创造了条件，奠定了基础。我认为，归结起来，可以概括为四句话：

第一句话：中央为应对亚洲金融危机采取了正确的宏观决策。

1997年我们遇到的挑战是前所未有的，对经济工作中可能出现的困难局面，虽然早有预计，但没有估计到会有这么严重。有三个没想到，或者说有三个超出预料。

一是亚洲金融危机影响之深超出预料。亚洲金融危机从1997年7月3日泰铢贬值开始，逐渐蔓延到东南亚、日本、韩国、俄罗斯，波及全球。对亚洲金融危机可能对我国带来的影响，我们有所准备，中央领导同志在前年经济工作会议上就讲过这个问题。但危机程度之深，发展之快，影响之广，超出了许多人的预料。这场危机对我国外贸出口和经济增长产生的负面影响，也是我们始料不及的。我国1997年出口增长21%，1997年，年初曾估计出口增长10%，但全年下来实际只增长0.5%，基本是零增长。这还是在采取提高出口退税率等措施的情况下实现的，否则会掉得更多。初步估计，受亚洲金融危机的影响，我国少出口近200亿美元，相当于当年国内生产总值的2%，由于出口出不去，转而回冲国内市场，给国内企业带来了很大压力。

二是洪水之大超出预料。按照气候变化规律，我国进入了易发生洪涝灾害的年份。我记得在1997年5月再就业工作会议期间，朱镕基总理在讲话中就特别提醒大家注意这个问题，做好防洪准备。但是，洪水这么大，而且是南北夹击，也是我们始料不及的。长江是自1954年以来全流域性的大洪水，嫩江和松花江也是超历史纪录特大洪水，受灾范围大，持续时间长，造成的损失非常严重，不仅使人民群众的生命财产遭受损失，也直接影响到经济的发展，不少企业被迫停产、半停产，估计直接损失不下2000亿元。

三是市场约束作用之强超出预料。我们长期饱受短缺经济之苦，经济工作的指导思想一直是“发展经济，保障供给”，各位都是过来人，对此都深有体会。但现在的情况发生了根本性变化，许多产品严重供过于求。根据第三次全国工业普查的数据，我国900多种主要工业品，一半左右的生产能力利用率在60%以下，最低的如胶卷，生产能力利用率只有13%，利用率在80%以上的只有1/3。能源、原材料、交通通讯等基本不再是“瓶颈”，有些甚至出现了相对过剩；农产品，包括粮、棉、糖等，也出现了“卖难”现象。据国内贸易局对600多种一般商品供求状况的统计，基本没有供不应求的产品。过去，经济增长主要看供给，特别是煤、电、油、运；这几年，情况变了，由供给约束变为需求约束，经济增长快慢，主要是看市场，看需求。对于市场的约束作用，大家也都有思想准备。但1997年市场约束作用这么强，也超出了许多人的预料。1997年物价指数的控制指标是3%，但实际执行结果，不但没升，反而下降了。搞经济工作的同志都知道，通货膨胀、物价上升幅度过大，不是好事，老百姓骂娘；物价低了，也未必是好事，老百姓倒是不骂了，但企业受不了，到处哇哇叫。许多企业为争夺市场，纷纷降价竞销。1997年全国商品零售价格比上年下降了2.6%，居民消费价格下降了0.8%，工业品出厂价格下降4.1%。仅因为降价，估计工业企业就减少销售收入近500亿元。

面对这三个超出预料，为克服困难、迎接挑战，尤其是抵御亚洲金融危机对我们的负面影响，党中央、国务院审时度势，沉着应对，先后下发了中央3号文件和12号文件，采取了一系列增加投入、扩大内需的政策措施，并积极组织了抗洪救灾和灾后重建。在继续加大信贷支持力度的同时，加强了财政、货币政策的协调运用，实际扩张性的财政政策。财政增发了1000亿元国债，银行也配套1000亿元贷款，重点用于支持农林水利、环境保护、交通通讯、大型粮库建设和城乡电网改造。经过各方面的共同努力，各项政策措施逐步到位，效应逐步显现，全年国内生产总值比1997年增长7.8%，人民币汇率保持稳定，外汇储备继续增加。速度虽没有达到8%，但在全球范围内仍是相当高的。1997年全球经济增长速度是1.8%（世界银行统计），美国为3.9%，日本和许多周边国家都是负增长。这不仅增强了国内外对我国经济发展前景的信心，而且为稳定香港经济，缓解东南亚国家面临的困难做出了重要贡献，也赢得了国际社会的高度评价，提高了我国的国际声誉。事实充分表明，党中央、国务院对形势的判断是完全正确的，所采取的应对措施是富有成效的。

这里顺便解释一个问题，1996年的速度到底真实不真实？有的同志可能会问，发电量只增长2.7%，货运量增长1.6%，国内生产总值与电力的弹性系数是1:0.35，与货运量的弹性系数只有1:0.21，哪来的7.8%的增长速度？对这个问题，我认为要从两个方面看：一方面，不少地方确实存在浮夸现象，“干部出数字，数字出干部”，对这种现象中央领导讲过多次，而且采取了有力的措施加以制止，但至今没有得到根本解决。实事求是地说，1997年在统计上，“水分”还是压得比较干的。另一方面，1997年产业结构、产品结构有很大变化。水泥、钢、10种有色金属和纯碱等这些高能耗的产品增幅都不大，烧碱的产量还下降2.7%，但程控交换机、移动通信设备、微型电子计算机、彩色显像管、彩电的产量增幅均在33%以上。货运量也是这样，随着产业结构调整和地区布局的变化，货运量的弹性系数也在下降。1997年铁路货运量下降5.4%，主要是煤炭、粮食运量减少。所以，不能只看电力、货运量弹性系数。当然，经济运行质量低、秩序乱、效益差的状况尚未明显好转，产品结构不合理、企业管理松弛等问题仍比较突出，需要我们在今后的工作中认真加以解决。

对于第一句话，中央决策正确，经济保持快速增长，我稍微多讲了一点。

第二句话，在经济环境很紧的情况下出台了多项重大改革措施。

1997年，为确保经济增长目标的实现，全国上下付出了极大的努力，对于我们这些做实际工作的人来讲，感到比哪一年都吃力。在这样困难的环境下，各项改革并没有停步，改革的速度也没有放慢，恰恰相反，许多多年该做、想做而未能做的事，在1997年做了，先后出台了多项重大改革措施，力度也相当大，在解决一些难点问题上取得了重要进展。如政府机构改革，国务院组成部门由41个精简为29个，部门内设司局精简了1/4，人员编制精简了1/2，国务院各部门转交给企业、社会中介组织和地方的职能有200多项。又如粮食流通体制改革，围绕落实按保护价敞开收购农民余粮、粮食收储企业实行顺价销售、粮食收购资金封闭运行三项政策，做了大量工作，取得了初步成效。再如金融体制改革，也取得了突破性进展。城镇住房和医疗卫生改革也迈出了实质性步伐，从1997年下半年开始，要求停止住房实物分配，逐步实行住房分配货币化。这些改革的力度都是相当大的。

从工业管理体制看，改革的力度也很大。一是纺织压锭。国务院早在1992年就提出了纺织压锭问题，但各地贯彻不力，搞东锭西移，六年下来，压了465万锭，又新上了444万锭，实际只压下来21万锭。这一次，国务院提出把纺织行业结构调整作为国有企业三年改革脱困的突破口来抓，按照“压锭、重组、减员、增效”的方针，坚决控制总量，淘汰落后生产能力。1997年的目标是压减棉纺480万锭、减员60万人、减亏30亿元。经过努力，全年共压缩淘汰512万锭，分流安置下岗职工66万人，超过了原定目标。在需求不振、进口走私冲击和价格下跌较多的情况下，全年减亏26亿元，也基本达到了预期目标。二是煤炭“下放、关井、压产”。94户国有重点煤矿以及原随煤矿上收的206个企事业单位已全部下放地方管理，关井压产的工作也做了部署并已开始实施。三是石油石化体制进行了重大改革，组建了南北两大集团公司，实现了上下游、内外贸和产供销一体化。四是以宝钢、上海钢铁厂、梅山钢铁厂为主体，组建了宝钢集团公司，为防止重复建设，发挥规模效益和技术优势，建设钢铁工业精品基地探索了一条路子。

在国有企业管理方面，1997年也出台了几项重大改革措施。一是建立了稽察特派员制度。两批任命的38名稽察特派员已陆续派往企业实地稽察。从初步稽察情况看，发现了不少问题，有些还是相当严重的。建立稽察特派员制度，这是国家对国有企业管理方式的重大转变，符合国际惯例。任何一个国家，作为所有者来讲，对企业不可能是完全撒手不管的，问题是采取什么方式进行监管，做到在切实保障所有者权益的基础上更好地实现政企分开，把所有者有效监管与企业自主经营有机地统一起来。二是减人增效、解决下岗职工基本生活保障和再就业问题。在国有企业普遍建立再就业服务中心，保障下岗职工的基本生活，积极促进他们再就业。去年通过建立城镇居民最低生活保障制度、下岗职工基本生活保障制度和失业保险制度，初步建立起了有中国特色的社会保障体系，为国有企业深化改革、减员增效，保证职工权益，保持社会稳定创造了条件。三是实行企业脱钩。中央决定，军队、武警部队、政法机关一律不再从事经商活动，他们所办的一切以盈利为目的的经营性企业，全部移交地方，中央党政机关与所办经济实体及所管直属企业也一律脱钩，这项改革在去年底以前已如期完成。

这些重大改革措施，都是我们多年来想做、早该做而限于种种条件一直未能做的，是建立社会主义市场经济体制、深化改革、提高整体经济素质、增强国力绕不开、也拖不下去的，1997年中央和国务院下了很大决心，把步子迈出去了。如果没有极大的魄力，没有各方面的理解、支持和配合，是根本不可能做到的。

第三句话，结构调整迈出了实质性的步伐。

随着改革的逐步深化，对外开放的进一步扩大和经济成长阶段的变化，我国经济结构不合理的矛盾日益突出，必须进行重大调整。结构调整的任务，中央早就提出来了。这几年中央经济工作会议年年强调，但进展不太明显。很多事情就是这样，矛盾不严重到一定程度，不逼到走不下去的地步，各方面的认识很难统一，动起来就更难。1997年，由于结构问题比较突出，不调就活不下去了，因此，各方面对于调整的紧迫性有了更进一步的感受，认识也趋于一致，调整的自觉性大为增强，在结构调整方面开始迈出了实质性的步伐。最主要的体现在三个方面：

一是加大基础设施和基础产业的投资。中央下决心不搞加工工业项目，坚决卡住重复建设，把实施扩张性财政政策的投资集中用于交通、水利等基础设施和基础产业。

二是从增量调整转向注重存量调整。如前面讲的，纺织压锭，煤炭关井以及整顿和关闭技术落后、浪费资源、质量低劣、污染环境、不符合安全生产条件的小玻璃厂、小水泥厂、小炼油厂、小火电厂和小炼钢厂等。不淘汰落后生产能力，先进的现代化的生产能力就发挥不了作用。

三是企业组织结构也进行了重大调整。石油石化重组后，初步形成了统一、开放、竞争、有序的市场，增强了石油石化行业在国际市场上的竞争力。宝钢、上钢和梅山钢铁公司联合重组为宝钢集团公司，为防止重复建设，发挥规模效益和技术优势、建设钢铁工业精品基地探索了一条路子。兼并破产银行呆坏账准备金核销向重点行业和国有大中型企业倾斜，推动了结构调整、资产重组和效益的提高，等等。

第四句话，整顿经济秩序采取了一系列坚决果断的措施。

改革开放以来，我们在放开搞活的同时，也出现了经济秩序混乱、市场体系不健全、过度竞争、无序竞争的问题，走私和变相走私严重，假冒伪劣横行，各种大战此起彼伏，给经济生活带来很大危害，大家有目共睹。1997年在整治经济秩序方面，采取了许多带有根本性的重大措施。最为突出的，我举三个方面，一是军队、武警部队、政法机关不再从事经商活动，与所办经营性企业脱钩，中央党政机关所办经济实体和所管理的直属企业脱钩。这两个脱钩，既是国有企业管理体制的重大改革，也是整治经济秩序的重大举措。在所有法制比较健全、市场经济相对成熟的国家，对特殊利益主体的经商活动都是严加禁止的。在我们国家，这些单位和部门从事经商办企业活动，有各种历史的和现实的原因。但这个问题迟早必须解决。中央下决心实行两个脱钩，为制止特殊利益主体利用权力经商，净化市场环境奠定了基础。二是开展反走私专项斗争，严厉打击走私和变相走私，保护国内市场和民族工业。1997年在这个问题上下了狠手，实践证明，不这么办，走私和变相走私根本堵不住。三是依照《价格法》和《反不正当竞争法》，实行行业自律价，为制止恶性竞争进行了有益的尝试。当然，办法还有待于进一步完善，还有大量工作要做。但初步实践证明，这么做是必要的。搞计划经济，我们要管最高限价；搞市场经济，特别是搞社会主义市场经济，我们可能有必要管一管最低限价。这里，我可以举个简单浅显的例子，就是自由市场上卖白菜，价格也得有个协调。

我刚才讲的这四句话，既是1997年经济工作中的四个突出特点，也是我们面对新的形势有针对性地采取的四个方面的措施。这些，不仅为保证1997年经济目标的实现作出了贡献，更重要的，也为1998年乃至今后一个时期经济的健康发展创造了条件，奠定了基础。它们所产生的效应，将会在今后进一步显现出来。

1998年的经济形势怎么样，发展趋势如何，中央经济工作会议已经作了全面深刻的分析。我们认为，我国1998年经济增长的特征，仍将是需求约束型和投资拉动型的，以开拓国内市场为立足点。投资、消费和出口三大需求，虽然都有不少制约因素，但总的看，1998年经济增长的条件、环境特别是国内环境会有不同程度的改善。

首先从投资需求看，中央采取的积极的财政政策和与之相配套的货币政策，其效应将主要在1998年显现出来，有的同志预计，1998年将形成建国以来最大的基础设施投资高潮，全社会投资总规模将达到3.3万亿～3.4万亿元，在1997年增长14.1%的基础上，将增长20%左右。而且中央决定，将视情况采取一些力度更大的措施，这是在特定条件下采取的措施，要扩大财政赤字，但我们分析不存在大的危险，这将是拉动我国经济增长的主要因素。

其次从消费需求看，随着投资对消费拉动作用的增强，消费信贷等鼓励措施的落实，居民收入增加，消费环境的改善，生产适销对路的产品，发展新的营销方式，积极开拓市场，1998年社会消费品零售总额的实际增长速度会比1997年提高一二个百分点，至少不会低于1997年。

现在最不确定的因素是出口，对1998年世界经济的增长速度，国内外的一致看法是将进一步放缓，美国的一篇经济分析文章称，专家预测全球经济增长率将放慢到1.2%。1998年世界经济确实潜伏着许多不稳定因素，不排除爆发更大危机的可能性，最近发生的巴西雷亚尔贬值，又让各国吓出一身冷汗，但目前看，没有造成大的影响。种种迹象表明，金融危机最严重的时期可能已经过去，受金融危机影响最严重的国家如泰国、印尼和韩国，开始出现了某些复苏的苗头，他们的出口竞争能力提高，加上欧洲货币的统一，保护主义增强，对我国出口的压力增大。

综合各方面的因素，1998年国内经济环境可望得到一定程度的改善，国际经济环境如果没有大的突发因素，也不至于进一步恶化。中央提出1998年经济增长的预期目标为7%左右，是实事求是的，应该说也是留有一定余地的。当然，从我们的工作来讲，要做好战胜更大困难的准备，向最坏的方面打算，朝最好的方面努力。这样，有利于争取主动。

从我国国民经济运行的实际态势看，增长速度减缓的局面在1997年下半年开始出现转变，生产资料价格和消费品价格一路下滑的局面，也在1997年10月份以后，由于投资的拉动和打击走私，开始发生变化，生产资料价格指数环比上升，特别是与基础设施关联度比较高的投资类产品，如钢材、水泥、平板玻璃等，价格回升较为明显；消费品价格下降的幅度减小。能不能把这些看作是这一轮经济周期的转折点，目前还不好下这个结论，但这种态势估计1998年将会保持下去。现在看来，实现7%的预期增长目标，虽然难度也不小，需要付出极大的努力，但更为重要的是，要在保持经济快速增长的同时，下大力气把企业搞好，提高企业的活力，提高经济运行的质量和效益，增强经济发展的后劲和国际竞争力。

第二个问题：关于国有企业改革与发展

关于国有企业改革与发展，各方面都很关注，尤其是近几年国有企业的总体经营状况不好，盈亏相抵后出现了净亏损，一些企业在激烈的市场竞争中陷入极端困难的境地，面临十分严峻的形势，很多同志感到担心、焦虑。国有企业改革已经20年了，改革的进展如何？怎样看待国有企业目前所面临的困难？怎样进一步深化国有企业改革？我想从三个方面讲一些情况。

第一，经过多年探索，国有企业改革的方向、目标已经明确，在许多方面取得了重要进展。

国有企业改革是一项前无古人的事业，没有现成的路子可走，改革开放以来的20年，各方面作出了艰苦的努力和不懈的探索，应该说，特别是对十五大精神的学习贯彻，大家对于国有企业改革的方向、方针、目标、路子和需要解决的一些重点、难点问题，有了比较一致的认识。改革的方向，就是十四届三中全会提出的建立现代企业制度，其核心内容和基本特征是“产权清晰，权责明确，政企分开，管理科学”。改革的目标，就是党中央、国务院提出的到本世纪末在大多数国有大中型骨干企业中初步建立现代企业制度，使大多数国有大中型亏损企业摆脱困境。改革的基本方针，就是江总书记讲的八条：一是国有企业改革是经济体制改革的中心环节；二是建立现代企业制度是国有企业改革的方向；三是把改革同改组、改造和加强管理结合起来；四是着眼于搞好整个国有经济，对国有企业实施战略性改组；五是全心全意依靠工人阶级，切实加强企业经营管理者队伍的建设，严格企业内部管理；六是加快企业技术进步；七是协调推进配套改革；八是坚持公有制经济为主体，创造多种经济成份平等竞争、共同发展的良好环境和条件。改革的路子，就是抓大放小、调整结构、“三改一加强”、下岗分流、兼并破产、减人增效、实施再就业工程、增资减债、建立社会保障体系等。这是多年改革给我们留下的最为宝贵的财富，为我们继续深化改革，进一步搞好国有企业奠定了坚实的基础。

近几年，国有企业改革主要是抓试点，目的是通过试点理清思路，摸清问题，对重点、难点问题进行探索，取得突破，总结经验，加以规范，逐步推广。应该说，国有企业改革力度是大的，进展和成效是明显的。

一是现代企业制度建设取得了积极成效。1994年，国家选择了100户企业进行建立现代企业制度的试点，各地区、各部门也选择了一部分企业进行试点，全国共有2500多户。几年来，试点企业按照《公司法》的要求，初步建立了较为规范的法人治理结构，促进了企业投资主体多元化的推进，试点企业普遍增强了实力，提高了活力。同时，通过试点还摸清了建立现代企业制度所需的必要条件，在解决重点、难点问题上进行了探索，摸索出了一些路子，找到了一些方法，为进一步深化改革创造了必要的条件。

二是抓大放小进展明显。1996年国家确定重点抓在各个行业、各个领域起主导作用的300户大企业，1997年又扩大到512户，对这些企业除明确主办银行、贷款重点支持外，国家关于优化资本结构试点城市企业兼并破产、技术改造、技术进步、扩大企业外贸进出口权、建立企业技术中心、干部培训等方面的政策，也优先在这些重点国有企业中实施。在股票上市方面，对这些企业给予优先考虑，512户重点企业中，已有183家在上海、深圳挂牌上市。对于量大面广的国有小企业，根据不同情况，各地采取改组、联合、兼并、股份合作制、租赁、承包经营和出售等多种形式放开放活，使他们寻找到适合其自身发展的具体形式，促进了小企业经营机制的转换，增强了他们的活力。但在放小的过程中，也出现了一些问题，一些地方急于求成，过份强调了出售这一种形式，并且在出售中有很多不规范的地方，如低估资产、悬空债务、自卖自买等，引发很多问题。针对这些错误做法，根据国务院领导同志指示，1996年我们下发了《关于制止出售国有小企业成风有关问题的通知》，对国有小企业改革中出现的一些倾向性问题进行了初步规范，目前我们正在研究制定促进国有小企业正确改革的规范意见，以引导国有小企业改革的健康发展。

三是资产重组及结构调整取得重大突破。企业集团试点由1991年的57户扩大到1997年的120户。试点企业集团按照现代企业制度的要求，建立以资本为纽带的母子公司体制，通过联合、兼并、控股等形式，进行资产重组，扩大规模，壮大实力。各地也根据情况，抓了一批企业集团，其中相当一部分是比较成功的，在市场竞争中发挥了重要作用。党的十五大后，对国有经济实施战略性重组，培育和组建大型企业集团的力度加大，步伐加快。1997年重组的中国石油天然气集团和中国石油化工集团，总资产分别达到4800多亿元和3800多亿元，年销售收入均在2000亿元以上，大大增强了我国石油石化的国际竞争能力，1997年在国际油价急剧下跌的情况下，两大集团公司实现利润79.1亿元，较好地发挥了管理体制改革和行业改组的优势。宝钢、上钢、梅山联合以后，加上宝钢三期工程的投产，宝钢集团的年钢产量将超过1900万吨，其中仅宝钢和上钢的年产量就达1589.6万吨（1996年全球最大500家企业中有钢铁企业10家，平均钢产量1298万吨）。

四是鼓励兼并、规范破产、减员增效、下岗分流和实施再就业工程进展顺利。1994年国家选择天津、唐山、太原、沈阳、长春等18个城市进行“优化资本结构”试点，1996年扩大到58个城市，1997年进一步扩大到111个城市。几年来，国家用于国有企业兼并破产的银行呆坏账准备金核销规模共900亿元。一大批国有企业通过兼并破产，优化了资产结构，使现有资产得到有效利用。国家对下岗职工的安置和再就业工作十分重视，先后采取一系列措施保障下岗职工的基本生活和进行再就业，在各地各部门的共同努力下，下岗职工进入再就业中心工作进展顺利。据劳动与社会保障部统计，到1997年底，有下岗职工的企业都建立了再就业中心或类似机构，99%的国有企业下岗职工进入了再就业中心，全年有609万国有企业下岗职工实现了再就业，占下岗职工的50%。

五是稽察特派员制度初步建立，政企分开迈出了重大步伐。朱镕基同志曾说过，对于建立稽察特派员制度的意义，怎么估计都不过分。军队、武警、政法机关与经营性企业脱钩，中央党政机关与所管企业和所办经济实体脱钩，也是实现政企分开的一个重要措施。

第二，国有企业改革取得了明显成效，目前所面临的困难是多年积累的深层次矛盾的集中反映。

改革促进了国有企业自身的发展，推动了国有经济的发展壮大。

一是国有经济总体实力进一步增强，在整个经济发展中继续起着主导作用。在全部独立核算工业企业中，虽然国有企业户数只占17%，但资产总额、销售收入、增加值和实现利税分别占59.9%、46.2%、49.6%和46.9%。随着多种所有制经济格局的形成和发展，国有经济的比重虽然有所下降，但作为国民经济的支柱，一直控制着国民经济的命脉。在能源、交通、邮电等基础部门，冶金、化工等原材料行业，汽车、机械、电子、石化等支柱产业，国有经济都占有支配地位，特别是石油、冶金、电力、航空、铁路、电信等关键领域，基本都掌握在国有企业手里。

二是培育了一大批竞争力强、效益好的优势企业。国家重点抓的512户重点企业，通过多年在市场经济中的拼搏，大多数企业具有了较高的管理水平、较强的科技创新能力和资本营运能力。其中有不少企业的经济总量已跨入数十亿元行列，有的超过百亿元，成为国有经济发挥主导作用的中流砥柱。海尔、长虹、宝钢、邯钢、大庆、一汽、二汽、上汽等就是其中的优秀代表。

三是承担了改革的大量成本。国家的财政收入有

60%来源于国有企业，城镇就业的70%是由国有企业及其他国有单位安置的。完全可以说，如果没有国有企业的发展和主导地位，没有国有企业作为财政的主要承担者和社会就业的主要吸纳者，没有国有企业为改革承担的巨大成本，我国的经济建设不可能取得这么大的成就，其他经济成份也不可能取得这么快的发展。

在看到国有企业改革取得进展和成效的同时，也要看到当前存在的一些不可忽视的问题，突出的问题是企业经济效益下滑，亏损增加。1996年一季度，国有工业企业盈亏相抵后，首次出现了建国以来的净亏损，亏损34.1亿元，全年实现利润417.53亿元，比1995年下降42.5%。1997年情况有所好转，但一季度国有工业盈亏相抵后净亏损仍为14.97亿元，全年实现利润450.9亿元，增长11.9%。1997年以来，东南亚金融危机更加重了国有企业的困难，盈利企业盈利额下降，而亏损企业的亏损额则大幅度上升。上半年国有及国有控股企业实现利润17.5亿元，同比下降93.9%。8月份以后有所好转，全年实现利润490.4亿元，下降38.3%。出现这种情况，原因是多方面的，情况比较复杂。一方面，相当一部分国有企业经营机制和经营观念转变缓慢，管理水平不高，对市场变化缺乏应变能力，这是导致企业效益下滑的重要因素。另一方面，历史积累的一些问题没有得到很好的解决，突出的问题：一是长期以来，低水平重复建设所积累下来的结构不合理的矛盾十分严重。地区产业结构趋同，生产能力过剩，在整个行业生产能力严重过剩的情况下，尽管有些企业可以搞好，但必然有相当多的企业十分困难，随着卖方市场向买方市场的转变，矛盾更加突出，一大批企业处于停产半停产状态，下岗职工增多，再就业压力增大。二是国有企业仍然背负着沉重的社会负担。虽然近几年来加大了改革的力度，一些企业办的学校交给了地方，但由于社会承受能力有限，大部分企业仍背着沉重的负担。由于缺乏正常的国家资本金注入机制，国有企业的资产负债率高，债务负担重。另外，企业人多，离退休人员多的问题也还没有得到更好的解决。三是国有企业的技术开发能力远远不能适应市场竞争的要求。长期以来，我国经济增长一直没有摆脱外延型粗放式扩大再生产的方式，究其原因，是国有企业的技术进步机制没有很好建立起来，工艺、设备、产品落后，技术开发和技术创新能力很低。目前技术进步对我国经济增长的贡献率不到30%，低于发达国家50%～70%的水平。

国有企业的矛盾和问题，是过去几十年传统计划经济体制下形成并积累下来的，不是今天突然出现的，更不是改革造成的，改革恰恰就是要解决这些问题。现在矛盾暴露出来，是改革深化和经济发展运到一定阶段的客观反映，并不是一件坏事。这些问题在改革中是必然要遇到的，是回避不了的，也是必须要解决的，但这需要一个比较长的过程，要充分认识国有企业改革的长期性、复杂性和艰巨性，搞好国有企业还有相当长的路要走。

第三，国有企业改革正处于关键时期，实现国有企业三年改革与脱困目标是今后一个时期的重要任务。

党的十五届一中全会提出：用三年左右时间，通过改革、改组、改造和加强管理，使大多数国有大中型亏损企业摆脱困境；力争到本世纪末使大多数国有大中型企业初步建立现代企业制度。实现国有企业三年改革与脱困目标，对于进一步发挥国有经济主导作用，防范和化解金融风险，提高国有企业的竞争力，具有重要的意义，是我们当前及今后一个时期国有企业改革的中心和工作的重点。前一段，我们对国有大中型企业的情况进行了调查摸底，根据新的企业划型标准，1997年底国有及国有控股大中型工业企业有6842户，其中亏损企业1654户。在亏损企业中，由于特殊原因造成亏损的公益性企业、承担保军任务的军工企业、资源衰竭的矿山和森工企业、没有资本金的新建企业等四类企业有149户，这四类亏损企业也要努力减亏和扭亏，但可暂不列入考核范围，余下的1505户亏损企业是三年脱困的重点。这是根据1997年的数字排出来的，1998年的数还没有出来，脱困名单还会增加一些，现在正在与各地核对。在去年底召开的全国经贸工作会议上，我们确定的目标是1999年1/3的亏损企业要消除亏损。

对于实现国有大中型企业三年改革与脱困的目标，党中央、国务院十分重视，中央经济工作会议作了明确的部署，国务院多次召开会议研究制定政策措施，现在方针、政策已经明确，关键是抓落实，加大工作力度。当前，我们在落实责任，建立国有企业三年改革与脱困目标责任制的同时，着重抓以下几个方面的工作。

一是调整结构，切实解决重复建设问题，即“卡住一头”。综合采用经济、法律和必要的行政手段，对严重超过市场容量的生产能力进行调整和压缩，保持供需总量平衡。我们正在做工作，一个行业一个行业地调整，坚决砍掉多余的，淘汰一批能耗高、效率低、质量差、污染严重、产品过剩、扭亏无望的小厂小矿，保证优势企业生产能力的发挥。同时，采取措施进一步加大技术进步的投入，在国有大中型企业普遍建立技术中心，进一步推动产学研结合，提高企业技术创新能力，引进和采用先进适用技术进行技术改造，提高技术装备水平，提高产品技术含量和附加值，力争尽快形成一批有自主知识产权的高新技术和适用技术，培育一批在国内外具有较高市场占有率的名牌产品。

二是推进兼并破产、减员增效、下岗分流和实施再就业工程，即“稳住一头”。在继续鼓励优势企业兼并困难企业的同时，重点对一批长期亏损、扭亏无望的企业实施规范性破产，促进国有资产存量和劳动力的合理流动和优化配置，提高国有资产的质量和效益。加大企业富余职工下岗分流的力度，鼓励各地从本地实际出发，制订扶持政策，支持下岗职工从事服务业、个体工商经营或开办私营企业，鼓励用人单位招用下岗职工；采取财政、企业、社会多方筹集资金的办法，保证国有企业下岗职工和城镇居民的基本生活需要；加大对下岗职工的培训力度，提高下岗职工的整体素质和在劳动力市场上的竞争能力。

三是加强企业管理和领导班子建设，即“管住一头”。紧密结合深化改革、结构调整和技术进步，不断总结经验和推广邯钢等先进企业管理的经验，引导企业进一步更新观念，面向市场，加快技术进步，提高竞争能力。进一步探索大型公司制企业和大型企业集团的经营管理方式及公司法人治理结构的实现形式，促进企业建立决策、执行和监督、制约体系，实现科学管理。进一步贯彻落实中央关于加强企业领导班子建设的一系列方针政策，对企业领导班子进行充实和调整。进一步探索符合市场经济要求的、有别于党政机关干部的企业经营者培养、筛选、聘任和鼓励、约束机制。建立和完善稽察特派员制度，做好向国有大中型企业派稽察特派员的工作。

四是规范市场秩序，推进配套改革，为国有企业的改革和发展创造良好的环境和条件。完善行业价格自律工作，依法制止价格大战和恶性竞争。积极推进社会保障体系、投融资体制等各项配套改革，进一步转变政府职能，促进政企分开。探索建立有效的国有资产管理、监督和营运体系，落实企业资产经营责任，提高资产运营效率。落实《中共中央、国务院关于治理向企业乱收费、乱罚款和各种摊派等问题的决定》，切实减轻企业不合理负担。

当然，实现国有企业改革与脱困目标要做的工作很多，我们感到，这几方面的工作是十分关键的，只要下决心坚持做下去，按照朱镕基总理讲的，坚决“卡住一头”，“稳住一头”，“看住一头”，国有企业三年改革与脱困的目标一定能够实现。

第三个问题：关于1998年的经济工作

1999年处在世纪之交，千年之交，对我们国家来说，是具有特殊意义的一年。1999年大事喜事多，热点难点也多。50年大庆，澳门回归，“五四”运动80周年。江总书记几次引用“武侯祠”的对联告诫全党，“能攻心，则反侧自消，从古知兵非好战；不审势，则宽严皆误，后来治蜀要深思。”要求我们审时度势，化解矛盾，做好工作，保持政治和社会稳定。做到这一点，经济是基础。经济工作做好了，就能争取主动，把大局稳住。如何做好1998年经济工作，1997年12月召开的中央经济工作会议已经作了全面部署。中央提出的1998年经济工作的总体要求是：高举邓小平理论伟大旗帜，深入贯彻党的十五大和十五届三中全会精神，继续推进改革开放，把扩大国内需求作为促进经济增长的主要措施，稳定和加强农业，深化国有企业改革，调整经济结构，努力开拓城乡市场，千方百计扩大出口，防范和化解金融风险，整顿经济秩序，保持国民经济持续快速健康发展和社会全面进步，迎接建国五十周年。

中央确定的1998年宏观调控的主要预期目标是：国内生产总值增长7%左右；居民消费价格涨幅在4%以内，商品零售价格涨幅在2%以内；城镇登记失业率控制在3.5%左右；进出口总额力争有所增长，国际收支保持基本平衡。

根据中央经济工作会议的部署，1997年底国家经贸委召开了全国经贸工作会议。会议提出1998年的经贸工作总的思路是：紧紧围绕国有企业三年改革与脱困这个目标，以企业工作为中心，把经济效益摆在突出位置，控制总量，调整结构，开拓市场，深化改革，加强管理，整顿秩序，全面提高企业素质和经济运行质量，促进国民经济持续快速健康发展。经贸工作的具体目标是：工业增加值增长8%左右；社会消费品零售总额和社会生产资料销售总额实际增长9%和7%左右；国有及国有控股工业实现利润达到500亿元以上，1/3的国有大中型工业企业消除亏损；国有大中型骨干企业建立现代企业制度取得明显进展。

1998年是实现国有企业三年改革与脱困目标的第二年，也是打好这场攻坚战的关键一年。我们分析，1998年经贸工作既有很多有利条件，也面临许多困难和挑战。有利条件我在前面讲了不少，主要是党中央、国务院为应对亚洲金融危机，决策正确，措施得力，改革力度大，为1998年保持经济增长奠定了基础。人民币汇率稳定，有助于稳定和增强国际资本投资中国的信心，国际上普遍看好中国。1998年建国五十周年大庆和对澳门恢复行使主权，也必将激发全国人民的政治热情，成为推动经济和社会发展的动力。

但是，困难也不少。主要是亚洲金融危机到底会发展到什么程度，还会不会发生突发事件，摸不着底，我前面讲了，目前从迹象看，危机最严重的时期可能已经过去，但也不排除爆发更大危机的可能性。国际大炒家索罗斯预言，危机的下一个严重威胁是美国，他说美国的资本泡沫正在吹大。现在世界各国的汇市、股市都很脆弱，可谓风声鹤唳，草木皆兵。再一个不确定因素是欧元启动对我们的影响，是利大于弊还是弊大于利，现在还看不大清楚。我们是赞成欧元启动的，它有利于打破美元对世界金融的垄断。但欧元启动将强化区域性的贸易保护主义，在欧元区内部拆除篱笆的同时，对外部垒起了更高的围墙，于我对欧出口不利。

我们国内的难题也不少，由于城乡居民可支配收入的增长可能继续放慢，而养老、医疗、住房、教育体制等改革政策的陆续出台，使居民预期支出增加，影响居民的即期消费；随着国有企业改革和结构调整的不断深入，城镇下岗职工增加，就业和再就业的压力很大；由于长期重复建设，生产能力严重过剩的矛盾十分突出；由于市场竞争激烈、投资回报率低，企业技术改造的动力不足，银行支持技改的热情不高，结构升级与优化的困难增加，等等。对此我们必须有清醒的认识。

根据中央经济工作会议精神和对1998年经济形势的分析，我们提出在1998年经贸工作中要坚持“五个必须”，抓好“六项工作”。这里，我只是给大家点点题目，不展开讲了。

五个必须：一是必须把经济效益摆在更加突出的位置，切实提高经济运行质量；二是必须把兼并破产、减员增效作为主攻方向，进一步深化国有企业改革；三是必须克服消极畏难情绪，坚定实现三年改革与脱困目标的信心；四是必须按照政企分开的原则，切实转变职能；五是必须始终坚持以企业工作为中心，做好各项经贸工作。

六项工作：一是建立国有企业三年改革与脱困目标责任制，齐心协力打好攻坚战。根据新的企业划型标准，我们在与地方、行业核定脱困名单后，实行脱困责任制，把脱困任务和责任分解落实到每个企业、行业及各级政府。对于不能如期实现扭亏的，企业要换人；地方和部门要通报批评。衡量企业是不是真扭亏，不是只看账上的数字，而是看他是否按照《财务准则》和《会计通则》的要求，实行完全成本核算，该列支的列支，该摊销的摊销，该提取的提足。要实实在在地扭亏，绝不能搞虚盈实亏。

二是加快结构调整步伐，努力提高经济运行的质量和效益。主要是控制总量，制止重复建设，淘汰落后生产能力。我们提出的《关于淘汰落后生产能力目录》（第一批）已经国务院批准，2月2日已在开新闻发布会公布；《关于工商领域禁止重复建设目录》（第一批）很快也将颁布实施。1998年的重点是纺织和煤炭行业。纺织要实现压减950万锭、分流安置110万人和在1997年基础上减亏30亿元的目标。煤炭要取缔非法生产、布局不合理和污染严重的2.58万处小煤矿，压缩2.5亿吨产量，力争把煤炭总产量控制在11亿吨以内。各行各业都要加大调整力度，整顿和关闭技术落后、浪费资源、质量低劣、污染严重、不符合安全生产条件的小厂小矿。在控制总量的同时，还要加大企业重组力度，优化企业结构和资产结构，提高产品质量。

三是加大兼并破产、下岗分流和再就业工作力度，继续推进现代企业制度建设。各种政策手段都要向重点行业和重点脱困企业倾斜，1998年的呆坏账准备金核销规模，不再分配到试点城市，集中使用，解决一些大的问题。

四是推动企业技术进步，提高企业技术创新能力。主要是围绕“质量、品种、效益”进行技术改造，切实防止重复建设，形成新的经济增长点，提高企业竞争力，1998年力争完成技改投资5100亿元。以企业为主体，继续组织实施技术创新工程，搞好国有重点企业的技术开发中心建设，建立为中小企业服务的区域性、专业性的技术开发中心，扶持一批提供技术咨询服务的中介组织，进一步推动产学研联合。

五是整顿和规范市场秩序，鼓励企业积极开拓国内外市场。继续坚持和完善行业价格自律工作，依法制止价格大战和恶性竞争，引导企业把竞争转到提高产品质量、改善售后服务上来。加快市场立法步伐，形成统一、开放、竞争、有序的市场体系。加大打击假冒伪劣产品的力度，清理各种非法交易市场。进一步抓好治乱减负工作，切实减轻企业负担。立足国内需求，工商联手开拓城乡市场特别是农村市场。千方百计扩大出口，优化出口商品结构，大力推进出口市场多元化，规范进口。搞好对进口商品的分类调控，坚持不懈地打击走私，规范加工贸易管理，搞好一些重要产品的以产顶进。

六是加强企业管理，搞好企业领导班子建设。重点是搞好质量管理、成本管理、资金管理，扎扎实实开展学邯钢活动。配合有关部门选配好企业的领导班子特别是一把手，同时加强监管。

（作者所在单位：国家经贸委）

经济体制转轨过程中国有工业的发展方向问题

国家统计局工交司课题组

从世界范围来看，国有工业企业的产生和发展，都是特定历史条件下的特定产物，都留有明显的时代烙印。客观环境的改变，必然对国有企业的生存方式和发展方向产生相应的影响。近些年来，我国的国有工业一直面临着这方面的强大压力。

我国的国有工业，在计划体制下产生 发展并壮大，为高度集权的政治经济体制的生存以及我国经济在特定历史阶段的腾飞，作出了不可磨灭的贡献。随着市场经济体制的建立和逐步完善，以及对外开放程度的不断扩大，客观现实对国有经济的作用和职能的要求正在悄然发生着变化，这些变化，对我们管理国有经济的指导思想，以及国有经济的结构布局等方面，都提出了新的要求，需要我们顺应客观条件的变化，及时作出调整。下面，针对目前国有工业行业结构的现状及其生存发展环境，围绕市场经济条件下国有工业行业结构合理化、国有企业管理方式的思路，以及相关的几个问题，作一些探讨。

一、现阶段我国国有工业应承担的主要职能

根据发达国家的经验，以及我国现阶段的社会经济现状，目前，我国的国有工业经济，应该承担以下五个方面的职能：

首先，为我国的工业化和经济的发展奠基。在那些需要投资大，回收周期长，微观效益较低，但宏观效益巨大的垄断性行业（如电力、煤气、自来水的生产和供应业以及部分矿采等行业）发展。一方面，发挥国有经济资金集中、力量雄厚的优势，同时，也要突出这些行业的社会服务性和实现宏观效益最大化的功能。

第二，推动技术进步。高新技术部门，承担着为整个国民经济发展探路和铺路的重任，对科技进步、国民经济结构的改造和产业升级、增强国际竞争力等，都具有重大的意义。但科学技术和新产品的研究和开发，新兴工业部门和产业的创建，需要超前投资，投资风险高，投资额巨大，且回收周期长，因此，在我国目前的经济环境中，国家的介入是必不可少的。

第三，支持支柱产业的大力发展，提高产品的国际竞争力。如在钢铁、汽车和重化工等行业投入，首先实现进口替代，并逐步培育其国际竞争能力。

第四，承担国防工业产品的生产。

第五，对国民经济发展进行调节。

二、目前国有工业的行业结构分布中存在的主要问题

目前我国的国有工业框架，虽然在改革开放以来已经进行了较大幅度的调整，但是，计划经济体制遗留下来的痕迹仍然比较明显，仍难以适应正在建立的市场经济体制的要求。因此，迅速调整国有工业结构，建立适应市场经济体制的国有工业体系，是保证我国工业经济健康发展的当务之急。

随着市场经济体制的建立和不断完善，我国的国有工业企业的职能，除了继续发挥保证社会主义制度性质的作用外，要逐步强化上述五个方面的目标。和这个要求相对照，目前，国有工业在行业分布上，存在的一个突出问题就是战线过长，与国有经济职能无关或关系不大的行业所占比重仍偏高。

首先，从我国国有工业的行业分布面来看，迄今为止，在总体上仍处于一种遍地开花的状态，战线过长问题显而易见。到1997年末，在608个工业小类行业中，除9个行业国有企业没有涉足以外，在其余的599个行业中，都可以找到国有企业的影子。

由于战线过长，国家财政无力提供相应的再投入资金。事实上，从80年代中期起，随着财政、金融体制的改革和“拨改贷”政策的出台，国家已经在相当大的程度上放弃了对原有的国有企业的再投入，近些年来，国有企业的更新改造和技术革新、企业的改建和扩建、企业产品结构的调整以及由于相互拖欠等原因造成的流动资金的大量增加，基本上都是依靠商业银行的贷款来筹集。目前，大部分国有企业的资产负债率都较高，部分企业已资不抵债。从国有大中型工业企业的情况来看，到1997年底，在近1.5万家企业中，有6千多家企业的资产负债率超过80%，占40.5%，其中，有2186家企业已经资不抵债，占14.6%。详见表1。

同时，随着经济管理体制的改革，政府对国有企业的管理也越来越显得力不从心，从90年代中期开始“抓大放小”，事实上正在逐步放弃对小型企业的实际

管理。

表 1　1997 年国有大中型工业企业资产负债率情况

资产负债率	企业数		资产		负债	
	数量（个）	比例（%）	数量（亿）	比例（%）	数量（亿）	比例（%）
合　计	14933	100.0	49715.7	100.0	31817.4	100.0
100%以上	2186	14.6	2245.5	4.5	2650.1	8.3
90%～100%	1577	10.6	2720.0	5.5	2572.3	8.1
80%～90%	2291	15.3	4993.6	10.0	4218.5	13.3
70%～80%	2572	17.2	8246.9	16.6	6150.0	19.3
60%～70%	2259	15.1	10506.7	21.1	6898.1	21.7
50%～60%	1617	10.8	9649.6	19.4	5313.6	16.7
50%以下	2431	16.3	11353.4	22.8	4014.6	12.6

第二，内部结构不合理问题突出。目前，在国有工业涉足的 599 个小类行业中，国有工业在大部分行业仍占有较大的份额。所占比重（指“综合量”）超过 50%的行业有 169 个，所占比重在 20%～50%之间的行业有 249 个，所占比重在 10%～20%之间的有 108 个，所占比重低于 10%的行业有 73 个。详见表 2。

表 2　国有工业在各个比例段的小类行业数（个）

所占比重	综合量	销售收入	总资产	职工人数
50%以上	169	126	218	218
20%～50%	249	211	235	242
10%～20%	108	122	83	81
10%以下	73	140	63	58

注 1：综合量是根据销售收入、总资产和职工人数所占比重加权计算而得。权数分别为：40，40，20。

注 2：所占比重是指国有工业在全部乡及乡以上独立核算工业企业中所占的比重。

目前，在国有经济中，有接近一半的企业分布在进入门槛相对较低的 13 个大类行业中，主要总量指标在国有经济总体中所占比例分别为：职工人数占 27.7%，资产总计占 18.3%，销售收入占 19.6%。详见表 3。这些行业的一个共同的特点是，技术含量不高、对国民经济的影响程度有限、而且市场竞争比较激烈。在这些行业中，国有经济所特有的优势难以发挥，有点像用“高射炮打蚊子”，不仅分散了国有经济的财力，同时，由于体制问题、社会负担以及历史包袱过重等问题，在这些行业中的国有企业，相当部分企业的经营效果都不理想。从 1997 年的企业财务报表中可以看出，分布在这 13 个行业中的国有企业，亏损相当严重，除“饮料制造业”外，其余 12 个行业均为净亏损。目前，在这些行业中的大部分国有企业，不仅起不到增强国有经济影响力和控制力的作用，反而在某种程度上成了国家和社会的负担。

表 3　1997 年技术要求相对较低的行业在国有工业中所占比例

	企业数（%）	职工人数（%）	资　产（%）	销售收入（%）	利润总额（亿元）
13 个行业合计	0.447	0.277	0.183	0.196	－153.6
食品加工业	0.108	0.035	0.031	0.049	－55.8
食品制造业	0.055	0.016	0.010	0.011	－3.0
饮料制造业	0.037	0.021	0.020	0.025	38.0
纺　织　业	0.046	0.091	0.045	0.049	－65.5
服装及其他纤维制品制造业	0.013	0.005	0.002	0.003	－1.4
皮革毛皮羽绒及其制品业	0.008	0.004	0.002	0.003	－4.4
木材加工及竹藤棕草制品业	0.014	0.005	0.004	0.002	－4.0
家具制造业	0.006	0.001	0.001	0.001	－0.5
造纸及纸制品业	0.021	0.016	0.012	0.010	－6.8
文教体育用品制造业	0.006	0.002	0.001	0.001	－0.2
塑料制品业	0.019	0.006	0.005	0.005	－2.1
非金属矿物制品业	0.084	0.052	0.042	0.030	－41.0
金属制品业	0.030	0.013	0.008	0.007	－7.0

三、国有工业结构调整的思路

对照在现阶段国有经济应该承担的职能，针对目前国有经济行业布局中存在的问题，我们认为，当前，我国的国有工业结构调整工作的思路，应该是逐步收缩战线，以便集中力量，突出重点。具体讲应从以下几个方面进行：

（一）在一定时期内，保持国有工业在基础产业、垄断性行业和一些特殊性行业的控制力甚至垄断，同时，大力发展高新技术产业 从目前世界上一些发达的市场经济国家来看，国有经济（有些学者也把市场经济国家的国有经济称为公营经济）所占的比例很小，即使在基础产业、垄断性行业和一些特殊性行业中的比例也不大，但经济运行秩序井然，资源配置效率很高。因此，就会产生这样的疑问，我国的经济管理体制改革目标，不也是市场经济体制？目前是否还需要在那些基础产业、垄断性行业和一些特殊性行业中保持控制力甚至垄断？回答是肯定的。且不论以后会如何，在我国目前的经济发展阶段中，至少在我国经济管理体制转轨的过程中，保持国有经济在基础产业、垄断性行业和一些特殊行业中的控制力以至垄断位置，是十分必要的。这是经济发展过程中带有一定普遍性的规律。道理很简单，对当今世界上的发达市场经济国家来说，经过几十年甚至几百年的规范和完善，法治观念已经深入人心，法律法规体系已经臻于完善，经济调控方法和手段也已在长期的实践中趋于成熟，因此，即使国家并不直接掌管企业，经济运行也不会出轨。但是，我国的市场经济管理体制，目前仍处于构建框架的阶段，不仅法律法规体系还不健全，法治意识淡薄，同时，国家间接调控经济的手段和方法也不成熟。在这种社会经济环境中，如果国家手中不直接掌握调控经济的有力筹码，后果可想而知。俄罗斯和东欧前计划经济体制国家的教训是深刻的。

对资源型行业，在目前我国有关法规并不健全的条件下，如果放任自流发展，必然导致对有限资源的掠夺性开采，造成社会资源的浪费。如甘肃省的一个国家投资了数亿元的国有大型矿山，长期陷于瘫痪状态，形不成生产能力，原因就在于多方伸手，乱采乱挖，结果造成国有大矿瘫痪，不仅国家巨额投资遭受损失，自然矿藏资源也遭到严重破坏；对于基础性行业，由于具有公共性、连续性和整体性等特点，在缺乏强有力的间接调控手段和明确、具体的有关法律法规的情况下，如果国家失去控制力，容易导致企业的微观目标和宏观目标的矛盾冲突，将直接影响其对公共服务的质量和公众消费的安全，不利于经济的正常发展和社会的稳定；对于一些特殊行业，如武器弹药制造业和烟草加工业等，在我国目前的社会经济环境中，不宜由非国有经济经营；高新技术产业，投资风险高，所需投资额巨大，而且回收慢。目前很难依靠非国有经济的力量来承担。为了满足国民经济的总体发展要求，为了我国产业结构及时改造和升级换代，为了提高我国工业的国际竞争力，国有经济承担起发展高新技术产业的重任，义不容辞。

对这些行业，国家要从社会经济长远发展的角度加以合理规划，对仍不能满足社会需要，仍需大力发展的行业，国家财政要继续有计划地兴建、扩建；对设备老化，需要进行技术改造的行业，国家要继续筹集资金，保证连续足额的投入。同时，要制定有关的法规和办法，鼓励非国有经济在一定程度上有序地介入。对这些行业中的国有企业，国家要制定一套特殊的管理制度和办法，逐步建立并健全一套专门的管理体系，在尽可能吸收市场经济管理体制的积极因素的同时，要保留计划管理体制的合理成分，从而保持宏观目标和整体效益的最大化这一首要职能的实现。在业绩考核上，要把这一部分企业从国有企业中单独划分出来，建立专门的考核指标体系，要把他们对实现宏观目标和社会整体利益最大化的程度，作为考核的首要目标。其次，要从内部管理水平，如消耗指标和管理成本等方面，以及科技进步、安全生产等不同侧面，对企业经营业绩进行全面的考评。对企业微观效益的考核，应结合不同时期的宏观政策，如价格政策、宏观经济环境等客观条件，作为考核的参考。对这些行业的特大型和大型企业，国有经济应该垄断经营，主要是实现社会目标，为宏观经济效益的最大化服务。

（二）保持对重要行业的一定控制力，控制住龙头企业 第二类行业是一些关系国计民生的重要行业，如冶炼、机械、设备制造、医药、化工、石油加工等行业，这些行业具有明显的共同特点，一方面具有较强的资金和技术密集型特点，进入门槛高；另一方面，在市场经济条件下，又具有较强的竞争性；同时，在国民经济中，涉及的范围广，影响的程度深。从世界主要市场经济国家来看，在这些行业，国有经济涉足并不深，甚至并未涉足。但是，在我国经济管理体制的转轨过程中，至少是在市场经济体制建立和健全的过程中，对这些行业，国有经济仍需有意识地保持一定的控制力。

在这类行业中，国有经济保持一定控制力的实现手段，主要应该以控制龙头企业，实现不同规模企业的合理分工协作为出发点。要逐步培育一批龙头企业，通过企业间的有序资产重组，把原来“大而全”的一批特大型和大型企业，改造成总装和最终产品生产企业，对大批的中小型国有企业，要加大改制力度，逐步把它们从国有经济的框架中分离出去，让它们和其他非国有企业一起，作为国有龙头企业的原材料和零配件供应厂家，汇集在国有龙头大厂的麾下，组成一系列有机统一的生产经营体系。这样，国家只要掌握少量的企业和资产，就可以实现对整个行业的有效控制。不仅有利于控制整个行业的总体发展规模，同时，也可以发挥国有企业资金雄厚，人才集中的优势，大力加强研究开发领域，改变目前不同规模企业、不同所有制企业和不同技术层次企业在同一行业和同类产品生产中的低水平过度竞争的局面。

由于该类行业均属竞争性行业，因此，对这些行业中的国有企业，应该遵循市场经济规律，让企业按照市场经济条件下的生产经营规则，来组织和经营管理。对这类企业，国家应以微观效益作为其主要考核内容。要逐步培养这些行业中的国有特大型和大型企业在市场经济条件下的生存能力、竞争能力和发展能力。但同时，要对这些行业中的国有龙头企业，在一定时期内加以扶持和保护。国家要保持一定的投入，要保证这些企业在高新技术和新产品开发研究方面的投入水平。

（三）逐步退出一般竞争性行业 第三类是一般竞争性行业。如饮料、食品、纺织、服装、家具、文体用品、化纤、塑料、非金属物质制造、金属制品业等行业，这部分制造业，比较明显的特点是：发展空间比较广阔，影响范围有限，行业进入条件不高，技术含量相对较低，具有明显的劳动密集型特征。在市场经济条件下，尤其是市场经济发展初期，企业规模普遍偏小的情况下，竞争十分激烈，很容易陷入低水平过度竞争的窘境。

对这些行业中的国有企业，要加大改制的力度，在保证国有资产尽可能不流失的前提下，通过多种形式，把大部分企业（包括这些行业中的大中型国有企业）逐步改造成诸如"股份合作制"、"股份制"等形式，对于那些由于种种原因不宜改制的企业，应稳步地全面推向市场，让市场这只看不见的手来调节和支配，"优胜劣汰，适者生存"。

四、几个相关问题

从职能和作用上对工业各行业在国有经济中的地位这样分类以后，国有工业的结构调整和发展目标就比较清楚了。该加强的要继续加强，该收缩的要逐步收缩，该退出的要坚决退出。但是，在实际工作中，问题不少，阻力也很大。比较突出的如：国有资产的流失问题，大批下岗职工问题等，对这些问题，要有明确的态度和切实可行的具体措施。

（一）如何看待国有企业改制改造和资产重组过程中的资产流失 党的十五大以后，国有企业改制工作进展很快。在这个过程中，一个比较突出的问题就是国有资产的流失。如何看待这个问题，对国有企业的改制、改造和资产重组工作的进程具有很大的影响。

我们认为，在国有企业改制、改造和资产重组过程中，要允许存在合理的资产损耗，关键是要掌握一个合理的度，在实际工作中，如何掌握这个度呢？

为了弄清问题，让我们来看，如果维持现状，会有什么结果？对于那些应该退出国有经济范畴的行业中的亏损企业来说，如果维持现状，事实上，国有资产无时不在流失。直接的流失渠道主要有两个：一是亏损，一是少提折旧（甚至不提折旧）。另外，资本如果不能增值，本身就意味着流失。从分布在技术要求相对较低的 13 个行业中的国有大中型工业亏损企业来看，见表 4。1997 年，2592 家亏损企业，共计亏损 194 亿元，少提折旧 44.7 亿元，二者合计，仅 1997 年一年当中，就有 238.7 亿元国有资产已经直接流失，相当于这 13 个行业中国有大中型工业企业 1997 年净资产的 66.3%，也就是说，如果国家不再投入新的资金，在 2 年内，这 13 个行业中的国有大中型亏损企业将不存在国有净资产了。分类型看，目前已资不抵债的企业有 869 家，约占 1/3；在 10 年内将资不抵债的企业有 1330 家，超过 1/2，其中，在 5 年内将资不抵债的企业有 988 家，占 38.1%。因此，从国有资产保值增值的角度来看，尽快实现这些行业中亏损企业的改制、改组和改造，是一件十分紧迫的事情，与其坐而待毙，不如以合理的代价主动出击。

从上面的陈述可以得出结论，对于亏损企业来说，进行改制、改造和资产重组的合理成本，至少是其若干年内维持现状的净资产流失额的累计。重组后，如果能保证国有资本的保值和增值，同时，重组成本又控制在合理的范围之内，就应该说重组非常成功。

对于盈利企业来讲，退出国有经济的要求应该高一些，至少要保证国有资本的保值。

当前，在国有企业改制过程中，认识到需要付出合理代价的同时，需要注意的另一个倾向是，要防止企业金蝉脱壳，逃废银行债务。1998 年 5 月份进行的一次国有工业企业改制调查结果显示，当前，有不少国有企业借改制之机，大量逃废银行债务。其中，有一些企业甩掉债务包袱后，通过脱胎换骨的改制、改组和改造，确实获得了新生，这部分企业，从地方政府的角度来看，改制和资产重组的工作应该是成功的，尽管从全国来看，这种做法不但不宜提倡，反而需要制止。需要特别注意的是另一部分企业，在甩掉债务以后，并未进行实质性的改制、改组或改造工作，企业重组的动机和目的就在于逃废银行债务。这类企业，由于经营机制未变，管理水平并未提高，产品和技术依旧，因此，过不了多久，昔日的暗淡将又会重新出现。

表 4 1997 年 13 个行业中国有大中型亏损企业的资产流失情况

分　类	企业数	亏损额	少提折旧	总资产	净资产
合　计	2592	-194.0	44.7	3130.0	360.0
已资不抵债企业	869	-97.5	8.4	865.7	-184.3
3 年内将资不抵债	727	-60.7	24.3	835.9	88.0
3~5 年将资不抵债	261	-16.0	3.1	342.9	75.4
5~10 年将资不抵债	342	-13.5	4.6	435.6	124.8
10 年后将资不抵债	393	-7.2	4.3	651.8	255.8

（二）关于国有企业职工下岗和再就业问题　城市经济管理体制改革以来，围绕搞活国有企业问题，国有企业职工下岗和再就业矛盾越来越突出，各级政府和国有企业为此作了大量的工作，并承担了沉重的义务。但问题仍然相当严重。企业精简人员阻力很大，已经成为搞活国有企业的严重障碍，同时，也是国有企业改制和资产重组的主要阻力之一。我们认为，这些年来，我国在下岗职工安置和再就业方面所取得的成绩是可喜的，工作的思路和方法也是应该肯定的，今后，企业减人增效工作和企业下岗职工再就业工程仍要继续下去。

但是，在继续做好已有工作的基础上，在工作思路上，是否可以更开拓一些？是否可以借鉴一些西方市场经济国家的某些做法？比如，可否尝试改变我国城镇目前比较普遍的双职工家庭结构，提倡和鼓励单职工家庭的形成？1997 年我国市镇中共有人口近 3.7 亿，其中，从业人口有 2 亿多。按全国家庭平均人口数（每户 3.64 人）大略估算，全国市镇中应该有 1 亿多个家庭，假定其中 1/3 的家庭属在职双职工家庭，那就意味着，如果实现市镇家庭的单职工化，就可以让出 3000 多万个工作岗位，即使其中 1/2 的双职工家庭实现单职工化，也可以腾出 1500 多万个工作岗位，相当可观。

我们认为，如果政府加以倡导，并辅之以有力的相关政策，这种思路，将不失为一剂切实可行的解决我国劳动力过剩的有效温药。比如，改变目前个人所得税的征收办法，实行以家庭为单位征收所得税，对单职工家庭，降低所得税税率或提高征税基数，并给予一定的生活补贴，对双职工家庭，则提高征税税率或降低征税基数，使双职工家庭的总体收入保持在略高于单职工家庭的水平上，以降低夫妻双方共同就业的意愿；同时，提高在职职工的工资水平，让未来的单职工家庭的生活水平达到目前双职工家庭的水平；另外，要改变目前的社会保障制度，实行以家庭为单位的养老和医疗保险体制，免除非就业人员的后顾之忧；此外，还要以法律的形式，对离异家庭的非在业一方，规定合理的赡养保障。

（三）关于“抓大放小”问题　90 年代中期以来，我国在国有工业企业的管理中，实行的是一种笼统的“抓大放小”策略，相对于目前所处的改革阶段来看，“抓大”无疑是一种切合实际和行之有效的策略，同时，也符合今后我国经济体制改革的发展方向，但是，“抓大”应该结合行业发展规划来进行，不能单打一，要明确“抓大”的目的，要通过“抓大”来实现国有企业的行业结构和规模结构的调整，因此，即使“抓大”，也要在限定的范围内进行，即只在国有经济应该继续大力发展的行业和国有经济应该保持一定控制力的行业中有目的、有重点地“抓大”，对一般性竞争行业，不论企业大小，都可以“放”字当头，任其发展。

（四）关于企业规模问题　改革开放以来，迫于国内外竞争的压力，我国的国有工业企业，在扩大规模、组建企业集团方面，已经取得了一定的成效，但是，迄今为止，企业规模偏小问题依然突出。尤其是在一些规模效益要求较高、在我国的政治经济环境中又要求国有经济具有相当控制力的行业，这个问题显得尤为突出。规模普遍偏小的国有企业，在行业中，不但难以承担起龙头老大的作用，反而出现国有企业之间低水平相互过度竞争的尴尬局面。从 1997 年的统计资料来看（见表 5），在一些关系国计民生、国有经济仍占据主导地位的重要行业，如冶炼、机械、设备制造、医药、化工、石油加工等行业，企业规模偏小问题相当突出。如何在现有的国有经济框架下，组建一大批具有活力、具有市场竞争力和能起到行业龙头作用的大型和特大型国有企业，是今后我国的国有企业结构调整工作中的一个应该特别关注的问题。

表 5 规模最大的前若干家国有企业在行业中占有的比例

行业	在国有工业中的比重（%）			在全部独立核算工业中的比重（%）		
	前 3 家	前 10 家	前 20 家	前 3 家	前 10 家	前 20 家
煤炭采选业	13.1	29.9	45.1	9.9	22.7	34.2

（续）

行业	在国有工业中的比重（%）			在全部独立核算工业中的比重（%）		
	前3家	前10家	前20家	前3家	前10家	前20家
石油和天然气开采业	54.3	84.2	98.4	52.0	80.7	94.3
黑色金属矿采选业	36.0	60.0	71.6	13.4	22.4	26.7
有色金属矿采选业	17.6	28.5	36.5	8.6	13.9	17.8
非金属矿采选业	10.6	24.7	34.6	2.6	6.0	8.5
木材及竹材采运业	5.9	17.5	30.0	5.6	16.5	28.5
食品加工业	5.9	9.6	13.1	2.4	3.9	5.3
食品制造业	16.6	24.5	30.3	4.6	6.7	8.3
饮料制造业	11.8	21.4	30.7	5.5	9.9	14.2
烟草加工业	24.6	41.2	54.9	23.8	39.9	53.2
纺织业	2.3	5.7	9.2	0.8	1.9	3.1
服装及其他纤维制品制造业	15.6	30.5	42.4	0.8	1.6	2.3
皮革、毛皮、羽绒及其制品业	10.2	25.9	35.9	0.7	1.8	2.5
木材加工及竹、藤、棕、草制品业	7.8	19.8	30.4	1.0	2.6	4.0
家具制造业	17.4	36.9	40.7	1.1	2.4	2.6
造纸及纸制品业	5.9	14.6	22.5	1.6	3.9	6.0
印刷业、记录媒介的复制	8.5	19.9	27.6	3.0	6.9	9.6
文教体育用品制造业	35.0	55.3	63.6	2.9	4.5	5.2
石油加工及炼焦业	20.9	54.7	79.4	17.3	45.4	65.9
化学原料及化学制品制造业	14.1	21.8	26.8	6.7	10.3	12.7
医药制造业	13.1	25.2	33.0	5.5	10.6	13.9
化学纤维制造业	18.2	41.6	57.1	4.6	10.5	14.4
橡胶制品业	17.6	35.3	48.9	5.3	10.7	14.8
塑料制品业	12.7	27.4	37.2	1.3	2.8	3.8
非金属矿物制品业	4.7	8.8	13.5	1.2	2.3	3.6
黑色金属冶炼及压延加工业	22.4	43.9	59.8	16.4	32.2	43.9
有色金属冶炼及压延加工业	13.5	32.3	50.4	7.4	17.7	27.6
金属制品业	8.7	19.0	26.9	1.0	2.1	3.0
普通机械制造业	8.5	16.3	24.0	2.8	5.4	7.9
专用设备制造业	9.2	17.4	25.0	4.1	7.7	11.0
交通运输设备制造业	23.6	37.0	46.4	11.9	18.6	23.3
武器弹药制造业	34.1	52.0	65.4	29.6	45.3	56.9
电气机械及器材制造业	9.5	19.3	28.8	1.6	3.3	5.0
电子及通信设备制造业	31.0	46.9	53.4	7.2	10.8	12.3
仪器仪表及文化、办公用机械制造业	6.1	15.8	25.9	1.4	3.5	5.3
其他制造业	6.2	13.1	19.0	0.4	0.8	1.1
电力、蒸汽、热水的生产和供应业	10.9	22.3	30.2	8.7	17.9	24.3
煤气生产和供应业	25.9	45.7	60.6	23.0	40.5	53.8
自来水的生产和供应业	19.7	31.7	40.7	15.9	25.6	32.9

课题组成员：任才方、刘富江、许剑毅、耿勤、张卫华、周学文、俞肖云

课题主持人：刘富江　执笔：周学文

改革开放二十年来中国经济增长的因素分析

翟　凡

自改革开放以来，中国经济在过去二十年中保持了高速的增长，年均 GDP 增长率近 10%，位于同期世界各国之首（表 1）。从世界范围看，中国经济这一不同寻常的增长实绩仅有被称为"东亚奇迹"的东亚新兴工业化经济在战后的经济成长可与之相比。中国经济的高速增长使综合国力明显增强，人民生活水平显著改善，中国的国际地位有了很大提高。

表 1　中国经济增长的国际比较

	1978—1997 年 GDP 增长率（%）
中国	9.8
全球	3.3
其他高增长国家和地区	
泰国	7.2
韩国	7.6
中国台湾省	7.4
香港特别行政区	6.6
新加坡	7.9

中国经济在未来中长期能否保持这一高速增长的趋势，对于实现我国在 2050 年达到中等发达国家水平的战略目标，对于减少贫困人口，创造就业机会，以及提高人民的生活水准和促进社会发展具有重要的意义。然而，近年来一种流行的观点认为，中国经济在历经二十年的高速增长之后，已进入缓慢增长阶段，推动其实现高速增长的动力开始逐渐消失。而自 1997 年 7 月开始的亚洲金融危机使一些曾创造增长奇迹的东南亚经济和韩国经济遭受重创，导致这一原先最富活力的地区陷入了严重的经济衰退。日本经济在 90 年代初其资产市场上的经济泡沫破灭以来，也一直处于徘徊之中，难以恢复。这一危机引起人们对亚洲经济增长持久性的怀疑，并将亚洲金融危机视作东亚经济快速增长阶段结束的标志。对于与其他东亚经济具有相似的增长模式的中国经济而言，亚洲金融危机自然也加深了人们的疑问：中国经济的高速增长阶段是否已经结束？在未来二十年，中国经济能否保持快速增长——即使不能如同过去二十年一样快，能否实现一个相对高的速度，如年均 7%～8%的 GDP 增长率？

本文试图总结中国经济在过去二十年的增长经验，分析经济高速增长的原因和动力。文章运用增长核算的方法，分析各种投入要素和生产率增长对中国经济增长的贡献，并将其与东亚新兴工业化国家和地区的发展经验进行比较，然后在此基础上进一步分析了影响要素投入和生产率的制度、政策和社会背景。

一、增长的源泉

长期的经济增长取决于供给方面的因素，即要素投入的增加和生产率的提高。经济的供给方面可用其潜在产出水平表示，它是在不导致通货膨胀上升情况下所能提供的最大产出。在短期，由于需求方面因素导致的商业周期使经济在其潜在产出水平周围波动，但从长期来看，经济增长则由潜在产出水平的增长所决定。由于本文的主题是中国经济在过去二十年的长期增长绩效，因此，本节主要从供给方面分析各种要素投入和生产率提高对经济增长的贡献，而不涉及短期的经济波动问题。

资本和劳动力是最为重要的生产要素，它们在数量和质量上的提高都能够促进增长，而对它们的使用效率，即生产率的变化也会影响产出的增长。新古典增长理论的总量生产函数为我们分析各种投入对于增长的作用提供了一个较为理想的框架。

新古典理论中的总量生产函数可表示成如下形式：

$$Y = f\ (A,\ K,\ L);$$

其中：Y 为增加值，A 为反映技术进步的全要素生产率（TFP），K 为资本投入，L 为劳动力投入，在希克斯中性技术进步的假设下，方程可写为：

$$Y = A\cdot f\ (K,\ L);$$

这时，增长方程即为：

$$\frac{\Delta Y}{Y} = \frac{\Delta A}{A} + \delta_K \frac{\Delta K}{K} + \delta_L \frac{\Delta L}{L};$$

其中 δ_K 和 δ_L 分别为资本和劳动的产出弹性，Δ（·）表示增量。

方程表明，总增加值的增长率由 TFP 的增长率，劳动力投入增长的贡献和资本投入增长的贡献三部分组成。在实证研究中，TFP 增长率是作为产出增长减去各种投入增长后的余量来计算，即：

$$\frac{\Delta A}{A} = \frac{\Delta Y}{Y} - \delta_K \frac{\Delta K}{K} - \delta_L \frac{\Delta L}{L};$$

以上将总产出的增长率分解为各种投入增长的贡献和生产率提高的贡献的过程，即是所谓的"增长核算”。我们在计算得出中国1952年以来历年的总资本存量的基础上，运用增长核算方法，估计了劳动投入、资本投入和生产率提高对改革开放二十年来中国经济增长的贡献，其结果见表2。

表 2 中国经济增长的源泉（1979—1997年）（%）

	1979—1997	1978—1990	1991—1997
GDP增长	9.8	9.0	11.2
资本投入增长	9.7	8.8	11.2
劳动投入增长	2.9	3.9	1.2
TFP提高	2.9	2.2	4.1
资本贡献	58.5	58.2	58.7
劳动贡献	12.2	17.5	4.6
生产率提高的贡献	29.3	24.2	36.8

从表2可以看出，1978—1997年间，总资本投入年均增长9.7%，与同期GDP增长速度相近，劳动投入年均增长2.9%，作为余量估计出的TFP增长率年均也达到2.9%。从对增长的贡献来看，在过去二十年间，资本是最重要的增长源泉，资本投入对产出增长的贡献近60%，而生产率提高的贡献也是一项重要的增长因素，它对产出增长的贡献占到30%。劳动力总量扩张的作用是相对次要的，它对增长的贡献仅占12%左右。

为了将我们的结果与其他一些研究相比较，表3总结了一些关于中国经济增长贡献因素分析的已有研究。由于各研究所覆盖的时期，对资本存量和劳动力的定义及数据选用，以及对要素产出弹性的估计都不尽相同，这些研究在具体的计算结果上存在一些差异。但是不难发现，这些关于增长源泉分析的研究结果呈现了一个共同的结论，即中国经济在改革开放以来资本的积累和生产率的提高是其高速增长的主要原因，而劳动力增长的贡献是相对次要的。

上述发现也是与经济增长理论和其他国家的增长经验相一致的。在任何一个高速增长的经济中，劳动投入增长的对经济增长的贡献都是次要的，因为劳动力的增长受到人口增长的制约，在发达国家，即使有国外的移民流入，每年的劳动力增长很少高于2%，而在发展中国家，劳动力增长也很少高于5%。劳动力的素质即人力资本的提高也要求较长时期的教育和培训。但是资本的增长和生产率的提高却不受类似的约束，因而它们往往成为经济增长的主要贡献因素，特别是在快速增长的经济中。

中国过去二十年的经济增长中劳动投入贡献较小，除了由于高经济增长率和较慢的劳动投入增长外，另一项重要的原因是中国的资本/劳动比和土地/劳动比很低。由于存在大量非熟练劳动力而资本和资源相对贫乏，非熟练劳动力的更多投入往往意味着劳动生产率水平的下降，这时劳动投入增加对促进经济增长的作用就更为有限。

表 3 有关中国增长核算的研究比较（%）

时　期	GDP增长率	TFP增长率	资本贡献	劳动贡献	数据来源
1979—1994	9.3	3.9	4.2	1.2	Hu and Khan（1996）
（所占百分比）	100.0	41.6	45.6	12.8	
1979—1995	10.6	4.2	5.0	1.4	李京文等（1996）
（所占百分比）	100.0	39.9	46.8	13.3	
1980—1986	8.5	3.32	3.34	1.84	Bosworth et al（1995）
（所占百分比）	100.0	39.1	39.3	21.6	
1978—1997	9.8	2.9	5.7	1.2	作者的计算，表2
（所占百分比）	100.0	29.3	58.5	12.2	

而资本积累和生产率提高各自对于经济增长的相对重要性又是如何呢？从很长的时期来看，土地和自然资源的供给是恒定的或减少的，由于收益递减原则，在给定的技术条件下，当劳动投入增长到某一点后，劳动的边际产品最终会下降。通过资本深化，即提高资本/劳动比可以推迟这一时期的到来，但资本密集度不能无限提高，资本的边际产品最终也会下降。因此，长期来看，技术进步是摆脱收益递减原则，实现经济持续增长的唯一路径。而事实上，一些关于生产率的研究也表明，在美国和其他一些发达国家中，技术进步是它们实现经济增长的一项重要源泉。

但是在不同的经济发展阶段，不同增长源泉的相对重要性又是不一样的。前文的结果表明，中国经济在过去二十年的高速增长中，生产率提高的贡献仅为资本投入贡献的一半左右。这是由中国目前的经济发展阶段所决定的。首先，中国作为一个发展中国家，处于经济快速增长的时期，劳动力和资本投入的增长速度都要快于发达国家。与高的产出增长速度相比，生产率提高的贡献显得较小。而事实上，1978—1997年间，中国的全要素生产率年均增长2.9%，这一速度并不比其他发达国家低。其次，中国经济仍处于向工业化经济过渡的结构转变过程中，伴随这一过程的资本深化使得资本的增长速度可以远远高于劳动投入的增长。过去二十年间中国保持了近40%的投资率，资本存量的增长速度年均为9.7%。快速的资本积累极大地推动了经济增长和结构转变，成为实现高速增长的主要贡献因素。第三，作为技术上的后进国，许多技术进步是通过向技术先进国的学习而实现的，而购买国外先进设备又往往是这种技术学习的重要形式。所以技术进步通常伴随着投资的扩张和资本的快速增长。

过去二十年中国经济增长的内在因素也与部分东亚国家和地区在战后的成长经验相一致。近年来，许多经济学家在探索东亚地区的高速经济增长的源泉，并形成了广泛的争论。他们讨论的中心问题是东亚地区的经济增长有多少得益于生产率的提高，有多少是来自于要素投入的增加。一些研究发现东亚新兴工业化经济的发展应归功于高速积累的实物资本，生产率的提高并不显著（Kim and Lau，1994；Young，1992，1995）。表4总结他们的研究结果，从中可以看出，新兴工业化国家和地区在战后几十年间年均经济增长近9%，而它们实物资本的增长更是不同寻常的快，一般都在10%以上。对于东亚新兴工业化经济而言，实物资本的积累具有绝对的重要性，其对经济增长的贡献占到68%~85%，劳动投入的增长解释了剩下的部分，而东亚经济在其高速增长过程中并没有发生显著的生产率提高。

著名经济学家克鲁格曼（Paul Krugman）基于这些关于东亚地区的实证发现，得出东亚新兴工业化经济的快速经济增长将无法持续的观点。他认为东亚经济的高速增长主要依赖于该时期投入的增长，特别是资本的积累，这在性质上与前苏联在50年代的增长模式酷似，而并非经济增长上的奇迹。由于几乎没有生产率的进步，而在进一步动员生产要素的投入——特别是劳动投入——方面存在着极限，资本的边际产出水平也将随着资本积累的增加下降，因而经济增长的速度将不可避免地减慢（Krugman，1994）。

无疑，克鲁格曼指出了东亚经济未来发展的一种可能，但这并不意味着东亚经济的高速增长必然不能够持续。如同Lau（1996）所指出的，东亚新兴工业化经济中是否是零技术进步或有一些技术进步并不是那样重要，重要的是实物资本的积累对东亚新兴工业化经济的增长具有绝对重要性。事实上，东亚经济在其过去高速增长过程中的主要依赖投入增长的模式并非东亚经济所独有，这一模式是由其经济发展的阶段所决定的。19世纪末20世纪初美国的经济增长同样是由于资本和劳动投入的增长而形成的，直到19世纪20年代后期生产率的提高仍不是美国经济增长的重要原因。而日本从明治维新到第一次世界大战期间的经济增长也是如此。经济增长的历史经验说明在经济发展的不同阶段，不同的增长因素所起的作用是变化的。在经济发展的早期阶段，实物资本的积累只有很低的水平，这时人力资本和研究与开发活动的边际效益可能是很低的。在这一阶段，实物资本的积累是最重要的增长源泉。一旦经济发展到一定的水平，资本积累已经较为充分，资本密集程度提高，实物资本的边际生产率将不可避免地下降，这时，人力资本、研究和开发活动等的重要性就会相对增强，技术进步成为经济增长的重要源泉。因此，随着经济由发展中水平向发达水平过渡，技术进步的作用也会逐渐增强，而日本已经用它自己的例子说明这一过渡是如何完成的。显然，这些先进国家的发展历程更可能成为东亚国家和地区未来经济发展的道路。

表4 有关东亚新兴工业化经济增长核算的研究比较（%）

国家、地区	时　期	GDP增长率	TFP增长率	资本贡献	劳动贡献
Kim — Lau（1994）					
香港	1966—1990	7.8	0	5.8	2.0
新加坡	1964—1990	8.9	0	6.1	2.8
韩国	1960—1990	8.6	0	6.9	1.7
台湾	1953—1990	8.7	0	7.4	1.3
Young（1995）		人均GDP增长率	TFP增长率	资本贡献	劳动贡献
香港	1966—1991	7.3	2.3	3.0	2.0
新加坡	1966—1990	8.7	0.2	5.6	2.9
韩国	1966—1990	10.3	1.7	4.1	4.5
台湾	1966—1990	9.4	2.6	3.2	3.6

就目前的发展阶段而言，即使仍旧依靠投入型的增长模式，东亚经济仍旧存在很大的增长潜力。因为从投入强度来看，东亚新兴工业化经济远远落在工业化国家之后，东亚经济的资本/劳动比还远远低于工业化国家60年代的水平。因此，尽管东亚经济在高速成长中生产率的提高并不显著，但它们所取得的高速资本积累和高效率配置的成绩仍是巨大的，这一成绩也使东亚经济仍具有良好的增长前景。

中国经济在过去二十年间生产率有较快的提高，全要素生产率年均增长2.9%，在经济增长中的贡献占到30%。与东亚新兴工业化经济相比，中国的生产率得以较快提高的主要原因在于中国从1978年开始的体制改革，农业部门的大量劳动力剩余和低效率，以及建国以来逐步建立的相对完整的工业体系和研究开发能力。但从整体上看，中国经济中在过去二十年间的增长模式是与东亚经济的增长模式基本一致的。高水平的要素投入，特别是实物资本的积累，是促进经济快速增长的主要动因。由于中国的发展阶段还远远落后于东亚新兴工业化国家，特别是农业部门拥有大量的非熟练劳动力，资本密集程度非常低，依赖投入扩张的增长模式不可能在短时期内改变。长期来看，资本的积累仍是实现经济增长的主要动力，而生产率的提高也可能成为另一项潜在的增长源泉。但是，这两项支持中国经济在过去二十年间高速增长的主要动因能否支持中国经济再获得二十年的高速增长？我们将进一步分析在这两项增长因素背后的制度、政策和社会背景。

二、进一步的分析——政策、制度与社会背景

1. 投资与储蓄。资本存量的快速增长源于高的投资率。自改革开放以来，80年代初期由于“消费补课”投资率在33%左右，自1985年以后投资率一直保持在38%左右，而1993—1995年间则高达40%以上。这样高的投资率不仅高于一般国家的水平，也高于与中国有着类似的文化传统和社会习惯，储蓄倾向较高的东亚国家和地区。居民储蓄的快速增加和外资流入的增长是保证高投资率的两个主要源泉。自改革以来，中国经济的高速增长以及国民收入向居民倾斜促得居民收入在二十年间有很大提高，这是居民储蓄快速增长的最重要原因。同时，我国居民有着节俭储蓄的传统，而自80年代传统消费品和“家电”等新型耐用消费品的消费热潮之后，再没有形成大的消费热点。中国目前很不发达的社会保障体系也是居民保持高储蓄率的一个重要原因。近年来在住房、教育、医疗方面一些旧的福利制度逐步取消，但新的、良好的社会保障制度远没有建立起来，居民对未来住房、教育、医疗、失业和养老保险等方面制度改革的预期，也使居民储蓄倾向增强。另外，在人口结构上，中国目前尚没有进入老龄化社会，相对低的人口依赖率也有利于储蓄的增长。改革开放以来，相对稳定的宏观经济环境和金融深化过程也促进了居民储蓄的增加。以上多种因素造成了我国城乡居民储蓄存款余额由1978年底的210.6亿元增加到1997年底的46 280亿元。虽然同期国家财政收入相对下降造成政府储蓄和投资的相对减少，但由于居民储蓄的大幅增加，保证了大量投资的资金来源。

在总储蓄中，企业储蓄也是一项重要的来源。从1992年至1995年，企业储蓄在总储蓄中的比重由27.9%升高到36.4%，同时居民储蓄的比重由56.1%下降到49.0%。不断增长的企业储蓄反映了稳定的宏观经济和投资环境，以及企业对未来的信心。不过，需要指出的是，尽管企业留利迅速增加，它仍不能满足企业投资的更快增长，企业大量依赖银行系统进行融资。

近二十年来，以国有银行为主的金融中介在动员和分配储蓄方面起到极其重要的作用，但是债券、股票等直接融资手段所起作用非常有限。居民银行存款的高速增长同时也是由于缺乏可选的金融资产。与其他东亚国家类似，中国的实际利率水平保持在一个较低的但是很少低于零的水平上，这鼓励了投资的增长同时也在一定程度上维持了储蓄。但是，如同人们在一些东亚国家和中国所看到的，这样的政策在一定程度上造成了投资的低效率。

外资的流入也对资本存量的快速增长起到重要作用。外商直接投资是外资流入的主要形式，1979—1997年间，外商直接投资流入量的年均增长速度达到30%，而自1990年以来，外商直接投资流入年均增长44%。在1997年，实际利用的外商直接投资达到453亿美元。由于难以获得资本品的购买力平价，因而不能给出外资对资本存量增长所作贡献的精确估计，但是外商直接投资可能已占到当年国内总投资的10%以上。

在外资大量进入中国的同时，也有大量的国内资本流往海外。特别是90年代以来，中国的对外账户上表现为资本的净流出。统计表明1990年以来，除1993年的投资高峰年外，国内储蓄持续高于国内投资。由于国内体制上的原因和对内、外资政策上的差别，国内储蓄不能在国内得以充分利用转化成投资，这对于中国这样一个发展中国家来说，无疑是非常可惜的。因此，如果能充分利用国内资金，国内储蓄能够支持更高的投资率和更快的经济增长。

2. **结构变化**。 中国经济在改革开放以来的高速增长是伴随着迅速的结构转变而发生的。事实上，资源在产业部门间的重新配置是另一项重要的增长源泉。不同行业间的生产率水平通常存在着差异，即使在相同要素投入水平和技术水平下，如果结构变化使生产更偏向于高生产率的产业，资源由较低生产率的部门流向较高生产率的部门，也会导致更多的产出。而当生产结构向生产率增长较快的行业转移时，这种资源再配置所导致的增长效果则更加显著。近二十年来中国产业结构的转变也是经济高速增长的重要条件，特别是大量的农业剩余劳动力向效率较高的第二和第三产业的转移。改革开放以来，农业劳动力的比重由从1978年的71%下降到1997年的54%。为了反映这种要素投入在产业部门间再分配的作用，我们将前文所用的总量层次上的增长核算分解到三次产业水平上，从总的生产率提高中分解出了劳动力转移的贡献。结果表明，在1978—1990年间劳动力从农业向第二和第三产业对GDP增长的贡献年均为0.7个百分点，而进入90年代，这一贡献提高到1.0个百分点。总体上看，劳动力部门结构的变化导致的效率增加占到这一时期整体全要素生产率提高的30%左右。

中国经济在近二十年来的结构变化主要受两方面因素的驱动，即工业化过程和随着对外开放扩大比较优势的逐步实现。经验表明，发展中国家的经济快速增长过程往往是与工业化同步的。有研究者通过对多国的比较分析和时间序列数据分析，揭示了工业化过程的一般特征，即在不同的人均收入水平上，制造业份额的上升依次通过以消费品工业、重化工工业和高技术附加值工业为不同侧重点的增长阶段；其份额增加的原因在于国内需求的变动、工业产品中间使用量的增加和随要素结构变动而发生的比较优势的变化；在这一结构变化过程中，经济增长具有加速趋势，而完成工业化任务后，增长速度会明显回落（Chenery etc.，1986）。

表 5　要素再分配对中国经济增长的贡献

（1979—1997）（%）

	1979—1997	1978—1990	1991—1997
GDP增长	9.8	9.0	11.2
TFP	2.9	2.2	4.1
TFP中劳动力在部门间再分配的贡献	0.8	0.7	1.0

中国近20年来的经济增长和结构变化证实了上述关于工业化的理论。1978—1997年间，GDP年均增长9.8%，工业增加值年均增长12%，按可比价计算，第一、二、三产业增加值的比例由1978年的28:48:24变为11:64:25，而各产业就业的比重则从71:17:12变为50:24:26。消费、投资、出口和中间需求都是促使工业产品份额扩大的原因。在消费方面，由于恩格尔效应，随着人均收入水平的提高，居民对农产品和以农产品为原料的食品需求逐步相对缩小而对工业制成品需求逐步增加。80年代随着收入的增加居民对轻工业消费品的大量需求正是该时期工业快速增长的主要原因，而进入90年代，投资的增加则拉动了冶金、建材、电力等基础工业部门的快速增长。在出口方面，工业制成品的份额由1980年的49.7%提高到1997年的86.9%，初级产品则由50.3%下降到13.1%。由于出口依存度的大幅度提高，对外贸易也成为我国结构转变的一个重要拉动因素。在最终需求结构转向以工业品为主的同时，整体的生产结构变得更为迂回，以工业制成品为主体的中间需求的份额大为提高。中间投入率提高的原因之一是产出结构转向制造业和其他使用较多中间投入的部门，而另一个更重要的原因是部门内部的技术变化使得以更多的中间投入替代要素投入，以更多的制成品投入替代初级产品投入。比较1987与1995年的投入产出表可以发现，中间投入率在8年间由55.5%提高到62.0%，增加了6.5个百分点。因此，中间需求增加这一工业化重要特征在中国近年的结构变化中也表现得非常显著。

结构变化的最终实现根本上取决于需求结构和供给结构的共同作用。一方面供给结构必须适应变化了的需求结构作出相应调整，另一方面，供给结构的变化也会推动需求结构的转变。从供给方面来看，1978年以来工业化过程的加速，首先得益于快速的资本积累和投资的有效利用，而建国以来在重工业积累的生产规模和能力也为改革开放以来中国的工业发展提供了一定的基础。在制度方面，乡镇企业的出现和蓬勃发展则为农业资源向工业转移创造了最为直接和有效的途径，它在十几年的时间里吸纳了一亿农业劳动力。同时，政府对农村人口流动的限制的逐步减少，也促进了农业劳动力在地区间和行业间的转移。

我国产业结构的转变也得益于对外开放的扩大。近二十年来我国进出口商品结构的变化，反映了在改革国内体制和扩大对外开放的过程中，我国的比较优势得以逐步实现。由于大量非熟练劳动力的存在，我国在劳动密集型制造业产品的生产方面存在很强的比较优势。改革开放以来通过出口促进方面的政策以及外贸体制改革，使中国在劳动密集型产品方面的比较优势逐步释放出来。而与此同时，我国的劳动密集型产品出口的主要竞争者，如亚洲新兴工业地区正处于比较优势转变和结构转型时期，其劳动密集型产品的生产和在 OECD 国家所占的市场份额都逐步转移到劳动成本更低的发展中国家。这也为中国扩大出口和改善出口结构提供了很好的机会。对外贸易的迅速扩张和出口结构的变化，促进了我国产业结构的转变和整体效率的提高。

3. 体制变革和对外开放。 1978 年以来生产率的较快提高，很大程度上归功于从那时开始实施的改革和开放政策。在 70 年代末改革首先从农业部门开始，并迅速导致农业生产率的大幅提高。农业联产承包责任制的实施使得 1979—1983 年间农业生产连续快速增长。但是这一改革所导致的生产率提高并不是持续的，从 1984 年开始，农业生产，特别是粮食生产的增长速度又趋于平缓。当改革由农村向城市推进的时候，工业和服务业的增长开始加速。市场化的改革使企业的外部经营环境和内部决策机制都发生很大变化，企业自主权扩大，企业追求利润的动机增强，市场力量成为企业进行资源配置决策的主要决定因素。同时，各种商品市场和要素市场的逐步建立，也为有效地配置资源提供了合理的价格信号。在这一改革进程中，非国有经济部门的大量兴起发挥了非常重要的作用。非国有企业以外资企业、乡镇企业和私人企业为代表，它们在传统体制之外成长起来，与国有企业相比，具有更强的利润动机和市场意识，经营机制更加灵活。非国有经济部门的迅速增长和其比重的扩大，不仅提高了中国经济的整体生产率水平，也为中国经济带来了竞争和活力，同时促进了国有经济部门效率的提高。

改革二十年来，中国在由计划经济向社会主义市场经济过渡方面已经迈出了很大的步伐，然而，就改革的目标而言，我们仍有相当长的路要走。中国目前的市场经济体制还远不完善，其运行的效率也较低，可以预期，中国经济仍然可以从其未来的改革进程获得相当显著的生产率方面的收益。

对外开放也同改革一样极大地促进了我国生产率的提高，虽然它的许多影响要相对间接一些。首先，作为发展中国家，从发达国家进口先进水平的机械设备是获得和学习先进技术的一种重要方式。从 80 年代开始我国从发达国家引进的大量机械设备极大地提高了中国各行业的装备水平、技术能力和生产能力，促进了生产率的提高。中国家电工业的发展即在很大程度上受惠于此。其次，出口企业不得不参与国际竞争，这使它们得以充分锻炼和形成强烈提高效率的动力。而在国内竞争相对不充分的环境下，这一点显得更为重要。此外，出口企业可以在技术和信息方面获得更大的优势。因此，出口企业通常可以获得更快的成长。第三，如同前文已经指出的，对外贸易的扩张促进了产业结构的转变和比较优势的实现，从而提高了整体的经济效率。最后，对外开放所导致的生产率提高还体现在外商直接投资的“溢出效应”上。外商直接投资不仅促进了资本投入的增长，而且，它还是转移先进技术和管理经验的重要途径。同时，外资企业的进入还促进了中国国内市场的竞争。

4. 人力资本积累。 前文所作的增长核算研究没有单独地分析劳动力平均教育程度提高的贡献，而是将其作为余量计入生产率提高的因素之中。近年来有关增长的理论和实证文献均肯定了教育和人力资本积累在生产率提高中所起的重要作用（Lucas，1988；Stokey，1991；Barro，1991；Mankiw，Romer and Weil，1992）。平均而言，受更多教育的熟练工人比非熟练工人效率更高；教育程度高更有利于新技术的采用，也有利于劳动力在部门间调整；教育程度提高也有利于减少劳动收入的不平等，从而提高了社会的稳定程度，促进了经济增长；并且，实物资本和技术水平通常是互补的，所以人力资本的提高往往导致更多的投资；而且，实证证据还表明，虽然外国直接投资是向发展中国家转移技术的重要方式，仅当东道国达到一定的人力资本存量水平时，外国直接投资的生产率才能比国内投资的生产率高（Borensztein et al，1994）。

中国自建国以来在人力资本方面进行了相对较多的投资，尽管在文革阶段教育曾到冲击。在改革初始的 1978 年，与其他发展中国家相比，中国的识字率较高，一般工人平均接受过 3.6 年的初等教育，而其他发展中国家平均为 3.2 年。工业劳动力中技术工人和工程师的比例比东南亚一些新兴工业化经济的比重还要高。最近二十年来，人力资本也实现了较快的积累。表 6 对比了中国 1982 年与 1997 年人口所受教育的结构，可以看出受初中以上教育的人口比重在 15 年间有很大提高。而在 1992 年，人均受教育年限提高到 5 年。相对高的人力资本初始存量和其较快积累，是中国经济在 1978 年实行改革开放政策以后能得以迅速增长的一个重要条件。它不仅直接促进了劳动生产率的提高，而且对于劳动力转移、技术更新、资本的积累和吸引外资都具有重要作用。

表 6 人口的教育结构

	文盲和半文盲	小学	初中	高中	大专及以上
1982	24	35	18	7	1
1997	14	41	32	10	3

除教育对于人力资本积累的作用之外，值得强调的是改革开放以来人口流动对人力资本提高的影响，特别是众多农村劳动力迁移到城镇打工。改革开放后

对人口流动的限制逐步减少，大量农村剩余劳动力自发地流动到城镇特别是大城市中，成为打工者。这些农村劳动力往往具备一定的文化水平，他们转向城镇谋生的过程实质上也是再学习和提高的过程，他们在这一过程中获得了大量的新知识、观念、信息和技能。因此，农村劳动力的流动也极大的促进了人力资本的提高。

三、结语

中国经济在过去二十年中实现了前所未有的高速增长，这得益于快速的资本积累和生产率的提高。其根源可归结为在劳动力大量剩余的经济中实现的经济改革。未来的经济增长取决于过去这些促进增长的动因能否得以保持。展望未来二十年，实现相对快速的经济增长不仅是必要的，也是完全可能的，虽然我们面临着的困难可能比过去二十年更多更大。

（作者所在单位：国务院发展研究中心
发展战略和区域经济研究部）

对我国产业结构调整的几点思考

陈　蔚

衡量一个国家产业结构是否合理，关键在于现行产业结构能否对一国经济长期稳定的发展起到积极的促进作用。目前，我国产业结构的不合理已经严重地制肘着国民经济的良性发展，影响了经济运行质量的提高，表现为：①基础设施和基础产业不适应经济发展的需要；②行业和行业内部结构关系不协调，过度竞争严重；③重复建设、盲目建设造成了产业结构趋同严重。这些结构调整问题与经济总量问题掺杂在一起，出现了结构性供给过剩和结构性需求不足并存的矛盾，产业结构的调整已经成为目前经济生活中迫切需要解决的首要问题之一。

一、日本、韩国产业结构调整的基本做法

产业结构是指生产要素在各产业部门的比例构成及产业部门之间相互依存相互制约的关系总和。解决产业结构问题就是要形成一种经济运行机制，最主要的是融资和投资机制，使社会有限资金流向国家优先发展部门，使企业利益和国家产业政策目标一致，同时确保投资效益，保证投资项目能形成有效的社会供给，提高行业部门及全社会的全要素生产率。

二战后的日本和韩国，近2/3的国内生产能力遭到破坏，政府迫切需要解决的问题是尽快恢复国内生产，国内资源贫乏和国内市场的相对狭小及对国际市场的依赖，迫使其产业政策和产业结构的调整围绕着增加出口和经济增长这一目标而进行，因此产业结构的调整和升级与加快经济的发展目标表现出很好的一致性。

战后日本经济经过一段时间的恢复，从50年代后期开始步入高速发展阶段。日本通产省采取了多种形式的产业政策保护国内幼稚工业和增加出口。主要包括四个方面：发展基础产业；不同产业间的资源分配；构造特殊产业和帮助中小企业。从产业结构的调整过程看，大致可分为50年代的煤炭和钢铁工业，60年代的重化工业，70年代能源消费较少的电子制造业及80年代的进一步发展高附加值的电子工业，提高科技含量。韩国经济的发展阶段和过程与日本大致相似，只是起步时间晚大约10年左右。

从战后日本和韩国工业化和经济发展的过程看，以政府为导向的经济发展策略发挥了重要的作用，为保证私人企业的经济行为符合国家产业政策目标，政府综合采取了各种政策措施，包括税收优惠，外汇优先使用等，特别是优先贷款及优惠利率贷款等金融政策。为解决产业发展过程中对长期资金的需求，保证国家产业政策的有效实施，克服私人资本分散和胆小的不足，政府建立了多层面的金融机构，最典型的就是发展银行。在日本，国有的日本发展银行（JDB）和私有的日本产业银行（IBJ）在设备投资贷款余额中所占比重50年代约为66%，60年代初约为50%。以韩国为例，韩国发展银行在70年代全部贷款中占了将近1/3。信贷资金使用则更多地采用了直接分配的方式，使资金直接流向优先发展产业和企业，如日本最著名的“财政投资贷款计划（FILP）”在50年代占了整个新设备贷款的1/3，1973—1981年，韩国政策性贷款占全部存款银行贷款总额的60%。

为保证以商业银行和国家政策性银行为主体的间接融资的资金来源，两国对以资本市场为主的直接融资采取了某种程度的限制政策，债券和资本市场在公司资金融通中只发挥了一个较小的作用，如下表。随

	日　本		韩　国	
	政策性贷款占全部贷款比重	政策性贷款占新增工业设备资金的比重	政策性贷款占贷款余额的比重	贸易贷款占政策性贷款的比重
1955	13.2	32.1	—	—
1960	11.0	22.8	—	—
1965	9.6	15.9	—	—
1970	9.8	13.8	47.41	11.71
1975	10.6	16.0	52.43	19.05
1980	14.1	17.6	59.78	19.24
1985	13.7	11.5	52.77	24.35

着经济的不断发展和成熟，资本市场的作用在逐步得到加强。但总的来看，历史上日本韩国产业结构的调整主要是通过银行贷款等间接融资手段，换句话说主要是通过增量调节，是金融财政及贸易等政策共同作用的结果。

非金融公司的净资金来源（%）

	内部融资	外　部　融　资		
		贷款	债券	资本金
日本				
1956—1965	41.9	47.4	2.6	8.1
1966—1975	45.2	49.5	2.0	3.3
1976—1983	54.6	40.3	1.7	3.4
韩国				
1970—1979	27.6	52.5	4.8	14.8
1980—1989	38.3	32.4	13.6	15.6

二、我国产业结构的不合理及其调整难度

我国在建国以后采取了优先发展重工业的策略，这段时间采掘和原材料工业得到了相应的发展，到60年代，本着自给自足的原则，我国基本上建立了以重工业为主的较为完整的工业体系。改革开放以来，为在短时间内提高人民生活水平，清理历史所欠的旧账，国家加快了以消费品为主的轻工业发展，并强调轻重工业的协调发展，取得了有目共睹的巨大成就，人民生活水平提高，综合国力增强，但同时也带来和暴露出一些问题。

早在1985年国家就提出了产业发展政策和目标，但由于涉及面较广，其重要的引导作用并没有得到充分体现。在从计划经济向市场经济转换的过程中，计划经济体制下的条块分割必然带来地方和部门的本位利益和市场割据，为在短期内提高地方财政和部门的收入，各地加快了消费品加工制造业的投资，加工工业的过快增长，造成了能源原材料供给的压力，基础设施发展滞后更加剧了“瓶颈”制约，当经济加快发展时，这种制约很快形成一种对宏观经济稳定的威胁，突出表现为通货膨胀上升，可以说这是产业结构不合理引起总量矛盾的一个方面，主要体现在经济过热阶段。

随着经济总量的不断扩张，居民传统意义上的低水平上的需求不断满足，消费者对需求提出了更高的要求，但由于一些地方主管部门和企业缺乏对市场的认识，长时间盲目分散投资，结果是产品不能满足消费新的要求，加之城乡市场和地区经济发展的不平衡，结果导致了产品积压和生产能力闲置，造成了社会资源的浪费。市场从卖方市场转到买方市场，需求不足导致经济增长放慢，出现了结构性的供给过剩和结构性的消费需求不足，这是产业结构不合理引起总量矛盾的另一个方面。

针对我国目前产业结构不合理的状况，借鉴日韩两国经济成长和发展的经验，我国产业结构调整应走一条存量盘活与增量调节相结合的道路和模式，存量盘活主要解决生产能力过剩和大量闲置，企业亏损和经济效益低下等问题；增量调节主要解决我国基础产业和基础设施与国民经济发展不协调的问题，消除“瓶颈”制约。这两个方面涉及到企业制度的创新，投、融资体制的改革等方面，因此产业结构的调整必须与改革结合起来，盘活资本存量实际上就是深化国有企业改革的一个重大举措。

目前我国工业企业基本上是1/3赢利，1/3亏损，还有1/3持平，国有工业企业的情况则更为严峻，亏损面达到40%以上，亏损国有企业的固定资产净值平均余额，1998年为8326亿元，占全部国有企业固定资产平均余额的33%，不考虑这些企业现有的流动资产和流动负债，要完全盘活这些固定资产，则需投入大量的启动资金，如果考虑到这些企业现有债务，则所需投入资金会更多。

基础产业和基础设施是支持经济增长的基础，尽管我国的基础产业和基础设施建设取得了长足进展，但与经济增长长期目标相比仍然欠缺。根据世界银行的资料，我国目前仍大致处在低收入国家水平上，考虑到人均水平则会更低，仍需要大量的投入。

基础产业增加值所占GDP的比重（%）

部　门	低收入国家	中等收入国家	高收入国家	中国
运输、仓储和通信	5.34	6.78	9.46	5.05
煤气、电力和水	1.29	2.24	1.87	2.34

三、产业结构调整的财政和金融政策

1994年以前，我国改革开放的基本思路是“放权让利”，这对搞活企业，调动企业和地方财政的积极性起到积极的作用，但同时也削弱了中央财政宏观调控能力，国有企业基本建设资金“拨改贷”虽部分减轻了国家财政经济建设的负担，但由于企业经营机制没有根本转变，国有企业的经营不善，相应又背上了银行不良贷款上升的负担。1997年底，国有工业企业资产总额为61309亿元，负债38315亿元，负债率为62.5%。

国家财政政策作为产业结构调整的一个重要手段，有着其他政策替代不了的作用，鉴于我国目前产业结构调整任务之艰巨，所需资金之大，仅靠国家财政已显得不堪重负。尽管自1994年实行分税制以来，财政分配关系逐步走向规范，经济的较快增长带来了国家财政收入的合理增长，抑制了财政收入占国内生产总值比重下降的势头，但这一比重仍属偏低，1996和1997年我国财政收入占GDP的比重分别为10.9%和11.6%，加上财政预算外收入，其比重也不超过18%，低于发展中国家30%的平均水平，与发达国家相比则差距更大。从我国财政收支的具体情况来看，不考虑国家债务收入，我国财政建设性收入1996年为1393亿元，其中82%的资金来源于经常性预算结余，目前我国正步入老龄化社会，社会保障体系有待于进一步建立和完善；地方政府担保的贷款，粮食企业的亏损挂账，国有银行的呆坏账等，如果出现不好的结局，这些都需要国家财政最终兜底，财政经常性支出将会逐步增加，如果没有切实可行的政策措施增大税基，开辟税源，我国财政建设性收入会变得小而不稳定；从财政支出情况看，1996年财政建设性支出1922亿元，与收入相比，尚有近30%的支出还需靠国内外融资。

因此就目前财政比较困难的状况，我国产业结构的调整应更多地依靠国家金融政策。目前我国有近6万亿居民储蓄存款和3万亿企业存款，如此庞大的金融资产形成了强大的、多元化的市场需求，资本市场从无到有，逐步发展，目前我国股票市值已相当于我国GDP的10%，这些方面为我国金融政策的实施提供了一个极为有利的因素和政策实施基础。

强调金融政策在产业结构调整中的作用，并不是忽视财政的作用，事实上，长期以来在我国产业结构形成和转变过程中，财政政策发挥了巨大的作用，随着国家财力的逐步增强，财政政策的作用也将逐步得到加强，金融政策要最大程度地发挥作用，也离不开财政政策的积极配合。

通过金融政策实施产业结构调整，既可以借鉴国际经验和做法（如日、韩两国的产业结构调整和产业政策），但又不完全相同。主要表现在经过几十年的发展，我国已经建立较为完备的工业体系，生产能力、装备水平和资产都已达到了相当的规模，因此，一方面要搞好增量调节，为国家产业发展战略进行长期融资；另外一方面利用资本市场及其市场机制，通过市场化的方法，依照比较成本原则，优化资本配置，实现产业结构的高度化和集中化，搞好资产的存量调节，这需要我们不断摸索和总结经验。

长期以来，我国企业走的是一条“高投入、低产出”外延扩张性的发展道路，只有增量调节，很少有资本流动，全国八届人大四次会议提出“两个根本转变”的同时，也提出了“通过存量资产的流动和重组，对国有企业实施战略性改组”，而且只有通过后者才能做到前者，真正实现经济增长方式的转变。

盘活国有企业资产存量，提高国有企业的资本运营效率，建立现代企业制度，既是国有企业改革的方向，也是促进产业结构调整和资源优化配置的手段。一方面在“抓大放小”原则下，加快企业兼并、破产和分流步伐，走企业集团化发展道路。目前国内经济学界提出的企业重组模式主要可以分为四种，即资产剥离模式、兼并收购模式、联合模式和托管模式，无论何种模式，其目的就是在利润最大化的原则下，使资本运用得更有效率，资本的功能发挥的更充分，同时实现资本的保值和扩张。另一方面，加强国有企业的股份制改造，选择一批真正有效益、有发展前景，有利于经济结构调整和产业结构优化的企业改造上市，保证投资者的利益，而不是变相“扶贫”。

应该说这两种策略是殊途同归。不同的是后者有一个有形的资本市场，而前者则需要培育一个以投资银行为主体的金融中介和市场。要保证这些措施的顺利实施，需要进一步规范政府和企业行为，做到真正意义上的政企分开，为企业重组创造一个宽松自由的环境；同时完善政府对企业的监督机制，使政府的监督成本降到最低水平。

就增量调节而言，日本及韩国的发展成功方面的经验为我们提供了许多借鉴之处。给优先发展产业部门提供补贴性利率贷款，这是亚洲国家最常用的手段，但问题是如何使商业银行以低利率贷款给这些优先发展部门，解决这一问题的方法之一是使用选择性再贴现率，当这些金融机构根据协议向中央银行申请再贴现补贴性优先贷款时，能够得到部分、完全甚至过度补偿，这种做法很容易导致基础货币扩张，增大通货膨胀的压力，如果要强化中央银行的独立地位和稳定币值的主要职能，则未必是可行之策；解决这一问题另外一种方法则是通过直接预算补贴，优惠贷款利率和存款利率的差额由政府财政预算补贴，在国家财力不充分的情况下则极易导致国家财政赤字上升，内外债务负担加重。

执行国家产业政策为主要任务的专业银行的建立与运作则是另外一种通行的办法，这正是我国目前已经运作，而且将要不断完善和发展的长期产业融资途径。其资金的来源可以分为两个部分：财政资金和中央银行的高额储备资产；专业银行发行的长期建设性金融债券。在资金的使用上，要依照国家产业政策，严格掌握资金的使用方向，完善监督机制，充分保证资金的使用效率，在资金过度需求的情况下，防止银行不良贷款的上升和泡沫经济的产生。

四、产业结构调整中应注意的几个问题

1. 立足国内市场，搞好进口替代产业的结构调整。日本、韩国由于国内资源贫乏，市场容量狭小，基本上走的是一条进口替代到出口导向的发展道路，提高出口增长是其产业政策的核心。由于我国的资源禀赋特别是市场条件不同，可以说庞大的潜在市场需求是我国经济发展的最大资源，我国产业结构调整应立足于国内市场，重点搞好进口替代产业的调整和升级换代，我国家电业的迅速崛起就是一个很好的例证。重点搞好进口替代并不是不要提高出口，充分利用“两种资源、两种市场”将是每一个企业必须面对的经济环境，一旦我国以发展中国家身份进入世界贸易组织（WTO）成为现实，竞争将进一步加剧，因此我们应充分利用这段宝贵的时间，搞好国内进口替代产业，特别是我国装备工业的升级和结构调整。

2. 进一步规范和发展资本市场，特别是企业债券市场和投资银行中介作用。我国股票市场从起步到现在已有将近10年的历史，但仍很不规范，市盈率过高，投机性太强，不利于投资者作长期投资；上市公司短期行为严重，少分红，追求高配股，不是从搞好企业生产经营更好地回报投资者角度出发，“圈钱”意向过重，这些都非常不利股市的长期发展和企业的长期直接融资。此外由于我国企业债券市场发展缓慢，多数企业银行债务比重偏高，财务结构不合理，导致经理人员的外在激励和约束机制存在很大的缺陷。

从企业的兼并重组情况看，一些企业以规模经济为名盲目扩张，不是从企业投资的专用性和资产的互补性出发，由于管理水平没有跟上，内部成本上升，企业边界定位不科学，实际上导致了规模不经济；由于多数企业的兼并重组权利在地方政府，“拉郎配”式的重组方式使许多好的企业也被拖垮，这些都很大程度上降低了企业重组乃至结构调整的效果和步伐。目前，应加快企业兼并重组的立法步伐，尽快出台有关条例，进一步规范和发展资本市场，加强投资银行的中介作用。

3. 搞好标准评判，重塑银企关系。产业结构调整不是一挥而蹴的事情，有一个发展过程，因此需要有一个评判标准和评判机构。如日本在出口导向的结构调整中，就是根据企业有无出口定单及对方开举的信用证作为标准，中央银行、日本发展银行、大藏省及商业银行作为裁判，决定企业是否能够享受政策优惠，其中专业银行和商业银行还对企业的财务状况进行监督，防止发生财务危机。

鉴于我国产业结构目标和方式的特殊性，可考虑以资产、市场占有率和盈利为核心，由财政部和专业银行及商业银行负责考核，同时保证银行对企业一定的控制力和外部监管能力。尽管这种主银行制式的安排可能容易滋生腐败、导致资金运用的低效率，但只要银行按商业原则运作，同时做到真正意义上的政府和企业分开，加强风险管理，这种银企关系仍是可行的，也是必要的。

4. 处理好近期和长远目标的关系。针对目前我国产业结构不合理状况，无论是以企业整合为主旋律的存量调节，还是旨在消除经济发展瓶颈制约的增量调节，都只是一种历史性调整，目的在于消除当前我国经济运行和经济发展中的制约因素，使我国经济的增长方式由外延扩张性转为内涵集约经营，保证经济发展的良性循环，我们可以称之为短期的（或静态）的调整目标。一国经济的发展处于不同的发展阶段，其产业结构也将随之发生变化。随着经济发展水平的提高，特别是生产要素之间的价格变化，产业结构调整和产业政策目标需要适时调整，重要的是形成一种产业结构调整的机制，特别是投、融资体制，使社会资金得到最有效的配置。

值得注意的是，为保证产业发展的一致和连贯性，保证其朝着有利于推动国民经济长期稳定增长的方向发展，就某一个特定时期而言，国家产业政策应具有超前性和预见性，国家应定期发布有关产业调整和发展信息，给企业投资决策提供必要的信息参考。

（作者所在单位：国家统计局综合司）

我国保险业的发展、问题及对策

岳 颂 东

市场经济是带有一定风险的经济。为了有效地规避风险，保障经济持续发展，保持社会长期稳定，全社会对保险业发展的内在需求日益迫切。改革20年来，为适应市场经济的发育，保险业获得了很大的发展，但是在发展中也出现了一些需要重视和解决的问题，需要制定相互配套的对策。

一、市场经济促使保险业长足发展

90年代以来，随着市场经济的迅速发育，保险业获得了长足的发展，具体表现为以下六个方面。

1. 保险机构大幅度增长，实现了分业经营的良好格局。1990年底，我国只有4家保险公司，而到目前已达到22家，并且形成了产险、寿险、再保险分业经营的良好格局。一些国外保险机构已进入国内部分城市保险市场。

2. 保险从业人员迅速增长，保险实力大为增强。1990年全国共有保险职工8.5万人，保险代理人10万人；目前保险职工已达15万人，保险代理人20多万人。1990年保险资本为30.3亿元，截止1997年上半年已达130亿元。

3. 保险业务迅速拓展，保费收入逐年递增。1990年底全国承保总额2万亿元，1996年上升为15.7万亿元，年均递增41%。1990年保费收入100亿元，1997年底已达1080亿元，7年增长10倍。

4. 寿险比重已大于财险比重，保险结构趋于合理。1997年财险收入占全部保险收入的比重与1996年相比，从58.25%降为44.5%，寿险比重由41.75%上升为55.5%，在我国保险史上首次出现寿险比重大于财险比重的状况，形成了与国际保险业类似的格局，保险结构趋于合理。

5. 保险赔付率有所下降，保险公司利润基本稳定。1997年财险综合赔付率为58.27%，比1996年下降了9.43%。1997年保险业实现利润23亿元，与1996年水平大体持平。

6. 保险准备金逐年增加，通过赔付，支持了生产发展，维护了社会稳定。1990年我国保险准备金为190亿元，1996年底上升为809亿元，年均增长27.3%。1990年我国保险赔付金为68亿元，1996年底上升为407亿元，年均递增34.7%，有力地支持了企业生产，维护了居民生活安定。

二、保险业在发展中存在的问题

如上所述，我国保险业在90年代有了长足的发展，但是在发展中同时又出现一些亟待解决的问题，主要表现为以下六个方面。

1. 保险业至今尚未达到金融三大支柱之一应有的地位。1990年我国保险深度（保费收入占国民生产总值的比重）为0.56%，1996年上升为1.14%，年均递增13%。1990年我国的保险密度即人均保费收入为8.8元，1996年增加到54.6元，年均递增39%，但与国际相比，差距颇大。1994年底，世界保险深度排前三名的国家分别是日本（12.83%）、南非（12.77%）和韩国（11.87%）。同期我国为0.97%，居世界第62位，甚至低于第51位的印度（1.84%）。

1994年世界保险密度排前三名的国家分别是日本(4649.7美元)、瑞士（3586.6美元）和美国（2279.7美元)。而同期我国为4.1%美元，居世界第68位，排在埃及（8.3美元，第63位）和印度（5.7美元，第65位）之后。

在国际上，保险业与银行业比肩而立。例如英、美、德、日等国家的保险资产同银行资产并驾齐驱，有的国家甚至保险资产还高于银行资产，在日本大保险公司还自己办银行，保险业堪称名符其实的金融支柱。而我国保险资产与银行资产相比微乎其微。1996年底，我国保险资产总额1089亿元，同期银行资产总额7.2万亿元，仅占1.51%。保费收入与居民储蓄额相比也大体如此。1996年底，我国保费收入为776.6亿元，仅占同期城乡居民储蓄存款余额38500亿元的2%。而发达国家的这一比例大约为15%，发展中国家一般为7%，由此可见，我国保险业若真正成为金融的重要支柱，还需要极大的发展。

2. 一些部门、行业变相经营商业保险。近年来，一些部门、行业以及地方政府以社会保险为名变相经营商业保险。一些地方成立了与公司法不相符的保险公司。这些机构缺乏起码的注册资本和足够的责任准备金，有的甚至在未取得经营许可证的前提下就非法开业。有的公司违背投保自愿原则，通过行政手段强制实行，如利用结婚登记发证之机强行办理养老保险。

有的还以高利率为诱饵吸引居民投保，实际上等同非法集资。据财政部对10省市54个经办机构的重点检查，就查出从1992年至1995年各种违纪金额60多亿元。

3. 保险业宏观管理机构薄弱，监管力不从心。从国际上看，许多国家都设有独立的保险业监管机构。有的称保险监督局，有的称保险监督委员会。而我国只是在中央银行内设一个司，机构也不健全，如人民银行总行有保险司，分行却没有保险处，只有保险科，个别分行连保险科也未设立。总行保险司仅有24人的编制，还不及一些部委承担某一项社会保险的行政编制多。到1996年底，全国包括兼职的保险监督人员只有900多人，而美国专职的人员就达9500人，另外还有600多名专家顾问。我国监管专职不仅人员少，素质也不高。据摸底在全国分行一级从事保险监管的只有125人，其中学过或干过保险的仅有30人，其他都是半路出家，短期内很难成为行家里手。

4. 保险机构缺乏严密的内控制度，尚未成立全国性的自律组织。保险业以诚信为本，严密的内控制度是保险业的生命线。但我国有的保险公司一无自控组织机构，二无自控指标体系，三无自控操作程序，四无自控保障措施。表现在擅自提高手续费，降低费率，给付回扣，提前安返；在保险赔付方面，不严格履行合同，拖延理赔，随意理赔，轻损重赔，无损也赔的现象时有发生；在资金运用方面，不认真进行项目的可行性研究，出现许多呆账死账；在分保领域，存在赌博心理，不按规定进行分保；在保险偿付方面，不及时、不足额提取准备金，达不到规定的偿付能力，潜伏着信用危机。另外，我国至今尚未成立全国性的保险同业公会，缺少行业内部的自律组织。在国际上，这类组织可以制定行业内控自律的各项制度，接受投保者的投诉，追究保险机构的违约行为，对维护投保者的合法权益起到至关重要的作用。

5. 缺乏精算师队伍和开发型人才，保险从业人员总体素质亟待提高。长期以来，我国忽视对保险人才的培养。至今我国还没有一所保险院校，没有一名自己培养出来的保险博士和国际上认可的保险精算师，只有为数不多的院校设立了保险专业，每年毕业的本科生有限，硕士生更少。另外，仅有的这些人才又有一些被外国保险公司和保险公司驻华机构挖走，人才流失十分严重。保险从业人员总体素质不高的现实，既影响了民族保险业的拓展，又在与国外保险机构的竞争中很难处于有利地位。

6. 外国保险机构享受超国民待遇，有失公平竞争。目前，国外在华保险机构已有8家，保险及金融机构代表处已有181家。1997年外国保险公司总资产已达18.1亿元，保费收入7.45亿元。我国对外国保险公司实施优惠的税收政策，征其所得税的税率仅为15%，而对国内保险公司征收所得税的税率为33%，超过外国的1倍以上。外国保险机构享受超国民待遇，中外保险业难以形成公平的竞争环境。

三、加快我国保险业健康发展的宏观对策

1. 把大力发展保险业做为促进经济发展维护社会稳定的战略举措。我国国民经济要长期保持持续、快速、健康发展的模式，同时还要保持社会稳定发展。为达到这一既定目标，大力发展保险业是明智的战略之举。

大力发展保险业，尤其是人寿保险，可以集聚长期存储的巨额资金。这笔巨额资金的功能是多方面的，它既可以使亿万劳动者免除衰老、疾病和意外伤害带来的后顾之忧，促进劳动力的合理流动，为国有企业职工下岗分流减轻阻力，起到稳定社会的作用；又可以满足国家战略工程建设的资金需求，包括大型基础设施的建设、大江大河的治理和加快中西部建设资金的需求，这对于国民经济保持持续的后劲与活力至关重要。再者，保险业的发展又使企业化解市场风险，补偿意外灾害的损失，使企业的经济运行更加平稳。因此保险业的功能是带有战略性的。

目前我国的金融业，重点是银行业。由于银行贷款利率的下调和股票上市额度的增加，越来越多的银行储户进入股市，但是股市震荡冲击力极大。股市暴跌既对金融危机可能带来诱发作用，又容易引起社会秩序的极大动荡。因此对金融秩序和社会秩序震动较小的投资方式是向保险投保。如果我国保险业能达到发展中国家平均保险深度3.5%的程度，我国的保费收入则可以达到2373亿元。因此，我们应把大力发展保险业做为金融体制改革的战略重点，制定跨世纪保险业的发展规划，使保险业真正发挥促进经济发展和稳定社会的功能，真正成为金融的三大支柱之一。

2. 加快保险体制改革，完善税收和投资政策。近年来，保险体制改革滞后状态在一定程度上制约了保险业的发展。当前应根据全国金融工作会议精神，加快保险体制改革步伐。

改革宜本着以下四项原则进行。一是坚持政策性保险与商业性保险分业经营的原则，实现政策性保险与商业性保险分开，建立政策性保险减免税制度和财政补贴制度。在这一原则指导下，建立以国家农业保险公司为主导，以农民合作共济为基础的多层次的农业保险体系。二是坚持原保险与再保险独立经营的原则。目前我国再保险业务由中保再保险公司承担，隶属中保集团，本集团其他公司担心自身的商业秘密被

其掌握，往往不愿向其分保，致使再保险市场受挫。因此建议尽快组建独立的国家再保险公司。三是坚持民族保险与外资保险协调发展以我为主的原则，为中外保险机构建立公平的竞争环境。为此，要积极发展民族保险业，适度增加新的保险机构，如积极组建出口信用保险公司等专业性或区域性公司，以适应市场经济发育的需要；另一方面要逐步、适度、有选择地批准外国保险公司进入我国市场，以期引进先进的展业经验和管理方法，促进民族保险业健康发展。同时降低我国保险公司过高的税率，使其与外国公司税率持平，对其实行国民待遇，建立公平竞争的环境。四是坚持探索保险业在市场经济中共同规律的原则，使我国保险业向国际惯例靠拢。保险业的投资组合多元化是国际保险业进入资本市场的共同做法。我国《保险法》规定，保险资金运用限于银行存款、买卖政府债券、金融债券以及国务院批准的其他资金运用形式。目前其他资金运用形式尚未开口子。而当前“利差倒挂”的现实若不放宽保险资金的运用渠道，势必造成资金贬值，加大亏损。因此可以考虑先行试点，开小口子，首先在充分做好可行性研究的前提下，安排资金投入国家重点工程项目，进行抵押贷款或由银行担保，对资金回报进行认真科学的测算，待取得经验后，然后逐步铺开。

3. 建立政府保险监管、保险行业自律和保险机构自控的多层次保险监管体系。鉴于我国保险监督机构力量薄弱，建议成立独立的国家保险监督局，直属国务院，形成自上而下强有力的垂直监管系统。尽早成立全国保险同业公会或行业协会进行自律，重点制定行业标准，授予专业资格，审查保险条款，处理投诉，协调公司之间及公司与政府之间的关系。

强化保险机构内部的自控机制，树立自控观念，完善自控组织，建立自控制度，制定自控目标，采取自控措施，把保险业“诚信为本”的行业信条落到实处。

4. 完善保险法规，将保险业发展纳入法制轨道。加快制定与《保险法》相配套的行政法规和业务规章，建立偿付能力、业务经营、市场准入、中介组织、从业资格、风险管理、人才培养、效绩考核和评价指标以及反不正当竞争等法规体系，严格界定社会保险与商业保险的界限，规范保险经营行为，坚决取缔违法经营，整顿保险市场秩序，使我国保险业的发展走上法制的轨道。

（作者所在单位：国务院发展中心综合经济研究部）

罗斯福“新政”及其借鉴

汪文祥

美国第32届总统弗兰克林·罗斯福在其执政的最初6年中（1933—1939年），为迅速克服1929—1933年世界性经济危机后的美国经济萧条状况，复苏和振兴国内经济，采取了一系列以政府财政政策为核心的经济和社会改革政策，这些政策被后世学者统称为“罗斯福新政”。罗斯福“新政”开创了市场经济国家直接干预经济运行活动的先河，对后来世界各国政府的经济政策产生了深远的影响。

一、罗斯福“新政”的经济和社会背景

1933年，罗斯福接替共和党总统胡佛继任美国第32届总统，同时接下了胡佛总统留下的经济“烂摊子”。当时的美国经济受1929—1933年世界性经济危机沉重打击，处于极度萧条状态，主要表现在：

1. 金融体系崩溃，国内生产严重下降，工人大量失业。1929—1932年，美国国内银行倒闭总数由659家增加到3700家，1933年7月美国股票总市值比1929年10月“大危机”爆发前减少了3/4；国内主要产业钢铁、汽车、建筑、纺织等生产下降1/3到1/2，1931年全国企业生产指数比1929年下降了53.8%；“大危机”4年间全国累计有10万家企业破产，失业人口超过1700余万人。

2. 国内需求严重不足，1932年，全国工业生产能力利用率只有70%～80%左右。① 国内消费需求严重不足，由于农产品价格下降、工人大量失业和国民收入分配严重向高收入家庭倾斜，导致广大工农群众的购买力严重下降。1929—1932年，全国劳工总收入由530亿美元下降为315亿美元。同期农民收入下降更快，1929—1932年，全国农场收入价格指数由209下降为163，雇农工资指数由239下降为170，1929年全国农业人口人均收入273美元，只有全国人均收入750美元的36.4%。1929年到1930年，占全国人口1%的高收入家庭占全国可支配收入的比重由12%上升到19%，1929年，国民财富的3/5由不到全国2%的人占

有，3.6万个高收入家庭的收入总和相当1100万个低收入家庭的收入总和；全国年收入2000美元以下的家庭1635万个，占全国家庭总数的60%，而其收入却只占全国总收入的24%，其中占全国家庭总数21%的低收入家庭，年收入不足1000美元，他们的收入总和只占全国总收入的4%。收入分配严重向高收入家庭倾斜，限制了普通劳苦大众消费能力的增长。②投资需求严重不足。由于国内生产严重下降，投资渠道日益狭窄，投资需求不旺。1929—1933年，国内购买股票、债券的新资本发行额由100美元下降到10美元左右；政府、公司及国外资本投资由1928年的15亿美元下降到1932年的8800万美元。③出口需求不足，由于胡佛政府采取高关税政策限制国外产品进入美国市场而招致各国的反报复，致使出口急剧下降，出口总值由1929年的53亿美元迅速下降到1932年的17亿美元；美国对外投资活动由于战后欧洲国家经济困难和拉丁美洲国家外债超过其偿还能力，投资风险增大而收益下降，国际收支状况恶化。

3. 国内社会矛盾日趋激化。劳资纠纷不断，1929—1933年，国内累计发生2700次工人罢工，社会各界要求进行经济和社会改革的呼声很高。

4. 胡佛总统的"自愿"调节政策失败。1929年"大危机"爆发后，罗斯福的前任胡佛总统为克服经济萧条，也采取了一些复苏经济、减缓危机压力的政策。这其中主要有两项：一是实施所谓的"稳健的农业政策"。1929年，国会通过《农产品销售法》，成立联邦农业局，拨款5亿美元作为周转金，用于稳定和提高农产品价格；鼓励农民组成全国性的生产合作社，扩大农产品销售渠道；1931年6月，又要求农民减少农产品生产等。但这项政策强调农民"自愿"原则，政策约束力很小，实际效果并不理想，联邦农业局在损失3.54亿美元以后，于1932年后基本停止活动。二是采取有限干预的财政金融政策。要求各银行实行信用协同，互相调剂资金防止银行破产。1931年12月，胡佛总统在向国会提出的经济复兴计划大纲中，要求国会特许成立联邦复兴金融局，拨款5亿美元，并允许其借贷15亿美元的免税证券，复兴金融局的主要任务是向银行、保险公司、铁路公司贷款，增强其投资需求和防止其破产。1932年7月，国会通过"紧急救济与建设工程法"，将复兴金融局资金由20亿美元扩大到38亿美元，并允许其向州、市政府贷款，用于直接救济和实施以工代赈、自负盈亏的地方建设计划。截至到1932年底，复兴金融局累计贷款达32亿美元，80%以上落入银行、铁路公司和大农场主手中，其中银行占53%，铁路公司占17%，大农场主占9%。但由于胡佛政府反对政府直接干预救济，强调银行和企业"自愿"调节，面对极度萧条的国内市场，银行、公司和大农场主在得到政府贷款和资金支持后，并不愿用于扩大投资，增加就业，致使政府企图依靠增加对企业支持、扩大国内投资需求的愿望落空。这也是罗斯福政府改变政府干预方向，由政府直接兴办公共工程、振兴国内投资需求、增加社会就业的直接动因。

5. 社会各界对经济复兴政策众说纷纭，社会存在多重压力集团。罗斯福继任总统时，美国国内对政府复兴经济政策存在多种意见，第一种是以联邦预算署长刘易斯·道格拉斯为首的正统"自由派"，主张资本主义经济能够"自我纠偏"，反对政府直接干预和下猛药，他们的政策主张是削减政府支出、举借外债和大力整顿银行系统；二是以哥伦比亚大学教授的雷克斯福德·特格韦尔和农业部长华莱士为首的综合计划派，主张政府制定综合计划，对经济实施强有力的政府干预，这些人是罗斯福早期"新政"的智囊人物；三是以参议员乔治、诺克斯和内政部长依克斯为代表的国家资本主义派，他们拥护私人企业制度，但认为私人企业不能完全控制经济领域，公用事业应由政府控制，主张举办大规模公共工程，来创造和增加社会就业机会；四是货币论者，他们主张多印钞票、贬值美元，实行通货膨胀，刺激社会需求；五是庞大的农业压力集团，他们主张限制农业生产，增加农产品外销，甚至主张将过剩农产品倾倒江河，以稳定和提高农产品价格；六是有组织的劳工集团，他们要求限制工时、确定最低工资标准，增加劳工福利等。可以说，罗斯福"新政"是多种经济政策学说相互融合、各种社会集团压力相互妥协的产物。

二、罗斯福"新政"的主要内容及评价

"新政"从1933年延续到1939年，时间跨度长达6年。人们一般以1935年为界，将"新政"划分为两个阶段。第一阶段"新政"为1933—1934年，工作重点在于经济复兴，主要目标是维护银行信用；实现美元贬值，刺激对外贸易；限制农业生产以维护农产品价格，制止农场主破产；规定工业品价格以减少企业过度竞争；实行以工代赈的公共工程进行社会救济等。第二阶段"新政"为1936—1939年，工作重点是转向政府长期的干预和改革，明确提出要提高社会大部分人的购买力，增加社会消费需求；实行缓慢通胀；建立完善的社会保障体系，实施广泛的公共工程计划，增加社会就业等。在第二阶段"新政"后期，由于罗斯福转入与最高法院的关于"新政"是否合法的多年斗争和美国国内多种势力的压力，"新政"势头逐步减弱，1939年以后，随着欧战爆发和美国经济转入战时经济体制，"新政"的各项改革措施结束。

1. 罗斯福“新政”的主要措施。纵观6年“新政”实施的全过程，罗斯福总统的主要经济和改革措施是：

(1) 整顿金融系统，强化政府对金融体系的控制和监管。①对银行开业实行政府许可证制度。罗斯福总统1933年3月继任后，首先宣布全国银行关闭四天，并向国会提出解决银行危机立法。3月9日，国会通过《紧急银行救济法》，授权财政部管理全国银行复兴事宜，次日，财政部下令只有经政府认可的“健全的银行”可以复业，其余银行一律改组。在银行改组中，赋予胡佛时代成立的复兴金融局有优先购买股票的权利；政府向复业的银行提供资金支持。从1933年3月到1935年7月，政府共清理关闭了2352家无偿还能力的商业银行，累计向银行提供了40亿美元贷款资助，缓解了银行破产危机。②强化银行资金运用管理。为防止商业银行利用储户资金进行投机活动，1933年6月16日国会通过《格拉斯—斯蒂加尔法》，规定投资银行要与商业银行实行分业管理，银行应对2500美元（后提高到5000美元）的小额存款进行保险等。③加强政府对证券市场监管。1933年5月23日通过的《联邦证券法》，授权联邦贸易委员会监督全国证券发行；1933年6月，成立联邦证券和兑换委员会，负责监督和管理证券市场的舞弊行为。④实行货币有限度贬值。从1933年5月1日起，凡囤积和出口黄金为非法；7月，又规定今后公私债务可用“法定货币”偿还，表明政府开始放弃金本位制；1934年1月的《黄金储备法》授权总统在50—60美分之间确定黄金与美元比价，罗斯福总统累计将美元贬值为59.06美分；《托马斯修正法》还授权总统印发30美元纸币，并可按金银16:1的比例铸造银币等。货币贬值，有效地抑制住了欧洲国家抛售、挤兑美元的现象，刺激了物价回升和对外贸易扩大。⑤强化联邦政府对联邦储备银行系统的控制和调控能力。1935年8月通过的《银行法》，规定调整联邦储备系统，授权总统任命联邦储备银行董事会的7名新任董事；联邦储备银行要为所有存款提供保险，限制银行运用信贷资金搞股票投资；由联邦储备委员会对各储备银行的票据贴现、利率调整和公开市场业务活动提供指导等。至此，国家的财政金融不再受私人银行控制，其对全社会的金融控制和调控能力也逐步增强。

(2) 大量举办“以工代赈”的社会公共工程，刺激国内投资需求，增加就业。“新政”实施之初，罗斯福政府就将原来对失业人员单纯的直接救济政策转向实施“以工代赈”、增加社会就业的政策。从1933年1月至1939年6月，联邦政府支出社会救济费用达到178.68亿美元，其中绝大部分是“以工代赈”的公共工程建设支出。由于公共工程建设费用剧增，联邦政府的年度财政支出规模不断扩大，1940年联邦预算支出总额达到90亿美元，比1900年的5亿美元增加了18倍；联邦政府国债规模由1933年逐渐增大，1940年达到了450亿美元，政府公共工程投资成为这一时期国内投资需求的主要来源之一。

在罗斯福6年“新政”中，政府重大的公共工程建设活动主要有：①1933年7月开始实施的以保全人力及自然资源为目标的“民间资源保护队计划”。该计划主要以“以工代赈”方式，为18～25岁的青年提供从事造林、修造防洪、防火设施和筑路等工作机会。该计划仅在其实施最初的18个月中，就使国家森林面积增加了33万公顷，国家公园增加4466公顷，植树1500万株，修建森林防火地带37013公里，筑防土壤侵蚀堤坝60900万个，修建卡车道路5563公里，雇佣工人达到150万人以上。②公共工程管理局及民用工程局的建设活动。这两个政府公共工程建设机构均成立于第一阶段“新政”。1933年5月底，罗斯福政府专门成立了主管“以工代赈”和公共工程建设的“公共工程局”，该机构拥有35亿美元的公共工程建设基金。1933年至1939年间，美国国内公路网由平面交叉转为立体交叉，全国学校新校舍的70%，全国县市、政府的办公楼、市政厅及污水处理厂的65%，全国医院等公共卫生设施的35%，都是由公共工程管理局资助和直接修建的。此外公共工程管理局还协助军方建造了企业号、约克顿航空母舰及一些大型军舰，制造了1000多架飞机及50多个军用机场，在城市建造25000套住宅，建设活动几乎遍及公共工程的所有领域。

民用工程局成立于1933年，它主要利用公共工程管理局拨款4亿美元，从事小型公共工程建设。民用工程局共实施了18万项小型公共设施工程建设，累计新建学校4万所，铺设污水管道3658米，建造机场469个，新建和扩建公路25.5万公里，新建操场、运动场等体育设施3700座。③工程振兴局的建设活动。工程振兴局建设活动主要存在于第二阶段“新政”期间。1935年4月8日，国会通过《紧急救济拨款法》，拨款48.8亿美元，成立工程振兴局，扩大“以工代赈”的公共工程建设规模。从1935—1941年，该局累计耗资113.6亿美元，举办了25万个公共工程项目建设，修建机场1000多个，新建改建医院2500座，新建学校5900余所。④“田纳西流域管理局”和农村电气化管理局的电力建设活动。田纳西流域管理局成立于1933年5月18日，它是以在田纳西河流域修建防洪堤坝和兴建发电厂、管理航运的大型国营公司。从1933到1952年在田纳西河流域修建了20座新水坝，改建了5座旧水坝，并新建了一条长80公里、水深2米的内陆运河，这项巨大的工程不仅吸纳了大量就业，也为美国中西部地区的开发作出了重大贡献。农村电气化管理局成立于第二阶段“新政”的1935年5月，它主要是利用工程振兴局提供的贷款资金和劳动力，向没有供电条件的农村落后地区架设电线，该局所属的全国青年管理处，专门为16~25岁的青年提供就业和半工半读机会，在它存在的6年中，累计为250万青年提供了就业机会，受益的大中学生分别达到60万人和150万人。⑤美国住宅管理局和农业部重新安置局的活动。内政部住宅管理局根据1939年9月国会通过的《瓦格纳—斯特格尔国有住宅法》成立，初始由国会拨款100万、借款5亿美元，主要授权从事清除城市贫民窟、为修建公共住宅的公共机构提供长期低息抵押贷款事务。到1940年，该局资金增加到16亿美元。1937—1941年，累计建设国有住宅16100多套。重新安置局成立于第二阶段“新政”初年，开始计划购买土地500万亩来植树造林；安置50万户没有土地和迁移贫瘠地区的农民耕种土地。但后来因为经费缺乏，实际只安置了4400多户农户，该局在华盛顿至辛辛那提之间修建了公路绿化林带和三个低收入社区的绿化带镇，对华盛顿城郊绿化起到了一定作用。

(3) 限制过剩农产品生产，稳定国内农产品价格，缓解农场破产现象，增强农民购买力。在第一阶段“新政”期间，鉴于当时国内农产品生产严重过剩，1933年5月，罗斯福政府颁布了《第一次农业调整法》，授权农业部成立农业调整局，专门负责农产品的生产管理、加工与销售活动。该局实施的主要调整措施：一是每年从农产品加工费中抽出数亿美元作为政府津贴，以换取农民减少棉花、小麦、烟草、玉米等农作物的种植；二是直接收购大量畜产品，或加工成食品用于发放城市救济，或加工成肥料肥田；或直接埋掉。此两项措施，当年就使农民总收入增加了38%，购买力增长25%。1934年之后，联邦政府的减农产品、畜产品生产的计划进一步扩大；并相继成立农业信贷局和联邦农业抵押公司向农民提供低息贷款，以减轻农民债务负担和确保农民抵押品赎回权不被取消。

在第二阶段“新政”时，为减少农场破产现象，1937年7月，通过了《班克黑德—琼斯农场租佃法》，授权成立农场风险管理局，向以谷物交租的佃农和无力购买农场的农民提供长达40年的低息贷款。1938年，罗斯福政府又颁布新的农业调整法，授权政府向农民贷款处理过剩谷物，建立政府粮食存储制度。当农产品价格过低时，农民可将谷物抵押给政府取得贷款，待农产品价格涨到合理价位时再出售，从而确保农民利益不受损害。

(4) 在工业方面，主要是建立市场公平竞争秩序，拆散私人垄断性质的公用事业控股公司，成立公用事业国营公司，降低公共产品价格，提高供给效率。在第一阶段“新政”期间，罗斯福政府颁布了《全国工业复兴法》，要求停止实施反托拉斯，并设立国家工业复兴管理局，并按产业划分成立各种产业协商委员会，负责制定“公平竞争”法规，政府对符合法规要求的公司发放“蓝鹰”标志，允许其合法经营。在第二阶段“新政”期间，针对当时庞大私人公用事业公司，尤其是电力控股公司垄断市场和价格，提供的服务产品质次价高、供给效率低的问题，1935年8月，国会通过《公用事业法》，授权“联邦电力委员会”负责调整电费和州际电力输送；规定所有的公用事业企业必须重新注册登记，取缔那些与营业公司隔了两三层关系以上的私人公用事业控股公司，由联邦证券及兑换委员会发行股票、购入其财产。1936年的农村电气化管理局的立法，又鼓励农民利用农村电气化管理局提供的贷款，组织互助合作社或自行建立电厂和电力输送设施。这些措施极大地削弱了私人公用事业公司的实力，两三年后，这些私人公用事业控股公司大多解散，市场公平竞争秩序和消费者的权益得到维护。

(5) 进行社会救济，维护劳工基本权益，建立基本社会保障制度，增强低收入者购买能力。在第一阶段“新政”期间，罗斯福政府除采取“以工代赈”方式进行社会救济外，还成立了联邦救济局负责直接救济事物，联邦救济局从1933年到1936年停止活动前，累计发放单纯直接救济的支出达到30亿美元。每年救济人数达到200万人，高峰时达到450万人。在这一时期，在工人和劳工组织的争取下，政府还制定了劳工最低工资制度和最高工时控制制度。在第二阶段“新政”时，对劳工的权益保护开始转向制度化建设，联邦政府成立劳工关系局负责协调劳资关系，1935年通过的《瓦格纳法》，允许工人有集体谈判工资的权利，禁止雇主干涉雇员参加工会等法律保护的权利。1935年8月，国会通过《社会保障法》要求建立基本社会保险制度。65岁以上居民的保险金由联邦政府负责筹集；其余人员的全国性保险基金来源由雇主和雇员平均承担和交纳，保险金交纳标准起初为工资的10%，政府运用保险基金向失业者发放失业补贴。社会基本保障制度的建立，使劳工的基本生存权得到了维护。

(6) 实行公平税收政策，调节社会收入分配。在第二阶段“新政”期间，罗斯福政府颁布了《财产税法》，提高遗产税和赠与税标准；政府对年收入超过5万美元以上的高收入者征收超额累进所得税。收入50万美元，税率为31%，到500万美元，税率达到75%，创美国个人所得税率最高水平；此外，罗斯福政策还对利润超过15%的公司和企业征收过分所得税。公平税收政策的实施，对遏制居民收入差距进一步扩大、促进社会消费需求稳步增长起到了一定的作用。

2. 罗斯福“新政”的评价。罗斯福“新政”开创了西方市场经济国家政府直接干预经济的先河，对当时及后世各国的经济学说及经济政策产生了巨大影响。总体说来，对罗斯福“新政”有关整顿金融、规范市场竞争秩序、保护农业、扩大政府救济和建立社会保障制度等经济和社会改革政策，当时及后世的经济学家和历史学家基本持肯定态度其分歧不大，但对“新政”的核心内容——大规模政府投资举办公共工程则争议很大。否定意见来自两部分人：一部分是正统的“自由派”学者，他们认为美国经济增长的活力在于私人企业，“新政”的增税措施削弱了私人企业投资意愿，大规模的政府投资公共工程实施，则更进一步压抑了私人企业投资活动。由于“新政”在激励和刺激私人企业投资信心方面没有成功，因而对美国经济复苏的作用有限，他们认为30年代后期到40年代美国经济的繁荣，主要是二战爆发和战时经济的驱动作用的结果。另一部分则是凯恩斯学派及其追随者，他们对“新政”强化政府干预、增加政府投资举办大规模公共工程持积极赞扬态度，但认为“新政”在这方面的力度远远不够，认为“新政”举办大规模公共工程政策与追求财政预算平衡的政策相互矛盾，鼓励大胆放开财政赤字，加强政府投资，以诱发私人企业投资兴趣。

通过罗斯福“新政”及后期美国经济的发展状况，我们认为罗斯福“新政”尤其是早期“新政”对当时处于极度萧条的美国经济复苏是发挥了一定作用的，经过金融整顿、工业和农业调整政策，金融危机被控制住了；经济增长开始恢复，到1936年底，大部分工业部门生产恢复到了1929年水平，从1933年到1940年，美国国民生产总值从1415亿美元上升到2049亿美元，全国居民人均可支配收入由893美元上升到1295美元，分别增长了44.8%和45%；大规模政府公共工程实施，使失业问题得到缓解，全国失业人口由1933年的1400万减少到1937年8月的500万人；社会救济、建立基本社会保障制度和实施公平税收政策，缓解了社会矛盾，增强了低收入阶层的购买能力和社会消费需求，对经济恢复起到了积极的推动作用。但另一方面，也应看到“新政”对经济增长的作用是有限的，由于“新政”鼓励政府投资而压抑私人投资，私人投资活动不活跃，致使整个社会投资呈现下降态势，1925—1929年，美国每年新增投资95亿美元，而1933—1939年每年新增投资下降到只有10亿美元，由于政府投资对私人企业投资卡得过紧，同期私人企业只吸收了领救济金失业者的45%。由于私人企业活力减弱，到“新政”后期美国经济又开始出现增长势头减缓、失业人数上升的现象。也正是由于看到“新政”大规模政府投资对私人投资的压制和对经济增长的作用有限，罗斯福政府在“新政”后期也开始放弃政府举办公共工程刺激经济复苏的作法。1938年2月，罗斯福在答复凯恩斯建议兴建更多的公共工程、诱发私人企业投资兴趣的信中说：“在1933年，这是最适宜的办法，因为井里的水快干到见底了，要注水进去。现在就不一定需要这样做，因为井里的水现在已经有25%~30%了”（邓蜀生《美国历史与美国人》，人民出版社1993年版第776页）。

三、罗斯福“新政”的借鉴

罗斯福“新政”是市场经济国家政府直接干预经济活动的首次尝试，它的正反两个方面的经验，对我国正在建立社会主义市场经济的政府宏观调控政策体系来说，无疑具有一定的借鉴意义。

1. 在经济发展处在萧条时期，大规模扩张政府投资，是快速启动经济的有效手段，但要注意扩张政府投资的“度”，以防止政府投资对企业投资的“挤出”效应，压抑企业投资需求，导致长期经济增长潜力减弱。

1997年以来，受国内“短缺经济”基本结束和买方市场初步形成，以及东南亚金融危机的双重影响，推动我国经济增长的国内消费需求、投资需求和出口需求均出现增速减缓现象。由于缺乏社会投资和消费热点，企业投资意愿不高，居民消费需求不旺，出口需求由于占我国出口份额较大的日本、韩国及东南亚国家经济陷入低迷而增长趋势减缓及我国承诺人民币不贬值，为确保经济增长速度不下滑，年初以来我国采取了举办大规模公共工程，扩大内需，启动基础设施投资的政策。这些政策对确保8%的经济增长率是必要的，从1998年上半年形势看，由于政府扩大基础设施投资规模，使全社会投资增长与去年同期相比没有出现大幅度下滑现象，据测算，上半年投资增长拉动经济增长4.54个百分点，占同期GDP增长7.5%的47.5%以上。

尽管年初以来政府扩大基础设施投资的形势很好，但由于目前我国仍处在工业化加速发展的时期，企业尤其是制造业投资，仍是确保我国长期经济增长的主导力量，为此，当前要谨防和避免政府扩大基础设施投资对企业投资产生“挤出效应”，压抑企业投资的现象。从当前投资运行看，这种“挤出效应”还是客观存在的，由于当前加快基础设施建设，在资金来源上除了政府财政性资金投入外，很大一部分来自于银行，银行资金过份向政府基础设施项目倾斜，必然会影响其对企业尤其是制造业企业的资金投入，使这些企业的投资活动由于缺乏有效资金投入而受到压抑，不利于企业加快技术进步和技术改造，影响经济长远发展潜力。当前最佳对策是加大基础设施建设投资和鼓励企业投资兼顾，政府要通过减税，加速折旧，对符合产业政策的支柱产业、高新技术产业和现有企业技术改造项目提供政策性资助或贷款贴息支持，确保这些工业和制造业能够加快发展，增强经济发展后劲。

2. 强化政府金融监管是建立政府宏观调控体系的核心环节。20年代末到30年代初的美国经济“大危机”首先是由金融体系崩溃开始的，因此，罗斯福“新政”首先也由整顿金融开刀，通过政府向银行发放许可证和实行商业银行与投资银行业务分离，实行储户小额存款保险，成立联邦证券和兑换委员会监管证券发行，完善联邦储备银行（中央银行）的调控功能等手段，有效抑制住了20年代中期以来商业银行运用储户资金炒作证券和房地产、造成“泡沫”经济的问题，增强了政府对金融市场的监管能力，重建了银行信用，抑制住了金融危机的蔓延，从而为后来各项经济政策的展开创造了良好条件。东南亚金融危机再一次证明了强化政府金融调控能力的重要性。因此，我们在构建社会主义市场经济的政府宏观调控体系中，要注重建立和完善政府金融宏观调控体系，增强政府金融监管能力，确保金融稳定、健康运行。

3. 在经济发展相对不景气和萧条阶段，应重视对易受伤害的农业和农民的利益保护。罗斯福“新政”对农业和农民利益的保护是非常重视的，他先后通过了两次农业调整法，通过建立公营农产品生产和加工销售机构，帮助农民销售过剩农产品；政府向农民发放补贴，鼓励农民减少产量；直接收购农产品和向农民发放长期贷款等，缓解农民和农场破产现象等，这些措施对稳定农业发挥了重要作用。1936年美国农业总收入比“新政”实施前增长了一倍以上，农业形势好转，对增加国内消费需求、促进经济复苏起到了很大作用。目前我国农业和农产品也已出现了一定程度的生产“过剩”问题，农民收入增长速度减缓和农村需求不旺，也是当前促进经济增长中需要重视的问题。借鉴罗斯福“新政”保护农业和农民利益的经验，政府在保护农业和农民利益上不仅不能有丝毫松懈，而且要适当加大力度。在具体措施上，除了进一步增加政府农业投入，减轻农民负担外，对目前政府农产品收购作法进行适当改革。例如可采取罗斯福“新政”时的作法，国家除直接大量收购农产品外，农民可以先将农产品抵押给政府的各级收储部门或农业发展银行，由政府或农业发展银行发放长期低息贷款，待农产品价格回升后再向市场出售，使农民不仅能够得到农业再投入所需资金，而且能够获得涨价收益，政府、银行和农民均从中能够受惠。

4. 注重调整社会收入分配，防止社会分配过分向高收入者倾斜，重视社会救济，增加低收入者收入，启动他们的消费需求，以促进社会总消费需求稳步增长。目前我国的消费需求不旺，除了缺乏消费热点之外，社会分配不均也是一个重要影响因素。根据世界银行的相关资料，1995年我国的基尼系数已经达到0.38，目前至少已经接近0.4，这表明我国的收入分配目前已经处在严重不均状态。改革开放初期到中期，我国居民收入分配差距有缩小趋势，但进入90年代后，居民收入差距又有扩大态势。目前我国不仅城乡之间、东部经济发达地区与中西部落后地区之间居民收入存在较大差别，而且同一城市内部，高收入者和低收入者收入水平相差悬殊。高收入者由于目前很多消费需求已经满足，再加上没有新的消费热点，他们收入的边际消费倾向必然减弱，新增加的收入不是用来消费而是形成储蓄；而另一方面，广大的中低收入者和下岗职工由于收入微薄而无钱消费，从而造成整个社会消费需求疲软。因此，在目前经济不景气的情况下，政府应加大税收政策调整力度，强化个人所得税的征收，防止收入分配差距过分扩大；加大对低收入者和下岗职工的社会救济，建立健全社会保障制度，确保广大中低收入阶层的收入水平不至于下降过多甚至有所提高，增强他们的消费和购买能力，确保社会消费需求稳步增长，促进经济快速稳定发展。

（作者所在单位：国家计委宏观经济研究院投资研究所）

北京市中小企业发展对策研究

国务院发展研究中心课题组

一、北京市中小企业的基本特征

1. 北京市的中小企业在区域经济中占有重要地位。根据北京市统计局提供的1997年的统计数据，北京市共有各类企业61207家，就业人数3681042人，创造产值8776亿元，实现利税472亿元。按照此次调查的划分标准，其中有中小企业56464家，就业人数2213789人，创造产值4795亿元，实现利税211亿元。中小企业在企业总数、就业人数、产值和利税中所占的比重分别为92.3%、60.1%、54.6%、44.8%。仅此便可看出，中小企业在北京市的区域经济中占有举足轻重的地位。

还应当注意的是，统计局的统计资料中基本上不包括个体、私营企业的信息。根据北京市乡镇企业局提供的数字，北京市有个体和私营企业约28000家，基本上都是中小企业。若将这一因素考虑在内，则中小企业在北京市的区域经济中的地位更加重要。在郊县农村经济中，中小企业更是在促进产业结构升级、为农村劳动力提供非农产业就业机会、促进农业产业化的实现、提高农村居民收入水平等方面发挥着重要的作用。

2. 北京市的中小企业中第三产业占有较大比重，但主要集中于商业。在56464家中小企业中，属于第三产业的有34978家，第三产业比重高达61.9%。但其中商业企业就占了27285家，其他服务业企业仅为7693家。这表明，虽然第三产业比重高是北京市中小企业的一大特点，但第三产业内部结构中商业比重偏重，发展高层次的第三产业仍有较大余地。

3. 北京市的中小企业中科技企业占有较高比例。北京市科委曾于1998年对北京的民营科技企业的发展状况进行了调查。根据这一调查，北京市1997年共有民营科技企业12000家，其中技工贸收入超千万元的518家，超过5000万元的116家，绝大多数属于中小企业。因此，在北京市的近56000多家中小企业中，有约1/5是科技企业。这一比重无疑是比较高的，这构成了北京市中小企业的一个重要特征。

4. 在中小企业的所有制构成上，集体企业和国有企业的比重大。根据企业统计年报的数据计算，在北京市的中小企业中，集体企业的比重最高，占48.7%；其次是国有企业，占30.7%。也就是说，公有制企业的比重占了近80%，而非公有制企业只占约20%。但若考虑到还有约28000家个体和私营企业未被统计在内，则实际上公有制企业的比重大约为62%，非公有制企业的比重约为38%，公有制企业仍然占有较大的比重。

二、北京市中小企业在发展中面临的主要问题

进入1998年以来，陆续有不少有关中小企业发展的文章和研究报告面世。综合这些已有成果，中小企业在发展中面临的具有普遍性的问题主要有：资金困难，缺乏融资渠道；设备和技术落后；缺乏经营管理和技术人材；缺乏信息和技术来源；社会负担沉重；缺乏政府必要的服务和支持；存在对中小企业、特别是非公有制企业的歧视性政策；中小企业与大企业之间缺乏合理的协作关系等等。那么这些问题在北京市是否都存在，其严重程度如何，在不同的行业、不同所有制和不同规模的企业中各自存在哪些方面的突出问题呢？为了回答这样一些问题，以便能够针对北京市的实际情况制定切实可行的对策，我们开展了包括问卷调查、典型调查和统计资料分析在内的调查活动。在调查的基础上，我们将北京市中小企业发展中面临的主要问题分为“外部环境”和“内部经营管理”两个方面进行了整理。以下仅对问题的要点进行叙述，有关详细内容请参见本项研究的调查报告。

1. 外部环境方面的问题。

(1) 企业对经营环境的评价：经营环境总体上不够理想。我们在问卷调查中把经营环境细分为法制环境（企业的合法权益是否得到有效保护，发生经济和知识产权纠纷时能否得到及时合理的解决等）、资金环境（企业融资难易程度）、市场环境（企业间的公平交易情况，是否存在大客户以大欺小的情况，无序竞争现象是否严重等）、信用环境（货款能否及时回收，企业间拖欠情况等）和社会环境（企业不合理摊派负担程度，对中小企业的社会观念，政府部门为中小企业提供服务情况等），请企业按照“好”、“一般”、“差”三个档次分别进行评价。从汇总的结果来看，企业认为经营环境尚不够理想。如对于市场环境和资金环境，

评价为“好”的百分比仅为6%左右。相反，认为市场环境、资金环境和信用环境“差”的企业分别达到37.7%、33.4%和32.4%。

另外，对于法制环境的评价虽然相对较好（评价为“好”、“一般”、“差”的比重分别为24.5%、64.8%、10.7%），但结合我们在典型调查中的感触来看，可能与很多企业自身的法制观念不强、缺乏运用法律手段保护自身合法权益的意识有关，并不能据此得出法制环境相对最好的结论。

(2) 对企业的资金支持：获得贷款的企业数量少，获得的贷款支持力度小。根据问卷调查的结果，在1997年进行了固定资产投资的630家企业中，只有54家获得了银行的贷款，占总体的8.6%。有86.7%的企业的自有资金占投资比重的80%以上。再看流动资金，在1402份有效回答中只有253家获得了贷款，占18.0%。有77.4%的企业的自有资金占流动资金比重的80%以上。

问卷调查还发现，认为资金不足是影响企业发展最主要的问题的企业占据多数。在“目前不利于企业发展最主要的问题”一问中，我们列举了“资金不足”、“市场需求不足”、“内部管理水平低”、“缺乏人才”、“经营场所不足”、“市场营销能力不足”、“客户拖欠货款”、“市场混乱”、“政府的政策或服务跟不上”等9个问题，让企业按重要程度排序。结果在回答了这些问题的1424家企业中，有613家把“资金不足”列为第一位，占总体的43%，大大超过将“市场需求不足”列为第一位的279份（占19.6%）。在不同行业中，工业企业对资金问题反映最为强烈，有52.2%的企业把“资金不足”列为第一位的问题；商业企业次之，这一比重为45.6%；服务业等行业这一比重最低，为34.2%，但仍是本行业各项问题中最突出的问题。

(3) 政府和行业组织的服务：开展了一定工作，但仍需进一步加强。我们在问卷调查中，让企业根据1997年的实际情况填写是否得到了政府或行业组织的信息服务、中介服务、咨询服务和技术指导服务。汇总的结果，得到这四项服务的企业分别占全体的39.0%、19.5%、37.1%和30.8%。分行业来看，工业和商业企业低于平均水平，特别是商业企业低于平均水平较多；其他行业高于平均水平，特别是农业和建筑业企业得到了较多的政府服务。

从企业对上述各项政府服务的重要程度的认识来看，大多数企业都认为信息服务最为重要。各个行业都是大多数企业把信息服务放在重要性排序的第一位。但从企业的信息来源来看，对于市场、技术、金融、人才、货源等方面的信息，企业最主要的信息来源都是依靠独自搜集。除去金融信息以外，“来自政府有关部门”的信息在企业的重要信息来源中都只占很小比重。

从以上结果可以看出，政府和行业组织在为企业服务方面已经作了一定的工作，但尚有较大的改进余地。今后在为商业企业提供服务、为非国有企业提供服务以及为企业提供信息服务方面还应做出进一步的努力。

(4) 市场联系渠道：总体上不够充分，尤其欠缺与国外市场的联系渠道。从调查结果看，北京市的中小企业与国内外市场的联系渠道还不够充分，特别是与国外市场的联系渠道比较欠缺。首先看与国外市场的联系。从调查结果看，在对问卷中“97年有无产品出口”一问作了回答的395家工业企业中，有产品出口的企业为41家，仅占回答总数的10.4%。而且这41家中有18家是三资企业。对于“是否有渠道接触和利用国外市场”一问，85%的企业都作了否定的回答。再看与国内市场的联系。从问卷调查结果看，有30.4%的工业企业产销率在80%以下，产销率在50%以下的企业的比重也达到了14.5%。这说明这一部分企业在生产适销对路的产品以及产品的市场开拓方面存在问题。对于问卷中“在产品销售上有无问题”一问，62.7%的企业回答“有问题”。我们在典型调查中也发现，一些科研院所办的企业虽然能开发出很好的产品，但由于市场开拓跟不上，无法扩大生产规模，从而限制了企业的发展。也有的乡镇企业自身缺乏开拓市场和开展营销活动的能力，企业经营者希望政府能在这方面给予帮助。

(5) 技术支持：来自政府和社会的技术支持均显薄弱。对中小企业的技术支持主要有两个途径，一个来自政府有关机构的技术指导服务，另一个来自于社会，主要通过企业与科研机构开展协作的形式进行。调查结果表明，来自这两个途径的技术支持均还显得薄弱。对政府服务的调查显示，在1997年中曾经获得了政府有关机构的技术指导或经营指导服务的企业只占调查对象的30.4%；对企业与大专院校和科研机构之间开展协作的调查结果表明，企业与大专院校和科研机构之间的协作较少，有协作关系的仅占回答总数的17.7%。这说明，北京市的中小企业在有效利用北京市富集的智力资源、从大专院校和科研机构获取技术支持方面存在着明显的欠缺；从另一个角度看，大专院校和科研机构在通过与中小企业的协作促进自身科研成果的转化上也存在不足。

(6) 竞争秩序：无序竞争和市场混乱是困扰中小企业的重要因素之一。调查表明，假冒伪劣产品的泛滥和企业之间的恶性竞争是造成一部分企业经营困难的重要原因。许多企业在回答“当前在发展中所面临的主要问题”和“在哪些方面最需要政府的扶持”时，都提出了规范竞争秩序、打击假冒伪劣的要求。从对工业企业的产品产销和竞争能力的调查看，对于“设备利用率不高的主要原因”和“产品销售上的主要问题”的回答中，“受到假冒伪劣产品冲击”和“市场上无序竞争严重”分别在8项选择和7项选择中位居第三，说明这一问题受到比较广泛的重视。

(7) 体制因素：产权不明晰、责权不明确仍是制约许多国有和集体企业发展的关键因素。我们在典型调查中发现，一些科研院所办的企业由于与母体院所之间在产权、人事和利益分配等方面的关系上处于不明确和不稳定的状态，使得企业缺乏明确的发展动力，同时也给企业按照现代企业经营的要求实行严格的管理造成障碍。由于这些原因，一些原本可以迅速成长的高科技企业发展缓慢，有些企业自身不愿再“长大”或不愿就地“长大”，一些企业内部管理松散。类似地，一些乡镇集体企业的经营者认为自己只不过是在为乡镇“打工”，因此只求完成承包合同，对企业的未来发展问题缺乏关心。这种状况同样严重制约了乡镇集体企业的发展。

2. 内部经营管理方面的问题。

(1) 研究开发能力：大多数企业研究开发投入偏低，特别是集体企业的研究开发能力普遍较差。根据对问卷调查的汇总，中小企业的研究开发费用占销售收入的比重1995、1996、1997三年分别为0.99%、1.95%、2.99%，基本上每年上升约1个百分点。但根据1997年的数据计算，投入水平在平均值一半以下的企业占总体的83.5%，而投入水平为平均值的两倍以上的企业占总体的11.7%。也就是说，投入水平呈现明显的两极分化状态，大量的研究开发投入是由少量高科技企业投入的，而大量的中小企业在研究开发上只有很少的投入。

(2) 竞争手段：仍较多地依赖于单纯的价格竞争。我们在调查中对企业面对竞争所优先采取的应对手段进行了调查。首先看工业企业，被选择最多的竞争手段是改进技术降低成本，其次是单纯降价。这两项手段都属于价格竞争。简单降价实际上是让利，但空间是非常有限的。降低生产成本的目的，一方面是为了提高利润水平，另一方面也是为降价竞争创造条件。改进质量、改进营销、开发新产品也都是工业企业重要的竞争手段，但选择这些手段的企业相对较少。这反映出中小工业企业大多由于技术水平和经营水平的限制，在面对竞争时趋向于选择单纯和初级的竞争方式，因而其竞争力必然不可能很高。再看商业企业，降低价格是首选的竞争手段，其次才是“改进服务”和“改进销售”，同样是较多地依赖于单纯的价格竞争，这可能是北京市商业企业总体经营状况欠佳的一个重要原因。

(3) 管理水平：相当多的中小企业管理水平不高。调查发现，相当一部分的中小企业管理水平不高。一些企业的领导者由于受到自身素质的限制，对企业的未来发展不作筹划，得过且过；也有的领导者采用的是家族式的管理方式；还有一部分科研院所创办的企业，虽然企业领导人是科技人员出身，能够带领企业开发出不错的产品，但却不谙市场营销之道，使企业得不到应有的发展。另外，通过调查我们了解到，对于企业生产经营活动上一个重要的新概念“工业设计”，有接近半数（47%）的调查对象企业尚未开展工业设计活动，有半数以上（53%）的调查对象企业对这一概念不清楚。有60%的调查对象企业没有计算机。这些从一个角度说明，相当一部分中小企业在接触和运用现代化管理方式和管理手段上还存在较大差距。

三、扶持中小企业发展的国际经验

由于中小企业在国民经济和社会生活中有着重要的地位和作用，世界各国都非常重视中小企业的发展问题，制定专门的扶持政策体系是通行的作法，并积累了许多成功的经验。在这里，我们对这些经验作概要的介绍，以便为北京市扶持中小企业发展的工作提供有益的借鉴。有关经验的详细内容请参见关于扶持中小企业发展的国际国内经验部分的课题分报告。

1. 建立中小企业法规体系。立法是保障和促进中小企业健康发展的重要手段。许多国家都先后建立了较为完善的中小企业的法规体系，并成为经济法规或商法体系的重要组成部分。从各国中小企业立法的内容来看，中小企业法规体系主要由中小企业基本法和涉及中小企业发展某一方面的专项法规组成。

(1) 中小企业基本法。中小企业基本法是关于国家扶持和管理中小企业的根本法，内容主要是关于中小企业的性质、定义、中小企业的立法原则、管理机构的设立及其主要职责和任务、扶持中小企业的基本原则和具体的支持领域与方式等方面的一些基本规定。它是政府管理和扶持中小企业的依据，是立法机关制定中小企业某一方面的专门法规的依据，也是政府行政部门制定中小企业具体政策和制定扶持中小企业发展计划与方案的根本依据。如美国在1953年，日本在1963年，韩国在1966年分别出台了各自国家的中小企业基本法。

(2) 关于涉及中小企业发展某一方面的专项法规。各国在中小企业基本法的基础上，根据本国的具体国情和发展中小企业的具体需要，还制定了许多涉及中小企业发展某一方面的专项法规，以便更好地指导中小企业的健康发展。从各国这些中小企业发展专项法规的内容来看，主要包括以下几个方面：

——关于为中小企业建立公平的经营环境的专项法规。如美国的“机会均等法”（1964）；日本的“稳定特定中小企业临时措施法”（1952）、“大规模零售店法”（1973）；韩国的“公平交易法”（1984）等。

——关于金融扶持方面的专项法规。如日本的“改善中小企业金融方法纲要”（1927）、“中小企业振兴资金助成法”（1956）；韩国的“中小企业银行法”（1961）、“信用保证基金法”（1974）等。

——关于支持中小企业技术进步方面的专项法规。如美国的“小企业技术创新开发法”（1982），该法案正式确定了“小企业创新研究计划”；韩国的“产业技术研究组合育成法”等。

——关于中小企业结构调整和现代化方面的专项法规。如日本的“中小企业现代化促进法”（1963）、“部门调整法”（1977）；德国的“中小企业结构政策的专项条例”（1976）、韩国的“中小企业经营安定及结构调整特别措施法”等。

——关于鼓励中小企业出口方面的专项法规。如日本的“重要出口商品工业组合法”（1925）；德国的“1990—1993年中小企业参与欧共体市场竞争专项计划”等。

——其他方面的专项法规。如协调大中小企业之间的关系的专项法规，有韩国的“中小企业事业调整法”（1961）、“中小企业系列化促进法”（1975）。还有鼓励中小企业创业的专项法规，如韩国的“中小企业创业支援法”（1986）等。

2. 建立中小企业行政主管部门。建立中小企业行政主管部门是发达国家比较普遍的作法。如美国有小企业管理局，日本有中小企业厅，英国有中小企业管理局等等。各国中小企业的行政主管部门的一些共同职责是：

（1）根据有关法律制定和实施中小企业的扶持政策和计划。如税收优惠政策、就业鼓励政策、风险基金政策、贷款担保计划、技术援助计划、职工培训计划、政府采购计划等等。

（2）维护中小企业的利益。如创造良好的经营环境，防止大企业对中小企业的欺压行为；向更高级别的政府组织反映中小企业的愿望与要求。

（3）从政府的角度，向中小企业提供其所需的各种政策、法规、宏观经济形势、技术专利、国内外市场等方面的信息。

（4）协调政府部门间对中小企业的具体政策。

（5）协助社会化服务机构搞好为中小企业提供的各种技术、管理、信息等方面的服务。

3. 建立健全中小企业社会化服务机构。中小企业量大面广，但单个的中小企业势单力薄，因此对于社会化服务有着广泛的需求。可以说，中小企业能否健康发展，与社会化服务体系是否健全有效有着密切的关系。在许多国家里，存在着多种多样的社会化服务机构。

从这些社会化服务机构的主办者来看，主要可分为以下几种类型：

（1）政府主导型。即由政府的中小企业行政主管部门或政府的其他有关部门参与和协助建立的中小企业服务机构。如美国小企业管理局协助建立的遍及全国各地的“小企业发展中心”和“企业信息中心”；日本的“中小企业事业团”等等。

（2）社会自主型。即由社会各方面根据中小企业的需求而自主建立的服务机构。如美国教育界近500家高等院校成立的“小企业学院”、科技界建立的各种“技术推广中心”；日本的商工会议所等等。

（3）行业组织型。这类机构包括三种形式，一是专业性的协作组织，如技术协会、管理协会、信息协会和销售协会等；二是行业性协会，主要职责是制定行业的各种共同规范和发展规划、维护行业成员的利益、了解和掌握行业发展的情况和动态、反映成员的共同要求、组织行业参加各种公益活动等；三是行业协会联合会，主要职责是协调和处理行业间的共同事务。

（4）混合型。即由以上主办者共同建立的中小企业服务机构。如美国的LINKS联系网络机构；英国的“工商联系网”等。

从社会化服务机构所提供的服务内容来看，主要可分为：

（1）管理咨询与培训机构。如美国的“小企业发展中心”、“小企业学院”；巴西的“微小企业咨询服务台”等等。通过管理咨询和培训可以挽救许多由于管理不善而濒临破产的中小企业，也可进一步提高许多企业的管理水平，提高企业的效益。

（2）技术咨询与推广机构。许多国家都建立了各种中小企业技术推广服务中心，为中小企业提供广泛的技术咨询、培训、技术转让、设备安装和调试、现场指导等全方位的服务。如美国的“制造技术中心”；日本的“公立试验所”；法国的“国家技术交流转让中心”等等。

（3）金融服务机构。如日本的“中小企业金融公库”、“中小企业投资育成公司”；英国的“3I金融公司”等。

（4）信息服务机构。许多国家都建立了各种“中小企业信息中心”；美国和英国还建立了专门负责中小企业与社会化服务机构之间的联系的机构，即LINKS联系网络机构和“工商联系网”。

(5) 创业服务机构。美国、法国、日本等国家建立了多种形式的企业孵化器或高科技工业园，重点为高科技中小企业提供创业服务，促进科技成果向现实生产力的转化。

4. 对中小企业的金融支持。缺乏资金是中小企业所面临的比较普遍的问题之一。在各国促进中小企业发展的措施中，为中小企业提供金融支持占有重要的地位。从各国的实践来看，对中小企业提供金融支持的方式主要包括税收优惠、财政补贴、贷款援助（包括担保、贴息、低息、保险、风险投资等）以及开辟直接融资渠道等。

(1) 税收优惠。税收优惠的主要目的是为了减轻中小企业的纳税负担，有利于中小企业的创业和成长。从各国的实践来看，对中小企业税收优惠的方式主要有这样几种：降低税率、税收减免、提高税收起征点、提高固定资产折旧率等等。如德国对大部分中小手工业企业免征营业税；英国小企业公司税率为20%，比大企业少10个百分点。法国新建企业中小企业可免3年的所得税。德国中小企业营业税起征点从2.5万马克提高到3.25万马克。另外还有对中小企业的税收宽限、简化手续等措施。

(2) 财政补贴。财政补贴是政府为了使中小企业充分发挥其在国民经济及社会的某些方面的功能和作用而采取的引导性措施。从各国的情况来看，目前财政补贴的应用环节主要是鼓励中小企业吸纳就业、促进中小企业科技进步和鼓励中小企业出口等方面。具体做法包括就业补贴、研究与开发补贴等等。

(3) 融资支持。融资支持的主要方式包括：贷款担保、贷款贴息、政府直接的优惠贷款等。以下对这几种方式分别作简要介绍。

贷款担保。是政府设立专门的贷款担保基金，为中小企业从商业银行贷款提供担保。贷款担保可以减少银行对中小企业还款能力的担心，提高了中小企业获得银行贷款的机会。贷款担保的一般作法是，贷款担保基金的政府行政主管部门，根据中小企业信贷担保计划，对申请担保的符合条件的中小企业，按贷款额的多少、贷款的性质和贷款时间的长短，提供一定比例的担保，并签定担保合同。如美国小企业管理局的主要任务之一就是以担保方式引导民间商业银行向中小企业提供贷款。法国通过设立国家保险基金为中小企业贷款进行担保。

贷款贴息。这是一种政府财政对中小企业贷款的利息补贴。它能以较少的财政资金带动较大量的商业融资投向中小企业，因此比较适合于资金较少的发展中国家采用。贴息贷款的具体作法是，一是对中小企业的自由贷款给予高出市场平均利率部分的利息补贴，使中小企业能按市场平均利率获得贷款，提高中小企业在自由信贷市场上的借贷能力；二是对中小企业的长期低息贷款提供贴息，以帮助中小企业获得最难获得的长期信贷资金。德、法等西欧国家是采用贴息贷款方式较多的国家。阿根廷等南美发展中国家也都制定了贷款贴息方面的政策。

政府优惠贷款。指政府用财政资金通过私人金融中介机构，或建立专门的政府金融机构向中小企业直接提供少量的优惠贷款。其目的主要是解决中小企业长期贷款难的问题。具体作法是，政府设立中小企业的长期低息贷款专项基金，或建立专门的政府金融机构，按一定的条件选择符合条件的中小企业发放贷款。如德国的“欧洲复兴计划特殊资产基金”；日本的“中小企业金融公库”；英国的“3I”公司等。美国的小企业管理局也通过“小企业投资公司”向中小企业提供少量的直接贷款。

5. 中小企业与大企业间的分工协作关系。随着经济的发展，满足人们需求的最终产品不断多样化和复杂化，相应地使为大企业提供配套的中间产品和服务的需求越来越大，使这一领域中的中小企业有了越来越广阔的发展空间。中小企业与大企业的分工协作主要是通过合同承包方式来实现，承包内容可以是大企业的零部件；也可以是大企业生产过程中的某个工序；还可以是为大企业提供的各种服务项目，如清洁服务、膳食服务等等。

中小企业与大企业建立良好的分工协作关系可以保证中小企业有一个稳定的市场环境，并可以从大企业那里获得技术、资金、管理、信息等方面的支持。但是，大企业利用其在协作关系中的优势地位强迫中小企业接受一些不平等和不公正的条件的现象也是比较容易发生的。如大企业限制与中小企业与其他用户的交往；过分的质量要求和强行的压价；要求中小企业接受苛刻的供货时间和条件；任意拖欠中小企业的货款；随意改变供货企业，使中小企业处于被动的受人“点菜”的地位等等。为了保护中小企业的正当利益，许多国家都制定了有关的政策，如英国政府规定，大企业给予某一个中小企业的承包合同不得超过该企业生产能力的一定的比例，从而使中小企业可以同时为多家大企业提供服务，防止大企业的垄断行为。日本专门制定有“防止拖欠下承包合同金法”，以杜绝大企业拖欠下承包中小企业货款的现象。

6. 中小企业业界组织的作用。单个的中小企业势单力薄，面对日益激烈的市场竞争往往穷于应付。解决这一问题的一个有效措施就是通过业界组织的形式实现中小企业间的联合和协作。这既有利于中小企业以集体的力量抵御市场风险，同时避免彼此间的过度竞争，实现共同生存与发展；也有利于中小企业以较低的成本解决各自所共同面临的产中、产前和产后的各种问题。业界组织提供的服务与政府和社会提供的社会化服务项目不同，他们主要组织中小企业进行联合技术攻关、联合聘请专业技术人员、统一采购、联合营销产品、统一对外谈判等等。各国政府也都把业界组织作为实施中小企业政策的重要媒介，给予各种形式的鼓励和支持。

7. 对高新技术中小企业的支持。科技型中小企业是一类特殊的中小企业，它们主要生产高科技含量的产品，并从事与之相关的先进技术的研究与开发，代表着未来产业发展的方向。科技型中小企业是许多发达国家重点扶持的对象。从各国的实践来看，对科技型中小企业的扶持，除了让其享受一般的中小企业扶持政策外，主要还有两条措施：一是建立风险投资机制；二是建立高新科技企业孵化器。

（1）风险投资机制。高科技企业的创业具有高风险和高回报的特点，需要一种特殊的机制来解决其融资问题。风险投资就是在实践中摸索出来的成功机制。风险基金通过同时对多个高科技企业进行组合投资和对每个项目分阶段进行严格的管理和评估，实现总体投资的低风险和高回报。风险基金既可以进行直接投资，也可以通过其他风险投资公司进行间接投资，还可以为高科技企业的融资提供担保。美国近些年经济的健康发展，得益于高新技术中小企业的迅速发展；而高新技术中小企业迅速发展的重要原因之一，则是风险投资业在美国的形成和发展。

目前，许多国家通过风险投资来促进中小企业的自主创新活动，但各国风险投资的资金来源有所不同。美国风险投资的资金来源多元化，其中70%是由私人风险投资公司筹集的民间资金，主要来源于机构投资者，其次是银行和保险公司，再次是个人。西班牙、比利时等国的风险投资70%来源于政府机构；意大利、德国和丹麦的银行风险投资占全部风险投资的50%；日本则主要靠大公司和大银行。各国对风险投资有一套完备的法律框架，从对风险投资业的税收优惠、财政补贴以及信用担保等，都有较明确的规定。

（2）高新科技企业孵化器（Business Incubator）。"孵化器"是一种为高技术产品和企业诞生与成长提供综合帮助、促使其成熟的组织机构。它能促使科研成果迅速转化为商品，缩短新产品的开发过程，促使新企业的诞生，扶植新企业的成长，提高新企业的成活率。许多国家近些年都采取措施，鼓励建立企业孵化器，通过提供一个良好的生存空间和政策环境，培育高新技术企业的产生并使其成长壮大。从欧美的实践来看，"孵化器"有这样一些基本特征：与大学有密切联系；得到政府的支持；以新创高技术中小企业为孵化对象；投资少，规模小；规定一定的孵化时间；集中人才、技术、知识和资金等创业要素等。"孵化器"一般精心挑选有潜力的新建或处于初创阶段的企业，为其提供诸如通讯与办公等方面的公用设施；负责训练、开发与协助新生企业的小规模管理队伍；提供法律和金融等方面服务的专业渠道；比较优惠的房租和服务收费；企业进驻孵化器三四年后，可以"毕业"离开。中央与地方政府通常支持这种机构的建立并在其初期运营中给予帮助，但孵化器本身一般实行企业化运作，并在经过几年运营后，最终实现经济自立。

8. 对中小企业创建的支持。企业的创业是一项艰难的过程，创业阶段是企业发展最需要帮助的阶段之一。为了提高中小企业的创业成功率，减少企业创建成本和困难，许多国家都在中小企业的创建上给予了多方面的扶持和帮助，其中主要措施包括：提供免费的创业咨询、简化申办手续、建立开业代办机构、实行创业初期的免税政策、甚至提供创业贷款担保、财政补贴和优惠贷款等等。

在创业咨询方面，许多国家建立了专门的咨询机构（如法国的"国家创建企业委员会"），为创建企业的人免费提供专业性的帮助和建议，根据他们的能力、物力和财力，帮助他们设计、修改各种创业方案并实行跟踪指导，以保障其获得成功。在简化申办手续上，许多国家都设立了专门的中小企业申办点，实行一次性申办手续；有些国家还建立了专为中小企业提供申办服务的中介机构，如法国的"企业手续中心"等。

四、北京市中小企业发展的方向

1. 北京市经济发展的总体部署。北京作为首都，是全国的政治中心和文化中心，又是拥有一千多万人口的综合性特大城市。中央对北京的经济发展、城市建设等工作提出了明确的方向和要求，这就是要着眼于"更好地为党政军领导机关服务，为日益扩大的国际交往服务，为教育、科技、文化和卫生事业的发展服务，为市民的工作和生活服务"。要很好地满足这种城市性质和功能的要求，北京市必须坚持以经济建设为中心。只有这样，才能为政治中心、文化中心功能的发挥、为搞好"四个服务"提供强大的物质保证。北京市在《1996—2010年北京市经济发展战略》中提出，根据北京城市性质、功能及其对经济发展的基本要求，经济发展的方向是大力发展适合首都特点的经济。其基本内涵是：充分体现北京的城市性质和功能的要求，充分发挥北京优势，以高新技术为先导，第三产业发达，产业结构优化，布局合理，资源节约，环境洁净，高效益、高素质的开放型经济。经济发展的战略重点是：①优先发展高新技术及其产业；②大力发展第三产业，提高综合服务能力和现代化水平；③以支柱产业的升级和战略替代为核心，提高工业竞争能力；④积极发展面向首都城乡建设和走向国内外市场的建筑业；⑤积极发展服务首都面向市场的现代化城郊农业。

从上述北京市经济发展的战略部署可以看出，发展中小企业对于实现北京市的经济发展目标具有重要的作用。这是因为，中小企业是技术创新的重要源泉，是发展高新技术及其产业的不可或缺的重要力量；量大面广的第三产业，则一向都是中小企业发挥优势的领域。从另一个角度看，则是北京市的经济发展战略部署对于中小企业而言意味着广泛的发展空间和良好的发展前景。

2. 北京市中小企业发展的有利条件和不利因素。从北京市的中小企业所处的外部环境和自身特点来看，对于未来的发展既有一些明显的有利条件，也存在着一些不利因素。充分利用这些有利条件，尽量克服不利因素，是成功地促进和扶持中小企业发展的关键。

有利条件：

(1) 整体文化素质高，科技人才密集，具有发展高科技中小企业的明显优势。北京是全国的文化中心，也是科技最发达的城市，拥有的国内专利数量和每万从业人员拥有的专业技术人员均居于全国首位。到1995年，北京地区拥有各类科技人才120余万，约占全国总数的6%，占人口的比例高达11%。就研究与开发机构和科学技术人才密度来说，北京市比任何一个发达国家的平均水平都要高。科技人才上的优势为北京市高新技术中小企业的创业和发展准备了良好的基础条件。中关村地区已经崛起了一批代表我国电子信息领域发展水平的高新技术企业集团。

(2) 对第三产业有着广泛的需求。北京是全国的政治中心、文化中心、金融管理中心和国际交往中心，同时又是区域性国际信息中心和亚太国际旅游中心和区域性国际商务中心。北京所拥有的这些城市职能，决定了其对服务经济部门的大量的需求，包括机构服务、商务服务、咨询服务、会议服务、娱乐服务、旅游服务等方面。另一方面，北京市宠大的常住人口和流动人口、较高的收入水平和消费水平又对商业和生活服务业产生巨大的需求。对第三产业的广泛需求为中小企业的发展提供了广阔的空间。另外，随着政府机构改革的实施，过去政府部门内设的一些服务性机构将逐步分离出来，实现为行政功能服务的企业化和社会化，这对于第三产业的健康发展也是一个有力的促进因素。

(3) 市政府高度重视，采取实际措施加以扶持。北京市政府对中小企业的发展、尤其是对高新技术中小企业的发展从战略高度上予以重视，已经采取了建立技术创新与生产力促进中心等服务机构、成立担保基金等具体支持措施，并就进一步的扶持政策开展了积极的研究和探索。因此，北京市中小企业发展的政策环境有望得到较大的改善。

(4) 由于北京的首都地位，北京市的城市基础设施建设、公益事业建设，包括邮电通讯、文化体育设施、卫生医疗保健设施等都得到了中央的支持，达到了全国最先进的水平，经济发展的基础设施条件较好。同时，社会秩序和治安等经济发展重要的软环境条件也相对较好。

(5) 北京市创建卫生城市、改善环境质量的发展目标为环保型企业的发展提供了良好的机遇。北京市政府已经将改善城市环境质量提到了重要的议事日程上来。为实现这样的目标，必然对环保设备和环保产品产生比较大的需求，从而带动环保产业的发展。这将为中小企业提供新的发展空间。

(6) 信息发达。北京市作为全国政治中心、决策中心和国际交往中心的特殊地位，决定了北京必然是一个重要的信息中心。获取信息的容易程度是企业发展的一个重要软环境条件。

不利因素：

(1) 观念因素。与东南沿海地区相比，北京的商品经济的传统相对薄弱，市民与干部的市场经济观念普遍落后于南方。北京传统文化氛围中重“义”轻“利”、尊“官”抑“商”的成分较浓。这些对于中小企业的创业和发展是一种无形的障碍。

(2) 体制因素。由于观念上的原因，再加上北京作为首都所受到的特殊要求（如政治安定和社会稳定要求比其他省市高），北京的各方面改革相对滞后，大大落后于南方沿海地区。其后果之一就是，国有和集体企业仍占有相当大的比重，相当一部分企业机制不活、负担重，进一步的发展面临较大困难。

(3) 北京市对于环境质量的较高要求将提高一些行业的进入门坎，有些行业的企业只有在具备了较高的资金和技术实力以后才可能满足环境方面的要求。

3. 北京市中小企业发展的基本方向。探讨北京市中小企业发展的基本方向，应当从考虑北京市产业发展的基本方向入手。而决定北京市产业发展基本方向的，是北京市作为首都和特大型城市所应当具备的经济功能，北京市自身所具备的比较优势，以及保持北京市社会经济稳定的需要。

(1) 作为一个集聚了发展现代经济所需要的各种人才、技术、信息、市场、服务和资金的特大型城市，其自身的经济发展应具有活力，具有发达的、先进的制造业，在技术和产品创新方面起到领导作用，对周围地区具有强大的经济辐射和带动功能，成为一定区域范围的经济中心。

(2) 由于人口的大量集中，对环境和基础设施的压力日益提高，特大型城市不适合发展高能耗、高污染、高耗水、大运输量的制造业。而北京作为首都，对生态环境有更高的要求。

(3) 特大型城市要求有发达的第三产业，完善的综合服务体系。它的服务不仅要面向城市自身高效运转，而且要面向辐射区域的生产和各种社会与经济活动。

(4) 作为首都，必须保证国家政治与行政功能的顺利实现，因此对城市的服务功能有更高的要求，要求有更发达的第三产业，以便为履行行政指挥职能服好务。

(5) 与其他大城市相比，北京最突出的比较优势是：智力资源富集，科研机构众多，具有发展高新技术产业所必须的良好的智力资源基础。特别是信息产业已经在全国具有无可置疑的优势和领先地位。

(6) 北京市拥有广大的郊区农村，促进农村产业结构的升级、提高农村居民的收入水平仍是一项重要的任务。

(7) 北京市也存在着比较艰巨的国企下岗职工再就业的任务，通过努力创造新的就业机会减少失业，是维护社会安定的迫切需要。

根据上述分析，北京市的产业发展方向应当包括这样几个方面：①依托智力资源优势，大力发展高新技术产业，增强北京市经济发展的活力和后劲；②围绕搞好“四个服务”，大力发展第三产业；③运用高新技术改造传统产业，提高传统产业的科技水平，降低污染和物质资源消耗。有些高污染、高能耗、大运输量的产业需要向市区以外转移；④大力鼓励郊县农村乡镇企业的发展，以促进农业产业化和农村地区工业化的发展，提高农村居民的收入水平；⑤积极促进技术劳动密集型和新型劳动密集型产业的发展，以创造更多的就业机会，缓解就业压力。

根据对北京市产业发展方向的分析，并考虑到北京市发展中小企业所面临的外部环境和客观需要、具有的有利条件和不利因素，我们认为北京市发展中小企业的基本方向应当是：①以发展高新技术产业和第三产业为重点。发展高新技术产业是北京市的优势所在，不仅对于创造和保持北京市经济发展的活力和后劲至关重要，而且对于在全国形成一个类似美国硅谷的高新技术产业聚集区、促进全国高新技术产业的发展，提高国家的产业竞争力都有着重要的意义。发展第三产业，则是完善北京市服务功能需要，是“适合首都特点的经济”的重要内涵。但第三产业中商业已处于饱和状态，需要大力发展的是信息服务业、管理服务业、社会服务业、教育产业、文化娱乐业、旅游业等服务业部门。②积极支持和鼓励非国有、非公有经济的发展，促进国有和集体企业的改革和转制。北京市的各种经济成份中国有和集体经济的比重较高，而国有和集体企业转制改革的步伐与南方沿海省市相比差距很大，这是北京市的企业在总体上缺乏活力和竞争力的重要原因。面对这个问题，需要各级领导和政府部门转变观念，提高社会主义市场经济意识，一方面大力促进非公有制经济的发展，另一方面积极促进公有制经济的转制改革。③积极促进环保型企业和资源综合利用型企业的发展。北京市的环境质量问题已经相当严重，而作为首都城市应当对环境质量有较高的要求。积极促进环保型企业和资源综合利用型企业的发展，既有利于改善北京市的环境质量，也可收到良好的经济和社会效益。④积级鼓励和扶持郊县农村乡镇企业的发展。农村乡镇企业的发展对于促进农村地区工业化的发展、支农补农和提高农村居民的收入水平具有难以替代的作用，对其创建和发展应给予积极的鼓励和扶持。⑤促进中小企业与大企业之间专业化分工协作体系的形成。中小企业与大企业之间的专业化分工协作，是世界制造业企业组织结构变化的一个重要趋势，对于提高生产的效率和产业的竞争力起着重要的作用。而我国在过去的计划经济、短缺经济时期形成的“大而全、小而全”的生产体系，既降低了资源配置和利用的效率，也缩小了中小企业的生存空间。随着经济体制的转变和短缺经济时代的结束，打破“大而全、小而全”的旧体系，建立企业间合理的分工协作体系的基础条件已经具备。大企业应把经营重点放在技术开发、市场营销和生产过程中的关键工艺，中小企业则向小而精、小而专、小而特的方向发展。⑥适度鼓励技术劳动密集型和新型劳动密集型中小企业的发展，创造更多的就业岗位。由于北京市目前和今后较长一个时期都将面临较大的就业压力，在以高新技术中小企业作为扶持的重点的同时，还应注意扶持那些技术劳动密集型的中小企业和少污染、以生产特色优质产品为主、以资源综合利用为特征的新型劳动密集型中小企业，以利于增加就业机会，缓解就业压力。

4. 北京市在促进中小企业发展中应当注意的几个问题。从北京市中小企业所具有的特点和发展中存在的问题出发，遵循国家经济体制改革和政府职能转换的大方向，北京市在促进和扶持中小企业发展中应当注意以下几个问题：①政府的责任在于为中小企业的发展创造良好的政策环境，而不是直接插手创办企业或干预企业的经营；②必须真正落实中央关于非公有制经济是社会主义市场经济的重要组成部分的精神，大张旗鼓地支持非公有制经济的发展，为它们创造公平竞争的环境，积极促进国有和集体企业的产权改革和经营机制的转换；③中小企业是一个复杂的群体，扶持政策既要有普遍性政策，又要有特殊性政策，分类指导是必要的；④科技型中小企业是北京市产业发展的活力和优势之所在，需要给予重点和特殊的扶持；⑤促进中小企业发展应当与再就业工程相结合，形成政策合力。

五、对北京市扶持中小企业发展的若干政策建议

1. 基本出发点。

(1) 中小企业的健康发展对于北京市的经济发展具有全局性的重要意义。中小企业在北京市的经济发展中占有重要的战略地位。主要体现在这样几个方面：第一，中小企业是吸纳就业的主力军。在北京市全部企业就业人数中，中小企业占据了60%的份额。第二，中小企业是北京市发展高新技术产业、促进产业结构升级的主要载体和推动力量。以中关村电子一条街为代表，众多中小科技企业的崛起使高新技术产业的发展成为北京市区域经济的一个重要特色。第三，中小企业是北京市经济增长的重要支持力量。1997年北京市社会总产值中有54.6%来自于中小企业。第四，中小企业对于满足多样化的社会需求具有无可替代的作用。中小企业广泛分布于各行各业各个领域，从高新技术产品的开发，到为大企业配套，到社区型服务等等，都是中小企业活跃的领域。第五，大量中小企业的存在，对于促进专业化协作和分工的开展，形成合理的产业组织结构，增强产业的竞争力起着基础性的作用。因此，扶持和促进中小企业的发展，决不是一时的权宜之计，而必须从全局性和战略性的角度来考虑。

(2) 制定北京市扶持中小企业发展的政策，必须紧密结合北京市中小企业的特点和实际。中小企业是一个分布于各个行业、包含了各种所有制类型和不同技术水平的宠大而复杂的群体。中小企业所面临的问题既有由规模所决定的共性问题，也有由行业类型、所有制类型和技术水平所决定的特殊性问题。北京市的中小企业具有国有和集体所有制的比重高、科技型企业的比重高、第三产业的比重高的明显特点。因此，制定扶持中小企业发展的政策时，必须对这些特点有充分的考虑。

(3) 扶持中小企业发展的政策必须符合经济体制根本转变的大方向。积极推进经济体制的根本转变，建立比较完善的社会主义市场经济体制，是党的十五大提出的我国在本世纪末和21世纪前十年的奋斗目标。而政府职能的转换，则是实现这一目标所必须完成的一项关键性工作。中央提出，“政府的经济管理职能要真正转变到制定和执行宏观调控政策，搞好基础设施建设，创造良好的经济发展环境上来”，“政府的职能，主要是统筹规划，掌握政策，信息引导，组织协调，提供服务和检查监督”。因此，政府对中小企业发展的扶持，决不能沿用计划经济下的老办法，对中小企业进行管、卡和直接干预，妨碍企业的自主发展，而必须把为中小企业创造良好的经营环境作为出发点，把工作重点放在改善目前欠佳的经营环境，促进有利于中小企业发展的社会化服务体系的建立，促进社会化和专业化分工体系的形成，拓宽中小企业的发展空间上。

2. 北京市扶持中小企业发展工作的开展现状。北京市政府近年来已经认识到扶持中小企业健康发展的重要性，采取了一些具体措施。主要包括以下内容：

(1) 建立为中小企业提供服务的机构。从80年代末期开始，北京市陆续建立了北京高技术创业服务中心等10个科技服务实体。其中北京高技术创业服务中心创立宗旨是成为高新技术中小企业的孵化器，主要功能是为新创办的高新技术小企业提供创业条件服务和信息咨询服务。1998年，北京市又在这10个科技服务实体的基础上组建了北京市技术创新与生产力促进中心，其目的明确为“协助中小企业健康发展”，“为中小企业特别是科技创新型企业发展生产力服务”，服务的核心内容是“增强企业创新能力”，具体服务手段考虑包括信息咨询、合作中介、培训交流等等。

(2) 建立投资担保基金等，帮助中小科技型企业解决融资难的问题。在市政府的直接领导和大力推动下，北京市建立了由3个风险投资公司和3个担保基金组成的高新技术产业融资网络体系。3个风险投资公司是：①中美合资北京太平洋优联技术创业有限公司，注册资本1000万美元；②北京市高新技术产业投资股份公司，注册资本3.1亿元；③北京科技风险投资股份有限公司，注册资本5亿元。3个担保基金是：①由首创集团与中国经济技术投资担保公司运作的担保基金，资金总额2500万元；②由市科委和市财政出资启动的高新技术产业发展融资担保资金，总金融2亿元；③由北京市新技术产业开发区管委会、中国经济技术投资担保公司、首创集团和北京商业银行共同运作的担保资金，总金额1亿元。

(3) 促进国有小企业的改革和乡村集体企业的转制。1997 年 9 月，市政府下发了《关于进一步加快本市国有小企业改革的若干意见》，提出了国有小企业改革的 11 种形式和 30 条政策措施。这个文件的出台，有力地促进了全市小企业改革的进展。与此同时，郊区也加大了对乡村集体企业进行重组转制的改革力度，1997 年乡镇企业改革工作全面展开，当年全市有 2029 家乡镇集体企业进行了资产重组和企业转制。

虽然北京市政府在扶持中小企业发展方面已经着手开展了一些工作，但是这些工作大多还处在尝试和探索阶段，距离形成有效的政策体系还有很大的差距，与南方沿海地区相比也存在差距。要达到有效地扶持中小企业健康发展的目的，满足大量中小企业的广泛而又迫切的需求，还需要在许多方面做出巨大的努力。

3. 若干政策建议。在对北京市中小企业的发展现状和面临问题进行调查研究和借鉴国际国内经验的基础上，我们对北京市扶持和促进中小企业发展提出如下的政策建议。包括：①制订并颁布“北京市扶持中小企业发展条例”；②建立中小企业的专门管理机构；③充实为中小企业提供服务的机构，扩大服务范围，提高服务质量；④促进国有和集体企业的改革和转制；⑤促进行业性中小企业协会的建立；⑥加大鼓励科技型中小企业创业和发展的力度；⑦强化对中小企业的金融支持；⑧把发展中小企业同实施再就业工程相结合；⑨确定重点扶持对象，实行政策引导。

(1) 制订并颁布“北京市扶持中小企业发展条例”。完备的法律规范是市场经济条件下政府对经济活动进行干预和调控的基本依据。制订并颁布“北京市扶持中小企业发展条例”这样一个地方性法规，可以为北京市政府制定扶持中小企业政策提供法律依据，也有利于规范政府行为，并为中小企业的发展创造良好的法制环境。根据北京市的中小企业的发展中面临的问题，并借鉴国际上经验，我们认为“条例”应该至少包括这样几个方面的内容：①对不同所有制的企业一视同仁的明确表述。虽然党的“十五大”报告中已经明确指出，集体所有制经济和非公有制经济“是我国社会主义市场经济的重要组成部分”，对个体、私营等非公有制经济要“鼓励、引导”，但由于长期以来的意识形态领域的影响，社会上对非国有、非公有经济仍然存在一定程度的歧视，在市场准入、信贷和税收方面也存在一定程度的不公平待遇。要通过“条例”的制订和宣传，改变社会上对非国有、非公有经济的错误认识，使不同所有制的企业都能够获得公平竞争的机会。②关于在企业间交易活动中保护中小企业合法权益的规定。在企业间的交易活动中，大企业利用其买方垄断性的有利地位，迫使中小企业接受不利的交易条件，以大欺小的现象时有发生。在“条例”中，应有关于中小企业的合法权益受到侵害时的投诉受理、调查和处罚方面的规定，以促进有利于中小企业发展的市场环境的形成。③关于降低进入门坎、鼓励中小企业创业的规定。登记和审批手续繁杂、对资金要求较高、缺乏鼓励创业的优惠措施等等，增大了中小企业创业的难度。因此，需要在“条例”中对这方面的政府行为做出规定和规范，创造有利于中小企业创业的政策环境。④关于减轻中小企业社会负担的规定。中小企业在正常的经营活动之外承担大量本应由社会承担的职责的现象比较普遍。还有一些部门利用种种借口向企业伸手要钱要物。凡此种种，使得中小企业不堪重负。“条例”应对减轻中小企业社会负担做出明确的规定，成为中小企业拒绝一切不合理的负担和摊派的一把“尚方宝剑”。

制订“条例”的另一个重要作用是，通过对“条例”的广泛宣传，使全社会都对中小企业的地位和作用有一个正确的认识，纠正社会上存在的对中小企业的错误认识和偏见，形成关心、支持、公正对待中小企业的社会氛围，从而使中小企业所处的社会环境有一个根本的改善。

在开展制定“条例”工作的同时，还应当对现行政策中不利于中小企业发展的条款和规定进行一次全面的清理和修正，若其属于中央制定的政策，则应及时向中央有关部门反映并请求修正，以消除现存的对中小企业的政策歧视。作为现行政策体系中不利于中小企业发展的规定的一个例子，一些行业还是以国有或公有作为进入许可标准，如医药经营业和文化娱乐业在进行行业审批时就规定必须是国有企业。由于中小企业的大多数是非国有企业，中小企业中的国有企业也面临着进行产权多元化改革的任务，上述现行政策显然不能适应中小企业发展和国有企业改革的需要。类似这样的规定需要尽快加以清理和修正。

(2) 建立中小企业的专门管理机构。我国现行的企业管理体制是以分行业和分所有制管理为主。这种现状，不仅对于处理中小企业大量的、随着企业的改革和转制越来越突出的、超越所有制形式和城乡属地范围的共性问题有诸多不便，也存在机构重叠、职能重复、政出多门的弊端，同时还有一些企业处于“无主管”的状态，在市场进入和获取政府服务方面遇到很多困难。建议在政府机构改革和职能转换的过程中统筹考虑，撤并那些分所有制和分行业的涉及中小企业管理的部门，设置统一的中小企业管理机构。北京市可以向中央政府申请成为这方面机构改革的试点。该机构的基本职能应是：研究中小企业发展中面临的问题，制订中小企业发展政策，统计并颁布有关信息资料，为中小企业提供政策信息和政策咨询，与中小企业的行业组织进行沟通并进行必要的指导等。作为机构改革之前的过渡，可以考虑通过建立类似于联席会议制度的形式，为中小企业的管理创造一个共同“接口”，与中小企业的管理有关的乡镇企业局、工商行政管理局、经委、商委等部门定期就有关中小企业的问题共同磋商，寻求高效快速便捷地为中小企业提供行政服务和解决困难的途径。

(3) 充实为中小企业提供服务的机构，扩大服务范围，提高服务质量。根据《中共中央、国务院关于加速科学技术进步的决定》中明确提出的“要建立、健全为中小型企业提供技术、信息服务的生产力促进中心等服务机构”的要求，北京市已经建立了技术创新与生产力促进中心和高技术创业服务中心等旨在为中小企业提供服务的非营利性实体。但从人员配备和能够为企业提供的服务内容上来看，现在实力还比较弱，远远不能满足为中小企业提供所需服务的需要，必须加以必要的强化。从对企业需求的实际调查出发，结合国际上的成功经验，对中小企业服务机构的强化应该以能够满足为中小企业提供以下服务的需要为目标：①信息咨询服务。缺乏信息来源和搜集分析能力是中小企业一个比较普遍的弱点。因此，服务机构应当有针对性的搜集中小企业所需要的市场信息、技术信息、政策信息和人材信息等，并经过必要的分析加工后为中小企业提供信息咨询服务。②中介服务。在掌握信息的基础上，为企业与科研机构之间、企业与企业之间开展经济协作以及企业的产品出口等进行牵线搭桥活动。特别是北京是一个科研机构众多、智力资源富集的地区，把科研成果转化为现实生产力应当成为北京发展区域经济的一大优势。而技术开发中介活动在其中可以发挥关键性的作用。③培训服务。中小企业的经营者对于企业发展战略、市场营销、财会知识、与企业经营活动有关的法律法规、企业管理等方面的知识都有学习和提高的需求，组织这类的培训活动对于帮助中小企业的经营者提高自身素质、改善经营管理很有必要。④企业诊断和经营指导服务。日本有“中小企业诊断士”制度，具有这一资格的专家可以为中小企业“坐堂门诊”，帮助中小企业发现在经营中存在的问题并提出改进意见，对于帮助中小企业改善经营业绩很有成效。可以借鉴这一做法，定期组织企业管理方面的专家为中小企业开展这项服务。⑤联合营销和交流活动的组织和运营服务。中小企业势单力薄，单独难以开展有效的市场营销活动和交流学习活动。服务机构可以通过组织贸易洽谈会、交流展示会、考察团等形式，为中小企业创造开拓市场和开阔眼界的机会。

出于就近为中小企业提供服务、更好地把握本地区中小企业的实际情况有的放矢地为中小企业提供服务的需要，不仅需要对市一级的中小企业服务机构加以充实，还应当建立区县一级的中小企业服务机构(或作为市级机构的分支机构)。

另外，对中小企业的服务不仅政府的服务机构可以开展，还应当鼓励社会力量（如行业协会等）设立面向中小企业的服务机构，政府可以在政策上给以必要的支持。

(4) 促进国有和集体企业的改革和转制。国有和集体企业的比重高，这是北京市中小企业的一个重要特点。因此，能否使中小企业中的国有和集体企业具有活力，对于振兴北京市的中小企业而言至关重要。当前，国有和集体企业普遍缺乏活力的主要原因在于，产权不清，权责不明，缺乏对经营者有效的激励和制约机制。课题组对一些国有（包括科研院所办的企业）和乡镇企业的典型调查再次验证了这一点。这些问题，只有通过促进企业的改革和转制才能得到根本解决。一些地方的成功经验表明，只有促进国有和集体企业的改革和转制，才能从根本上改善企业的绩效，振兴区域经济。北京市在扶持中小企业发展的过程中，必须把促进国有和集体企业的改革和转制作为一项重要内容。对于国有和集体中小企业来说，促进其改革和转制是最重要的扶持。

有限合伙制企业作为一种企业形式，由于它赋予经营管理者以无限经营责任和一般投资者以有限经营责任，在强化经营者的责任意识、促使其谨慎经营，以及使一般投资者的投资风险限定在投资额度的范围之内，从而更加容易做出投资决策等方面具有明显的优点（参见后附吴敬琏教授在课题高层研讨会上的发言)。美国硅谷地区一大批中小高科技企业的崛起在很大程度上有赖于这种制度安排。我国已经于1997年出台了《合伙企业法》，利用这种制度安排的道路已经扫清。对于中小企业，特别是科技型中小企业的改制和创业，应当积极鼓励采用这种企业形式进行尝试。

(5) 促进行业性中小企业协会的建立。行业性中小企业自治性协会组织的建立，有利于中小企业通过联合形成集体力量，避免过度竞争，维护中小企业自身的权益。还有助于使大量单兵作战的中小企业联合起来共同开发产品、技术和市场，调剂资金，提高资信。通过行业协会的牵线搭桥，使一批中小企业最终能以各种方式联合起来，在一些产业中形成具有特殊优势的组合体。在韩国，已经出现一些中小企业联合起来，使用共同商标、按照共同规格和质量标准生产产品的成功事例。

在目前条件下，如果依靠中小企业自发地组建行业协会比较困难，可以考虑采取“政府中介型”的模式，由政府牵头组建，采取“扶上马，送一程”的办法，逐步向民间性、自律型过渡。

(6) 加大鼓励科技型中小企业创业和发展的政策力度。科技型中小企业是中小企业中最富活力和最有发展前景的群体，也是将科技成果转化为现实生产力的重要载体，对于增强产业的竞争力具有重要意义。北京市作为我国的首都和政治、文化中心，具有很强的科技人才优势，大量科技型中小企业的涌现已经成为北京市区域经济的一个重要特征。北京市的科技型企业的健康发展，不仅对于推动北京市产业结构的调整和升级、增强区域经济的活力具有关键性的作用，而且对于成为国家的高科技产业集聚地区和带头地区、提高国家的产业竞争力也具有重要意义。因此，北京市应当把扶持科技型中小企业的发展作为扶持中小企业发展工作中的重中之重。市政府在过去也很重视科技型企业的发展，于 1997 年 10 月发布了“关于鼓励民营科技企业发展的若干规定”，提出了一些具体的鼓励政策。但是由于形势的发展，也由于认识的进一步深化，应当而且可以加大鼓励科技型中小企业创业和发展的政策力度。可以考虑采取以下措施：①设立高新技术成果转化基金。由市财政安排一定额度的资金，按照市场运作方式，主要用于科技型中小企业所从事的、经过专门机构认定的高新技术成果转化项目的贷款贴息、股权投资和融资担保。②高新技术成果可以作为无形资产参与转化项目投资，成果价值占注册资本比例暂定最高可达 35%，今后根据情况可再适当调高。成果完成人和成果转化的主要实施者根据其实际贡献，可获得与之相当的股权收益，所占比例不受限制。③对研究开发投入占企业销售收入的比重超过 3%者，对企业所得税实行减半征收。④对于以智力投入作为主要投入要素的软件业等信息产业的中小企业，由于现行的增值税计税方法与其他类型的企业没有区别，使得这部分企业税负相对较重。建议采取措施加以减轻，例如可以考虑允许这类企业将职工工资计入抵扣增值税的进项额中。但这种作法需要改变现行征税方法，只能向中央提出建议，由中央统一实行。作为地方政府马上可以采取的办法，目前已经有一些地主的开发区实行对这类企业按照一定比例返还增值税的地方收入部分的作法，北京市可以考虑借鉴。⑤中小企业服务机构为科技人员创办企业和领执照、申请由科技三项费用支持的研究开发资金等提供咨询和代理服务。⑥外省市科技人员带高新技术成果来京实施转化，经认定，准予其本人和配偶及未成年子女户口调入北京，并免交城市增容费。

(7) 强化对中小企业的金融支持。资金问题是中小企业反映最为强烈的一个问题。为了缓解中小企业的融资困难，北京市已经与有关方面合作先后建立了高新技术产业发展融资担保资金等三个基金。但从这三个基金的运作实绩来看，融资项目还很少，融资对象还偏重于较大的项目，与缓解中小企业资金困难的政策目标还相距甚远。因此，除了对已有的基金要在实践的基础上进一步充实和强化之外，还应当积极探索其他一些支持手段。①鼓励投资公司开展面向中小企业的风险投资业务。北京市科技人员密集，科技型企业风险投资机会众多，客观上对风险投资有着较大的需求。应当鼓励投资公司开展对科技型中小企业的风险投资业务。作为鼓励措施之一，可以考虑在投资公司的纳税前利润中，按照一定比例提取风险投资损失准备金，视为成本从利润中扣除。②进一步完善风险投资机制。风险投资机制能够成功运作的关键之一，在于一项投资一旦成功之后，风险投资者能够迅速通过资本市场将投资连同高额回报一并收回，这样才能及时转向下一个投资目标，使风险投资持续滚动运作下去。也就是说。风险投资必须既有“入口”，又有“出口”，才能构成周而复始的滚动发展。从长期来看，这种机制的实现有赖于在资本市场进一步深化和发展的基础上，建立“第二板块”股票市场。北京市应当积极作好准备，一待时机成熟即向中央政府申请成为类似美国 NASDAQ 系统的小型资本市场的试点，为规模虽小但富于增长潜力的高科技企业提供专门融资场所，并为全国性“二板”市场的开放积累经验。作为“二板”市场开放之前的过渡性对策，可以考虑鼓励风险投资公司采用组合式的投资方式，即对一个投资对象同时运用直接投资、提供贷款、提供贷款担保三种形式。这样做的好处是，第一，以贷款形式提供的资金支持可以及时回收，从而保证“二板”市场未开放条件下风险投资运作的可持续性。第二，通过提供投资担保吸引其他投资者的参与，从而起到分散投资风险的作用。③建立中小企业互助担保基金。对其运作机制作如下设想：这一基金由政府、社会中介组织、企业和银行四方共同参与，用途是为中小企业向银行借款时提供担保。政府提供大部分资金，并就基金担保的投向提出建议。社会中介组织承担基金的发起、组织和协调工作。中小企业作为会员向基金出资，会员的担保申请在同等条件下将优先获得批准。银行负责基金的保管和具体运作管理。由于互助担保基金要求会员共同出资，企业之间存在相互监督、相互帮助的机制，起到互保、联保的作用。企业投少量的资金能得到几倍于这一数额的贷款，企业受益；银行如以单个中小企业为对象进行贷款管理，贷款成本和风险都较高，这种以企业网络为对象的信贷关系，可以提高贷款的安全性，降低成本，银行也容易接受。

(8) 把发展中小企业与实施再就业工程相结合。北京市大型国有企业相对集中，职工下岗再就业的压力比较大。鼓励支持下岗职工和失业人员创办小企业、通过再创业实现再就业，应当成为再就业工程的一项重要内容。作为具体支持措施，可以考虑对下岗职工和失业人员创办的企业给予税收优惠，适当减免某些税种，并提供一定的税收宽限期。对这部分人的企业注册申请减免工商管理等行政性收费，实行个人凭身份证和下岗证或待业证、单位辞职证明等即可办理申请企业注册的作法，减少不必要的手续和障碍。同时还要降低开业条件，如对与人们日常生活密切相关的修理业、零售业、餐饮业等，其注册资金可降至3000元。对中小企业吸收下岗职工和失业人员就业，给予一定的安置补助费和社会保险补助费。中小企业服务机构和中介组织为下岗职工和失业人员提供创业咨询和手续代理服务时免收费用，由财政提供一定补贴。

(9) 确定重点扶持对象，实行政策引导。北京市的中小企业量大面广，分布于各行各业。从促进主导产业发展、促进区域经济的健康发展、实现可持续发展目标的角度出发，政府在制定对中小企业的一般性扶持政策的同时，还应该对符合北京市产业发展方向的中小企业予以重点扶持，体现政府的政策引导。根据对北京市产业发展方向的考虑，应该把以下五类中小企业作为重点扶持对象，分别是：①以高新技术成果转化为支撑的技术密集型中小企业；②以软件开发为代表的计算机应用服务业中小企业；③以生产环保产品、提供环保服务以及资源综合利用为特征的环保型中小企业；④以智力资源作为主要投入要素、为生产活动和管理职能以及行政指挥职能提供服务的咨询服务业；⑤对提高农业产业化水平、提高农村地区工业化水平、为农村劳动力提供就业机会发挥作用的郊县农村地区中小企业。

（课题组负责人：李善同、朱　炎）

20世纪回顾与21世纪展望

半个世纪以来世界经济发展趋势和我国国际地位的变化

余芳东

二次大战后半个世纪以来，大部分国家在战争的废墟中进行经济恢复、重建和发展，尽管地区性冲突、动荡时有发生，但整个世界形势基本稳定，和平与发展成为当今世界的两大主题。世界经济在波折中发展，经济实力在竞争与合作中增强，经济格局明显变化。但是，长期以来地区之间和国家之间经济发展不平衡，贫富差距扩大，仍是世界经济发展的重要特征。在这一世界环境下，我国经历了曲折的发展道路，从一穷二白走向繁荣富强，特别是改革开放以来，经济实力在国际上的地位发生了深刻的变化。

一、世界经济规模扩大，财富增加，居民生活水平提高。我国经济的国际地位也不断上升，经济总量跃居世界第七位，主要工农业产品产量居世界前列，但与世界发展水平仍有一定的差距

在半个世纪中，世界经济平稳增长，经济总量扩大，财富倍增。据世界银行统计，1996年世界国内生产总值（GDP）为295100亿美元，按不变价格计算，比1950年增加了5.6倍，年均增长为3.9%；人均GDP为5130美元，增加了1.6倍，年均增长2.1%。世界主要工农业产品生产规模扩大，与1950年相比，1994年世界谷物、棉花、原油、煤炭、粗钢、汽车等产量增加了2倍多，肉类、水泥、发电量、电视机产量增加了10倍以上。电子、交通、通讯等许多高新技术产品从无到有，产量从少到多，迅猛增加，成为世界经济的支柱产品。

在世界经济发展的大潮中，我国经济发展异常迅速，国际地位明显提高。1952—1997年我国经济年均增长7.6%，大大高于世界平均增长速度。根据世界银行3年平均汇率计算，1997年我国国内生产总值为9020亿美元，居世界第7位。主要工农业产品生产规模扩大，在世界中的比重增大。谷物、棉花、肉类产量居世界首位，占世界总产量的比重从1950年10%上升至1997年20%～25%。能源和基础工业主要产品产量从较落后的位置跃居世界前列，其产量占世界总产量的10%左右。但是，我国经济发展与世界水平仍存在一定的差距，主要表现在人均收入和人均产量水平低、产品质量较差、高科技含量少。

世界经济的发展带动了全球居民生活水平的提高。食品消费数量增加，生活质量得到改善。据联合国粮农组织统计，目前世界每人每天食物热值、蛋白质含量、脂肪含量分别为2718大卡、71克、65克，比50年代分别增长了40%、25%和40%。在食物消费结构中，动物性食物消费比重增加，植物性食物消费比重下降。居民平均寿命普遍延长，据世界银行统计，目前世界居民预期寿命平均为67岁，从1970年起预期寿命每年平均延长了4个月；发展中国家婴儿死亡率从1970年的100‰下降至1996年的59‰。目前我国在居民食品消费方面与世界平均水平相当，居民平均预期寿命从1950年的41岁增加到71岁，教育、医疗保健等社会发展指标高于世界平均水平。

二、不同时期、不同国家（或地区）之间发展不平衡、贫富差距大是半个世纪以来世界经济显著的特征，在最近20年间，我国迅速发展并成为世界经济重要的组成部分，由此极大地改变了世界经济格局

1. 从各个时期来看，世界经济呈周期性波浪式向前发展，增长率由快转慢。我国经济发展迅速，增长率居世界前列。由于受周期性经济危机影响，世界经济在各个时期发展不平衡。50、60年代世界经济进入空前高速发展时期，经济年均增长率为5.1%，这也是发达国家经济发展的“黄金时期”，日本达9.6%，德国、法国、意大利、加拿大在5%以上。70年代中后期，由于石油价格提高和布雷顿森林国际货币金融体系瓦解而引发的世界性经济危机，使发达国家经济普遍衰退，1974—1975年平均增长0.7%，美国、日本经济出现战后首次负增长。这次经济危机，也是世界经济发展由快趋缓的转折点。若以1973年为界线，在此之前的23年，是世界经济快速发展阶段，在此之后20多年中，则转为低速平稳发展阶段。

经济发展趋势在发达国家和发展中国家之间表现不同。战后发展中国家经济增长呈现由缓变快、再趋缓的变动规律。50年代，大部分发展中国家仍处于战后经济恢复和重建阶段，经济发展缓慢，年均增长率为5%左右。随着世界经济环境的改善，石油价格提高、国际贸易剧增以及政府实行宏观调整政策和对外开放政策，发展中国家经济增长明显加快，特别是60、70年代年均增长率分别为5.6%和6.3%。但是各地区发展不平衡，东南亚国家经济迅速崛起，年均增长率在8%以上，90年代中后期由于爆发金融危机，经济发展陷入低迷阶段。拉美、非洲等地区由于长期经历经济危机，以及遭受严重的自然灾害，经济发展处于停滞状态，东欧和原苏联国家因政治和社会动荡，经济大幅度下降。1952—1978年我国经济发展迟缓，年均增长率为6.1%，其中50年代为9.4%，60年代仅为3.9%。改革开放以来，经济长足发展，1978—1997年年均增长率为9.8%，是世界经济增长最快的国家之一。

2. 从地区间发展看，北美、欧洲地位相对下降，亚洲地区迅速崛起，拉美、非洲地区经济停滞不前。战后，各地区、国家之间经济发展不同步，世界经济的地理结构发生重大变化。20世纪最发达的地区北美、欧洲、澳大利亚和太平洋，在世界中的地位明显下降。其中北美地区生产总值占世界比重从1950年的35%降至1996年的29%，欧洲地区从37%降至27%，澳大利亚和太平洋地区从1.5%降至1.3%。南美和非洲地区生产总值在世界中的比重基本保持不变，1996年分别为6%和4.4%。亚洲地区是20世纪下半期世界经济发展的奇迹，经济地位大幅度提高，其比重则从16.7%上升至32.5%，是世界经济规模最大的地区。

3. 世界生产集中程度减弱，经济格局由两极朝着多极化方向发展。半个世纪以来，各国经济实力此消彼长，世界经济分布格局发生了显著的变化。日本经济实力迅速增强，美国经济在世界地位相对下降，苏联解体，世界生产集中程度减弱。由美、苏两霸称雄世界的旧格局、旧秩序逐渐被打破，世界经济重新布局，新秩序正在建立，美国、欧盟、日本三足鼎立，新兴工业国以及中国、巴西、印度发展中大国的作用日益增强，世界经济多极化、均衡化的梯形格局业已形成。在47年间，美国经济总量始终保持世界领先地位，但地位相对下降。根据世界银行资料，经济总量居世界前三位的国家，1970年为美国、俄罗斯、日本，它们的GDP占世界GDP的比重分别为32%、12%和6%；1980年为美国、日本和俄罗斯，三者所占的比重分别为23%、9%和8%；1996年为美国、日本和德国，分别占27%、18%和8%。也就是说，世界GDP的一半集中于这3个国家，但分布日趋均衡化，经济集中程度减弱。随着经济高速发展，我国经济实力不断增强，但目前无论在量上，还是在质上，仍难以与美、日、德三国相抗衡。

4. 发达国家经济始终保持绝对优势，世界贫富差距扩大。从整个世界来看，最富1/4人口组占世界生产总值的比重从1970年的80%，增至目前的87%，最穷1/4人口组则从3%降至2%，世界财富越来越集中于少数国家和少数人手里，贫富差距扩大。据世界银行测算，俄罗斯、巴西、智利、秘鲁、南非、津巴布韦、赞比亚等国家基尼系数在0.5以上，社会收入分配不公现象严重。

长期以来，发达国家一直霸居世界经济的主体和中心地位，其GDP占世界GDP的比重1950年为83%，1996年为80%，而人口仅占16%。发展中国家GDP在世界总量中的比重从17%升至为20%。据世界银行统计，发展中国家与发达国家贫富差距有扩大的趋势，两者之间人均GDP之比，从1970年的1:14增至1996年的1:22。

三、世界经济结构不断升级，科学技术水平提高。我国经济结构有较大的改善，但落后于世界水平

二战后，世界经济结构变化显著，各国均不同程度地走上了工业化道路，从农业经济逐渐发展成为工业经济、信息经济，产业结构不断优化。而且，每一

次经济危机和经济滞胀，则是世界经济结构调整与升级的催化剂，新的经济增长点和新兴产业不断涌现，高新技术、信息产业在经济中的作用空前提高，成为世界经济发展的主流。目前世界经济结构呈梯次性和继承性，以发达国家为龙头，带动新兴工业国和其他发展中国家经济结构依次更新换代。

1. 第一产业比重下降，第三产业比重增加。从GDP构成看，60年代世界3次产业比重平均分别为20%、38%和42%，目前为12%、35%和53%，其中发达国家3次产业比重为4%、30%和66%，发展中国家为14%、36%和50%，低收入国家为28%、34%和38%。第三产业发展快于第一、二产业，是世界经济发展的重要特征。但是，处于不同经济发展阶段的国家产业结构有着明显的差别，第三产业比重随着经济发展程度由高向低依次逐级递降。我国第一、二、三次产业占GDP比重从1952年的50%、21%和29%，变为1997年的19%、49%和32%，但与世界水平相比，农业和工业在经济中比重仍然偏大，第三产业发展不足，产业结构较为落后。

2. 高新技术产业、信息产业在世界经济中的比重提高，新兴产业发展速度快，辐射面广。世界经济的产业变化经历了以轻纺工业为主的手工业为主到钢铁、化工和机械制造业为主，进一步发展到目前以新能源、新材料、海洋、航天工业以及以多媒体、网络、软件为主体的电子信息产业为主发展过程，由资本密集型行业和知识技术密集型行业逐渐替代劳动密集型行业。高新技术渗透到世界经济的各个领域、各个方面，1997年信息产业占美国GDP的10%，以信息技术为主的知识密集型产品和服务占出口总额的40%，经合组织成员国国内生产总值中近50%来自于知识技术为基础的产业。但是，高新技术产业在不同发展阶段的国家之间的差别较大，当今世界经济格局仍然是农业经济、工业经济和知识信息经济并存，先进的经济结构与落后的经济结构、传统经济与现代经济并存。

3. 科学技术对经济增长的作用加强，科技创新成为各国竞争的核心。主要表现在：科技投入增加，研究与开发经费占GDP比重，发达国家为3%左右，新兴工业国家为1%～2%，其他发展中国家不到1%。科技进步对经济增长的贡献率，发达国家从50年代的40%增加到目前的70%，中等收入国家为40%～50%，我国为30%左右；从科学研究到开发应用的转换周期缩短，20世纪初以前大约需要40年，20世纪初至中叶大致为10年，目前缩短到5年左右。这些积极的变化极大地推动了世界经济增长质量的提高，经济逐渐由粗放型向集约型方向发展。

四、全球化、一体化和区域化成为世界经济发展的基本趋势，我国对外开放步伐加快

由于国与国之间在经济结构、发展水平、发展条件等方面差距较大，各自在资金、技术、资源方面具有很大的互补性，蕴藏着广阔的经贸合作潜力。国际分工日益扩大，各国之间、区域内部以多种形式合作为纽带的经济联系愈加密切，世界经济朝着全球化、一体化、区域化方向发展。

1. 国际贸易迅速发展，规模大，范围广。自50年代以来，国际贸易保持高速增长势头，进出口总量增长速度明显高于世界经济增长速度，国际贸易成为推动世界经济发展的主要动力。1997年国际贸易总额为106357亿美元，按不变价格计算，比1950年增长7倍，年均增长4.5%，比同期世界经济增长速度高出0.6个百分点。在国际贸易中，发达国家所占的比重从50年代的75%，降至目前的65%，发展中国家对外贸易在世界的比重略有上升。美国作为世界第一贸易大国，占世界贸易总额的13%，其次是德国，占10%，日本占8%。自改革开放以来，我国对外贸易规模迅速扩大，进出口总额在世界位次从1978年的第23位，上升至1997年的第10位。从结构上看，世界贸易中初级产品比重有所下降，工业制成品比重增加。但是，发展中国家仍以出口农产品、矿产品和劳动密集型产品为主，占世界该类产品出口总额的50%以上，发达国家则以出口飞机、通讯设备、汽车、自动数据处理器等资本和技术集密型产品为主，占世界该类产品出口总额的95%以上。

国际贸易范围不断扩大，服务贸易占据越来越重要的地位。目前国际贸易范围从货物扩展到金融保险、交通运输、通信、信息、旅游娱乐、教育、医疗、法律、知识产权等服务领域。80年代以来，世界服务贸易发展快于货物贸易。1982至1997年服务贸易在世界贸易总额中的比重从18%升至22%。在世界贸易中，服务贸易市场的竞争将更加激烈。

2. 国际投资急剧增加，跨国公司作为世界经济一体化的实体日益发展。1997年新增国际直接投资超过3000亿美元，其中跨国公司投资占大部分。国际投资的流向发生了变化，70年代之前，绝大部分的投资在发达国家之间流动，80年代开始，由于发展中国家特别是东南亚地区经济快速发展，国际市场竞争加剧，以吸收和利用外资为主体的世界资本市场日益形成并迅速扩大，国际资本逐渐流向发展中国家。据联合国贸发会议“世界投资报告”资料，1993年全球对外直接投资总额达1950亿美元，其中40%流入发展中国

家。1997年我国外商直接投资为453亿美元，居世界吸引外资的排行从1991年第13位跃至第2位。

进入90年代，为了提高企业国际竞争力，占据更大的世界市场份额，在发达国家之间出现了跨国企业并购和兼并的热潮，从而加剧世界经济全球化进程。跨国公司数量进一步增加，规模进一步扩大。据统计，1994年全世界有4万家跨国公司，渗透到世界各个地区、各个国家的各个部门和产业，跨国公司产值占世界的25%，其商品和服务贸易约占世界贸易总额的1/3。

3. 国际市场更加统一，市场规则更加规范。如果说冷战时期，国际市场被分割为以东西方两大集团为阵营的计划经济和市场经济，那么冷战结束之后，出现了经济体制转型、世界经济市场化的大潮，形成了统一的世界大市场。国际市场规则不断建立并日渐完善和规范，但仍有利于发达国家。1995年1月1日世界贸易组织的成立，把国际贸易纳入到更加法制化、秩序化的新阶段。目前，参加世贸组织的国家和地区达110多个，国际贸易总额的90%以上是在世贸组织多边贸易体制内实现的。国际组织成为各国贸易与投资行为的主要组织者、协调者和监督者。

4. 各国经济愈加开放，对国际市场的依赖程度加深。从50年代起，世界各国经济对出口依存度普遍提高，扩大外需成为发展经济的主要措施之一。据世界银行资料显示，目前出口额占世界GDP的比重为25%，其中英、法、德、意等国在20%~25%之间，美国、日本为10%左右，韩国、新加坡、泰国、菲律宾在30%以上，我国经济对出口的依存度从1978年的4.6%增加到1997年的20%。各国经济开放领域加大、程度加深，世界经济越来越融为一体。但是与此同时也带来了国家经济的独立性下降，经济发展受别国政策、国际市场供求变化影响大，制约因素增多。特别是近年来国际金融市场的变动，成为世界经济发展稳定与否的敏感区。

在即将到来的21世纪中，美国、日本、欧盟三极的世界经济格局将维持较长一段时期，但是各地区、国家之间发展不平衡仍将存在，发展中国家地位将不断上升，特别是我国随着第三步战略目标的实现，在世界经济中的作用将进一步加强，与其他发展中国家一起，将形成世界经济中重要的一极。在各国政府和国际组织的共同努力与协调下，全球经济继续发展，社会环境不断改善。目前联合国和经合组织共同制定了21世纪世界发展目标，即减少贫困、缩小社会发展差距、保护环境。可以预料，到下个世纪，和平与发展仍将是全世界普遍关注的课题。但是，世界经济一体化进一步加强，经济相互间影响的程度提高。今后世界经济将在既合作又竞争、不断冲突与摩擦中发展、进步。

（作者所在单位：国家统计局国际中心）

世纪之交中国经济发展的展望

国家统计局课题组

1998年，面对极其复杂不利的客观环境，我们经受了严峻的考验，取得了抵御亚洲金融危机的阶段性成果，战胜了严重的洪涝自然灾害，与此同时，扩大内需为主的宏观经济政策也取得了显著成效，国民经济保持了相对稳定的发展，基本实现了国家的宏观调控目标，这是来之不易的。但是存在的矛盾依然突出，一方面是国有经济低效运行，各种结构性矛盾日趋突出，另一方面是生产相对过剩，市场需求对生产的制约日趋明显。中国经济能否在本世纪内最后两年继续保持快速增长，是各方面都关注的热点问题。本文试图对世纪之交我国经济的发展问题作一些分析和展望。

一、支撑中国经济快速增长的基本因素及变化特征

改革开放以来，中国经济保持快速增长，1979—1998年，GDP实际增长5.4倍，年均增长9.7%，是同期世界上增长最快的国家之一。回顾近二十年中国经济的运行轨迹，之所以能够保持快速的发展，得益于邓小平开创的建设有中国特色的社会主义道路，得益于前所未有的改革开放。20年来，经济体制逐步由过去的计划经济向社会主义市场经济过渡，中国经济大步走向世界舞台，经济结构发生了显著变化，经济活力和整体经济实力大大增强，承受风险的能力明显提高。

（一）从各产业对经济增长的贡献看，中国经济在改革开放时期大体经历了三个增长阶段。第一阶段，大致为70年代末到1984年，GDP年均增长9.2%。这一阶段，农业的发展对整体经济的增长发挥了重要作用。第二阶段，大致为1985—1991年，GDP年均增长8.8%。这一时期，轻工业得到了长足发展，整体经济

在轻工业的较强拉动下不断增长。第三阶段，大致为1992年至1998年，GDP年均增长11%。在这阶段，在轻工业继续保持对整体经济的强力拉动作用的同时，重工业的发展对经济增长的作用明显增强。

农业发展对经济增长发挥重要作用时期（1979—1984年）。在改革开放初期至1984年，中国在农村全面推行家庭联产承包责任制，极大地调动了农民的生产积极性，有力地推动了农业的发展。特别是1981—1984年，农业增加值年均实际增长9.9%，与同期GDP增长速度基本相同，是带动经济增长的主要力量。这一时期，农业经济的发展对整体经济增长的贡献率高达21.2%，是改革开放以来农业对经济增长贡献最显著的时期。农业的迅速发展为后来工业经济，尤其是轻工业的发展奠定了物质基础。

工业特别是轻工业对经济增长的作用逐渐增强时期（1985—1991年）。在这时期，一方面是国家的优先发展轻工业的政策环境，另一方面是国内需求比较旺盛，以城镇家用电器普及和农村建房热为代表的消费需求急剧扩张，从而推动了中国轻工业的快速发展。轻工业的发展，不但满足了国内居民日常消费的需要，也促使了中国的产业结构升级，家电工业、建材工业以及为其服务的电子工业、集成电路、微型计算机等工业也都从无到有迅速发展起来。这一时期，重工业加快改变自我服务状态，转向为农业、轻工业提供更多服务的新时期，生产也得到较快发展。这一时期，工业的发展对经济增长的贡献率由1979～1984年的41.9%提高到55.7%，其中轻工业提高了7.2个百分点，重工业提高了6.6个百分点。

重工业在经济增长中的作用迅速提高时期（1992—1997年）。经过3年的“治理整顿”（1989—1991年）和80年代中国工业经济的大力发展，市场需求对经济增长的约束作用逐渐显现，为了保持经济增长，国家加强对重工业的投资建设，重工业对整体经济增长的贡献最为突出。这一时期，重工业对经济增长的贡献率为38%，短短的5年间比1985—1991年提高了10个百分点，成为带动经济增长的最重要力量。

从整体上考察各产业对经济增长的贡献，除却70年代末期和3年“治整”的非常时期，第一产业（农业）在改革开放初期对经济增长的作用最大，贡献率在20%以上，1985年以后基本上是平稳发展，对GDP增长的贡献率大致维持在4%～8%之间；第二产业（主要是工业经济）发展在经济增长中的影响随着经济的发展仍然呈上升趋势，1992—1997年贡献率高达74%，其中工业为70%；第三产业经过改革开放初期的较快发展后，80年代发展比较平稳，进入90年代，在经济增长中的作用有所下降，目前只占20%左右。

（二）从不同地区对经济增长的贡献看，呈现出明显的递推态势。东南沿海地区在国家改革开放的政策下，得益于优越的地理位置和人文资源，经济快速增长，并进而带动了中部和西部地区的发展。尽管地区增长的不平衡难免带来地区差距的扩大，但这种递推式的增长模式对推动我国经济的快速发展是起了重大的作用的。如果没有东部地区的率先增长，就没有我国经济的快速发展。

东部地区在我国经济发展中的位置举足轻重。从经济总量来看，东部地区占全国GDP的比重一直高于50%，特别是在1992年以后，发展速度进一步加快，对全国经济增长的贡献率高达60%以上。广东、福建、浙江、江苏、山东等省，是我国改革开放近二十年来平均增长速度最快的省份，其对我国经济快速增长贡献也最大。

分阶段来看，在以农村经济体制改革为先导的改革初期（1979—1984年），经济增长速度最快的是浙江、福建、贵州、河南和安徽等省，但由于江苏、广东、山东在全国GDP中所占比重较高，对经济增长的贡献则相应较大。1985—1991年城市改革开始，沿海经济特区高速发展，广东和福建两省成为我国经济发展中的领先省份。1992年以来，在小平同志南巡讲话的指导下，我国进入了一个经济快速发展的新时期，江苏、广东、山东、浙江和上海等经济大省（市）持续快速增长，保持了良好的发展势头，是我国经济增长的主导力量。

中西部地区经济增长速度加快，东、中、西共同发展。从经济增长速度来看，中西部与东部地区的差距在每次景气循环的上升期有扩大之势，但在回落期增长的降幅明显低于东部地区，特别是在1992年以后平稳增长，中部地区的经济增长率在1996年超过东部地区，在1997年与东部地区基本持平；西部地区与东部和中部地区增长率之差在1997年已经缩小到1个百分点。

（三）从不同所有制经济对经济增长的贡献看，在改革开放初期，国有经济占绝对优势，集体经济和其他类型经济较薄弱。而后随着改革开放的逐步深化，集体和其他经济类型发展迅速，地位上升，国有经济的地位则逐渐下降。1997年，国有经济在全部经济中的比重，由1978年的70%以上下降到35%左右，而且下降的速度在逐渐加快，90年代年均下降幅度由80年代的1个百分点，增加到近4个百分点；集体经济由30%左右增加到40%左右，其他经济类型从无到有，迅速发展，目前已占25%左右。如果把一些混合经济中的国有经济部分加到纯国有经济中，则国有经济所占比重在40%左右，加上集体经济，全部公有制经济所占比重在80%左右，非公有制经济占20%左右。

各种经济类型对整体经济增长的贡献，不同阶段则呈现不同的特点，但总的趋势是国有经济的贡献份额逐步下降，非国有经济作用明显提高。各种所有制经济类型的贡献率，1979—1984年，国有经济为55%左右，集体经济为40%左右，其他经济为5%左右；1985—1991年，国有经济为35%左右，集体经济为50%左右，其他经济已占15%左右；1992—1997年，国有经济为10%左右，集体经济为50%左右，其他经济占到近40%。改革开放以来近二十年综合考察，中国经济的快速增长，主要是非国有经济的迅速发展带来的，其贡献率在70%左右，而国有经济的贡献率则在30%左右。

（四）从不同生产要素对经济增长的作用看，改革开放以来，中国经济快速增长主要是靠改革开放以来的制度创新和科技进步所产生的全要素劳动生产率提高和大量的资本投入推动的。这一时期，固定资本形成总额实际增长近7倍，1997年达到25000亿元，年均增长10%；社会从业人员由1978年的4亿人增加到近7亿人，年均增加近1600万人，年均增长2.5%。初步匡算，近二十年，中国资本投入增加对经济增长的贡献率为30%左右，劳动投入增加对经济增长的贡献率为10%左右，体制转变、科技进步及其他因素对经济增长的贡献率高达到60%。这表明，从要素角度分析，中国经济增长主要是靠体制转型和技术进步，其次是资本的投入，而劳动投入对经济增长的作用最小。

（五）从不同需求对经济增长的推动力看，改革开放以来，中国经济的快速增长得益于需求的扩大，但不同时期有不同的特征。在80年代中后期，以消费需求快速扩张为先导，带动投资需求快速增长。这时期，国内需求比较旺盛，以城镇家用电器普及和农村建房热为代表的消费需求急剧扩张，居民消费行为呈现出明显的“排浪式”集中消费特征。1985—1988年，消费需求的扩张对经济发展的贡献率达51.6%。与此同时，投资需求在消费的带动下，也高速增长。在治理整顿期间，消费需求对经济增长的推动作用有所下降，其对经济增长的贡献率下降到43.6%；投资需求增长也明显放慢，净出口对经济增长的拉动作用增强，对经济增长的贡献率骤升到30.5%。1992年邓小平同志南巡讲话后，固定资产投资迅速扩张，投资需求成为推动经济增长的主要动力。1992—1997年，投资需求对经济增长的贡献率上升到40%以上。由于“消费热点”缺乏，消费需求变化比较平稳，而国外需求的作用继续增强。据海关进出口贸易统计，1992—1997年，我国对外贸易发展迅速，出口年均增长16%以上，净出口对经济增长的贡献率上升到10%以上。总起来看，改革开放以来，需求因素对经济增长的贡献率，大致是内需占到八成，其中，消费需求的贡献率为40.8%，投资需求的贡献率为39.3%；外需迅速上升，占到近二成。

由此可见，支撑中国经济快速增长的基本因素是：(1) 工业经济的快速增长，是整体经济快速增长的产业主动力；(2) 东部沿海地区经济快速增长，是整体经济快速增长的地区主动力；(3) 非国有经济的快速增长，是整体经济快速增长的所有制主动力；(4) 制度创新和科技进步，是整体经济快速增长的主要推动力；(5) 内需的持续扩大，是经济快速增长的需求主动力，但伴随中国经济与世界经济联系的密切，外需作用也明显增强。

二、经济快速增长的基本因素出现了新的变化

进入1997年下半年以来，由于种种原因，经济运行中的深层次矛盾包括体制性的和经济发展阶段性的矛盾，相互交织，变得更为突出，尤其是伴随卖方市场向买方市场的转变，经济增长的制约因素有所增强，支撑中国经济持续快速增长的基本因素开始发生一些新的变化，经济增长势头有所减弱。从动态看，继1996年经济增长率降到10%以内后，1997年经济增长减缓趋势仍在延续，全年增长率为8.8%，比1996年又降低近一个百分点，接近了潜在增长率的下限。1998年经济增长率进一步下降，前三季度只有7.2%，全年在7.8%左右。这种下滑趋势，除了受到亚洲金融危机和长江流域、嫩江、松花江流域特大洪水这一特殊因素的打击外，也与宏观调控以来经济持续降温的下滑惯性有关，还与改革深化和结构调整进程中所伴生的一些新因素有关，如下岗分流，住房商品化，社会保障市场化，教育有偿化，等等，使消费者在改革中对市场经济的风险感、不稳定感有所强化，对未来的收入预期不乐观，远期消费压力增大，因而，花钱更谨慎，即期消费有所减弱，增大了经济的市场约束。但是，从根本上说，经济增长的减缓，更大程度上是与经济结构性矛盾日益突出有关，正是城乡经济结构、地区经济结构、国有经济存量结构和产业产品结构的不合理，才是现阶段经济增长乏力的深层原因。可以说，即使没有金融危机和洪水的影响，中国经济的增长也可能出现势头减弱的现象。世纪之交的中国经济面临着一些新的矛盾和问题，宏观经济环境变化发生了许多新的变化，需要认真加以分析。

第一，市场从卖方转到买方，需求因素逐渐替代资源因素成为制约经济增长的主要因素。近几年来，

随着生产的持续扩大，社会供给明显增加，无论是消费品市场还是生产资料市场都逐步从卖方市场走向买方市场，主要特征：一是在适度经济增长下物价涨幅持续走低，二是市场上大部分商品供过于求，甚至连能源、运输生产等领域也开始出现能力闲置情形。当然，当前的买方市场的形成，主要根源在于供需结构矛盾和制度性障碍因素所造成的部分商品过度供给，而不完全在于总需求不足，这与1985年和1988年的经济过热形成了鲜明对照，并区别于1989—1991年3年治理整顿期间的市场疲软。

1985年和1988年，我国经济表现出最明显的卖方市场特征，商品供不应求、物价上涨、抢购风潮和各种“大战”不断。1989—1991年，市场疲软，有效需求严重不足，其中消费需求和投资需求的增长大幅度下降，但与此同时整体经济也急剧下滑，并未形成过度供给，因此还不能称之为买方市场。

1996—1997年，我国经济实现了“软着陆”，在把物价涨幅成功地降低到一位数的同时，保持了经济适度快速的增长，商品供给显著增加，市场繁荣活跃，大部分商品从供不应求转到供过于求。

从消费品零售和库存情况看，热销的商品主要是家用电器、文化体育用品、化装品、中西药类和书报杂志；滞销的以食品饮料烟酒类居多；纺织品、服装鞋帽、日用品和首饰销售不旺，但库存积压明显减少。值得注意的是家用电器和化妆品在热销的同时，库存也有较大上升，说明这些商品已向买方市场转变。

第二，经济增长阶段开始从总量扩张为主转到结构升级为主，消费者对生产的要求更高。在我国过去近二十年的快速增长过程中，经济总量明显扩大，尤其是加工工业有了长足的发展，生产能力已超出现阶段的需求能力，但其增长质量并不高，与国际先进水平有较大差距。经济结构得到了一定改善，但长期积累的矛盾并没有得到根本解决，特别是经济粗放增长的格局未变，资源配置不合理，产业结构之间发展的不平衡正制约着经济的进一步发展。目前，我国的经济增长已从过去总量急剧扩张阶段进入到结构性调整阶段，只有总量、结构、效益均衡增长，才能保证我国经济在今后若干年持续、快速和健康的发展。

基础设施和基础产业依然是制约我国经济进一步增长的瓶颈。由于历史的原因，基础设施和基础产业一直是我国经济发展过程中的薄弱环节。改革开放以来，我国一贯注重产业结构的调整，制定了国家的产业政策，并积极引导外商投资于符合国家产业政策的行业，使得农业、能源、交通、通信等基础设施和基础行业的供给能力有了较大提高，创造了支撑经济不断增长的条件。但由于我国的经济发展正处于工业化加速的过程中，各行业对能源、交通和通信等基础产业和设施的需求都趋于增加，经济的增长不断对基础产业和基础设施提出更高的要求。如果这些产业跟不上总体经济发展的速度，则会再次产生瓶颈，阻碍经济的进一步发展。

农业的基础仍不够稳固。改革开放以来的实践表明，农业稳定增长与否，特别是主要大宗农产品生产形势如何，在很大程度上决定着中国经济快速增长的周期长短，几次经济的波动都与农业的波动有关。1992年以来，一度曾出现粮食生产量减少，市场供不应求，粮价大幅度波动，以至引发全国物价的急剧上涨，延缓了经济的增长。随后由于中央及时采取各种措施，使我国农业恢复稳步发展，增长一直保持在4%～6%的适度区间，支持了宏观经济的稳定，保障了调控目标的实现。但是，也要看到，影响农业稳定增长的因素还不少，主要是农业的抵御自然灾害的能力还比较低，农产品的流通体制还不尽合理，农民的收入增长减缓，负担仍重。

能源的供求形势松中有紧。90年代以来，我国的能源生产形势较好，再加上在近几年适度从紧的宏观经济政策下，投资需求得到了有效抑制，能源的需求不是很高，从而使得能源的供求关系得到一定改善。但1996年以来，能源生产大幅度滑坡，这不仅不利于能源投入的增加，也对保持今后能源的供求平衡是不利的。随着经济的增长和生活水平的提高，各个行业和各家庭对能源的消费均将呈上升态势。这意味着我国今后的经济增长仍受能源供给尤其是电力生产的制约。

交通运输、邮电通信投入明显增加，供应能力提高，有利于经济增长。改革开放以来，我国的交通运输和邮电通信业一直发展很快，供应紧张的矛盾有所缓解。近几年，国家结合扩大内需的政策，明显加大了基础设施的投入力度，可以预期，我国的基础设施供应能力将进一步提升。但要看到，由于历史欠账很多，我国的基础设施从总体上看，比发达国家仍有较大差距。特别是我国的一些“老、少、边、穷”地区，经济一直发展不起来的一个主要的原因就是受交通运输和邮电通信落后的制约。今后这两个部门的增长率只有大于我国总体经济增长率，才有利于进一步缓解其对经济快速增长的制约。

地区差距和收入差距的扩大将影响社会稳定，进而影响经济增长。近几年，中西部地区的经济增长速度虽然加快，但由于东部地区改革开放以来的平均增长速度远远高于中部和西部地区，使得地区之间的绝对差异扩大。不过据推算，地区之间的相对差异则基本保持稳定甚至还有缩小的态势。

有关资料显示，人均 GDP 的“绝对极差”（每年人均 GDP 最高的省减最低的省）和“最高为最低的倍数”（每年人均 GDP 最高的省除以最低的省）一直保持上升趋势，但“标准离差变动系数”（即 30 个省收入的标准差除以 30 个省收入的平均数，测算的是各省人均 GDP 的分散程度，反映地区间发展水平的平均差异状况）基本呈下降趋势，说明随着改革开放的深入，各地区的经济都有了长足的发展，地区经济发展的相对差距基本保持原有水平并没有急剧扩大。然而由于地区的绝对差距呈扩大之势，再加上一般人都用现价来感受这种差距，因此即使地区的相对差距并没有扩大，绝对差距的扩大也会诱发社会矛盾，危害经济增长，值得特别注意。

就地区的增长结构来看，1993 年以来东部地区的高增长势头减弱，处于经济转型、结构升级阶段，新的冲刺还有一段时滞；而中、西部面临更多的则是市场压力，简单靠数量扩张求增长已越来越难以持续，中低速增长的趋势有可能强化。因此，今后的区域发展战略应本着“效率优先”的原则，以“比较优势”来对资源进行合理的配置。就稳定全国增长来讲，一方面要求东部地区继续保持适度快速增长，另一方面则要求中西部地区继续加快发展。

非国有经济尤其是乡镇企业的增势减弱，国有经济虽在国民经济中占主导地位但低效运行格局未变。改革近二十年，一个明显的特征就是所有制结构的变动，国有经济比重减少，对整体经济增长的作用减弱，但在关系到国计民生的重要领域仍居主导地位。非国有经济比重增大，推动力明显上升，成为推动我国国民经济快速增长的重要一极。

在非国有经济成分中，乡镇企业和三资发展最为迅速，成为带动经济增长的最主要力量。1992—1996 年，乡镇企业年均增长 46.6%，在全部工业产值的比重从 1991 年的 29.7%上升到 1996 年的 47.9%。三资工业在 1992—1996 年年均增长达到了 56.4%，比重从 1991 年的 5.3%上升到 19.1%。但 1997 年以来，集体经济，特别是其中的乡办工业滑坡较大，致使整个工业增幅回落。主要原因是由于市场供求关系发生变化以后，以生产中、低档工业品的乡镇企业面对加剧了的市场竞争不得不限产或关闭，这是市场机制下自然的结构调整过程。从目前情况看，乡镇企业发展减缓在短期是无法遏制的。国有经济不适应市场经济要求的问题也更加突出，在买方市场下同样面临困难的境地。这对今后几年经济的快速增长将形成不利的影响。

第三，体制改革从表象转到深层，进入一个攻坚阶段。改革初期，为破除传统体制对生产力的束缚，调动各方面的积极因素，主要以“放权让利”为改革取向，在不同的阶段采取了多种形式的承包制和责任制，将渐进式的改革和经济发展结合起来，取得了显著的成就，但也带来了一些弊端，主要是国家财力和调控能力很大程度上受到了削弱，特别是旧体制下的一些深层次矛盾并没有消除，与新体制的不完善并存。

随着改革理论取得重大突破，社会主义市场经济体制改革目标模式的确立；我国的经济改革进入了一个从易到难、从单项到综合的新的阶段。近几年来，围绕建立社会主义市场经济体制，我国在金融、财政、外汇外贸、投资、价格、社会保障、住房及国有企业等方面进行了全方位、大力度的改革，取得了新进展。建立了以中国人民银行为中央银行，多种类型商业银行和国家政策银行共同发展的银行体制，强化了中央银行的宏观调控职能，资本市场从无到有，不断发展和完善；分税制的实施，改进了以往税收包干的种种弊端，保证了国家税收与经济同步增长，进一步理顺了国家财政分配关系；汇率并轨，人民币经常项目下的可兑换，进一步改善我国的投资环境；价格基本上实现了由单一计划价格到双轨制价格到单一市场价格体系的转变，资源配置功能不断加强，企业竞争环境也不断改善；国有企业改革由单纯的“放权让利”转向股份制改造和现代企业制度的建立；住房和社会保障体系等方面的配套改革也在积极推进。目前已经处在以开拓市场为目标，以经济结构调整为重心，将改革全面推进的时期。

以放权让利为取向的早期改革，使一部分地区、企业和个人成为改革利益的获得者。要将改革进一步推进和深化，需要对这些既得利益进行再调整，如中央和地方之间，国家和企业之间，企业和个人之间；进入根本性的改革阶段，要求在风险和利益一致的基础上推进改革，要求避免以往单向改革的做法，从总体上和全局上把握改革，这涉及到国有企业、政府职能、财政、金融、劳动力市场、社会保障体系等多方面。因此，改革的难度将会更大。

第四，经济全球化趋势更加明显，中国受国际经济的影响日益增大。改革开放前，外贸出口只是国内生产和消费的一个余项，且以初级产品的出口为主，1978 年我国外贸进出口总额为 206 亿美元，所占 GDP 的比重为 9.8%。改革开放后，中国向世界敞开国门。开放领域由沿海到内地、由加工工业到基础产业和服务业不断扩大，形成了全方位、多层次、宽领域的对外开放格局。对外贸易规模不断扩大，特别是自 1985 年开始，我国对外贸易进入了一个快速增长的时期，进出口总额所占 GDP 比重由 1985 年的 23.1%提升到 1994 年的 43.6%，外贸出口逐渐开始成为我国国民经济增长的重要拉力。伴随着外贸规模的扩大，出口产品结构也不断改善，工业制成品所占出口的比重由1980年的49.7%提高到1996年的85.5%。但从发展趋势看，国际市场竞争日趋激烈，国际贸易的摩擦增加，要保持出口的高增长难度较大，且要求进一步开放国内市场，增加进口的压力在上升，净出口对经济的拉动作用将不会有一个持续扩大的趋势。

积极利用外资也是中国对外开放政策的重要组成部分和具体体现。自1979年，伴随着我国对外贸易的不断扩大，我国利用外资规模也不断上升，利用外资方式也由80年代的以对外借款为主转向90年代的外商直接投资为主，并在1995年成为继美国之后的世界第二大外商投资接收国。1992—1996年我国协议外资金额和实际利用外资金额分别为改革开放以来总和的89%和86%。利用外资加快了中国经济的发展。1996年实际利用外资占全社会固定资产投资的比重为15%，外商投资企业的进出口总额占全国进出口总额的47%。

近年来，我国利用外资结构也发生了可喜的变化，外商投资的重点开始由劳动密集型的产业转向资金和技术密集型的大型项目，基础设施的建设项目也大幅度增加。但与此同时，随着国际竞争的加剧，1996—1997年，我国利用外资的协议数和协议额持续下降，利用外资的难度增大。尤其是1997年下半年爆发的亚洲金融危机，不仅对发生危机的国家带来了巨大的负面影响，造成经济衰退、通货膨胀，物价上涨，百姓生活水平下降，社会动荡，也给我国和整个亚洲乃至世界经济带来了冲击。在我国吸收的外资中，八成来自受到金融危机困扰的亚洲国家和地区，金融危机的出现，势必给我国吸收外资带来十分不利的影响。我国出口市场的近30%在发生危机的国家，其势必对我国的出口造成障碍。1998年以来，这种负面影响已经逐渐表现出来，我国的利用外资和出口均开始下降。而未来几年这场危机能否结束，有关国家的经济能否恢复，其他国家抗干扰的措施是否有力，世界经济是否出现全局性的衰退，目前也还看不准。

全球经济贸易一体化的大趋势，既为我国的经济增长注入了活力，也带来了挑战，随着对外开放的不断扩大，国际经济对中国经济的影响增强，尤其是国际资本的流入，我国调节货币供给，防范和化解国际金融风险的难度加大了。为加入世界贸易组织，加速贸易—技术进步—促进经济增长的良性发展，依照有关条款，中国要逐步减少进口壁垒，增加贸易体制的透明度和可预见性，这些措施从长期来看，会促进我们的体制改革，但短期内会加剧国内就业和企业的竞争压力。

因此，从1999—2000年乃至下世纪前期看，未来中国经济的发展宏观环境既有宽松有利的一面，更有偏紧不利的一面。

从有利层面看，主要有：一是，党的十五大提出了把有中国特色社会主义事业全面推向二十一世纪的基本纲领、方针、政策，有利于我们沿着正确的方向继续前进；二是，政府具有驾驭宏观经济运行的能力，并积累了在市场经济条件下搞好宏观调控的经验，有利于防止经济的大起大落；三是，宏观调控成效显著，扩大内需的政策已经见效，社会供求关系明显改善，市场物价趋于稳定，宏观经济环境是改革开放以来最好的，有利于改革的深化和经济的稳定增长；四是，基础设施、基础产业的投资力度和供应能力明显增强，有利于消除经济增长的“瓶颈”制约；五是，城乡居民高储蓄和持续升温的金融投资热，有利于筹集必要的生产建设资金，促进国有经济的战略性调整。六是，世界各国追求和平与发展的时代潮流，有利于中国参与国际经济的交流和竞争。

从不利层面看，主要有：一是，买方市场的形成，消费者对生产的选择性和消费的层次性增强，对长期习惯于在卖方市场下生存的国有企业和乡镇企业形成了巨大的市场制约；二是，结构调整的任务由单纯的“拉长补短”阶段向“升级换代”阶段转变，调整的难度更大，需要多方面的政策配套和改革跟进；三是，国有企业改革的加快和经济的转型，职工下岗问题趋向突出，对社会稳定的不利影响增多；四是，潜在的金融风险不小，不良贷款比重居高不下，加上国际金融一体化趋势增强，银行的监管难度增大，不利于经济的稳定增长。

因此，如何把握机遇，应对挑战，寻求新的发展，是下阶段必须解决的重大课题。

三、选准经济增长的新成长点，带动经济稳定增长

对带动今后我国经济增长的新成长点问题，各方面曾进行了广泛的讨论。综合来看，大致存在以下三种观点：第一种观点是继续着眼于总量需求调节，以扩大贷款规模、增加投资继续进行总量扩张求得经济发展；第二种观点是以开拓市场为中心，以市场启动带动经济增长；第三种观点是以资产重组为重点，以结构调整获得经济增长。

针对第一种发展思路，在具体政策操作上相对比较容易，而且短期内也可以刺激我国经济以较快的速度发展。但实践证明，继续粗放经营，难以保证中国经济的持续快速健康发展。一方面是从保证生产要素投入的资金来源上看，在银行资金中，由于企业偿贷能力降低，据估计，呆账、死账等不良债务已占贷款

总规模的20%以上，甚至更高；在财政资金中，财政收入占GDP的比重下降的局面没有得到有效遏制，财政支出却呈刚性增长，财政赤字（不包括国内外债务收支）逐年增加，1997年已高达582亿元。1998年采取更加积极的财政政策后，赤字将上升到近千亿元。在短期内，这种入不敷出的状况将会继续存在。另一方面是与市场经济相适应的各项体制改革措施远没有到位，诱发通货膨胀的体制性因素远未消除。这样，继续扩大总量需求，可能在推动短期经济较快发展的同时，再次诱发物价水平的迅猛上涨，对我国经济的长期发展造成不利影响。

第二种发展思路，无论是开发农村家电市场，还是发展城镇住房市场和个人汽车市场，虽然潜在需求巨大，但现实需求却受到各种因素的制约。对农村家电市场来说，最大约束来自收入约束，保证农民的现实购买力是开发农村家电市场的关键，同时也将会遇到家电的消费环境问题。对城镇住房市场来说，除却受到居民购买力收入约束外，如何解决当前现存住房福利分配制度的制度性约束是影响住房市场正常发展的重要因素。对个人汽车市场，虽然存在诸如道路交通、能源供应方面的问题，但最大的障碍仍然是居民的收入限制。此外，对如何继续开拓国际市场，我国对外贸易也将面临贸易保护主义、贸易摩擦加剧的不利局面。这样，开拓市场的发展思路虽符合经济发展规律，但需要一定时间和国家制定一系列有效政策措施，短期内难有明显进展。

第三种发展思路，以资产重组带动经济增长是国际上经济发展的大趋势。从世界经济发展历史来看，世界经济的发展也即是世界经济结构的不断调整升级。但是，目前我国经济结构的不合理，是多年经济发展的产物，是旧体制弊端长期积累的结果，不是一朝一夕形成的，也就不可能在短期内得到明显的改观。我国产业结构调整要与我国的经济体制改革和制度创新结合起来。同时，如何在结构调整中抓住国际产业升级转移的有利时机，以结构调整带动我国经济的增长，也必须考虑市场问题。

比较以上三种发展思路，我们倾向于“结合第二、第三种发展思路，以资产重组促进结构调整，以开拓市场拉动经济增长”的发展思路。这样，当前我国的经济政策，在着重解决严重影响我国经济增长短期问题的同时，需要继续深化经济体制改革，为开拓市场和资产重组创造外部发展环境，按照市场经济的要求进行制度方面的建设和形成基本的经济政治环境。

四、加强结构调整，积极开拓市场；深化体制改革，实现资源合理配置

过去近二十年，尽管我国国民经济保持了一个相当快的发展速度，但基本上走的是一条外延扩张道路，靠的是体制改革所释放出的能量和需求的不断扩张，投资率平均达到了30%，这与中国经济中长期存在的“短缺”特征是相联系的，有其阶段性和必然性。但这种经济增长方式所带来的最大的弊端就是掩盖了经济总量增长下的结构性矛盾。随着市场经济不断走向成熟，越来越多的商品开始走向买方市场，经济增长的主要动力将来源于持续、稳定增长的市场需求。因此，今后几年国民经济运行中的主要问题将不仅仅是总量问题，而更多的是经济结构不合理，其核心是产业结构不合理，即现有的产品和产业结构不适应市场的需求，加之多年来盲目重复建设，造成了部分产品生产能力的过剩。是如何尽快消除体制性障碍因素，加快新消费需求的培育和发展，实现产销的更好衔接。

（一）简单的放松银根，增加需求，难以达到实现“两个根本转变”的目的。从供给情况看，由于多数企业开工不足，生产能力闲置，在目前能源和原材料供给相对宽松的条件下，靠政府财政投入、银行输血，短期内维持一个较高的增长速度，并非难事，但其结果只能是边生产边积压，造成社会资源的进一步浪费，给经济结构调整增加难度，于经济的长期稳定增长不利。从消费需求看，由于缺乏新的消费热点，制度性消费机制不健全，加之居民收入增长减慢（对于城镇居民来说，这也是结构性矛盾突出，市场约束加强导致企业生产经营困难的一种表现），消费需求的增长难有明显的提高。从投资增长看，由于投资体制关系并未理顺，对投资主体的约束仍然较弱，且地方保护主义倾向依然突出，简单放松银根极有可能形成新一轮“大而全”、“小而全”的重复建设，两方面的综合作用，尽管经济增长率短期内会有提高，但可能使实际和潜在的通货膨胀压力又恢复到一个较高的水平，不利于经济增长质量的提高和经济结构的调整，也会导致潜在的金融风险增加。

（二）保证需求的稳定增长必须立足于开拓市场。随着我国经济由“短缺特征”转向买方市场，市场需求的稳定增长必然成为经济长期稳定增长的前提，传统的消费结构与目前产业结构下的产品供给相比，已经出现了结构性的消费需求不足和结构性的产品供给过剩，开拓市场，消除体制性消费障碍，培育新的经济增长点已成为当务之急，否则经济发展将会失去后劲；而正是这种结构性不足和结构性过剩，为开拓市场提供了机会和空间。从目前的需求结构看，开拓市

场的重心在农村市场、城镇住房商品化和外贸出口。

开拓市场仍需立足国内。自进入90年代以来，外贸出口一直是我国经济增长的强劲动力之一，未来几年，随着世界经济继续增长，世界贸易量的扩大，无疑会给我国的外贸出口带来机遇。但国际金融局势的变化，也给我国的外贸出口增加了难度。东盟国家的货币危机及由此引发大幅度贬值，客观上增强了它们的出口产品竞争力，由于我国有着与其相似的出口产品结构，对我国外贸出口有着直接的不利影响；欧洲国家也正积极扩大出口以带动国内经济的复苏和增长；美国经济尽管增长势头强劲，但其贸易逆差不断高企；综合这些影响因素和国内外贸企业经济效益不高的现状，外贸出口的增长可能会放慢，市场开拓仍需立足国内。从农村市场看，农村家庭的家电普及率在20%左右，大约只相当于城市的1/4；相反，城市人均居住面积1996年为8.5平方米，不及农村的一半，市场开拓潜力较大。

开拓市场必须与体制改革相结合。尽管我国城乡市场开拓的潜力较大，但存在的困难不容忽视。农民收入在经过80年代初期的快速增长后，增长速度有所放慢，负担有所加重。随着经济增长的加快，基础设施不足仍将是制约经济长期稳定发展的瓶颈因素之一，这不仅反映在生产方面，也表现在消费领域，特别是在广大的农村地区，除收入增长缓慢外，电力、供水和道路等基础设施严重不足，也是影响我国农村消费品市场活跃的一个重要原因。城市住房商品涉及到住房制度、相关的金融政策和措施的完善（如住房按揭贷款）、居民收入结构的改善及房地产市场法律法规的健全和完善等诸多方面，传统体制下的住房福利制度，不合理的住房租金，房产权益保障法律不完善，使许多有购买能力的居民家庭处于一种等待和观望之中，要提高居民住房消费中住房消费的比重，就要在割断住房消费与过去旧体制的联系的基础之上，努力培育好新的市场供求机制，把开拓市场与体制改革结合起来。具体做到：

1. 继续把农业和农村经济放在首位。加强农业基础设施的建设和投入，加快粮食及重要农产品的流通体制方面的改革，保证农民种粮的积极性，保障农民收入的稳定增长，促进农业的持续稳定发展，并大力发展乡镇企业，为启动农村市场创造条件。此外还应加大对农村道路交通、电力和供水等行业的投入。

2. 完善城镇居民住房公积金制度，加强金融服务，增加中低收入居民的政策性住房按揭贷款业务，提高按揭比例，积极筹备住宅银行建设，并规范和完善房地产市场，搞好公房出售，努力降低住房价格。

3. 加快消费的制度性建设，当前首先要围绕居民消费的升级需要，加快城市万元级和10万元级商品的信用消费制度建设，对有条件的农村也可增加千元级商品的信用消费，以适应整个国民经济增长的需要。

（三）开拓市场必须与结构调整相结合。市场离不开需求和供给两个方面。尽管我国城乡居民储蓄存款一直维持在一个较高的水平，但这只是一种未实现的购买力，是潜在的需求，且内部分布不平衡，据统计7%的居民拥有30%的金融资产，而另有38%的居民仅拥有12%的金融资产。从需求角度看，农村市场的开拓和城镇住房商品化虽然潜力巨大，但要形成新的经济增长点，仍有待时日。考虑到目前经济运行中消费需求结构性不足和供给结构性过剩共存的矛盾，开拓市场必须同时立足于改善供给，与结构调整相结合，从总体上搞活市场。通过加快企业改革，调整产业结构，特别是企业组织结构和制度的创新，提高产品和技术的创新水平，通过新的有效供给直接带动有效需求的增长。

近几年来，企业尤其是国有企业经济效益一直呈下滑之势，国家也采取了许多扭亏增盈的措施，但见效不明显。从表面上看，是市场转型后对企业的约束增强。从深层次看，企业效益不好不仅与体制不顺有关，更与落后失衡的产品和产业结构密切相关。产品不能满足市场的需要而最终被淘汰是市场竞争的必然结果。企业改革必须以产业结构调整和优化为目标，产业结构调整也应以国有企业改革作为中心环节，加大结构调整的力度，克服以往企业改革模式不明确，改革措施单一和政策不配套的不足，从总体上搞活国有企业，推进产业结构调整。

1. 落实政企分开，加强国有企业的股份制改造，积极探索公有制的多种实现形式。搞好多种形式的资产重组，实现资产存量的优化组合，提高国有资本的营运效率，搞好产业结构的存量调节。

2. 集中力量扶持一批关系到国民经济命脉、达到合理经济规模、带动产业结构优化、促进行业技术进步具有显著作用的国有大企业，支持企业横向联合，培育企业集团。

3. 在“抓大放小”的前提下，加强企业的技术改造，提高企业管理水平，使企业管理者成为真正意义上的企业家。

4. 搞好配套改革，尽快实现社会保障体系的完善和建立。要加快社会统筹和个人账户相结合的养老保险和医疗保险制度的建设，完善失业保险和社会救济制度。

（四）加强产业结构自主升级和调整，使其成为经济增长的源泉。针对目前我国产业结构不合理状况，无论是以企业整合为主旋律的存量调节，还是旨在消除经济发展瓶颈制约的增量调节，都只是一种历史性调整，目的在于消除当前我国经济运行和经济发展中的掣肘因素，使我国经济的增长方式由外延扩张性转为内涵集约经营，保证经济发展的良性循环。一国经济的发展处于不同的发展阶段，其产业结构也将随之发生变化。随着经济发展水平的提高，特别是生产要素之间的价格变化，产业结构调整和产业政策目标需要适时调整，重要的是形成一种产业结构调整的机制，特别是投、融资体制，使社会资源不断地进行最有效的配置。近十多年来，西方发达国家的产业结构调整和升级一直没有停止过，通过企业兼并和资产重组等多种方式，一些公司变得更大，产品更新，市场竞争力更强。为此，我们应充分利用财政和金融政策，如政策性银行、优惠贷款利率和税收优惠等，形成我国的产业结构的动态调整机制。此外，我国正处在工业化的加速成长阶段，为保证产业发展的一致和连贯性，保证其朝着有利于推动国民经济长期稳定增长的方向发展，必须有一个权威的透明的，具有超前性和预见性的国家产业规划，引导产业结构的升级和调整。尽管消费品进口和利用外资等能给我国产业结构调整带来一定的示范效应，但这是一种被动的调整，处在别人的竞争威胁之下。惟有民族经济形成有竞争能力的经济，才有真正的出路。

总之，要保证未来我国经济持续、快速和健康发展，从近期来看，必须加快产品结构调整，继续实施更加积极的财政政策和相应的货币政策，在扩大投资的同时积极启动消费，努力引导各方面的心理预期，积极开拓市场；从远期来看，则要积极深化改革，实现我国产业结构的不断升级和调整，使之成为我国经济增长的不尽源泉。而这一切，都有赖于经济体制改革的进一步深化，有赖于本国经济与国际经济的更好接轨。

（课题组组长：邱晓华
组员：金　玫、陈　蔚、杜　宇、罗　斌）

经济成就辉煌的20年

张 英 香

始于1978年末的改革开放，翻开了中国经济发展史上的崭新一页。从最初的农村家庭联产承包责任制到确立建设有中国特色的社会主义市场经济体制的最终目标，中国走出了一条史无前例的改革开放之路，取得了举世瞩目的巨大成就。20年来，在邓小平理论的指引下，在中国共产党的领导下，经过全国人民的共同努力，经济体制改革和对外开放不断推进，为经济和社会发展注入了生机和活力，促进了整个国民经济的持续、快速、健康发展，综合国力、社会生产力和人民生活都跃上了一个新台阶，社会和经济面貌发生了历史性大变化。当然，在改革开放之初，我们也走了一些弯路，付出了一定代价。因此，客观、全面地回顾我国改革开放20年走过的道路，充分反映取得的巨大成就，认真分析存在的问题，对把我国社会主义现代化建设事业胜利推向21世纪，是十分重要的。

一、大胆的探索　巨大的变革

1978年底召开的党的十一届三中全会，确立了解放思想、实事求是的思想路线，明确作出了全党工作的着重点“转移到社会主义现代化建设上来”的战略决策，提出了“对内搞活，对外开放”的总方针，拉开了中国经济体制改革的序幕。

（一）社会主义市场经济体制初步形成，市场调节功能大大增强　改革前，对产品统购统销、对资金计划调拨、对劳动力严格管制的高度集中的计划经济体制，严重地脱离了我国社会生产力发展水平低下的客观实际。因此，如何增强市场对经济的调节功能成为改革的一项首要任务。

商品市场通过“破”和“立”得到较快发展。“破”是指缩减计划商品种类，削减指令性计划，取消对企业只生产不经营的限制，废除国家对所有商品定价的做法；“立”是指扩大企业自购自销的权限，组建批发市场和贸易中心，改革批发和零售商业体制，准许非国有经济从事商业活动。随着商品市场的发展和供求关系的变化，有步骤地改革了重要消费品和重要投资品的定价制度。到目前为止，95%以上的消费品和80%以上的投资品的价格放开，主要由市场供求关系调节。

资本市场，在完善信贷市场、发展股票市场和国债市场中不断发展壮大。对实行多年的“存款向上交，贷款找指标，没钱向上要”的信贷市场进行了不断改革，由最初的“统一计划、多级管理、存贷挂钩、差额包干”逐步走向按资产负债比例管理，取消贷款规模限额管理。为适应这一重大转变，除积极灵活运用利率工具外，还采取了一些新手段、新工具，如先后出台了再贷款、再贴现、准备金率、公开市场业务等，规范和加强了对信贷市场的管理和调控。股票市场从无到有，从内到外，逐步发展为以上海证券交易所和深圳证券交易所为标志的、规模庞大的证券市场。到目前为止，在上证和深证上市的公司已达 745 家，A 股的市价总值已相当于 GDP 的 22.9%。同时，国债市场、银行业同业拆借市场也得到较快发展。

劳务市场，在探索和试点中不断发展和完善。在农村，准许农村剩余劳动力走进城市补充部分行业劳动力不足的状况，如建筑行业、服务行业等相当部分的劳动力都是来自农村。在城镇，各种人才交流中心应运而生。此外，科技市场、信息市场、文化市场等也都得到不断发展。

（二）以公有制为主体、多种所有制经济共同发展的格局基本形成 改革开放以来，针对单一公有制经济活力不足的弊端，国家提出在坚持公有制为主体的同时，鼓励多种经济成分的发展。20 年来，个体和私营经济得到较快发展。到 1997 年底，全国注册的工商个体经济和私营经济 4947 万家，从业人员 4200 万人。它们的发展壮大，对方便人民生活，活跃整个国民经济发挥了重要作用。同时，通过减免税收等一系列优惠政策，吸引了大量外资，“三资”企业快速发展。到 1997年底，“三资”企业达 23.6 万家，吸引外资 3030 亿美元。这不仅弥补了我国资金的不足，更重要的是引进了新的观念和新的管理经验。股份（合作）制经济，尽管起步时间比较晚，但却保持了相当快的发展速度，反映出它旺盛的生命力。到 1997 年底，全国股份制试点企业 68 万家，注册资金 17302 亿元。

党的十五大报告总结了所有制结构调整的实践经验，明确提出：“公有制为主体，多种所有制经济共同发展，是我国社会主义初级阶段的一项基本经济制度”。十五大还指出，公有制经济不仅包括国有经济和集体经济，还包括混合所有制经济中的国有成分和集体成分；公有制的主体地位主要体现在公有资产在社会总资产中占优势，国有经济起主导作用，主要体现在控制力上。这是在所有制理论上的重大突破。据测算，1997 年公有制经济创造的国内生产总值占整个国内生产总值的比重为 75.8%。这说明，以公有制经济为主体、多种所有制经济共同发展的格局已基本形成。

（三）农村经济体制改革取得巨大成功 进入 80 年代后，在短短几年里，农村家庭联产承包责任制由在部分地区局部试点，普遍推广到全国，显示出其强大的生命力，不仅解决了多年存在的“干好干坏一个样”的问题，调动了农民的生产积极性，更重要的是为改革开放 20 年来的农业稳定发展提供了体制保证。随着农村经济的稳定发展，整个社会对农业产前、产中、产后的服务明显滞后，农民的呼声也十分强烈。党中央、国务院及时作出以供销合作社为主体、加大对农村社会化服务的决定，积极向农民提供信息、物资、技术、加工、储运、租赁、维修等综合服务。

粮食流通体制改革是农村体制改革的重要内容。《国务院关于进一步深化粮食流通体制改革的决定》明确提出，粮食流通体制改革应坚持“四分开一完善，即实行政企分开、中央与地方责任分开、储备与经营分开、新老财务账目分开，完善粮食价格机制”的原则，更好地保护农民的生产积极性和消费者的利益，真正建立起适应社会主义市场经济要求、符合我国国情的粮食流通体制。

（四）国有企业改革确定了明确的改革目标和方针 国有企业改革，始终是经济体制改革的重点。在历经扩权让利、利改税、承包租赁后，最终确立了现代企业制度的企业改革目标，这是 20 年来对企业改革不断探索的经验总结。

以党的十四届三中全会的召开为标志，我国企业改革进入了新的发展阶段。十五大再次明确了企业改革的方向，按照“产权清晰、权责明确、政企分开、管理科学”的原则，对国有大中型企业实行规范的公司制改革，使企业逐步成为“自主经营、自负盈亏、自我约束、自我发展”的法人实体和竞争主体。同时坚持“三改一加强”，将改革与改组、改造、加强管理结合起来，着眼于搞好整个国有经济，“抓大放小”，对国有企业实行战略性改组。

（五）按劳分配为主体，多种分配形式并存的分配体制初步形成 改革开放以来，我国按照按劳分配的原则，对分配制度进行了改革。农村家庭联产承包责任制、城镇的企业工资制度、机关事业单位的工资制度，都充分地体现了按劳分配的原则。针对原有分配制度中存在的平均主义的弊端，允许和鼓励一部分人通过诚实劳动和合法经营先富起来。

随着整个经济体制改革的深入发展，分配结构和分配方式得到进一步调整和完善。在坚持按劳分配为主的前提下，资本、技术等生产要素参与收益分配的份量不断增多。主要是银行存款利息、国债利息、股票收益和增值等金融资产收益，以及专利收益等。十五大明确指出：要坚持按劳分配为主体、多种分配方式并存的制度，把按劳分配与按生产要素分配结合起来，允许和鼓励资本、技术等生产要素参与收益分配。

（六）投融资体制进行了较大改革 改革初期，投融资体制改革主要是通过“拨改贷”，改资金无偿使用为有偿的办法，强化对投资主体的约束。同时大力推行工程建设项目招标投标制，建立项目评估制和基本建设基金制度。

党的十五大以后，投资融资体制改革进一步深化，明确企业是市场经济的投资主体；建立法人投资责任制，实行项目资本金制度，建立投资决策风险约束机制。同时，结合证券市场的发展，扩大了直接融资的份量，加大了吸引外资的力度。通过这些改革，投融资领域出现了国家、企业、个人和外商等多元化的投资主体，间接融资和直接融资、内资和外资等多种资金来源相结合的新格局。投融资领域进一步趋于活跃。

（七）宏观调控体制取得突破性进展 计划调控，改变过去高度集中的直接计划模式，逐步向以间接调控为主的宏观经济调节机制转变；改变长期以来主要是定指标、列项目、分投资、分物资的做法，逐步向主要制定发展战略、长远规划及重大方针政策转变。财政调控，为理顺国家和企业、中央和地方的关系，先后积极推行了企业基金制度、利润留成制度、财税包干制度等等。十四大以后，为适应宏观调控的需要，进行了分税制度的改革，强化转移支付制度。与此同时，还进行了税制改革，进一步加强了对预算外资金的管理，加快“费改税”的步伐。金融调控，取消了对贷款规模限额管理的做法；注重运用存款准备金、再贴现、再贷款等多种手段对货币供应量的调节，灵活运用利率手段，积极试点公开市场业务，等等。这些措施和手段的实施，大大改善了金融调控方式。

二、全方位的对外开放 日益密切的国际关系

十一届三中全会在作出对内进行经济体制改革决定的同时，也向世界宣布了对外实行开放的战略决策。1980年，中共中央、国务院批转了广东、福建两省提出的在深圳、珠海、汕头、厦门市各划出一定范围的区域，试办经济特区的提议。同年，第五届全国人民代表大会常委会第十五次会议，作出了在上述地区开办经济特区的决定，并通过了《中华人民共和国广东省经济特区条例》。1984年，中共中央、国务院又批转《沿海部分城市座谈会纪要》提出的关于进一步开放沿海港口城市的提议，开放大连、秦皇岛、天津、烟台、青岛、连云港、南通、上海、宁波、温州、福州、广州、湛江、北海等14个城市。在一些区域，实行特殊的经济政策，发展对外经济关系，是我国的大胆尝试。经济特区一方面作为窗口，向世界全面展示了中国，让世界了解了中国。另一方面，经济特区作为桥梁，也为我们开拓国际市场，多种形式发展对外贸易，积极利用外资，积累了经验。在开办经济特区的同时，加快外经外贸体制改革；扩大地方政府在外贸出口方面的审批权限，扩大企业外贸出口经营自主权，对部分商品实行出口退税等，对进口商品进行政策性引导，逐步降低关税税率；开放沿江、沿边、主要铁路干线地区，发展边境贸易；采取优惠政策、增加基础设施投资、积极招商引资；逐步调整长期以来一直沿用的政府严格控制的人民币对美元的兑换比率，实现了汇率并轨和人民币经常项目下的自由兑换，等等。20年来，对外开放从沿海逐步向内地扩展，形成了全方位、多层次的对外开放格局。

对外开放，极大地促进了对外经济贸易的发展。目前，我国已与200多个国家和地区建立了贸易合作伙伴关系。1978年，我国进出口总额仅为206亿美元，1984年突破500亿美元，1988年达到1000亿美元以上，1994年再创新高，突破2000亿美元，1997年则超过3000亿美元，达到3251亿美元；19年来，平均每年增长15.6%，其中，进口年均递增14.5%，出口递增16.7%，均大大高于国民经济增长速度。同期，中国进口贸易、出口贸易额占世界进口贸易、出口贸易总额的比重分别由0.9%和0.8%上升到2.5%和3.3%。1979—1997年近20年，我国出口商品种类迅速增加，出口规模不断扩大。1978年的出口额不足100亿美元，1987年翻了两番，达到394亿美元，在此基础上，1992年再次翻番。1997年，出口总额达到1827亿美元，比1978年增长17.7倍，年均递增52%。目前，我国出口贸易总额在世界各国和地区排名榜的位置由第32位提升到第10位。

在进出口规模扩大的同时，进出口商品结构得到了明显改善。在出口总额中，高技术、高附加值的工业制成品所占比重明显提高，价格相对较低的农副产品出口比重有所下降。1997年，出口商品中工业制成品的比重由1980年49.7%提高到86.9%，提高了37个百分点。在进口商品中，高新技术产品和关键设备、关键部件，例如电脑芯片等进口不断增加，农业初级产品、整套设备、整机进口有所减少，我国引进、消化吸收能力大大提高。进出口商品结构实现了由初级产品向工业制成品的转变，改变了我国短缺经济条件下长期依靠农副产品等初级产品出口换取外汇的局面，基本接近世界各主要工业化国家和地区的一般水平。对外开放和对外经济贸易的发展，对中国的社会经济生活产生了深刻的积极影响。目前进出口总额已相当于国内生产总值的36%。

随着国门的打开和经济交往的增多，国外来华人数逐步增加，旅游业也有了很大发展。到1996年底，全国共有涉外饭店4000多家，其中，拥有300个以上客房的大型饭店318家。1997年，来华旅游人数达到5759万人，其中，外国游客占12.9%；旅游外汇收入121亿美元，分别比1978年增长30.8倍和45倍，平均

每年增长20%和22.3%。

对外开放的20年来，我国积极进入国际资本市场，多种形式利用国外资金，使利用国外资金规模明显扩大。在利用外资中，注意坚持吸收外商直接投资为主，同时借用其他资金；坚持以借用长期资金为主，同时借用短期资金，从而保持了合理的外资外债结构。从1979至1997年，我国实际利用外资总额累计3483亿美元，其中，外商直接投资占63%以上，达2200多亿美元，来源于世界100多个国家和地区的外商投资企业在全国20多个行业进行了投资。正式投入运营的外资企业12万多家。到1997年，我国实际利用外资余额达644亿美元，其中外商直接投资占70%以上，利用外国政府贷款、国际货币基金组织资金、国际商业贷款和其他贷款占不到30%。1997年末，国家中长期外债余额占86.1%。

近几年来，外商投资项目规模不断扩大，投资领域逐步拓宽，投资结构趋于优化。一是外商投资平均项目规模由80年代初期的122万美元，90年代初的137万美元，迅速提高到1997年的300多万美元；境外大公司、大财团来华投资增多，到1997年底，世界排行榜前500家最大的跨国公司中来华投资的已达200多家。二是就投资地域来看，外商直接投资开始由东部地区向中部、西部地区转移。三是中长期投资逐年增多。四是就资金来源看，由过去以华侨和境外华人投资为主，逐步发展到欧美国家的投资商来华投资，资金来源趋于多元化。

与此同时，对外合作蓬勃发展，对外承包劳务输出大量增加，并初具规模。其中，中国建筑工程公司、中国公路桥梁建设总公司、中国冶金建设公司和中国水利电力对外公司等已进入世界250家最大的涉外承包公司行列。

三、社会生产力极大发展 人民生活显著提高

改革开放充分地调动了各方面的积极性、主动性和创造精神，极大地解放和发展了社会生产力。20年来，我国综合国力明显增强，人民生活显著改善，各项社会事业蓬勃发展。

（一）国民经济高速发展，综合国力迅速增强 深刻的变革，全方位的开放，促进了国民经济的巨大发展。1979年以来的19年间，国内生产总值由3624亿元猛增到74772亿元，按可比价格计算，平均每年增长9.8%，于1995年提前5年实现了GDP比1980年翻两番的计划目标。到1997年，我国经济总量已位居世界第七位。同期，人均国内生产总值由379元提高到6079元，剔除价格因素，平均每年实际增长8.4%。长期以来困扰我们的商品短缺问题已经基本结束。对20年来中国所取得的进步，世界银行专家评价道：“中国只用了一代人的时间，取得了其他国家用了几个世纪才能取得的成就。”

（二）工农业生产迅速发展，生产能力大幅度提高 农业生产稳定发展。1997年，粮、棉、油等农作物产量分别达到49417、460和2157万吨，分别比1978年增长62.1%、112.4%和313.5%；奶、蛋产量分别比80年代初增长了4.5和2.7倍，粮、棉等主要农产品产量跃居世界首位。农、林、牧、渔总产值达24709亿元，剔除价格因素，比1978年增长2.4倍，年均递增6.6%，是改革前26年年均递增速度的2.8倍。

乡镇企业迅猛崛起，改变了传统体制下农村经济中片面强调种、养的结构格局，活跃了整个农村经济。到1997年底，全国有乡镇企业2015万家，分布在农、工、建、运、商、饮食等各个部门，为农村富余劳动力提供了13000多个就业机会，分别比1978年增长了12.2和3.6倍，平均每年递增14.5%和8.4%。1997年年末固定资产原值1万多亿元，流动资产1.3万多亿元，实现营业收入3.8万亿元，实现利税总额3238亿元，企业留利近2000亿元。

工业生产高速增长。1997年，全国乡及乡以上工业企业完成总产值11.2万亿元，剔除价格因素，比1978年增长了13倍，平均每年递增14.9%。其中，国有工业和集体经济年均分别递增7.6%和19.7%；生产能力大幅度增强，各种产品产量不断提高，不仅日用消费品供应充足，就连长期制约我国经济发展的基础产业产品，如煤、电等“瓶颈”制约也得到了明显缓解，初步扭转了我国工业品长期短缺的被动局面。1997年，原煤、原油、发电量、钢等基础工业产品产量分别达到13.7亿吨、16.2亿吨、1.1万亿千瓦小时和1.1亿吨，分别比1978年提高1.2、0.6、3.4和2.4倍。钢、原煤、水泥、棉布、电视机等产品产量均居世界首位。

（三）固定资产投资规模不断扩大，投资结构明显改善 改革开放20年，也是加大投入、加快建设的20年。自1981年以来，累计完成全社会固定资产投资总额14多万亿元，其中，国有单位固定资产投资8.1万亿元，相当于改革前29年投资总和的12.5倍。1997年，全社会固定资产投资25300亿元，相当于1981年的26倍，其中，国有经济、集体经济和个体经济投资分别增长了19.2、32.6和18.2倍，集体经济单位投资大大快于其他经济类型投资。在投资总额中，国有经济投资所占比重由1981年的接近70%下降为1997年的53%，下降16.5个百分点；个体投资由18.5%降为13.5%，下降5个百分点；集体经济投资所占比重由

12%提高到15.3%，上升3.3个百分点；其他经济投资从无到有，1997年达4581亿元，占全部投资的18.2%。投资结构趋于合理，基础设施、基础产业投资力度明显加大。对能源工业的基建投入比重由1980年的20.7%提高到1997年26.6%；对运输、邮电业的投入比重由11.2%提高到21.5%；对第三产业的投入比重大幅度提高，到1997年达到53.8%。企业技术改造增长较快，1997年和1978年相比，更新改造投资由195亿元提高到3870亿元，增长18.8倍。

一大批重大基本建设项目和重点骨干企业的技术改造项目建成投产。从1978年到1997年的19年间，全国基本建设累计修建各种类型的水库近10万座，总蓄水能力近5000亿立方米；建成灌区5608处，有效灌溉面积2206万公顷。基建投资新增煤炭开采能力3.8亿吨，天然石油开采能力2.4亿吨，炼钢能力1884万吨，新增发电机组容量1.59亿千瓦；新建公路122.6万公里，新建（扩建）港口码头吞吐量4.6亿吨。从1980—1997年，国家铁路正线延展里程净增1.7万公里。

（四）国内市场供应充足，人民生活显著改善 随着经济的快速发展，国内市场商品供应紧张的矛盾明显缓解。目前，在统计的商品中，已不存在供不应求的商品，消费者面对琳琅满目的商品，有了历史上前所未有的挑选余地。国内市场保持繁荣稳定。1997年，社会消费品零售额27299亿元，按当年价格计算，比1978年增长20多倍，年均递增17.5%。

改革开放的20年，是人民得到的实惠最多、生活水平提高最快的20年。目前，我国居民已走过了4/5的小康生活之路，整体生活水平已接近小康生活目标，其中，城市居民整体生活水平小康综合评价得分已达90分；农村居民整体生活水平小康综合评价得分达81.5分。

城乡居民收入水平成倍增长。农村居民人均纯收入由1978年的133.6元提高到1997年的2090元，城镇居民家庭人均可支配收入由343.5元增加到5160元，扣除价格上涨因素，年均增长8.1%和6.2%，分别比改革开放前26年高5.6和5.1个百分点。在城乡居民收入总额中，金融资产性收入比重逐步提高。1997年底城乡居民储蓄存款余额达46280亿元，比1978年的211亿元增长218倍多，年均递增32.8%。仅此一项，城乡居民利息收入就高达2000多亿元。此外，城乡居民还拥有400多亿美元的外币存款，8000多亿元的手持现金，4000多亿元的各种债券，2500多亿元股票，以及1000多亿元的内部职工股票，金融资产总额超过6万亿元。

随着收入的不断增加，居民生活水平大幅度提高，生活质量明显改善。居民消费水平从1978年的184元增加到1997年的2677元，按可比价格计算，平均每年实际增长7.7%，明显高于前26年平均增长2.2%的幅度。其中，农村居民和城镇居民人均消费水平分别提高了2.74和2.12倍，年均分别递增7.2%和6.2%，到1997年分别达到1930元和6048元。在消费水平大幅度提高的同时，消费结构发生了变化。农村居民的恩格尔系数（食物性消费占生活消费支出的比重）由1978年的67.7%降低到1997年的55.1%。人均肉、禽、蛋、水产品等消费量分别比1978年提高了1.2、8.4、4.3和3.5倍。城镇居民的恩格尔系数更低，仅为46.4%，比1978年降低了11个百分点。耐用消费品拥有量从自行车、缝纫机、手表、收音机等传统的“四大件”逐步过渡为以彩电、洗衣机、电冰箱、音响等为特征的新的“四大件”，电话、空调、家用电脑、轿车等新的消费品也逐渐进入部分居民家庭。生活质量大幅度提高，住宅条件和生存环境进一步改善。城镇共建住宅41.5亿平方米，农村126.0亿平方米，有效地改善了群众的居住条件。城市人均居住面积由1978年的3.5平方米扩大到1997年的8.8平方米，农村居民人均居住面积由8.1平方米提高到22.5平方米；食物性消费，由吃饱到追求口味、营养；衣着消费，由耐穿、保暖到追求时尚和个性化；用品消费，由实用到追求现代、高档；医疗保健条件大为改善，人民的体质明显提高；社会保障制度改革已由试点转向实施，多层次的社会保障体系正在建立健全；精神生活更加丰富，文化素质有所提高。

此外，20年来，我国科技、教育、文化、广播影视、新闻出版、体育、民政、环境保护、政法等各项社会事业也积极推进改革，在改革中不断发展，在市场经济的大潮中扬帆奋进。

四、认真总结经验　推进改革开放

改革开放，对中国人民来说是一项全新的伟大事业。20年来，各方面的改革都不断取得重大突破，我们国家走出了一条建设中国特色社会主义的新的发展道路。回顾历史，总结经验，我们可以得到以下启示：

（一）改革开放必须解放思想、实事求是 只有坚持解放思想、实事求是，才能发现新问题，接受新事物，才能善于探索，大胆尝试，提出新思路，推动改革深入发展。可以说，经济体制改革的每一次大的突破，都伴随着思想大解放或者以思想大解放为先导。1978年根据实事求是的原则，党中央在全面分析当时我国农村生产力水平、总结农民群众实践的基础上，大胆地提出了以农村家庭联产承包责任制取代人民公社的设想。正是这种思想大解放的有力带动，农村经济才能生机勃勃，乡镇企业才能异军突起，城市经济体制改革才有经验可以借鉴。1992年邓小平同志视察南方讲话和党的十四大，突破了把计划经济作为社会主义本质属性的传统观念，强调充分发挥市场对资源配置的基础性调节作用，提出了建立社会主义市场经济体制的宏伟构想。这次思想的解放，把改革开放推向了一个新的阶段。1997年召开的党的十五大，在所有制等理论上取得了一系列新的重大突破。这是改革开放以来的第三次思想大解放，不仅为加快国有经济改革扫清了一些思想障碍，而且也为整个经济注入了新的活力。

（二）正确处理改革、发展和稳定之间的关系 改革是发展的动力，是实现稳定的制度保障；发展是改革的目的，是保持稳定的物质基础；稳定是改革与发展的前提，离开了稳定，改革就难以推进，发展就难以实现。

20年的实践证明，要做到三者关系协调，必须把握好这样几点：一是改革目标要明确，坚持社会主义市场经济的基本方向，以“三个有利于”为标准，不失时机地推进各方面的改革，解决经济和社会发展中的突出问题。改革的措施必须配套，考虑各方面的承受能力，改革进程，该快则快，该慢则慢，在渐进中寻求突破，在突破中不断地完善，做到在政治和社会稳定中推进改革和发展。二是发展要力求持续快速健康，注意经济发展和社会进步的关系，考虑经济发展和自然环境保护的关系，不断地提高经济运行的质量。要把发展的着力点放在开拓市场，优化结构，增强后劲上，要使经济发展和人民生活改善紧密地结合。三是稳定要注意短期稳定和长期稳定的统一，着重从制度建设上加强稳定，不断地消除不稳定的隐患，随时校正前进中的偏差，加强内在稳定机制的培育和完善，通过利益机制的协调来寻求稳定的途径，做到在改革和发展的推进中实现政治和社会的长期稳定。

20年来的经验表明，只有正确处理好改革、发展和稳定的三者关系，社会主义现代化建设事业才能取得不断的发展，人民才能安居乐业，经济才能繁荣兴旺。反之，就什么事情也办不好。

（三）坚持循序渐进模式，积极稳妥地推进改革开放 20年来的改革开放，我国走的是一条循序渐进的模式，改革开放采取了先试点后推广、先局部后整体的步骤，整个改革开放积极地有序地向前推进。

我国的经济体制改革，先后经历了有计划的商品经济阶段、计划与市场有机结合阶段、“政府调控市场，市场引导企业”阶段，最终确立了以建立社会主义市场经济体制为改革的目标。

企业改革过程，经历了一个认识不断深化的时期。改革初期针对高度集中的计划体制，对企业管得过死的状况，企业改革主要是扩大企业自主权和实行工业经济责任制，企业生产经营权有了明显的扩大；随着企业自主权的不断扩大，国家、企业和个人三者分配关系的渐为突出，积极推进二次利改税的改革，缓解了国家与企业的分配矛盾。接着，围绕着解决政企职责分开、所有权和经营权适当分离的问题，推行了承包经营责任制及租赁经营。后来又在此基础上按《企业法》的要求，积极推进企业经营机制的转换，把企业推向市场，最终确定建立以“产权清晰，权责明确，政企分开，管理科学”为特征的现代企业制度，走上了改革、改组、改造和加强管理相结合的国有企业改革之路。

收入分配制度与社会各阶层的利益密切相关，其改革也需要稳步推进。这项改革，首先是在农村通过推进家庭联产承包责任制起步的，根本上解决了长期存在的农民个人收入平均分配和大锅饭问题，极大地调动了广大农民的生产积极性。农村分配体制改革取得的较大成效，推动了城市分配体制的改革，出台了一系列改革措施，在国有大中型企业实行职工工资总额同企业经济效益按比例浮动的办法，在机关事业单位实行以职务工资为主要内容的结构工资制。这一时期的分配体制主要是以劳取酬。随着以社会主义市场经济为目标的经济体制改革的不断深化，收入分配理论有了新的突破，个人资产对收益的分配作为一种形式，被纳入社会主义分配制度之中。

实践证明，坚持先试点后推广、先局部后整体这一循序渐进的模式，符合改革发展的客观规律，符合我国国情，是20年改革取得巨大成功的重要原因。

（四）加强和改善宏观调控，是深化改革的重要方面 市场调节对活跃经济、发挥价值规律的积极作用，已被20年的改革开放实践所证实。在农村通过土地承包、租赁，劳动力的流动；在城市通过企业承包、租赁，生产资料的转让，市场调节对生产要素配置的力度加大，增强了生产要素的配置效率，提高了企业和个人的生产积极性，对整体经济快速增长发挥积极作用。充分发挥市场调节在资源配置中的基础性作用，是改革开放必须坚持的基本原则。但市场调节不是万能的，必须重视宏观调控的作用。1993年下半年起，针对经济出现过热的苗头，市场物价急剧上涨，党中央、国务院及时出台宏观调控措施，促使国民经济实现“软着陆”，保持“高增长，低通胀”格局，就充分表明政府宏观调控的作用是必不可少的。

展望未来，我国国民经济发展中具有许多有利条件。最主要的是：

中国共产党第十五次全国代表大会，作出了“高举邓小平理论伟大旗帜，把建设有中国特色社会主义全面推向21世纪”的战略部署，确立了邓小平理论在全党的领导地位；会议选举产生了以江泽民同志为核心的新的跨世纪的中央领导集体；精心设计和规划了21世纪建设有中国特色社会主义的宏伟蓝图，为世纪之交的中国体制改革、对外开放和经济发展指明了方向。

香港顺利回归祖国，中国政府恢复了对香港行使主权，结束了中华民族的屈辱历史，实现了“一国两制”的伟大构想，大长了中华民族的士气，朝祖国统一目标迈出了一大步。香港的回归，对于推动我国进出口贸易，扩大对外交往，进而促进整个国民经济发展，有着极其重大的现实意义和深远的历史意义。

20年的改革开放和经济发展，为今后的经济持续发展积累了丰富的物质财富和宝贵的经验。目前中国的经济总量已居世界第七位，主要产品生产能力位居世界前列，外汇储备超过1400亿美元，长期困扰人们的商品短缺问题得到根本性解决。政府在市场经济下的宏观调控艺术和能力均有明显提高。我国经济的发展具有前所未有的良好的坚实基础。

当然，我国国民经济发展也面临着一些不利因素，某些方面还是比较突出的。

——经济整体素质依然不高，经济结构仍不合理，增长质量依然不高，在市场约束逐渐增强的情况下，部分企业生产经营面临困难，亏损面较大。

——地区经济发展不平衡。由于历史原因、自然条件和地理环境等方面影响，加之改革开放顺序上的先后，使我国地区经济发展极不平衡。19年来，中部地区国内生产总值占全国的比重由31%下降为27.5%，西部地区则由16.5%下降到14.1%，而同期东部地区则由52.5%上升到58.3%。人均国内生产总值更是相差悬殊。

——居民收入分配差距较大，贫困人口仍比较高。由于历史原因和政策因素，在收入分配的关系上，存在明显的城乡差距。到1997年底，城镇居民人均可支配收入是农村居民人均纯收入的2.5倍。居民收入水平的地区差距依然较大。例如，城镇居民人均生活费收入高（广东，人均7488元）低（内蒙古，人均3101元）相差4000多元，前者是后者的2.4倍。到1997年末，农村中还有5000万人处于未解决温饱状态。

——基础产业地位仍不够牢固，基础设施薄弱的局面远没有根本扭转。比如交通道路密度仍较低，且路面质量较差。1997年，我国每万人平均公路里程只有17.6公里，按国土面积计算的公路密度（公路总里程与国土总面积的百分比）只有0.1277公里/平方公里。人均基础产品产量也比较低。我国人均钢产量仅相当于世界人均水平的一半左右，人均发电量尚不足世界人均水平的1/2，只有世界人均水平的40%。

——外部因素对国内经济的影响不断加大。中国经济已经成为世界经济的一个重要组成部分，世界需要中国，中国离不开世界。在看到世界经济联系日益密切给中国经济发展带来积极作用的同时，也要看到其负面影响。一方面是外部世界的金融风险和经济风险有可能对我国产生不利的影响，另一方面是来自国际的市场竞争压力明显增强。始于1997年的亚洲金融危机对我国经济的发展造成了不利影响，就充分说明了这一点。

综观全局，我们面临着严峻挑战，更面临着良好的发展机遇。只要我们坚定不移地沿着邓小平开创的建设有中国特色社会主义道路，积极开拓，艰苦奋斗，就一定能够把我国改革开放和现代化建设推向新的阶段，取得更大的成绩。

（作者所在单位：国家统计局综合司）

1998专辑

1998年中国财政工作情况

楼继伟

一、1998年财政工作回顾

1998年是我国人民经受严峻考验并取得伟大胜利的一年。在过去的一年里，亚洲金融危机的蔓延和持续加深，给我国经济带来了不小的冲击；国内发生了百年不遇的特大洪涝灾害，给灾区人民生命财产造成重大损失，也对国民经济发展带来了不利影响；社会经济生活中长期积累的一些矛盾，在国际国内经济环境急剧变化下更加突出地显现出来，使经济工作面临严峻复杂的局面。在十分困难的条件下，党中央、国务院正确判断形势，果断决策，采取了增加财政投入，加强基础设施建设，扩大国内需求，努力开拓国内外市场，稳步推进各项改革等一系列政策措施，带领全国人民奋起抗洪救灾，取得了举世瞩目的成绩。1998年我国社会安定，经济继续保持持续稳定发展，国内生产总值比上年增长7.8%，人民币汇率保持稳定，各项预定的经济目标基本实现。

在此基础上，1998年财政预算执行情况也是好的。据初步统计，全国财政收入9853.45亿元，完成预算的101.8%，比1997年增长13.9%；全国财政支出10771亿元，完成预算的106.2%，比1997年增长14.3%。全国财政收支相抵，支出大于收入959.91亿元。

过去的一年，各级财政部门积极贯彻落实中央确定的宏观调控政策，采取切实措施，千方百计增收节支，做了大量卓有成效的工作。

1.实施积极的财政政策，有力地拉动了经济增长。为了抵御亚洲金融危机和扩大国内需求，从1998年年初开始，党中央和国务院就相继出台了降低银行存贷款利率、增加信贷资金供应以及提高部分商品出口退税率等刺激经济增长的措施。尽管如此，上半年经济增长速度仍呈下降趋势。面对严峻挑战，中央决定实施积极的财政政策。所谓积极的财政政策就是在特定时期通过增加财政支出及调整税收政策从而扩大预算赤字，达到增加投资、扩大消费、有效拉动经济增长的目的。1997年8月，经九届人大常委会第四次会议批准，由财政部向国有商业银行增发1000亿元国债，加上银行配套1000亿元贷款，重点用于农林水利、交通通信、环境保护、城乡电网改造、粮食仓库和城市公用事业等基础设施建设方面。下半年，特别是8月份以后，国有单位固定资产投资增速明显加快，全年增长20%左右，有力地拉动了经济增长，为去年国民经济增长基本达到预期目标起到了关键作用。实施积极的财政政策，财政赤字虽然扩大了一些，但并没有导致货币超量发行，也没有引发通货膨胀。实践证明，立足国内，扩大内需，拉动经济增长，是新形势和新条件下宏观调控的重要内容。它对于调整投资和经济结构，坚定信心，增强经济稳定发展的后劲具有重要的意义。从经济发展的全局看，这样做利大于弊，付出的代价是值得的，实践的效果是好的。

为支持企业深化改革，提高出口竞争力，1998年下半年还分三批提高了船舶、部分机电、轻工产品以及铅铝锌的出口退税率。同时，加大清理涉及企业的政府性基金和收费的力度，全年共取消不合法、不合理基金、收费共计727项，减轻企业负担370多亿元。

2.加大税收征管力度，努力完成财政收入任务。能否完成财政收入任务，事关改革和发展的大局。1998年头几个月，财政收入一度出现增幅大幅下滑的局面，严重制约了全年收支任务的完成。为了扭转这种被动局面，保证财政收入的稳定增长，国务院先后两次召开全国增收节支电视电话会议，明确提出了确保工商税收增收1000亿元的奋斗目标，并对增收节支工作及时进行了部署。各级财政认真贯彻这两次会议精神，与收入征管部门密切配合，为完成去年的财政收入任务做出了积极贡献。一是积极支持税务、海关等部门改进征管手段，保证稽查办案经费，为加强收入征管创造了有利条件。二是在加强增值税、消费税、营业税等主体税种征管的同时，切实加大了零散税种的征管力度，大力堵塞收入流失。三是采取各种有效措施，认真清理欠税，清理漏征漏管户，严厉打击偷骗抗税行为，查处和曝光了一批重大涉税案件，对规范经济秩序起到了明显作用。

3. 积极支持粮食流通体制改革，落实国有企业下岗职工生活保障和再就业工作。粮食流通体制改革关系着农业农村长期稳定发展的大局，各级财政部门坚决贯彻执行《国务院关于进一步深化粮食流通体制改革的决定》，认真清理粮食企业亏损挂账，积极筹措粮食风险基金，及时拨付各种补贴。1998年中央财政用于粮食政策性补贴的支出比1997年增加102亿元，增长38%。其中安排粮食风险基金74亿元，比1997年增加34亿元。地方财政也相应增加了这方面的开支。在保证资金到位的同时，各级财政部门还围绕“敞开收购、顺价销售、封闭运行”三项政策的落实和粮食企业自身改革等问题开展了大量调查研究工作，完善和落实了具体政策措施。

国有企业下岗职工的基本生活保障和再就业工作是国有企业改革的关键环节，关系到社会稳定和经济发展全局。各级财政部门按照国务院确定的财政、企业、社会三方共同负担的原则，积极筹措资金，落实政策。中央财政在资金十分紧张的情况下，通过增列支出和亏损补贴共拨付补助资金和借款168亿元。到1997年底，全国610万国有企业下岗职工有99%进入再就业服务中心，有93.2%领到基本生活费。全国养老金发放比例逐月上升，到1997年9月份，有99%领到养老金。

4. 增加科教投入，启动知识创新工程，财政落实科教兴国战略迈出了坚实步伐。进一步加大了财政对教育的投入力度，中央财政本级支出中教育经费支出比1997年增加25.3亿元，重点用于高校“筒子楼”改造和支持高校体制改革，努力提高教育质量和办学效益。积极支持了教育系统实施“211工程”和“国家贫困地区义务教育工程”，去年各级财政预计共投入专项经费20.9亿元，其中中央财政投入8亿元，地方财政投入12.9亿元。为了加快科学技术进步，中央财政安排国家自然科学基金8亿元，增加国家重点基础研究项目经费3亿元，增加“863”计划经费15亿元。为支持中国科学院开展“知识创新工程”试点工作，中央财政安排经费12.69亿元，专项用于知识创新基地试点和队伍建设。财政对教育和科技投入的增加，有力地推进了科教兴国战略的实施。

5. 支持抗洪救灾，实施天然林保护工程，大力推进可持续发展战略。各级财政部门积极筹措资金，及时拨付救灾款项，强化救灾资金管理和监督，为夺取抗洪救灾的全面胜利作出了应有的贡献。1998年，中央财政拨付的各类抗洪救灾和灾后重建经费就达130多亿元。去年的特大洪涝灾害，说明我国农业基础设施还比较脆弱，生态环境建设任务还很艰巨。按照党中央、国务院的统一部署，去年国家启动了国有天然林保护工程，财政与有关部门紧密配合，落实财政资金11.3亿元。为了支持农业综合开发，中央财政通过多种渠道安排资金41.68亿元。为了加大农业基础设施的投入力度，国家财政在年初预算安排增加投入的同时，还在1000亿元国债中对农业进行了倾斜，用于农林水利的投入达304亿元。这些措施对加强农业的基础地位，改善生态环境，保护和节约资源，促进可持续发展都具有重要的推动作用。

在看到成绩的同时，我们也注意到预算执行中还存在一些不容忽视的问题：一是违反财经法纪现象相当普遍并且十分猖獗。从对“金华税案”、“南宫税案”等重大骗税案件的查处和对四川证券公司等一些非银行金融机构及企业单位的审计检查情况看，隐匿收入、偷逃税收、账外设账、私设“小金库”等违法违纪现象比比皆是，数额巨大，触目惊心。这些违纪资金有的被挥霍浪费，有的被私分，甚至用于行贿受贿，滋生了腐败，败坏了党和政府的形象。二是财政收入占国内生产总值的比重尽管有所提高，但就总体水平而言仍然偏低，大量财政性资金游离于预算之外，缺乏规范管理和必要监督，财政收入增长受到制约；三是财政支出结构不合理。财政支出包揽过多，不少应由企业、社会和个人承担的支出，仍由财政承担，一些应由财政保证的重点支出却难以安排，部分地方甚至连工资都无法保证。而一些地区和单位却利用公款请客送礼，铺张浪费，公费出国、旅游，引起了人民群众的强烈不满。对此，我们要通过加大整顿财经秩序力度，深入开展反腐败斗争，不断推进财税体制改革，切实解决财经纪律涣散问题。

二、继续实施积极的财政政策，保持经济社会的稳定与发展

综合分析国内外经济形势，权衡经济社会发展诸方面的利弊，1999年必须继续扩大内需和实行积极的

财政政策。从国际环境看，受亚洲金融危机的影响，世界经济增长速度将进一步放慢，世界贸易环境趋紧。发达国家经济科技的优势和周边一些国家货币大幅度贬值带来的价格比较优势，将进一步加大我国在国际市场的竞争压力，扩大出口会更加困难。从国内情况看，我国经济经历了二十年的高速增长，市场供求关系发生了很大变化，经济发展越来越受到需求的制约。面对这些困难和压力，我们必须继续实行积极的财政政策，通过增加财政投入带动企业、社会的投资和消费，促进外贸出口，保持国民经济适度增长，为扩大社会就业、改善人民生活及加快经济体制改革和经济结构调整创造一个相对宽松的环境。

从1999年经济发展的实际需要看，有许多非办不可的大事，需要抓住时机，在预算上作出安排：

1. 继续增加基础设施建设投入。1998年以来，为扩大内需，国家陆续开工兴建了一批基础设施建设项目，这些项目今年还要安排一部分后续资金，需要中央财政增加基本建设支出。

2. 加大农林水利和生态环境保护建设投入力度。必须赶在1999年汛期之前完成长江、嫩江、松花江干堤的修复加固任务，以及继续在长江、黄河中上游实施天然林保护工程，提高抗御自然灾害的能力。中央财政需增加农林水利支出。

3. 积极支持外贸出口，进一步提高出口退税率。1999年将继续提高机械设备、电器及电子产品等20类产品的退税率。

4. 全面落实党中央关于军队、武警、政法机关实行政企分开的决定。军队、武警部队和政法机关一律不再经商、办企业，对于加强军队建设和政权建设，维护社会主义市场经济秩序，深入开展反腐败斗争，保证国家的长治久安，具有十分重要的意义。根据中央要求，从1999年起，军队、武警部队、政法机关与企业脱钩后，国家财政要给予必要的经费补偿。此外，中央财政还将对海关缉私装备经费和贫困地区的政法机关的装备及办案经费给予适当补助。

5. 落实各项粮棉政策。近几年农业连年丰收，为保护农民种粮积极性，国家实行了按保护价敞开收购的政策。中央财政要支付库存粮食的储备费用、安排粮食风险基金，负担粮棉出口亏损以及处理1992年以来新增粮食财务挂账的利息补贴。

6. 大力支持科教兴国战略的实施。经济的全面振兴，从根本上讲，要靠科学技术的进步和劳动者素质的提高。为此，1999年各级财政对科教的投入要进一步增加。

7. 加大转移支付力度，促进区域经济协调发展。为了进一步调动地方积极性，在保持东部地区持续快速发展的同时，促进和带动中西部地区加快发展，1999年中央财政根据分税制财政体制的规定，将相应增加对地方的税收返还，增加对民族地区、经济不发达地区的转移支付。

8. 继续做好国有企业下岗职工基本生活保障和再就业工作，保证国有企业离退休人员养老金及时足额发放。1999年，中央财政将继续安排中央所属企业下岗职工基本生活保障财政应负担的资金，同时在地方做出全额预算安排的基础上，对困难较多的中西部贫困地区和老工业基地将以转移支付的方式继续给予适当的补助。

要保证上述支出，中央财政赤字还要有所扩大。

实行积极的财政政策，增加财政赤字，扩大基础设施建设，拉动经济增长，是特定时期采取的非常措施。1999年如果不这样做，基础设施和水利等重点建设后续资金投入上不去，一些在建项目难以按期建成，经济结构调整的进程将受到阻碍，企业生产经营更加困难，失业问题更加突出，许多社会矛盾都会加剧。经济增长速度下降，税收也会减少，财政日子会更加难过。如果发生这种情况，那么，财政赤字不仅减不下来，还可能被迫扩大。只有认真执行好积极的财政政策，在经济发展和效益提高的基础上，增加财政收入，增强偿债能力，才能从根本上减少财政赤字。

扩大内需，不能靠减税。市场经济条件下，减税和增支通常是政府扩大内需、启动经济的财政政策的两个方面，我们所以没有选择大规模减税，只是为支持外贸出口而调整了部分税收政策，主要基于以下考虑：一是减税的效果不明显。目前我国的市场经济体制还不健全，企业投资和经营行为不规范，对减税信号的反应并不灵敏，特别是长期以来，通过各种越权和乱减免税促进经济发展的做法仍有一定的惯性，加上企业偷、逃、骗、欠税等现象还比较严重，大大削弱了减税的调节效果，还可能扰乱税收秩序和影响税收管理体制的完善；二是我国的税制结构不适宜减税。减税促进经济增长的作用主要体现在所得税上，而我国的主体税种是间接税，减间接税对刺激消费和投资的效果不大；三是缺乏减税的空间。发展中国家税收收入占国内生产总值的比重一般在30%左右，发达国家更高，但我国的这一比重只有11%多一点，没有减税的空间；四是减税不利于产业结构调整。目前，我国产业结构失调，重复建设、重复引进已经十分严重，在企业尚没有成为独立的市场主体的情况下，通过减税刺激企业扩大投资，容易导致盲目投资和重复建设，使不合理的产业结构更加扭曲。

从目前的财政经济情况看，扩大一些财政赤字和国债规模还有一定的空间。据测算，今年财政赤字和累计国债余额占当年国内生产总值的比重分别为1.7%和10%左右，均低于国际公认的3%和60%的警戒线，应当说是可以承受的。目前银行存贷款差额较大，通过向商业银行发行一些长期国债，将一部分储蓄转化为投资，也有利于提高银行资金运营效益，不会导致货币过量发行；粮食等主要农产品丰富，工业消费品充裕，物价价位较低，不会引发通货膨胀。当然，我们也注意到，我国潜在的赤字和债务融资规模已经比较大，社会保障和粮食亏损等欠账较多，在扩大赤字和国债规模时要特别谨慎。从根本上讲，经济的增长要立足于扩大内需，立足于社会投资和消费的增长，同时要积极扩大出口和利用外资。因此，积极的财政政策只能是短期性的。从中长期看，必须坚持财政收支基本平衡的原则，实行适度从紧的财政政策。

中央政府为扩大内需而采取的积极财政政策，是从国民经济发展和稳定的全局作出的决策，已经充分考虑了国民经济各个有机组成部分及各地区经济发展的客观需要，而且今后这项政策调控的力度也将根据国民经济发展变化的总体情况，适时适度地加以调整。地方的职责主要是认真贯彻落实好这项政策，确保其发挥出最大的效益。地方财政预算安排仍要严格按照《预算法》的要求，在确保重点支出的前提下做到收支平衡，不能打赤字预算，不举借债务，否则会影响积极财政政策的实施效果，影响国民经济发展的大局，甚至造成经济秩序的混乱。

三、1999年财政工作要点

做好1999年的各项财政工作，对于深化体制改革，保持国民经济持续健康发展，推动社会稳定和进步，迎接建国五十周年和澳门回归都具有十分重要的意义。1999年财政工作的重点是：

1. 认真贯彻落实积极的财政政策，管好用好财政投资。积极的财政政策能否达到预期效果，关键在于用好这笔钱。财政投资要严格执行中央确定的投资方向，坚决不搞重复建设。要优先安排在建项目，原则上要在一二年内竣工见效，避免形成倒逼机制，欲罢不能。要认真落实好配套资金，对配套资金不落实的，要扣款、减少项目。加强对建设资金的专项监督检查，严防资金被挤占、挪用和损失浪费。要遵循社会主义市场经济法则，所有的项目都要严格按基建程序办事，统筹规划、科学论证、精心设计，对建设项目实行全过程监督管理，健全项目法人责任制。要坚决杜绝“胡子工程”、“三边工程”和“豆腐渣工程”，如果工程质量出现问题，就不仅会造成资源和财政资金的巨大浪费，而且要严重危及人民群众生命财产的安全，是严重的违法犯罪行为。因此，对工程质量事故及挤占、挪用财政债务资金的责任者，坚决依法严处。

2. 积极推进税费改革，完善和规范财税体制。税费管理改革是政府施政目标之一，更是财税体制改革的重点。当前各种收费（基金）既多且乱，不仅加重了社会各方面的负担，导致民怨沸腾，损害了党和政府的形象，而且扰乱了分配关系和分配秩序，侵占了财政收入，造成各种“小金库”屡禁不止，滋生了腐败。因此，必须加快清费改税管理改革步伐。

税费制度改革的总体思路是：第一，按照转变政府职能和逐步建立公共财政的要求，取消政府实施公共管理和提供普遍性公共服务收取的管理费，所需经费由财政预算统筹安排。第二，将体现市场经营行为的服务性收费，转为经营性收费，所得收入依法征税。第三，将政府为支持某些重点产业和重要事业发展设立的、具有税收性质的政府性基金或专项性收费改为相应的税收。第四，保留政府向社会实施特定管理或提供特殊服务以及对国有资源有偿使用收取的必要费用，并对资金实行规范化的财政管理。

按照总体规划、分步实施的原则，1999年将以交通和车辆收费改革作为突破口，率先规范，积累经验，同时，进行农村税费改革的方案设计和试点工作，切实解决农民负担过重的问题，然后还要实施城市建设、社会保障、环境保护等领域的税费改革。整个收费管理改革力争用三至五年的时间完成。

要抓紧研究所得税制改革，尽快统一内外资企业所得税，建立分类与综合计税相结合的个人所得税制；修订和完善城市维护建设税、车船使用税、房产税等税种。进一步规范转移支付办法，适当调整和补充转移支付因素，扩大转移支付规模，加大对中西部地区和老工业基地转移支付力度。

3. 强化税收征管，确保财政收入稳定增长。要进一步完善以“自行申报和优质服务为基础、以计算机网络为依托，集中征收，重点稽查”的税收征管体系，要把税收宣传作为税收征管的一项重要内容，切实提高全民纳税意识，促进建立科学有效的收入组织机制。继续坚决贯彻落实“加强征管、堵塞漏洞、惩治腐败、清缴欠税”的方针，严禁越权减免税，大力清理欠税，严格控制缓税。清理调整税收优惠政策，凡到期的都要恢复征税；合理调整消费税征收范围和税目税率，对卷烟全面推行核定计税价格征收消费税办法；完善和规范加工贸易税收政策。要继续清理漏征漏管户，开展全国性发票大检查，依法查处各种偷税、骗税和逃税行为。在条件成熟的时候，建立税务警察，严厉打击各种涉税犯罪行为，维护国家税法权威。

4. 转变财政职能，优化支出结构，建立公共财政的基本框架。社会主义市场经济条件下的财政职能主要体现在保证社会公共需要、优化资源配置、调控宏观经济运行、促进公平分配、协调地区经济社会发展等方面。我国现行财政职能是从计划经济体制下演变而来的，具有比较明显的体制转轨时期的过渡性特征，同建立社会主义市场经济体制要求相比，还有很多不相适应的地方，必须结合政府机构改革和职能转变对现行支出结构进行调整和优化，逐步建立公共财政的基本框架。

调整和优化支出结构，要区分支出性质和层次，突出重点，有保有压。从今年开始各级财政要减少生产经营性基建投资和技改投资；除少数特殊行业外，对事业单位的经费要减少1/3，调整下来的资金要用于保证国有企业下岗职工基本生活和再就业经费和粮食风险基金等目前急需安排的重点支出。

5. 整顿财经秩序，严肃财经法纪，实现依法理财。江泽民总书记最近强调，全党都要加强经济工作纪律，特别是财政金融工作纪律。要抓紧健全财政金融方面的规章制度和纪律规范，各级党政领导机关和领导干部都要严格遵守财政金融工作制度。我们要认真贯彻江总书记的指示，结合当前财政工作实际，认真抓好以下几项工作：一要建立健全财政法规制度。抓紧修订和起草《会计法》、《财政监督条例》等重要财政法规。发布实施证券公司、银行等行业的会计制度和会计信息质量抽查公告制度，建立企业会计、会计师事务所、审计、财政、稽查特派员相结合的企业财务监督社会化体系；研究制定军队、武警、政法机关和中央机关所办及所管企业脱钩后产权划转和产权变动的管理办法，建立健全国有企业和集体企业资本金统计报告制度，实行资产评估行业脱钩改制和评估机构资格等级管理办法。二要强化财政监督检查工作。切实加强对企业改制、资产重组、中小企业出售等方面产权变动的规范和监控；严格预算监督，加强对财政资金申请、立项、拨付、使用效果等各个环节的监管；加强预算外资金的管理和监督，将所有预算外资金全部纳入财政专户，全部实行收支"两条线"管理。同时，对收入征管机关、执法部门、金融机构、中介机构及重大支出项目要加强监督检查。三要加大处罚力度。坚决依法查处各种违法违纪问题，要把处理人与处理事结合起来、行政处理与法律处罚结合起来、内部通报和新闻曝光结合起来。从根本上讲，加大财政管理力度要走法治之路，实行依法理财，从严治财。

6. 勤俭办一切事业，反对铺张浪费。艰苦奋斗、勤俭建国是我们党和国家的优良传统，是经济和财政工作应当长期坚持的方针。在新的环境和条件下，这一方针在一部分干部包括一些领导干部中淡漠了，以致经济生活中讲排场、摆阔气、比享受之风盛行，经济建设中铺张浪费现象十分严重。对此必须予以高度重视。各地区、各部门要牢固树立艰苦奋斗、勤俭节约的观念，坚决与各种铺张浪费行为作斗争，千方百计节约一切可节约的支出，勤俭办一切事业。去年以来实行积极的财政政策，较大幅度地增加财政投资，绝不意味着花钱可以大手大脚，恰恰相反，支出规模的扩大，更应该以对人民高度负责的态度，把资金管好用好，坚决防止"重点支出重点浪费"。所以财政支出，都要精打细算，厉行节约，把有限的资金用在"刀刃上"，发挥最大的使用效益。要改革财政支出管理制度，加快推行零基预算制度和政府采购制度，从源头上、制度上堵塞漏洞。

财政部门是政府宏观调控部门，担负着管理财政收支、组织国家预算执行的重要任务。我们一定要按照江泽民同志的指示，讲学习、讲政治、讲正气。服从全局，服务大局，正确处理改革、发展与稳定的关系，切实转变工作作风，深入实际，调查研究，倾听群众呼声，关心群众疾苦，完善财税体制。我们一定要依法理财，从严治财，模范遵守财经法纪，敢抓敢管，坚决同一切违法乱纪现象作斗争。真正建立一支作风优良、业务过硬、廉洁奉公的财政干部队伍。

（作者所在单位：财政部）

1998年中国利用外资形势

赵 晋 平

一、1997年利用外资形势回顾

1997年中国的实际利用外资达639.5亿美元，比1996年增长了15.71%，但利用外资协议额同比下降24.2%，而且首次出现同年度协议额低于实际利用金额的现象。包括直接投资和其他投资在内的实际利用外商投资519.3亿美元，比1996年增长了23.7%，其中实际利用外商直接投资452.8亿美元，同比增长了8.5%。从新批外商直接投资项目来看，全年协议金额517.8亿美元，减少29.2%，是1980年以来下降幅度最大的一年。由此可见，1997年利用外资在总体上的显著特点是新批协议大幅度减少，实际投资保持一定增长；实际利用外商投资中非直接投资部分增长幅度远远大于直接投资，直接投资所占比重下降；新批外商直接投资协议的项目平均规模由1996年的298万美元下降到246万美元。

1997年实际利用外资保持增长势头的主要原因在于以下几个方面：第一，1990—1996年的几年中，新签协议外资金额年平均增长速度曾高达37.4%，其中直接投资协议额年均增长49.4%，由于1996年4月以前的协议项目在1997年可以继续享受设备进口的关税和进口环节税减免优惠待遇，这些资金仍在陆续到位。第二，中国在规范外商投资企业管理，扩大对外开放领域，逐步实行外商投资的国民待遇体制方面作出了不懈的努力，外商投资环境得到进一步的改善。第三，利用外资的途径不断扩大，随着大型国有企业现代企业制度改革的不断推进，对外发行股票金额迅速增加。第四，经济全球化和国际资本流动日趋活跃等国际经济环境的新变化为外国资本流入中国提供了机遇和条件，大批以进入国内市场为主要目标的跨国公司投资项目出现较快增长。

利用外资的协议额大幅度下降，其中直接投资的下降幅度超过了对外借款部分。这里既有中国为了防止债务风险采取了控制国际贷款的措施、为了提高利用外商直接投资的效率而致力于结构性调整等积极因素的作用，也有因1996年4月取消外资企业进口设备优惠待遇等政策调整的负面影响，特别是新批项目平均规模下降52万美元的结果也充分说明了这些负面影响的程度。另一方面，东南亚金融危机的冲击也是造成利用外资协议额下降不容忽视的原因之一。据统计，1997年7月东南亚金融危机发生之后的3个月中，与1996年同时期相比中国新批准的外商直接投资项目来自欧美以及日本等发达国家的协议额增长了69.4%，而来自港澳台和韩国、东南亚等新兴工业化国家的部分分别减少了35.9%和36.2%。总之，1996年以后连续两年外资协议额的大幅度下降，将对1998年以后实际利用外资的发展产生深刻影响，必须给予足够的重视。

1997年的利用外资结构具有以下特点。

1. 股票融资大幅度增加，对外借款比重普遍下降。从全年实际利用外资方式的构成来看，直接投资的比重从1996年的76.1%下降到70.8%，其中合资企业部分下降幅度最大，比上年的37.9%下降了7.3个百分点，外商独资企业比重由23%上升到25.3%。其他投资中对外发行股票金额高达51.4亿美元，占全部外资的8.03%，成为各种引资方式中增长幅度最大的一项。此外，国际租赁、加工装配等其他投资项目分别比1996年增长了2.6和5.8倍，比重上升幅度也较为明显。间接融资在全部利用外资中的份额由1996年的23.1%下降到18.8%，其中的各项对外贷款，除去外国商业银行贷款之外，比重普遍下降。1997年新批外资项目协议金额的引资方式比重变化从三大项来说与实际利用金额基本项同，但间接融资中的特点与实际利用金额相反，国际金融组织贷款比重由1996年的2.06%提高到6.04%，上升幅度最大，政府贷款比重则由5.15%下降到1.22%。

由于实际间接融资的规模下降，1997年中国的外债增长速度也相应减缓，截止到1997年底，外债余额仅比上年年末增加7%左右，继1996年的9%之后再次创外债余额年度增长最低幅度。充分反映了国家努力控制外债规模的政策效果。

2. 来自东盟的实际投资比重下降，发达国家协议额降幅相对较小。从1997年1—9月份实际利用外资的投资来源国（地区）别结构来看，港澳台平均增长了1.2%，占全部外资中的比重略有下降；包括韩国、新加坡等国家的东亚新兴工业化国家平均增长23.7%，整体的比重比1996年上升了0.6个百分点，但是其中的泰国、马来西亚同时期分别出现了45%和30%的负增长，仅就东盟而言，除去基数较小的菲律宾比重有所提高之外，新加坡、泰国、马来西亚、印度尼西亚等各国占全部实际直接投资的比重都有不同程度的下降。欧美、日本等主要发达国家同期比平均的增长幅度略高于全部实际投资增长的平均水平。来自港澳台、东亚新兴工业化国家、主要发达国家之外地区的实际投资增长了64.6%，比重也由6.2%提高到8.9%，成为1997年实际利用外商直接投资增长的一个不容忽视的带动因素。在同时期的协议额中，港澳台和东亚新兴工业化国家分别平均下降了49.4%和45.3%，均高于主要发达国家平均39.1%的下降幅度，比同时期全部利用外资协议额的平均降幅也高出6~10个百分点；从比重来看，主要发达国家保持不变，其他两大地区下降幅度较大，而这三大地区之外其他地区的协议额比1996年同期增长了13%，比重的上升幅度也非常突出，反映了外商直接投资资金来源的多元化发展趋势。

3. 西部地区外商实际投资比重上升、项目平均规模大幅度提高。1997年前三季度的统计显示，实际利用的外商直接投资中，西部地区的同期比增长幅度高达59.9%，超过东部和中部。中部增长速度达到

表 1 利用外商直接投资来源构成

	1997 年 金额（亿美元）	1996 年 金额（亿美元）	1997 年同期 增长（%）	1997 年 比重（%）	1996 年 比重（%）
实际利用外资					
港澳台	181.81	247.33	1.23	57.70	59.27
主要发达国家	69.24	98.70	9.38	21.97	23.56
东亚新兴工业化国家	35.91	45.24	23.66	11.40	10.34
其他	28.14	25.98	64.56	8.93	6.23
合计	315.11	417.26	9.02	100.00	100.00
利用外资协议额					
港澳台	139.72	338.91	-49.42	40.32	46.25
主要发达国家	83.75	180.68	-39.10	24.17	24.66
东亚新兴工业化国家	53.54	121.30	-45.82	15.45	16.55
其他	69.50	91.87	13.03	20.06	12.54
合计	346.51	732.76	-39.64	100.00	100.00

17.1%，东部也保持了8.5%的增长，从结构上看，前三季度中、西部地区所占比重与1996年全年比重相比均有不同程度的提高，其中西部由2.43%上升到2.97%。同期的协议额中，东部的下降幅度最大，高达42%，中部的下降幅度小于平均水平，在整体大幅度负增长情况下，西部的协议额与上年同期相比增长了0.7%。东部的比重由1996年的88.8%下降到87.5%，中部的比重同期由8.7%下降到8.3%。而西部上升了1.8个百分点。根据外经贸部统计计算，1997年前三季度新批项目的平均规模，东部地区是240万美元，比1996年全年平均水平降低了84万美元，中部也比1996年的185万美元降低了51万美元；相反，西部的平均规模由149万美元上升到190万美元，超过了中部地区，与东部的差距进一步缩小。由此可见，近年来大力鼓励外商向中西部、特别是西部地区投资以及国家积极支持在中西部地区重点开发建设基础设施等大型项目的倾斜政策已经开始出现一定的效果，外商投资的地区分布结构在国家政策鼓励的方向上得到较为合理的调整。

4. 农业利用外资比重上升明显，电子工业引资增长迅速。

1997年1～9月利用外资协议额的产业分布结构表明，1997年农业项目利用外资的比重已经由1996年的1.55%上升到2.1%，提高程度较为明显；第三产业的

表 2 利用外商直接投资的地区分布结构

	1997 年实际利用同期比增长（%）	1997 年协议利用同期比增长（%）	1997 年实际利用比重（%）	1996 年实际利用比重（%）	1997 年协议利用比重（%）	1996 年协议利用比重（%）	1997 年项目平均规模（万美元）	1996 年项目平均规模（万美元）
东部	6.50	-42.01	87.54	88.11	87.51	88.79	240	324
中部	17.12	-27.50	9.49	9.46	8.26	8.71	134	185
西部	59.96	0.68	2.97	2.43	4.23	2.50	190	149
地方合计	8.52	-39.94	100.00	100.00	100.00	100.00	223	296
全国合计	9.02	-39.64					230	298

比重也比1996年的26.8%提高了近5个百分点。工业项目中，电子通讯设备制造业的比重上升幅度最大，已经占到了全部外资协议额的6.5%，建筑业比重也提高了2.4个百分点。这些变化与中国鼓励外商投资于农业、基础设施建设等基础产业、电子通讯设备制造等高新技术产业的导向政策相一致，反映了国家加大外商投资产业结构调整力度、通过利用外资促进国内产业结构优化升级等产业发展政策的良好效果。从各产业新批项目的平均金额来看，第三产业项目的平均规模下降幅度最大，主要是由于房地产投资规模下降的影响；第二产业的平均规模比1996年度水平下降了75万美元，其中采掘业和机械工业的下降幅度最大，电子通讯设备制造业平均规模提高了10.3%。可以认为，投资平均规模下降的原因主要在于：大型投资项目机械设备投资所占比重一般较高，关税减免政策取消之后，外商为了降低因投资品征税而增加的投资成本，采取了压缩投资规模或增加国内采购的策略。

二、1998年利用外资形势展望

1997年以来中国对外开放的总体形势以及政府恢

复外商投资企业设备进口关税和进口环节税免税优惠的措施已经表明，中国不会因亚洲金融危机而放弃改革和开放的方针，仍然会坚持积极、合理、有效利用外资的方针，逐步开放国内资本市场、拓宽对外融资途径。由此可见，1998年利用外资的发展仍然具有非常有利的政策环境。

从国际资本市场发展趋势来看，来自美国、欧盟等国的资本流出仍然会保持一定规模，并流向投资收益预期较高的新兴市场。过去作为国际主要新兴市场之一的东南亚地区在吸引外资方面与中国曾经形成了强烈的竞争，但1997年发生的东亚金融危机已经使该地区在吸引外资方面的竞争力大为削弱，中国所面临的竞争压力将有所下降，对1998年吸引外资较为有利。但是，东亚金融危机对中国利用外资造成的负面影响远远大于有利因素。第一，从1996年中国实际利用外商投资的结构来看，来自不同程度受到金融危机冲击的香港、韩国、台湾、东南亚等地的部分在全部外商投资中所占比重高达68.8%，其中危机影响程度最重的韩国、东南亚各国就占有10.9%的份额。但是，目前这些国家的大多数企业资金周转发生严重困难、海外投资的本币成本大幅度上升，已经无力新增在华投资，许多已经签约的项目开始出现解约、延缓执行或要求中方提供贷款支持的现象。第二，香港是国内大型国有企业通过股票上市筹资的主要市场。但由于东亚金融危机的冲击，香港证券市场几经震荡，尤其是最近，当地最大证券公司之一的百富勤公司宣告破产，进一步增加了市场的不稳定因素，对投资者的信心造成很大影响。在这种背景下，国内企业股票上市的难度加大、成本提高。第三，按照东亚金融危机发生前的水平计算，中国实际利用外资中外国政府的优惠贷款和国外银行商业贷款占有比重分别超过了6%和5%。外国政府贷款中来自日本的部分比重很大。但是，根据日本政府财政和金融政策调整的方针分析，对外援助的ODA总额将减少10%。中国争取日本政府新增优惠贷款的难度将有可能加大。1997年中国利用外国政府贷款协议额比上年下降了82%。另一方面，由于金融危机的影响，国际上对东亚整体的信用评价等级下降。中国虽然并未受到这次危机的直接冲击，但是由于经济体制和金融制度具有与其他东亚国家相近的特征、国有企业经营不善和结构调整等带来的不良资产膨胀等问题，金融机构的信用评价也被降级。从而造成海外商业融资成本上升，也将直接影响到利用对外借款的规模。

在关于外商直接投资的许多不利因素中，1996年政策调整带来的负面影响将随着外商投资优惠政策的重新实施而明显减弱；东亚金融危机所带来的负面影响能否在短期内消除则主要取决于今后东亚地区的经济增长态势和金融市场的恢复程度。我们认为，随着东亚地区各国（地区）金融体制改革力度的加大和经济结构调整的不断深入，金融秩序将很快得到恢复，并在一、两年的时间内恢复较高的经济增长速度。因此，金融危机所产生的不利因素将表现为中期性影响，会在不太长的时间内得到缓解。但是，在1998年的一年中中国的利用外资将不可避免地面临许多艰难。

综合以上分析，可以预见：1998年中国利用外资协议额将有可能继续降低，但下降幅度会明显缩小，实际利用外资规模可能与1997年基本持平或略有下降，达到610亿美元左右；对外借款协议额进一步减少，实际利用金额继1994年之后再次转为负增长；外商直接投资协议额继续下降，实际利用外商直接投资将可能停留在420亿美元左右的规模上，首次出现负增长；其他投资部分的协议金额增长仍将保持较大幅度，实际利用金额可能维持在70亿美元前后。从结构上看，对外借款中外国政府贷款和海外商业银行贷款比重下降幅度较大，直接投资项下的外商独资企业部分上升幅度最大、比重可能首次超过合资企业形式，合作开发和外资股份制企业投资比重也将有所上升；其他投资中增长幅度最大的将是加工装配和国际租赁部分，发行股票金额将不会出现较大增长，比重有可能下降。此外，外商投资来源结构中来自欧美等地的外资比重上升，东南亚、韩国、台湾、香港等地的直接投资会出现大幅度减少。

由于中国外商投资产业和地区投向指导方针及其配套政策执行力度的加大，外商投资的产业和地区分布将在符合产业政策的方向上得到一定合理调整。从1998年起中国将会继续尝试开辟新的引资方式，如可转换股票债券投资方式、BOT方式等。预计BOT投资项目将会增加，一些优秀企业可能被允许直接进入国际资金市场融资，吸收国际资本的有效途径将会进一步扩大。总之，总体规模增长明显减速、结构得到一定调整和引资途径、方式进一步增加将可能是1998年中国利用外资形势的基本特点。

三、1998年促进利用外资工作的思路和对策

按照“十五大”精神和中央的统一部署，1998年将成为中国跨世纪改革与发展的重要一年。面对激烈的国际竞争和世界经济一体化趋势的挑战，为了适应国民经济持续增长的需要，在新的一年里如何克服困难、消除不利因素的影响，继续保持一定的利用外资规模，开辟更多的国际资源利用途径将是中国促进对外开放事业健康发展的重要课题之一。为此，我们应当作出以下努力。

1. 继续改善投资环境，扩大对外开放领域。中国现有的外商投资相关法律和政策体系还远远不够完善，难以满足实际工作的需要，许多地方或部门，对于法律的解释和执行又带有一定的随意性，造成了不良影响。另一方面，许多政策的制定缺乏透明性、变动频繁、宽限期短暂，税外收费名目繁多等也是常常受到外商批评的主要问题点。因此，为了解决这些问题，中国应继续加强对外商投资相关法律和政策的统一规范，在提高法规、政策制订的透明度等方面作出努力。同时，今后对于新政策的实行应当给予合理的准备期限，在保证法定税费的同时严格取缔不合理收费，并加大执法力度，努力健全统一、科学、公开的外商投资法律和政策体系。

积极扩大对外开放领域、为外商投资提供更多的选择机会是改善投资环境的一个重要方面。到目前为止，中国在第一、第二产业领域的对外开放已经有了长足的进展，外商在这些领域的投资已经形成了一定的规模，对近几年的中国经济增长发挥了重要作用。与此相比，服务贸易领域的利用外资仍然处于逐步摸索阶段，所占比重偏低。虽然开始允许外资进入房地产、商业流通、饮食、交通运输、金融、保险、广告、外贸、旅游、技术咨询等服务业，但仍然在投资方式、控股比例、业务范围、经营期限等方面存在一定限制，有些则是刚刚开始试点。中国已经确定了逐步对外商投资实行国民待遇体制、渐进开放国内服务贸易市场的利用外资发展战略，在加入 WTO 的谈判过程中也在开放服务贸易领域方面面临许多压力。因此，在今后十年左右的时期内，分阶段取消服务贸易领域市场准入限制是进一步扩大对外开放领域的一项重要课题，1998 年应当在这方面有一定的进展。由于第三产业的发展事关国计民生，影响范围很大，所以要坚持积极、稳妥、有步骤的方针，优先鼓励外商面向普通住宅开发、技术咨询、交通运输等技术含量高以及资金密集型产业的投资，开始建筑设计、会计服务等的引资试点工作。通过利用外资推动中国第三产业的发展、促进国民经济整体结构的升级优化、提高国民的生活质量。

2. 强化外商直接投资的产业政策导向，促进中西部地区对外开放。吸收外商投资是为了推动本国经济的发展，因此，为了提高投资的效率，应该根据国民经济发展的需要对外商投资方向进行一定引导，这也是世界各国利用外部资金的一个普遍原则。中国对外资产业投向的引导经历了一个不断完善的过程，早在 1987 年 12 月就公布了《指导外商投资方向暂行规定》及其鼓励、限制、禁止外商投资产业的指导目录，1995 年 6 月对上述规定进行修改并重新公布。但是，最近一、两年中国的经济形势发生了很大变化，国民经济结构面临新的调整，产业政策的内容已经有所改变，外商投资也出现了产业趋同化、重复引进严重等许多亟待解决的问题。在这种背景下，前几年的指导目录难以适应结构调整的需要，制订新的标准成为当务之急。经过长时间的准备，1998 年 1 月 1 日起新的《外商投资产业指导目录》正式颁布实施。按照《目录》的基本内容，中国鼓励外商对农业综合开发、基础设施和能源等基础产业、高新技术产业、综合利用资源和再生资源的新技术产业等领域的投资，并对国内产品已经能够满足市场需要、单纯进口散件组装等产业的投资进行适度限制，同时，严格禁止有损于国家安全以及公共利益，环境污染、破坏自然环境的项目在华兴办。

为了保证产业引导政策的实施效果，进一步促进外商投资的长期发展，自 1998 年 1 月 1 日起，经国务院批准，对国家鼓励、支持的外商投资项目和国内投资项目进口的设备和技术，恢复免征关税和进口环节增值税的优惠政策。《目录》条目中，可以享受免税优惠的有 270 条，占总条目的 83%。1998 年所面临的任务，除了认真执行新的产业政策、对外商投资进行产业导向之外，还应当根据形势发展的需要，及时对相关目录进行修改和调整，并制定出适合各种产业或地方特点的子目录体系，进一步提高指导政策的可操作性。

有效抑制中西部地区与沿海地区经济差距日趋扩大的趋势，保持国民经济快速、持续和协调发展是中国跨世纪时期经济发展战略的一个重要内容。在目前中西部利用外资总体规模偏小，难以适应地区开发投资需要的情况下毫无疑问，积极扩大中西部地区的对外开放，提高中西部地区利用外资的质量和数量水平对于该地区的经济发展具有十分重要的促进作用。中西部地区自然资源富集、劳动力资源丰富、市场广阔，与发达国家及其新兴工业化国家的经济互补性表现得更为明显，具备大量吸引外资的资源条件和市场潜力。关键在于基础设施、政策环境远远落后于东部沿海地区。因此，国家首先应当逐步对中西部地区实行与沿海地区相同的外资优惠政策，并加强对中西部地区基础设施的投资，积极鼓励外商向中西部地区投资。外商投资的产业导向政策应当进一步与地区经济的特点相结合，在各地区结合自身的特点确定吸引外商投资的产业导向时，允许其具有一定程度自主权，适当放宽产业指导目录中的限制项目。同时，国家在利用国外优惠贷款、国内配套资金、财政贴息贷款、财政返还和外汇平衡方面给予充分的支持；此外，还应逐步扩大中西部地区的对外开放范围，在有条件的大城市进行服务贸易领域开放试点，允许外资企业利用经营利润到中西部地区进行再投资，投资比重超过一定水平可以同样享受外资企业的优惠政策；选择中西部地区的一些行业向外资企业放开内销市场。鼓励外商投资于国有企业的嫁接和改造，并在股权比重、经营期限方面采取较为灵活的方式。

3. 进一步拓宽吸收外资的途径，开辟更多的外资利用方式。为了将中国利用外资在世界发展中国家的领先地位带入21世纪，并长期保持下去，应当积极扩大利用外资的途径和方式。出于生产力发展和金融风险防范的需要，今后一段时期中国仍然需要坚持以吸收外商直接投资为主的利用外资政策，但是即使在直接投资的范围内，除了传统的合资、合作、和独资等方式之外，1998年应当进一步扩大合作开发、组建中外股份公司、实行BOT投资模式等引资方式。为了吸收更多欧美大型跨国公司的直接投资，可以根据经济特区试点工作所取得的经验，有选择地放开部分产业的内销市场。对于东南亚国家应当通过鼓励增加设备投资比重大或出口加工型项目的方式吸引来华投资。

通过发行B股、国际债券和直接到境外上市吸收外资，不仅符合中国的投资主体由单一的国家主体向多元化主体的改革方向，而且顺应了自80年代中期以来国际资本市场融资方式的变化趋势。现在证券投资大约已经占到国际资本市场融资总额的80%左右。联合国一份研究报告指出：1997年世界各地企业通过发行债务和股票，在市场上筹集了1.74万亿美元资金，比1996年增长23%，创下历史最高记录。这表明国际资本市场筹资证券化趋势更为明显，通过市场发行证券筹集资金已成为企业获得资金的重要来源之一。从中国国有企业改革的趋势来看，大中型企业将普遍进行现代企业制度改造，国内资本市场也将进一步得到完善和开放。为了适应这种形势的要求，证券、特别是股票融资将要成为中国一种重要的利用外资方式。但是到目前为止，中国的股票上市主要集中在香港市场，纽约、伦敦、特别是东京市场尚未得到充分利用。1998年应当在开发新的市场上市机会方面加大力度。

日本的大爆炸式金融改革将会促进东京金融市场的开放、大幅度降低东京资本市场的交易成本；随着金融商品交易的日趋活跃也必将带动市场的繁荣和发展，为来自国外的证券发行和股票上市融资提供更多的有利条件和机遇。最近这一点已经有所表现，日本的金融市场开始出现转机。据统计，1998年1月，曾经一度因多家金融机构先后破产而引发的市场低迷状况为之一变，外国投资者开始大量收购日本市场上市企业的股票，仅一个月内就超过了26.4亿股，创下了自1987年以来的最高记录，股票市场平均指数上扬了9%，回升幅度在同时期的世界主要股票市场中居第一位。由此可见，今后，我国在东京市场的国际融资和股票上市具有难得的机遇，1998年应当作好相应的准备并争取实现股票上市零的突破。

随着中国的证券市场逐步完善，吸引外资的金融工具多样化将有条件得到加强。目前国际上受金融自由化浪潮的驱动，金融商品创新日趋活跃，许多新的金融工具应运而生。例如，可转换股票债券、全球存托凭证等。其中有一些还可以利用现有的融资工具进行合成。这种多样化和复杂化的格局，意味着融资工具将更适应于借款者的要求，但同时也伴随着更大的金融风险。要求具备比较成熟和完善的市场体系以及稳定发展的宏观经济环境。所以，加快金融体制改革和资本交易的市场化进程，逐步形成规范化的市场和政策环境。保持国民经济的持续、快速和协调发展。对促进利用外资途径的不断扩大具有重要的作用。

4. 加强对外借款的宏观管理，保持合理适度的外债规模和结构。对外借款是中国利用外资的一个重要组成部分，但是与直接投资不同，对外借款是需要偿还的，所承担的债务风险也很大，只有将借用资金控制在国民经济所能承受的限度内，并保持使用效益高于成本的良好态势，才可以实现经济发展的良性循环。在这方面，最近发生的东亚金融危机已经为我们提供了非常深刻的教训。因此，今后相当长一段时期，中国应当继续坚持外债管理的总体目标，即：在保证控制外债总体规模的前提下，积极、有效地利用各种途径的国外资金，以满足国内经济建设的资金需要，同时努力保持合理的外债结构，防范金融风险。

按照中国外汇管理局公布的方针，在坚持金融机构作为对外融资主渠道的同时，1998年将批准少数国际声誉好、跨国经营程度高、效益好的特大型国有企业直接进入国际资本市场发行债券。这是一项扩大利用外资渠道的新举措，同时对国家的外债监管也提出了更高的要求。国家计委最近决定：在外债的统一计划、归口负责和严格登记的管理体制下，建立借、用、还相衔接，权、责、利相一致的贷款运作机制，努力提高中国的信用等级，维护对外信誉；在贷款构成中尽量提高外国政府、国际金融组织等公共性机构的优惠贷款比重，继续利用国际资本市场等筹集低风险、低成本的长期性商业资金，抑制短期债务的过快增长。在使用过程中充分发挥国外贷款、特别是优惠贷款在产业资金配置和地区投向方面的积极作用，优先安排基础设施、基础产业和中西部地区开发项目使用，并进一步完善国外贷款项目的转贷和担保机制，对地方和企业的外债偿还能力进行严格审查，努力防止对外债务拖欠现象的发生。毫无疑问，这些方针将对中国的外债监管产生良好效果。但是，为了保证这些方针的贯彻、防范和化解外债风险、防止国际投机性资本对金融市场的冲击，中国应进一步完善外债监管信息体系。据有关部门分析，中国还存在在一些实际对外负债而又脱离政府监控与管理的现象。即所谓“隐性外债”。这些外债有可能对中国的外债规模管理形式造成一定的冲击，会造成外债统计失真、规模失控。因此，对这些隐性外债必须予以清理，并严格规范借用外债形式，提高外债规模管理的有效性。此外，在国内外汇供应比较充足的情况下，应当努力提高现有外汇储备的利用效率，尽量压缩国外商业贷款的规模。

中国已经提前实现了人民币经常项目下的可兑换，大大提高了中国经济的对外开放程度。但另一方面，外汇市场的开放也伴随着较大的金融风险，有可能引发因大量资本外逃造成本币信用危机。中国应采取必要的风险防范措施，通过外汇政策手段对资本流动，尤其是短期资本进行管理。因此，在目前国内金融市场机制尚未健全和完善的情况下，为了防止资本过度流动冲击国内正常金融秩序，在实现经常账户下人民币可兑换之后相当一段时期内仍然应当保持对资本账户的严格管制，即使是在条件成熟时，实现资本账户下人民币可兑换也要按照先放长期资本项目、后放短期资本项目的顺序逐步完成。

（作者所在单位：国务院发展研究中心对外经济研究部）

1998 年全国商品流通工作的情况

杨 树 德

一、1998 年全国商品流通工作的回顾

刚刚过去的 1998 年，是难忘的一年，也是极不平凡的一年。在党中央、国务院的英明领导下，我国人民经受了亚洲金融危机的冲击和特大洪涝灾害的考验，取得了国民经济持续快速增长、改革开放稳步向前推进、人民生活继续得到改善、社会政治保持安定团结的巨大成绩。全国内贸系统的广大干部职工，坚定不移地贯彻执行党中央、国务院的各项决策和部署，振奋精神，埋头苦干，同心协力，开拓进取，基本完成了全年的工作目标，为国民经济的持续快速健康发展作出了贡献。概括地说，1998 年的商品流通工作，做到了“五个确保”。

1. 加大开拓市场的力度，确保了商品销售有较大幅度的增长。1998 年年初，面对亚洲金融危机的影响，党中央、国务院及时作出了扩大内需的重大决策。国家内贸局党组明确提出，要把开拓市场，特别是开拓农村市场，作为内贸工作的重中之重。党组成立后的第一项工作，就是组织原内贸部机关 70 多名干部，深入 12 个省区市的农村调查研究，提出了开拓农村市场的总体方案和具体措施。我们根据吴仪国务委员和经贸委领导的指示精神，在开拓农村市场方面重点做了以下几项工作：一是确定了山东潍坊、河北保定、四川绵阳市，作为国家内贸局开拓农村市场的重点联系地区，并同地方政府研究制定了具体的工作计划，正式启动了这三个市的试点工作。二是继续组织大中城市商场面向农村，到县城开设连锁店、分店，组织物资企业在农村发展水泥、煤炭等代理销售网点，扩大商品销售。三是举办开拓农村市场领导干部研讨班，组织重点联系地区的市、县、乡（镇）长和流通部门负责人，学习党和国家关于扩大内需、开拓市场的有关政策，提高认识，研究措施。四是把各地在开拓农村市场中行之有效的经验，通过宣传加以推广，推动面上的工作。

各地商品流通主管部门，根据国家内贸局党组的要求，在开拓农村市场方面也做了大量工作。山东省财办会同省经贸委、供销社，在全省确定了 17 个开拓农村市场的重点联系县，26 个重点联系企业。北京市商委、四川省贸易厅、湖南省财贸办等，在对本地农村市场进行调研的基础上，采取发文件、组织区县对口开拓等形式，推动了农村市场的开拓。经过全国商品流通部门和企业的共同努力，去年开拓农村市场的工作取得了比较明显的进展。在 1998 年农村居民人均纯收入实际只增长 4%、低于城市居民收入增长幅度的情况下，全国县以下农村市场的商品零售总额增长 9%以上，大大超过了收入的增长幅度，同城市市场零售总额的增长幅度基本持平。山东省农村市场消费品零售额比上年增长 13.3%，增幅高于城市市场 2 个百分点。

在重点开拓农村市场的同时，各级商品流通主管部门和企业，丝毫没有放松城市市场的销售。各地进一步发展工商联手，抓好热点商品的销售和热点行业的发展。去年，大屏幕彩电、家用空调、滚桶式洗衣机、微波炉、家用电脑、影碟机、电热水器等，销售

一直很旺。上海、北京、福建、大连、青岛等省市，实行"厨房工程"、"早点工程"、"主食工程"，不仅丰富和方便了群众生活，扩大了就业门路，也增加了销售额。汽车销售企业，通过采取销售、维修、配件、信息等"四位一体"的方式，改善服务，促进销售。各地商品流通主管部门和企业，还把举办各类展销会、订货会，作为开拓城乡市场、扩大商品销售的重要措施。据不完全统计，1998 年国家内贸局与地方政府联合举办的 6 个交易会，总成交 289 亿元；内贸局直属企事业单位和社团主办的展销会，成交 500 多亿元。1998 年，全国散装水泥预计完成 8200 万吨，同比增长 12.3%，散装率达到 16%，比 1997 年提高一个百分点。全国 400 多家旧机动车交易市场，实现交易 65 万辆，老旧汽车（包括大型拖拉机）完成更新 90 万辆。不少地方的物资企业，积极参加重点工程和政府采购项目，浙江、河南等地的物产集团，通过为省内重点工程项目开展物资配套供应，扩大了市场销售。

1998 年，全社会消费品零售总额约 29155 亿元，同比增长 6.8%，扣除价格因素实际增长 9.6%；全社会生产资料销售总额约为 36600 亿元，增长 3.2%，扣除价格因素实际增长 6.8%。其中，餐饮业营业收入将首次突破 5000 亿元，比 1997 年增长 15%，占社会消费品零售总额的 17% 以上。在买方市场的格局下，社会消费品零售总额的增长幅度，不仅超过了 GDP 的增长幅度，而且大大超过了城乡居民收入的增长幅度，为拉动国民经济增长作出了重要贡献。

2. 做好关系国计民生重要商品的调控工作，确保了国内市场特别是灾区市场的稳定。1998 年，我国发生历史上罕见的严重洪涝灾害。灾区的商品流通主管部门和企业，一方面全力以赴确保灾区市场稳定和抗洪部队官兵的食品保障，一方面紧急筹措调运各种抢险物资，同时还派出大量人员，直接参加护堤、抢险等抗洪战斗。国家内贸局适时动用 800 万元中央副食品风险基金，组织了 1.1 亿千克蔬菜调往灾区，全国国有蔬菜企业累计向灾区调运蔬菜 3 亿千克，缓解了灾区的蔬菜供应矛盾。根据受灾省份的要求，国家内贸局还先后调拨、储备、出库了 20 多万吨猪肉。从灾区市场情况看，各种生活用品、灾后重建物资和越冬用品供应充足，价格合理，市场上没有什么短缺商品。我们还协助有关部门，努力做好钢材、煤炭、水泥等重要商品的平衡计划，并根据灾区的需要，组织筹备了灾后重建及农业基本建设物资机械设备交易会。

各地流通主管部门认真贯彻国务院关于做好新一轮"菜篮子"工程的决定，一方面抓好中央、地方两级重要商品储备和风险基金的建立完善，加快农副产品批发市场建设，去年国家内贸局会同农行，安排落实了批发市场建设贷款 3 亿多元；另一方面积极组织农产品收购，缓解主产区因销售不畅价格下跌给生产者造成的困难。国家内贸局共实施省际间猪肉调拨 8 万吨，开通了湘粤生猪运输"绿色通道"；储备肉入库近 10 万吨，生猪活体储备 2 万吨，牛羊肉储备 9000 吨；安排食糖储备出入库 30 万吨。最近，国家内贸局又安排了冬季全国蔬菜调运计划 3 亿千克，并于今年初联合铁道部，开通了湛江至寿光、至兰州、至哈尔滨这三条蔬菜铁路运输"绿色通道"。

我们还继续配合有关部门，抓了市场流通秩序的整顿工作，规范企业营销行为，加大打击假冒伪劣商品工作的力度，制止盲目竞相降价之风。国务院制定的《生猪屠宰管理条例》自 1998 年实施以来，国家内贸局先后制定并发布了《条例》实施办法、执法程序等 5 个配套规章，已有 15 个省制定了屠宰管理的地方性法规，15 个省制定了定点屠宰规划。目前，全国 95% 的大中城市、80% 的县城，都已实行了定点屠宰，共清理取缔了不符合规划和条件的屠宰点一万多个。沈阳、广州、武汉、福州等城市，政府决心大，排除种种阻力，坚定不移地推进定点屠宰，确保老百姓吃上"放心肉"。不少省市的人大和政府，还相继出台了有关酒类专卖管理、社会商业网点管理等地方性法规，推动了流通法制建设。

3. 积极推行新型营销方式，确保了流通领域新的经济增长点的形成。1998 年，各地普遍加大了推进新型营销方式和流通形式的工作力度，使之成为开拓市场、扩大销售的新的增长点。

连锁企业规模扩大，销售额迅速增长。1998 年全国连锁店零售总额预计超过 600 亿元，占社会消费品零售总额的 2% 以上。连锁经营发展较快的上海市、北京市，连锁店营业额分别占全市零售总额的 12.6% 和 8%。上海联华、华联超市公司，店铺数达到 359 个和 360 个，销售额 38 亿元和 33 亿元，利润 4000 万元和 4200 万元。连锁网络正在由城市向周边农村市场发展，一些连锁企业已有半数左右店铺开在县镇。如广东省东莞市美佳连锁超市 38 个店铺中，31 个开在乡镇，销售额占 84%。特许连锁已成为企业扩张的重要方式，据连锁经营协会统计，1/3 以上的会员企业都有特许加盟店。

代理、配送工作有新的发展。钢材、汽车两个代理制试点品种发展良好，预计都可以完成全年代理销售计划，促进了工业产品的销售。不少非试点企业还进一步把代理品种，扩大到煤炭、机电、玻璃、化工原料和日用工业品等。商业企业在传统的总经销、总代理的基础上，进一步规范代理方式。浙江、河北、河南、重庆等地一些流通企业的代理量，已经占本企业经营额的90%以上。商品配送正在向多品种、全方位的方向发展，配送物资达到上百个品种，开展配送服务的企业已遍布全国大中城市。

旧货流通业在国务院领导同志的关心支持下，现已发展到120家旧货调剂试点单位，分布在30个省区市的92个城市，年交易额超过70亿元。全国各种形式的旧货市场和交易摊位已有2000多个。一些企业采用电话预约、上门收购、收旧卖新等“一条龙”服务，既方便了群众，又促进了商品销售，并解决了部分下岗职工的再就业问题。

4. 深入进行流通企业改革，确保了扭亏减亏目标的基本实现。各地商品流通主管部门，把深化改革、加强管理，确保实现商业、物资行业减亏扭亏，作为企业工作的首要任务，结合实际采取了多种措施：一是建立健全扭亏增盈责任制，制定可操作的考核指标体系和奖惩制度，把扭亏责任落实到人。如辽宁省政府领导同地市政府签订责任书，明确扭亏增盈目标，省贸易厅具体抓落实，全省商业系统去年盈亏相抵后，继续保持盈利。湖北省27%的市、县物资部门整体盈利，30%的企业已走出困境，全省减亏幅度达到51%。二是认真学习邯钢经验，适当集中对资金的调度管理，加强财务管理和会计核算基础工作，改变管理粗放、浪费严重的状况，降低经营成本。三是从实际出发，努力做好减员增效工作，建立再就业服务中心或专责机构及人员，对下岗职工进行培训，提供就业指导，帮助他们实现再就业。四是调整内贸企业的所有制结构，积极吸收多种经济成份的资金，进行改制。大企业主要发展企业集团，推动有效资源向优势企业和主导产业集中，形成竞争优势。中小企业采取多种方式放开放活，北京、天津、上海市90%以上的中小型商业企业，进行了股份合作制和改、转、租、卖等产权改革，增强了活力。浙江省全部物资企业中，改制面已经超过40%。

据初步统计，1998年上海市商委系统、上海新亚集团（饮食服务系统），河北、辽宁省商业系统，将实现盈利。江西省商业系统减亏75%，预计亏损60万元，内蒙古、湖南、安徽省商业和北京市饮食服务系统，减亏幅度都在20%以上。物资行业中，山东、湖北、河南、安徽等省，减亏额都在1.3亿元以上；湖北、安徽、山东等省，扭亏幅度都在40%以上。但是，由于去年各地内贸企业普遍销售增幅不大，不少企业甚至有所下滑，而费用居高不下，毛利率明显下降，因此完成减亏、扭亏的任务十分艰巨。预计全年物资行业将亏损65亿元左右，可以实现减亏20%的目标；商业行业仍将亏损35亿元左右，亏损额略有增加。

5. 加强内贸行业精神文明建设，确保了各项工作的圆满完成。1998年，内贸系统深入开展学习邓小平理论的活动，把思想统一到党的十五大精神，统一到中央的重大决策和重要部署上来，为商品流通工作的顺利开展提供了重要的政治保证。各地内贸系统在地方党政机关的领导下，把树立内贸行业新风、加强职业道德建设、全面提高内贸行业的整体素质，作为精神文明建设的重点来抓。1997年，我们把“百城万店无假货”活动，继续推向纵深发展，在全国内贸行业开展了评选“内贸技术之星”活动，配合劳动部开展了“全国技术能手”评选表彰活动，与团中央等部门共同开展了“向灾区人民送温暖”、“青年文明号”、“巾帼建功”等项活动。通过开展这些活动，改善和提高了内贸行业的社会形象，受到广大消费者的欢迎。

全国内贸系统认真贯彻中纪委二次全会和国务院第六次反腐败工作会议精神，深入开展党风廉政建设和反腐败斗争。中央制止奢侈浪费的八条规定得到进一步落实，清理通讯工具、严格控制会议和制止公款吃喝玩乐等三项重点工作取得显著进展，领导干部廉洁自律工作得到加强；认真受理信访举报，查处了一批违法违纪案件；监督制约机制进一步完善，纪检监察队伍建设有新的进展，在执法监察和效能监察方面发挥了良好作用。

回顾1998年的商品流通工作，为我们提供了许多宝贵的经验。我们要认真总结这些经验，坚定信心，鼓舞士气，努力把今年的工作做得更好。

二、1999年商品流通工作的形势和目标

1999年在我们党和国家的历史上，将是具有特殊意义的一年。我们将庆祝建国50周年，我国政府将对澳门恢复行使主权，我国人民将以改革开放的新成就，迎接新世纪的到来。1998年12月召开的中央经济工作会议，在总结1998年经济工作，分析当前国内外形势的基础上，确定1999年国民经济宏观调控的主要预期目标是：国内生产总值增长7%左右，居民消费价格涨幅在4%以内，商品零售价格涨幅在2%以内，城镇登记失业率控制在3.5%左右。根据中央经济工作会议精神和全国经贸工作会议对内贸工作提出的要求，经国家内贸局党组研究，1999年商品流通工作的奋斗目标是：千方百计开拓城乡市场，全国社会消费品零售总额实际增幅达到9%左右，全社会生产资料销售总额实际增幅达到7%左右；坚决打好国有流通企业改革与脱困的攻坚战，商业、物资系统亏损面和亏损额，比1998年减少1/3以上。

要完成这个目标，我们具有很多有利的条件。首先，从宏观环境来看，20年的改革开放和现代化建

设，为我国经济的进一步发展，奠定了坚实的物质基础；1998年以来实行的扩大内需的战略决策，特别是拉动经济增长的积极的财政政策，1999年将会显示出更大的效应。从1998年下半年起，国家加大了固定资产投资力度，这不仅可以直接拉动一直低迷的生产资料市场，而且这些投资的30%～40%，还会间接转化为消费资金，增加购买力，扩大生活用品的销售。其次，从国内商品市场的发展趋势看，在1991—1998年期间，我国的社会消费品零售总额扣除物价因素后，实际增长速度平均达到10%左右，其中有六年的增幅都达到两位数。出现这种持续高速发展的情况，最根本的原因是我国国民经济持续快速健康发展，人民群众购买力不断提高，同时和我国当前的消费结构也有很大关系。我国城乡居民家庭食品支出占全部消费性支出的比重，占到一半以上，由于食品支出是稳定的，因此虽然我国居民的消费支出增幅减缓，但一般不会出现大幅度的下滑。第三，中央明确提出要把扩大内需、满足国内投资和消费需求，作为经济发展的长期战略和基本立足点，特别是大力开拓农村市场已经成为全国上下的共识，各部门都在采取各种有效措施，我国城乡市场的巨大潜力将会被逐步释放出来，成为扩大内需的重要内容。从各方面分析，1999年的最终消费对于国民经济增长的贡献率，仍将保持在50%以上，将继续对我国国民经济的发展起到拉动作用。

在看到有利条件的同时，我们也必须清醒地看到前进道路上出现的新情况、新问题，充分估量已经遇到和可能遇到的各种困难，研究对策，采取措施，趋利避害，争取主动。从国际环境分析，亚洲金融危机的影响仍在加深，不少周边国家今年经济仍可能出现负增长，世界经济将进入增长趋缓的调整期。这样的外部环境，对国内商品市场产生的负面影响，一是出口仍然非常困难，部分商品将转入国内市场，加剧国内市场的竞争；二是国外商品低价进口，对国内市场特别是生产资料市场销售，可能产生不利影响。从国内市场分析，也存在不少的困难，主要有：重复建设造成大量生产能力过剩，据商业信息中心预测，1999年上半年605种主要商品中，只有棕榈油一种供不应求，而供过于求的商品占总数的72%，比1998年下半年增加了38个百分点；流通秩序比较混乱，市场分割、监管不力以及无序竞争等问题还比较严重；特别是江总书记在中央经济工作会议上所讲的：“城镇居民的收支预期尚未出现明显好转，农民收入增长放慢，最终消费需求不旺”。因此，开拓市场、扩大销售需要作长期、艰苦的努力，很难取得立竿见影的效果。从内贸企业的形势分析，由于改革滞后、包袱沉重、冗员过多等原因，国有商业、物资企业的经济效益严重下滑，出现多年的全行业亏损，相当一批企业亏损累累，甚至资不抵债，在市场竞争中的前景不容乐观。

总之，综观国内外形势，商品流通的发展既有良好的机遇，也面临着困难和挑战。江总书记在分析1999年形势时指出：“对可能遇到的各种困难和风险，宁可估计得严重一些，把措施考虑得充分一些。心中有数，才能应对自如。还是那句话，做最坏的准备，尽最大的努力，争取最好的结果。”我们要正确分析形势，增强信心，真抓实干，千方百计克服困难，完成1999年的奋斗目标。

三、1999年商品流通工作的重点任务

根据中央经济工作会议的精神和全国经贸工作会议的具体部署，国家内贸局党组认为，1999年的内贸工作要围绕扩大国内需求、促进经济增长这个中心，坚持一个开拓，实现两增两减，抓好三种商品，推进四项改革。坚持一个开拓，就是要把开拓城乡市场，特别是开拓农村市场作为内贸工作的重中之重。实现两增两减，就是要确保1999年社会消费品零售总额实际增长幅度，继续高于国内生产总值的增幅，达到9%左右；生产资料销售总额实际增长幅度超过1998年，达到7%左右；商业和物资行业的亏损面和亏损额明显减少，减亏幅度达到1/3以上。抓好三种商品，就是要抓好以肉类、蔬菜、食糖等重要商品的市场调控，同时搞好其他重要消费品和生产资料的市场流通。推进四项改革，就是要推进连锁经营、代理制、物流配送、再生资源与旧货流通行业的改革，发展新型营销方式和流通产业。吴仪国务委员和国家经贸委在听取国家内贸局党组汇报后，充分肯定了这几项任务，要求我们认真地抓好落实工作。

要完成上述任务，必须做好以下几项工作：

1. 努力开拓城乡市场，促进消费需求，拉动经济增长。中央经济工作会议提出，要把促进消费需求的增长，作为拉动经济增长的一项重大措施。扩大内需、开拓市场是一项系统工程，需要各级政府和有关部门共同努力，但商品流通主管部门是责无旁贷的。江总书记指出：“要千方百计地开拓城乡市场，特别是农村市场。”我们要把这项工作真正摆到重中之重的位置上，真正做到“千方百计”，抓出明显的成效来。

(1) 跟着中央扩大内需的部署走，通过“四个结合”开拓农村市场。开拓农村市场的根本途径，在于努力增加农民收入。我们要继续努力做好农副产品的收购工作，通过市场信息引导农民调整、优化农业结构，发展贸工农、产供销一体化组织，帮助农民解决部分商品的“卖难”现象，增加农民收入，提高购买力。

从1999年工作来看，要紧紧抓住中央加大基础设施建设投资力度这个极好的机遇，搞好生产资料和生活资料供应，抓住“四个结合”，扩大农村市场的商品销售。一是要结合改造农村电网、整顿农村电价、降低收费的措施，积极组织输变电设备、器材的供应，扩大家用电器和其他连带商品的销售；二要结合发展小城镇的战略，抓住灾区移民建镇的机遇，努力扩大建材、装修材料和日用消费品的销售；三要结合加大固定资产投资规模，争取有关部门的支持，用农民需要的生活和生产资料，进行实物形式的以工代赈；四要结合以水利为重点的农业基本建设，组织物资企业积极参加项目招标，扩大水泥、钢材等重要生产资料的销售。

(2) 总结开拓农村市场的试点经验，推动全国农村市场的发展。国务院领导同志非常重视开拓农村市场试点的工作，吴仪国务委员明确指示，内贸局要直接抓几个试点地区，总结经验，指导面上的工作。1998年12月，吴仪国务委员还亲自和试点市、县、镇的负责同志进行了座谈。1999年，国家内贸局除了要直接抓好去年确定的三个试点地区外，还将增加江苏苏州、河南漯河市这两个试点地区。要按照已经确定的试点工作计划，抓实抓细，重在实效。1999年下半年，我们将在试点地区召开一次现场会，进行总结交流，推广典型经验。全国各省、区、市流通主管部门，也都要抓点带面。省级流通主管部门至少要抓一个地区、一个县（市）的试点，密切联系，工作到位，一级抓一级，研究和探索开拓农村市场的具体方式和经验，推动农村市场的进一步开拓。

(3) 研究和培育新的消费热点，扩大城镇市场销售。在目前的社会消费品零售总额中，城镇居民消费占60%以上。我们要在重点开拓农村市场的同时，认真分析不同城市、不同层次和类型消费者的心理，搞好城镇消费需求的调查研究，工商联手，共同研制、开发适销对路的商品，进一步扩大城镇市场的销售。从当前的城镇消费品市场看，在总体销售不振的情况下，仍然存在着一些“亮点”，孕育着商机。目前，城镇居民的消费水平已由“温饱型”转向“小康型”，提高生活质量成为新的趋势和潮流。据市场调查，广大消费者对含有数字技术等新技术的彩电，符合环保要求和具有保鲜等新功能的冰箱，冬夏两用的冷暖空调器，减轻家务负担的厨房专用电器，电脑和通讯器材，绿色食品、方便食品，以及具有新特点的“老字号”商品等，都表示出一定的购买愿望。据专家预测，1999年彩电市场需求量将比1998年增长18%。我们要抓住这些市场热点商品，扩大销售。

各种类型的商品展销会、订货会，在目前形势下仍然具有强大的生命力。要在统一规划、加强管理、合理安排、规范运作的前提下，继续办好上海、天津、郑州商品交易会，办好不同商品的专业交易会、订货会，充分发挥它们在开拓市场、扩大销售中的积极作用。

(4) 进一步发展餐饮等服务消费，拓宽消费领域。随着社会的发展，服务消费在最终消费中的比重，将会不断提高。我们要主动顺应潮流，适应市场消费需求，不断开发以大众化为特色的餐饮服务市场，继续发展美容美发、照相、洗染、印章、修理等传统服务业，把已经取得成功的“厨房工程”、“早点工程”、“中式快餐”等，推广到所有大中城市，积极发展快餐送餐、大众宴席、国内旅游、家庭服务、经济适用旅馆等新的服务领域，引导传统的服务业向家庭服务、社区服务和团体单位服务延伸。1999年，全国餐饮服务业的营业额，要争取比1998年实际增长16%左右，继续成为商品流通行业中扩大销售的排头兵，并吸纳更多的下岗职工再就业。商办工业要搞好结构调整，实施品牌战略，保持名厂、名品和老字号龙头企业的传统优势，加快科技进步和技术改造步伐，不断开发出新的精品和特色产品，满足广大消费者的需求。

(5) 研究新的消费政策，刺激消费需求。满足人民群众的物质文化需求，是经济发展的最终目的，也是经济发展最根本的推动力。中央经济工作会议明确提出，要把扩大国内需求、开拓国内市场，作为我国经济发展的基本立足点和长期战略方针，并且决定采取提高低收入阶层的收入水平、积极推进社会保障体系建设等措施，必将会推动商品市场的发展。1999年有建国50周年、澳门回归等重大节日，又适逢世纪之交，这也必然有利于商品市场的发展。各级流通主管部门，要紧紧抓住商机，高度重视市场经济下的消费问题，研究消费环境与条件，采取有效措施，引导和刺激消费。中央已经确定，要采取扩大消费信贷的措施来带动消费，并且具体提出在家电产品中也可以推行分期付款。商品流通主管部门，要同金融、保险等部门抓紧协商，扩大信用消费范围，研究制定具体配套措施，尽快把分期付款的方式从住房、汽车，扩大到家用电器、大型农机具、家具等商品。

(6) 抓好重要商品的市场调控，保证商品市场的繁荣和稳定。开拓市场和调控市场，都是流通部门市场管理职能中的重要内容。在商品市场从卖方市场转向买方市场的情况下，我们要适应形势的变化，改进工作方式，学会和掌握在商品供应充裕情况下进行调控的方式，保持市场的繁荣与稳定，维护好生产者和消费者的利益。要继续规范和完善中央与地方两级储备商品管理制度，并加强相应的储备设施建设。最近，国务院领导同志又作出批示，要求进一步加强和完善食糖储备工作。要适时动用副食品风险基金，组织生猪、蔬菜收购和区域间调运，稳定市场供应。要按照内贸局“三定”方案的要求，做好重要商品市场的布局规划，特别要重视提高和完善农副产品批发市场的功能。要协助有关部门，制定重要生产资料的供需平衡计划，组织好国家订货和产需衔接，确保国家重点工程项目和国防军工生产的顺利进行。

我们在努力开拓国内市场的同时，也要利用一切可能向国外市场拓展。已有进出口经营权的内贸企业，要努力巩固传统市场，积极开拓拉美、非洲、东欧、独联体等新的市场。根据国务院指示，即将通过招标选择内贸企业到俄罗斯开办商场，我们要认真做好这项工作。中外合资合作经营的商业企业，要增加国内商品的采购，并努力把我国商品打入外方合作者在国外的销售网络，扩大出口。

2. 加大流通企业改革的力度，扭亏脱困要有新的突破。中央要求用3年时间，通过改革、改组、改造和加强管理，使大多数国有大中型企业摆脱困境。1999年是实现这一目标的关键一年。商业、物资行业已经连续几年全行业亏损，今年在深化改革和扭亏增盈方面必须有新的举措，确保国有商业和物资企业减亏1/3目标的实现。

对国有大型流通企业的改革和扭亏工作，要坚定不移地贯彻落实中央的方针政策。首先，要按照中央经济工作会议精神，卡住一头，稳住一头，看住一头。卡住一头，就是要坚决制止流通领域的重复建设，在大型零售商场已经出现过度竞争的地方，下决心停止审批新的大型商场；对批发市场建设，也要加强规划，避免出现“有场无市”的现象；对资不抵债、亏损累累、扭亏无望的流通企业，要争取有关部门的支持，态度坚决而又积极稳妥地采取停业整顿或撤销、兼并、破产等措施。稳住一头，就是要稳定职工队伍，做好下岗职工基本生活保障和再就业工作，确保国有企业下岗职工基本生活，确保企业离退休人员养老金按时足额发放。减员增效是国际上企业扭亏的通行做法，不仅亏损企业要减员，盈利企业也要减员，通过减少冗员提高效率和效益。看住一头，就是要切实加强国有大中型企业领导班子考核和调整工作的指导，选择那些政治思想素质好、懂经营、善管理、廉洁自律的优秀人才担任企业领导人，特别是要选好一把手。要按照中央的要求，支持有关部门建立约束与激励机制，对因经营不善而亏损的企业一把手，一年黄牌警告，二年撤职换人；对经营实绩好的，大胆给予奖励。其次，指导内贸行业抓紧对现有大型流通企业进行公司制改造，并继续推进流通企业的集团化，尽快在全国范围内形成一批具有较强实力和市场竞争能力的大型流通企业集团。组建集团要以有利于优化资源配置和体现流通功能性作用为标准，不能搞“拉郎配”，更不能硬性拼凑。近一两年，国外特别是经受金融危机的国家，都在对经营范围过宽的集团，进行突出主导产业的重组，主动从不熟悉的经营领域中退出。这种现象值得我们研究和借鉴。要结合党政机关与企业脱钩工作和全国经贸工作会议明确的政策，争取享受兼并破产和上市筹资等政策，进行企业重组，优化资源配置。

对国有中小流通企业的改革和扭亏，要全面准确地理解并正确贯彻党的十五大精神，防止把国有小企业改革片面归结为一个“卖”字，而要采取改、转、租、卖或股份合作制等多种形式。向社会上出卖小型流通企业，必须严格遵守法律规定的程序，坚决制止名为卖实为送，半卖半送，逃废银行债务，规避安置职工的错误做法。要采取积极措施，争取扶持政策，支持中小流通企业的发展，充分发挥其在扩大就业、开拓市场、方便人民生活、促进社会稳定、推动经济发展方面的作用。

各级商品流通主管部门，要对批发、商办工业等重点亏损行业，以及亏损额巨大的企业，进行有针对性的分析，区别情况提出具体的扭亏措施，并结合扭亏责任制的实行，建立科学的考核体系和赏罚分明的激励机制。要在流通企业中学习与推广邯钢经验，在资金管理、费用及成本管理、商品进货与库存管理等方面建章立制。企业要落实“两则”、“两制”，建立内部财会管理制度，完善国有资本金管理。流通企业减亏增效，要通过深化改革，加强管理，扩大经营，绝不能违规违纪甚至违法经营，绝对不允许参与走私、贩私、偷税、逃税、骗汇、套汇等违法活动。

3. 以规范化和规模化为重点，继续推进新型营销方式的改革。这几年，各地营销方式方面的改革取得显著成效。1999年要进一步总结经验，以规范化和规模化为重点，充分发挥现代营销方式在开拓市场、扩大销售，特别是开拓农村市场方面的积极作用。

城市大型零售企业、连锁公司和配送中心，要按照镕基总理在中央经济工作会议上的讲话要求，到农村发展销售网络，积极探索连锁经营等新的流通方式，把连锁和服务网络从中心城市向中小城市延伸，向县城和经济发达地区的集镇发展，保障城乡商品流通渠道的畅通，扩大对农村地区的销售。物资流通企业要在农村发展配送网络，增加煤炭、散装水泥、建材的销售。从国际经验看，特许连锁具有很大的经营和发展优势，但在我国发展还不快。要在建立和完善相关法规的前提下，加快我国特许经营的发展速度。代理制要进一步规范，扩大生产资料代理品种，增加代理数量，扩大代理规模，并逐步推进佣金代理等多种代理方式的尝试。第一批生产资料代理制试点企业的政策性亏损，有关部门正在进一步核实，准备采取适当方式解决。在消费品代理中，联购分销、总经销、总代理、品牌经营、定牌监制等传统方式，经实践检验是行之有效的经营方式，要在新的市场形势下不断加以规范，逐步完善。配送中心不仅是连锁企业的重要组成部分，没有配送中心就不能算是真正的连锁，而且也是发展现代物流的关键环节之一。国外把改善物流，称之为“新的利润源泉”。根据我国商品流通的现状，要把物流配送中心的建设，同批发、储运企业改革结合起来，避免重复建设。要着重发展社会化的配送中心，在为本企业服务的同时，面向全社会其他用户，努力扩大配送范围，充分发挥规模效应。

连锁、代理、配送等营销方式，都具有较高的科技含量，需要采用电子计算机、网络技术等先进手段，要随着新型营销方式的推进，相应做好新的技术手段和现代管理方法的推广工作。要关注和研究电子商务等新型营销方式的发展，迎接知识经济时代的挑战。在推进新型营销方式的工作中，我们要继续争取国家的扶持政策，继续进行国外智力引进和中外技术交流的工作，但最根本的发展动力，还是要靠新型营销方式自身的优势和生命力。

租赁与旧货交易目前处于试点阶段，拍卖业近几年虽然发展较快，但总的经营规模也还不大。在新的市场形势下，再生资源利用的重要性日益突出，搞好这项工作不仅体现了物尽其用，而且对于实现可持续发展，满足不同层次的消费需求，促进生产和环境保护等方面，都具有重要意义。对这几个行业，我们要在以往工作的基础上，一方面加强管理，严格规范，强调自律，适度发展；另一方面积极争取相应的税收、资金等方面的扶持政策，支持这些新兴行业的健康发展。

4. 加强与改善对全社会商品流通的行业管理。国务院确定国家内贸局是“主管国内商品流通的行业的行政机构。”并且决定各级政府部门与所办企业彻底脱钩，不再直接管理企业，以主要精力抓好全社会商品流通的行业管理。各级商品流通主管部门，要适应这种重大转变，从指导思想、工作方式以及职能、手段等方面，切实履行起管理全社会商品流通的职能。今年，着重要做好以下几个方面的工作：

(1) 加强行业规划、行业法规、产业政策的制定与实施工作。依法治国是我国的基本方略，商品流通也要由主要依靠行政管理，改为依法管理，即通过行业规划、行业标准、行业法规，对全社会商品流通实行行业管理。今年，国家内贸局拟做好《拍卖法实施细则》、《煤炭经营管理条例》、《连锁经营管理条例》、《旧货经营管理条例》等项法规的牵头起草和协调工作，并继续抓好其他重要的法律法规的研究论证。各地商品流通主管部门也要结合本地实际，进一步加大地方立法工作的力度。制定行业规划、行业标准，也是依法管理的重要内容，要会同有关部门做好这项工作，为加强对全社会商品流通的行业管理，提供依据，创造条件。当前，有关部门正在进行“十五”计划的起草准备工作，我们要积极提出建议，使商品流通更好地发挥指导生产、引导消费的先导性产业功能。制定产业政策是政府管理经济的重要职能，也是实施行业管理的一项内容，我们要加快制订科学的流通产业政策，确定鼓励与扶持发展的重点和限制发展的领域，实施对全社会商品流通的管理。

(2) 从具备条件的部分行业入手，逐步实现对全社会商品流通的管理。拍卖、生猪屠宰、旧货交易、散装水泥、生化制药、再生资源、老旧汽车更新等行业，国家已经通过法律、法规和规章，明确由商品流通部门进行管理，并赋予商品流通部门生猪屠宰行政执法权。最近，经镕基总理、邦国副总理和吴仪、王忠禹国务委员批示同意，决定由内贸局会同有关部门，制定定点屠宰厂（场）的建设标准、新的国家肉品卫生检验规程及相关技术标准，在出口企业推行相应的卫生质量控制系统，并建立屠宰技术鉴定中心。国家内贸局近日还将会同卫生部、国家工商局联合发文，加强对非法流入市场的肉类的管理。我们要认真履行国家赋予我们的职责，在各级政府的领导和有关部门的协同下，依法行政，从严执法，理直气壮地面向全社会进行管理。试办中外合资合作流通企业的工作，要继续按照国务院的统一要求，做好对中外合资零售商业企业的清理、整顿和规范工作，监督和指导外商投资传销企业的转型工作，并做好进一步扩大流通领域对外开放的各项准备工作。

(3) 发挥社团等中介组织在行业管理中的作用，做好信息发布工作。社会团体是政府部门和企业之间联系的纽带和桥梁，各级商品流通主管部门要依法规范加强对行业社团的管理和指导。社会团体应该成为面向全社会的行业组织，吸引不同所有制的流通企业参加，在行业规范、行业自律和行业管理中更好地发挥作用。今后，社团组织的生存与发展，除了业务主管单位给予必要的支持外，主要依靠为广大会员提供良好的服务。能否面向全社会，能否为行业提供良好的服务，将成为社团组织的生命线。

在市场经济条件下，信息已经成为企业经营和政府决策的重要依据。各级商品流通主管部门及其所办的信息机构，要采用电子计算机、网络技术等新的科技手段，在做好统计、预测基础工作的同时，加强消费趋势、市场热点、商品需求分析，及时进行发布，改变目前信息渠道过多、信息重复、时间滞后、准确度差等问题。要把信息系统建设的重点，放在信息源的开发利用上来。要加强各级流通主管部门、各信息机构之间的联系与合作，实现信息共享，加快实现信息系统的智能化、网络化和多媒体化。

(4) 推进“科技兴贸”战略，依靠科技进步发展商品流通。不论是调整、优化流通产业结构，还是培育新的经济增长点；不论是提高市场竞争能力，还是开拓新的市场，商品流通中这些深层次矛盾和问题的解决，归根结底有赖于科技水平和创新能力的提高。国家内贸局机构改革后，成立了科技质量管理中心，受局委托进行行业科技质量工作的归口管理。各地商品流通主管部门，要注意研究地方政府机构改革后，可能出现的一些新情况，确保“科技兴贸”战略的继续实施。国务院已经决定，委管国家局所属的科研机构，今年上半年内要实行属地化管理，目的是鼓励这些科研机构的科技力量进入企业，或与企业联合、合作，切实发挥企业在促进科技产业化方面的主力军作用。各级商品流通主管部门和流通企业，要继续保持并加强同原内贸系统院校、科研机构的合作，依靠科技进步，推动商品流通产业的进一步发展。

(5) 继续抓好行业精神文明和内贸职工队伍建设。搞好内贸行业的精神文明建设，是完成开拓市场、扭亏脱困攻坚战的重要保证，也是增强行业凝聚力、加强行业管理的一项重要措施。我们要按照中央的统一部署，深入开展“讲学习、讲政治、讲正气”的教育，并按照中央部署，在县级以上领导干部中，以整风的精神，开展以“三讲”为主要内容的党性党风教育。要在内贸系统继续开展机关“三优一满意”活动，流通企业“百城万店无假货”、“青年文明号”、“巾帼建功”等活动，努力建立一支思想正、作风硬、素质高的商品流通职工队伍。内贸系统各级干部和广大党员，要认真贯彻落实江总书记最近提出的“学习、学习、再学习，实践、实践、再实践”的号召，坚持用马克思主义理论指导实践，用各种知识丰富提高自己，推动我们的事业不断向前发展。要认真学习刚刚结束的中纪委三次全会文件，学习江总书记在全会上的重要讲话精神，贯彻落实全会提出的各项措施，标本兼治，综合治理，坚定不移地推进党风廉政建设和反腐败斗争。各级领导干部要在廉洁自律方面发挥表率作用，促进廉政勤政建设。要坚决查处违法违纪案件，深入纠正行业不正之风，抓好思想教育和制度建设，加大标本兼治的力度，探索通过改革从源头上预防和治理腐败的途径。要充分发挥行政监察职能，继续抓好执法监察和效能监察，保证政令畅通。各级商品流通主管部门的领导干部，都要重视纪检监察工作，支持纪检监察机关履行职责，保证内贸系统两个文明建设的健康发展。最后，我想再强调一下安全问题。

1999 年，地方政府的机构改革将要开始，各级商品流通主管部门，要努力做到机构改革和商品流通工作两不误，不使工作受到影响。国家内贸局党组相信，尽管内贸工作的任务十分繁重，只要我们坚决贯彻落实党中央、国务院的部署，1999 年的商品流通工作一定可以比 1998 年做得更好，为国民经济和社会全面发展作出新的贡献。

（作者所在单位：国家国内贸易局）

1998 年中国消费品市场发展情况

国务院发展研究中心市场经济研究所“中国市场化进程实证研究”课题组

一、1997 年消费品市场运行的主要特点

1. 市场物价稳定回落，消费品市场继续保持稳定增长态势。1997 年市场物价继续在低位运行，涨幅稳步回落。全年居民消费价格仅上涨 2.8%，商品零售价格仅上涨 0.8%，涨幅比上年分别回落了 5.5 和 5.3 个百分点，且较大幅度地低于 8% 和 6% 的全年物价控制指标。价格涨幅是自改革开放近 20 年以来的最低点。市场价格变动总体上呈现涨幅低、波动小、逐月回落的特征。从同比价格变动情况来看，各月居民消费价格增幅均不超过 5.9%，商品零售价格涨幅都低于 3.3%；商品零售价格和居民消费价格涨幅最大月份均为 1 月，分别为 3.3% 和 5.9%，以后则逐月下降；特别值得注意的是，自 1997 年 10 月商品零售价格月同比指数开始出现下降趋势，10、11 和 12 月分别比上年同期下降 0.4%、0.8% 和 1.2%；从环比价格的变动情况来看，商品零售价格和居民消费价格月平均下降 2.2 和 0.5 个百分点，与 1996 年 0.30 和 0.56 个百分点

的月均上涨幅度相比，形势已发生了明显的变化。

在价格大幅度回落的同时，消费品市场并没有出现像1990年社会消费品零售总额仅增长0.4%那样的市场疲软现象，而是呈现出平稳快速发展的态势。1997年全社会商品零售总额实现26843亿元，比上年同期增长11.1%，扣除物价上涨因素实际增长10.2%。高于GDP增长速度1.4个百分点。这是自1995年以来，社会商品零售总额连续三年超过经济增长速度。

2. 消费品市场供求总量关系有实质性变化，买方市场格局日趋明显。我国消费品市场经过近二十年来的高速增长和量变积累，消费品市场格局发生了一些明显的变化，出现了一些不同以往的新特征。表现在消费品市场的供求总量关系上，包括粮食、农副产品、各种工业消费品在内，1997年绝大部分消费品已经达到供求平衡或供过于求。据内贸部对600余种商品的统计，1997年下半年供求平衡和供过于求的商品比重已达98.4%。其中供过于求的商品有195种，比重达31.8%，已接近1/3，与1997年上半年相比，增加了26.5个百分点，其增长速度十分明显，表明市场供给总量迅速扩大，市场约束日益明显和增强。但由于消费者收入水平、一些体制性障碍等因素的限制，新的较高水平的购买力尚未形成，因而对某些较高档次的发展型、享受型需求尚处于“可望而不可及”的状况，使绝大多数商品不同程度地出现供过于求、相对过剩的局面。上述现象说明，我国消费品买方市场的格局正在加速形成，消费品市场的发展将进入以“买方市场”为特征的新发展阶段。

3. 流通领域竞争激烈，市场呈现不均衡发展状况。1997年流通领域的竞争更加激烈，不仅存在着国内不同企业、不同所有制、不同业态之间的竞争，而且还有来自境外实力雄厚的国际商业集团的竞争。从城乡市场来看，农村市场与城市市场同步发展，1997年城市消费品零售额为16395亿元，实际增长10.9%，县及县以下消费品零售额10449亿元，实际增长9.2%，农村市场的销售额增长率仍然低于城市市场；从不同地域市场来看，东部、中部地区市场发展继续快于西部市场，1~9月增长最快的湖北省与增长最慢的新疆之间，增幅差距为18个百分点。

从企业层面来看，不同所有制类型企业之间的发展也不尽平衡，市场竞争不仅存在于国内不同所有制、不同流通渠道、不同业态之间，还有来自境外实力雄厚的商业与国内商业的竞争。从今年各种所有制的市场份额来看，国有及国有控股经济为27%，集体经济为18%，个体经济为33%，股份制经济为1.5%，外商及港澳台经济为1.7%，私营经济为3%，其他经济为18%。从销售增长率来看，国有和集体流通企业销售增长缓慢，销售额的增长率分别为4.3%和7.1%，而私营、联营、股份制及外商投资零售企业的销售额增长率均超过25%；从不同业态的发展来看，大型商场的销售额继续下滑，而连锁店、便民店、超市、专卖店及仓储式商店等新兴业态的销售普遍呈现快速增长趋势，市场份额不断提高。据统计，目前全国已有连锁商业公司1000多个，连锁门店15000个，经营范围已由日用消费品发展到机电、农机等产品的销售领域，并有14个连锁企业被授予进出口经营权。特别是在一些大中城市，连锁商店的销售额已经达到当地全社会商品零售总额的5%以上，销售增长幅度明显超过了传统的零售商店，成为极具增长潜力的新型零售业态组织。

4. 消费心理日趋稳定成熟，消费需求选择性明显增强。从1997年10月1日起，中国进出口关税水平由23%调低至17%，降税幅度达26%，共涉及计算机、汽车、小麦、水果等在内的约4874个税号商品。一些重要商品如食品、日用品和耐用消费品的税率在此次调整中都有较大幅度的降低。10月23日中国人民银行再次下调了存贷款利率，平均下调幅度分别为1.1和1.5个百分点。这些举措对国内消费的影响并不强烈，这也表明我国居民对政策调整的心态已越来越趋向平和、积极和理性，消费心理更加成熟稳定。

从消费需求来看，理智消费、按需购买已成为消费行为主流和居民购物的基本原则。但由于收入水平差距日趋明显，消费者对商品质量、档次、品牌、价格及服务要求的差别越来越大，需求档次逐渐拉开，选择性大大增强。表现在消费品市场销售上，两极分化特征十分明显，即名优商品十分畅销，一般商品平销，而一些非名牌商品则严重滞销。据国家统计局对100种商品市场占有率排在前3名的300种国内外品牌的调查显示，300种品牌中，国内品牌有190种，占品牌总数的63.3%；市场占有率前3名均为国内品牌的商品有41种。从品牌的分布来看，食品及烟酒类商品国内品牌的市场占有率在22.2%~74.1%，家用电器等耐用消费品国内品牌市场占有率在41.5%~64.5%，服装的国内品牌市场占有率在11.1%~31.7%。

5. 新型流通组织发育发展较快，市场体系建设更趋完善。1997年流通组织创新的进展是十分引人注目的。首先，以连锁经营为代表的新型零售商业组织的成长十分迅速，1997年全国已有连锁公司1000余家，连锁门店达15000个，分别比1996年增长25%和50%。其次，通过资本扩张、兼并、联合等形式和途径，一些新型流通企业集团正在形成和发展，如北京西单商场集团和北京友谊商业集团通过兼并形成了中国最大的零售商业集团。第三，生产企业向流通领域扩张趋势日益强烈，一些专营性流通网络初步形成。某些名牌生产企业，如春兰、鄂尔多斯、长虹等企业通过建立区域性销售公司、专营门店、与零售批发企业建立代理契约关系等方式，建立了适应自身产品流通特性要求的商品销售网络，提高了商品流通效率。

在消费品交易市场建设发展方面，1997 年比较显著的特征是：①消费品市场建设继续保持稳步发展态势，市场体系进一步完善。1997 年全国各类消费品市场总数已达 87000 余个；②批发市场建设成为市场体系完善的一个重点，1997 年全国各类批发市场总数已达 14400 余个。特别是农产品批发市场发展较快，初步形成了以中央批发市场为核心、以区域性地方批发市场为主体的农产品流通体系；③消费品交易市场的功能和作用有所提高，在满足提供交易场所的基本功能的基础上，在商品展示、信息交流、衔接产需等方面发挥着越来越重要的作用，例如上海的世贸商城，是一种集商品展示、交易等多功能于一体的新型消费品交易市场；北京大钟寺农副产品批发市场建立的信息中心和信息发布制度，为市场的交易者、产地市场及生产者提供了及时的信息服务。

6. 流通领域对外开放继续稳步推进，引进外资质量有所提高。自 1992 年以来，我国流通领域对外开放的试点工作取得了实质性的进展。至 1997 年年底，经国务院正式批准的零售商业中外合资试点企业为 18 家，分布于 6 个城市和 5 个经济特区，已经开业经营的为 14 家。它们的共同特点是：商业设施较为先进，经营管理观念新颖，经营方式独特，管理方法和手段比较科学。表现在经营业绩上，知名度迅速扩大，市场份额上升显著，盈利水平十分可观。尤其值得注意的是，引进外资的质量有所提高，改变了以往只注重引进资金数量，而忽视合资伙伴经营管理实力的做法，一些国际知名的商业企业开始进入中国的零售商业领域，如沃马特（Wal－Mart）、万克隆（Makron）、伊藤洋华堂等。与此同时，针对目前一些地方政府及其主管部门越权审批中外合资零售企业的混乱现象，1997 年国务院和国家有关主管部门进行了较大力度的清理整顿，及时地制止了零售商业领域盲目引进外资的行为，为今后更加稳步和高效地推进流通领域对外开放工作奠定了基础。

7. 消费品市场法律法规建设进一步完善，市场流通秩序有明显好转。由于国家和地方有关管理部门多方面的努力，1997 年消费品市场法律法规建设又有新的进展，市场流通秩序得到明显的改善。第一，继续加强市场法律法规建设，1997 年国家有关部门颁布和制订了一系列有利于消费品市场健康发展的规章制度，如出台了《拍卖法》、《生猪屠宰管理条例》、《商业特许经营管理办法》等法规，建立了拍卖师和推销员职业资格考试制度，制定了餐饮、旅馆等行业的开业标准，等等。第二，国家和地方有关管理部门加大了市场建设的规划和管理力度，较好地避免了有形市场的盲目建设和发展，有针对性地加大了农产品批发市场、旧货市场、租赁市场建设力度，市场体系得到进一步完善。第三，国家有关管理部门联合倡导和组织了一些有益净化市场流通秩序活动，如“百城万店无假货”和“工商联手，开拓市场”等活动，取得了较好的社会效益。

二、消费品市场运行中存在的问题及其成因分析

1998 年消费品市场在保持稳定发展的总趋势中，也还存在着一些问题和矛盾。这些问题和矛盾不仅应引起宏观层次的政府及有关决策部门的注意，更应引起微观层次的生产和销售企业的重视。

1. 消费品市场供求结构矛盾十分突出。目前，在我国消费品市场上，包括粮食、农副产品、各种工业消费品在内的大部分消费品已实现了供求平衡或供过于求，许多消费品的生产水平已具世界领先地位。然而，在人均消费品的实际消费量和拥有量方面，我国仍然处于比较低的水平上。这种现象表明，我国消费品市场还没有完全饱和，其发展潜力还非常大。因此，当前消费品市场出现的买方市场格局，并不是真正意义上的生产过剩。造成这种现象的原因是，消费品市场供求结构矛盾日益突出。消费品市场供求结构矛盾的主要表现是：

（1）供求增长中的结构矛盾。1997 年我国工农业生产发展继续保持了良好的发展势头。全年完成工业增加值 31752 亿元，比 1996 年增长 11.1%，其中，轻工业完成增加值 14680 亿元，比 1996 年增长 11.7%。粮食产量达到 49250 万吨，是历史上第二个高产年，其他各种农作物也有不同程度的增长。但是，居民的商品性消费需求却呈现出缓慢下降趋势。其主要原因，一是城乡居民收入增长趋缓。1997 年全国城镇居民人均可支配收入 5160 元，比 1996 年实际增长 3.4%，增幅回落了 2 个百分点；农村居民人均纯收入 2090 元，比 1996 年实际增长 4.6%，增幅回落了 3 个百分点。二是居民消费支出结构发生了变化。食品、衣着等传统商品的消费支出比重继续下降，1997 年恩格尔系数为 46.4%，比 1995 年下降了 3.5 个百分点；衣着类消费支出出现负增长势头，人均消费比 1996 年减少 1.3%；而非商品性消费支出增长迅速，其中非储蓄性保险支出增长 42.9%，医疗保健支出增长 25.4%，教

育支出增长23%，居住支出增长19.2%。同时，居民用于股票和国债的投资也增长较多。由于支出分流的进一步扩大，城乡居民商品性消费支出受到一定影响，加上当前消费品市场缺乏消费热点，使1997年消费品市场各月销售额增长呈现缓慢回落的走势。

(2) 供给趋同性和消费的差异性之间的矛盾。中国消费市场规模之大，为世界所瞩目，但消费的差异性也十分突出。这种差异性不仅存在于城乡之间、区域之间，更主要地存在于不同收入水平的消费群体之间。随着改革开放的进一步深化，消费者收入水平的差距已明显增大，1997年城市居民最高收入与最低收入的差距为6797元，比改革开放之初的1980年扩大了近10倍；1997年城乡居民人均收入差距为2654元，比1980年扩大了5.2倍。由于收入差异的增大和其他社会经济因素的影响，消费者在不同商品的需求时间、层次等方面和同类商品的花色品种、价位、功能等具体内容方面来表现出较大的消费差异。而我国消费品市场的供给，却是针对短缺经济而形成的"大而全、小而全"式的趋同性结构。因此，不难看出当前消费品市场供求之间存在着十分尖锐的结构性矛盾。

2. 商业企业经营效益普遍较差，破产倒闭有扩大趋势。商业企业经营效益近年来一直不近如人意，1997年则普遍在低谷徘徊。这主要表现在两个方面，第一，大型百货商业企业和其他一些传统零售业态企业效益滑坡较大。1—11月份全国重点百货零售企业实现利润总额比上年仅增长3%，其中有53.4%的企业利润为负增长，有38家企业为净亏损。由于经营困难，部分企业已关张停业，特别是在北京、上海、成都等一些大中型城市，普遍出现了大型百货零售企业的倒闭和停业现象，引起了社会的广泛关注。第二，国有商业企业全行业亏损的局面进一步加剧。国有商业企业出现全行业亏损局面始于1995年，进入1997年亏损的势头有增无减，1—9月份，国有商业企业亏损比上年同期上升71.6%，其中粮食经营企业亏损上升98.3%，供销社系统亏损上升35.2%。

商业企业经营效益滑坡的主要原因：第一，商业企业经营管理水平普遍较低。许多经营亏损和效益较差的企业，其经营管理人员普遍缺乏现代经营管理知识，文化水平较低，加之企业效益差，无法吸引专业经营管理人员，其经营管理水平必然每况愈下。第二，缺乏经营特色，盲目发展是商业企业的通病。这种现象在大型百货商业中尤其突出，许多地方大型商业盲目发展，超过了市场的容纳水平；大型商场千店一面、经营结构雷同，更加剧了大型商场的生存困难。这是造成1997年许多大型商场纷纷亏损和倒闭的重要原因。第三，商业企业经营组织和方式发展缓慢，不能适应我国消费品市场发展的需要。虽然，我国流通领域中已经出现了组织创新和经营革命的良好发展势头，但大多数商业企业的经营组织形式和经营方式还非常落后，不能适应人们消费心理和购物行为模式的变化。

3. 流通领域改革步伐有所放缓，流通产业发展缺乏明确的方向。随着我国经济市场化进程的加快，买方市场格局的日趋成熟，市场实现的约束日益增强，对流通产业的发展提出了更高的要求。但是，目前我国流通领域的改革却相对落后于市场的变化，政府有关部门尚未制订出流通产业发展的整体规划，在一定程度上影响了市场交易效率的提高，阻碍了商品的合理流通，这也是消费品市场发展速度有所放缓的原因之一。流通领域改革滞后的主要表现：一是流通领域组织化程度比较低，规模经济效益差，流通企业市场竞争能力较差。二是流通组织布局不尽合理。一方面有些城市或地区流通组织过于密集，特别是大中型城市大型百货零售企业盲目发展，造成过度竞争；另一方面是发展潜力巨大的农村市场流通组织十分缺乏，造成市场竞争的空白点。三是流通领域缺乏市场准入规则，突出地表现在零售商业盲目引进外资和流通领域假冒伪劣商品屡禁不止等方面，严重地影响了市场流通秩序。四是流通企业，特别是国有和集体流通企业经营机制转换步伐缓慢，业态结构调整进展不大，经营管理水平较低。由于缺乏流通产业发展规划，政府有关管理部门不能有效地制订政策，以促进流通产业的快速发展。

三、1998年消费品市场发展趋势预测

当前，中国经济正在进入一个与以往有显著不同的新时期，即以最近一次的经济"软着陆"为标志，短缺经济和以数量扩张为主的发展阶段已经基本结束，国民经济开始进入以结构优化和升级、整体经济素质提高为特征的阶段。因此，在1998年，适度从紧仍将是宏观经济政策的基本走向，国民经济将继续保持稳定适度增长的格局。

在此宏观背景之下，消费品市场的发展也将保持稳定增长的格局。但是也需注意到宏观经济运行中存在的一些问题可能会引起消费品市场的波动。首先，在中国经济发展对外依存度日益增大的情况下，1997年发生在亚洲的金融危机，给我国商品出口造成一定的影响。据有关部门估计，1998年我国出口形势难以乐观，国内市场将增加4000亿元的商品压力，使国内市场的竞争进一步加剧。其次，社会保障制度的改革和即将出台的住房制度改革，对广大居民的消费心理和预期有较大影响，会在一定程度上影响即期消费。

再次，随着企业改革的深入和机构改革方案的推出，下岗和失业人员增多，再加上全社会收入水平增长速度放慢，可能在一定程度上影响全社会消费支出规模的扩大。

因此，可以认为1998年消费品市场在保持稳定增长的同时，也存在着波动的可能。预计1998年社会商品零售总额将达到28000亿元，增长速度为8%左右。主要的消费趋势是：

1. 居民日常消费仍将保持平稳，大众化、便民消费依然是消费主流，热点商品难以出现，食品消费将继续刚性增长，穿用商品趋于平稳。

2. 农村市场在平稳运行中有日趋活跃的趋势，农民收入的稳定增长及农村市场的巨大消费潜力是主持农村消费品市场销售额快速增长的基础。农村居民人均耐用消费品拥有量的逐步增加和更新换代，成套家具、汽车及农用机具的普及将是1998年开拓农村市场的主流。

3. 休闲类、精神文化生活消费类商品将进一步旺销。随着居民生活水平的提高和休闲时间的增加，对精神文化的消费需求和休闲消费的要求日益提高，与此有关的商品，如旅游与度假用食品和服装、健身保健器材和食品、文化娱乐方面的图书和音像制品等，将成为旺销产品。

4. 围绕住宅商品化形成的室内装饰类产品也将成为消费者关注和购买的主要商品，其销售将保持快速增长的势头。

四、政策建议

1. 加快结构调整的步伐，改善市场供给结构。政府应该在产业政策、财政信贷政策、科技政策等方面制订相关配套措施，以引导和鼓励微观经济活动主体加快结构调整。特别是在“扶优扶强”方面，注意扶持和鼓励具有潜在竞争优势的企业和产品，以使更多的企业开发和生产符合市场需求的产品。

2. 针对当前经济形势变化的新格局，研究并出台有利于促进消费需求增长的经济政策。近几年来，消费品市场买方市场的特征日趋明显，宏观经济运行中短缺因素的制约也逐渐弱化，制约经济增长的主要矛盾开始由供给方面转向需求方面。因此，有效需求的增长将成为1998年及今后相当时期拉动经济增长的主要力量。政府应该着力研究并尽早出台一些促进有效需求增长，特别是消费需求增长的经济政策，以保障国民经济实现可持续的稳定增长。

3. 促进市场组织的发育和成长，提高消费品市场的流通效率。针对当前消费品市场组织化程度较低、流通组织创新进展缓慢的现状，国家应该有明确的政策导向，一方面淘汰和限制一些传统、效率较低的流通组织，另一方面要积极培育和发展新型、高效率的流通组织，例如大型流通企业集团、连锁经营组织、新型零售业态市场组织、非传统集贸市场型的现代批发市场等。市场组织的发展及其效率的提高，可以有效地改善消费品市场的供求关系，发挥市场流通组织对生产和消费的引导和组织作用。

4. 进一步完善消费品市场法制建设，保障消费品市场的有序运行。改革开放以来，消费品市场法制建设所取得的成绩是十分显著的，但仍然需要充实和完善，特别是在各种消费品和各类流通组织的市场准入规则方面、交易规则方面、市场中介组织的服务和管理规范方面相关法规有待完善和提高。

5. 尽快制订流通产业的发展规划，这是加快流通组织发育和发展、进一步制订相关产业政策和法律规范基础，是当前流通领域的一项具有指导性和基础性意义的工作。

（课题组负责人：任兴洲　王　微　执笔）

澳门回归专辑

澳门自然条件与人口

国际统计信息中心

一、澳门自然和人口概况

澳门位于东经 113°31′36″～113°35′23″、北纬 22°06′39″与 22°13′05″之间。地处中国东南部沿海，位于由珠江及西江冲积而成的三角洲的西岸，北接广东省珠海市拱北，东与香港隔海相望，相距仅 61 公里，北与广州相距 145 公里，地理位置十分重要。澳门由澳门半岛（由关闸经一狭道与中国内地相接）和凼仔和路环两个岛屿组成，总面积为 21.45 平方公里。其中澳门半岛又分为圣安多尼堂区、望德堂区、风顺堂区、大堂区和花地玛堂区。澳门最高峰为位于路环的塔石塘山，海拔 170.6 米。

澳门地处热带地区，天气普遍炎热，全年平均温度为 22℃（1997 年数据），湿度亦较高，介于 73%和 90%之间（1997 年平均为 84%）。秋季（10 月至 12 月）为全年最好的季节，阳光充足，气候温和而湿度较低。冬季（1 月至 3 月）寒冷，但大部分时间天气晴朗。4 月至 9 月（春季和夏季），湿度和温度逐渐升高，这段时间多雨，并有台风。

1997 年底澳门有 42.2 万人，其中 70%为中国籍，28%为葡籍。通常随着周边经济、政治形势的变化，迁入澳门的人口波动较大。1981 年以来，净迁入人口增长较快，总人口年均增长 3.5%。1997 年，人口出生率、人口死亡率和自然增长率分别为 12‰、3.1‰和 8.9‰，婴儿死亡率为 5.4‰。1993 至 1996 年平均期望寿命为 76.57 岁。与中国内地及香港相近，澳门正处于向老龄型人口的转变中。

二、澳门经济发展的有利条件和不利条件

1. 有利条件。

（1）地理位置优越。与香港相仿，澳门地处东亚和东南亚高经济增长地带的中心，背靠祖国大陆，南望东南亚。澳门与香港形成犄角之势，共扼珠江口的咽喉，还以物产丰富的珠江三角洲为腹地。优越的地理位置是经济发展的优越条件。

（2）软环境优势。澳门开埠已 400 多年了，尽管与 150 年之前相比，澳门对外贸易的重要性大大缩小，但其自由港政策和自由经济政策依然得以延续。在对外贸易方面，对除烟酒等少数种类以外的进口商品全部免税，对出口和转口商品只征收少量手续费。在外汇流入流出方面，实行自由汇兑。在人员交往方面，出入境自由，除中国内地及香港外，还与 20 多个国家豁免入境签证。在企业政策方面，实行企业自主经营，对企业经营实行不干预政策，资金和利润可随时调出，税赋甚至低于中国香港和新加坡等地。

对外经济和文化联系广泛。目前，澳门与世界 120 多个国家和地区保持贸易往来，参加了 10 多个有关国际组织，享有 20 多个工业国家的贸易优惠。此外，澳门居住着来自 50 多个国家的外籍居民，还有来自世界各地的 5 万多归侨，这些都是促进澳门经济发展的重要力量。此外，葡萄牙语是澳门的官方语言之一，这有利于发展与欧洲大陆及拉美的经济关系。

（3）与中国内地及香港的密切经济联系。在澳门经济发展历程中，内地改革开放是澳门经济发展的“内地因素”；香港则因为其长期与澳门经济联系密切及其对澳门经济的幅射作用，特别是 60 年代以来香港

纺织和服装业向澳门的转移，成为澳门经济发展的“香港因素”。

2. 不利条件。

（1）经济受外来因素的影响巨大。澳门地小人少，几乎没有什么可利用的自然资源，产业门类不全，行业分布也较为集中，特别依赖四大支柱产业（旅游博彩、出口加工、金融和建筑、地产），同时行业之间联系较为松散，且分别受制于与之相关的外部因素。比如，旅游业受制于相关国家和地区的经济景气；出口加工业取决于欧美的配额和市场变化；银行业则主要以中国内地和香港为业务对象；房地产业受外来资本的影响。

（2）企业经营规模小，且劳动力短缺，素质不高。以1997年为例，澳门共有1388家工业机构，平均每家仅有29.5个工人，雇工人数超过200人的还不到2%。据澳门统计暨普查司统计，1998年第二季度全部就业人口中，文盲占11%，小学文化程度占25.4%，初中占36.9%，高中占16.7%，大学以上占10%。

（3）社会治安有待加强。博彩业派生的外围利益丰厚，极易引起利益分配不均及高利贷、收取保护费、勒索、娼妓等各种非法活动，使游客望而却步，旅游博彩业会因此停滞不前甚至萎缩，又进一步引发利益分配的矛盾，形成恶性循环。经济发展和平稳过渡都需要以社会稳定为前提。进入过渡期以来，澳门社会总体上保持稳定，但近期治安问题不少，罪案增多，需采取更加有力的措施强化治安。

澳门经济发展简况

国际统计信息中心

澳门地小人少，实行的是自由港和自由经济政策，为海岛型经济。企业规模小，经济结构独特，且严重依赖于中国内地、香港和国际市场，极易发生大的波动。

一、经济发展的几个历史阶段

在香港开埠之前，澳门曾经是东方最大的贸易转运地之一，也是欧洲前往中国及日本经商的必经之地。香港开埠之后，贸易转运地位逐渐下降，并发展成为以博彩、旅游业为主的消费型城市。

澳门现代经济发展始于本世纪60年代。到目前为止，大约经历了（或正经历着）两个阶段，即60、70年代和80年代初的工业化阶段和80年代中期以来的经济多元化和调整阶段。60年代和70年代香港纺织业大量向澳门转移（欧美给予澳门较多的纺织品出口配额），出口加工工业不断发展，一度成为第一大产业，促使澳门经济高速增长，70年代平均增长速度达16.7%，堪称世界之最。80年代，澳门制造业开始向中国内地转移，而服务业，特别是旅游和金融业，得到长足发展，年均经济增长速度虽降至8%，但仍居世界前列。进入90年代以来，澳门遇到世界经济不景气和内部结构调整等困难和问题，经济增长速度放缓。私人消费和投资不振，纺织品出口竞争力下降，经济发展速度不断下降，年均增长率为4.2%，其中1996年和1997年分别为-0.5%和-0.1%。

二、经济发展水平和经济结构

1997年澳门国内生产总值584.7亿澳门元，折合73.3亿美元。1996年澳门人均国内生产总值17600美元，在世界银行统计的世界159个国家和地区中排名第21位，处于高收入国家（地区）行列。90年代年均通货膨胀率为6.9%，而失业率大体维持在3%~4%左右，就业压力不大。

目前，澳门已形成旅游（含博彩）、出口加工业（以纺织和服装为主，1997年占全部商品出口的85%）、金融业和建筑房地产业四大支柱产业。从总体上看，澳门第一产业地位微不足道，第二产业地位薄弱，第三产业处于绝对重要地位。1996年，澳门第二产业占国内生产总值的14.4%，比1989年下降16.5个百分点；第三产业占85.6%，比1989年上升了16.5个百分点。

在第二产业内部，地位较为重要的制造业占国内生产总值的比重持续下降：从1989年的20.8%下降到1996年的7.9%。在制造业内部，纺织和服装业占有举足轻重的地位：1983年增加值占全部工业的60.7%，1989年上升至72.6%，1996年下降至59.3%；1983年就业人数占全部工业的66.3%，1989年上升至70.9%，1996年上升到76.8%。

此外，作为第二产业的组成部分，建筑业占国内生产总值的比重也持续下降：从1989年的8%下降到1996年的4.3%；而矿业与采石业所占比重几乎为零，电力、煤气及供水业所占比重基本维持在2%左右。

就第三产业内部而言，政府服务、金融保险、不动产业和博彩业占有十分重要的地位。1996年，公共行政、社会服务及个人服务业占国内生产总值的47.5%，比1989年上升9.4个百分点；金融保险和不动产业占23.4%，上升6.1个百分点；批发、零售业、餐厅及酒店业与运输、仓库及通讯业分别占10.8%和3.9%，与1989年相比没有明显变化。另据澳门统计暨普查司估计，1997年博彩业占国内生产总值的33%，比1989年上升9个百分点。由于此种估计未包括博彩对商业、旅游和运输等行业的作用，因此低估了博彩业在国民经济中的影响。

澳门是高度外向的经济，1997年商品和服务出口总额达到421亿澳门元，占国内生产总值的比重（出口依存度）高达72%。在商品和服务出口中，博彩方面的服务出口所占比重达41%，比1989年上升18.5个百分点；商品出口占41%，比1989年下跌17个百分点，其中纺织和服装出口占31%，下降10.9个百分点。1997年入境游客700万人次，酒店和旅馆年平均可供使用床位18268张，酒店入住率平均为50.2%，而90年代入住率大体维持在55%～60%。

三、澳门经济发展走势

1997年爆发的亚洲金融危机对澳门经济产生了一定的消极影响，但与一些亚洲国家相比，危机对澳门的影响不是很大，但客观上延长了80年代中期以来的经济调整期。亚洲金融危机发生后，不少国家本币纷纷贬值，利率大幅度提高后，澳门实际利率亦随之上升，加上1997年10月份香港股市暴跌，造成企业资金困难；周边地区股市和汇市下挫抑制了居民消费，来澳旅游人数减少，影响旅游和博彩业收入；纺织和服装出口竞争力下降，导致出口不振。

总体上看，1997年经济不景气，外部净需求（商品和服务出口减进口）对经济增长的贡献（在其他部分不变时，因为外部净需求变动导致全部国内生产总值增长多少个百分点）为-1.5%，其中旅客消费（不包括博彩）下跌30%，特别是下半年加速下跌，不过纺织品出口和博彩业尚有上佳表现。内部需求（包括私人消费、政府消费和总资本形成）则从1996年下跌7.3%的阴影中摆脱出来，取得2.2%的增长。其中固定资产投资增长1.7%，扭转了持续两年下跌局面，而私人消费和政府消费则有温和增长。

国内生产总值构成及其对经济增长的贡献

	1997年GDP（百万澳元）	1997年GDP构成（%）	实际增长率（%）			1989—1997年均增长（%）	1997年对国内生产总值增长的贡献（%）
			1995	1996	1997		
私人消费	20153.2	34.5	3.2	4.1	3.1	5.7	1.1
政府消费	5740.9	9.8	6.6	4.0	3.0	6.7	0.3
固定资本形成	11227.3	19.2	-9.0	-25.3	1.7	4.9	0.4
库存变动	459.7	0.8					
商品出口	17129.2	29.3	3.0	-0.1	3.8	1.9	1.7
服务出口	24985.4	42.7	7.3	1.1	-6.6	4.7	-2.6
商品及服务出口	42114.5	72.0	5.1	0.5	-1.4	3.2	-1.2
商品进口	17969.5	30.7	-2.3	-8.7	-0.7	2.7	-0.3
服务进口	3254.0	5.6	1.3	2.7	17.9	7.0	0.8
商品及服务进口	21223.5	36.3	-2.1	-7.8	0.8	3.1	0.4
国内生产总值	58472.1	100.0	3.6	-0.5	-0.1	4.6	-0.1
内部需求	37581.0	62.6	-2.4	-7.3	2.2	5.4	1.5
外部净需求	20891.0	37.4	21.3	15.6	-4.6	3.3	-1.5

1998年，亚洲金融危机仍未过去，世界经济则进入近7年来的最低谷。澳门出口加工业因为输美纺织品风波及低成本优势继续丧失等原因，困难仍然突出，失业率上升。建筑地产业因前几年过热发展，楼宇积压仍然较多，增长缓慢。旅游人次略减，博彩收益大致稳定，银行业业绩也有理想增长。

1998年1至8月，澳门商品出口额比上年同期减少1.2%，进口减少7.8%。尽管旅游业开始恢复，但入境旅游人次仍比1997年同期减少2.6%，距创纪录的1996年（全年为815万人次）还有较大差距。建筑、房地产业开始复苏，但1992年至1994年期间过量投资的消化还有待时日，估计目前仍有3万套空置住房。1997年10月以来广义货币M2下降趋势已得到控制，截止8月底，M2为822.6亿澳门元，比上年同期增长6.3%。预计1998年澳门商品和服务出口将减少2%，但政府支出将增长27%，私人消费将略减，全年澳门经济将下降3%，通货膨胀率将不超过2.5%，失业率在3.5%左右。

在对外经济方面，澳门将以回归为契机，在保持和发展与欧洲及葡语国家关系的同时，重点发展与内地及香港间的区域协作关系，通过优势互补共同促进彼此发展。由于近期一些大型基础项目陆续投入使用，澳门投资环境大为改善，加之澳门经营成本低于香港一半的优势，对外资的吸引力增大。顺应经济多元化的趋势，以服务为主，以工业生产为辅，加工工业向小批量、高附加值和市场反应快的方向发展。近来澳门以“东方蒙地卡罗”为目标，努力发展文化旅游，文化和博彩并重，对外来吸引力增大，同时国际机场投入使用后，增强对中国台湾等地游客的吸引力。以澳门回归庆典为契机，预计1999年旅游业将有显著增长。由于世界经济将走出低谷，澳门将于年底回归祖国，加之内地经济的稳定增长和近年投资效应的持续释放，1999年澳门经济可望摆脱衰退，走上平稳发展的轨道。

澳门与祖国内地及香港的经济联系

国际统计信息中心

一、澳门与中国内地的经济联系

在商品贸易方面，据中国海关统计，1997年祖国内地与澳门地区的贸易总额为7.65亿美元，其中内地向澳门出口6.42亿美元，内地是澳门第一大进口来源地；从澳门进口1.23亿美元，内地是澳门第六大出口市场（如果把欧盟看作是一个整体，则为第四大出口市场）。据澳门统计，祖国内地对澳门出口约占澳门进口总额的28.6%，而从澳门进口额占其出口总额的比例仅为6.5%。从两地进出口商品结构看，内地向澳门出口商品主要有纺织原料及制品、服装、猪鱼蛋禽、粮油食品、水果蔬菜、矿产品、鞋帽伞、金属及其制品、皮革箱包、塑料及其制品等；从澳门进口的主要商品有：纺织服装、纸浆及纸制品、机电、音像设备、塑料及其制品、化工产品等。

在投资方面，1997年澳门在内地的投资项目共266个，协议金额3.69亿美元，实际投资4.03亿美元。截止到1997年底，澳门在内地的投资项目累计达6366个，协议投资金额累计为100.64亿美元，实际利用资金为37.4亿美元，按实际投入金额排名，澳门列在内地吸收境外资金的第八位。从投资分布看，大多集中在广东、福建两省，其次是其他东部沿海地区。投资行业主要集中在房地产、交通等基础设施。内地企业在澳门经济中也起着重要的作用。目前，内地在澳门的全资和合资企业近200家，涉及银行、金融、保险、对外贸易、旅游、建筑业，并在以上行业中占有重要地位和起着重要作用。中资企业扩大了对澳门各领域的投资，优化了当地产业结构，成为澳门经济发展中的一支重要力量。

祖国内地在澳门地区的承包工程、劳务合作对发展澳门经济发挥了积极作用。1997年，内地与澳门共签订劳务合同850个，合同金额2.94亿美元，营业额2.75亿美元。截止到1997年底，内地同澳门共签订劳务合同4300份，合同金额达35亿美元，营业额为31亿美元，在澳门的内地劳务人员共28212人。近几年，作为启动澳门经济的几个大型工程，如九澳码头、友谊大桥、国际机场（澳门国际机场于1995年12月8日正式通航，而此前对外运输只有海运、公路和直升飞机三种运输方式），内地应澳门方面的要求，派出大量的工程技术和劳务人员参与建设，支持了澳门大型基础设施的建设，改善了澳门的投资环境，有力地促进了澳门经济的发展。

二、澳门与中国香港的经济联系

在商品贸易方面，据澳门方面统计，1997年，澳门对香港出口占全部出口的7.7%，香港是澳门第四大出口目的地（如果把欧盟看作一个整体，则居第三位）；进口方面，从香港进口占全部进口的25.2%，香港是澳门第二大进口来源地。

在旅游方面，香港是来澳门旅游的第一大来源地。1997年，339.9万人次香港人来澳旅游，占全部来澳旅游人次的70.2%，其中98.6万人次在澳门酒店和旅馆居住，占44.6%。

在金融领域，香港的影响更是无所不在。首先，澳门金融业多以香港和内地为主要服务对象。其次，在澳门全部货币供应量中，港元均超过澳门元，占一半或接近一半：其中狭义货币M1占45.2%，广义货币M2占53.1%。澳门金融体制与香港紧密联系，澳门元通过与港元联系汇率而间接与美元挂钩。因此，澳门难以采取独立的金融政策来调控经济。

随着澳门回归祖国的日益临近，内地及香港与澳门的经贸合作会进一步加强，并将促进澳门经济发展。

国有大中型企业

建立现代企业制度工作成效及有益的启示

国家统计局企调总队课题组

我国国有企业改革经历了扩权让利、承包经营制、利税分流、转换企业经营机制等不同阶段，走了一条在实践中不断探索的道路。党的十四大以后，我国国有企业改革的方向更加明确，确定了以建立现代企业制度为目标的企业改革的根本途径。自1994年国有企业开展现代企业制度试点工作起，截止到1997年底，全国已有2000多家企业建立起现代企业制度。这些企业按照"产权明晰、权责明确、政企分开、管理科学"的要求，初步建立了现代公司制度，落实了法人财产权，加强了企业管理，经营状况得到一定程度改善。通过建立现代企业制度，相当一部分企业已经成为自主经营、自负盈亏、自我发展、自我约束的法人实体和市场竞争主体。国有大中型企业建立现代企业制度取得了阶段性成果。

一、建立现代企业制度企业的基本情况

经过四年的实践，建立现代企业制度的企业已经遍及全国31个省、自治区、直辖市，覆盖了不同组织形式、不同规模、不同行业的各类企业。

1. 企业分布广。到1997年底，经省级以上主管部门确定建立现代企业制度的企业2224家。从控股情况看，国有绝对控股企业1662家，占74.4%；国有相对控股253家，占11.4%；集体绝对控股90家，占4.0%；集体相对控股30家，占1.4%。从行业分布看，工业企业1691家，占76.0%；批发零售贸易业企业313家，占14.1%；其余依次为建筑业企业、运输邮电业企业、房地产开发企业等。从企业规模看，大中型企业占主体，其中大型企业1507家，占67.8%；中型企业584家，占26.3%；小型企业128家，占5.8%。

2. 经济总量大。开展建立现代企业制度企业经济总量较大，在整个国民经济中占有相当重要的地位。以工业企业为例，截止到1997年底，建立现代企业制度工业企业1691家，仅占全部独立核算工业企业总数0.36%，而经济总量却占到15%以上。1997年底这1691家工业企业拥有资产总额20838.2亿元，占全部独立核算工业企业资产总额的24.6%；实现工业总产值10363.0亿元，占15.0%；实现产品销售收入10163.7亿元，占16.0%；职工人数969.2万人，占12.3%。这些企业同时也是我国工业企业创利交税的主力军，1997年底共实现利润总额384.8亿元，占全部独立核算工业企业利润总额的22.6%；应缴增值税484.8亿元，占17.4%。

3. 发展趋势好。特别值得提出的是，目前已建立现代企业制度的国有大中型企业仍在呈不断扩大的趋势。据1998年上半年对全国近6万家国有工业企业（占全部国有工业企业总数的2/3）改制情况调查，已完成改制的企业占23.7%，正在改制和准备改制的企业占52.7%，而无改制意向的企业不足1/4。在已改制的企业中，3/4以上的企业改制涉及产权变动，1/2的企业选择了股份有限公司、有限责任公司等现代企业组织形式。

这表明，我国国有企业改革已完成了决定性的转折：改革的内容已由政策性调整转入制度创新阶段；改革的范围由局部试点转入整体推进阶段。

二、建立现代企业制度已取得阶段性成果

我国建立现代企业制度工作自1994年开始在全国

范围启动，历时四年，在理论与实践的积极探索中，对改革的认识更加统一，改革的目标更加明确，改革的形式更加丰富，改革的内容更加深入，改革的措施也更加扎实、有效。建立现代企业制度工作已取得了阶段性的成果。

1. 规范的公司制度逐步建立

(1) 大部分改制企业建立了现代公司制度。股份有限公司和有限责任公司是现代企业制度的主要组织形式，也是国有企业改革的主要方向。在2224个建立现代企业制度的企业中，改制为股份有限公司和有限责任公司等现代企业组织形式的企业1826家，占72.2%，其中40.5%的企业改制为有限责任公司，31.7%的企业改制为股份有限公司。另有27.8%的企业改制为国有独资公司。

与1996年的1989家现代企业制度试点企业改制情况相比，有限责任公司的比重上升13.4个百分点，成为国有企业建立现代企业制度的主要组织形式，股份有限公司比重上升4.6个百分点，而作为建立现代企业制度初期采取的主要改制形式——国有独资公司比重下降近17个百分点。

(2) 法人治理结构基本形成。法人治理结构作为现代企业制度的核心内容之一，是企业制度创新的重要标志，目前绝大多数改制企业已经初步建立起法人治理结构。

①改制企业普遍成立“新三会”。在改制企业中，96.3%的企业成立了董事会，86.1%的企业成立了监事会，74.3%的股份有限公司和有限责任公司成立了股东代表大会。

②“新三会”较好地行使了各自的职权。1997年有67.8%的股份有限公司和有限责任公司召开了股东大会并报告工作，并有57.2%的股份有限公司和有限责任公司执行了股东大会的决议；60%以上的董事会行使了决定公司的投资方案、决定或更改内部机构设置及修定基本管理制度等项权力；81%的监事会对公司的财务实施检查、监督；40.8%的监事会对公司董事、总经理执行公务时违法行为提出过批评；19%的监事会提议召开过临时股东大会，企业的自我约束能力明显增强。

2. 企业法人财产权初步明晰

(1) 出资人制度初步建立。明晰产权关系、建立健全企业法人财产权，是建立现代企业制度的核心内容之一。在改制过程中，67.5%的企业在清产核资、界定产权的基础上，按《公司法》有关规定，确定了出资人制度。出资人主要由国有资产授权投资机构、外国投资机构、企业、个人、国务院及省市地方政府、行业主管部门和其他部门构成。这样就使原来政府主管部门与企业之间的领导与被领导的行政隶属关系转变为出资人与被投资企业之间的关系。

(2) 投资主体多元化格局得以形成。随着产权关系的进一步明确，出资人的逐步到位，实现了投资者的财产所有权与企业法人财产权的分离，加快了国有企业投资主体多元化的进程。1997年在改制的国有大中型企业中，国家资本金占73.6%，法人资本金占13.5%，个人资本金占4.7%，外商资本金占6.3%，集体资本金占1.9%。投资主体多元化的形成不仅扩大了企业的融资渠道，而且促进了国有资产的保值增值及有效运行。

(3) 国有投资主体逐步明确。国有资产所有者开始进入企业，国有资产所有者从关心国有资产保值增值和减少风险的角度，形成了对企业的动力机制和约束机制。目前国有投资主体有国有资产授权机构、国务院及省市政府、行业主管部门等，其中国有资产授权机构所占比重最大，占62.5%，而由国务院及省市政府、行业主管部门暂行代理国有投资主体的比重分别为20.3%、17.2%。国有资产授权机构主要有国家投资公司、国家控股公司、国有资产经营公司以及具备条件的企业集团的集团公司，国家通过国有资产授权机构对国有资产实施经营管理。

3. 政企职责进一步分开。政企职责分开是国有企业建立现代企业制度的关键所在，目前已经取得一定进展。

(1) 企业的自主经营权比较好地得到落实。在开展建立现代企业制度的企业中，《公司法》得到较好贯彻，企业自主权进一步扩大，初步改变了企业对政府的依赖性，增强了企业的市场风险意识。在改制为现代企业制度的企业中，77%的企业认为能够自主地对企业的重大投资做出决策；98%的企业总经理可以根据市场需求组织实施公司年度的经营计划和投资方案，能够拟定公司的基本管理制度和机构设置方案；95%的企业总经理能够主持公司的生产经营管理工作和组织实施董事会决议，经营管理活动得到有序开展。与此同时，84%的企业总经理可以聘任副总经理、财务负责人；还有80%的企业总经理可以聘任或解聘中层管理人员，选拔干部的主体已由政府转向企业。

(2) 政府职能正在转变。随着政府机构改革的不断深入，政府职能也在逐步转变，政府的经济管理职能和国有资产所有者职能正在分离。一是政府通过制订和执行宏观调控政策和法规，搞好基础建设，提供社会服务，为企业创造公平竞争的市场环境。1997年在开展建立现代企业制度企业剥离的287个社会服务机构中，其中政府接收59个。二是政府通过成立国家投资公司、国家控股公司、国有资产经营公司和授权具备条件的企业集团公司等对国有资产进行经营管理，初步实现了政企分开、政资分开。如深圳市成立了3家国家控股公司，市政府不再直接管理企业，而是重点监督和考核3家国家控股公司，从而在政府与企业之间形成一道“防火墙”。

4. 科学管理制度开始形成。管理科学是建立现代企业制度的基石，是企业改革的永恒主题。在向现代企业制度迈进过程中，企业内部管理制度发生重大变革。

(1) 各具特色的管理制度应运而生。94%的企业能结合本企业、本行业的特点，以降低成本、提高效益为核心，强化企业管理，建立了系统的质量责任跟踪制度和奖惩制度，并有近80%的企业能够严格执行，提高了企业的市场竞争能力。

(2) 新的用工机制初步形成。在用工制度上，企业普遍实行了全员合同制和干部聘用制，并有56%的企业废除了企业干部终身制，不再有工人与干部的界限。打破了计划经济体制下形成的国有企业职工的“铁饭碗”、干部的“铁交椅”，形成了能上能下，能进能出的新的用工机制。

5. 改革中的重点、难点问题有所突破

(1) “双分”工作迈出了可喜步伐。企业富余人员的分流和企业办社会职能的分离是国有企业改革中普遍存在的问题，也是建立现代企业制度中的两大制约因素和难点。1997年，“双分”工作取得较大进展。

①分流大量企业富余人员。1997年，2224家建立现代企业制度的企业共分流富余职工152.7万人，占企业富余职工的半数以上。到1997年底，企业富余职工人数与从业人员相比已不足10%。通过拓宽就业渠道，提供技能培训、信息咨询、职业介绍等多方面服务，分流人员得到安置。

②非国有经济单位成为分流人员的主要去向。企业分流的富余职工大部分已经走出国有经济单位，流向非国有经济单位。从企业富余职工流向单位看，非国有经济单位占80%，其中集体经济单位占16%，私营经济单位占11.7%，个体经济单位占16.8%，联营、三资等其他经济类型单位占34.5%。

③企业在剥离社会服务机构方面也取得新进展。1997年进行现代企业制度改造的企业共剥离学校、幼儿园、医院等社会性服务机构287个，其中被政府接收59个，分离人员6万多人。

“双分”工作的开展，在一定程度上降低了企业的生产经营成本，使企业能以追求利润最大化为经营目标参与到市场竞争中去。

(2) 资本运营能力提高，负债水平下降。资产负债率高、资金紧缺一直是困扰企业改革与发展的“要素瓶颈”。在建立现代企业制度过程中，国家加大了对企业的政策支持力度，通过“拨改贷”本息转为国家资本金的方式，1997年共充实企业资本金163.2亿元，占企业国家资本金总额的3.6%。

与此同时，59.8%的股份有限公司加大了资本运营力度，充分利用公司制企业形式有利于吸纳社会资金的特点，相继发行A股、B股、H股上市股票，缓解了企业对资金特别是对外汇资金的需求，1997年全国国有企业仅在国内外股票市场就获得1300亿元的资金。与1996年相比，全部改制企业资产负债率较上年下降3个百分点，流动比率提高2个百分点。

6. 企业活力得到有效增强。多数企业都以建立现代企业制度为契机，以市场为导向，坚持“三改一加强”，初步摆脱了传统体制的束缚，生产经营步入正常轨道，整体实力及活力得到有效增强。

(1) 总体经济实力得到增强，资产实现增值保值。1997年建立现代企业制度的企业资产总计28688.0亿元，比上年增长15%，其中累计对外投资1988.4亿元，比上年增长40%；实现所有者权益10817.3亿元，比上年增长20%，其中实收资本5595.6亿元，增长13%，实现了资产的保值增值。

(2) 生产经营总量稳步增长，企业经营状况有所改善。1997年建立现代企业制度的企业主营业务收入15158.6亿元，比上年增长5%；工业总产值11201.2元，比上年增长4%；实现利润600.7亿元，比上年增长1.6%；人均创利税1.11万元，比上年增长5%。在建立现代企业制度的企业中有133个企业实现了扭亏为盈。

现代企业制度在我国经过四年的运作，取得了显著的成效，积累了宝贵的经验，同时也坚定了企业界开展制度创新工作的信心和勇气。据对2224个企业经营者的调查表明，在对开展建立现代企业制度工作后企业经营状况和效果进行总体评价时，认为效果很好和较好的占5成以上。而对同一问题进行前景预测时，认为效果很好的比重由6%上升到22%，认为效果较好的比重也由45%上升到60%。这组数据充分表明，有8成以上的企业经营者对建立现代企业的前景满怀信心。这种积极进取的心态已占据了现阶段社会心理结构的主导地位，这正是我国进一步全面推广建立现代企业制度工作的重要社会基础。

三、几点有益的启示

建立现代企业制度的基本点、着眼点就是为了搞好搞活国有大中型企业。我国国有大中型企业建立现代企业制度，历经四年攻坚，取得了明显的实效，基本探索出了一条既符合中国国情，又与国际惯例接轨的有效途径，为在全国国有大中型企业全面推进现代企业制度提供了可资借鉴的经验和有益的启示。

1. 公司制是现代企业制度理想的组织形式。现代企业有独资企业、合伙企业、合作企业、公司企业等组织形式，其中公司企业尤其是大股份公司企业是西方发达市场经济国家中国民经济的主导力量，是最典型的组织形式。它具有最大限度地筹集资金、分散投资风险、保护投资者利益、灵活转移资本等特点，更能适应市场经济发展的需要。在我国国有大中型企业建立现代企业制度改革的实践中，公司制企业也显现出勃勃生机：

(1) 公司制企业效益较高，活力较强。1997 年，改制为公司制的工业企业从业人员占全部建立现代企业制度工业企业的 84.3%，资产总计占 85.9%，而利润总额、工业总产值占到 99.8% 和 90.2%。从效益上看，公司制企业每百元固定资产净值提供利税 15.4 元，高出未改制企业 1.2 倍；从企业经营活力看，公司制企业的资金周转率 1.16 次，高出 15 个百分点；从资产经营上看，公司制企业资产负债率 60%，低于未改制企业 5 个百分点；公司制企业还实现资产的保值增值，1997 年其资产增值率为 16%，高出未改制企业 4 个百分点。

(2) 公司企业制度创新的力度较大。与非公司制企业相比，公司制企业的制度创新力度较大，主要表现在：

①产权较为明晰。众所周知，国家所有制最致命的弊端是产权边界模糊，企业缺乏自我约束和长远发展动力。因此，理顺产权关系成为建立现代企业制度的首要任务。建立现代企业制度的国有大中型公司制企业，在确定出资人制度、实现投资主体多元化方面较未改制企业更为有力。1997 年，公司制企业确定出资人制度的占 74.5%，未改制企业仅为 27.9%；在企业资本金构成中，公司制企业的集体资本金、个人资本金、外商资本金所占比重已达 26.4%，而未改制企业这一比重则不足 20%。

②权责更加明确。实行公司制的国有大中型企业，通过股东会、董事会、经理层、监事会等公司治理结构的设置和运作，形成了调节所有者、法人代表、经营者和职工集体之间关系的严格制衡和约束机制；保证了企业经营效益最优化和对市场信号作出灵敏反映。这一点从公司制企业取得的经济效益中可以略见一斑。

③政企更利分开。政企分开所要解决的主要问题，是还自主权于企业，排除来自政府方面的非规范性干预。实行公司制的企业，因具有了独立的法人财产权，从而具有了独立的意志和独立的利益，可以成为真正的市场竞争主体。1997 年，公司制企业能作出重大投资决策、实施投资方案、聘任副总经理和财务负责人的比重分别为 79.4%、98.5% 和 85.4%，比未改制企业分别高出 16、4 和 13 个百分点。

④管理更为科学。在改制过程中，国有大中型企业的管理制度步入了科学、规范的轨道。如 1997 年改制企业打破干部职工界限、没有干部工人之分的占 57.2%，企业有奖惩制度并能严格执行的占 80.7%，分别比未改制企业高出 13 和 8 个百分点。

从以上两个方面的对比分析可以看出，公司制在我国建立现代企业制度过程中，相对于未改制企业，优势十分明显，应作为我国国有大中型企业建立现代企业制度最主要的组织形式。

2. 完善的法人治理结构是现代企业制度规范的组织制度。所谓的法人治理结构是指随着公司制度的发展，所有权与经营权进一步分离，为保证作为经营专家的公司经理既能放手经营，又不至于失去所有者的最终控制，而形成的完整的组织制度。规范的法人治理结构由股东会（权力机构）、董事会（决策机构）、监事会（监督机构）三部分组成。通过纵向的财产负责关系与横向的职权限定关系，在所有者、经营者、生产者之间，形成各自独立、权责分明、相互制约的严格的权力责任关系，在企业内部建立起有效的约束和激励机制。

在切实保障所有者权益、赋予经营者充分自主权的同时，充分调动了生产者的积极性与创造性。这一点，在我国国有大中型企业建立现代企业制度的运作中也得到充分体现。截止 1997 年底，我国已有 41.8% 的国有大中型公司制企业依法建立、健全了新的法人治理结构，有效地改善了国有经济的运营质量和效率。主要表现在：

(1) 有利于政企职能的分开。建立起“新三会”的国有大中型企业，大多数都能按《公司法》的要求，实行董事会领导下的总经理负责制，在一定程度上摆脱了政府附属机构的地位，充分享有了企业的自主权。如总经理不再由企业主管部门或上级组织部门任命的比例达到 81.5%，企业总经理自主聘任副总经理、财务负责人的比例达 91.5%，企业总经理可以主持生产经营活动的比例高达 99.5%，企业能自主作出重大投资决策的比例为 87.1%，分别高出未成立董事会的国有大中型公司制企业 72、11.8、22.4 和 21.7 个百分点。

(2) 有利于企业生产经营状况的改善。传统体制下，政府行政部门作为国家代表主要用行政手段从外部管理企业，无法与处于企业内部的经营者协调默契，使企业的整体决策水平无法适应市场的变化与波动。完善的法人治理结构，使这种责任不明确、相互脱节的决策执行系统得以规范，将整个管理经营体系纳入企业内部，并施以有效的约束和监督，发挥了高效率运作功效。1997年，成立“新三会”的国有大中型公司制企业，实现利润总额较上年提高16%，投资收益比上年增长48%，人均创利税1.74万元，分别高出全部国有大中型公司制企业11、12和57个百分点；资产负债率为57%，低于全部国有大中型公司制企业4个百分点。

完善的法人治理结构在建立现代企业制度过程中所起到的关键性作用，还可以从企业家们对现代企业制度运作效果的评价中得以反映。成立“新三会”的企业认为“效果很好或较好”的比重达61.1%，高出全部大中型公司制企业7个百分点。

上述调查数据分析表明，在建立现代企业制度的国有大中型企业中，建立起规范的法人治理结构，不仅是十分必要，而且势在必行。

3. 现代企业制度需要现代的企业家。现代企业制度迫切需要大批既有专业知识，又有管理经验，能开创新局面的经营管理人才。综观国内外企业的兴衰成败不难发现，企业不论采取何种组织形式和管理模式，管理人员素质的高低与企业经营业绩的优劣休戚相关。这一点，在我国国有大中型企业建立现代企业制度的实践中再次得到验证。

（1）董事会中设有专家董事的企业在改革中取得显著成效。董事会是公司制企业的经营决策机构，其职责是执行股东大会决议、决定公司生产经营决策和任免总经理等。董事会中设有一定比例的专家董事，可以使董事会的整体决策水平更科学、更准确、有效地增强企业的生存与发展能力。至1997年底，我国已有39%的国有大中型公司制企业的董事会设有专家董事。在实践中，这些企业较没有专家董事的公司制企业显现出一定的优势：

①董事会行使职权情况较好。1997年，设有专家董事的企业董事会执行股东大会决议的比重为42.9%，企业总经理由董事会及由政府部门提名经董事会聘任的比重为62.3%，决定公司重大投资方案的比重为64.5%，分别高于未设立专家董事的企业6.7、5.1和13.2个百分点。

②企业经营业绩较好。1997年董事会设有专家董事的企业实现利润总额较上年增长18%，投资收益增长38%，每百元固定资产提供利税18.81元，人均创利税1.22万元，分别高出董事会设有专家董事的企业25、12、46.7和25.6个百分点。

③对现代企业制度运作效果认可率较高。在企业家对现代企业制度运作效果的总体评价中，董事会中设有专家董事的企业认为效果很好和较好的比重为60%，高于没有专家董事的企业10.3个百分点。

（2）总经理的个人素质与企业的整体经济效益密切相关。调查资料显示：经验丰富、文化程度高、专业知识强的“内行”所在的企业的经营绩效具有明显的优势。从人均创利润、人均创利税、资金利税率三项主要效益指标来看，1997年总经理任现职在5至10年的企业人均创利润0.73万元，人均创利税1.37万元，资金利税率7%，分别高于总经理任职5年以下的企业97、43和40个百分点；总经理任现职前从事管理工作的企业人均创利润0.57万元，人均创利税1.27万元，资金利税率7%，分别高出总经理任现职前从事党政机关工作的企业147、95和75个百分点；总经理最高学历所属专业为经济学类的企业人均创利润0.57万元，人均创利税1.15万元，资金利税率7%，分别高于总经理最高学历所属专业为文史哲法类的企业14、40和41个百分点；总经理文化程度为本科的企业，人均创利润0.52万元，人均创利税1.18万元，资金利税率7%，分别高于总经理文化程度为中专或高中的企业33、41和40个百分点。

从对不同素质的企业家所管理的企业效益情况的对比分析可以看出，在现代企业法人治理结构的各个层面中，无论是董事会还是经理层，都迫切需要高层次、高素质的专业管理人才。他们是企业的灵魂，是建立现代企业制度的中流砥柱。是否拥有一支优秀的企业家队伍，是关系到建立现代企业制度工作成败的重要因素。

四、亟需解决的问题

建立现代企业制度，重塑社会主义市场经济微观主体，是一项比较宏大复杂的系统工程，需要一个发展过程，不能寄希望一蹴而就。我国国有大中型企业建立现代企业制度工作，在不断的探索实践中已取得了阶段性的成果，但还面临着一些亟待解决的困难和问题。

1. 宏观配套改革相对滞后。

（1）社会保障制度不完善。建立现代企业制度需要有相应的职工失业保险、养老保险、医疗保险等社会保障制度相配合。这是企业分流富余人员、剥离社会性服务机构、成为真正的经济实体的重要保证。但由于目前实行的社会保障范围窄、社会化程度低等原因，企业的大部分富余人员还滞留于企业，难以大面积推向社会，对企业改革构成了很大的阻力。据调查，78.9%的企业经营者认为“社会保障制度不完善”是深化企业改革的首要障碍。

（2）政府职能转变滞后。加快政府职能转变，使政府由对经济活动的直接管理转到宏观调控上来，是建立现代企业制度的客观要求。从调查中可以看出，目前仍有为数不少企业的人事任免、重大投资决策等自主权还没有得到完全落实，政府用行政手段管理企业的痕迹依然存在。正缘于此，有60.7%企业负责人认为“政府职能转变滞后”是深化企业改革的主要障碍。

(3) 市场体系不健全。现代企业制度的确立与运行有赖于较完善的市场体系。由于我国目前市场体系尤其是与现代企业制度密切相关的产权市场、股票市场、劳动力市场发育不完善，市场竞争不规范，市场中介组织发育不全，市场服务体系不健全等原因的存在，在一定程度上延缓了建立现代企业制度的步伐。调查显示，有43.7%的企业负责人把市场体系不健全列为阻碍改革的又一大障碍。

(4) 财税体制尚未理顺。各类企业公平税负是国有企业建立现代企业制度的前提条件之一。从我国目前实行的税收制度来看，不同的所有制企业之间还没有形成统一税制，国有企业把净收入的大部分上缴给国家，“鞭打快牛”的现象仍很突出。1997年，建立现代企业制度的国有大中型工业企业利润与税金的比例为38:62，而“三资”和集体大中型工业企业这一比例分别为55:44和54:46。这种状况不仅阻碍了公平竞争，而且限制了国有大中型企业的自我发展能力。

2. 企业负担普遍沉重。

(1) 企业富余人员呈上升趋势。1997年，建立现代企业制度的国有大中型企业富余人员的比例为8.5%，比上年上升1.7个百分点，企业支付给富余职工的工资总额相当于当年利润总额的21.8%，预期在未来三年内能裁减完所有富余人员的企业不足一半。企业冗员难以分离，必然造成人浮于事、效率低下，难以形成有效的激励和约束机制。另据对全国1.37万已完成改制的国有工业企业调查，只有17%的企业认为企业富余人员得到根本解决，而其他83%的企业认为只是有所缓解或基本未变。

(2) 企业负债水平高且偿还能力较差。1997年，建立现代企业制度的国有大中型企业的资产负债率为61.7%，高出负债警戒线近12个百分点。如果将企业长期以来形成的不良资产考虑进来，这一比例还要高。从目前企业的盈利水平来看，仅靠企业自身的力量，基本无力偿还如此巨额的债务。1997年，企业的资金利税率为6%，仅与银行贷款利率水平接近。如果按1997年企业盈利水平并且不考虑利息因素，企业将全部利润用来还债，还需要近30年的时间。债台高筑，必然造成企业生产资金的紧张，捆绑了企业进一步发展的手脚，成为建立现代企业制度的一个重大难题。

(3) 企业生产经营资金短缺。企业生产资金短缺，原因很多，如企业产成品积压、企业相互拖欠债务、企业资金结构不合理，归根结底是经济结构和体制问题。调查显示，建立现代企业制度企业流动资金构成中，银行贷款占56.4%，从企业利润提取的份额不足10%，企业内部职工集资占1%，向企业外部集资、企业间相互拆借等其他渠道占30%。目前企业融资渠道还比较窄，对财政注入资金和银行贷款的依赖过重，以市场为中介的融资体制还远未形成。

(4) 企业社会负担难以减轻。据调查，建立现代企业制度的国有大中型企业仍然担负着建职工宿舍、办食堂、医院、幼儿园、学校等社会职能，并且随着退休职工的逐年增多，企业的社会负担越来越重。身兼双重或多重职能的国有企业，既要为实现资产增值和利润最大化目标到市场上与非国有企业去奋力竞争，同时还不得不用已捉襟见肘的有限资金，去履行社会责任，必然造成力不从心。企业社会负担较重是建立现代企业制度的一大障碍。据对全国1.37万已完成改制的国有工业企业调查，只有7%的企业认为社会负担得到根本解决，而其他93%的企业认为只是有所缓解或基本未变。

3. 产权改革尚需进一步深入。建立现代企业制度的核心内容就是要建立合理的产权制度。产权改革是我国国有大中型企业建立现代企业制度的突破口及关键环节。从调查中可以看出，这一改革已迈出了实质性步伐，取得了明显的成效，但与现代企业制度的要求还有一定的差距，特别是产权结构的流动性和开放性方面还远远不够，资本的注入和出资者的更换、增减机制还起不到应有的作用。

(1) 国有独资公司比重偏大。按照中央确定的国有企业改革目标，进行现代企业制度改革的国有企业，应主要选择国家控股或参股的有限责任公司和股份有限公司的形式。但从目前国有企业的改制情况看，国有独资公司比重偏高，有悖于国家对改革的要求。截止1997年底，改制为国有独资公司的比重为27.8%，这些企业的从业人员占改制企业的43.2%，资产总计占41.7%，利润总额占35.1%。由于改制后国有独资公司的产权结构仍是单一主体，资本封闭性较强，缺乏相互制衡的产权主体，难以形成有效的产权约束机制。这不仅使企业失去了筹集社会资金发展壮大的良好时机，而且不利于机制转换，造成“穿新鞋，走老路”的可能。

(2) 产权主体多元化程度不高。现代企业制度的产权特征是以财产所有权分散化为前提的多元化持有者结构。通过多极所有者持股，形成有效的产权约束机制，达到最大限度地追逐资本收益的目的。从目前的企业产权改革情况看，国有资本金所占比重仍较高，达75.1%，法人资本金占13.4%，个人及外商资本金仅占10%。这种产权主体财产分散化程度不高的状况，容易导致产权约束的弱化，将在很大程度上制约了政企分开、政资分开的力度，阻碍了改革的进一步深化。

(3) 国有资产所有者的职能还未到位。从国家角度看，产权明晰就是要对企业的每一部分国有资产都要有明确的投资主体，而这个投资主体又全权行使所有者的权利，并承担相应的责任，这样就可以改变国有资产所有者职权分离、无人负责的状况。目前作为国有资产的出资人除国有资产授权机构外，尚有近40%为国务院及省市政府和行业主管部门。就前者而言，相当部分是从政府机关转变而来，能否真正拥有国有“真老板”的责任与意识，还需拭目以待，还有一部分是企业集团，这实际上是集团自己拥有自己，难以保障国有资产的安全和增值保值；而后者更具政府色彩，很难从根本上实现政府与企业职能的分开，很有可能是“换汤不换药”。

(企调总队课题组成员单位：辽宁省企调队、山西省企调队、上海市企调队、湖南省企调队、重庆市企调队、四川省企调队、贵州省企调队、甘肃省企调队、企调总队)

国有大中型企业建立现代企业制度“三年目标”实现标志及对策

国家统计局企调总队课题组

党中央提出国有企业改革的目标是：用三年左右的时间，通过改革、改组、改造和加强管理，使大多数国有大中型亏损企业摆脱困境，力争到本世纪末使大多数国有大中型骨干企业初步建立起现代企业制度。三年后能否实现党中央确定的国有企业改革的目标，使绝大多数国有大中型骨干企业真正建立起现代企业制度还需实践的检验。因此，研究和制定检验现代企业制度实现的标志，不仅意义十分重大，而是十分必要。

一、国有企业改革的“三年目标”

国有大中型企业建立现代企业制度的三年目标可以概括为以下两个方面：

1. 初步建立现代企业制度。建立现代企业制度是国有企业改革的方向。在到本世纪末的几年间，国有企业改革的主要任务是按照“产权明晰、权责明确、政企分开、管理科学”的要求，对大多数国有大中型骨干企业实行规范的公司制改革，使企业基本实现转机换制，形成适应市场经济的法人和竞争实体，从而充分发挥国有大中型企业在市场经济中的主导作用，带动和促进整个国民经济持续、快速、健康地向前发展。

2. 大多数国有大中型亏损企业摆脱困境。对国有企业进行分类指导，通过鼓励兼并、规范破产、调整所有制结构等措施，对国有企业进行改组、改造，让长期亏损的国有企业退出市场，实现优胜劣汰；通过精减富余人员、加强企业管理等措施，达到企业增效的目的，增强国有企业的竞争力。对特困行业加大改革力度，改变其长期亏损面貌，特别是对纺织、煤炭和军工等特殊行业，制定特殊政策，实现扭亏为盈。用三年左右的时间，使大多数国有大中型亏损企业经营状况得到根本性的改善，摆脱目前的困境，以崭新的面貌迈入新世纪。

二、建立现代企业制度“三年目标”的实现标志

研究和制订建立现代企业制度的实现标志应遵循既要反映出现代企业制度本身的主要特征和要求，又要反映出企业经过改制后活力的增强，同时还要在现行的统计调查方法制度上易于取得其量化指标的原则。经过认真的分析研究，我们认为判断我国大多数国有大中型企业三年后是否建立现代企业制度的标志为：

1. 企业组织形式的变化。现代企业制度最理想、最主要的组织形式就是公司制。因此，三年后，80%以上的国有大中型企业应完成由工厂制向公司制的改造。这种公司制改造是严格意义上的规范化的公司制改造，也就是说这种公司制改造是以产权明晰为基础，出资主体多元化和完善的法人治理结构为条件的真正意义上的公司。判定标志有3个，具体指标有7个。

(1) 实现股权主体多元化。①80%以上的改制企业实现股权主体多元化，除国家股本外，其他各种形式的股权比重应接近50%；②国有独资公司数量不超过10%；③国有资产有具体明确的投资主体，明确国有资产的经营责任。

(2) 企业拥有独立法人财产权和民事责任权。①企业拥有对企业全部资产的占有、使用和支配权；②作为独立的企业法人，拥有民事权利和责任。

(3) 建立规范的法人治理结构。①80%的改制企业成立了“新三会”;②“新三会”能正常履行其职能。

如果说三年后有80%以上的改制公司都建立了主

体多元化且比例合理的出资人制度；并建立了新三会，履行其正常职能，那么在组织形式上就可以判定现代企业制度在大多数国有大中型企业中已经得到建立。

2. 企业特征的变化。企业特征的变化是指三年后企业是不是真正具备了现代企业制度的主要特征。包括是否做到了自主经营、自负盈亏、自我发展、自我约束，是否做到了政企分开，是否处理好了企业和出资者（股东）的关系，说到底就是企业是否已成为真正意义上的企业。判断标志有2个，具体指标有5个。

(1) 企业自主权得到落实。①95%的企业能够自主制定生产经营决策；②95%的企业能够自主作出重大投资决策；③80%的企业有权自主分流富余人员。

(2) 处理好企业与出资者的关系。①80%的企业召开股东大会并报告工作；②80%的企业能够执行股东大会的决议。

3. 企业行为的变化。企业行为的变化是指三年后企业的行为是不是起根本变化，真正具有市场竞争主体的行为。例如企业是否克服了普遍存在的各种短期行为，是否克服了投资饥饿症，是否重视科学管理，是否真正走上了以集约化经营为主的道路。尤其要检验企业家的产生方式，因为企业家是国有企业真正建立现代企业制度的保证。判断企业行为变化的标志有2个，具体指标有4个。

(1) 管理更为科学。①95%的改制企业能够制定健全的科学管理制度，并能严格执行；②80%的企业家是严格按《公司法》的要求产生。

(2) 重视研究开发与科技进步。①经济增长中科技贡献率应在50%以上；②企业研究开发费用占销售收入的比例超过2%。

4. 经营业绩的变化。企业经营业绩是企业行为的最终结果，也是检验现代企业制度建立工作是否成功的重要标志。因此，大多数国有企业的经营业绩明显提高，应是判断现代企业制度是否已经建立的重要检验尺度。判断的标志有2个，具体指标有6个。

(1) 企业的盈利能力。①销售收益率；②总资产收益率；③净资产收益率。

(2) 企业的发展能力。①销售收入增长率；②纯收益增长率；③资产增值率。

通过上述指标，并利用加权综合评分法，计算出企业综合经济效益得分，最后判断企业经营业绩的优劣程度，具体方法为：

$$E=\Big\{0.15\times\frac{p_1}{P_1}+0.15\times\frac{p_2}{P_2}+0.20\times\frac{p_3}{P_3}+0.10\times(G_1+1)+0.10\times(G_2+1)+0.30\times(G_3+1)\Big\}\times100$$

式中的 p_1、p_2、p_3 分别为销售收益率、总资产收益率和净资产收益率；P_1、P_2、P_3 分别为所有企业的销售收益率、总资产收益率和净资产收益率；G_1、G_2、G_3 为销售收入增长率、纯收益增长率和资产增值率。小数数值为权数。

5. 重点难点问题的突破。

(1) 富余人员分流效果明显。企业富余人员分流要有明显成效。在企业从业人员中，富余人员比例不超过3%。

(2) 社会性服务机构基本剥离。95%以上的企业内部的社会性服务机构与企业脱钩，或由政府部门接收，或改造成独立的营利性机构、社会福利性机构。

(3) 资产结构趋于合理。企业资产结构不合理一直是困扰企业改革的难题之一。通过三年的努力，企业的资产结构要有明显的改善，全部改制企业的资产负债率在35%至55%之间。

(4) 企业经营状况有根本性改善。通过三年改革，要使大多数国有大中型亏损企业状况得到根本性的改善，摆脱目前的困境，以崭新的面貌进入21世纪，改制企业的亏损面不超过10%。

上述量化指标在现行的统计调查方法制度中都可以取得，到本世纪末，完全可以通过对上述量化指标结果的分析研究，来判断出现代企业制度在绝大多数国有大中型企业中是否建立。

三、实现“三年目标”企业组织形式的选择

建立现代企业制度选择什么样的组织形式应根据我国生产力发展水平、经济体制状况和企业的实际情况来确定。下面我们通过对不同企业制度的比较来说明我国建立现代企业制度组织形式的选择。

1. 不同企业制度的简单比较。经过市场经济较发达国家数百年的探索和实践，现代公司制度中的股份有限公司和有限责任公司是最成熟的现代企业制度模式，是目前世界各国大中型企业普遍采用的企业组织形式。从我国国有企业改革的现实看，在改变我国公有制多种具体实现形式的企业制度创新中，国有独资公司和股份合作制等企业组织形式也为一部分国有大中型企业所采用。基于此，我国就股份有限公司、有限责任公司、国有独资公司和股份合作制等企业制度进行简单比较（见下表）。

2. 实现“三年目标”企业组织形式的选择。我国国有企业组织形式的选择，依据其在社会主义市场经济中的功能定位、不同企业制度的特点和企业的实际情况可以确定为：

企业制度	国有独资公司	有限责任公司	股份有限公司	股份合作制企业
产权方面	出资人单一，政府是惟一的投资主体	投资主体有一定的限制	股东没有数量限制	股东没有数量限制，吸纳社会资金或外部入股在实际操作中存在一定的问题
权责方面	管理权限完全集中	管理权限相对集中	管理权限分散	管理权限集中于企业内部
组织结构方面	法人治理结构不健全	法人治理结构相对健全	法人治理结构比较健全和完善	法人治理结构相对健全
操作程序	法律程序简便，限制条件较少，改制成本低	法律程序复杂，限制条件不多	法律程序最复杂，限制条件较多，改制成本高	法律程序一般
筹资成本	筹资成本小	筹资成本较高	筹资成本最大	筹资成本不大
筹资渠道	较窄	相对较宽	最为广泛	有一定的限制

(1) 涉及国家安全和社会安定等特殊行业（如军事工业、中央银行、航空航天等）的国有企业改建为国有独资公司，由国家全额投资。其目标就是以最低的成本和最好的质量满足特定的社会需求，保证社会和经济的健康安全发展。

(2) 关系国计民生的基础设施、基础产业部门、高新技术和支柱产业等方面的骨干企业改造为由国有资本控股的有限责任公司或股份有限公司，可以吸收多种经济成分入股。其目标是社会效益和企业经济效益并重，接受国家宏观经济政策的指导。

(3) 竞争性行业的国有企业改制为一般性的有限责任公司和股份有限公司，国有资本或控股、或参股、或全部退出。企业完全自主经营，自负盈亏，以实现企业利润最大化为目标。

(4) 股票上市的股份有限公司只能是少数，必须严格规范操作。少数具备条件的大中型骨干企业可以选择这种形式。

(5) 对于个别的国有企业，还可以根据其具体情况，改制为股份合作制企业。

3. 实现“三年目标”企业组织形式的数量比例。从现行的现代企业制度建立情况看，国有独资公司、有限责任公司、股份有限公司三者间的比例1996年为46:27:27，1997年为28:40:32。现代企业制度这三种组织形式是一个动态值，它随着国家产业政策、市场经济形势以及企业构成的变化而变化。根据我国目前三种公司的实际构成以及我国产业结构的变化，我们认为三年后国有独资公司的比重应控制在5%至10%之间，有限责任公司的比重在55%至65%之间，股份有限公司的比重应在30%至35%之间。由于我国地域广阔，情况复杂，在具体选择上应采取多种形式，分类推行、区别对待。

四、实现“三年目标”要处理好的几个关系

建立现代企业制度是一个庞大的系统工程，涉及面广，难度也较大，因此要注意处理好各方面的关系。

1. 处理好局部试点与整体推进的关系。1994年国务院在全国选择100户企业进行现代企业制度试点之后，到1997年扩大到2000多户。经过几年的运作，已经积累了许多宝贵的经验，目前重要的是要将此项工作在具备和基本具备条件的大多数国有大中型企业中全面展开，本着既要积极又要稳妥的原则，做好全面推进工作。要针对前一段试点工作中发现的重点、难点问题，及早制定切实可行的解决办法，避免或少走弯路，对行之有效的经验和做法要大力提倡、积极推广，从而加快现代企业制度的建设步伐。

2. 处理好现代企业制度几个基本特征之间的关系。现代企业制度具有“产权明晰、权责明确、政企分开、管理科学”四大特征。他们之间存在着相互制约、互为依存的关系，只有综合认识四大特征及其内在关系，才能真正把握现代企业制度的本质，才能使现代企业制度真正得以建立。而不能把四大特征割裂开来，片面强调某一特征，忽视其他特征，四大特征各有自己不可替代的重要性。其中产权明晰是核心、实质和基础，权责明确与政企分开是重要条件，管理科学是现代企业制度的内在要求和实现保证。因此，只有正确理解和处理好四大特征之间的关系，才能有力地促进现代企业制度建立步伐的加快。

3. 处理好建立现代企业制度与宏观配套改革的关系。国有企业是各种经济关系的交汇点。所以建立现代企业制度必然牵动整个经济体制的改革，要求其他方面的改革与其配套。十几年国企改革的实践证明，没有宏观配套改革，企业改革就不能最终到位；同样没有企业改革的推动，各项宏观改革也难以巩固和达到预期目的。二者相互推进，又彼此制约，必须注重配套进行。我国现代企业制度建立的渐进性，不仅表现为这种制度建立自身的由浅入深、由表及里的推进过程，还表现在宏观改革和微观改革的交替进行，相

互促进的过程上。因此，在公司制改革过程中，其他方面的改革如税收、金融、劳动工资、投资、价格等改革必须跟上。否则，企业将会遇到许多体制上的障碍，改革将难以深入进行。如果要将国有企业改造成自主经营、自负盈亏的实体，社会保障制度必须跟上，要尽快在最大范围内建立待业、退休养老、医疗等保险制度，这样才能建立起企业破产机制，促进劳动力的合理流动。

4. 处理好建立现代企业制度与经济发展的关系。企业作为国民经济发展的基本细胞，由其构筑的微观基础的强弱决定国民经济的整体水平和发展变化。近年来企业特别是国有企业出现了一系列的问题，如下岗职工增多、历史包袱沉重、经济效益下降等现象，正在动摇国民经济实现的微观基础。国有企业只有通过深化改革，特别是要建立现代企业制度，转换其经营机制，促进企业发展，才能提高基本细胞的活力，从而增强国民经济的微观基础，保障国民经济持续稳定健康发展。而在改革中出现的问题可以通过加大实施再就业工程和健全、完善社会保障体系来解决。

保持国民经济持续稳定的发展又为企业改革提供了良好的经济环境。改革以来我国经济快速增长，国家经济实力大大加强，改革的环境宽松多了，这些都有利于国有企业的改革，为国有企业建立现代企业制度奠定了坚实的经济基础。建立现代企业制度与经济发展是相辅相成的关系，不能片面强调一个，要实现二者辩证的统一。1998 年以来我国国民经济增长速度减缓，社会有效需求乏力，失业人数增加，要实现国民经济 8%的增长目标有一定难度，因此要注意将企业改革与经济发展目标结合起来，注意纠正国有企业改革中存在的影响经济增长的不良倾向，加强规范操作，保证企业改革与经济增长协调进行。

五、实现“三年目标”的对策

目前国有企业建立现代企业制度面临着诸多难点和问题，这些难点和问题在短时间内全部解决既无可能，也不现实。因此，应针对企业面临的最现实、最迫切的问题，抓住制度创新的几个难点，有重点地进行突破。从近期的实践看，可从以下几个方面入手进行突破，以带动其他难点问题的解决，促进现代企业制度的建立与发展。

1. 采取有效措施促进政企真正分开。在实行政企分开的探索中，一种重要方式是还自主权于企业，而要想把自主权还给企业，政府的机构改革就要真正落在实处，职能要到位，工作重点要转移；另一种重要方式就是通过建立政府管理部门和国有企业之间的中介机构来构筑政府与企业之间的“隔离带”，从组织管理结构上切断政企之间的直接联系。这尤其是在转轨经济中，更有利于克服政府的行为惯性。国有控股公司是国有资产投资中介机构的主要形式，以建立国有控股公司为中介，促进政企分开，有助于解决国有企业的传统体制与市场机制的深层矛盾。但建立国有控股公司应注意以下几个问题：第一，需要对现行的国有资产管理体制进行改革，实行政资分离和政企分离；第二，要在竞争中产生国有控股公司；第三，要分别建立中央和地方的控股公司。

2. 加快配套改革步伐，把减轻企业负担落在实处。从某种意义上讲，统筹解决企业的负担问题是建立现代企业制度的基础性工作。目前我国国有大中型企业的负担主要体现在两大方面。

(1) 债务负担。从企业的债务构成看，一是银行贷款占绝大部分。据统计，目前全国国有工业企业长期贷款 4500 多个亿，流动资金贷款 5000 多个亿。二是企业间相互拖欠严重，全国三角债多达 3300 多个亿。解决这一问题应根据实际情况，区别对待。首先，专业银行对资不抵债、濒临破产的企业核消贷款，同时中央银行对专业银行核消再贷款债权；其次，对自身素质不错，但负债较重的企业，银行可将债权转为股权；第三，财政近年来对企业的“拨改贷”转为“贷改投”；第四，对企业间的债务可在自愿的基础上，一部分债务转变为股权。各种债务重组的基本前提都是要国家做出一定的牺牲，但没有眼前利益的牺牲，就不可能换来搞好搞活国有企业的长远利益，而国有企业只有自主权，没有自主“钱”也很难实现真正意义上的搞好搞活。减轻企业债务负担，应把资产负债率在目前的基础上降低 5 至 8 个百分点。

(2) 冗员负担。富余人员的存在是困扰企业发展的长期因素。从企业分流富余人员情况看，安排到其他单位真正得到实质性分流的比重还不足总数的1/10。因此，解决冗员问题还应从目前实际情况出发，走出一条企业内部分流与社会安置相结合的道路。主要措施有：一是创造条件征收社会保障税，建立、健全社会保障体系；二是利用企业现有条件，开发新产业，提供尽可能多的就业岗位；三是建立真正意义上的劳动力市场，扩大就业信息流通范围，促进劳动力的合理流动；四是大力发展第三产业，第三产业属于投入少、吸纳劳动力多的劳动密集性产业，对解决国有企业冗员问题十分有利；五是加强在职人员和失业人员的技术培训，提高他们再就业的技能。

3. 进一步完善企业兼并破产机制，实现企业的优胜劣汰。建立现代企业制度不只是企业本身的制度与管理问题，其核心是在整个经济系统中形成对社会资源的有效利用机制，即兼并破产机制。这种机制迫使经营者尽最大努力，充分发挥全部潜能，提高资本的使用效率。从市场经济发展历史上看，还没有哪一种方式比兼并破产机制对企业压力更大、更具驱动力，更能使企业发挥潜能，使企业具有真正的活力。

我国的兼并破产机制尚在萌芽状态，还远未能发挥其应有的作用。目前我国许多国有企业效率低下，忽视投资者权益，很大程度上是因为兼并破产机制的不完善造成的。因此，对于国有大中型企业在进行企业改制的同时，进一步完善和规范兼并破产机制，实现企业的优胜劣汰，增强国有企业的市场竞争力。第一，建立完善企业优胜劣汰的市场机制。通过企业制度的创新，打破毫无生机的企业机制，建立起优胜劣汰的市场机制，给企业提供一个竞争环境，造成一种生存危机，让企业完全按照市场规律组织生产，挖掘企业潜力。第二，抓大放小，扶优扶强。对优势企业重点保护和扶持；对产品有市场而技术装备落后的企业加快技术改造；对扭亏无望，没有发展前途的企业坚决破产，使社会资源优化配置，集中财力物力组建大型企业集团，形成规模经济，抵御市场风险，增强国际竞争力。

4. 切实加强企业内部管理，造就一支优秀企业家队伍。如果说人、财、物是企业得以生存的三大硬件因素的话，技术与管理就是促进企业发展两大软件因素。因此，在建立现代企业制度过程中，企业应该把深化改革与加强管理有机结合起来，苦练内功，严格管理。第一，重新构造政企分离后的管理体制，改变与政府部门对应设置机构的做法，强化营销、财务、开发、质量、信息、人才等管理系统，建立新的管理格局；第二，加强综合管理，制订各种行之有效的管理条例，推广应用各种科学的管理方法和先进的管理经验；第三，加强基础管理，在夯实基础的同时，积极推进管理现代化的进程，着力建立企业科学的决策体系。

与此同时要造就一支优秀的企业家队伍，形成一种能促进企业家队伍形成和发展的内在机制。主要办法有：第一，建立企业家的选拔机制。尽快建立企业家的人才市场，通过招聘、竞聘的办法挑选企业经营管理人员，使企业家的选拔逐渐成为一种市场行为。第二，建立企业家的激励机制。实行管理者年薪制，激发他们的积极性与创造性。第三，建立企业家的约束和监督机制。为促进企业家队伍的健康成长，在赋予他们充分自主权的同时，要相应地建立约束监督机制。通过政策法规、投资者、监事会等，对企业家的行为及经营决策取向进行监督约束。

总之，建立现代企业制度需要做的工作千头万绪，但正如江泽民总书记所指出的那样“关键是实行政企分开，搞好企业内部管理，逐步建立社会保障体系”。这是我国目前改革实践迫切需要解决的重点、难点问题，也是现代企业制度建立工作取得实质性进展的三个关键所在。

（企调总队课题组成员单位：辽宁省企调队、山西省企调队、上海市企调队、湖南省企调队、重庆市企调队、四川省企调队、贵州省企调队、甘肃省企调队、企调总队）

对大中型国有工业企业摆脱困境的战略思考

国家统计局“国有大中型企业研究”课题组

一、大中型国有工业企业的亏损状况

1. 亏损面大，亏损率高。1997 年，在 14923 家国有大中型工业企业中，有 6042 家发生亏损，亏损面为 40.5%，亏损额为 589.1 亿元，亏损率高达 52.7%，分别比非国有大中型企业高 10.1 和 26.2 个百分点；1998 年上半年，大中型国有工业企业的亏损程度进一步加剧。截止到 6 月底，仍为净亏损，亏损面和亏损率分别为 55.1%和 105.6%。

2. 亏损企业分布不均。

（1）亏损企业主要集中在一些工业大省。亏损企业超过 300 家的省有辽宁（436 家）、广东（414 家）、山东（355 家）、江苏（342 家）、湖南（332 家）、湖北（321 家）、和黑龙江（317 家），上述 7 个省集中了 2517 家亏损企业，占全部亏损企业的 41.7%，合计亏损 226.8 亿元，占亏损企业亏损额的 38.6%。

（2）纺织、非金属矿物制品、食品加工等竞争性行业亏损严重。在 40 个大类行业中，亏损企业超过 300 家的行业依次是纺织业（783 家）、非金属矿物制品业（499 家）、食品加工业（485 家）、化学原料及化学制品制造业（479 家）、普通机械制造业（464 家）、专用设备制造业（413 家）和交通运输设备制造业（342 家），这 7 个行业，集中了 3465 家亏损企业，占全部亏损企业的 57.4%，合计亏损 286.1 亿元，占全部亏损企业亏损额的 48.6%。其中纺织一个行业就集中了 13%的亏损企业和 11.3%的亏损额。

(3) 地方企业亏损严重。中央企业亏损面为33.1%，亏损率为22%；省属企业亏损程度较严重，亏损面为44.1%，亏损率为95.3%；地市属企业亏损最严重，亏损企业亏损额超过盈利企业盈利额，发生净亏损，亏损率为115.2%，亏损面为46.7%。

3. 亏损企业生存能力较弱。

(1) 近1/3的亏损企业亏损额超过了本企业的工资、利息和税金之和。1997年，有1842家亏损企业(占亏损企业的30.5%) 亏损程度非常严重，其亏损额已经超过了本企业的"工资"、"利息"和"税金"(包括应交增值税和产品销售税金及附加) 之和，合计亏损306.1亿元，相当于上述三项合计的1.5倍，亏损额占全部亏损企业亏损额的52%。

(2) 近1/3的亏损企业资不抵债。在亏损企业中，有1622家已经资不抵债(平均资产负债率高达118.8%)，占亏损企业的26.9%。合计亏损217.3亿元，占36.9%。另有1991家企业，资产负债率在80%～100%之间(平均资产负债率为89.6%)，占亏损企业的33%，合计亏损160.3亿元，占27.3%。

(3) 近二成的亏损企业设备严重老化。1997年固定资产净值率在55%以下的亏损企业有1000多家，占16.9%。

4. 23%的亏损企业属政策性亏损。目前有1392家亏损企业享受补贴，占亏损企业的23%。这部分企业，在相当程度上，带有"政策性亏损"的色彩，企业的效益状况，与国家的价格政策以及企业承担的社会职能有直接的关系。1997年，这类企业合计亏损(补贴后亏损额) 168.8亿元，占全部亏损企业亏损额的28.7%，共享受补贴65.3亿元。

二、大中型国有企业陷入困境的原因是多方面的，但根本原因是运行机制不合理

1. 企业长期积累的债务负担沉重、存在大量冗员、企业办社会和盲目投资导致的资产技术含量低、产品结构不合理，这些是国有企业陷入困境的具体原因。

(1) 债务负担重，生产资金不足。1997年末，大中型国有亏损工业企业的资产负债率是80.4%。从1996年到1998年，银行虽然连续五次降息，但由于这些企业的贷款大都是老贷款，仍按借款时的利率计付利息，因此其债务负担并没有减轻多少。亏损企业资产负债率高在很大程度上是由亏损引起的，反过来资产负债率的不断上升又会使企业的亏损程度进一步加剧。这是一个恶性循环。与恶性循环相伴生的是生产资金严重不足。因为要还债，企业不可能留足生产资金；因为亏损，企业商业信誉低，银行不愿再增加贷款，生产资金更显不足，结果是企业在更大规模上亏损。国家统计局对758家国有大中型亏损企业的问卷调查结果显示，资金不足是企业亏损的第一原因，其加权分值为33%，高于其他原因选择。

(2) 产品销路不畅和结构不合理。库存积压多，产品销不掉，利润就没法实现，还占用大量流动资金，影响企业再生产顺利进行。产品销路不畅，说明市场上该产品供过于求或没有需求，产品结构不合理。这是长期以来盲目投资和重复建设的恶果。1997年，有1019家企业产成品资金占企业流动资产的比重超过1/3。这部分企业占亏损企业的16.9%，亏损额71.7亿元，占12.2%。对758家国有大中型亏损企业的问卷调查结果显示，产品销路不畅是企业亏损的第二原因，其加权分值为19%。

(3) 生产技术落后，设备利用率低。大中型国有工业企业设备老化和利用率低同时并存。据第三次工业普查资料显示，在调查的402种工业产品中，有83%的产品生产能力利用率不足或严重不足。

(4) 存在大量冗员。主要表现是：①亏损企业的劳动生产率明显地比盈利企业低，前者只达到后者的1/3；②亏损企业的劳动力装备程度明显地比盈利企业低，大中型国有亏损工业企业人均拥有的固定资产数量仅为盈利企业的58.4%；③应付工资总额占产品销售收入的比重要比盈利企业高近10个百分点。冗员多，企业支付的工资总额和管理费就多，企业的生产成本降不下来，利润自然减少，亏损可能性就大；另外，冗员多，影响劳动积极性提高，也影响先进的生产技术和劳动组织形式的应用，企业扭亏机会就少。

(5) 企业办社会负担重。根据典型调查，国有企业由于承担了大量的社会性职能，创办了大量的企业医院、学校、幼儿园及其他公共福利设施，这些非生产性资产占到国有企业资产总额的6.5%。这里还不包括国有企业每年用于职工的社会保障、医疗卫生、住房、教育、文化体育等方面费用的支出，这部分费用大约占企业全年管理费用的50%。实际上，这部分资产的形成是国家对企业职工的体制性欠账，既影响了职工社会福利水平的提高，也影响了企业生产规模的扩大和经营状况的改善。

2. 运行机制不合理是国有企业陷入困境的根本原因。

(1) 缺乏权责利相统一的经营机制。企业要有活力，要发展壮大，必须要有健全的经营机制。健全的经营机制要求权责利相统一。即：第一，企业内部财权关系清晰，企业投资者、经营者和劳动者的财权关系通过有关合同相对固定；第二，企业要有独立的经营自主权，对于企业生产什么、生产多少、如何生产

等问题，企业能够自主抉择；第三，企业投资者和经营者承担与其权力相匹配的责任，对企业生产经营既负盈也负亏；第四，企业利润按照相关的产权合同和劳动合同分配，企业有权支配剩余利润。显然，与此相比，国有企业的经营机制是有缺陷的。1983年开始的由政府推动的国有企业改革基本上是围绕“扩权让利”和推行企业承包经营责任制进行的，但是由于改革没有触及企业的财权关系和企业的用人制度等重大问题，企业内部经营机制不可能理顺。尽管如此，企业自主权的扩大和承包经营还是推动了国有企业的发展，否则国有企业的亏损比现在要严重的多。

(2) 缺乏政企关系合理的管理体制。企业运行机制不合理的第二个方面体现在政企不分上，即政府过多的干涉了企业经营行为，这也是企业经营机制不健全的重要原因。国有企业财产属国家所有，政府代表国家行使所有权，对企业的经营行为进行监督和管理似乎是天经地义的，这是长期以来政府借此干涉企业的理论依据。其实这是一种误解，政府干预的结果只能是企业缺乏生产经营自主权，企业惰性和依赖性增强，企业经营者借此逃避经营失败的责任；另外也使企业经营风险增加，因为政府不可能比企业更了解市场和生产过程中的需要，非常容易犯瞎指挥的错误。

(3) 缺乏优胜劣汰的竞争机制。优胜劣汰，是市场经济竞争机制作用的必然结果。通过竞争，技术水平高，投入产出效益高的企业得以生存和发展；相反，技术落后，效益低或亏损的企业破产而被市场出清。因此，连续亏损的企业在市场生存下去是不可能的。但是，在我们国家，连年亏损的企业不仅得以生存，而且无论在规模上还是在企业数量上都在扩大，竞争失去了作用，计划经济和政府干预改变了一切，全社会范围内缺乏优胜劣汰的竞争机制。据统计资料观察，现有亏损企业中，至少有一半是早就应该被淘汰的企业。但是政府、企业和社会都还没有这方面的准备。企业职工不愿放弃国家职工的“铁饭碗”；政府没有制定出相应市场出清规则；社会没有建立起相应的保障体系；因此，企业通过市场检验的路没有打通，企业摆脱历史包袱的途径没有通，这就使国有企业的新旧问题在不断积累，国有企业亏损也在不断积聚。

三、大中型国有亏损企业摆脱困境的主要标志

大中型国有工业企业是否摆脱困境，关键是看企业的经济效益状况有没有取得根本的好转。如果国有企业的效益下降趋势没有改变，或者国有企业的效益仍达不到全部企业的平均水平，那么国有企业就没有摆脱困境。我们认为，大中型国有工业企业的经济效益根本好转的标志应当是：

1. 亏损企业所占的比重降到20%以下。亏损企业的数量当然是越少越好，但在现实经济中，总有一些企业会因各种不同的原因而陷入亏损，因此要求所有的国有大中型企业都摆脱亏损是不现实的，但亏损企业的数量也不能过多，否则就不能说已经摆脱困境。如何确定这一“合理的亏损面”？①1996年世界最大的500家公司中，有44家亏损，亏损面为8.8%。这些企业大多是技术水平先进、经营管理先进、实力雄厚的跨国公司或大型企业集团，他们还有近1/10的亏损面，何况我国的国有大中型企业？因此，如果今后若干年内国有大中型企业的亏损面仍在10%以上，也是不足为怪的。②1997年全部独立核算工业企业的亏损面为23.6%，这是在国有工业企业经营困难的情况下获得的。今后随着市场经济的发展和国有企业体制改革取得成效，国有企业的亏损面肯定会下降，全部独立核算工业企业的亏损面降到20%以下是不难的。据此，我们把亏损面降到20%以下作为大中型国有工业企业摆脱困境的第一个标志。我们认为，这一标准并不太高，因为1997年我国集体经济的亏损面也只有18.9%，而私营经济的亏损面仅为13.3%，希望技术力量占优势的国有大中型企业亏损面降到目前集体企业亏损面的水平或独立核算工业企业的平均水平应不算太过分。但是，要在近几年内达到这一标准仍有相当的难度。1997年大中型国有工业企业的亏损面为40.5%，即使假定没有新的亏损企业产生，也要有3000多家亏损企业摆脱亏损才能使亏损面降到这一水平。而在1997年的盈利企业中，微利企业所占比重相当高，百元资产盈利额在0.05元以下的企业占21.3%，这些企业稍有不慎，就有可能陷入亏损的境地。

2. 资本产出率提高到70%以上。大中型国有工业企业摆脱困境，其资本使用效率至少应达到全国的平均水平。1997年全部独立核算工业企业的总资产产出率（按现价总产值计算）为66.1%，据此把摆脱困境的总资产产出率标志设定为70%以上。从表1可以看出，与集体经济和私营经济的总资产产出率相比，这一标准还是非常低的。大中型国有工业企业要达到这一目标，其总资产产出率需在1997年的基础上提高23.4个百分点。

3. 净资产收益率提高到5%左右。净资产收益率是反映国有资产使用效益的最主要指标。1997年，全部独立核算工业企业的净资产收益率为4.7%，据此，把净资产收益达到5%左右作为大中型国有工业企业摆脱困境的效益标志。要实现这一目标，大中型国有工业企业的净资产收益率需在1997年的基础上提高

2.1个百分点。由于通货膨胀水平对净资产收益率影响很大，因此该标准应根据通货膨胀水平的变化作适当的调整。

表1　1997年国有大中型企业的经济效益与其他所有制比较（%）

	亏损面	亏损率	总资产利税率	净资产收益率	总资产产出率
全国平均	23.6	48.2	6.9	4.7	66.1
国有经济	38.2	66.0	6.3	2.1	47.1
大中型国有企业	40.5	52.7	7.1	2.9	46.6
集体经济	18.9	37.3	8.3	9.5	119.4
私营经济	13.3	18.4	13.3	14.0	145.5
联营经济	24.9	57.7	6.3	4.4	87.3
股份制经济	23.8	17.5	8.6	8.1	60.0
外商投资经济	38.7	45.3	7.7	7.1	80.0
港、澳、台投资经济	34.1	43.6	5.5	6.2	76.6
其他经济	23.7	64.8	7.0	4.6	97.8
总计中：乡属工业	14.1	20.0	10.5	13.3	141.7
国有控股企业	34.4	22.9	8.6	8.2	57.0

虽然可以反映企业经济效益状况的指标还有很多，但以上三个指标已能比较全面地反映企业的经济效益和经济效率。当然体制标志也很重要性。关于国有企业运行机制的改革目标或走出困境的体制标志，十五大报告已讲述的非常明确。即：①按照“产权清晰、权责明确、政企分开、管理科学”的要求，建立起现代企业制度；②建立起与现代企业制度相适应的社会保障体系；③建立起平等竞争的市场环境。

四、近期内国有大中型企业摆脱困境要多管齐下

1. 从加强企业内部管理中要效益。从目前的情况看，国有亏损企业通过改善内部管理来减亏的潜力是很大的。首先是提高流动资产使用效率的余地很大。在国有大中型工业企业中，1997年亏损企业的流动资产与产品销售收入比率为122.7%，而盈利企业仅为74.2%，两者相差48.5个百分点。假如亏损企业的流动资产使用效率也能提高到盈利企业的水平，那么可节约流动资产1700多亿元，可减少利息支出80多亿元，相当于1997年亏损总额的14%，可使资产负债率降低近4个百分点。其次是降低管理费用和财务费用的空间也很大。在国有大中型工业企业中，1997年亏损企业的财务、管理费用（不包括税收和利息支出，下同）相当于销售收入的14.5%，盈利企业为7.7%，两者相差6.8个百分点。虽然我们不能要求亏损企业把财务、管理费用占销售收入的比重降到盈利企业的水平，但决不能只与总资产保持固定的比例（1997年的这一比例在盈利企业和亏损企业间几乎无差别）。假如财务、管理费用占销售收入的比重，在亏损企业和盈利企业之间的差距能缩小一半，那么可减少支出120多亿元，相当于亏损总额的20.4%。两项合计可减少亏损200亿元，占1997亏损总额的34.4%。

2. 从对国有企业进行战略性改组中要效益。国有资产作为产权的形式，与其他的产权形式相比，既有优势，也有其弱点。国有资产在选择进入的领域时，必须充分地考虑其自身的特点，尽可能地发挥其竞争优势。如果国有企业介入到一些自身没有优势的领域，在与个人和社会资本的竞争过程中就会陷入亏损的境地。通过有计划、有步骤地出售和转让部分国有企业的产权，将可以使国有企业逐步地从一些亏损比较严重的行业退出，从而缓解国有企业的亏损状况，将有限的国有资本集中起来，投入到真正需要国有经济进入和加强的领域和行业中，并为解决国有企业债务负担过重问题筹措相当数额的资金。

从1997年国有大中型工业企业的情况看，亏损比较严重、已经出现行业性净亏损的主要有：食品加工业、纺织业、服装及其他纤维制品制造业、皮革毛皮羽绒及其制品业、木材加工及竹藤棕草制品业、家具制造业、造纸及纸制品业、化学纤维制造业、塑料制品业、非金属矿物制品业、有色金属冶炼及压延加工业、金属制品业、普通机械制造业、专用设备制造业、仪器仪表及文化办公用机械制造业以及其他制造业等18各行业（未包括诸如“武器弹药制造业”、“煤气的生产和供应业”等特殊行业）。这些行业的亏损企业占全部亏损企业的比重为58.7%，其亏损额所占的比重为46.7%。假如国有工业逐步地从这些行业中退出，把这些行业中的企业以各种不同的方式转让出去，大中型国有企业的亏损面将可从目前的40.4%下降为33.8%，亏损率将可从目前的52.5%下降到31.4%。假如转让价格为净资产值，将可以筹集资金3300多亿元，即使转让价格为净资产值的一半，也可筹集资金1600多亿元。

3. 从扭亏无望的企业破产和产权重组中要效益。对长期亏损企业坚决实行破产，是降低国有企业亏损面的重要一环。在衡量企业是否应该破产时，首先应扣除政策性亏损；其次对债务负担和社会负担过重所引起的亏损应给予必要的扣除；其三还应注意亏损是否是偶然的因素引起的，是否有扭亏的前景。根据百元资产亏损额以及亏损总额与相关指标的关系，我们对1997年亏损的大中型国有工业企业作了两种不同的

分类。百元资产亏损额超过10元的企业有1425家，占亏损企业总数的23.6%，占全部国有大中型总数的9.5%。亏损总额超过各项税金、当年折旧、利息支出总和的企业有2758家，占亏损企业总数的45.7%，占全部国有大中型总数的18.5%。这两类企业可称为是亏损比较严重的，虽然不能排除其中仍有一些企业能走出困境，但其中的大部分将只能采取破产的方式。对于那些亏损总额小于折旧和利息支出总额的企业，特别是亏损总额小于折旧总额的企业，即使效益状况不能改善，也应尽可能地避免破产，而应采取资产重组等方式。

4. 从减轻企业的各种负担中要效益。首先是企业办社会的负担。虽然与其他所有制企业相比，国有企业在这方面的支出比较大，但是这并不意味着在社会保障制度改革以后，国有企业就可以大幅度减小这类支出，因为从全社会角度来看，改革以后这些负担还是要有人来承担的，并且这些费用最终也大多来自于企业。比如养老保障制度改革以后，很多企业的负担并不是减轻了，而是加重了。因此，对于亏损企业来说，减轻企业办社会负担，核心是减人，而不仅仅是减掉企业办社会的职能。假如按大中型国有盈利工业企业的劳动生产率计算，那么生产亏损企业的产值，仅需劳动力350万人，需减员607万人，可减少工资、福利、劳动待业保险费支出41.8%，相当于亏损总额的50%。可见，减员从而减轻企业办社会的负担，对于一些人员负担很重的老企业来说扭亏的作用是很大的。

其次是企业的债务负担。对于一些免除部分债务以后仍具有生存价值的企业，可以通过适当方法给予豁免一些债务。从大中型国有亏损工业企业看，1997年末的资产负债率为80.4%，比盈利企业的59.3%高21.1个百分点，其中资产负债率超过100%的企业大约占26.8%。假如通过豁免债务把其资产负债率降到盈利企业的水平，那么将可减少利息支出120亿元，相当于当年亏损总额20%。值得注意的是，豁免企业必须要有严格的条件限制，同时还应与企业整顿、结构调整结合起来，而不能轻易地豁免企业债务。

此外，注入增量资金，帮助企业进行技术改造和新产品开发，也是使一部分处在亏损状态的企业脱困的出路之一。适当地注入增量资金可以使一些仅仅因技术装备程度过低而陷入困境的企业从亏损中摆脱出来。在国有大中型亏损工业企业中，技术装备程度过低的企业占有相当的比重。从1997年的情况看，国有大中型亏损工业企业人均拥有的固定资产数量仅为盈利企业的56.8%。如果要使亏损企业技术装备程度也达到盈利企业的水平，那么需要注入资金5400亿元。当然，实际的需要量并不一定有这么大，因为下岗分流等途径也可以使技术装备程度提高。注入增量资金主要不能靠银行贷款，因为大多数亏损企业的资产负债率已经过高；也不能主要靠国家投入，因为政府的资金很有限；而只能靠引入新的投资者，靠市场融资。向亏损企业注入增量资金必须讲究效益，增量资金所能产生的收益不应低于全社会的平均收益水平，否则就不能注入增量资金。

五、从长远看，建立国有资产出资人制度，实现政企分开是大中型国有企业摆脱困境的根本出路

运行机制不合理是国有企业陷入困境的根本原因。如果这个问题不解决，即使通过各种其他手段，把现有的亏损企业全部从困境中摆脱出来，也很难保证国有企业不会再次陷入困境。运行机制的核心问题是企业的产权问题。只有把国有企业抽象的产权具体化为明确的出资人，建立国有企业出资人制度，才能为企业股份制改造创造完备的前提条件，才能真正实现政企分开，也才有可能建立健全的现代企业的运行机制。

关于建立怎样的国有企业出资人制度？我们认为，首先要破除两种思想误区。一种误区是：有些人认为，私人产权制度是最完善最有效率的制度，公有产权特别是国有产权根本不可能在保持本质不变的情况下，具体化为负责任的产权主体，即使能够具体化为具有私人人格化的产权主体，也不可能保证具有国有产权终极代表的政府不干预企业经营行为，因此，在保持国有产权制度不变的前提下，根本不可能实现政企分开，进而也不可能搞活国有企业；过去十几年国有企业改革没有成功的实践证明了这一点；近年来国际上存在的国有企业私有化浪潮也充分说明，民营化是国有企业的惟一出路。按照这一理论，现在旨在搞活国有大中型企业的许多努力都是徒劳的。姑且不论私有化是否应该，单就大中型国有企业私有化的难度而言是非常巨大的，在短期内中国难以找到许多有钱人来收购国有企业。平分国有资产是实现私有化的一条捷径，但这对生产力的破坏作用不可估量，前苏联和东欧一些国家国有企业私有化的教训是深刻的。另一种误区是：有人认为，政府是国有企业的终极代表，与国有企业不可能分开，况且在现在条件下，政府在国有企业改革中扮演主要角色，起推动作用，不可能实现政企分开。第一种误区隐含的前提是私人产权制度比国有产权制度好，国有企业产权制度改革的方向是民营化；第二种误区隐含前提是国有企业产权制度是不可能改变的，谈也没有用。理论上的困惑自觉不自觉地阻挠国有企业改革向走出困境的方向迈进。

实际上，产权制度改革是不可回避的。对于一个具体的国有企业来讲，要把它改造成为一个具有现代企业制度的股份公司，如果不把抽象的国有产权委托给特定的机构或个人，那么公司的治理结构是不完整的。完整的现代公司治理结构是由出资人或产权代表、资产经营者和来自职工或有关部门的监督者之间相互合约关系的集合。三者相互依存，缺一不可；任何一方的缺位，或合约不完善，或没有按合约规则行事，都会导致公司治理结构失衡和功能错位。公司治理结构要求任何一方都是人格化的具有独立意志的主体，不能是抽象的，模糊的主体，否则公司治理结构将由于处理或协调由此造成的不良信息，而浪费许多能量，贻误商机。政府或政府的职能部门作为国有企业的产权代表不能直接进入公司治理结构，而必须通过第三方，否则不仅违背现代公司治理结构对出资人的要求，而且永远不可能实现政企分开。因为出资人作为公司最重要的董事之一最终是要参与公司管理的，并具有公司的最后决策权。

现在大中型国有企业改革有两种倾向被人们看好：一种是将行业主管部门改变成行业控股公司，行业内国有企业作为子公司装入控股公司；另一种是通过集资新建、兼并、资产重组或联合等手段实现机构交叉持股，实现股权多元化。目前不少人认为这两种改革既能使企业摆脱行政控制，又能做到所有权在位，可以比较有效地解决所有者的监督问题。其实这两种改革是不彻底的。从控股公司属下的企业看，确实具备了现代企业的一切硬件条件，公司治理结构的有关方面也完备，但是如果控股公司或母公司本身就是个翻牌公司，则很难想象对下属公司的管理会摆脱习惯上的行政干预。现实的情况是，许多控股公司或母公司确实就是个翻牌公司，即使不是翻牌公司，那么其所有权代表也是缺位的（终极所有权当然是政府），由此建立的一级公司治理结构是有问题的。因此，这两种方式的改革准确的讲是弱化了政府对企业的行政干预，但没有，也不可能解决政企分开问题。即使如此，这两种方式的改革还是大大增强了国有企业的活力，并且距国有企业终极所有权的最后解决已相差不远。

关于解决国有企业终极所有权和建立国有企业具体出资人制度等问题早在90年代初就有学者提出，如有的学者提出的建立国有资产经营管理委员会专门管理国有产权的建议，上海和深圳两地分别对此进行了试验，积累了宝贵的经验。我们认为建立国有资产经营管理委员会确实是一项非常好的建议。我们的具体设想是：全国设国有资产经营管理委员会，专门经营和管理国有企业产权，国资委作为惟一的国有产权的终极代表参与企业经营管理，作为出资人参加一级控股企业的董事会，选聘企业主要经营人员，考核和监督企业经营业绩；国资委从行政部门独立出来，只对全国人民代表大会负责，每年向人大提供经营管理报告，供人大代表审议；国资委实行分级管理，地方设地方国资委，负责经营和管理地方国有产权，并对当地人大负责；政府向企业派一名监事，和来自于职工、银行等有关方面的监事人员一起，成立企业监事会，行使对企业的监督职能；要加强立法，要根据建立现代企业制度和高效的公司治理结构的要求，严格规定国资委、企业经营者和监事会等有关各方面的权责利以及违背合约的处罚措施，防止有关方面权力滥用。按照国家所有、政府分级管理、企业自主经营的方针，建立科学的国有资产管理、运营和监督体系，并提高政府的效率。

由此建立的国有资产管理体制由于严格遵守了所有权与管理权、所有权与经营权相分离的原则，因此政企是分开的，这将从制度上消除国有企业陷入困境的基础；新体制解决了国有产权代表和出资人问题，因此消除了国有企业建立现代企业制度的最后一个制度障碍。现在的问题是国资委能否管理好一万多家大中型国有企业？如何协调全国国资委和地方国资委的关系？但诸如此类的问题都是具体管理问题，从逻辑上说都不是解决不了的制度缺陷问题。因此这些问题都可以在实践中得到满意的解决。

（课题主持人：邱晓华；顾问：邵宗明；课题组成员：盛来运、余根钱、周学文、刘国强、闾海奇；执笔：盛来运、余根钱、周学文）

国有企业是否走向“死亡板块”

许剑毅　朱金渭

在建立社会主义市场经济的过程中，国有企业改革一直是人们十分关注的一个焦点。近几年来，国有工业企业数量减少，效益下降，给人们一种愈来愈困难的印象，使部分人士认为国有企业已成为“死亡板块”。对此，应针对不同情况作具体分析。

一、如何看待国有企业的现状和发展前景

近年来国有企业数量减少，效益连年下降。1995年末，全国独立核算国有工业企业有8.8万多家，到1997年末，已减少到7.4万家；职工人数从4465万人，减少到3894万人。1998年上半年国有工业企业个数比上年同期减少12.6%。5月份进行的一次“国有企业改制调查”结果显示，1998—1999两年，仍将会有更多的国有企业，通过改制，转化为非国有企业，国有工业企业数量减少的趋势将会进一步加大。这同近些年来我国经济发展中，非国有工业企业单位数每年增加几十万个相比，形成明显反差。

从效益状况来看，国有工业效益呈逐年下降之势。1995年，国有工业企业的利润总额为665.6亿元，成本费用利润率为2.64%，总资产贡献率为8.72%；1997年分别为427.8亿元、1.59%和7.17%；1998年上半年，进一步下降到净亏损92亿元、－1.54%和5.65%。

但也要看到：

1. 国有企业仍是我国工业企业盈利的主体，有相当一部分是具有活力的“板块”。目前国有企业确有相当一部分亏损，特别是小企业仍处于净亏损状态，但国有大中型企业除了在国民经济重要行业肩负着支撑和栋梁作用外，仍是整个工业盈利的主体。1997年国有大中型盈利企业盈利额，占全部工业盈利额的1/3以上。一些工业盈利大户仍基本上集中在国有大型企业。1997年盈利额最大的30户国有大型工业企业盈利433.7亿元，占整个工业盈利的1/4。

特别是在国民经济的一些重要行业，由于非国有工业不易介入和竞争，国有工业一直占据着垄断地位，这些行业中的国有企业在目前整个工业比较困难的情况下，仍显示出较强的活力和生机。如烟草加工业、石油和天然气开采业、石油加工及炼焦业、电力、蒸汽、热水的生产和供应业等仍一直是我国工业的盈利大户。国有工业市场份额和资产所占比重较大的行业，也是工业盈利大的行业。详见表1。

表1

行　业	市　场 占有率%	资产 比重%	资　产 负债率%	利润总额 (亿元)
烟草加工业	96.8	96.2	57.6	123.2
石油和天然气开采业	95.9	97.4	56.3	175.3
石油加工及炼焦业	83.0	84.9	61.0	46.7
自来水的生产和供应业	80.8	86.5	35.1	10.9
电力、蒸汽、热水的生产和供应业	80.5	75.4	56.3	176.7
煤炭采选业	75.8	89.2	60.8	34.8
黑色金属冶炼及压延加工业	73.4	82.2	58.0	16.0
交通运输设备制造业	50.2	61.3	67.9	11.3
有色金属矿采选业	48.8	74.3	63.3	8.0
饮料制造业	46.3	50.9	70.0	38.0
医药制造业	42.1	49.2	70.9	12.4
印刷业、记录媒介的复制	34.8	47.0	60.7	5.6
电子及通信设备制造业	23.1	35.2	72.3	33.0

2. 在一些特殊行业中，国有企业因做出牺牲，形成客观上的“死亡板块”。在煤气、自来水生产和供应等公益性行业，武器弹药制造等一些特殊行业，迄今，仍基本上是国有企业一统天下的局面，并且这种局面仍将维持下去。这些行业中的国有企业由于政策上的因素，产品价格在宏观调控中受到限制，其微观效益低下，形成政策性亏损。如煤气生产和供应业、武器弹药制造业，企业的资产负债率只有45%和62%，而每元成本费用投入却分别亏损4.12元和2.55元。一些政策因素形成了部分国有企业客观环境上的“死亡板块”。但从长远来看，由于国民经济和社会发展的需要，这部分企业仍将是活力较强的企业，始终不会真正成为“死亡板块”。

3. 在一般竞争性行业中，部分国有企业确实正在成为“死亡板块”。近几年来，在竞争性行业中，为了使国有企业充分搞活，将一部分国有企业通过改制、

合资等形式，转化为非国有企业。对一些即使从整体上难以搞活的企业，也将其中的一部分拿出来进行合资、合作。这一部分多为负债适度、设备尚未严重老化、在市场经济中仍具有较强竞争力。而剩余的企业群体，其整体活力越来越弱。由于这些行业中非国有经济特别是“三资”企业比重较大，市场竞争激烈，致使余存的国有企业的成本费用利润率均为负值，绝大部分企业处于亏损状态（见表2）。从某种意义上来说，这些行业中的部分国有企业群体，正在逐步成为“死亡板块”。

表2

	国有市场占有率%	三资市场占有率%	非国有产值比例%	国有企业个数			国有成本费用利润率（%）		
				1995	1996	1997	1995	1996	1997
化学原料及化学制品制造业	47.3	14.2	53.5	5834	5723	4855	2.69	1.83	-0.31
专用设备制造业	43.9	10.5	57.6	4365	4484	3797	-0.81	-2.04	-1.93
食品加工业	40.5	23.6	60.8	9832	9586	8057	-0.09	-3.97	-3.87
黑色金属矿采选业	37.3	1.2	66.4	265	276	233	-3.79	-2.18	-0.50
纺织业	33.2	18.7	68.4	4345	4031	3391	-3.31	-5.92	-4.48
普通机械制造业	32.9	16.1	69.4	4346	4391	3787	0.38	-1.46	-1.88
橡胶制品业	30.2	23.1	70.4	640	621	533	-0.43	-0.11	-0.16
食品制造业	27.4	35.0	73.2	5306	4934	4089	-0.41	-1.55	-0.92
造纸及纸制品业	26.8	19.6	73.9	1899	1795	1536	1.74	0.54	-2.31
非金属矿物制品业	26.3	11.5	75.4	7568	7392	6259	-0.11	-3.59	-4.55
化学纤维制造业	25.3	17.5	75.6	248	249	204	1.61	-2.36	-1.68
非金属矿采选业	24.5	3.2	78.6	1190	1147	987	-0.86	-1.10	-1.83
仪器仪表及文化、办公用机械制造业	22.3	50.7	76.9	1141	1179	1016	-1.59	-4.35	-4.50
其他矿采选业	19.2	0.0	80.7	19	24	20	2.89	0.92	-1.61
电气机械及器材制造业	17.2	27.2	83.2	2685	2659	2268	0.01	-0.23	-0.93
木材加工及竹、藤、棕、草制品业	13.0	27.1	87.9	1265	1254	1045	-4.57	-4.85	-5.27
金属制品业	11.3	30.0	89.4	2507	2641	2227	-1.21	-2.52	-3.25
塑料制品业	10.2	33.0	90.1	1609	1667	1408	-0.46	-1.23	-1.54
文教体育用品制造业	8.2	49.3	93.1	527	487	415	0.85	-0.17	-0.67
皮革、毛皮、羽绒及其制品业	6.9	50.1	93.8	847	764	595	-3.47	-5.73	-5.81
家具制造业	6.4	29.8	94.4	594	615	482	-0.52	-1.34	-2.74
其他制造业	6.0	33.8	94.5	1092	1098	859	-2.02	-3.43	-4.10
服装及其他纤维制品制造业	5.3	44.9	94.9	1102	1177	935	-0.96	-0.92	-1.57

4. 国有企业中确有一部分企业因经营不善，逐渐走向“死亡板块”。1995年工业普查资料显示，我国国有中小工业企业年盈利额达到100万元以上的，只占整个中小企业的1.9%；其中86.5%的国有中小企业处于微利和亏损状态；有11.6%的企业，年亏损在100万元以上，其亏损额占整个亏损额的91.6%，这些企业平均负债率高达78%。1994—1996年我国全部608个工业小类行业中，国有工业连续三年亏损的行业有240个，涉及国有亏损企业10789家。而在这些行业中，集体工业连续三年亏损的行业仅13个，“三资”工业57个。随着市场竞争的不断加剧，这些行业中的国有企业由于机制、社会负担、经营不善等多方面的原因，竞争不利，将逐渐地走向“死亡板块”。

二、要从“国有经济”的角度，来全面分析和研究国有企业

在计划体制下，国有企业和国有经济的含义相同，但随着经济体制改革的不断深化，这两个概念的差异越来越大。目前的国有企业，已难以反映国有经济的全貌，只是国有经济中的一个重要组成部分。因此，要转变认识观念，把关注“国有企业”转到关注“国有经济”。

1. 比较和考核效益水平，要在“国有经济”和“非国有经济”之间进行，而不是在“国有企业”和“非国有企业”之间。目前，国有企业虽然仍是国有经济的主要组成部分，但已不能全面、准确地反映国有经济的总体状况。在改革中以不同方式融入非国有经济成分的国有企业，大部分都是效益较好的企业。再单纯看国有企业，明显不合理。应采用“国有经济”的概念，既包括国有工业部分，同时也包括非国有工业中的国有参股部分。但在实际中由于很难将一个股份制企业的所有生产成果，按其股本分别统计。因此，目前可用国有及国有控股工业来大体反映国有经济的状况。也就是说将国有控股的股份制和合作制企业的

全部生产成果划归为国有经济，而将国有参股而非控股的企业全部划归为非国有经济，这样大体上反映国有经济的状况。从1998年1—7月资料看，国有工业产品销售比上年同期下降3.7%，净亏损93亿元，而国有控股工业销售收入增长0.15%，实现利润139亿元，加上国有控股后，国有及国有控股企业实现利润46亿元，经济效益总体情况与整个工业平均水平的差异明显缩小。

指标	国有及控股工业	国有工业	国有控股工业	非国有工业
资产负债率（%）	64.6	65.4	60.5	64.0
利润总额（亿元）	46.5	-92.8	139.3	452.1
成本费用利润率（%）	0.3	-0.7	4.4	2.9
总资产贡献率（%）	3.4	3.3	4.2	3.0

2. 要从搞活“国有经济”的角度，来认识和实现国有企业脱困问题。用三年左右的时间，使目前的国有大中型企业基本摆脱困境，是本世纪末国有企业改革的一个重要目标。在实际操作中，要正确认识和理解这个目标，要从国有企业跨世纪的发展战略角度来考虑国有企业的改革与调整，找准在社会主义市场经济条件下的国有企业定位。对目前国有企业的脱困不能只拘泥于解决或者搞活每一个国有企业，而是要转到搞活整个国有经济。针对目前国有企业的发展现状，应采取不同的分类措施。一是对一些特殊行业，如煤气、自来水等公益性行业、武器弹药制造业和一些重要行业中的国有企业，往往因政策因素等亏损较多，一方面采取财政补贴的办法，另一方面逐步理顺价格，减少或不再造成新的亏损。这在市场经济国家大多数也是这样做的。二是对于国有企业中一方面盈利多，另一方面亏损也多的两极分化的现象，应采取坚决措施大幅度减少亏损。同时通过三年的改革和调整，收缩国有工业战线。在竞争激烈、国有工业亏损多的一般性行业中，该撤出退位的一定撤出退位，以集中兵力重点发展国有优势产业。从目前来看，国有工业优势比较集中的行业有钢铁工业、化学工业、电力工业、石油开采业、石油加工及炼焦业、煤炭工业、建材工业、机械电子工业、有色金属工业、烟草工业、自来水、煤气生产供应业，以及交通运输设备制造、专用设备制造业等，应对这些行业中有市场、技术含量高、附加价值高的产业，有重点的加大支持力度，以继续保持国有企业在这些行业的主导地位。三是要通过三年改革脱困，使国有企业普遍建立起良好的企业制度和运行机制，真正做到自我约束、自我发展，以较强的活力和竞争力在市场竞争中游弋。这样，国有企业才能真正从“死亡板块”的阴影中走出来，改革才算真正获得成功。

（作者所在单位：国家统计局工交司）

关于国有企业的“脱困”

董辅礽

一、什么是脱困

“脱困”是“用三年左右的时间，通过改革、改组、改造和加强管理，使大多数国有大中型亏损企业摆脱困境”的简略说法。从一些报刊上的报道和文章看来，要使国有企业脱困还有值得探讨的地方。

不少人把国有企业脱困理解为“扭亏为盈”。不少国有企业亏损，这是事实，也是它们的一个巨大困难。截至1998年10月底，国有及国有控股工业企业的亏损面为49%，其中大中型企业的亏损面为55%，小型企业的亏损面为47%，在国有企业总计800亿元的亏损中，国有大中型企业的亏损占600多亿元，即3/4强，直到1998年5月国有及国有控股亏损企业的亏损额一直都大于盈利企业的盈利额，也即为净亏损，到6月才盈亏基本持平，到10月净盈利235亿元。虽然有了净盈利，但其息税后的收益与资产总额的比率，即息税后资产收益率仍为0.0%。从盈亏的这种状况看，国有企业的确相当困难。可是，我们却不能仅仅着眼于盈利与否来看国有企业是否脱困。的确，对于市场经济中竞争性行业的企业来说，盈亏是其各个方面情况的综合反映。对于这类企业来说，一般而言，出现亏损必定会带来许多困难。要脱困自然要扭亏为盈。但是，国有企业有不同类别（后面将谈到），都用是否盈利来判断它们是否摆脱困境，是不恰当的。即使是国有企业中的竞争性企业，包括国有大中型竞争性企业，发生亏损的原因也是很多的，不能仅仅用是否扭亏为盈来判断它们是否摆脱了困境，还要看是怎样扭亏为盈的。如果仅仅用是否扭亏为盈来判断它们是否摆脱了困境，就会把国有企业摆脱困境的问题看得过于简单，甚至会从会计报表上或统计口径上做文章。例如，用少提折旧的办法、用政府减免税收或银行减免欠债和利息的办法、将一些已经发生的亏损隐藏起来的办法、改变大中型企业划分的标准的办法、让盈利企业把亏损企业“兼并”过来的办法等等，以减少亏损企业的数量和亏损的数额。这些办法可能在会计报表上显示已经扭亏为盈，在统计上显示亏损的数额已经减少、亏损企业的数量和比重已经降低，并以此证明国有企业的状况已经好转，甚至已经摆脱了困境。再说，企业的外部环境对企业的盈亏也有影响甚至巨大影响。在政府实行增加有效需求的种种措施，特别是增加对基础设施建设的投入后，那些生产原材料（水泥、钢材等）和建筑设备的国有企业，包括国有大中型企业的生产就首先被拉动起来了，它们满负荷生产，立即减少了亏损，甚至扭亏为盈。这自然是好事。如果仅从一时是否扭亏为盈来看，人们可以说这些企业的脱困取得了进展，甚至已经摆脱了困境。但是，像我们在后面要谈到的，如果不从根本上解决造成国有企业大面积亏损的原因，这种“脱困”是很容易逆转的，即转盈为亏。它们今天盈利了，明天又可能亏损。那么应该怎样认识国有企业的脱困呢？

二、困境何在

要使国有企业从根本上摆脱困境，首先必须弄清楚国有企业包括大中型企业的困境何在，它们的困境是怎样造成的。对这个问题，人们的“诊断”的分歧是很大的。有人认为是国有企业的企业制度不佳，有人认为是国有企业的经营机制不良，有人认为是国有企业的结构不妥，有人认为是国有企业的管理不善，等等。这些“诊断”都是正确的。但必须在解决国有企业的定位的前提下解决这些问题才有助于使国有企业摆脱困境。我对国有企业包括大中型企业的困境以及造成困境的原因的看法如下：

第一是给国有企业在社会主义市场经济中的定位不对。在计划经济中，没有市场，没有竞争，所以也没有竞争性行业和非竞争性行业的区别，所有行业的国有企业基本上都是按照同样的模式（有点类似于市场经济中的非竞争性企业特别是公益性企业的模式）运转的，即都是按国家下达的指令性计划行动的，都不以利润为目标，有了利润都上缴财政，有了亏损都从财政拿补贴。这就是说，国有企业发挥着保证指令性计划完成和超额完成的作用，起着保证政府调节经济的政策和措施得以实施的作用。这是计划经济中国有企业的功能所在，而且是国有企业特有的、不能替代或难以替代的功能所在。

与计划经济不同，在市场经济中企业有不同的类别，它们各自是按不同的方式运转的。我在一篇写于1991年论述国有企业进入市场的文章中就把企业划分为竞争性行业的企业与非竞争性行业的企业，而非竞争性行业的企业又划分为公益性行业的企业和自然垄断性行业的企业。在市场经济中这些不同行业的企业各自的功能不同，目标不同，运转的方式也不同。竞争性行业的企业是以盈利为目标的。它们通过向社会及其公众提供商品和服务获取利润，虽然这些商品和服务可以满足社会及其公众的需要，但它们只是获取利润的手段，获取利润是第一位的，提供什么商品和服务是第二位的，即服从于能否取得更多的利润。正因为它们以盈利为目标，这类企业之间要展开你死我活的竞争，或者吃掉竞争对手，把对手挤出市场，或者被对手所吃掉，被对手挤出市场。在非竞争性行业中，公益性企业的目标不是盈利，而是为社会及其公众提供公益性产品和服务，也即非排他性的公共产品和服务，以满足社会及其公众的共同需要，即使在实现了这个目标的前提下企业有了盈余，也不能用作分红，而应用于发展公益性企业，为社会及其公众提供更多更好的公益性产品和服务。如果它们不是由于经营管理的原因发生了亏损，政府应该给予补贴；如果由于经营管理不善发生了亏损，那就要从改进其经营管理上做出努力。可以根据具体情况要求公益性行业的企业在为社会及其公众提供更多更好的公益性产品和服务的前提下不亏、减亏或扭亏，但不应要求其扭亏为盈，更不应要求其增加盈利，把盈利作为考核其经营状况的指标。在非竞争性的行业中，自然垄断性行业的企业较特殊。因为它们处于自然垄断的地位，没有其他企业与它们竞争，这是它们不同于竞争性企业之处，有些自然垄断性行业的企业可以列入公益性行业的企业，如城市的供水企业。除此以外，一般地说，自然垄断行业的企业是以盈利为目标的，就这点而言与竞争性行业的企业相同，但由于没有企业与其竞争，它们往往可以利用其自然垄断地位，获取垄断利润，这又与竞争性行业的企业不同。需要指出，随着经济和技术的发展，原有的自然垄断性行业的垄断性渐渐丧失，与竞争性行业的界限越来越模糊，甚至成为竞争性行业。在有些国家中，公益性行业在缩小，为竞争性行业的企业所代替。但在市场经济中，一般地说，这三类企业的划分依然存在，它们是按不同的规则和方式运作的。在我国，这三类企业的划分也是存在的。

在转向市场经济中，竞争发生了，而且越来越激烈。但在这种情况下，我们似乎又走向另一极端，依然没有对国有企业按竞争性行业和非竞争性行业加以区分，反而让它们一律作为竞争性行业的企业进入市场，与非国有企业竞争并彼此竞争，要求它们像非国有企业那样，以利润为目标，并以盈利的状况考核其业绩。这样，国有企业就陷入困境了。因为，对于公益性行业的国有企业来说，按竞争性行业的企业去要求它们，考核它们，要它们去与竞争性行业的企业竞争，这样做，或者会使它们放弃其作为公益性行业的企业的目标，从而改变其企业的公益性的性质，或者会使其处于既要实现公益性目标又要实现利润目标的矛盾之中。由于没有给它们正确定位，它们的正常亏损得不到充分的补贴，其职工获取的工资不能比照竞争性行业中的企业职工的工资，它们只好设法去“创收”，像竞争性行业的企业那样去获取利润，从而削弱了其公益性的目标。这就使它们陷入了困境。那些本属于竞争性行业的国有企业的数量最大，在转向市场经济中困难也最大。在计划经济中由于没有市场竞争，它们的日子是好过的。而在向市场经济转变中，要求这类国有企业作为竞争性企业去与非国有企业特别是非公有企业竞争，它们的日子就不好过了，陷入了困境。后面要谈到，在社会主义市场经济中，国有企业按其所有制的性质来说最适宜于作为非竞争性行业的企业，特别是公益性行业的企业，去做非国有企业特别是非公有企业不愿作或不宜作的事，如果作为竞争性企业而活动则非其所长。而非国有企业特别是非公有企业本来是在市场经济中生存和发展的，它们在市场经济中如鱼得水，游刃有余。让国有企业作为竞争行业的企业去与非国有企业特别是非公有企业竞争，等于是让国有企业以其短处去与后者的长处较量，它们岂能不陷入困境？至于说到那些具有垄断地位包括自然垄断地位的国有企业（如石油开采、石油化工、电力、通信等），它们的情况不同，其中有些企业不是由于行业的自然垄断性而获得垄断地位的，而是在计划经济中没有其他企业竞争以及在转向市场经济中不许非国有企业的进入而继续保持其垄断地位的。在它们尚能保持垄断地位（特别是利用政府的行政力量维护其垄断地位）的情况下，它们的日子还好过，一旦其垄断地位受到冲击（如国外的廉价石油涌入国内），它们也陷入了与竞争性行业中的国有企业同样的困境。

第二是计划经济给国有企业留下了沉重的包袱，例如众多的冗员、陈旧的技术和设备、沉重的负债和职工福利负担、计划经济中形成的企业制度和管理、不明晰的产权和政府的直接干预，等等。这些问题（除改革中实行拨改贷形成的高负债率外）都是在计划经济时代形成的，但是在计划经济中它们对国有企业并不构成问题，因为，国有企业不承担盈亏的责任，如果发生亏损，自有财政补贴。而在实行改革中，在相当长的时间里，并没有把建立市场经济体制作为改革的目标，而是或者试图在坚持计划经济的前提下，只让市场起辅助的补充的作用，或者试图建立计划经济与市场经济并存的双轨道运行的体制，这就是说计划经济仍然保留着。国有企业原来就是计划经济的最适当的微观基础，既然计划经济还保留着，国有企业自然也应在计划经济的这个轨道上运行，一方面它们继续支撑着计划经济，另一方面计划经济也继续支持着国有企业，国家继续承担着它们的盈亏责任。当然，在那段时期里，计划经济涵盖的范围已经在缩小，即使对国有企业下达的指令性指标也在减少，有一部分成为指导性计划，尤其是对于轻纺工业企业来说指令性计划的范围更小一些，但国有企业整体上仍没有脱离计划经济的轨道，仍处在计划经济的保护下。所以那时国有企业虽然也有困难，但还没有面临能否生存下去的困难。在确定以建立社会主义市场经济体制的改革目标以后，情况迅速发生变化。在不能继续得到计划经济的保护和难以得到财政许多支持的情况下（财政自己就有许多困难），对无论哪类国有企业来说计划经济造成的上述种种问题就真正成为它们的沉重包袱，并使它们陷入困境。特别是背着沉重包袱的、属于竞争性行业的国有企业，不仅不让其从市场退出，还要求它们与非国有企业竞争，特别是与非公有制企业竞争，包括强大的外国和外资企业竞争，它们岂能不陷入困境？

虽然，具体地说，不同国有企业的情况千差万别，但从总体上看，国有企业特别是国有大中型企业的最大困境，首先在于没有给它们在市场经济中恰当定位，其次是计划经济留下的问题在转向市场经济中成为它们的沉重包袱。

三、如何“脱困”

那么，国有企业如何脱困呢？如果上面的分析是正确的，如何脱困的问题也就不难回答了。要使它们“脱困”，首先要从总体上入手，用其所长，避其所短，也就是给国有企业在市场经济中正确定位，以发挥其特有的、非国有企业不能替代或难以替代的功能，解决计划经济留下的种种问题。这样才能按不同类别的国有企业分别地用不同的办法使其从根本上摆脱困境。“脱困”自然要一个企业一个企业去做，但首先要使国有企业从总体上“脱困”，只有从总体上使国有企业“脱困”，一个一个企业的“脱困”才能解决。下面稍微展开地谈一谈。

首先，要给国有企业在市场经济中正确定位，用其所长，避其所短。上面说过，在市场经济中存在着三类不同的企业，它们各自有各自的功能，并按不同的方式运作。国有企业是国家投资设立的，也即不是由私人投资设立的，也不是由哪个社区和集团设立的。国家所有制这种财产制度决定了它们可以不受私人或集团的利益的约束，不以追求利润为目标，而以社会的共同利益为出发点，即以增进社会的共同利益为目标。政府通过制定和实施特定的政策和措施来增进社会的共同利益，以保持社会公平，促进国民经济发展，维护国家和社会安全，而作为国家投资设立的国有企业能够而且必须为政府实施这些政策和措施提供必要的物质条件，提供公共产品，以实现政府为增进社会的共同利益而设定的目标。这就是说，国有企业最宜于作为公益性的企业而运作。这是在社会主义市场经济中国有企业特有的、不能替代或难以替代的功能所在，它们应该定位于此。相反，受所有制性质的决定，非国有企业特别是非公有企业必须以利润为目标，而不能成为以增进社会的共同利益为目标的公益性企业(由私人捐赠而设立的公益性企业，另当别论)。它们无法代替国有企业的上述功能。同时，正因为国有企业是由国家投资设立的，国家所有制这种财产制度还决定了这些企业的财产约束不及非国有企业特别是非公有企业的财产约束那样硬。这种所有制使得其所有者很难到位，也就是说，行使其作为所有者的职能，约束企业的经营者，维护其利益，因此国有企业比非国有企业更易发生内部人控制，更易发生挥霍浪费甚至贪污。当它们发生亏损时，政府往往要给予各种帮助，轻易不会让它们破产。同时，国家所有制这种财产制度也使得政企不易分离，因为政府是国家（国有企业的“老板”）的代表，企业的决策理所当然地要受到政府的约束，要服从政府的调度，它们不像非国有企业那样具有充分的自主性，能及时地对市场的变化作出灵活的反应，从而它们的效率和效益往往也不及非国有企业那样高。因此如果让国有企业在竞争性行业中与非国有企业特别是非公有企业竞争，一般地说，如果政府不给予特殊的政策，它们往往难于在竞争中取胜。这在许多国家已经是不争的事实。至于自然垄断性行业，应该说国有企业和非国有企业包括非公有企业都可以参与，但从我国的情况看，在市场不完善的条件下，由国有企业来经营更便于政府的管理，更易于防止企业利用其自然垄断的地位获取暴利，损害用户的利益。在这类企业中，如前所述，有一部分就是公益性行业的企业，它们理应是国有企业。按照这样的定位，现有的国有企业原则上应该从竞争性行业逐步退出来，集中于公益性行业和自然垄断性行业。在公益性行业中保留和发展的国有企业，如果是政策的原因形成了亏损，那本是正常的情况，只要不是经营不善造成了亏损，就不能说它们陷入了困境，当然更不能要求它们扭亏为盈，扭亏增盈。在自然垄断性行业中保留和发展的国有企业（不包括那些公益性行业的国有企业)，除去政策造成的亏损外，则应该要求它们不仅不能亏损而且要取得不低于社会平均利润率的经济效益。几年来我曾经多次提出，只需要在六个领域保留和发展国有企业。这就是：①为政府调节经济和实施政策提供物质条件的企业，如政策性银行、粮食储备企业等。②为满足居民共同需要提供保障的企业，如城市公共交通企业等。③关系国家和社会安全的企业，如军火生产企业、造币企业等。以上三类企业大体上可归入公益性行业的企业。④自然垄断性的企业，如城市供电企业、邮政企业等。⑤基础设施方面的企业，如公路、铁路、电力等企业，其中有些可以归入自然垄断行业，有些可以归入竞争性行业。一般地说，国有企业和非国有企业（包括非公有企业）都可以参与基础设施的建设和经营，目前在我国基本上是国有企业在参与，但不能说其他企业不能参与。由于基础设施的投资较大，回报慢，如果非国有企业无力投资或不愿投资，国家也应投资设立国有企业或与非国有企业共同投资设立企业，设立这样的企业是为了提高国民经济的整体效益，而不是仅仅着眼于企业本身的效益。正因为如此，在企业设立的一定阶段不应按一般的竞争性行业和自然垄断性行业去要求它们盈利，在它们进入盈利阶段后国家可以退出来，将自己的资产转让给非国有企业或非国有的合资者，由它们去经营。(6) 高科技行业的企业，一般地说它们是属于竞争性行业的企业，从我国的具体情况看，由于高科技行业的风险大，非国有企业特别是非公有企业目前的实力弱，还难以独力去做，无力或不愿独力承担风险。在这种情况下，为了提高国民经济的整体效益，为了国民经济的长远发展，国家应该投资设立国有企业或与非国有企业共同投资设立企业，而当企业进入盈利阶段后国家也可以退出来，将自己的资产转让给非国有企业或非国有的合资者。在这六个领域以外的竞争性行业的国有企业都是应该从市场逐步退出来的企业，虽然在向市场经济转变中各类国有企业都有困难，而且有不同的困难，但这些竞争性行业中的国有企业的困难最大。如果既不让它们逐步退出来，又要求它们摆脱困境，从整体上来说它们是很难办到的（不排除它们中由于各种原因也有经营得好的)，因为在竞争性行业中与非国有企业竞争，不是国有企业的优势所在。应该让国有企业在其功能不可替代或难以替代的上述领域中发挥其优势。国有企业在从竞争性行业逐步退出后，就可以在上述6个领域中加强和发展。只有对国有企业作出正确定位并进行这样的战略性调整，才能够从整体使国有企业包括大中型企业摆脱困境。

其次，计划经济留下来的种种困难自然也是要解决的。但要在给国有企业正确定位后，按不同类的企业，分别地予以解决。那些需要保留和发展的国有企业必须将上述那些问题解决后才能正常运作，即使对于那些公益性企业来说，也要先把原有问题解决后才能分清，哪些是政策造成的亏损，哪些是经营不善造成的亏损，然后才能使其走上正常的经营轨道。至于属于竞争性行业的国有企业，则必须在解决上述问题后才能有序地退出。它们的退出与脱困应结合进行。那些需要退出的小型竞争性国有企业较好办，难的是那些大中型竞争性国有企业。在从竞争性行业退出前，有些国有大中型企业可以先改组为股份公司，其中有些可以成为上市公司。改组为股份公司，包括上市公司，是国有企业从市场退出的一种过渡的组织形式。如果让它们直接退出往往有许多困难。因为，①这些国有企业的规模一般较大，如果直接退出，非国有企业和其他投资者难以有这样的实力能将其兼并或收购，如果先改组为股份公司，不仅非国有企业和投资者可以先参股其中，而且公司中的国有资产可以作为可以分割的股权一部分一部分地转让出去，非国有企业和其他投资者则可以逐渐将国有股收购过去，这样原来的国有企业就逐步退出去了。②这些国有企业往往技术落后，产品落后，如不加以改造，即使有非国有企业和其他投资者有实力兼并或收购这些企业，他们或者不愿意干，或者只愿出低的价钱。如果先改组为股份公司特别是上市公司，就可以先用筹集到的资金对企业进行技术改造，更新产品。这样，在转让国有股份时不仅会有非国有企业和其他投资者愿意收购，而且可以按较高的价格转让，国家可以从中获得大量的收入。③国有企业改组为上市公司后，由于公司的股票是溢价发行的，把公司中的国有股份转让出去，国家还可以从中获得大量的溢价收入。此外，国家从转让股份公司的国有股份中所获得的上述收入可以用于解决其他国有企业（包括需要保留和发展的国有企业）的种种困难。如果这些国有企业属于应该退出而尚未退出的企业，那么用这些收入做这些工作就为它们的退出（无论是转让还是为其他企业所兼并，甚至破产，或者采取其他形式退出）创造了条件，使那些愿意收购兼并这些企业但无力承担其沉重包袱者愿意收购兼并。其实，在国有企业改组为股份公司特别是上市公司时，也需要将多余的职工精简出去，需要剥离非经营性的机构，剥离出企业中不盈利的部分，需要解决欠银行的债务，需要解决离退休职工的社会保障问题等等。这些问题往往是障碍国有企业改组为股份公司的困难所在。有些企业在改组中简单地将这些困难甩给政府，甩给银行，甩给社会，甩给职工，造成了一大堆遗留问题。如果将国有企业在退出中所获的上述收入，用于解决这些企业在改组为股份公司中的上述种种问题，将有助于它们的改组。

但是，能够改组为股份公司特别是上市公司的国有企业毕竟是少数。其余的国有企业应该通过其他途径从竞争性行业退出。有些已经无力偿还到期债务或长期亏损的企业，应该及时破产。及时破产可以终止企业继续亏损，甚至可以收回一部分国有资产。企业破产中最难解决的问题是归还银行的债务问题和职工的安置问题。如果是正当的破产，银行应与其他债权人同等地获得清偿。如果为逃债而破产甚至假破产，则应制止。严格按照法律的程序进行破产应能防止假破产真逃债。至于破产企业的职工的安置问题，可以用破产企业的土地等资产的拍卖、转让所得来解决。在竞争性行业中无需破产的国有企业特别是小型企业可以通过其他途径退出。转让或被兼并是有效的途径。目前一些国有小企业在通过这种途径退出中出现了一些问题，如故意压低国有资产的价值、逃避银行债务、对清退的职工不加安置、转让所得不进入国库并随意占用，等等，亟需纠正。在国有企业特别是小企业通过这种种途径退出中，这些问题都应妥善解决。

国有企业占用的资产为数庞大，如果加上土地，即使扣去债务，也还有一大笔资产。把这笔资产用于使该保留和发展的国有企业继续保留并进一步发展，使应该退出的国有企业逐步地有序地退出，是绰绰有余的。为此，应该从转让国有企业的资产和股分的收入中拿出一部分建立用于国有企业改革改组改造的基金，并用这笔基金来解决拖欠的银行债务和其他债务、安置职工、剥离非经营性资产等问题。

总之，为了使国有企业特别是大中型企业摆脱困境，先要按国有企业在社会主义市场经济中的功能对其作出恰当的定位，然后根据这种定位对其布局作出总体的战略性的调整，公益性行业和自然垄断性行业的国有企业应保留并发展，在竞争性行业中某些基础设施和某些高科技领域可以保留和发展一些国有企业和国有与非国有合资的企业，其余的属于竞争性行业的国有企业原则上应该逐步退出，退出的办法可以多种多样，包括先改组为股份公司、上市的股份公司，然后逐步退出。国有企业在退出中获得的收入应该进入国库，用于发展需要发展的国有企业和国有与非国有合资的企业，应拿出收入中的一部分用以建立专项基金，用于国有企业在进行总体的战略性的调整中解决计划经济留下的种种困难问题，对国有企业进行改革、改组和改造，使得应该保留和发展的国有企业得以正常运作，使得应该退出的国有企业得以有序地退出。这样就可以使国有企业不仅从总体上摆脱困境，而且使一个个国有企业摆脱困境。

（作者所在单位：中国社科院）

市场化进程·资本市场

中国市场化进程：1997—1998

国务院发展研究中心市场经济研究所“中国市场化进程实证研究”课题组

1997年是不平凡的一年。在这一年里，香港顺利回归祖国，党的第十五次代表大会胜利召开，完成了中国政治经济生活中具有划时代意义的两件大事。特别是十五大报告进一步指明了继续高举邓小平理论伟大旗帜，坚定不移地走改革开放之路，胜利迈向21世纪的前进方向，进一步明确了中国在相当长的时期内，仍将处于社会主义初级阶段的基本认识，并实现了公有制可以有多种实现形式的重大理论突破，再一次为建立社会主义市场经济体制清除了思想障碍。1997年良好的宏观经济形势，也为市场化进程的推进创造了条件。继经济“软着陆”后，国民经济又实现了“高增长、低通胀”的良好局面。经济增长率为8.8%，全年商品零售价格同比上涨0.8%。金融形势平稳、各项指标均在宏观控制目标之内。经济体制改革进一步深化，国民经济结构调整已全面展开。1997年的市场化进程正是在这样的政治经济大背景下向前推进的。

一、中国市场化进程的进展及其特点

1997年，中国市场化进程取得了较大进展，出现了一些明显特点。

1. 商品市场的买方市场格局日趋明显。1997年商品市场发育的显著特点是买方市场格局越来越明显。商品市场继续保持平稳发展态势，全年社会消费品零售总额26848亿元，比上年增长了11.1%，扣除价格因素，实际增长10.2%。农业获得丰收，粮食总产量达49250万吨，粮食和农副产品市场供应充足，物价涨幅回落，并对市场物价水平起到了下拉作用。工业消费品市场买方格局更为明显。据有关部门的调查资料显示：1997年供求平衡和供大于求的商品占全部消费品的98.4%，供不应求的商品只占1.6%。且市场价格比上年回落了3个百分点。生产资料市场货源充足，总资源量大于总需求量，继续保持买方市场的局面。生产资料价格也持续呈现逐月回落的态势。

在买方市场格局下，适应市场需求的有效供给问题仍未根本解决。同时，又出现了需求对市场的约束强化的问题。从消费需求看，虽未出现明显的市场疲软，但与“八五”时期的平均增长速度相比，1997年社会消费品零售总额增长幅度回落了0.4个百分点。除消费需求外，能源、交通、甚至电力供给也大大缓解，有的方面甚至出现了需求相对不足的情况。生产能力的利用率不足已不仅仅表现在工业企业。买方市场的出现和需求约束力的增强，是1997年商品市场发展的一个突出特点。

2. 货币、证券、保险三大市场发育速度加快。银行、证券、保险业是金融产业的三大支柱。1997年，这三大市场都取得了较快的发展。

(1) 货币市场稳步发展。一是银行间同业拆借市场运行良好，拆借利率稳中趋降，全年市场加权平均利率为10.94%，比上年下降1.1个百分点。市场机制逐步成熟。市场的良好运行保证了国有商业银行集中付款的需要，支持了中央银行对金融系统流动性的控制，增强了商业银行潜在的流动性能力，促进了金融机构对资产负债结构的调整。通过同业拆借市场调剂头寸已成为商业银行的首选方式。

二是银行间债券交易市场发育起来。6月16日，银行间债券交易在全国同业拆借市场上推出并成功运行。银行债券交易以国债、中央银行融资券和政策性金融债券为交易工具，包括现券买卖和回购两种交易

形式，采取自主询价、逐笔成交的交易方式。这一市场的发展有利于促进货币市场的不断完善。在提高货币市场透明度的同时，为中央银行进入货币市场，开展以债券买卖为主的公开市场业务,引导市场利率变化趋势,实现货币政策意图,实施间接调控提供了有效途径。标志着中国货币市场发展又进入了一个新阶段。

三是票据市场平稳发展，结构逐步改善。以商业汇票为主的票据市场在规范业务操作、完善内控制度的基础上稳步发展，对企业拓宽融资渠道、商业银行调整信贷结构，以及完善货币政策操作的市场环境，发挥了积极作用。

四是外汇市场运行平稳，总体态势供大于求。全年银行间外汇市场累计成交外汇折合697亿美元，比上年增长11%。人民币汇率基本稳定并略有升值，与上年底相比，上升了188个基本点。

(2) 证券市场在规范中发展。股票市场：1997年股票市场发展的特点主要是：一是扩容速度加快。1997沪深两市上市公司总数达745家，比上年增长40.6%；市价总值达17529亿元，增长78.1%，累计成交额超过3万亿元，增长44%；开户数达3200万户。全年共发行A股188只，发行量为106亿股，筹资655.06亿元，比上年增加191.85%；发行B股15只，发行量25.7亿股，筹资9.91亿美元，同比增长74.32%；发行H股19只，发行量135.84亿股，筹资3179亿美元，同比增长314.92%。二是股票发行额度管理方式发生变化。从以往的额度切块下达改为“总量控制、限报家数”的办法。避免了上市公司规模小、不利于实现规模经济和资本经营的状况。三是新股发行向国有大中型企业倾斜，占新上市公司的70%以上，主要分布在高新技术产业、能源、交通通讯、重要原材料等行业，使上市公司产业结构进一步合理化，有力推动了国有企业改革。

国债市场：1997年与上年相比有了较大变化。第一，国债品种的定位主要倾向普通居民和个人投资者，且多为不可流通的品种。全年凭证式国债发行量为1630亿元，占总发行量的65.5%。这样的品种结构确保了全年巨额发行计划的顺利完成，但也在一定程度上制约了国债的流通功能。第二，发行方式基本采用了定价承购包销方式，而未采取以往的招标方式。这种做法保证了国债资金及时入库,但提高了发行成本，也不利于提高机构投资者购买国债的积极性。第三,国债期限结构过于集中。大多数为2—5年期品种,1年期和10年期的长、短期品种很少。在一定程度上不利于财政资金的统筹分配和中央银行公开市场业务操作。

基金市场：1997年的基金市场经历了起伏跌宕，下半年跌幅较大。其主要原因是由于基金本身不规范，加上1996年的过度炒作，使基金市场发展难以尽如人意。

(3) 商业保险市场规模扩张速度加快。近年来，商业保险市场蓬勃发展，市场规模迅速扩大。1997年保费收入1980亿元，比上年增长39.3%。财产险赔付金额和人身险给付金额共452亿元。有力地支持了经济发展和保证了人民生活的安定。同时，保险市场的经营主体增加较快，目前全国已有32家保险公司，13万从业人员，20万保险代理人。保险市场对外开放取得了进展，目前已批准外资保险公司8家，中外合资公司1家。保险市场的法规建设正逐步建立和健全。在《保险法》颁布后，其他相关法律法规也相继出台，有利于保险市场的健康发展。

3. 产权转让与购并市场发展迅猛、市场主体日趋成熟。1997年，中国产权交易市场发展相当快，年内发生的大宗产权转让、收购兼并、资产置换和重组的案例数以百计。涉及到兼并破产企业2980户，职工560万人。111个优化资本结构试点城市中，国有企业破产终结675家，被兼并企业1022家。1997年产权市场发育的最明显的特点是：

(1) 资产重组规模大、效果好。1997年，由中央政府参与并指导的大规模企业重组活动取得显著成效。如江苏金陵石化公司、扬子石化公司、仪征化纤集团、南化集团和江苏省石油公司等五家特大型国有企业实行了跨地区、跨部门的强强联合，组建了“中国东联石化集团有限责任公司”。这是新中国成立以来最大的国有企业资产重组案例，总资产达542亿元，1997年销售收入440亿元，实现利税33亿元。实现了产、供、销一条龙。大大增强了与国际跨国公司竞争的能力。中国石化总公司齐鲁石化公司成功兼并了淄博化纤总厂和淄博石油化工厂。这是一起金额最大的国有企业兼并实例，涉及债务总额超过30亿元，一举盘活存量资产20亿元。

(2) 通过品牌输入和少量资本投入实现企业低成本扩张。如江苏春兰集团和青岛海信集团依靠品牌优势，分别以投资控股、异地划拨、注重技术输出和营销管理等方式兼并若干家企业，实现了资本的低成本快速扩张。

(3) 跨地区、跨部门、跨所有制的兼并行为增多。如中国远望集团收购长城特殊钢股份有限公司就是民营企业收购国有企业的实例。邯郸钢铁集团公司兼并舞阳钢铁公司，是地方企业兼并中央直属企业的成功范例。

(4) 利用证券市场操作进行资产重组的实例显著增加。1997年证券市场出现了购并重组热。仅1—9月，上海、深圳两个交易所上市公司中，实施或发布公告的资产重组、股权转让和收购的就达133家，平均每月近15家。10月以后的三个月中，就增加了100余家。全年共有200余家，占上市公司的1/5强。其重组方式，有上市公司兼并非上市公司，非上市公司通过“借壳上市”入主上市公司。还有上市公司之间和上市公司内部的资产重组。企业重组并购呈现证券化的趋势，为国有企业改革闯出了一条新路。如辽河化工集团通过其控股公司—深圳辽河通达化工股份有限公司发行股票和上市，以承担债务的方法，成功地收购了锦西天然气化工总厂，取得了良好效益。产权市场的较快发展，一方面是各级政府的积极支持，更重要的是十五大的召开，进一步解放了思想，为实现经济结构的战略性调整和企业的重组提供了良好的政策环境。

4. 信息市场已具相当规模，并呈加速发展之势。到1997年为止，中国信息市场发展已具备相当的规模。初步估算，1997年全国信息服务业营业收入超过百亿元，与1990年的2亿元相比，产业整体实力明显增强。具有一定规模的数据库达1 038个，是1990年的1.58倍。重大信息工程陆续发挥作用；信息基础设施发展迅猛。网络化信息服务高速发展。中国公用分组交换数据网、公用数字数据网和公用计算机互联网陆续开通，并且覆盖面越来越大。同时，政府信息机构大力推进社会化服务，民间机构也快速发展。信息业已成为国民经济的重要产业。

5. 其他要素市场平稳发展。1997年其他要素市场也实现了平稳发展。劳动力市场在国有企业改革，实施减员增效、下岗分流的改革，面对下岗职工增多的现状，全面实施了“再就业工程”。通过建立再就业服务中心、对下岗职工实行托管；鼓励有条件的企业兴办经济实体，分流安置下岗职工；还通过发展第三产业，加快劳动力市场建设、搞好就业服务等措施，实施再就业工程。1997年，全国有大部分的下岗职工通过各种途径实现了再就业。房地产市场、技术市场也平稳发展。1997年技术市场合同成交额比上年增长17.04%，平均每项技术合同成交额达14.03万元，比上年提高了6.05%。

6. 规范市场成为主旋律，法律法规建设步伐明显加快。

（1）规范市场行为成为市场化进程中的主旋律。1997年，证券、期货市场开展了“防范风险年”活动。确立了全年工作重点是加强市场监管、规范市场行为，努力防范和化解市场风险，保持市场稳定。建立了风险监测系统，建立健全了各类市场风险基金和举报制度，提高市场风险意识，使证券、期货市场进一步规范化。同时，针对证券、银行、期货市场等领域风险隐患较多的特点，加大了宏观监管力度。如证券监管的范围进一步扩大，除了重点监管券商和上市公司外，银行、信托投资公司、国有企业、市场投资大户等均被纳入监管范围。并大规模清查市场违规者，对其实施“市场禁入”制度。严格的规范化监管取得了成效。1997年，特别是下半年，期货、证券市场出现的恶性事件减少，风险防范能力得到提高。

（2）市场法制建设取得显著成效。1997年，中国市场经济的法制建设取得了新的进展。颁布和施行了一系列新的法律法规。全国人大及其常委会公布的法律12件、决定10件。国务院发布和批准的行政法规47件。是近年来发布的行法规最多的一年。特别是要素市场的法制建设进展较快。在货币市场方面，1997年先后发布了《银行间债券回购业务暂行条例》、《中国人民银行对国有独资商业银行总行开办再贴现业务暂行办法》、《商业汇票承兑、贴现与再贴现管理暂行办法》、《中华人民共和国外汇管理条例》、《关于对携带外汇进出境管理的规定》、《境内机构借用国际商业贷款管理办法》、《境内机构发行外币债券管理办法》等等。证券市场1997年先后颁布了《证券市场禁入暂行规定》、《关于禁止银行资金违规流入股票市场的通知》和《证券投资基金管理暂行办法》。期货市场发出了《关于规范期货交易所信息披露有关事项的通知》。在劳动力市场方面，国务院颁布了《关于统一城镇企业职工基本养老保险制度的决定》、劳动部先后出台了《劳动就业服务企业产权界定规定》、《外商投资企业工资收入管理暂行办法》等等。在房地产市场方面，中国人民银行颁布实施了《个人住房贷款担保管理试行办法》。在技术市场方面，1997年国家科委出台了《技术经纪资格认定暂行办法》。在信息市场方面，1997年出台了《中国互联网络域名注册暂行管理办法》、《中国互联网络域名注册实施细则》，国家公安部发布了《计算机信息网络国际联网安全保护管理办法》。各类市场的法律法规建设促进了市场的健康发展。

二、市场化进程中存在的主要问题

在市场化快速推进的过程中，也存在着一些不容忽视的问题：

1. 市场结构性矛盾依然突出。从1997年市场体系发育来看，市场结构性矛盾仍然比较突出。与商品市场比较，要素市场发展速度虽然很快，但从总体上看发展仍然滞后。例如金融市场发展远不能满足经济发展对金融市场的客观要求，资本市场的现状也不能适应企业改革和国民经济战略性重组的要求。房地产市场发展中还存在不少问题，住宅产业还只是国民经济潜在的、而未成为现实的增长点。劳动力市场发育还不成熟，面对日益增大的就业压力，目前的劳动力市场机制尚不健全。各类市场内部结构也不尽合理。如证券市场中，股票市场发育相对较快，而基金市场发育较慢；期货市场内部的结构问题更为突出：交易所结构不合理，数量过多，分布不合理；交易品种少且重复，多家交易所上市同一品种，达不到规模效益，等等。

2. 市场的区域、部门分割、封锁问题依然存在，统一市场尚难形成。随着改革的深入和市场的发育，市场的区域、部门之间的分割封锁问题有所弱化，但依然未能解决。这在一些市场发展中表现的尤为突出。如在商品市场、产权交易市场、劳动力市场、信息市场以及中介服务市场发展中都存在着这一问题。其原因，一方面由于政企不分，政府以行政手段干预企业的市场行为；另一方面由于现行的财政、税收、金融体制强化了这种市场的分割。解决的办法只能是加快企业改革，真正实行政企分开。同时，要求财税和金融体制的改革配套进行。

3. 市场风险防范机制没有系统地建立和健全。1997年发生在东南亚的金融危机其来势之猛、影响之大，危害之烈都是始料未及的。它再一次告诫人们，金融风险是客观存在的，一旦风险变为现实，其危害是巨大的。这次危机虽然未直接冲击中国经济，但对我们的警示作用是很大的，因为在中国经济发展和市场发育过程中，实际上存在着诸多的风险隐患，尤其是在金融领域。但在这些领域风险防范机制尚未系统建立起来。在微观层面的运作中对风险的控制不严格，控制层次不合理，手段不完善。在证券、期货经纪业由于竞争激烈、为争夺客户而不顾风险；银行资金违法进入股市进行炒作，保险业存在大量的“利差”风险，内部控制机制没有建立起来。在宏观调控方面，缺乏有效的防范和化解风险的手段。往往是事后的“救火”，而不能有效地预先防范。

4. 行政性垄断和过度竞争并存。在市场发育过程中，行政性垄断问题依然存在，特别表现在要素市场方面。如在金融市场、劳动力市场、信息市场和中介服务市场上更为突出。如在信息市场发展中，相当比例的信息服务业隶属于一些政府部门，带有明显的行政色彩。各类政府信息机构均有自己的势力范围，形成了行政性的信息垄断，相互封锁造成信息资源的严重浪费和重复。在中介服务市场中，有相当多的中介组织是“半官半民”的身份，实际上隶属于某一行政机关，甚至具有部分行政职能；还有一些中介机构就是行政机关办的，而且利用行政权利，强制提供“服务”。这种行政垄断制约了市场体系的发育。另一方面，过度竞争也是目前市场发展中的一个严重的问题。如商品市场中形形色色的不规范的“商战”，证券、期货经纪公司争抢客户的竞争，数不胜数的各种中介组织，等等。过度竞争同样对市场化进程带来不良影响。

5. 市场的法制建设和市场规范仍待加强。1997年，无论是在市场规范还是法制建设方面，都取得了较大进展。但是与市场经济发展的客观需要相比仍有待加强。目前存在的问题，一是立法问题，不仅要有基本的法律、法规，而且要有具体的实施细则，要根据市场发展的要求，不断补充法律法规。二是要严格执法。目前有法不依的现象仍大量存在。规范市场的关键在于强化监管，提高监管质量，强化监管手段。

三、1998年市场化进程展望

1998年，市场化进程面临着很好的机遇。一方面，十五大为市场体系的发育指明了方向，其具体精神将在1998年得到切实的落实；另一方面，新一届政府机构组成，机构改革后的国务院机构更加精干，有利于推动政企职责分开；进而有利于改革的深化和市场体系的发育。因此，有理由相信1998年中国市场化进程将会快速推进。

1. 由于受亚洲金融危机的影响，中国出口贸易有可能受到冲击，吸引外商直接投资也会受到一些影响。因此，扩大国内市场需求，带动经济增长，保证实现预期的增长目标（8%），是1998年的重要任务。为此，国务院提出要加快基础设施的建设、加强高新技术产业的建设，加强现有企业的技术改造。这些都会增加市场需求，从而会带动商品市场的发展。特别是对投资品的需求会显著增加，生产资料市场也会活跃起来。另一方面，面对买方市场格局，商品市场竞争会更加激烈，它要求多样化的市场形式、多元化的流通方式，要求市场组织形式的创新和经营方式的变革，这会通过市场的约束，促进商品市场的更快发育。

2. 1998年，企业改革和金融改革是经济体制改革的重点，将会迈出更大的步伐。企业改革将促进产权交易市场、劳动力市场、资本市场的发展。金融改革将是今后几年改革的重头戏。一是改革中国人民银行的管理体制；二是加快国有商业银行和中保（集团）公司商业化改革的步伐；三是建立健全多类型、多层次的金融机构体系，加快地方性金融机构建设；四是积极稳步地发展资本市场，适当扩大直接融资；五是健全现代金融监管体系，加强金融机构内控制度建设；六是加大金融执法力度，规范和维护金融秩序。这些改革必将促进金融市场的快速发展。

3. 劳动力市场将有更快的发展。1998年，随着企业改革和国民经济结构调整的全面展开，以及减员增效、下岗分流措施的实施，下岗、待岗及失业人员将有所增加，客观上要求劳动力市场加快发展。政府机构改革后，一部分政府机关人员也将进入人才交流市场。政府对下岗人员的妥善安置和再就业高度重视。因此，再就业工程和促进劳动力的合理流动将是1998年劳动市场面临的重要任务。

4. 房地产市场，主要是住宅消费市场，将在1998年得到快速发展。住宅建设是中国国民经济新的增长点，这已是普遍的社会共识。加快启动住宅消费市场，取消实物福利分房制度，开通住宅二级市场，加大住宅金融的支持力度，降低住宅价格等等，将会全面激活住宅市场，扩大市场消费需求，通过住宅产业较强的产业带动作用，带动国民经济的增长。

5. 期货、证券市场仍将在规范中发展。1998年，证券和期货市场的主要任务仍然应是规范和强化监管。在规范中求得平稳发展。严格市场禁入制度，严厉打击市场违规者。但证券市场在发展中也面临严峻的考验。一方面东南亚金融危机虽未直接涉及我国金融、证券市场，但香港和亚洲其他国家股市的波动对我国股市的平稳发展提出了艰巨的任务。另一方面，我国的股市中仍有一定的"泡沫"存在，市盈率普遍偏高，市场风险隐患较大。因此，1998年证券市场的健康发展还需付出更大努力。基金市场在1998年将会有较大的发展空间。新基金将为市场带来新的扩容机制，基金专用账户和股票账户同时申购，将扩大基金的投资者范围，促进投资基金的发展。

6. 信息市场和技术市场的宏观管理将步入新的阶段。信息产业部和科学技术部的成立。进一步明确了市场的宏观管理机构，有利于制定宏观管理目标和建立相关的管理体系和管理制度。有利于市场的规范化发展，避免政出多门给市场发育带来的障碍。

7. 加快建立市场风险防范和化解机制将是1998年各类市场建设的重要任务。特别是在货币、证券、期货、保险等市场的发展中，建立风险防范和化解机制、加强风险管理是当务之急。市场的风险管理将在微观和宏观同时加强。宏观管理的主要任务将是建立科学、有效的监管体制，理顺监管机构，提高监管能力和水平。微观风险管理的核心是建立和完善内部控制制度，严格执行法律、法规和规章制度，把风险管理真正落到实处。

（执笔：任兴洲）

当前发展资本市场需要明确的几个认识问题

张 军 扩

一、加快资本市场发展是当前的一项紧迫任务

1. 推进国有企业战略改组需要依托资本市场。经过近20年的改革实践，人们越来越清楚地看到，国企改革要取得突破，一必须调整国有经济的布局，收缩战线，集中力量，保证重点；二必须实现国有企业产权的多元化，并在此基础上建立有效的法人治理结构。即对国有企业实施战略性改组。经验已经表明，要使这种改组有效并取得成功，虽然一定的行政指导是必要的，但不能主要依靠行政手段，而必须依靠优势企业，依托资本市场进行。企业战略改组的任务已经成为当前改革的重中之重，而资本市场的发展现状却远远不能满足需要。

2. 促进经济结构升级需要发展资本市场。经过近20年的高速增长，当前中国经济面临一个大的结构调整。90年代中期以来，曾经推动中国经济高速增长的轻纺及耐用消费品工业，全面出现买方市场的格局。在人们的衣食问题基本解决之后，下一步发展的重点，自然是住行问题和环境问题。可是房子、汽车等的发展必须依托基础设施的发展，没有基础设施，汽车发展不起来，住宅建设也会受到很大限制。事实上，正是由于长期以来我国基础设施建设投资不足，发展滞后，使得新的消费热点难以形成。这是导致当前整个市场需求不振，经济循环阻滞的最主要和最本质的原因。这一点不论经济理论界还是决策层都已形成共识，促进大规模基础设施建设也已经成为我国政府的实际决策。问题是，通过什么途径获得资金？无疑，就大多数基础设施项目的性质而言，政府财政资金和国家银行贷款的参与和引导是必要的，但就我国目前的财政状况和银行状况而言，这肯定是不够的，而且从长期来看，这种投资方式的效果也堪忧，搞得不好，难免出现盲目建设和投资浪费，种下比例失调和通货膨胀的祸根。根据改革以来我国国民收入流程的变化以及一些发达国家早期发展基础设施的经验，利用资本市场进行项目融资，是推动基础设施建设长期有效进行的必然选择。当然，要使资本市场真正承担起促进基础设施建设的重任，不仅资本市场本身需要发展、完善和创新，而且在国家有关基础设施建设的政策法

规等诸多方面，也需要作出新的调整。

3. 发展资本市场是完善市场经济运行体制的必要。市场经济就是依靠市场机制配置资源的经济。“资本”是市场经济各种经济资源中最重要和最关键的资源；资本资源的配置机制，即资本市场，也处于整个市场机制的中心。离开有效的资本市场的作月，整个市场机制的有效性就很难发挥。在计划经济条件下，资本资源无疑是政府通过计划和命令的方式配置的。增量的固定资产投资，从项目确定到资金来源，无不依靠计划调控。存量资本的配置，即企业的兼并重组，亦是通过政府计划和命令，即通过过去常讲的关停并转实现。要从计划经济转向市场经济，不仅商品市场的配置机制要转，更重要的是转变资本的配置机制。目前我国虽然有了一个资本市场的框架，而实质上，在许多情况下还是动用各种行政的和计划的手段进行调控，不仅形成市场参数的扭曲，市场机制配置资源的功能难以发挥，也是造成种种腐败的重要根源，必须尽快改变。

总之，现阶段，不论从改革的角度还是从发展的角度，培育和发展资本市场都是当务之急。否则，改革不能深入，发展也必然受阻。

二、全面把握资本市场的内涵

到底什么是资本市场，它的内涵和边界是什么？弄清这一点对于认识我国资本市场当前存在的问题，把握今后培育和发展资本市场的方向至关重要。

有些人提到资本市场，脑子里往往想的是股票市场，想的是股票的交易和炒作。也有的人把资本市场简单理解为我国习惯上讲的狭义的产权市场，即实物资产的交易。应当说，这些都是资本市场的一部分，而不是全部。

在市场经济中，各种市场构成一个有机整体，协同作用，共同完成优化经济资源配置的任务。对应于任何一种稀缺经济资源，都会有一个市场存在，比如对应于一般商品有商品市场，对应于技术商品有技术市场，还有诸如劳务市场、信息市场，等等，数不胜数。资本市场正是交易和配置资本这种稀缺经济资源的市场。所谓资本，用经济学的语言来讲，它首先是一种货币价值，而且是用来生产剩余价值的价值。在人类经济活动中，为了生产满足人们需要的各种商品和劳务，既需要劳动，也需要资本。由于资本的积累以现期消费的牺牲为前提，为了鼓励新资本的进一步积累，就必须对资本的占有和支配条件做出安排；与此同时，作为一种稀缺的社会经济资源，为了发挥其最大效益，需要把它首先配置到效益最高的使用者手中。这两个方面任务的完成，都有赖于资本市场的有效作用。因此，资本市场的功能，就在于沟通资本提供者（投资者）和资本需求者（企业）的联系，促进资本积累，并使有限的资本达到有效配置。换句话说，使新的资本首先配置给使用效益最高者，使存量资本从低效企业流向高效企业。

在经济理论文献中，资本市场被定义为期限一年期以上的金融交易活动的总和。这种金融交易活动，主要通过两种方式：一种是股权方式，一种是债权方式。股权方式的交易又可分为股票交易和实物产权交易（企业的购并等），其中股票的交易还可分为在正规交易所进行的场内交易和在交易所之外进行的多形式多层次的场外交易。债权交易是指一年期以上的债券交易和一年期以上的信贷交易。之所以把金融交易的期限规定为一年以上，主要在于把资本市场与货币市场区分开来。经济学视一年以上为“长期”，即资本存量和供给能力有可能改变的期限。这就是说，只有期限长达一年以上，筹资者才可能运用所畴资金进行诸如建造厂房，购置设备等旨在扩大生产能力的投资活动，形成社会资本存量。而一年以内的金融交易活动被定义为货币市场交易，因为在这样的期限上，筹资者运用所畴资金一般只能用于日常周转，维持现有生产能力，对资本形成基本没有贡献。

总之，资本市场的本质在于沟通投资者与筹资者的联系，并有效配置资本这种最为稀缺的社会经济资源。其交易方式不仅包括股权形式的交易，如股票交易、企业购并等，也包括了债权形式的交易，如期限一年以上的债券交易和信贷交易。培育和发展我国的资本市场，首先需要对资本市场的内涵和外延有一个清楚和全面的了解。

三、资本市场的特点及有效发挥作用的条件

与一般商品市场相比，资本市场（特别是以证券化交易为主的公开资本市场）具有两个明显特点：

一是资本的供给方（投资者）与资本的需求方（筹资者）存在严重的信息不对称，筹资者对有关投资价值的信息了如指掌，而相比之下投资者却知之甚少，如果任其发展，就会发生各种欺诈和不公正的交易行为。因此，资本市场有效运作的条件之一，就是通过政府严格的监管和规制，保证筹资者向投资者提供与投资活动有关的真实和全面的信息。

政府对资本市场的监管模式，大体可分为三种：一种是集中管理体制，以美国为典型代表，其特点是通过专门制订证券市场管理法规，并设立全国性的证券管理监督机构来实现对全国证券市场的管理。一种是自律性管理体制，以英国为典型代表，其特点是没有制订专门证券市场管理法规，而是通过一些间接的

法规来制约证券市场的活动；因而也没有设立全国性的证券管理机构，而是靠证券市场及其参与者进行自我管理。还有处于二者中间的模式，比如法国等，既强调立法管理，也注重行业自律。不论那种模式，其监管的目的，都在于保证投资者获得有关投资活动的充分信息，保证交易活动的公正性。而对于诸如那些企业发行何种证券，发行多少，何时发行等应当由市场决定的事情，政府则很少干预，允许市场机制充分发挥作用。

目前我国对资本市场的监管大体上可以归属于集中管理模式，监管的机构除中国证监会外，还有中国人民银行、财政部、国有资产管理局以及地方的证券管理机构等。但与成熟市场经济国家对资本市场的监管相比，我国的监管存在明显的职能错位问题，该由政府严格把关的，比如信息公开真实、交易公开公正等，没有管好，致使弄虚作假、内幕交易等欺诈行为十分普遍，而本该由市场发挥作用的领域，比如上面提到的，哪些企业可以发行证券、发行何种证券、发行多少、何时发行等，政府却管得太多，介入太深，其结果必然是行政命令扭曲市场机制，不仅严重制约市场优化资源配置功能的发挥，而且造成严重的腐败等不良社会后果。

其实，在正确和必要的监管下，资本市场也完全具备供求调节和优化资源配置的功能。在市场机制作用下，当供给大于需求，即投资者希望提供的资金数量大于企业希望融资的数量时，资金的价格（在资本市场上往往表现为证券价格及附带条件）就会下降，直到供求平衡为止；相反也一样。在价格机制的作用下，一定是出价最高（因而是效益最好）的企业的融资需求优先得到满足，从而使资本这一稀缺资源获得最优配置。而在我国实行行政控制的条件下，一方面，股票上市、债权发行的数量受到严格的计划额度控制，供求规律完全失去调节作用。由于事先制订的计划额度很难与市场实际相吻合，结果必然是，要么频频调整和改变额度，政府政策形同虚设，失去严肃性；要么坚持计划，导致市场供求严重脱节。政策本身成了左右市场波动和走向的最重要因素，政府深陷于市场波动之中，不仅是很不正常的，也是十分危险的。另一方面，在市场扩容规模实行计划控制的同时，什么企业可以进入资本市场，以什么方式进入，何时进入，均由企业主管部门和有关行政监管部门挑选和决定。从这些年的实践结果来看，行政主管部门和地方政府在选择企业时，往往并不是以效益为原则，而是出于自身各种行政和社会目标的需要。这种机制对于企业造成了不良影响，因为企业能否进入资本市场进行融资，并不或主要不是取决于其效益和竞争能力的高低，而是取决于其所谓的“公关”能力，在这种情况下，资本市场优化资本配置和提高效益的功能无从谈起。

资本市场另一个突出特点是其交易活动（特别是其中的企业购并活动）复杂、多变，因此其有效运作需要专业化和高素质的金融中介服务。为资本市场交易活动提供中介服务的机构包括投资银行、会计师事务所、评估机构及法律顾问等，其中投资银行扮演着关键的和主要的作用。

近年来，随着资本市场的发展和企业改革改组的深入进行，我国投资银行业务也获得了较快的发展，对于资本市场的发展和企业股份制改造、兼并重组等，起到了积极作用。但是，整体来看，发展还处于十分初级和不足的状况，甚至可以说，从机构来讲，目前我国还没有一家称得上真正意义上的投资银行。证券公司、信托投资公司及各类投资咨询公司、投资顾问公司等，都只是从某一个或几个侧面，从事着投资银行的部分职能。不仅如此，各类机构在从事投资银行业务中，也存在严重的行为不规范问题。进一步加快我国投资银行业发展，一是迫切需要加快《证券法》、《投资银行法》和《投资顾问法》等相关法规的立法进程，为投资银行业的发展提供良好的法律框架。二是真正转变资本市场运行机制，为投资银行业的发展和规范运作创造必要的外部条件。目前企业证券发行上市的规模控制和行政审批，企业兼并重组中的政府主导，都对投资银行业务的正常开展设置了障碍，也是导致投资银行行为扭曲的主要因素，必须尽快加以改变。

总之，现阶段加快培育和发展资本市场，不仅是推进国企改组和深化改革的需要，也是促进经济结构升级和保持经济持续稳定组织的需要。加快资本市场发展，首先应当对资本市场的内涵和外延有一个清楚和全面的认识，资本市场决不仅仅是指股票市场，加快资本市场发展也决不意味着通过注资把股市的泡沫进一步吹胀。除股票市场需要进一步发展和规范之外，当前应特别强调企业购并市场、企业债券市场和长期信贷市场的发展和完善。与一般商品市场相比，资本市场的一个突出特点是供需双方存在严重信息不对称，因此其有效运作的一个必要条件是政府的有效监管。但政府监管的内容和方式，应当严格限定在保证信息公开真实，市场交易活动公开公正等方面，而不能干扰市场机制的正常运作，更不能用行政手段代替和扭曲市场机制。

（作者所在单位：国务院发展研究中心
经济综合研究部）

从三个方面促进资本市场发展

张军扩

经过十余年的努力，我国资本市场建设取得了长足的进展。在利用资本市场推进改革和加快发展方面，也进行了积极的探索，积累了不少好的经验。但是，与建立社会主义市场经济体制的总体要求和国民经济发展对资本市场提出的需要相比，还存在很大的差距。这不仅是因为从总体上讲我国的资本市场的发育仍处于比较初级的状态，因而需要进一步培育和发展，而且是因为，当前我国资本市场在组织体系、监管方式、市场主体及中介组织等诸多方面，还存在严重的缺陷。这些缺陷不仅严重阻碍资本市场优化资源配置功能的有效发挥，而且，随着矛盾的积累，也潜伏着很大的危机。

当前促进我国资本市场的培育和发展主要应从以下三个方面努力：

一、规范市场主体行为

作为长期金融交易活动的总和，资本市场由三个方面的主体构成：一是资本的提供者，即投资者，包括个人投资者和法人投资者。二是资本的需求者，即筹资方，主要是各类企业。三是为交易活动提供服务的各类中介组织，包括投资银行和会计师事务所等。

各类市场主体的行为是决定资本市场动作效率的关键，规范市场运作最终要通过规范市场主体的行为体现出来。但是，市场主体的行为也绝对不是一个孤立的东西，它既取决于各主体本身的制度安排，同时又受制于法规、政策、道德等方面的因素。

首先，从投资者方面看，目前存在的主要问题是投资主体以个人投资者为主，机构投资者发展不足。机构投资者和个人投资者同为资本市场资本供给方的两个组成部分。与个人投资者相比，机构投资者具有三个特点：一是专家理财，高效动作；二是股权相对集中，有利于形成较强的股权约束，促进公司治理结构的改善和效率提高；三是比较注重长线投资和中长期收益，持股时间相对较长，稳定性较强。因此培育和发展机构投资者对于资本市场的发育和完善无疑具有积极意义。

在比较成熟的市场经济国家，机构投资者主要包括养老基金、保险基金、信托基金和投资基金。1991年美国养老基金投资于股票市场的资金占美国股市总值的1/4。90%以上的小投资者都是委托基金等机构投资者进行证券交易的，机构投资者控制的股市总市值一般都在50%以上，比如英国1990年达到61.3%，美国1990年达到53%。在每天的交易额中，约有2/3是由机构投资者进行的。从我国当前情况来看，机构投资者的发展明显滞后。一是类型不完善，目前的机构投资者主要由证券公司、信托投资公司和投资基金组成，而国外作为机构投资者主力的养老基金、保险基金等，在我国还处于发育过程当中，且按现有规定，这些基金只能参与国债市场，不准进入股票市场。从长远来看，随着金融体制和养老保障体制的改革，养老基金和保险基金本身及对资本市场的参与程度，都需要获得更快的发展。二是机构投资者角色错位，行为不规范。证券公司和信托公司等，一方面作为交易中介，为广大投资者提供服务，另一方面又作为自营商，在市场上从事证券买卖。自营业务与中介业务搅在一起，使得机构投资者挪用客户保证金、动用银行贷款炒股甚至坐庄的现象比比皆是，成为扰乱市场秩序的一个重要因素。

国外经验表明，机构投资者的行为并不必然具有合理性，它们也有短期性、投机性、操纵性的一面；在对企业行使控制权的问题上，也很难寄以厚望。尤其在法制不健全、监管不得力、投机气氛浓烈的新兴证券市场中，机构投资者的投机性和对市场的操纵，都有可能达到十分严重的程度。因此，发展机构投资者，决不仅仅是个增加投资者数量和规模的问题，更为重要的是提高其质量，规范其行为。特别是要在加快法规建设，加强监管力度，发挥市场机制作用，营造理性和规范的市场环境等方面，做出更大的努力。只有在良好的市场环境和有效的宏观监管条件下，机构投资者在稳定市场和促进企业治理结构等方面的积极作用才有可能得到发挥。

其次，进入资本市场的企业的素质如何，是决定资本市场能否有效运作的基础，在企业素质差、证券投资价值低、企业行为不规范的情况下，很难想象资本市场能够正常发挥作用。当前的情况是，一方面，在行政干预下，大量并不够格的企业进入资本市场，降低了资本市场的整体素质。另一方面，企业在资本市场的运作，要么抱着一种“圈钱”的心理，股票发行前一个样，发行完钱到手后又是一个样。要么盲目扩张，单纯为了做大而进行所谓的资本运营，不仅影响主业发展，有些还背上了沉重的包袱。出现这种情况的原因，一是企业本身的改制尚未完成，产权基础和治理结构都存在较大问题，即使那些已经经过股份制改造甚至上市的企业，由于国有股占据着60%~70%的绝对优势，其治理结构和管理方式在实质上并未得到根本改变。二是资本市场管理的宏观体制和政策环境使然，在行政主导和监管松弛的情况下，比起老老实实进行生产经营和技术创新，有条件的企业都更容易选择通过“公关”甚至弄虚作假实现上市和“圈钱”。因此，规范企业行为，一需要继续推进建立现代企业制度的改革，二必须改变现行的行政主导性管理制度。

最后，资本市场上的各类交易活动，从证券的发行与上市，到企业间的兼并与重组等，都既十分复杂，又需要不断创新，因此必须依托专门的中介性机构的服务。这类中介性机构包括投资银行、会计师事务所、评估机构及法律顾问等，其中投资银行和会计师事务所的作用最为重要。

近年来，随着资本市场的发展和企业改革改组的深入进行，我国投资银行业务也获得了较快的发展，对于资本市场的发展和企业改革、改造及兼并重组等，起到了积极作用。但是，整体来看，发展还处于十分初级和不足的状况。加快我国投资银行业发展，一需要加快《证券法》、《投资银行法》等相关法规的立法进程，为投资银行业的发展提供良好的法律框架。二需要真正转变资本市场运行机制，为投资银行业的发展和规范运作创造必要的外部条件。目前企业证券发行上市的规模控制和行政审批，企业兼并重组中的政府主导，都对投资银行业务的正常开展设置了障碍，也是导致中介组织行为扭曲的主要因素，必须尽快加以改变。三需要依据我国资本市场长期发展战略，并借鉴国际经验，考虑国有商业银行从事投资银行业务问题。从国际上看，商业银行的全能化是一个发展方向，从我国现实来看，商业银行与国有企业联系紧密，允许其进入投资银行业务，不仅有利于投资银行业本身的发展，对于推进国有企业的重组工作，也将起到积极作用。

会计师事务所的审计对于资本市场的健康发展具有至关重要的作用，从某种意义上讲，没有注册会计师审计这一中介环节，西方资本主义国家的资本市场就不可能得到如此大规模的发展。这是因为，资本市场的突出特点就是信息不对称，如果任其发展，不法商人就会利用证券市场管理上的漏洞向投资者提供虚假信息，进行欺诈。因此，资本市场的正常运作，需要政府的监管，而监管的主要内容，就是保证上市公司提供真实全面的反映其财务状况和盈利状况的财务报表。但对财务报表真实性、全面性进行鉴定，又是一项专业性很高的工作，非专业会计师不能胜任。因此，各国监管的法律都规定，上市公司的财务报表，必须经过注册会计师的验证。这样，注册会计师就以法律为依据，对所有法律规定需要公开的投资信息进行审计。

但实践证明，仅仅从形式上建立了注册会计师制度并不能保证其有效运作，而是还需要一定的内部和外部条件。我国目前虽然已经建立了注册会计师审计制度，但在审计过程中，会计师事务所责任意识淡薄，该保留意见时来个说明，该说明的只字不提，有些甚至协助公司编造虚假信息，出据含有严重虚假信息和误导性的内容，造成极坏的社会影响。为什么在西方国家行之有效的制度在我国会出现扭曲呢？我认为主要有三个原因。一是会计师事务所的内部体制有问题，大多数会计师事务所都隶属于政府行政部门，造成一方面风险意识和信誉意识差，另一方面在业务中常常受到行政部门的干预。成熟市场经济国家的会计师事务所一般均采用合伙制，合伙人对其债务负无限的和连带的责任。二是会计师事务所所服务的对象即上市公司的体制有问题，造成会计师说真话不得好报。一旦会计师事务所坚持原则，公司往往会使出其“杀手锏”，更换会计师事务所，断会计师事务所的财路。现行法规虽然规定上市公司更换会计师事务所需经股东大会讨论通过，被更换的会计师事务所也有权在股东大会上发表意见。但是，由于我国多数上市公司的股权结构不合理，大股东一票否决、一手遮天的问题相当普遍。因此，更换会计师事务所由股东大会讨论决定的规定实际上流于形式，公司管理者仍可能操纵股东大会决定。在这种情况下，绝大多数被更换的会计师事务所都选择了放弃在股东大会上陈述意见的机会。三是监管不严，处罚过轻，起不到杀一儆百的作用。因此，规范会计师事务所行为，提高其运作效率，除了加强注册会计师道德教育，提高从业人员素质之外，更为重要的是从改善体制和加强监管方面进行综合治理。

二、优化市场交易体系

我国资本市场交易体系存在的问题突出表现在两方面：

一是股权融资方式与债权融资方式失衡。股权融资与债权融资同为资本市场的两个组成部分。由于二者风险和收益不同，从而为不同投资者和筹资者提供了选择。从经济发展的实践来看，在发达市场经济国家，企业得自证券市场的资金中，债券融资所占比重较之股票融资要高得多。据研究，1970—1985 年，美国企业从债券市场的融资平均约为股票市场融资的 10 倍。其他国家如日本、德国等，也有类似或更甚的情况。我国 1997 年企业通过发行股票所筹集的资金为 1325 亿元，企业债券发行 1997 年计划规模是 300 亿元，实际发行额还要少一些，即使按 300 亿元计算，企业通过债券的融资还不足股票融资的 1/4。

由此可见，与股权融资相比，我国资本市场中的债权融资发育状况严重滞后。出现这种状况的原因是多方面的，从管理政策的角度看，主要在于政府对企业的债券发行实行严格的计划控制。企业能否进入债券市场进行融资，既不取决于企业的意愿，也不取决于企业的效益，而首先取决于能否获得政府的批准。而管理层又往往出于保证国债发行或保证银行存款来源等目的，严格控制企业债券的发行规模。从企业角度看，在当前资本市场监管存在严重缺陷、投机过盛的情况下，企业大多热衷于发行股票，筹得所谓的“免费资金”，而对于债券融资这种既要按期还本，又要按期支付现金利息的融资方式，则兴趣相对不大。

另一个失衡是在股权市场交易中过于重视通过正规证券交易所的“场内交易”，其发展也比较快，而对“场外交易”（包括场外证券交易和企业购并等）重视不足，发展相对滞后。现在人们提到资本市场，似乎专指股票市场，而股票市场又似乎专指上市公司的股票发行和在深沪两家交易所的上市交易，这是十分片面的。以证券市场为例，观察任何一个成熟的市场经济国家，其证券交易的绝大部分是在场外市场进行的。证券市场具有明显的层次性，从全国性的证券交易所到有组织的场外交易中心、柜台交易、一对一买卖等，分为四五个层次。证券市场的层次性是与企业的层次性及其融资需求的层次性相联系的，不是所有的企业都能达到正规交易所上市的标准和条件，也不是所有的企业都想要或适合在交易所上市交易。

在我国当前情况下，发展多层次的证券交易体系显得更为重要。因为不论大企业、小企业、好企业、差企业，都需要融资和改制。如果只发展有组织的交易所交易，交易的规模势必十分有限，从而必然使大多数企业无法利用资本市场进行融资和改造。结果必然是众多企业争过独木桥，不得不搞行政限制。事实上，对于众多的中小型企业而言，较小范围的场外交易，更适合于它们的特点。因为只有当地的投资者，才最了解该企业的现状和发展潜力。有一种担心，总觉得正规的交易所比较好管理，而场外交易则难以把握。这是一个很大的误解，是不相信市场调节作用的一种体现。尽管场外交易对于法规和监管要求很严，且近年来我国场外交易的发展也存在种种问题，但是，应当看到，有效的场外交易不仅是培育和完善资本市场的关键，也是当前利用资本市场推进企业改组，特别是国有企业改组所必须的。因此，对于场外交易的发展，更多需要的是引导、规范和完善，而不是过分的限制甚至禁止发展。

三、转变市场监管方式

如上所述，资本市场（特别是以证券化交易为主的公开资本市场）的一个突出特点是资本的供给方（投资者）与资本的需求方（企业）存在严重的信息不对称，如果任其发展，就会导致各种欺诈和不公正的交易行为，因此，对于资本市场的交易，政府必须实行监管和规制。但政府监管的内容和方式，应当严格限定在保证信息公开真实，市场交易活动公开公正，而不能干扰市场机制的正常运作，更不能用行政手段代替和扭曲市场机制。

我国资本市场目前存在的突出问题，正是政府监管与市场机制的严重错位。该由政府严格把关的，比如信息公开真实、交易公开公正等，政府没有能够管好，致使弄虚作假、内幕交易等欺诈行为十分普遍；而本该由市场发挥作用的事项，比如那些企业可以发行证券、发行何种证券、发行多少、何时发行等，政府却管得太多，介入太深，其结果必然是行政命令扭曲市场机制，不仅严重制约市场优化资源配置功能的发挥，而且造成了严重的腐败等不良社会后果。

以股票市场为例，我国目前对股票市场的监管有以下三个特点：一是对公开发行的股票的总体规模实行额度控制；二是选择什么企业什么股票发行上市，由行政机关审批决定；三是股票的发行与上市的联动体制，被批准公开发行的股票同时可以提出上市申请。从这些年的实践来看，这种带有浓厚计划经济和行政命令色彩监管模式，完全扭曲了股票市场内在的供求平衡机制和优化资源配置机制。这是因为，一方面，就像过去用计划手段无法准确预测某种商品的供给与需求一样，要想准确预测股票市场的各种决定因素并确定股市的容量，也是不可能的（事实上，计划和预测工作本身，就会成为影响企业和投资者决策，从而影响股市供求的因素）。由于人为确定的发行规模很难反映市场的实际情况，导致不得不随市场变化经常改变规模。如 1996 年只得追加发行规模 50 亿元，而 1997 年 300 亿元的发行规模，由于担心扩容过速而迟迟没有启动，这不仅有损政府政策的严肃性，也加剧了股市的波动。另一方面，由于行政主管部门在选择企业时，考虑的往往不仅是效率原则，而且包括地区、行业、部门的平衡及社会稳定等多重目标，因此出现上市额度平均分配及所谓的“股市解困”等现象，就不足为奇。在这种情况下，盈利能力强、发展前景好的企业没能获得发行和上市的权利，而效益不怎么样的企业却反而成为政府通过股市进行扶持的对象。

再比如企业间的购并重组活动，是资本市场实现存量资源优化配置的有效途径。在我国目前存在大量的需要通过资本市场进行战略重组的低效益的国有企业的情况下，离开政府的作用，购并重组活动的确很难顺利进行。但政府需要做的工作，主要应当是为企业进入资本市场，并有效进行重组活动创造条件，包括加快企业公司制改革，建立有效社会保障制度，实施再就业工程等等。而目前各级政府，特别是地方政府，却热衷于成为市场重组的主体，用行政命令代替市场选择，搞“拉郎配”，结果也严重影响着市场功能的有效发挥。

行政主导和市场功能扭曲，已经成为我国资本市场存在的最严重问题之一。它不仅影响了市场效率，也制约着市场的长期健康发展，如果长此以往，还会积累起更大的矛盾和危机，因此，必须尽快加以改变。分析出现这种情况的原因，一是一些部门的利益动机在作怪，通过行政审批增加部门权利，谋求部门利益。二是计划经济体制惯性的影响，特别是在人们的思想意识中，总是比较相信行政和计划，而不相信市场，总觉得计划手段比较保险、稳妥，而让市场机制发挥作用就会出乱子。在这种情况下，虽然建立了资本市场，但实际操作中却常常自觉不自觉地使用计划手段，甚至用计划手段限制市场机制的作用。

其实，与其他市场一样，资本市场也完全具备供求调节和优化资源配置的功能。在市场机制作用下，当供给大于需求，即投资者希望提供的资金数量大于企业希望融资的数量时，资金的价格（在资本市场上往往表现为证券价格及附带条件）就会下降，直到供求平衡为止；相反也一样。我国资本市场尚处于发育过程当中，市场法规不健全，政府监管的手段也不完善，客观上在某些方面和某些时期需要政府发挥更大的作用，但在市场机制能够发挥作用的领域，政府就不能干预过多，而应当尽量发挥市场机制的作用。从我国当前的情况来看，一是在股票市场监管方式上，应当尽早放弃行政控制，实行资格审查制，资格的标准可以定得高一些，但凡是达到标准，且希望发行和上市的企业都应该获得平等的权利和机会。二是在企业兼并重组活动中，各级政府和企业主管部门，都应当把工作的重点放到为企业重组创造条件上，而不应自身成为市场主体，代替企业进行重组。

（作者所在单位：国务院发展研究中心
经济综合研究部）

成功推进国有经济改组需要怎样的资本市场

国务院发展研究中心“资本市场”课题组

一、国有经济的改组要求有一个良好的资本市场环境

1. 国有企业的根本出路在于战略改组。我国的改革经验表明：国有企业改革要真正取得突破性进展，仅仅致力于建立现代企业制度和改革企业内部管理体制是不够的，还必须调整国有经济的产业布局，优化国有企业的组织结构，即必须从整体上对国有经济实行战略性改组。

2. 战略改组的有效途径是通过市场办法进行。从近几年的实践看，对国有经济的改组实际上存在两种不同的途径：一种是通过行政办法，由政府说了算；一种是通过市场办法，由企业自主决策。经验反复证明，行政办法往往达不到优化结构的目的，甚至有可能拖垮原有的好企业，强化行政控制，不利于经济改革的总体进程。而市场方法则不仅能够取得更好的效果，也符合经济改革的大方向，因此应当作为今后推进国有经济改组的主要途径。

3. 通过市场办法实现成功改组需要良好的资本市场环境。通过市场办法进行改组，就是依托经过初步改革、建立了现代公司制度的企业，通过企业在资本市场上的扩股融资、售股变现、收购兼并、债务重组、破产清算等金融活动，实现国有经济产业布局和国有企业组织结构的优化。这种改组取得成功的前提，是需要一个良好的资本市场环境，包括健全的交易体系、畅通的融资渠道、公平的市场竞争和良好的市场秩序等。我国目前的资本市场状况还存在不少缺陷，难以有效承担国有经济改组的重任。因此，加快资本市场的培育和发展，克服各种不利于改组的因素，为成功实现国有经济的改组创造良好的资本市场环境，是当前面临的一项紧迫任务。

二、我国资本市场的现状和主要问题

1. 发展现状。经过近10年的努力，我国资本市场

建设取得了很大进展。在利用资本市场推进改革和加快发展方面，也进行了积极的探索。表现在：

（1）股票市场：截至1997年底，上市公司达到800多家，市价总值占国民生产总值的1/4以上，行业几乎涵盖国民经济所有领域；在深沪两市开户的投资者达3000多万户。

（2）债券市场：截至1997年底，国债发行额累计达8300多亿元，未到期国债余额达到4400多亿元，资本市场成为政府筹资的主要渠道；与此同时，企业债券也得到一定程度的发展。

（3）企业间的购并活动空前活跃，成为推动企业改组的主要途径。

2. 主要问题。

（1）发育不良。当前资本市场存在的主要问题大体可以归结为两大类：一类是与资本市场的发育不良相联系的，另一类则主要是由于对资本市场的监管不完善所引起的。发育不良的问题主要有：

① 市场发育不平衡。资本市场由股票市场、债券市场和中长期信贷市场三大部分组成。从三大部分的发育来看，股票市场发展较快，而债券市场和中长期信贷市场的发展则相对滞后。

股票市场和债券市场内部也存在发育不平衡的问题。股票市场发展比较重视深沪两家证券交易所，其交易增长也比较快，而适合不同层次企业证券融资和股票流动需要的多层次的交易体系却有待形成。债券市场中国债发行和交易发展较快，而企业债券发展相对较慢。

② 覆盖范围不全。在现行的资本市场环境下，国有大型企业融资相对比较方便，而非国有企业和中小企业融资则比较困难。

一是非国有企业和中小企业缺乏畅通的中长期信贷融资渠道。前不久在各方面的呼吁下，中央银行采取了一些措施增加对非国有企业特别是中小企业的贷款融资，是值得肯定的。但从实际情况来看，问题远没有解决。在不少地方仍然存在对非国有企业贷款的歧视性政策，包括执行不同的贷款条件和不同的利率水平。

二是非国有企业和中小企业缺乏合法的证券融资和股票流通场所。长期以来我国在股票和债券发行上实行向国有企业特别是国有大型企业倾斜的政策，非国有企业和中小企业要想获得发行上市非常困难。在这种情况下，前一阶段各地自发设立了不少“场外交易”市场，但由于这些市场在地位上始终没有得到政府的明确认可，管理上没有得到应有的重视，因此不仅交易规则不健全，交易秩序混乱，也潜伏了很大的风险，很难发挥非国有企业和中小企业证券融资和股票流通场所的功能。

三是在享受国家制定的鼓励企业兼并重组的优惠政策上，不能对非国有制企业做到一视同仁。比如为了鼓励企业兼并，国家规定被兼并企业不良贷款可以在一定期限内实行停息挂账，但这一政策仅限于国有企业兼并国有企业。对此非国有企业家反应强烈，意见很大。

另外，在已上市公司中存在国有股不能流通的问题。在上市公司的股权结构中，国有股、法人股的比重一般都在60%以上，普通公众股的比重一般都低于40%。按照现行政策，除很少量的法人股可在STAQ系统交易外，国有股、法人股基本上不能上市流通。

购并融资渠道不畅：目前企业通过资本市场进行改组面临融资渠道不畅的问题。比如，由于银行没有设立购并贷款科目，企业购并活动无法获得银行贷款的支持。再比如，《企业债券管理条例》规定，企业发行债券所筹资金不得用于股票买卖等与本企业生产经营无关的风险性投资，从而也限制了企业通过发行债券为购并进行融资的活动。

机构投资者发展不足：目前我国证券市场的投资者以散户为主，而追求长期稳定回报的机构投资者发展严重不足。经验表明，这种投资者结构既不利于证券市场的稳定和发展，也不利于对上市公司经理人员的监管和公司治理结构的改善。

（2）秩序混乱。

① 市场“泡沫”过大，股票缺乏长期投资价值。在市场力量调节的情况下，通过竞争达到的供需均衡有利于消除股市泡沫，释放市场压力和潜在风险。然而长期以来，在行政主导的监管模式之下，为了保证一级市场企业股票能够以较高的“溢价”卖出，人为控制市场扩容速度，或采取其他措施阻止股市向下调整，使得股市供求长期处于失衡状态。其结果使得股市积累的“泡沫”越来越多，二级市场股票价格严重脱离企业资产和经营实际，市盈率过高，股票缺乏长期投资价值。

② 违规炒作问题突出，中小投资者利益受损。监管部门对本应由市场力量决定的事情介入过深，而对于政府应当管好的事情却未能管好，使得各种违规违法现象十分突出，严重损害了中小投资者的利益。比如，上市公司、会计师事务所及券商编造虚假报告，欺骗投资者；机构大户散布虚假信息、坐庄操纵、内幕交易，坑害中小投资者等。

③ 企业和投资者行为扭曲。在股票市场高“泡沫”、高风险、高投机的环境下，企业和投资者的行为都严重扭曲。企业进入资本市场大都抱着一种“圈钱”的心理，股票发行前一个样，发行完钱到手后又是一

个样。有的企业盲目扩张，单纯为了做大而进行所谓的资本运营，不仅影响主业发展，还背上了沉重的包袱。而投资者，不论是个人散户还是机构大户，大都抱着“赌一把”的心理，追求长期稳定回报的机构投资者根本无法入市。

三、促进资本市场发展

1. 完善交易体系。

(1) 加快企业债券的发展。由于股权融资与债权融资二者的风险和收益不同，可以为不同投资者和筹资者提供更大的选择余地。从发达市场经济国家的经验看，企业得自证券市场的资金中，债券融资所占的比重一般要高于股票融资比重几倍甚至上十倍。而我国1997年企业通过发行股票所筹集的资金为1325亿元，通过发行企业债券所筹集的资金仅300亿元，后者不及前者的1/4。由此可见，我国企业债券发展严重滞后。当前及今后一段时间，应当结合大规模基础设施建设和企业兼并重组需要，适当加快企业债券的发展速度。

(2) 加快发展中长期信贷市场。中长期信贷市场发展滞后的根源在于，国有银行在整个银行体系中处于垄断地位，但其改革滞后，效率不高，资产质量低下。要加快中长期信贷的发展，除了加快国有银行改革步伐之外，关键是要尽快打破国有银行的垄断状况，多发展一些股份制形式的民间银行。

2. 为非国有企业和中小企业提供平等竞争的资本市场环境。应当看到，国有经济的改组实际上涉及到整个国民经济的改组，因此需要各类企业的共同参与、平等竞争。那种试图通过让国有企业多上市，多“圈钱”而脱困的思路，是不能从根本上解决问题的。因此，必须为各类企业特别是非国有企业和广大中小企业创造平等竞争的政策环境。

(1) 慎重对待“第二板块”市场发展。当前迫切需要认真研究和审慎对待的一个问题是，如何适应广大非国有企业特别是中小企业直接融资和改制改组需要，为它们开辟一个合法的股权流通场所。根据各国资本市场的发展经验，股票市场具有明显的层次性。这种层次性是与企业的层次性及其融资需求的层次性相联系的。不是所有的企业都能达到正规交易所上市的标准和条件，也不是所有的企业都想要或适合在交易所上市交易。因此，如何建立和发展我国的“第二板块”市场，是需要认真研究的。前一阶段各地以各种名义自发设立的证券交易中心等交易市场，由于法规建设和监管没有跟上，加之大多数受到当地政府的强烈干预，致使股票质量低劣、操纵市场、内幕交易等问题十分严重。不仅起不到促进企业重组和优化资源配置的目的，也扰乱了金融秩序，潜伏了很大的危机。因此，政府决定对其进行整顿是完全必要的。但是，我们也不能因噎废食。毕竟，从中长期发展和有利于国有企业改组来看，多层次的股票交易市场不仅对证券市场本身的培育和完善是必须的，也是推进企业战略改组的必要条件。因此，对于“第二板块”的发展，不宜采取简单限制甚至禁止发展的办法。

当前发展“第二板块”市场，可以有三种选择：①深沪两家证券交易所合理分工，以满足不同层次企业股票流通需要；②将现行的B股市场加以改造，使之适合中小企业的证券融资需要；③建立类似美国全国证券商协会自动报价系统（NASDAG）的场外交易系统。

(2) 在鼓励兼并重组的优惠政策上，应对非国有制企业一视同仁。如果考虑到银行、财政的承受能力，可以适当降低优惠的标准。

3. 逐步解决上市公司国有股不能流通问题。上市公司国有股不能上市流通，严重制约了资本市场资产重组功能的正常发挥：一是通过股票二级市场对上市公司的兼并活动几乎不可能，从而缩小了企业重组的空间，减轻了上市企业的压力。二是政企分离难以实现，不利于企业治理结构的改善。国有股上市问题迟早要解决，早解决比晚解决好。问题拖得越久，积累的矛盾就越大，对市场的影响和解决的难度也会越大。因此必须早下决心，早做决断。

(1) 在国有股上市问题一时难以解决的情况下，应当首先考虑解决国有股的协议转让问题。协议转让的范围不应限定在国有法人的范围之内，而应扩大到所有法人。实现了这一点，至少有利于上市公司股权结构的优化，有利于公司治理结构的改善。

(2) 应分门别类和分步骤解决国有股上市问题。在考虑每年的股市扩容问题时，至少安排一定比例的国有股上市。

4. 为企业并购和重组活动提供资金支持。在通过资本市场推进企业改组的方式下，企业的重组主要通过产权的交易进行，为此并购方必须筹集到足够的并购资金。由于一般并购活动所涉及的资金数量都比较大，因此内部积累很难满足，而主要依靠外源融资。在获得外源融资困难的情况下，企业的并购活动必然受到很大限制。因此，应当努力为企业并购和重组活动提供资金支持。

(1) 设立银行购并贷款科目。在国外，银行为企业间的购并活动提供融资是一项十分正常的业务。而在我国，企业兼并重组的大规模开展也早已对银行贷款提出要求。但由于银行改革滞后，至今银行贷款的科目还沿用计划经济的划分，即固定资产投资贷款、流动资产投资贷款等，而没有购并贷款科目，从而极大地限制了银行对企业购并的融资业务。因此，应当尽快增加购并贷款科目。当然，增设购并贷款科目后银行是否贷款应由银行根据效益原则自主决策。

(2) 放宽或取消限制企业通过发行企业债券为购并活动融资的规定。这一措施可以与促进企业债券发展的政策结合起来考虑。

5. 积极稳妥地发展机构投资者。

(1) 现阶段发展机构投资者，除了发展投资基金特别是封闭式的证券投资基金等以外，应当把重点放在养老基金、保险基金及信托基金等上。原因有三条：

① 有利于资本市场稳定。投资基金特别是证券投资基金本身属于金融衍生品，在股票、债券等金融原生品市场发育尚不成熟和欠规范的情况下，衍生品的发展不仅难以规范，而且会增大市场不稳定和市场风险。而上述基金则有所不同，由于它们具有稳定的资金来源，且面对的是相对稳定的现金支付问题，因此它们的投资理念更倾向于长期性，更追求安全和稳定的投资回报。

② 有利于国有经济战略改组。以养老保险基金为例，建立有效的社会养老保障体系，既是国有企业战略改组的前提条件，也是改组的目标之一。现行的养老基金管理与经营不分、管理不善、资金投资渠道狭窄的状况，对于保障基金的保值增值极为不利，必须尽快加以改变。改革的出路只能是把养老金的管理纳入市场化的轨道。通过实现养老金管理和经营的分离、建立规范的和竞争性的养老基金管理公司，让养老基金逐步进入资本市场，成为资本市场的重要的机构投资者。

③ 从国外的情况来看，即使以共同基金比较发达的美国为例，1996 年私人养老基金、政府退休基金及保险基金三者合计所持有的股票市场份额达 28.5%，超过投资基金市场份额（14.8%）将近一倍。而按政策规定目前我国这几项基金还限于从事国债和存贷款等投资活动，而不允许进行股票投资。从长远看，这种情况既不利于资本市场的完善，也限制了基金本身的保值增值。

(2) 机构投资者的发展要与资本市场环境的改善和机构投资者本身的改革相衔接。经验表明，包括养老金在内的各类机构投资者，其行为并不必然具有合理性，它们也有短期性、投机性、操纵性的一面；在对企业行使控制权的问题上，也不能寄以厚望。尤其在法制不健全、监管不得力、投机气氛浓烈的新兴证券市场中，机构投资者的投机性和对市场的操纵，都有可能达到十分严重的程度。另外，信托、保险及养老保障机构等本身也需要深化改革、加强管理、规范经营、提高效益。因此，发展机构投资者，决不仅仅是个增加投资者数量和规模的问题，更为重要的是提高其质量，规范其行为。特别是要在加快法规建设，加强监管力度，发挥市场机制作用，营造理性和规范的市场环境等方面，做出更大的努力。只有在良好的市场环境和有效的宏观监管条件下，机构投资者在稳定市场和促进企业治理结构建设等方面的积极作用才有可能得到发挥。

四、完善市场监管和保护中小投资者

1. 转变市场监管的基本观念。

(1) 资本市场的最突出特点是供求双方存在严重的信息不对称。资本市场的最突出特点就是资本的供给方（投资者）与资本的需求方（筹资者）存在严重的信息不对称，筹资者对有关证券投资价值的信息了如指掌，处于市场的优势地位，而相比之下投资者特别是广大的中小投资者却知之甚少，处于市场的劣势。因此，如果任其发展，就会发生筹资者对投资者的各种欺诈和坑害行为。正因为如此，各市场经济国家政府对市场的监管都是从保护投资者特别是中小投资者利益的宗旨出发，通过严格的信息披露制度，保证筹资者向投资者提供与投资活动有关的真实和全面的信息。

(2) 我国政府的监管存在明显的职能错位问题。与成熟市场经济国家政府对资本市场的监管相比，我国政府的监管存在明显的职能错位问题。该由政府严格把关的，比如信息公开真实、交易公开公正等，没有能够管好，致使弄虚作假、坐庄操纵、内幕交易等欺诈行为普遍发生，而本该由市场发挥作用的领域，比如证券发行上市的规模和速度、企业发行何种证券、发行多少等，政府却管得太多，介入太深，其结果必然是市场机制扭曲，市场秩序混乱，不仅严重制约市场优化资源配置功能的发挥，而且造成严重的腐败等不良社会后果。

(3) 改善市场监管，首先需要从根本上转变监管观念。

监管目标：从以保市场高价位、保企业高溢价发行为主，转向以保护投资者特别是中小投资者利益和保市场机制正常运作为主。

监管内容：从政府直接对证券的投资价值进行把关为主，转向把主要精力放在保证信息披露的真实性和全面性上。

监管方式：从行政控制和审批为主，转向更多地为市场正常运作创造条件，最大限度地发挥市场机制的作用。

2. 改变股票发行与上市的行政审批模式。

(1) 行政审批模式扭曲市场，制约改组进程。我国现行的对股票发行与上市的行政审批模式是从计划经济向市场经济过渡过程中我国股票市场发育初级阶段各种主客观因素综合作用的结果。其中许多措施是在特定的条件下针对特殊情况采取的，对股票市场的稳定和发展也起到一定的作用。但是,也必须清醒看到,行政主导不仅扭曲了股票市场内在的供求平衡机制和优化资源配置机制,也严重制约了企业改组的进程。

① 造成上市目标的多重性，即不仅要考虑资本的使用效率，更要考虑各地区各行业的平衡、就业及社会的稳定等等。在这种情况下，难免出现发行规模的平均分配和“股市解困”之类的问题。股票市场的优化资源配置机制难以有效发挥，企业股票的发行上市，在很大程度上变为计划经济时期行政配置资金机制的延续。

② 造成企业股票上市行为扭曲。企业要获准发行股票，关键环节不是达不达标问题，而是能否得到主管部门和证监会认可的问题。显然，企业要获得其证券的发行上市，不会把其主要精力用在加强管理和提高其证券的质量和内在投资价值上，而是会用在如何进行公关活动，甚至通过不正当活动，争取政府部门批准上。

③ 对股票发行上市规模的额度控制，人为造成股市长期供小于求，市盈率偏高，是导致股市“泡沫”不断累积和增大的主要原因。

(2) 从四个方面着手改变行政主导模式。

① 大幅度提高企业股票公开发行的资格标准。严格的标准是核准制的基本要求，标准定得过低，实际上等于没有标准。要通过标准的提高，真正使得符合国家产业政策的、效率高、绩效佳的企业优先获得入市融资的资格，而把低效企业拒之门外。

② 要严格执行标准。核心是三条，一是建立健全会计师事务所审计制度，这需要从体制、政策、人员素质、职业道德等多方面进行努力；二是对弄虚作假行为，不论是企业、券商还是会计师事务所，一旦发现，都要重罚，特别要依法追究当事者个人的责任。三是建立层层负责的严格的监管制度，对执法不严或徇情枉法者，要予以严惩。

③ 在高标准、严要求之下，逐步淡化直至最终取消额度控制。在审批程序上，也要逐步淡化行政控制色彩。由企业直接向证监会提出申请，证监会按照标准进行审核。

④ 改变证券发行与上市的联动体制。发行与上市的联动体制是造成资本市场投机过盛、各市场主体行为扭曲、企业机制难以改变的最主要因素之一，可以说，联动体制不改变，资本市场的规范和成熟也是很难实现的。

3. 逐步抑制市场“泡沫”。对于当前股票市场市盈率过高、股票缺乏投资价值的问题及对股票市场长期发展的不良影响，不论是理论界还是管理层，大家已经基本形成共识。但这个问题解决起来却相当困难，既会受到各利益团体的阻挠，也会面临很大的风险。而且当前也不是解决问题的最佳时机。但是，“气泡”问题不解决，任其发展，不仅证券市场的健康和持续发展会越来越困难，而且中长期的风险会更大。

(1) 抑制“泡沫”的关键，是监管上要彻底改变那种把股票市场单纯视为国有企业敛资聚财工具的片面观点，放弃那种通过维持股市高价位来为国有企业“圈钱”的做法，真正树立长远观念，从完善市场体系、转变资源配置机制、提高国民经济整体素质的角度，促进股票市场的培育和发展。

(2) 通过多发展绩优股、淘汰垃圾股等途径，提高市场股票的整体质量。

(3) 减少政府对股市涨跌波动直接的行政干预，让市场机制真正发挥其在调整市场供求和资源配置中的作用。

简要总结

国有企业的根本出路在于战略改组，而战略改组的有效途径是依托资本市场进行。目前我国的资本市场还存在不少缺陷，难以有效承担国有经济改组的重任，因此，必须加快资本市场的培育和发展。加快资本市场的培育和发展应当从促进市场发育和改善对市场监管两个方面进行。促进市场发育需要做的工作，包括完善交易体系、为非国有企业和中小企业提供融资场所、解决上市公司国有股流通问题、为企业并购和重组活动提供资金支持及重点发展养老基金等追求长期稳定回报的机构投资者。改善市场监管应当从转变市场监管的基本观念、改变股票发行与上市的行政审批模式及逐步抑制市场“泡沫”等方面着手。

(课题负责：吴敬琏
执笔：张军扩)

中国产权市场发展现状与政策建议

国务院发展研究中心市场经济研究所“中国市场化进程实证研究”课题组

当前，中国正处在经济结构调整和产业结构升级时期。传统产业的大范围改造和国有经济的战略性改组全面展开。1997年，中国良好的政策环境为企业产权交易提供了较大的发展空间，发生的大宗股权转让、收购兼并、资产转让或资产置换等资产重组案例数以百计，涉及到的兼并破产企业2980户，其中大中型企业占70%；涉及资产总额4155亿元，职工560万人。中国产权交易市场发展进入了一个新的阶段。

一、产权交易市场的新特点

从总体看，1997年产权交易和资产重组始终贯穿着结构调整和国有经济战略性改组的主题，出现了一些新的特点。

1. 资产重组规模大、效果好。组建大公司、大集团是中国国民经济战略性改组的一个重要方面。1997年11月，由中央政府参与并指导的资产重组“示范工程”——中国石化总公司齐鲁石化公司成功兼并了淄博化纤总厂和淄博石油化工厂。这是建国以来金额最大的一起国有企业兼并案，涉及债务总额逾30亿元，一举盘活存量资产20亿元。与此同时，地处江苏地区的金陵石化公司、扬子石化公司、仪征化纤集团、南化集团和江苏省石油公司等5家特大型国有企业，实行跨地区、跨部门的强强联合，组建成中国东联石化集团有限责任公司。这不仅是建国以来最大的国有企业资产重组案例，而且实现了产、供、销一条龙。新组建的东联集团总资产达到542亿元，1997销售收入达到440亿元，实现利税33亿元，大大增强了与国际跨国公司竞争的能力。组建大公司、大集团是中国结构调整的一个基本方针。国家经贸委发布的《“九五”国家重点技术开发指南》中，就拟定将宝钢集团、海尔集团、北大方正集团、长虹集团、华北制药、上海江南造船等6家大型企业集团作为首批技术开发扶持重点，并力争在2010年使之跻身于全球工业500强之列。

2. 通过兼并和资产重组实现优势互补，扩大市场。1997年，中国产权交易市场的强强联合来势迅猛，在结构调整中实行社会资源向优势行业和企业集中不仅成为人们的一个基本共识，也代表着企业资产重组一个发展方向。中国“一汽”集团和云南“红塔”集团分别为中国汽车工业和中国烟草工业的两个龙头企业。1997年3月20日，“一汽红塔云南汽车制造有限公司”在云南曲靖市挂牌成立。这是一汽集团控股兼并云南蓝箭汽车厂的结果，实现了国内名列前茅的两大企业集团的强强联合，使一汽红塔公司既有“一汽”的管理和技术支持，又有“红塔”的资金保证。另一突出的案例是长沙九芝堂制药厂和长沙神箭制药厂这两个在湖南省医药工业行业举足轻重的企业联合组成了长沙九芝堂（集团）有限公司，其资本为过去的3倍多，年销售收入3.5亿元，总利税超过3000万元，成为充分利用湖南省中草药资源，并具有规模经济效益的、科工贸一体化的跨地区、跨行业的大型企业集团。

3. 以品牌输入和少量资本投入实现企业低成本扩张。青岛海信集团依靠品牌优势，以投资控股、债权变股权、异地划拨、集团内部各独立法人之间联合投资组建新的法人企业等方式，先后并购18家企业。用2亿元的资金投入控制了近25亿元的庞大资产，不仅成功地实现了资本的快速扩张，而且扩展了生产基地，形成了异地生产并向其四面辐射的营销服务网络，大大地增强了市场竞争的能力。江苏春兰集团注重技术、营销管理等无形资产的输出，使近年来兼并的11家亏损企业个个扭亏为盈，有的企业年产值达数亿元。如泰州海光机械厂原来生产海光牌摩托车，由于技术水平低、产品质量差等原因，亏损严重。春兰集团兼并该厂后，瞄准世界同行业一流企业及其产品，在全国率先研制成功125双缸四冲程摩托车和125水冷踏板摩托车，并成为全国惟一通过欧共体最权威检测机构质量认证的厂家和产品，产品远销10个国家和地区，1997年产值突破20亿元。

4. 地方小企业和非国有企业兼并国有大中型企业。党的十五大报告中提出的公有制应有多种实现形式的理论，为经济改革和产权转让、资产重组走一步清除了思想障碍。在产权交易中，非国有企业兼并国有企业的实例时有发生。如长城特殊钢股份有限公司被中国远望集团收购就是一个“民营”收购‘国有”的成功案例；1997年9月，河南的舞阳钢铁公司被河北省省属企业邯郸钢铁集团公司兼并，这是迄今为止中国冶金行业一次最大规模的兼并，也是地方钢铁企业兼并中央直属企业的有意义的尝试。通过这次兼并，“邯钢”将探索出一条股份制改造与兼并劣势企业同步发展的新路，并力争在下世纪初，成为中国一流钢铁集团公司和国际上有较高知名度的企业集团。

5. 利用证券市场进行资产重组的实例显著增加。1997年资产重组概念成为证券市场上一道迷人的风景线。据统计，仅1997年1～9月，沪、深两个交易所上市公司因实施或计划实施资产重组、股权转让和收购而发布公告的就达133家，平均每月近15家。党的十五大后数量激增，10月达41家，11月达66家。众多上市公司资产重组取得了突破。上市公司中强者寻求更强，弱者谋求新生，通过证券市场实现资本运营。上市公司资产重组大致分为以下几种形式：

第一种是上市公司兼并非上市公司。即上市公司依靠其良好的经营业绩和品牌效应控股非上市公司。如四川长虹电器股份有限公司兼并大型军工企业——四川五洲电源厂；华北制药集团收购太原制药厂；春兰集团公司兼并南京东风汽车公司等。

第二种是非上市企业入主上市公司。此类兼并内容主要是剥离上市公司原有的不良资产，同时将新的优质资产注入上市公司，以达到“买壳上市”或“借壳筹资”的目的。如山东兰陵集团通过收购山东环宇股份有限公司的51%股权，使环宇股份从一家商业类上市公司变为一家经营酒类业务的上市公司，当年实现扭亏；又如中国远洋运输公司入主上海众城实业股份有限公司，通过资产重组将众城实业一些非主业资产如俱乐部、大酒家及业绩较差的众城外高桥发展公司进行资产剥离，不但盘活了不良资产，而且使众城实业获得了近5000万元转让差价收益。

第三种是上市公司内部的资产重组，包括资产的剥离和资产置换。如河北威远集团通过资产重组，将上市公司下属的一些经营不良的子公司与威远集团下属厂的8个业绩优良、市场前景看好的精细化工车间进行资产置换，不但减少了不良资产造成的亏损，而且获得了新资产，开拓了企业的业务领域，利润明显增加。随着产权交易市场的不断规范和向纵深发展，利用“壳”资源，实现资源优化配置，将成为产权市场的重要形式。

6. 投资银行业务在产权交易活动中有了新拓展。1997年，产权交易市场的另一个突出特点，是部分资产重组案例由投资顾问公司等机构策划完成。如上海亚商投资顾问公司策划完成了中国远洋运输公司并购上海众城实业股份有限公司；北京新民生投资顾问公司成功操作了北京西单商场与北京友谊商场的合并案；福建省永安林业股份有限公司的收购兼并案；清华紫光投资顾问公司完成了天津泰达集团与天津美纶股份有限公司的资产重组案；中和信达投资顾问公司策划了深圳粤海实业投资发展有限公司收购新亚快餐食品股份有限公司的股权案。投资银行业务在中国才刚刚起步，目前尚多局限在股票、债券承销和股票代理上，并购和财务顾问方面的业务还涉及不多。随着产权交易市场化进程不断加快，投资银行将发挥愈益重要的作用。

7. 证券经纪业的资产重组拉开帷幕。1997年，由国有大型集团如上海宝钢、重庆庆铃汽车集团、四通集团公司等出资组建，资本金达10亿元的联合证券公司在深圳开业；以上海申能集团和上海外滩房屋置换有限公司为主要股东单位、资本金规模与联合证券公司相同的东方证券公司也将在上海成立。这两家“航空母舰”级证券公司，分别是在收购哈尔滨证券公司和抚顺证券公司的基础上成立的。与此同时，部分上市公司也在向证券业渗透。如泸州老窖股份有限公司参股君安证券公司；青海百货股份有限公司控股青海证券公司等。证券业的资产重组与改制使中国产权交易市场的内容更加丰富多彩，其显著特点是企业通过产权交易和资产重组，由产品经营向资本运营转变的步代明显加快。它表明中国产业资本大举向金融资本渗透的高潮已经来临。

二、产权交易市场快速发展的原因分析

1. 各级政府的积极参与和支持。为加大结构调整，改变“大而全、小而全”低水平重复建设的结构性弊端，从中央到地方各级政府对资产重组给予了高度重视。1997年初，国务院专门召开了“全国国有企业职工再就业工程会议”，为加强和规范企业兼并破产和职工再就业工作的组织领导，专门成立了全国企业兼并破产和职工再就业工作领导小组，由国家经贸委牵头，国家各有关部门为成员单位，并邀请全国人大常委会法工委、最高人民法院参加。这使企业兼并破产工作在组织和指导上得到了有力的保证。与此同时，中央政府参与指导的资产重组“示范工程”——中国齐鲁石化公司兼并案和中国东联石化集团的成立，也极大地推动了全国各地兼并、联合、股份合作、整体出售等多种资产重组形式的开展。各地政府为了做好这项工作，加大本地区、本区域经济结构调整力度，也加强了对资产重组工作的宏观指导和政策支持。如上海市由多家职能部门联合成立了负责上市公司资产重组工作的协调机构，对推动和促进资产重组工作起到了很好的指导作用；又如，重庆市政府加大了国有中小型企业改革力度，1997年着手改制的国有中小型企业占总数的70%，并利用优质资产配股，盘活了80多亿元国有资产存量。

2. 党的十五大精神给产权交易市场的发展提供了前所未有的发展契机。1997年，中国资产重组高潮迭起的另一个深层次原因，是党的十五大进一步解放了人们的思想，再次明确提出了社会主义初级阶段理论，提出了一切以“三个有利于”为检验标准。这为实现国有经济的战略性改组，促进各种经济成分平等发展提供了良好的理论和政策环境，也为结构调整和企业实行资产重组提供了前所未有的良好契机。在党的十五大精神鼓舞下，全国各地产权制度改革和资产重组活动快速发展，形式更加多样。

3. 一批有实力的知名企业积极参与产权交易市场。其原因，一是全国性的结构调整已全面展开，企业通过兼并、联合实现低成本扩张是最佳时机；二是随着买方市场的初步形成，市场对企业形成强约束，企业要求得发展，必须实行“两个根本性转变”，重新配置存量资产和劳动力资源，以规模效应开拓市场和寻找企业经济增长新方式；三是随着中国对外开放的不断深入，世界500强企业进入中国投资的已达300余家，国际国内的激烈竞争，也迫使大中型企业，特别是优势企业和名牌企业扩大规模，通过资产重组组建“联合舰队”。

4. 证券市场发展促进了企业产权交易和重组。截止1997年底，上海、深圳两个证券交易所上市公司已有740多家，流通股票市值达16000多亿元。在国家512家重点企业中，已有181家在上海、深圳证券交易所挂牌上市，占这些企业总数的35%；在国家120户试点企业集团中，已有57家集团的核心企业挂牌上市，占试点集团数的48%；在100户现代企业制度试点中，已经上市的公司有40户，占40%。这一切充分显示了中国证券市场优化资源配置的功能。

5. 利用外资促进产权市场发展。中外合资、合作、“外资嫁接”等必然伴有产权交易发生。到目前为止，全国累计批准外商投资项目已达30万个，外商实际投资1997亿美元，使用外国各类贷款1750亿美元。以辽宁省为例，到1997年11月底，利用外资改造国有企业2200家（其中大中型企业711家），协议外资金额46亿美元，世界前500家跨国公司有100家同辽宁省国有大中型企业进行了合资合作；大连冰山集团利用原有企业和设备同美国、日本、香港、意大利等国家和地区兴办18个合资企业，使该集团总资产由原来的几亿元增加到目前的40亿元。

6. 建立健全国有资本营运体制促进了产权交易市场的完善和发展。1997年，中国经济体制的改革的另一项重要突破是选择部分城市进行了重构国有资本营运体制的改革探索。这项重大改革是建立国有资本出资人制度，各级政府将以国有资本营运决策会议的形式行使资产所有者的职能，以推进政资分开和政企分开。在建立包括国有资产管理部门、国有资产经营公司和企业三个层次的国有资产管理体系工作中，产权交易市场的发育和发展得到了进一步加强。国有资产管理体制的改革和重组，为产权交易市场进一步实现跨部门、跨行业的资产重组提供了更加宽松的体制环境。

三、产权交易市场存在的主要问题

1. 产权交易市场缺乏宏观指导和统筹规划。就中国产权交易的进程看，迄今所进行的企业资产重组活动基本还限于微观层面，即仅仅从企业自身的发展来展开，少有宏观层面的规范性举措。特别是各省市、地区产权交易市场仍存在条块分割状况，其运作规程、组织体系、操作规章等尚有许多不统一的地方，跨地区的产权交易活动受到一定的限制，国家也尚未制定明晰的、可操作的产业政策和区域政策，缺乏在全国范围内对国有资产和国有资源在产业间和区域间进行整体的调整和优化配置。资产重组还没有纳入国家产业发展和区域发展战略规划中。

2. 政企不分问题仍很严重。在产权重组中，政府介入国有企业资产重组事务时，很难单纯以国有资产的所有者身份出现，“政企不分”问题仍然严重。目前的一些企业兼并，是当地政府为了替严重亏损企业寻找出路而在政府干预下进行的。有的地方政府把企业兼并当作一把解决企业亏损难题的“多功能钥匙”，往往依据行政权来干预或强制企业的兼并活动，违背市场经济规律和效益原则的“拉郎配”现象时有发生。

3. 企业集团发展有拔苗助长之嫌。实施大公司、大集团战略是国有大中型企业改革和发展的一项重大选择，但企业大小与否，应由市场决定，而不是完全由政府说了算。“抓大”并不是归大堆，不是把互不相关的企业简单地“划”在一起。还有一种错误观点认为，只要把1000家大企业集团搞好，中国的企业改革问题便迎刃而解了。但问题并非如此简单。有的地方在组建大企业集团中盲目贪多贪大，把规模经济等同于经济规模，使资产重组简单地走入合并同类项的误区。

4. 盲目追求资本经营，忽视生产经营。目前，许多企业把资本经营理解为企业的一个独立业务构成，热衷于资本经营而忽视了生产性经营。有的甚至盲目地进入金融业，热衷于证券、期货等金融业的活动，忽视了自己的主业。还有的企业在实行股份制改造中不是通过资产证券化这一具体形式来实现小资本运作社会大资本，小资金吸纳大资金，以提高资源的优化配置，而只是试图通过上市来快速地“圈钱”。这种不以增强企业发展后劲为目的的上市公司，最终只能使企业陷入困境。

5. 产权体系不完整造成要素重组困难。在西方国家的产权转让和企业购并活动中，参与流动和转让的往往是一组产权，从而形成一个完整的产权流动体系。具体来说，有这样几种权利参与流动：一种是实物权利转让，是指产权转让的对象是企业的部分或全部实物资产；另一种是持股权利的交易，这是产权交易中流动量最大、成本最低的一种交易方式；还有一种是债权的流动和重组。目前我国这几种产权形式的流动和重组都存在很多体制、制度以及技术性障碍。

6. 立法滞后造成并购行为不规范。我国关于企业并购的法律显得滞后，而且已有的法律法规对企业购并行为的规定也很不完善，兼并过程中的资产、债务的处理、税收安排、人员安置等方面的问题还没有明确的法律规定。国家股转让的具体办法还未出台。社会保障立法还不到位。产权交易和企业并购的法律滞后直接影响到企业并购行为的规范化程序。

7. 跨地区的资产重组举步维艰。一是财税政策的问题。现行的企业按行政隶属关系缴纳所得税，但企业被兼并后，原隶属政府无法获得新增所得税收入。因此，地方政府出于维护自身利益的考虑，往往对影响财税收入的并购行为持反对态度。二是金融政策问题。银行资金切块分配的金融体制尚未改变，这种金融体制和政策不符合企业跨地区资产重组的要求。

8. 存在一些技术性障碍。目前，产权交易市场发育仍不健全，局限性较大。从事资产重组的财务、法律、营销、经营、策划等人才匮乏；咨询公司、投资银行等中介机构无论在数量上还是质量上都明显不足，而且还存在着行业性垄断的倾向。这些技术性障碍对企业的资产重组产生了较大的不利影响。

四、进一步发展产权交易市场的政策建议

从本世纪末到下世纪前10年，中国将完成两项战略性经济改革与调整，中国产权交易市场将面临着难得的历史机遇和广阔的发展空间。为促进产权交易市场的进一步健康有序地发展，特提出以下建议：

1. 加强产权交易市场宏观的总体指导，自觉与国家发展战略相结合。国有产权的流动和重组涉及国有经济总体的战略调整和国家权益的维护。因此，应制定相应的整体性战略规划，以指导各地产权交易活动健康有序地进行。规划的主要内容应包括：国有资本需要进入或退出的领域及具体比重；国有产权流动与重组的操作主体确定；国有产权流动的操作程序；通过资产配置调整企业资产结构的措施和步骤；调整分流企业富余人员和解决社会保障基金方面的具体方案；国有产权转让收入的集中管理使用原则，以及国有企业资产重组的筹资渠道与注资渠道等等。

2. "抓大"与"放小"要相辅相成。应遵循市场经济规律，既不要拔苗助长，亦不要放任自流。各级政府在"抓大放小"中，要认真做好政府职能转变，尽量减少行政干预，要多用经济杆杠给予政策指导，并主动做好企业改革的相关服务工作。

3. 资产重组要认真做好三个结合。即企业资产重组要与资本运营结合起来；资产重组要与银行债权的"解链"相结合；资产重组与要人力资本开发结合起来。通过三结合实现产权优化配置，提高产权的整体动作效益。

4. 进一步建立健全政策法规和加强中介机构建设。目前，产权交易市场常常出现操作可行但无法可依的窘况。因此，必须加强法制建设，以便统一操作，严格规程。与此同时，产权交易活动具有高度的专业性要求，需要专业中介机构的密切配合。应大力发展和完善专业中介机构，通过中介机构"牵线搭桥"，以产权为纽带，实现优势企业的发展壮大和劣势企业的调整改组，使国有资产潜能得到更充分的释放。

5. 改进审批体制，促进生产要素的合理流动。为进一步活跃和发展产权交易市场，各级政府都应加强政府的服务功能，使设计产权变更的审批更加合理，更有效率。

6. 探索试行跨省市、跨地区的税制和金融政策。建议国家对于企业兼并出台统一的试行的财税优惠政策。如被兼并企业所欠财政使用贷款可以停息挂账、分期还贷；对于那些有利于产业结构、产品结构调整的企业兼并行为，免征其在兼并过程中产权转让增值税的有关税费。同时，加快金融体制改革，改变银行信贷条块分配体制，探索试行按效益原则、偿债能力原则、规模投资原则等，建立一种新的、通用的借贷体制。

7. 改革部门管理体制，大力推进专业经济主管部门向国有资产运营公司制转化。应借机构改革的良机大力推行专业经济主管部门向国有资产运营公司制转化，将部门管理职能和资产的所有者职能分离开来。按照市场经济原则决定企业的兼并收购行为，包括跨地区、跨行业的收购和兼并。促进产权交易市场更好地发挥优化配置社会资源的基础功能。

8. 进一步健全社会保障体系。深入医疗、住房、就业、人事制度等方面的配套改革。探索实行下岗职工再就业工程的全国联网运作，以互通信息、相互协作，使产权交易活动与再就业工程紧密有机地结合起来。

（课题负责人：任兴洲　执笔：银纯泉　肖健康）

扩大内需

简论增加需求

董辅礽

近年来，由于有效需求不足，出现市场清淡，企业开工不足，亏损增加，失业率上升，经济增长放慢，需要增加有效需求以拉动经济。为此，政府采取了一系列措施，并开始取得某些效果。这里我想就增加需求问题谈一点看法。

一、增加出口需求

从支出角度看，国内生产总值由三部分构成：①货物和服务的净出口额；②资本形成总额；③最终消费额。增加净出口是增加国内生产总值的一个途径。增加出口还可以拉动与出口有关联的产业，从而间接地增加国内生产总值。受亚洲金融风暴影响，我国增加出口遇到困难。1998年出口总额与1997年大体持平。为拉动经济增长，1999年仍需努力增加出口。出口对国内生产总值的贡献，计入的不是出口总额而是净出口，也就是出口额超过进口额之差，1998年我国有435.9亿美元左右的净出口，也就是说，出口对国内生产总值的贡献仍是正值，粗略计算，净出口占国内生产总值的比重大约为3.7%，与1997年的3.6%大体持平，但仍高于1996年的2.1%。1999年和以后为了从需求方面拉动经济的增长，努力增加出口仍是重要的，但如何做到值得研究。这个问题很大，我谈不深，但有一点看法想提出来谈谈。

查一查统计资料，可以看到，改革开放以来，我国的出口所取得的成绩是相当大的，以出口依存度（出口总额/国内生产总值×100%）来说，我国1994年为22.4%，1995年为21.7%，比日本和美国都要高得多。日本1994年为8.6%，美国1994年为7.4%，1995年为8.1%，1996年为8.3%。对人口众多、国内市场大的大国来说，出口依存度低是合理的，日本和美国都在9%以内，这是正常现象，而有些实行出口导向发展战略的小国，出口的依存度可以达到100%以上，例如新加坡1996年为131.1%，我国也是一个人口众多，国内市场（特别是潜在市场）大的国家，为什么出口依存度如此高呢？比日本和美国这些出口竞争力很强的国家高得多呢？除了表明我国出口已取得巨大成绩以外，还有什么原因呢？1998年11月初，我曾在日本与东京大学、一桥大学的日本教授讨论过。初步意见是：①我国的出口商品中进料加工的比重很大，有人估计占出口商品额的一半左右，不知是否确切，这些进料加工的出口商品额中已包括了进料加工用的原材料价值，用它作为分子计算而得出的出口依存度自然就大了，比日本、美国要大得多；②由于价格的原因，我国的国内生产总值有低估，若按购买力平价计算，应比按现实的价格统计的数值更高，用前者作分母，自然出口依存度也大了。而日本则相反，根据日本的统计，1995年日本每人平均的国内生产总值为41009美元，这是偏高的，如按购买力平价计算，该年日本每人平均的国内生产总值为21795美元，即比前者大88%。这就是说，如按购买力平价计算，日本的出口依存度应为16.2%（粗略计算）。

根据上面的分析，有以下几点看法需要提出来：①为增加出口需求，提高我国的出口依存度仍需努力，但潜力不太大，更重要是改善出口商品的构成，如果在不降低出口依存度的前提下，能够多出口价格高，特别是增加值高的商品，我国按价值计算的出口总额也可以增加，这方面的潜力是很大的；②如上所述，对创造国内生产总值做出贡献的是净出口，我国货物和服务的净出口在当年国内生产总值中的比重1995—1997年分别为1.7%、2.1%和3.6%，日本1995年为1.5%、1996年为0.5%，美国1995年为-1.3%，1996年也为-1.3%。为了拉动经济的增长，我国的进出口还应保持顺差。但也要看到，从长远看，出口和进口应大体平衡，顺差太大会引起与他国的贸易磨擦。从增加需求来拉动国内生产总值的增长来看，主要要靠增加国内的需求。这不是说增加出口不重要，更不是说进口不重要，应该说出口和进口同样重要，今后进出口对我国经济增长的作用主要不应是通过增加净出口直接增加国内生产总值，而是通过进口和出口提高国民经济的素质，促进国内生产总值的增长。出口什么、进口什么都应更多着眼于此。例如，出口那些产业关联度高的、价值（特别是增加值）高的商品，就比出口进料加工的商品对经济增长的拉动作用要大得多，进口高新技术产品就比进口食品对经济拉动的作用要大得多。

二、增加投资需求

从支出角度看，构成国内生产值的资本形成又分为两部分：固定资产投资形成和存货增加额。在1997年，我国的国内生产总值中固定资产投资形成占33.75%，存货增加额占3.7%，二者的比重比日本、美国都高。1996年二者的比重，日本为29.6%和0.2%，美国为14.5%和0.2%。这是我国国民投入的积累率高决定的。

当前，为了增加有效需求，推动经济的增长，增加投资是一个重要途径。投资的结果形成固定资产，直接增加了当年的国内生产总值，同时，投资还会间接地推动经济的增长，这就是，一方面，增加投资会增加对各种投资品（钢材、水泥、机器设备等）的需求，推动生产投资品的企业的生产，有些水泥厂现在已经满负荷生产了，进而又会拉动与投资品生产有关联的企业的生产，另一方面增加投资会增加最终消费，因为投资中大约40%要转化为消费（如支付建筑企业等职工的收入，转化为消费）。而增加消费又会带动生产。因此，增加投资需求对经济的拉动，不仅在于投资本身产生的需求，还在于投资的乘数效应。这里先不谈增加投资通过增加消费需求而对经济的拉动作用。其实投资形成的固定资产对国民经济的拉动作用不仅限于当年和近期，而且在于今后一段相当长的时期。因为固定资产的运用是长时期的，生产性的固定资产会形成新的生产能力，从而增加生产，促进经济的发展，但其作用的大小，要看投资项目的选择。如果投资项目选择不当，虽然作为固定资产投资形成会增加当年的国内生产总值，并对投资品的生产会起一些拉动的作用，但对今后，或者作用不大，或者成为一堆无用的废物，使得投资无法收回，造成资源的损失。目前为了急于扭转经济增长速度的下滑，很容易发生不经过充分认真论证而随意投资的情况，对此特别需要防止。

用增加投资来拉动经济在当前是可行的，在消费不旺的情况下可把居民不愿消费而沉淀下来的收入（储蓄、手持现金）转化为投资，但利用这种办法也应是有限度的。如上所述，我国国民收入中用于积累的比重本来就相当高，在国内生产总值中资本形成的比重也相当高，今后投资仍会随经济的发展而增加；但投资过多也会限制消费，而且还要看财政的承受能力。1998年全社会固定资产投资增长15%，其中，国有单位固定资产投资增长22%，而国有单位的固定资产投资估计主要又是政府投入形成的。而政府的投入又主要是靠发行大量国债从而增加财政赤字来实现的。这不仅增加了当年的财政负担，而且还会给以后年度的财政造成巨大困难。由于历年累计的国债已有相当大的数量，目前政府每年发行100元国债，大约有70多元要用于偿还到期的国债和支付利息。国债发行继续增加，政府能用部分的比重还会进一步降低。值得注意的是1998年政府的投资很大（国有企业投入的情况如何，没有数字可引用），而民间（非国有经济）的投入未见增长。1999年要继续增加投资需求，如果民间投资没有增长，就必须继续发行大量国债，继续增加财政赤字。这就可能在今后引发通货膨胀。因此，在增加投资需求中，如何启动民间投资是一个重要问题。目前民间投资没有启动，一是因为民间对经济的走势还不乐观，信心不足，二是因为民间的经济实力不足，贷款不易。为启动民间投资，减轻财政负担，在银行贷款方面应对民间企业给以支持，政府甚至应为鼓励民间投资制定一些政策。可考虑选择一些前景好的项目，由政府和民间企业共同投资。在政府投资收回后，政府再把自己的股权转让给民间共同投资者。这样做有几个好处：①减轻政府的财政负担；②由于项目好，同时有政府参加投资，民间共同投资者易于获得银行贷款；③将来政府要退出来，便于民间投资者独立经营；④政府在转让股权时还可从资产增值中获得更高收入。相反，如果一些好项目都由政府把着自己投资，在目前的情况下民间的投资就不易启动。

在市场经济中，当经济处于不景气或衰退状况时，正是大幅度调整经济结构（产业结构、企业结构、技术结构、产品结构等）的时机，通过经济结构的调整，国民经济的素质上升到一个新的层次，就会促进经济的回升并获得进一步的发展。我国目前如此大规模投资正需要而且可能把增加有效需求与调整经济结构结合起来，要淘汰一批企业，通过收购兼并重组一批企业，进行企业的技术和产品的更新，对高新技术企业增加投入。如果有助于经济结构的调整，对合适的加工工业也应该投入。

存货的增加额是构成国内生产总值的一个组成部分。为保证经济的连续运行，必须有存货，而在经济增长中，存货一般也需要增加。但超过正常需要的存货，则是资源的无效配置，甚至造成资源的浪费。存货增加额占国内生产总值的比重往往反映经济的走势，在经济迅速增长时，一般地说其比重较低（如1992年和1993年分别占5%和5.8%），而在经济衰退时，一般地说其比重较高（如1989年和1990年分别为10.4%和9.2%）。但总的说来，我国的存货增加额占国内生产总值的比重是太高了。如前如述，日本和美国只占0.2%。这只能用我国经济效益低来解释。目前，为增加有效需求以拉动经济的增长，用增加存货办法是不足取的。不顾经济效益地追求经济的增长速度，会导致存货大量增加，虽然在当年的国内生产总值中增加了一块，但这有什么实际好处呢？至少使一部分资源冻结在仓库里了。

三、增加消费需求

在社会生产的运行中，有一部分产品和服务用于出口，其净出口计算在国内生产总值中了，有一部分用于生产的消费，它们作为中间投入额已经在计算国内生产总值时扣除了，不构成国内生产总值，另一部分用于形成固定资产和最终消费，构成国内生产总值。社会生产归根到底为了消费，因此，也离不开消费。增加国内的需求最主要的是增加消费需求，即增加最终消费。这不仅是由于最终消费在国内生产总值中占的比重大，1997年在我国占58.8%，而且因为增加投资需求最终也必须能拉动消费，增加最终消费，否则其拉动经济增长的作用就有限，其拉动经济的链条在拉动消费前就中断了。举其中一个情况，前面说过，投资中大的40%要转化为消费，如果从投资中获得收入的居民（如建筑工地）不愿将其用于消费或者只将其中的一部分用于消费，投资的拉动作用就弱了，在居民消费倾向低的情况下这是可能发生的。

最终消费分为居民最终消费和政府最终消费两部分。它们在1997年我国的国内生产总值中各占47.5%和11.3%，二者合计共占58.8%，而在最终消费中它们各占80.7%和19.3%。1996年，在国内生产总值中，最终消费的比重日本为69.6%，二者分别占59.8%和9.8%，美国为86.6%，二者分别为68%和18.6%，而在最终消费中二者的比例日本为85.9%和14.1%，美国为78.5%和21.5%。这就是说，在我国国内生产总值中，最终消费的比重较低，这与我国积累率高，投资比重高有关。在最终消费中，我国居民最终消费的比重较低，与居民的储蓄倾向高有关。我国政府最终消费的比重则比日本高，比美国低。从我国情况看，当前增加消费需求就是要增加居民的消费需求。至于政府的消费需求，则不可能有多少增加，特别是由于改革政府机构，控制财政赤字，政府的消费需求更难有多少增加。

要增加居民的消费需求以拉动经济的增长有两个途径：

（1）增加居民有支付能力的需求，这就要增加居民的实际收入。除了从增加的投资中有一部分转为增加居民的收入外，还应该从其他各种渠道增加居民的实际收入。但从当前经济状况看，由于下岗、失业增加，利率下降，增加居民实际收入的途径不是很多。而且在居民实际收入增加后，如何使其用于最终消费还有待解决。要增加消费最重要的是增加居民的实际收入。我已在一篇文章中较多地谈了这一点。

（2）把居民的有支付能力的需求引出来，使其用于最终消费。从目前来看，要作到这一点也不容易，要下很大功夫。这里又有两个办法：

一个办法是用供给去创造需求、开拓需求，我在一篇文章（《开拓需求，创造需求》，《文汇报》1998年6月15日）中已经谈过这个问题。人们的有些需求是潜在的，甚至是还不存在的，如果能够提供一些新的商品和服务，就可以把人们的这类需求创造出来，开拓出来。如近来销售红火的VCD就是厂家开发出这种商品后创造出新的需求的结果。用供给去创造需求、开拓需求，要靠企业的创新，在市场疲软的状况下，更需要用供给去创造需求，开拓需求，这样就能增加消费，使企业摆脱困境。

另一个办法是提高居民的边际消费倾向，改变人们的收入预期。人们的消费心理、消费倾向是很奇怪的，有其惰性，形成以后，没有外力的作用很难改变，如果一旦有一部分人改变，在消费的示范效应的作用下，会很快传播开来，甚至形成一种时尚。当前人们不愿花钱有其合理性，报刊上已经谈得很多，这里不赘述。一旦形成这种消费心理、消费倾向和收入预期的条件改变，沉淀着的有支付能力的需求就会用于增加消费。例如，可以设想，如果一些商品的价格不是下降或预期下降，而是上升或预期上升，而且有继续上涨的趋势，有些居民就会把银行的钱取出来购买，你买我买，市场清淡的局面就会改变。

在我国居民最终消费中，1996年非农业居民和农业居民各占50%。同年，城镇人口和乡村人口各占29.37%和70.63%（同上第69页。城镇和乡村人口与非农业和农业居民在统计口径上有些差异，由于手头没有后者的数字，只好用前者代替）。据此粗略计算，就最终消费来说，非农业居民比农业居民大约高 1.35 倍。据另外的统计数，非农业居民的消费水平比农业居民大约高 2.2 倍。从这里可以看出，农村市场是一个潜在的巨大市场，即使在当前，增加农业居民的最终消费对拉动经济增长也有巨大意义。同时也必须清醒地看到，在居民的储蓄中，城乡居民的比例为 80% 和 20%，前者比后者多 3 倍，也就是说，在当前，启动城市居民有支付能力的消费需求更具现实性。目前居民消费倾向低也主要是城市居民消费倾向低。

从增加出口、增加投资和增加消费这三个增加有效需求，以拉动经济增长的途径看，增加出口受国际市场变化、他国经济状况和国际竞争的约束，难度较大。增加消费需求还要经历一个过程，增加投资较为容易。1998 年增加投资的效果正在显露，1999 年还得继续增加投资，在消费需求启动起来后方可使投资的增长放慢，而且也必须逐渐放慢，以防止通货膨胀。如果投资恰当，其对经济增长的作用是长期的。而消费一旦启动就会从社会生产的终端一步一步向上游产品拉动，进而拉动整个国民经济，特别是那些产业关联度大的、生产链条长的消费品，对拉动经济增长的作用更大。所以从长远看，为使国民经济持续快速增长，应在扩大内需特别是消费需求上下大力气。

（作者所在单位：中国社科院）

进一步扩大内需的一点思考

姜雷光

经济增长速度关系到经济效益、结构调整、增长质量、经济政策、下岗职工再就业等重大问题。1998 年以来，中央把扩大内需、拉动经济增长作为宏观调控的一个中心内容，已出台的一系列政策的效应正在显现。为了进一步扩大成果，需要充分估计扩大内需方针的各种困难，以便采取新的措施加以解决。

一、扩大内需的现实问题

1. 消费需求增长下滑。1998 年，社会消费品零售总额为 29153 亿美元，比上年同期增长 6.8%，扣除价格因素后的实际增长率为 9.7%，增幅比上年回落了 0.5 个百分点。

从价格方面来看，全国市场价格总水平继续呈现走低的态势。1999 年一季度居民消费价格总水平比上年下降 1.4%，商品零售价格下降 2.9%，目前仍无止跌回升的迹象。价格飞涨、通货膨胀、经济过热固然有害，但价格不断下降、企业盈利空间缩小，则是经济增长中更为棘手的问题。

影响我国居民消费扩大的因素是多方面的：

（1）收入增长趋势。1998 年我国城镇居民人均可支配收入 5425 元，考虑价格下降因素，实际增长 5.8%。农村居民人均纯收入 2160 元，实际增长 4.3%，增幅均比前几年回落。

（2）居民预期心理。由于社会改革进程较快，而相应的社会保障制度没有健全和完善，造成居民对未来收入和支出的预期过于悲观，从而出现需求压抑，防御性储蓄增多，1998 年我国储蓄增长率仍达 15.4%，1999 年一季度增长 18.8%，分别高于消费增长率 10.1 个百分点和 10.3 个百分点。

（3）消费处于升级酝酿阶段。经过十几年的收入快速增长，我国已基本解决了温饱问题，正在迈向小康。城镇居民在吃、穿、用、家用电器等方面已基本满足需要。被认为是新的热点的住房、汽车消费，由于收入和制度等方面的障碍，短期内不可能迅速大规模进入普通百姓家庭。消费正处在从一般水平向高档水平转变的孕育阶段，而这个孕育阶段需要较长时间。

（4）城乡消费的二元现象。由于城乡收入差距拉大，形成了城乡消费的不对称。比如，家电产品在城市已经普及，开始进入更新换代阶段，但是在农村，家电产品的拥有率还很低。二元的消费结构，使有 10 亿农民的农村市场潜力没有开发出来，制约了消费品工业的进一步发展。

（5）消费信贷不发达，居民消费观念没有转变。我国分期付款消费方式刚刚起步，以致目前的消费基本上是“以过去的收入”和“现时的收入”来支付。因此，消费对利率不甚敏感，利率杠杆对刺激消费作用弱化。

2. 资金筹措困难。进入 90 年代以来，我国出现了总储蓄大于总投资的现象。有人据此认为，即使外资不像过去那样大幅度增加或略有减少，国内资金总量也是可以支持较快的经济增长。但这只是就资金来源的潜力而言，实际上资金来源渠道并不畅通。

第一，我国财政状况一直比较紧张。1998 年第一季度财政支出增长（12.3%）快于财政收入增长

(8.7%)。进入第二季度以后，财政支出增长快于财政收入增长的幅度扩大，反映出财政扩张的力度加大。1~6月累计财政支出增长14.1%，财政收入增长9.2%，二者差幅4.9个百分点，比第一季度扩大了1.3个百分点。第三季度财政支出增长17.5%，同财政收入增长10.4%的差幅进一步达7.1个百分点，全年累计财政支出增长16.7%，财政收入增长13.9%，二者差幅2.8个百分点，差幅略有缩小，但从许多方面来看，1999年财政收入增长前景并不乐观。在财政收入框架内扩大政府支出已没有多少文章可做，财政支出结构调整的余地也不大，而且结构调整不能达到总量扩张的目的。

第二，银行增发贷款也有一定的难度。自1997年以来，许多地区出现了银行贷款增长缓慢的现象。这种现象的出现，是当前我国经济金融发展变化和改革深化的具体反映。①是由粗放经营向集约经营转变的反映。实施由粗放经营向集约经营转变以来，不合理的经济结构正在逐步得到改善，资金作为经济发展中最为稀缺的资源，其运营也发生了较大的变化。由于尚未形成较大规模的满足较高层次需求的产业和供给，雷同的产业结构和缓慢的产业升级，难以形成合理的资金需求，拉动信贷资产增长。②是由计划管理向市场管理转变的结果。随着银行商业化改革的不断深入，计划经济时期的管理方式逐渐被取消，符合市场经济运行规律的商业银行管理模式正在形成，从而使银行体系的运作发生了较大的变化。由于国有企业机制落后，效率低下，效益不好，投资回报率低的状况没有得到改善，致使国有商业银行不良贷款增多，金融风险逐步显现，商业银行对贷款发放更加审慎，不可能像前几年那样大幅增长。③是金融结构深化与金融发展的必然。从银行商业化经营的需要看，商业银行的资产结构也日趋多元化。

第三，股市扩容亦有难度。由于外围形势欠佳，国企的外资筹集途径受阻，因此扩容压力几乎全部集中到国内股市了。在国企改革进入攻坚战之时，发展直接融资已是国家经济政策的重要组成部分。这在未来数年内均不会改变。但由于各种条件的限制，1998年新股集资金额（包括增发新股）只有439.5亿，比1997年下降了45%。另外，配股扩容达到了历史最高水平：有配股资格的上市公司中的九成提出了配股方案，而且一般有配股价向二级市场股价靠拢之趋势(而不是如新股那样以市盈率为基础)，上市公司的配股热情空前高涨，但很少考虑配股资金的回报率。虽然政府已经提出把发展资本市场，扩大直接融资作为下一步改革的主要内容，但由于中国股市不规范，投机因素较多，权力过分介入等影响，在短期内公众投资股市的热情十分有限。而且，就通过国内股票市场直接融资而言，实现直接融资规模的扩大，必须充分考虑二级市场的承受能力。二级市场充分活跃是增发新股上市的基本条件，是不可逾越的。从目前的情况来看，这个条件尚不具备，因而对股市融资寄予过高希望是不现实的。

二、把注意力转到扩大消费需求方面

面对国内外经济环境，从实际出发，中央和国务院作出了立足于扩大内需的正确方针。当前，应在继续执行积极财政政策，增加基础建设的同时，把注意力放在扩大国内消费方面，使今年后三个季度的国民经济保持较快增长。增加投资是各国政府惯用的刺激经济回升的重要手段，在目前我国出现买方市场、居民收入增幅减缓的情况下，增加投资具有不可替代的作用。但也应该清楚地看到，当前增加投资实际上也存在着困难和局限性：第一，投资的变化有其自身的规律，目前增加投资和扩大消费一样受到严重的市场约束。消费市场无热点与投资没有好项目其实是相互联系的现象，是同一个问题的两个方面。第二，目前基础产品的市场供应状况也已经发生了重大变化，某些能源、原材料产品出现了供求平衡或某种程度上供过于求的态势，继续大幅度增加这方面的投资缺乏市场供求基础。第三，基础产业投资在量上的影响是有限的。在总需求的总量和增量中，固定资产投资约占1/3的份额，而消费则占50%至60%，投资增加一个百分点远不如消费增加一个百分点的影响大。

启动投资固然重要，然而消费需求是经济增长真正和持久的拉动力量。在消费需求没有回升迹象的情况下，民间投资需求很难大幅回升，如果没有消费需求的支持，这种投资增长和经济回升都难以持久。由于边际消费倾向下降，致使投资乘数减少，投资增加对经济增长的促进作用也缩小了。

值得注意的是，我国投资与消费关系已经发生了新的变化，加大投资同步带动消费的规律已经改变。在短缺经济条件下，居民存在“消费饥渴症”，消费需求主要随投资需求的变化而变化，当投资膨胀时，基本建设投资中的40%转化为消费基金，居民随之将增加的收入几乎全部转化为有效购买力，消费与投资显现出同升同降的同步变化。在消费品市场率先向买方市场的转变过程中，城镇居民的消费“饥渴”缓解，与政府或企业的投资行为相比，居民的消费行为适应市场环境更快、更为理性。消费者行为方式的转变使消费需求开始脱离投资需求对它的决定性影响。因此，不能单靠增加投资来拉动消费和经济增长，特别是在当前缺乏消费热点的情况下，除了政府公共投资外，如果无法解决“投什么”和“往哪里投”的问题，就难免出现企业投资热情不高的倾向。

有学者对我国恩格尔系数进行充分研究后指出，提高居民消费率是实现我国经济持续稳定增长的要求，居民消费率过低，将使经济增长严重缺乏需求拉力，投资和净出口都不能长期弥补消费的不足。因此，真正扩大内需，就必须从扩大有效消费需求入手，形成“扩大消费需求—带动投资回升—促进经济增长”的启动经济流程，这样才能解决投资结构与市场需求结构脱节的问题。重视消费需求，对我国当前的经济结构调整，同样具有重要意义。在我国，消费品市场结构性矛盾仍然突出，工业品除少数名、优、特、新商品外，大部分商品供给结构调整缓慢，赶不上消费结构的变化。因此，扩大消费需求有利于带动产品、产业结构调整，形成一些对国民经济有长远带动意义的新的经济增长点。

当前应大力提倡消费信贷。消费信用与“消费早熟”、“消费超前”概念不同。后者是指一个社会消费增长速度超过国民收入和劳动生产率增长速度，而前者是在市场经济社会中货币信用关系发展到较高水平时缓解生产与消费之间矛盾的必然现象，是消费增长速度适应生产增长速度的金融服务。部分有稳定偿还能力的消费者利用消费信贷提前消费与部分消费者积极储蓄而推迟消费两者并存，只要掌握好这两部分消费的信贷与储蓄比例，掌握好消费信贷与生产信贷的比例关系，从全社会看，其消费增长速度与国民收入和劳动生产率增长速度将更加易于调节。同时，消费信贷的引入，不仅有利于解决当前的消费需求不足问题，而且有利于平滑未来的经济周期波动，并为政府宏观调控提供一种新的机制和手段。因此，应当尽快健全个人信用制度，形成一个规范的信用消费市场。如果能在短期内提高信用消费的份额，既可转变居民的消费观念，又能增加市场的有效需求。

在积极推行消费信贷的情况下，要千方百计提高城乡居民的收入水平，在农村主要是下大力气清理不合理收费，切实减轻农民负担。在城市要调增行政、事业单位的工资收入，并带动企业职工收入的上升。在此基础上，抓好下岗职工的“三条生活保障线”工作，提高生活补贴标准，抑制过大收入差距的继续发展。

（作者所在单位：国家统计局综合司）

调整居民收入结构
是扩大居民消费的战略选择

刘国强

居民消费不足已成为当前国民经济运行中的主要问题，各方面对这个问题的研究较多，成果丰富。本文试图利用城乡住户调查资料，从长期的角度对我国居民的消费倾向（居民消费支出占居民收入的比重）进行分析，并提出提高居民消费的建议。

一、从消费倾向看消费问题

1. 为什么要从消费倾向看消费问题。分析宏观经济运行状况，主要是着眼于总量指标的平衡关系以及这种平衡关系的变化对经济发展的影响。因此，分析居民消费是否存在不足的问题，首先要从消费对收入的相对水平即消费倾向去看，因为单从消费看，即使其增长率较高，也可能产生消费不足问题，反之，即使其增长率较低，也不会产生消费不足问题。如1998年城镇居民人均消费实际增长4.3%，增长幅度比1988年高0.9个百分点，并不意味着1998年不存在需求不足问题或1998年存在需求不足问题，实际情况是1988年需求过旺而1998年则是需求不足。这是因为1998年的消费增长率低于收入增长率，而1988年的消费增长率高于收入增长率。其次要从消费对经济运行的影响去看，即看增加消费对经济增长的影响。这种影响程度就是经济乘数，乘数＝1/（1－边际消费倾向），即乘数的大小又取决于边际消费倾向（边际消费倾向＝消费增量/收入增量），边际消费倾向越大，乘数也越大，经济增长就越快。

2. 消费倾向的基本特点。

（1）消费倾向和边际消费倾向呈下降趋势。城、乡居民的平均消费倾向，80年代（1981—1990年）分别为0.889和0.848，90年代（1991—1998年）两者分别下降为0.816和0.805。城、乡居民的平均边际消费倾向，80年代分别为0.86和0.95，90年代分别下降为0.76和0.72。而且波动幅度较大，1981—1998年间，最高年份的边际消费倾向与最低年份之差，城镇为2.05，农村为1.75。

（2）从城乡看，城镇居民的消费倾向较高，但下降幅度较大。1981—1998年，城镇居民的消费倾向为0.833，比同期农村高0.017个百分点；但城镇居民的消费倾向90年代比80年代下降0.073个百分点，而同期农村下降0.043个百分点，城镇比农村多下降0.04个百分点。

（3）从不同居民的收入水平看，收入越高，消费倾向越低。1997年，城镇居民中20%低收入户的消费倾向为0.92，20%中等收入户的消费倾向为0.83，20%高水平户的消费倾向为0.73。

（4）从具体的变动时间看，80年代各年之间的消费倾向没有出现明显的变动趋势，农民的消费倾向甚至略有提高，但进入1990年以后则出现了明显的下降趋势，特别是1995年以后，下降趋势明显加快。1981年，城、乡居民的消费倾向分别为0.92和0.85，1986年两者分别为0.89和0.84，1989年两者分别为0.88和0.89，1991年两者分别为0.85和0.87，1995年两者都降为0.83，1998年两者分别为0.80和0.74。

综上所述，消费倾向的持续下降，导致我国提前出现消费需求不足现象，即出现了居民实际生活水平仍然较低而储蓄却比较多的矛盾现象。边际消费倾向的下降，降低了经济乘数，导致非国有经济投资的积极性不高，国有投资启动经济增长的效果不能充分显现。

二、消费倾向下降的主要原因是收入结构不合理

影响消费倾向变动的因素（边际消费倾向的变动必然也会引起消费倾向的相应变动，而且从长期看其变动趋势是一致的。因此，边际消费倾向变动原因，实际上也就是消费倾向的变动原因。为了叙述方便，本文以消费倾向为代表概念）很多，显然，居民收入是最重要的因素。有的认为主要是居民收入增长速度太慢，有的认为主要是结构不合理。从我国的实际情况看，1981—1998年，我国城、乡居民的消费倾向与收入增长率的相关系数分别为-0.24和0.06，这说明我国城、乡居民的消费倾向与收入增长率是不相关的。另外，目前巨额的居民储蓄及其快速的增长速度也说明，从总体上看“缺钱”不是居民消费倾向下降的主要原因。因此笔者认为，我国居民消费倾向下降的主要原因，不是居民收入的增长速度太慢，而是居民收入的结构不合理。

1. 持久收入比重下降是导致消费倾向下降的重要原因。根据弗里德曼消费理论，由于居民可支配收入受许多偶然因素的影响，是一个经常变动的量，而消费却是一个相对稳定的变量，这说明人们的消费与短期的经常变动的收入没有一个稳定的函数关系。为了实现效用最大化，居民是根据他们在长期中能保持的收入来安排自己消费的，也就是说，居民的收入可以分为两个部分，一部分是暂时的收入，另一部分是持久的收入，消费是持久收入的稳定函数。一般说来，由于暂时收入的增加是不确定的，居民会倾向于将这部分收入用于储蓄，以防意外，因此暂时收入的变动主要体现居民的储蓄上。

为了研究我国的居民收入与消费的关系，本文用工资性收入代表持久收入。弗里德曼认为，持久收入可以用现期收入与前期收入的加权平均进行估算，权数的大小取决与人们对未来收入的预期，这种预期主要是根据过去的经验作出的，并且要根据经验不断修订这种预期。因此，持久收入要大于工资，而且难以作出准确的估算。显然，要对居民收入本身进行深入研究，用工资性收入代表持久收入是不精确的。但是，从研究收入与消费的关系，这是足够的。因为工资是刚性的，是人们收入预期中最稳定的部分，而且工资在收入所占的比重是最大的。因此，从趋势上看，工资占总收入的比重与持久收入占总收入的比重是基本一致的。

改革开放以来，我国居民收入的内涵不断丰富，工资外收入持续增加。城镇居民工资外收入占总收入的比重由1981年的12.7%上升到1997年的32.8%，上升了20.1个百分点，工资占总收入的比重相应下降了20.1个百分点。与此相对应的是城镇居民的消费倾向同期下降了11个百分点。联系上面的讨论，可以得出这样的结论：改革开放以来，我国居民的持久收入占总收入的比重不断下降，是导致居民消费倾向不断下降的重要原因之一。

2. 居民收入差距扩大是导致消费倾向下降的另一个重要因素。改革开放以来，我国居民收入差距呈明显的扩大趋势。反映城镇居民收入差异程度的基尼系数1981年为0.16，1990年为0.23，1997年为0.29，已接近3%的不可承受水平。1998年，收入差距继续扩大，最高10%的城镇居民收入实际增长率比最低10%的城镇居民收入增长率高5个百分点。收入差距扩大，意味着低收入居民的收入增长慢于高收入居民的收入增长，即社会财富向高收入的居民集中。由于高收入居民的工资外收入较高（其中有些是灰色收入），稳定性较差，不敢多消费；而且由于高收入居民把收入用于投资可以获得更多的回报，因此，他们也不愿多消费，这就使高收入居民的消费倾向较低。从我国各年的分收入档次的城镇居民看，明显地反映出低收入居民比高收入居民消费倾向高的特点。1997年，最高10%的城镇居民消费倾向为0.71，最低10%的城镇居民消费倾向为0.95，两者相差0.24。与此同时，最高

10%的城镇居民收入实际增长8%，而最低10%的城镇居民收入却下降3%，降低了消费倾向较高的低收入居民的消费能力。因此收入差距扩大即社会财富向高收入的居民集中会在总体上导致消费倾向下降。

以上两个是从长期的角度影响消费倾向下降的主要原因。1998年，城乡居民的消费倾向加速下降，显然还有一些短期的原因，如住房改革、医疗改革等，增加了居民的支出预期，使居民不得不压缩即期消费。

三、从战略的高度调整居民收入结构

1998年中央经济工作会议把立足于扩大内需作为宏观调控的重要任务，而扩大内需的主要方面又是居民的消费需求。在市场化水平不断提高的情况下，政府的作用虽然不会像以前那么"立竿见影"，但其主导作用不会改变，调整居民收入结构，缩小居民收入差距更是非政府莫属。

1. 提高工资水平，制止灰色收入。在居民收入中，工资和灰色收入是矛盾的两个方面，这两个方面存在着此消彼涨的关系，是可以互相转换的，政府的工作要使其向合理化转换。工作的重点是提高行政、事业和公共服务机构人员的工资，提高其持久收入水平，同时，要严格制止灰色收入，对不合理的收费要坚决查处，对必要的收费要提高透明度，并纳入财政管理轨道。这样做，既可以行政、事业和公共服务机构人员的持久收入水平，又可以降低其他居民的支出预期，从而提高整体消费倾向。而且也是减少腐败的现实措施。

2. 增加转移收付，缩小收入差距。完善失业救济和最低收入保障机制，切实提高低收入居民的消费能力。同时，继续强化个人所得税的征收工作，并尽快推行储蓄实名制，开征居民储蓄利息税，全力堵塞偷漏税的渠道。

以上两个措施都会增加财政支出，但同时也会增加财政收入，实际上是一种转换，从总体上看，财政负担不但不会加重，还有可能减轻。而对于从战略的角度扩大内需，保持国民经济健康发展却非常重要。

（作者所在单位：国家统计局综合司）

启动城镇居民消费　力促经济全面回升

国家统计局综合司"宏观经济分析"课题组

1999年以来，国民经济总体运行基本平稳，但经济增长速度逐步趋于减弱，对全年乃至明年经济增长将产生十分不利的影响，需引起高度重视。当前经济问题的症结何在，启动当前经济的着力点该如何选择？对此，我们做了一些初步分析，认为消费需求特别是城镇居民消费需求不旺，是制约当前经济增长的主要矛盾，宏观调控应在继续保持投资对经济增长适度拉力的同时，把重点放在启动城镇消费市场上。只有这样，才能从源头上促进需求的活跃，从根本上促进经济的持续、稳定、较快增长。

一、当前经济运行中的新动向

由于1998年增加投资、扩大需求的一系列政策措施在1999年继续发挥惯性作用，1999年以来，国民经济整体保持平稳发展的态势，但从发展变动趋势看，出现了值得特别注意的新动向，集中表现在以下几个方面：

1. 经济增速减缓趋势明显。国内生产总值增速由1998年四季度的9%降为1999年一季度的8.3%，4、5月份估算降到8%以下。其中作为国内生产总值主要成分的工业生产的增长速度由1998年四季度的10.9%降为1999年一季度的10.1%，4、5月份进一步降至9.1%和8.9%。

2. 三大需求拉力减弱。

（1）投资增长明显回落。增加投资既是当前宏观调控政策的着力点，也是推动经济增长的重要力量。进入1999年4月份以来，随着1998年出台的国债投资的集中投放期基本过去，投资增速明显减缓，一季度增长22.7%，1—4月份增长18.1%，1—5月份增长17.6%。考虑到1998年7月份以后投资的加快增长，对比基数升高，今后几个月如无大的投入措施，投资增长的回落幅度可能会更大。

（2）市场销售进一步偏淡。由于城乡居民收入增长缓慢，城镇居民各种支出预期增强，即期消费不足，1999年以来市场销售疲滞程度又有所加剧。4、5月份社会消费品零售总额分别增长5.7%和5.3%，与一季度7.4%的增幅相比明显有所滑落。市场供大于求的格局进一步强化，居民"惜购"心理更加明显。

（3）出口持续下降。由于全球经济增长放慢、亚洲金融危机的滞后影响依然严重以及贸易保护主义普遍抬头，1999年以来，我国出口持续下降。1—5月累计出口总额675.5亿美元，比1998年同期下降5.3%，其中对美国、欧盟等主要贸易伙伴的出口增速大幅度回落，有的甚至由升转降；贸易顺差由1998年同期的185亿美元缩小为71亿美元。

3. 通货紧缩现象继续加剧。由于需求减弱，商品供应相对过剩，市场价格持续走低。1—5月份，商品零售价格下降3.2%，居民消费价格下降1.7%。至此，商品零售价格已连续下降20个月，消费价格连续下降14个月。

1998年四季度以来主要经济指标的基本情况

单位：%

	1998年四季度	1999年一季度	1999年1—5月
国内生产总值	9.0	8.3	*7.8
工业增加值	11.0	10.1	9.5
固定资产投资	18.9	22.7	17.6
社会消费品零售总额	8.1	7.4	6.6
出口总额	-7.2	-7.9	-5.3
商品零售价格上涨率	-2.8	-2.9	-3.2
居民消费价格上涨率	-1.1	-1.4	-1.7

*为初步测算数。

这些动向表明，虽然1998年以来实施的以积极财政政策为主的一系列宏观调控举措对遏制经济滑坡起到了很重要的作用，但未能从根本上促进经济的趋势性回升，随着国债集中投放期的基本过去，需求的拉力又明显减弱，如果没有新的措施出台，依目前趋势发展下去，预计上半年经济增长7.7%左右，全年经济增长7%左右；其中第四季度增幅可能低于6%，这样，不仅不利于缓解当前经济生活中的一些突出矛盾，而且也为2000年经济的持续增长增加了难度。为此，必须抓住主要经济问题，采取果断措施，及时加以调控。

二、当前经济问题的症结何在

从需求的角度看，投资、消费、出口是拉动我国经济增长的三大力量，1998年以来采取的积极财政政策，加大对基础设施的投入力度，扩大出口退税范围、提高出口退税率等，重点是围绕扩大投资、促进出口等方面进行的，对刺激消费力度不够。虽然停止了福利性分房，但由于缺乏相应配套措施，住房消费仍未成为新的热点，对经济的带动作用不明显，消费市场总体上仍处于低迷状态。整体经济也仍未摆脱1997年以来持续下滑的格局。

针对当前经济增势进一步减弱的状况，我们应从社会再生产循环的高度，全面分析和审视国民经济的运行情况，剖析其影响经济回升的主要矛盾和主要矛盾方面，抓住经济问题的症结，对症下药，从根本上促进整体经济的活跃。

从出口方面看，1999年国际经济环境存在许多不利影响，扩大出口的难度将进一步加大。据IMF最新预测，1999年世界经济增长将由1998年的2.5%减缓为2.3%，其中作为我国主要贸易伙伴的美国和欧盟分别回落0.6和0.9个百分点。世界经济增长的回落，必然影响到我国进出口贸易的发展。从具体情况来看，1998年我国对美国、欧盟等的出口有较大顺差，进一步大量增加对其出口难度很大；对日本、东南亚国家联盟的出口在1998年大幅度下降的基础上，1999年出现了一定的恢复性增长，但增幅有限，1—5月分别仅增长3.6%和3.3%。而且我国出口产品大多为一般制成品和基础原材料，产品的需求价格弹性较小，通过贬值或进一步扩大出口退税支持力度对促进出口增长的作用有限。从全年看，贸易顺差肯定要低于1998年水平，其对经济增长的拉动作用将由上年的0.4个百分点变为1999年的负拉动。

从投资方面看，长期以来，每当经济处于低谷、需要启动时，扩张投资往往是一剂非常灵验的良药，然而1998年以来扩张投资的政策并没有达到预期的效果。究其原因，我们认为主要有以下几个方面：

首先，政府投资乘数效应有限。1998年国家增发1000亿元特别国债，重点用于农林水利、交通通信、城市公用设施和环境保护、城乡电网改造、粮食仓库等基础设施建设，对防止经济滑坡、增强经济后劲起到了很重要的作用，但由于基础产业链条短，乘数作用小，发挥效应所需周期较长，因此，难以达到预期的政策效果。

其次，民间投资制约因素较多。民间投资主要从事加工制造业和房地产业等竞争性行业，投资规模以及资金投向主要取决于市场的需求变化及对市场前景的判断。1998年城乡集体和个体投资7355亿元，仅增长1%，1999年以来这种低缓增长状况仍未改变，原因主要有以下几个方面：

一是宏观经济环境发生了很大变化，结束了长期存在的短缺经济局面，初步形成了供大于求的买方市场格局，相应地缩小了投资扩张的空间。目前市场上有2/3左右的商品都有较大的过剩，没有明显短缺且盈利较高的产品；另一方面，持续的通货紧缩使企业利润趋薄，投资信心不足。尽管自1996年5月以来，银行已连续六次下调存贷款利率，贷款利率平均下降6.1个百分点，但由于价格下降幅度更大，实际贷款利率反而有所提高。实际贷款利率偏高使企业融资成本上升，预期投资回报率降低，投资积极性受挫。

二是金融改革硬化了对贷款的约束。以往历次启动，往往是政府号召，银行贷款，投资一哄而上，每一次启动都留下了很大的隐患，付出了高昂的代价。银行实行资产负债比例管理和风险管理以来，对一些资金不落实、投资前景不明的项目坚决不贷款，抑制了一部分投资需求。此外，由于目前我国金融体系尚不完善，全部金融机构各项贷款中，国家银行占80%左右，重点用于支持国有企业和国有投资的增长，民间企业和非国有投资缺乏相应有效的金融支持，加之民间企业普遍存在的企业规模小、资金力量弱、信用程度不高、风险较大、缺乏有效的贷款担保等不足，进一步加大了其投融资的难度。

再次，投资向消费的转化渠道不畅。一般情况下，在投资形成过程中，约有40%左右的投资需求通过劳务收入等途径转化为消费需求，从而增加市场销售，带动整体经济趋向活跃。1998年国家以特别国债形式加大投资力度，应该说仍有一定比例的投资需求转化成了居民的货币收入，但由于受多种因素的影响，这部分货币收入没有像以往那样形成最终消费需求，促进市场销售增长，而是以储蓄形式重新回流到了银行，投资转化为消费的渠道发生了阻滞。

因此，在目前情况下，继续采取主要依靠投资的做法难于达到最终促进国民经济全盘皆活的功效。

从消费方面看，只有消费启动，才能提高投资乘数效应，也才能带动民间投资，达到投资和消费的双向启动，实现扩大内需的目的。

1. 从三大需求对经济增长的贡献看，消费是主体，80年代前期占70%左右，此后虽逐年有所下降，但目前仍保持在60%左右的水平上，扩张消费仍是目前促进经济增长的主要力量。

2. 从经济循环的过程看，消费是生产和投资的最终目的，消费需求不振，固定资产投资就难以找到合适的项目，生产就缺乏持续增长的动力，经济循环就可能出现短路。只有消费增长了，投资才能得以持续增长，经济才能稳步回升。

3. 从消费前景看，仍蕴藏着巨大的潜力，我国的汽车人均拥有量还比较低，住房还不宽敞，服务性消费还比较单一，居民的生活质量还不高，特别是不同收入阶层的消费水平差距还比较大，这些都表明我国的消费前景还有较大潜力。

因此，应把启动消费作为当前启动经济的重要方面，启动消费需求又应当把重点放在城镇，通过启动城镇消费带动农村消费。这是因为：

1. 城镇消费对农村消费起先导和示范作用，从历史经验看，城镇消费超前农村消费约10年左右，1998年农村居民家庭平均每百户电视机、电冰箱等的拥有量仅相当于城镇居民1986年的水平。在当前城乡消费市场疲软的情况下，应优先启动城镇市场。

2. 城镇居民购买力大大高于农村居民，城镇居民储蓄存款占全部居民储蓄存款的80%左右，人均储蓄水平大大高于农村。从收入水平看，1998年农村居民家庭人均纯收入为2162元，剔除价格因素影响，仅相当于城镇居民1990年的水平。

3. 城镇消费的启动，可以推动二、三产业的发展，进而吸收农村剩余劳动力、增加对农副产品消费量，促进农副产品市场价格的提高等，最终有利于增加农民收入，启动农村市场。

启动城镇居民消费，必须要抓住影响城镇居民消费的主要因素，有以下三个方面：一是居民收入增长慢于经济增长。1990—1998年，按可比价格计算，人均国内生产总值年均增长9.5%，而城镇居民人均可支配收入实际年均仅增长6.6%；二是居民收入差距扩大，收入向少数人集中，低收入阶层扩大。一般而言，随着收入水平的提高，居民的边际消费倾向呈递减趋势。我们以1990—1997年作为样本区间，对城镇居民消费支出和可支配收入之间作回归分析，结果发现：最低收入居民边际消费倾向为0.99，低收入为0.906，中下收入为0.874，中等收入为0.832，中上等收入为0.8，高收入为0.757，最高收入为0.703，最低收入与最高收入居民的边际消费倾向相差0.287个百分点。具有较高边际消费倾向的低收入阶层缺乏收入支持，而高收入阶层的边际消费倾向又较低，结果影响市场销售不旺。三是住房、医疗、教育等各项改革的集中推进，使居民预期支出大增，有钱也不敢花。在这三种因素中，我们认为，社会保障体系不健全，城镇居民的后顾之忧大，是主要影响因素。

三、启动城镇居民消费的几点政策建议

如前所述，当前我国城镇居民消费不旺的主要原因，既有市场约束强化，物价持续下降，及各种影响居民收入及支出预期的改革出台较为集中的原因，也有长期形成的供给结构不合理、居民收入差距拉大等深层次原因。因此，启动城镇居民消费，必须抓住重点，配套进行。

1. 建议向商业银行发行长期特别国债，扩大社会保障的覆盖范围，尽快建立健全城镇职工的失业、养老和医疗保险体系，以解除居民的后顾之忧，切实降低居民支出预期。当前一是要将建立健全医疗保险体系放在首要位置，在“低水平、广覆盖”的原则下，完善城镇职工基本医疗保险体系，对于医疗统筹账户封顶线以上的医疗费用支出，国家也作出相应的制度安排；二是尽快推出已购公房二级市场的有关法律和

法规，采取有效措施，继续大力降低新商品房价格，使二级市场已购公房价格与新商品房价格之差保持在一个合理区间，促进居民住房消费的更新和升级，推动整个住房消费的稳定、健康发展。

2. 把增加居民收入和调整居民收入差距结合起来，适当增加中、低收入阶层的收入水平。一是尽快将提高公务员工资方案付诸实施，使这部分居民家庭的持久收入有一个较为明显的增加，因为提高公务员工资有很大的示范效应，有利于增加居民的收入预期；二是提高三条保障线标准，对特困家庭给予必要的补助。

3. 将信贷消费的范围从住房、汽车等大宗商品扩大到一般耐用消费品，同时降低消费信贷门槛，如首付款、还款期限和利息等，简化贷款手续。实行商家和银行双向担保，共担风险，积极尝试租赁消费等新的消费形式。

4. 尽快建立和完善银行间以及银行与税务部门间的联网建设，抓紧推出储蓄实名制，并适时开征遗产税、赠与税、财产税、利息税，提高个人所得税累进税率，以刺激高收入阶层扩大消费。

5. 继续加大基础设施建设和改造的投入力度，消除城镇居民扩大消费中存在的一些障碍，进一步改善居民的消费环境。同时取消对一些商品和服务的不合理收费，如购买汽车的占地费、超额用电费、空调增容费等。

6. 加大对高新技术产业发展的支持力度，用财政贴息、政府参股等方式化解部分企业投资和生产经营中的风险，鼓励企业进行技术创新，加快产业结构和产品结构的升级换代，以满足居民消费不断更新换代的需求。

7. 加快农村城镇化进程。城乡经济发展不协调、农村的工业化程度低严重制约了农村经济的发展和农民收入的提高。由于缺乏城市化的支持，农产品总量扩张、提高农副产品收购价格受到了农产品需求的制约，乡镇企业发展和农民外出务工也因此受到影响。只有加快农村城镇化进程，将农村过剩的劳动力转移出去，才能从根本上改变目前农产品卖难、农民增产不增收的局面。

协调运用财政货币政策
促进国民经济健康发展

王文波　杜　宇

1998年，党中央、国务院针对亚洲金融危机和国内需求增长减缓的实际情况，及时实行了较积极的财政政策和货币政策。经过努力，当年经济增长7.8%，基本实现了年初确定的增长目标。进入1999年，面对新的经济环境，如何协调运用财政政策和货币政策，保证国民经济的健康发展，成为社会各界关注的焦点。

一、1999年实施财政政策和货币政策的条件分析

关于1999年的财政政策和货币政策，中央基本延续了1998年的宏观经济政策取向，就是围绕扩大内需，实行稳健的货币政策，配合积极的财政政策，促进经济增长。根据头4个月经济运行的状况，我们认为，有加以适当调整的必要。

（一）实施积极财政政策　它受到以下因素限制：从1998年积极财政政策的执行结果看，发行特别国债虽然从总体上推动了GDP的增长，但效果并不令人满意：一是1000亿元特别国债主要投向基础设施和基础产业，带动的是原材料、钢铁、能源等工业领域，只占整个制造业领域的15%左右，产业链条短，产业关联度也比较差，对调整不合理的产业结构和增加就业的作用较小；二是财政资金使用效率低的状况比较突出。财政资金本来就存在效率低和损失浪费的缺点。这次财政扩张由于事起仓促和无项目可投的宏观环境而使效率偏低的问题表现更为显著，一些地区大量存在虚设项目冒领国债资金还贷或转做他途的情况，资金使用的随意性比较普遍，对扩大内需的效果是有限的，1999年以来，财政部门加强对财政资金的监督正是这种背景下的产物；三是特别国债对经济增长的刺激没有想象的或者希望的那样大。自1998年8月发行1000亿元特别国债以来，考虑到政策时滞，多数专家认为会对1999年上半年经济增长有明显的拉动，宏观调控部门也抱有同样的政策预期，但从头4个月工业经济运行状况看，1月增加值同比增长17.9%，2月增长2.1%（不可比），3月增长9%，4月增长9.1%，速度并没有明显回升，在一定程度上表明了本次财政扩张的局限性。

从实际可能看，进一步增加财政投入的余地不大。

1995年至1997年，我国一直实行适度偏紧的财政政策，财政状况有所好转，选择“紧”的政策思路是与我国财力不足和平衡财政预算的要求相适应的，从长期看有利于我国经济的健康发展。据此看来，8月份以来财政政策的改弦易辙实在是囿于宏观经济增长要求而迫不得已的选择。这种选择的结果是：我国财政赤字由1990年的146亿元扩大到1998年的968亿元，增长5.6倍，1999年计划达到1503亿元。财政赤字的扩大必然带来国债规模的扩大，增大财政的支付风险：一是从国债余额占GDP比重来看，1998年约占10%，远远低于国际通行的60%的警戒线，但如果考虑潜在负债，却不容乐观，一般的看法是：银行体系的不良资产、粮食系统的巨额亏损、社会保障的欠账、欠发工资等都需要财政兜底，粗略统计，国债余额加潜在负债已占到GDP总额的50%，有些研究者甚至认为超过60%，按此推论，财政的支付风险是现实存在的；二是从中央债务依存度［债务收入/（中央本级支出+债务支出）］看，1994年至1997年，我国财政债务依存度依次为52.14%、53.68%、55.61%、57.77%，1998年进一步提高到60.5%，超过国际警戒标准。特别值得引起关注的是，1998年以来，国有企业的亏损状况没有得到根本扭转、银行呆坏账的上升势头也没有得到根本遏制、社会保障的资金需要越来越大，所有这些都是1999年实施积极财政政策的重要限制因素。

（二）实施稳健货币政策。它有一定的回旋空间，但也有制约因素：从增加基础货币供应量看：一是国有商业银行对中央银行贷款的依赖程度下降，影响再贷款政策的实施。据中国人民银行统计，到1998年底，中国银行和农业银行向中央银行借款占其资金来源比重分别为11.8%和21.9%，比1993年下降24.6和11.8个百分点，工商银行和建设银行分别为1.3%和0.2%。后两家银行已基本不需要中央银行的再贷款。二是继续下调准备金率的空间存在，但作用值得怀疑。目前，法定准备金率为8%，准备金利率为3.24%。1998年以来，商业银行为避免资金的流动性风险，备付金率相对偏高，到12月达到7.66%，超出1月份2.4个百分点。备付金率加上8%的准备金率，超过15%，下调空间是存在的。但是备付金率能否降下来或者会不会继续提高，都会影响调低准备金率的政策效应；三是外汇占款下降将进一步影响基础货币的供应量。东南亚危机以来，我国出口增幅急剧回落，影响外汇占款由1997年底增加3072亿元下降到1998年底只增加440亿元。1999年以来，我国出口增幅持续负增长，3月底，外汇占款比上年末只增加169亿元，4月底又比3月减少27亿元，由于1999年外贸出口的不利形势，预计通过外汇占款投放基础货币的数量还会进一步减少。

从扩大金融机构信贷规模看：一是存款由过去的有所分散又开始向大银行集中。1997年国家银行吸收的存款占金融机构存款增量的比重由上年的72.4%下降到70%，1998年又上升至75.4%，这一趋势在四大专业银行降低存贷比的情况下，不利于增加信贷总量。二是信用环境日趋恶化，利率因素在信贷投放中所起的作用越来越小。主要表现在：①企业必须承担贷款利息以外的高额费用。据中国人民银行资料，一笔以200万元房产抵押申请半年期100万元的贷款，贷款利息3.5万元，而房产评估费、登记监证费、保护费的收费标准分别为评估价值的5‰、2‰、2‰，合计收费1.3万元，这些收费占到利息额的37%。贷款额度越小、负担越重，就越发抑制小客户的信贷需求。②近几年，企业通过各种手段逃废银行债务的现象十分普遍，金融债权得不到有效保护，贷款谨慎；③担保艰难，影响贷款的发放。1998年底，全国国有大中型企业的亏损面已达到42%，有能力作为担保人的企业较少，企业找不到合适的担保人，银行就不愿贷款。此外，担保品由于产权模糊以及法律上的缺陷处置艰难。三是机构重组、权限上收，整顿非银行金融机构，将在一定程度上影响存贷款业务的总体规模。国有商业银行对县级分支机构的撤并将在1999年进行，贷款权限上收，短期内县及县以下的信贷投放将是一个萎缩的态势。对非银行金融机构的整顿（如关闭广东信托投资公司等）将继续抑制这些机构的信贷能力，使信贷业务继续集中于国有银行。

（三）非经济因素对财政政策和货币政策的制约

第一、预期和信心不足。在实施积极货币政策的过程中，金融部门和企业部门的惜贷和惜借同时存在，惜贷和惜借背后隐含的都是一个预期和信心问题。惜贷和惜借都从相当程度上折扣了货币政策效应。

第二、资金供应者、投资者和消费者的心态均不成熟：一是投资者对货币资金的偏爱开始转向财政资金。最近几年，随着金融商业化改革的逐步进行，银行的信贷约束逐渐强化，信贷使用方对信贷资金的偏爱开始转向财政资金，从1998年积极财政政策实行状况看，各级政府和部门对特别国债资金趋之若鹜，这种几乎不需要成本的使用对投资者来说永远具有无穷的吸引力，1999年继续实行积极财政政策加大了各方对财政资金的渴望；二是消费者和金融部门的风险意识过于理性。1999年实行稳健货币政策的主要措施之一是扩大消费信贷，宣传力度很大，但是报名的人少，成交的人更少，原因是都太考虑风险，金融部门对消费者设定的质押条件居然是：申请一笔10万元的消费信贷，必须有同样面额的存单或有价证券作为抵押。

消费者对消费信贷的申请大多以短期为主，很少考虑年限长的消费信贷。不解决意识问题，政策就很难贯彻执行。

二、对今年后三个季度财政政策和货币政策的几点建议

1999年后三个季度的财政政策和货币政策应该考虑两个基本因素：一是通货紧缩的威胁。到1999年4月，商品零售价格已经连续19个月下降，3、4两个月环比仍呈下降态势，工业品价格和原材料购进价格也持续下降。预计全年物价水平仍是一个下降的趋势；二是经济增长的趋低趋势。虽然一季度GDP增长8.3%，完成全年7%的目标没有多大问题，但“前高后低”的基本增长态势对宏观经济政策提出了重大挑战，处理不好，就可能导致后三个季度经济增长速度的过度回落和不稳定。必须保持政策的连续性和同向操作。

（一）从财政政策和货币政策二者的配合看

第一个思路是：从提法上看，与其稳健货币政策配合积极的财政政策，还不如稳健财政政策配合积极的货币政策。

第一、中央银行最近几年一直不提实行积极货币政策，1999年初又决定实行稳健的货币政策（尽管事实上1998年以来一直实行积极的货币政策），其初衷无非是考虑我国的金融风险。从目前情况看，一方面，由于金融改革的深化特别是金融商业化带来的信贷责任制的推行，至少再增加新呆账的可能性已经大大减少，金融风险可以得到控制，另一方面，在人们的心目中，财政风险似乎不如金融风险严重，事实上，呆坏账可能导致金融危机（如泰国金融危机），财政支付风险也可以引发金融危机（如1998年8月份的俄罗斯金融危机）。在这方面，日本的经验教训弥足珍贵。日本自1992—1995年连续四年实行以扩大财政支出为特点的积极财政政策，但60多万亿日元的扩大财政支出不仅不能挽回经济增长的颓势，反而又添新愁——财政支付危机。有研究指出，我国状况与90年代初的日本有相似之处，金融呆账比例高、房地产积压严重、信用链条非常脆弱，又在实行积极的财政政策。如果继续实施扩张性的财政政策，很有可能与日本一样，不仅不能解决由于体制僵化而导致的需求萎靡，反而引发财政支付危机；第二、增强信心和提高预期，也适宜提积极的货币政策。原因在于，投资者和消费者本来就对经济增长前景和收入预期比较悲观，如果明明是积极的货币政策却非要提稳健，对增强信心和提高预期十分不利。如果我们不能有效地改变信心和预期，即便是再强有力的政策，也会由于这个因素而起不到应有的作用；第三、到1999年4月底，M0、M1、M2三个层次的货币供应量增长幅度分别比1998年同期快0.7、2.9和3.3个百分点，与此同时，各种消费信贷也相继推出，货币政策比较积极，1～4月财政支出增长17.3%，只比1998年全年增幅高0.5个百分点，加上1998年上半年适度偏紧所造成的低基数，1999年财政支出幅度高只是1998年政策的延续，表明财政政策实质上是一种稳健的特点。

第二个思路是：货币政策和财政政策还是应该发挥各自的专长，各有侧重，密切配合。

一般认为，财政政策主要用来刺激或抑制消费，货币政策则主要用来刺激或抑制投资。1998年的政策正好相反，财政资金直接用来增加投资，而货币政策如减息、各种消费信贷等则把着眼点放在增加居民消费上，从西方国家经验看，这种思路最容易导致经济的不稳定，因为靠财政资金支撑投资难以为继，只有信贷资金才能细水长流。应该考虑适当回归财政政策和货币政策的本来作用方向。

第三个思路是：多管齐下、同方向操作应是1999年宏观经济政策的基本出发点。

一是经济增长仍处在经济周期的衰退阶段，突出表现在1995年以来，我国GDP增长平均每年以1个百分点的速度回落，1998年如果没有强力的政策措施，回落幅度可能更大，同时物价水平持续负增长，失业下岗人数也呈上升趋势。按照美国经验，经济衰退期与经济繁荣期财政政策的乘数作用要相差2～6.6倍，也就是说，繁荣期100亿元财政支出就能实现的GDP，衰退期需要200亿元至660亿元才能实现，这就对政策力度提出了很高的要求；二是市场因素大大强化，经济增长、失业状况、币值稳定、国际收支都受国际国内市场的强烈约束。如果政策没有应有的合力，即便出台强有力的政策，作用也是有限的；三是也是更重要的。无论是货币政策还是财政政策，尽管存在一定的政策空间，但是由于信心及环境的影响，每个单项的政策恐怕都只能发挥部分作用，必须几项政策同时采用，才能达到政策目的。

（二）财政政策 总的看法是，扩张性只宜短期使用。应在财政部门预算安排的基础上，适当调整支出结构，加大对消费的刺激，实行较为稳健的财政政策：

1. 适当调整财政支出结构，扩大对社会保障的支持力度。根据1999年财政部门安排，全年扩大财政支出的规模大约为600亿元，其中追加基本建设支出250亿元，治理大江大河支出300亿元，社会保障50亿元。600亿元加上去年结转到今年的400亿元特别国债，共1000亿元，规模不少。考虑到财政资金的使用效率较差和基础设施投资乘数作用比较有限的缺点，

应适当减少基础建设的支出，补充社会保障资金的不足，增加居民即期消费倾向。

2. 积极使用税收政策，鼓励消费。收入差距扩大是限制消费的重要因素。对于高收入阶层，可考虑适当减免税的措施，引导他们投向住房、汽车等消费领域，相信会收到一定效果。但从另一个角度，我国目前的税外收费非常混乱且缺乏统一管理，既影响各级财政部门的收入，而且加重了消费者的负担，因此集中清理并规范各种收费，短时间内就会有效果，有利于支持消费。

3. 增加国债发行的品种和功能，以刺激消费、增加投资，同时可以适当减少风险。1999年财政部门已发行两期国债，并在功能上做了有益探索，国债可以作为质押到银行取得新的贷款，扩大了国债的流通功能。今后几个月的国债发行一方面可以发行社会保障特别国债，降低居民的支出预期，促进消费，另一方面可以增加长期国债和国外发债，降低国债风险。

4. 扩大彩票发行规模，开拓彩票发行品种，保证彩票筹资的合理使用。1998年以来，彩票市场非常火爆，居民踊跃购买彩票的场面与消费品市场的清淡形成鲜明对比，表明在目前的市场环境下彩票对吸引居民消费的独特作用，应该在加强管理的前提下鼓励发展，关键是突破目前福利、体育和赈灾等的较单一模式，开拓新的品种，如社会保障彩票等。

5. 根据工资规模和工资水平，适当发行消费券，强制消费。最近财政部负责人已经公开呼吁发行消费券，以刺激居民消费。发行消费券对刺激消费会有一定的作用，但操作难度较大，需要很多部门的配合。从1999年情况看，可以采取以下措施：一是对于国家所能控制的行业和部门，按照工资的一定比例（如10%）发购物券，规定必须在1个月或两个月之内消费；二是对于各种社会保障资金，采取全部或按一定比例发购物券的形式，相信效果会更好一些。

（三）货币政策 由于条件的限制，货币政策的实行仍有可能打折扣。为此，必须实行较为积极的货币政策，灵活运用多种货币工具，发挥政策的合力效应：

1. 采取多种措施扩大货币供应量。一是降低存款准备金率和准备金利率。目前，我国存款准备金率为8%，与国际标准相比，尚有3%左右的下调空间，准备金利率3.24%，也比较低；二是适当降低再贷款利率，扩大对中小银行再贷款的发放力度。可考虑给一些资信较好的中小商业银行一定的再贷款额度，以支持中小企业的发展。

2. 运用信贷杠杆积极引导金融机构，增加信贷投放。一是适当降低存贷利率。目前我国一年期存款利率为3.78%，一年期贷款利率6.39%，扣除物价因素实际存款利率为6.88%，实际贷款利率为9.57%。预计全年物价水平仍有可能是负增长，存在下调空间；二是扩大人民币贷款利率的浮动幅度和范围。有选择有重点的支持那些效益好、有前途的行业，同时可以规避信贷风险，增强信贷收益。建议国家制定国家信贷支持的行业和产品名录，以为信贷决策参考；三是建立信贷的激励机制，鼓励信贷投放。由于金融风险的加大，近几年商业银行普遍建立了各种形式的责任制，约束能力大大加强，但激励机制却没有建立起来，在一定程度上影响了货币政策的实施。后三个季度，针对我国金融机构普遍惜贷的客观现实，要灵活运用贷款责任制，应该制定可以失误的范围，允许有一定的贷款失败，比如5%，以配合货币政策的正确实施。

3. 有关各方密切配合，大力发展消费信贷。1999年以来，各商业银行纷纷开展消费信贷业务，力度很大，但雷声大、雨点小，效果并不好，究其原因主要是风险无法确定使银行制定了很高的标准，限制了消费者的选择。但在目前政策难选的情况下，仍需加大消费信贷力度，据不完全统计，我国消费信贷不足3%，远低于国际上20%～25%的比重，发展空间很大。从今后情况看，消费信贷要大力发展必须解决风险问题，一方面让生产者、经营者和银行共同分担对消费者信用不了解而可能造成的风险，同时让保险公司介入，对消费信贷进行再保险，商业银行对已经开展的住房、汽车、大额耐用消费品的消费信贷，要在实践中完善有关规定，制定适当的风险比例，建立发放消费信贷的激励机制，为降低信贷标准创造条件。另一方面，财政政策要对开展消费信贷的主要商品适当减免各种税费，特别是税外收费，刺激由于消费者收入预期降低而被抑制的消费欲望。

4. 降低出口信贷的条件，大力发展出口信贷。目前，出口信贷发展不平衡，卖方信贷发展较好、买方信贷发展缓慢，这种结构将严重影响出口多元化策略的实施，应当加强买方信贷的发放，支持向经济欠发达地区的出口。据进出口银行反映，出口信贷额度每年发放不足50%，原因是真正需要出口信贷的是出口到非洲等经济发展水平较低的地区，这些地区一般都是小额贸易，而目前100万美元的出口信贷条件就是一个很大的限制，而出口到欧美发达地区的大额贸易，基本上不需要出口信贷，一个出口信用证即可解决问题。必须解决“需要的不够条件、够条件的又不需要”这样一个悖论，让出口信贷真正发挥作用。

（作者所在单位：国家统计局综合司）

经济进一步回升的现实基础和调控政策分析

国家统计局统计科学研究所

1998年，我国经济在内需严重不足和外需受阻的情况下，通过实施扩张性宏观调控政策，成功地在下半年就实现了经济增长速度的回升。然而，经济回升的势头能否在1999年持续下去，各方面的看法却很不一致。这一问题对于制订宏观调控政策是至关重要的，如果认识不清，就不可能正确地把握宏观调控政策的力度。

一、经济进一步回升具备现实基础，但回升的障碍有待消除

经济回升的势头能否在1999年持续下去，最重要的是搞清楚两方面的问题，一是我国的经济增长潜力到底能达到多高的速度，二是制约经济增长潜力发挥的因素能否得到有效消除，如需求不足问题、金融风险问题等等。

1. 经济增长潜力能支持经济的进一步回升。1998年，我国国内生产总值的增长率为7.8%，而货币供应量M0和M1的增长率分别为10.1%和11.9%，分别比现价国内生产总值的增长率高1.8和3.6个百分点。1993年至1997年，货币供应量M0和M1的年均增长率分别为14.8%和19.5%，分别比现价国内生产总值的年均增长率低5.9和1.2个百分点。虽然利率的不断下调会使货币流通速度放慢，但由此仍可以看出，1998年的经济增长是比较实在的。

1998年，需求不足制约了经济增长潜力的发挥是有目共睹的事实。这种状况在1998年上半年是相当严重的，虽然通过增加政府投资使这种状况在1998年下半年得到了一定程度的缓解，但也未得到根本的消除，物价总水平在1998年下半年仍为下降可以充分地说明这一点。因此，我们可以非常有把握地说，1998年的经济增长潜力并没有充分发挥出来，实际的经济增长速度并没有达到潜在的经济增长速度。

从影响经济增长潜力的因素来看，我们也很难找出我国经济增长潜力已经下降的确凿理由。首先是劳动力资源，其供给仍然非常充足，即使在今后的一个较长时期内也不会成为制约经济增长的因素；其次是国内储蓄率，其高低主要取决于国民收入的分配结构以及各种经济行为主体（如政府、企业、居民个人）的储蓄行为，从历史的情况看，其总体变动趋势是上升的，90年代的储蓄率要明显地比80年代的中后期高。其三是外资净流入的规模，这一因素具有较大的不确定性，影响的因素也比较复杂，但是只要我国能保持较高的经济增长速度，并对外资提供比较平等的竞争环境，那么对外资就会有巨大的吸引力，即使国际环境对我国引进外资产生一些不利影响，其影响也只能是暂时的。其四是资本使用效率，其变动主要取决于技术进步和制度创新，经济体制改革的不断推进是提高我国资源使用效率的主要动力，虽然我国改革已经进入到攻坚战的阶段，但各方面经济体制改革仍将会顺利推进，并对提高资源使用效率产生积极的影响。因此，从总体上看，我国的经济增长潜力并没有明显下降。从1985年至1997年，我国经济曾发生过相当严重的过冷和过热，但国内生产总值的年均增长速度仍达到9.8%，因此我国经济增长潜力能达到的速度是很高的。

综合以上分析，即使按保守计算，我国的经济增长潜力也可以达到9%以上的速度。

2. 经济回升仍未走向良性循环。尽管我国经济在1998年下半年已形成明显的回升趋势，但是这种回升主要是靠政府投资来推动的，那些造成我国经济陷入低谷的根本原因并没有消除，因此如果不进一步采取有效的措施，经济回升就有可能中断。

要使经济尽快地从需求不足的状态摆脱出来，第一阶段通常只能是靠实施扩张性宏观经济政策，这一阶段主要目的是尽快地改变市场的供求状况，从而增强微观主体对未来经济信心，以便把民间投资带动起来；第二阶段是微观主体对未来经济信心已基本得到恢复，民间投资开始自我扩张，在这一阶段，政府在推动经济回升中的作用应逐步减弱；第三阶段是随着经济的不断回升，居民收入有了增加，居民的消费需求逐渐升温，在这一阶段，政府的作用有可能要逐渐转变为抑制经济过热。经济回升只有到了第二阶段后期才可以说进入了良性循环，因为只有在这以后，经济才有可能在没有政府推动的情况下进一步回升。从我国目前情况看，民间投资并没有真正地带动起来，其增长率仍然很低，因此经济回升并未走向良性循环。

3. 造成需求不足的根本原因并未消除，但并不是不能消除的。在最近几年中，需求不足已成为制约了

我国经济发展的主要因素，我国是否还能从需求不足约束中摆脱出来呢？对这一问题的回答主要取于对需求不足成因的认识。如果是由一些暂时性的原因造成的，那么需求不足也只是暂时性的。有一种观点认为，我国经济已经到了需求制约的阶段。我们认为，这种观点是缺乏充分根据的。需求制约阶段的本质就是资本过剩，也就是资本积累超过了资本的需求。要进入这样一个阶段，其前提条件之一就是农村的剩余劳动力已转移完毕，也就是工业化过程已彻底完成。而我国目前的状况仍是农村劳动力大量过剩，因此即使从一个较长的时期来看，进入到需求制约阶段的这一前提条件也不可能得到满足。如果资本已经过剩，那么也就没有必要大量地引进外资，而应鼓励资本输出。从我国经济发展的需要来看，需要进行大规模投资建设的领域还很多，国内储蓄率高对经济发展是有好处的，而不可能导致资本过剩，如果没有较高的国内储蓄率，我国经济也就不可能实现高速增长。当然，从储蓄转化为投资必须要有适当的投融资体制，这也正是我国当前必须解决的一个问题，虽然这个问题解决起来有一定的难度，但并不是不能解决的。

在我国经济中，总需求不足的现象并不是首次出现。在前一轮经济波动的低谷也出现过相当严重的总需求不足问题，并且也出现了银行贷款放不出去的现象，当时的主要原因是经济紧缩的力度过大，后来采取了一系列启动经济的措施，终于使经济从低谷中走了出来。造成近几年总需求不足的原因与上一次相比有很大的不同，并不存在人为造成紧缩力度明显过大的问题。从其发生历程来看，1997年初的总供求状况已基本上处在平衡状态，这一年开始实施的“冻结非农业建设项目占用耕地”的政策，使得总需求不足的问题逐渐显露出来。总需求不足一旦形成，若不及时地采取措施加以解决，那么就会通过加速数和乘数的作用使总需求进一步收缩，从而使总需求不足进一步加剧（总需求的自动收缩机制）。进入到1998年，周边国家普遍发生了严重的金融危机，这又通过两个途径进一步加剧了我国需求不足状况。一是这些国家的货币大幅度贬值，严重地影响了我国的出口；二是防范金融风险迅速地成为我国的一个重要议题，并相应地采取了一些措施，“要求呆、坏账零增长”的政策使我国的银行系统出现比较普遍的惜贷现象，金融系统原有的那种强扩张倾向消失了。

从造成近几年需求不足的原因看，“冻结非农建设项目占用耕地”和银行“呆、坏账的零增长”是两个非常重要的因素。这两个因素对民间投资构成了严重制约，从1999年一季度的情况看，不包括城乡个体和农村集体的固定资产投资增长率为22.7%，而其中的其他固定资产投资增长率仅为9.7%，这种状况有可能意味着集体和个体的固定资产投资增长仍然很低。“呆、坏账的零增长”还会造成贷款行为过于谨慎，使扩张性货币政策难以实施。1999年一季度末的货币供应量M0和M1仅比上年同期增长11.2%和14.9%，至今仍未形成明显的上升趋势。虽然制约需求的这两个因素至今仍没有改变，但并不是不能改变的，关键在于如何处理好保护耕地、防范金融风险与经济发展之间关系。如果为了保护耕地和防范金融风险而损害了经济发展，那么也是不可取的。另外，周边国家货币贬值对我国出口的不利影响显然也是短期的，而在短期内，出口增长率的下降完全有可能通过内需增长率的提高来弥补。

二、宏观调控政策扩张力度的确定

在宏观调控的方向已经明确的前提下，宏观调控的力度应如何来把握仍是一个不易处理的问题。

1. M0的增长率应确定为15%左右。以1998年为基数来确定1999年宏观调控中的一些数量界限，可以在一定程度上消除数据误差所产生的干扰。当数据误差程度基本保持不变时，此方法往往会相当有效。

货币供应量M0的增长率应在1998年的基础上提高5个百分点，即提高到15%左右。1998年，货币供应量M0的增长率为10.1%，与此相对应的国内生产总值增长率为7.8%，国内生产总值的平减指数为0.5%。假如1999年的国内生产总值增长率不比1998年低，通货膨胀率的容许水平定为5%左右，那么货币供应量M0的增长率就可以在1998年基础上提高5个百分点左右。根据货币供应量M0和M1之间的关系，货币供应量M1增长率的提高幅度应更大一些。

2. 全社会固定资产投资增长率应确定在17%～19%左右。全社会固定资产投资增长率应在1998年的基础上明显提高，据初略估算，可提高到17%～19%。从国内生产总值的核算恒等式可知，如果各种需求的增长率以及通货膨胀率均保持不变，那么国内生产总值的实际增长率也就保持不变。从总需求的各个组成部分来看，1999年的消费需求增长率比1998年明显提高或明显下降均缺乏充分理由，假定其基本保持稳定是比较稳妥的；国外净需求比1998年明显减少已基本成定局。从物价来看，1998年的工业品出厂价格降幅很大，这种状况对经济增长潜力的发挥极为不利，因此尽快地改变这种状况应作为1999年的调控目标，这也就意味着物价指数应有所回升。而要保持经济回升的势头，1999年的经济增长速度也应在1998年的基础上有所上升。恒等式中剩下的一个部分就是投资需求，把以上各因素的变动情况综合在一起，就可以得出其增长率必须明显地比1998年高的结论。在固定资产投资中，民间投资由于受土地政策、资金来源以及市场需求的多方面制约，其增长率明显比1998年提高的可能性也不是很大，因此提高投资需求增长率的重任将主要靠政府投资来承担。

3. 宏观调控政策力度的适应性调整规则。要准确地把握宏观调控政策力度有相当的难度，主要原因有两个，一是我们不可能准确地测算出经济增长潜力所能达到的速度；二是测算正常货币流通速度的难度很大，任何一种测算方法都只能建立在一定的假定基础之上，测算结果也只能是粗略的，而不可能很准确。当宏观调控政策力度把握不准时，就会造成经济增长潜力难以充分发挥或引发一定程度的通货膨胀，因此，宏观调控政策的力度必须根据宏观经济运行情况及时地进行调整，而不能简单地定在某一水平保持不变。宏观经济是否发生了应有的变化可以作为调整的重要依据。就目前的货币政策而言，货币供应量增长率主要可根据通货膨胀的变动趋势进行调整，如果物价水平的降幅没有逐渐缩小的趋势，则表明货币供给的增长率是偏低的，必须逐渐地予以提高。

三、宏观调控中应注意的几个问题

1. 启动民间投资必须采取实质性的措施。1998年，国有经济固定资产投资增长19.6%，并且增速已形成明显的上升趋势，而集体和个人的固定资产投资仅增长1%。从1999年一季度的情况看，这种状况仍在持续。如何尽快地启动民间投资对于保持经济回升势头是至关重要的。民间投资的启动在经济回升的整个过程中起着承前启后的作用，是经济回升走向良性循环的重要标志。虽然经济回升的开始阶段要靠政府投资和扩张的宏观经济政策来推动，但这一阶段持续的时间最好是不要过长，否则就会事倍功半，难以达到预期目标。而要从这一阶段过渡到下一阶段，通常不能依靠消费需求的启动，而只能依靠民间投资的启动。其原因在于居民的消费需求主要是取决于居民的收入水平，而居民的收入水平又只有在经济回升以后才会缓慢回升，因此消费需求增长率的回升往往有较长的滞后期。这一规律在我国以往的历次经济波动过程中基本上是成立的，这一次经济波动也很难例外。1998年，我国采取了一系列刺激居民消费的措施，接连三次降低了居民储蓄存款利率，但居民消费需求并没有明显的起色。另外，在我国工业化过程还远未完成的情况下，高储蓄对于加速工业化过程是有益的，因此仅仅为解决眼前的总需求不足问题，而过分地采取刺激居民消费的措施也是不可取的。

民间投资取决于三个因素——市场需求、资金、土地，这三个因素缺一不可。虽然增加政府投资可以解决市场需求问题，但是如果不解决民间投资所需的资金和用地，那么即使微观主体有投资的欲望，但仍不可能进行投资。要解决资金问题，在短期内将只能主要依靠金融系统，也就是要增强金融系统对民间投资主体的贷款力度，因为其他融资渠道的培育是一个缓慢的渐进过程，而不可能用于解决眼前的问题。要解决用地问题，则必须要有适当的土地政策。作为制订土地政策的最基本原则，就是既要做到有效地保护耕地，同时又必须满足经济建设用地的正常需要。如果仅仅为了保护耕地，就在几年内禁止非农业建设项目占用耕地，那么就违背了经济发展的最基本要求。在耕地问题上，保护耕地非常重要，但方式方法必须适当，并不是简单地“禁止”两个字就能解决问题的。要减少和消除滥占耕地的现象，最重要的是要建立起一种有利于保护耕地的制度和运行机制，而不能仅靠简单的行政命令。

2. 财政政策的作用不能单独计算。在我国经济中，货币政策主要不是看利率的变化，而是看货币供应量增长率的变化。在这种情况下，扩张性财政政策的作用最终会通过货币政策表现出来。从增加政府赤字的融资途径看，主要是发行国债和向银行借款，这两者都会使银行可用于贷款的资金减少，因此银行要保持贷款规模不变，就必须增加货币的供应。相反，如果银行的货币供应并没有增加，那么也就必然意味着相应地收缩了贷款规模（为叙述方便，假定贷款是投放资金的惟一途径）。由此可知，在实施扩张性财政政策时，如果货币供应量的增长率基本保持不变，那么财政政策的大部分作用已被货币政策所抵消。这是我国宏观调控应特别注意的问题。如果在强调扩张性财政政策的同时，保持货币政策基本不变，那么整个宏观政策的扩张力度是非常有限的。因此，在我国经济中，扩张性的财政政策必须要有相应的货币政策来配合才有可能充分地发挥作用。

3. 正确处理防范金融风险与经济发展的关系。如何防范和化解金融风险已成为关系到我国经济能否持续稳定发展的头等大事。如果适当地放慢经济发展速度对于防范和化解金融风险大有益处，那么这种代价也是值得的。然而两者之间是否必然有这种关系却并不显而易见。从各国经验看，金融企业的大量破产往往是发生在经济最萧条的时期。我国的经验也表明，经济增长速度过低，会造成企业经济效益大幅下滑，从而使企业的还贷能力明显下降，出现呆坏账的可能性大大增加，1998年我国经济情况就正是如此。当然，速度也不是越高越好，速度过高会使经济中的泡沫成分大量增加，那些流向资产价值被严重高估的领域的金融资产，在日后就大量地出现坏账。呆坏账比例过高是目前我国金融风险的最主要因素，其形成过程与国有企业亏损的加剧几乎是同步的，其根本原因在于金融系统和国有企业运行机制存在缺陷，要化解这一金融风险，也只能从这两方面入手，其他的任何方法最多也只能取得暂时的效果，而不可能从根本上解决问题，如果不解决这两方面的问题，金融风险就有进一步加剧的可能。

从微观的角度看，谨慎的贷款政策可以减少新增贷款形成呆坏账的可能。但是，如果贷款政策过分谨慎，造成了货币政策的紧缩，那么从宏观的角度看，就会得出一种完全相反的结论。原因就在于：虽然新增部分的呆坏账比例减少了，但存量部分的呆坏账比例则大幅度上升。把“呆坏账零增长”作为对整个金融系统的考核指标显然是合理的，但若作为对每个信贷员的考核指标，那么就必然会导致贷款行为的过度谨慎。

要使防范金融风险与增加贷款有效地结合起来，最重要的就是把贷款投向最有效率和最有效益的投资主体，这也是优化全社会资源配置的客观要求。从目前的情况看，民营经济的效益是相对较好的，而国有经济的效益则是最差的。因此今后贷款的主要对象应逐渐地从国有经济转向民营经济，这是防范和化解金融风险的根本出路，同时也将有助于提高资源配置效率，使经济增长潜力进一步提高。相反，如果始终以效益相对较差的那部分企业作为贷款的主要对象，那么贷款的风险就会很大，金融风险也将与日俱增。

4. 不必过早地担心经济过热和通货膨胀问题。经济过热和通货膨胀是我国经济中常见的问题，应始终对其保持一定的警惕。但是，在经济还没有启动或者刚开始启动的时候，就过早地担心经济过热和通货膨胀问题也是没有必要的。从1999年一季度的情况看，物价总水平仍是下降，社会商品零售价格比上年同期下降2.9%，消费品价格比上年同期下降1.4%。在这样的一种物价变动情况下，即使宏观调控政策的扩张力度进一步增强一些，也不可能引起经济过热。从以往的历次经济过热的事实中可以发现，经济过热并不是简单的重复，1985年的过热是贷款政策变化引起的贷款膨胀，1988年的过热是由于高通胀预期下的居民消费行为突变；1993年的过热是由于银行资金大规模地以非信贷款方式流出。因此，今后如果不出现有类似作用的突发性事件，出现经济过热的可能性并不是很大。一般来说，扩张性宏观经济政策的作用在于启动经济，而不会成为引发经济过热的主要原因。从引发经济过热的微观机制看，随着我国经济体制改革的不断推进已发生了很大变化，国有企业投资需求扩张冲动的现实基础已渐渐趋于削弱；银行贷款自我约束的不断增强使银行系统原有的那种扩张冲动几乎已丧失殆尽。经济运行机制的这些变化，使我国经济出现经济过热的可能性已明显下降。

5. 外贸顺差的减少并不一定会对经济回升产生不利影响。一季度，贸易顺差为42.7亿美元，比上年同期减少62.5亿美元，贸易顺差大幅减少对我国经济增长的不利影响到底会有多大呢？对于这一问题，首先应明确的是：由于我国目前的外汇储备和贸易顺差规模均很大，因此外汇短缺不会成为我国经济的制约因素。其次，外需应是指出口，而不是指进出口差额或贸易顺差，虽然有些分析中也用进出口差额来表示外需，但这只是为简化问题。正是由于这一原因，由进口增加引起的贸易顺差减少，只要不存在外汇短缺问题，通常不会对经济增长产生不利影响，因为进口大幅增加通常是由内需增加引起的，而内需增加则会对经济增长产生有利影响。

从1999年一季度情况看，海关出口总额比上年同期下降7.9%，降幅与1998年四季度基本持平。如果这种情况持续下去，那么将会对我国的经济回升产生相当不利的影响。但是，从消除季节性影响后的出口额来看，1998年下半年以来基本上是保持稳定的，出口总额并没有持续下滑，一季度各月的出口降幅也是逐月缩小的，3月份已缩小到3.6%。在我国经济中，出口大幅下降的情况并不少见，在1995年下半年和1996年上半年就曾发生过，当时并没有采取什么特别的措施，可是在1996年下半年就转变成了高增长。虽然这一次有周边国家货币大幅度贬值的不利影响，但这些国家货币的币值大多在1998年下半年有了明显的回升，因此这一因素对1999年的影响可能会比1998年小。总起来看，我国出口在1999年下半年有可能出现回升，全年出口降幅也不会很高。

（执笔：余根钱）

调 查 报 告

对国家重点联系企业的调查报告

孙 亮

从1996年开始，国家经贸委选择了512家（现为510家，已有2家被兼并）在国民经济中具有代表性的企业作为国家重点联系企业，并在政策方面给予支持，以促进其发展。时至今日，这些企业的状况如何？国家统计局的一项调查显示：截至1997年底，总体经营状况较好，改革成效显现，但存在与面临的问题还相当突出。

一、企业发展现状

1. 改制进展情况。510家重点联系企业中，国有或国家相对控股的企业有450家，工业企业480家，除9家企业属中小型外全是大型和特大型企业。截至1997年底，资产总计32247亿元，其中固定资产净值12708亿元。已有347家企业按照现代企业制度进行了改制工作，改制面约为68.0%。其中，改制为有限责任公司的企业有267家，占510家企业的52.4%，其中，国有独资公司137家，占26.9%；改制为股份有限公司的企业有80家，占15.7%。改制企业的资产总计17675亿元，其中固定资产净值6359亿元。未改制的国有企业、以及其他组织形式的企业共163家，占32.0%。未改制企业的资产总计14573亿元，固定资产净值6349亿元。

2. 企业资本金的基本构成。510家企业的资本金总计7270亿元。其中，国家资本金占居主要地位，达86.4%，法人资本金占8.4%，外商资本3.7%，集体资本和个人资本分别仅占0.3%和1.4%。从分改制和未改制看，虽然两类企业的资本金总计分别为3654亿元和3617亿元，相差不大，但其资本构成有明显差异。改制企业：国有资本已下降为83.0%，而法人资本、外商资本和个人资本分别上升为9.7%、4.5%和2.5%。未改制企业；国有资本高达89.8%，而法人资本、外商资本和个人资本分别仅有7.1%、2.8%和0.2%。

3. 企业总经理（厂长）的基本情况。510位总经理（厂长）中，年龄最小的34岁，最大的66岁。小于40岁的有28人，占5.5%；41～50岁的129人，占25.3%；51～60岁的318人，占62.4%；60岁以上的20人，占3.9%。在347家改制企业中，以上几个年龄段的比例分别为5.8%、31.1%、58.2%和4.9%，年龄结构明显趋于年轻化。

总经理的文化程度普遍较高。硕士以上有47人，占9.2%；大学本科336人，占65.9%；大专101人，占19.8%；中专或高中学历的仅11人，占2.1%。企业是否改制，对以上几项比例没有明显的影响。

二、企业生产经营情况

总体上看，510家企业中大部分企业1997年的生产经营状况较好，几项主要经济指标完成情况如下：

1. 主营业务收入总计15963亿元，比1996年增长9.3%。分企业看，主营业务收入比1996年增长的企业有333家，占510家企业的65.3%，其中改制企业220家，未改制企业113家；增长幅度超过20%的企业有102家，改制的74家，未改制的28家。相反，也有177家企业的主营业务收入为负增长。其中下降幅度超过20%的企业有40家，改制的27家，未改制13家。

2. 实现利润总额876亿元，比1996年增长4.7%。分企业看，利润总额比1996年增长的企业有291家，占510家企业的57.1%，其中改制企业190家，未改制企业101家。增长幅度较大、超过20%的企业有177家，其中改制的118家，未改制的59家。相反，利润总额比1996年下降的企业有219家，其中改制企业157家，未改制企业62家。下降幅度较大，超过20%的企业亦有167家，其中改制的118家，未改制的49家。

3. 所有者权益总计达到13893亿元，比1996年增长18.1%。增长幅度超过10%的企业共有266家，其中改制企业192家，未改制企业74家；而增长超过30%的企业有117家。相反，所有者权益下降的企业共有64家，其中改制企业41家，未改制企业23家。下降超过10%的企业有20家。

4. 企业资产负债率为56.7%，比1996年上升0.6%。资产负债率下降的企业共有254家，约占50%，其中改制企业182家，未改制企业72家；下降幅度超过20%的企业有39家，改制企业33家，未改制企业6家。相反，比1996年同期上升的企业也有50%，达256家，其中改制企业165家，未改制企业91家；上升幅度超过10%的企业有81家，改制的60家，未改制的21家。

5. 上缴增值税总计899亿元，比1996年增长7.0%。分企业看，比1996年有所增长的企业共280家，其中改制企业185家，未改制企业95家。增长幅度超过20%的企业有156家，改制的100家，未改制的56家。相反，下降幅度超过20%的企业也有112家，改制的81家，未改制的31家。

6. 完成固定资产投资2841亿元，比1996年增长13.9%。企业投资收益总计147亿元，比1996年增长20.9%。

三、企业改制情况及效果

1. 企业总经理（厂长）的产生方式。在130家有限责任公司（不含国有独资公司，下同）中，企业总经理由企业主管部门或上级组织部门任命的比重仍然较高，两者均为24.6%；而由企业董事会聘任或者由政府部门提名、再由董事会聘任的比重分别为26.9%和20.8%。在137家国有独资公司中，上述四项比重分别是41.6%、24.1%、13.1%和16.8%。表明政企分开仍有许多工作要做。

在80家股份有限公司中，企业总经理由企业董事会聘任或者由政府部门提名、再由董事会聘任的比重则明显提高，分别为61.3%和31.3%；由企业主管部门或上级组织部门任命的比重之和仅有5%。

在未改制的企业当中，大多数企业的总经理是由企业主管部门或上级组织部门任命的，比重之和达85%以上。

另外，在510位总经理（厂长）中，由职代会选举，上级任命的总共只有12人，占2.4%；从社会公开招聘者为0。

2. 总经理（厂长）的职权行使情况。表1列出了企业总经理（厂长）的5项职权，同时列出不同经营组织形式的企业总经理明确回答能够行使这5项职权的汇总结果（占该类企业总数的百分比）。

由表1可知，多元化经营组织形式的公司比国有独资公司能够更多地行使这些职权。在主持公司的生产经营工作、组织实施董事会决议、年度经营计划、以及拟订公司管理制度及机构设置方案等方面，企业总经理一般能够较好地行使自己的职权，但是，在用人方面，总经理的职权力度则明显下降。

表1　总经理的职权行使情况　　(单位:%)

	有限责任公司	股份有限公司	国有独资公司	未改制企业	其　他
主持公司的生产经营管理工作，组织实施董事会决议	100.0	100.0	93.4	61.1	68.4
组织实施公司年度经营计划的投资方案	100.0	100.0	97.8	77.8	84.2
拟订公司管理制度及机构设置方案	100.0	98.8	97.1	76.4	84.2
提请聘任或解聘公司副总经理、财务负责人	80.0	90.0	78.1	56.3	63.2
聘任或者解聘除应由董事会聘任或解聘以外的管理人员	90.0	87.5	73.7	34.0	47.4

3. 企业建立出资人制度的情况。在有限责任公司中，有73.1%的企业确立了出资人制度。但主要的出资人是国有资产授权投资机构、国家及省市地方政府、行政主管部门、以及少量的国外投资机构，而其他类型的出资人出资份额普遍较低。

在股份有限公司中，有95.0%的企业确立了出资人制度，其出资人主要来自国有资产授权投资机构、其他企业、个人和国外投资机构，政府及主管部门出资较低。

4. 企业建立“新三会”情况。表2是关于企业建立"新三会"的汇总情况，即明确回答"是"的企业个数占该类企业总数的百分比。

可以看到，改制为股份有限公司的企业建立"新三会"的情况最好，而国有独资公司则相对较差。其次，大多数企业改制后都成立了董事会，但对其余"两会"则明显重视不够。第三，仍有相当多的企业董事长与总经理是由一人担当，并且，董事会成员中普遍缺少专家董事。第四，在所有成立了监事会的企业中只有34.3%的企业是外部监事会。

表 2 企业建立"新三会"情况

（单位：%）

	有限责任公司	股份有限公司	国有独资公司
企业是否成立股东代表大会	23.1	95.0	14.6
企业是否成立董事会	96.2	98.8	62.0
企业董事长与总经理是否由一人兼任	51.5	47.5	34.3
企业董事会成员中是否有专家董事	50.8	51.3	31.4
企业是否成立监事会	71.5	97.5	47.4

5. 董事会行使职权情况。1997年，所有改制企业共召开股东大会、并向大会报告工作167次，执行股东大会的决议652项，决定公司的投资方案809个，决定或更改公司内部的机构设置358次，制定或修订公司的基本管理制度563次。根据改制企业中成立了董事会、同时成立股东代表大会的企业个数可以推算出，绝大部分企业在一年当中仅召开了一次（年终）股东代表大会，由董事会向大会报告全年工作，并商议、决策一系列事项。

6. 监事会行使职权情况。在236家成立了监事会的企业中，有84.3%的企业监事会能够检查本企业的财务工作，39.4%的企业监事会能够对董事、总经理执行公务时违反法规行为提出批评，能够提议召开临时股东大会的仅占15.7%。表3是按经营组织形式分组的汇总结果，即给予肯定回答的企业个数的百分比。可以看到，企业的监事会通常都能够较好地监督企业的财务工作，但是在履行后两项职权时则受到较多的限制。

表 3 监事会行使职权情况

（单位：%）

	有限责任公司	股份有限公司	国有独资公司	平均值
检查公司的财务	78.5	98.7	75.4	84.3
对董事、总经理执行公务时违反法规行为提出批评	43.0	43.6	29.2	39.4
提议召开临时股东大会	16.1	20.5	9.2	15.7

四、企业总经理（厂长）对改革工作的评价

1. 对企业当前经营状况和改制效果的总体评价。在改制企业中，有24家认为效果很好，占7.4%；有183家认为较好，占56.5%；认为效果一般的93家，占28.7%；认为尚未见效的24家，占7.4%，其中有22家是有限责任公司，而国有独资公司又占其中的9家。

2. 建立现代企业制度后，对企业未来发展前景的预测。在改制企业中，有196家认为较好，占59.8%；认为很好的有85家，占25.9%；认为前景一般的有47家，占14.3%。

五、存在的主要问题

1. 效益不好的企业较多。效益下滑、利润总额比1996年下降的企业有219家，占510家企业的42.9%。而亏损企业有43家，占8.4%。

2. 企业资金来源比较单一。企业流动资金的50%以上需要依靠银行贷款的企业有216家，其中改制企业155家，未改制企业61家；80%以上需要依靠银行贷款的企业仍有113家。企业通过其他融资渠道筹集资金往往比较困难。例如，流动资金的30%以上取自企业利润的企业仅有53家，其中改制企业40家，未改制企业13家。另外，在改制企业中，股票已经上市的企业约占4成，且大部分发行的是A类股票。

3. 企业"等、靠、要"思想仍然严重。企业在回答"希望国家采取的投资政策"时，有44.3%的企业希望对自己重点优惠，有26.1%的企业希望对自己所在的行业进行优惠，认为应当企业之间公平竞争的只有26.5%。在回答"希望国家采取的税收政策"时，有近2/3的企业希望对自己重点优惠，或者对自己所在的行业优惠，只有1/3的企业认为应当公平对待。这表明企业加强内部管理意识较淡，而依赖思想仍然严重。

4. 分流富余人员的困难较大。截止1997年底，510家企业共有从业人员1003万人，其中，管理人员

108万人，工程技术人员79万人。分别比1996年下降了2.2%、1.4%和1.1%。拥有富余人员55万人，比1996年增长17.0%。其中，有限责任公司有15万人，增长6.3%；国有独资公司有17万人，增长23.2%；股份有限公司有2万人，增长32.3%；未改制企业有22万人，增长18.6%。

在富余人员的分流工作中，仅有4.3%的富余人员被安排到其他单位，而企业内部自行消化的占35.7%，提前退休的19.1%，下岗待业的40.9%。分流出去的人员中，大部分流入工业和批发零售贸易餐饮业，并且一半以上继续流向国有企业和集体企业。流向私营企业、联营企业、外商投资企业、港澳台投资企业的人员总数仅占15%。

认为在未来三年内能够裁减所有富余人员的企业有255家。但这部分企业的富余人员总数仅19万人，占所有富余人员总数的34.5%，并且它们大部分是改制后的企业。

5. 关于"推进企业改革的主要障碍"。企业总经理（厂长）的回答依次为：社会保障制度不完善占26.8%，政府转变职能滞后占21.7%，企业办社会等历史包袱沉重占21.6%，市场体系不健全占14.2%，缺乏对企业经营者的激励和约束机制占8.2%，产权不明晰占7.5%。

6. 关于"当前影响企业生产经营的主要因素"。企业总经理（厂长）的回答依次为：市场需求不足占22.9%，资金紧缺占19.5%，负债过高，利息负担重占15.7%，企业相互拖欠资金占13.9%，人员过剩占9.8%，管理机制不完善占7.1%，原材料、燃料价格偏高占6.7%，设备及技术落后占4.4%。

（作者所在单位：国家统计局企调总队）

我国企业集团的状况与问题

雷平静

由国务院批准的试点企业集团、省级人民政府和国务院主管部门批准成立的企业集团填报的1997年年度调查资料结果显示：我国企业集团数量增加，经济总量增长，整体经济效益状况有所好转，但存在的问题不容忽视，许多企业集团的发展与国务院文件的要求还存在一定的差距。

一、企业集团发展现状

1. 企业集团数量增加，经济总量增长。1997年，全国省部级以上部门批准成立的企业集团2302个，比上年增长18.3%。企业集团实现营业收入27659亿元，比上年增长13.4%；完成出口额2554亿元，比上年增长18.6%；资产总额49250亿元，比上年增长19.9%。

2. 国有经济控股企业集团占主导地位。1997年企业集团母公司中，国有控股公司1359个，实现营业收入22455亿元，分别占全部企业集团的59.0%和81.2%；其中国有经济绝对控股的企业集团1230个，占53.4%；实现营业收入21577亿元，占78.0%。

3. 工业企业集团仍为主力军。在调查的全部企业集团中，工业企业集团1668个，实现营业收入18421亿元，分别占企业集团的72.5%和66.6%；批发零售贸易业346个，实现营业收入4476亿元，分别占全部企业集团的15.0%和16.2%；建筑业企业集团70个，实现营业收入1490亿元，分别占全部企业集团的3.0%和5.4%；房地产业企业集团49个，实现营业收入302亿元，分别占全部企业集团的2.1%和1.1%；邮电运输业企业集团33个，实现营业收入874亿元，分别占全部企业集团的1.4%和3.2%；农业企业集团29个，实现营业收入643亿元，分别占全部企业集团的1.2%和2.3%。

4. 企业集团的地区分布东多西少。在调查的全部企业集团中，东部地区共有企业集团1545个，实现营业收入20983亿元，分别占全部企业集团的67.1%和75.9%；中部地区企业集团604个，实现营业收入5195亿元，分别占全部企业集团的26.2%和18.8%；西部地区企业集团153个，实现营业收入1481亿元，分别占全部企业集团的6.6%和5.4%。

二、企业集团经营状况

1. 资产负债率下降。1997年全部企业集团资产负债率62.3%，比上年降低1个百分点。分产业看，工业和邮电运输业企业集团资产负债率最低，都是60.2%，其中工业比上年降低0.5个百分点，邮电运输业比上年增加1.1个百分点；其次是房地产业64.2%，比上年减少6.1个百分点；第三是批发零售贸易业70.1%，比上年下降3.7个百分点；第四是农业77.7%，比上年下降1.2个百分点；第五是建筑业80.2%，比上年下降1.3个百分点。分地区看，资产负债率最低的是东部地区 61.9%，比上年降低 1.2 个百分点；其次是中部地区 62.8%，比上年提高 0.7 个百分点；第三是西部地区 66.8%，比上年降低 3.4 个百分点。

2. 实现利润有较大增长。1997 年企业集团实现利润总额 1213 亿元，比上年增长 15.8%。分产业看，工业企业集团实现利润总额 982 亿元，比上年增长 18.0%；批发零售贸易业企业集团实现利润总额 79 亿元，比上年增长 43.6%；房地产业企业集团实现利润总额 37 亿元，比上年增长 2.7%；邮电运输业企业集团实现利润总额 37 亿元，比上年增长 41.1%；建筑业企业集团实现利润总额 21 亿元，比上年增长 2.8%；农业企业集团亏损 8 亿元。分地区看，东部地区企业集团实现利润总额 971 亿元，比上年增长 19.4%；中部地区企业集团实现利润总额 149 亿元，比上年减少 0.3%；西部地区企业集团实现利润总额 93 亿元，比上年增长 9.7%。

3. 营业收入利润率提高。1997 年企业集团营业收入利润率 4.4%，比上年提高近 0.1 个百分点。分产业看，营业收入利润率排在第一位的是房地产业 12.3%，但比上年下降 1.7 个百分点；第二是工业 5.1%，比上年提高 0.2 个百分点；第三是邮电运输业 4.2%，比上年提高 0.6 个百分点；第四是批发零售贸易业 1.8%，比上年提高 0.4 个百分点；第五是建筑业 1.4%，比上年下降 0.2 个百分点；第六是农业出现亏损。分地区看，排在首位的是西部地区 6.3%，比上年提高 0.4 个百分点；其次是东部地区 4.6%，比上年提高 0.2 个百分点；第三是中部地区 2.9%，比上年下降 0.4 个百分点。

4. 企业集团亏损问题仍在发展。1997 年，企业集团中，有 431 个企业集团发生亏损，亏损面 18.7%，比上年增加 2.3 个百分点；亏损额 155 亿元，比上年增长 96.0%。其中农业企业集团亏损面 31.0%，亏损额 20 亿元，分别比上年增加 4.9 个百分点和 113 倍；工业企业集团亏损面 17.2%，亏损额 105 亿元，分别比上年增加 2.0 个百分点和 89.4%；建筑业企业集团亏损面 14.3%，亏损额近 1 亿元，分别比上年增加 0.3 个百分点和 88.9%；邮电运输业企业集团亏损面 18.2%，亏损额近 2 亿元，分别比上年增加 4.8 个百分点和 140.0%；批发零售贸易业企业集团亏损面 28.6%，亏损额 24 亿元，分别比上年增加 4.8 个百分点和 15.7%；房地产业企业集团亏损面 12.2%，亏损额 0.2 亿元，分别比上年增加 0.3 个百分点和 66.5%。

三、企业集团改革情况

1. 企业集团母子公司体制已初步形成。目前，已有 1884 个企业集团建立了母子公司体制，占总数的 81.8%。其中，国务院批准成立的试点企业集团已建成母子公司体制的 92 个，占其总数的 76.7%；省（自治区、直辖市）政府批准成立的企业集团已建成母子公司体制的 1650 个，占其总数的 81.9%；国务院有关部门批准成立的企业集团已建成母子公司体制的 142 个，占其总数的 84.0%。

2. 多数企业集团母公司已按现代企业制度的要求进行改制。1997 年，有 1554 个企业集团母公司建立了公司制，占全部企业集团的 67.5%。其中，母公司为有限责任公司的企业集团 731 个，占已改制企业集团的 47.0%；母公司为股份有限责任公司的企业集团 390 个，占已改制企业集团的 25.1%；母公司为国有独资公司的企业集团 433 个，占已改制企业集团的 27.9%。

3. 多数企业集团母公司已建立出资人制度。1997 年，已有 1385 个企业集团母公司建立了出资人制度，占全部企业集团的 60.2%。其中母公司最主要出资人是国务院及省（区、市）政府的占 21.0%，行业主管部门占 10.6%，国有资产授权投资机构占 28.8%，其他单位和个人占 39.5%。母公司出资人目前行使企业重大经营决策权的占 92.5%，行使选择企业经营者权利的占 86.7%，行使收取资产收益权的占 80.0%。

4. 企业集团母公司法人管理结构尚未健全。在全部企业集团中，成立股东大会的母公司 746 个，占 32.4%；成立董事会的母公司 1860 个，占 80.8%；成立监事会的母公司 1336 个，占 58.0%；股东大会、董事会和监事会都已成立的企业集团母公司 682 个，仅占 29.6%。

5. 配套政策落实不够理想。国家出台的有关企业集团发展的一系列配套政策，落实程度各不相同，从企业集团负责人回答情况看：(1) 投资自主权已落实的企业集团 1899 个，占总数的 82.5%；(2) 对外担保权已落实的企业集团 1385 个，占总数的 60.2%；(3) 自营产品出口权已落实的企业集团 1362 个，占总数的 59.2%；(4) 对外工程承包与劳动合作权已落实的企业集团 1077 个，占总数的 46.8%；(5) 已建立技术研究开发中心的企业集团 1084 个，占总数的 47.1%；(6) 合并纳税权已落实的企业集团 644 个，占总数的 28.0%；(7) 境外融资权已落实的企业集团 507 个，占总数的 22.0%；(8) 已成立财务公司的企业集团 422 个，占总数的 18.3%；(9) 外事审批权已落实的企业集团 212 个，占总数的 9.2%。

四、企业集团发展中存在的问题

调查中，就企业集团发展中有关的问题向企业集团负责人进行了询问，从回答情况看：

1. 关于影响企业集团生产经营的主要因素。有77.3%的企业集团认为是资金短缺，有54.6%的企业集团认为是企业债务，有34.4%的企业集团认为是产品缺乏竞争力，有31.3%的企业集团认为是科研开发能力弱，有25.3%的企业集团认为是企业富余人员太多，有17.8%的企业集团认为是设备陈旧、技术落后，有14.3%的企业集团认为是地区间贸易壁垒。

2. 关于企业集团内部管理问题。59.7%的企业集团认为缺乏对企业经营者的激励和约束机制；52.4%的企业集团认为企业集团内部产权关系尚未真正理顺；49.9%的企业集团认为企业集团母子公司体制还不健全；32.0%的企业集团认为企业集团产权管理部门职能弱；29.3%的企业集团认为受上级行政部门干预较多。

3. 关于企业集团在实施收购兼并、资产重组中的主要问题。81.5%的企业集团通过银行贷款进行新建项目，以扩大企业集团的经营规模和资产规模；而采用收购兼并、资产重组的企业集团只有50.8%。在分析收购兼并相对较少的原因时，62.1%的企业集团认为是被兼并企业的银行历史欠账太多，54.8%的企业集团认为是无法安置被兼并企业的职工，49.4%的企业集团认为是国有资产管理体制改革滞后，40.7%的企业集团认为是资本产权交易市场不健全，33.1%的企业集团认为是地区、部门条块分割，12.1%的企业集团认为是中介机构不完善。

（作者所在单位：国家统计局企业调查总队）

中国市场需求潜力很大

刘晓越

针对当前我国经济运行中出现的市场销售不畅，需求乏力的状况，有相当普遍的人认为我国市场需求已经饱和，经济增长速度应该有所放慢。我国市场需求真的饱和了吗？对此我们进行了分析研究，结论是：目前我国的市场需求饱和只是一种相对饱和，中国市场需求潜力很大，中国经济增长仍有较大潜力。因此，只要措施得当，力度到位，较大的潜在市场需求完全可以转化为现实的市场需求。

一、市场需求饱和是一种相对的饱和

经过20年的改革开放、经济的快速增长，我国基本上结束了卖方市场的时代，进入了买方市场的新阶段，相当多的商品供过于求，消费品与生产资料价格持续走低，出现了市场需求饱和的现象。但由此是否可以得出我国的市场需求已经饱和的结论呢？通过研究，我们认为现阶段我国的市场需求饱和是一种相对的饱和。

1. 低收入水平下的市场需求饱和。1997年我国国内生产总值74772亿元，人均国内生产总值6079元。尽管比1978年的379元增加了15倍，但与国际水平相比仍还很低。按年平均汇率计算，1997年我国人均国内生产总值为733美元，相当于世界人均GDP的16%左右，相当于高收入国家人均GDP的3%左右。另据住户调查资料，1997年我国农村居民家庭年人均纯收入仅为2090元，城镇居民家庭年人均可支配收入为5160元。收入水平的低下必然限制了居民的消费需求，如目前我国居民的恩格尔系数就明显偏高，1997年我国城镇居民和农村居民的恩格尔系数分别高达46.4%和55.1%。由此可见，当前我国的市场需求只是一种低收入水平下的饱和。

2. 居民收入差距较大下的市场需求饱和。我国目前不仅城乡居民间的收入差距较大，而且城镇社会各阶层间的收入差距和地区间的收入差距也比较大。从城乡来看，1997年城镇居民人均收入是农村居民人均收入的2.27倍；从城镇居民不同收入阶层来看，高收入户的年人均全部收入是低收入户的2.17倍；从不同地区来看，东、中、西部地区城镇居民年人均可支配收入之比为1.44:0.95:1（西部为1）。收入差距较大格局的长期存在，必然是高收入阶层有收入不消费，低收入阶层无多余收入可消费，从而限制了市场需求。

3. 基础设施条件约束下的市场需求饱和。尽管改革开放20年来我国的基础设施有了较大发展和改善，但与世界相比，目前总体水平仍比较低。1997年我国人均能源生产总量为1073千克标准煤/人，不及世界平均水平的1/2；公路网密度为0.13公里/平方公里土地面积，而日本、韩国和美国1993年就已分别高达2.99、0.62和0.64公里/平方公里土地面积。这一现状不仅限制了居民家用电器的消费，而且限制了居民对交通运输及旅游的消费。因此，基础设施约束了居民的市场需求。

4. 产品和服务质量低下的市场需求饱和。一些商品或服务由于质量低下或服务不规范而不能满足消费者的需求，从而表现出需求的相对饱和状态。如居民住房及配套设施、鞋、保健美容服务、家政服务、社区服务等，市场需求量其实是很大的，但由于质量问题或服务不规范，很多人不得不放弃了对这些商品或服务的需求。

5. 重复建设下的市场需求饱和。一些企业在没有对市场供求状况作充分了解的情况下就盲目生产，从而导致某些产品的市场供给量超过了市场实际需求量，出现了需求饱和。如前一段时间，许多电器生产厂家蜂拥而上生产影碟机，导致市场上影碟机供过于求，各种品牌竞相降价，但销售效果还是不理想，这就是重复建设所产生的市场需求饱和。

6. 供给与需求结构不相适应情况下的市场需求饱和。作为经济利益主体的企业由于没有掌握完全的市场信息，没有准确地把握市场的变动，一方面导致生产能力的扩张超过了需求能力的扩张，另一方面由于供给结构与需求结构不相适应，导致供给过剩，需求不足。如房地产市场就是一个较好的例子。一方面是众多闲置的高级宾馆和销售不出去的豪华住宅，据统计，1997 年底大约有 7000 万平方米面积的商品房滞销；另一方面是广大工薪阶层住房紧张的状况始终未有根本性的好转，截止到 1997 年底，城市人均住房面积仅为 8.8 平方米。因此，供求结构的不合理造成了市场需求的相对饱和。

总之，目前我国市场需求的饱和只是一种相对饱和，只不过是买方市场的形成加深了这种饱和的程度和表现。这一点应引起高度重视。

二、市场需求仍有较大潜力

我国当前虽然出现了市场供给过剩，需求不足的现象，但我们认为这种市场需求饱和只是相对的、暂时的，中国市场需求的潜力仍然很大。我们不难从以下几个方面得出这一结论。

1. 我国居民家用电器和耐用消费品的普及率还相当低，市场需求潜力很大。据调查，目前我国城镇中微波炉和吸尘器的普及率分别只有 5% 和 10%，电冰箱和照相机的普及率不到 73% 和 34%，空调器的普及率为 12%（在京、津、穗等大城市中也不过才有 30% 左右的拥有率）。我国农村的家用电器普及率更低，洗衣机拥有率为 22%，彩色电视机拥有率为 27%，家用电冰箱的拥有率仅为 8%。这一比例与发达国家相比是相当低的，日本 1995 年城乡家庭微波炉、吸尘器、电冰箱和空调器的普及率就已分别达到了 88.4%、98.4%、98.4% 和 77.2%；单就农户而言，空调器和微波炉的普及率就达到了 47% 和 81%；电冰箱、洗衣机和彩色电视机的普及率达到了 100%、100% 和 98%。由此可以看出，我国家用电器和耐用消费品市场的需求潜力还很大。

2. 我国居民，尤其农村居民整体生活质量还很差，市场需求潜力很大。1997 年我国城镇居民和农村居民的恩格尔系数分别为 46.4% 和 55.1%，而 1992 年美国、日本、新加坡和法国居民的这一系数就分别为 12%、20.1%、18.7% 和 18.6%。可见，我国居民的整体生活水平与发达国家相比差距还是很大的，尤其是占我国人口总数 70% 以上的农业居民，基本上还处于由温饱向小康过渡的阶段。1997 年农村居民的衣着、家庭设备用品及服务和交通通讯的消费支出占整个生活消费支出的比重仅分别为 6.8%、5.3% 和 3.3%，而城市居民这三项比重分别为 12.4%、7.6% 和 5.6%。城乡居民消费水平的差距还比较大，1997 年其消费水平之比为 3.1（农业居民 = 1）。因此，我国消费品市场，尤其是农村消费品市场前景广阔，需求潜力很大。

3. 农业生产资料和农业基础设施建设需求潜力很大。我国目前农业机械化程度还很低，随着农村经济由个体经济向规模经济的发展，农村小生产经营方式难以与大市场接轨，一家一户的耕作方式亟待改变。因此，农民对农业生产资料的需求量增大，对其质量和档次的要求不断提高，同时也期待着农业机械化和现代化程度能尽快提高，如联合收割机等农业机械一直供不应求。此外，大部分农村对道路和农田水利基本建设的需求也越来越大，尤其是 1998 年不少地方遭受了特大洪涝灾害，更加感受到了兴修水利的重要性。因此，农村生产资料和农田水利基本建设市场需求潜力很大。

4. 我国人均住房面积仍然很低，住房配套设施也比较落后，市场需求潜力很大。1997 年我国城市人均住房面积仅为 8.8 平方米，房屋设施不健全，取暖制冷设备不足，煤气液化气普及率还只有 75.7%，因此，我国住宅及配套设施和消费的市场需求潜力很大。

5. 我国居民人均服务消费水平仍然很低，市场需求潜力很大。1997 年我国人均邮电业务总量仅 0.395 元；城市每万人拥有邮电局所为 2.2 个；每万人拥有医院病床和医生数分别为 23.5 张和 16.1 人；每万人拥有批发零售贸易业和餐饮业网点和服务人员数分别为 0.06 个和 0.18 人。不难看出，我国目前的服务水平还远远不能满足人民日益增长的文化生活水平的需要，市场需求潜力很大。

6. 我国交通运输和通讯设施还很落后，市场需求潜力很大。1997 年我国拥有地铁营运线路长度总共只有 57 公里；人均铁路营业里程只有 0.05 米，人均公路运输线路里程为 1 米；铁路和公路网密度分别为 60 公里/万平方公里和 1278 公里/万平方公里；平均每万人拥有铺装道路长度和面积分别为 7.1 公里和 7.8 平方米；平均每万人拥有公共汽（电）车 8.6 辆；1997

年平均每百人拥有电话机8.1部。从这组数据不难看出，在交通通讯方面供给和需求之间存在着巨大的缺口。

7. 我国公共设施水平仍然较低，市场需求潜力较大。1997年我国每百万人拥有图书馆、电影放映单位和博物馆分别为2.15个、56个和1个；人均公共绿地面积5.54平方米。这不仅与发达国家相比差距很大，而且也不能适应我国社会经济发展的需要。因此，加快发展公共事业和基础设施建设仍有较大潜力。

三、市场需求由潜力向现实转化的几点建议

通过以上分析可以看出，我国市场需求并没有饱和，只是一种相对的饱和，其市场需求潜力仍然很大。但要把这种潜在的市场需求转化为现实的需求，还有许多工作要做。

1. 加快经济发展，增加就业岗位，提高居民收入水平，把潜在消费需求转化为现实的市场需求。经济增长与消费需求的增长是一种相辅相成的关系，其中一方的发展，都会促进或加快另一方的发展。目前我国居民收入水平低下是制约消费需求增长的一个重要因素。而要提高居民收入水平，必须加快经济发展，增加就业机会。因此，保证一定的经济增长速度是必要的，只有这样才能让更多的下岗职工尽快地走上新的工作岗位，让更多的农村富余劳动力走出土地，寻找发展机会，从根本上提高居民收入水平，增加消费需求，从而将潜在的消费需求转化为现实的市场需求。同时还要加大对收入分配格局进行调整的力度，使低收入阶层的收入水平有一个较快的增长。

2. 发展农村经济，开拓适合农村特点的消费品和服务市场，把农村巨大的潜在需求变为现实需求。我国农村市场需求的潜力很大，关键是如何开拓这种需求，如何找准切入点。许多工商企业简单地认为开拓农村市场，就是把农村作为城市滞销产品的倾销地，希望大量的积压商品能在农村找到出路。事实上，在城市过剩的商品，大部分在农村也是过剩的。农村居民需要适合农村生活特点的消费品，因此，工商企业应在商品结构和经营方式等方面与当地农民的消费实际相吻合，并突出特色。此外，开拓农村商品和服务市场还应着重以下几个方面：一是高质量、高档次的农业生产资料。当前市场上涉农产品的名牌少，更新换代慢，不能满足农民的需要。二是以农民为主要服务对象的信息服务市场。如农作物产前、产中和产后的全套服务，尤其是信息、实用科技及市场营销方面的服务。目前这类市场还基本处于空白状态。三是目前农村农田水利设施和生产性道路极不健全，农民一家一户又难以修建，他们企盼着工商企业能到农村投资修渠建路，这远比集中在城市搞重复建设的效益要好得多。总之，工商企业在开拓农村市场时，要跳出单纯工商产品销售的圈子，应开发那些具有潜力、对农村经济发展具有推动力的短缺商品市场，进而启动农村市场需求。

3. 充分掌握市场信息，提高供需结构的适应度，挖掘市场需求潜力。从总体上看，我国居民储蓄存款余额是相当可观的，1997年底城乡储蓄存款余额达46280亿元，1998年居民收入继续平稳增长，问题是如何诱导和挖掘居民的消费潜力。因此，一方面工商企业应广泛搜集市场信息，针对不同收入水平，开发不同档次和层次的商品，使商品结构适销对路；另一方面，企业和银行应进一步扩大消费信贷范围，规范消费信贷行为并延长信贷期限，使住房和汽车等贵重商品进入普通居民家庭变为现实。同时还要加大对假冒伪劣产品的打击力度，确保居民买的放心。此外，还需大力发展第三产业，向居民提供多种优质、规范的服务，促进居民服务消费。

4. 尽快建立、健全和完善社会保障体系，适当提高居民的消费倾向。近几年来一系列改革措施基本上都强化了居民的储蓄倾向，降低了居民的消费倾向。居民对未来消费的预期增强，从而削弱了即期消费需求。如医疗保险制度和高等教育制度的改革，居民不得不存钱养老防病，为子女储备越来越高的教育费用；1998年房改方案全面推广实施以后，居民预期日后买房和装修房屋，将需要花去他们多年的积蓄甚至还不够，因此不得不削减当前的开支。国有企业改革和政府机构改革，大批职工下岗、分流，不少居民家庭收入有所下降，因此他们对当期消费不得不持谨慎态度。我们认为居民的这种消费心理与我国目前社会保障体系不健全和政策措施不配套直接相关。在改革措施出台的同时，应该进一步完善社会保障体系，消除居民的后顾之忧，使居民消费匀速增长。

5. 调整贷款方向，加大基础设施投资力度，扩大市场需求。我国目前的基础设施还相当落后，如铁路和公路密度小，通讯基础设施的现代化程度低，农田水利基础设施质量低下，国家应适时地利用财政政策扩大投资需求，重点向基础产业倾斜，同时要防止重复建设和盲目建设。

（作者所在单位：国家统计局统计科学研究所）

纺织行业改革情况调查报告

国家统计局企调总队　河北省企调队

为了解纺织企业执行“压锭、减员、调整、增效”政策的进展情况，国家统计局最近对河北、黑龙江、上海、江苏、浙江、山东、河南、湖北、重庆、陕西和新疆等11个重点纺织省（区、市）的914家纺织企业8月末的情况进行了一次专题调查。调查结果显示，压锭工作进展顺利，改制和资产重组全面展开，但减员有一定难度，扭亏增盈形势则比较严峻，各有关部门仍需加大对现行改革政策的执行力度。

在这次调查的914家纺织行业中，有棉纺企业616家，麻纺企业99家，毛纺企业11家，丝织品企业100家，针织品企业67家，其他纺织企业2家，其中有压锭任务的企业244家。从调查企业的情况看，压锭工作基本能完成预定计划，目前已经取得阶段性成果。

各地在压锭减员的同时，也抓紧对企业实行改制和资产重组。在914家企业中，已经或正在实行改制的企业占57.4%，改制的形式主要以有限责任公司（51.5%）和股份有限公司（23.9%）为主，其他形式分别为股份合作企业（11.1%）和私营企业（3.6%）及其他形式企业（9.9%）。已经或正在实行资产重组的企业占全部调查企业的42.8%，重组的形式有分立重组（21.2%）、兼并（20.7%）、被兼并（12%）、联合（14.3%）、合资（10.2%）、破产（9.7%）等。

244家有压锭任务的企业实行改制和资产重组的比重均高于全部调查企业的相应比重。其中，已经或正在实行改制的企业占63.7%，改制的形式分别为有限责任公司（60.1%）、股份有限公司（24.1%）、股份合作企业（4.4%）、私营企业（1.9%）等；已经或正在实行资产重组的企业占56%，重组的形式分别为兼并（23.7%）、被兼并（16.5%）、分立重组（17.3%）、联合（15.8%）、合资（8.6%）、破产（8.6%）等。

在纺织企业实施改革进程中还存在一些亟待解决的问题。

（一）实现减员目标难度较大　目前，纺织企业下岗人员（在此指离开原岗位，但与企业保留劳动关系，而且没有实现再就业的企业职工）剧增，应引起足够重视。截至8月末，914家调查企业下岗18.8万人，占减员人数的57.2%，比1997年全年的下岗人数增加47%，但是进入再就业中心的下岗人员仅占40%左右。

据调查，企业家认为下岗职工再就业难的主要原因依次是：职工技能单一（36.8%），有效就业渠道少（21.7%）和择业观念陈旧（19.3%）。一些地方和企业为避免增加社会就业负担，减少不稳定因素，只得采取放长假、待岗、轮岗，发放基本生活费的办法，使职工滞留于企业内部，致使实质意义上的减员计划难以落实。企业家认为3年减员目标能按计划实现和有一定压力的合计占32.9%，压力很大的占38.2%，无法实现的占4.5%，无法预计的占24.4%。相当多的企业心中没底。

（二）部分优惠政策尚未落实　为了支持和确保纺织行业改革的顺利实施，国家出台了压锭财政补贴、贴息贷款、核销呆坏账准备金向纺织行业倾斜、提高退税率、改进棉花供应办法等一系列优惠政策。但从调查情况看，政策落实进展慢，到位不及时。调查的244家有压锭任务的企业中，认为国家给予的优惠政策在本企业基本上未落实的占25.8%，完全未落实的占7.9%，两者合计占1/3。企业家认为难以落实的政策主要是核销呆坏账、压锭贴息贷款、资产重组优惠政策。另外，国家劳动部和原中国纺织总会联合下发的文件中，有关部分距退休年龄不足五年的职工退养“三家抬”和企业再就业中心所需经费“三家抬”政策，大部分省市反映落实难，造成职工思想不稳定。有的企业明确表示如果已经确定的政策不能到位，今后的压锭计划无法执行。

（三）资金严重短缺制约企业产品结构调整　企业设备状况与科技水平的高低，直接影响着企业产品的市场竞争力。本次调查结果显示，914家企业中拥有具80年代水平的先进织机比例在50%以上的企业仅占25.9%，20%～50%的占16.7%，20%以下的占19%，而没有先进织机的企业占38.4%。244家有压锭任务的企业的情况大体相同。这充分说明调查企业目前先进织机的拥有比例还很低，压锭后的技术改造和产品结构调整的任务十分艰巨。但从结构调整情况看，进展比较缓慢。全部调查企业中已经或将要对产品结构进行重大调整的企业仅占5.8%，较大调整的占27.3%，少量调整的占52.2%，维持现状的占14.7%。244家有压锭任务的企业对产品结构的调整力度略大于全部企业的平均水平：已经或将要对产品结构进行重大调整和较大调整的分别占7.7%和39.1%，但仍有超过半数的企业维持现状或只做少量调整。81%的企业认为资金不足是企业难以推进结构调整的重要障碍。主要因为大部分企业都将压锭补贴资金用于职工分流安置，可供用于技术改造和产品结构调整的数额很小。

（四）企业亏损状况加剧，扭亏难度大，破产难度也大 914家调查企业1998年上半年净亏损12.86亿元，比1996年全年的亏损额还多3.77亿元，增亏41.5%；亏损企业561家，亏损面达61.4%。其中244家有压锭任务的调查企业1998年上半年净亏损达9.6亿元，接近1997年全年的亏损额。据调查企业预计，四季度纺织行业亏损状况很难有明显改观。

多数企业认为资金短缺、债务负担沉重是当前扭亏增盈面临的主要问题。其中，认为是债务负担沉重的企业有561家，占被调查企业的61.4%。调查结果显示，资产负债率在70%以下的企业仅占35%，在70%或以上的占65%，其中在100%以上的占22%。也就是说，资不抵债应依法破产的企业已达200家（其中有压锭任务的企业57家），由于种种原因，调查企业中目前已经破产和正在申请破产的纺织企业只有38家。

（五）部分企业对实现三年扭亏增效目标心存疑虑 调查的561家亏损企业中，认为1998年能扭亏的仅占7.1%，1999年的占23.2%，2000年的占23.9%，三年合计仅占54.2%。而认为2001年以后方能扭亏的占9.3%，认为无法预计的占36.5%。另外，244家有压锭任务的企业中，认为压锭减员对本企业扭亏增盈的效果很好的企业占20.9%，效果一般的占43.1%，没有效果的占7.6%，无法判断的占28.5%。后两者合计占1/3强。由此可见，目前尚有相当多的企业对通过压锭减员调整使企业在三年内走出困境还缺乏信心。

上述问题应引起有关部门重视。为顺利实现三年扭亏增盈目标，提出如下建议：

1. 确保各项优惠政策及时落实到位。在“压锭”监督机构出具证明后，地方补贴资金和国家财政补贴资金应及时同步到位，不能因为财政预算缺口而影响整个“压锭”工作进展。同时，银行贷款资金要加大向纺织行业结构调整倾斜的力度，“压锭贴息”和“压锭技改”两项贷款要优先安排，其他纺织重大技改项目贷款也应尽快到位。对于“压锭”的财政贴息贷款，不能用以冲抵企业过去欠银行的债务，以确保各项优惠政策的全面落实。

2. 加大技改投资力度，积极开拓国内外市场。据调查，企业希望政府和有关部门为扭亏解困所做的工作，排在首位的是支持企业进行技术改造，占被调查企业的49.1%，其次是完善社会保障体系（45.5%）和为企业实施资产重组创造条件（35.3%）。因此，各有关部门及企业应在用足用好各项扶持政策的同时，进一步拓宽融资渠道，大力吸收外资，加快股份制改造及上市进程，吸收职工股、法人股和社会闲散资金，从而加大科技投入力度，调整优化产品结构，以高科技含量、高附加值、高效益产品占领国内外市场，使纺织行业真正提高整体水平。

3. 积极实施资产重组。要从增强优势企业集团对纺织经济的拉动力出发，充分利用国家赋予纺织工业的压锭、重组政策，加快优势纺织企业集团的发展，实施跨省、跨地区的联合、兼并、重组，实现优胜劣汰、保留精干、产业转移的策略。优势国有大中型棉纺企业集团还可抓住压锭带来的机遇，将压缩下来但经改造的棉纺锭，向境外转移，实现跨国经营。

4. 落实减员政策，抓好再就业工程。针对下岗分流的纺织职工技术单一、择业观念陈旧的情况，要充分发挥社会各方面的积极性，建立好再就业中心，对下岗工人做好转岗培训和转变就业观念的宣传教育工作，同时加强“三家抬”政策的落实力度，使减员增效的战略目标能在今后两年内逐步得到实现。

一个国有企业改制成功的调查

国家统计局城调总队　河北省城调队

实行股份制经营是国有企业三年内走出困境，实现良性发展的重要途径。股份制经营在经济活动中发挥着积极的作用，有效地促进了企业经济效益的提高。河北省玉田县玉螺水泥有限责任公司改制前后发生的巨大变化，就是一个典型的实例。

一、基本情况

玉田县玉螺水泥有限责任公司的前身是玉田县水泥厂，改制前由于建材市场疲软，企业机制落后，产品产量低、质量差，难以适应日趋激烈的市场竞争，生产经营每况愈下，陷入困境，1994年净亏损129万元。1995年进行了股份制改造，成为玉田县第一家股份制改造企业。经过几年努力，公司面貌发生巨大变化，经济效益三年迈出三大步，职工收入也大幅度提高。自1995年7月改制后不到半年企业就扭亏为盈，全年实现利润9.4万元，1996年至1998年分别实现利税292.9万元、447.09万元和684.96万元。1995年至1998年全厂职工人均收入分别为4875元、6267元、6509元和6809元，分别比1994年提高了59.3%、104.8%、112.7%和122.5%。1998年全公司实现了产量、质量、销售、利润、税金和职工收入六项指标超历史水平。

二、措　　施

1. 加大技改力量和培训、监督力度、提高产品产量和质量。随着买方市场的进一步显化，公司决策者们充分认识到产品质量是企业的根本。改制后，加大技术改造力量，改造机械设备，提高设备的完好率和运转率；注重技术人员的培训、考核，强化化验室工作职能，使产量和质量都大幅度提高。1995年改制当年，生产水泥11.3万吨，比改制前的最高产量（1992年）10.2万吨增加1.1万吨，1996、1997和1998三年分别达到14.4万吨、14.6万吨和16.5万吨，并在1998年5月份创下月产水泥2.13万吨的最高记录。三年来，水泥出厂合格率、熟料安定性合格率和水泥安定性一次合格率均达到100%，水泥实物送检高于国家标准，建筑主管部门批准用于结构工程首选产品，产品进入京、津免验，连续三年荣获河北省“建材产品质量信得过企业”称号，并通过了ISO9002产品质量认证。

2. 加强经济核算，改善经营管理，降低成本，增强产品竞争力。社会成本是制定价格的依据，当个别成本低于社会成本时，企业就会获得超额利润，在竞争中处于有利地位。改制后公司采取“两手抓”的办法，节能降耗，修旧利废，降低产品成本。首先从抓原材料、燃料供应入手，供应部门“以最低的价格购进最优的材料”。以煤为例，现在改由大矿路运，既保证了煤质，又降低了运费，每吨煤较以前降价55元左右，且煤质发热值也大幅度提高；其次抓管理、降消耗，改制前吨水泥耗标煤133.2千克，1997年降到126.9千克，全年节标煤919.8吨，同时减少煤的配化，由过去生料碳含量9%左右，现降到7.2%，这样一年可节省煤达4000吨，节省燃料费58万元。1998年公司用煤2.36万吨，全年节省材料费94.4万元，吨水泥降成本5.72元；另外加强废旧部件管理，修旧利废，年节省资金达15万元。

3. 加大营销力度，提高产销率和回款率。在目前激烈的市场竞争中，产品的宣传营销工作起着十分重要的作用。改制后，企业进一步强化“内抓管理，外抓市场”的意识，把销售工作放在经营之首，扩大营销队伍，加大奖励提成力度，大大提高了销售人员的积极性，使水泥销售在建材市场疲软的情况下，一年好于一年，1996年和1997年产销率均为99%，1998年达到了106%，回款率也达到了98%。

三、几点建议

在需求不旺的买方市场中，是什么力量使玉螺公司由亏损一跃成为利税大户的呢？原因固然很多，但股份合作制的实施起到了直接的、重要的作用。它充分调动了干部职工的积极性，规范了干部职工特别是领导干部的行为准则，增强了企业凝聚力，提高了企业在市场经济条件下的竞争力。

1. 坚持改制与转机相结合，注重规范操作，规范政企关系。在企业改制运作方面，着力于转换机制，建立健全法人治理结构，完善新的财务会计制度、劳动人事制度和内部审计制度。股份制的实施进一步健全了企业的经营机制，规范了政企关系。健全的经营机制要求权责利相统一，实施股份制后企业内部财权关系清晰，企业投资者、经营者和劳动者的财权关系按合同规定相对固定，投资者和经营者承担与其权力相匹配的责任，对企业生产经营既负盈也负亏。企业利润按照合同规定分配，企业有权支配剩余利润。政府利用职能监督和规范企业行为，企业拥有了独立的经营自主权，政企关系趋于合理，这就进一步增强了企业在市场经济中的竞争实力。

2. 坚持以改制为契机，促进企业技术进步，推动企业组织结构调整，健全科学的组织管理制度，强化企业管理，充分发挥其机制的优势和综合功能。股份合作制的实施使监督机制从根本上得到了加强，为采取严格的企业管理方法打下了基础，从而提高了工作效率。

3. 处理好企业和国家利益的关系。改制后大部分企业可以有效益，但未能很好解决企业的债务、不良资产及下岗职工等问题。因此，各级政府在指导企业改制时，应当从国家大局出发，坚决维护国家利益，不能只考虑企业和地方利益。

4. 健全国有资产管理、监督和营运机制，加强对国有资产的管理和监督，包括对资产评估、资产重组、债务偿还、职工安置等环节进行有效监督，防止国有资产流失。

5. 股份合作制带来一种动力，提供一种机制，是为实现目标服务的。它对于企业特别是国有大中型企业三年脱困来说无疑是一种行之有效的手段。

亏损企业集团扭亏形势不容乐观

雷平静

1998年完成的全国2312个省部级以上部门批准成立的企业集团半年报资料处理结果显示：有783个企业集团亏损，亏损面为33.9%，比1997年同期增加4.7个百分点。同时，亏损企业集团面临着营业收入下降、资产负债率提高、成本费用上升等问题。这表明亏损企业集团扭亏形势不容乐观。

一、亏损企业集团变化状况

1. 新增亏损企业集团单位数较多。 1998年上半年，共有亏损企业集团783个，其中新出现的亏损企业集团271个，占全部亏损企业集团的34.6%。分产业看，新出现的亏损企业集团单位数依次为：工业185个，占该行业亏损企业集团的38.1%；批发零售贸易业44个，占该行业亏损企业集团的25.9%；建筑业8个，占该行业亏损企业集团的27.6%；运输邮电业企业集团6个，占该行业亏损企业集团的35.3%；房地产业6个，占该行业亏损企业集团的46.2%。

2. 亏损额继续增加。 1998年上半年，亏损企业集团亏损额188亿元，比1997年同期增亏90亿元。其中农业企业集团亏损额9亿元，比1997年同期增亏4亿元；工业企业集团亏损114亿元，比1997年同期增亏56亿元；建筑业企业集团亏损3亿元，比1997年同期增亏2亿元；运输邮电业企业集团亏损11亿元，比1997年同期增亏9亿元；批发零售贸易业企业集团亏损35亿元，比1997年同期增亏9亿元；房地产业企业集团亏损2亿元，比1997年同期增亏1亿元。

3. 扭亏状况无大改变。 1997年上半年，共有593个企业集团出现亏损，到1998年上半年，这些亏损企业集团中只有82个企业集团扭亏为盈，占1997年上半年全部亏损企业集团的13.8%。其中，工业扭亏为盈的企业集团59个，占该行业亏损企业集团的16.4%；批发零售贸易业扭亏为盈的企业集团16个，占该行业亏损企业集团的11.3%。1997年上半年农业、建筑业、运输邮电业出现的所有亏损企业集团在1998年上半年仍未摆脱亏损状态。

二、亏损企业集团生产经营状况

1. 产销不旺，营业收入下降。 1998年上半年，亏损企业集团的营业收入3600亿元，比1997年同期下降1.6%；其中，主营业务收入3481亿元，比1997年同期下降2.1%。分产业看，营业收入比1997年同期增加的亏损企业集团有：建筑业264亿元，增长128.6%；运输邮电业194亿元，增长71.9%。营业收入比1997年同期下降的亏损企业集团有：农业80亿元，下降12.2%；工业1698亿元，下降3.4%；批发零售贸易业924亿元，下降10.3%；房地产业8亿元，下降19.4%。

2. 资产负债率上升。 1998年上半年，亏损企业集团资产负债率71.6%，比1997年同期上升1个百分点。其中，农业亏损企业集团资产负债率78.1%，上升1.5个百分点；工业亏损企业集团资产负债率70.0%，上升1.1个百分点；建筑业亏损企业集团资产负债率76.0%，下降1.4%；运输邮电业亏损企业集团资产负债率66.2%，上升0.3个百分点；批发零售贸易业企业集团资产负债率80.7%，上升0.3个百分点；房地产业亏损企业集团资产负债率67.9%，上升9.6个百分点。

3. 成本费用增加。 1998年上半年，亏损企业集团营业成本费用3641亿元，比1997年同期增长0.7%。其中，成本费用比1997年同期增长的产业依次为：建筑业244亿元，增长133.4%；运输邮电业企业集团170亿元，增长61.5%；房地产业企业集团10亿元，增长12.4%；工业企业集团1730亿元，增长1.8%。成本费用比1997年同期下降的产业依次为：批发零售贸易业企业集团958亿元，下降9.9%；农业企业集团86亿元，下降7.1%。

4. 固定资产投资额略有增加。 1998年上半年，亏损企业集团共完成固定资产投资额238亿元，比1997年同期增长1.6%。其中比1997年同期增长的产业依次有：运输邮电业企业集团30亿元，增长201.1%；建筑业企业集团4亿元，增长54.2%；批发零售贸易业企业集团23亿元，增长10.2%。固定资产投资额比1997年同期下降的产业依次为：农业企业集团3亿元，下降71.6%；工业企业集团118亿元，下降16.1%。

三、企业集团亏损的主要原因

1. 市场需求不足，企业产销不旺，营业收入下降。 在市场不景气的情况下，企业的产品供大于求，使得一些企业产品积压或开工不足，因而使企业的营业收入下降。

2. 资产负债率过高，利息负担大。1997年底企业集团调查问卷的结果显示：54%的企业集团存在债务负担过重的问题，这一问题目前未有很大改变。由于企业负债过多，企业为此支付的利息也随之加大，许多企业的销售利润不足以偿还利息，造成企业实现利润亏损。

3. 竞相压价销售，亏本经营。在产品市场供大于求的情况下，一些企业为了能够占领市场份额，不惜以低于产品成本的价格进行销售，如近年来家用电器市场大刮降价风，一些企业为了卖出产品，不得不赔本销售，造成企业亏损。

4. 资金不足，生产难以为继。据1997年底企业集团调查问卷的结果显示，77.3%的企业集团认为资金短缺是影响企业生产经营的主要因素。一些企业的产品虽然有市场，但由于流动资金不足，无法采购原材料，企业停工待料，生产不能正常进行。

5. 政策性亏损。在调查的企业集团中，许多是国有经济控股的企业，有些企业属于政策性亏损，长期以来依靠国家财政补贴或减、免、退税等优惠政策维持。由于近几年国家财政、税收制度改革，一些企业原来享有的财政补贴和税收优惠政策被取消了，但企业的生产经营机制尚未改变或者由于国家政策规定而不能改变。

（作者所在单位：国家统计局企调总队）

家政服务市场的调查

天津市城调队　城调总队

家务劳动是家庭成员用于家庭内部自我服务的劳动消耗，它和每个人的生活息息相关。随着人民生活水平的提高，家政服务市场化的进程在加快。为了了解这方面的情况，给下岗人员创造一个就业新天地，天津市城调队对此进行了调查，引起了社会和下岗人员的深切关注。

多年来，家政服务业一直被城市居民视为“下等行业”，只为外地择业的打工族提供了一片天地，而城市里的许多下岗人员在选择职业时也把从事家政服务作为“下之又下之策”。据调查，只有40岁以上、无一技之长、生活困难、又急于找到工作的下岗女工才肯屈尊替别人做家务，就是这部分人也大都因要求离家近、报酬高等条件而限制了择业的范围，致使社会上出现了“人等职业，职业等人”的局面。一部分人因找不到工作而苦苦寻觅；另一部分人因找不到人帮忙而忧心忡忡，这种状况出现的原因归根到底是观念问题。只要下岗人员消除认识上的顾虑，改变对家政服务业的看法，把它看做与其他职业平等的一种新兴职业，就会走出再就业观念上的误区，相应拓宽择业之路。

一、家政服务进入市场的特点

1. 家务劳动观念转变。随着居民收入水平的不断提高和社会供给的日益充足，及受现代生活方式潜移默化的影响，较多的家庭逐渐从繁重的家务劳动中摆脱出来。1997年末天津气化率达93.1%，热化率达33.3%，一定程度上解决了居民家务劳动中买煤、烧煤、取暖的“老大难”问题。洗衣机、电冰箱、电炊具等家用电器在居民家庭中的普及，使居民用机械化的劳动部分代替了家务劳动中的手工操作。随之，居民对家务劳动的认识也悄然发生着变化，一些家庭成员力所不及的家务活儿，如搬家、刷浆、疏通管道等，大都不再找朋友帮忙，而是花钱请人干，这部分家务成了被大家公认的要请人去做的活儿。据居民家庭生活抽样调查资料显示：90年代初居民用于这方面的开支极为有限，而1997年人均用于家庭服务方面的开支达37.10元。许多人认为“人情搭不起”，花钱雇人省却了很多不必要的麻烦和开销，比求亲戚朋友更方便、更划算。彼此的交往一次性终结，干净利落。

2. 社会急需家政服务。近年来城市职工生活节奏加快，工作日益紧张繁忙，一部分家庭把一些传统上由家庭成员负责的家务劳动，如照顾老人、病人、看管小孩、接送孩子上下学等转给别人去做。这些家庭主要是生活较富裕且工作较忙的双职工家庭。他们通过支付一定的费用，将本可以自己做的家务花钱雇人去干，省下时间用于自身的工作、学习、休闲和娱乐。据天津市家政服务公司介绍，最近一年来到公司找人帮忙做这类家务的人日趋增多。他们认为当今社会拥有一份稳定的工作和事业非常重要，为了全身心地投入工作，宁肯增加生活开支，把自己力所能及的活儿请人去干，以解除生活上的后顾之忧。

3. 计时、计件家政服务开始进入百姓家庭。随着城市居民收入水平的不断提高和家庭服务领域范围的日益拓展，计时、计件家庭服务开始进入居民家庭。计时工是按被雇佣的时间来计算报酬，一般每小时5至6元人民币；计件工是按从事工作的量计算报酬，如擦玻璃每平方米3元等。这种服务方式可根据供需双方意愿商定服务时间、内容及期限，非常灵活方便。目前雇佣计时工的大多是收入和文化层次较高的家庭，他们把大多数家庭仍习以为常的洗衣、做饭、打扫卫生等日常生活琐事花钱请人干，以求得身心的完全放松。

4. 家务劳动社会化。如上所述，家务劳动社会化进程可以划分为四个层次，即用机械化劳动代替手工劳动；请人做力所不及的家务；雇人干力所可及的家务及请计时、计件工等。家务劳动社会化在前两个层次上已经覆盖大多数家庭，后两个层次仍局限于很少或极少部分家庭。从总体上说，家务劳动社会化需要一个较长的过程，取决于物质基础、思想观念等诸多因素。目前，全国各城市家政服务业完全进入市场尚需要一段时间，需要社会的认可。

二、家政服务形成的原因

1. 收入水平的不断提高是有效的经济基础。据调查，1997年天津市人均可支配收入达6608.56元，剔除物价增长因素，比10年前增长了68%。收入增加了，居民在衣、食、住、行方面更加注重质的提高，一些家庭通过支付一定的费用，把家庭内部的自我服务逐步转化为市场化服务，使家庭成员从日复一日枯燥、繁重的家务劳动中解脱出来。居民家庭生活抽样调查资料显示：1997年天津市居民在外购买现成主副食占食品消费总额的12.61%，比1992年增加了2.7个百分点；服装成衣化比重也由1992年的56%增至62.07%。此外，居民收入增加，购买力增强，一些现代化生活用品进入家庭，加快了家务劳动进入市场的步伐。

2. 第三产业的发展使家政服务业进入市场。近几年来，城市第三产业发展速度很快，1997年天津市第三产业比重为42.1%，比1990年增加7.1个百分点。商业、服务业发展势头更猛。1997年每万人拥有零售商业、饮食业网点197个，比1991年增加79个，六年增长66.9%。服务网点的增多，缩短了居民往返购物的时间；1997年末拥有托幼园所4286个，入托儿童242145人，占适龄儿童总数的41.38%，各类养老护老设施290个，床位6500张。养老、托幼园所的日益健全，使许多家庭摆脱了照顾老人和孩子的困扰，解除了家庭生活的后顾之忧。此外各种官办和私营的家政服务公司不断涌现，架起了供需双方间的桥梁，使家政服务业加快了进入市场的步伐。

3. 生活节奏加快，消费观念转变加速了家政服务业的发展。随着市场经济的发展，时间就是金钱的观念越来越被多数人所认同。为了争取时间，为了自身的发展，许多人把本可以自己动手的家务转给别人去做。如有一个三口之家，夫妇均为医生，工作繁忙、紧张，无暇顾及每日三餐及生活琐事，便请来了一位安徽籍的计时工，每隔一天为其做四小时家务，包括买菜、烧饭、洗衣、搞卫生等等，每月付报酬240元。夫妇二人用不足每月收入的6%换回了宝贵的时间，省却了每日做家务的辛劳和烦恼。他们说："花点钱，既换来了轻松、享受，又可以全身心地投入工作，何乐而不为呢?"但目前这样的家庭还多局限于收入和文化层次较高的家庭，请的都是外地人。随着居民收入水平的不断提高，这样的家庭会愈来愈多，为下岗人员提供了广阔的择业机会。

三、大力发展家政服务业是拓宽下岗人员再就业的一条好途径

1. 家政服务业具有广阔的发展前景。一方面许多家庭不断地把家务劳动转化为有偿的社会消费行为；另一方面许多下岗人员通过市场化的家庭服务解决了自身的再就业问题。据天津市家政服务公司资料显示：全市下岗人员在计时服务领域正在逐步取代外地打工族。从1998年春节至5月份，公司已安排了1000多人次的下岗人员入户服务，占全部服务员的80%，而1997年同期下岗人员只占30%至40%。另据天津市总工会再就业服务中心介绍，许多下岗工人通过做家政服务，帮助了许多家庭，获得了满意的收入，实现了自身的价值。1997年市总工会评出的再就业明星，就有不少人是从事家庭服务业的。

2. 对家政服务业进行规范化管理。市场化的家政服务愈来愈被多数家庭所认可而成为每个家庭所必需，比如搬家、家教、中小学生接送、午餐等等已逐渐成为大家公认的要请人帮忙的家务。因此要使家务劳动社会化健康发展，必须对之进行规范和正确的引导。目前，较为规范的家政劳动服务机构，仅仅局限于总工会、妇联及劳动部门主办的家政服务公司等。这些机构中的求职者多为本市登记在册的下岗人员和外地有组织的打工人员，供求双方通过这些机构达成劳务合同，手续可靠，信誉高。现在社会上很多家务劳动中介公司多为私营机构，引发的各种纠纷事故比较多，安全性较差。亟需有关部门尽快制定相应的法规，对家政服务市场加以规范和管理。

专　题　分　析

加入世界贸易组织（WTO）对中国的影响分析

李善同　翟　凡　徐　林

一、基本背景

中国自1986年申请恢复关贸总协定缔约国地位以来，至今已有12年，其间进行了26次多边工作组会议和数百场双边谈判。在这12年里，无论是国际经济和政治环境，还是中国的经济发展水平、贸易状况和经济体制都发生了很大变化。这些变化从根本上改变了世界贸易组织主要成员国对中国加入世界贸易组织的动机和谈判的基本立场。也正是因为如此，中国加入世界贸易组织的谈判尽管历时12年，在36个与中国进行双边市场准入谈判的国家中，只有10个国家与中国结束了双边谈判。日本只就货物的市场准入与中国结束了谈判，在服务贸易领域的谈判仍在进行。目前，似乎还看不到结束整个谈判的契机。

尽管如此，中国为加入世界贸易组织，在关税、非关税措施、服务贸易、贸易体制和规则、技术壁垒、与贸易有关的投资措施等诸多方面，都作出了极大努力。作为有着12亿人口，且人均GDP只有750美元的发展中国家，中国正处在转轨和结构调整时期，这一时期国内的各种矛盾相互交错，利益格局正重新分配和调整，任何在开放市场方面走得过快或太远的承诺，在国内都会失去政治基础。在这一点上，中国以什么样的条件加入世界贸易组织，美国以什么样的条件接受中国加入世界贸易组织，各自在国内面临的政治风险是同等的。

按照世界贸易组织接受新成员的惯例和程序，1997年是中国加入世界贸易组织谈判非常关键的一年。2000年，世界贸易组织新一轮多边谈判将全面展开，在这期间，如果新成员加入问题都象过去那样不予以考虑，新一轮谈判又如乌拉圭回合那样持续多年，中国加入世界贸易组织有可能将是2005年以后的事情。因此，如果中国不能在1998年与其主要谈判对手结束谈判，中国将难以在2000年以前加入世界贸易组织。我们不想在此评价这一结果对中国和世界贸易组织意味着什么，但各方的确都在思考这一结果可能带来的经济和政治后果。

认真评价和分析中国在加入世界贸易组织谈判中的出价，无论对中国政府的决策者，还是对中国的主要谈判对手，都具有非常现实的意义。本文所做的研究，旨在为相关的决策人员和机构，提供一个比较全面的模拟分析。在中国加入世界贸易组织现有承诺的基础上，分析中国加入世界贸易组织后贸易规模和结构变化对中国经济的影响，并做出相应的政策评价和建议。

二、中国的市场准入承诺

本节只对中国市场准入承诺的总体状况作出描述，而不就具体产品的税号进行展开，对服务贸易的描述也是如此。作为背景，这样的描述已足以使读者了解中国承诺的整体水平，不影响基于具体税号而进行的模型计算。

1. 关税减让和非关税措施。货物关税及非关税措施的谈判，是过去几年中国加入世界贸易组织谈判的核心内容。近年来，中国大幅度降低了关税水平，关税总水平已经由1992年的43%降到1996年的23%，并进一步降至1997年10月的17%。中国政府还公开承诺，将在2000年将关税总水平降到15%。

（1）工业品关税和非关税措施。根据中国政府在

1998年4月在日内瓦提出的新方案，2005年，中国的工业品关税算术平均水平将降为10.8%。目前在中美双边谈判中，中方提出的方案已经使2005年工业品关税降至10.56%。这一方案所体现的关税结构为：在现有5 669个工业品税号中，到2000年实现零关税的有272个，占总税目的4.5%；税率在1%～5%之间的有702项，占总税目的12.1%；税率在5.1%～10%之间的有2 464项，占总税目的43.5%；税率在10.1%～15%之间的有1 170，占20.6%；税率在15.1%～20%之间的有596项，占总税目的10.6%；税率在20.1%～30%之间的有379项，占总税目的6.7%；税率在30.1%～40%的有41项，占总税目的0.7%；税率在40.1%～50%的有37项，占总税目的的0.6%，税率在50.1%～55%之间的有8项，占总税目的0.1%。尽管这一关税减让方案可能还不是最终被WTO成员接受的方案，但可以肯定的是，作为关税减让出价，中国的立场进一步后退的空间已经不大。如果进一步考虑中国全面参加《信息技术协定》，以及中国执行在亚太经济合作组织部门自由化计划中承诺采取行动的8个领域（涉及657个税目）的减税措施，粗略计算后工业品关税总水平还会继续下降约0.4个百分点以上。计入上述影响后的工业品关税总水平，仍将保持在10%以上。由于在部分工业品，如汽车及其零部件等的关税高峰上，中国与主要发达国成员还存在较大的意见分歧，我们还不能在此肯定最后的关税总水平是什么，我们只能以中国政府目前提出的关税出价方案作为前提进行计算。

对于工业品非关税措施，目前中国仍对约380项产品实施数量和许可证管理。作为对中国仍然是发展中国家的一种待遇，中国可以就部分工业品的非关税措施管理，与WTO成员国商谈取消非关税措施的过渡期安排。在目前发达国家仍对发展中国家实施纺织品配额管理的前提下，中国保持对部分工业品的非关税措施管理，算不上特殊待遇。事实上，中国已在谈判中承诺，将逐步减少工业品非关税措施的管理，直至2005年1月1日取消所有工业品非关税措施。按中国政府提出的过渡期安排，在目前实施非关税措施管理的385项产品中，加入世界贸易组织后即取消的约有70项，大部分产品的非关税措施将在加入后到2004年之间取消。按乌拉圭回合纺织品和服装协议（ATC）的规定，2005年也是发达国家应取消纺织品配额的最后期限。

（2）农产品关税及关税配额。农产品关税谈判是中国政府面临的一个难题。根据中国政府在1997年11月亚太经济合作组织首脑会上对美国的单方面表态，中国将在2005年将农产品关税总水平降至15%。对这一方案，中国国内不同产业部门似乎还有不同的看法，农业部门至今认为，中国农产品关税平均水平不能低于20%。由于谈判中各国关心的重点产品并不一致，因此农产品关税总水平的确定可能并不是解决问题的关键，关键在于如何就各国的重点产品结束谈判。鉴于目前中国对农产品的谈判还没有明朗的方案，我们只能以20%的关税总水平为基础进行分析。按乌拉圭回合《农产品协议》的规定，我国将对特别敏感的一些农产品，如小麦、大米、植物油、玉米、棉花、羊毛、糖等，实行关税配额管理。其实质是，根据某个确定的机制，计算每年进口的配额量作为市场准入机会，对配额内外的进口征收不同的关税。目前围绕这一机制的谈判主要在于如何确定配额基期量和增量机制。中国政府已基本承诺，取过去三年实际进口量的平均值和实际消费量3%中的较高者作为基期市场准入机会，并保持一定的增量机制。

2. 服务贸易的开放。在1994年前，中国恢复关贸总协定席位的谈判并不需要就服务贸易的市场准入进行谈判。由于乌拉圭回合服务贸易总协定的签署，1995年世界贸易组织成立后，服务贸易市场准入的谈判成了中国加入世界贸易组织谈判的重要内容。服务贸易谈判涉及从会计、法律、医疗、房地产物业管理、计算机软件和系统服务、分销（包括零售、批发、贸易、连锁经营、售后服务等）等众多领域。目前谈判的难点集中在电信服务和金融服务领域。

在基础电信的绝大部分领域，中国仍实行双垄断体制。由于国内尚无成型的电信法管理国内的电信市场，因此自然难以设想全面放弃垄断，并向国内外投资者开放的时间表。然而，这并不影响中国在增值电信和基础电信的部分领域作出有限的开放。事实上，中国电信已在香港上市，外国公司可以通过股票市场收购中国电信的股份。“中国联通”通过“中中外”方式，已开始与外国公司进行合作，从事电信经营。在上海，AT & T也和上海市政府及上海邮电管理局商谈合资建设上海浦东数据通信网的合作项目。从某种程度上说，电信领域外资进入的现实，已超过了现行政策法规的限制边缘。但从总体看，中国新成立的信息产业部，尽管承担着管理整个电信服务市场的职责，但可能还拿不出能结束谈判的开放出价，电信开放仍将是结束中国加入世界贸易组织谈判的主要难点之一。

金融部门的开放，涉及银行、保险和证券。尽管中国金融部门的敏感度明显高于电信部门，但开放度却高于电信部门。中国金融的对外开放更带有其自身改革开放的特点，与中国加入世界贸易组织谈判没有必然的联系。到1997年底，中国已批准了各类外资金融机构代表处544家，外资营业性金融机构170多家，包括外国银行分行142家，中外合资银行5家，外资财务公司7家，外资保险公司8家，中外合资保险公司1家。这些金融机构可以在批准的地域范围中从事批准的业务服务。外资银行在中国内地资产额占中国金融机构总资产额的比重为2.7%，占中国内地金融机构外汇总资产的16.2%。外资保险机构在中国内地的总资产为181亿元人民币，总保费收入为7.45亿元。尽管如此，中国仍然对外资金融机构的进入数量，以及进入后外资金融机构的业务范围，有严格的限制。外资银行只能在上海浦东从事有限的人民币本币业务，不能享受完整意义上的国民待遇。在金融部门，中国政府迄今作出的市场准入承诺是有限的，在加入世界贸易组织后，有可能扩大外资银行人民币业务的试点城市范围，增加从事人民币业务的外资银行的数量，扩大外国保险公司开展业务的地域范围，并增加外国公司准入的数量等，但这些承诺与主要发达国家在谈判中的要求相比，还具有相当大的距离。如果充分考虑到中国金融机构的资产现状和金融监管能力，中国难以拿出金融部门开放的具体时间表是可以理解的。亚洲金融危机后，中国政府对金融安全的担忧，进一步表现为对金融领域对外开放的谨慎。特别是在资本市场的开放上，会更为谨慎和认真。在金融安全和加入WTO之间，中国政府首先会选择金融安全。因此，如果发达国家在谈判中缺乏弹性，要结束中国加入世界贸易组织的谈判是不可能的。

3. 贸易体制和规则。从严格意义上讲，贸易体制和规则并不属于市场准入谈判的内容，但由于不同的贸易体制和规则可能产生不同的贸易结果，所以贸易规则和体制，也自然成为与市场准入谈判密切相关的重要谈判内容。中国作为计划经济向市场经济的转轨国家，贸易体制和规则的谈判，一直是中国加入世界贸易组织谈判的重点内容，谈判结果反映在中国加入世界贸易组织的议定书文字中。迄今为止的谈判，已涉及并影响了中国国内公共政策的制定、贸易管理体制、投资限制措施、政策透明度、国民待遇、补贴措施的通知、司法和行政审议、国际收支平衡措施、保障机制等。按中国政府的承诺，加入WTO后，中国公共政策的制定将不采取违背世贸组织规则的政策措施，不提供违背WTO补贴协议的出口补贴，不提供进口替代补贴，不采用违反《与贸易有关的投资措施协议》的政策措施，不向外国投资者提出出口比例要求；对外国货物和投资者提供不低于国内货物和投资者的国民待遇；赋予中国境内的所有企业（包括外国企业）和个人进出口权。上述承诺的实现，将使政策导致的贸易扭曲尽可能减少，并同时制约中国政府采取措施影响进出口的随意性。

三、研究方法

本项研究试图寻求一套综合的方法以对中国加入WTO的整体经济影响作出评价。由于经济活动中各部门、机构间的复杂联系以及在全球经济中各地区的相互影响，我们在此运用两个可计算一般均衡（Computable General Equilibrium-CGE）模型进行模拟分析。CGE模型所能揭示的经济联系比部分均衡或宏观计量经济模型更为广泛。一般认为，当经济结构、价格和宏观经济现象都是重要的影响因素时，一般均衡分析是最为适用的政策分析工具之一。

CGE模型在著名的阿罗—德布鲁一般均衡理论的框架之下，明确而具体地定义了各个地区和经济主体的生产函数与需求函数，因而它能够反映出不同地区之间，不同部门之间，和不同市场之间的相互依赖和相互作用关系，并提供对有关政策变化所引起的经济效率与收入分配影响的数值估计。尽管用于实际政策分析的CGE模型规模一般都比较大，但由于它们的清晰微观经济结构以及宏观与微观变量之间的连接关系，因而不再是一个“黑箱”。

CGE模型的出发点是一个反映经济中的商品和服务流（包括贸易流）、生产要素和各种支付的矩阵，称为社会核算矩阵（Social Accounting Matrix，SAM）。不同政策对均衡价格和SAM中各个元素的影响可以在这个矩阵中得以反映。CGE模型能够保证其结果具有一致性，换言之，任何外部的经济冲击或内部的政策变化所带来的后果都必然要在模型的解中反映出来。产出增加必须伴随相应的投入增加，根据需求变化，任何增加的产出必须在国内得以消费或出口，而需求变化又依赖于相对收入和价格。同时，居民的收支必须相等，每个地区的国际收支也必须平衡，对于政府，账户平衡要求任何补贴和转移支付都必须有其来源。

在CGE模拟中广泛运用的对比实验（counterfactual experiment）是对经济理论分析中常用的比较静态分析方法的实证模拟。这种实验首先假设模型中的经济处于一个在给定政策框架下的一般均衡状态（可以是非瓦尔拉斯均衡），利用给定基期年的数据计算出模型中的各种参数值，从而使模型的数值解正好能够重新生成基期年的数据（即标定）。通过比较基期年数据和政策参数变化后的模型解，我们可以对任何假设的政策变化进行对比分析（Whalley，1985）。

CGE模型已经被用来分析各种广泛的经济问题，运用CGE模型估计贸易自由化的经济影响是其应用的一个主要方面（Derivis，de Melo and Robinson，1982；de Melo，1988；Shoven and Whalley，1992；de Melo and Tarr，1992）。近年来，在世界银行和其他国际组织的推动下，有许多研究分析和估计有关乌拉圭回合贸易自由化的影响（Martin and Winters，1995）。这些研究通常采用多区域的 CGE 模型分析乌拉圭回合的全球影响。也有一些研究运用 CGE 方法着重分析中国加入 WTO 的问题，如 Zhang（1995），Bach，Martin and Stevens（1995）。但是这些研究通常都基于对中国进口保护率的过时的估计，忽略了中国外贸体制中的一些结构特征，并且是在静态框架下分析这些影响。

在本项研究中，我们建立两个 CGE 模型来分析中国加入 WTO 问题。第一个是包括 41 个生产部门和 10 类居民家庭（5 类城镇家庭和 5 类农村家庭）的中国 CGE 模型。这一模型包含了中国对外贸易中两种机制——一般贸易机制和加工贸易机制的一些典型特征，区分了普通生产活动和加工贸易生产活动。它主要用来评价不同的外贸和国内政策改革方案，估计中国加入 WTO 对国内经济的影响。

第二个模型是由 17 个国家(地区)和 18 个生产部门组成的世界生产和贸易的动态递推 CGE 模型，模型的模拟时间段为 1995～2010 年。在本研究中，这一全球模型用来生成单国模型模拟所需的外部环境的变化。

1. 中国 CGE 模型的基本结构。本研究所运用的中国 CGE 模型，是在国务院发展研究中心受国家自然科学基金资助开发的中国 CGE 模型基础上扩展而成的(李善同，翟凡，1997)。这一模型结构的起点是 OECD 发展中心贸易与环境项目的原型 CGE 模型（Beghin，et al.，1994）。在模型中我们进行了一些重要的修改，以反映当前中国经济在贸易体制和税收制度上的主要特征。首先，模型中描述了一般贸易和加工贸易这两种不同的贸易机制。早在 1986—1987 年间，中国就建立起两套贸易机制。一种是出口加工（或出口促进）机制，它是非常开放的，大部分外资企业和部分出口倾向的国内企业参加这一机制；另一种是传统的，但也在逐步改革的普通贸易机制。90 年代以来，出口加工增长迅速，目前已占总出口的一半以上。显然，要分析中国外贸行为和不同的贸易自由化情景，在模型中对其双重的贸易机制给予明确地对待是非常重要的。此外，我们还在模型中引入了增值税和出口退税机制，以反映 1994 年税制改革以来中国税收制度的主要特征。

模型包括 41 个生产部门和 10 组代表性居民家庭(即分别为城镇和农村的低、低中、中等、中高和高收入家庭)。有五种生产要素：农业土地、资本和农业劳动力、生产性工人和专业技术人员。专业劳动力和非熟练劳动力都受过同样的基本教育，但专业劳动力一般受过更先进的训练。农业劳动力只受过很少或根本没受过教育，他们只在农业部门工作。

（1）生产。假设每一部门存在两类竞争性企业，即普通企业和出口加工企业，它们生产一种产品。普通企业生产出的产品根据收入最大化原则按常转换弹性（CET）函数在出口与国内市场间分配，而出口进口企业的产品全部出口。

生产过程是用多层嵌套的常替代弹性（CES）生产函数描述的。在第一层次，根据 CES 生产函数，总产出由初级要素与能源投入的组合（增加值——能源束），以及其他中间投入共同决定。假定所有部门的技术都具有规模报酬不变的特性，这意味着不变的平均成本和边际成本。在第二层次，其他中间投入用里昂惕夫结构描述，即它们之间不存在可替代性。在同一层次上，增加值——能源束被分解为总劳动与能源——资本束，前者可按不同的劳动力构成进一步分解，后者则分解成能源与资本——土地束。在每一个嵌套层次上，所有合成束都是用 CES 函数来描述其替代关系的。可替代的程度取决于它们在基期年生产过程中各自的份额和假设不变的替代弹性。

模型中，生产要素在部门间和在两类企业间是完全流动的。

（2）贸易。中国向世界其他地区提供出口并从世界其他地区进口。由于中国在世界市场上的很小的贸易份额，模型假设以国外货币计算的进口价格外生(价格弹性无穷大)，即国内的进口需求不会影响进口品的国际价格。出口需求用不变弹性的需求曲线描述，其价格弹性较高但不为无穷大，这意味着中国的出口对国际市场价格有很有限的影响力（Pomfret，1997）。

普通企业生产出的产品出口与国内市场间分配以其最大利润，在这两者间的转换不是完全弹性的。出口加工企业的产出全部销售到国际市场。我们假设加工贸易出口和普通出口是不完全替代的，并采用 CES 集结函数来描述这一特性。世界其他地区的购买者选择这两种出口的组合以其最小成本。

模型区分了三种进口。第一种是一般贸易进口，即在普通贸易机制下的进口，它们受到关税、非关税壁垒和其他进口环节税的约束。第二种是获得减免税优惠的加工贸易进口。它们中大部分被用作出口加工企业的中间投入，用以生产加工贸易出口品，但是也有部分被转到国内市场。第三种是外商投资企业作为投资进口的设备和为加工贸易生产而进口的设备，它们也受到免关税和进口环节税的优惠。

模型假定来自进口品和国内产品是不完全替代的，即遵循 Armington 假设（Armington，1969）。模型采用一个两层嵌套的 CES 函数来集结进口产品和国内产品。在第一层，国内购买者根据国内产品和总进口品的相对价格和替代程度确定它们的最优组合，它们的组合构成了一个合成商品。在第二层，总进口进一步被分解为一般贸易进口，免税的进口投资品和转到国内市场的部分加工贸易进口品，这一层同样是用 CES 函数来描述。在此，由于对后两类进口的免税，不同进口类别的进口价格是不同的。

进口品价格和其国际价格的差异由两部分原因造成，即关税率和非关税壁垒（NTBs）。在模型中，非关税壁垒用关税当量表示，它产生了相应的租，我们假设这些租被分配给居民。模型明确地描述了对农产品的数量限制，农产品进口不能超过其配额，农产品的配额租由模型内生求解得出。

中国纺织品和服装出口在北美和欧盟市场上受到“多纤维协定”（MFA）配额的限制。在模型中，这种自愿出口限制被模拟为出口税当量，它加在出口品的国内价格上。出口配额的收入假设由居民获得。在模型模拟中，“多纤维协定”配额外生，而出口税率内生调整。

（3）需求。各代表性居民家庭的效用分别用 Stone-Geary 效用函数描述。居民在满足其预算约束的条件下追求效用最大化，由此导出的居民需求函数为扩展的线性支出系统。在这个需求系统中，居民储蓄被视为一种未来的消费品，其相应的必需（最低）消费额为零（Howe，1975）。模型用消费者价格指数作为储蓄的价格，它代表居民放弃当前的消费来换取将来的消费的机会成本。其他最终需求，如社会总消费，投资需求等用 Cobb-Douglas 效用函数描述，即它们对各种商品的需求按总支出的固定份额确定。

模型假设库存增加全部是对国内产品的需求。普通企业的中间投入由进口和国内产品组成的合成商品供应，而出口加工企业的中间投入由合成产品和加工贸易进口两部分通过一个 CES 函数合成。普通企业的中间投入，出口加工企业中间投入的合成商品部分，居民消费，以及其他最终需求形成了对一类合成商品的总需求。

（4）收入分配和政府政策工具。生产所获得的收入被分配到模型中的 4 个主要机构：企业、居民、政府以及预算外的公共部门。企业收入等于总营业盈余（各部门资本报酬之和）中的一部分减去政府的企业所得税。基本的税率是作为参数外生给出的。但它也可以通过相应的调整因子变为内生以达到一定的政府财政目标。企业税后收入中有一部分以固定份额分配给居民，一部分以费的形式交给预算外的公共部门，其余部分等于企业留成，即企业储蓄，用于新投资和折旧。

居民收入来源于劳动工资收入、土地租金收入和资本回报中属于他们的一部分。此外，居民也从政府得到转移支付和补贴，以及从国外获得汇款。居民的总收入，等于总劳动收入、土地回报、部分资本收入、分配的企业利润、政府转移支付和补贴、以及净国外汇款之和。资本、企业收入都按照固定的份额分配给居民。居民所得税率是模型的参数，居民可支配收入是居民的税后收入。

政府收入包括企业所得税、居民所得税、进口关税和各种间接税。补贴和出口退税被处理为政府的负收入。模型中的间接税包括两类。其中增值税在 1994 年税制改革以后以成为间接税中最重要的部分，它被处理为对生产要素所征的税。对进口也征收增值税，而企业产品出口时它们将获得出口退税。另外一类是其他间接税，它包括各种农业税和针对建筑业和部分服务业的营业税，它被处理为生产税，根据部门产出水平征收。

预算外公共部门的收入来源于向企业和居民征收的费，它一部分用于消费，一部分形成储蓄。预算外公共部门消费和政府消费一起构成社会总消费。

（5）均衡和宏观闭合。均衡是商品和要素价格及数量的集合，它们使得模型满足以下约束：①所有商品和要素的需求等于供给；②每一部门的利润都为零；③总投资等于总储蓄，后者等于国内储蓄和国外资本流入之和。

CGE 模型中的宏观闭合有两层含义：宏观账户的恒等关系和有关宏观调整行为的假设。模型中包括三个主要的宏观恒等关系，即储蓄—投资、政府财政收支和国际收支。在基期均衡中，这三个宏观的恒等关系都成立。CGE 模型宏观闭合的行为假设是指一种假定的平衡机制，通过这一机制，当外生冲击破坏了基期的宏观恒等关系时，各个宏观账户的恒等关系能够恢复。这样，宏观行为假设被引入到 CGE 模型中，我们可以籍此观察所假设的宏观行为的部门影响（Devarajn，Lewis and Robinson，1990）。但由于这种宏观行为不是由模型中理性的行为主体产生的，对宏观调整机制的不同假设往往会导致不同的结果。

模型中，假定政府的实际支出不变，而政府的实际储蓄/赤字内生。由于模型中投资是由储蓄驱动的，这一宏观闭合对于投资水平有相当重要的影响。模型中各种投资支出的总和必须等于总储蓄，它们是企业留利，居民储蓄，政府储蓄，预算外公共部门储蓄，国外资本流入，以及净库存改变的和。

最后一项宏观恒等关系是国际收支平衡。以世界（边界）价格计算的进口总值等于以边界价格（即包括出口税和补贴）计算的出口总值，国外净转移，以及国外净资本流入的和。模型中的汇率将世界价格（如以美元计算的价格）转换为国内价格。汇率和国外资本流入这两个变量有一个外生固定，另一个内生调整。即有两种宏观闭合可供选择。可调整的汇率意味着国内价格指数的改变足以保证经常性账户顺差（或逆差）以世界价格计算保持不变。

（6）递推动态。目前的中国 CGE 模型具有一个简单的递推动态结构，它假设经济主体基于对价格和数量的静态预期作出决策。模型中动态特性来源于生产要素的积累和生产率的变化。

在动态模拟中，静态模型解出从 1995 至 2010 年间的数个单时期均衡。在各时段之间，一些参数在联结时段的动态模块中被更新，这些参数更新或者基于基本趋势外生给出，或者由前一时段的解推出。

模型中，人口、劳动力、劳动生产率和能源使用效率提高（autonomous energy efficiency improvement, AEEI）的增长率是外生的。资本增长率由模型的储蓄/投资关系内生决定。在总量水平上，当前期的资本存量等于前一时期的资本存量减去折旧加上总投资。在基准情形模拟时，整个经济的希克斯中性效率因素（全要素生产率 TFP）和农业各部门的生产率内生决定，以实现给定的 GDP 和农业产出增长率。而在其他方案的模拟时，全要素生产率的增长率外生，而 GDP 的增长率和农业产出内生决定。

2. 多区域全球 CGE 模型的基本结构。本研究所运用的多区域全球模型是对早期为研究中国加入世贸组织的影响所构造的静态 CGE 模型的扩展（Wang, 1997）。它将世界经济划分为 17 个地区和 18 个生产部门。这 17 个地区是：美国、加拿大、欧盟（12 个成员国）、大洋洲（澳大利亚和新西兰）、日本、韩国、中国台湾、香港、中国、新加坡和马来西亚、泰国、菲律宾、印度尼西亚（东盟 5 国）、南亚（印度、孟加拉国、巴基斯坦、斯里兰卡）、墨西哥、中美洲和加勒比国家、世界其他地区。18 个部门包括 6 个农业部门：稻米、小麦、粗粮、植物纤维、非粮食种植业、畜牧业；2 个食品加工部门：肉和奶制品、其他食品；2 个自然资源部门：林业和渔业、矿物和能源；7 个制造业部门：纺织品、服装、其他轻工业、制造业中间投入品、汽车、电子设备、其他机械和交通运输设备；以及服务业（其中的一部分分配给国际间的运输）。模型包括五个初级生产要素：农业土地、资本、农业劳动力、非熟练劳动力和专业劳动力。模型假设初级要素在部门间完全流动，但在地区间不流动。农业土地仅在农业部门间流动。

模型假设在每个地区的每一部门都只有一个代表性厂商，每个厂商只生产一种产品。生产函数分为两层。第一层是里昂惕夫（Leontief）投入产出函数。假设厂商生产每一单位的产品需要固定比例的初级生产要素和中间产品的投入，并且初级生产要素和中间产品间不能相互替代。第二层则为常替代弹性（CES）函数，用以确定对五种基本要素的投入。

模型假定不同地区的产品是不完全替代的，即遵循阿明顿（Armington）假设。每一地区的居民在其预算约束下，选择由 17 类合成商品构成的消费组合以其最大化 Stone - Geary 效用函数。政府经常项目的开支和投资需求用 Cobb - Douglas 效用函数描述，即它们对各种商品的需求按总支出的固定份额确定。在每一地区，企业的中间需求、居民消费、政府开支和投资需求形成了对某一阿明顿合成商品的总需求。对于每一地区的每一种合成商品，模型采用两层嵌套的 CES 函数集结。总需求首先在国产和进口之间分配，然后进口支出再进一步根据成本最小化的原则在模型中的其他地区中分配。因而，每一区域的部门进口需求函数根据 Shephard 对偶定理由相应的成本函数推导得出，完整的多边贸易矩阵是模型解的一部分。

每一地区的政府对进口征收关税，对出口进行补贴，并对企业征收间接税。关税和补贴因地区和部门的不同而不同。与 Hertel 等人（1995）相同，MFA 配额被处理为起作用的约束，让与配额租相当的出口税率内生调整。这是因为发展中国家的出口商必须为有限的出口配额付出租金以使他们能够完成出口业务，就像交付出口税一样。因此这种出口配额对经济行为的扭曲可以用根据不同的出口目的国而不同的出口税来近似。

模型中各时期之间是这样联结的：沿着动态路径，增长由以下 4 个因素决定：劳动力的增长率，物质资本存量的积累，劳动力技术构成的改变（农村和城镇间非熟练劳动力的转移，专业劳动力的增长），以及全要素生产率（TFP）的增长率。

劳动力的增长率外生设定。它是根据国际劳工组织（International Labor Office）对 1990 ~ 2010 年间（以每五年为间隔）的人口和劳动力预测计算得出的，这一预测考虑了人口结构的变化和适龄劳动人口的参与率。

每一模拟时期的资本存量等于上一期的资本存量加上总投资减去折旧，并假定前一期的所有净投资都在下一期变为生产资本。资本存量的积累模式取决于折旧率（设为外生）和投资率，后者由每一地区的要素报酬生成的收入以及每一地区的居民储蓄和消费的行为参数决定。

假设农业劳动力和城镇非熟练劳动力在生产函数中是不能相互替代的，但他们通过城乡间的劳动力转移相互联系起来。这种转移由模型内生确定，由城乡间工资差别及生产和贸易结构的变化所驱动。专业劳动力的增长是根据世界银行对每一地区受过高等教育的劳动力的增长来估计的（Ahaja and Filmer, 1995）。TFP 的增长率根据世界银行的经济计量估计结果外生给定(Thomas and Wang,1993,Martin and Mitra,1996)。

3. 基准均衡数据集和模型标定。中国 CGE 模型是用 1995 年的中国社会核算矩阵（SAM）标定的。这一SAM 由中国国务院发展研究中心根据最新的投入产出表(1995 年)编制,它包括 46 生产部门(其中包括 13 个农产品和食品部门)和 10 组按相对收入水平区分的居民组,在生产和贸易中都区分了一般贸易和加工贸易。

多区域世界 CGE 模型的基期年均衡数据集是一个 1995 年世界社会核算矩阵（Social Accounting Matrix - SAM），它是根据全球贸易分析项目（Global Trade Analysis Project - GTAP）数据库（第四版，Hertel，1997 年估计的。

标定一般均衡模型的方法和过程已经相当成熟，Whalley（1985 年）和 Shoven and Whalley（1992 年）对此有详细的讨论。模型的标定和政策模拟采用通用数学建模系统 GAMS（Brook，Kendrick and Meeraus，1988 年）实现。

四、加入 WTO 对中国经济的影响

1. 中国的经济结构和市场开放，1995。本研究运用的中国 CGE 模型是以一个详细的中国经济的社会核算矩阵（SAM）为基础实现的。SAM 为组织相关的各种中国经济的流量统计指标，满足 CGE 建模所需的基期数据集的要求提供了一个完整的框架。本节基于这一 SAM 讨论在模型基期年（1995 年）中国经济有关产业结构和市场开放方面的基本特征。

表 1 概括了中国经济在基期年的部门结构特征。分 41 产业部门的有关产出、就业、进口和出口的份额以及贸易依存度的数据都在表中给出，表中第（7）列报告了基期年各部门的净出口，（8）~（11）列是关于进口保护程度方面的信息。从（1）~（4）列可见，在各部门的产出、就业和贸易份额方面，存在着明显的不对称。例如，种植业部门（部门 1~5）拥有全部就业人员的 45%以上，但仅生产 7%的产出，其进出口额不到总进出口额的 2%。而纺织、服装和皮革制品业虽然只占从业人员的 3%和产出的 8.7%，其出口却占总出口的 27%。占较大进口份额的部门是机械（占 19%）和化工（占 13%）等资本品和中间投入品部门。

服装和电子行业是最具出口倾向的部门，它们 30%以上的产品依赖于国际市场。其次是纺织品和轻工业消费品部门，其产品约有 1/5 出口。在进口方面，羊毛、仪器仪表、电子、机械以及两个原材料部门（原油和金属矿采掘）的进口占有较高的国内市场份额。电子行业同时具有高的进口和出口依存度，这反映该部门产品中有很大部分是从国外进口配件后加工组装出口的，即加工贸易出口。

表 1 第 7 列各部门的贸易平衡数据反映了中国的比较优势。中国是劳动密集型产品的净出口者和资本密集型产品的净进口者。从部门结构来看，最大的贸易顺差来自于服装和纺织品。在农业部门，中国是粮食的净进口者，但在其他农产品存在贸易顺差。

基期年数据中一个值得注意的特征是中国的名义关税率和实际征收率之间的巨大差异。众所周知，由于存在大量的加工贸易，广泛的关税减免以及普遍的走私活动，中国的关税征收水平低于其名义水平（World Bank，1994 年）。表 1 的最后三列给出各部门的名义关税率、相对于总进口的实际关税征收率和相对于一般贸易进口的实际关税征收率。它显示出各部门之间名义税率和实际税率的差异有显著的不同，二者之比最高的如服装工业为 92 倍，最低的如其他交通设备制造业约为 3.1 倍。相对于总进口的实际关税率和相对于一般贸易进口的实际关税率之间的差异也说明在某些部门，如纺织品、服装、皮革制品和其他未分类工业部门，其一般贸易进口所占比重非常低，不到 10%。通常，最具出口导向的部门有最高的名义税率/实际税率比，因为大部分的关税减免是针对中间投入品的进口的。

相对于一般贸易进口的各部门实际关税率说明中国的关税结构典型地反映了发展中国家的特征，即对制造业部门提供较高的保护，特别是对资本密集型的制造业部门和最终消费品部门。但在总体水平上，中国的实际关税率并不高。汽车的实际关税率最高，约为 28%。其他未分类工业、糖、纺织品和服装的实际关税率也较高，但是这些高关税的效果非常有限，因为在这些部门受关税约束的进口非常小。

以上基于 SAM 的数据分析提供了一个关于中国经济结构和市场开放方面特征的概述，这些特征对中国贸易自由化改革的影响具有重要意义，并将有助于理解后文所报告的模拟结果。

2. 基准情形和模拟方案设计。中国加入 WTO 包括一整套关于贸易和投资自由化改革的复杂方案。在本项研究中，我们定量分析以下四个主要方面的影响：(1) 工业品的关税削减；(2) 工业部门非关税壁垒的逐步取消；(3) 农业贸易自由化，即农产品和食品进口配额的加速增长和以及在 2005 年取消进口配额；(4) 乌拉圭回合协议所包括的对纺织品和服装的 MFA 配额的分阶段取消。一旦中国成为 WTO 的成员，在 1995~2004 年，中国出口到北美和欧盟市场上的纺织品和服装将同其他发展中国家一样，可以享受到加速配额增长的待遇，并且在 2005 年出口配额限制将最终取消。

表 1　中国的经济结构和市场开放，1995（%）

	产出	就业	进口	出口	进口/国内使用	出口/产出	净出口（10亿元）	名义关税率	相对于总进口的实际关税征收率	相对于一般贸易进口的实际关税征收率	NTBs的关税当量
稻米	1.82	11.79	0.12	0.01	0.6	0.0	-1.4	0.3	0.1	0.3	
小麦	0.94	6.09	0.85	0.00	7.2	0.0	-10.3	0.3	0.1	0.2	
其他粮食种植业	1.39	9.03	0.30	0.26	2.0	1.6	-0.1	0.3	0.1	0.4	
棉花	0.43	2.79	0.69	0.03	11.8	0.6	-7.9	6.8	1.4	3.1	
其他非粮食种植	2.47	16.05	0.18	1.46	0.6	5.1	17.7	6.8	1.4	2.2	
林业	0.45	0.72	0.34	0.06	5.8	1.1	-3.4	29.3	2.0	7.7	
羊毛	0.02	0.02	0.39	0.01	56.9	2.9	-4.6	15.8	0.7	3.7	
其他畜牧业	3.84	3.42	0.07	0.64	0.2	1.5	7.9	15.8	0.7	3.0	
其他农业	0.53	2.09	0.01	0.01	0.2	0.2	0.0	25.1	6.5	9.4	
渔业	1.09	0.92	0.07	0.62	0.5	4.9	7.7	11.9	1.7	4.2	
煤炭采选业	0.85	0.78	0.05	0.62	0.7	6.7	7.8	12.0	3.0	3.7	45.7
石油天然气开采	0.96	0.16	1.63	1.37	17.9	13.9	-1.1	1.5	0.4	0.5	45.7
金属矿采选	0.47	0.16	1.36	0.25	19.9	5.6	-13.1	0.1	0.0	0.0	3.3
非金属矿采选	1.20	0.45	0.48	0.60	3.3	4.1	2.3	6.0	0.6	1.8	5.7
粮油加工	1.56	0.35	1.16	0.31	6.2	1.6	-9.8	18.3	3.3	9.1	2.7
糖	0.32	0.18	0.30	0.12	8.1	3.0	-1.9	30.5	4.4	24.0	2.7
食品	4.96	0.81	1.61	5.07	2.9	9.0	49.6	58.3	4.0	7.3	2.7
纺织业	5.12	1.68	7.90	12.87	13.5	21.0	80.0	58.7	1.1	16.7	24.3
服装	2.20	0.69	0.22	9.18	1.18	33.76	122.65	64.5	0.7	20.9	18.4
皮革制品	1.39	0.39	1.51	5.23	11.39	33.33	53.09	30.8	0.5	10.4	18.4
木材加工和家具	1.03	0.43	0.89	2.35	9.1	16.9	21.3	23.0	3.4	6.8	32.5
纸和文教用品	2.78	0.87	3.12	6.34	10.4	21.8	48.7	24.6	1.9	6.7	0.0
电力	1.87	0.33	0.02	0.24	0.1	1.0	3.0	3.0	0.7	0.9	
石油加工	1.44	0.16	1.60	0.63	9.7	3.4	-10.7	9.5	2.3	2.9	15.0
炼焦煤气	0.28	0.03	0.00	0.44	0.2	14.6	5.9	6.1	1.5	1.9	
化工	7.72	1.89	14.47	9.48	14.7	10.6	-45.9	16.1	2.0	4.7	3.3
建材	3.97	2.30	1.21	2.83	2.6	5.6	24.0	32.3	3.8	10.4	0.0
冶金	5.12	0.97	7.27	4.21	11.5	7.0	-30.6	12.0	1.3	3.5	15.9
金属制品	2.23	0.72	1.41	3.25	5.7	11.8	27.3	29.7	4.5	10.8	
机械	4.90	1.70	20.50	7.35	29.3	15.3	-148.0	21.0	2.9	7.7	5.1
汽车	1.54	0.43	1.56	0.38	11.1	2.4	-13.7	78.1	24.1	27.9	26.3
其他交通设备	1.05	0.37	1.91	1.45	15.2	13.2	-3.3	8.8	2.8	3.2	0.0
电气机械	2.55	0.65	3.76	4.06	12.8	14.6	9.9	26.9	3.5	9.8	7.8
电子通讯设备	2.40	0.38	9.82	8.54	33.2	30.8	-2.5	25.1	3.3	9.2	5.6
仪器仪表	0.23	0.19	1.38	0.41	37.9	15.8	-11.2	12.7	2.3	4.7	5.6
机械修理	0.32	0.18	0.00	0.00	0.0	0.0	0.0				
其他未分类工业	0.26	0.57	0.32	0.27	9.7	8.0	-0.2	68.9	1.6	26.5	
建筑业	8.56	5.32	0.55	0.47	0.5	0.5	-0.3				
基础设施	2.74	3.27	0.77	2.72	2.3	8.7	27.8				
商业	6.06	7.99	2.92	0.22	3.6	0.3	-32.3				
服务业	0.94	1.46	0.35	1.01	3.1	9.4	9.6				
总和/平均	100.00	100.00	100.00	100.00	8.4	8.7	153.2	20.2	2.6	6.5	

注：进口/国内使用和出口/产出是以国内价格计算。进出口份额是以国际市场价格计算

由于中国加入 WTO 的全部方案将在 8～10 年的过渡期内逐步实现，我们在此运用递推动态的模型来估计中国加入 WTO 的影响。这一动态模型的模拟时间段为 1995—2010 年，它可以反映未来 15 年中国产业结

构、要素构成和比较优势的变化。

我们首先建立一个未来15年在没有贸易和其他改革情况下的基准增长情景，它提供了与其他方案比较的参照系。然后我们考虑了5个与基准情景相对照的政策方案。第一个方案考察在没有中国参与时实现乌拉圭回合贸易自由化的影响。在这一方案中，由多区域全球CGE模型模拟生成的由于乌拉圭回合贸易自由化而导致的世界价格变化作为外生冲击被加在单国模型的外生变量上。在以下的加入WTO方案模拟中也都考虑这种由乌拉圭回合导致的贸易环境变化。第二个方案考虑中国为加入WTO而承诺的关税削减和非关税壁垒的取消。在2005年，工业品的平均名义关税将降至10%；对于承诺取消非关税壁垒的工业部门，其非关税壁垒将在8年（1997—2005）的过渡期内逐步取消。每个模拟期的削减幅度根据线性公式计算。第三个方案着重于农业贸易自由化。在这一方案中，农产品和食品的进口配额的增长率在1997—2004年期间由基准情景的3%提高到5%，并且在2005年取消农产品进口配额，代之以10%的进口关税。第四个方案则分析"多纤维协定"配额取消的影响。在这一方案中，中国纺织品和服装出口的配额将加速增长，并在2005年取消对纺织品和服装出口的数量限制。最后一个方案综合考虑以上提及的中国加入WTO的四方面内容，考察中国加入WTO的整体效果。表2和表3总结了基准情景和模拟方案设计及其基本假设。

表2　模拟方案设计

试验	描　　述
E1	基准情景： —实际GDP和农业产出外生； —TFP增长率内生； —受进口数量限制的农业和食品部门其进口配额增长率为3%（稻米，小麦，其他粮食种植业，棉花，羊毛，植油加工，糖）； —外生纺织品和服装的出口配额增长率 纺织品：5.0% 服装：6.2%； —在1997年，关税率减少到最近实施的新关税税则的水平上，工业部门的非关税壁垒也削减10%； —其他税率都固定在其基期年水平上 —在2010年贸易顺差逐渐减少到其基准年水平的30%。
E2	不包括中国的乌拉圭回合贸易自由化 —TFP增长率外生，与其基准情景下相同 —进口和出口的世界价格外生改变
E3	削减关税和取消NTBs + E2 —1998—2005年在1997年关税水平上将各部门关税逐步削减40% —1998—2005年逐步削减以下9部门NTBs的关税当量到0 食品、纺织、石油加工、化工、机械、汽车、电气机械、电子通讯设备、仪器仪表
E4	农业贸易自由化 + E2 —1998—2004年食品和农产品进口配额增长为5% —在2005年取消进口配额，代之以10%的进口关税
E5	逐步取消"多纤维协定" + E2 —1998—2004年间MFA配额加速增长 —在2005年纺织品和服装的出口税当量为0
E6	整体的WTO加入方案 —E3 + E4 + E5

3. 模拟结果—增长，结构变化和乌拉圭回合。表4分别总结了在基准情景下和没有中国参加的乌拉圭回合情景下的实际GDP增长率和其他宏观经济指标。在基准情景下，1996—2005年GDP年平均增长率为7.8%。这一增长速度低于中国经济在过去20年的平均增长速度，但它与世界其他地区相比仍旧很高。由于劳动力总量的增长非常缓慢，如此快速的经济增长部分归因于生产率的提高和劳动力结构的变化，而主要是由于资本的快速积累。实际投资的增长速度和GDP增长速度相当，这表明在未来10年里中国仍可期望保持其高储蓄率。由于我们假设基期年的大量贸易顺差将逐步减少，出口的增长速度慢于进口的增长速度。

表 3 基准情景中的外生变量假设（年平均增长率,%）

实际 GDP 增长	7.86	小麦	2.6
城镇人口增长	2.44	其他粮食	4.0
农村人口增长	0.27	棉花	3.3
劳动力增长		其他非粮食种植业	4.7
农业劳动力	-0.32	林业	5.4
生产性工人	2.58	羊毛	8.0
专业技术人员	3.00	其他畜牧业	7.9
农业产出增长		其他农业	6.0
稻米	1.4	渔业	9.5

表 4 方案 E1 和 E2 的主要宏观经济结果

	年均增长率 1996—2005（%）		E2 相对于 E1 的变化	
	基准情景（E1）	不含中国的乌拉圭回合（E2）	（10 亿元）	%
GDP	7.86	7.86	-1.68	-0.014
消费	8.28	8.27	-4.04	-0.064
投资	7.70	7.69	-6.63	-0.156
出口	6.59	6.54	-11.80	-0.456
进口	7.24	7.14	-22.16	-0.909
福利（EV）			-12.08	-0.09（% ofGDP）
贸易条件				-0.404

表 5 给出了在这两种情景下的有关部门生产、就业和贸易方面的信息。在部门水平上，由于恩格尔效应和农业土地的制约，农业部门，特别是种植业部门在总产出中的比重将有较大下降。轻工业部门，如食品、纺织品和服装部门，它们比较依赖于农产品作为中间投入，在总产出中的份额也将有所下降。由于高投资需求和提高的资本/劳动比，资本品部门（机械，电子，交通运输设备等）的比重上升较快。服务业在 1995—2000 年期间也将有较快增长。

这种产出结构的变化模式代表了典型的工业化过程。但是如我们在前文中所指出的，部门产出结构和部门就业结构间存在着明显的不平衡。从就业结构的变化可以看出，即使在 2005 年，仍有大量劳动力在第一产业中就业。这一事实说明尽管有着高资本积累率，中国作为一个劳动力丰富而资本稀缺的国家这一基本国情在近期内不会改变。

在 2005 年，中国的食品、纺织品和服装出口在其总出口中的比重将会下降，而电子和机械出口的比重会上升。有四个基本原因造成了这种变化。首先，如同前面所讨论的，发达国家市场对中国纺织品出口的数量限制制约了中国的增长潜力，迫使生产资源投向其他制造业活动，包括电子和机械。其次，中国正处于一个快速的投资增长和资本积累的阶段，其直接影响就是资本密集型制造业的扩大。如贸易理论所指出的那样，资本供给的增长将导致资本密集部门产出的增加和其他要素密集型部门产出的减少（罗勃津斯基 Rybczynski 定理）。第三，由于土地匮乏和进口限制使农产品的价格有较大幅度上升，这增加了食品和纺织品部门的中间投入成本。最后，由于对农产品的进口限制，为满足外生固定的总贸易平衡，实际汇率将会升值。在 2005 年，由 GDP 平减指数调整的实际汇率将比 1995 年下降 5.1%。由于加工贸易生产中中间投入品的高进口含量，汇率升值将对加工贸易相对有利，而机械和电子产品部门的加工贸易出口占其总出口的比重在所有部门中是最高的。

以上出口结构的变化并不意味着中国比较优势的根本改变。由于大量的非熟练劳动力的存在，从劳动密集型制造业产品出口升级到技能或资本密集型产品出口将需要一个相当长的时期。中国机械和电子产品出口的一个重要特点是它们的高进口内容。机械和电子出口中 75%以上是加工贸易出口，这其中大部分是劳动密集型的，增加值率很低。例如，中国 1995 年电子产品出口中最大宗项商品是收录机和电话机，它们的生产方式主要加工装配国外进来的零部件，然后再将整机出口。显然，这些电子和机械产品的国际竞争力主要源于低劳动成本和免税的进口中间投入品，而不是来自技能和资本方面的优势。在未来 10 年中资本/劳动比的提高和人力资本的积累将有利于技能和资本密集型部门竞争力的提高，但不会改变中国的比较优势。

未来10年中乌拉圭回合协议的实施将对世界贸易体系产生深远的影响，它带给中国的既有利益又有损失。农业出口和国内生产补贴的减少将提高国际农产品价格，而由于“多纤维协定”的终止会使纺织品和服装的价格下降。因此，由于贸易条件恶化中国可能会承受福利损失。而且，取消“多纤维协定”但将中国排除在外会导致对中国出口需求的减少。但是，各国对进口保护的削减将使全球贸易扩张，中国可能从贸易扩张导致的出口需求增加中获益。

一些早期的研究认为由于贸易转移效应乌拉圭回合的实现将会使中国的处境恶化（Yang，1995；Wang，1997）。表4中的模拟结果表明中国的实际GDP将会有轻微的下降，在2005年大约比基准情景减少17亿元（1995年价格），约占2005年实际GDP的0.014%。但是中国的社会福利损失要更大一些。代表实际购买力变化的希克斯均等差异（Hicksian equivalent variations，EV）约要减少120.8亿元（1995年价格）。贸易条件的恶化导致福利损失要大于实际GDP的减少。由于纺织品、服装和其他制造业产品价格的下降，中国的出口将下降0.46%，进口则下降0.91%。与以前的研究结论相一致，以上结果说明没有中国参与的乌拉圭回合贸易自由化将使中国蒙受福利损失。但是我们的结果也表明无论是在总量水平上还是在部门水平上，乌拉圭回合对中国的影响程度都非常小。

表 5　方案E1和E2下的部门产出、就业和贸易结构（%）

	基准情景（E1）				不包括中国参加的乌拉圭回合（E2）			
	产出	就业	进口	出口	产出	就业	进口	出口
稻米	1.01	12.17	0.08	0.00	1.01	12.17	0.08	0.00
小麦	0.59	5.33	0.54	0.00	0.59	5.33	0.54	0.00
其他粮食种植业	0.99	7.44	0.19	0.04	0.99	7.45	0.19	0.04
棉花	0.28	3.09	0.43	0.00	0.28	3.09	0.44	0.00
其他非粮食种植	1.89	11.15	0.25	0.42	1.89	11.15	0.25	0.42
林业	0.37	0.54	0.42	0.02	0.37	0.54	0.42	0.03
羊毛	0.02	0.04	0.24	0.00	0.02	0.04	0.25	0.00
其他畜牧业	3.95	2.92	0.06	0.80	3.96	2.92	0.05	0.84
其他农业	0.46	1.59	0.02	0.01	0.46	1.59	0.02	0.01
渔业	1.29	0.95	0.05	1.14	1.32	0.97	0.05	1.46
煤炭采选业	0.73	0.96	0.07	0.42	0.73	0.96	0.06	0.44
石油天然气开采	0.74	0.18	1.92	0.90	0.75	0.18	1.89	0.97
金属矿采选	0.46	0.21	1.61	0.21	0.47	0.21	1.60	0.22
非金属矿采选	1.25	0.51	0.47	0.68	1.25	0.51	0.47	0.73
粮油加工	1.00	0.23	0.72	0.01	1.00	0.23	0.73	0.01
糖	0.25	0.13	0.18	0.06	0.25	0.13	0.19	0.06
食品	4.31	0.75	2.13	2.87	4.32	0.75	2.19	2.96
纺织业	4.70	1.69	7.59	11.11	4.70	1.69	7.66	11.16
服装	2.17	0.70	0.21	8.89	2.17	0.70	0.21	8.93
皮革制品	1.39	0.40	1.42	5.14	1.39	0.40	1.43	5.19
木材加工和家具	1.11	0.49	0.94	2.77	1.11	0.49	0.95	2.79
纸和文教用品	2.81	0.96	3.11	6.35	2.82	0.96	3.13	6.39
电力	1.82	0.39	0.02	0.23	1.82	0.39	0.02	0.23
石油加工	1.48	0.17	1.30	0.93	1.48	0.17	1.31	0.93
炼焦煤气	0.30	0.03	0.00	0.58	0.30	0.03	0.00	0.58
化工	7.59	1.97	14.29	8.84	7.58	1.97	14.30	8.82
建材	4.41	2.69	1.22	3.75	4.41	2.69	1.22	3.74
冶金	5.22	1.29	7.78	3.55	5.21	1.29	7.74	3.53
金属制品	2.34	0.80	1.49	3.64	2.33	0.80	1.50	3.63
机械	5.10	1.94	20.15	7.84	5.09	1.94	20.09	7.66
汽车	1.65	0.48	1.63	0.45	1.65	0.48	1.64	0.43
其他交通设备	1.11	0.43	1.94	1.59	1.11	0.43	1.94	1.55
电气机械	2.79	0.76	3.88	4.57	2.77	0.75	3.84	4.41
电子通讯设备	2.87	0.47	10.32	10.29	2.83	0.47	10.20	9.94

（续）

	基准情景（E1）				不包括中国参加的乌拉圭回合（E2）			
	产出	就业	进口	出口	产出	就业	进口	出口
仪器仪表	0.24	0.22	1.34	0.44	0.24	0.22	1.34	0.43
机械修理	0.35	0.22	0.00	0.00	0.35	0.22	0.00	0.00
其他未分类工业	0.26	0.63	0.31	0.27	0.26	0.63	0.31	0.27
建筑业	8.69	5.99	0.53	0.52	8.69	5.98	0.54	0.52
基础设施	3.86	5.28	2.51	5.14	3.86	5.27	2.52	5.15
商业	7.84	11.23	3.33	1.52	7.84	11.23	3.34	1.52
服务业	10.32	12.56	5.31	4.01	10.33	12.56	5.34	4.02
汇总	100.00	100.00	100.00	100.00	100.00	100.00	100.00	100.00

4. 模拟结果——中国加入 WTO 的影响。

（1）宏观经济影响。表 6 报告了中国加入 WTO 对宏观经济的影响，即 2005 年中国加入 WTO 各方案与 E2（没有中国参加的乌拉圭回合情形）相比所变化的百分比。结果说明中国将从其加入 WTO 中获得收益。在 2005 年，中国的实际 GDP 与 E2 相比将提高 1.53%，由于贸易条件下降 1.57%，福利收益将比 GDP 的增加要小，约为 2005 年实际 GDP 的 1.24%。居民消费将提高 0.58%，这代表着贸易自由化为消费者带来的利益。投资将增加 1.75%。当中国加入 WTO，它的贸易扩张是相当大的，出口和进口将分别增长 26.9%和 25.8%。

许多因素交互决定了这些一般均衡结果。通常，在 GDP 上所获得的巨大收益主要源于根据比较优势而重新配置资源所导致的效率的提高，但是另外两个原因也对 GDP 的增长有重要贡献：（1）取消高保护将导致实际汇率贬值，从而提高了中国产品的国际竞争力；（2）“多纤维协定”的废除进一步提高了中国纺织品和服装工业的竞争力，导致这些部门的出口扩张，而这些部门在中国是具有比较优势的部门。

贸易会有如此的大幅度的扩张，这一结果起初觉得令人惊异。但是，即使是在加入 WTO 的情景下，1995—2005 年出口的年平均增长速度为 9.1%。与中国过去 18 年平均 15.8%的出口增长速度相比，这一速度并不显得很高。如同我们在前文所强调的，加工贸易已占中国总贸易的一半以上，中国的出口中含有很高的进口内容。出口的增长将导致进口的相应增长，从而形成货币贬值的压力，并造成出口的进一步增长。这一特征从在一个方面说明了中国过去贸易依存度迅速提高的原因，也解释了中国加入 WTO 所造成的巨大的贸易扩张相应。

另一个可能令人惊异的结果是投资的增长快于消费。这主要是由收入分配相应造成的。虽然中国从加入 WTO 中获利，但是整体的福利收益并不是均匀分配的。表 6 中的结果表明城镇居民的收入将提高 4.6%，而农村居民收入下降 2.1%。在基准情景中食品和农产品进口配额的缓慢增长导致对农业的高进口保护和高农业生产成本。在 2005 年取消食品和农产品的进口数量限制将大幅度降低国内农产品价格，导致农业生产的收缩，减少了农业生产要素的回报并使劳动力和资本流向其他部门。在功能性收入分配上的变化表明熟练劳动力工资和资本回报率的提高远大于农业劳动力和生产性工人工资的提高，而农业土地的租金大幅下降。显然，在这一过程中农村居民是主要的受损失者。由于城镇居民比农村居民的储蓄倾向高，以及企业储蓄（企业收入来源于资本收益）也是国内储蓄的一项主要来源，在上述收入分配状况下，总储蓄将会提高，从而驱动了更多的投资。

农业贸易自由化是否会损害中国的粮食安全？对此存在着许多争论。我们的模拟结果表明中国加入 WTO 会使中国农业进口大幅增加，与基准情景相比大约提高 220%。但即便如此，中国的粮食自给率仍能够保持在 92%以上。显然，即使中国在 2005 年开放其粮食市场，其对粮食进口的依赖仍然是很有限的。

对加入 WTO 的整体方案进行分解有助于进一步理解这一贸易改革不同组成部分的各自影响。由于未来 10 年中农业土地的匮乏和不断增长的人口，以及由于对农产品的进口限制政策，农业贸易自由化成为中国加入 WTO 的一个非常重要和关键的方面。取消食品和农产品的进口配额将使实际 GDP 约提高 1306 亿元（1995 年价格），占中国加入 WTO 的全部 GDP 收益的近 2/3。农业贸易自由化导致了负的贸易条件效应，但是其福利收益几乎和 GDP 的增加相当，表明进口限制政策造成了严重的价格扭曲。无疑，在农业贸易自由化情景中农村居民的收入将有下降，而城镇居民收入提高 4.2%。

从废除“多纤维协定”和减少关税及非关税壁垒中所获得的收益相对较小，在这两个情景下实际 GDP 将各自提高 250 亿元和 196 亿元（1995 年价格）。由于负的贸易条件效应福利收益要小于实际 GDP 的增加。在收入分配方面，这两个情景的效果与农业贸易自由化不同。城镇居民是主要的受损失者，而农村居民的收入将增加。这一结果显然不难理解，因为关税和非关税壁垒的削减主要针对工业部门，而且有大量纺织品和服装出口是由乡镇企业生产的。

表 6 中国加入 WTO 方案下的主要宏观经济结果

（相对于 E2 变化的百分比，除粮食自给率外）

	加入 WTO 的整体方案（E6）	削减关税和取消 NTBs（E3）	农业贸易自由化（E4）	取消"多纤维协定"（E5）
社会福利（占当年 GDP 的%）	1.24	0.02	1.14	0.02
GDP	1.53	0.15	1.02	0.20
总吸收	0.95	0.04	0.80	0.02
消费	0.58	0.05	0.42	0.01
投资	1.75	0.02	1.60	0.04
出口	26.93	3.53	5.13	8.74
进口	25.79	3.14	4.49	8.38
政府收入	3.51	-0.72	4.46	-0.01
城镇居民收入	4.56	-0.15	5.08	-0.06
农村居民收入	-2.05	0.18	-2.67	0.05
贸易条件	-1.57	-0.47	-0.76	-0.58
实际汇率	1.85	2.39	3.39	-1.10
要素价格				
农业劳动力	2.19	0.51	0.10	0.45
生产性工人	2.19	0.51	0.11	0.45
专业人员	6.05	0.52	5.52	0.11
农业土地	-18.38	0.58	-19.95	0.21
资本	6.60	0.47	5.59	0.38
粮食自给率	0.923	0.975	0.925	0.975

注：由于交互的影响，将 E3、E4 和 E5 的结果相加不等于 E6 的结果

（2）部门调整。虽然上述加入 WTO 情景模拟的总量结果表明价格扭曲减少和贸易扩张可以带来整体的福利收益，但这些结果仅仅揭示了全部事实的一部分，它们可能会为中国加入 WTO 的政治可行性提供一种错误的导向。事实上，整体的经济效率收益很少有可能在各部门间平均分配，而受到负面影响的部门很可能成为贸易改革的强烈反对者。本节讨论中国加入 WTO 所带来的在部门产出、就业和贸易方面的调整。

表 7 说明各部门在总产出和贸易方面的变化差别很大。曾受到进口配额保护的农业部门的产出都将下降，下降最少者如稻米为 1.4%，最多者如羊毛为 37%。这些部门的进口增加是非常大的，增长幅度在 86%（羊毛）和 426%（棉花）之间。由于在基期年中稻米的进口非常少，其进口大量增加并不会影响国内生产。但是羊毛部门所受冲击较大，因为它在基期年就对进口有较高的依赖。棉花进口的大量增加则与取消"多纤维协定"导致的纺织品和服装生产的扩张有关。虽然这些高度保护的农产品部门会有所收缩，其他的农业部门，如畜牧业（不含羊毛）和其他农业的生产将会增长。有些部门的出口也会增长，但增长的绝对量并不大，因为这些部门的出口倾向非常小。

农业生产的收缩将使农业劳动力和资本转向非农业部门。由于农业就业人数占总就业近一半，最重要的调整将是农业劳动力的转移。关于就业结构变化的模拟结果说明由于中国加入 WTO，大约 960 万农业劳动力需要转移到制造业和服务业。显然，这将带来一定的调整成本，并对政府而言意味着一定的挑战。

纺织品和服装行业将会有很大的增长。"多纤维协定"的逐步废除极大地提高了中国纺织品和服装工业的出口竞争力，其中纺织品出口将增长 63.8%，而服装出口增长将高达 214.1%。服装出口的较大程度扩张反映了"多纤维协定"对服装出口的严重限制，和中国在服装生产方面更强的比较优势。纺织品和服装部门的产出将分别提高 25.5% 和 74.0%，与此同时，这两个部门的扩张将创造约 540 万人就业机会。

中国的食品加工部门的产出也将增长，它主要得益于便宜的农产品进口导致的中间投入成本的下降。皮毛及其制品工业是相对劳动密集型和较具出口倾向的部门，其产出和出口也将增长，一些受到高保护的部门，如汽车工业，其进口将大量增加。低进口价格使消费者倾向于用进口品替代国内产品，从而导致这些部门产出的下降。

表 7　中国加入 WTO 情景（E6）下的部门产出、就业和贸易与 E2 相比的变化

	产出		就业		进口		出口	
	10 亿元	%	万人	%	10 亿元	%	10 亿元	%
稻米	-4.6	-1.4	-246.1	-2.8	5.6	300.1	0.0	12.0
小麦	-17.2	-9.0	-540.3	-14.2	26.8	205.5	0.0	73.3
其他粮食种植业	0.3	0.1	1.6	0.0	10.4	226.1	0.0	0.2
棉花	-11.7	-12.6	-498.2	-22.6	45.0	426.6	0.0	209.4
其他非粮食种植	11.3	1.8	151.1	1.9	0.7	10.9	0.1	1.1
林业	1.3	1.1	5.4	1.4	1.1	10.7	0.0	-2.2
羊毛	-3.0	-37.0	-10.0	-37.5	5.1	86.6	0.0	-15.4
其他畜牧业	73.7	5.7	104.1	5.0	1.0	77.1	2.8	13.0
其他农业	7.8	5.2	57.2	5.1	0.1	19.4	0.0	4.6
渔业	4.2	1.0	9.0	1.3	0.6	55.8	2.3	6.1
煤炭采选业	-2.9	-1.2	-2.2	-0.3	0.1	4.5	-0.5	-4.3
石油天然气开采	-11.6	-4.8	-3.8	-2.9	2.2	4.9	-2.5	-10.0
金属矿采选	-2.5	-1.7	-1.1	-0.8	0.2	0.6	-0.2	-3.9
非金属矿采选	1.6	0.4	5.3	1.4	0.8	6.7	-0.4	-2.2
粮油加工	-18.7	-5.8	-13.3	-8.0	45.8	260.2	0.3	126.6
糖	-1.7	-2.1	-1.5	-1.6	3.8	83.8	0.3	18.5
食品	74.8	5.3	31.6	5.9	8.5	16.1	24.2	31.7
纺织业	390.1	25.5	282.5	23.6	158.5	85.7	183.1	63.8
服装	522.3	74.0	261.0	52.3	6.3	124.4	491.6	214.1
皮革制品	26.8	5.9	21.9	7.6	43.0	124.1	8.8	6.6
木材加工和家具	-2.0	-0.6	2.1	0.6	1.3	5.6	-1.5	-2.1
纸和文教用品	10.2	1.1	14.5	2.1	9.8	13.0	1.9	1.2
电力	-8.4	-1.4	-0.1	0.0	0.0	5.6	-0.4	-7.2
石油加工	-16.7	-3.5	-3.1	-2.6	11.1	35.1	-1.6	-6.8
炼焦煤气	-1.5	-1.6	-0.3	-1.2	0.0	1.7	-0.6	-4.3
化工	95.0	3.8	58.9	4.2	92.5	26.8	32.7	14.4
建材	-11.3	-0.8	5.7	0.3	0.8	2.8	-4.0	-4.2
冶金	-28.9	-1.7	-4.2	-0.5	3.1	1.6	-5.2	-5.7
金属制品	-3.4	-0.4	4.9	0.9	2.9	8.0	-3.5	-3.8
机械	-51.0	-3.1	-29.8	-2.2	49.3	10.2	-8.6	-4.4
汽车	-81.2	-15.1	-49.8	-14.5	41.8	105.1	-0.9	-7.8
其他交通设备	-0.6	-0.2	2.5	0.8	2.3	4.8	-1.6	-4.0
电气机械	-28.6	-3.2	-9.7	-1.8	11.1	12.0	-5.6	-4.9
电子通讯设备	-43.8	-4.7	-10.9	-3.3	12.9	5.2	-13.4	-5.2
仪器仪表	-4.5	-5.8	-7.8	-5.0	3.1	9.7	-0.7	-6.4
机械修理	1.0	0.9	2.4	1.5	0.0		0.0	
其他未分类工业	1.0	1.2	9.7	2.2	4.5	60.2	0.1	1.7
建筑业	33.1	1.2	92.8	2.2	0.5	3.6	0.0	-0.3
基础设施	2.8	0.2	41.6	1.1	2.1	3.4	-1.7	-1.3
商业	45.4	1.8	261.5	3.3	3.3	4.0	-0.3	-0.8
服务业	-3.5	-0.1	4.9	0.1	4.9	3.8	-2.1	-2.0

一些资本密集型部门，如电气机械、电子和仪器仪表，它们并没有受到很高的进口保护，但是其产出也有较大的下降。纺织和服装行业的迅速扩张，大量农业劳动力的转移，以上两个因素一起引起资本的相对短缺和其价格的上升，推动了各部门生产成本的上升，而对资本密集型的部门影响则更大。但是化学工业将会扩张。这是因为化学工业的中间投入品中农产品和纺织品的比重相对较高，所以其成本将会下降。

减少关税和非关税壁垒使几乎所有产品的进口都有所增加，但是出口的增长也在很大程度上推动了进口的增加，因为在中国的出口中加工出口占相当高的比重。纺织品、服装和其他未分类工业的进口的大量增加即反映了这一效应。在这 3 个部门，加工贸易进口占其总进口的 90%以上。

五、结论和政策含义

一些主要的研究结果总结如下：

中国加入世界贸易组织，将会使中国获得巨大的效率收益。单国模型的模拟结果表明，与中国没有加入WTO的情形相比，在2005年，即中国加入WTO的各项承诺完全实现后，中国的实际GDP和以Hicks均等差异度量的福利收入将分别提高1955亿元和1595亿元（1995年价格），占当年GDP的1.5%和1.2%。

由于中国极少的人均耕地量，在农业生产方面的比较优势将持续减弱。长期来看，对农业的进口保护意味着很高的社会成本。在中国加入WTO的整体方案中，农业贸易自由化具有重要地位，由于农业贸易自由化导致的效率收益约占总收益的2/3。而由于中国较低的实际关税征收率和对加工贸易采取的较为开放的政策，工业品关税减让和非关税壁垒取消的整体经济影响相对来看并不显著。

上述效率收益并不是在部门间平均分配的，加入WTO意味着较大的结构调整。受到较高保护的部门和资本密集型部门，以及农业部门，如汽车、仪器仪表、棉花、小麦等，这些部门的产出水平将有较大程度下降，而纺织和服装部门是主要的受益者。

结构调整必然带来相应的调整成本。劳动力在部门间的转移和替代可能是最主要的调整成本。特别是由于中国农业部门所占的高就业比重，农业部门的收缩意味着大量农业劳动力需要转移到工业和服务业。本项研究的模拟分析表明，由于中国加入WTO，大约有960万农业劳动力要转移到其他部门。

“多纤维协定”配额的取消和全球纺织品市场的扩张，对于中国农业劳动力的转移具有重要意义。由于纺织和服装行业的劳动密集型特性，它们的增长有利于解决大量非熟练劳动力的就业问题。我们的模拟结果也表明，中国加入WTO后，纺织和服装行业会增加约540万人就业。

农业贸易自由化并不会损害中国的“粮食安全”，即使中国取消对农产品的进口配额，在2005年，中国的粮食自给率仍可保持在92%以上。

中国加入WTO，会带来较为严重的收入分配问题。由于对农业部门的冲击，虽有部分农业劳动力可以转移到其他部门，农村居民仍是主要的受损失者，其实际收入将下降2.1%，而城镇居民获得了几乎所有的收益，其实际收入将增长4.6%。

综合上述发现，我们可以得出以下基本结论：大量非熟练劳动力的存在和土地的贫乏，是中国的一项基本国情，它在相当长的一段时期内都不会根本改变。这一国情是中国未来经济发展和战略选择的基本决定因素。参与国际分工，分享经济全球化所带来的效率收益，是中国未来经济发展的一个基本趋势。在未来10~20年，中国面临着工业化和全球化的双重挑战，WTO即是这种挑战的具体表现，它对中国经济同时也意味着巨大的机会。中国应当争取这一机会，而不是拒绝它。但同时，国内政策应作出积极主动的调整，以适应经济发展的基本趋势，使调整成本达到最小。在此过程中，政府的作用是至关重要的。具体而言，我们的模拟结果建议，以下政策对于降低中国加入WTO所带来的调整成本是非常重要和必需的：

1. 运用产业政策手段对资本和技术密集型的产业给以一定的支持，以抵销贸易自由化对这些产业的不利冲击，促进中国的产业升级。但是应当注意，这种产业政策应是功能性的，而非部门倾斜性的，应在某一环节上对产业发展给予帮助，如在资金筹措、技术开发和升级等方面，而非简单地给予补贴或保护。

目前中国一些特定部门的产业政策，主要通过贸易保护、财政补贴、对外资的限制、维持某种市场结构的行政措施等手段来实施。事实证明，这类产业政策在以国有企业作为微观经济组织的前提下，其功效并不理想。为保护一些经过长期的保护仍不具备国际竞争力的产业，中国可能不得不牺牲出口部门的利益。在全球化大趋势中，盲目追求国内控股，独立自主，发展民族工业的发展思想，可能使中国的一些产业长期处于低水平，并使贸易保护变得必不可少，并最终使中国经济孤立于全球化发展的主流。我国正处在建立社会主义市场经济体制的过程中，产业政策在使用补贴、投资限制等手段方面将受到越来越多的限制。因此，中国产业政策应及时进行调整。在一些技术变化快，资金投入密集，以及国内开发能力不足的行业，通过国际合作，边干边学，可能是更现实的产业政策模式。产业政策应该能创造一种有利提高产业和企业竞争力的政策环境，并在加强工程和技术教育，推动研究和开发活动，实现研究成果商业化方面有所作为。

与此相关的一个问题是对垄断部门的改革。在服务贸易谈判中，电信部门作为垄断部门，是中国加入世界贸易组织谈判中的主要难点之一。电信业是中国近年来发展最快的产业，主要得益于居民收入提高后需求的急剧扩张和政府制定的初装费政策。电信业的垄断和政企不分，使中国的电信服务消费者蒙受了巨大损失，其行业垄断者中国电信也因其排挤新进入者、侵犯消费者利益、维持垄断性高工资等受到公众和消费者的严厉批评。当我们思考电信部门的种种不足时，绝不能否认这与政府保护和政企不分有密切关系。当我们为保护这一垄断部门而阻挡外国投资者进入时，决不能因此再延误对国内投资者的市场开放，破除市场垄断。应尽早起草能同时兼顾生产者和消费者利益，公平管理市场竞争秩序的电信法，并对这一最大的国有部门进行改组。根据世界各国结构调整的普遍经验，对一个处于上升阶段且市场前景广阔的行业进行改组，总是要比其进入衰退期时再改组容易得多。对垄断部门的改组，也是走向全面开放的必经之路。

2. 国内税收政策应当起到更强的收入再分配功能，以减缓中国加入 WTO 所带来的收入差距扩大，使各利益群体较为均等地享受贸易自由化的福利提高，防止可能由此带来的社会不稳定。

3. 为农业劳动力的转移创建必要条件。农业劳动力由农业向二、三产业，由农村向城镇转移是基本的趋势，是中国实现工业化和现代化的必要条件。中国加入 WTO 也是有利于实现这一转变的。因此，应该及早为农业劳动力的转移提供相应的经济和社会条件，实现他们的平稳转移，减少可能由此带来的社会冲击。

4. 促进较高储蓄率的保持和吸引外资流入。资本和技术密集型产业的发展，农业劳动力的转移，都需要有力的资本供给的支持。由于中国众多的劳动力和很低的资本/劳动比，资本的增长仍是未来相当长时期中重要的增长因素。长期保持外贸顺差等于将稀缺的资本借给别人，不利于中国资本有机构成的提高，而保持贸易平衡或适度的逆差，依靠吸引外国长期直接投资来维持国际收支的平衡，则有利于加快资本的积累。中国加入 WTO，会使中国的产业结构更偏向于劳动密集型，因此，在此过程中，保持较快的资本积累，将有利于中国比较优势的转变、产业结构的升级和更快的经济成长。

（作者所在单位：国务院发展研究中心
发展预测研究部、国家发展计划委员会）

国民经济总量的所有制结构研究

国家统计局　国民经济核算司

改革开放 20 年来，我国国民经济快速发展，综合国力大大增强，人民物质文化生活水平显著提高。蕴藏于这一系列巨大变化的根本动力，在于不断推进的经济体制改革使我国原有不合理的所有制结构得到了调整和改善，从而极大地解放和发展了社会生产力。回顾改革开放以来我国国民经济总量的所有制结构变化情况，及时总结我国所有制结构调整所取得的成功经验，揭示目前所有制结构中存在的问题与不足，对于通过进一步调整和完善所有制结构，深化改革，激发新的生产力潜能，促进国民经济持续、快速、健康发展具有十分重要的意义。

一、改革开放以来，我国所有制结构变化的基本情况

改革开放以前，由于在指导思想上对我国社会主义所处的初级阶段的现实认识不清，过分夸大生产关系对生产力的反作用，追求单一的公有制经济形式（包括采取极“左”的手段改造、收买非公有制经济），使我国所有制结构几乎成为单一的公有制经济结构。在公有制经济中，又基本上是所谓全民所有制的国有经济和被称为“二全民”的集体经济，个体、私营等其他非公有制形式微乎其微。这种“超前”的生产关系与我国生产力水平的现实状况相脱节，极大地束缚了国民经济的健康发展。1978 年底召开的党的十一届三中全会，从根本上清除了“左”的指导思想，开始对“超前”的生产关系和所有制结构进行调整。从那时到现在，我国国民经济总量的所有制结构发生了巨大的变化。

1. 从国民经济总量上看：公有制经济所占比重下降，非公有制经济比重明显上升。改革开放初期的 1978 年，在实现的国内生产总值 3624 亿元中，公有制经济实现 3434 亿元，非公有制实现 190 亿元，分别占总量的 94.7% 和 5.3%。在公有制经济中，国有经济实现 2092 亿元，集体经济实现 1342 亿元，分别占总量的 57.7% 和 37%。在城镇就业人员中，公有制经济单位人员占 99.8%，其中国有、集体单位人员分别占总量的 78.3% 和 21.5%。在国家财政收入中，公有制经济占 99.6%，其中国有、集体经济分别占总量的 87% 和 12.6%。在社会商品零售总额中，公有制经济占 97.9%，其中国有、集体经济分别占 54.6% 和 43.3%。从上述数据中可以看到，改革初期我国的所有制结构集中体现了传统计划体制下高度的公有制经济特征。公有制经济在国民经济总量中占有绝对优势，非公有制经济处于微不足道的地位。而且在公有制经济中，国有经济的比重又超过集体经济，是国民经济的主体。

“六五”时期，家庭联产承包责任制、发展乡镇企业等一系列农村经济体制改革获得突破性进展，城市经济体制改革开始全面铺开，我国所有制结构由此发

生了明显变化：国有经济比重开始下降，集体和非公有制经济比重出现上升趋势。到1985年，在实现的国内生产总值8964亿元中，公有制经济实现7920亿元，非公有制经济实现1044亿元，分别占总量的88.4%和11.6%，公有制经济占绝对优势的格局被打破。在公有制经济中，国有经济实现增加值4288亿元，集体经济实现3632亿元，分别占总量的47.8%和40.5%。在其他经济总量中，所有制结构变化与此类似。如在国家财政收入和社会商品零售总额中，公有制经济所占比重也分别由1978年的99.6%、97.9%下降为1985年的97.3%、77.6%。其中国有经济比重则分别由87%、54.6%下降为77.6%和40.4%。

“七五”前期，随着城乡经济体制改革的全面展开和沿海地区率先实现对外开放，我国国民经济进入全面发展的“快车道”，人们对个体、私营经济等非公有制经济形式的认识也有了质的飞跃。然而好景不长，到1988年，由于重复建设、加工工业增长过快，交通、能源、原材料等基础产业和基础设施的“瓶颈”制约开始显露，供不应求的局面很快导致各类物价指数的全面上涨。针对这样一种经济过热、严重通货膨胀的局面，中央和国务院采取断然措施，开始进行为期三年的治理整顿。治理整顿取得了预期的效果，物价上涨率由18.5%降为1991年的2.9%。但现在看来，当时采取的措施是过强、过猛了一些，是一种“硬着陆”的办法。受此影响，再加上当时国内外政治环境的限制，非公有制经济的快速发展势头受到抑制。从测算数据上看，从1985年到1990年的6年间，非公有制经济实现增加值比重仅由11.6%上升到13.1%，只上升1.5个百分点。而在1980—1985年间，该比重由6.8%上升为11.6%，上升了4.8个百分点。在公有制经济内部，国有经济和集体经济所占比重也出现逆反变化：国有经济所占比重开始是下降的趋势，由1980年的57.7%降为1985年的47.8%，而1985—1990年则出现上升趋势（由47.8%升为48.6%）；集体经济由1980年的35.5%升至1985年的40.5%，1985—1990年则变为下降趋势（由40.5%降为38.2%）。

90年代尤其是1992年以来，以邓小平南巡重要谈话为标志，我国经济体制改革和国民经济发展进入了一个新的历史阶段。人们的思想空前解放，开始摆脱姓“社”姓“资”的纠缠，出现了改革与发展相促进，多种经济成分共同发展的良好局面。个体、私营等非公有制经济再次焕发出生机。1993年，我国私营企业数量迅速超过1988年的水平，达23.7万家；1994年更增加至43.2万家。私营企业注册资金由于在1989～1990年间几乎没有增加，在1991～1995年的5年间，增加了大约20倍，达2400多亿元。与此同时，个体、联营、“三资”、股份制、港澳台投资等多种所有制形式快速发展，共同构成了我国非公有制经济比重迅速上升的因素。测算资料表明，在1995年实现的国内生产总值58478亿元中，非公有制经济实现12988亿元，所占比重达22.2%，比1990年提高了9.1个百分点；公有制经济实现45490亿元，所占比重为77.8%，比1990年下降了9.1个百分点。在公有制经济中，国有经济比重下降较多，由1990年的48.6%下降为1995年的38%，而集体经济比重则略有上升，由1990年的38.2%上升为1995年的39.8%。

1997年，党的十五大在所有制理论方面又有新突破。江泽民主席在十五大报告中明确提出“要全面认识公有制经济的含义，所有制经济不仅包括国有经济和集体经济，还包括混合所有制经济中的国有成分和集体成分。”“要健全财产法律制度，依法保护各类企业的合法权益和公平竞争，并对它们进行监督管理。”测算资料显示，1995—1997年公有制经济实现增加值在GDP中所占比重继续缓慢下降，由77.8%下降为75.8%。非公有制经济比重又有所上升，由22.2%上升为24.2%。而在公有制经济中，由于混合所有制经济中国有成分的扩大，国有经济的比重还略有上升，由1995年38%上升为1997年的41.9%。

2. 分行业看：各行业的所有制结构因管理体制和经营活动性质、特点不同而呈现较大差别。

（1）农林牧渔业。集体经济比重仍占优势，非公有制经济发展迅速。我国是一个农业大国，人多地少，农业人口众多，“二元”经济的特征十分明显，农林牧渔业的稳定增长是国民经济持续、快速、健康增长的基础，而保持农林牧渔业的稳定增长就必须调动和发挥广大农民的积极性和创造性。改革前，我国农村实行的是“三级所有，队为基础”的人民公社体制。在这种体制下，农业生产资料基本归集体所有，劳动力受生产队的统一安排，粮食等生活消费品按劳动工分分配。测算资料显示，1978年在农林牧渔业实现的1018亿元增加值中，公有制经济实现855亿元，非公有制经济实现163亿元，分别占总量的84%和16%。在公有制经济中，集体经济占绝对优势，比重高达80.5%，国有经济比重仅为3.5%。改革初期农村这种产权不清、管理过于集中、分配存在严重平均主义的经济体制，极大地挫伤了农村集体经济组织和广大农民的生产积极性，阻碍了农村经济的发展。

1979年开始的中国经济体制改革，首先从农村取得突破。经过几年包产到组、包产到户等联产承包责任制的提出、试点，中共中央于1982年发布了1号文件，正式承认联产承包、包产到组、包产到户等都是社会主义集体经济的生产责任制，从此，我国的农村改革顺利推进，到1985年全国范围的人民公社及其下属的生产队全部解体，代之以乡镇政府和村民委员会。包括个体、私营养殖业在内的农村非公有制经济也迅速发展起来。测算资料显示，到1985年农林牧渔业实现增加值2542亿元，其中公有制经济实现1909亿元，非公有制经济实现633亿元，分别占总量的75.1%和24.9%。与1978年相比，非公有制比重上升了8.9个百分点，在公有制经济中集体经济比重下降了8.2个百分点。

80年代后期以来，农村的非公有制经济继续稳定发展，逐渐成为推动农林牧渔业发展的重要因素。到1997年，在农林牧渔业实现的13674亿元增加值中，非公有制经济比重达到27.5%，比1985年又上升了2.6个百分点。国有和集体经济比重分别为2.8%和69.7%，与1985年相比，国有经济比重持平，集体经济比重下降2.6个百分点。

(2) 工业。国民经济比重大幅度下降，集体经济和非公有制经济比重显著上升。工业是我国国民经济的主导产业，工业增加值占国内生产总值的比重长期维持在40%左右，其所有制结构变化对整个国民经济所有制状况的影响至关重要。

1978年，在工业增加值1607亿元中，国有经济实现1299亿元，集体经济实现308亿元，分别占总量的80.8%和19.2%，个体、私营等非公有制经济几乎不存在。进入80年代，与农村改革相伴随，乡镇企业迅速崛起，其中乡镇工业的发展成为集体工业发展的重要力量。到1987年，乡镇工业产值已占工业总产值的四分之一。可以说乡镇企业的崛起是我国农村经济发展的一场极为深刻的变革，是我国工业化进程中的突出成果。乡镇工业的发展改变了工业经济的所有制结构，极大地丰富了公有制经济中集体经济的内容。到1990年，在工业增加值中，国有、集体经济比重分别为56.8%、36.9%。与1978年相比，国有经济比重下降了24个百分点，集体经济比重上升了17.7个百分点。与此同时，个体、私营、合资等非公有制形式的工业经济也开始发展起来，当年这部分经济类型所占比重为6.3%。进入90年代，个体、私营以及各种合营合资形式的非公有制工业迅速发展，逐渐成为影响工业所有制结构的重要因素。到1997年，在全部工业增加值中，公有制经济和非公有制经济的比重分别为78.8%和21.2%，分别比1990年的比重下降和上升14.9个百分点。由于乡镇企业的发展进入调整和产业优化时期，其增长速度已开始放慢，这就对工业所有制结构中的集体工业比重产生了一定影响。1997年集体工业比重为31.3%，低于1990年比重5.6个百分点。国有工业比重则继续小幅度下降，由1990年的56.8%下降为47.5%。

(3) 建筑业。国有经济比重明显下降，集体经济比重明显上升，非公有制经济比重变化不大。1978年，国有、集体和非公有制经济占建筑业增加值的比重分别为64.7%、20%和15.3%；1997年这三项比重分别变为31.3%、49.8%和19.1%。建筑业的非公有制经济活动主要体现在私营建筑企业和农村个体建筑队上。

(4) 交通运输和邮电通讯业。80年代所有制结构变化不大，90年代以来非公有制经济比重上升较快。1978年，国有、集体和非公有制经济在该行业增加值中所占比重分别为84.2%、15.7%和0.1%，到1990年，三项比重分别变化为84.4%、15%和0.6%。90年代以来，由于国家鼓励个体和私营单位从事公路和水路运输业，使得非公有制经济所占比重迅速扩大，由1990年的0.6%上升为1997年的10.6%，国有和集体经济比重则分别由84.4%、15%下降为77.1%和12.3%。

(5) 批发零售贸易、餐饮业。国有和集体经济比重大幅度下降，非公有制经济大幅度提高。批发零售贸易、餐饮业是我国最大的传统第三产业，与人们的日常生活密切相关。因此，该行业所有制结构变化最大。1978年国有、集体和非公有制经济比重分别为54.6%、43.3%和2.1%。到1990年这三者比重变为43.9∶35.1∶21。进入90年代，尤其是1992年《中共中央国务院关于加快发展第三产业的决定》发布后，个体、私营等非公有制商业网点遍布城乡，发展更为迅速。到1997年国有、集体和非公有制商业实现增加值的比重变为27.5∶18.7∶53.8。非公有制经济比重超过公有制经济7.6个百分比，批发零售贸易餐饮业成为所有行业中非公有制经济所占比重最大的行业。

(6) 其他服务业。国有经济比重下降，集体和非公有制经济比重上升。其他服务业包括金融业、房地产业、社会服务业、农林牧渔服务业、地质勘查和水利管理业、卫生体育和社会福利业、教育文艺及广播电影电视业、科学研究和综合技术服务业、国家机关政党机关和社会团体、其他行业等十个行业。1978年，这些服务行业均属公有制经济，国有和集体经济实现增加值分别占该行业总增加值的89.6%和10.4%。80年代，非公有制经济虽有所发展，但由于总量偏小，其所占比重提高不大。到1990年，非公有制经济比重仅为6.3%，国有和集体经济比重分别为86.6%和7.1%。90年代以来，从事社会服务业、金融保险业、卫生体育和社会福利业、教育文艺及广播电影电视业等的非公有制单位和人员数量渐多，其所占比重有了较大的提高。到1997年，非公有制经济比重已达19.9%。国有和集体经济比重分别为67.8%和12.3%。

与1990相比，非公有制经济比重上升了13.6个百分点，国民经济比重下降了18.8个百分点，集体经济比重则上升了5.2个百分点。

综上所述，我国所有制结构随着经济体制改革的不断深入而发生了深刻变化，得到极大的改善：公有制经济在所有行业都处于绝对优势的状况被以公有制为主体，多种经济成分共同发展的，适应生产力发展水平的所有制格局所取代。国有经济比重适当下降，集体经济完善和提高，个体、私营等非公有制经济迅速发展构成了我国所有制结构调整和完善的主旋律。

二、所有制结构变化的合理性及存在的问题

改革开放以来是中国所有制结构变化最为剧烈的时期之一。在这一过程中，我们认为，结构变化的主流是好的，是合理的，这也是改革的出发点和目的。但另一方面，由于所有制结构改革的复杂性和长期性，就现阶段而言，又有不少问题和矛盾，有待于通过深化改革来解决。

1. 我国所有制结构变化的合理性。归纳起来，其合理性主要表现在以下几个方面：

(1) 所有制结构多元化是市场经济发展的必然要求，符合客观经济规律。统计资料显示，我国所有制结构变化的显著特点之一就是所有制结构由比较单一的形式调整为多元化形式。这种多元化所有制结构有利于优化社会资源配置，有利于企业之间的竞争，有利于经济效益的提高。

(2) 所有制结构变化没有动摇公有经济的主体地位。十五大报告指出："公有制为主体、多种所有制经济共同发展，是我国社会主义初级阶段的一项基本经济制度，这一制度的确立，是由社会主义性质和初级阶段国情决定的。我国是社会主义国家，必须坚持公有制作为社会主义制度的基础。""公有制的主体地位主要体现在：公有资产在社会总资产中占优势。"经测算，到1997年，我国公有制经济所占比重为75.8%，这一比重虽比改革初期（1978年）低18.9个百分点，但仍较多地高于50%，占优势地位。国有经济仍是国民经济最主要的组成部分，在许多重要产业领域仍占绝对优势。在公有制经济中，集体经济起着十分重要的作用，80年代城市各种集体性质的劳动服务企业的兴旺和农村乡镇企业的"异军突起"曾一度使集体经济比重有所提高（由1978年的37%上升为1990年的38.2%）。进入90年代，虽然集体经济比重有所回落，但仍占1/3以上，有利地支撑了公有制的主体地位。尽管比重下降较多，国有经济在部分行业，如具有垄断性的基础产业部门（城市供水、供电、煤气、民航、铁路、邮电通讯等）、教育科研、医疗卫生、国防、金融保险部门以及其他关系国民经济命脉的重要部门和关键领域，仍具有绝对优势和较强的控制力。

(3) 国有经济比重下降有其必然性。改革开放，搞社会主义市场经济就是为了改变过去计划经济体制下经济缺乏活力、低效率高成本的弊端。由于相当一部分国有企业机制适应不了变化了的市场经济，它们不得不进行调整，或者退出，或者转变为非国有企业，这是国有经济比重下降的第一个原因。其次，国有经济摊子铺得过大，分布太广，其中不少企业适应不了竞争环境而被淘汰。再次，国有企业经济效益普遍较低，亏损面大，亏损额多，这是国有经济比重下降的直接原因。1978年，国有独立核算工业企业的净利润是508亿元，1996年，净利润只有400多亿元，如果考虑到通货膨胀的因素，净利润下降幅度更大。国有企业经济效益低下，迫使其收缩过长的战线，缩小摊子，降低比重。

(4) 竞争性行业退出的国有经济多于其他行业。按照国有经济自身的性质和特点，国有经济应该集中于那些影响经济发展全局的、非国有企业办不好或办不了的、因此必须由国家来兴办的那些事业上。例如，关系国家安全行业；大型的基础设施建设，包括城市基础设施、运输骨干设施、大江大河的治理和国防建设项目；特大型不可再生资源的开发；对国家长期发展有战略意义的高技术开发等。而在竞争性行业，国有经济的优势不如非国有经济，这是由国有经济的管理体制所决定的。统计资料表明，改革开放以来，我国竞争性行业的国有经济比重迅速下降，比如，批发零售贸易餐饮业的国有经济比重由1978年的54.6%下降到1997年的27.5%。这一变化趋势符合市场经济要求，是改革的必然结果。可以预料，随着国有企业改革的进一步深化，从竞争性行业退出的国有企业会更多，速度会更快。

(5) 非公有制经济迅速发展，成为促进国民经济持续健康发展的重要力量。1978年，我国个体、私营等非公有制经济所占比重极低，只有在农林牧渔业、零售贸易、餐饮业、建筑业中少量存在。全国城镇、个体、工商业者仅14万人农村基本上不存在大量显性剩余劳动力。随着城乡承包责任制的推行，遍布城乡的个体私营企业迅速恢复和壮大起来。到1985年底，全国登记注册的城乡个体户达1171万个，从业人员1766万人。个体、私营经济在80年代中期和90年代初期的两次发展高潮，使其在促进国民经济发展中的作用日益增强。到1997年，非公有制经济实现增加值18096亿元，占总量的比重达24.2%，比1978年的比重上升了18.9个百分点。分行业看，非公有制经济实现增加值比重最高的是批发零售贸易、餐饮业，运

53.8%；其次是农林牧渔业和工业，分别为 27.5% 和 21.2%，比重最低的是交通运输和邮电通讯业，比重也超过 10%。

(6) 所有制结构的变化与经济体制改革同步，与国家所有制政策的调整密切相关。分析历年来 GDP 增长中各种经济成分的贡献率我们发现，不同所有制经济对 GDP 增长的贡献率随经济体制改革措施的实施和国家对所有制政策的调整而发生变化，见表 1。

表 1　不同时期所有制形式对 GDP 增长的贡献率（%）

所有制＼时期	1978—1980 年	1980—1985 年	1985—1990 年	1990—1995 年	1995—1997 年
GDP 总量	100	100	100	100	100
一、公有制经济	86.7	83.5	85.5	73.6	68.7
1. 国有经济	57.3	37.8	49.4	33.1	55.7
#混合所有制中国有	—	0.7	1.3	2.8	22.1
2. 集体经济	29.3	45.6	36.1	40.5	13.0
#混合所有制中集体	—	0.2	0.9	2.0	4.8
二、非公有制经济	13.3	16.5	14.5	26.4	31.3

从表 1 可见，1978—1985 年，农村经济体制改革解放了农村生产力，壮大了集体经济的力量，乡镇企业的崛起也使得工业中的集体经济成分显著提高，集体经济增长对 GDP 增长的贡献率 1978—1980 年的 29.3%跃升为“六五”期间的 45.6%，非公有制经济的贡献率也有所上升，由 13.3%上升为 16.5%。“七五”时期，国家加强了对个体私营经济的管理，治理整顿也大大减弱了乡镇企业的发展势头，就使得集体经济和非公有制经济对 GDP 增长的贡献率双双下降，而国有经济则有所回升。“八五”时期，尤其是 1992 年以后，邓小平南巡谈话极大地鼓舞了各种经济成分的再次迅速发展。乡镇企业在调整中重新焕发勃勃生机，个体、私营等非公有制经济发展的速度更快。相比之下，大部分国有企业由于运行机制不畅、人员臃肿、社会负担沉重、产品缺乏竞争力、经济效益不断下降等原因，贡献率大幅度下降，由“七五”时期的 49.4%下降为 33.1%，下降了 16.3 个百分点，而集体和非公有制经济则分别上升了 4.4 和 11.9 个百分点。

近 3 年来，随着经济运行的“软着陆”，集体经济增长的速度放慢，非公有制经济增长速度继续加快，导致国有经济和非公有制经济的贡献率均超过集体经济的局面。

2. 所有制结构中存在的主要问题。经过 20 年的改革和调整，我国所有制结构有了实质性的改善，合理性是主流。但是，从建立社会主义市场经济体制的要求衡量，所有制结构中的问题仍然不少，有些还相当突出。就其主要方面，有以下几点：

(1) 国有经济总体来讲与发展社会主义市场经济的要求还很不适应。集中表现在：第一，投入与产出不成比例。从投入方面看，国有单位的投资在固定资产总投资中始终占 60%以上，“六五”期间为 66%，“七五”期间为 63%，“八五”期间为 67%。而且，银行贷款的大部分也集中在国有企业，据统计，70%～80%的银行流动资金贷款给了国有企业。财政补贴更是向国有企业倾斜，每年财政向国有企业支付的补贴达 400 多亿元。然而，大量的投入并没有得到相应的产出回报。从反映产出的增加值份额看，国有经济对 GDP 的贡献率只有 40%左右，与其投入很不对称。第二，国有企业平均规模太小。不足 3 万亿元的国有资本分散在 29.1 万户工商企业中，换句话说，平均每家企业所得到的国有资本数量只有 1000 万元左右。这个情况从第三次工业普查的数据也能反映出来，企业的平均国有资本拥有量是 1000 多万元，大、中、小企业略有差别，小企业中的国有资本非常少，只有 200 万元左右。

(2) 在公有制企业中，集体所有制所占比重很高，而其中相当一部分是生产水平较低的城乡集体小企业。在若干公有制经济占绝对优势的地市，其乡镇小型企业工业总产值的比例在 70%以上。另外，按现行统计方法制度，农村家庭承包经济仍算作集体性质，原因是作为主要生产资料的土地是公有的，不属于家庭所有。因此，几乎所有的农业生产都是集体所有制经济的劳动成果。经核算，农业增加值占 GDP 的比重约为 18.3%，这其中，绝大部分是生产力水平低下的家庭承包制集体经济。

(3) 发展非国有经济的政策还不够明确，积极鼓励的措施不多。改革开放以来，虽然非国有经济发展很快，在许多领域，特别是竞争性领域起到了对国有经济补位的作用，可以预料，非国有经济以快于国有经济发展的趋势还将持续下去。然而，在发展非国有经济的问题上，许多重大政策没有起到鼓励发展的效果。例如，在金融保险行业，国家允许外国人部分介入，但却不允许国内私人从事金融保险业务。在银行信贷方面，由于政府的干预，信贷资金明显向国有经济倾斜，而非国有经济要通过迂回渠道以较高融资成本获得银行贷款。在其他业务方面也如此，比如，对外商的政策比较宽，而对国内非国有法人却很严。由于不同所有制在政策上存在差别，其结果，在一定程度上阻碍了非国有经济的快速健康发展。

以上分析了我国所有制结构变化的合理性及存在的问题，今后如何把握这种变化，应以十五大精神为指针，坚持以公有制为主体，多种所有制经济共同发展的方针政策。如果将这一政策具体化，就涉及到确定各种所有制经济在国民经济中所占比例的问题。在这方面，我们还缺乏可供借鉴的经验，也没有明确的规定，因此，需要在实践中不断探索。现提出如下初步看法：

(1) 范围决定比例。各种所有制经济的比例，主要是通过对各自发展范围的限定和调节来形成的。这是因为，在某些领域，政策上只允许一种或某几种所有制经济发展，有时，还对其发展程度作出明确限制。如果各种所有制经济的发展范围一旦确定了，其比例结构也就大致确定了。因此，在范围和比例的问题上，范围是第一位的，范围决定比例。

(2) 不同的发展阶段要求不同的所有制结构比例。所有制比例关系应服从于经济发展的需要，这是生产力决定生产关系的基本准则。我国处于社会主义的初级阶段，因历史原因，公有制比例一直很高，这种结构不利于生产效率和经济效益的提高，因此，现阶段有必要进一步降低公有制比重，适当发展城乡个体经济和私营经济，以增强经济的活力，提高市场化程度。

(3) 公有制经济比例应保持在50%以上。十五大报告明确指出："公有制的主体地位主要体现在：公有资产在社会总资产中占优势。"此处的优势，如果量化的话，就是在社会总资产中，公有资产占50%以上。为此，我们可以把50%作为一条警界线，确保公有资产的比例不低于这个标准。50%只是就总量而言，它不排斥非公有制经济在某些行业、某些地区占有优势，甚至绝对优势。在第三产业中的许多领域，非公有制经济有明显的经营优势，竞争的结果必然使其在这些领域和行业所占的比重越来越大，逐步赶上和超过公有制经济。经验表明，无论是限制它们在这些行业中的经营优势，还是限制它们在这些行业中的发展比例，都不利于经济发展。

(4) 国有经济比例应适当调低。十五大报告界定了国有经济的性质和角色，这就是："国有经济起主导作用，主要体现在控制力上。""只要坚持公有制为主体，国家控制国民经济命脉，国有经济的控制力和竞争力得到增强，在这个前提下，国有经济比重减少一些，不会影响我国的社会主义性质。"鉴于我国国有经济过于分散，竞争性行业的国有企业太多，中小规模的国有企业太多，有必要对其作出力度较大的调整。目标是压缩竞争性国有企业和中小型国有企业，通过资本重组，把有限的国有资产用到国民经济命脉上。

转变政府职能与促进结构调整

李 兆 熙

党的十五大和九届人大一次会议提出国有经济战略性改组的任务，体现在经济结构和所有制结构上的调整。这两个层面上的问题相互交织，调整力度很大，需要及时做出整体规划和统一部署；而研究和制定结构调整所需要政策条件和制度条件，又取决于政府机构改革和职能转变的进程。因此，抓住有利时机，在向适应市场经济的政府职能转变过程中，抓紧制定推进结构调整的方案措施，从而奠定我国社会主义市场经济的框架基础，是当前十分紧迫的任务。

一、当前经济改革和结构调整中存在的问题

经济改革和结构调整过程中，在各个部门、地区和企业层面反映出来的一些问题，值得引起重视：

1. 各地各自"归大堆"能否实现不同层面的结构调整？ 1998年以来，除了一部分企业的合并、收购和重组是通过市场机制操作以外，在缺乏政策与制度规范的情况下，一些行业和地区各自为政，通过行政干预"归大堆"，越俎代庖地拼凑企业集团或搞行政性公司，对所属国有企业争先做大资产规模，让效益好的企业背上亏损企业，通过削减亏损企业个数和亏损额度来显示"政绩"。这种避开市场机制的行政捏合，有些"甩包袱"的成分，其特点是只管合并、不顾管理，只要规模、不顾效益。由于对行业特征、市场机遇、规模经济、专业化协作、以及对企业的资金、技术、人力资源匹配等管理整合能力缺乏科学论证，未经市场机制实现合理交易和企业自然整合过程，容易产生拔苗助长或尾大不掉的结果。一旦削弱企业的经营管理和核心能力，不仅会引起管理和效益滑坡，也会给

事关全局的结构调整造成反复，付出更多的时间和资源成本。

2. 冲销银行呆坏账的准备金怎样有效使用？中央政府拿出这1000多亿元，应该有选择地对战略性领域的重点国有企业给予必要的资金支持，既帮助他们扭亏为盈和创造转换经营机制的条件，又把这笔巨大的银行金融资产额度集中投入到那些最可能改善全局的经营活动中去。然而由于总的结构调整政策尚不明确，按切块分配额度的做法，可能把有限的财政补贴分散使用，且强化原来不合理的条块结构，影响结构调整进程。甚至“谁会哭就分给谁”，而成为一种变相的企业“扶贫款”，使一部分资金无效地抛进一般竞争领域中某些无望扭亏企业的“无底洞”。

3. 政企分开后国有企业的财产关系归谁管？这次政府机构改革中，一些专业部改成国家局并由综合部门领导后，不再直接管企业，这是实施政企分开的一个很大转变。然而，若不及时设置代表政府行使国家所有者职能的机构，那些部门原属国有企业的财产关系就可能处于悬置状态。目前出现了一些各行其是的情况，有的行业部门让原下属企业自己去找“婆家”，或者把效益差的企业“下放”或卖给地方。在中央和地方的公共财产归属本来就界定不清的情况下，既没有制定出国有企业产权转移的明确规则，又没通过市场机制实现，这种随意转移国有企业产权关系的做法，会把问题搞得更为复杂，造成企业经营不稳定。在进一步的产权多元化中，还会对各级公共股东在产权清晰条件下的相互参股带来操作上的困难。

4. 结构调整政策由谁来制定和谁来执行？政府职能向适应市场经济转变后，作为政府公共管理部门的综合部门和专业部门的职能，转向制定宏观经济政策和公共政策，包括通过立法和运用经济杠杆的间接管理手段来规范市场行为。根据国有经济战略性改组的思路，由中央政府的公共管理部门抓紧协调制定涉及各个行业和地区的结构调整政策。尤其对战略性领域的调整方案，应该是全国一盘棋，不能由行业或地方各行其是。而且只有在中央的整体方案和统一部署的指导下，地方政府的公共管理部门才有依据对各自的公益性和其他领域的结构调整做出合理规划。政企分开后，各级公共管理部门作为政策制定者和“裁判员”，既然不适于直接管企业（包括大型企业集团），也就不适于担当国有资产经营和操作国有资本投资。因此需要慎重考虑设置与国家财政预算体制衔接、代表政府统一行使国家所有者职能的机构，以所有者代表的身份和职能，按照政府对国有经济战略性改组的决策，具体执行对国有经济在不同行业加强或收缩的重组，从而使产业结构和所有制结构的调整得以有序和有效地推进。财政部已经开始进行复式预算，包括制定资本预算，但缺乏明确的执行机构。而设置资本预算的执行机构，实现在国家财政预算体制下对国有资产经营和国有资本投资的集中统一管理，是解决条块分割和重复建设问题的重要条件。

二、政府职能设置应考虑为结构调整创造条件

上述情况说明，经济改革和结构调整的紧迫任务要求政府职能设置尽快适合市场经济所要求的功能。尤其政府的经济管理职能和公共财产所有者职能，要有清晰的职能分工和明确的权责界限，既有互相配合，又有互相制约，由政策制定、政策执行和监督反馈各个环节组成良性循环和健全的控制系统。

1. 代表政府行使公共管理职能的综合与专业部门，要为结构调整协调制定公共政策。尤其当前应抓紧对国有经济在公益性部门、战略性领域（如关系国家安全的行业、大型基础设施以及其他具有社会经济效益的建设项目、大型不可再生资源、对国家长期发展具有战略意义的高新技术开发等）和一般竞争性领域的分布做出合理布局。在现阶段，哪些行业属于战略性领域和一般竞争性领域，以及适度收缩国有资本的分布领域和适当减少国有经济介入的行业与企业，更好地实现国有资产的保值增值，需要做出整体规划，并提出限制垄断程度和促进公平竞争的规范。由此制定不同行业的产业组织政策、产业结构政策、技术进步政策、贸易政策、鼓励中小企业发展的政策。在市场机制尚不健全的条件下，需要制定对不同领域的规制政策（包括行业规制和社会规制），并预见将来随着技术进步、产业升级和生产力水平的提高还要进行新的结构调整和逐步放开规制。政府的综合与专业部门参与制定这些调整结构的公共政策，运用经济杠杆和法律措施进行间接管理和实施监督，这对在经济转型时期建立起我国市场经济基本框架将是十分重要的贡献。

2. 代表政府行使国家所有者职能的机构，执行对国有经济的战略性改组和发挥对结构调整的导向作用。首先要健全国有资产经营体制和国有资本投资体制，在国家财政预算体制下设置代表政府统一行使国家所有者职能的机构，以所有者代表的身份经营国有资产和执行资本预算。通过必要的中间机构如国有控股公司管理国有企业的财产关系；通过逐步实行非官员化原则，建立国有资产经营的委托代理制度和经营者业绩考核制度。在国有企业健全公司治理结构，承担国有资产的经营责任，使企业在投资计划、资本变动、股权安排、重大发行债券和股票计划等方面，建立起科学的决策程序和审批制度。对大型国有企业的经营，

建立国家监管的稽查制度和审计制度。对重点建设项目的国有资本投资和国家开发银行的信贷，按照国家的战略布局和行业政策，建立严格的审批程序和报备制度，控制投资收益率并实行过程监护和事后评估，避免重复建设。建立了比较完整的国有资产经营体系，政府制定的结构调整政策就有了实施的制度条件和可操作性。在宏观和产业层面，代表政府行使国家所有者职能的机构及其所属的控股公司，执行结构调整政策中对国有资本适度收缩的分布领域和国有经济适当减少介入的行业与企业的具体安排。需要权衡与评估的因素包括：国有资产存量调整、财政预算能力、技术装备与创新能力、规模经济、对市场准入与价格的规制等。在战略性领域，需要做出跨部门、跨地区国有资产合并与剥离的产权变动和限制垄断程度的安排，根据行业组织特点，具体决定国有资本的参与程度，保证对战略性产业的控制力。还要以保证全局为原则，有步骤地实行公共财产的分级所有，为各级公共股东在产权清晰情况下的相互参股创造条件。

政府职能转变包括了政企分开和政资分开的双重含义。初步建立起这些政策和制度的基本框架，结构调整和企业改革就可以相辅相成地同步推进，否则难以达到预期的效果。改革开放以来，由于单从企业微观层面着手企业改革而难以取得突破，而使人们冀望于通过政府职能转变，高屋建瓴地做出具体部署，加快结构调整和建立现代企业制度的进程，从而取得实质性进展。

三、努力探索以市场为资源配置基础的结构调整策略

结构调整涉及宏观经济、产业结构和国有企业不同层面的重组。当前的普遍问题是：在哪个层面上由谁来重组，重组什么，怎么重组？究竟是沿用行政干预的传统做法，还是采用市场导向的改革策略，关系到经济体制改革的攻坚阶段能否取胜和真正实现向市场经济体制的转轨。政府职能转变过程中，在宏观和产业层面抓紧制定结构调整的政策，并通过建立国有资产经营体系做出制度安排，企业层面的调整就可以主要通过市场机制有效地实现。

1. 围绕推进结构调整，加快配套改革和立法步伐。目前我国资本市场发育程度较低，证券市场尚不规范，融资工具尚不健全，必须加快金融体制改革，积极稳妥地发展资本市场，促进公平竞争。当前需要加快制定反垄断和促进竞争法、证券法等规范市场行为的法律法规，建立透明、公正的资本市场运行规则，使企业的兼并、收购和重组以及股权交易通过市场机制公平实现。需要修订国有企业法和公司法，以及制定对某些战略性特殊产业的特殊法规，以便更具体地规范企业产权和经营行为，对不同领域的企业实行分类管理。还要加快建立社会保障制度和制定包括再就业工程在内的就业政策与分配政策，为推进以市场为资源配置基础的结构调整和企业改革创造有利环境。

2. 结合不同产业情况，主要通过市场机制进行结构调整。在我国资本市场目前发育程度较弱的情况下，需要加强政策和法律的导向作用，在结构调整过程中促进健全市场机制。在基本理顺了国有资产经营体系的情况下，国家所有者的资产经营可以通过尽可能少的层次或环节的委托代理制和法人治理结构、基本上由企业通过市场机制实施。在微观层面上的国有企业重组，可以相应地采取不同方式：

●对于自然垄断领域的少数全资国营企业，代表政府行使国家所有者职能的机构，可以按照特别政策或特别法案个案处理，做出跨部门、跨地区国有资产合并与剥离的产权变动的直接安排；根据产业政策对垄断程度的合理限制，做出垄断竞争性安排（如在某行业安排3～5个大型全资国营企业）；提出对国有资本收益的约束条件，建立有效的公司治理结构与经营管理体制。这是以代表国家所有者的职能而不是以公共管理部门的行政职能做出的特别安排，与在其他非自然垄断领域中尽量发挥市场机制也不矛盾。

●对于其他战略性领域中政策允许实行产权多元化的国有企业，如绝对控股、相对控股、依法保持决策权或否决权、特别股权或特许经营权等，凡是可以在不同国有股东之间或中央与地方公共股东之间转让的股权和凡是能够进入资本市场流通的股权，应该通过市场机制交易。依托初步建立了现代公司制度的企业，通过资本市场上的股权转让或收购、兼并活动，以资本为纽带、以主业为核心，与应用研究机构紧密结合，逐步发育成实体化、跨部门、跨地区、跨国的企业集团。

●在一般竞争性领域，主要用法律、政策和经济杠杆引导，无论当前国有资本是否处于控股或参股地位，政府无需对企业重组进行直接干预。国有企业通过资产重组实现产权多元化，从而转变经营机制，这是在政策法律范围内企业自主进行的融资和股权交易活动。政府在竞争领域一般不再给予财政补贴或投入新的国有资本，其产业结构调整应通过市场竞争机制下的微观企业重组过程实现。

3. 当前要特别强调资产经营与管理整合并重。企业合并后本身有一段内部管理的磨合过程，短期内经营效益会受一些影响。在当前既有过度行政干预、又有利用各种题材盲目“炒作”资产经营的时候，产生了片面追求做大资产规模的误导，而不少企业的应收

账款却在迅速扩大。因此要特别注意避免轻管理整合、忽视经营效益、甚至以资产经营冲击经营管理的倾向。尤其在亚洲金融危机尚有余波的外部环境下，必须警惕大大小小的经济泡沫，更要强调结构调整的有序和有效性，保证企业的持续稳定发展。企业发展有两种基本途径；一是内涵发展，建立自己的技术、资金和管理优势，在市场竞争中提升核心能力。二是外部扩张，在具备能力的情况下，通过兼并、收购扩充实力。在企业战略管理原理中，企业重组是一种公司战略，是企业高层对公司资产和经营单位重新安排和定位的决策，管理素质是成功的决定因素。企业重组不仅有资产重组和债务重组，还有组织结构重组、人力资源优化组合、提升研究和开发（R&D）能力、改进管理方式等，需要复杂而高度专业化的管理技能，如企业环境分析、企业竞争地位的现状分析（SWOT方法）、包括管理成本在内的成本收益分析和一系列战略拟定、战略实施、过程控制与绩效评估，才能实现最佳经营匹配。只有管理好重组或合并后艰巨的生产要素整合、组织结构整合和公司文化整合，才能真正形成企业的核心竞争力，避免管理上的陷井和经营上的风险。

这次政府机构改革和职能转变，正在为推进以市场为资源配置基础的结构调整创造有利条件，从而促进深化企业改革。建立现代企业制度，不仅在于采用公司形式，更要具备公司制内涵，建立内部制衡机制、有效自主决策系统和承担有限责任。市场机制是优胜劣汰的机制，在经济转轨过程中，国有企业逐步具备了真正承担有限责任的能力，就能在市场竞争中对公司的发展做出切合实际的战略选择。

（作者所在单位：国务院发展研究中心
企业经济研究部）

对当前金融运行中若干问题的认识

韩 文 秀

一、货币供应和贷款投放是否适应经济增长的需要

一种意见认为，到1998年9月末广义货币 M_2 增长16%，增幅比同期经济增长（前三季度 GDP 增长7.2%），与物价涨幅（商品零售价格同比下降2.5%）之和高出11.4个百分点，超过“八五”以来平均6.9个百分点的水平，因此货币供应量与经济增长是适应的，而且对经济增长具有明显的促进作用。其实，将广义货币供应量与经济增长加物价涨幅进行简单对比存在局限性，得出的结论也不一定可靠。

1. 广义货币供应量（M_2）与经济增长加物价涨幅之间的关系变化并没有固定规律可循。在经济偏冷时期和经济过热时期，M_2 与经济增长和物价涨幅的关系有明显的区别。经济偏冷时期，M_2 增长速度往往大大超过经济增长加物价涨幅。例如1990、1991年 M_2 增长28%，比经济增长加物价涨幅（这里用消费价格指数）分别高21个百分点和14个百分点。实证分析表明，M_2 变化趋势超前于实际经济运行1～2年。经济偏冷时期 M_2 增幅高于经济增长加物价涨幅，意味着正在启动经济，前者高于后者的幅度越大，表明启动经济的力度越大。今年 M_2 增幅超过经济增长加通货膨胀的幅度低于90年代初，这一现象表明，当前通过货币政策启动经济的力度远弱于90年代初期。另一方面，在经济过热时期，M_2 增长率甚至低于经济增长加物价涨幅。例如1994年 M_2 增长34.5%，而当年的经济增长加物价涨幅达到36.7%，详见表1。

表1 货币供应量与经济增长、通货膨胀

年份	M_2 增长(1)	经济增长(2)	消费价格(3)	1－(2＋3)
1991	26.5	9.2	3.4	13.9
1992	31.3	14.2	6.4	10.7
1993	37.3	13.5	14.7	9.1
1994	34.5	12.6	24.1	－2.2
1995	29.5	10.5	17.1	1.9
1996	25.3	9.6	8.3	7.4
1997	19.6	8.8	2.8	8

2. 上述比较中的价格应当选用 GDP 缩减指数，因为 GDP 缩减指数可以全面地反映国民生产总值的价格复动状况。在缩减指数难以及时获得的情况下，最好使用居民消费价格指数，因为消费价格指数既包括商品又包括劳务，可以较好地衡量通货膨胀状况。而社会商品零售价格指数不能完整地反映当前和今后的通货膨胀形势。

3. 目前价格涨幅偏低，甚至表现出通货紧缩的特征，这一现象本身就不合理，也不是我们所期望的。因此显然不宜在这样的价格涨幅基础上对货币供应量与经济增长进行简单的对比，并得出相应的结论。

4. 应当历史地看待和比较 M_2 增长速度。1991—1997 年 M_2 平均增长 29%，支持了同期经济平均增长 11.2%，相当于经济每增长 1 个百分点，M_2 增长 2.6 个百分点。照此推算，今年前三季度经济增长 7.2%，相对应的 M_2 增长率应不低于 18%，表明目前 M_2 增长速度相对于经济增长的要求而言并不高。

5. 合理的货币供应量应当根据合理的经济增长目标、允许的通货膨胀率和正常的货币流通速度变化状况来确定。1991—1997 年 M_2 年平均增长 29%，而经济增长加物价涨幅平均增长 22%，其余 7 个百分点可以视为金融深化或货币流通速度下降的影响。按照经济增长 8%，物价涨幅 3%～5%，货币流通速度减慢的影响保持在 5%～7%来测算，那么 M_2 增长速度应当保持在 16%～20%。据此 1998 年 9 月份 M_2 增长速度回升到 16%只不过是刚刚达到合理要求的低限。

6. 在我国目前的经济发展阶段上，狭义货币 M_1 在性质上更接近于有效货币供应。媒介当期经济运行的主要是 M_1，而不是广义货币 M_2，因为包括企业定期存款和居民储蓄存款等在内的准货币占 M_2 的 63%，其对经济活动的媒介作用是潜在的和间接的。问题是当前 M_1 增长状况不够理想。据统计，1991—1997 年 M_1 年平均增长 26%，对应的同期经济增长速度是 11.2%，物价涨幅近 11%，M_1 流通速度下降的影响约 4%。经济增长 1 个百分点所对应的是 M_1 增长 2.3 个百分点。照此推算，1998 年前 9 个月 M_1 增长速度应当达到 16.6%，而 M_1 的实际增长速度为 13.2%，低 3.4 个百分点。况且，1～9 月平均，M_1 增长速度只有 11.6%，这表明对经济增长的适应性从总体上看甚不理想。此外，从货币流动性比率（M_1/M_2）看，在经济上升和过热的 1990—1994 年，这一比率平均为 46%，在经济增幅回调的 1995—1997 年平均为 38.4%，而 1998 年 9 月末为 36.6%，低于上述两个时期的平均数，比 1997 年底也低 1.7%。因此可以说，当前有效货币供应量仍然不足。

7. 我国的货币流通速度总体上呈现下降趋势。在经济启动时期货币流通速度往往下降得较快，而在经济过热和经济调整时期下降趋势明显放慢，甚至保持基本稳定，这在判断当前经济和金融形势时应当注意。1990—1992 年广义货币 M_2 流通速度（GDP/M_2）由 1.213 下降到 1.049，平均每年下降 0.082，照此降幅测算，1998 年 M_2 流通速度应降至约 0.74，相对应的 M_2 总量大约为 10.92 万亿元，比上年增长近 20%。1990—1992 年狭义 M_1 流通速度（GDP/M_1）由 2.668 降至 2.271，平均每年下降 0.2，照此降幅推算，1998 年 M_1 流通速度应降至约 1.95，相对应的 M_1 总量大约为 41430 亿元，比上年增长近 19%。但从目前的趋势看，1998 年年末 M_2 和 M_1 增长速度可能分别只达到 16%和 14%左右。这从另一个侧面表明，1998 年货币政策启动经济的力度远弱于 90 年代初。

8. 季度间贷款投放不均衡问题仍然存在，致使贷款投放量与企业资金需要量之间出现错位。因此，今后几个月继续适当加快贷款投放很有必要，但如果仅仅为完成贷款指导性计划而在第四季度特别是年末突击投放贷款是不必要的，也是没有意义的。过去全年贷款投放在四个季度间分配的不平衡状况，大体上是“一、二、三、四”的比例，有时第四季度的贷款投放甚至占全年的一半左右，这是不合理的，因为经济活动（农业除外）及其对资金的需要总体上是均衡的，没有十分明显的季节性。这种投放状况造成一种反常现象，即贷款投放在前三季度明显低于经济活动对资金的需要量，而在第四季度又明显大于经济活动对贷款的需要量，前者是资金短缺，后者则是部分资金闲置或“空转”。这主要是由于年度计划下达晚、贷款计划又采取对点考核办法等人为因素造成的。按照市场经济的要求，贷款应当均衡投放。从我国目前情况看，贷款均衡投放的要求是，上半年新增贷款占全年的 40%，第四季度贷款增加额占全年的约 1/3。近年来我国贷款投放的均衡性有所改善，但效果还不明显。1996 年和 1997 年金融机构上半年贷款占全年贷款增加额的比重分别为 36.6%和 37%，第四季度贷款占全年贷款增加额的比重分别为 39.6%和 40.6%。1998 年上半年金融机构贷款增加 3764 亿元，前三季度金融机构贷款增加 7612 亿元，如果全年完成贷款投放 12500 亿元，则上半年贷款仅占全年的 30%，第四季度贷款将占全年的 39%；如果全年完成贷款投放 13000 亿元，则上半年贷款仅占全年的 29%，第四季度贷款将占全年的 41.4%。贷款投放在时间分布上的不均衡性和不合理性仍然相当明显。从经济运行的实际出发，过分加大第四季度的贷款投放没有多少实际意义，特别是年底突击放款更是弊多利少。

9.1998 年以来贷款投放与企业存款之间、企业短期存款与长期存款之间不协调、不对称。前三个季度金融机构贷款投放比上年同期多 1255 亿元，但企业存款仍比 1997 年同期少 400 亿元，其中企业活期存款比 1997 年同期少 611 亿元，表明当前的生产经营活动仍很不活跃，企业对前景并不乐观。值得注意的是，9 月份当月企业存款增加 1240 亿元，占前三个季度增加额的 55%，其中活期存款增加 945 亿元，占前三季度增加额的 91%，这可能是一个重要而积极的转折，意味着生产经营活动将活跃起来，经济将进一步回升。但从全年经济增长的要求看，这一转折似乎来得迟了些。

二、现金 M_0 在监测和计划中已经基本没有价值

目前我们仍将现金投放作为一个重要的货币政策中介目标，但实际上 M_0 在监测和计划中已经基本没有价值，应当尽早用其他指标（例如 M_1 和 M_2）取而代之。主要理由是：①随着金融工具的创新和发展，非现金形式的货币（如信用卡、支票等）的运用范围越来越广泛，在经济活动中的作用不断增强，而现金的地位相对下降，现金的变动已经不能完整地反映经济和交易活动的全貌。②货币流通量的变化往往受到虚拟经济的影响，特别是股市状况对现金投放的影响有时十分明显，而虚拟经济与真实经济之间则可能存在相当大的差距。③工资性支出是银行现金支出中的一个重要项目，也是影响现金投放的一个重要因素，但现在通过银行卡代发工资的金额越来越大，现金形式的工资性支出相对减少，致使现金投放量相对下降，使其具有不可比性。例如，1998 年 1—9 月金融机构工资性支出 13520 亿元，而通过银行卡代发工资达 2674 亿元，后者相当于前者的 20%。今后这一比重还将继续扩大。④事实表明，近年来 M_0 的变化与现实经济之间在很大程度上已经脱节。1993 年 M_0 增长 35.3%，到 1994 年增幅下降到 24.3%，这可以视为宏观调控的结果，但 1995 年并没有采取特别严厉的紧缩措施，而当年末 M_0 增幅降低到 8.2%，此后在 1995 年和 1996 年 M_0 增幅分别回升到 11.6% 和 15.6%，似乎应当表明经济正在回升，但事实上这一时期经济增长速度和物价涨幅均继续回落。

三、进一步下调利率的空间有限，效果更有限

1985 年以来的利率调整情况见表 2。

表 2

单位：%

年·月	名义存款利率	名义贷款利率	消费价格	实际存款利率	实际贷款利率
1985	6.3	5.76	9.3	-3	-3.54
1986	7.2	7.92	6.5	0.7	1.42
1987	7.2	7.92	7.3	-0.1	0.62
1988	8.64	9	18.8	-10.16	-9.8
1989	11.34	11.34	18	-6.66	-6.66
1990.4	10.08	10.08	3.1	6.98	6.98
1990.8	8.64	9.36	3.1	5.54	6.26
1991.4	7.56	8.64	3.4	4.16	5.24
1992	7.56	8.64	6.4	1.16	2.24
1993.5	9.18	9.36	14.7	-5.52	-5.34
1993.7	10.98	10.98	14.7	-3.72	-3.72
1994	10.98	10.98	24.1	-13.12	-13.12
1995	10.98	10.98	17.1	-6.12	-6.12
1996.5	9.18	10.98	8.3	0.88	2.68
1996.8	7.47	10.08	8.3	-0.83	1.78
1997.10	5.67	8.64	2.8	2.87	5.84
1998.3	5.22	7.92	0.3	4.92	7.62
1998.7	4.77	6.93	-0.4	5.17	7.33

注：上述利率指一年期存贷款利率。

1998 年以来名义利率之低、实际利率之高，形成了鲜明对照。目前一年期存、贷款名义利率分别为 4.77% 和 6.93%，而 1—9 月份累计居民消费价格下降 0.7%，意味着实际利率分别为 5.47% 和 7.63%，如果按商品零售价格计算，则一年期存、贷款利率分别高达 7.27% 和 9.43%。一种意见认为，过高的实际利率阻碍了经济的启动和回升，因此主张降低实际利率。我们认为，这种主张的可行性及效果令人怀疑。这是因为，在目前价格受市场供求关系决定而自发走低的情况下，人为刺激价格上升难以奏效。因此降低实际利率的办法只有降低名义利率，但在名义利率已经很低的情况下继续降低的空间十分有限，而且进一步降低利率的积极效果也不会那么明显，相反可能带来更多的负面影响。具体来看，由于企业和银行对市场前景预期不高，进一步降低利率不会明显增加企业借款的愿望，也不会明显增加银行贷款的愿望，同时由于利息支出只占企业总成本的 3%～5%，因此下调利率不会对企业扭亏增盈有多大作用。1996 年以来连续五

次降低利率的实践已经说明了这一点。实际利率高低是与价格涨幅比较而言的，但居民在进行存款时主要是看名义利率而不是实际利率，企业在利润和成本核算中也是使用现价而不是先扣除价格因素，例如不能说1998年100万元利润剔除价格因素后相当于110万，更不可能按110万来缴税或分配。此外，下调利率将使银行存贷款利差进一步缩小，从而使银行经营面临更多困难，人民币汇率稳定也将面临更大压力。

四、库存增加与贷款的关系

库存增加表明企业销售情况不理想，银行自然不愿意为销售不出去的产品增加贷款。但另一方面，在库存已经大量增加并占用了相应资金的情况下，如果银行不继续增加贷款，那么企业必然面临减产、停产甚至倒闭的前景。这就揭示出一个道理：在产品销售不畅的情况下，企业维持同样规模的生产对银行贷款的需求量更大了，因为总是有部分资金不断地沉淀下来，不能进入生产过程的下一阶段，因而总是需要增加额外的资金来维持生产过程的循环。这时，速度与效益之间、速度与降低银行不良贷款比例之间就会发生矛盾。1998年1~8月份工业企业产成品资金占用余额达到6300亿元，同比增长8.9%，既高于工业产出增长速度，更高于产品销售增长速度。为了保持一定的工业增长，在贷款投放上就必须考虑到库存增加这一现实的、尽管也是被动的资金需求。目前没有两全其美的选择。

五、关键在于调整信贷结构，培育新的贷款增长点

无论从存量上看还是从增量上看，银行贷款的相当大比例都投到了一般加工工业和国有企业，特别是大企业，而目前许多传统加工工业和国有企业的困难和亏损状况表明，继续囿于原有范围和思路来做文章恐怕会形成"不贷款等死、贷款找死"的结局，贷款的增加往往带来不良贷款的增加，因此银行贷款结构，包括行业结构和企业结构必须进行较大的调整，寻找新的贷款增长点。培育新的贷款增长点，应当全方位、多层面地开展工作。目前看，如下一些领域的贷款增长仍有较大的潜力和较好的前景：一是消费信贷，包括住房、汽车和其他高价值商品的消费信贷。二是要对非国有企业贷款包括个体私营企业贷款要与国有企业一视同仁。三是增加对中小企业的贷款。四是加强对服务业的信贷支持。五是增加对城乡经营性基础设施的贷款。六是增加对科技含量高的产品和产业的贷款。只有调整和优化贷款结构，进而调整和优化经济结构，使经济进入良性循环，才能减少不良贷款，从根本上防范和化解金融风险。

（作者所在单位：国家计委经济政策协调司）

提高消费率势在必行

彭志龙

1998年以来，围绕实现8%的经济增长目标，国家采取了一系列启动需求的政策措施，并把着力点放在扩大投资需求上。这一举措符合今年特定的社会经济环境，是完全正确的。但下一阶段的政策取向是否保持不变，仍把加大投资力度作为拉动经济增长的最主要手段很值得探讨。本文利用国民经济核算资料，就这一问题作一初步分析。

一、持续大量地注入投资使中国形成了高投资率、低消费率的特殊格局，这是宏观经济效益低下的表现之一

按照国内生产总值（GDP）生产与使用平衡的原理，一定量的GDP最终用于三大方面：消费、投资和净出口（出口减进口）。如果不考虑净出口因素（通常地，净出口只占GDP的2%左右），则构成GDP的产品和服务去向只是两个：消费或投资。很明显，一定量的GDP如果用于投资的部分多了，即投资率（投资占GDP的比重）高了，那么，可用于消费的部分就少了，消费率（消费占GDP的比重）就低了。由于投资只是一种相对意义的"最终需求"，一种为扩大消费、提高消费质量服务的手段，因此，生产的最终目的就是为了消费。从这种意义上讲，同量的GDP用于消费的部分越多，即消费率越高，则宏观经济效益越好，特别是在一个较长时期内，持续的高消费率是一个国家经济良性循环的重要表现。相反地，以大量的投资为代价，用高投资率来支撑经济增长是一种高成本、低效益的经济增长方式。

据国际货币基金组织和世界银行统计，90年代以来，世界平均消费率水平为78%~79%，见表1。

表 1　总消费占 GDP 的比重

单位：%

	1991 年	1992 年	1993 年	1994 年	1995 年
世界	78.7	78.7	79.1	78.7	78.0

在所统计的 36 个国家中，只有 8 个国家的消费率低于 70%，其他国家的消费率均在 70%以上。以 1995 年为例，印度消费率为 78.0%；日本消费率略低，但也有 70.0%；加拿大消费率为 79.5%；美国消费率为 83.7%。相比较，我国的消费率明显偏低，这些年来一直在 60%上下波动，见表 2。

表 2　最终消费（总消费）占 GDP 的比重

单位：%

	1991年	1992年	1993年	1994年	1995年	1996年	1997年
中国	60.8	59.9	58.3	58.2	59.0	60.5	59.9

以上资料显示，我国消费率与世界平均水平相比，约低 18 个百分点，这是一个不小的差距。这一差距表明一个基本事实：即我国单位劳动成果中，可供消费（享用）的部分较少，而转化为投资的部分较多。对此，可算一笔简单的账，如果以世界平均消费率为标准，要求 GDP 的使用中，保证 78%用于消费，且当实际消费率低于 78%时，通过扣除 GDP 中的投资额将消费率调整到 78%，那么，我国每年就要扣除 18%的 GDP（1997 年为 13459 亿元），相当于当年全社会固定资产投资的一半，这部分扣除的 GDP 可看作是由于消费与投资结构不合理以及投资效益低下形成的。可见，观察一个国家的经济发展，不仅要看它的经济增长速度有多快，GDP 绝对量有多大，还要看它的有效程度，看社会公众能享用到多少，即经济增长的效益如何，这是更为重要的一个方面。

二、高投资、低消费是我国经济结构中的突出矛盾

长期以来，为了迅速改变我国落后贫穷的面貌，加快发展，缩小与发达国家的差距，国家投入了大量资金搞建设，这其中大部分建设项目是符合需要并有效益的。然而，由于我国体制、政策、调控手段等方面的原因，为了实现较高的经济增长速度而过多地依赖投资拉动，造成投资总量过大，投资率过高，再加上投资结构不合理，最终形成了较为普遍的重复建设、低水平建设、盲目建设现象，使本来可以多消费的资源因项目搞得太多而白白浪费掉了。超消费投资带来的严重后果是：第一，大量生产能力闲置浪费。据第三次工业普查的资料，900 多种主要工业产品的生产能力利用率有半数以上不足 50%，其中，加工工业尤为突出。近几年，虽然国家三令五申强调投资的合理布局，不准重复建设，但由于没有从根本上解决投融资的问题，结果，不少投资项目仍在盲目上马，造成新的生产能力闲置。很明显，生产能力的长期闲置实际上就是一种无效投资，是社会资源的浪费，这也就是许多人感到生活水平提高不如经济增长快的根本原因。第二，投资效益差，项目投产后经营困难，亏损严重。评价投资项目的效益主要看其建设投产后能否正常生产，按期收回投资并创造一定的利润。关于这一点，可以间接地从企业生产经营活动中观察。以工业生产企业为例，近十几年来，主要经济效益指标均反映企业经营困难加剧。例如，每百元固定资产原值实现的利税：1986 年为 21.02 元，1992 年为 14.03 元，1997 年为 9.64 元，11 年间下降了 54.1%；资金利税率：1986 年为 20.43%，1992 年为 9.89%，1997 年为 6.92%，11 年间约下降了 2/3；产值利税率：1986 年为 19.28%，1992 年为 10.1%，1997 年为 8.4%，11 年间下降了 56.4%；每百元销售收入实现的利润：1986 年为 9.79 元，1992 年为 3.76 元，1997 年为 2.48 元，11 年间下降了近 3/4。1998 年前三季度，企业经济效益形势依然严峻，工业利润下降 30.8%；国有工业企业整体亏损；亏损企业亏损额增长 30.9%。这种状况虽有多种原因，但消费市场疲软，消费率偏低是其主要原因之一。第三，银行呆账增多，成为诱发金融危机的重大隐患。投资率过高、消费率过低的直接后果是企业的生产能力相对过剩，从而逐渐形成了当前的“买方市场”。对一般生产企业而言，买方市场程度越高，其经济效益越差；对银行来说，企业经济效益越差就意味着还贷能力越弱，呆账越多。尽管目前对我国银行呆滞贷款所占比例估计不一，有的估计已达1/3，有的估计为 1/4，比较保守的估计也至少有7%～8%。但无论怎样估计，生产能力大量闲置，经济效益持续大幅度下滑不可能不影响到银行的贷款质量及贷款回收率。进一步地，从趋势上看，银行近几年的呆滞贷款比例很可能是上升的，且未出现根本转机，这是诱发金融危机的重大隐患，应引起我们的高度重视。

三、把扩大居民消费作为下一阶段宏观调控的重点

投资与消费的比例关系是国民经济中的重大比例关系，两者协调与否，直接影响到经济发展的各个方面，特别是经济增长的持续性和增长质量。为此，要尽快调整政策，逐步改变我国高投资、低消费的经济发展格局，使国民经济进入良性循环。

1. 降低投资率、提高消费率是一项难度很大的工

作，需要一个渐进的过程。从逻辑上讲，如果不考虑进出口因素，则降低投资率和提高消费率就是一个意思，即降低了投资率就意味着提高了消费率，反之亦然。但在政策操作上，侧重点不同所带来的结果是截然不同的。如果侧重的是投资，即通过压缩投资来求得投资率的降低和消费率的上升，那么这种调控方式的后果很可能是消极的，它以降低经济增长率为代价实现投资与消费关系的协调。另一种方式是积极扩大消费，使消费增长快于投资增长，由此实现较快经济增长下的投资与消费关系协调。我们追求的是后一种政策操作，但这是一项难度很大的政策操作。事实上，提高消费率涉及到一系列棘手问题，比如，怎样较快地增加居民收入，特别是增加中低收入阶层的收入；如何培育新的消费热点；如何把加快改革与刺激消费结合起来等等。这些问题并不是短时期内能完全解决的，需要一个比较长的过程。可以设想，如果每年使消费率上升1个百分点，那么，经过20年左右，我国的消费率就可以达到国际平均水平。

2. 提高消费率的途径是提高居民消费率，而不是政府消费率。按照国民经济核算定义，消费由两部分组成：居民消费和政府消费。居民消费是居民购买商品和各种服务的支出；政府消费是行政事业单位行使政府职能所发生的各种经常性支出，两者的比例大约为4:1，分别占GDP的48%和12%左右。由于我国仍处在社会主义初级阶段，经济建设任务很重，而财政能力又十分有限，因此，今后一个较长时期内，政府消费占GDP的比例不宜提高。此外，控制政府消费也是改革政府机构，减轻企业负担的客观需要。根据近几年的核算，用于政府消费的资金中，有约65%靠财政拨款，有约25%靠各种收费（预算外资金）。如果进一步分级考察政府消费的资金来源，一般地，地方政府消费靠规费收入的比例更高些。由于各种规费收入主要来自企业，特别是国有企业，因此，要提高企业经济效益，减少企业亏损，就必须精减政府机构，减少政府工作人员，控制政府消费的过快增长。

3. 提高居民消费率的政策建议。第一，充分认识居民消费对经济增长的拉动作用。从近几年的核算资料看，居民消费对GDP的贡献率接近50%，居民消费增长率每提高1个百分点，相当于固定资产投资增长率提高1.5个百分点。另一方面，与国外需求相比，居民消费受国际环境影响小，拉动经济的可靠性强。去年外贸形势很好，在8.8个百分点的经济增长率中，有2.4个百分点是由出口净额拉动的。1998年受亚洲金融危机的影响，出口增长明显放慢，特别是下半年以来，出口降幅很大，初步估计，1998年出口净额对经济增长的拉动微乎其微。1999年外贸形势可能更加严峻，继续保持顺差的难度很大，如果进出口持平，那么，出口净额对GDP的拉动就是反方向的，估计约为-2个百分点。因此，要积极扩大内需，特别是要加大刺激居民消费需求的力度，以弥补外需的不足。第二，增加中低收入阶层的居民收入。在居民群体中，中低收入阶层的消费倾向高，增加他们的收入对刺激消费作用大，同时也有利于缩小日益扩大的居民收入差距。在农村，增加居民收入的措施包括：①适当提高粮食收购价格，参照国外的粮价政策，我国提高粮价的空间还是有的；②切实减轻农民负担，减负的关键是要大力精减乡村干部，降低农民负担干部的比例系数，同时加强监督，公开农民拟缴的税费；③加快小城镇建设，减少农村居民，这是提高农村居民收入的根本出路。增加城镇居民收入的措施包括：A. 足额发放下岗职工生活补贴和失业救济金。这既是增加当前居民消费的需要，也是保持社会稳定的需要。B. 增加公务员工资。近年来，公务员的实际收入因部门不同和岗位不同而差异很大，收入既不规范，也不透明，这是导致政府工作效率低下和腐败的根源之一。对此，一方面要加大整顿力度，规范公务员的收入，同时也要大幅度提高公务员的工资水平。第三，开设利息税。目前是开设利息税的大好时机，这是因为：①物价持续下降，实际存款利率偏高。按商品零售价格计算，现在一年期存款的实际利率已近8%，即使按较低的消费价格计算，实际存款利率也近6%。如果征收1%的利息税，则实际存款利率还有5%，也是一个不低的水平。再联系近期连续下调利率对市场的影响，笔者认为，开征1%的存款利息税不会引起大的震动。②开设利息税与降低利率相比，不仅可以起到降息所具有的刺激居民消费的作用，而且还具有再分配的功能。国家通过征收利息税，增加财政收入，再将这部分收入发放给贫困居民户，能达到直接而迅速的缩小居民生活水平差距的效果。按目前居民存款52000亿元计算，征收1%的利息税，国家每年可增加520亿元的收入，如果将这笔收入发放给困难户用于消费，可直接提高GDP速度约0.6个百分点。第四，调整居民支出预期。1998年以来，有关机构改革、医疗改革、退休制度改革的宣传很多，这是必要的。但是，由于改革的内容不够具体，尤其是各项改革中涉及居民支出的数量没有一个明确的说法，使居民过份担心将来的支出负担。在这种预期支配下，必然是消费倾向下降，储蓄倾向上升。1998年以来，虽然居民收入增长缓慢，前三季度，城镇居民人均可支配收入实际增长6%，农村居民人均现金收入实际增长1%，但居民储蓄仍增加不少，8~10月，居民储蓄分别增长15.9%、16.9%和16.8%。收入的低增长与储蓄的高增长反映出居民过高的支出预期。针对这种状况，建议在改革的舆论宣传上，要尽可能的具体化、数量化，让老百姓对未来支出心中有数。只有这样，才能有效地扩大当前消费，进而带动国民经济快速增长。

（作者所在单位：国家统计局国民经济核算司）

过剩经济对我国投资领域的影响分析

李启明　赵培亚　倪春海

过剩经济通常是指这样一种经济状态：当某种社会需求产生时，供给经济可以更大的规模产生；价格变动已经难以调整供求双方的经济关系，相当多的生产经营者被迫在成本线以下抛售；供给方的利润普遍被压低到银行利率以下，但资本又难以找到更有利的领域可供转移，唯有通过继续追加投资、通过过度竞争的方式把其他供给者排挤出局以维护自身的利益；经济系统从封闭走向开放时，在系统外部普遍存在着技术及资本力量更为强大得多的过剩生产能力。

世纪之交，摆在国人面前的国民经济运行态势正是这样一幅画面：商品零售物价指数、居民消费物价指数、工业品出厂价格指数持续回落；绝大多数商品供过于求或供求平衡，供不应求的商品几乎没有；工业平均利润率急剧下降，“扭亏为盈”已经成为许多产业部门为之奋斗的基本目标；众多生产者与商家不断掀起“宁让利润不让市场”的价格大战，形成恶性竞争；工业贷款需求下降，“找好项目难，银行惜贷”甚至已经为最高决策层所关注……。种种迹象表明，进入90年代，我国国民经济已经由短缺经济转为低水平的结构性过剩经济。

经济过剩，经济又必须发展，而且要保持一定的速度，这对于一个发展中的大国来说是必要的，也是必须的。1998年，为保持国民经济增长8%，各项政策措施纷纷出台，投资作为扩大内需、刺激经济增长的重要手段，理所当然地被推到了前台。面对过剩经济这一新的历史命题，固定资产投资的宏观调控机制、投资规模、投资方向以及政府行为的重新规范等问题，都将与短缺经济环境下有所不同，对这些问题认真比较，深入思考，有助于问题的理解和解决。

一、过剩经济下固定资产投资宏观调控机制的变化

1. 短缺经济下对固定资产投资宏观调控的着力点在于抑制投资的盲目扩张，研究的主要目标集中于如何控制“投资饥渴症”。在短缺经济条件下，投资需求本身具有内在的扩张倾向。这一方面由于在旧的投资管理体制下，公有制企业不计成本、不顾风险、不怕亏损，表现出预算软约束特征，企业只要能搞到贷款，就会无止境的投资，这是形成“投资饥渴症”的主要原因；另一方面，银行企业化管理意识淡薄，受各级政府干预较多，贷款发放上把关不严也为投资盲目扩张创造了条件；同时，短缺经济下的市场具有一定的容纳力，属于填平补齐类的项目很容易上马，也容易收到效益，客观上助长了企业投资的积极性。正是由于以上原因，在短缺经济条件下，政府关于投资需求的调控主要是抑制投资的过度需求。

以1981年到1997年为例，这段时期我国加快了投资建设的步伐，全社会共完成固定资产投资14.1万亿元，现价年平均增长速度达21.6%，1997年全社会完成投资相当于1980年的27.8倍。与1980年相比，1997年全社会在建投资规模扩大了17倍，年平均增长18.1%。固定资产投资率（全社会固定资产投资占GDP的比率）由1980年的20.2%提高到1997年的33.9%。但同时，考察历年的投资增长速度可以看出，我国固定资产投资始终呈现“膨胀—收缩—再膨胀—再收缩”的周期性波动，波峰和波谷的振幅可达几十个百分点以上，以一种大起大落的方式运行。

当时投资领域里存在的主要问题是规模膨胀问题，宏观调控的主要目的是压缩需求，但由于管理体制、调控手段等问题，往往是一压就死，一放就乱。拿1988年到1990年的三年治理整顿为例，当时治理整顿的主要目标是压缩社会需求特别是压缩基本建设在建规模，消除经济过热，降低通货膨胀率，缓解社会总供需的矛盾。为了在短期内见效，采取了以行政手段为主的措施兼以经济的、法律的手段，抑制了经济过热和通货膨胀。全国零售物价总水平比上年的涨幅由1988年的18.5%回落到1989年的17%，1990年进一步回落到2.1%。但与此同时，却又出现了市场销售疲软，工业生产速度回落过猛，停产半停产的企业增加，经济效益下滑，财政困难加剧等新的问题和矛盾。1990年初不得不决定调整操作力度，做出增加400亿元投资的重大决策，以此来启动市场和经济。可是到了1992年，投资再次急剧升温，当年完成投资8080亿元，增长44.4%，经济过热再次诱发通货膨胀，新一

轮宏观调控重新开始。

2. 过剩经济下对固定资产投资宏观调控的研究主要集中于重塑投资需求机制。从1993年下半年开始的宏观调控可以说是多年来中央政府宏观调控的一个成功范例。在这次调控中，中央政府吸取了以往的教训，采取了更加灵活的宏观调控手段，使经济成功地实现了软着陆，既有效地控制了通胀，又保持了国民经济的稳定适度发展，实践证明是成功的。它表明，随着市场经济体制的建立和完善，政府对宏观经济的调控能力在不断增强，抑制投资过度需求的经验日趋丰富。但就在取得这一成功的同时，另一个更加尖锐的问题已经悄然产生。这就是，在过剩经济条件下，如何合理扩大投资需求以保持经济适度增长的问题。

1998年，为实现国民经济增长8%，中央连续出台了一系列扩大内需的财政政策、货币政策和产业政策，尤其是年中决定增发1000亿元特种国债，作为国家预算内基础设施建设专项投资，同时相应增加银行配套基本建设贷款1000亿元。政府以如此积极的财政政策扩大基础设施投资规模进而扩大社会总需求规模，其调控力度之大为近年来所少有。从目前执行情况来看，政府的一系列扩大投资内需的政策效应正在逐步显现，全年固定资产投资可望达到28800亿元，同比增长16%左右。但同时应该引起注意的是，政府对基础设施建设的公共投资主要对经济景气回升起杠杆作用，要使启动经济政策真正见效，必须刺激民间投资热情较快回升。这显然是目前宏观调控中尚未解决的一个问题，而且由于一系列复杂因素的存在，这又注定是一项长期而艰巨的任务。

这首先是因为国内的投资环境正在发生着前所未有的变化，随着市场经济机制的不断完善和买方市场的形成，投资风险对投资者的约束力大大增强，过剩经济使靠扩大生产能力支持经济发展的余地已经所剩不多，在这样的供需环境下，再上新项目绝非易事；其次，面对市场的变化和市场机制的形成，地方各级政府、国有企业和国有商业银行的投融资观念和行为也在发生变化，他们防范投资风险的意识和自觉性大大增强，因为不少人已经实际尝到了不顾市场、不计成本、盲目上项目的苦头；再次，在国家金融调控政策的压力下，国有商业银行和政策性银行从市场和效益出发，对项目评审和把关的作用也在大大增强，不少项目就是因为过不了银行评审关而搁浅。可见，在过剩经济条件下，由于多种因素的共同制约，投资需求原有的内在扩张倾向受到了遏制，需求行为更趋于理智。

3. 重塑投资需求扩张机制的政策选择。在过剩经济下，如何重塑投资需求扩张机制，采取怎样的政策措施才能解决合理扩大投资需求，特别是刺激企业、民间投资热情的问题，各方面比较认同的意见有以下几点：

(1) 加大财政调控力度。在市场经济体制下，政府对经济的调控主要是价值形态的调控，财政政策和货币政策是政府最重要的宏观调控手段，有关国家的相关分析表明，经济扩张阶段，扩大或收缩的货币政策对经济总量的影响比较明显，可以直接影响经济发展速度；而在相对收缩阶段，扩张的货币政策对经济回升的作用不明显。目前社会资金供大于求，银行和非银行金融机构风险约束强化，银行降息对扩大社会资金需求的边际效应有所减弱。根据经济运行的一般原理，增加财政支出或减税可直接扩大投资需求和最终消费需求，财政手段的显著特征之一就是时滞效应期短，不像货币政策作用那样需要中间传导过程，这也是市场经济国家的一般经验。我国财政具备一定的宏观调控能力，财税体制改革四年以来，财政收入每年增长一千多亿元，收入增长的良性机制基本形成，国家财政对经济建设和社会发展的保障能力明显提高。

(2) 研究制定产业政策，引导投资方向。结合各行业发展规划，按照国民经济结构调整的目标要求，通过制定、实施产业政策，确定国家重点支持的若干支柱产业和优先发展产业，综合运用财政、货币政策和资源配置手段，集中各方面资源优先保证其快速发展。同时，限制或淘汰已明显不具备竞争力的产业，最终实现结构调整目标，增强综合国力和国际竞争能力。

(3) 合理界定投资分工范围，改革项目审批制度。政策投资退出竞争性领域，让位给企业民间投资。对于竞争性项目，原则上由企业自主决策，国家用产业政策予以引导；在投资主体约束机制、市场功能和宏观调控能力趋于成熟后，将逐步用项目登记备案制代替现行的行政审批制。

(4) 积极开辟投资资金市场。在继续完善以银行融资为主的间接融资体系的同时，积极稳妥地培育和发展直接融资市场，通过扩大债券、股票发行规模，逐步提高直接融资的比重。资产转移重组的一个容易实现的有效形式就是通过股份制改造，国有企业由此引入增量，盘活存量，促进资本流动，实现低成本扩张。另外，有鉴于当前国际中长期资本市场利率交低的状况，可以鼓励有条件的国有大型骨干企业到海外上市或直接发债，这有助于降低企业筹资成本和避免外国政府贷款、买方信贷在用向上的限制。

4. 过剩经济下宏观调控的主要着力点在于重塑投资的扩张机制，但仍要警惕重复建设的虚假需求。正如前面所述，随着经济环境由短缺走向剩余以及投融资体制改革的逐步到位，计划经济下造成的大量重复建设、盲目建设的虚假需求受到一定程度的抑制，但要从根本上解决这个问题，不仅仅取决于投融资体制改革的进程，而且最终要和所有制改革联系起来。可以说，不制止重复建设，就不可能有效地进行结构调整。然而，只要所有制改革没有到位，投资领域里的不负责任、不计风险的虚假需求就仍然有其存在的土壤，这也是目前在万众一心扩大内需的同时需要注意的另一方面的问题。

二、过剩经济条件下合理投资规模的确定

1. 过剩经济条件下投资规模的确定，要和当时的经济发展速度结合起来考虑。自1996年宏观经济成功实现软着陆以来，我国国民经济一直呈现低速发展态势，1996年GDP的增长率为9.6%，1997年为8.8%，1998年上半年为7%。经济回升乏力使得业已存在的企业困难和就业问题变得更加突出。有速度才能有发展，我们要实现在下个世纪中叶达到中等发达国家水平的宏伟目标，就必须保持较高的发展速度。另外，中国是一个经济发展极不平衡的国家，城市和农村之间存在着发展的梯度，东中西部地区之间也存在着发展的梯度，这种梯度便是经济增长的刺激力量，由于发展的不平衡性，各部门之间，尤其是农业部门和工业部门之间劳动生产率还存在差别，甚至是很大的差别，这种差别的存在说明，全面提高劳动生产率还有很大的余地。日本的经验表明，只有当经济的二元结构结束时，经济高速增长的时代才有可能结束。资料表明，要实现经济腾飞，大规模的基础设施建设产生的高投资时期是一个不可逾越的阶段，西方发达国家如此，亚洲较发达国家亦如此。日本在经济高速增长的六、七十年代，固定资产投资率一直很高，1961—1971年平均32.6%；1971～1980年平均为33.2%；韩国在这一阶段的投资率高出一般年份7个百分点左右；新加坡从70年代开始，投资率开始明显提高，由60年代的28%以下提高到70年代的40%以上，到了80年代仍高达35%左右。这充分说明我国为实现发展目标，也需要保持一个高投资率的时期，有关专家经过综合分析后认为，在近几年内，我国GDP增长速度以保持在8%左右、固定资产投资率则在35%左右为宜。

2. 一定时期投资规模的确定还要考虑到该经济时期国民经济的综合平衡。国民经济综合平衡理论说明，生产总量与使用总量相互作用、相互依存，不断推动社会再生产的顺利发展。构成使用总量的消费、固定资产投资、库存和进出口净值均对经济增长起着推动或制约作用。仔细分析当前拉动国民经济增长的几大需求因素，出口由于受东南亚金融危机的影响，其对经济增长的拉动作用受到一定程度的限制，对今后一段时期的影响可能更大，消费由于受到收入增长的制约和缺乏新的消费热点，短期内难以有较快增长，因此近几年内，影响经济增长率高低的主要因素仍是投资。对以上几大因素做进一步综合平衡，在净出口贡献率为零、最终消费需求增长7%左右的情况下，如果要达到GDP增长8%左右，固定资产投资增长率至少要达到15%左右，对GDP的贡献率为3.75个百分点。

三、过剩经济条件下投资方向的选择

1. 加大基础设施建设力度既是国民经济发展的需要，更是当前经济形势下的一种现实选择。

（1）从基础设施目前的发展水平来看，与发达国家相比，中国尚处于比较低的发展阶段。基础设施的发展水平和质量对于国民经济整体素质至关重要，纵观世界上经济发展较为成功的国家和地区，发达的基础产业几乎是它们共有的标志。改革开放前，基础设施包括基础产业曾经是制约中国经济发展的主要的瓶颈，经过80年代特别是“八五”期间的重点投入，中国基础设施有了长足的发展，但仍不能满足国民经济持续发展的需要。发电装机总量虽然达到了2.5亿千瓦的空前规模，但人均装机也只有0.2千瓦，不及发展中国家的平均水平。平均每平方公里国土面积拥有的公路不过0.12公里，扣除山地面积后也只有0.18公里。沿海地区公路密度最大，平均每平方公里拥有公路0.3公里，不及印度0.5公里的全国平均水平。在121万公里总里程中，国道主干线仅10万公里，高速公路不足5000公里。国道平均车速40公里，大大低于汽车行驶的经济速度。经过大规模的建设，铁路限制口已经减少到5个，但西南和东北地区，京沪、京广、哈大、京沈、陇海五大干线运力仍然紧张。民航大、中型机场候机楼接纳能力仍旧落后。国家标准规定，年旅客吞吐量和候机楼面积之比应为100:1，但目前32个干线机场中，还有22个机场尚未达标，其中北京首都机场、广州白云机场和成都双流机场分别是229:1、400:1和259:1。尽管国家在“八五”期间千方百计加大对水利的投资，但到1997年，水利投资占全社会投资的比重也只提高到1%，水利建设严重不足的问题在1998年的特大洪水面前已明显暴露。

（2）加大基础设施投资是短缺经济向过剩经济过渡过程中保持经济发展的一种现实选择。经济由短缺走向剩余，面对供大于求的市场，竞争环境将更加严峻，这就要求决策者必须具有更多的经验和胆识。但长期以来，我国的企业和银行尤其是国有企业和银行一直是在计划经济下发展起来的，从人财物到产供销基本上由国家统一包办，企业不用直接接触市场。面对突如其来的市场竞争，企业和银行的成熟需要时间，

在看不清市场、找不准项目的情况下，与其盲目投资不如谨慎从事，因此企业“慎投”、银行“惜贷”成为一种普遍现象。面对疲软的投资环境，国家为刺激经济发展，改变落后的基础设施状况，决定加大基础建设投资力度，可以说是一种现实的选择。基础设施的投资，无论现在还是将来，政府都需要承担一定的责任，然而与草率决策造成生产能力的浪费和增加大量库存占压资金相比，目前资金投向基础设施建设是十分正确的。

2. 加大机械行业技术改造投资力度，在过剩中求发展。机械工业担负着为包括基础产业在内的各行业提供技术装备的重要任务，它是衡量一个国家科技水平和经济实力的重要标志。但目前机械行业却面临着这样一种困境：一方面，一般产品的生产能力过大，且品种少，性能差，质量低，出现了生产能力过剩和产品积压；另一方面，基础行业发展落后，技术陈旧，又无能力生产国内急需的高精尖产品，许多重要的机械产品需要大量进口。第三次工业普查资料表明，我国工业设备中进口设备所占比重比10年前上升了28.9个百分点。1995年，全社会固定资产投资的设备采购中，有将近2/3是购买国外产品。机械产品受进口冲击更加严重，国内产品市场占有率总体上从70年代的90%下降到现在的60%左右，机床行业连续三年负增长，1995年、1996年机床、锻压设备进口总量均超过20亿美元，几乎相当于机床工业全行业的产值；发电设备行业受进口冲击已连续两年能力放空500万千瓦至600万千瓦。

要实现整个国民经济结构的升级换代，构造21世纪民族工业的框架，不加大机械行业技术改造投资是不行的，工业化的最终实现要立足本国，依靠进口解决不了根本问题。技术改造投资从长远看是企业自身发展的事，但在转轨时期，对如机械行业等这样的支柱产业，国家需要在政策上给予有效支持。但近几年，随着技术改造投资在全社会投资中的比重不断下降，而技术改造投资中机械行业的投资比重也逐年下降，近三年分别为10.8%、10.3%和9.3%。如此发展下去，整个行业的结构调整和技术升级都将成为一句空话，这也是我们面对过剩而不得不投资甚至加大投资力度的一个重要原因。

3. 加大高新技术产业投资力度。我国的高技术产业标准目前尚处于研究阶段，按照OECD组织1986年建议的标准，高技术产业共分为六大行业：飞机航空器制造业，办公及计算设备制造业，通信设备制造业，医药品制造业，科学仪器制造业，电气设备制造业。

在以信息技术革命为主导的新技术革命推动下，各国政府特别是发达国家一方面把强化研究与发展投资，夺取下个世纪产业的技术制高点作为国家战略的重点，发达国家每年用于研究与发展的投资占当年国民生产总值的比重已达2.3%以上；另一方面，他们又非常注重高技术的产业化，不断扩大高技术产品的市场份额，积极运用高技术改造传统产业。经过80年代的调整和发展，目前发达国家制造业结构的高技术化趋势已十分明显，从1985年到1995年，经济合作与发展组织成员国的制造业中，高技术工业的生产和出口所占比重增加一倍以上，达到20%～25%左右，计算机、电子和航空航天等高技术工业成为发展最迅速的产业。美国的表现尤其突出，高技术工业的增加值占制造业的比重由1970年的18.2%增加到1994年的24.2%，高技术工业的出口占制造业的比重由1970年的25.9%增加到1993年的37.3%。

在我国，由于长期以来缺乏灵活、有效的风险投资机制以及科技与经济结合过程中还存在不少体制障碍等，现行的投资、信贷体制基本上只支持风险小且有担保的传统企业，而对于风险大、目前无明显效益且无人担保的高技术企业，较大的投资、信贷几乎都与它们无缘。从科技部门在基本建设投资中所占的比重看，1981年为2.2%，以后逐年下降，到1997年下降为0.7%；从科研经费占国民生产总值的比重看，1997年我国只有0.5%，而美国1988年为2.6%，日本为2.8%，英国、法国均为2.3%，就连印度也达到0.9%；从高技术产业本身投入来看，1995年，我国高技术产业中R&D经费投入最高的仪器仪表及文化办公用机械制造业，其R&D经费占其增加值的比重也不足3%，而OECD国家1980年即达到20%左右。1997年，我国基本建设投资中，用于制造业的投资1532亿元，占全部基本建设投资的比重为15.4%，而同期用于飞机航空器制造、办公及计算设备制造、通信设备制造、医药品制造、科学仪器制造、电气设备制造的投资为82亿元，占全部基本建设投资的比重仅为0.8%，详见表1。

表1

行　　业	1997年完成投资额（亿元）	占基本建设投资的比重%
制造业	1532.05	15.45
其中：飞机航空器制造	15.31	0.15
办公及计算设备制造	1.07	0.01
通信设备制造	6.01	0.06
医药品制造	31.10	0.31
科学仪器制造	3.86	0.04
电气设备制造	24.61	0.25

可见，投入不足已成为制约我国高科技发展的一个主要原因，必须下大力气解决。

四、过剩经济下政府投资与企业投资的范围划分

1. 短缺经济下，政府投资几乎遍布国民经济的各个行业。在传统的计划经济体制中，政府扮演了一个全能的角色，它不仅制定宏观经济政策，直接参与生产、流通和分配，更重要的是以直接配置资源为己任，将投资高度集中于其行政控制之下，使政府投资成为推进国民经济发展的主要动力。70年代末，我国开始了以市场经济为导向的经济体制改革，核心是政府职能的转换。在这一过程中，政府逐步从社会再生产中的最主要的、大一统的投资者、直接生产者、组织者转变为市场运行机制的协调者、监督者，在全社会投资中，政府投资所占比重开始不断下降。但是，政府投资范围没有缩小。

对近年来国家预算内投资进行分析，可以发现政府投资几乎遍及国民经济的各个行业。1995年涉及92个大类中的86个大类，1996年涉及88个大类，1997年仍然涉及87个大类，其中约40%左右分布于竞争性、营利性产业。即使是餐饮业、娱乐服务业、旅行社等这样的高竞争的产业也有政府投资。1997分行业国家投资情况见表2。

表2　1997年分行业国家预算内投资完成情况

单位：万元

行　业	国家预算内资金
全　国　总　计	6127188
其中	
（一）制造业	264099
食品加工业	10289
食品制造业	2124
饮料制造业	3892
烟草加工业	700
纺织业	6267
服装及其他纤维制品制造业	100
皮革、毛皮、羽绒及其制品业	80
木材加工及竹、藤、棕、草制品业	1111
家具制造业	
造纸及纸制品业	10214
印刷业、记录媒介的复制	3158
文教体育用品制造业	400
石油加工及炼焦业	8185
化学原料及化学制品制造业	16772
医药制造业	5484
化学纤维制造业	20
橡胶制品业	500
塑料制品业	1805
非金属矿物制品业	10074
黑色金属冶炼及压延加工业	5421
有色金属冶炼及压延加工业	13507
金属制品业	1170
普通机械制造业	7697
专用设备制造业	2804
交通运输设备制造业	108913
电气机械及器材制造业	2579
电子及通信设备制造业	9778
仪器仪表及文化、办公用机械制造业	780
其他制造业	30275
（二）批发和零售贸易、餐饮业	27843
食品、饮料、烟草和家庭用品批发商业	12336
能源、材料和机械电子设备批发业	3935
其他批发业	980
零售业	6820
商业经济与代理业	
餐饮业	3772
（三）金融、保险业	33127
金融业	30117
保险业	3010
（四）房地产业	109839
房地产开发与经营业	107731
房地产管理业	2003
房地产代理与经纪业	105
（五）社会服务业	231240
公共服务业	182688
居民服务业	4952
旅馆业	29240
租赁服务业	
旅行社业	1832
娱乐服务业	4681
信息、咨询服务业	4056
计算机应用服务业	3233
其他社会服务业	558

2. 过剩经济条件下要合理界定政府投资与企业投资的范围。多年来政府投资与企业投资范围不清，政府投资包揽一切，“胡子眉毛一把抓”，特别是在政府投资占全社会投资比重不断下降的情况下，要对几乎所有的行业进行扶持，结果必然是对每一个行业的投资都不到位，而且挤占了本该由企业来参与竞争的行业，这显然有悖于市场经济的规则，与当前过剩经济条件下扩张投资需求、特别是刺激企业、民间投资热情的要求相违背。

近年来，有关部门提出了将建设项目划分为竞争

性项目、基础性项目和公益性项目的改革方案。这一方案在指导思想上基本体现了要在投资领域划分政府与企业的投资范围这一原则，无疑是一个明显的进步。但是该方案提出的三类项目实际上是从不同角度提出的，内涵不够清晰，外延往往相互重叠，很难精确定义，这必然影响其可操作性。例如，从国民经济各部门相互间的关系看，农业项目被列为基础性项目，这无疑是正确的。但如果从竞争、非竞争的角度分析，就可以发现，由于在农业部门存在无数生产着同质产品且相互独立、相互竞争的生产者，每一个都不可能形成任何形式的垄断，因而农业部门实际上又是一个最典型的竞争性部门。又如水利项目、公路项目均被列为基础性项目，但这类项目又是最典型的公益性项目。显然这个方案难以付诸实践。

针对三类项目划分方案所存在的问题和进一步规范政府投资范围的要求，建议按营利和非营利划分投资范围。固定资产投资按其性质分为：

营利性的：投资的最终目的是利润最大化，投资形成的是真正意义上的资本。众多分散的营利性投资由市场这只“看不见的手”调节，在市场竞争中接受成功和失败的考验。营利性投资是企业行为，不是政府投资行为。政府虽然也要增加财政收入，但是不能直接从投资项目来获取，政府收入的主要来源是税收，只能随着社会财富和国民生产总值的增加而增加。

非营利性的：投资的主要目的是为了获取社会效益和环境效益。市场调节难以对这类投资起主要作用，因为无法解决对社会有利而对个别企业不利，或对个别企业有利而对社会不利的矛盾；一些带有自然垄断性质的行业，市场调节也难以发挥作用。这类投资只能由代表公共利益的政府来进行，是政府行为，主要受计划调节。

市场经济体制下，应把营利性投资和非营利性投资划分开，把企业投资和政府投资划分开。政府投资是政府为了实现宏观目标的政策工具，不同于企业投资，不是资本经营行为，不具有明显的利润指向。在实际生活中，政府要从整个国民经济的宏观效益角度决定投资，选择建设项目并不取决于它的直接经济效益，而取决于它对国民经济和社会发展的贡献。政府的退出只是表明政府不再是国有企业投资的主体，不再代表国家行使出资者职能。只有在某种特殊情况下，政府才授权某个部门或某个机构暂时代行国有投资主体的职能。

为了充分发挥各方投资的积极性，提高投资效率，使政府把更多精力集中于管理和服务，还可以把一些本应属于政府职能范围内的投资项目，如基础设施建设项目，适当地转化为企业行为，由企业投资建设。已经开始实行的“公共工程特许权协议”(即“BOT”)、基础设施经营权有偿转让等，都是一些行之有效的方式，它不但可以解决基础设施建设资金不足的问题，有利于打破“大锅饭”，改进管理，而且把市场机制引入基础设施这样一些具有自然垄断性质的行业，也有利于提高效益和效率，有利于深化投资体制改革。

3. 过剩经济下政府投资从一些竞争性行业中退出不能一蹴而就，转轨过程中仍应对一些支柱行业进行扶持。合理划分政府投资与企业投资的范围是市场经济运行规则的要求，也是投融资体制改革最终目标所指。正如市场经济需要不断成熟、投融资体制改革需要不断探索一样，政府投资与企业投资范围的合理划分也不可能在短期内一蹴而就。由于目前过剩经济这一特殊的经济背景，政府投资在某些特殊领域甚至还应该加强。

首先是对有关国民经济结构升级换代的重大设备制造业的投资，政府还应加大参与力度。近来有一种忽视制造业投资的倾向，认为买方市场是由于过剩投资带来的过剩的生产能力形成的，因此对制造业投资持消极态度。这种判断不能说没有道理，但应该看到，在一些低水平的重复投资确实形成过剩生产能力的同时，适合市场需要的、代表现代生产力发展方向的高水平的投资却远远不足。而正是这种投资，对我们所一再强调的产业升级、结构调整和提高国际竞争力具有决定性的意义。按照政府投资与企业投资合理范围的划分，这部分投资属于竞争性投资，是企业投资的范围，政府不应参与。但凡事都应以具体的时间、地点、环境而变化，不能够一刀切。目前我国正面临过剩经济的挑战，企业投资热情严重不足，致使整个制造业投资增幅不断下滑。1997年，制造业投资共完成3977亿元，比1996年下降4.9%，低于全部行业投资增幅16.6个百分点，占全部行业投资的比重由1996年的30.5%下降到26%。这种状况对经济的长远发展显然是不利的，已引起宏观管理部门的担忧。今年以来，为刺激企业投资，国家出台了一系列财政、货币、产业政策，但从目前运行情况来看，民间投资力度不够仍是制约整个经济发展的关键。在这种情况下，政府显然应该承担更直接的投资责任，包括对一些重大项目直接决策、直接投资等，而不能急于从这些行业中退出。

其次，对国有企业在其他竞争性领域的投资，政府也应该视产权制度改革的进程有步骤地退出。投融资体制改革的终极目的在于怎样使花别人的钱变为花自己的钱，所谓改变审批制度，所谓投资决策权下放都只是为达到这个目的而采取的手段。在所有制改革没有完全到位的情况下，对国有经济来说，政府决策甚至政府投资非但是不能取消的，而且是必须加强的。国家的企业国家投资，这是符合市场经济运行规则的，即使在市场经济国家，也没有哪一个所有者会对自己所拥有的企业大撒把。说到底，投融资体制改革的进程应和所有制改革同步进行，超越或滞后都会付出代价。

（作者所在单位：国家统计局投资司）

城镇居民收入分配差距问题研究

王人代

改革开放以来，我国城镇居民收入发生了较大变化，总量急剧增长，差距不断扩大。这些变化从总体上看，调动了广大职工的积极性和创造性，促进经济效率提高，推动经济健康发展。但其中暴露出的问题也是值得注意的。本报告在整理大量数据基础上就此问题展开分析。

一、总量分配的变革及其影响

改革开放以来，我国生产力迅速发展，经济实力日趋增强。统计资料表明，1997年国内生产总值74772亿元，比1978年增长20.8倍，平均年递增17.3%。在国家经济实力增强、国民收入增加的同时，政府又积极在收入分配体制方面实行一系列的改革，进一步促进城镇居民收入水平的提高。

1. 分配总量中比例的变化：投资率和消费率的升降对发展生产提高人民收入水平起了重要的杠杆作用。改革以前，由于经济发展长期滞后，职工工资水平长达十几年未作调整。城镇居民收入水平的提高主要靠减少人口出生率，增加就业人数来体现。为了弥补长期以来历史造成的对居民生活的欠账，政府通过国民生产总值中投资率和消费率的调整，改善居民生活水平，调整居民收入增长幅度。统计资料表明，1978—1982年支出法国内生产总值中投资率从38%下降到33.2%，减少近5个百分点；消费率从61.8%上升到68.7%，增加近7个百分点。投资率和消费率的一降一升，对80年代初期城镇居民的收入水平迅速提高起了重要的作用，详见表1。

从1983年以后，国内生产总值中投资率不断上下波动，但总趋势是在逐步提高；消费率则一直呈平缓下降趋势。这说明历史的欠账已经还完，国民经济纳入一个正常的轨道，保持强大的生产后劲，城镇居民的收入水平也将以健康、协调的速度持续增长。

2. 收入分配内部结构调整：收入分配向个人倾斜。改革以来，收入分配内部的结构，即国家、集体、个人之间的分配格局也发生了明显的变化。国家收入占国内生产总值的比重呈下降趋势，而居民个人收入和集体收入则呈上升趋势，特别是居民个人收入所占比重迅速增加，详见表2。

表1 各年投资率和积累率变化情况（%）

年份	投资率	消费率
1978	38.0	61.8
1979	36.5	64.9
1980	35.2	65.9
1981	32.5	68.1
1982	33.2	68.7
1983	33.8	67.7
1984	34.4	65.5
1985	37.8	64.4
1986	37.7	64.1
1987	36.1	62.3
1988	36.8	62.7
1989	36.0	62.4
1990	34.7	61.3
1991	34.8	60.8
1992	36.2	59.9
1993	43.3	58.3
1994	41.2	58.2
1995	40.8	59.0
1996	39.2	58.6

表2 国家、集体、个人收入占国内生产总值的比重（%）

年份	国家收入	集体收入	个人收入
1978	31.6	17.9	50.5
1985	20.9	17.7	61.4
1990	14.5	21.5	64.0
1995	14.1	16.8	69.1

在国家、集体、个人谁先富起来的问题上，国家采取“小河有水大河满”的思路，让居民个人先富。居民收入渠道日益拓宽，工资收入日益增多，个人收

入占国内生产总值比重迅速上升，居民货币购买力和消费需求不断增强，为促进生产发展奠定了基础。

3. 国家财政收入的比例关系：扩大地方财政自主权，促进地方经济发展。随着国民经济实力的增强，二十年来国家财政收入也有了显著的增加，但是远远低于国内生产总值的增长幅度，占国内生产总值的比例逐年降低。统计资料表明，1978 年国家财政收入相当于国内生产总值的 32.2%，到 1996 年下降到 10.8%，减少 21 个百分点，详见表 3。

表 3　国家财政收入结构变化（%）

年份	国家财政收入相当于国内生产总值的比重	中央收入占国家财政收入比重	地方收入占国家财政收入比重
1978	32.2	14.7	85.3
1980	24.3	24.5	75.5
1985	22.4	38.4	61.6
1990	15.8	33.8	66.2
1996	10.8	49.4	50.6

为了鼓励地方发展经济的积极性，加大地方自主权，国家财政收入中，中央收入比重逐年增加，地方收入比重明显下降。统计资料表明，1978 年国家财政收入中，中央收入占 14.7%，地方收入占 85.3%；到 1996 年中央收入上升到 49.4%，地方收入下降到 50%。

二、城镇居民收入现状的总体判断

1. 城镇居民收入分配总体走势。改革以来，我国个人收入分配制度进行了一系列调整，扭转了长期存在的"重积累、轻消费，重生产、轻分配"的倾向，平均主义"大锅饭"的弊病得到很大程度地治理。城镇居民收入在总量不断增长的基础上差距开始拉大，同社会主义市场经济体制相适应的个人收入分配制度正在逐步建立和完善。

改革二十年来城镇居民收入差距变化情况大致可分为三个阶段：第一阶段平均增长阶段，居民收入大幅度增长，但收入差距变化不大；第二阶段差距拉大阶段，在收入增长的同时，收入差距拉大；第三阶段调整完善阶段，收入差距扩大趋势得到控制。

第一阶段（1979—1986 年）平均增长阶段　80 年代初期，我国经济体制改革从农村开始并取得突破性进展。家庭联产承包责任制的推行，打破了过去平均主义"大锅饭"的生产和分配方式，极大地调动了农民的生产积极性，在收入分配制度的改革中迈出第一步，为整个国民经济的发展以及城镇收入分配制度的改革奠定了良好的基础。

随着改革的深入，1985 年 6 月全国进行了第二次工资制度改革，这次改革距第一次间隔了 29 年。机关事业单位实行结构工资制，主要分为基础工资、职务工资、工龄工资、奖励工资，这次工资改革使城镇居民收入明显增长，但差距并没有拉开。这一阶段城镇居民收入变化有两大特点：一是收入基数低、增长幅度大；二是市场价格较为平稳，居民收入差距变化不大。据调查，1978 年城镇居民人均可支配收入 343 元，到 1986 年增长到 900 元，八年增长 1.62 倍，扣除物价因素实际增长 82.9%，超出改革前 30 年城镇居民收入增长幅度。从 1978 年到 1986 年，城市消费价格指数上升 43.5%，其中，前六年（1979—1984 年）上升 19.8%，平均每年涨幅为 3.1%，后二年（1985—1986 年）上升 19.7%，平均每年上涨 9.4%。价格上升的主要原因是调整农产品的不合理低价格，同时国家对每一个城市居民都发放了价格补贴，城镇居民收入差距变化不大，基尼系数前六年保持在 0.15～0.16 之间，后二年略有扩大，但仍没有突破 0.2，基本处于收入绝对平均状态。

第二阶段（1987—1994 年）收入差距扩大阶段随着城市经济改革的深入发展，在分配制度改革方面采取了一系列措施并取得明显进展。在机关事业单位实行结构工资制度后，又改革了国有企业工资管理体制，实行"工效挂钩"制度，这是我国企业工资管理体制的重大改革，促进了国有企业经营水平和经济效益的提高。

在这一阶段，城镇居民收入变化最为明显。据调查，1986 年城镇居民人均可支配收入不足千元。到 1994 年，短短八年中，人均可支配收入上升到 3496 元，人均增加 2596 元，增长 2.9 倍，平均每年递增 18.4%。与此同时，物价水平也在猛涨，八年中上涨 1.6 倍，平均每年涨幅超过两位数（其中 1988 年和 1994 年城市消费价格比上年涨幅高达 20.7%和 25%）。城镇居民收入增长扣除物价因素实际增长 81.3%，反而低于前八年的增长幅度。居民收入的大幅度增长（包括价格因素），带来了居民收入差距的扩大。从 1987 年开始城镇居民收入的基尼系数超过 0.2，并逐年加大，到 1994 年猛增到 0.3，居民收入差距急剧扩大，但按国际通行准则衡量仍为较为合理的状态。

从调查资料分析观察，居民收入差距的扩大，除了与收入增长速度相关之外，同价格的上涨也有密切联系。改革十几年来，价格变动有三个较大的台阶：第一次是 1985 年，价格上涨（与上年相比，下同）从过去多年来的 2%左右猛升到 11.9%，居民收入的基尼系数从前些年的 0.15～0.16，扩大到 0.19；第二次是 1988 年，价格上涨 20.7%，基尼系数从前几年的 0.19～0.2 扩大到 0.23；第三次是 1994 年，价格上涨 25%，基尼系数猛增到 0.3。详见表 4。

表 4 改革以来城镇居民收入情况

年 份	人均可支配收入（元）	比上年增长%	扣除物价因素后增长%	城镇生活费用价格指数	居民收入基尼系数
1981	500				0.16
1982	535	7.0	4.9	102.0	0.15
1983	573	7.1	5.0	102.0	0.15
1984	660	15.2	12.2	102.7	0.16
1985	821	24.4	11.2	111.9	0.19
1986	900	9.6	2.5	107.0	0.19
1987	1002	11.3	2.2	108.8	0.20
1988	1181	17.9	-2.3	120.7	0.23
1989	1376	16.5	0.2	116.3	0.23
1990	1510	9.7	8.3	101.3	0.23
1991	1701	12.6	7.1	105.1	0.24
1992	2027	19.2	9.8	108.6	0.25
1993	2577	27.1	9.5	116.1	0.27
1994	3496	35.7	8.4	125.0	0.30
1995	4283	22.5	4.9	116.8	0.28
1996	4838	13.0	3.9	108.8	0.28
1997	5160	6.6	3.4	103.1	0.29

第三阶段（1995 年至今）调整完善阶段 由于第二阶段城镇居民收入差距发展过快引起了有关部门的高度重视，从 1995 年起国家加大宏观调控力度，物价水平逐年趋向平稳。1997 年城镇居民生活费用价格指数比上年仅上升 3.1%，有的地区甚至出现负增长。城镇居民收入差距扩大的趋势得到有效控制。1995 年到 1997 年，居民收入基尼系数连续三年保持在 0.28～0.29 之间，其发展比 1994 年有所缓和。

从目前状况分析，城镇居民收入差距仍处在平均状态向合理发展阶段。

2. 近期居民收入分配中出现的一些新情况。

（1）收入结构发生变化，劳动收入比重逐年下降，资产收入呈上升趋势。党的十五大提出收入分配“要坚持按劳分配为主体，多种分配方式并存的制度，把按劳分配和按生产要素分配结合起来，坚持效率优先，兼顾公平，有利于优化资源配置，促进经济发展，保持社会稳定。”随着分配结构和分配方式的改革，城镇居民收入结构发生明显变化，详见表 5。

表 5 城镇居民收入结构情况

	1992 年	1993 年	1994 年	1995 年	1996 年	1997 年
全部收入	2031.53	2583.16	3502.31	4288.09	4844.78	5188.54
劳动收入	1675.44	2108.70	2827.36	3462.83	3906.93	4116.37
比重%	82.5	81.6	80.7	80.8	80.6	79.3
财产性收入	30.53	45.80	68.84	90.43	111.98	124.39
比重%	1.5	1.8	2.0	2.1	2.3	2.4
转移性收入	325.56	428.66	606.11	734.83	825.87	947.78
比重%	16.0	16.6	17.3	17.1	17.0	18.3

调查资料表明，1997 年城镇居民按家庭人口平均各类劳动收入 4116 元，比 1992 年增长 1.5 倍；利息、红利以及租金等财产性收入 124 元，同比增长 3.1 倍。劳动收入占全部收入的比重从 1992 年的 82.5%下降到 79.3%，减少 3.2 个百分点；财产性收入比重由 1.5%上升到 2.4%，增加近 1 个百分点。离退休金、价格补贴、赡养赠送收入等转移性收入比重也逐年增加，六年增加 2.3 个百分点。

（2）知识分子收入偏低的状况有所好转。在中国，居民对教育的投资收益有多大？长期以来知识分子收入偏低的问题一直受到社会各界的关注。调查资料表明，目前城镇就业者中文化程度越高，收入水平越高。1997 年城镇居民就业者中，大学本科以上学历的就业者人均收入 10744 元，大学专科以上学历的人均收入 9237 元，分别比小学程度的就业者高出 65%和 42%。由于我国职工收入的高低与工龄长短最为相关，工作年头长的低学历者收入往往高出短工龄的高学历者。为了消除这一影响，本文特别选择 25～35 岁年龄组的就业者收入进行比较分析。在这一组中年龄跨度10岁，基本上都是年青人。工作时间不长，而且相对来说，学历越高，参加工作时间越晚，工龄就越短，这组数字也最能说明收入分配体制的改革成果和发展前景。详见表6。

资料表明25～35岁年龄组中不同学历的就业者之间收入差距明显大于总计组。大学本科以上学历的就业者年收入水平比小学文化程度就业者高出83.6%，大专学历比小学高出59.6%。如果按学习年头来计算教育投资的收益，大学本科四年每学习一年的收益率为8.1%；大学专科每年收益率为8.9%，特别说明的是，近年来有相当一部分事业有成的单位负责人，学历是通过自学高考，成人教育等途径达到的，这一部分人的文化程度大多为大专，因此大专收益率目前高于大学本科，但这只是阶段性的特点；中专为6.1%；高中为5.7%，初中为4.5%。一般来说，文化程度越高，教育投资的收益率越大。预计今后这种趋势将会更为明显。当然在某些领域中，特别是在跨行业、跨地区对比中，许多知识分子收入仍然偏低，这种不正常现象有待于在今后的改革中进一步消除。

表6　按文化程度分组收入对比

	总计		26～35年龄组		教育投资收益率%
	人均收入（元）	以小学收入为1的比率	人均收入（元）	以小学收入为1的比率	
大学本科以上	10743.98	1.65	9472.26	1.84	8.1
大学专科	9237.45	1.42	8234.61	1.60	8.9
中　专	8393.36	1.29	7456.37	1.45	6.1
高　中	7566.06	1.16	6948.51	1.35	5.7
初　中	7233.60	1.11	5877.56	1.14	4.5
小　学	6510.87	1.00	5159.35	1.00	

(3) 党政机关和社会团体职工收入有所提高。有一段时间，党政机关和社会团体职工收入下降．特别是1988—1992年，人均收入水平甚至低于全国平均水平（据《中国统计年鉴》）。据调查1991年党政机关和社会团体职工人均收入水平在全部14个行业中排序为倒数第三，仅高于商业和制造业。人均收入水平比全国平均水平低6.1%。经过公务员制度的实施和有关收入政策的调整，党政机关和社会团体职工收入有了显著的提高，调查资料表明，1997年收入水平在16个行业中排名第八，比全国平均水平高出16.3%。九届人大通过国务院机构改革方案，人员将精简1/2，国家公务员收入水平提高，高薪养廉有望成为现实。

3. 居民收入分配中存在的几个突出问题。

① 行业间差距过大与行业内部平均主义并存是目前分配领域中存在的最突出的问题。改革以来，我国收入分配体制有了很大的改善，但是从调查资料分析，还存在很多不尽人意的问题。合理的收入差距并未真正拉开，不合理的差距日益扩大。劳动者的收入高低并不完全取决于劳动个人的学识、劳动技能及工作积极性等因素，严重影响劳动者素质和生产积极性的提高。例如，1997年收入较高的电力、煤气及水的生产和供应业人均收入10020元，在全部16个行业中位居第二。在这一行业中按文化程度分组，收入差距很小。收入最低的是高中文化程度的就业者，人均年收入9162元，初中和小学文化程度的就业者收入均高于这一组。最高的是大学本科文化程度的就业者，人均收入为12362元，比最低仅高出34.9%。而全部16个行业大学本科以上文化程度就业者中，收入最低的是采掘业，人均年收入8313元，收入最高的是房地产业，人均年收入12543元，比采掘业高出50.9%。难怪社会上流传着“男怕进错行，女怕嫁错郎”的说法。只要进入一个好单位，不管个人能力大小，水平高低照样拿高收入。从而造成社会上一些人眼高手低，拼命往效益好的单位挤，甚至一些专业人才放弃专业流向低学岗位工作的不正常现象。

② 城镇贫困群体与少数人因非法收入暴富并存是收入分配中最为敏感的问题。最近几年，由于下岗职工数量的增加，城镇绝对贫困人口有所扩大。据调查，1997年全国城镇居民家庭减收面为39%，比上年增加3个百分点。其中相对减收户为5%（即收入略有增加，但扣除物价因素后收入水平下降的家庭），而绝对减收户（收入比上年减少的家庭）高达34%。也就是说全国城镇有1/3的居民家庭货币收入比上年减少。这种现象是改革以来较为罕见的。在减收户的分布中，越是低收入户减收面越大。在占全部调查户20%的低收入户中减收面高达60%，半数以上的低收入家庭收入水平下降，而高收入家庭减收面仅占二成。据湖南省城调队一项调查显示，53.8%的贫困户对当前改革政策持“不满意”态度，74.4%的贫困户对扶贫政策持否定态度。多数低收入家庭收入水平下降的问题应当引起有关部门的高度重视。

表 7　各行业就业者按文化程度分组收入情况　　单位：人/年，元

行　业	大学本科	大学专科	中　专	高　中	初　中	小　学
农林牧渔业	8406	7971	7288	6961	6820	6332
采掘业	8313	8659	7347	7444	7067	6482
制造业	10748	8937	8110	7073	6794	6271
电力煤气及水的生产和供应业	12362	11383	11007	9162	9609	9662
建筑业	12111	9485	8435	7431	7144	6426
地质勘探水利管理业	10497	7551	7225	7511	6747	5917
交通运输仓储邮电通讯业	11376	11139	9765	9156	8787	7807
批发零售贸易餐饮业	9869	9531	7724	7061	6895	6118
金融保险业	11192	9751	11042	8817	9570	7100
房地产业	12543	12051	9321	10400	9809	7245
社会服务业	10533	9055	7307	7346	7132	6363
卫生体育社会福利业	11495	8738	8808	8434	8388	7554
教育文化艺术广播电影电视	10669	8862	8059	8149	8001	7684
科研综合技术服务业	11939	9751	8745	8685	8622	8073
国家党政机关和社会团体	10053	9207	8310	8316	8082	6255

与许多低收入家庭生活水平下降形成鲜明对照的是，目前社会上存在的部分因非法收入暴富的少数人挥霍浪费等高消费引起人们的公愤，我国现在仍处在社会主义初级阶段，人均经济实力在国际上还相当靠后，而少数人的超前消费行为在社会上造成了极坏的影响。与城镇低收入家庭的贫困形成明显的反差。

③ 不同地区、行业、所有制之间的收入差距不断扩大是分配领域中难以解决的问题。改革以来，由于各地区、各行业以及不同所有制之间经济发展差异较大，因此收入差距也在不断扩大。据调查，1981 年全国收入最高的上海市人均收入 599 元，比最低的山西省多 229 元，高出 61.8%；1991 年收入最高的广东省人均收入 2536 元，比最低的内蒙古自治区多 1359 元，高出 1.2 倍；到 1997 年收入最高的仍然是广东省，人均可支配收入为 8562 元，比最低的甘肃省多 4970 元，高出 1.4 倍，详见表 8。

表 8　地区收入对比

	单　位	1981 年	1991 年	1997 年
收入最高的地区	元	上海　599	广东　2536	广东　8562
收入最高的地区	元	山西　370	内蒙　1177	甘肃　3592
最高比最低多	元	229	1359	4970
高低之比		1.26	2.15	2.38

不同行业和不同所有制之间的收入差距也在不断扩大，1991 年收入水平最高的卫生体育事业同最低的商饮业人均收入之比为 1.24:1；1997 年收入最高的电力、煤气及水生产供应业与最低的社会服务人均收入之比扩大到 1.42:1。

调查资料表明，1981 年国有经济单位职工人均年收入 835 元，比集体经济单位职工收入高出 30%，个体劳动者人均年收入 1016 元，比集体经济单位职工收入高出 59%。1997 年国有单位职工人均年收入 7921 元，比集体单位职工收入高出 44%，其他各种经济单位职工人均年收入 10206 元，比集体单位职工收入高出 85%，详见表 9。

表 9　不同经济类型职工收入对比表

	单　位	1981 年	1991 年	1997 年
国有经济单位职工	元	835	2188	7921
集体经济单位职工	元	641	1695	5505
个体劳动者	元	1016	2865	8015
其他经济类型单位职工	元			10206
最高比最低		1.59	1.69	1.85

三、城镇居民收入分配差距变化的原因

1. 地区间经济发展不平衡。地区间收入差距的根本原因是经济发展的差异。中国作为一个发展中大国，各地区的地理位置、自然环境、经济基础等各方面差异很大。经过改革开放二十年来的发展，差距又在不断扩大，马太效应较为突出，详见表10。

表10 人均国内生产总值对比情况（元）

地区		1991年	1996年	1996年比1991年	
				增加	增长%
最高前五位	北京	5781	15044	9263	160.2
	天津	3944	12270	8326	211.1
	上海	6675	22275	15600	233.7
	浙江	2310	9455	7145	309.3
	广东	2823	9513	6690	237.0
最低后五位	贵州	890	2093	1203	135.2
	云南	1147	3715	2568	223.9
	西藏	1388	2732	1344	96.8
	陕西	1292	3313	2021	156.4
	甘肃	1133	2901	1768	156.0
最高比最低差距		5785	20182		248.9
倍数		7.5	10.6		

以上资料表明，在短短五年内，经济发达地区与落后地区的差距以较快的速度扩大，发展水平高的地区经济发展速度普遍高于落后地区。人均国内生产总值最高的广东省与最低的贵州省之间的绝对差距由1991年的5785元，扩大到20182元。贵州省人均国内生产总值还不足上海市的十分之一。同时在表中可以看到，在同样发展速度下的差距扩大情景：北京市和陕西省五年来人均国内生产总值增长幅度相差不多，但是两个地区的差距却从1991年的4489元扩大到11731元，这个数字是陕西省现有水平3313元的3.5倍。即使北京不发展，消除这个差距也需较长时间，况且经济发达地区的发展水平不可能停步不前。地区间经济发展水平的差异，将会影响到地区间居民收入水平的差距扩大，这是必然的趋势。

2. 竞争条件不平等造成职工收入差距过大。目前正是改革的发展阶段，市场经济体制与传统的计划经济体制交织在一起，劳动者的收入分配受其影响较大。“换个单位上班，收入翻上几番”的现象屡见不鲜。作为主导产业的第一、第二产业职工收入相对较低，而第三产业的交通、邮电、金融、保险、房地产、旅游等行业职工收入相对较高。造成这种现状的主要原因，一是价格比价不合理，许多基础行业的产品价格，长期偏低，而流通领域获利过大；二是部分行业的垄断经营获取高额利润；三是国有资产流失严重，形成少数人收入的高速增长；四是不同企业所得税率的差异也会影响职工收入的高低；另外对生产要素占有的不平等也造成企业间经济效益的差异。

3. 工资外收入、灰色收入管理无序。改革以来，城镇居民工资外收入增长迅速，所占比重逐年增加。据调查，1981年城镇居民收入中工资外收入的比重为12.7%，到1997年扩大到32.8%。而工资外收入分布很不平衡，城镇居民收入差距主要体现在工资外收入差距上。

工资外收入名目繁多，构成复杂，许多单位和个人对这部分收入的来源、去向、多少讳莫如深。这是一个众人皆知，但又深不可测的“黑洞”，同时也反映了我国财经管理制度的无序状态。

据有关部门调查，工资外收入大约可归纳为以下几个种类：

（1）各种福利补贴、劳动保护费用和其他津贴。这些津贴、补贴标准一直偏低，改革以后国家没有明确规范的标准，于是许多单位自行提高标准，增设项目，造成不同单位发放水平高低悬殊，相互攀比。

（2）未列入工资总额的各种劳动报酬或名义上的劳动报酬。如金融保险业的各种业务费、手续费提成，房地产业的销售提成，建筑业的工程承包费，邮电、电力、煤气业的各种手续费的提成，工程承包费、批发零售业的销售提成，甚至还有各种五花八门的回扣。这些收入有的是国家没有规定标准，有的是有规定不执行，总之是一笔灰色收入，谁也不愿拿到明处，无人追究，愈演愈烈。

（3）企业利用兴办“三产”等多种经营方式获取收入发放职工；还有的利用企业的资产、设备，甚至原材料，组织职工通过非正规渠道开展多种名目的创

收并私分。

(4) 避开劳动、财政等部门的监督管理私设"小金车"和账外收入等方式，增发职工工资外收入。

以上这些行为，有的是钻国家的空子，有法不依，执法不严，甚至执法犯法，有的是无章可循，自行其是，互相攀比。工资外收入并不是都不合理，而是由于管理混乱，无法分辨是非，致使工资外收入处于失控状态。

4. 税收对收入差距的调节力度不足。

(1) 宣传力度不够，人们纳税意识淡薄。多年来人们一直认为纳税是企业和个体户的事，与居民无关。有相当一部分领导干部也认识不够，不能起带头作用。甚至将向国家纳税同小团体的利益对立起来，客观上保护偷税漏税行为。

(2) 收入来源复杂，征税部门无法有效监督和控制居民收入状况。

(3) 个人所得税征收起点过低，不利于征税部门的监督与管理。

四、几点政策建议

1. 建立公平竞争的社会环境。首先要继续发展和完善市场经济体系，特别是发展劳动力市场、资金市场和技术市场等生产要素市场，完善生产要素价格形成机制，规范市场秩序，为企业创造平等的竞争环境，为劳动者创造公平的就业机会；第二要加强对国有企业的工资基金管理和资产管理，促进企业形成约束工资过快增长的制衡机制，防止以国有资产流失来扩大个人收入；第三加强法制建设，严厉打击各种非法收入。

2. 强化对个人所得的税收调节，提高收入透明度，通过税收来调节贫富差距的扩大。要加快推行收入工资化、工资货币化的进程，增加收入的透明度及规范性，尽快将所有收入都纳入工资收入中，反映出社会成员群体的实际收入状况。

建立银行存款确认制度，居民在银行存款必须使用真名并出具有效证件，这样可以公开收入状况，为税收征管提供可靠依据。

促进居民的纳税意识，特别是各级领导要起带头作用。建立纳税申报制度和家庭财产登记制度，形成纳税人的自我约束机制。

税务部门要把重心转移到稽查上，并要赋予税务部门必要的执法权，严肃查处并严厉打击隐瞒收入和财产申报不实的行为。

3. 建立最低工资保障制度和失业保险基金，保证低收入阶层的基本生活需求。社会主义市场经济允许有适当的收入差距，但是必须从制度上保障因受各种客观或主观因素而处于生活困难的人有满足最基本的生活需求的经济收入。收入保障制度是通过增加低收入者的收入而缩小过于悬殊的收入差距，从而实现公平的原则。目前我国大多数大中城市已建立最低工资标准和最低生活保障线，以保证低收入阶层的基本生活需求。

(作者所在单位：国家统计局城调总队)

问 题 研 讨

我国社会主义市场经济进程中面临的两个问题

李 克 穆

约瑟夫·斯蒂格利茨（J. Stiglitz）在其所著《经济学》一书中认为，市场社会主义面临着两个关键性问题：获得确定价格所需要的信息和为经理们提供激励。并认为社会主义国家之所以无法实现市场经济与公有制的结合，难以推进市场社会主义，主要原因就是解决不了这两个问题。还认为市场社会主义缺少资本主义和社会主义二者最好的特征。最近一段时期西方经济学家仍经常提及这种观点，并称其为社会主义国家难以逾越的两道门坎。在我国，通过推进社会主义市场经济，经济体制已发生了很大的变化，由计划经济向市场经济的转轨已迈出了实质性的步伐。但是，上述两个问题对于我国而言并未过时，仍然属于我国社会主义市场经济进程中有待从理论上和实践上加以解决的重要问题。

本文不从计划经济和市场经济的基本理论及其沿革方面进行赘述，仅就斯蒂格利茨所提观点结合我国的情况做些简要分析。

一、关于获得确定价格所需要的信息

通常认为，所谓成熟的市场机制应能够把价格确定在市场出清的水平上，即达到使市场供应量均可售出的价格水平，保持供需均衡；市场机制可提供市场运行所必须掌握的需求和供给曲线，正确地反映一系列有关消费者需求和生产者生产能力等方面的基本信息。

斯蒂格利茨把在社会主义体制下推进市场经济称为市场社会主义，他认为在这种条件下，不大可能获得上述信息，“部分原因是厂商并没有激励把它们的生产能力告诉给计划制定者。即使拥有了很好的信息，对于政府机构而言，把价格确定在市场出清的水平上也是格外困难的。”斯蒂格利茨的判断，所参照的理论基础是完全竞争市场的信息提供机制。

我国社会主义市场经济体制的建立尚处于起步阶段，所谓的“市场价格信号机制”还不完善，不能发挥应有的作用。国务院发展研究中心市场经济研究所的一份研究报告认为，我国市场信号机制不健全的主要原因，一是价格形成机制不健全，价格信号失真，很难真正反映商品价值和市场供求状况，价格与价值相背离的现象仍存在，商品的比价和差价关系尚未完全理顺；二是价格运行不稳定；三是价格调控机制不健全。这种状况主要是由于价格改革的进度与市场机制的要求尚有距离，一方面市场机制不能自如发挥其功能，一方面国家对价格的调控不适度，未能达到预期的调控作用。

那么，在我国现行体制下究竟能否建立起适应于市场需要的价格信号机制，使经济运行的决策者能够获得确定价格所需要的信息呢？对此存在若干不同的看法。一种观点认为，不建立起完善的、成熟的市场经济体制，就不可能获得正确的市场信息，从而也就无法推进社会主义市场经济。

另一种观点认为，在计划经济条件下，通过技术性手段可以获得确定价格所需要的信息。波兰经济学家奥斯卡·兰格（Oskar Lange）提出在社会主义条件下可能把市场机制的优势和生产资料公有制结合起来，中央政府可以模拟资本主义自由竞争条件下均衡价格形成机制，可以获得有效配置资源所必需的信息，达到资源的最优配置。并认为可借助计算机完成这一过程。30年代，以弗·哈耶克（F. Hayek）为代表的一批新奥地利学派对兰格的理论提出质疑，他们认为在计划经济体制下政府无法拥有有效配置资源所必需的信息。其后，哈耶克作为现代新自由主义最有代表性的经济学家，反对任何形式的国家干预，主张完全的经济自由化。

我们认为，后一种观点提出了颇具价值的新观念，为社会主义国家实行经济体制改革做出了一系列前瞻性研究。但是，在不改革传统的计划体制的基础上引进市场机制，在理论上和实践上都难以向前推进。

前一种观点所表达的基本上是完全竞争的市场模式，这一模式是科学的理论推导。但是，这里有一个问题：什么是完善的成熟的市场机制？我们面临的经济世界中是否存在一种可提供准确市场价格信号的标准机制？从经济学理论上讲，这一标准机制是可能存在的，它反映了经济发展的一种法则和机理。然而在现实经济生活中，市场经济体制是依据客观经济规律在经济发展过程中逐渐生长出来的，而不是人为地组装起来的。书本上的标准的市场机制，已逐渐不再被视为经济发展的标准模式。不同的国情有与其相应的不同的发展道路。一个国家经济发展成败的关键并不仅仅取决于其市场机制的完善程度。对此，试从以下几方面加以说明：

1. 西方经济学并无列出经济发展的蓝图。规范的西方经济学虽具有颇长的生命力，但随着社会发展的变迁，其基本理论也会随之发生变化。穆勒的《政治经济学原理》(1848 年)、马歇尔的《经济学原理》(1890 年)、萨缪尔森的《经济学》(1948 年) 和 20 世纪 90 年代斯蒂格利茨的《经济学》，是四本被国际上公认的具有里程意义的经济学著作，从时间顺序上看，几本著作中的学术思想不断碰撞，斯蒂格利茨的《经济学》则充满了创新。萨缪尔森及以前的一些经济学家认为经济增长停滞、失业上升与通货膨胀是不可能同时共存的，但 70 年代后出现的滞胀 (Stagflation) 现象使经济学家们大为不解，深感尴尬。社会是不断发展的，不存在永恒的蓝图。完全竞争 (Perfect Competition) 或纯粹竞争是指不存在垄断的竞争。完全竞争模式是西方经济学中的基本模式。随着包括斯蒂格利茨在内的一批现代经济学家对传统的西方经济学和新古典经济学的批判，完全竞争的市场模式从理论和实践上都产生了新的内容。

2. 完全竞争、完全信息的市场模式仅存在于理论中。20 多年来西方经济学界对不完全竞争理论进行了深入的研究，斯蒂格利茨在不对称信息问题的研究上作出了重要的贡献。理论的发展不断修正原有学说，力图弥补市场经济信息提供方面存在的缺陷。市场全球化的发展，使完全信息的提供变得更为困难。

发达国家所谓成熟的市场机制存在若干难题，并非完善。日益发达的经济与科技，迅速地改变着世界的面貌，发展中的新问题、新挑战接踵而来，原有的行为方式和思维已难以应付发展的要求。一种机制的生命力越来越短暂。建立了成熟的市场机制的国家发生“市场失灵”一类现象日益增多，对政府作用的依赖性日益显著。面对世界金融风潮的冲击，市场经济表现出越来越明显的脆弱性，整个经济发展模式似乎出了毛病，一向胸有成竹的经济学家和经营管理者们显得束手无策，其各种预测的准确性也大打折扣。发达国家同样在寻求新的发展模式，在全面地调整自己的发展战略，已不存在什么标准的机制。在解决不完全竞争的方式上，都在根据本国的情况采取不同的模式。经济发展进程是控制论描述的系统，需要运用反馈调节促使决策机构不断作出新的合理的判断。追求完善的标准的机制本身，是一种被束缚的被动行为。机制是发展的手段，建立一种机制，无需事先规定样板。与此同时，我们绝不是说市场机制不适合于我国经济发展的要求，更不是说要延缓计划经济向市场经济的过渡，而是强调应从实际出发，创造性地推进社会主义市场经济的进程。

3. 我国既没有走兰格提出的在计划体制上建立市场机制的道路，也并未由政府制定市场出清价格，价格已基本上由市场调节。我国在市场机制不成熟、不健全的基础上，通过全面推进改革，实施一系列与国情相符的宏观调控措施，取得了“高增长、低通胀”的态势，为世人所瞩目。这一现状，深得市场经济国家的经济学家们的广泛赞赏。事实说明，中国已走出了一条自己的发展道路，一条通向成功的道路。

4. 经济全球化进程强化了国与国之间的依存度。各国经济在互补、协调中发展，以跨国界、无国界为根基的经济全球化、一体化正在逐步取代以国家为根基的国际化，市场信号的来源更多地来自全球范畴，资源配置的完成过程已不同以往，拥有有效配置资源所需信息的途径和手段已受到全球化进程的强烈影响。

现实中的市场比理论上的完全竞争的市场模式要复杂得多，其内容也丰富得多。选择一种机制的出发点，是这种机制能够在现有国情下更有效地促进生产力的发展。发展社会主义市场经济，就是根据社会主义初级阶段理论作出的符合国情的选择。吴敬琏教授曾在 1991 年指出：“现代市场经济无例外地是有宏观管理、政府干预或行政指导的市场经济，或称‘混合经济’。就是说，这种经济以市场资源配置方式为基础，同时引入政府等公共机构通过计划和政策对经济活动进行的调节。显然，我国的社会主义有计划的商品经济具有与此相类似的运行机制。在这种情况下，很难设想有哪位严肃的经济学家会建议在我国实行‘纯粹的市场经济’。恰恰相反，不少主张我国经济应当以市场机制作为资源配置的基础手段的经济学家，对于如何在市场取向的改革中加强宏观管理和行政指导，提出了积极建议或作出了具体的设计。”斯蒂格利茨今年1月在联合国大学世界发展经济学研究所的一次演讲中说：“政府应该成为市场的补充，采取行动让市场运转得更好以及纠正市场的失败。在一些情况下政府成为有效的催化剂。”

我国目前的价格机制虽然尚不完善，但经过数年的努力，我们已经在建立价格机制方面取得了一系列重大的进展：

(1) 我国市场机制对于增加供给和调节需求的作用日益明显。经济发展中由计划直接控制的部分不断被市场调节所代替，价格大幅度放开，绝大部分消费品和生产资料的价格已由市场决定。这是我国在社会主义市场经济进程中迈出的最关键最实质性的一步，说明我国经济已能够在价格机制下运行。

(2) 我国已进行的一系列价格改革，促使市场机制在价格形成过程中发挥出日益显著的作用。

(3) 我国市场体系逐步完善，各类消费品市场和生产要素市场已迅速建立起来。

(4) 我国商品流通形式已呈多样化，不同类型和各种经济成分的商业企业发展迅速。

(5) 我国有关市场机制运行的法规日臻健全，已逐步建立起社会主义市场经济的宏观管理体制。

(6) 在深化国有企业改革过程中，市场竞争主体日益成熟。一批具有现代化水平的大中型流通企业正在崛起。

此外，我国所有制结构多元化，在GDP中非公有经济的比例已接近一半，这一现状为市场机制的运行提供了重要的条件；普遍存在的市场供过于求的现象，使我国的市场竞争强度不亚于某些发达国家。

由上所述，可以看到在经济全球化进程中，在世界迈向知识经济时代的潮流中，根据国情寻求规律，在不断调整中发展，比竭力追求一种既定的模式和机制要明智得多。事物总是在发展中不断完善的；完善和成熟又总是相对的，滞后的模式和“超前”的模式都会束缚和阻碍生产力的正常发展。在我国现有经济制度下，通过努力能够获得现行经济发展中所需的保持供需均衡的信息，基本上可以解决生产什么、如何生产以及为谁生产等经济运行方面的关键问题。当前应进一步扩大市场决定价格的范围，同时应继续努力弥补市场机制方面存在的缺陷，如建立某些重要产品的储备，加强辅助市场信息流通手段，通过相关措施增强市场运行的稳定性。

二、关于经理激励机制

斯蒂格利茨认为，在市场社会主义体制中经理们经常缺乏激励，该体制并不能解决计划体制中存在的软预算约束①。撰写《短缺经济学》的匈牙利经济学家亚诺什·科尔奈（Janos Kornai）是软预算约束概念的创造者，他认为在社会主义经济中企业不能相应地保留利润，利润由企业的所有者国家所支配；企业发生亏损，国家给予弥补，企业通常不会因严重的亏损而倒闭。因而在这种状况下，企业的盈亏不能向企业提供应有的激励。斯蒂格利茨还强调，在市场社会主义条件下，不存在市场激励体系中处于中心地位的竞争，而且缺乏竞争的现象反映在行为的所有方面，包括缺乏生产符合消费者需要的商品的动机。所谓的经理激励机制还包括企业负责人经营企业的个人所得报酬的确定方式，即企业负责人能否按其所付责任和做出贡献的大小取得相应的个人收入。发达国家的学者经常强调在社会主义制度下，具有高盈利水平的大型企业的领导人无法得到相应的高额收入。

从我国现实情况看，尽管我国与激励机制相关的若干企业经营管理机制还存在许多不完善之处，有待进行深入的改革，但企业的激励机制已发生了很大的变化。其表现主要如下：

1. 国家财政对于企业亏损全额补贴的情况，早已不存在。随着改革开放的深入，国有企业资金来源中国家拨款的部分已很小，主要依靠贷款、自筹和外资。1997年基本建设投资总额中仅有6%左右来自国家预算内资金，自筹资金占45%左右，国内贷款占23%左右，利用外资占15%左右。除少数特殊行业和特殊情况外，国家不会对亏损企业进行一揽子补贴，不再是濒临破产企业的保护神。企业破产、兼并已趋于规范化。国家财政中用于企业亏损补贴的支出逐年减少。

2. 随着税收制度的完善和现代企业制度的推进以及价格机制的改革，企业的留利制度也发生了根本性的变化，已不存在盈利企业从制度上不能相应保留利润的现象。

3. 企业改革的不断深化，使我国的企业负责人拥有了相当充分的独立决策权，增加了使命感和责任心。在市场机制的作用下，企业负责人普遍以竞争者的身份进入市场，参与激烈的竞争。竞争早已处于市场激励体系中的中心地位。

4. 企业负责人拥有相当大的“剩余控制权”，支配着大量的资源。虽然不能直接增加个人收入，但通常可视为一种接近于有形的激励。

以上情况表明，斯蒂格利茨等学者讲的无法解决软预算约束的状态属于计划经济体制下的状态，我国

① 软预算约束（soft budget constrains）指国家普遍为企业亏损提供补贴时，厂商所面对的预算约束。

现阶段已基本上消除了盈利留不住，亏了国家补的做法。企业负责人已逐步适应现代竞争的节奏，使企业经营活动依据市场机制运行。

当然，基本上解决了软预算约束等问题，并不意味着我国已完善地建立起经理激励机制。应当说，在这方面还有相当大的差距，其中一个较为突出的问题是企业负责人（主要指法定代表人）的个人报酬制度没有按照其所付责任或贡献程度制订，由此企业负责人的责任与收入没有一致起来，成功的企业家没有得到较高的报酬，给企业造成严重损失的企业家没有受到应有的处罚。对此，在我国企业改革过程中已进行了一些改革的尝试，如在股份制公司中为经理和管理人员设置股份，在国有企业中设立厂长专项基金、实行年薪制等。有的企业规定企业主要负责人和部门负责人个人拿出一定数额的抵押金，然后根据企业盈亏状况以一定比例重奖重罚。创业者或主要管理者拥有股份，不仅激励自身，同时可使投资者放心。没有相应权益的企业负责人是难以保持持久的责任心的。在这方面，一些国有企业已取得了很好的经验，正在进一步加以完善。国外实行的股票期权（stock option）一类的激励形式，也可作为今后的一种参考。

总起来看，建立完善的经理激励机制并没有理论上的障碍和操作上的盲点，但也不可操之过急。只要按照我国目前开创的企业改革的路子走下去，通过一系列配套措施，是完全可以逐步解决好这一问题的。

（作者所在单位：国务院发展研究中心）

关于影响我国经济安全的几个重要因素

魏 加 宁

站在20世纪末的时点上，从中长期的角度来审视我国21世纪的经济安全问题时，我们面临着一系列重大课题或曰风险因素。其中，有些课题已经引起有关方面的重视，但有些课题尚未引起人们的足够重视；有些属于显性的“硬风险”，有些则属于隐性的“软风险”；有些属于“明礁”或“暗礁”但可以预防或回避；而有些则是绕不过去、躲不过去的“台阶”或“绝壁”，迈不上去或攀不过去就可能永远停留在此地。

一、金融风险与金融安全

金融风险和金融安全问题，现已得到有关部门和多数学者的关注，笔者自90年代初以来也曾多次撰写有关这一问题的报告和文章，因此，不拟过多叙述。只简单介绍一些要点问题。

种种迹象表明，中国已经进入了高金融风险时期或曰金融危机易发阶段。首先，金融风险增大是我国经济发展到较高水平才有可能出现的现象，因而对中国而言，它可能是一种“富贵病”。过去中国人连饭都吃不饱的条件下，又哪里有钱存入金融机构呢？那时，金融风险又从何而来呢？

其次，随着国际金融风潮一波未平一波又起，以及中国对外开放度的不断提高，这种金融风险可能来自于国外，因而可能是一种“传染病”。

再次，根据世界各国金融自由化的经验教训，在推进金融改革的过程中，金融风险反而有可能增大，尤其是一些国家误将“放松管制”理解为“放松监管”，从而导致了金融危机。这些前车之鉴告诉我们，中国在推进金融改革的过程中，也容易患上金融风险增大这种“运动性疾病”。

最后，由于中国的金融风险成因较其他国家更为复杂，既有金融领域自身存在的问题，也有国有企业亏损严重、地方政府过度干预、财政风险转移等多方面的原因，因而是一种“综合症”。

又由于我国目前金融风险有其深刻的历史原因，既有几十年计划经济体制留下的“后遗症”的影响，也是十几年来体制转轨过程中积累而成的“慢性病”。但我们，现在所要防止的是“慢性病”的“急性发作”。

从目前来看，我国潜在的金融风险具体有以下几个方面：

首先，国有银行不良贷款不断增加，储蓄存款增幅趋缓，行业性亏损严重；虽有国家信用作后盾，近期内出大乱子的可能性不大，但从中长期角度看，潜在风险较大。

其次，非银行金融机构规范程度较低，部分从业人员素质较差，经营管理水平参差不齐，且受上级主管部门干预较重；尽管在我国整个金融业中这些非银行金融机构所占比重并不大，但因其目前存在的问题最多，因此有可能成为近期内引发重大金融事件的导火索之一。

再次，由于我国股票市场波动较大，信息披露不够规范，市场建设尚不成熟，相关法规迟迟不能出台，企业盲目争上市，投资者中散户大量介入，缺乏稳健的中长期投资者，导致股市风险处于较高水平，并极易将市场风险转换为政府风险，甚至诱发社会问题。

最后，在国际上衍生金融商品迅速发展、国际游资大规模自由流动的背景下，随着我国经济对外开放度的不断提高和人民币自由兑换进程加快，即使目前资本项目尚未放开，但国际金融风险仍有可能透过某种渠道传导到国内金融市场上来。

此外，自亚洲金融危机爆发以后，人们普遍开始对开放问题进行重新反省，国际上甚至出现了一股民族主义、反市场主义的思潮，这一新动向可以在未来的一段时期内暂时减缓我们在开放方面的外来压力。因此，我们应当籍此机会，从过去那种单纯追求扩大开放面和开放度的“粗放式开放”转向巩固已有的开放成果，并重新审视和检查我们在某些方面应有的“防波堤”是否坚固，以提高我们的“开放质量”。

但是，这决不意味着我们在某些领域就可以做到永远不开放。1998 年 6 月笔者到东京参加研讨会时，曾亲耳听到我国留学生的谆谆警告：现在欧洲正在进行金融体系的统合，美国人有危机感，因此急于将日本和东亚的金融市场纳入自己的金融体系。因此，正在拼命地“进攻”日本的金融市场。但因欧洲正忙于货币统一有些自顾不暇，所以目前“进攻”日本金融市场的主要还是美国的金融机构。如果等到欧洲统一进程告一段落之后，等到下个世纪初，中国金融市场上所面临的压力将远远大于现在的日本，届时我们将有可能再次面临“八国联军”的进攻。此番话虽然听起来可能有些“危言耸听”，但却可使人回味无穷。

因此，从这一点上讲，我不大赞成“引狼入室”的提法。因为，“引狼入室”容易给人造成错觉，似乎主动权在你手中，你想“引”就“引”；不想“引”就可以将“狼”拒之于门外。事实上，不论你是否想“引”，“狼”都迟早是要来的。

所以，即使说目前许多国际著名学者已经意识到金融市场的开放与商品市场的开放有所不同，但要想永远保持金融市场完全不对外开放也是不可能的，因为在国际政治舞台上，发展中国家毕竟是弱者。如果能够认识到这一点，我们就能够理解为什么我们必须加快改革，要让金融改革走在金融开放的前面。因为只有金融改革走在了金融开放的前面，我们才有可能确保我们的金融安全。

二、产业风险与产业安全

在开放过程中如何有效地保护国内产业，近年来人们已经谈论的很多。但是，需要指出的是，这种保护不能过度，因为过度保护只能会削弱国内产业及企业在国际市场上的竞争力，到头来反而会损害本国企业和产业的长远利益。因此，保护的最佳办法是提高其竞争力。

这里，需要提醒的是另外一个尚未引起人们足够重视的问题，就是这场亚洲金融、经济危机的背后，除了现有的金融监管体系严重滞后于世界经济全球化、国际金融一体化的进程，以及金融过剩、金融泡沫、投机过盛等金融因素以外，还有一个十分重要的背景就是大范围的生产过剩局面已经形成。

如下图所示：外框大梯形代表亚太经济的总需求，内框小梯形表示亚太经济的总供给。总需求大于总供给，这是过去几十年来亚太经济能够迅速发展的根本原因。小梯形中的层次表示供给结构的档次：最高层次的高科技产品是由美国提供，下一个层次的产品主要是由日本提供的，再下面是“四小龙”，最低层是“四小虎”。问题是，近 20 年来中国经济的迅速崛起，不仅迅速填补了产业结构最下层的空白区域，并且提供着更多的供给，导致了低层次上的供给过剩，并与其他亚洲国家的竞争加剧。一些亚洲国家之所以要将货币贬值，无非是要以更便宜的价格将自己生产的产品更多地出口。

图表 1：

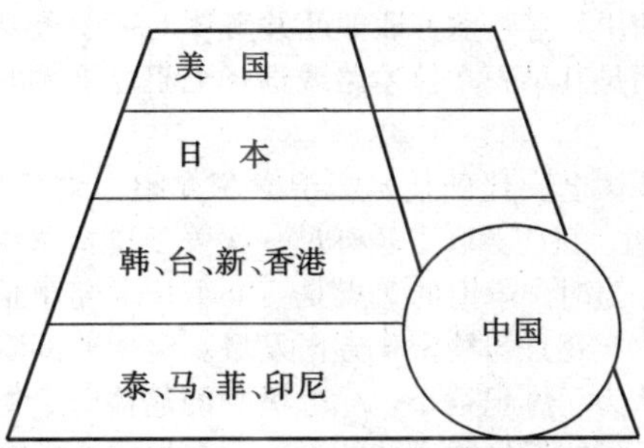

笔者曾于 1990 年参加过日本著名经济学家、“雁行理论”的倡导者筱原三代平领导的课题，课题的题目就叫作《中国与东盟的产业结构同构化》。事实上，中国经济的崛起速度比原先预想的还要快，因此造成了中国与东亚一些国家在产业结构的低层次上发生“拥堵”或冲突，竞争程度加剧。

再从世界范围的价格走势来看，有资料显示，自亚洲危机爆发以来，世界市场上的原料价格已经“完全垮了”。原料价格指数 1 年内下跌了将近 25%。原油价格下跌了 33%，铜价下降了 28%，铝价下跌 23%，镍和锌甚至下跌了40%和38%。热带硬木价格下跌了36%，谷物价格下跌了17%（汉堡世界经济研究所）。生产过剩和原材料价格的大幅下跌不仅是亚洲危机的深层原因，而且已经把依靠石油、能源、原材料出口（占其出口收入的70%）的俄罗斯拖入了金融危机的泥潭。

目前，世界上一些著名的跨国公司正在纷纷削减生产规模。譬如，因为生产过剩，荷兰飞利浦公司已经下令今后4年内将关闭该公司在世界各地1/3的工厂，即从目前的244家减至160家左右。

由此可见，生产过剩是这场危机不可缺少的物质基础。

因此，如何在中国崛起的过程中，在确保我国的产业安全、保证我国国际竞争力不断提高的同时，避免世界经济出现大规模生产过剩，避免中国与周边国家国际关系出现紧张也是一个亟待解决的大问题。

可能的选择有：①积极推进中国与周边国家的合理的国际分工（包括水平分工和垂直分工），规范竞争秩序；②迅速实现我国的产业结构升级，使中国生产的产品能够更多地填补各层次产业中需求大于供给的空白；③我国在迅速提供大量产品供给的同时，提供更多的需求，即扩大需求总量的外框。但这种需求必须是实实在在的有效需求，而决不能搞“泡沫需求”。

三、技术风险与技术安全

首先，技术路线的选择是关系到国家在国际竞争中的成败和生死存亡的大问题。当年美苏两个超级大国的竞争中，导致前苏联败北并解体的一个重要的深层次原因是其早先在技术路线选择上犯过重大的决策失误。

据我国老一代的技术经济学家介绍，50年代末、60年代初，在前苏联曾经有过一次关于技术路线选择的讨论。当时，争论的焦点是：电子技术究竟是应当朝大型化，还是朝精密化方向发展。由于前苏联的科学家们认为，体积很小、耗电极少的晶体管、集成电路根本不可能聚集很大的能量，而大型的电子管设备才是力量所在。因此，前苏联决策部门认为，要想在竞争中取胜，力量自然越大越好，因而选择了后者，即把大型化、电子管作为发展方向。竞争的结果，众所周知，往大型化方向发展的电子管败给了朝精密化方向发展的晶体管、集成电路。

前苏联为什么会犯这样的错误，一个重要原因在于：前苏联是由政府来决定技术路线的，而美国则是由市场来决定的。如果说，美苏的比较还不足以说明问题的话，那么日美之间的比较就更进一步证明了这一点。

日本在决定其技术路线时，虽然不象前苏联那样是由政府决定的，但是政府也起了很大的作用；虽有民间企业参与，但仍然是政府主导；而美国则是市场主导。因此，在一些高清晰度电视等高技术领域，日本总是一次次地败给了美国，尽管它也有时会暂时领先于美国，但最终结果它几乎总是失败。

其次，关于技术引进。过去，我国的一些著名经济学家曾以日本为例，说明日本在引进技术方面所具有良好的政策环境：日本战后在引进技术方面有着极其严格的限制（成文的或不成文的），概括起来就是所谓“第一台设备是进口的，第二台设备是仿制的，第三台是自己制造，第四台出口”这样一种“技术立国”模式。这在工业经济条件下，在日本战后追赶发达国家的过程中确实起到了巨大的推进作用。

然而到了世界开始步入信息社会、知识经济的90年代，由于美国等发达国家技术进步呈加速趋势，产品技术更新的周期越来越短，尚未等到日本人学会、消化掉上一代技术，美国就又推出了新一代技术。因此，日本总是处在不断学习和消化的阶段上，这也正是日本经济自90年代初泡沫经济破灭以后迟迟不能复苏的一个深层次原因。

那么，中国又如何呢？众所周知，在这方面，我们恐怕连日本都不如。中国目前对引进技术几乎不存在任何明确的限制，企业不花费任何力气，不考虑任何代价，就可以很轻易地重复引进国外的技术，等这一代技术过时以后，再引进新的技术就是了。仅以我国的核电工业技术为例，我国有关方面曾经计划在较短的时间内实现较高的国产化率。但是，只是由于前国务院某位领导人的大笔一挥，就改为进口俄罗斯技术（恐怕还不是最先进的技术）。若如此，即使我们自己的国产创新技术开发出来，又有谁需要呢？又哪里去找市场呢？

笔者不是反对引进技术，但我们不应为了引进而引进，不应永远地依赖于技术引进，不能靠“引进立国”。要想提高国家的竞争力，就必须为消化引进的技术、为国内的技术创新，创造良好的政策环境，要靠“创新立国”，否则，我们就很难确保我国的技术安全。

四、人口风险与人口安全

众所周知，我国为了防止人口过度膨胀，于80年代开始实行了计划生育政策。这一政策一直延续至今未做任何变动。这一方面说明了我们政策的连续性，但同时也隐含了若干风险因素。

首先，中国的人口老龄化进程将大大提前并超过发达国家。即使是象日本等不鼓励计划生育的发达国家，人口结构的老龄化也已成为令政府十分头痛的大难题，它的影响将涉及到社会保障以及国防等方方面面。更何况，发达国家大多是在经济实力已经达到很高水平的背景下出现老龄化问题的，而我国在经济实力尚处于较低水平时就将面临这一问题。

其次，目前中国计划生育政策的实际执行情况是，一方面，在农村，由于计划生育政策执行的不够严格，外出流动人口生育失控，低素质人口正在以50%（按两人平均生3个孩子计算）以上的速度上升；而另一方面，在城市，高素质人口则在以50%以上（遵守国家计划生育政策，两人只生一个；有些还不升或缓生）的速度下降。这一升、一降，导致了人口结构的急剧恶化。

再一个是教育问题。目前教育经费的主渠道是国家财政，尽管《教育法》中明文规定："各级人民政府教育财政拨款的增长应当高于财政经常性收入的增长"，但是自《教育法》1995年颁布以来一直未能实现，已连续3年未达到规定标准。1997年全国预算内教育拨款的增长速度低于财政收入增长速度达4.67个百分点。而1997年全国财政性教育经费支出占国民生产总值的比例为2.49%，甚至低于《教育法》实施以前的1994年的水平（2.52%），更低于历史上最高水平（1986年，3.15%）。教育经费的投入不足使得本已处于素质下降态势的人口结构更趋恶化。

不仅如此，国家每年用如此有限的资金所培养出来的受过高等教育的人材（例如清华、北大等名牌大学的毕业生）中，相当多的人毕业以后选择的出路是出国，而出国后回来的人员比例又极低，从而导致本已十分有限的优秀人材大量流失。据有关方面调查显示，北京大学物理系自恢复高考以来培养出来的学生，按成绩排列的前1/3均已出国，仅在美国就有500多名。另据国家教委公布的数字，80年代以来，中国出国留学人员累计达27万以上，学成回国的仅有9万，不到1/3。

一方面是高素质人口出生率递减和大量流失，另一方面是低素质人口大量"生产过剩"，总人口结构日趋恶化。如此下去，不仅无法适应产业结构不断升级对劳动力结构升级所提出的基本要求，极而言之，中华民族的生死存亡亦将面临严重威胁。

五、资产风险与资产安全

众所周知，近年来我国国有资产大量流失，虽然无法精确统计，但事实上是呈加速态势。

当前，强调国有制"优越性"的主要有两种人，一种人是老一辈无产阶级革命家，他们具有坚定的共产主义信念，对于五、六十年代我国国有制经济欣欣向荣的景象记忆犹新，具有很深的"情结"。另一类人则是一些国有企业的当权者，他们一方面在明处高谈国有制的优越性，另一方面却在暗处大肆瓜分国有资产。

对于前者我们深表敬佩。但需要指出的是，五、六十年代的社会背景与今天有很大的差异。那时，国有制经济依靠的是"道德约束"：在"斗私批修"的年代，即使是拿了工厂的"一针一线"都还要狠批"灵魂深处一闪念"，更何况是瓜分国有资产，恐怕想都不敢想。但如今，社会环境已经发生了很大变化，"道德约束"已经十分乏力，适应社会主义市场经济的"制度约束"又尚未健全。在此背景之下，更有后者（第二类人）的大量存在，因此，国有资产大量流失就成为无法否认的事实。

早在1996年，笔者就曾在一篇有关经济安全的内部报告中指出，我国的这种"隐型的私有化"比俄罗斯那种"显型的私有化"更为危险，它不仅使得"私有化"过程中分配更加不公，甚至可能在私有化尚未完成之时就已因收入差距过于悬殊、社会不公平度过大而导致社会出现剧烈动荡。

问题还不止于此。国有资产即使流失到个人手中，虽有腐败问题，但仍有可能留在"共产党人"手中。而那些纯粹的民营企业家，则由于现行政策规定，不得加入共产党。也就是说经济实力将来会越来越多地掌握在非党员手中，成为党的异己力量。特别是伴随着非国有企业的快速发展，将来这个问题会更加突出。于是就出现了一个两难选择：倘若将这部分人吸收到共产党内，则与党章不符，共产党也就难以再称之为"无产阶级的政党"了；但是，倘若将这部分人长期排斥在党外，则肯定会对巩固共产党的执政地位产生不利影响。

更进一步讲，不论大量资产掌握在共产党手中，还是掌握在党外人士手中，毕竟还都是在中国人手里，在中华人民共和国的土地上。但由于我国宪法中尚缺乏对私有资产的有效保护，因此，目前私人所拥有的资产已经并且正在和将要继续大量流失到境外，成为外国资产，并得到外国法律的保护。尽管我们的初衷是好的，但结果却表明，这种选择可能是一种最差的制度安排。

因此，研究和解决如何确保国家的资产安全问题，已经到了刻不容缓的地步，需要早日作出决断。否则，等我们作出决定的时候，我们的资产已经流失得差不多了。

六、决策风险与决策安全

其实，我们所面临的最大风险恐怕还在于决策机制。

自从亚洲金融危机爆发以来，已经历时一年有余，在这一年多的时间里，人们一次又一次地以为这场危机会很快结束，但现实状况却一次又一次地打破了人们的乐观预期，亚洲金融危机的脚步不仅没有停下来，而且波及范围越来越广泛，影响也越来越深刻。为什么？我认为，其中一个原因就在于我们违背了“危机管理”理论的一些基本原则，犯了“危机免疫缺损综合症”。

早在1991年笔者就曾经提议发展中心来研究金融风险和金融危机问题，但被当时的某些领导嗤之以鼻。

1994年笔者撰写内部报告，提醒政府：《应当高度重视危机管理理论的研究》，但后续报告被压下。

1995年，我们曾撰写过关于《警惕金融风潮早采防范措施》的内部报告，但得到的奖赏却是——自此，中国人民银行等单位不再邀请我们参加半年一次的分行长会。

凡此种种，均说明我们的官僚机构有喜欢“报喜不报忧”的偏好和弱点，而危机管理的基本原则恰恰是要求“报忧不报喜”。再加上在“官本位”条件下即使是研讨会也要请局长、部长等“挂长”的，而现行人事组织体制又无法保证“官本位”中所选拔的“官”是最优秀的，更无法保证官僚们敢讲真话（因为官总是要首先想到自己的“乌纱帽”），如此，又如何来保证我们所作出的决策是最优的呢？

最近一个时期，对于这场始于亚洲的金融危机，就连发达国家也沉不住气了，开始行动起来。无论是从信息的角度来看，从经验的角度，还是从立场的角度来讲，这一切都只能说明问题要比我们想象的要严重得多。因为，一方面，发达国家所掌握信息比我们多得多，信息的“完全度”要比我们高得多；另一方面，迄今为止，发达的市场经济国家已经历了数十次、上百次大大小小的金融危机或经济危机，大规模世界性经济危机也已经历过多次，而我国由于过去经济发展水平很低且闭关自守，因此，恐怕发达国家比我们更懂得什么是经济危机，更懂得应当如何去防范它；再有，“民主制度”决定了发达国家的宏观经济政策是非常“自私”的，这些国家的政府是不能够把本国“纳税人”的钱拿去干与己无关的事情，只有当这场危机确实威胁到自己的时候，发达国家才会有所行动。从最近一个时期发达国家接连采取的一系列行动来看，他们的“危机感”的确已经相当强烈了。

由此可见，世界经济可能已经进入了战后50年来最为重大的结构调整时期，并且不能排除发生突变的可能性。因此，未来一个时期我国外部经济环境的不确定性将会很强。如何适应这种调整，如何应对各种突变，恐怕是我国各级政府和各类企业所面临的最为严重的考验。而一个国家或企业，风险并不完全在于你有多少呆坏账，有多少资产流失，最大的风险是决策风险，是你是否具备良好的决策机制，有没有应对危机的快速反应能力。

（作者所在单位：国务院发展研究中心　宏观经济研究部）

世纪末我国经济增长目标多少为宜

严于龙

1998年大局已定，对于经济发展重在效益而非速度，以及周边国家和地区纷纷出现负增长或低速增长来说，即便低于8%的增长目标，也是各方面都能接受的。现在，应该是我们集中考虑世纪末（1999—2000年）经济增长目标的时候了。对明年我国经济目标，经济界有不同的看法，一些专家认为世纪末的经济增长目标应高于8%；另一些认为世纪末的增长目标应低于8%。笔者对此进行了全面对比分析，也认为世纪末的最后两年，是我国经济进行短暂调整的两年，经济增长目标都应低于8%。

一、世纪末经济增长目标应高于8%的主要根据

（一）新一轮经济增长期正在到来　我国这一轮的经济增长率波动，是1990年越过谷底后，从1991年的回升开始的。以年度GDP增长率来考察，1991、1992年这前两年，是经济增长的上升期；1993—1998年这后6年，是经济增长率的回落期（假设1998年GDP增长率为8%）。这一回落期与改革开放以来四次波动中的回落期相比，呈现出一个极其鲜明的新特点，即经济增长率在高位上平稳地长时间下滑，详见下页表。

1998年以来，随着国民经济景气综合评分由低位徘徊转入平稳回升、一致国经指数和先行国经指数也在8月份由降转升，国民经济呈现明显的回升态势，上半年GDP增长率为7%，第三季度上升为7.6%，1～3季度达7.2%，第四季度将呈更快增长，全年可望实现或接近实现8%增长目标。种种迹象表明，我国经济增长已经进入新一轮的上升期，1999—2000年我

改革开放以来我国GDP增长率的历次波动

整个波动的起止年份	回落期年份	回落期的时间长度（年数）	回落期的年平均增长率（%）	回落期的波幅（百分点）	回落期年平均下滑速度（百分点）	回落期的最深谷位（%）
1978～1981	1979～1981	3	6.9	6.5	2.2	5.2
1982～1986	1985～1986	2	11.1	6.4	3.2	8.8
1987～1990	1988～1990	3	6.3	7.8	2.6	3.8
1991～1998	1993～1998	6	10.5	6.2	1.0	8.0

国经济增长将超过8%。据中国社科院经济形势分析与预测课题组预测，1999年我国经济增长可望达到8.6%。

（二）扩张性的宏观经济政策将使经济走出低谷，经济增长全面回升　1998年，我国政府为了解决严重的失业问题和推进、深化各项改革，提出了力保我国经济增长8%，人民币不贬值，物价水平低于3%的经济目标。为了实现这个既定目标，政府推出了扩张性的宏观经济政策，1998年出台的刺激经济增长的政策，几乎创历史空前记录。

1.扩张性的货币政策。1998年相继推出扩张性的货币政策：如取消贷款额度限制，给商业银行以贷款自主权；人民银行向国有商业银行发放再贷款780亿元，这是历史上最大的再贷款集中投放；两次下调利率，自1996年5月以来已经连续五次降低人民币名义利率，共降低企业利息负担2400亿元，人民币名义利率已经低于美元利率，但是国内物价水平出现负增长，人民币实际利率比美元高出3.5个百分点；下调银行存款准备金率，由13%到8%，又取消了7%的备付金率，共降低12个百分点；追加固定资产贷款指导性计划，从2700亿到3700亿元；调整国有商业银行的存贷款比例，恢复债券回购业务，操作方向以增加货币供应量为主，以满足商业银行的货币需求等。截止到今年10月末，广义货币（M2＝M1＋单位定期存款＋储蓄存款＋其他存款）余额10.08万亿元，同比增长16.3%，狭义货币（M1＝现金＋单位活期存款）月末余额3.67万亿元，同比增长13.3%。市场现金流通量10501亿元，同比增长10.7%。

2.扩张性的财政政策。当货币政策启动经济效果缓慢时，中央开始使用财政政策。我国财政具备一定宏观调控能力，财政赤字占国民收入比重持续缩小，可以适时适度地扩大财政举债规模和财政支出。8月份水灾以后，结合重建家园，中央提出更加积极的财政政策，由财政部向商业银行增发1000亿国债，还款期限为10年，年利率为5.5%，作为国家预算内基础设施性建设专项投资，定向用于防洪，治涝，农田灌溉，铁路公路，重点空港，邮电通信，城市基础设施，环境保护，城乡电网建设与改造，长江中下游水土保持，植树造林种草，粮食仓库和公检法及司法行政部门设施等建设性项目支出。执行的结果，1—10月份国内财政支出比上年同期增长17.4%，其中基本建设支出增长44.2%；固定资产投资增长21.2%，大大超过原计划10%，比调整后的15%还高6.2个百分点。

（三）经济增长潜力是经济增长回升的基础　一个国家的经济增长速度最终只能是由经济增长潜力决定，宏观调控只是在消除阻碍经济增长的因素，以便使经济增长潜力充分发挥出来。目前，由于我国劳动力资源丰富，经济增长潜力主要取决于国内储蓄率、外资净流入的规模以及资本使用效率的变化。这些决定因素中，除外资净流入规模有较大的不确定性以外，其他几个因素并没有发生对经济增长潜力不利的变化。我国人民币币值稳定，经受了亚洲金融危机的考验，赢得了信誉，增强了外资进入我国的信心。加之，我国利用外资的环境不断改善，尽管在短期内外资的流进流出可能有小的波动，但从长远来看，外资仍将青睐我国广阔的市场，作为我国对外开放基本国策的重要内容，更多更好地利用外资，仍将对我国经济持续、快速、健康发展起到非常重要的作用。我国传统的储蓄倾向在短期内不会改变，国内储蓄率不会有大的变化。而随着我国经济体制改革的不断推进，对资源的使用效率只会不断提高。由此可见，我国的经济增长潜力并没有下降。根据有关专家研究，在未来10—20年内，我国经济增长潜力为9%左右，甚至可以达到1979年以来的年均增长速度9.3%。

（四）亚洲金融形势向有利于我国经济增长回升的方向发展　1998年6～8月份，连续出现五大事件　日元突然贬值，国内股市连续下跌，水灾严重，国际炒家冲击香港，人民币黑市贴水。但是，8月底出现转机：我国抗洪取得了决定性的胜利；水灾之后重建家园；香港政府托市并修改游戏规则，稳定了股市和汇率。俄罗斯金融危机的突然爆发，打击了美国炒家，引起早已过热的美国股市下跌，美国道琼斯股票指数从9000点下跌到8000点以下，进一步跌到7000点，全球资金失衡已经开始纠正，资金从美国向日本回流，日元对美元比价在8月底突然从145∶1升值到129∶1，尽管进入11月，美国股市重新回升，道琼斯股票指数再上9000点，但日元对美元比价基本稳定在121∶1左右，这样，就使我国外贸出口压力得以松缓。因为日元如果贬值超过150，韩国和台湾的货币肯定要贬值，对人民币和港币的压力过大。现在看来，日元对美元比价今年控制在150∶1以下不再贬值，大有希望。亚洲金融形势可望基本稳定下来，汇率贬值大战可望避免。国内信心有所恢复，股票市场终于在9月上旬，出现了新的高涨。中央加快1000亿国债的发行，要求尽快到位。如此力保8%，经过艰苦努力，基本上是可以达到或接近达到的。今后几年，我国的经济增长也应该在此基础上进一步回升。

二、世纪末经济增长目标应低于8%

对以上关于世纪末经济增长目标应高于8%的主要根据仔细分析，笔者认为根据并不充分。首先，人们利用经济周期理论，早在1996年经济实现“软着陆”时就预测经济已经趋于谷底，新的一轮经济增长即将开始，但直到今天也没有真正开始，用周期理论来解释，难以令人信服；其次，扩张性的宏观政策，确实使经济在近期内出现回升，但能否启动新一轮经济增长，还不能过早下结论；第三，经济增长潜力确实是经济增长的基础，但在下岗、失业问题还较严重、劳动力还不能充分就业的情况下，是不可能实现经济增长的潜力的；第四，亚洲金融危机的确在好转，但要恢复增长，恐怕还有待时日。所以，笔者认为，世纪末经济增长目标高于8%是站不住脚的。相反，世纪末经济增长目标应低于8%，主要根据有以下几个：

(一)经济高增长的内部环境和外部条件已发生很大变化，经济增长进入短暂的调整期 从我国经济周期波动的历史实践来看，经济增长低于两位数字后，调整期最多两年，经济就会迅速反弹，即使像1989、1990年那样严重的情况，也是两年后即行回升。比较之下，这一次经济增长速度的下滑期已超过四年，各种指标依然走低——用短周期波动来解释显得苍白无力。这意味着我国经济运行告别了两位数高增长的时代，已经进入了一个调整时期。

经济猛开快车之后都有一个大的调整，这也是世界经济发展的普遍规律。欧美在80年代冷战之后进入大调整，现在已进入较稳定增长期；日本高增长30年后，从1990年进入调整期，这个过程还在继续；东南亚诸国用了20年创造奇迹，现在一场金融危机逼着它们全面调整。

我国改革开放20年，经济高增长的内部环境和外部条件已发生很大变化。一方面，受全球金融危机的影响，世界经济进入低速增长，支持我国经济高增长的外部条件在弱化；另一方面，我国的各项体制改革进入关键时期，如机构改革将在全国全面铺开，国有企业改革进入三年闯关阶段，金融体制向有利于防范金融危机的方向改革。从各个方面看，我国经济都必将进入一个短暂的调整时期。而这一调整又不同于欧美、日本、东南亚国家曾经经历或正在经历的大调整，而是在我国经济高速增长过程中为适应全球经济发展变化的主动性的小调整。在这样一个调整时期，经济增长目标定的过高显然是不切实际的。

(二)扩张性的宏观政策不能持久，我们不能放弃适度从紧的货币财政政策 《国民经济和社会发展“九五”计划和2010年远景目标纲要》明确提出，“九五”期间，实行适度从紧的财政政策和货币政策，以振兴财政，保持人民币币值稳定。这是我国总结改革开放以来经济发展经验教训，得出一条宏观经济管理的重要原则。1998年，我们之所以采取了扩张性的财政货币政策，主要是由于特殊的国际、国内环境所决定的，但这项政策不可能长期实行，否则，国家财政和经济都无法承受。而在整个“九五”时期，实行适度从紧的财政政策和货币政策仍是我们必须坚持的既定的重要原则。同时，扩张性的宏观政策也不能持久。一方面，扩张性的财政政策和货币政策，会再次引发恶性通货膨胀，不利于国民经济的持续、快速、健康发展；另一方面，国家财政政策的扩张与我国长期以来的投资体制改革以及政府职能改革相违背，也不利于振兴国家财政。今年的财政执行情况已经大大突破九届人大一次会议为继续压缩财政赤字而批准的债务规模和赤字规模，可以说，这是不得已而为之，是特定形势下的特殊政策；货币政策扩张，受到金融体制改革的严厉约束，无法达到货币扩张性政策的效果。所以，我们仍然要回到适度从紧的财政货币政策上来，对世纪末国民经济增长目标不要有过高的企望。

(三)推动经济快速增长的三个轮子不能协调驱动：扩张的投资需求、平淡的消费需求、萎缩的国外需求 随着国内买方市场的形成，推动我国经济增长的动力由供给转向了需求。作为需求驱动的三个轮子——投资需求、消费需求、国外需求不能协调驱动，自然难有高幅度的经济增长。国家扩张性的财政政策，直接推动投资需求迅速提高。下半年增发国债1000亿，银行配合贷款增加1000亿，由此，1～10月份国有固定资产投资累计比上年增长21.2%，这是推动今年经济增长的主要动力。而与此同时，消费需求仍然平淡，1～10月份社会消费品零售总额累计比去年同期增长6.5%。消费需求之所以平淡，这主要是因为新的消费热点还没有形成，如住房制度改革对住房消费推动不大，私人小轿车发展不快，农村消费品市场有待进一步开发等等。同时，人们对收入预期较差。医疗、保险等社会保障制度改革在即，机构改革要全面铺开，国有企业改革导致下岗职工增多等，都直接影响了居民的消费支出。另外，笔者还认为，我国存在的收入悬殊的城乡“大二元”经济和城市内部由收入两极分化产生的“小二元”经济，是消费长期平淡，在短期内又不可能有大的变化的真正原因。国外需求萎缩，截止到1998年10月末，外贸出口比1997年同期只增长1.3%，大大低于比80年代以来的年平均增长率15.0%。主要是东南亚金融危机的爆发，我国对日本、东南亚国家和地区的出口大幅下降。今后两年，即便投资需求还能保持一定的增长幅度，消费需求和国外需求也恐难有大的改观，由此可以断定，明后两年经济增长幅度将低于1998年。

（四）货币供应量的增长率回升过慢，通货紧缩在短期内虽有缓解，但难有大的改观 改革开放以来，我国经济是一定意义上的货币经济，随着经济总量的不断扩大，货币供应持续、高速增长。从1979—1997年，我国货币供应量增长一直处于高位，现金流通量M0年均增长23.1%，狭义货币M1年均增长21.6%，广义货币M2年均增长26.4%。当然，伴随着高货币供应量，也出现一定程度的通货膨胀。据研究发现，保持我国国民经济低通胀、高增长，货币供应量的合理界限应该是，M0控制在20%左右，M1控制在16%左右，M2也控制在20%左右。从1995年以来，M1和M2基本控制在这合理界限之内，但M0显然持续走低，到今年10月末，年均增长11.5%，从1995年以后的三年，M0还呈逐年上升之势，但到1998年10月末增幅反而又下降到10.7%，狭义货币M1增长13.5%，广义货币M2增长16.3%，货币供应量的增长率回升过慢，不利于国民经济的持续、快速、健康增长。

自1998年初以来，我国市场物价水平持续下降，且降幅逐月扩大。商品零售价格下降幅度，从1月的1.5%逐渐扩大到6月份的3.0%，8月份的3.3%，9月份降幅基本稳定在8月份的水平上，没有进一步下滑。进入10月份以来，市场物价降幅有所缩小，与1997年同月相比，居民消费价格和商品零售价格分别下降1.1%和2.9%，降幅比上月均缩小0.4个百分点。随着年初特别是下半年以来，中央扩张的财政、货币政策的实施，各层次货币供应量增速开始加快，与上半年相比，目前货币供应偏紧状况已有一定改善。至此，通货紧缩有了一定的转机，下阶段我国通货紧缩也将呈现逐步趋向缓解的迹象，但显然在短期内不能有大的改观。这在一定程度上制约了我国经济的高速增长。

三、选择7%应该是比较明智的

世纪末中国经济增长目标究竟应该选择多少？经过综合分析和理智判断，笔者认为，目标也不能太低，太低了会影响我国各项改革的深入开展，不利于解决下岗职工的再就业问题，也影响人民生活的稳步提高，最终要影响国家“九五”计划目标的实现。根据“九五”计划目标，“九五”时期我国的GDP年均增长要达到8.0%，如果1998年实现8.0%，后两年只需年均增长实现6.8%；如果1998年实现7.8%，后两年只需年均增长实现6.9%。据此，笔者认为，选择7%应该是比较明智的。

（一）7%也是较高的增长速度 即使是最乐观的预测，1999年世界经济增长率也仅在2.5%左右。美国增速将放慢为3%左右；欧盟与1998年持平，也在3%左右；日本恢复增长，1999年达1.0%左右；泰国、韩国则只可望走出谷底，略现转机。相比之下，我国的7%仍然是高速增长。

（二）适当地轻速度、重效益是经济体制改革的需要，是转变经济增长方式、实现经济结构调整的必经过程 世纪末的最后两年，是十分关键的两年，下个世纪初我国经济能否再上新的台阶，一定程度上就取决于世纪末两年的经济调整。在这个调整期，适当地轻速度、重效益，转变经济增长方式，大力调整经济结构，着力提高经济增长的质量，是经济再次走向持续、快速、健康发展的基础。

（三）适当地调低增长目标是防止出现经济增长“浮夸风”的需要。

（四）扩大内需仍然是确保实现经济增长目标的主要动力 即便下调到7%，也不能掉以轻心。世纪末我国总的经济工作立足点，还应放在扩大国内需求，即扩大市场、投资及消费需求上，在投资方面，明年灾区恢复建设的投资需求量很大，国家将对大江大河进行治理，增加农业和水利的投资。国家还将加大对交通、能源的投资，包括对一些大型电网进行改造，故明年的投资仍会作为拉动经济增长的重要内容。同时，仅靠政府的直接投资是不够的，而是要通过增加政府的投资，带动银行的配套投资贷款，刺激企业、民间及整个社会的投资需求。国家还可采取多种积极措施，如银行对某些商品实行分期付款等，刺激居民的消费；提高城乡居民收入水平，进而提高居民的消费水平；加快各项改革，如社会保障改革、国有企业改革、政府机构改革，提高全社会的就业和收入预期，改善消费环境等。

（作者所在单位：国家统计局综合司）

经济现代化的起步准备

肖俊彦

引　言

1978年以来中国农村经济的深刻变革，为中国经济20年全面体制改革与高速发展的壮丽画卷增添了浓墨重彩。对这场变革的深远意义，邓小平同志早在1984年就精辟地指出："这几年进行的农村的改革，是一种带有革命意义的改革。"的确，中国农村经济改革及其引导的经济发展内容、过程是丰富多彩而寓意久远的，至少，其中有三大功绩是历史性的。

1. 对长期稳定地解决中国吃饭问题的历史贡献。在人均农业资源短缺条件下，成功地解决了长期困扰中国的吃饭问题，用占世界7%左右的耕地，养活了占世界22%的人口。

饥饿始终是半殖民地、半封建的旧中国的一大难题，80%的人口长期处于饥饿半饥饿状态。1949年新中国成立时，人均粮食占有量仅为210千克。新中国成立后的三年国民经济恢复时期，实行"耕者有其田"的土地私有制，广大农民从无偿获取土地中焕发出极大的生产积极性，1952年人均粮食达到288千克，主要农产品人均水平也大幅度增加。此后至1978年，尽管粮棉油肉等主要农产品产量总体上保持增长，但人均占有水平提高幅度很小或停顿，农产品供给短缺。粮食人均占有水平，1957年为306千克，1978年才达到318.7千克，20年仅增加12.7千克。其中除了人口大幅度增加等之外，主要的原因，是从1953年起逐步实行的主要农产品统派购制度和"人民公社"体制，严重压抑了农民的生产积极性，导致农业生产发展缓慢。从1979年开始，逐步实行以农业家庭联产承包责任制和统分结合的双层经营体制，废除"人民公社"体制，以市场化为导向改革农产品统派购制度，又一次极大地解决了农业生产力，20年农业生产保持了持续快速的增长。在全国人均耕地面积不足0.13公顷的和人口增幅较大条件下，粮食人均占有水平达到380—400千克，主要农产品人均占有水平达到或超过世界人均水平，基本满足了全国人口的食物需求。应当说，这是中国社会经济发展史上的大事。

2. 对启动中国经济改革的历史贡献。农村经济体制率先改革并取得成功，不仅是中国20年全面经济改革的先声，而且为全面经济改革奠定了理论和物质基础。

建设有中国特色的社会主义，没有现成的经验可供借鉴，只能靠中国人民自己探索。党的十一届三中全会决定把党和国家的工作中心转移到经济建设上来，集中精力发展社会主义生产力。但要开创局面，开辟新路，殊为不易。农村经济改革在中国社会经济实现转折的重大关头，勇敢地迈出了探索的第一步，取得了成功。这是中国农民对中国经济改革的巨大贡献。对此，邓小平同志多次予以高度评价，他说："农村改革的成功增加了我们的信心，我们把农村改革的经验运用到城市经济体制改革中去"，"农村政策见效，对我们制订翻两番的目标是一个鼓励，增加了我们的信心。"1986年，邓小平同志在谈到城市经济改革时说："没有前人的经验，全靠自己去探索。过去5年农村改革的经验很宝贵。"1992年，邓小平同志在南巡讲话中指出："农村搞家庭联产承包，这个发明权是农民的。农村改革中的好多东西，都是基层创造出来，我们把它拿来加工提高作为全国的指导。"

农村经济改革对全国经济改革的贡献，至少表现在三个方面，一是农产品供给长期短缺局面的改观，为全面改革提供了必要的物质条件，赢得了广泛的社会支持基础；二是农村改革的成功，充分证明了改革的必要性、重要性和紧迫性，正如邓小平同志所指出："我们要发展生产力，对经济体制进行改革是必由之路"；三是农村经济改革给予农民自主权，给予基层自主权，把农民、基层的积极性调动起来，实质上就是以市场为导向，发挥微观经济主体的活力，这就为全面经济体制改革进行了极为重要的改革方向探索。

3. 对探索国民经济增长方式的历史贡献。农村非农产业迅猛发展和农民大规模外出流动就业，为农村和整个国民经济的改革与发展，开辟了一条新的道路。

农村改革与发展引发农村经济格局出现革命性变革。在20年时间里，农村经济的农业与非农产业的产值比重由7:3转变为3:7；乡镇企业和农民外出流动就业吸纳了农村劳动力总数的35%以上，农民纯收入的1/3来自非农产业；乡镇企业工业增加值占全国工业增加值的50%，出口交货值占全国出口总额的40%，上交税收占全国财政收入的1/4。这充分证明，在农业资源短缺、农业劳力绝对过剩、资本积累水平低的恶劣条件下，中国农村、农业、农民能够逐步摆脱

“八亿农民搞饭吃”的局面，能够逐步由传统的封闭型自然经济转入现代的开放型的市场经济，能够逐步由过去“拖国民经济的后腿”转变为支持国民经济现代化进程，成为国民经济增长的重要来源。

上述三大功绩，其中任何一个即足以使中国农村经济改革著称于世，值得人们予以重视和研究。

一、改革的背景

农村经济改革的基本背景，是农村经济的贫困落后和农业发展远远不能满足全国人民的食物需求。说到底，是为了解决农民和城镇人口的吃饭问题。这是农村经济改革启动的根本经济原因。

党的十一届四中全会通过的《关于加快农业发展若干问题的决定》，对1978年农村经济状况作出这样的估计：“总的看来，我国农业近20年来的发展速度不快，它同人民的需要和四个现代化的需要之间存在着极其尖锐的矛盾。……1978年全国平均每人占有的粮食大体还只相当于1957年，全国农业人口平均每人全年的收入只有70多元，有近四分之一的生产队收入在50元以下，平均每个生产大队的集体积累不到10000元，每个生产队的公积金只有1762元，平均每人公积金10.6元。有的地方甚至不能维持简单再生产。”据1979年—1981年的有关报告估计，当时全国农民的人均口粮不足220千克，旱粮地区在150千克以下的占19%，水稻地区在200千克以下的占18%；人均收入50元以下的生产队占27%；人均全年纯收入在50元以下的绝对贫困人口2.5亿人，即占农村人口的1/3左右。

处在此种收入水平条件下的农民生活水平怎样呢？70元的收入，一部分为实物折价，一部分为货币。农民实际上拥有的货币收入远低于70元，只占40%，即28元。如果极而言之，将70元全算作货币收入，每月平均不足6元，每天平均不足0.2元钱。按1978年的物价水平，0.2元钱仅能买500多克白面或2个鸡蛋，买工业品至多可购半尺白布或一个粗瓷小碗。如果将其他最基本的生活必需品，如油盐、衣着、燃料、住房、就学等支出考虑进来，则每天0.2元钱的生活之艰难可想而知。

农民生活的贫困，不仅无法给城市居民提供充足的食物，而且，农民货币收入如此之少，等于关闭了工业品的农村市场，隔断了城乡经济最必要的联系。城市经济和农村经济也因此成为各自循环的两个独立体系，根本不可能实现城乡经济的互促互动和国民经济的整体发展。对农民来说，解决吃不饱饭是头等大事，什么障碍也不能阻挡。由此，中国经济改革不能不从农民、农业、农村开始。

二、农村经济增长的主要成就

1979—1998年，是中国农村经济发生历史性变化的时期。农村经济取得了综合发展，也为国民经济发展做出了巨大贡献。从总体上看，农村经济基本完成经济现代化的起步准备。

1. 主要农产品产量大幅度提高，全国人均占有水平大幅度提高。1978—1997年，粮食总产量由3000亿千克增长到5000亿千克，人均占有水平由318千克增加到400千克；棉花总产量由200多万吨增加到400万吨以上，人均占有水平由2.3千克增加到4千克；猪牛羊肉总产量由850万吨左右增加到5000万吨以上，人均占有水平由不足10千克增加到40多千克；水果总产量由650万吨左右增加到5000万吨，人均占有水平由不足7千克增加到40多千克；水产品总产量由450万吨左右增加到3600万吨，人均占有水平由不足5千克增加到20千克以上；糖料总产量由2400万吨增加到9000万吨以上，人均占有水平由25千克增加到近70千克；油料总产量由500多万吨增加到2000万吨以上，人均占有水平由不足6千克增加到近18千克。表1、表2反映了1978年以来农产品增长和全国人均占有水平变化的基本情况。

表1　主要农产品增长情况

项　目	单　位	1978年	1980年	1985年	1990年	1995年	1996年	1997年
粮食	万吨	30477.0	32056.0	37911.0	44624.0	46662.0	50453.5	49250
棉花	万吨	216.7	270.7	414.7	450.8	476.8	420.3	430
油料	万吨	521.8	769.1	1578.4	1613.2	2250.0	2210.6	2150
糖料	万吨	2381.8	2911.2	6045.8	7214.5	7940.1	8360.2	9387
猪牛羊肉	万吨	856.3	1205.4	1760.7	2513.5	4265.3	4772.6	5354
水产品	万吨	466.0	450.0	705.0	1237.0	2517.2	3288.1	3561
水果	万吨	657.0	679.3	1163.9	1874.4	4214.6	4652.8	5045

表 2　按人口平均的主要农产品产量

单位：千克/人

年　份	粮　食	棉　花	油　料	猪牛羊肉	水产品	水　果
1978	319	2.3	5.5	9.0	4.9	6.9
1980	327	2.8	7.9	12.3	4.6	6.9
1985	361	3.9	15.0	16.8	6.7	11.1
1988	358	3.8	12.0	19.9	9.6	15.1
1990	393	4.0	14.2	22.1	10.9	16.5
1992	380	3.9	14.1	25.2	13.4	21.0
1993	387	3.2	15.3	27.4	15.5	25.6
1994	374	3.6	16.7	31.0	18.0	29.4
1995	387	4.0	18.7	35.4	21.0	35.0
1996	419	3.5	18.3	39.2	23.1	38.2
1997	402	3.7	17.5		29.3	41.4

2. 农民收入和消费水平大幅度提高，开始分享工业文明的大部分成果，有望在本世纪末达到小康生活水平。1978—1997 年，农民纯收入由 133 元增加到 2090 元，其中货币收入的比重由 42% 提高到近 67%；农村居民消费水平由 138 元提高到 1930 元，消费的恩格尔系数由 67.7% 下降为 55.1%，降低 12.6 个百分点；农村贫困人口，已由 2.5 亿人减少到 5000 万人。1997 年农村居民平均每百户主要耐用消费品拥有量分别为：自行车 142 辆，电视机 92 台（其中彩电 27 台），电冰箱 8 台，收录机 32 台，洗衣机 21 台。按国家统计局的“农村小康综合评价”指标体系衡量，1997 年农村居民整体生活水平的综合评分已达到 81.5 分，标志着农村居民整体已向小康生活迈进了 4/5 多的路程。表 3、表 4、表 5 反映了农村改革以来农村居民消费变化情况。

表 3　农村居民消费变化情况

指　标	1980	1985	1990	1995	1996	1997
消费支出（元）	162.21	317.42	584.63	1310.36	1572.08	1617.15
消费支出结构（%）						
食品	61.8	57.8	58.8	58.6	56.3	55.1
衣着	12.3	9.7	7.8	6.9	7.2	6.7
家庭设备用品及服务		5.1	5.3	5.2	5.4	5.2
医疗保健		2.4	3.3	3.2	3.7	3.8
交通通讯		1.7	1.4	2.6	3.0	3.3
娱乐教育文化服务		3.9	5.4	7.8	8.4	9
居住	13.8	18.2	17.3	13.9	13.9	14.4
杂项商品		1.1	0.7	1.8	2.0	2.1

表 4　农村居民家庭平均每人主要消费品消费量

品　名	1978	1980	1985	1990	1994	1995	1996	1997
粮食（原粮）（公斤）	247.83	257.16	257.45	262.08	260.56	258.92	256.19	250
#细粮（公斤）	122.51	162.92	208.83	215.02	211.98	210.74	210.79	203
蔬菜（公斤）	141.50	127.21	131.13	134.00	107.86	104.62	106.26	107
食油（公斤）	1.97	2.49	4.04	5.17	5.66	5.80	6.07	6.15
猪牛羊肉（公斤）	5.67	7.75	10.97	11.34	11.00	11.29	12.90	12.72
家禽（公斤）	0.25	0.66	1.03	1.26	1.63	1.83	1.93	2.36
蛋及制品（公斤）	0.80	1.20	2.05	2.41	3.03	3.22	3.35	4.20
鱼虾（公斤）	0.84	1.10	1.64	2.13	2.68	3.06	3.37	3.75
食糖（公斤）	0.73	1.06	1.46	1.50	1.34	1.28	1.37	1.35
酒（公斤）	1.22	1.89	4.37	6.14	6.03	6.53	7.11	7.13
棉布（米）	5.63	4.30	2.54	0.90	0.56	0.44	0.47	0.38
化纤布（米）	0.41	0.94	2.50	1.74	1.78	1.70	1.83	7.79

表 5　农村居民家庭平均每百户年底耐用消费品拥有量

品　名	1978	1980	1985	1990	1994	1995	1996	1997
自行车（辆）	30.73	36.87	80.64	118.33	136.50	147.02	139.82	141.95
缝纫机（架）	19.80	23.31	43.21	55.19	62.75	65.74	64.62	63.97
洗衣机（台）			1.90	9.12	15.30	16.90	20.54	21.87
电冰箱（台）			0.06	1.22	4.00	5.15	7.27	8.49
摩托车（辆）			0.89	3.19	4.91	8.45	10.89	
黑白电视机（台）			10.94	39.72	61.77	63.81	65.06	65.12
彩色电视机（台）		0.39	0.80	4.72	13.52	16.92	22.91	27.32
收录机（台）			4.33	17.83	26.08	28.25	31.15	32.02
照相机（架）				0.70	1.16	1.42	1.94	2.02

3. 农村经济结构发生根本性变化，以乡镇企业为代表的农村非农产业迅速发展，农村经济结构逐步优化。1978—1997 年，第一产业产值占农村社会总产值的比重由 65%下降为 25%左右，即大体由 7:3 转为 3:7；农村劳动力结构，由 90%以上从事农业下降为 65%，即约 1.5 亿劳力转入非农产业（包括乡镇企业就业和流动进入城镇务工人数）。其中，乡镇企业发展引人注目：容纳的农村劳力已超过 1.3 亿人，超过国有企业职工总数；在国内同行业产量中，生产的原煤占 40%，水泥占 40%，食品饮料占 43%，服装占 80%，全国工业增加值的 50%，出口交货值占外贸出口额的 40%，全国财政税收的 25%。表 6、表 7 反映农村经济结构主要变化。

表 6　农林牧渔业总产值构成

（农林牧渔业总产值 = 100）

年　份	农　业	林　业	牧　业	渔　业
1978	80.0	3.4	15.0	1.6
1980	75.6	4.2	18.4	1.7
1985	69.2	5.2	22.1	3.5
1986	69.1	5.0	21.8	4.1
1987	67.6	4.7	22.8	4.8
1988	62.5	4.7	27.3	5.5
1989	62.8	4.4	27.6	5.3
1990	64.7	4.3	25.7	5.4
1991	63.1	4.5	26.5	5.9
1992	61.5	4.7	27.1	6.8
1993	60.1	4.5	27.4	8.0
1994	58.2	3.9	29.7	8.2
1995	58.4	3.5	29.7	8.4
1996	57.8	3.3	30.2	8.6
1997	56.0	3.4	31.5	9.1

注：本表按当年价格计算。

表 7　农村非农行业总产值及构成

（按当年价格计算）

年　份	农村非农行业总产值	农村工业总产值	农村建筑业总产值	农村运输业总产值	农村商饮业总产值
一、绝对数（亿元）					
1978	640.54	396.50	134.74	34.50	74.80
1980	869.52	543.96	179.97	47.14	98.45
1985	2720.55	1750.08	510.49	190.42	269.56
1990	8957.12	6719.73	978.48	579.62	679.30
1995	51780.39	38116.23	5204.27	3617.72	4842.31
1996	65191.70	48426.30	6178.40	4408.20	6178.80
二、构成（%）以非农行业总产值为 100					
1978	100.00	61.9	21.0	5.4	11.7
1980	100.00	62.6	20.7	5.4	11.3
1985	100.00	64.3	18.8	7.0	9.9
1990	100.00	75.0	10.9	6.5	7.6
1995	100.00	73.6	10.1	7.0	9.4
1996	100.00	74.3	9.5	6.8	9.5

4. 农业经济的综合生产能力发生显著变化，能够确保农民生活稳定在温饱有余的水平。1978—1997年，农用化肥施用折纯量由不足900万吨上升到近4000万吨，农业机械总动力由1.2亿千瓦上升到4.2亿千瓦，农田有效灌溉面积由4500万公顷上升到5100多万公顷，农村用电量由250亿千瓦上升到近2000亿千瓦；农民户均生产固定资产原值由10元上升到3600元（1996年底数）。表8反映农业生产物质条件情况。

表8　农业生产物质条件情况

年　份	化肥施用量（万吨）	农村用电量（亿千瓦小时）	有效灌溉面积（千公顷）	# 机电排灌	机电排灌面积占灌溉面积比重（%）	农业机械总动力（万千瓦）
1978	884.0	253.1	44965	24895	55.4	11750
1980	1269.44	320.8	44888	25315	56.4	14746
1985	1775.8	508.9	44036	24629	55.9	20913
1990	2590.3	844.5	47403	27148	57.3	28707
1996	3827.9	1812.7	50381	32891	65.3	38547
1997	3980.7	1980.1	51239	34370	67.1	42016

注：1. 化肥施用量按有效成分100%计算。

2. 农村用电量包括国家电网的供电量和农村自办电站供电量，不包括在农村的国有单位的用电量。

5. 土地产出和农业经济效益大幅度提高。1978—1997年，粮食每公顷产量由2527千克增加到4376千克，棉花每公顷产量由455千克增加到1025千克；小麦、玉米、水稻等6种作物按当年价格计算的每公顷减税纯收益由1980年的167.40元上升到1996年的3280元；平均每一农业劳动力生产的农产品，1978—1996年，粮食由1060千克增加到1560千克，棉花由7.5千克增加到13千克，油料由18千克增加68千克，猪牛羊肉由30千克增加到近150千克，水产品由16千克增加到87千克；平均每一农业劳动力创造的农业产值，1985—1997年由1138元增加到4156元。

三、农村经济改革与发展的历程

以1978年12月党的十一届三中全会和1979年通过的《中共中央关于加强农业发展若干问题的决定》为起始标志，中国农村经济改革与发展拉开了序幕。20年的历程，大体上可划分为四个阶段。

1. 农业实行家庭联产承包为主的责任制与农业超常规增长阶段，即1979—1984年。经过1979年以前长期的曲折复杂探索，以农户为单位的农业承包责任制适应中国农业人地资源紧张的独特作用得到肯定。由于这一制度使农户的经济利益与经营成果直接联系起来，使农户家庭经营管理功能与农业生产特性结合起来，从1979年到1984年，全国农村完成了从长达20年的“三级所有，队为基础”的“人民公社”体制到“包干到户”的转变。到1984年底，全国实行“包干到户”的社队占99.1%，农户成为农业生产经营的基本单元和农村经济的微观基础。同时，为了使农民尽快休养生息，国家在1979年大幅度提高了18种主要农副产品的收购价格，平均提价幅度达24.8%。此后，又逐步缩小了农产品统派购的范围和数量，到1984年底，农产品统派购品种由原来的113种减少到38种。

农户家庭经营主体地位的确立及农产品贸易条件的改善，使广大农民多年被压抑的生产积极性得到充分释放，一举解决了多数农民的温饱问题。1979—1984年，中国农业总产值年均增长7.3%；粮食产量由3亿吨跨上了4亿吨的台阶，年均增长6.2%；棉花、油料产量年均增长分别高达19.3%和14.7%；农民收入年均提高13.4%，城乡居民收入差距由2.1:1缩小到1.7:1，消费差距由2.8:1缩小到2.3:1。

2. 农产品统派购制度改革与农村产业结构快速变动阶段，即1985—1988年。1985年，农产品出现低水平结构性过剩，对粮油等大宗农产品的财政补贴已成为国家财政的沉重“包袱”。国家决定取消农产品统派购制度，对粮油等大宗农产品实行合同定购与市场收购的“双轨制”；对其他农产品完全放开，实行市场调节。

改革取得了相当的成功。水果、水产的生产保持连续大幅度递增。但对大宗农产品实行“双轨制”的改革，却未取得预期的效果。其根本原因是改革只涉及了收购体制，而没有触动销售体制，财政补贴比1984年以前增长更快。为了控制补贴数量，确保定购任务的完成，又将合同定购变为任务，实际成为“统购”。与此同时，国家放松了对农业生产资料价格的控制，并逐步取消了对农用工业的补贴，农业生产资料价格出现了大幅度上涨的趋势。其中1984年为8.9%，1988年高达16.2%。由此，农业生产的比较效益急剧下降，一度缩小的粮肥比价又趋扩大。

由于畜牧业、渔业的快速增长，农业产值仍以年均4.1%的速度平稳递增，但低于前一段3.2个百分点。

这期间引人注目的是，乡镇企业发展异军突起，产值增长速度年均达到近50%，产值占农村社会总产值的比重由1/5猛增到一半以上，每年吸纳农村劳动力就业上千万人。其迅猛发展，在相当程度上弥补了粮棉收入徘徊给农民带来的损失。

尽管畜牧、渔业、乡镇企业高速发展，但由于占农民收入比重很大的粮棉生产出现徘徊，农民人均纯收入增长年均只有2%～3%的速度，与前一阶段相比降低了11个百分点。

3. 国民经济调整与农业增产不增收阶段，即1989—1991年。从1988年下半年开始，国家决定对国民经济实行“治理整顿”。在宏观经济政策紧缩的背景下，一方面，农业得到了一定的加强。主要农产品产量都有大幅度提高，粮食产量再创历史最高纪录。但粮棉等主要农产品的定购价格低于市场价格，收购矛盾突出。国家在1988年9月对大米实行了专营政策，1990年将合同定购改为国家定购，对棉花一直坚持由供销社统一经营的政策。另一方面，非农产业发展受到了抑制。乡镇企业发展速度明显减慢，效益下降，吸纳农业剩余劳动力的能力也趋减弱。受此影响，农民收入增长出现了改革开放以来的首次低水平徘徊，3年平均增长仅1.2%，其中1991年农民实际收入呈负增长。城乡居民收入差距和消费差距恢复到1978年改革开放前的水平。

这一时期，农村改革以粮食购销体制的区域性突破为主要特征。许多粮食销区开始实行以市场为取向的减购（减少合同定购数量）、压销（压缩平价粮销售数量）、提价（既提高合同定购价，又提高统销价）、放开（放开购销价格）的粮食购销体制改革，并取得明显成效。为保护农民种粮积极性，国家还出台了建立粮食专项储备等重大政策。

4. 推进农村经济体制规范化，进一步提高农业综合生产能力阶段，即1992—1998年。这一时期，首先是在前十多年制度改革发育成熟的基础上，全国人民代表大会相继通过了《农业法》、《乡镇企业法》、《农业技术推广法》等一大批农业法律法规，将保护农村经济改革与发展的成果在法律上予以固定。特别是1993年3月八届全国人大通过的《宪法修正案》，将家庭联产承包为主的责任制作为合作经济形式之一列入宪法，党中央也于1993年11月规定土地承包期到期后再延长30年不变，稳定了广大农民安心从事农业生产。其次是为提高农业综合生产能力，国家一方面实行“米袋子”省长负责制，并大幅度提高国家财政农业支出，1995、1996年增幅均在17%以上，1997年比上年增长27%。另一方面大幅度提高粮棉收购价格，粮食定购综合价，1994年、1996年分别比上年提高40%、42%；棉花收购价，1993—1995年三次提高标准棉收购价，每50千克共提高130%以上。其三是努力探索改革粮食流通制度。1992年实行购销同价；1993年粮食价格、购销渠道全面放开；1994年恢复“双轨制”，并对国有粮食企业经营实行政策性业务和商业性经营“两线运行”改革；1996年对粮食企业实行“四分开，一并轨”，即政企分开、储备与经营分开、中央与地方的责任分开、新老挂账分开，粮食定购价与市场价并轨；1998年实行将粮食供求平衡的购销渠道、价格和国有粮食企业的管理责任权力下放给省级政府，并为此实行“敞开收购，顺价销售，收购资金封闭运行”的三项政策。四是倡导乡镇企业适当集中与小城镇发展相结合的政策，对中西部乡镇企业采取了一系列扶持政策，同时，乡镇企业产权制度改革有了创新，特别是股份合作制有了较大发展。

这一时期的改革与发展政策取得了显著效果。粮食生产能力连创新高，1996年稳步登上5000亿公斤水平，提前4年实现“九五”计划增产500亿公斤目标；农民收入大幅度上升，1992—1996年人均纯收入年均递增5.7%，其中1996年比上年增长9%；城乡居民收入差距有所缩小，农民纯收入与城镇居民人均生活费收入的比值，1993年为1∶2.53，1994年为1∶2.61，1995年为1∶2.47，1996年为1∶2.27，1997年为1∶2.47。这一时期的主要问题是，在经历农产品价格大幅度上涨后，又出现同期性的价格大幅度下降，销售困难，国家财政和信贷资金的负担沉重；乡镇企业受宏观经济影响，发展速度减缓。

四、对农村经济增长主要因素的初步分析

对中国农村经济增长主要因素的贡献份额，要作出较为准确的分析是比较困难的。其一，制度变革的内容是广泛的，而且与国家宏观调节政策相互促进；其二，其经济结构并非单一的农业，而具有多产业的特点，几乎涉及了国民经济多数产业部门；其三，就两大类型经济而言，农村经济与城市经济始终处于制度变革、经济结构变动、生产要素交流的相互推动过程之中。因此，从数量角度分析各主因的贡献份额，客观上的难度很大。但从经验观察角度，可以得出以下结果。

1. 经济体制变革是20年农村经济增长的主要制度条件，也是增长的主因。农村经济体制变革以实行土地的家庭联产承包责任制为起点，逐渐涉及更宽泛的微观和宏观经济，构成了波澜壮阔的改革与发展过程。改革内容至少包括：给予8亿农民以土地经营自主权和收益权的农地经营制度改革；为保障家庭承包制发挥作用而进行的“人民公社”体制改革；为发挥多种经济形式经济功能的所有制改革；为增加农民收益和减轻国家财政信贷负担的农产品流通体制改革；为增强农民自我服务经济力量的供销、信用合作经济管理体制改革；为促进城乡经济交流的工农产品市场体系改革；为促进包括乡镇企业发展在内的投资体制和外资进入政策的改革；为允许农民进入非农产业的城乡户籍、就业制度的改革；为适应农村经济社会发展为目标的县级经济管理体制改革等等。20年来，改革的内容和范围不断扩展，从未停顿，有力刺激了农村经济的长足增长。从农产品供给来看，虽然20年中的消费需求、国家政策也曾出现过不利变化，但重要农产品生产始终保持着稳中有增的态势，说明农业改革的长效性；从农村非农产业发展看，虽然农村人口科学文化素质普遍低于城市人口，农村非农产业基础很差，资本积累条件恶劣，但农村非农产业仍然迅速发展起来，成为国民经济的有力支柱，说明农村非农产业发展政策对城市经济改革的作用是长效的。

2. 与农村生产供给能力和水平相适应的工农产品供给短缺和市场需求旺盛，是农村经济迅速增长的市场供求条件。改革开放以前，计划经济造成工农产品长期极度短缺。改革开放以后，这一局面开始改观，但根本改变尚需时日。尤其是国有工业企业体制改革起步较晚，日用工业消费品在相当长时间内处于短缺状态。市场供给短缺和市场需求旺盛，为先行一步改革的农村经济提供了难得的市场条件。特别是在前10年，几乎是只要农村能生产什么，就能卖出什么。其所提供的工农产品的档次、质量不高被短缺和需求旺盛所不计。农村经济由此获得前所未有的增长，并实现了结构变革，奠定了进一步发展的市场占有和资本条件。

3. 国家宏观经济政策的有力调节，是农村经济保持稳定和迅速发展的政策条件。针对农村经济发展的起点很低，尤其农业经济具有户均经营规模很小的特点，国家宏观经济政策给予了有力保护。一是国家一直对重要农产品实行价格支持政策。在收购价方面，自1979年始至1997年，多次大幅度提高粮棉等重要农产品收购价。其中幅度较大的是，1979年将18种农副产品收购价平均提高24.8%，1995、1996年将粮食收购价分别上年提高40%、42%，棉花收购价，1993—1995年提高130%以上。同时，对重要农业生产资料也实行价格控制。二是加大国家财政农业支出的力度，改善农业生产的基础条件。三是对乡镇企业初期的发展给予减免税和信贷支持。

4. 广大农民不畏艰辛，持续努力地创造社会财富的进取精神，是农村经济发展的人力资本条件。改革之初到现在，中国农民所拥有的自然资源和资本条件是相当恶劣的，甚至是原始的。户均耕地不足0.67公顷，人均不足0.13公顷，非农产业很少，国家直接支持很有限，加上长期形成的社会经济的歧视性政策及观念，农民在经济发展道路上每前进一步，每取得一个显著的经济成就，都经历着外人无法想象的困难。然而，农民没有在困难、偏见面前畏惧和退缩，他们在广大的农村和众多的城镇干着最脏最累的工作，人均收益最少，一步一步地创造了农产品的持续增长、乡镇企业的异突出起、小城镇建设的兴盛等奇迹。农民创造力的来源，是长期的贫穷造就了农民改变自身社会经济地位的强烈渴望和别无他途，只能接受低收入的工作报酬，由此转化为农村经济持续发展的宝贵人力资本。

5. 农村经济结构显著变化，既是经济发展的结果，又推动经济进一步增长。20年来，农村经济结构的突出变化是改革了单一的“8亿农民搞饭吃”的产业结构。在大农业内部，农业产值比重由80%下降到56%，林牧渔比重由18%上升到44%；农业与非农业产值之比大体由7:3转变为3:7；非农产业中，工业产值比重上升12个百分点，建筑业下降11个百分点，运输业和商饮业保持稳定；劳动力结构中农业和非农产业之比由9:1转为6.5:3.5；农民的生产性纯收入中，第一产业的比重由91%下降为65%，二、三产业比重不足10%上升为35%。农村经济结构的扩展与深化，不仅为农民提供了大规模就业和大幅度增收的渠道，而且，也为支持农业发展提供了经济条件。

五、改革与发展的经验教训探讨

20年的农村经济改革与发展，决非一泻千里、一帆风顺，而是经历了曲折复杂的过程。改革发动之前，已经有了前20多年的实践和理论探索，也付出了沉重的代价；改革启动之后，每前进一步都存在着种种争论、分歧、观望。在改革开放这一具有革命性的历史转折中，存在这些现象是正常的。重要的在于，下一步农村经济改革与发展的任务还很重，还面临许多难题，十分需要总结探讨前一阶段的经验教训，提高政策预见能力，以减少失误和代价。

从总体来说，就是要做到两点。一是保持社会政治经济环境的稳定。不稳定，各种社会关系都处于剧烈变动之中，不仅不可能集中精力发展社会主义生产力，即连探索的机会都不可能存在。二是一心一意搞经济建设，发展生产力。如同邓小平同志所反复强调的，社会主义的任务很多，根本的一条就是发展生产力，一定要扭住不放，一天也不能耽误，任何时候不受干扰，决不再分散精力，毫不动摇。这两条，当然是对当代中国社会经济整体发展而言，但无疑对农村经济改革与发展也是基本前提。就农村经济的具体情况来说，主要有如下几条：

1. 稳定和发展中国经济，首先要在宏观战略政策上坚持稳定和发展农村经济。邓小平同志多次指出，“中国社会是不是安定，中国经济能不能发展，首先要看农村能不能发展，农民生活是不是好起来。翻两番，首先要看这80%的人口能不能达到”，“工业的发展，商业的和其他的经济活动，不能建立在80%的人口贫困基础上”。这些论断，明确指出了稳定和发展中国经济的宏观战略方针。改革以来，农民生活水平的确发生了显著变化，但总体来看仍然是很低的。与城市人口的生活水平相比，落后15—20年。表9、表10反映了20年农村人口和城市人口的收入和生活消费水平变化比较情况。

表9 城乡居民家庭人均收入比较（1978＝100）

单位：元

年份	农村居民家庭人均纯收入（元）	城镇居民家庭人均生活费收入
1978	133.6	316.0
1980	191.3	439.4
1985	397.6	685.3
1990	686.3	1387.3
1995	1577.7	3892.9
1996	1926.1	4377.2
1997	2090.1	5160.3

对农村经济与国民经济的关系也要有全面的判断。改革以前和现在农村经济的落后，根本原因是长期的社会经济体制和政策造成的，不能主要归咎于农民自身。在过去整个国民经济建设方针、体制出现重大失误的环境下，怎么能要求农村经济一枝独秀？改革以来的发展经验证明，只要国民经济发展的方针、体制、政策正确，在经济资源和经济基础条件恶劣的情况下，中国农民不仅能够满足自己和城市人口的食物需求，而且，也能够逐步进入非农产业，分担就业压力，创造物质财富，提供工业资本积累。

2. 农业家庭联产承包责任制，不仅具有保障城乡食物基本需求的功能，而且，能够降低国家推进工业化进程的经济成本。尽管农业家庭联产承包责任制已经写入宪法，但学术界对其在中国农业发展中的长期适应性和对中国农村及国民经济的作用仍有不少重大分歧。一些观点认为，在家庭联产承包制下，土地分配是“均田制”，不能使土地产权充分流动，不能使农业过剩劳力转移出来，同时，其小规模经营缺少吸引农民增加土地投入的条件，更不利于实现农业现代化。这些观点所讲的情况是符合事实的。应当承认，小规模相对于大规模经营的边际收益是较低的，容纳现代技术和大规模资本投入的能力是很不够的，农民也会留恋这一小块近乎无偿获得的“财产”，同时也应当承认，双层经营体制还很不完善。但是，从更广的社会经济环境来分析，对其基本框架的功能及其长期适应性和超于农业之外的经济功能，应有足够的认识。其根本原因，首先在于他是缓解长期以来中国人地矛盾的有效经营体制。旧中国实行土地私有制，农村经济落后，以至引发尖锐的社会矛盾，不能不导致以土地革命为核心的社会革命。新中国建立后，起初实行“耕者有其田”的土地私有制，很快，农村的分化导致土地的集中和一部分农村人口失去基本生活保障。同时，农民中又产生自发的互助合作。为此，又采用初级社、高级社以至“人民公社”体制来解决人地矛盾。土地私有制和“人民公社”两种极端方法，始终未能缓解人地矛盾。其内在原因，是在土地资源短缺条件下，实行私有制会逐渐导致一部分人垄断土地，而另一部分人会失去土地，造成基本生活无保障的社会敌对状态；实行“人民公社”体制，表面上增加了单位土地经营规模，但人均土地经营规模并未增加，更为严重的是，剥夺了劳动者拥有土地经营和财产积累的权利，造成全体劳动者缺乏积极性。面对这两种截然不同的土地所有形式，的确是两难选择。土地家庭承包制为核心的双层经营体制，既照顾了多数农民的利益，发挥其积极性，又避免土地所有出现两极分化，实现了土地的社会分配职能和农民个体财产积累职能的统一。其二，家庭承包责任制下的小规模生产，具

表10 城乡居民消费水平比较

年份 地区	绝对数（元）			城乡消费水平对比（农业居民＝1）
	全国居民	农业居民	非农业居民	
1978	184	138	405	2.9
1980	236	178	496	2.8
1985	437	347	802	2.3
1990	803	571	1686	3.0
1995	2311	1479	5044	3.4
1996	2677	1756	5620	3.2
1997	2936	1930	6048	3.1

有半自给和半商品的双重属性。这种属性，在人口绝对过剩情况下，表现为首先要满足自身的食物基本要求，同时，又必须出售一部分产品以维持再生产过程。即农民既必须为自身食物需求生产，又必须为社会食物需求生产，由此构成家庭承包责任制特殊的保障中国食物供给机制。其三，由于农户拥有一块小规模土地，获得了安身立命的社会保障条件，也为农村劳动力进入非农产业提供了社会保障，也就相应压低了国家工业化的成本。一方面，农民不致因无生活保障而大批流入城市；另一方面，农民在寻求非农就业机会时，既可接受较低的报酬，又可退回安定于土地之上。可以预见，即使劳均农地规模由现在的0.67公顷扩大3～5倍，也不过2.0～3.3公顷，农业劳动力仍需3500万～5500万人，仍然是世界上的小规模经营。这一过程，无疑需要相当长的时期。因此，急于追求土地的产权充分流动和大规模经营，是有损整个国民经济发展的。

3. 尊重广大基层干部群众的首创精神，发挥他们的改革创造性，是探索改革与发展道路的有效方法。邓小平同志指出，“农村搞家庭联产承包，这个发明权是农民的。农村改革中的好多东西，都是基层创造出来”，“我们完全没有预料到的最大收获，就是乡镇企业发展起来了，突然冒出搞多种经营，搞商品经济，搞各种小型企业，异军突出。这不是我们中央的功绩。”农村改革与发展的历程表明，改革与发展同广大基层干部群众的利益息息相关，持续发展社会生产力是他们利益来源最可靠的保障，他们自身因之具有改革与发展的内在利益要求，最具有改革的勇气和韧性，能够焕发出无穷无尽的智慧与活力。同时，尊重和相信广大基层干部群众的意愿，鼓励他们去努力探索，进一步改革与发展才有最广泛、最深厚的群众基础和实践基础，正确政策的形成、制定才会有不竭的源泉。从经济理论和组织管理角度看，这也正是在制度变革过程中最大限度地激发微观经济主体活力。

4. 大力推进农村工业化进程，是彻底使中国农村经济和国民经济实现现代化的主要途径。20年改革与发展的历程证明，农民、农业、农村经济并非天生是国民经济的“包袱”，他们同样可以推动国民经济增长。中国人均自然资源贫乏，缺少资金，技术落后，大约惟一丰富的是劳动力资源。要使丰富的劳动力资源转化为丰富的劳动资本，并非易事。旧体制惯性造成城市经济及国有企业使用原有劳动力和现有城镇劳力的成本过高（包括社会保障成本），即使其拥有较高的文化素质和劳动技能，往往也难以进行有力的市场竞争。农村劳动力的优势在于，既有农业家庭联产承包制提供的土地福利保障，又有长期贫困所产生的不高的收入要求和创业的渴望，完全可以为推进国家工业化提供丰富的人力资本。

由于受旧体制和观念的惯性束缚，到目前仍然没有形成从推进国民经济现代化进程的高度来发展农村工业的宏观经济战略，基本上仍然处于主要由农村微观经济主体自身努力的状况。这一局面不迅速改变，国民经济现代化进程就有陷入历史性停顿的危险。从大格局中来看，农村不加速工业化，农业承载的过重经济负担就不能缓解，城市经济和国有经济在资本结构过程调整与转换中所需要的大规模资金和人力资本替代就缺少一大来源。

5. 把握好国家对农村经济的保护和农村经济走向市场的关系，发挥好国家宏观经济调控功能。旧体制对农村经济管得过死，束缚了农村经济要素的活力。改革以后，农村经济很快显著改观。但这并不意味着不要或大幅度减少国家对农村经济的保护。其一，市场经济与宏观调控并不矛盾，国家对市场经济活动的宏观影响和主动调控，即使在西方市场经济发达国家也是一直存在的。其二，我国农业生产条件差，人地矛盾尖锐，保护农业不仅仅是保护农民利益，也是保护全社会的公共利益。其三，农村经济发展的落后，主要是旧体制的“重城市、轻农村”倾向造成的，发展起点很低。对这种由于社会经济环境所形成的历史因果关系，需要予以承认和照顾。其四，推动农村经济的发展，实质上是推动国民经济发展，国家对农村的公共事业、基础设施等予以投入，也是符合全社会经济利益的。20年的事实也证明，国家的保护力度减弱，农村经济发展也相应缓慢；反之，发展速度就加快。

（作者所在单位：国务院发展研究中心农村经济研究部）

通货紧缩的危害不容忽视

国家统计局国民经济综合统计司宏观处

经过三年多“治乱降温”的不懈努力，1996年我国经济成功地实现了“软着陆”。但是，在摆脱了通货膨胀的阴影后，目前我国又面临着另一个人们也许还不太熟悉的问题——通货紧缩的困扰。什么是通货紧缩？通货紧缩的成因和危害是什么？如何治理？下面谈谈我们的一些粗浅认识。

一、我国已出现通货紧缩

通货紧缩是指物价总水平持续下降的一种经济现象。按照这一定义判断，当前我国经济毫无疑问已经出现了通货紧缩，商品零售价格总水平自1997年10月出现绝对下降以来，到1998年8月份已持续下降11个月，居民消费价格自1998年3月份以来也开始出现绝对下降。

通货膨胀对经济持续快速健康发展的危害已为大家所共识。但通货紧缩同样对经济的健康发展有很大的危害，它的出现不仅为当前我国经济增长回升乏力所证实，也为国外经济发展史所证实。

1. 通货紧缩影响企业生产和投资的积极性。尽管1996年5月1日至1998年7月1日间，我国五次降低了贷款利率，平均降低5.17个百分点，名义贷款利率已降到90年代以来的最低水平，但由于同期物价水平的回落幅度更大，居民消费价格同比涨幅下降了10.3个百分点，商品零售价格下降了9.7个百分点，使目前实际贷款利率比1996年有较大幅度提高。实际贷款利率偏高使企业融资成本上升，预期投资回报率降低，生产、投资积极性受挫。1998年以来，在国家各项扩大内需政策的作用下，国有单位投资增长明显加快，但城乡集体、个人投资增长不够强劲，影响了社会总需求的增长。更严重的是，生产者或市场投资主体在通货紧缩的态势下，往往会有一种动态的价格预期，利率的调整只是一种被动情况下的调整，只要物价总水平继续下降，人们就会预期利率继续下调，货币政策特别是利率杠杆作用不明显，这就是经济学上通常所说的流动性陷阱。

2. 通货紧缩导致市场销售低迷不振。一方面，通货紧缩意味着市场上流通货币的减少，进一步强化了“买方市场”的态势。贷款风险和责任意识有所增强的银行，面对盈利空间缩小、亏损面不断扩大的企业，贷款行为更加谨慎甚至“惜贷”。另一方面，通货紧缩意味着居民可支配收入增长放慢，居民有效购买力不足，加之居民对未来收入的预期不佳，使居民即期消费受到一定的影响。再者，市场物价的持续下降，强化了居民“买涨不买落”的消费心理，居民期待着价格进一步的下降。1998年1～8月，我国社会消费品零售总额比上年同期增长7.3%，增幅比上年同期低6.3个百分点，其中城市增长7.7%，农村增长6.7%。

总之，通货紧缩影响了企业的“惜投”和居民的“惜购”，限制了社会需求的有效增长，最终导致经济增长乏力。因此，加大对通货紧缩的治理力度，已成为当前促进经济快速回升的主要任务。

从国外情况看，30年代初期美国通货紧缩导致经济大萧条的情形迄今让人难以忘怀。1929—1933年，美国物价总水平连续4年下降，累计共下降22.3个百分点，与此相伴随，货币供应量、投资、消费也逐年绝对下降，其中货币供应量1933年比1929年下降25.8%，投资、消费分别下降86.9%和19.2%。由于银行货币量的减少和社会有效需求的明显萎缩，形成了物价总水平进一步下降、经济严重衰退和失业率飚升的恶性循环局面，其中美国1930—1933年实际GNP分别下降9.9%、7.6%、14.9%和1.9%，失业率由1929年的3.2%急剧攀升到1933年的25.2%，经济陷入严重衰退之中。

特别值得一提的是，目前我国所面临的通货紧缩态势与美国大萧条时期的通货紧缩现象有着明显不同：

表1　美国1929～1933年主要经济指标

单位：%

年份	实际GNP	货币供应量	通货膨胀率	失业率	居民消费	投资	政府购买
1929	—	—	—	3.2	—	—	—
1930	-9.9	-3.0	-2.6	8.9	-6.6	-32.2	10.5
1931	-7.6	-6.6	-10.1	16.3	-3.3	-38.7	4.5
1932	-14.9	-12.4	-9.3	24.1	-9.0	-72.0	-4.7
1933	-1.9	-5.7	-2.2	25.2	-1.7	12.8	-3.7
1934	9.0	10.1	7.4	22	4.7	77.4	14.2
1935	9.9	18.3	0.9	20.3	6.3	91.5	1.5
1936	14.0	14.3	0.2	17	10.3	33.3	17.8
1937	5.2	4.4	4.2	14.3	3.4	24.6	-3.1
1938	-5.1	-1.3	-1.3	-19.1	-2.0	-43.1	10.1
1939	8.6	12.1	-1.6	17.2	5.7	45.3	3.8
1940	8.5	16.1	1.6	14.6	5.1	33.6	3.4

表 2　中国 1996—1998 年主要经济指标

单位：%

年　份	GDP	货币供应量	通货膨胀率	失业率	居民消费	投　资
1992	14.2	—	5.4	2.3	—	25.2
1993	13.5	38.8	13.2	2.6	0.1	27.8
1994	12.6	26.2	21.7	2.8	7.2	18.1
1995	10.5	16.8	14.8	2.9	10.4	11.0
1996	9.6	18.9	6.1	3.0	13.2	10.3
1997	8.8	22.1	0.8	3.1	7.5	8.3
1998 上半年	7.0	8.7	−2.1		9.1	

(1) 从经济增长方面看，目前中国经济增幅虽比前几年有所减缓，但总体上仍保持了较快增长，仍属世界上少数几个增长最快的国家之一，与美国大萧条时期经济出现严重衰退有着本质的区别。1997 年我国国内生产总值增长 8.8%，1998 年上半年在外有亚洲金融危机、内有严重洪涝灾害等的不利影响下仍保持了 7% 的较快增速，目前增速的回落只是快速增长过程中的短期性调整。

(2) 从社会需求方面看，1929—1933 年，美国的货币供应量、投资、消费出现了逐年绝对下降的局面。近期来，我国社会需求增长虽呈逐年回落态势，但没有出现急剧下降的局面。

(3) 从发展趋势方面看，美国的通货紧缩现象持续了 4—5 年之久，给美国社会、经济及人民生活带来了巨大的灾害，至今使人们记忆犹新。我国市场价格总水平虽然已经连续几个月下降，但社会、经济稳定，人心稳定。而且随着国家采取的一系列扩大内需、增加基础设施投入等政策措施的逐步落实到位，其积极效应正在显现，目前已经出现的通货紧缩可望在 1998 年底或 1999 年上半年逐步得到缓解，进一步加剧的可能性不大。

二、通货紧缩形成的原因

在我国出现一定程度的通货紧缩现象，既有宏观经济运行环境发生深刻变化、亚洲金融危机影响的不断蔓延扩大、银行信贷收缩、社会有效需求不足等方面的原因，也有我们认识上的不足和宏观调控政策实施迟滞等方面的影响，是新的特定时期多种因素综合作用的结果。具体而言，主要有以下几个方面的原因：

1. 货币供应量增长乏力是出现通货紧缩的根本原因。通货紧缩是太少的钱追逐太多的商品和服务，它首先是一个货币现象。尽管年初以来，政府适当增加货币供应量、扩大需求的政策意向十分明显，但总体上看，由于受多种因素的影响，没有达到预期的效果。全部金融机构贷款发放虽比上年同期有所增加，但各层次货币供应量增幅仍距年度调控目标有一定差距，考虑到外汇占款比上年同期大幅度减少以及直接融资市场的不景气，我们认为，在目前的市场环境下，要支持 8% 的经济增长目标，促进经济尽快止跌回升，作为经济运行“血液”的资金供应，力度明显不够。

2. 宏观环境和微观基础的变化是出现通货紧缩的重要因素。在一定程度上可以说，现阶段出现的一定程度的通货紧缩现象，标志着我国市场化取向改革已进入了一个新的阶段。改革开放 20 年来，随着以市场为导向的各项改革不断深化，我国经济生活中发生了两个显著的变化：一是在多数领域基本消除了“短缺”现象，初步形成了“买方市场”的格局，这就意味着低水平扩张的空间越来越狭窄，经济增长进入了一个以提高质量、优化结构为主的新的增长阶段；二是各微观主体的自主约束机制明显增强。面对日趋激烈的市场竞争环境，企业的生产、投资行为更加遵循以市场为导向、以效益为中心的原则；银行实行由贷款规模管理向资产负债比例管理的转换后，贷款行为明显趋于谨慎。由于经济体制和经济增长方式发生了巨大而深刻的变化，使通货紧缩现象在我国有可能成为现实的威胁。

3. 亚洲金融危机向我国传导了一部分通货紧缩的因素。亚洲金融危机通过两个传导机制影响我国的价格总水平，但结果都是造成通货紧缩。一是由于金融危机国家货币的大幅度贬值，使我国从这些国家进口的商品价格相应有所下降，这将在一定程度上形成对国内生产的同类产品价格下调的压力。统计数据显示：1997 年我国从日本、韩国以及东盟四国（泰国、马来西亚、印度尼西亚、菲律宾）的进口额为 514 亿美元，约为我国当年进口总额的 36%，1998 年 8 月与金融危机爆发前的 1997 年 7 月相比，日元贬值了 26%，韩元贬值 47%，泰国铢贬值 60%，马来西亚林吉特贬值 66%，印度尼西亚盾贬值 381%，菲律宾比索贬值 61%。二是由于金融危机国家货币大幅贬值，使我国出口增长受阻，国外需求对经济增长的拉力明显减弱。

1~8月累计，我国出口增长5.5%，增幅比上年同期回落18.6个百分点。出口增长放慢，使国内市场商品供求关系进一步向供给转换，工业企业利润趋薄、商业降价竞销态势更加明显突出。

三、治理通货紧缩的几点政策建议

通货紧缩减少了企业利润的增长空间，使企业职工工资和收入水平降低，社会失业上升，进而使社会有效需求减弱，不利于整体经济健康快速持续发展。因此对通货紧缩的危害决不可低估。

当务之急，就是认真贯彻落实好中央、国务院已经出台的各项重要宏观调控举措，努力促进社会需求和国民经济的稳定增长。与此同时，根据目前经济运行的实际情况，还应注意把握好以下几个方面：

1. 采取强有力的措施以促进货币供应量的适度增长。抑制通货紧缩最直接和有效的方法就是增加货币供应量。尽管1998年中央银行采取了下调了存款准备金率、贷款利率等一系列积极的调控政策，但货币乘数效应并没有真正发挥，除政策发挥效应需要一段时滞外，根本原因还在于社会资金的循环不畅。一方面，在金融机构改革不断深化，金融风险管理不断强化的大环境下，银行在安全性和利润最大化之间往往偏重于前者，存在一定的“惜贷”现象；另外一方面，由于企业对未来投资回报信心不足，扩大生产和投资的愿望不高。为打破这一资金循环中的障碍，有必要：

(1) 继续下调中央银行超额储备存款利率，扩大商业银行之间上存下贷的利差，鼓励商业银行积极寻找机会，增加贷款规模。尽管自1996年以来，我国已连续5次调整利率，但由于市场物价持续走低，银行的实际存贷款利率仍较1996年有较大幅度的上升，而且从人民币与美元的实际利率对比看，人民币利率还可以作些微调。

(2) 强化商业银行的内部管理，不断改善银行和企业之间的关系，积极帮助企业寻找有价值的商业机会，使银行在资产安全性和利润最大化之间构筑最佳配比点。

(3) 拓宽融资渠道和融资方式。利率降低应当说有利于资本市场的活跃，有利于降低企业的直接筹资成本，但在目前的市场环境约束下，上市公司经营业绩多数不尽人意，市场人气不足。因此应开扩思路，拓宽其他的融资渠道和融资方式。

(4) 加大对中小企业的金融支持力度。中小企业是我国经济增长中最活跃的因素。但由于种种原因，目前正处在求贷无门的困境，从长远看，应考虑设立中小企业基金或中小企业银行，以鼓励和支持其发展。从近期看，应根据中小企业在经济增长中的份额，以此作为各商业银行对中小企业贷款的指导性计划。

2. 运用积极的财政政策，努力启动需求的快速回升。货币政策在抑制通货膨胀、防止经济过热方面的作用比较明显，而财政政策在反通货紧缩、促进经济增长方面具有作用直接、见效快的特点。中央、国务院决定向国有商业银行发行1000亿元长期国债，定向用于防洪治涝、农田水利、粮食仓储、交通通讯、城市基础设施、城乡电网建设与改造等亟待加强的重点领域建设性支出，这对迅速扩大国内需求、增强经济长期发展的后劲都是十分有利的，但一要注意资金的使用效果，最好以贴息贷款或多元投资主体方式进行，尽量减少单一的国家投资方式；二要讲究时效性，尽快落实到位。同时，要加强财政费改税的步伐，把一些具有税收性质的费用尽快转为税收，以扩大税基，增强财政的调控作用。

3. 加大对国际经济的协调力度，稳定亚洲金融局势，减少对我国通货紧缩的压力。随着全球经济一体化，特别是国与国之间的贸易规模和贸易依存度的不断提高，国家乃至区域间的经济联系日益增强，一国发生经济或金融动荡，其他国家或地区也必然会受到不同程度的影响，决不可能独善其身，亚洲金融危机的蔓延就是很好的例证。中国坚持人民币不贬值，为稳定亚洲金融局势作出了巨大贡献，但也付出了很大的代价。在当前国际经济环境下，中国应通过适当途径和方式敦促国际社会根据普拉扎协议，稳定主要货币汇率，同时采取统一行动帮助金融危机国家稳定国内经济，从而减轻我国通货紧缩的压力，避免金融危机不利影响的进一步蔓延。

4. 加快社会保障体系建设的步伐，大力推进住房体制改革。现代社会保障体制是社会主义市场经济的基本构成部分，与其他方面的改革相比，我国社会保障体制方面的改革明显滞后。尽管近几年我国医疗、养老和失业保险等方面的改革不断深化，但整个体系仍不完善，社会统筹比率偏低，覆盖面不够广，收、支管理不衔接不配套，等等，居民后顾之忧较大。下阶段应当把建立覆盖城市全体居民的社会保障体系作为一项十分紧迫的任务抓紧抓好，争取在2~3年内完成。对农村社会保障体系的建设也要有重点、有步骤地进行。住房改革已经对居民未来消费支出形成了很大的预期，应当在完善住房二级市场，扩大住房消费信贷、规范物业管理等的同时，加快住房改革进程，以刺激有效需求的增长。

当前我国经济是“过剩经济”吗

刘 日 新

一

当前我国经济生活中，市场销售不旺，价格持续下降，商品相当普遍地呈现供过于求的状态。新闻媒体宣告：“短缺时代”已经过去，“过剩时代”正在来临。一些学者更进一步提出，我国经济已从“短缺经济”进入了“过剩经济”。但是，对这个问题从实际部门到理论界都存在不同看法。暂且不从理论上讲“短缺经济”或“过剩经济”这类经济范畴，先分析一下供求总的实际情况。

某大机关报载文提问：当前经济真的“过剩”了吗？文章认为，当前经济只是部分产品相对过剩，不是全局性的过剩；并且说近年来消费品市场和生产资料市场的相对疲软，与居民收入尤其是农村居民收入增幅的低迷有极大关系，但不会对中国经济的长期持续快速发展产生实质性的影响。

我对上述这种估计不敢苟同。现实情况是：市场商品不仅日用消费品特别是家电等耐用消费品供过于求，而且过去经常制约经济发展的能源以及某些重要原材料等紧缺生产资料也供过于求。据新闻媒体透露，目前我国商品库存有3万多亿元，数额之大令人触目惊心。据国内贸易局对600多种主要商品供求现状的分析，对下半年进行预测，估计占总数66%的商品供求可基本平衡；34%的商品将供过于求，呈增加趋势。总的将是继续呈供大于求的格局。目前不少商店盛行“搭售”之风，对商品“买一送一”作为一种促销手段。工业企业为了抢占市场，竞相降价，甚至低价倾销，爆发价格大战，形成恶性竞争，致使企业亏损增加，行业经济效益下降，不少行业出现全行业亏损，国家税收大幅减少，影响国民经济健康运行。为了扭转这种局势，最近国家经贸委下发《关于部分工业产品实行行业自律价的意见》。前不久经贸委各国家局召集有关行业协会开会，确定了平板玻璃、水泥、轿车、农用车、发电设备、新闻纸、食糖、纯碱、线材、螺纹钢等21种产品实行行业自律价，有的已开始实行。

应当指出，经济学上所谓供过于求，是相对的，是供求两方互相比较而言，即指商品的供应超过了社会有货币支付能力的需求，而不是指社会的绝对需求或人们的自然需求。如果按绝对需求或自然需求，那就什么东西与全国12亿多人口相比较，没有一样产品会过剩，而都是不足了。当前不仅仅是产品过剩，而且生产能力也过剩。例如家用电冰箱、彩色电视机、家用空调器等的设备利用率都低于50%。现在不仅物质产品及其生产能力过剩，而且资金也过剩，银行存在数额巨大的存贷差就是证明。过去经济正常发展时，银行贷款经常大于银行存款；近几年情况则恰好相反，银行存款余额连年大于贷款余额。1997年存贷差增至7476亿元，1998年8月份进一步增至8341亿元。这么多的资金过剩，不但增加银行的运营成本，影响其经济效益，而且对整个社会也不利。近两年这种金融形势迫使银行5次降息，一年期存款利率由10.99%降至4.77%。

此外，还有一个劳动力过剩的问题。这虽然是一个老问题，但目前的新情况是过剩劳动力的数量达到了空前的规模，而且不仅包括体力劳动者，也包括脑力劳动者。报纸报道，现在相当多的硕士研究生“滞销”。官方人士透露过剩劳动力的规模，据不完全统计，目前我国城镇每年新成长的劳动力、“农转非”形成的劳动力以及下岗待业职工约为5400万人；企业至少有富裕职工2200万人（也有估计企业职工富裕1/4至1/3，那么企业富裕职工多达三、四千万人）；在农村剩余劳动力大约在1.37亿人左右。这样，全国共计剩余劳动力2.13亿人，相当于一个大国的人口。这么多的劳动力没有充分利用，不仅影响城镇居民收入，使生活得不到保障，而且对社会也不利，影响社会安定，不能增加社会财富。

总之，应当承认过剩是当前经济总的态势，这是无可怀疑的。市场商品相当普遍地供过于求，企业开工不足，资源闲置，工人失业，社会再生产循环不畅，这决不是什么不会对经济持续快速发展产生实质性影响，而是已经严重影响了经济的顺利发展。问题是如何正确认识这种态势，分析其产生的原因，并相应采取恰当的对策。

二

当前经济生活中出现的“过剩”现象，主要原因是什么？我认为，1997年我国经济实现“软着陆”以后，经济生活就开始出现过剩的苗头。1998年国内外市场环境出现新的矛盾和情况，特别是东南亚金融危机逐步影响亚洲以及全世界的经济，使我国的过剩问题更加严重。产生过剩的原因主要是：

1. 条块分割，盲目重复建设。我国从建国初期起，在统一计划、分级管理的原则下，不但中央办工业，而且也允许地方办工业。50年代后期还提出各地都建立独立的工业体系。实际上几十年间我们一直在努力建立全国独立的完整的工业体系；50年代、70年代，曾两度设想建立六个协作区比较完整的工业体系，还要求有条件的省、自治区都建立比较独立的但情况不同的工业体系。有关部门对这些设想都作出了相应的规划，并对骨干工业项目作出了具体安排和部署。与此同时，我们的工业管理体制虽几经变革，除60年代调整期间是把企业上收外，总的趋势是企业不断下放给地方管理。毛主席曾经明确提出中央实行“虚君共和”，只管大政方针，应当更多地发挥地方的积极性。还说办工业，在全国统一计划下，提倡各省尽可能各搞一套。“一五”末期，大部分轻纺企业和一部分重工业和交通运输业企业下放给地方；“大跃进”期间，除一些重要的特殊试验性质的企业外，其余一律下放给地方；70年代按照“四五”纲要实行“条”“块”结合、“块块”为主的经济计划体制，全国共下放了2600多个重点企业和事业单位给地方。党的十一届三中全会以后，尽管全面深入地进行了经济体制改革，但地方为主管理工业的体制一直沿袭下来没有变更。全国31个省、自治区、直辖市加上7个计划单列市，共计近40个省级行政单位，330多个地级单位和2100多个县级单位，大家都办工业及其他产业；实际上形成了“诸侯经济”，对此老一辈领导人也深有感受。邓小平同志曾引用陈云同志的话说“各路诸侯太多，……各自为政”，“中央的话不听，国务院的话不听”。(《邓小平文选》第三卷第319页）国务院有关部委多次发表过产业政策和一些工业产品的产需信息，但各路大小诸侯置若罔闻，近十几年掀起几种工业“热”，而且一浪高过一浪。80年代出现过“家电热”，大家都上冰箱、彩电、洗衣机等产品；90年代前期出现“支柱产业热”，大家都要搞石油化工项目，小炼油厂遍地开花，15万吨的乙烯厂明知规模偏小不经济，你上我也要上；汽车制造技术比较复杂，不但省要办厂，有的县也要立项报批。现在又出现“高新技术产业热”，如生物工程药物产业全国已有120多家企业，生产能力已经超过市场需求量，重复建设、重复生产，给企业的生存带来危机。特别需要指出的是，原来主要在全民所有制内部中央工业和地方工业发生重复建设，乡镇企业崛起后，又出现全民所有制和集体及其他所有制（许多乡镇集体企业实际是私人、个体所有制）工业发生重复建设的问题。在这些工业的竞争中，各搞一套，市场分割，竞争不择手段，甚至出现小企业打倒大企业、落后企业打倒先进企业的怪现象。

棉纺织工业企业下放，曾经是下放成功的范例，但80年代以来却成了纺织品过剩的一个原因。1958年在纺织企业下放给地方的同时，国家一直控制着原棉和纺织机械。棉花由国家委托供销社统一收购并按计划分配调拨，纺织机械也由国家专业机械厂生产调拨。所以，主要纺织品纱布产量能按国家计划生产，较好地满足了人民的衣着需要。党的十一届三中全会以后，特别是80年代末，90年代初逐步取消国家对农业生产的计划指导，农产品实行自由流通，农业生产出现了较大波动。1993年棉花种植面积比上年缩小184.67多万公顷，产量下降7.65万千克。当时国家在市场的压力下，被迫放开了一点经营，即在供销社收购95%的棉花以后，其余5%允许上市。但农民为了在自由市场多卖钱，把当年本应出售给国家的棉花留待下年到自由市场卖高价。因此，1994年国家不得不在较大幅度提高棉花收购价格的同时，宣布棉花实行“三不”政策（即不放开经营、不放开市场、不放开价格），由供销社统一收购。这样，棉花立即扭转下降局面，到1997年总产量恢复到46.03万千克。由于这几年纺织品销路不畅，供销社棉花调销困难，加上前几年放宽了棉花进口政策，使进口棉剧增，挤占了国产棉的市场，致使去年棉花产量的40%（大约18.4万千克）迄今仍积存在棉农手里。棉花的品质在降低，棉农的积极性受影响。这里可以看到市场对棉花生产有多么大的影响。

多年来纺织机械各地也可自行制造，甚至乡镇企业（原来的农机修造厂）也可抠出来，于是纺织工业重复建设、盲目生产达到了不可收拾的地步。本来按照社会需求全国有3000万纺锭就够了，可前几年各地小棉纺厂如雨后春笋盲目膨胀，1996年全国纺锭突破4170多万枚。这样，国内市场上出现“棉花大战”，国际市场上出现纺织品出口低价竞销，给国家建设造成巨大损失。因此，国家不得不根据市场需求和原棉供应的可能，实行宏观控制，下决心压掉1000万枚锭子，以保持纺织品供求平衡。由于地方利益的驱动，按下葫芦涨起瓢，1996年全国在一些地方压缩淘汰了465万锭，可另一些地方又新增了444万锭。看来原定3年完成压锭1000万枚，还是一个艰巨的任务。

2. 市场机制的消极作用。我国经济体制改革的目标，是建立社会主义市场经济体制。这种体制的优势在于，能充分利用市场机制的作用，实际上即充分发挥价值规律的作用，通过价格（价值的货币表现）的波动，引起竞争，使市场在国家宏观调控下对资源配置起基础性作用，实现生产（供给）和消费（需求）的协调，促进社会生产力的发展。但是，同时也要看到，市场机制（价值规律的作用）也有其弱点和消极作用，国家必须加强对经济的宏观调控。

农业生产受市场机制作用的影响最为明显，粮食产量从80年代中期以来经历了五年停滞、五年徘徊的历程，就是一个证明。1984年粮食产量达到4073亿多千克的创记录水平，于是出现“卖粮难”，到处喊粮食多了怎么办？当时主要领导人也提出让价值规律自发调节粮食生产，取消财政补贴和各项奖励政策。这样，随着粮价下跌，农民的积极性大挫，下年粮田面积立即缩小400多万公顷。此后五年粮食产量一直停滞在4000亿千克左右。到90年代初，粮食总产量才增长10%，人均产量刚刚恢复到历史最高水平。1992年冬党的十四大以后，一些省区根据自己对市场经济的理解，进一步宣布彻底取消农业计划，提出农民爱种什么就种什么，实际是主张农业完全由市场来调节。由于农业的收益比较小，务农收入不如务工，于是大量耕地、劳动力、资金“农转非”，1993年粮棉等主要农产品产量比上年减产。90年代前五年粮食产量一直在4500亿千克左右徘徊。这几年由于经济过热，引起通货膨胀，农副产品供不应求，在物价指数上升中占有很大比重。严峻形势引起中央领导的重视，经过调查研究，决定提高农产品价格，并相应采取一系列措施，农业生产才上了一个新台阶，1997年粮食产量达到4941.5亿千克，人均粮食产量又创历史新记录。其他农副产品如蔬菜、水果、肉、禽、蛋等产量受市场的调节，波动更大。

报刊经常要求政府提供准确的市场信息指导农业生产，使农民免受损失。这是对市场机制的作用不了解，非不为也，是不能也。在上年要事先准确预测下年价格的变化和市场购买需求，实际上是办不到的。因为市场机制的作用具有自发性、滞后性的特点，即价格对生产的调节总是事后进行的，如恩格斯说商品生产者“只有通过产品跌价和涨价才亲眼看到社会需要什么、需要多少和不需要什么”。（《马克思恩格斯全集》第21卷第215页）。

3. 洋货挤占了国内市场。市场洋货充斥，挤占了国货的市场，一是外贸盲目进口，二是合资企业产品改出口为内销，三是走私商品冲击国内市场。例如，80年代以来我们的百货商店摆满了外国的香皂、香水等化妆品，大街上跑的基本上都是外国的小轿车，连韩素音等国际友好人士也对我们提出批评。目前照相胶卷市场的绝大部分份额被富士、柯达占领，移动通讯电话90%的市场被摩托罗拉占领，等等。这里或者是外贸企业直接从国外进口，或者是外商在华投资办厂生产的。如汽车工业，我们早就有了“三大三小”的定点规划，但以后又建立多家中外合资轿车厂。水泥产量，我国已早居世界第一，能充分满足国内需要，但迄今仍在同外商签定合资生产水泥的项目。一些企业在同外商合资经营上原想以市场换技术，规定大部分产品出口，但实际上往往大部分产品内销，技术并没有换来，而市场却被外商占领了。

近年来走私活动猖獗，走私的商品既有消费品，如香烟、食用油、药品、洋酒、摩托车、汽车、家电电器、盗版光盘、照相机、手机、计算机等；又有生产资料，如成品油、纺织原料、化工原料、橡胶、钢材等。据有关方面估计，每年走私进来的商品价值高达1000亿元。大量走私商品非法进口，低价倾销，挤占国内市场，使国内产品销售困难，大量积压，许多企业不得不放空生产能力，减少产量，甚至关门停产，职工失业，国家税收也大量流失。例如，前两年广东、广西大量走私原糖，给国内市场、糖厂以及蔗农造成了严重危害，其恶劣影响至今没有消除。1997年以来成品油走私，造成国内3000多口油井关闭，每天减产原油数万吨；中国石化总公司1997年还是全国盈利大户，今年一下跌入了亏损行列。总之，仅从市场角度看，走私加剧了国内供求矛盾，使过剩现象更趋严重。

三

既然过剩是多方面的原因造成的，所以解决过剩的问题需要从改革、开放、发展几方面着手，采取措施，进行综合治理。1998年3月以来，政府已采取一系列政策，有的并已初见成效，因此这里只需简单提及一下就行了。

1. 改革方面。根据十五大精神，发展有中国特色社会主义的经济，在改革方面要坚持和完善社会主义市场经济体制。这正是防止产生过剩的体制根源的良策。为此，深入改革需要涉及传统体制遗留下来的弊端，即改革工业管理以“块块”为主的体制、实际上是后来逐步形成的“诸侯经济”。过去20年改革对此没有涉及，甚至由于实行地方财政包干，还强化了这种体制。现在建立现代企业制度是国有企业改革的方向，明确了国家和企业的关系。国家是国有企业的所有者，各级政府（特别是地方政府，因为绝大多数企业由地方管理）不要直接干预企业的生产经营活动，着重抓好行业发展规划、政策引导以及服务等工作。企业按照“产权清晰、权责明确、政企分开、管理科学”的要求，实行公司制改革，成为适应市场的法人实体和竞争主体。通俗点说，工业管理体制由“块块为主”变成“企业为主”，自主经营，自负盈亏。坚决地、认真地、深刻地进行这种体制改革，这样，就有可能避免重复建设、重复生产，防止产品过剩现象的发生。

在深化改革中，为了克服市场的消极作用，需要加强和改善宏观调控，发挥国家计划、财政、银行的调节作用。这不但为十五大在理论上予以深刻论述，也为1993年以来在实践上予以充分证明。我们不要迷信“市场万能论”，就是西方国家有识之士也对市场持“一分为二”的态度。如二战后领导法国经济崛起的戴高乐就说过，市场经济有积极面，也有消极面，应当由民族和国家来调控，通过国家计划保持总供给与总需求的平衡，才能避免短缺或过剩的发生，促进经济顺利发展。

2. 开放方面。对外开放是我们的基本国策，国内外两个市场、两种资源我们都要利用。但是，我国是一个拥有12亿多人口的社会主义大国，按照自力更生为主、争取外援为辅的方针，两个市场应当以国内市场为主。在出口方面，应当努力发展出口商品的生产，增加外汇收入，促进进口的增长，以增强我国自力更生的能力。考虑当前东南亚金融危机。要调整国别地区结构，大力开拓欧美非洲市场，实现出口多元化。在进口方面，凡是国内能生产、在数量和质量方面能满足国内需要的，就不要进口。再也不要发生国内市场紧缺时，还在大量出口；国内市场已经出现多余时，还在继续进口。这样，国家加强监督，防止盲目进口，就可避免过剩现象的加剧。

利用外资，对弥补我国现代化建设事业资金不足有重要作用。但是，根据目前国内经济状况和世界金融危机的教训，需要注意以下几点：首先，利用外资不要片面追求数量，在国内资金过剩的情况下，过多的利用外资没有必要，也是不经济的。何况我国利用外资的总规模1997年达644亿美元，仅次于美国，已连续多年居世界第二。为此，需坚决贯彻最近国务院发出进一步加强外汇外债管理的通知，从严控制外债规模，国家计委要根据经济发展需要和国际收支状况，按照借、用、还和责、权、利相统一的原则，合理确定借用国外贷款的规模，并将主要外债指标控制在安全线以内，通知要求强化对外借款的管理，严禁非法对外融资，包括未经批准擅自到境外发债和对外提供担保，或以保证外方固定回报等形式变相对外举债。国家对各种形式的对外借款实行全口径管理，并且纳入国家借用国外贷款的总规模。我国金融改革的正面经验和东南亚金融危机的反面教训表明，按照西方经济学、特别是新自由主义的要求，急于实现金融自由化，过早开放资本市场，对本国经济是很不利的。1996年以来，我国实现人民币经常项目可兑换，对资本项目实行比较严格的外汇管理，从而促进了人民币汇率稳定，国家外汇储备充足，进出口贸易和利用外资保持良好的发展势头，有效地减轻了东南亚金融危机对我国经济的影响。

其次，利用外资要保持合理结构。目前国际金融市场每年大约有1500亿美元以上的游资，以资金、贷款、购买债券和直接投资等形式流入新兴市场国家，给这些国家的经济发展注入了强劲活力。可一旦发生金融动荡，这些资金便以罕见的规模和流速，从新兴市场国家马上倒流回美国等发达国家所谓的“资金避风港”。1997年从泰国开始爆发的东南亚金融危机，已引发东南亚国家的政治危机和经济衰退，并且蔓延到韩国、日本、俄罗斯和拉美，原来想作壁上观的美国也已波及，不得不着手进行干预了。国际游资所以能兴风作浪，是因为基本上都是短期资金，易于来去盲目流动。因此，我们利用外资的规划要保持中长期和短期资本的合理结构，控制短期资本的比重。

再次，要加强对利用外资的监督管理，按产业政策引导外资的合理流向。当前的国际金融动荡给经济自由主义当头一棒，人们不再对它顶礼膜拜了，纷纷要求对资金流动特别是对短期资金流动进行控制。我们的社会主义市场经济体制，制定产业政策和投资政策，引导资金的合理投向。占我国总投资不小比重的外资当然也要服从国家的产业政策，才能促进我国经济的健康发展。但是，据报纸报导，尽管中国的家电产量目前已出现相对过剩的情况，全球最大的家电厂商伊莱克斯，继在天津成立压缩机合资企业以后，1997年又在上海建立了第二家压缩机生产厂，现在正与广东万宝制冷有限公司联系，拟在中国南方再建立一家合资企业。并且一个新的为这三家企业服务的研究开发中心也在筹划之中，预计2000年投入运行。我国的水泥产量居世界第一，各地重复建设、盲目生产的情况更是有目共睹。可是近年来合资兴建的水泥厂在沿海、内地也此起彼伏。几十年来我们利用本国资金搞了许多重复建设，造成今日的相对过剩；现在利用外资又搞重复建设，会使相对过剩状态进一步雪上加霜。现在是严加控制的时候了。

3. 中央召开打击走私的工作会议后，成效明显。今后走私商品泛滥、加剧市场过剩的现象将会得到有效抑制，这里不多说了。发展方面。首先是供给。看来为了解决过剩问题仅仅是调整产品结构，以销定产，减少盲目生产，节约资源（这些当然是正确的，是好事），还是不够的；还必须调整生产能力，从源头上制止盲目生产，杜绝过剩现象的发生。前两年上海市以“壮士断腕”的气概，砍掉了30多万枚棉纺锭，使生产能力适应市场需求。纺织工业压锭（全国三年压锭1000万枚）限产，被当作国有企业改革的突破口。现在全国各个工业行业都应当以纺织工业为榜样，在对市场作出比较准确预测的基础上，对过剩的生产能力作出调整的规划，及时将一些不必要的企业实行关停并转。

其次是需求。为了解决过剩问题，党中央国务院1998年3月起及时作出了扩大内需的决策，主要是通过计划追加固定资产投资，规模空前地兴建基础设施。根据对1997年经济增长因素的分析，投资是一个重要的拉动因素，大体占比重25%。国家实行积极的财政政策，增发1000亿元国债，使用后可使银行增加配套贷款1000亿元。这2000亿元投入，估计可拉动经济增长2个多百分点，其中一半在今年起作用。这样，在上半年经济增长7%的基础上，全年预计可以完成计划增长8%的目标。国家计委对新增1000亿元国债，确定定向投资于农林水利建设、交通（铁路、公路、民航、航道）通信建设、城市基础设施、城乡电网改造，国家直属储备粮库建设、经济适用房建设等六个方面。这些建设正在大张旗鼓地进行，对解决当前供过于求的问题无疑将起重要作用。

除投资外，消费是需求的一个重要方面。消费分为集团消费和个人消费两部分，当前反腐倡廉，在集团购买力严格控制的条件下，主要靠个人消费。人们往往根据过去主管基建的部门的经验，投资的40%转化为个人收入，因此认为今年大力增加基础设施投资，最终必将带动个人消费的增长，这样似乎无需考虑扩大个人消费的问题了。应当指出，投资与消费是相互转化的。如1998年参加基础设施建设的民工拿到工资（这是投资转化为消费）后，并不会全部用于个人消费，他们把一部分钱用去购买建筑材料，恢复被洪水毁坏的房屋，这样消费又转化为投资。因此，扩大内需，除增加基础设施投资外，还应同时考虑扩大消费的问题。

从社会再生产两大部类的关系看，也应当如此。基础设施属生产资料部类，由于它们不直接参加生产，也称社会间接资本。生产资料部类优先增长，最终离不开消费资料部类的增长。生产消费同个人消费存在着密不可分的联系。而且消费是再生产的最终环节，扩大消费必将加快再生产的循环与周转。特别是1997年经济增长因素的分析显示，消费是拉动经济增长的大头，占比重达55.7%。所以，扩大消费的问题应当列入当前的议程。

当前扩大个人消费，要考虑收入分阶层的实际情况。人们往往只注意城乡居民储蓄存款余额或居民金融资产总额，就认为居民拥有巨大的购买力，因而采取一些对策不很切合实际。的确，截至1997年底，城乡居民储蓄存款余额达4.63万亿元，如果再加上2000多亿元利息收入、400多亿美元的外币存款、以及4000多亿元各种债券等，居民的金融资产总额达6.7万亿元。截至1998年8月止，居民储蓄存款增至5.09万亿元，估计目前居民金融资产总额已超过7万多亿元。但这些储蓄存款或金融资产并不是在居民中平均分布的。据中国人民银行1998年2月对34个大中城市调查，月收入在800元以上的占近1/3，800元以下的占2/3以上。另据调查，银行存款的85%为15%的人所有，另15%的存款为85%的人所有。显然，利息收入、外币存款等金融资产主要属高收入阶层所有。适应这种情况，扩大个人需求，要考虑不同收入阶层。高收入阶层比较富裕，有了钱主要想购买别墅、小轿车等高档消费品；中低收入阶层收入刚够度日，手里余钱不多，有了钱主要是购买吃穿用等生活必需品。考虑到绝大多数人收入水平较低，近几年收入增幅减慢的实际情况，扩大个人消费及相应增加商品供给，主要应当考虑适当提高中低收入阶层的收入水平，改善他们的生活质量。这样，对解决当前过剩的问题，无疑将是有很大帮助的。

（作者所在单位：国家计委宏观经济研究院）

过剩经济对商品市场的影响分析与对策

国家统计局贸易外经司课题组

步入相对过剩的中国经济，市场的约束作用越来越明显，经济发展的主要障碍已由生产领域转到流通与消费领域，供求平衡的难点已由供给方转移到了需求方，过剩对国内商品市场带来了巨大影响，给生产经营者提出了严峻挑战。在过剩经济条件下，进一步开拓国内商品市场，对于扩大内需，增加消费，缓解市场约束力，促进经济稳定增长等显得尤为重要。

一、过剩经济在商品市场的表现特征

我国过剩经济有它自身的特点，其在商品市场的基本特征是：

（一）供求关系失衡呈明显的阶段性 经过近20

年的以市场为导向的改革，我国已从根本上摆脱了短缺经济，社会供求关系发生了质的变化，由短缺不足向过剩有余发展，由经常的供不应求转变为目前的供求平衡和供过于求，商品市场从卖方市场转入买方市场，呈现较明显的阶段性特征。

据国家内贸局商业信息中心从1982年起对主要商品进行供求排队的结果显示，改革开放以来，90年代中后期，我国主要商品已全面转为供求平衡和供过于求。这与80年代末期和90年代前期形成鲜明的对照。大多数农副产品和工业性的生活必需品由过去的按户凭票供应发展到目前的敞开供应，并出现相对过剩。市场商品供应经历了由短缺不足到相对剩余的过程。

（二）市场商品相对过剩呈明显的低层次型 目前我国居民收入水平低下，消费层次不高，城市与农村还有6000多万贫困人口，是低收入型的相对过剩，与发达资本主义国家的高收入型的相对过剩不可同日而语。

1. 改革开放以来，居民收入水平和消费水平有了很大的提高，但与发达国家相比，整体水平依然很低。根据国际经验，人均GDP超过1000美元，才有可能出现需求饱和。按年平均汇率计算，1997年我国人均GDP仅有733美元，相当于世界人均GDP的16%左右，相当于高收入国家人均GDP的3%左右。即使按国际购买力平价计算，人均日消费也不到5美元。1997年底，中国城镇贫困人口为1176万人（当年的贫困线为1890元），农村贫困人口为5000万人（贫困线为640元），两者之和为6176万人，约占当年全国总人口的5%左右。我国居民的整体生活水平与发达国家的差距仍然很大。1997年城镇和农村居民的恩格尔系数分别为46.4%和55.1%，而1992年美国、日本、新加坡和法国居民的这一系数分别为12%、20.1%、18.7%和18.6%。

2. 从基础设施的发展水平来看，中国也处于较低的发展阶段。改革开放前期，基础设施（包括基础产业）曾经是严重制约经济发展的主要“瓶颈”。经过80年代特别是“八五”期间的重点投入，我国基础设施有了长足的发展，但仍不能满足国民经济持续发展的需要，在广大的农村及欠发达地区更是落后；在基础设施拥有水平方面与国外发达国家相比还相差很大，即使与一些发展中国家相比也有一定的差距。从城市基础设施来看，中国的许多指标都低于世界平均值。1997年我国平均每万人拥有公共汽（电）车8.6辆，平均每百人拥有电话机8.1部。在很多城市，尤其是大城市，城市的供水和环境治理方面的投资远远不能满足需要。有120个城市严重缺水。再如，流经城市的河段几乎都受到污染，而城市的平均污水处理率只有10%左右。

3. 从交通基础设施看，交通运输设施不能满足劳动要素和物质要素流动的需要。中国铁路密度和人均拥有量都远远低于世界平均水平，铁路机车技术还有待提高。1997年底我国人均铁路营业里程只有0.05米，人均公路运输线路里程为1米，但高等级的公路不多，且公路密度不高。高速公路仅有4771公里，相对于辽阔的国土而言，只能说处于起步阶段。在一些大城市，市区的平均车速已经下降到只有每小时15公里，严重地影响了城市的运输效率。航空运输虽然发展较快，但无论从运输规模上看，还是从其运量占运输总量的比重来看，还需要大规模地发展。

4. 从电力资源看，电力短缺问题虽然基本得到解决，部分地区甚至出现了供大于求的状况。但这种缓解只不过是在很低的用电水平上的缓解。人均发电量在1994年时为918.8千瓦时，不足世界人均发电量的1/3。电力消费在能源消费中的比重（1992年，8.32%）和生活用电在总用电量中的比重（1993年，8.7%），与经济发展水平密切相关的指标，都在工业化国家平均水平的50%以下。同时，一部分生活用电需求由于供电设施容量的限制而未能得到实现。

5. 从农产品供给看，目前的大多数农产品只是粗放生产的初级产品，科技含量低，精加工不够，档次低、品质差、品种少。加上农产品市场体系还不健全，产品流通的渠道还不够畅通，农副产品“卖难”的问题还时有发生，农产品市场只是初级的、低层次的。

因此，从总体上看，是低水平的更不是后工业化国家的经济过剩，是相当一部分居民收入水平还比较低，基础不牢固，具有一定的波动变化的相对过剩。

（三）过剩呈明显的结构性不均衡 由于社会经济发展水平的差异，中国还是一个经济发展极不平衡的国家，富裕地区与贫困地区之间，发达地区与不发达地区之间，东、中、西部地区之间，城市和农村之间存在着不同的发展梯度。由于经济发展的不均衡，各部门之间尤其农业部门和工业部门之间劳动生产率还存在着差别。在整体消费水平很低的情况下，地区之间和城乡之间存在着悬殊的消费水平差异。

初步测算，我国农民收入水平及消费水平与城镇居民相比大约落后10年左右。

1. 从城乡居民收入看，1997年农村居民家庭人均纯收入2090元，扣除价格因素，大体相当于1986年城镇居民的收入水平；从消费水平看，1997年农村居民人均生活消费支出1617元，基本相当于城镇居民1989年消费支出1568元的水平，时间差将近8年之久，城镇居民消费差距之比由1985年的1:2.3扩大到1:3.1。

收入低限制了农民消费，使市场需求得不到充分扩张。

2. 从耐用消费品城乡之比看，1997 年农村居民家庭平均每百户年底拥有彩电 27.3 台、电冰箱 8.5 台、洗衣机 21.9 台，基本相当于 1986 年城镇居民家庭 27.4 台、12.7 台和 59.7 台的平均拥有水平，大约相差 11 年左右。

3. 1997 年农村居民恩格尔系数为 55.1%，相当于城镇居民 80 年代初期的水平。占全国人口 70%以上的农村居民，基本上还处于由温饱向小康过渡的阶段。

以上三方面均表明目前我国农村居民的消费水平比城镇至少落后 10 年以上，基本相当于城镇居民 80 年代中期的消费水平。

严重失衡的城乡经济结构，落后的农村与相对发达的城市"二元结构"，使广大的农村居民难以与城市居民同步享受经济大发展后的物质文明与精神文明。农村劳动力过剩，就业不充分，直接影响农村经济的发展和收入水平的提高。因此，"二元结构"决定了一些产品在城市饱和而积压，而在农村有购买潜力但因无钱购买而形成需求不足，农村市场从来未显现出兴旺迹象。

从产品分布看，一方面产品积压，滞销的多是质量不高、货不对路的商品，另一方面在居民消费水平还不高的情况下，部分市场畅销的商品仍有缺口；一方面许多部门的生产能力过剩，另一方面有些产品及其服务还有很大缺口，一些高科技、高附加值适应现代消费的产品严重匮乏。在商品供给上，大路货多，特色产品少；在流通上，以满足小区域范围内消费的多，真正的参与大市场，大流通的少。使得一方面日益增长的较高层次产品供给不足，另一方面已生产的产品又有相当一部分无人问津，造成一部分产品相对过剩。

（四）农产品过剩呈明显的不稳定型 我国历史上是一个自然灾害较频繁的国家，农产品出现供过于求或供求平衡的局面并不巩固。在自然灾害变动的影响下，农业生产带有明显的周期性和波动性，有些产品和服务的缺口仍较大。相对过剩只是暂时现象。人口的自然增长，耕地的逐渐减少，农业现代化程度低下，以及农产品生产能力增长速度的有限性，特别是抵抗自然灾害的能力不强，农业可持续发展的困难加大。如果遇上灾年，农产品就有可能出现新的波动或不平衡，甚至又会出现短缺。

综上所述，我国市场商品供给并不是全面过剩，过剩只是局部的而不是全局性的过剩，呈结构性的相对过剩特征，而不是总量性的过剩，过剩具有一定脆弱性和低水平型。

二、过剩经济形成原因及对国内商品市场的影响分析

过剩经济的形成，一方面标志着我国从根本上已摆脱了商品市场的短缺，给消费者带来了实惠和益处；另一方面对整个国民经济运行带来了深远的影响，也给生产者和经营者提出了严峻挑战。

（一）过剩经济加剧了企业间的竞争，加速了企业分化，导致企业平均利润下降 在短缺经济条件下，市场优胜劣汰的机制作用不太明显。在过剩经济条件下，生产经营者为占有一定的市场份额，展开了以价格战为主的激烈角逐，掀起了一股股"宁让利润，不让市场"的恶性竞争。近几年从生产者的不断降价到商业企业不分淡旺季的打折让利销售愈演愈烈，这种竞争并不完全是科技产品的升级和管理水平以及规模效益的产生，而是由于过剩产生的单纯的价格竞争，竞争的结果必然造成生产者和经营者的收益递减，平均利润率不断下降，进入微利时代，形成销售收入增长与盈利水平下降的反向或同向运动。据对全国批发零售贸易企业统计，1～9 月份，商品销售收入比上年同期下降 10.1%。在销售下滑的同时，效益仍无起色，实现利税总额 129.7 亿元，比上年同期下降 70.4%。资产负债率高达 79.8%，比上年增加 1.2 个百分点。据统计，1998 年上半年，上海大中型商场平均利润率不足 1%，132 家大中型商场有 2/3 亏损。

（二）加快了企业结构调整的步伐 改革开放 20 多年来，我国加工工业发展迅速。各地竞相上前一时期收入需求弹性较大，价格较高的彩电、冰箱、空调等加工工业，使这些产业的市场供给在短时期内达到相对饱和。在短缺经济条件下，无论是优势企业还是劣势企业，产品不愁没有销路，企业没有生存压力，因此也不可能有调整结构的动力。但随着过剩的出现，国内市场与国际市场的接轨，企业不仅要面对国内市场的竞争，而且要面对国际市场的竞争。在日趋激烈的市场竞争中，企业要想生存与发展，就必须根据市场的变化及时调整产品结构，否则，将面临着被市场淘汰的危险。随着我国社会主义市场经济体制的建立和完善，全国统一的市场体系将逐步形成并规范，部门分割、行业壁垒、地区封锁的局面将逐步被扭转，企业结构调整的市场环境日益宽松，产品结构调整的步伐必然加快。

（三）转变了市场调控方式 市场过剩的出现，加剧了市场约束，经济增长的主要矛盾由供给方面向需求方面转化，宏观调控的方式也相应转变。在过剩经济条件下，供过于求成为宏观经济总量的一种较为稳定的关系，市场约束使投资需求明显减弱。宏观调控

手段仅依靠信贷规模已难以调节投资需求，从而也就很难影响社会总需求。要继续把握宏观经济走势，必须改变原来的宏观调控方式和手段，从主要通过信贷规模来调节投资需求，转向主要通过财政投融资规模来调节投资需求，并注意通过有关政策引导和刺激消费需求，从而影响社会总需求的变化。

（四）过剩显露出经济发展中的一些生产要素发展的滞后 目前国内市场一些产品持续过剩的深层原因主要在于传统体制改革不彻底，特别是生产要素市场化改革严重滞后。如①在产品市场上，一方面在商品供过于求的情况下，价格下降了，生产者的利润率降低了，但另一方面，产品供给并未因此而减少，流向该产品的生产要素也未减少。②由于投融资体制改革滞后，以前投资时未重视可行性研究和市场调查工作，导致重复建设，投产后产品生产能力远超过市场需求。如近年来不少厂家争相生产影碟机，在短期内导致市场供过于求。③一些产品因为不合格，质量差或不适合消费者的需求等非价格因素，或价格不具有向下弹性，而出现积压，这是传统体制下产销脱节或价格控制等缺陷的继续，与目前多种产品生产能力过剩同时出现的，是许多产品的不合格率仍然很高。

（五）过剩使就业问题变得日益突出 市场过剩的出现，使企业结构调整的步伐加快。在结构调整过程中，有些企业为增加效益，采取减员增效措施，导致一部分职工下岗，也有一些企业被兼并或破产，这些企业职工的绝大部分将进入失业者行列。据统计，我国城镇登记失业率由1990年的2.5%上升到1997年3.1%。除下岗人员外，我国每年还有大量的适龄人口要进入劳动力大军，形成巨大的就业压力。但在过剩经济条件下，经济规模的缓慢扩展对这部分劳动力的吸纳能力将非常有限。

（六）外商进入零售市场给国内市场带来了冲击 对外开放以来，进口品日益增加，进口零件在国内组装并销售在国内的产品也日益增加，加上走私屡禁不止，也在很大程度上增加了国内总供给。据海关统计，1997年工业制成品进口总额为1137亿美元，是1980年的8.7倍。即使像石油、成品油、电力等过去非常短缺的基础工业品，目前也出现了过剩现象。近几年，外商投资中国零售业已从沿海城市扩大到省会城市。截至目前，经国务院批准的外商投资零售企业已有20家。此外，据不完全统计，各地方自行审批的外资零售企业已有277家，而实际数字远不止这些。1998年1—10月份，全国外商投资经济及港澳经济零售企业销售额占社会消费品零售总额的1.5%。外商进入中国零售业一方面带来了先进的管理经验，但另一方面也给本来就已经趋于饱和的零售业提出了新的挑战。

三、过剩经济条件下国内市场蕴藏的主要矛盾

过剩经济的初步形成，一方面标志着我国已摆脱了短缺经济的困扰，但另一方面在很大程度上也掩盖了经济生活中的矛盾和不利因素。

（一）结构性需求不足与有效供给不足同时并存 从市场供给看，一方面目前产业结构仍不合理。农业基础较脆弱，生产结构还很不适应消费结构的变化，传统产业在低水平上饱和，市场过剩主要表现为大量低劣产品的滞销和积压，支柱产业和一些新兴产业发展不足。另一方面，一些市场旺销的产品又不具备充足的生产能力，形成对一部分商品需求的障碍，60%以上的技术含量高、附加值高的投资类设备仍依赖于进口解决，零部件也需要大量进口。1997年机械及运输设备进口额为527.6亿美元，是1980年的10.3倍，占全年进口总额的37.1%。我国一些产品和服务的持续短缺现象，也反映了经济体制的深层矛盾。比如，邮政、通讯服务等方面的短缺与垄断有密切关系，生产要素跨地区和跨部门流动障碍，限制了增加短缺产品的供应，部门和地区保护使某个地区或部门过剩的产品不能流向短缺的地区，习惯于“等、靠、要”的国有企业，缺乏根据市场需求调整产品结构和进行技术创新的动力等等。

（二）重复建设、产业结构趋同与部分消费需求得不到满足同时存在 改革开放20多年来，我国加工工业发展迅速，各地竞相上前一时期收入需求弹性较大，价格较高的彩电、冰箱、空调等加工工业，使这些产品在短时期内达到基本饱和。盲目重复建设严重。生产布局分散，各地产业结构趋同，造成过剩和浪费。目前，我国工业品的相对过剩已经到了相当严重的程度，例如纺织品的生产能力已经高出市场需求的30%，彩电生产能力高出60%，空调器的生产厂家开工率只有30%，洗衣机开工率只有43.4%，电子产品中供大于求的产品达到75%。目前，我国纺织业有4200万锭，而市场容量约3000万锭；煤炭的生产能力有14亿吨，实际市场至多需要12亿吨；炼油能力现有两亿吨，生产能力利用率只有75%左右。其他产业也存在类似的过剩情况。现在我国一半产品的生产能力利用率不足60%。据初步测算，全社会库存积压商品价值占GDP的比重达到6%左右。

从总体上看，目前我国产业的整体素质比较低，农业、能源、原材料等基础产业及交通、通讯、农田水利等基础设施还比较薄弱，传统产业所占比重大，高新技术产业比重小且很不成熟；二是产品的整体质量水平比较低，在国内市场上，还存在大量不合格商

品；在国际市场上，真正有竞争力和市场占有率比较高的产品还极少；企业整体素质不高，经济效益差，亏损面和亏损额多年居高不下，企业组织结构不合理，“大而全”和“小而全”状况相当严重，规模不经济的现象相当普遍。

在多数产品相对过剩的同时，城乡居民消费结构发生了很大变化，从市场现状分析，随着各地区、各部门、各行业、各阶层收入水平的差距越来越明显，消费层次的差别也越来越大，市场商品销售出现层次化越来越清晰的趋势，高、中、低档商品均有不同的消费群体，消费热点难以集中。在消费行为上，居民消费由消费型向资产积累型和储备型转化，商品性支出缓慢，非商品性支出增长快，即期消费更理智，远期储备消费加强，居民的家庭资产正从货币形式向不动资产转移。这些均标志着居民消费雷同现象已经消失，正向消费多元化发展。从总体上看，居民收入差异及城乡差距形成的消费断层在短期内尚难耦合，消费结构已到了一个新的转折点。消费档次明显拉开，产销的脱节造成消费的断层。

（三）国内产品相对过剩与部分商品质量低下同时并存 一是产品及生产者的优化程度并未因过剩而得到提高，假冒伪劣反而更加猖獗，屡有发生的假酒、假药案甚至危害到消费者的生命安全。据中国消费者协会统计，1998年第三季度共受理消费者投诉信件17.1万件，比上年同期增长9.8%，其中质量问题占67.1%；二是分割与封锁市场的地方保护主义，消费者的选择权力被强制剥夺；三是行业垄断地位远未打破，银行、邮电、通讯、保险等部门强迫或有意误导消费者接受不平等条件的例证几乎无处不在；四是利用特殊权力摊派购买成风，工商、税务、卫生、环保部门以致学校都在不断发出“统一购买”的通知，消费者实际上被迫“消费”；五是利用体制性漏洞采取侵害第三方利益的方式强制推销。例如高回扣下的集体福利采购、公费医疗下的随意加价等。至于虚假广告、暴利行为、欺行霸市、缺斤短两、商业欺诈等更是俯拾皆是。因此，在国内产品相对过剩的另一面是部分商品质量低下，假冒伪劣商品充斥市场，居民投诉有增无减，严重影响了居民购买力的顺利实现，同时，也加剧了国内产品的过剩。

（四）过剩掩盖了目前市场购买力分布不均的矛盾 消费者的主体尚未形成具有较强有效需求的购买能力。我国目前居民储蓄余额已达5万多亿元，在5万亿的储蓄存款中，有1万亿左右属于“公款私存”和各种形式的灰色收入或黑色收入。这部分存款隐蔽性强，在通常情况下并不构成对国内市场的有效需求；另有1万多亿存款属于农村居民储蓄，而农村人口占全国人口的80%以上，人均存款额并不高，除了满足即期需求与消费外，只能储蓄一次性支付的婚丧嫁娶等未来购买力；其余3万亿存款中，社会20%富有人员的存款要占到储蓄额的50%以上，对这些消费者来说，用于生活性消费的数量是有边际界限的，据此推算城市居民中占80%以上的消费者主体，人均储蓄余额也难以形成对潜在需求的消费剩余。1997年我国城镇居民人均收入5160元，农民人均纯收入2090元，按购买力平价计算，只能是满足生存需求后略有节余，消费者可支配收入即有效需求与开发潜在需求、创造崭新需求所要求的人均购买力还相距甚远。因此，从某种程度上看，市场相对过剩与居民消费能力不足是目前消费需求减弱的主要矛盾。

（五）居民消费心理和消费行为的变化将加剧市场过剩 下岗分流和带职分流的全面实施，使得社会就业压力增大，居民预期收入减弱的心理负担加重。据中国人民银行对未来一、二年收入预期的居民意向调查，认为未来收入会减少的储户（15.8%）比上年同期调查上升2.5个百分点，55.1%的人认为未来收入不变，比上年同期上升0.3个百分点，29.1%的储户认为未来收入会增加，比上年同期下降2.8%，表明居民未来收入信心指数下降，收入预期减弱与支出预期增强的逆向变化，将对市场销售产生不利影响。各项改革的出台或酝酿出台，对居民消费心理产生了重大影响，住房、医疗、交通等福利制度改革不断深化，居民预期支出加大。这两方面因素加剧了居民“惜购”心理。消费支出预期明显加强，而职工下岗与机构改革造成人员分流，使不少居民的收入预期大为减弱，对消费品的购买出现观望状态。由于居民消费仍处于积累储备阶段，新的消费浪潮不可能到来。目前人们的购买力尚不足以支持形成大规模的消费热点，消费增长点将主要局限于原有耐用消费品的更新换代。

四、进一步活跃国内商品市场的应对措施

（一）产业政策要以调整经济结构为主 要坚决压缩长线产品和滞销产品，淘汰质次、价高、原材料和能源消耗多的落后产品，清除企业的无效生产能力，通过法律和经济手段限制各种不合格的产品流入市场。二是要着力解决企业组织结构的“大而全”和“小而全”问题，要按照专业化分工和规模经济的要求，以现有骨干企业为核心，以资本为纽带，积极支持企业间的重组，形成一批跨地区、跨部门、跨所有制的大企业和企业集团，使这些企业不仅成为国内的龙头企业，而且在国际市场上也能够有很强的竞争能力，并成为国际知名企业。

（二）政府投资不应当再投向竞争性行业和企业，

有选择地投向某些基础设施和基础产业，以免造成更严重的生产过剩 从我国目前的具体情况看，政府增加的投资应主要进入这些领域：一是农田水利设施、农村地区的道路及农村其他公共设施。从近期看，这方面的投资能够吸纳一部分农村剩余劳动力，增加农民收入，提高农民购买力水平；从远期看，它可以从根本上改善农业和农村发展环境，增加农业发展后劲，实现农业乃至整个国民经济的可持续发展。二是城市市政公共设施。增加这方面的投资，既可以改变目前我国城市市政公共设施普遍落后的状况，也可以吸纳一部分下岗职工，缓解城市就业紧张状况。三是铁路、机场、港口、高速公路等基础设施，它们是我国经济跃上新台阶的基础。

（三）货币政策要以加大消费信贷力度为主 信用消费是扩大消费需求，培育与发展新的消费增长点的助推器，但目前我国尚未进入全面的消费信用化时期。今后，调整相关政策是消费信贷能否发展的关键。首先引导居民消费，转变消费观念，要改变居民过去那种“积蓄—购物—积蓄”的单一消费方式，引导人们学会利用银行金融品种，利用消费信贷有计划地改善自身生活条件，提高生活质量；其次，国家应及时调整货币信贷政策，鼓励商业银行发展个人金融服务业务，增加消费信贷投资当前我国扩大消费信贷的实施领域在城市应当主要集中在住房、汽车、家用电器等商品上。

（四）消费和收入政策要以消除城市居民消费结构升级和增加农民收入为主 一是在城市要加快住房制度改革，停止福利分房，现住宅商品化和货币化，同时要取消政府在住宅建设方面的各种不合理收费，降低住房造价和售价。二是在农村设法增加农民收入。各级政府要切实增加对农业的资金投入，完善各项农业政策，如长期承包责任制，使农民对农业政策有一个稳定的预期。三是要完善收入分配制度，主要应当加强个人所得税的征收，缩小居民间的收入差距。另外还要尽快建立规范化的转变支付制度，并对城市和农村贫困人口进行定期和定量补贴。

（五）改善消费环境，加大对消费结构调整的政策引导力度 尤其要改善农村消费环境，继续发展农村电网，加强用电和收费管理；兴修水利，改善农村饮用水质量发展自来水供应系统；改善农村通讯条件，提高电视接收覆盖面，发展农村电话网等等。通过改善农村的电力、水利和通讯条件，为农村消费环境的改善创造条件。

工业部门应根据农民的消费水平和消费特点，多生产一些适合农民的中低档商品，改变只重视城市消费，而很少考虑农村消费需求，等到城市容纳不下时才把产品推到农村去的状况。有关部门还要创造条件，将维修技术力量进一步延伸到农村，大力加强对农村维修人员的培训。针对农民的消费特点及不同地区的消费结构，采取灵活的销售方式来推销家电。同时要加强售后服务，增设维修网点，以解决农民购买家电的后顾之忧。

扩大国债的可行性研究

倪 红 日

最近的研究认为，对近年来财政部发行的国债（统计资料反映的国债）规模是大还是小有一种矛盾的判断：从国债的债务依存度（当年的债务发行额占当年财政支出或当年中央财政支出的比重）和国债偿债率（国债当年还本付息额占当年财政收入的比重）这两个指标来看，均已大大超过了国际上公认的合理界限，为此不宜再扩大国债，而且应通过压缩财政赤字来缩小国债的规模。但是从国债负担率（即当年国债的累计余额占当年GDP的比重）和居民的应债力（国债余额占当年居民储蓄存款余额的比重）这两个指标来看，前一个指标大大低于世界上许多发达国家的国债负担率，后一个指标与许多发达国家相比也处于很低的水平，因此扩大国债发行的余地还很大。基于我国国债的债务依存度过高的判断，认为我国难以扩大国债规模。

一、按照完整的财政支出口径计算，我国国债的债务依存度并不是太高

当前在计算国债的债务依存度时，当年财政支出和当年中央财政支出都是用的财政预算内口径，并没有将预算外支出和基金支出计算在政府财政支出和中央财政支出之内，这样作为分母的财政支出口径就过于狭窄，债务依存度也就相应被高估，变得畸高。在进行国际比较时，我国的预算内支出的窄口径与许多发达国家的财政支出的宽口径有较大差别，所以由此而计算出来的债务依存度就有明显的不可比性。

从我国下一步调整和完善财税体制的方向来看，“费改税”的改革将会使相当大的一部分预算外资金（主要由收费和基金构成）转入统一预算管理。同时，1998年开始实行新的行政事业单位会计制度，也要求将预算内、外资金的会计核算统一起来。可以说建立预算内、外的统一财政预算制度已是大势所趋。而且从道理上讲，在计算债务依存度时，不考虑政府财政预算外和部分政府基金支出，也不可能完整地反映国债在整个政府财政支出中所占的比重，而只是反映了国债占预算内支出的比重。因此，为了全面和较科学地反映我国国债的债务依存度，应将预算外和政府基金支出都包括在财政支出和中央财政支出当中。

按政府财政完整口径计算的债务依存度要比仅按财政预算内窄口径计算的债务依存度有明显地降低。从国际上公认的国家财政债务依存度的控制线（安全线）来看，我国窄口径的国家财政债务依存度在1995年和1996年分别为20.12%和21.27%，均已超过了控制线，而加上预算外支出后计算的国家财政债务依存度分别为15.45%和15.03%，尚在控制线（15%～20%）的底线水平。如果加上1600亿元的政府基金支出，国家财政的债务依存度约为13.39%（1996年），还低于控制线。

中央财政的债务依存度按照预算内窄口径计算高达56.81%（1996年），按加上预算外的财政支出口径计算为43.74%，虽然也处于较高的水平，但低于窄口径13个百分点。如果再加上1600多亿元的政府基金，那么中央财政债务依存度就降至32%左右，低于窄口径23个百分点左右（详见附表1和附表2）。

总之，依据完整的政府财政支出口径计算的债务依存度，我国的国债规模并不像以往研究认为的那么大，完全存在扩大国债的可能性。

从扩大国债的绝对量上看，按照预算内窄口径计算的债务依存度，基本上没有扩大国债规模的余地，而且还要压缩国债规模。如果按照完整财政支出口径计算，1997年全国财政支出（含债务支出）约为16000亿元（预算内+预算外+基金），国家财政的债务依存度约17.5%左右，按照国际公认的控制线的高限，可以扩大国债500亿元左右。

从国债余额占GDP比重的国债负担率指标看，如果将这一指标从1997年的5.89%提高到20%，约可以将现有的债务余额扩大约3.4倍。从绝对量上看，国债余额可以由1997年的4402.8亿元扩大到15000亿元左右，即在现有基础上增加10000亿元左右的国债余额。

二、从稳妥角度出发，在扩大国债规模时应考虑“准国债”和“潜在国债”的问题

目前多数人在研究国债规模时，主要考虑的是财政部发行的国债，而忽略了各种以政府财政信用潜在担保，最终不可避免应由政府财政归还的一些债务。按比较保守的界定，除了财政部发行的在统计局口径范围内的国债外，起码还有两种政府债务要在我们研究国债规模时应加以考虑。

一是开发银行的政策性金融债券，又被称为“准国债”。即是国家政策性银行（主要是开发银行）为投资于基础设施项目和其他低投资回报和无投资回报项目而发行的金融债券。目前开发银行在事实上成为政府投资基础设施建设的主渠道。到1996年底，开发银行的政策性金融债券的58%（1450亿元）是通过人民银行向邮政储汇局募集的，42%（1050亿元）是对商业银行发行的金融债券，共计2500亿元。到1997年底，政策性金融债券规模约达到3700亿元左右。这些金融债券到期后是否能全部归还，如果归还不了怎么办？至今还是个“悬案”。

二是潜在的国债（即不在财政国债规模内），包括历史遗留的财政向银行借款1000多亿元和1998年发行的不在当年国债发行规模中的2700亿特种定向国债。这些债务在计算国债规模时也应加以适当的考虑。

为什么在研究国债规模时也要考虑上述两种政府债务呢？因为这些政府债务虽然在形式和操作上与财政部直接公开发行的国债有所不同，但它们具有以国家信用为依托，直接或间接地以政府财政作为担保的本质特征，将社会储蓄转作了政府的投资，而且从根本上讲，早晚要由政府财政来承担归还责任。从开发银行来看，投资项目基本上是属于具有社会效益而不具有微观经济效益的政策性投资，这类投资的社会效益一般无法通过直接的投资回报反映出来，甚至投资贷款本身都难以偿还。因此，开发银行的相当一部分金融债券最终要由政府财政通过各种再分配手段来解决归还的问题。潜在的国债本身就是直接以财政部名义举借的，只是没有明确偿还期和没有计算在国债规模中而已，但即便如此，也不能回避其财政的债务性质。因此，我们在考虑扩大国债的可能性时，必须将财政部预算内发行的国债和上述的“准国债”、“潜在国债”综合起来考虑。

明确这些债务的好处在于：一是在计算国债规模和考虑扩大国债规模时，要留有一定的余地，避免产生过度扩大国债的危险；二是对未来政府偿债的问题要有一个较全面的预期。最现实的是要考虑开发银行的“准国债”的归还问题，如果由银行来承担这些债

务的归还，有相当大的部分可能不可避免地形成银行的呆坏账，这样无疑会加大银行的金融风险；如果在未来某个时候由政府财政来归还，由于现在没有将其计算在国债规模之内，便会出现政府的财政赤字和债务规模“突发性”的增大，使财政陷入十分被动而不堪重负的境地。为避免这些问题，我们现在要在计算国债规模时，将上述政府债务加以考虑。

将财政部发行国债、开发银行的“准国债”和潜在国债综合考虑我国目前扩大国债的数量。从年度发行额看，1998年财政部发行国债2808亿元，开发银行的“准国债”贷款规模1100亿～1200亿元，这两笔共计4000亿元左右（暂不考虑潜在国债，因为目前来看可以将其视为一种不定期国债，后面对此要专门论述）。按照完整口径计算的国家财政的债务依存度约为25%左右，从这一指标来看扩大国债的余地比较小。

从国债余额来看，财政部国债余额4402.8亿元（1997年），开发银行3700亿元左右，加上潜在国债3700亿元（1000亿元财政向银行的借款和2700亿元的特种定向国债），共计11800亿元左右，占1997年GDP的比重约为15.8%。如果不考虑潜在国债，这一比重约为10.8%，扩大国债仍有很大空间。

如果我们按10.8%的国债负担率进行推算，把国债负担率提高5%，达到15.8%，可以扩大国债近4300亿元，提高10%达到20.8%，可以扩大国债8000亿元左右（详见附表3）。

综合以上分析，可以得出的初步结论是：

① 按完整口径的财政支出测算，只考虑财政部规模内的国债，那么在国家财政的债务依存度约束下，可以扩大500亿元左右的国债。在国债负担率的约束下，可以增加10000亿元左右的国债。②按完整口径的财政支出测算，将“准国债”和潜在国债估算在国债规模之内，扩大国债仍有余地，但数量上要减少。

根据以上初步的结论，在目前的宏观经济情况下，应及时调整财税政策，以积极主动的态度扩大国债发行，同时从国家经济安全出发，又要谨慎地控制扩大国债发行的数量。

三、调整国债管理的若干政策建议

目前扩大国债的关键是要降低和控制国债的债务依存度，扩大债务的余额。为此要从两个方面着手：一是尽快通过“费改税”等改革建立起统一的财政预算体系，以便能够科学和准确地把握国债的规模。二是必须调整国债的期限结构以及国债应债主体的结构，以解决年度债务发行额中还本付息量太大的问题（1997年还本付息额占总发行额的4/5）。如果能够较好地解决这两方面的问题，我国的债务规模完全可以在风险很小的情况下进行较大规模的扩张，这样做既有利于发挥财税政策的宏观调控功能，又有利于减轻和防范金融风险。

为此提出以下具体建议：

1. 增加发行10年期以上的长期国债。1996年和1997年财政部曾发行了少量的10年期长期国债，据了解，发售情况比较理想。建议目前可以增加发行10年期以上的长期国债，主要面向机构发行。采取每年付息，到期后还本的办法，并允许上市流通。这样可以使国债的还本期后推，避免集中还债，降低以后的年份的债务还本付息支出的数额。财政部国债司应对国债的期限结构和今后年度的还本付息量进行“精算”，以确定在完整口径下，债务依存度、国债负担率合理界限内的发债规模，以及不同期限搭配的国债品种。

2. 对5年期国债采取到期后分次偿还的办法。我国在1981年恢复发行内债的最初几年，内债的还本付息采取了5年到期后分次偿还的办法。这种还本付息的办法可以将还本付息的时间拉长，尽管在债务管理上比较麻烦，但可以有效地避免还本付息的高峰，起到减少国债年度发行额的目的。建议可以在一部分5年期国债上使用这种办法，分次偿还的国债利率可以略高于一次性还本付息的国债利率。

3. 对潜在国债应实行规范化操作。目前我国已存在的潜在国债虽然不被称作不定期或无期国债，但它实质上具有这类国债的不确定归还期限的特性。不定期或无期国债是国际上较少使用的国债品种，一般是在战争时期或经济困难时期才使用。据了解，西欧一些国家是在二次大战中使用过这种国债，目前这种国债的余额仅占西欧一些国家整个国债余额的2%～3%左右。这种国债有利于政府筹措资金，但对投资者风险很大。一般个人投资者或普通的机构投资者购买这类国债的积极性不高，这也可能是此类公债品种不宜发行的主要原因。

由于目前我国银行系统仍是以国有银行为主体，国有银行事实上还承担着许多政策性金融业务，而这些政策性贷款大多是在行使政府财政的一些职能，从这个意义上讲，财政和银行的某些职能在现阶段还没有完全分开。但即便如此，对这些潜在国债也应该规范化操作，即通过法律程序，公开计息发行。这样做的好处是，从法律上明确潜在国债的债权债务关系，以及双方的责任和义务。约束政府财政发行此类国债的行为。因为如果不按规范办法操作，财政运用这种方式再分配资金的成本就等于零，这种廉价或无成本的国债会刺激政府滥用这个国债方式，并将这种财政负担转嫁给金融机构，成为引发金融风险的重要因素。

4. 应考虑允许省级政府发行地方公债。如果目前发行国债主要用于扩大基础设施建设，并以此来刺激内需，那么能否允许地方政府发行公债，就具有很现实的意义。因为基础设施建设中有相当部分是应由地方政府来兴办的，如城市交通、公用设施等。目前这部分建设十分落后，需求远远大于供给。如果用中央发债来解决地方基础设施建设的资金需要的话，不仅使中央财政支出背上了沉重的包袱，而且还面临着中央如何通过转移支付将这部分资金在地区间分配的难题。从事权与财权相匹配的一般原则出发，也应允许地方政府发行地方债，用于本地区的基础设施投资。

为了从宏观上控制发债的规模，可以由中央财政下达控制地方政府发债的指标。省级政府通过人民代表大会审议批准发债的议案，并报财政部批准。只要宏观控制有力，通过一定的法律和民主约束，地方债是没有多大风险的，而且能够减轻中央财政发债的压力，降低中央财政的债务依存度。

表 1　我国债务依存度测算表

单位：亿元

年度	债务发行额	债务支出	预算内财政支出	预算内中央财政支出	预算外财政支出	预算外中央财政支出	国家财政债务依存度	中央财政债务依存度
1991	461.4	246.8	3386.62	1090.81	3092.26	1263.27	6.86	17.74
1992	669.68	438.57	3742.20	1170.44	3649.90	1592.81	8.55	20.92
1993	739.22	336.22	4642.30	1312.06	1314.30	198.87	11.75	40.02
1994	1175.25	499.36	5792.62	1754.43	1710.39	225.02	14.69	47.41
1995	1549.76	878.36	6823.72	1995.39	2331.26	351.38	15.45	48.05
1996	1967.28	1311.91	7937.55	2151.27	3838.32	1034.92	15.03	43.74

注：① 国家债务依存度 = 债务发行额 ÷（预算内财政支出 + 预算外财政支出 + 债务支出）× 100%

② 中央财政债务依存度 = 债务发行额 ÷（中央预算内财政支出 + 中央财政预算外支出 + 债务支出）× 100%

表 2　预算内口径的债务依存度与财政完整口径的债务依存度的比较

年度	预算内口径的国家财政债务依存度（1）	完整口径的国家财政债务依存度（2）	两者比较相差的百分比（1）—（2）	预算内口径的中央债务依存度（3）	完整口径的中央财政债务依存度（4）	中央财政债务依存度比较（3）—（4）
1991	12.70	6.86	5.84	34.49	17.74	16.75
1992	16.02	8.55	7.47	41.62	20.92	20.70
1993	14.85	11.75	3.10	44.85	40.02	4.83
1994	18.68	14.69	3.99	52.15	47.41	4.74
1995	20.12	15.45	4.67	53.93	48.05	5.88
1996	21.27	15.03	6.24	56.81	43.74	13.07

表 3　按国债负担率测算的扩大国债规模表

年度	债务余额占 GDP 比重（%）	国债规模可达到的数量（亿元）	扩大国债的增加量（亿元）
现有规模	10.8	8100	0
债务负担率扩大 5%	15.8	12436	4300
债务负担率扩大 10%	20.8	16473	8373

注：GDP 按 1998 年计划数计算。

（作者所在单位：国务院发展研究中心宏观调节研究部）

以住房制度改革为契机　建立个人信用制度

王　元

住宅商品化对中国经济体制改革有着十分深刻的意义。住宅私人产权的建立，一方面会根本地改变家庭的财富结构，使长期习惯于以货币收入、储蓄和贵金属制品、耐用消费品为加总基础的家庭财富变为以住宅不动产占有为主要方式。而且，个人作为住宅购买、交易的主体，在使住宅的生产经营过程成为真正市场行为的同时，也将“消费者主权”（个人最知道什么最符合他们自己的利益这一市场经济运行原则）提到了首要位置。另一方面，在住宅金融和住宅一、二级市场的发展及住宅福利制度实施的过程中，也将尽快建立符合市场经济体制运行要求的个人信用制度提到了议事日程。

一、个人信用制度是社会主义市场经济的重要组成部分

市场经济的基础是信用制度。所谓信用，广义地说，无非就是“实践成约”，或者说是交易双方以相互认可且有法律、道德约束效力的方式，达成和履行借贷互利合约的行为及过程。显然，当这些行为在经济活动的不同层面、不同时间，而且又是在“陌生人”之间重复发生时，一整套规则（制度）便由此形成和确定下来了。信用是交换的基础，“循物无违之谓信”，有了“实践成约”的规则，交换才能跨出种姓、村舍、社区和狭隘的亲友链条，扩展到整个社会，从而刺激起大规模的生产，且迅速出现了提供和创造信用的各种金融及信用服务机构，构筑起日益完善的金融体系。因此，发达的信用在某种意义上可以说就是发达的市场经济。

毫无疑问，社会主义市场经济同样要以发达的信用和完善的信用制度为基础。但是，除了企业间、法人机构间的各种合约及各种信用往来以外，发达信用的一个最重要特点，就是“极致”到个人。个人不再仅是根据劳动合同提供劳力与获取报酬，以及进出银行的存款与取款者和产品的购买者，而且也可以通过信用方式获得支付能力，进行消费、投资和经营。传统经济体制也存在着信用制度，但它是以权力、命令和行政性强制来“制造”和实现各经济组织之间的信用往来的。对此，其他问题可不赘述，但传统体制最明显的特点也是最主要的弊病之一，则是将个人排除在信用制度之外。对个人信用的认定、担保完全由组织承担起来，从婚姻嫁娶到住店、公务出行，携单位介绍信“走四方”，而个人信用仅停留在亲友间“有本无利”的借钱和口头承诺的道德约束范围内。由于个人对在信用基础上的交易断无“念想”，于是，当人们有着消费欲望甚至冲动而一时又支付不起时，选择的唯一通路就是“攒钱！攒钱！”结果把本该现实的消费延时到未来。因此，没有个人的信用制度，或者说，没有对个人提供信用支持的机会和规则，绝大多数消费者就永远是无力的需求者。这一点尤其在住房消费上表现出来。

同样，政府的福利政策、政府对市场交易规则的制定和秩序的维护、个人所得税征收、经营性收入征税，以及整个社会的安稳运行，都需要以个人信用制度为基础。就住宅来说，在缺乏个人信用制度的条件下，我们很难设想当无法确切地判断借贷人对用于抵押的物品是否拥有完全的产权，或者是否为“足值”时，贷款者如何能有效地防范风险；当对个人及家庭收入无从“探底”，又怎样能相对准确地分辨出谁是中低收入者，从而使由国家财政负担的住房福利制度达到最大的效应；也难以设想，在个人成为住宅一、二级市场大量交易活动的活跃成分后，如何保证国家能够从这些转售、租赁等经营性交易中收缴到应有的税金。扩展来看，随着市场经济的发展，个人的经济活动会在多个层面以多种方式表现出来。一方面，个人间的交易活动需要有可靠的信用支持，否则交易间的欺诈和违约难以防范，为避免交易风险，个人间的交易活动就往往会局限于亲友范围，从而使整个社会的交易效率大大降低；另一方面，由于现金支付和账目无从审查，个人间的交易完全可以以隐蔽的形式出现，从而“易于”逃避制度管制和税收征缴，导致国家税收的大量流失。

因此，建立个人信用制度是社会主义市场经济体制的重要组成部分。在当前推进住宅制度改革和实现住宅商品化的过程中，这个问题已迫切地提到了我们面前。

二、住宅制度改革是建立个人信用制度的突破口

在法律上信用是指“得到或提供服务后不立即而是承诺将来给付报酬的做法”。在这里，“服务”是广义的，包括着一切二人以上具有偿付性质的活动。就个人信用制度来说，它是证明、解释和验查自然人资信而建立的一系列具有法律效力的文本与行事规则。在市场经济条件下，由于信用活动主要表现为一种借贷资金的价值运动形态，即借贷关系及其衍生出的各种复杂形式，因此得到或提供信用必须满足三个基本的条件：借款人的品质（还款打算）、偿还能力（赚钱潜力）和担保品（防备不还款的抵押物）。与此相应，个人信用制度的基本内容主要由自然人的身份证明和个人社会档案（评判品质的重要依据）、个人账户和收入来源（偿付能力的说明）、个人可支配的用于抵押的资产（抵押物的验查）组成。

显然，根据这些条件来分析，由传统体制一直沿袭至今的个人信用制度的基础是十分脆弱的。在现行的制度条件下，绝大多数居民所能提供的信用证明文本一是户籍证明和身份证，二是所在组织的人事档案

资料，三是个人存款单据或实物资产。户籍证明和身份证可以解释所持者的“自然状况”；人事档案可说明个人的工作、政治身份、道德质信（如有无处分或违法记录）及岗位变动等基本情况，这些“信息发布”的权力完全掌握在组织人事部门，但无论是否提供，这些资料并不具有担保的性质；而个人存款单据仅能提供个人的存款余额，既不能解释个人的收入来源，也无法证明个人收入的可靠性，而在大多数家庭的实物资产有限的情况下，这使得由统计平均计算的个人及家庭财富总值和支付能力往往会被高估或低估，实际上很难依此来评估个人的信用。在这种情况下，以信用为基础的交易就难以顺利地进行。

住宅制度改革和住宅商品化把个人信用问题迫切地推到了前台。一方面，住宅商品化的实现必须以住宅金融和住宅市场的发展为基础，抵押贷款的发放、住宅证券化和住宅一、二级市场的交易活动都需要由信用制度来保证，同时，针对中低收入者和社会特殊群体的住宅福利制度也需要通过对个人信用的认定和验查才能更有效地实施；另一方面，住宅金融和住宅市场首次将广大普通城镇居民纳入到一个借贷、投资置业、租购选择、私人产权买卖和不动产收益的交易活动中，个人成为市场的主要参与者，这使得个人信用制度作为市场交易基础的关键作用凸显出来。从某种意义上说，个人信用制度的建立执住宅制度改革之牛耳。因此，建立个人信用制度是住宅制度改革和住宅商品化的内在要求，同时，住宅的市场化进程也为此提供了契机。

三、个人信用制度的基本框架与实施思路

建立个人信用制度是住宅制度改革的一个重要组成部分。因此，应当针对目前个人信用的制度缺陷，在大力发展住宅金融和住宅一、二级市场过程中，尽快建立与完善个人信用制度。具体来说，有以下几方面内容：

1. 实行个人信用实码制和计算机联网查询系统。 个人信用实码制实际上就是将可证明、解释和验查的个人信用资料锁定在一个固定的编码上，个人所有必要的资料都可存储在该编码下。在个人需要向相关者提供自己信用情况时，只要示明个人的信用实码，对方就可以查询到所需的资料。个人信用实码可以在目前身份证编码系统的基础上加以改造。但现行的身份证除了对个人身份的证明外，实际上与个人其他所有的信息都是隔离的，而身份证编码的过于简化或规律性，使得以此为基础来存储个人信用信息的泄密和被盗用的可能性很大。因此，一方面需要将个人信用实码与个人信用信息连接起来，形成个人信息库，以个人信用实码作为“入库”的钥匙；另一方面，则要在编码技术上提高保密性和安全性，如可考虑设立三个编码区，即系统随机编码、个人出生日期和个人保密号。

个人信用实码制的实现和运行，必须获得计算机全国联网技术的支持，从而使对个人信用信息的查询可以跨地区实现和提高查询效率与降低查询成本。

2. 建立个人账户。 以个人信用实码为基础，建立个人银行账户。住宅抵押贷款的发放除以职工缴纳的住房公积金为条件外，由于公积金制度实行的时间尚短和归集率较低，因而惠及的面暂还有限。另外，获得抵押贷款需先期支付住宅价格 20%～30% 的规定，使得相当多的城镇居民在购买住房时，不得不动用家庭存款，部分购买者在获得抵押贷款的同时，也会申请商业贷款。在这种情况下，银行在获得住宅购买者借贷抵押物的同时，也必须对其个人的资产、收入等到期偿付能力进行评估和认定，而目前的个人银行存款单据和现金收入来源的特点，实际上使银行难以保证这种评估和认定的准确与安全性。因此，应在推进住宅金融发展的过程中，以抵押贷款的发放为契机，将个人的现金收入来源逐步归结到个人银行账户系统中，并在现已部分实行的个人工资账号的基础上，通过严格的财务制度，把现金的支取改为以个人银行账户为基础、统一由指定银行支取的方式。

建立个人银行账户，一方面可为住宅金融的发展提供一种稳定和规范的信用制度基础；另一方面，对实现个人所得税等个人税种的征缴，以及开发和利用各种消费信用工具以促进消费的增长，都有着重要的现实意义。

3. 建立对个人信用调查与评价的信用调查机构。 随着市场经济的发展，个人信用会在这个经济社会活动中表现出越来越重要的作用。因此，建立对个人信用调查与评价的专业性机构有着客观的必然性。考虑到这种要求和趋势，对这类专业性机构的注册资格、法律形式和责任与业务运行规则，应制定相应的制度，以促进其健康发展。

（作者所在单位：国务院发展研究中心市场经济研究所）

北京、上海、天津三直辖市改革开放与经济发展

北京市

国民经济发展总体情况

1998年北京市经济发展势头良好，增长超过预定目标。国内生产总值实现2009.9亿元，按可比价格计算，比上年增长9.7%，人均国内生产总值达到18423元，提前两年实现比1980年翻两番。经济效益有所改善。每百元固定资产投资创造国内生产总值180.3元。全社会劳动生产率为30770元/人，比上年增长10.2%。工业效益逐步回升，产销率达到98.2%，实现利润43亿元，纺织、一轻和二轻实现了全行业扭亏。地方财政收入227.3亿元，按可比口径计算增长20%。社会商品零售价格总水平下降1.7%，居民消费价格上涨2.4%。社会消费品零售总额达到1167.2亿元，实际增长12.9%，是近十年来增幅最高的一年。城乡人民生活水平继续提高，城镇居民人均可支配收入8472元，实际增长5.9%；农民人均纯收入4029元，实际增长6.7%。

产业结构进一步优化，产业发展的“三二一”格局进一步强化。全年第三产业实现增加值1132.1亿元，增长10.5%，比全市经济增速高0.8个百分点；占国内生产总值的比重达到56.3%，比上年提高1.8个百分点。第二产业实现增加值790.8亿元，增长9.6%，比上年增速提高1.5个百分点。高新技术产业对全市工业增长的贡献率大幅度提高，达到54.6%，比上年提高了15.2个百分点。第一产业发展保持稳定。全年第一产业实现增加值达87亿元，增长1.8%，比上年增速提高0.8个百分点。

固定资产投资大幅度增加，城市基础设施建设明显加快。全社会固定资产投资完成1115.3亿元，增长16%，是建国以来投资规模最大的一年。迎接建国50周年的67项重点建设工程进展顺利，亚洲最大的首都图书大厦等10项工程已经建成，具有国际水平的八达岭高速公路全线通车。为加大经济增长后劲，利用新增国债和银行贷款建设的重点工程相继开工。供水、供气、供热、供电、道路交通和环境保护六大系统等基础设施工程全面推进，全年共完成投资总额317.8亿元，增长45.6%，突破了历史最高水平。住宅建设继续保持了较大的规模，全年竣工1090.6万平方米，其中普通住宅竣工1004.5万平方米。19片经济适用住房已经陆续投入建设。

克服亚洲金融危机的不利影响，外贸出口和利用外资保持较高增长。全市完成进出口总值305.2亿美元，比上年增长0.4%。其中出口总值105.2亿美元，同比增长9.5%；地方完成出口28.3亿美元，增长14.7%。从地方出口结构看，工业制成品出口总值26.36亿美元，占出口总值的93.2%，比上年提高1.3个百分点，初级产品出口下降3.5%；国有企业出口领先增长，全年出口15.24亿美元，增长20.5%，比三资企业出口增幅高11.4个百分点。海外投资和对外承包工程、劳务输出与服务贸易也都有了新的发展。全年接待海外旅游者220.1万人，旅游外汇收入23.8亿美元，增长6%。全年实际利用外资28.7亿美元，增长10.8%。全球500家最大的跨国公司已有151家在京投资，项目平均规模明显增大。

67重点工程建设稳步推进

为了加快城市基础设施建设的步伐，拉动地区经济增长，按照实现“四个服务”城市功能的需要，1998年北京市选定了能代表首都形象、充分体现20世纪规划建设水平、增强城市综合功能的重大工程建设项目67项。这批重大项目，按项目功能分为：市政基础设施项目、大型公建和社会事业及公用设施项目及

住宅开发建设项目3大类。总投资995.5亿元。这些基础设施项目建成后，可显著增强城市基础设施的供应能力，提高首都城市服务功能，进一步满足人民日益增长的文化需求，促进首都城市经济和社会文明程度的提高，使北京能够以现代化国际大都市的形象跨入21世纪。截止到1998年底，在67项重大工程中，已有首都图书大厦、首都医科大学科研楼、小营世纪村住宅区、八达岭高速公路二期、国际金融大厦、首都师范大学文科教学楼、北京戏曲学校排演场综合楼、北京工业大学经贸楼、中国评剧院剧场等10项工程建成。其他建设项目也进展很快，地铁复八线工程已完成全部结构工程；平安大街建设工程已完成总工作量的75.9%；第九水厂三期工程已完成净配水厂主体结构和设备安装；城市水系综合整治工程，已完成6海清淤；故宫护城河改造工程已完成污水截流干线及清淤，整治宇墙1.6公里；14项住宅小区开发建设项目已竣工280.6万平方米，累计完成总工作量的82.1%。

国有企业改革稳步推进

1998年，北京市国有企业改革取得明显进展。工业累计已有22户市属国有大中型骨干企业按照《公司法》的规定，初步建立了现代企业制度，占市属国有大中型骨干企业总数的37%，有15户进行了多元投资主体的改造。在组建优势企业集团和多种形式放活小企业方面迈出新步伐。新组建了北分瑞利、益泰电子、铜牛针织、中天造纸等企业集团有限公司，重组资产21.7亿元。出台了扶持中小企业发展的政策，并联合举办了'98企业改制资产重组洽谈会。市属112户地方国有小企业中，已有51户企业采取多种形式放开搞活，覆盖面达45.5%。兼并破产、减人增效成效显著。全年完成兼并破产项目39项，涉及资产40亿元。其中列入兼并破产和再就业工作计划的兼并企业14户，减员增效企业20户，3户企业已宣告破产，共核销银行呆坏账准备金10.9亿元。

高新技术产业快速发展

1998年，北京市加大高新技术产业发展的力度，相继出台了一系列政策，在促进科技成果向现实生产力转化上取得了多方面重大突破。建立了全国规模最大的软件产业基地，该基地由6个软件园、15家软件骨干企业、国内市场体系和海外市场体系4部分组成，集研究开发、生产销售、服务维修于一体。同时还建立了清华工业开发研究院和中关村科学城信息示范小区等产学研一体化机构。为切实解决制约高新技术产业发展的资金瓶颈问题，组建了高新技术产业投资股份公司、科技风险投资股份公司，建立了高新技术产业融资担保资金、新技术产业担保金和中小企业担保资金，初步形成了扶持高新技术产业发展的风险投资体系，资金总规模超过10亿元。多项扶持高新技术产业发展的基金也相继建立。包括重点支持中小科技企业成果转化的高科技创业基金；重点支持各类先进、重大科技成果推广应用的科技成果推广基金；重点支持优秀专利技术转化的专利实施基金等。

一系列外经贸活动成功举办

1998年，北京市成功地举办了一系列活动，促进了外经贸工作的发展。5月份，成功举办了北京高新技术产业国际周，来自世界13个国家的政府代表团和我国内地、香港特别行政区代表团及一些世界知名高科技企业参加了这一盛会，活动期间，共接待观众6万多人次，举办研讨会19场，做专题报告28个，签订合资项目32个，协议总投资额6.3亿美元。10月份，在香港举办迈向21世纪——北京·香港经济合作研讨洽谈会，取得积极成果。共签订合作项目106个，总投资额达35.1亿美元。其中，房地产项目39项，投资总额19.6亿美元；服务贸易项目25项，投资总额6.2亿美元；高新技术项目19项，投资总额1.55亿美元。同时，北京市还组团参加美国北加州高科技大会、法国巴黎国际食品博览会、德国汉诺威工业博览会等世界大型活动，确定了良好的效果，进一步加强了与世界的经济联系和合作。

社会保障工作取得进展

1998年北京市社会保障工作取得进展，扭转了养老保险、失业保险、大病统筹覆盖面多年来徘徊不前的局面。根据国务院《关于建立统一的企业职工基本养老保险制度的决定》，1998年初，市政府颁布了《北京市企业城镇劳动者养老保险规定》，统一了全市的企业职工养老保险制度；7月份，对基本养老金最低标准、离退休人员基本养老金、职工最低工资标准、下岗职工基本生活费标准、失业救济金和城镇居民最低生活保障线进行了调整，完善了城镇低收入职工群众基本生活保障政策体系，实行了对特困企业借支养老金的办法，确保了离退休人员养老金的发放。同时，圆满完成了中央移交本市的11个行业、15个系统66.5万名职工及离退休人员基本养老保险统筹的移交、接收工作。到1998年底，企业养老保险、失业保险恶化大病统筹的覆盖面分别达到95%、94%和85.2%。

下岗分流与再就业工作顺利

再就业关系改革开放、经济发展和社会稳定，按照中央的要求，1998年北京市做到了有下岗职工的国有企业100%建立再就业服务中心，下岗职工100%进入再就业服务中心，保证每一个下岗职工都能领到基本生活费，国有企业下岗职工随时下岗随时进入再就业服务中心。截止到1998年底，共建立了938个再就业服务中心或专门机构，下岗职工的再就业率为60.2%。北京市有关部门积极筹措资金，有力地保障了再就业服务中心的建设进度。1998年659户国有企业和实行结构调整的集体企业再就业服务中心拨付了基本生活保障资金，总额达1.46亿元。北京市工业系统还开展了“条块联手、推动再就业活动”，总结推广了二轻公司“以改革促发展，以发展促就业”的经验，进一步推动了下岗职工的再就业。此外，加大了再就业培训力度，全市共培训下岗职工、失业人员11.5万人次，其中，职业指导培训8.3万人次，以提高职业技能为主的再就业培训4.8万人次。

大力整治城市交通

针对城区交通日益拥堵的状况，1998年北京市采取了一系列城市交通整治措施，提出了近期以缓解三环路以内交通拥堵为重点的改善交通状况的基本思路和工作框架。通过以技术措施为主，工程措施为辅，与行政、经济措施相配套的原则，通过综合整治，以较少的投入，实现了在较短的时间内，使市中心区道路交通拥堵状况明显缓解的目标。具体做法是调整了二三环路功能和车道负荷分布，提高了环路车速。与此同时，大力推进“路口工程”，以全面整顿长安街及其延长线交通秩序为重点，通过工程改造、缩窄车行道宽度、增加车道等措施，共渠化优化路口150处、路段41处，增加路口车道115条、路段车行道18条，还在34处交通复杂的路口安装了多相位信号灯，减少了车辆交叉干扰，缓解了路口拥堵。通过以上措施，市中心区主要道路通行能力提高了10%左右。

采取紧急措施控制大气污染

由于机动车增长过快，加上气象条件的影响，北京市环境质量有恶化的趋势，必须采取紧急措施。经中央批准，北京市于1998年12月17日，发布了《北京市人民政府关于采取紧急措施控制大气污染的通告》，对控制大气污染采取紧急措施。主要内容：一是严格控制煤烟型污染，限期改用清洁燃料，强制使用低硫低灰分优质煤，积极采取液化石油气、太阳能、电等清洁能源。二是控制机动车排气污染，颁布实施机动车排放新标准，加快淘汰面的，对超标机动车强制安装尾气净化装置，在公交、出租车上推广使用清洁燃料。三是控制扬尘污染，加强施工工地管理，增加绿地。这些紧急措施的出台，标致着北京拉开了环境污染综合整治的序幕。

科技、教育等各项社会事业全面进步

1998年北京市科技成果向现实生产力转化取得了重要进展。建立了北京清华工业开发研究院、北京软件产业基地和中关村信息化示范小区。清华科技园、留学生创业园等11个孵化器基地开始形成，科技创新支撑体系逐步完善。加大了对民营科技企业发展扶持力度，使这些企业的活力明显增强。教育的基础地位进一步巩固。不断深化教育改革，基本实现了小学毕业生免试就近升入初中。基础薄弱校建设取得明显成效，山区教育得到重视。普通高中结构和布局的调整加快，中考、中招改革迈出新步伐。中等职业学校改革办学体制，调整科类结构，提高了办学质量。高教管理体制改革取得重大进展，顺利推进了在京11所原属中央部委高校的体制调整工作，拓展了联合办学、资源共享的范围。大力开展多种形式的成人教育，加强了下岗人员的培训。文学艺术、新闻出版、广播影视以及社会科学事业繁荣活跃。广播电视节目卫星传送取得突破，文化市场管理得到加强。文物保护工作受到重视，天坛、颐和园被联合国列入世界文化遗产。积极推进卫生事业的发展，防病治病水平提高。计划生育工作更加深入，人口自然增长率控制在0.7‰以内。社会主义精神文明建设取得明显成绩，民主法制建设进一步加强。在抗御特大洪灾斗争中，各界群众踊跃为灾区捐款捐物，全力支援灾区抗洪抢险和重建家园，显示了首都人民高尚的精神风貌。广泛进行“讲文明、树新风”、“四要四不要”等宣传教育活动，广大群众的思想道德水平有了新的提高。文明居民区、文明乡镇、文明村以及文明行业的创建活动取得阶段性成果。

（北京市人民政府研究室　王兴聘）

上海市

经济发展

1998年，上海市人民坚持从实际出发，积极抓住国家扩大内需的机遇，坚持“稳中有进、重在有质、重在求实”的经济工作方针，努力克服亚洲金融危机影响、国内市场需求制约等不利因素，着力解决经济运行中的薄弱环节，切实提高经济运行质量，实现了经济发展预期目标。国民经济保持了良好的发展势头。1998年完成国内生产总值3688.2亿元，按可比价格计算，比上年增长10.1%，继续高于全国平均水平2个多百分点。人均国内生产总值达到了2.82万元。

加快产业结构调整，是增强上海经济发展后劲的迫切要求，也是提高上海经济竞争力的关键。1998年，上海继续坚持“三、二、一”产业发展方针，加快产业结构的调整步伐。国民经济各次产业协调发展。第一产业实现增加值78.5亿元，比上年增长2.2%。以农田水利、“三高”农田、蔬菜设施为重点的农业基础设施建设得到加强，有效地改善了农业生产条件。全年农业总产值206亿元，比上年增长2.8%。农业生产向集约化、产业化、规模化、市场化方向发展，全年粮食总产量212.6万吨，其他主要农副产品供应丰富、价格稳定。第二产业在调整中稳定增长，全年实现增加值1847.2亿元，比上年增长8.2%。上海工业以改革为动力，着眼于开拓国内外市场，狠抓产品开发等关键环节，努力按照市场需求优化产品结构，提高产品竞争力。全年完成工业总产值5897.34亿元，比上年增长10.8%。工业产品销售率97.9%，工业经济效益指数达到107.63。第三产业继续快速发展，1998年实现增加值1762.5亿元，比上年增长14.3%，占全市国内生产总值的比重达到47.8%，比上年提高2.3个百分点。金融业和生产要素市场运作规范，稳定发展。商业企业不断深化改革，调整业态结构和网点布局，超市、连锁店等新型商业业态迅速发展。全年国内商业增加值比上年增长12%。消费品市场稳中趋旺，社会消费品零售总额1471.03亿元，比上年增长11%，高于全国平均水平约4.2个百分点。消费需求成为拉动经济增长的主要因素。

总体经济效益继续提高，财政收入保持稳步增长，全年地方财政收入392.2亿元，增长11.3%。收支平衡，略有结余。上海物价水平持续低位运行，商品零售价格水平比上年下降4.9%，居民消费价格水平与上年持平。在经济发展的同时，城乡居民收入稳定增长，全市职工年平均工资、城市居民家庭人均年可支配收入和郊县（区）农民家庭人均年纯收入，分别增长4.3%、4%和2.5%。城乡居民储蓄存款余额比上年末增加241.39亿元。

金融业与要素市场

在亚洲金融危机影响不断加剧的情况下，根据中央的统一部署，上海加强金融监管，努力防范金融风险，金融运行较为安全平稳，金融机构信贷资产中的不良资产比例处于全国最低水平。同时，金融业通过强化和完善服务功能，各项金融业务继续发展，有力地保障了经济的持续增长。全年金融业增加值500亿元，比上年增长12.2%。金融机构在抓风险管理、抓资产质量的同时，加快信贷结构调整，集中资金保证重点需要。切实加大金融信贷对国民经济发展的支持力度，把信贷工作的重点放在支持上海六大支柱产业的优先发展、支持基础设施和重点项目建设、支持高新技术产业发展和支持现代企业制度改革上。年末全市金融机构各项存款余额6330.65亿元，比上年末增加697.86亿元；各项贷款余额4812.63亿元，增加650.61亿元。金融机构呈多元化发展，金融领域对外开放继续扩大。

上海全面实施“一个龙头、三个中心”的发展战略，继续培育和发展要素市场，加强市场体系建设，努力创造公平、规范的市场环境，拓展服务新领域，增强中心城市的要素集散功能和辐射能力，积极为全国服务。金融市场建设重点是规范市场经营行为，增强金融市场辐射能力。全国银行同业拆借市场全年成交988.92亿元。保险市场发展迈上新起点，中外保险机构全年保费总收入超过百亿元人民币。全年证券市场各类证券成交额累计34335.79亿元，比上年增长15.1%。中国外汇交易中心成交额519.61亿美元。上海商品交易所交易额348.47亿美元、金属交易所交易额4730.86亿元、粮油交易所交易额80.12亿元。上海技术交易所全年共签订各类技术合同18364项，合同金额31.41亿元，比上年增长9.2%。产权交易又有新发展，全年共有1103家企业通过产权交易实现了重组，交易额172.58亿元。房地产交易中心成交过户面积315万平方米，比上年增长94%。全市以批发为主的各类生产资料市场已达184个。

高新技术产业与成果转化

上海高新技术产业以计算机与应用、现代生物与医药、新材料三大产业为重点，向其他领域扩展、延伸，已呈现出一、二、三产业联动发展的新局面，为上海经济发展和社会进步作出了贡献。1998年，上海科技进步贡献率提升到了43.87%。

在上海的高新技术产业发展中，计算机与应用产业初步形成了以硬件制造、软件开发、系统集成和信息服务等较为完善的产业框架。一批具有专业特色、技术实力强的企业脱颖而出，主要产品保持快速增长。现代生物与医药产业在基因工程药物和天然资源药物这一重点领域取得突破，“转基因羊”等一批世界前沿研究项目进展顺利；α干扰素等一批新药和生物制品生产正在形成规模。新材料产业在国内也形成一定的优势和特色。与此同时，以高科技产业化为己任的上海高新技术开发区，经过多年的建设，已由最初的“一园一区”发展到“一园六区”，开发总面积扩展到17平方公里，工业总产值为400亿元，初步形成了门类齐全、技术密集、层次合理并具有一定规模的高新技术产业群，有力地推动了上海的高新技术产业的发展。

1998年，上海以优化高新技术成果转化环境为重点，发布了《促进高新技术成果转化的若干规定》，提出了18条优惠政策。通过制定高新技术产业和技术目录，明确重点产业的导向目标；设立高科技成果转化风险基金，三年安排6亿元资金，用于转化项目的贷款贴息、股权投资和融资担保，加大资金支持力度；实施疏堵结合的政策，既为科技人员创办高科技企业创造条件，也对政府资助的应用型研究成果实施限时转化；允许成果完成人和转化实施者获得股权收益，加快实现技术资本化。经过实践，政策效应初步显现，1998年，已有158项成果的转化得到认定，其中4项居国际领先水平；107项达国际先进水平。这些项目经过培育，到2000年可实现销售50多亿元。

国有工业的改革与发展

1998年，面对亚洲金融危机蔓延及国内市场需求不足和竞争加剧的两大严峻挑战，上海国有工业坚持以改革为动力，加大结构调整的力度，紧紧抓住国家采取扩大内需、打击走私、加强宏观调控和拉动需求措施的有利条件，实现了改革和发展重大进展。全年国有及国有控股企业完成工业总产值占全市工业总产值近50%，实现利税占全市工业利税总额的64.7%。工业生产增速逐季加快；产销衔接保持高位运行；经济效益出现恢复性回升；产成品库存逐月减少。

1998年上海国有工业企业改革的一个重要突破，就是以工业投融资体制改革为主体，把投资、融资、转制和改革连成一体，国有企业“三改一加强”和国有经济战略性重组步伐加快。市经委制定和下达了投融资体制改革的若干意见，建立和完善了工业投融资体系。通过资产重组，优化资源配置，增强企业活力。年内已完成宝钢与上钢及梅山钢铁公司，烟草集团公司与冠生园集团公司等5例跨行业、跨地区、跨部门、跨所有制的重大资产重组；全年共批准50家发起设立股份有限公司。10多家上市公司通过国有股权变动实现了资产优化重组，进一步提高了上市公司的资产质量，也促进了上海资本市场的良性发展。目前上海已有股份有限公司308家，有限责任公司3.6万家，股份合作制企业1.3万家。与此同时，继续用好政策，促进对困难企业兼并破产工作的推进。国有企业依法破产26家、兼并9家。积极鼓励上海和外地优势企业兼并困难企业。坚持抓大放小，鼓励优势企业重新组合，增强优质资产；多形式地搞活小企业，尤其是民营科技企业有较快发展。知识资本与产业资本的结合取得新进展，复旦大学和新黄浦集团跨体制联合进行人类基因组研究开发，江南造船厂、交通大学和708所联合成立了船舶和海洋工程创新中心。国有大中型企业认真学习邯钢经验，全面推行了以财务管理为核心的全过程管理。经营者竞争上岗试点进一步加大，在对企业干部实现分类分层管理、改进选拔管理方式、建立激励和约束机制等方面作了初步的探索。

围绕城市功能定位，提出并实施上海工业布局总体构想，加快推进工业布局结构调整。按照“有所为，有所不为”的指导思想，以建设面向新世纪的上海工业新高地为目标，继续壮大支柱工业实力，加快高新技术产业发展，努力提高新技术和新产品开发能力。全市工业新产品产值率达到21%；高新技术产业产值占工业总产值的比重为16.5%，比上年提高1.1个百分点。理顺了信息产业发展的管理体制，制定了《上海市国民经济和社会信息化发展计划纲要》国民经济和社会信息化工作有重大进展。909工程等一批信息产业项目进展顺利，格尔软件公司、复星实业公司等一批科技型企业初露头角，上海作为全国微电子工业主要基地的雏形已经形成。面对跨世纪发展战略目标和新的市场环境，以重大项目和关键产品为抓手，以技术创新为主要动力，加快产业升级换代。工业支柱产业改造升级的力度加大，1998年共投资378.9亿元，加快形成新的经济增长点。六大支柱产业新增产值占全市工业新增产值的56.1%。汽车工业继续保持领先优势，上海通用汽车工程竣工投产；冶金行业实现中央企业和地方企业的大联合；家电、电子、装备工业市场竞争能力增强。

社会保障与再就业工程

1998年，上海社会保障制度改革继续稳步推进。以基本保险、补充保险、社会救助为主要内容的社会保障体系进一步完善。退休职工门急诊医疗保险改革顺利推出，失业保险形成单位和个人共同负担的新机制。全市已有5.04万个城镇企事业单位、机关以及个体工商户430.6万人参加基本养老保险；220.4万离退休人员参加养老保险社会统筹。城镇职工养老保险、失业保险的覆盖率和企业医疗保险的参保率都已达到98%。有17万人享受失业保险。

再就业工作力度进一步加大。以就业市场化、组织网络化、保障社会化、后援中介化、求助社区化为框架的劳动力市场体系逐步建立，初步形成了社会劳动力分流网络和循环机制。严格职工下岗程序，落实分流安置政策。初步形成全市计算机联网的劳动力供求信息和市、区（县）、街道三级职业介绍网络。在有下岗职工的国有、集体企业中，已经建立再就业服务中心308个。再就业服务中心加强了就业培训功能，全年培训11万人次以上。全年进再就业服务中心的下岗职工39.5万人，分流率为58.7%。

扩大对外开放

亚洲金融危机的影响，对上海扩大对外开放产生了明显的负面效应。面对国际形势的严峻挑战，上海坚持扩大对外开放。外贸、外汇及关税体制改革进展顺利，口岸功能进一步完善。外贸出口实施了市场多元化战略；工贸结合，组织出口推销小组到重点市场促销；积极改善出口商品结构，继续加大“龙头计划”对本市外贸出口的扶持力度。1998年，上海口岸进出口商品总额636.4亿美元，比上年增长8.4%。全市外贸出口继续保持良好的增长态势，全年完成外贸出口创汇达163.3亿美元，比上年增长10.9%（按海关统计口径，完成159.6亿美元）。在对亚洲地区出口下降的同时，对欧洲、北美、拉美、非洲出口显著增长，对欧洲、美国出口增长分别达到23%和22%；机电产品出口同比增长18.9%；80个“龙头商品”出口占全市出口总额的比例达到43.8%。

通过进一步改善投资环境，改进招商方式、扩大招商力度，努力克服困难，积极拓展吸收外资领域，引进和吸收外资取得新的进展。全年批准外商直接投资项目1490项，吸收外资合同金额58.48亿美元，实际吸收外资金额36.38亿美元。外商投资项目规模不断扩大。1000万美元以上的大项目占全部合同金额的77.8%；世界最大的100家工业性跨国公司累计已有59家在上海投资，国际跨国公司中已有47家在上海设立投资型公司。吸收外资结构更趋合理，投向工业项目的外资占实际吸收外资总额的62.4%；上海克虏伯不锈钢有限公司、科达（中国）有限公司等一批投资规模大、技术含量高的项目落户申城。金融领域对外开放继续扩大，外资在沪的经营性金融机构已达62家，获准经营人民币业务的外资银行增加到19家。

浦东的开发与开放

浦东新区外抓形象、内增实力，加快体制创新、产业升级、扩大开放，积极发挥新区的示范、辐射、带动作用。面对亚洲金融危机的冲击，浦东新区采取一系列措施，加大招商引资力度。以改革土地使用制度为抓手，切实降低项目投资的初始成本；进一步完善“一门式”服务，实行“一门受理、并联审批、两次办结、一口收费”，提高项目审批效率；出台内容涉及产品内销比例、财税政策、劳动用工、就读就医、行政收费等五方面内容的措施，积极试行对外商投资企业实行“国民待遇”和对内联企业实行“市民待遇”的政策。全年新区共吸收外商直接投资项目554项；吸收外资合同金额28.93亿美元。引进外资结构进一步优化，工业项目占90%，外商投资第三产业的范围向金融、商业、科技咨询中介和公共事业服务等新领域发展。投资总额超过1000万美元的大项目成为外资项目的主体。欧美国家的投资呈现增多趋势。外资企业的增资项目成为外资持续投入的重要一翼。与此同时，1998年，又有130多个内联项目落户浦东。随着浦东新区功能开放的不断加强，大银行、大市场、大机构继续向浦东集聚。证券、人才、产权、商品、粮油和房地产等要素市场，以及72家中外金融机构进驻新区。至年末，已有67个国家和地区的5472个投资项目落户浦东新区。陆家嘴金融贸易区、金桥出口加工区、张江高科技园区和外高桥保税区形象开发加速推进。浦东新区国民经济快速增长，全年实现增加值708.85亿元，按可比价计算，比上年增长16.8%。

国内经济协作

1998年，上海继续扩大对内开放，积极探索优势互补、互惠互利、联动发展、共同繁荣的发展国内经济合作新路子。在充分调查研究的基础上，制定并颁布实施《关于进一步服务全国扩大对内开放的若干政策意见》。按照“拆除围墙，敞开通道；重点扶持、特事特办；公平待遇，综合配套”的要求，根据服务全国的原则、市场经济的原则、“市民待遇”的原则以及特事特办的原则，提出了各项政策措施。其内容包括工商登记、金融、行业服务、劳动人事、户籍外事公安、教育、社会保障等各方面。在企业落户时，坚持降低门槛，给予优惠，注重为企业进入上海提供便利；在企业初始运行时期，在税费方面给予优惠，注重降低异地投资成本；在企业转入正常运作后，注重体现公平竞争。《政策意见》所明确的各项优惠政策，充分体现上海欢迎鼓励中央各部委和各兄弟省市各种经济成分的企业来沪投资，注册设立企业；同时，也根据上海经济中心城市的功能定位，注重突出重点，鼓励和扶持各地大企业将总部迁到上海，或来沪兴办大企业。对国内大企业在注册和财税、金融等方面，给予了重点支持和扶持。《政策意见》要求对各地在沪企业，将视同本市企业，在各方面享受同等政策和同等待遇。切实解决各地在沪企业的后顾之忧，不断完善与企业经营有关的其他社会性配套服务。《政策意见》的贯彻实施，吸引了一大批国内著名的大集团和优势企业落户上海。1998年，共有中央各部委和各省市1332家企业来上海投资，注册资金96.5亿元。其中，注册资本在1亿元以上的企业有20多家，中海集团、中远集运等一批国内著名大集团相继落户，不少企业已将销售和经营总部迁入上海。各地在沪企业促进了上海经济发展和繁荣，全年对上海国内生产总值增量的贡献率达到10%左右。

与此同时，上海继续积极鼓励各类企业加大跨地区投资的力度。上海在全国各地投资的企业超过4000家，在当地的投资总额超过100亿元。1998年，上海对云南、三峡库区、西藏的对口帮扶和对口支援工作力度加大，进展顺利，为当地的经济发展作出了一定的贡献。

城　市　建　设

1998年，上海固定资产投资结构有所调整，城市基础设施建设进一步加强。在当前商办楼和高档住宅空置率较高，投资势头明显减缓的形势下，按照重效益、重质量的原则，上海积极进行投资结构的调整。一方面，严格控制市场前景不明项目的开工建设，调整房地产的投资规模；另一方面，抓住国家加大固定资产投资力度的机遇，大力推进基础设施建设。全社会固定资产投资完成1967.5亿元，其中城市基础设施投资完成517亿元，比上年增长25.2%。一批重大项目建设顺利推进，外环线一期、沪杭高速公路上海段等12项重大工程竣工，城市面貌进一步得到改善。延安高架路中段、地铁二号线、浦东国际机场一期、污水治理二期等一批重大工程达到节点目标。开工建设了一批改善城市环境的重大工程，苏州河综合整治一期工程进入实质性启动。1998年，上海市制定实施了《关于促进本市住宅产业健康发展的若干意见》等政策，为住宅产业的发展和旧区改造注入了新的动力。房地产业保持适度投资规模，采取各种措施，积极引导住宅消费，活跃房地产二、三级市场。房地产业开发投资598.93亿元，比上年下降2.5%。商品房销售面积1032.55万平方米，同比增长50.4%，商品住宅销售面积占商品房销售总量的92.8%。制订实施了《关于加快中心城区危棚简屋改造试行办法》，积极进行结合危棚简屋改造，加快消化空置商品房源的试点，进一步推动了旧区改造的步伐。全年住宅竣工面积1521.95万平方米，市区人均居住面积达到9.7平方米，住房成套率达到65.4%。

城市管理与环境保护

1998年，上海在城市建设中认真贯彻“建管并举、重在管理”的方针，强化城市规划管理，加强生态环境建设。进一步开展《上海市城市近期建设规划》的深化细化工作，对城市发展规模、城镇体系、工业用地规模和布局、市域综合交通网络、历史文化名城保护、城市环境建设等六个专题进行深化研究，形成了面向新世纪的新一轮《上海市城市总体规划》，并完成了进入审批程序前的准备工作。制定了《上海城市管理和环境建设三年目标的实施意见》，加强城市管理和环境建设的工作全面启动。制定并开始实施三年内基本拆除全市违法违章建筑的计划，1998年已拆除各类违法违章建筑65万平方米。编制完成并启动实施《中国21世纪议程——上海行动计划》，继续推进城市污染治理和生态环境建设，积极开展城市能源结构和交通结构的政策研究，进一步促进经济、社会与生态环境的协调发展。城市环境综合整治取得较大进展。合流污水治理二期、苏州河环境综合治理一期、浦东垃圾焚烧厂、江桥垃圾焚烧厂等被列入国家级环保项目。主要污染物的排放量有所下降，城市环境质量有所改善。绿化管理推出新举措，城市园林绿化面积继续扩大。实施“大树引进城市计划”，新建公共绿地350公顷，其中市中心3000平方米以上公共绿地25块，市区人均公共绿地新增0.34平方米。

（上海市人民政府研究室　郑祖国）

天津市

国民经济持续发展

1998年，天津市经济保持了稳步增长的态势，全年完成国内生产总值1340.7亿元，比上年增长9.3%；全市财政收入完成186.55亿元，增长10.3%，其中地方财政收入完成101.4亿元，增长9.2%。三次产业结构明显改善，全市三次产业构成达到5.8:49.1:45.1。

（一）第一产业呈良好发展势头 第一产业1998年完成增加值78亿元，比上年增长8.1%。粮食总产量再创历史最高水平。由于单产水平提高和粮食播种面积增加，全年粮食产量达到210.12万吨，比上年增长1.9%。

（二）第二产业发展稳中加快 第二产业1998年完成增加值658.08亿元，比上年增长7.1%，其中工业增加值完成586.15亿元，增长6.7%，建筑业增加值完成71.93亿元，增长12.3%。

（三）第三产业持续快速增长 第三产业1998年完成增加值604.62亿元，比上年增长13.2%，拉动全市经济增长4.7个百分点。第三产业占国内生产总值的比重由上年的42.1%上升到45.1%。

（四）固定资产投资保持了较高增幅 全社会固定资产投资完成574.3亿元，比上年增长15.2%。全年固定资产投资的主要特点：一是国家增量投资取得明显成效。重点建设项目完成情况好于往年。二是投资结构进一步向城市基础设施和住宅建设倾斜。三是基本建设增长快于更新改造投资增长。四是房地产投资增长势头强劲。

（五）消费品市场稳步增长 消费品市场在物价水平低位运行、货源充裕的背景下，呈现出渐趋活跃态势。1998年社会消费品零售额完成587.12亿元，比上年增长10.2%，扣除价格因素实际增长14.1%。

（六）滨海新区经济发展势头良好 1998年滨海新区完成国内生产总值416.96亿元，增长13.8%，高于全市平均增长水平4.5个百分点。占全市国内生产总值的比重上升到31.1%，对全市经济增长的贡献率为33.9%。

（七）居民收入稳定增长，消费水平继续提高 1998年职工平均工资达到9009元，比上年增长9.3%，考虑价格因素实际增长9.9%。城市居民人均可支配收入达到7111元，比上年增长7.6%，考虑价格因素实际增长8.1%。农民人均纯收入3890元，增长9.6%。全市城市居民人均消费性支出5471元，增长5.1%。其中家庭设备用品、医疗保健和娱乐文教服务支出较上年大幅度增长，增幅分别达到27%、19%、18.7%。食品、衣着和交通通讯支出均有不同程度下降。

天津经济保持稳定增长主要原因：一是落实国家增量资金项目取得实效，重点建设项目好于往年，从而保证了固定资产投资对全市经济增长的拉动力；二是继续加大危陋平房改造力度，促进房地产业的快速增长，不仅带动了居民消费的增长，还促进了相关行业的迅速发展；三是加大了对外开放的结构调整力度，使外贸出口和滨海新区保持了较好的发展势头；四是全市个体私营经济和新技术产业园区获得较快发展，成为天津新的经济增长点。

经济体制改革迈出重要步伐

以国有企业为重点的经济体制改革不断深化，许多方面迈出了重要步伐，有力地促进了天津市国民经济的持续快速健康发展。

（一）国有大中型企业改革脱困取得阶段性成果 天津市先后制定两个国有大中型企业改革脱困目标要求实施指导意见，明确了进度要求和主要措施。经过努力，取得了重要的阶段性成果。通过企业自身努力实现扭亏和通过兼并、破产、嫁接、调整等途径并转或销号的企业达到57户，超过原定目标。

（二）国有大中型骨干企业初步建立现代企业制度工作取得新进展 企业改制方案经过论证审批的累计达到224户，占骨干企业总数的60%以上。在10多家企业进行了发起设立股份有限公司的试点，股本总额超过6亿元。

（三）“抓大放小”调整重组步伐加快 制定进一步促进和扶持大型企业集团发展的政策措施，推动了企业集团的健康发展，1998年新批准组建27家，累计达到280家。为支持一些大企业和企业集团的发展，推动资产重组，提高资产质量，继续实施国有企业盘活房地产存量试点，累计已达21户，共盘活土地面积440多万平方米，公产房面积1.4万平方米，土地协议金额13亿元。还出台了进一步放开小企业的一系列政策措施，加大了“放小”的步伐和力度。工业系统、商业系统和城市集体企业实行多种形式改革的占总数的80%以上。

（四）兼并破产和嫁接改造取得明显成效 1998年

由市里组织实施的国有企业兼并、破产共70项，盘活企业资产38.5亿元。工业系统利用外资嫁接签约及增资项目64项，协议投资总额8.9亿美元，协议外资额7.06亿美元，到位4亿美元。

（五）积极探索公有制多种实现形式 涌现出隆庆集团、大桥集团、大明电机股份有限公司和滨江集团等一批改革典型。个体私营经济占全市国内生产总值比重达到12%。

工业经济保持稳步发展

1998年天津市工业克服各种困难，保持了稳步发展的好势头。全市工业增加完成587.5亿元，比上年增长6.8%，其中工业系统完成增加值227亿元，增长3%。全市工业总产值完成2273亿元，增长8.8%，其中工业系统完成583亿元，增长6%，产销率达到96.5%。工业经济运行有两个明显特点：一是国有工业负增长，集体经济、外商及港澳台投资经济和股份制经济增长继续加快，上述各类经济增长情况分别是-2.1%、7.5%、14.5%、14.5%。二是重工业增长继续快于轻工业，重、轻工业分别增长10.6%、5%。

天津工业保持较好发展势头的主要原因：一是调整重组步伐加快。有88户企业完成公司制改造，占185户国有大中型骨干企业的48%。制订放开搞活中小企业的29条政策意见，推动中小企业改革，1998年共完成各种形式改革的中小企业87户。完成企业兼并64户，盘活资产33亿元，减少亏损额9085万元；完成破产企业6户，盘活资产存量5.5亿元。有106户企业调整开发厂房场地110万平米，协议资金9.5亿元。二是生产实现有效增长。采取企业主要领导抓市场、工商联手开拓市场、资金、电力加强服务等措施，实现了以销促产，有效增长。三是技术创新工程全面推进。1998年完成工业技改投资额60亿元，增长10%。瞄准高新技术产业化，落实了总投资为17.6亿元的16个技改专项。全年考核的55个技改投达产项目，新增产值15亿元。全年共开发新产品2000种，投产1600种。建立16个国家级和市级企业技术中心，开发课题120项，213个技术创新项目全面展开。四是利用外资嫁接改造老企业依然保持较好的发展势头。全年利用外资签约及增资项目64项，协议投资总额8.9亿美元，协议外资额7.06亿美元，到位4亿美元。

农村经济再上新台阶

农业系统圆满完成了1998年各项指标，为天津率先实现农业现代化奠定了坚实的基础。

（一）农村经济持续增长，农民收入稳步提高 全市农口完成国内生产总值547.6亿元，比上年增长14%，占全市国内生产总值的40%以上；农口四区五县财政收入30亿元，其中区县级财政收入16.5亿元，比上年分别增长8%和10%。农民人均纯收入3870元，比上年增加332元，增长9%。

（二）农业取得了好收成，“菜篮子”工程成效显著 粮食总产量21.01亿公斤，创历史最高水平；棉花产量0.7万吨，增加近80%；油料年产量3.72万吨，增长23%。天津市把发展“菜篮子”生产作为开发城郊型农业来抓，使“菜篮子”工程成为全市农村第一产业走向市场的先导，同时推动科技成果的转化，基地建设水平不断提高，产品产量增加，品种多质量好。全年蔬菜产量490万吨；肉类总产20万吨，比上年增长4.3%；禽蛋产量18.47万吨，增长3.8%；奶品产量11.5万吨；水产品产量19.5万吨，与上年基本持平。

（三）乡镇企业在困难中有新的进展 乡镇企业面临诸多不利因素，深化改革，强化管理，调整结构，从而稳中有进。1998年实现产值1350亿元，比上年增长14.62%；实现增加值280亿元，完成收入1320亿元，增长18.5%。乡镇企业出口交货值150亿元。农村第三产业完成增加值194亿元，增长16%。

（四）农村外向型经济保持发展势头 1998年完成协议外资额4.5亿美元，到位3亿美元。开业外资企业总量达1377家，完成产值180亿元，实现利税15亿元。

（五）小城镇建设步伐加快 30个试点小城镇建设初见雏形，100个社会主义现代化新农村试点建设水平不断提高，典型示范作用明显。

（六）农村各项事业健康发展 农村基础设施建设进一步加强，新修和拓宽了一批区县级公路，维修乡村公路500公里；村容镇貌明显改观；文化、教育、社会保障等各项事业同步发展。

第三产业持续快速发展

天津市大力发展商贸、金融等第三产业，加快培育新的经济增长点，使各市场呈现出前所未有的好势头。1998年第三产业完成增加值604.62亿元，比上年增长13.2%，拉动全市经济增长4.7个百分点。第三产业占国内生产总值的比重升到45.1%。在第三产业中，房地产业增长21.5%，批发零售餐饮业增长21.7%，交通邮电业增长16.2%，为三次产业结构的升级做出了突出贡献。

（一）多业态竞相发展，消费品市场稳步增长 消费品市场在物价水平低位运行、货源充裕的背景下渐趋活跃。1998年社会消费品零售额完成587.12亿元，增长10.2%，扣除价格因素实际增长14.1%。在消费品市场中，非国有经济发展迅猛，公有制市场份额下降。用品消费成为拉动零售市场渐趋活跃的主体。

（二）市场建设力度加大，流通载体功能显著增强 天津市投资3.08亿元，新建改扩建各类市场59个。商品市场引进新的机制和模式，通过股份制改革，成立市场集团，增强了整体发展实力。全市城乡各类市场已发展到681家，形成了较完整的市场体系。1998年商品市场现货交易额实现400亿元。

（三）大力开拓市场，扩大流通规模 把开拓市场摆在突出位置，工商、农商、商商联手，扩大与外省市的经贸交流，举办了以'98天交会为代表的共78个全国性、区域性商业交易会、专业会，活跃了大流通。开展天津名品进名店等活动，扩大了产品销售。通过依托专业公司发展连锁、统购分销等方式开拓农村市场。

（四）金融形势稳定，存贷款差额继续扩大 1998年末全市金融系统存款余额达到1860.84亿元，比年初增加217.62亿元；贷款余额1629.12亿元，比年初增加175.15亿元。

对外经贸在困难中保持增长势头

天津市对外贸易和直接利用外资六成以上为亚洲地区，亚洲金融危机给天津外经贸工作带来了极大的负面影响。市政府成立专家小组，深入研究对亚洲金融危机负面影响的对策，提出外资出新招，外贸办实事，外经上规模的工作思路。加快大经贸战略实施步伐，实行市场战略转移，加大对外经贸工作的监控和协调工作，推广现代化的电子商务，使天津对外贸易工作在困难中创造了可喜的成绩。

（一）对外贸易保持增长 1998年，外贸进出口总值完成106.16亿美元，比上年增长2.7%；其中进口51.17亿美元，增长0.5%；出口54.99亿美元，增长4.9%。主要特点：一是出口商品结构进一步改善。全市工业制成品出口继续增加。机电产品出口27.1亿美元，比上年增长12.3%；冶金工业产品出口3.7亿美元，增长5%，其他工业产品出口7.6亿美元，增长11%；技术出口成交2.05亿美元，增长13%。二是对欧美市场出口增长。1998年，天津对日本、韩国、新加坡、香港、印尼等亚洲市场出口比上年下降15%，对美、英、德、意等欧美市场出口增长30.1%。三是加工贸易出口增长较快。全市一般贸易出口18亿美元，比上年下降1.4%，占出口总值的32.7%，比上年减少10个百分点。加工贸易出口36.66亿美元，比上年增长8.05%，占出口总值的66.67%。四是三资企业出口仍保持增长势头。全市三资企业出口38.24亿美元，比上年增长8.15%，占出口总值的69.54%。五是外贸企业与国际连锁零售集团合作取得良好开端。全年累计出口成交3764.4万美元，成交商品86种。

（二）直接利用外资质量进一步提高 1998年新批外商投资项目859个，合同投资总额42.4亿美元，其中合同外资额36.4亿美元，实际利用外资25.18亿美元。利用外资整体发展接近上年水平。主要特点：一是外商投资大项目比重加大。1998年共批准总投资在500万美元以上的大项目93个，合同外资额19.34亿美元，合同外资额占全市合同外资额的53.1%。二是增资势头踊跃。1998年又有210家外商投资企业增加投资规模，增资总额9.2亿美元，其中外方增资额8亿美元。

（三）对外经济技术合作规模扩大 1998年签定对外承包劳务合同额1.93亿美元，比上年增长55%；实现营业额1.77亿美元，派出劳务人员4470人，期末在外人数12074人，比上年增长8%。境外投资方式从单纯在外设立贸易机构向投资实业转变，1998年共批准境外投资生产企业10家，中方投资1462.3万美元，多以技术、设备投资。截至1998年底，共有境外机构302个，涉及65个国家和地区。1998年，共批准外商驻津办事机构50家，累计已达1084家，涉及49个国家和地区。

城市集体经济持续增长

城市集体经济全面推进二次创业，经济运行质量和整体素质进一步提高，经济总量和效益持续增长。到1998年，全市城市集体企业已发展到14558家，从业人员33万余人。1998年完成产值收入322.9亿元，上缴流转税7.9亿元，实现利润17.5亿元，完成增加值61.8亿元，分别比上年增长11%、13%、14%和12%。其中，区街集体经济全年完成产值收入161.9亿元，上缴流转税2.9亿元，实现利润总额12.9亿元，保持了较好的发展势头。

城市集体经济经营规模进一步扩大。以市场为导向，以资产为纽带，以骨干企业和拳头产品为龙头，组建了一批知名度高、发展速度快、经济效益好的骨干企业和集团化公司，年利税超千万元的街道已达20家，年实现利税和净资产在100万元以上，增加值在150万元以上的骨干企业已经超过170家，其中“百强企业”年实现利润7.98亿元，完成增加值14.01亿元，上缴流转税2.71亿元，分别占全市城市集体经济总量的45.9%、22.7%和34.3%。到1998年底，共有8260家企业实行了多种形式的改革。其中实行股份合作制改革的企业620家，改制为有限责任公司的企业450家，实行兼并、出售的企业350家，实行承包、租赁经营和公有民营等多种形式改革的企业6480家。

个体私营经济发展迅速

1998年以来，天津个体私营经济呈现出前所未有的发展势头。全市个体私营企业户数达到27.39万户，比上年增长4.8%，从业人员达到63.64万人，比上年增长14.1%，其中私营企业达到2.54万户，从业人员达到28.52万人，增长29.6%。注册资金在100万元以上的私营企业达到3887户。全年全市个体私营工业、建筑业企业实现总产值100.85亿元，增长29.7%；批发零售贸易业、餐饮业和各项服务销售及营业收入达到208.59亿元，增长28.7%；个体私营经济完成社会消费品零售总额129.27亿元，增长27.3%。全市个体私营经济实现税金9.14亿元，增长47.4%。个体私营经济成为天津新的经济增长点。

天津市个体私营经济之所以迅速发展，与市委、市政府下大力气抓好这项工作离不开。1. 市第七次党代会确立了“要坚持平等竞争，一视同仁，共同发展的原则，支持和引导个体私营经济快速健康发展，使其占全市国内生产总值的比重有较大的提高”的工作方针。2. 成立了天津市个体私营经济发展领导小组。3. 市领导在开展对私营企业的调研活动的基础上，召集29个委、办、局负责人，座谈支持和鼓励个体私营经济如何加快发展，提出：各级政府、各有关综合部门、各级党政领导要进一步解放思想，转变观念，把思想真正统一到党的十五大精神上来，重新认识个体私营经济的地位和作用，对个体私营经济发展要做到不限比例、不限速度、不限规模。4. 出台一大批鼓励、支持个体私营经济发展的具体配套政策措施。如，市人事局制定了《关于鼓励各类人才从事个体经济和新私营企业工作的意见》。市委宣传部与市个体私营经济发展领导小组办公室联合在《天津日报》头版开辟了个体私营经济宣传专栏。市统计局建立了个体私营经济统计制度。在《天津日报》上公布了市政府城市集体经济办公室、市容委、市工商联、市监察局、市工商局、市国税局、市地税局、市公安局等13个部门的“为个体私营经济服务电话信箱”。5. 市政府召开天津市民营科技企业家座谈会，研究如何加快民营科技企业发展战略。6. 市政府领导亲自召开今后五年本市新经济增长点研讨会，明确个体私营经济是天津新的经济增长点，是实现科技兴市的生力军，今后一段时期要继续下力气抓好这项工作。7. 市政府召开天津市个体私营工作经验交流会，各区县政府总结交流全力支持和扶植个体私营快速发展的做法和体会。

实施再就业工程取得良好成效

天津市各级政府、有关部门采取有效措施，加大就业力度，使再就业工程取得良好成效。截至1998年底，全市企业生产经营性下岗职工累计38.91万人，已实现再就业31.85万人，再就业率达到81%。

天津市对再就业工程方面做出如下努力：一是加强了再就业服务中心建设。全市已组建再就业服务指导中心63个，分中心和工作站1627个，工作人员8190人，形成了较为健全的工作体系。职业介绍机构功能逐步完善，市场交流规模不断扩大。市职业介绍服务中心实现了与全市30个主要行业、21个区县、133条街道的微机联网，形成了全市统一的市场信息网络系统，提高了就业服务水平，为促进就业和再就业发挥了重要作用。全市各级各类职业介绍机构已达203家，进场求职247.2万人次，达成意向49.7万人次，洽谈成功率20.1%。二是进一步加大了政策扶持力度。制定了10个方面25条政策，并在不少方面有了新的突破，有力地促进了下岗职工再就业。三是拓宽渠道，创造岗位，加大分流安置工作力度。在认真调查研究的基础上，开辟了再就业的10条渠道。在安置下岗职工就业的基础上，通过加强社区服务，大力兴建再就业基地、商贸街、放心早点店等，吸纳下岗职工8万多人。通过鼓励下岗职工自谋职业，从事个体经营者达8万多人。四是加强就业训练和转业转岗训练工作。全市就业训练中心已达21所，新建再就业培训基地10家。通过开展各种形式培训，全年培训下岗职工10万人次。有关部门组织200多家培训单位，开展再就业义务培训活动，收到了良好的社会效果。

天津经济技术开发区继续保持全国领先地位

1998年，天津市开发区实现国内生产总值180.11亿元，比上年增长19.8%，其中第二产业增加值139.96亿元，增长18.1%；第三产业增加值40.15亿元，增长30.6%。人均国内生产总值由上年的10.17万元提高到10.75万元，增长5.7%。全年全区完成财政收入28.90亿元，增长10%。工业总产值达到540.22亿元，按可比口径比上年增长20%。外贸出口完成22.61亿美元，增长12.8%。固定资产投资完成75.62亿元，其中基础设施投资完成15.31亿元。历年累计全区固定资产投资430.62亿元，其中基础设施投资75.74亿元。外商投资项目投资总额14.82亿美元，其中协议外资额12.28亿美元。截至1998年底，累计外资投资项目3110家，项目投资总额107.63亿美元，协议外资额85.62亿美元。项目平均投资规模346万美元。累计实际到位投资58.79亿美元，其中外商实际到位投资47.23亿美元。全区已开业、投产的外商投资企业超过1850家。全区实有各类内资企业12885家，注册资金299.89亿元。全区从业人员共有17.16万人，其中外商投资企业从业人员12.11万人。全区各类专业技术人员3.46万人。

天津开发区之所以保持快速发展，一条重要的经验是，坚持改革创新，增创新优势。为了进一步降低企业投资成本，完善投资环境，天津开发区取消了除工商注册登记费、税务登记费、国有土地使用费三项国家法律规定的收费之外的一切涉及企业的行政收费，在清理收费、减轻企业负担方面走在了全国的前列。天津开发区始终坚持“投资者是帝王”、“为投资者提供方便，让投资者赢得利润”的宗旨，按照国际标准进一步完善综合投资环境，制定并出台了鼓励外商投资高新技术等产业的多项优惠政策，并采取了贸易促进与投资促进并举的措施。在全国开发区中继续保持招商引资的领先优势。全年组织赴美国、欧洲、东南亚和港、澳、台等国家和地区进行各种招商活动10次；参加国内交易会和投资洽谈会9次，成交金额达78.5亿美元，进一步提高了天津开发区产品的知名度和市场占有率。

实施“科教兴市”战略加快经济发展

围绕依靠科技进步加快天津发展的“科教兴市”战略，科技、教育战线进一步深化改革，与经济建设紧密结合，科技工作实现了整体推进和重点突破，教育事业取得了新的进展。

(一)科技创新能力增强，综合实力显著提高 全市有286项科技项目分别列入“863”计划等国家科技发展计划。在国家重大科技攻关计划16个重中之重项目中，天津承担或参加了其中7项。天津国家级火炬产业软件园、国家级农产品保鲜中心先后被批准授牌。全市取得市级以上科技成果1105项，创历史最好水平，1998年专利申请量达1600项，授权1100项，每万人专利用有量在全国各省市中排第三位。全市有19个项目获得国家级科技奖励。

(二)高新技术产业取得较大发展 全市高新技术产品产值占工业总产值的比重近年来不断增长，1998年达到17.5%。新技术产业园区发展迅速，全年技工贸总收入170.6亿元。市重大科技产业化工程项目实现产值18亿元，利税3亿元，分别比上年增长28%和20%。科技百亿工程顺利完成，全年实现产值超过百亿元。高能电池等一批项目已呈现出良好的产业化前景，为天津产品、产业结构的调整做出新贡献。民营科技企业已成高新技术产业生力军，全市民营科技企业已发展到4861家，年技工贸总收入200亿元，比上年增长33%。

(三)信息港建设取得阶段性成果 《天津信息港建设规划纲要》开始全面落实，公共通信网建设进一步加强，天津互交网一期工程初步建成。华苑软件园进驻企业已达20余家。天津已成为国内外计算机和信息领域关注的热点地区之一。

(四)科技中心城市地位进一步确立 1998年全市技术市场技术合同交易额20亿元，比上年增长33.5%，与各省市签订科技合作协议185项，交易额1.99亿元。一批高水平国际学术会议在津召开，1322名外国专家来津工作，执行政府间科技合作项目53项。技术出口额2.05亿美元，增长14%。工厂化农业在全市展开，对全市和周边省市起到示范作用。天津已成为国内重要的科技交流与合作的中心城市之一。

城市建设取得重大进展

天津市抓住国家扩大内需机遇积极发展城市建设，拉动经济增长。1998年，天津城市基础设施投入资金之多、工程量之大、进度之快、质量之好，都是历史上少有的，使城市载体功能进一步提高，城市面貌发生新的变化。

(一)以危改和安居工程为重点的住宅建设稳步增长 全市住宅施工面积1240万平方米，竣工458万平方米，分别增长29.2%和13.4%。其中新开工680万平方米，增长37%；销售商品房315万平方米，增长61.5%，销售额80.9亿元，增长65%。危陋房屋改造力度进一步加大。全市危改住宅施工面积804万平方米，其中新开工334万平方米，竣工266万平方米，拆除危陋房屋248万平方米，还迁居民87464户。施工面积达430万平方米，其中新开工295万平方米，竣工160万平方米。新增住宅供热面积380万平方米。

(二)房改工作稳步推进 1998年归集公积金16.6亿元，累计发放住房贷款31.6亿元，其中个人住房贷款13.2亿元，增长165.3%。出售公房334.7万平方米，回收资金12.5亿元。

(三)以“12路5桥”为代表的城市基础设施建设项目打出了气势，国家财政增量项目进展顺利 1998年的城市基础设施建设是天津历史上投资最多、规模最大的一年。“12路5桥”工程的竣工，完善了城市交通网络。提高了城市载体功能。以路带危改的城市改造经验更加成熟。

(四)城市绿化和环境治理取得成效 新建绿地255万平方米。治理完成810个超标污染源，创建8片32.2平方公里噪声达标区。住宅小区铺装道路3.6万平方米。完成19条道路24.5万平方米大中修任务。自来水普及率、水质综合合格率和气化率分别达到100%、98%和93.1%，居于全国领先水平。

(天津市人民政府研究室 林凤兴 陈 芳)

沿海九省（自治区）改革开放与经济发展

辽宁省

国民经济和社会发展概况

1998年，辽宁省围绕确保经济稳定增长和社会稳定的目标，进一步实施“结构优化、外向牵动、科教兴省”三大战略，经济建设和各项社会事业取得了新成绩。全年国内生产总值实现3805.62亿元，比上年增长8.3%。经济总量居全国第7位，人均国内生产总值达到9242.6元，扣除价格因素，比上年增长7.8%。全社会劳动生产率19457.1元/人，扣除价格因素，比上年增长10.7%。其中，第一产业增加值完成540.03亿元，比上年增长12%；粮食获得大丰收，创历史最高水平。第二产业增加值完成1867.27亿元，比上年增长7.8%；全年工业增加值完成1677.24亿元，比上年增长7.8%；建筑业完成增加值190.03亿元，比上年增长8%。第三产业完成增加值1398.32亿元，比上年增长7.8%。其中，批发零售贸易和餐饮业增加值465.19亿元，比上年增长8.7%；运输邮电业增加值246.93亿元，增长4.5%；金融、保险业增加值173.76亿元，增长5.8%；房地产业增加值83.9亿元，增长12.4%。

财政收入稳定增长，金融形势相对平衡。全年完成地方一般预算财政收入262.78亿元，比上年增长10.3%。年末全省金融机构存款增加额和贷款增加额分别为623.41亿元和488.73亿元，现金收入与支出相抵，货币净回笼0.88亿元。

投资、消费与净出口平稳增长。1998年全社会完成固定资产投资1050.9亿元，比上年增长10.2%，其中基本建设投资437.2亿元，增长10%，更新改造投资261.4亿元，增长8.3%。全年社会消费品零售总额实现1568.7亿元，比上年增长8.1%。全年出口总额80.48亿美元，进口总额43.43亿美元，贸易顺差37.05亿美元，比上年增长8.7%。

物价持续走低，城乡居民收入有所增长。全年商品零售价格比上年下降2.4%。居民消费价格下降0.7%。城镇居民人均可支配收入4617元，比上年实际增长2.4%；农村居民人均纯收入2580元，比上年实际增长14%。

科技、教育等社会事业持续发展。1998年辽宁省共取得各项科技成果3326项，比上年增长33.6%，成果推广应用率达到75.4%，比上年提高19.3个百分点，科技进步对经济增长的贡献率为43%。教育事业取得新发展。适应省内人才培养的需要，教育结构得到调整。

下力抓好结构调整

1998年，辽宁省下力抓了五个方面的结构调整。

第一，抓好经济结构调整。在努力提高国有大中型企业的同时，把发展县域经济作为经济结构调整的重点，并制定了政策和措施，解决县区经济发展缓慢的问题，坚持以城带乡、优势互补，促进城乡经济一体化。

第二，抓好产业结构调整。一产业调整坚持“两高一优”（高产、高效、优质）的方向，搞好种植业、养殖业和加工业的调整，提高农业经济效益。二产业作为辽宁经济的主导，要按照“两高一深”（高新技术产业、用高新技术改造传统产业、发展精深加工）的方向，立足于优化传统产业，大力发展高新技术产业。继续抓好产品的精深加工，开发一批名牌产品，增强市场竞争力。大力发展第三产业，扩大三产业领域，提高三产业层次。

第三，调整和优化所有制结构。继续对国有经济进行战略性改组，从整体上搞活国有经济。同时．大力发展非公有制经济，并促使其向一三产业、向高科技领域、向外向型经济、向集团化方向发展，提高经济素质。特别是采取更加有效的政策措施，大力发展新兴产业、微型企业和家庭工业，创造更多新的就业机会。

第四，加快劳动就业结构调整。从下岗再就业、离厂转关系、转移付成本三条渠道搞好劳动力的战略性转移。一是下岗再就业，即改进和加强就业培训，拓宽就业门路，大力发展非公有制经济，创造更多的就业机会。二是离厂转关系，即下岗职工离厂再就业以后，要与原企业解除劳动关系；对下岗三年还没有再就业的，也要与原企业解除劳动关系，转到社会保险机构领取失业保险金；享受失业保险两年后仍未就业的，转到民政部门领取城镇居民最低生活费。对关停的企业，必须落实“关门走人”。三是转移付成本，即采取一次性结算的办法，解除职工同国有企业的关系，实行自谋职业。

第五，抓好企业组织结构调整。一是坚持“抓大放小”，推进企业组织结构调整。重点抓住关键性的少数，以市场为导向，以名牌产品为龙头，以资产为纽带，促进优势企业、骨干企业的联合。同时，采取多种形式放开搞活国有小企业。二是推进企业内部组织结构的调整。积极探索适应市场经济条件下企业的组织结构、管理体制和运行机制，优化内部结构。

全力抓好国企扭亏增盈工作

辽宁省坚持把抓好国有企业扭亏增盈工作，作为国有企业实现三年改革与脱困总体目标的一项重要措施来抓，突出抓好七个方面。一是突出抓好重点地区、重点行业和重点企业。辽宁省对实现经济增长目标牵动大的或亏损比较严重的沈阳、大连、抚顺、丹东、辽阳5市和亏损比较严重的煤炭、石油、化工、纺织、粮食、建材6个行业，以及121户盈亏大户，分别下达了全年实现利润和扭亏指标。省政府领导同志亲自抓重点地区和重点行业的扭亏工作，确保年底完成扭亏指标。二是实行全口径扭亏增盈目标责任制，分兵把口，全面推进，既负责地方企业，也指导中直企业；既管工口，又管非工口。三是派驻扭亏联络组，从省直机关选派了191名干部，进驻全省142户重点亏损企业，帮助采取措施抓扭亏，使一半以上企业实现扭亏和减亏，还有三分之一的企业退出亏损行列。四是下力抓好亏损大户。先后两次召开亏损大户厂长（经理）座谈会，对企业亏损原因进行“会诊”，并对增亏的企业进行通报批评，督促企业拿出有力措施实现扭亏。五是搞好对严重亏损企业领导班子的考核。省里组织力量对54户严重亏损企业的领导班子进行考核调整；对领导班子成员总数超过10人的，一律砍到一位数。对无所作为的亏损企业领导班子成员坚决调整，并不准易地作官。六是加快企业转制步伐。加大对中小企业改革的力度，有79%的国有中小企业进行了多种形式的改革，有741户企业进行了转制。七是对亏损总额超过工资总额两倍的锦州钢厂等10户大中型企业实行停产整顿。对经营性亏损的企业一律停发奖金，厂级领导干部按80%开工资；对政策性亏损企业，严格实行工效挂钩，停发补贴和奖金。通过采取以上措施，全省国有工业企业扭亏工作取得显著成效，全年地方国有工业企业盈亏相抵后，实现利润4.12亿元，为实现国有企业三年改革与脱困的目标奠定了基础。

深入抓好国有企业下岗职工基本生活保障和再就业工程

辽宁省坚持把国企下岗职工基本生活保障和再就业工作当作国企改革、确保社会稳定的关键来抓，并采取六项措施，取得很好成效。

第一，加强领导、落实目标责任制。辽宁省把下岗职工基本生活保险和再就业工作列入重要的议事日程，实行党政“一把手”负责制。成立了以省长为组长的再就业工作领导小组，负责全省下岗职工基本生活保障和再就业工作。还将再就业工程目标分解到各市，各市市长与企业主管部门层层签订了目标责任状。

第二，加强再就业服务中心建设，确保下岗职工基本生活。各级政府采取了一系列有效措施，加快再就业服务中心建设。到1998年底辽宁省共建再就业服务中心5908个，进入再就业服务中心的下岗职工达52.7万人。再就业办公室每半月对各市再就业服务中心建设进度情况进行一次通报。各级再就业服务中心对下岗职工开展了就业培训和职业介绍，并为下岗职工发放生活费、代缴养老和失业保险金，使进入中心的下岗职工基本生活得到了保障。

第三，制定优惠政策，扶持下岗职工再就业。除认真落实已经出台的再就业有关优惠政策外，1998年，辽宁省又研究制定了《关于安置国有企业下岗职工有关政策的通知》等十几个文件，从财政、税收、银行信贷、收费、劳动管理几个方面制定了优惠政策，对推动再就业工作起到了积极的作用。

第四，建立新的就业机制，积极拓宽下岗职工再就业渠道。产业、产品结构调整，提出了企业富余人员的“五个转移”，即向一产转移、向三产转移、向非公有制经济转移、向省外和境外转移和向深化国有企业改革，增加吸纳能力转移。同时，合理吸纳外来劳动力，实行外来劳动力准入制度。为了推动再就业工作取得更大实效，在全省范围内抓了十件实事：开展邮电献爱心工程；推广鞍山市万帮会经验，组织下岗职工从事社区、家政服务；开展安置下岗职工先进居民委竞赛活动；开展个体、私营业主与下岗职工“手拉手、连心桥”活动；组织下岗职工到农村从事种植业和养殖业；拓展劳务输出领域；推广本溪市北台钢铁集团再就业服务中心建设经验；推广“早点工程”；组织万名下岗女工售报活动；开通160再就业岗位咨询求职热线电话。

第五，完善市场网络，加快劳动力市场建设步伐。到1998年末，职业介绍机构总数已达1489个，比上年增加160个；求职登记人数120万人次。各职业介绍机构普遍开设了职业指导服务窗口，帮助求职者特别是下岗职工转变就业观念，掌握求职技巧，促进下岗职工尽快实现再就业。各市加大劳动力市场建设资金投入。1998年共投入劳动力市场建设资金4033.85万元，比往年增加近50%。

第六，强化再就业培训，提高下岗职工的职业技能。充分发挥劳动、教育、工青妇以及社会各界的力量，广泛开展多形式、多层次的培训活动。目前，共有1395个各类职业培训单位，开展了面向下岗职工的培训，开设了家政服务、服装裁剪、商品营销、中式烹饪等50多个专业工种，建立了1013个再就业培训基地，全年共培训下岗职工32.2万人。

通过采取以上措施，全年有48.1万名国企下岗职工实现了再就业，完成了当年再就业目标任务的121%。有45.5万名下岗工人领到了基本生活费。

加快推进高新技术跨越式发展

围绕实施“科教兴省”战略，重点推进高新技术的发展，按照“迎头赶上，跨越发展”的方针，着重抓了三个方面工作。

一是按照辽宁省的要求，高新技术产业主要围绕5大领域，10个重大项目、30个重点项目、50个后续项目展开。编制了《加快发展高新技术产业实施方案》。

二是省政府与各市政府签订了28个高新技术产业化项目责任书，使各市政府明确了任务，增强了责任感，采取实际措施，保证了这些项目的顺利实施。到1998年底已实现产值45亿元、利税6亿元。

三是加快高新技术产业开发区发展。高新区累计已完成征用土地14.2平方公里，进区企业4762家。其中，三资企业856家，高新技术企业1440家，开发高新技术产品289种；合同利用外资额4.7亿美元，外资实际到位额1.8亿美元，分别比上年增长27%和20%；技工贸总收入230亿元，比上年增长22.3%，利税22亿元，比上年增长39.2%；出口创汇25亿美元，比上年增长56.2%；财政收入实现2.15亿元，比上年增长26.8%，充分显示了高新区旺盛的生命力。

大力发展农业节水灌溉工程

为缓解农业用水供给的不足问题，将防旱排涝、合理利用水源，作为农业可持续发展的主要举措来抓，提出了将“3655”工程（即投资36亿元，利用5年，发展33.3万公顷水浇地），为农田水利基本建设的主攻方向，大力采取措施，抓了天然降水的截流增蓄工作，使小山塘、小水窖、小水池得到兴修，利用这些截流，贮存天然水，增强了灌溉面积。去年，辽宁农田基本建设完成土石方10.6亿立方米，投入了人工3.9亿个工日，投资25亿元，新增有效灌溉面积73.4万公顷，改善灌溉区灌溉面积4万公顷，涝区治理达6.67万公顷。修复、加高、培厚河流堤防4294公里，完成小水库除险加固54座，是历史上农业水利建设最快、最好的一年。

实施“活地兴企”工程，盘活土地资源

在实施结构调整中，针对一部分国有企业拥有大量的土地资源，但却被长期闲置的问题，实施“活地兴企”工程，盘活闲置土地，为企业脱困筹措了大笔发展资金。在1998年辽宁省共有60多户企业通过易地搬迁，腾出黄金地段50多万平方米，企业从中获级差地租16亿多元。有68家企业通过以地招商、以地引资、合资合作和嫁接改造，增加国有经济份额12亿元；有6户企业以存量国有资产上市，吸引增量资金31亿元，其中土地资产占15%；有180户破产企业利用其占用的25亿元土地资产，安置下岗职工12万人；有40户股份制企业土地使用权以出资方式处置，增加国有股本金19亿元；有500户企业以340万平方米土地资产抵押担保，融通资金20亿元。“活地兴企”为多渠道搞好国企提供了可以借鉴的经验。沈阳市金属压延厂原座落在市中心地带，开工生产的噪音影响附近的居民生活，其厂内区的大气污染，也成了周围环境的“老大难”问题。企业采取“腾笼换鸟”的办法，把原厂房厂址卖给房地产开发商，兴建住宅，而企业易地搬迁，通过级差地租获利，不仅购买了生产上急需更新的设备，还为职工上下班购买了通勤大客车，一举多得，把原来的一局僵棋走活了。

把旅游当作一个新产业来抓

素以“老工业基地”著称的辽宁省，在实施新的发展中，坚持大力开发旅游潜力，展示了广阔的发展

前景。在十四个地级市中，海滨名城大连市风光绮丽，省会沈阳市作为中国最后一个封建王朝的发迹之地，浓郁的满旗风情使这里的旅游资源独具特色。“钢都鞍山”、“煤都抚顺”和“煤铁之城”本溪，不仅出钢出铁出煤出矿石，还拥有千山、玉佛、萨尔浒、元帅陵、关门山、汤沟等风景区和声名遐迩的汤岗子温泉，青山绿水使人留连忘返。江城丹东是我国最大的边境城市，海滨疗养胜地兴城也是许多游客心中的“热点”。曹雪芹的故乡辽阳，朝阳的红山古迹，阜新的龙山文化，沈阳的新乐遗址，处处显露出中华民族深厚的历史文化底蕴。

近年来，辽宁省坚持把发展旅游产业作为重点来抓，仅1998年一年，对旅游基础设施建设的投资就达到10.9亿元。1998年共接待海外旅游者41万人次，比上年增长5.8%；旅游外汇收入达2.6亿美元。沈阳市成立了“旅游产业发展办公室”，设立“旅游发展基金”，还拨出一笔发展旅游项目贷款贴息资金。目前，辽宁省的沈阳、大连两市均成为第一批国家命名的“中国优秀旅游城市”。辽宁省有9座城市在1998年还组织旅游企业联合促销活动，分别在日本的东京、大阪等地举办了4次旅游说明会，引起日本各界的关注。大连至广岛、富山，沈阳至大阪、札幌、汉城、香港、俄罗斯等国际航班拉近了辽宁省与世界各地的距离。与此同时，旅游饭店正在加快“扩张”的速度，已拥有161家星级酒店，各项旅游基础设施条件也有了较快发展。

（辽宁省政府办公厅研究室　林乃忠）

河　北　省

国民经济和社会发展概况

1998年，面对极其复杂的国际国内经济环境，河北省认真贯彻落实党中央、国务院增加投入，扩大内需等一系列重大决策部署，切实加强基础设施建设，大力开拓市场，稳步推进各项改革，战胜了地震、干旱、洪涝等自然灾害，国民经济和社会发展取得了来之不易的成绩。全年国内生产总值完成4238亿元，按可比价格计算，比上年增长10.7%，高于全国平均水平2.9个百分点。其中，第一产业增加值790亿元，增长6.2%；第二产业增加值2075亿元，增长12.2%；第三产业增加值1373亿元，增长10.6%。各项宏观调控目标基本实现。

（一）农村经济持续发展　切实把农业放在发展国民经济的首位，稳定党在农村的基本政策，以小康建设总揽农村工作全局，加强农业基础设施建设，大力推广应用农业科学技术，积极推进农业“增、转、化”，农村经济保持了良好的发展势头。农业生产获得丰收。全省粮食总产量达2917.5万吨，比上年增加170.8万吨，增长6.2%，创历史最高水平。棉花总产量27万吨，增产8.6%；油料产量138.8万吨，增产17.6%；蔬菜产量3587.8万吨，增长18.3%；干鲜果品产量639.0万吨，增长12.8%。畜牧业和渔业保持发展。肉类总产量403.7万吨，增长5.9%；禽蛋产量319万吨，增长6.1%；牛奶产量55.8万吨，增长19.4%；水产品产量69.3万吨，增长14.4%。农业基础设施得到加强，农业机械化水平提高。农田有效灌溉面积达438.8万公顷，比上年增加6.55万公顷。农业先进适用技术覆盖率达65%，主要农作物良种覆盖率达95%。农业机械总动力6263.9万千瓦，增长7.8%。

（二）工业经济增长较快　围绕提效、减亏、增速三个重点，继续推进“三改一加强”，深入开展学邯钢活动，工业生产速度和效益逐步回升。全年完成工业增加值1808.4亿元，比上年增长12.1%。国有及年销售收入500万元以上非国有工业完成总产值2766.3亿元，增长13.4%。其中，国有及国有控股工业企业完成总产值1537.5亿元，增长9.1%；集体工业企业完成总产值855.4亿元，增长17.3%；其他经济类型工业企业完成总产值102.5亿元，增长49%。全年完成轻工业总产值969.6亿元，增长13.8%；重工业总产值1796.7亿元，增长13.2%。工业整体经济效益有所好转。国有及年销售收入500万元以上的非国有工业企业增加值增长12.0%；产品销售率达到97.4%，比上年提高0.69个百分点；实现利税增长9%；劳动生产率提高16%；地方国有工业企业减亏8.9%。

（三）以基础设施建设为重点的固定资产投资力度加大　围绕国家确定的农林水利、交通通信、城市基础设施、城乡电网改造、中央直属储备粮库、经济适用住房等六个方面基础设施建设和企业技术改造，切实加强项目谋划和组织实施。全年全社会固定资产投资额为1651亿元，比上年增长12.3%。按所有制分，国有及其他经济类型单位投资918亿元，增长14.4%；集体经济投资491.4亿元，增长11.8%；城乡居民个人投资241.6亿元，增长3.7%。按投资管理渠道分，基本建设投资541.8亿元，增长13.0%；更新改造投资292.2亿元，增长15.1%；房地产开发投资62.1亿元，增长27.3%。重点项目建设进展顺利。156项重点项目完成投资264亿元。西柏坡电厂3号机组、桃林口水库、承钢高频焊管、邯郸引岳济邯一期工程等47个重点项目竣工投产。形成了一批新的生产能力，主要有：新增电力装机88.2万千瓦，炼铁278万吨/年，水泥244万吨/年，化肥17万吨/年，市内电话自动交换机59.7万门，城市自来水供水能力43.7万吨/日，新建港口码头年吞吐量300万吨，泊位8个。

（四）市场运行平稳 全年社会消费品零售总额完成1332.6亿元，比上年增长11.5%。非公有制经济增长强劲，零售额完成838亿元，增长19.5%，其中个体经济零售额655亿元，增长20.3%，市场份额达49.2%。农村市场消费品零售额15.6%，高于城市8.3个百分点。以超级市场、连锁店和配送中心为代表的现代营销方式成为流通领域新的增长点。市场物价保持稳定，社会商品零售物价下降2.3%，居民消费品价格下降1.6%。市场建设步伐加快。到年底，成交额超亿元的大型市场达199个，比上年增加14个。商品市场成交活跃，全年商品成交额1669.7亿元，增长26%。

（五）财政金融形势稳定 全部财政收入339.5亿元，比上年增长11.8%。其中，地方一般预算收入完成205.1亿元，增长12.8%；上划中央两税收入134.3亿元，增长10.8%。财政支出300.3亿元，增长8.3%。1998年末，全省金融机构各项存款余额4415.9亿元，比年初增加602.3亿元；金融机构各项贷款余额3674.5亿元，比年初增加524.4亿元。直接融资成为企业筹融资的重要渠道。通过股份制改造融资36亿元，超计划6亿元；发行上市股票融资37.5亿元，完成计划的83%；审批发行企业债券10.8亿元。

（六）交通运输和邮电通信条件不断改善 新建公路1254公里，其中高速公路113公里，全年各种运输方式完成货物周转量1956.2亿吨公里。石家庄民航机场航线达17条，年运送旅客6.87万人次。港口货物吞吐量8420吨。新增通信光缆1630公里；电话交换机总容量达到621.1万门，比上年增长39.6%；无线寻呼用户147.6万户，增长33.2%；移动电话用户86.5万户，增长93.1%；住宅电话用户316.9万户，增长24.9%；全省电话普及率为8.17部/百人，其中城市为31.44部/百人，农村89.6%的行政村通了电话。

（七）科技教育事业取得新成绩 科技队伍继续壮大。1998年末全省科学研究开发机构866个；从事科技活动人员10万人，其中科学家和工程师6.94万人，分别增长5.1%和3.6%。科学技术在经济增长中的作用逐步增强。1998年全省共取得省级登记的科技成果1143项，其中达到国际领先水平的科技成果29项，国际先进水平的215项，国内领先的562项，国内先进的337项。科技成果推广应用率达到66.5%，比上年提高4.5个百分点；高新技术技工贸总收入284亿元，增长46.4%；八大信息工程启动建设，河北互联网开通运行；科技进步对经济增长的贡献率达到40%左右。教育事业稳步发展，学校布局进一步调整。“普九”攻坚力度加大。新增博士学位授予点13个、硕士学位授予点44个；新增“普九”达标县23个，总数达到147个。

（八）城乡居民生活水平进一步提高 人口增长得到有效控制。全年人口出生率为13.01‰，人口死亡率为6.18‰，人口自然增长率6.83‰，与1997年相比，出生率下降0.1个千分点，死亡率下降0.64个千分点，自然增长率上升0.54个千分点。1998年末全省总人口为6569.3万人。城市居民收入稳定增长，生活水平继续提高。全省城镇居民人均可支配收入5085元，比上年增长2.5%；农村居民人均纯收入2405元，增长5.2%。年末全省城镇居民人均居住面积13.41平方米，增长5.1%；农村人均居住面积23.13平方米，增长2.6%。全年又有12个县（市）跨入小康行列，130万贫困人口基本解决了温饱问题。社会保障事业发展迅速。全省有423.5万职工参加了基本养老保险，113.1万离退休人员参加了离退休费社会统筹，25万职工参加了大病医疗统筹，5.6万离退休人员参加了医疗费用统筹。全省已有40.9%的乡镇建立了农村社会保障网络，参加农村社会养老保险的达383万人。

对外开放取得新进展

1998年是河北省外经贸发展史上极不平凡的一年。由于亚洲金融危机不断蔓延和加深，河北省外经贸和全国一样，受到了严重冲击。面对严峻形势，全省外经贸行业的广大员工迎难而上，奋力拚搏，深化改革，加快发展，各项外经贸工作取得了新的进展。

（一）对外贸易在极端困难的情况下保持增长 1998年全省进出口总值达54.18亿美元，比上年增加5.67亿美元，增长11.68%。其中进口总值11.12亿美元，比上年增加1.79亿美元，增长19.19%；出口总值43.06亿美元，比上年增加3.87亿美元，增长9.88%，出口总值在全国各省、直辖市、自治区中继续排第九位。进出口总值占全省国内生产总值的比重为10.57%，其中出口总值占国内生产总值的比重为8.39%，分别比上年提高0.38个和0.16个百分点。

（二）出口结构逐步改善 一是外贸经营主体进一步壮大。有160家企业和单位经国家批准获得了进出口经营权，是河北省历史上当年获得进出口经营权企业数量最多的一年。到1998年底，全省经国家批准有外贸经营权的企业和单位累计达607家（不含外商投资企业）。1998年，省外经贸公司出口17.94亿美元，下降2.3%，占全省出口总值的比重为41.66%；市县外贸公司出口4.33亿美元，增长16.02%，占出口总值的比重为10.05%；自营进出口生产企业出口8.88亿美元，增长12.4%，占出口总值的比重为20.62%；外商投资企业出口11.59亿美元，增长33.38%，占出口总值的比重为26.92%。1998年，全省出口额超过1000万美元的出口企业（不含外商投资企业）共55家，比上年下降2家。出口额超过亿美元的公司有6个：中国煤炭进出口总公司秦皇岛分公司3.31亿美元，葆祥河北进出口集团公司3.01亿美元，中国化工进出口总公司河北公司2.51亿美元，河北省圣仑进出口集团公司1.56亿美元，河北省纺织品进出口（集团）公司1.44亿美元，河北省食品进出口（集团）公司1.01亿美元。二是出口市场向多元化发展。1998年，虽然全省对亚洲出口下降18.42%，但对其他地区出口均呈现较强增势。其中对欧洲出口增长28.66%、对北美增长29.32%、对拉美增长70.78%、对非洲增长7.76%、对大洋洲增长9.87%，实现了“东方不亮西方亮”。1998年底，全省对亚洲出口占出口总值的比重为58.60%，比上年下降10.53个百分点；对欧盟和北美出口比重分别为19.02%和12.93%，分别上升5.15个、3.31个百分点；对非洲、拉美、俄罗斯出口比重为6.17%，上升1.39个百分点。三是出口商品结构不断优化。配合全省产业结构，重点扶持纺织服装、机械、电子、化工医药、建材和轻工产品出口。全年除建材产品外，其他类产品出口均有明显增长。实施名牌战略，用品牌开拓国际市场。到1998年底，全省外经贸企业注册商标达833件，其中在国外注册商标275个。乐凯胶片、华北制药、葆祥服装、耀华玻璃、露露饮料、蓝鸟家具等一大批名优品牌商标完成了在美国、日本、香港、欧盟等30多个国家和地区的注册。1998年，全省工业制成品出口增幅为8.87%，占出口总值的比重为70.64%，上升8.19个百分点；机电产品出口增幅为15.54%，占出口总值的比重为13.59%，上升4.22个百分点；技术出口额比上年增长近3倍，其中高技术出口占55.9%。

（三）利用外资保持一定规模 1998年，全省实际利用外资金额21亿美元，比上年下降1.5%。其中，批准外商投资项目643个，比上年下降12.04%；合同外资额11.16亿美元，下降21.4%；实际利用外商投资额16.39亿美元，增长9.5%。外商投资到位率有所提高，大项目增多，投资结构明显改善，基础设施和基础产业化项目增加。全年借用国外贷款4.16亿美元，其中使用外国政府贷款项目6个，贷款金额2370万美元。

（四）对外经济技术合作取得突破性进展 确定把发展对外经济技术合作作为扩大对外开放、加快外经贸事业发展的新增长点，实施强力突破。制定了“以大项目为龙头，以大型生产科研企业为骨干，以工程承包和境外投资为重点，带动成套设备、技术、产品和劳务出口，开展设计咨询等多领域商务合作，综合发展，立体经营”的发展战略。1998年全省新获得外经经营权的企业和单位有6家，到年底全省享有外经经营权的企业的单位累计达到28家。全省签订对外工程承包、劳务合作和设计咨询合同总金额首次突破1亿美元大关，达10048万美元，增长73.0%；完成营业额5198万美元，增长7.6%；外派劳务3912人次，增长5.6%；期末在外人数6412人，增长16.6%。对外投资迈出实质性步伐，有计划有步骤地引导和组织河北省有比较优势、国外有市场的企业以现有设备、成熟技术、零部件和原材料等实物投入方式，到境外投资建厂和开展境外加工贸易，拓宽经济发展空间。年末全省启动和正在做前期工作的境外投资项目30多个，带动设备、技术和相关产品出口1.2亿美元。

（五）外经贸信息化建设步伐加快 年初，河北省外经贸系统信息专用网正式开通运行，实现了对上与外经贸部、省内与河北互联网、3个国家级开发区、8个省级重点开发区、11个市外经贸局（委）、省属各外经贸公司和外经贸厅企事业单位的联网，建立了汇集全省外商投资企业情况、全省对外贸易情况及各类业务数据、贸易机会信息和国别（地区）经贸政策等内容的多元数据库。经外经贸部确定，在河北国际商务信息中心成立了“中国国际电子商务中心”、“联合国贸易网络中国发展中心”、“中国国际电子商务网”河北总代表处。为全省各级外经贸管理部门和各类进出口企业提供功能完善、使用规范、实用高效的国际商务电子环境，为全省外经贸管理、经营、服务手段的现代化和实施“金关工程”奠定了良好基础。

加快发展非公有制经济

1998年，河北省在着力搞好国有企业、大力发展多种形式的公有制经济的同时，切实把包括个体、私营在内的非公有制经济作为国民经济的重要组成部分和新的经济总量增长群来抓，精心组织，扎实推进。

在发展非公有制经济中，大力推进“四个结合”。一是把促进个体、私营经济发展与调整完善国有经济结构相结合。鼓励、支持个体、私营经济向国有经济结构调整退出的领域发展。制定优惠政策，引导个体、私营经济通过租赁、承包、兼并、购买、参股等多种形式，参与放活国有小企业，实现优势互补，共同发展。二是把发展个体、私营经济同发展农业产业化相结合。引导个体、私营经济通过领办、参股等多种形式，参与农业产业化经营，鼓励其创办从事农副产品初加工、深加工的龙头企业，兴办各类社会化服务组织。三是把发展个体、私营经济同发展区域特色经济相结合。鼓励、引导广大群众依托本地资源优势、传统优势、市场优势和区位优势等，大力发展“一村一品”、“一乡一业”的专业村、专业乡。鼓励、引导个体、私营企业进入和创办工业小区或民营工业园区，并享受与国有、集体企业同样的政策。四是把发展个体、私营经济同推进再就业工程相结合。采取切实措施，引导下岗职工转变就业观念，自谋职业，支持个体、私营企业接纳下岗职工。对下岗职工从事个体、私营经营活动的，对个体、私营企业接受下岗职工运到一定比例的，均给予一定优惠政策。为了促进个体、私营经济更快更好地发展，省委、省政府制定了《关于进一步加快个体私营经济发展的意见》，完善各项政策规定，真正为个体、私营经济发展创造一视同仁、公平竞争的良好外部环境。

由于坚持以公有制为主体，多种所有制经济共同发展，有效地推动了全省个体、私营经济的快速发展。企业户数、从业人数、注册资本在总量上迅猛扩张，位居全国前列，涌现出一批以河北新华线缆总公司、河北亚龙集团、河北大洋企业集团、河北启发纺织集团等为代表的有较强市场竞争能力，在全国有一定影响力的知名企业和企业集团；涌现出了一批以三利毛线、华龙方便面等为代表的一批名牌产品；涌现出了一批以白沟箱包市场、高阳庞口汽车配件市场、辛集皮革商业城、正定胶合板市场等为代表，以个体、私营企业为经营主体的知名市场；涌现出一批如清河羊绒、满城草莓、永年精菜、安平丝网等有一定知名度的，以个体、私营企业为构成主体的区域特色产业。而且以个体、私营经济所涉及的领域也由一些传统的饮食服务业、商品流通业、建筑业等逐渐向电子、信息等新兴产业的教育、科技等社会事业方面延伸。有些县市的个体、私营经济在经济总量中已达到“三分天下有其一”，有的撑起了“半壁江山”。迅猛发展的个体、私营经济已成为支撑一方经济、富裕一方百姓、稳定一方社会的重要因素。

纺织行业结构调整首战告捷

1998年，全省纺织工业以压锭改造为契机，积极进行企业组织结构和产品结构的调整，以优化存量配置为目标，使有效资产向优势企业集中，以科技进步带动行业经济效益增长。圆满完成了国家下达的压锭和人员分流任务，国有纺织企业利润大幅度提高，全省纺织行业结构调整攻坚战初步告捷。

1998年，国家和河北省给全省纺织工业的任务是压缩淘汰68万枚落后棉纺纱锭，分流安置下岗职工4.8万名，全行业增效1亿元。为确保实现目标，制订了详细的压锭、核呆、减员增效方案，逐项落实国家各项扶持政策。省纺织总会会同省经贸委组成监销队伍，分工包片，责任到人，保证了全省压锭工作严格按照国家进度计划扎实推进。有关部门密切配合，及时拨付压锭财政补贴资金，中央、省财政补贴资金到位率达85%，市（县）补贴部分也已多数落实。成立了纺织行业再就业工作领导小组，国有纺织企业建立再就业服务中心100多个，保证下岗职工都能领到生活费。结合压锭重组，指导企业加快优势扩张，企业产权制度改革取得新突破。全行业已有45家组建、分立了股份制公司或有限责任公司。为适应压锭后产品结构“调高、调强、调大”的要求，全行业重点培育了10个重点名牌产品，开发了15个省级新产品，使中高精深产品比重逐步上升。全年纺织行业15项重点新产品完成产值2.6亿元，实现利税3500万元。

乡镇企业再创佳绩

1998年，河北省加大乡镇企业改革力度，调整结构，增加投入，扩大开放，全省乡镇企业实现营业收入、完成增加值、上缴税金分别比上年增长21%、21%和18%。

调整结构提高了全省乡镇企业的整体水平。组织结构调整按照“抓大”的工作思路，新组建省级企业集团32家，其中有两家进入省政府确认的全省支柱型企业集团行列。产业结构调整突出抓了农业产业化龙头企业建设和县域特色产业的发展，确定了500个农业产业化龙头企业，全年完成投入90多亿元；县域特色产业通过广泛开展创名牌产品、名牌企业、知名产业、知名市场活动，使全省70个重点县域特色产业的规模和水平均有较大提高。产品结构调整以培育壮大名牌产品为重点，有7个产品被评为全省10大区域特色名牌，15个产品被评为全省名牌产品。在布局结构调整中，围绕小城镇建设狠抓了乡镇工贸小区的发展与提高，新增年产值5亿元以上的小区11个，年末全省各类乡镇工贸小区达691个，吸纳乡镇企业5.6万家，安置农村富余劳动人60多万人，实现营业收入1200多亿元。这些小区遍布广大农村，对全省乡镇企业的发展起到了巨大的带动作用，成为农村经济最具活力的增长点。

加大投入推动了全省乡镇企业的持续健康发展。抓住国家加大基础设施投入的机遇，新上了一批规模大、科技含量高的项目，总数达1.1万个，总投资400亿元，比上年增长19%。同时，在科技投入方面，突出抓了科技型企业转化、新产品开发和新技术、新成果的推广应用。共转化科技型企业208个；开发市级以上新产品1600个，其中省级100个；在冶金、建材、机械、化工、食品等重点行业推广了86项先进适用技术，推广企业868家，增加经济效益4.7亿元。

扩大开放增强了乡镇企业的发展后劲。在对内开放方面，突出抓了与京津两市的经济技术合作和东西合作，全年引进省外资金35亿元，争取国家东西合作项目贷款1600万元，比上年均有大幅度增长。在对外开放方面，新签境外投资项目近300项，实际投产三资企业200家，实际到位外资2.56亿美元，比上年增长10.8%；新增自营出口企业15家，累计达80家，年出口交货值比上年增长14.4%。

着力推进再就业

1998年，河北省充分发挥政府、企业职工和社会各方面的积极性，明确工作目标，构筑服务体系，完善政策措施，拓宽就业渠道，加大工作力度，使“两个确保”和再就业工作取得明显成效。到年底，全省国有企业下岗职工29.7万人，下岗率为8.6%，有17.7万名职工实现再就业，再就业率为59%，全面完成了年初确定的各项目标。

（一）新的思路：从送温暖到构筑环环相扣的社会保障体系　河北省的再就业工作从1995年起步以来，经过1996、1997两年的摸索，省委、省政府领导意识到，年终岁尾的送温暖固然重要，但毕竟不是解决问题的根本之计。省委、省政府提出，从1998年起，用五年左右时间基本解决国有企业下岗职工基本生活保障和再就业问题，初步建立起适应社会主义市场经济体制要求的社会保障体系和再就业机制。着力在完善政策、健全制度和建立机制上下功夫。全社会方方面面形成合力，经过一年的艰苦奋战，再就业保障体系的框架初步形成。

1．组织管理体系构筑完毕。全省从上到下成立了领导小组及办公室，统筹下岗职工解困、再就业和城市最低生活保障工作。将控制下岗率、实现再就业率、基本生活保障率、社会保险的覆盖率和基金的收缴率列入考核目标，定期考核。实行一把手亲自抓，一级抓一级的目标责任制，完不成任务要追究一把手的责任。用实实在在的措施把党中央、国务院“一把手工程”的要求落到了实处，为“两个确保”和再就业目标的实现奠定了良好的组织基础。

2．建立起一套完善的政策体系。先后出台了《河北省人民政府关于下岗职工基本生活保障和再就业若干政策问题的通知》等十几个政策性文件，省劳动厅会同财政、工商、税务、林业、教育等部门制定下发了20多个配套政策文件。这些文件从宏观调控到基本保障，从税收返还到鼓励再就业等政策都进行了逐项完善。一是进一步规范职工下岗。规定：企业不得安排因工致残职工、处于“三期”（孕、产、哺乳期）的女职工及法律、法规明确规定不准下岗的职工下岗。由于企业全停产造成上述人员下岗的，由其主管部门在行业内调剂安置，不得推向社会。企业不得安排现役军人配偶、省部级以上劳动模范以及夫妻双方同时下岗。由于企业全停产造成上述人员下岗的，首先由其主管部门在本行业内负责调剂安置，夫妻双方同时下岗的要调剂安排其中一人上岗；主管部门调剂安排不了的由当地劳动和社会保障部门的职业介绍机构协助在社会上调剂安排。实行股份合作制改造的企业，不得强迫职工入股，不得因职工不入股而硬性安排职工下岗，更不得以此为由解除与职工的劳动关系。企业安排职工下岗，必须按照规定的程序进行申报，经当地下岗职工再就业和城市贫困居民最低生活保障办事机构批准后方可实施。二是完善社会统筹集再就业资金制度。在原定11条解困资金和7条再就业资金筹措渠道的基础上，把两项资金合并成一项再就业资金，明确了15条筹资渠道，并由财政部门统筹管理，从而使筹资渠道更完善、更畅通，管理也更趋合理。到1998年底，共筹集再就业资金6.74亿元，基本满足了下岗职工所需。三是对多渠道安置下岗、失业职工给予政策支持。尤其进一步加大了鼓励非公有制企业和乡镇企业安置下岗、失业职工的政策支持力度。非公有制企业和乡镇企业安置下岗、失业职工达到从业人员50%以上的，经劳动和社会保障部门认定、主管税务机关批准后，可按有关规定享受劳服企业税收支持政策；低于从业人员50%的，3年内按安置下岗、失业职工实发工资总额的50%（最多不超过当地社会平均工资的50%）先征后返所得税。安置女35岁以上、男40岁以上且初中及以下文化程度的下岗、失业职工，并签订3年以上劳动合同的，可享受更加优惠的政策。非公有制企业、乡镇企业进城和城镇集体企业兼并、租赁生产经营困难的国有企业，安置原企业职工总数80%以上的，经劳动和社会保障部门认定、主管税务机关批准后，除可享受劳服企业税收支持政策外，地方留成的25%增值税全额先征后返三年，作为国有资本，并可享受第六条第三款规定的国有资本注入。农民带资进城收购破产的国有、集体企业或兴办独立核算的经济实体，安置下岗、失业职工到达从业人员50%以上的，经劳动和社会保障部门认定、主管税务机关批准后，可享受劳服企业税收支持政策。

3. 健全了再就业服务体系　全省劳动部门抽调精兵强将，深入到企业督促检查，到9月底，全省应组建再就业服务中心的2699个国有企业全部建立了中心，尚未就业的11.84万名下岗职工全部进入中心，实现两个100%。下岗职工不仅可从中心领到基本生活费，还可享受失业、医疗和养老保险，接受转业转岗培训。进入再就业服务中心的下岗职工，托管期限最多不超过3年。托管期间第一年发给基本生活费，第二年发给基本生活费的90%，第三年发给城镇居民最低生活保障金，并由再就业服务中心为其缴纳养老保险和医疗保险费用，未实行医疗保险的地方，负担其基本医疗费。下岗职工在托管期间两次以上无正当理由拒绝安排再就业或托管期满3年仍未再就业的，解除托管关系并与原企业解除劳动合同。

4. 完善了社会保障体系。只有把社会保障这张"安全网"编织得。1998年，全省的养老、失业、医疗、工伤、生育保险不断完善，养老保险在实现省级统筹的基础上又实现了统一制度，扩大了覆盖面。到年底，综合覆盖面达92.8%，其中国有、集体、非公有制企业和个体劳动者覆盖率分别达到98.6%、84.6%和33.7%。失业保险紧紧围绕推进国有企业改革和实施再就业工程，覆盖面日益扩大。目前，非公有制和个体、私营企业的失业保险覆盖率已达38.7%，失业职工再就业率达到77.5%以上，已拿出1.1亿多元失业保险金直接用于企业改革、解决困难职工生活、促进失业职工再就业，在发展劳服企业、组织生产自救、转业转岗培训等方面发挥了重要作用。

（二）新的亮点：广辟就业渠道，为下岗职工创造更多的就业岗位　省委、省政府在抓好投资拉动、发展经济的同时，提出了十条再就业渠道：一是在所有制调整过程中，向非公有制经济要岗位；二是在产业结构调整过程中，向第三产业要岗位；三是在企业组织结构调整过程中，向中小型企业要岗位；四是在国有企业改制、改组、改造过程中，向扩大生产经营规模要岗位；五是在发展经济的过程中，向新的经济增长点要岗位；六是在发挥区街政府职能的过程中向社区服务要岗位；七是大力发展手工业，向家庭就业要岗位；八是通过发展劳动服务企业要岗位；九是实施"退二进一"，鼓励下岗职工通过开发"四荒"要岗位；十是大力组织劳务输出，向省外境外要岗位。如：石家庄车辆厂在产业结构调整中，不把富余人员当包袱，甩向社会，而是以"下岗不待业，减员不回家，广开就业路，分流再安置"为指导思想，精干主体，多种经营，积极实施再就业工程。这种从源头控制下岗，向企业内部广开就业渠道要岗位的做法很快在全省推开。

粮食流通体制改革进展顺利

敞开收购、顺价销售、资金封闭运行和粮食企业自身改革是深化粮食流通体制改革的主要内容。1998年，河北省在落实"三项政策、一项改革"方面取得了明显成效。

按保护价敞开收购农民余粮政策落实较好。粮食收购保护价由省政府确定，并保持相对稳定。通过合理确定优质粮食品种的收购价格，引导农民按市场需求调整种植结构，发展优质高效农业。各级粮食收购部门认真贯彻《粮食收购条例》，坚持户交户结、依质论价，完善各项便民措施，在粮食存量超历史的情况下，绝大多数收储企业做到了敞开收购，基本上可以满足农民的售粮要求。

顺价销售遏止了粮食收储企业大面积亏损的局面。建立健全国有粮食收储企业自主经营、自负盈亏的新机制，粮食顺价销售价格，以原粮购进价为基础，加上当期合理费用和最低利润确定。国有粮食收储企业在保证不亏本售粮的前提下，有权确定粮食顺价销售的具体价格，任何单位和个人都不得干预，但应接受粮食行政管理部门、物价部门和农业发展银行的监督检查。下半年，全省粮食收储企业盈利8772万元，实现了粮改以后全省统算国有粮食收储企业不亏损的目标。

粮食收购资金实现了封闭运行。粮食收储企业只能在农业发展银行开立基本账户，企业的一切商品交易结算都要通过在农业发展银行开立的基本账户进行。各级粮食部门在当地的农业发展银行设立专储粮利息费用补贴专户，国储粮补贴通过专户拨补，既保证了收购资金供应，没有向农民打白条，又杜绝了新的挤占挪用。据省农行统计，下半年，农发行系统发放粮油收购贷款60亿元，粮油收购值59.3亿元，扣除企业现金存款，贷款额与收购值基本一致，粮食调销贷款回笼率和归行率都达到了100%。

粮食企业自身改革取得重大进展。到年底，粮食企业基本上完成了收储主业与附营业务分离、收储企业人员分流目标，全省原有的2678个库站，按照一乡一站的原则和垄断收购的需要，有2127个库站确定为粮食收储企业，有551个库站整体分离为附营企业；收储企业中的819个附营摊点也已基本完成了资产划分、资金分户和重新登记注册工作；收储企业分流人员4.2万人的任务基本完成，分流人员中下岗人员仅占3%，绝大多数都得到了妥善安置。

加快城镇住房制度改革

（一）停止住房实物分配，逐步实行住房分配货币化 从1998年12月15日起，全省城镇停止住房实物分配，逐步实行住房分配货币化。停止住房实物分配后，新购、新建住房原则上只售不租，房价按当年经济适用住房的成本价执行，不再享受原政策优惠。1998年12月15日前开工，1999年底前竣工交付使用的住房，既可以按照本地当年现有公有住房售房成本价和有关政策规定向职工出售，也可以按照新的规定由职工购买。

（二）全面建立住房公积金制度，提高住房公积金缴交比例 所有行政机关、企事业单位，必须建立住房公积金制度。到2000年，单位住房公积金缴交比例提高到上年度职工工资总额的8%～15%，职工个人住房公积金缴交比例提高到6%～8%。从1998年12月起，省直、石家庄市住房公积金单位缴交比例由5%提高到10%，职工个人缴交比例提高到6%。对1998年12月15日以后参加工作的职工，单位住房公积金缴交比例适当提高。单位住房公积金补贴资金来源：行政单位由财政全额负担；事业单位由财政根据单位收支情况，实行定额补贴，不足部分单位自筹；企业自行筹措，可列入经营成本。

（三）逐年提高房租 1998年全省房租水平提高到每平方米使用面积1.60～2.00元。到2000年，公有住房租金原则上要达到双职工家庭平均工资的10%，有条件的要达到15%。

（四）进一步搞好现有住房出售 从1998年12月15日起，居民购买现住公房，一律实行成本价，成本价逐年核定。对有特殊原因不能购买现住公房的职工，经当地房改部门批准，今后仍可享受一次政策性购房优惠。鼓励已购住房由标准价向成本价过渡。

（五）加快经济适用住房建设，建立新的住房供应体系 对不同收入家庭实行不同的住房供应政策。最低收入家庭租赁由政府或单位提供的廉租住房；中低收入家庭购买经济适用住房；其他收入高的家庭购买、租赁市场价的商品住房。购买经济适用住房和租住廉租住房实行申请、审批制度。新建的经济适用住房出售价格实行政府指导价，按保本微利原则确定。经济适用住房的成本包括征地和拆迁补偿费、勘察设计和前期工程费、建安工程费、住宅小区基础设施建设费（含小区非营业性配套公建费》、管理费、贷款利息和税金等7项因素，利润控制在成本的3%以下。单位购建住房纳入经济适用住房建设统一管理。为防止新房再流入旧的分配体制，从1998年12月15日起，各单位购建住房必须先经当地房改部门审批，再按建设程序报批。建成的住房要按成本价向职工出售，方可办理产权手续。

（六）发展住房金融，规范住房资金管理 积极推行对职工购房的政策性住房抵押贷款，调整住房公积金贷款方向，主要用于个人购买、建造、大修理自住住房贷款。扩大个人住房担保贷款的发放范围，所有商业银行在所有城镇均可发放个人住房担保贷款，取消对个人住房担保贷款的规模限制，适当放宽个人住房贷款期限。完善住房产权抵押登记制度，加快发展住房抵押贷款保险，防范贷款风险，保证贷款安全。

大力推进“四项公开”工作

（一）村务公开 以村务公开为切入点，加强“三个体系”建设（即：以村党支部、村委会、村民代表会为主体，建立健全坚强有力的村级组织体系；以民主选举、民主决策、民主管理、民主监督为主要内容，建立健全配套齐全的村级民主管理制度体系；以村级工作运行、干部群众行为和各项制度运作规范为基本内容，建立健全科学规范的村务运作体系），系统、规范、配套地推进农村基层民主政治建设，真正做到村里的大事由村民做主，村民关心的事向村民公开。一是规范村务公开的内容。主要有12项：1. 财务收支；2. 乡统筹的收缴方法，村提留的收缴及使用；3. 本村享受补贴的人数及补贴标准；4. 村所得收益的使用；5. 村办学校、村建道路等公益事业的经费筹集方案；6. 村集体经济项目的立项、承包方案及村公益事业的建设承包方案；7. 土地及各业承包经营方案；8. 宅基地的使用方案；9. 村民会议认为应当由村民会议讨论决定的涉及村民利益的其他事项及实施情况；10. 国家计划生育政策落实的方案；11. 救灾救济款物的发放情况；12. 水电费的收缴以及涉及村民利益、村民普遍关心的其他事项。二是重点抓好村级财务公开。村级财务公开至少每季度公开一次。经济活动较多的村，一月公开一次。村级财务必须按照财务收支账目逐笔逐项地予以公开。招待费开支必须单独公开，并将招待时间、事由、金额、参加人数等详细情况予以公开。三是完善公开程序，扩大群众对村务公开的参与，提高群众认可度。四是健全完善村务公开的监督检查制度。市对县每年至少检查两次；县对乡村的检查，一般每公开一次检查一次，坚持普遍检查与重点抽查相结合的方法，既要保证公开效果，又要减轻基层负担。检查的重点是财务公开情况、农民负担情况、招待费公开情况以及群众对村务公开的认可度。

村务公开在河北省的普遍推行及其所展现的强大生命力，引起社会各方面的广泛关注和党、国家领导人的高度重视。全国20个省市近200多个考察团到河北省赵县等地参观学习。在1996年召开的中央农村工作会议上，河北省推行村务公开的经验，得到江泽民等中央领导同志的充分肯定。1997年4月，国务院新闻办公室发布的《1996年中国人权事业的进展》指出："河北省，截止1996年，全省50430个村中已有50191个村实行不同形式、不同程度的村务公开，……村务公开，扩大了村民民主管理、民主监督村内事务的权利"。1998年4月，中共中央办公厅、国务院办公厅发出通知，要求在全国农村普遍实行村务公开和民主管理制度。

（二）政务公开 按照"公正执法、公平办事、转变职能、方便群众、服务经济建设、密切干群关系"的总体要求和"典型引路、突出重点、全面启动、逐步深入"的工作思路，在公开的广度和深度上求突破。政务公开的内容包括"五公开"，即公开与部门、单位的职责相关的法律、法规、政策和其他规定；公开需要让群众清楚、明白的有关事项和群众关注、反映强烈的热点问题；公开办事过程中容易引发矛盾和滋生消极腐败问题的环节和事项；公开涉及群众切身利益的办事程序和办事结果；公开实施政务公开的运行、监督制度和机构。对办事的基本依据长期公开，经常性事项定期公开，临时性事项随时公开，通过政务公开，达到"强化内部管理、规范办事程序、迅速传递信息、提高办事效率、接受民主监督、促进廉洁从政"的目的。

（三）厂务公开 近几年，河北省一些企业陆续开展了厂务公开、民主监督活动，全省已有近3000家国有、集体企业开展了不同形式的厂务公开、民主监督活动，涌现出一些好的典型，尤其是石家庄天同拖拉机有限公司的经验受到中央领导同志的高度重视和充分肯定。1998年，省委决定，用三年左右的时间，在全省国有、集体及公有资产控股企业全面推行和普遍建立厂务公开、民主监督制度。厂务公开、民主监督制度的内容重点把握好三个方面：一是关系到企业经营管理和改革发展的重大问题要向职工群众公开，包括规划、计划、任务和目标，企业改革中兼并、出售的问题，物资供应问题，产品销售问题，基建工程承、发包问题，以及其他涉及到企业前途的重大问题；二是涉及职工切身利益的问题要向职工群众公开，如企业购房、向职工售房的政策和条件，分房方案和分配结果，提薪晋级条件和奖金的分配方案，企业人员的精简、下岗、分流问题，专业职称评聘和评先评优条件等；三是关系到企业干部廉洁自律方面的问题要向职工群众公开，如领导干部个人收入、交通信息工具的使用，住房情况、出国差旅费开支，以及企业招待费等项重大开支情况。在正当竞争中，属于商业秘密的企业经营决策不在公开之列。通过职工代表大会公开是厂务公开、民主监督最基本的形式；通过公开栏公开是厂务公开、民主监督的主要形式。各级党委和组织人事部门、企业主管部门把推行厂务公开、民主监督制度作为对企业领导班子的一项重要考核内容。通过推行厂务公开、民主监督，要达到"三个切实加强"：一是切实加强企业民主政治建设，全面落实党的全心全意依靠工人阶级的方针，不断扩大职工民主参与企业管理的渠道，使职工的积极性和创造性得到充分发挥；二是切实加强企业领导班子建设和党风廉政建设，从源头上防止和减少腐败问题的发生，密切党群干群关系，在民主测评中，职工群众对企业领导人员的满意率明显上升；三是切实加强现代企业制度建设，深化国有企业改革，完善内部监督机制，使企业的管理水平和经济效益明显提高。

（四）校务公开 紧紧围绕社会各界反映强烈、人民群众普遍关注的"热点问题"展开。公开的主要内容是中小学收费、教育集资、教育经费、民办教师转公、大中专招生和毕业生分配等。校务公开在四个层次推行：农村中小学、城市中小学、职业中学（包括职教中心和职业中专）、大学。通过校务公开，要达到"提高办学质量和效益、强化民主管理和监督、促进廉洁治学、减轻群众负担、密切校群关系、增强学校领导班子凝聚力"的目的。

运用公证手段维护农村经济秩序

近年来，河北省深入开展农村经济公证工作，积极运用公证法律手段，推动农村法制建设进程和经济工作健康发展。截至1998年，全省已累计办理各种农村经济公证190多万件，占全省公证业务量总数的40%，涉及土地承包、林业承包、粮棉定购等方面100多种，对保障党在农村政策的贯彻落实，维护正常的农村经济秩序起到了重要作用。

农村经济公证工作的重点是抓好第二轮土地承包公证，用法律形式巩固农村土地承包关系。同时，围绕农村反映强烈的热点、难点问题开展公证工作。一是开展农民负担定项限额三年不变公证，依法制止三乱；二是为乡镇企业法律服务，规范企业行为，促其健康发展；三是开展农村集体资产清核工作公证，防止集体资产流失；四是为农业投、融资和农业招商引资等提供法律服务，保证基本建设项目的顺利进行；五是为农业产业化经营和农产品市场体系建设提供公证法律服务，搞好农产品购销合同公证。

推行政府采购管理制度

为了适应社会主义市场经济需要，加强财政支出管理，提高资金使用效益，河北省制定并推行政府采购管理制度。规定：全省各级行政单位（包括各级党政机关、国家权力机关、政协机关、审判机关和检察机关以及民主党派机关等）和接受财政经常性资助的事业单位以及社会团体，凡为开展政务、业务活动或为公众提供服务的需要而从市场购买货物、工程及服务的，在财政部门的组织或监督下，以公开招标为主要形式实行政府采购。

政府采购采取集中采购和专项采购的形式。集中采购由政府采购服务中心直接组织，专项采购由政府采购服务中心组织或由政府采购服务中心委托的招投标代理机构办理。政府采购遵循公开、公平、公正和效益原则。除涉及国家秘密和法律、法规另有规定外，政府采购均依托市场机制，采取公开招标方式进行。要立足民族品牌，择优购买质优价廉的货物、工程及服务，并接受社会监督。纳入政府采购范围的货物、工程和服务的种类及具体控制数额，由各级财政部门确定。下列项目不受金额限制，必须实行集中采购：(1) 公务用机动车辆及其维修和供油；(2) 办公自动化设备；(3) 医疗、教学和通信设备；(4) 政府公用物业管理。

政府采购活动中，采购的所有货物、工程及服务都必须从政府采购服务中心或受其委托的招投标代理机构认定的供应商处获得。

推进依法治省进程

1998年，中共河北省委作出了《关于全面推进依法治省的决定》，省人大作出了《关于全面推进依法治省的决议》。全省各级政府及其行政执法机关在推行行政执法责任制方面，以完善和规范为重点，下功夫抓了以下五项工作：一是确定行政执法责任主体。核心是解决“谁有权执法，谁承担责任”的问题。在普遍清理审定行政执法主体资格的基础上，县以上各级政府均制定实行行政执法责任制的执法部门名录和执法人员名册。二是明确执法范围。各级政府法制工作机构全面理清每一部法律、法规、规章的主管责任部门和配合责任部门，理清每一个部门负主管责任、配合责任的法律、法规、规章。三是划分执法责任。依照法律实施的一般要求，把法律、法规、规章的学习宣传、执行、检查、协调、监督、考核等一系列的执法责任确定下来，使各部门的执法责任一目了然。划分执法责任的具体内容一般包括：(1) 应当执行的法律、法规、规章；(2) 法定职权范围；(3) 应当履行的法定义务；(4) 执法的具体目标和要求；(5) 与执法有关的重大事项；(6) 应当承担的法律责任。四是建立行政执法岗位责任制，把行政执法责任落实到人到岗。使部门领导直至每一个一线执法人员都明确自己岗位的执法职责和权限范围，做到责任明晰，各守其岗，各尽其责。建立起以部门行政首长为第一责任人，以行政执法岗位责任制为基础的部门执法责任体系。五是建立配套保障制度。紧紧围绕落实行政执法责任制这个中心，普遍建立了错案和执法过错责任追究制度、行政执法公示制度、行政执法承诺制度、法律学习培训制度、文明执法考核评比制度等多项配套保障制度，全省行政执法责任制逐步进入规范化发展的轨道。

“三下乡”活动高潮迭起

1998年，河北省深入开展文化、科技、卫生“三下乡”活动，在“送”上下功夫，从“实”上求效益，取得显著成绩。

“三下乡”活动取得显著成绩，首先得益于各级领导的高度重视。各地各部门都成立了由主要领导牵头的专门机构，将其列为各市、县工作的重要内容之一。一些部门还制订了各种制度和政策，确保“三下乡”活动健康、有序地开展。省新闻出版局将送书下乡列入各新华书店经理任期目标责任制，严格奖惩。省卫生系统把医务人员下乡与职称晋升挂钩，要求医务人员做到下乡前有目标，下乡中有考核，下乡期满有鉴定。这一做法得到卫生部的肯定，并在全国推广。

以集中活动推动经常性工作是河北省“三下乡”活动的一个显著特点。为解决农民读书难问题，在省直7部门倡导下，全省各级党政机关及干部职工踊跃捐书、赠书，涉及全省的“读书兴农”工程由此启动。这次声势浩大的捐书、赠书活动不到半年，全省就新建5000册以上的图书室示范点730个。各地各部门围绕“读书兴农”还开展了一系列行之有效的主题活动。全省农业系统“百千万”活动由省、市、县三级农业主管部门分别选派一百名、一千名、一万名农业科技专家及技术人员深入农村，以农业技术“三十推”和节本增效十大重点农业技术的推广为主要内容，通过现场指导、专家咨询、科技赶集、技术讲座、发放明白纸等形式，把农民急需的农业科技知识及时地传授给农民。

“送”、“建”结合是河北省“三下乡”活动的一大特色。建立健全农村图书、科普、卫生网络已成为各地、各部门“三下乡”工作的重点。在农村图书网点建设中，衡水市新华书店提出“图书进村，文化扎根”的口号，在全市114个乡镇先后建起了124个不同形式的农村图书发行网点，实现了乡乡镇镇有新华书店的目标。省农业系统在全省实施“绿色证书”工程，对具有初中以上文化程度的农业生产一线的农业技术员、村干部、专业户和科技示范户等，进行实用技术、市场营销等知识培训，使之成为农村的科技带头人。省卫生系统在省、市、县三级医疗单位中建立了对口支援关系，一级帮一级，层层帮扶，在全省形成送医送药网络，覆盖了国家级、省级贫困县，消除了缺医少药空白点。

大胆探索，讲求实效，是河北省“三下乡”活动的又一突出特点。省电影发行部门与中国第一拖拉机集团等6家企业开展影企联姻，电影放映部门以影前放映广告为回报，6家企业共出资500万元向全省农村赠送电影6万场。由省农业厅实施并由广电、财政部门配合的农业科技电波入户，被国务院10部委推广。省科委实施科普示范县、科技成果推广基地建设，也得到了国务院主管部门的肯定。

环境保护事业加快发展

1998年，河北省坚持环境保护基本国策和可持续发展战略，突出海河流域水污染防治、工业污染治理、城市环境综合整治和自然生态保护四个重点，做到三个结合（与产业产品结构调整相结合、与城市建设改造相结合、与发展环保产业相结合），实现三个转变（从以说服教育为主向依法强制转变，从以末端治理为主向源头和全过程控制转变，从以污染防治为主向污染防治与生态保护并重的“大环保”转变），实施河北省海河流域水污染防治、空气污染治理和渤海碧海保护三个行动计划，努力实现“碧水、蓝天、绿地计划”第一阶段战略目标，改善环境质量，保证人民群众身体健康，保障环境安全，促进环境与经济、社会协调发展。年末，全省自然保护区达9个，总面积10.39万公顷。全年完成环境污染限期治理项目1395个，总投资4.2亿元。全省城市中共建成117个烟尘控制区，面积达492平方公里；建成64个环境噪声达标区，面积达275平方公里。列入全国3000家重点污染源的263家企业中，年内有44家实现了治理达标。15种重污染小企业取缔关停后的疏导工作取得明显成效，共疏导6个行业，新上31个大中项目，环保投资8596万元，促进了乡镇企业二次创业。

抓住重点，力促领导干部廉洁自律

1998年，河北省各级党委、政府和纪检监察机关突出抓了清理党政机关公费通信工具、狠刹用公款吃喝玩乐歪风、压缩会议和严格会议管理三项重点工作，以此促进了全省领导干部廉洁自律，取得了明显成效。

在清理党政机关公费通信工具工作中，发挥典型引导作用，在全省推广石家庄市的做法和经验。通过个人自查申报、核查单位财务账目和到电信部门核实“三管齐下”，摸清底数，严肃纪律，确保清纠到位。为了从源头上治理，将公务招待费在财务上单独列项和经费开支领导审批两项制度推广到电话费和会议费管理之中，从1998年1月起，普遍建立了“三项费用审批制度”，并从深入核查单位账目入手，对落实情况进行检查、督促。据统计，全省共清理核查公费移动电话63669部，对其中不符合规定的29602部进行了处理，收回资金1728万元；共清理核查公费住宅电话56873部，对其中违规配备的16149部进行了处理，收回资金1109万元。批准保留的公费电话全部建立了档案，并实行了话费限额；批准保留的住宅公务电话全部从单位户头分立出来，立个人户头。清理后全省党政机关一年可节约话费开支6500多万元。

在狠刹用公款吃喝玩乐方面，重点在抓巩固、抓深入、抓源头方面下功夫，采取了招待费单独列项、严格审批制度，对党政机关招待费进行分级分类统计，对用公款吃喝玩乐者进行公开处理等一系列措施。并将这项工作延伸到解决农村公款吃喝玩乐问题。到1998年底，全省县以上党政机关，全部实行了招待费单独列项，95%以上的事业单位也实行了招待费单独列项。全省党政机关招待费在1997年大幅度下降的基础上又有明显减少，同比下降14.1%；农村招待费下降25.6%。

在压缩会议和严格会议管理方面，全省各级党政机关全部实行了会议计划管理、会议审批和会议费开支明细科目管理制度，并接受财政部门和纪检监察机关的监督检查。这些制度的实施，对严格控制会议和压缩会议费开支，特别是对制止借开会之机游山玩水、发放礼品、纪念品现象发挥了积极作用，收到了较好效果。1998年，全省各级党政机关共精简压缩各类会议4691个，比上年减少会议开支4025万元，同比下降16.5%。

在突出抓好三项重点工作的同时，1998年还停建、缓建和停止装修办公楼项目493个，压缩庆典活动798次，减少检查、评比、达标活动1722次，压缩购车434辆，压缩和制止公费出国（境）360项、1423人。五项合计，全年节约各项经费88952万元。

（河北省对外贸经合作厅　王建生）

山东省

经济发展情况

1998年，山东省国内生产总值达到7162.2亿元，比上年增长10.8%，其中，第一产业增长5.7%，第二产业增长12.1%，第三产业增长11.6%。农业和农村经济全面发展，粮食总产达到4300万吨，为历史上第二个丰收年，蔬菜、水果、肉类和水产品总量有较大幅度增加。工业生产速度和效益逐月回升，产销衔接较好，全年完成增加值1827.4亿元，增长12.8%；实现利税、利润分别增长3.9%和2.8%。全社会固定资产投资完成2065.1亿元，增长15.2%，交通、能源、通信、水利、城市基础设施和居民住宅等领域投资明显增加。经济结构调整和市场开拓取得积极进展。第三产业、个体私营经济、住宅业等已经成为经济增长的重要推动力量。第三产业增加值占国内生产总值的比重提高0.5个百分点。外贸出口完成131.6亿美元，实际利用外资36亿美元，均比上年增长0.6%。财政金融保持平稳运行。地方财政收入352.4亿元，增长15.8%，连续12年实现收支平衡；各类金融机构存贷款余额分别比年初增加769.3亿元和653.5亿元。社会消费品零售总额2127.2亿元，增长11.1%。商品零售价格和居民消费价格总水平分别比上年下降2.9%和0.6%。

经济体制改革不断深化。国有企业的战略性改组稳步推进，“抓大放小”和“三改一加强”取得新的成效，重点企业集团建立现代企业制度步伐加快，中小企业多种形式改制力度加大。优化资本结构试点工作健康发展，企业间的联合、兼并迈出新步伐，上市公司增加，全年企业在股票市场直接融资达70亿元。市场体系和社会保障体系建设有新的进展。按照中央的部署，融资、财税、金融体制等项改革有序进行，粮食流通体制改革取得初步成效。基本结束了福利分房的历史，住房制度开始走上商品化、货币化轨道。

在亚洲金融危机的冲击下外经贸取得比预料要好的成绩

在山东省政府的统一领导下，有关部门分别组团赴六个重点国际市场进行系统考察调研，召开了一系列市场开拓专题报告会、研讨会，在国内外组织了一系列经贸活动。各级领导也带队出国招商引资，开拓国际市场。各级各类出口企业都加大了对市场的开拓力度，发挥了“大经贸”的优势，取得了明显的效果。按海统计，1998年山东省外贸进出口总额为166.3亿美元，居全国第4位，其中，出口实现103.6亿美元，进口实现62.7亿美元。批准利用外资项目1434个，合同利用外资额36.58亿美元，同比下降19.4%；实现利用外资额36.05亿美元，同比增长0.6%。其中，外商直接投资合同额为22.18亿美元，直接投资实际使用额为22.2亿美元，同比分别下降32.4%和11.1%；外商其他投资合同额7.5亿美元，实际使用额5.75亿美元。1998年山东省对外承包劳务新签合同额7.37亿美元，完成营业额4.65亿美元，同比分别增长27.8%和28.7%，外派劳务18898人次，同比增长2.7%。

不断深化企业改革是在困境中实现发展的动力。全省外经贸系统设立股份制企业145家，累计达到280家，初步建立了以资产为纽带的母子公司体制，理顺了33家外经贸企业的产权关系。

坚持调整外经贸结构是应对亚洲金融危机的有效对策。加大调整力度，在出口商品结构调整方面，省及各市地都先后制定出台了一系列政策，以电子家电产品、农副产品的精深加工为重点，大力开发高附加值产品出口。全省技术出口突破3亿美元，其中成套设备出口1.3亿美元，高科技产品出口1.4亿美元，技术服务合同额4000多万美元。在利用外资产业结构调整方面确定把基础设施、基础产业、农业产业化、国有企业嫁接改造、高新技术产业、城市公用设施和服务业等六大领域作为吸引外资的重点，采取多种招商方式，及时把重点转向国外大公司、大商社、大财团，取得了较为明显的成效。在调整贸易方式中，加大了技术和服务贸易的工作力度，大力发展对外承包工程，对外投资迅速起步。

1998年经济工作抓的几个重点方面

一是坚持以党的十五大精神总揽全局，坚持发展不动摇。二是抢抓发展机遇，实施积极的宏观调控。抓住国家实施积极的财政货币政策的时机，把强化农业、增加投资、开拓市场、深化改革、调整结构等项工作作为重点，坚持把农业放在国民经济首位来抓，繁荣发展农村经济，为整个经济发展和社会稳定奠定基础。三是大力推进两个根本性转变，调整优化经济结构，培植新的经济增长点。深化国有企业改革，在突出抓好大型骨干企业的同时，积极引导中小企业多种形式改制，并筹集专项资金扶持其发展。积极推动经济与科技的结合，集中5亿元资金专项用于高新技术产业化开发，与清华大学等高校和科研院所建立了长期技术合作关系。制定和完善鼓励政策，创造宽松环境，促进个体私营经济快速发展。去年全省个体私营企业从业人员增长率19.9%，缴纳税金增长16.5%。结合住房制度改革，坚持市场导向、总量控制、以销定建、限价销售的原则，加快了城镇居民住宅建设。四是立足于改革与发展协调推进，扎扎实实地解决热点难点问题。五是以转变职能、改进作风为重点，加强政府自身建设。

中小企业的改革取得突破性进展

近年来，山东省中小企业改革根据党中央、国务院的统一部署，坚持“三个有利于”的标准，坚持因地因企制宜、多种形式改制，尊重群众、尊重实践的指导思想，经过全省上下的共同努力，取得了突破性进展。

中小企业是国民经济的重要组成部分，是社会主义市场经济中的一支活跃力量。改革开放以来，山东省经济发展比较快、比较好，城镇中小企业和乡镇企业发挥了重要作用。目前，乡以上2.58万户独立核算工业企业中，中小企业占了99%以上，工业销售产值和收入的一半以上来自中小企业，上缴利税占45%。在就业方面，中小企业容纳了庞大的就业人员，中小企业就业人员占全部就业人口的70%左右。繁荣发展中小企业，对全省经济社会发展具有十分重大战略意义。

截止目前，乡及乡以上中小企业改革面已达80%以上，市地属中小企业改革面达50%以上。从各地的实践经验看，中小企业改革的主要形式有14种，其中，有的是企业财产组织制度的创新，有的是企业经营方式的改革，还有的是多种形式的兼容结合。一是股份制成为企业改革的主要形式。股份制作为现代企业制度的一种重要形式。在山东省得到了迅速发展，为企业改革和经济发展注入了活力。山东省股份有限公司601户（其中乡及乡以上独立核算工业企业558户），有限责任公司3847户，分别占全省企业改革总数的3.1%、20.1%，两项之和达到23.2%。二是股份合作制是中小企业改革的重要载体。股份合作制是劳动者的劳动联合和劳动者资本联合的集体经济，是广大人民群众在改革实践中的创造发明。山东省目前共有股份合作制企业4063家，总资产419.2亿元，净资产133.4亿元，分别占全省乡及乡以上工业企业的18.6%、6.84%、6.15%。三是企业兼并、合并、联合、合伙制、托管、租赁、承包、资产划转、嫁接改造、分立、出售、破产等，也成为中小企业改革的重要形式。

中小企业改革的主要做法：一是突出强调因地因企制宜，多种形式改革，坚决制止“一个模式”、“一刀切”、“一股风”。突出强调要从实际出发，积极推动，正确引导，科学论证，因地制宜选择改革的形式。二是认真搞好资产评估，确保国有、集体资产保值增值。三是切实维护职工合法权益。山东省在中小企业改革中始终强调，广大职工群众是企业改革的主力军，要努力做到使广大职工群众理解、支持和参与改革。重大改革方案要经过职代会讨论，不能强迫职工入股和职工下岗。

中小企业通过改革，取得了一定的成效。一是企业经营机制得到转换，经济运行质量明显提高。二是国有、集体资产实现了保值增值。三是经济效益快速增长，对全省经济发展的推动作用日益突出。四是改管结合，企业发展后劲明显增强。大多数改制企业将企业改制与资产重组、技术改造、新产品开发、强化管理、加强班子建设等有机结合起来，共同促进企业的发展。

个体私营经济发展迅速

1998年，全省各地把个体私营经济作为社会主义市场经济的重要组成部分和国民经济新的增长点来抓，进一步放宽政策，加大扶持和服务措施，大力发展个体私营经济，全省个体私营经济继续快速发展。截至1998年底，全省城乡个体工商户已达288万户，从业人员641万人，拥有注册资金204亿元，较上年底分别增长13.6%、17.3%和27%；私营企业达到9.8万户，从业人员142万人，拥有注册资本（金）388亿元，较上年底分别增长27.9%、33.3%和46.9%。全省个体私营经济从业人员总数达到783万人，占全省社会劳动力的12.4%；注册资本（金）总额达到592亿元，相当于公有制企业注册资本（金）的10%。按照省政府《关于加快发展个体私营经济的通知》要求各地普遍结合实际，在从业人员、融资、用地、制止“三乱”、权益保护等方面研究制定了相应的政策规定及其实施意见；各有关部门加强扶持引导，狠抓政策落实，有力地促进了个体私营经济的发展，特别是下半年以来，全省个体私营经济的增长幅度进一步加快，个体工商户、私营企业分别净增41.7万户和1.7万户。全省17市、地中有8个市、地的个体工商户发展速度快于全省平均水平；有9个市地私营企业增长幅度高于全省平均水平。个体私营经济的规模明显扩大。良好的发展环境，使个体私营业者得以安心经营，不断加大资金投入，扩大经营规模。全省个体工商户、私营企业的户均注册资本（金）分别达到7085.4元和39.5万元，较上年底分别增长11.7%和14.8%；注册资本（金）在100万元以上私营企业有6228户，比上年增长59.9%，其中：500万元以上的有662户，较上年底增长78%；1亿元以上的有4户，与上年持平。私营企业集团发展到166户，比上年增长78.5%。私营企业有限责任公司已发展到4万户，占私营企业总户数的40.8%，比上年同期上升了6.8个百分点。个体私营经济的经济效益显著提高。全省个体私营经济累计实现产值1004.4亿元，销售总额或营业收入2115.9亿元，实现增加值640亿元，分别比上年增长63.5%、44%和43.8%；全省个体私营业户1998年户均产值14.7万元，户均营业收入或销售总额9.2万元，户均实现增加值2.1万元，较上年分别增长23.5%、31.4%和23.5%。个体私营经济的产业结构进一步优化。个体工商户中第一产业发展最快，到年底已有25.4%，较上年同期增长68.6%，远远高于全省个体工商户的平均发展水平，而第二、三产业的发展则相对较缓。私营企业仍以第三产业发展最快，较上年同期相比增长33.2%，第一产业较上年同期增长28.7%，第二产业则发展较慢，同比仅增长23.1%，低于全省平均水平4.8个百分点。全省个体工商户一、二、三产业的比例已调整为8.8:13.2:78，私营企业的产业比例则调整为1.5:50:48.5。个体私营经济与公有制经济的联系更加紧密，在国家政策的鼓励支持下，个体私营业者以多种方式，积极参与和支持公有制企业改革，对经济结构的调整发挥了积极的作用。个体私营业户购买、兼并、租赁、参股公有制企业多达4000余户，一年累计安置下岗职工20万人。

城镇住房制度改革初见成效

1998年省委、省政府把城镇住房制度改革作为山东省六项重大改革之一，有力地推动了改革工作的开展。一是普遍建立了住房公积金制度。二是积极推行房改新政策。按照住房补贴与房价挂钩的原则，住房补贴达到职工基本工资25%的售房成本价接近于当地的实际成本价。随着住房补贴相应提高，全省平均达2.33元。三是经济适用住房（安居工程）建议步伐加快。1998年全省经济适用住房（安居工程）总投资106.58亿元，总建设规模为1432万平方米。四是住房金融开始发挥重要作用。五是加强了住房建设质量的监督和管理。省里要求10万平方米以上的小区必须经省规划专家小组审核，10万平方米以下也必须经专家组评议。住宅产品实行“两书”制度，即住宅质量保证书和住宅使用说明书，否则，不得进入市场，有关部门不予办理交易手续。六是物业管理工作逐步规范。山东省各地形成了专业化的物业管理公司340个，服务水平和服务质量不断提高。物业管理在推进城市第三产业发展、安排下岗职工再就业方面发挥了重要作用。

高新技术发展初步形成了以电子信息、生物技术与制药、新材料、海洋工程为主导的框架

自实施“科教兴鲁”战略以来，山东省认真贯彻邓小平同志“发展高科技，实现产业化”的指示精神，在建设高新技术产业开发区、运用高新技术嫁接改造传统产业和培植高新技术产业生长点三个方面全面推进高新技术及产业的发展，初步形成了以电子信息、生物技术与制药、新材料、海洋工程为主导的高新技术产业框架。

（一）基本情况 1.高新技术产业开发区进入快速发展阶段。1998年实现技工贸总收入540亿元，利税50亿元，财政收入10亿元，已成为高新技术产业开发的重要基地和改造传统产业的辐射源。10个农业高新技术开发园区引进、开发了一批农业高新技术，在推动农业产业化和现代化建设中发挥了示范带动作用。2.运用高新技术嫁接改造传统产业取得明显进展。在机械、电子、化工、医药等传统支柱产业中选择了50家国有大中型骨干企业，作为运用高新技术改造传统产业的示范样板，实施省级以上火炬计划项目106项，完成技术改造项目41项，开发高新技术产品194个，其中有11家成为高新技术企业，对于提高企业创新能力、管理水平和传统产业的升级起到了很好的带动作用。3.高新技术企业已成为新的经济增长点。大力引导科研单位、高等院校和中小企业开发高新技术产品，培植了300多个高新技术产业生长点。1998年共实现销售收入300多亿元，利税45亿元。涌现出浪潮、海尔、海信等一批高新技术骨干企业。4.高新技术研究开发取得显著成效。高新技术研究水平不断提高，每年取得高新技术研究成果300多项。实施十大高新技术产品研究开发工程，已有高性能磁粉、EPO、金融软件等6个产品形成较好的产业基础，1998年新增销售收入10亿元。建设省级重点试验室88个，中试基地45个，高新技术创业服务中心14个，在大中型企业建立技术开发机构1200多个，为高校技术的研究开发和产业化创造了条件。5.高新技术产业快速健康发展。1998年新增销售收入210亿元，利税49亿

元，创汇5亿美元，有力地推动了高新技术成果的商品化、产业化、国际化。1998年启动实施的高新技术及产业发展计划，安排产业化项目39项，当年实现销售收入37.2亿元，利税4.5亿元。培育了具有山东省特色和优势的新材料、生物技术、电子信息、海洋工程等高新技术产业，高新技术产业增加值占工业增加值的比重由1998年的2.3%提高到近11%。

（二）主要做法： 1. 突出重点领域，重点发展电子信息、生物技术、新材料、海洋工程、机电一体化和农业高新技术六大优势领域；开发拳头产品，抓住科技攻关、产业化开发、市场开拓三个关键环节，开发出基因工程药物、计算机应用软件、特种功能材料等一批高新技术名牌产品；扶持龙头企业，在资金、人才、信息、管理等方面提供配套服务，塑造了一批高新技术骨干企业。2. 创造有利于高新技术及产业发展的良好环境。一是舆论环境。二是政策环境。三是投资环境。3. 实行技术创新和引进、消化、吸收相结合。积极创造条件，引进国内外高科技成果和高层次人才。山东省已实施的高科技产业化项目中，2/3是在引进国内外关键技术的基础上通过消化、吸收、创新进行的。

环境保护和污染治理取得明显成效

1998年，以水污染防治为重点，全面加强各项环保工作，取得了明显成效。1. 环境保护工作机制进一步建立和完善。省长与17市地市长、专员和省直12部门的主要负责人签定了1998—2000年环保责任书。提出的建立环境保护综合决策、资金筹措、领导干部考核奖惩三个机制及完善环保法规、监督管理、总量控制三个体系的工作，已形成基本框架。全省初步形成了党委领导、人大监督、政府负责、政协支持、环保部门统一监督管理、有关部门齐抓共管、人民群众广泛参与的环保工作机制。2. 继续以流域治理为重点，突出抓了巩固限期治理成果和排污总量控制等工作。全省1998年新建成城市污水处理厂6座，新增污水处理能力53万吨/日。3. 城市环境综合整治取得一定成效。在全国11个环境保护模范城市中，山东省占4个。4. 生态环境保护进一步重视和加强，全省已建成各类自然保护区14个，生态农业试点200处，森林覆盖率达到20%，治理水土流失面积300万公顷。5. 环保法制建设进一步强化，积极开展环保普法、执法检查和调研活动。强化监督管理，加大对违法行为的查处力度。6. 环境宣传教育深入进行。积极开展了齐鲁环保世纪行活动，组织记者深入实际采访报道，报道了一批正反典型，促进了污染治理工作的开展。7. 环保科研、监测和对外交流合作工作有新的进展。环境科学研究获省级以上科技进步奖16项；组织推荐并获国家环保总局通过的环保最佳实用技术6项。深入开展了流域、海域、污染源监测，每月发布重点流域排污总量控制监测公报，济南等城市发布了空气环境质量周报，全省每年获取有效数据80万个以上，监测网络进一步完善。8. 环保投稿不断增加。9. 环保产业有了新的发展。省政府组织有关部门对加强环保科技攻关，成立了省环保产业发展协调小组。重点抓了造纸废水治理和城市污水处理成套化设备的研制、开发和推广。总结推广了莱州金矿的氰化废水零排放、鲁北化工集团的废物综合利用等高新技术。积极学习、引进、消化国内外各种先进技术，努力提高山东省环保科技和环保产业水平，使之逐步成为新的经济增长点。

下岗职工基本生活保障和再就业工作的进一步加强

1998年，山东省累计有下岗职工75.6万人。到年底有45.8万人实现了再就业，再就业率达到60.6%。凡有下岗职工的企业都建立了再就业服务中心，共有6847个，进入再就业服务中心的下岗职工占99.3%。1998年以来，全省对下岗职工基本生活保障和再就业工作给予了高度重视，作为“一把手工程”。成立了下岗职工基本生活保障和再就业工作领导小组。1. 建立再就业服务中心，形成自上而下的组织体系。2. 积极筹集资金，保障下岗职工基本生活。从1998年起，由机关事业单位干部职工和职工平均工资高出当地上年度企业职工平均水平50%及以上的企业，按工资总额的1%捐献，作为社会捐助用于下岗职工基本生活保障。全省社会筹集资金达到2.67亿元。3. 加大政策扶持，拓宽就业门路，促进下岗职工再就业。一是鼓励下岗职工从事个体私营经济。各地开办的各类集贸市场，留出30%的市场摊位，优先安排下岗职工。下岗职工自谋职业，从事个体私营经济的，开业1年内免收工商管理等行政性收费。营业税和所得税由税务部门按规定征收后，同级财政按月返还。下岗职工批发销售本企业产品的，允许直接进入市场，减免市场管理费。目前，全省从事个体私营经济的下岗职工超过15万人，占实现再就业下岗职工总数的33%。二是鼓励发展社区服务。组织下岗职工从事与居民生活相关的商业、饮食、托幼、修理、搬运、家政服务等便民利民服务。三是围绕加快农业产业化，完善农村社会化服务体系。鼓励下岗职工开发荒山、荒水、荒地、荒滩等资源，从事农业开发和综合服务。凡下岗职工开垦“四荒”的，从获利年度起三年免缴农业税和农业特产税。免税期满后，纳税有困难的，由同级财税部门批准，给予适当照顾。四是鼓励企业和社会大力兴办劳动就业服务企业，扩大安置能力。全省劳服企业达到7000多家，安置下岗职工15万人。五是开展承担重点建设项目和基础设施的单位与困难企业结对子活动。实行“一帮一”对口支援，积极创造条件，组织困难企业下岗职工开展生产自救，以工代赈。4.培育发展劳动力市场，加强就业服务。全省仅劳动系统建立县以上职业介绍机构176个，省和部分市地职业介绍所实现了与华东、华北两大区域劳动力市场的信息联网。同时，加强职业技术培训，提高下岗职工技能素质，作为促进再就业的一项重要任务，加大培训力度。今年对下岗职工进行职业指导35万人次，再就业技能培训15万人次，比上年增长87%。5.各地加大就业宣传力度，引导劳动转变就业观念。继续开展“实施再就业工程宣传年活动”，各新闻单位拿出专门的版面、时段，宣传再就业工作。

（山东省对外经济贸易委员会　庞　妍）

江　苏　省

经济保持较快增长，经济整体素质进一步提高

1998年完成国内生产总值7200.8亿元，比上年增长11%，增幅高于全国平均水平3.2个百分点。其中，第一产业增加值1018.6亿元，增长2%；第二产业增加值3639.3亿元，增长12%；第三产业增加值2542.9亿元，增长13%。江苏省人均国内生产总值10023元，比上年提高10.5%。经济结构和所有制结构得到调整。第一、第二、第三产业增加值在国内生产总值中的构成比例，由上年的15.1∶51.1∶33.8调整为14.2∶50.5∶35.3。公有制经济在改革开放中稳定发展，混合所有制经济和个体、私营经济发展迅速。财政收支情况良好，金融形势基本平稳，市场价格保持低位走势。

扩大内需政策的效果逐步显现，经济增长的拉动力增强。积极启动投资需求，特别是水利、交通等基础设施建设投资力度明显加大，重点项目建设进度加快，成为拉动经济回升的主要因素。努力扩大消费需求，重视市场开拓和名牌产品销售，产品市场占有率有所提高。出口需求在极其困难的情况下保持了一定增长。抗洪斗争取得伟大胜利。全省人民团结奋斗，严防死守，英勇抗御长江特大洪水的袭击，境内堤防无一决口，水利工程无一失事，也没有因洪水死亡一人，有效地保证了经济建设的正常进行和人民生命财产安全。

劳动就业和社会保障工作进一步加强。1998年末全省城镇职工871.6万人，比上年末减少22.2万人；城镇私营个体从业人员129.9万人，增加39.8万人；农村私营个体从业人员285.5万人，增加60.9万人。国有企业下岗职工基本生活保障和再就业工作取得显著成效。有下岗职工的国有企业全部建立了再就业服务中心或类似机构，24.5万名国有企业下岗职工进入再就业服务中心，下岗职工的基本生活得到了保障。企业离退休人员养老金基本上做到了按时足额发放。全年29.2万名国企下岗职工通过多种途径实现再就业，再就业比例达54.3%。全省城镇登记失业率为2.6%。

社会供给稳定增长，结构调整取得进展

（一）农村经济全面发展　夏粮因灾减产，秋粮获得较好收成。1998年粮食总产3415.1万吨，完成计划的100.4%；棉花总产46.2万吨，完成计划的115.5%；油料总产115.5万吨，完成计划的82.5%。多种经营持续发展，肉类产量277.5万吨，比上年增长4.1%；水产品产量282万吨，比上年增长6.1%。农业产业化经营加快推进，省级重点龙头企业除个别外销售收入比上年增长11.8%，全省形成年销售收入亿元以上的龙头企业84家。防汛抗洪斗争取得全面胜利，江海堤防达标工程积极推进，治淮治太工程加快实施，通榆河工程进展顺利，泰州引江河实现通水，淮河入海水道开工试挖。农业综合开发得到加强，全省改造中低产田216.7千公顷，建设高产稳产农田138.7千公顷，围垦滩涂7.7千公顷，均完成计划目标。继续加大挂钩帮扶力度，淮北地区奔小康步伐加快。全省农业增加值1018.6亿元，比上年增长2%，低于增长4%的计划目标。

（二）工业生产平稳增长　积极开展’98工业结构调整促进年活动，着力强化市场开拓，工业生产稳步回升。江苏省第二产业增加值3639.3亿元，比上年增

长12%，其中工业增加值3172.9亿元，比上年增长11.3%，完成增长11%的计划目标。乡镇工业增速回升，增加值比上年增长15%。产销衔接继续好转，工业产销率为96%，超过95%的计划要求。工业结构调整力度加大，适销对路产品生产增长较快，特别是电子、医药等工业高速增长。省、市重点工业企业集团总体上保持较好的发展势头，销售收入增长15%，高于整个工业的增长水平。工业支柱产业增加值占全省工业增加值的比重达47.7%，比上年提高1.7个百分点。南北产业转移新建15个示范项目。

（三）第三产业发展较快 第三产业增加值2542.9亿元，比上年增长13%，完成计划目标。第三产业增加值占国内生产总值的比重达35.3%，比上年提高1.5个百分点。房地产业发展势头较好，全年竣工经济适用住房434万平方米，超额完成计划任务。邮电通信业发展加快，全年新增城乡局用电话交换机容量194万门，移动通讯扩容200万户，电话普及率达18.3%，提前两年实现“九五”目标。旅游业快速增长，国际旅游外汇收入5.3亿美元，比上年增长24.8%。社区服务业加速发展。金融业平稳运行，金融机构年末各项存款和贷款分别比年初增加898.7亿元和609.9亿元，5个城市商业银行均已开业，光大银行在苏州设立了支行。

社会需求逐步回升，调控措施初见成效

（一）投资需求加速增长 全社会固定资产投资完成2535.3亿元，比上年实际增长16.5%，完成增长15%的计划目标。其中国有经济投资1042.6亿元，比上年增长26.1%。全年基本建设新增的主要生产能力有：火力发电机组容量142.5万千瓦，高速公路55公里，港口年吞吐量140万吨，城市自来水日供水25万吨，大规模集成电路5000万块等。基础设施建设力度加大，重点项目建设取得较大进展，南京至马鞍山、南京至高淳（一期）高速公路建成通车，淮江、连徐、广靖、锡澄高速公路和江阴长江公路大桥、南京长江第二大桥等重点工程建设步伐加快，沂淮、宁宿徐、宁靖盐、汾灌高速公路和新长铁路顺利开工。利港电厂二期和张家港电厂全部建成投产，苏州工业园区华能太仓电厂开工建设。镇江135万吨造纸一期工程、张家港10万吨不锈钢板和南通10万吨丁苯橡胶等12个工业基建项目基本建成。100个重点技改项目竣工投产。

（二）消费需求缓慢回升 在扩大投资、启动消费和强化市场开拓的作用下，消费需求呈缓慢回升态势。1998年实现社会消费品零售总额2238亿元，比上年增长6.5%，低于11%的计划目标。积极参加西安中西部经济贸易洽谈会和哈尔滨商品交易会，江苏省成交额分别达30.5亿元和37亿元。成功举办了'98中国江苏名品精品新品交易会，共成交169.6亿元。市场建设迈出新的步伐，商品交易市场达6018个，其中年成交额超亿元的市场338个，超10亿元的市场42个，商品交易市场成交总额3182.4亿元，比上年增长19.3%。物价稳中有降，商品零售价格下降1.8%，居民消费价格下降0.6%，均低于计划目标。

（三）出口需求继续增长 面对亚洲金融危机带来的不利影响，经过艰苦努力，全省外贸出口仍然保持较快增长。据海关统计，进出口总额264.3亿美元，比上年增长11.8%，其中出口156.5亿美元，比上年增长11%。对欧美、拉美、非洲等市场的出口增长较快，外商投资企业和自营进出口企业出口增幅较高。工业制成品特别是机电产品出口快速增长，机电产品出口62亿美元，比上年增长31.2%，占全部出口的比重达39.6%。外商直接投资66.5亿美元，比上年增长14.8%。利用外资呈现大项目多、增资项目多、跨国公司项目多的新特点。完成对外承包劳务营业额3.6亿美元，比上年增长27.3%，完成增长18%的计划目标。开发区建设速度大大加快，国家级、省级开发区实现技工贸总收入2157.6亿元，比上年增长27.8%，外商直接投资和出口额分别占全省的67.9%和30.5%。

各项改革深入推进，社会事业取得新成就

（一）经济改革继续深化 农村土地承包期延长30年不变的二轮承包工作基本完成。国有大中型企业建立现代企业制度步伐加快，全年完成了40%的改制任务。江苏省现有上市公司42家，发行股票47只，累计募集社会资金215亿元。总结和推广江阴市的先进经验，推动乡镇企业改革和发展，乡镇企业改制面进一步扩大。优化资本结构工作取得较大进展，资产重组超过200亿元，核销呆坏账准备金25亿元。纺织压锭按期完成81万锭的压锭任务。动真碰硬治理乱收费、乱罚款、乱摊派，共取消涉及企业的行政事业性收费和资金项目1430项，减轻企业和社会负担82.8亿元。调整和完善所有制结构，混合所有制经济和个体私营经济发展迅速。金融体制改革稳步推进，价格改革继续深入，粮食流通体制改革顺利实施。养老、失业和医疗保险制度改革不断深化，养老保险和失业保险覆盖面分别达到91.5%和93.7%。城镇住房制度改革进入实施阶段。

（二）人民生活有所改善 再就业工作取得明显成效，国有企业下岗职工全部进入再就业服务中心，基本上保证国有企业下岗职工、离退休人员领到基本生活费和养老金。1998年共有51.76万名下岗职工实现

再就业，下岗职工再就业率达到55.7%，下岗职工人数控制在6%，年末城镇登记失业率为2.6%，均完成计划目标。城乡人民收入继续增长。城镇居民人均可支配收入6018元，比上年增长4.4%；农民人均纯收入3377元，比上年增长3.3%。

（三）精神文明建设和社会事业取得新的成就 以防汛抗洪斗争为契机，弘扬抗洪精神，积极开展群众性精神文明创建活动。社会主义民主法制建设得到加强，依法治省的决定正在全面贯彻。大力实施科教兴省战略。1998年完成10项重点科技攻关项目、10项重大产学研联合项目、30项重点科技成果转化项目、100项重点新产品开发投产项目，建成53家国家级、省级企业技术开发中心、10家重点工程研究中心和9家企业博士后工作站。沿江火炬高新技术产业带和苏北星火产业开发带组织实施了一批新的项目。全省获国家级、省级科技成果奖346项。教育现代化和教育促小康工程继续实施。加强耕地保护，全年复垦开发土地12.5千公顷。重点流域的污染治理取得阶段性成果，太湖流域770家重点污染源基本实现达标排放，全省工业废气、废水处理率和固体废物综合利用率分别达到90.3%、82.7%和78.6%。

经济和社会发展的形势具有以下特点

（一）积极启动三大需求，基础设施投资力度加大，开放型经济保持较快发展 1998年江苏省投资需求回升，在建项目进度加快，并从中央扩大内需的盘子中争取到较大的份额，新上了一批带动全局、影响长远的大项目。特别是交通、水利等基础设施建设投资力度明显加大，总投资突破1000亿元，增长30%以上。在继续加快苏南交通建设的同时，江苏省作出了“奋战五年，决战苏北，确保全省高速公路联网畅通”的决策，苏北一千公里高速公路建设迅速启动。江阴长江公路大桥、南京长江二桥等重点项目全面完成年度建设任务，新长铁路顺利开工。电力、通信、环保等基础设施、城市公用设施、工业重点项目和住宅建设步伐进一步加快。大力开拓国内市场，成功举办了江苏名品精品新品交易会和一些大规模促销活动，积极引导消费，促进消费需求逐步回升。积极应对亚洲金融危机，在国际经济环境不利的情况下，保持了开放型经济的较快增长。由于比较好地把握了扩大需求特别是投资需求的时机和力度，使江苏省1998年经济增长速度呈现稳步回升势头，为实现全年增长目标起到了关键作用，也为今后的发展创造了条件。

（二）齐心协力夺取长江抗洪斗争的全面胜利，以江海堤防达标工程为重点的水利建设进一步加强 面对1998年长江流域发生的特大洪水，江苏省及时提出“大洪水后进一步反思，反思后进一步大干”，作出了关于进一步加快防洪保安基础设施建设的决定，全省迅速掀起了水利建设的新高潮。江堤达标工程按照三年任务两年完成的要求加快推进，海堤达标、治淮治太等重点水利工程建设步伐加快，泰州引江河工程年内可实现通水，建国以来投资规模最大的单项水利工程淮河入海水道开工建设。

（三）采取有力措施强化农业基础地位，农业和农村改革与发展进入一个新的阶段 江苏省始终把农业放在经济工作的首位，全面贯彻党在农村的基本政策，深化市场取向的农村改革，基本完成延长土地承包期三十年不变的二轮承包工作，继续健全农业社会化服务体系，顺利实施粮食流通体制改革，努力减轻农民负担。落实以秋补夏、以副补粮的措施，秋熟作物获得大丰收，水稻总产、单产双超历史，全年粮食、棉花总产可完成计划任务，多种经营稳中有增。中低产田改造、滩涂围垦等农业综合开发取得新成效。以推进农业产业化为重点，加快农业结构调整步伐。全省已形成销售收入5000万元以上的龙头企业288家，其中亿元以上的84家。继续对淮北经济薄弱县实行挂钩帮扶，巩固扶贫成果，加快奔小康步伐。乡镇企业改革和调整取得新进展，增长速度和经济效益明显回升，预计全年乡镇企业增加值增长14%左右。

（四）牢牢把握江苏经济发展的第三次机遇，结构调整取得新的进展 突出抓好工业经济的战略性改组改造，着重培育壮大支柱产业、重点企业集团和成长型企业，同时从多方面扶持小企业的发展。重点工业企业集团保持较好发展势头，年销售收入平均增长15%以上。电子信息、医药等新兴产业高速增长。加快发展高新技术产业，国家级、省级高新技术园区实现技工贸总收入增长25%。加大企业技术改造力度，全年100个重点技改项目竣工投产。第三产业特别是信息、旅游、房地产、社区服务等新兴三产的发展加快，占GDP的比重比上年提高1.3个百分点。继续调整和优化地区生产力布局，加快徐连经济带和“海上苏东”的建设，建成投产15个南北产业转移示范项目。

（五）积极推进以国有企业为重点的各项改革，经济发展的活力进一步增强 到1998年底国有大中型企业有40%可初步建立现代企业制度，一批小企业通过多种形式进一步放开搞活。国有企业领导班子考核工作基本完成，领导班子建设得到加强。优化资本结构工作顺利推进，资产重组超过200亿元，预计核销呆坏账准备金25亿元。全年81万锭的纺织压锭任务可望完成。企业治乱减负取得明显成效，全省共取消行政事业性收费项目等1430项，减轻企业负担82.8亿元。从江苏省实际出发，积极调整和完善所有制结构，混合所有制经济和个体私营经济发展势头强劲。高度重视做好国有企业下岗职工基本生活保障和再就业工作，下岗职工人数控制在10%以内，再就业率达到50%以上，基本保证了国有企业下岗职工、离退休人员及时足额领到基本生活费和养老金。全省养老保险和失业保险覆盖面分别达91.5%和92.2%，县级以上城市已全面实施城镇居民最低生活保障线制度。城镇住房制度改革方案进入实施阶段。流通体制和国合商业改革取得了新的进展。按照中央的统一部署，金融体制改革顺利推进，军队、武警和政法机关经营企业的移交接收工作顺利完成。

（六）坚持经济和社会协调发展，各项社会事业全面进步　全省各级把可持续发展放到更加突出的位置，计划生育、耕地保护和环境保护工作进一步得到加强，淮河、太湖等重点流域的污染治理取得阶段性成果。城镇建设步伐加快，城乡面貌发生新的变化。南京城市建设和管理基本实现了“三年面貌大变”，全省许多市、县（市）面貌一新。认真落实科教兴省的各项措施，科技为经济服务的能力增强，教育体制改革和布局调整取得新进展。以筹备承办第六届中国艺术节为契机，加快建设文化大省步伐。广播电视、新闻出版、体育卫生等各项社会事业全面发展，成功举办了省第十四届运动会。围绕纪念党的十一届三中全会召开20周年，兴起了学习邓小平理论的新高潮。积极开展群众性精神文明创建活动，公民素质和城乡文明程度进一步提高。依法治省工作不断推进，农村基层民主政治建设全面展开。顺利完成了人大、政府、政协的换届选举。各级领导班子建设、干部队伍建设和党的基层组织建设进一步加强。深入开展反腐败斗争，坚决打击走私、骗逃汇和涉税犯罪，全面落实社会治安综合治理的各项措施，有力地保证和促进了改革、发展和稳定。

积极实施经济国际化战略

（一）主要成就　江苏省实施经济国际化战略过程中，确立了工作重点，就是加快实施“三外齐抓、三外齐上、三外联动”的方针，促使江苏对外开放和对外经贸向更广领域、更高层次推进，取得了很大成绩。

1. 对外贸易迅速发展　1998年全省进出口总额264.3亿美元，比“八五”末增长62.4%，平均每年增长17.5%，为2000年计划的77.7%，外贸依存度由1995年的26.4%上升为1998年的30.4%。其中出口总额156.5亿美元，比“八五”末增长60%，平均每年增长17%，为2000年计划的69.6%，出口依存度由15.8%上升为18%。江苏省出口在全国的地位已达第三位。在1997、1998年亚洲金融危机、人民币不贬值的影响下仍能保持如此发展态势实属难能可贵。

出口结构明显优化。1997年，重工产品出口占出口总额的比重由1995年29.4%上升到40.7%，轻工产品出口的比重则由66.2%下降到54.4%，农副产品出口的比重仅占4.9%。

贸易市场向多元化发展。与江苏省开展贸易往来的国家或地区已达193个，已建立起亚、非、欧、美四个中心企业，在香港、日本、美国、德国、英国、新加坡、多哥、智利、巴拿马、波兰等20多个国家和地区设立了70多个贸易机构或代表处。

2. 利用外资成绩显著　江苏省利用外资规模迅速扩大，1998年，全省累计签订利用外资协议项目38554个，协议外资总额714.48亿美元，实际利用外资总额360.64亿美元。其中：1998年，当年签订利用外资协议项目1843个，协议外资总额76.86亿美元，实际利用外资69.6亿美元，较1995年分别下降57.1%、下降41%和增长31.6%，1998年实际利用外资相当于当年全社会固定资产投资的22.75%，缓解了江苏省经济建设资金不足的矛盾。

在规模不断扩大的同时，江苏省利用外资的环境不断改善，各项涉外法规日益健全，利用外资的质量有所提高，结构有所改善；资金和技术密集型项目明显增加，国家鼓励投资类项目增加较多，限制类项目减少，基础产业和基础设施项目成为外商投资的热点；淮北地区对外商的吸引力增强；世界知名大跨国公司来苏投资增多，大项目继续增加，平均单项外商投资规模不断提高，美国通用、美孚石油、韩国大宇、德国汉高、日本日立……一批国际性大公司、大财团接踵而至。

3. 对外经济技术合作不断拓展　近年来，根据“全方位、多功能、集团化、国际化”的发展思路，江苏省对外经济技术合作业务迅速拓展。1998年，全省累计签订对外承包工程、劳务合作和设计咨询合同数2746项，合同金额25.42亿美元，实际完成营业额18.42亿美元。其中1998年新签合同数652项，合同金额6.25亿美元，完成营业额5.22亿美元，派出人数23223人次，分别比1995年增长1.1倍、1.2倍、1倍和1.8倍。目前，全省有对外承包劳务经营权的国际公司已经发展到62家，居全国前茅。

江苏省鼓励国有大中型企业（集团）和乡镇企业走出国门，直接参与国际市场竞争。至1988年末，全省累计投资兴办海外非贸易企业513家，项目总投资2.9亿美元，其中江苏省以设备、技术投入为主的投资额约1.5亿美元，目前已有近半数企业投产开业，经营状况良好。其中，1998年，全省新批海外投资企业17家，项目总投资2128万美元，其中江苏省投资1088万美元，分别比1995年减少50%、增加19.5%和增加20.7%。

4. 开发区成为招商引资的热点区域　江苏省是我国兴办开发区时间较早、发展较快、规模较大、办得较好的省份之一。全省现有各类开发区79个，其中经国务院批准的国家级开发区11个，经省政府批准的省经济开发区68个。在国家级开发区中有中国与新加坡两国政府合作兴建的苏州工业园区，这是我国目前最高层次的开发区；有经济技术开发区、高新技术产业开发区、保税区、旅游度假区以及海峡两岸科技工业园、环保科技工业园。在省级开发区中除经济开发区外，还兴办有港口开发区、台商投资区、外向型农业综合开发区。这些开发区分布面较广，类型多，功能全，不仅适宜于各地经济发展的实际需要，而且适宜于不同层次、不同规模、不同产业的外商前来投资办企业。

与国内兄弟省市相比较，江苏省开发区整体发展比较整齐、健康。全省开发区已开发和正在开发面积约396.4平方公里。累计批准进区各类企业31057个，项目总投资4005.7亿元，其中外商投资企业5540个，合同外资304.8亿美元（占全省总额的44.9%）。累计实际到账资金1954.5亿元，其中实际到账外资153.0亿美元（占全省外商直接投资总额的48.5%）。累计已有18119家企业投产开业，其中外商投资企业3132家。江苏开发区已形成的整体经济规模，在全国开发区中名列前茅。

（二）基本经验　1. 善于捕捉战机是实现经济国际化的重要条件。改革开放以来，江苏抓住了实施经济国际化的机遇。第一次是80年代中后期全国实施沿海地区经济发展战略时，江苏争取国务院批准9个市、60个县（市）对外开放，省委省政府又宣布淮阴、徐州市区自费开放；第二次是90年代初中央决定加快浦东和沿江开发开放，江苏及时提出“坚决支持、主动服务、迎接辐射、促进发展”方针，在全国率先派出代表团到上海共商合作大计；第三次是1992年邓小平同志视察南方谈话之后，江苏省第九次党代会提出“经济国际化战略”。每次机遇的利用，都使江苏对外开放不断向广度和深度拓展。

2. 夯实物质基础是实现经济国际化的根本保证。江苏省有悠久的国际商贸历史传统；改革开放以来，江苏省大力发展外向型经济，又积累了许多新的经验；国民经济迅速发展，经济总量居全国第二，为外经贸易提高竞争能力、优化结构、扩大规模和提高效益提供了坚实的基础和物资保障；江苏省有各类高校70多所，独立的科研机构300多个，科技人员200多万，智力资源较为丰富。这些现实的和潜在因素为推进经济国际化提供了有利条件。

3. 深化体制改革是实现经济国际化的重要前提。改革开放以来，江苏省对外贸体制进行了几项大的改革。1987年前，改革计划管理体制，打破外贸专业公司垄断经营。1991年起调整和改革汇率机制，实行汇率双轨制，统一外汇留成。党的十四届三中全会以来，外贸确定了“统一政策、放开经营、平等竞争、自负盈亏、工贸结合、推行代理制”的改革方向。“九五”期间，在巩固以往改革成果的基础上，实行了双重汇率并轨，外贸企业一律取消外汇留成，实行统一结售汇，实行以市场供求为基础的单一人民币浮动汇率制度。同时，进出口配额和许可证的范围大大缩小，90%以上出口商品放开，价格由市场决定；对部分重要商品配额有偿招标。通过这些改革，使江苏省初步建立了符合市场经济体制要求和国际贸易通行规则的新型外贸体制框架，从而为江苏省发展经济国际化提供了制度和法律保证。

4. 改善政府职能是实现经济国际化的基本途径。江苏省各地区政府在经济国际化实践中，从自身特点出发，勇于开拓，积极创新，充分发挥管理职能作用：(1) 制定好本地区开放型经济发展规划。规划基础设施等“硬环境”建设，建设良好的投资“软环境”；(2) 发挥好地方政府的引导服务功能。如协调生产、环保、商检、外贸等管理职能；为企业或开发区招商引资提供信息咨询、出国考察等服务；(3) 发挥地方政府对发展外向型经济的政策扶持功能。如制定并用好地方财政政策，建立地方出口基金等。

乡镇企业改革取得突破性进展

1998年是江苏省乡镇企业改革获得大进展的年份，改革的重点包括两个方面：一是对相当部分原实行租赁、风险抵押承包等经营责任制度改革的企业，进行彻底的所有制改革；二是对乡村集体（大而盈、大而亏）大型骨干企业的产权制度改革展开攻坚战。其基本发展趋势主要体现在下列几方面：

1. 早转制少流失，晚转制多流失，不转制全流失成为基本共识。在严格按程序进行规范化操作的前提下，尽可能快地缩短乡村企业产权制度改革的周期，成为普遍的趋势。其根源在于未改制企业的经营者存在“迟早要进行改制”的预期。针对企业经营者们在改制问题上的缺陷，乡村政府采取了一些相应的对策：一是“零资产转让”。主要是针对那些资不抵债的中小乡村集体企业，一律以零资产（包括企业负责）转让给原企业经营层，对那些负资产数额较大者，另附加一定的优惠条款。二是“强迫经营者买断”。对那些公开招标而无人投标的企业，则按标底价强迫原经营者

（厂长）先买断，然后再由经营者招股经营。如原经营者不服，则乡村政府组织人员上门清理企业以前的财务，实践结果是没有人拒不接收。

2. 经营者持大股、控股，经营集团参股，集体股本逐步从企业中退出或股金转租金，普通职工很少参股或几乎不参股逐步成为乡村集体企业改制中的又一新趋势。以宜兴市为例，全市设置股本总额22亿多元，其中集体股占总股本的21.3%，个人股占68.2%，而经营者又占个人股的41.6%，社会股（含外资股）占9.2%，企业职工共享股占1.3%。无锡长安镇的镇办企业中，社区集体仅在当前经济效益好、有发展潜力、厂长素质较好的3家镇办企业中有少量参股。这3家企业股权配置模式是：厂长持股30%，企业其他经营骨干合计持股30%，集体持股20%，职工持股20%。不少地方的基层负责同志都明确表示，今后集体股将从企业中逐步退出来，退出的方法有两条：一是抽出现金；二是股金改为借贷收取利息。

3. 乡村骨干企业转制有了新的突破。目前农村中经济效益好、发展潜力大的乡村骨干企业为数虽不多，但在乡村集体资产总额中所占的比重却相当大。如锡山市1997年底尚未转制的镇村净资产500万元以上的企业合计147家，仅占企业总数的1.87%，但其拥有的集体净资产却占44.6%。效益好、有前途的乡村骨干企业目前多以组建规范的公司制企业为主。经济效益一般、产品档次不高、发展潜力不大的骨干企业多采取产权转让、兼并等改制形式。亏损的乡村骨干企业是目前骨干企业改制中的难点，各地在实践中探索出了一系列行之有效的改制办法。目前各地较为普遍采用的方法有切块转制、嫁接、整体出租、建新租旧、以资抵债、抽债增资、破产清算等。在上述种种改制形式中，“化整为零，切块转制”是采用最为广泛、改制效果较为理想的形式，不仅集体企业的资产损失相对较少或几乎不造成什么损失，而且通过产权制度改革，调动了方方面面的积极性，且在重新整合的基础上可形成新的、独特的集聚优势。

到1998年底，江苏省乡镇企业的改制面已达85%。通过改革，乡镇企业出现了以下变化：一是初步形成了乡镇企业产权的多元化结构。1/3以上的企业实行了股份制或股份合作制，在乡镇企业实收资本总额中的非集体资本，即社会法人资本、外商资本和个人资本已占40%左右。二是一批大中型企业迅速崛起。现在已有1300多家大中型乡镇企业，这些企业的营业收入和利税总额已占乡镇企业总量的30%以上和大中型企业总量的40%以上。三是农村个体私营企业的迅速发展改变了乡镇企业的所有制结构。江苏省农村个体私营企业多年来发展较慢，到“八五”期末在乡镇企业总量中还只有10%左右。经过近两年的发展，到1998年末这一比重已提高到25%。

加快推进高新技术产业化

1998年，江苏省围绕科教兴省的主体战略，采取一系列措施加强了高新技术基础研究和开发应用研究，加快了高新技术产业化的进程，使高新技术产业开始成为国民经济发展中的一支新生力量，并在全国范围内具有一定的相对优势。

（一）综合科技实力位居全国各省的前列　江苏省与全国有关省（市）的对比研究表明，江苏省的科技综合开发实力位居全国第三，居北京、上海之后。其中，高新技术的基础研究能力（包括基础研究的人力、经费、项目、实验室设施的投入、研究的国际交流、合作等方面）居全国第四，在北京、上海、辽宁之后；高新技术应用开发能力（包括应用开发研究的人力、经费、项目、中试基地的投入、专利、成果等方面）居全国第三，在北京、上海之后；高新技术的产业化发展能力（包括风险基金规模、创业中心、高技术园区、火炬计划项目和工业的实绩等方面）居全国第二，仅在北京之后。

（二）涌现出了一批高新技术企业和企业集团　高新技术企业是江苏省高新技术产业化的排头兵和生力军。到1998年为止，江苏共培育188家高新技术企业，其中，被批准的国家级重点高新技术企业9家，居全国之首，这些企业的技术经济指标在国内同行业处于先进水平。高新技术企业，人均劳动生产率高出传统企业5~10倍。在全部高新技术企业中，年销售收入超过亿元的企业已超过200家，大多数企业的技术创新能力、设备水平和经济效益在国内处于先进水平，股票上市的高新技术企业数已有15家。同时，高新技术企业的产品开发能力和创新能力得到了提高，高新技术产品的产值占工业总产值的4.34%，高新技术产品出口，占外贸出口的5.4%。

（三）高新技术产业化为江苏经济发展提供了新的支柱产业和新的增长点　江苏省的一些高新技术产业和产品已具有了一定的规模，在全国也具有了一定的影响，如精密仪器制造产业中高技术产品产值占全国的1/3；电子通讯、电气、医疗器械行业中高技术产业产值分别占全国同行业的1/5~1/4。同时，尤其是“九五”以来，面向经济、面向市场、面向企业组织了包括火炬计划在内的一系列科技发展计划。

“九五”以来，面向大中型企业重点组织实施了以高新技术为主的59项科技攻关项目、14项CIMS试点示范工程和21项CAD应用推广项目，江苏省还被国家科委列为CIMS技术推广应用示范省份。仅1998年，就组织实施省以上火炬计划项目199项，其中，国家级项目73项，总数连续5年列全国各省市第一，其中，83%和81%的项目集中在高新园区和沿江火炬带；火炬计划项目总投资25亿元，科技贷款12.12亿元，项目完成后可新增产值147.4亿元，新增利税44亿元，创汇2.1亿美元。为了加快培育高新技术产品群，1998年还组织了1216项重点项目和重点产品，在沿江高新技术产业带，以现代光纤通讯、电子通讯和现代生物工程等为代表的高新技术产品群正在形成。这些，不但促进了高新技术产业本身的发展，而且提高了高新技术对传统产业的辐射、渗透能力，加快了传统产业的技术改造。目前，有的高新技术产业（如电子和机电一体化）已成为经济结构调整中新的支柱产业，高新技术产业的发展及其对传统产业的改造已成为经济发展新的经济增长点。

（四）高新技术研究开发队伍不断壮大 江苏省的科技队伍不断成长，为高新技术及其产业的发展奠定了坚实的人才基础。各类专业技术人员已达200多万人；高新技术研究开发队伍进一步稳定和加强，现有科学家和工程师20多万人，并拥有中国科学院院士46人，中国工程院院士25人。目前，享受国家特殊津贴的科技人员2588人，评出国家级突出贡献的中青年专家73人，省级455人，共有政府所属独立研究开发机构416个，高等院校所属科技机构383个，大中型企业所办科研机构1600个，并建成30个国家级和省级工程技术研究中心，28条中试生产线和12个研究开发实验室，相应的高新技术研究开发的基础设施建设取得了长足进展。

（五）高新技术产业开发园区和沿江高新技术产业带迅速崛起，已成为发展高新技术产业的重要基地和新的经济增长区 1991—1992年经国务院批准，江苏省建立了南京、苏州、无锡、常州4个国家级高新技术开发园区。1996—1997年又批准建立了扬州、镇江、南通、徐州、盐城、连云港、江阴、武进、昆山、海安10个省级高新技术开发园区，同时，沿江高新技术产业带也初步形成。经过几年的建设与发展，高新技术开发园区和产业带充分发挥了在经济发展中的示范、辐射和带动作用，并为今后的加速发展奠定了良好的基础。这表现在：

1. 现代化新兴工业城的雏形已现，新的经济增长区的地位基本确立。目前江苏省高新技术开发园区的基础设施建设已基本实现了“七通一平”；各高新园区工业总产值约占所在地市的7%，各高新园区的财政收入占所在各地市财政总收入的7.5%；1998年4个国家级和10个省级高新园区完成技工贸总收入突破800亿元，比去年增长30%以上。南京、苏州、无锡、常州高新园区1～9月份比去年同期分别增长78%、48%、58%、12%。

2. 高新技术产业化基地功能基本形成。省高新园区的高新技术产业产值占园区总产值的50%，高新园区内的高新技术企业数占总数24.2%。

3. 吸引外资的良好形象基本树立。目前，江苏省高新园区内中外合资企业数为1300多家，约占园区企业总数的1/5，实际利用外资累计已达40多亿美元。

4. 科技创业服务中心成效显著。到目前为止，共建15个创业中心（孵化器），其中高新园区有几个，科技孵化场地面积达21.6万平方米，共有进驻孵化企业1300多家，吸引科技人员近2000人，孵化企业实现销售收入4.1亿元。苏州创业中心还被国家科委列为国际企业孵化器。

5. 高新技术国际化的进程有所加快。近几年来，随着江苏省不断加强与国外的联系与交流，高新技术国际化工作也开创了新的局面。如积极派人参加国际会议和出国考察，执行政府间的国际合作项目，引进国外专家等。各高新园区也全方位、多层次地加强了国际合作交流，苏州高新区在美国硅谷等地设立了两个窗口，并被国家列入首批对APEC进行国际合作的国家开发区之一；无锡高新区与新加坡达成了合作开发10平方公里的合作协议，1平方公里的工业园已建成；常州高新区与美国三角科技工业园结成姐妹园区，并聘请美国专家来高新区长期工作；南京高新区内的“欧洲科技工业园”加大了在欧洲共同体的招商力度。据统计，世界500强企业基本上都有合资企业在江苏高新园区内。

6. 高新技术成果转化与对接工作加强。1998年11月在苏州举办了中科院和江苏省高新技术及其产业化合作交易洽谈会。其间共展示科技成果1000多项，招标关键技术难题141个，签订各类技术合作协议1226份，总金额5亿多元。在这些成交项目中，大多是为江苏省主要的高新技术产业发展提供储备开发的重点产品和重点项目，还有一批高新技术产业基地合作、开发协议项目，为今后院省合作促进江苏科技与经济发展打下了坚实的基础。

公路建设再创辉煌

“八·五”以来，江苏省交通基础设施建设成绩辉煌，整个苏南地区的现代化交通格局基本形成。进入1998年，为了有效推动江苏省经济增长，在前几年交通建设取得丰硕成果的基础上，面向新世纪，抓住新机遇，一鼓作气，再接再厉，进一步加大对交通基础设施的投资力度，奋战五年，决战苏北，建成8条总长近千公里的高速公路和两座长江大桥，确保全省高速公路联网畅通。1998年7月，沂淮、宁宿徐、宁靖盐三条高速公路同时正式开工建设，从而拉开了总投资近500亿元、以苏北为主战场的江苏省交通建设的跨世纪大决战。

沂淮、宁宿徐、宁靖盐三条高速公路是构成江苏省公路交通主骨架的重要组成部分。沂淮高速公路北起新沂、南至淮阴连接淮江高速公路，是北京至上海国道主干线的重要路段，全长107公里，总投资42亿元，计划2000年底基本贯通，2002年建成通车。宁宿徐高速公路新建盱眙至宿迁段，全长130公里，总投资31亿元，计划2000年底建成通车。宁靖盐高速公路南接广靖线和江阴大桥，北接204国道盐城北段，其中盐城至广陵138公里为新建路段，总投资41亿元，一期工程建设盐城至安丰和姜堰至广陵段67公里，计划2001年底建成通车。这三条高速公路贯穿苏北腹地，建成通车后对加快苏北地区的开发与开放，进一步改善江苏省特别是苏北地区的投资环境，促进区域经济共同发展，具有重要意义。

除上述三条路外，苏北以及连接苏北的已经开工建设的重点交通工程项目还有：

1. 淮江高速公路，从淮阴到江都，全长153公里，总投资56.3亿元，将于2000年底建成通车；

2. 连徐高速公路，从连云港到徐州，是连云港至霍尔果斯国道主干线的重要路段，内陆地区利用连云港出海口的交通要道，全长240公里，总投资72亿元，计划2002年底建成；

3. 汾灌高速公路，从苏鲁交界的汾水到灌云，是同江至三亚国道主干线的组成部分，全长87公里，总投资32亿元，一期工程40公里将于2002年建成通车。

4. 江阴长江大桥，世界第四、中国第一的悬索桥，主跨1385米，总投资33.74亿元，1999年国庆前建成通车。

5. 广靖高速公路和锡澄高速公路，广靖高速公路从广陵至靖江，南连江阴长江大桥，北接宁通一级公路，全长17.2公里，总投资7.5亿元；锡澄高速公路从江阴至无锡，北接江阴长江大桥，南与沪宁高速公路相交，全长34.2公里，总投资17.5亿元，两路将于1999年国庆前与江阴长江大桥同步建成通车。

6. 南京长江二桥，中国第一、世界第三的钢箱梁斜拉桥，全长12.5公里，总投资31.9亿元，计划2001年“七一”前建成通车。

此外，宁通、宁连两条一级公路的高速化完善工程也在施工建设中，计划到2000年使这两条公路实现高速化。

上述项目建成后，苏北的交通面貌将全面改观，并将形成全省高速公路网络，13个省辖市全部通上高速公路。

为进一步加快苏北高速公路建设，1998年11月省政府批准筹建江苏省高速公路（集团）有限公司，并列为省重点企业集团。该集团公司是具有投资性质的国有资产经营单位和投资主体，负责有关高速公路的基础设施投资（控股、参股）和统一建设等。集团公司下辖江苏淮江高速公路有限公司、江苏沂淮高速公路有限公司、江苏连徐高速公路有限公司、江苏汾灌高速公路有限公司、江苏宁宿徐高速公路有限公司、江苏宁靖盐高速公路有限公司等6个项目公司。这是江苏省公路交通建设投资体制的重大改革。

旅游业步入了一个加速发展的新阶段

江苏省是全国七大重点旅游省份之一。改革开放以来，经过20年的发展，江苏省旅游业已经初步形成吃、住、行、游、购、娱初步配套的产业体系，经济产业形象日益突出，在国民经济中的地位不断提高，目前已成为全省第三产业的重要组成部分和国民经济的新增长点。

（一）旅游产业与产品体系的壮大完善 江苏省旅游业出现了起步晚、发展快的良好势头，各地投资、发展旅游的热情不断高涨。目前，拥有旅游涉外饭店317家，旅行社318家，定点旅游车船公司21家，定点购物商店60多家、定点餐馆70多家、旅游商品定点生产单位40家。旅游直接从业人员8.2万人、旅游间接从业人员41万人。近几年是江苏省旅游发展最快的时期，据从事国际旅游接待的省内700多家旅游企事业单位的统计，1977年固定资产原值达121.6亿元，比1992年增长6.9倍，年均递增67.9%。产业规模的扩大对迅速壮大旅游经济总量起到了积极作用。

江苏省共有7个历史文化名城，12个国家级和8个省市级风景名胜区，350处国家级和省级文物保护单位，传统观光旅游在海内外享有盛誉。“苏锡江南”被国家旅游局确定为全国名牌产品，苏州园林被联合国教科文组织确定为世界文化遗产。近几年来，为顺应世界旅游发展潮流，满足国内旅游日益增长的需要，开发建设了2个国家级和5个省级旅游度假区，逐步开展休闲度假旅游；积极利用两个文明建设成果和广泛的社会资源，组织专项旅游、举办旅游节庆活动；建设了苏州乐园、灵山胜境、无锡影视城等一批新的现代娱乐项目，进一步丰富了旅游产品。

（二）旅游管理体制逐步健全和规范化 江苏省旅游局自1978年独立建制以来，各地旅游管理机构逐步健全，1988年前仅有苏州、无锡、南京、连云港4市成立旅游局，发展到目前已有12个省辖市和38个县（市、区）设立了旅游局。为研究旅游发展的重大问题，协调各方面关系，1989年成立了江苏省旅游事业委员会；近几年，12个省辖市成立了相应的机构。1998年12月江苏又组建了全省旅游规划建设委员会，加大了旅游产业科学规划，有序发展的力度。

（三）狠抓教育培训，严格行业管理，努力提高旅游产业素质 1978年成立的江苏省旅游学校，是全国第一所旅游学校。80年代，随着旅游大发展，江苏省又开办了南京金陵旅馆管理干部学院。近几年，各市旅游专业的院校、职高纷纷建立，目前全省共有旅游院校100余所，形成了"高、中、初"旅游教育培训体系和"三级培训网络"，为全省乃至全国输送了大量旅游专业人才和从业人员。

近几年来，旅游业管理加快了与国际接轨的进程，率先在全国成立了旅游标准化委员会，在严格饭店评星的同时，导游服务、游船星级、娱乐场所安全和国内旅行社服务等国家标准逐步得到实施。按照国际惯例，完成了国际、国内旅行社的分类转轨工作，强化了星级饭店检查、复核工作。主要旅游城市出台了旅游行业管理办法。在历年全国旅游服务质量综合评比中，江苏均名列前茅。江苏在旅游市场上已逐步树立起"亲切、舒适、安全"的旅游形象。

（四）打好创建中国优秀旅游城市攻坚战，营造旅游大环境 创建中国优秀旅游城市是推动旅游城市国际化、改善环境质量、提高城市知名度的重要举措。省和各市成立了以政府主要领导为首的领导小组，把创优活动与创建卫生城市、园林城市和社会环境综合治理结合起来，对相关部门下达责任目标。近年来，省内南京、苏州等5个城市在城市绿化、公用电话、英文路标、公共信息图形符号、查处假冒伪劣商品、景区厕所、环境卫生等方面有明显改观。在1999年初公布的首批中国旅游城市名单中，江苏苏、锡、宁、镇、扬五城市全部上榜。

（五）旅游市场迅速扩大，旅游经济快速增长 90年代中期以来，江苏旅游业呈现出"国际、国内、出境"三旅共同发展的良好局面。1997年接待国际旅游者首次突破百万大关，达101.7万人次，创汇4.08亿美元，均居全国第五位。江苏省1997年接待国内旅游人数比上年增长14.9%，1998年上半年又比1997年同期增长了10%以上，呈现出走好的强劲势头。据抽样问卷调查发现，目前各地城市居民节假日外出旅游已成为生活方式中的重要组成部分，以苏南居民旅游频率最高，苏中次之，苏北居民相对次数较少，外出旅游中已显出了自费为主的态势。1997年江苏省国内旅游者人均花费为653元，消费构成是以住宿（24.5%）、餐饮（20.7%）和购物（16.4%）为主。江苏省城市居民全年花在旅游方面的所有费用为人均1324.58元，南京、扬州和无锡地区居民的花费则分别为：1388.67元、1245.24元和1322.58元。目前江苏省国内旅游的客源构成呈多元化趋势。

（江苏省委政策研究室　张伟新）

浙江省

抓住扩大内需的有利时机，加快实施基础设施建设的"六个一千"工程

1998年，浙江省提出了在今后五年内集中力量建设"六个一千"工程，即1000公里沿海高标准海塘、1000公里钱塘江标准江堤、1000公里高等级公路、1000万千瓦发电机组、年1000万人次空港吞吐能力、1000万亩高产稳产商品粮基地，基础设施建设的力度进一步加大。1998年一年，全省水利投资增长68%，沿海标准海塘和钱塘江标准江堤分别建成360公里和140公里，1999年在建的海塘和标准江堤达到370公里；交通投资增长一倍，沪杭甬高速公路全线通车，上虞到台州三门、杭州到南京的高速公路已开工建设，杭金衢高速公路即将开工；电力投资增长32%，总投资116亿元的全省农村电网改造工程，将完成投资37亿元。全社会技术改造投资制止了多年下滑的势头，增长20%。

深化国有企业改革，大力发展个体私营经济

1998年初，浙江省制定并开始实施国有企业改革和脱困三年规划，首先集中力量抓了国有大中型亏损企业的扭亏工作。省重点抓的40家大中型亏损企业基本达到了扭亏转盈的目标。加大了转制、兼并、破产工作的力度。到1998年底，浙江省国有企业改制面达68.2%。其中公司制占51.1%，股份合作制占35.3%，其余是兼并、联合、破产和拍卖等。在国有企业内部

试行了职工持股的办法和企业经营者年薪制试点。与此同时，大力发展个体私营等非公有制经济。浙江省研究制定了促进个体私营等非公有制经济加快发展的政策措施，明确提出，今后浙江省个体私营经济发展要坚持量和质并重，从过去的自发盲目发展，转向政策引导、依法管理、有序竞争、健康发展上来。积极为个体私营经济发展创造平等竞争的环境。个体私营经济发展的势头比较好。

大力发展效益农业，加快粮食、棉花流通体制改革

针对当前农业和农村经济发展面临的新矛盾、新问题，浙江省把积极调整农业结构、发展效益农业作为今后农业和农村工作的重点，立足于利用整个国土资源，发挥比较优势，加快农业综合开发和产业化经营，发展林牧副渔业，提高产出率和产出效益。粮食流通体制改革基本到位。全省各地粮改方案全部出台，所有市县国有粮食收储公司已组建完毕，其中约2/3进入实质性运行；60%以上基层粮管所完成收储业务与附营业务分离；原有5万名在职职工，目前已分流一半。组建了浙江粮食集团公司，与省粮食局在人、财、物上彻底脱钩。同时，新建立了浙江储备粮管理公司，承担原粮食结算中心职能，实行了储备与经营业务分离。中央直属粮库建设进展顺利。严肃执行“三项政策”。1998年浙江省敞开收购粮食22.5亿千克(定购17.5亿千克，收购5亿千克)。粮食销售货款回笼率和新增粮食库贷挂钩比率均达到100%，没有发生新的挤占挪用收购资金现象。市场管理也进一步加强。认真贯彻国务院关于深化棉花流通体制改革的精神，积极引导棉农按照价值规律和市场供求安排棉花生产。

千方百计扩大外贸出口，进一步加强招商引资工作

根据浙江省经济对外依存度比较高的实际，针对亚洲金融危机的影响，从1998年初开始就狠抓外贸出口。在巩固传统市场的同时，积极组织企业拓展欧盟、东欧、非洲和南美等新兴市场，出口市场结构有了明显的变化。积极推动中小企业特别是私营企业走向国际市场，温州、绍兴、义乌等地还组织企业到南非、巴西、俄罗斯等地设立市场，推销浙江省产品。对国有外贸企业进行了股份制改革，转换了国有外贸企业的经营机制，进一步调动了国有外贸企业职工的积极性，稳定了外贸经营队伍。从省到市县各级政府还从政策上扶持外贸企业扩大出口。在利用外资方面，进一步明确了沪杭甬高速公路沿线作为利用外资的重点地区，集中力量建设好一批重点开发区。改进对现有外商投资企业的管理和服务，推动“以外引外”。

顺时应势，积极推进城市化

1998年底，浙江省第十次党代会明确提出，不失时机地加快城市化进程，把城市化作为新一轮经济社会发展的突破口。这主要是考虑到工业化已经到了一定程度，而城市化水平相对滞后，乡镇企业布局过于分散，小城镇分布过多过小，土地利用率不高，中心城市集聚辐射能力不强，第三产业发展缓慢。在统一认识的基础上，浙江省将集中力量抓好规划，要求以规划为先导，有计划、有步骤地推进城市化。

所有制结构调整步伐加快

浙江省政府从再创浙江跨世纪发展新优势的战略高度，把调整和完善所有制结构作为经济体制改革的重要内容。1998年初下发了《关于大力发展个体私营等非公有制经济的通知》，提出“不限发展比例、不限发展速度、不限经营方式、不限经营规模”，强调进一步放宽政策，创造公平竞争环境，放手发展非公有制经济。同时，制定《浙江省国有大中型企业改革和脱困三年（1998—2000年）规划》，明确了实施中有经济战略性改组的基本思路、主要目标和具体任务。各地认真贯彻文件精神，把调整国有经济布局。发展非公有制经济与优化区域经济结构、培植新增长点紧密结合，以15家大集团和108家小型巨人企业为龙头，联合兼并、控股收购、委托经营，冲破所有制界限实行资产的优化配置，促进了所有制结构的调整和完善。浙江省国有（包括国有控股）、集体、个体私营、三资等其他工业产值所占的比重为11.9:43.5:38.8:5.8。混合所有制和非公有制经济已成为浙江省工业经济的主要增长点。

企业改革进一步深化 产权制度改革稳步推进

1998年，浙江省杭钢、巨化、杭汽轮以及宁波敦煌4家组建为上市公司；国有利城镇集体企业改组为有限责任公司的1179家，其中，中外合资的64家；实行股份合作制的831家；新组建省批企业集团11家。据初步统计，近70%的国有企业和60%的城镇集体企业已实行产权制度改革。金华、萧山、义乌等改制面较大的市、县，以转换经营机制为重点，并结合调整和优化国有经济布局，着力做好企业改制的深化和完善工作。现代企业制度试点取得新成效，第一批试点95家企业已进入改革的深化和完善阶段；第二批试点46家企业年底前将全部完成方案论证，开始实际

操作。杭州、宁波、湖州、嘉兴四城市优化资本结构试点预计有118家企业按照国家有关政策进行了改组，预计核销银行呆坏账准备金16.35亿元。棉纺、丝绸等传统行业调整试点也取得初步进展。为进一步推动浙江省企业改革，省政府出台《企业经营者年薪制试行办法》、《国有企业内部职工持股试行办法》等文件，并针对“灯下黑”的问题，切实加快了省属企业的改革进程。各地从实际出发，围绕企业改革中的热点和难点问题，在处置土地使用权、出售国有产权、减轻企业债务、推行资产经营责任制、组建国资营运机构和实施再就业等方面、制订了各具特点又规范可行的政策措施。特别是对困难企业改革，进一步加大实践探索的力度，找到了不少行之有效的办法。全社会存量资产重组的规模继续扩大。

社会保障制度改革取得新突破

进一步理顺社会保障管理体制，新组建了浙江省社会保险管理局，统一归口原劳动。人事。卫生等部门的社会保险管理职能。完成铁路、邮电、电力、民航等企业职工基本养老保险由行业统筹向地方统筹的移交，实现了城镇企业职工基本养老保险制度与全国统一制度的并轨。建立养老保险省级调剂金制度，为从县级统筹逐步过渡到省级统筹创造了条件。养老基金已由地方税务部门代征，并改差额结算为全额结算。宁波、金华两市医疗保险制度改革试点步伐加快。非公有制企业职工参加社会保险的人数有较大增加。目前，浙江省已有3473万名城镇各类企业职工参加养老保险，44个县、市的167.8万名职工参加大病医疗保险。失业、工伤、女工生育等保险制度改革取得新进展。住房制度改革在停止福利化分房方面取得实质性进展。

生产要素市场在规范中继续发展

以发展证券市场为主体，积极培育资本市场。在受亚洲金融危机影响。证券融资难度加大的情况下，浙江省通过股票上市和配股已募集资金27.84亿元，上市公司募股金额折合人民币累计近150亿元。浙江省旅游、温州基建等境外募股项目的前期工作已取得积极进展。为有效防范和化解企业债券发行中积累的风险，适当压缩了发行规模，全年增发地方企业债券近3000万元。对省证券交易中心，省内挂牌交易基金和106家证券经营机构进行了全面清理。技术市场进一步发展，全省经认定登记的技术交易额8.5亿元。浙江省新近出台《关于鼓励技术要素参与收益分配的若干规定》，为调动科技人员积极性、促进科技成果转化和技术市场培育，创造了良好的政策环境。劳动力、信息、土地等生产要素市场继续得到发展。

流通领域改革推出新举措

浙江省先后制定《关于加快流通产业改革与发展的通知》。《关于促进商品交易市场持续健康发展的通知》，对深化流通体制和流通企业改革，发展和提高商品市场作了总体部署。商业、外贸、粮食、供销、物资、医药等部门的企业改革突破过去单纯的经营方式调整，以理顺产权关系为切入点，与工业企业改制整体推进。现代流通组织形式和营销方式的探索取得新进展。全省商业系统组建连锁经营的基础上，扩大了代理品种与经营范围。商品市场规模继续扩大，档次逐步提高。粮食流通体制改革按照敞开收购、顺价销售、收购资金封闭运行的要求，已迈出实质性步伐。

农村改革扎实推进

小城镇综合改革试点取得阶段性成效。浙江省已确定112个省级试点镇，其中13个被列为国家级试点镇。按照全省深化小城镇综合改革试点电视电话会议的要求，第一批几个试点镇已基本完成行政管理体制、财政体制和户籍制度改革，第二批65个试点镇已全部进入实际运作。农业产业化经营继续推进，全省已有5000多家农业龙头企业，其中61家已被列入省级“百龙工程”。商品粮基地、现代农业示范园区建设步伐加快。农业社会化服务体系逐步健全。

（浙江省人民政府办公厅　严士凡）

福　建　省

国民经济快速发展

福建省1998年国内生产总值3330亿元，比上年增长11.4%，人均突破1万元。农村经济全面发展，全年农林牧渔业总产值985亿元，增长7%。粮食生产克服洪涝灾害的影响，全年总产量958.1万吨，与上年基本持平，多种经营稳定增长。工业生产运行良好，经济效益逐步改善。全年工业总产值4500亿元，增长16.5%。固定资产投资力度加大，重点工程建设进展顺利，基础设施和基础产业进一步发展。全年完成固定资产投资1048.5亿元，增长16.7%。财政预算执行情况良好。全省财政收入281.1亿元，其中地方财政收入187.6亿元，分别比上年增长11.8%和12.2%；地方财力256.5亿元（含中央返还），财政支出255.4亿元，增长11.9%，连续14年实现收支平衡。金融形势相对平稳，年末金融系统各项存款余额2557.3亿元，增长16.1%；贷款余额1942.8亿元，增长11%。城乡人民收入水平和生活质量有新的提高。全年城镇居民人均可支配收入6486元，增长5.6%；农民人均纯收入2946元，增长5.8%。市场商品供应充裕，物价低位运行。全省社会消费品零售总额1132.1亿元，增长14.6%，商品零售价格总水平下降1.5%，居民消费价格总水平下降0.3%。扶贫开发和小康建设继续取得成效。

各项改革稳步推进

按照国务院提出的“三个到位，五项改革”的总体要求，以国有企业改革为中心的各项改革取得新的进展，完成了国企三年改革和摆脱困境的年度目标任务。国有经济战略性调整力度加大，国有大中型工业企业和小型工业企业改制面累计分别达到72%和69.3%；对国有大型企业的监督进一步加强，省政府向10家省属企业派出了稽察特派员；以兼并破产、减员增效为重点的优化资本结构试点工作继续推进，国有工业企业分离办学校基本完成；国有企业下岗职工进入再就业服务中心和基本生活保障的工作已全面实施，67%的下岗职工实现再就业，离退休人员养老金得到及时足额发放，11个行业养老保险统筹移交地方管理交接工作基本完成。粮食流通体制改革取得阶段性成果，新机制开始运行。厦门、莆田医疗保险制度改革试点取得新进展。军队、武警、政法机关所办企业已经移交地方。住房制改革稳步开展，金融体制改革、投融资体制改革和完善财税制度的改革继续推进。农村改革继续深化，土地延包三十年工作进展顺利。

外向型经济进一步发展

（一）利用外资保持平稳发展　1998年全省新签外商直接投资合同项目2006项，比上年下降12.7%；全年新批外商投资企业合同金额50.02亿美元，比上年增长10.2%；实际利用外商直接投资略超40亿美元，与上年基本持平。截止1998年底，全省累计新批外商投资企业24842家，签订合同外资金额546.75亿美元，实际到资262.16亿美元。后石电厂一期工程、湄洲湾火电厂、佳通轮胎、厦门柯达感光等一批外商直接投资的重大项目建设取得较大进展。规模迅速壮大的外商投资企业已成为福建省经济增长的重要牵动力量，外商投资企业的工业产值占全省工业总产值的30%左右；1998年三资企业出口占全省出口的60%。在全省固定资产投资的来源中，外资所占比重不断提高，从1995年的5.7%提高到1998年的24.1%，弥补了福建省建设资金的不足，加快了基础设施建设步伐，促进了全省产业结构调整。涉外税收已成为全省税收的主要来源，1998年涉外税收占全省税收总额的18.8%。

（二）全国招商口岸的地位进一步巩固　第二届中国投资贸易洽谈会成功举办，进一步巩固了福建省作为全国国际招商口岸的地位。参加该届洽谈会的海外客商达到6377人，分别来自世界60个国家和地区。洽谈会上共签订外商投资合同、协议和意向项目2766项，利用外资总金额142亿美元，其中，合同项目1606个，总投资72.03亿美元，合同外资金额55.2亿美元。分别比上年增长－3.7%、15.8%和19%。进出口贸易成交总额达10.53亿美元。

（三）外贸进出口受亚洲金融危机影响有所萎缩　外贸进出口总值（海关数）171.67亿美元，较上年下降4.4%，其中出口总值海关统计99.6亿美元，下降3%。

（四）国际经济合作持续发展　1998年全省新签对外承包工程和劳务合同2858个，比上年下降0.53%，合同金额4.39亿美元，比上年增长2.74%；完成营业额5.18亿美元，增长7.44%；年末在外劳务人员54618人，下降1.34%。截止1998年全省共签订对外承包工程和劳务合作合同2.28万项，合同金额49.98亿美元，完成营业额37.25亿美元。

（五）国际旅游继续跻身全国前列　从1989年起福建省接待国际旅游人数和旅游外汇收入已连续十年保持全国第四，跻身全国旅游大省行列。1998年全省共接待境外游客121.78万人次，比上年增长3.7%。

（六）对台经贸合作取得新的成绩　1998年全省共批准台商投资企业472家，合同台资金额6.42亿美元，分别比上年增长3.5%和7.2%。截止1998年底，福建共批准台商投资企业5516家，合同台资金额102.75亿美元。台商百大企业中已有26家落户福建。

（七）闽港澳经贸合作不断深化，经济交往日趋频繁　截止1998年，福建省批准港资和澳资企业15677家，合同外资金额331.50亿美元，实际到资148.41亿美元，分别占全省同期批准外商投资企业总量的63.1%、59.2%和54.3%，港澳资金的流入为全省经济腾飞发挥了重要作用。同时，港澳还是福建省对外经济和开展对外劳务合作的重要基地。

社会事业全面进步

科技体制改革继续深化，出台了《关于深化科技体制改革，促进科技事业发展的若干意见》。教育“两基”已通过国家验收，高等教育改革进一步深化，集美大学实质性合并工作基本完成。实施文化精品战略，创作出了一批具有时代特色和地方特色的精品力作，福建省文化基础设施建设取得新进展。初级卫生保健规划阶段目标如期实现。计生工作连续八年较好地完成国家下达的主要指标。成功举办了第十一届省运会，竞技体育和群众性体育继续发展。环保工作力度加大，重点治理工程取得良好成效，城乡环境面貌明显改善。土地管理和耕地保护进一步得到加强。

（福建省人民政府对外开放事务办公室　詹朝辉）

广东省

国民经济持续增长

1998年，在广东省委的坚强领导下，按照江泽民总书记关于“增创新优势，更上一层楼”的重要指示和“稳中求进，有效增长”的经济工作方针，开拓进取，努力克服亚洲金融危机的影响和广东省内部分地区严重自然灾害的困难，使国民经济保持了持续快速健康发展，社会各项事业取得了新成绩。全年国内生产总值7937.23亿元，比上年增长10.1%。城镇居民人均可支配收入8839元，农民人均纯收入3527元，扣除物价因素，分别比上年增长5%和3.4%。

农业和农村经济稳定发展

广东省各地认真落实党在农村的基本政策，切实加强对农业和农村工作的领导，增加对农业的投入，进一步调动广大农民的积极性，采取措施克服局部地区遭受的严重洪涝和干旱，使农业和农村经济保持了稳定发展势头。粮食连续5年获得丰收，总产1930万吨，增产28万吨；亩产375.2公斤，增加9.3公斤。油料作物总产量79.29万吨，增长5.1%，再创历史最高水平。水果、蔬菜生产继续保持较好发展势头，全年总产量分别为453.12万吨和2149.17万吨，分别比上年增长9.3%和7.7%。畜物、水产业继续稳步发展，全年肉类总产量292.04万吨，增长6%；水产品产量554.28万吨，增长6.4%。农业产业化进程加快。全省产业化经营组织823个，辐射带动农户334万户，建成266.7万公顷种养业商品生产基地。生猪饲养量的30%、家禽饲养量的60%、水产养殖量的40%、出口蔬菜的80%实行了集约化经营。乡镇企业平稳发展，总产值6814亿元，增长12%。全省农业总产值1720亿元，增长5.3%。

农业生态建设和水利建设取得新进展。吸取1998年6月洪灾的教训，广东省各地可持续发展的意识增强。东江、西江、北江、韩江上游5000万亩生态公益林体系和“京广绿色走廊”工程全面启动。1998年完成造林更新和低产林改造总面积199.3千公顷。其中防护林25.3千公顷，增长18.4%；封山育林面积61.9千公顷，增长8.1%；森林覆盖率55.6%。以水利为重点的农业基础设施建设得到进一步加强。1998年度已完成水利投资64.67亿元，完成投资总额比上年同期增加9%。大型工程建设进展顺利，飞来峡水利枢纽工程八月底实现大江截流，9月完成二期围堰。这是广东水利建设史上新的里程碑。

结构继续调整，工业生产稳步增长

根据国家的产业政策和广东的实际，本着有进有退、有所为有所不为的方针，逐步推进国有企业的战略性重组。制定并实施了广东省国有大中型工业企业三年改革与脱困的方案。列入优化资本结构试点工作计划的166户国有工业企业，实施破产、兼并和核销呆坏账、减员增效工作开展顺利。纺织行业走“减量增值、调整结构、转换机制、减员增效”的解困路子，已压缩落后纺锭11.3万锭；制糖行业压缩日榨能力2.3万吨，占三年压缩目标的40.8%，1/3的制糖企业实现了改制或转制；按计划应关闭的14个省属煤矿，已有7个矿井停产，其中3个关闭，并稳妥进行职工分流安置。大力促进企业加强技术改造，扭转了技改投资持续下滑的趋势，全年完成更新改造投资312.9亿元，比上年增长14.2%。高新技术产业发展加快，1998年实现产品产值1480亿元，比上年增长32.6%。电子信息、电器机械、石油化工、纺织服装、食品饮料、建筑材料等支柱产业得到进一步发展。广东省国有工业企业和年销售额500万元以上的工业企业实现工业总产值9978亿元，居全国首位，比上年增长13.8%。工业产品产销率96.3%。

各项改革不断向前推进

国有企业改革取得新进展。继续实行“抓大放小”方针，对广东省重点发展的大企业集团实施动态管理，通过全面考核，有4家被调整，另新增17家，由原来的70家调整为83家，并严格按《中华人民共和国公司法》进行公司制改造。进一步放开搞活小企业，广东省国有工业小企业转制面已达65%以上。积极进行国有资产管理体制改革探索，全省大多数市已建立起国有资产管理机构，同时，有计划、有选择地推进国有资产授权经营试点工作。

社会保险制度进一步完善。出台了《广东省社会养老保险条例》和《广东省社会工伤保险条例》，颁布了《广东省失业保险规定》。建立了覆盖全社会的全省统一的企业职工基本养老保险制度，按国家规定调高失业保险缴费比例。逐步扩大医疗保险、工伤保险和女职工生育保险试点。进一步加强了社会保险基金的征收与管理工作。全面落实国有企业下岗职工基本生活保障和再就业工作，全省国有企业下岗职工再就业率达59.5%，城镇登记失业率为2.3%。城乡居民最低生活保障制度得到较好实施。

要素市场建设取得新的突破。省和地级以上市都建立了建设工程交易中心，建设工程招标投标进一步规范。对经营性房地产项目用地实行公开招标拍卖制度。劳动力市场健康发展，人才市场日臻完善。技术交易市场活跃，全年签订技术合同6253项，成交额达24.8亿元。

外向型经济取得新成绩，对外开放稳步推进

为了尽可能减轻亚洲金融危机的影响，年初广东省政府就十分注意抓国际市场的开拓，先后制定了鼓励外贸出口和利用外资的16条政策措施，力争早出口、快出口和多出口。认真实施出口市场多元化战略，继续稳定香港市场，重点开拓欧美、俄罗斯、中东、非洲和南美市场。成功地在美国、香港和广州等地举办招商会，在广州出口商品交易会上创新佳绩。据海关统计，全年外贸进出口总额1300.03亿美元，与上年基本持平，其中出口757.24亿美元，比上年增长1.6%。出口额占全国41.2%，为全国外贸出口增长0.5%作出了贡献。

利用外资稳定增长。新批准利用外资项目15459个，合同外资金额123.78亿美元，比上年增长28.3%；实际利用外资150.99亿美元，增长6.3%。外商直接投资仍是利用外资的主体，占实际利用外资总额的79.6%。至1998年底，登记注册的外商投资企业有5.77万家。

旅游业保持良好发展势头。全年经广东省口岸入境的国际旅游者5157万人，比上年增长13.5%；旅游外汇收入29.42亿美元，增长5.1%。

经国务院批准，广东省政府和香港特别行政区政府建立了粤港合作联席会议制度，并就粤港两地高层次合作有关问题进行了磋商；与港澳相关部门加强了口岸设施、查验监管、环境治理等方面的沟通和协调。首次举办的广东台商投资介绍会圆满成功。粤台经济交流与合作取得新进展。

开拓国内市场取得新进展

采取有效办法，组织广货精品、名牌产品在郑州、武汉、沈阳等省外城市共举办了23次商品展销会、博览会；积极开展省际经济技术协作，通过以品牌和技术等无形资产与外省合作生产、组装和销售等方式，开拓广货市场。从加快农村电网建设、整顿农村电价入手，采取各种有效措施，积极组织适销对路工业品、消费品下手，以满足农民对生活资料和生产资料的需求，大力拓展农村市场。推行区域代理、配送中心等现代流通形式，一批超级市场、仓储商店、专卖店应运而生，促进了商品销售。充分发挥个体、私营经济在开拓市场中的积极作用。1998年社会消费品零售总额3249亿元，实际增长14.7%。城乡集市贸易市场商品丰富，成交额稳定增长。全年集市贸易成交额1644.12亿元，比上年增长11.9%。

投资对经济增长的拉动力增强，重点工程建设进展顺利

在国家扩大内需政策拉动下，固定资产投资出现快速增长态势。调整投资结构，加大了对水利、交通、环保、高新技术产业及大中城市基础设施的投资。推进城镇住房分配货币化改革，加快住宅建设特别是经济适用住房的建设。1998年完成固定资产投资2594亿元，比上年增长12.9%，这既拉动了下半年经济的增长，也为1999年的经济增添了活力。省30项重点项目如期完成投资计划，其中：广州地铁一号线工程已全线建在并进入调试阶段，广州抽水蓄能电站二期实现单机投运，中美海底光缆通信工程广东段337公里全部敷设完毕。广东省新建一级公路及高速公路495.1公里，新增铁路营运里程51.2公里、港口吞吐能力488万吨、电话交换机容量369.5万门、发电装机容量97.4万千瓦。

积极防范和化解金融风险措施

按照标本兼治、分级负责的指导思想,落实了各级防范和化解金融风险责任制,并建立各级防范和化解金融风险准备金,稳妥地处理金融领域出现的一些问题。配合人民银行加强金融监管,整顿金融秩序。积极防范外债支付风险。执行中国人民银行的决定,关闭了广东省国际信托投资公司,并从中认真吸取教训。金融机构着力调整优化信贷结构,改善服务,积极支持广东省经济建设。1998年新增贷款1300亿元。年末全省金融机构存款余额比上年末增加2068亿元,其中城乡居民储蓄存款余额增加1226亿元。全省财政金融形势稳定。

科教兴粤战略继续推进,科技教育水平进一步提高

为了加快推进科教兴粤战略,省委、省政府制定了《关于依靠科技进步推动产业结构优化升级的决定》,努力促进科技与经济的紧密结合。各地多渠道增加对科技的投入,技术创新机制逐步形成。广东省已建立国家和省级企业技术中心、工程技术开发中心81家。全年获国家级科技进步奖25项。获省级科技进步成果奖238项,其中获省级科技进步奖214项,省自然科学奖24项。经各级科技管理部门认定的民营科技企业达3400家,其中年产值超亿元的80家。省认定的高新技术企业达815家,高新技术产品产值1480亿元。广东省的科技、邮电、信息、广电、高教五大公用信息网实现了互联。

推进教育改革,教育事业取得新的成绩。制定并启动实施《广东省高等学校布局调整和体制改革方案》。在全国率先进行普通高考科目改革试验,全面实施素质教育。全省在校本专科生(含成人高等教育)、研究生分别达到33.2万人和8043人。新增博士、硕士学位学科授权点分别为29个和79个,新增一级学科博士授权点14个。高中阶段教育稳步推进,珠江三角洲地区普及高中阶段教育程度又有较大提高。

实施可持续发展战略有新进展

认真组织实施新修订的《广东省计划生育条例》,通过宣传教育,增强群众的人口意识和文明科学的婚育观念,进一步完善县、乡、村三级计划生育服务网络,连续8年完成国家下达的人口计划指标。落实建制镇环境卫生管理要求,新建了一批城市公用设施。完成了全省土地利用总体规划的修编。非农建设用地得到有效控制。大中城市实施了机动车禁鸣喇叭,珠江三角洲地区已全面推广使用无铅汽油。开展了珠江整治和酸雨防治。全年完成了环境污染限期治理项目564个,总投资4.88亿元。广东省共建成烟尘控制区205个,控制面积1537平方公里。环境噪音达标区130个,面积792.71平方公里。自然资源保护、管理得到加强。深入开展创建环境保护模范城市活动,中山市被命名为国家"环境保护模范城市",珠海市获得联合国人居中心颁发的"国际改善居住环境最佳范例奖"。

精神文明建设得到加强,社会各项事业取得新成绩

坚持用邓小平理论武装广大干部群众,围绕贯彻江泽民总书记"增创新优势,更上一层楼"的重要指示,在中共广东省委的领导下,进行了增创广东发展新优势的十大专题调研活动,并开始实施调研成果确定的事项。大力弘扬伟大的抗洪精神,在全省开展学习推广中山市建设文明城市经验的活动,把精神文明创建活动引向深入,使全省城乡文明程度有了提高。当长江、嫩江及松花江流域发生特大洪灾时,全省人民踊跃向灾区捐款捐物,总额约占全国的六分之一,充分体现了广东人民的社会责任感和公德心。

哲学、社会科学、文学艺术、广播影视、新闻出版等各项文化事业加快了改革步伐,促进了繁荣发展。广泛开展城市广场文化活动,积极组织文艺上山下乡,活跃和丰富了城乡群众性文化生活。

卫生事业深入发展。农村合作医疗继续推进,初级卫生条件得到改善。农村清洁卫生水普及率96.9%,自来水普及率67.4%。加强预防保健,确保了灾后无大疫情发生。爱国卫生运动深入开展,汕头市被命名为"国家卫生城市",全省有15个镇被评为国家和广东省的卫生镇。体育事业蓬勃发展。

(广东省政府研究室　姚泽源)

广西壮族自治区

国民经济持续增长

1998年,广西认真贯彻落实党的十五大和十五届三中全会精神,全面实施自治区党委提出的"三大战略、六大突破"的重大决策,努力克服自然灾害和东南亚金融危机带来的不利影响,狠抓企业改革整顿,

切实增加投入，扩大内需，国民经济和社会发展取得了新成就。1998年，广西壮族自治区国内生产总值为2181.88亿元，比上年增长10.1%。其中第一产业增加值682.97亿元，增长5.6%；第二产业增加值804.63亿元，增长12%；第三产业增加值694.28亿元，增长11.9%。

农业生产持续发展，大灾之年粮食仍获丰收

1998年广西省各级政府认真贯彻落实党在农村的基本政策，努力调整生产结构，推进产业化经营，继续注重发展"两高一优"农业，加大农业科技投入和农业综合开发力度，粮食产量再创历史最高水平。全年粮食总产量达1702万吨，比上年增长2%；主要经济作物产量有增有减。林业生产平稳发展，全年植树造林6.4万公顷，为保护生态环境作出了新贡献。牧渔业生产保持增长。全区肉类、牛奶、水产品产量均有不同程度的增长。农业生产条件继续得到改善。年末全区农业机械总动力1263.1万千瓦，比上年末增长6.8%；全年化肥施用量（折纯）155.5万吨，增长6.4%；农村用电量为27.7亿千瓦小时，增长2.1%。

企业改革整顿初显成效，工业生产平稳增长

1998年，广西认真开展以产品质量、效益、领导班子建设等为主要内容的全面改革整顿，狠抓以分配制度改革为核心的三项制度改革，推动了工业生产的发展。全年完成工业增加值693.39亿元，比上年增长10.6%。全区国有工业企业及产品销售收入在500万元以上的非国有工业企业完成工业总产值940.67亿元，增长8.4%。在加大企业改革和投资力度的带动下，重工业增长快于轻工业。重工业完成产值520.87亿元，增长8.6%；轻工业完成产值419.8亿元，增长8.1%。国有大中型工业企业生产加快。全区国有及国有控股工业企业工业产值605.65亿元，增长7.1%，大中型工业企业工业产值558.41亿元，增长8.6%，增幅分别高于上年6.1和4.4个百分点。集体企业工业产值208.22亿元，增长8.1%；股份制企业产值77.08亿元，增长7.9%；外商及港澳台企业产值94.8亿元，增长11.8%；其他类型企业产值24.72亿元，增长29.3%。新产品开发取得新进展。全年实现工业新产品产值86.52亿元，占工业总产值的比重由上年的8.6%提高到9.2%。支柱产业作用增强。机制糖、十种有色金属、水泥和汽车四种产品的产量均创历史最高水平，产销衔接较好。

1998年，广西省交通运输生产平稳发展，全年交通运输、邮电、仓储业实现增加值143.47亿元，比上年增长11.8%。货物周转量完成692.9亿吨公里，增长7.9%。港口货物吞吐量2238万吨，增长14.3%，其中沿海港口货物吞吐量1293万吨，增长9.8%。旅客周转量完成386.7亿人公里，增长2.3%。邮电通讯业持续高速发展。全年完成邮电业务量52.7亿元，比上年增长38.1%；全区新增本地电话局用交换机容量28.1万门。计算机互联网络户数达到10564户，增长3倍。已通电话的行政村12996个，占全部行政村的87.4%。

固定资产投资增速加快，有效地推动了经济增长

1998年，广西省全社会固定资产投资完成额570亿元，比上年增长18.8%。其中国有单位投资284.52亿元，增长23.4%；城镇集体经济投资5.55亿元，增长1.4%；城镇居民个人投资58.64亿元，增长28.5%。全年基本建设、更新改造、其他投资、房地产新增固定资产176.09亿元，增长15.7%；新开工项目3747个，增长87.4%；项目建成投产率39.4%，固定资产交付使用率49.5%。在全社会完成的投资额中，基本建设投资236.05亿元，增长28.1%；更新改造投资69.75亿元，增长14.8%；房地产投资33.97亿元，增长7.1%。投资结构进一步改善，投资重点突出，用于农林牧渔业的投资5.63亿元，比重比上年增加0.2%；用于能源工业的投资47.34亿元，比重增加2.1%；用于原材料工业的投资19.64亿元，比重增加1%；用于运输邮电通信业的投资124.15亿元，比重增加2.8%；用于电子工业投资7.02亿元，比重减少0.3%。

1998年，广西省重点项目建设取得新进展。全区立项的重点建设项目70个，完成投资147.68亿元。一批重点建设项目已建成投产，如柳州至玉灵高速公路、三岸至那布高速公路、金城江至宜州一级公路建成投入营运；京南水利枢纽、百龙滩水电站四号机组、天生桥一级电站一机组并网发电；黎钦铁路全线铺轨接通；桂林客运始发站投入使用；长途通讯干线光缆铺设线路2700公里等。

金融形势保持稳定，保险业在激烈的市场竞争中发展

1998年，广西省金融系统面对严峻的国际金融形势，进一步增强了防范和化解金融风险意识，积极采取各种措施，做好信贷及增加银行储蓄的工作，年末全社会金融机构存款余额达1792.09亿元，比上年末增加208.6亿元，增长13.2%。虽然国家一再调低利

率，居民投向仍以存款为主。年末城乡居民储蓄存款达1150.08亿元，比上年末增加存款138.17亿元，增长13.7%。其中定期存款所占比重达65.6%。企业存款有所增长，年末企业存款余额495.65亿元，比上年末增加40.4亿元。银行加强信贷管理，贷款规模继续保持增长。年末全社会金融机构贷款余额1516.49亿元，比上年末增长6.5%，其中新增贷款93.18亿元。资金投向重点突出，年末工业贷款余额306.88亿元，商业贷款余额321.87亿元，农业贷款余额108.28亿元，三项贷款余额占了全部短期贷款的69.9%。货币回笼增加，年末回笼资金73.37亿元，比上年增加1.49亿元。

保险业进一步发展。随着住房、医疗、教育等重大改革措施的逐步实施，居民风险意识增强，居民购买医疗及养老保险增多，全年保险承保额为3403.26亿元，下降3.1%；保险费收入24.03亿元，增长3.1%；财险收入11.54亿元，人身险收入12.49亿元，赔付额11.69亿元。

国有企业改革取得突破性进展

1998年，广西省对国有企业的改革整顿开展了大会战。自治区成立了高层次的国有企业改革整顿领导小组，制定并颁发了《企业改革整顿的总体方案》和有关配套文件，提出了全区国有企业改革整顿的指导思想、总体思路、目标任务、政策措施和方法步骤。全区国有企业在实施三项制度改革、建立经营目标责任制、开展以产品和产品质量为中心的全面整顿以及建立再就业服务中心等方面取得了阶段性成果。

广西省在开展企业改革整顿中继续贯彻“抓大放小”的方针，组建大公司、大集团工作稳步推进。1998年广西省先后组建了以贵糖为主的糖业集团、以柳州水泥厂为核心的广西水泥集团和广西林化集团。同时，对原有的151户股份有限公司进行了清理与规范，其中有123户经审查获得重新登记。国有中小型企业进一步放开放活。全区已有1600多户国有小型企业进行了改制改组工作，改革面超过统计企业数的80%，部分县（市）改革面达100%。

全自治区所有制结构继续得到调整。在国有经济进行战略性改组的同时，城乡集体经济、个体私营经济继续稳步发展。非公有制经济在南宁、玉林、北海、钦州等市继续保持良好的发展势头，百色、河池地区也出台了许多优惠政策，扶持非公有制经济的发展，不少地方的非公有制经济已成为当地经济的重要力量。

宏观经济管理体制改革取得新的进展

1998年，广西金融体制进行了重大改革，首先是人民银行取消了贷款限额控制，给商业银行以充分的贷款自主权；第二是人民银行管理体制实行了重大改革。撤销了人民银行广西分行，设立人民银行广州分行南宁监管办事处和人民银行南宁中心支行；第三是四家商业银行按照国务院统一部署，改革了原有管理体制，将省会城市分行与省级分行合并，成立新的省级分行和省级分行营业部；第四是证券经营机构管理体制也进行了改革，人民银行的证券机构、证券业务管理的职能移交给了广西证券办公室。

1998年，广西财税体制改革主要从以下几个方面展开：一是对区市级预算外资金实行统筹调剂制度；二是积极稳步推进“费改税”改革；三是取消财政周转金制度，财政部门不再审批与财政周转金相应的生产经营项目；四是取消一年一度的税收、财务、物价大检查，将自治区“三查办”改为自治区财政稽查局，进行经常性的财政稽查；五是强化企业财务监督机制，对国有大中型企业、国有独资公司和国有控股公司实行财务总监派驻制；六是调整进口设备税收政策，从1998年1月1日起，对国家鼓励发展的国内投资项目和外商投资项目进口设备，在规定范围内，免征关税和进口环节增值税；七是深化税收征管改革，进一步完善新的征管模式。

对外经济贸易保持了增长态势

1998年，在亚洲金融危机的严重影响和巨大压力下，广西省采取了坚决、果断的应对措施，抵御了亚洲金融危机的冲击，外贸出口和实际利用外资仍然保持了增长。全年完成外贸出口总额24.2亿美元（按外贸业务统计，下同），比上年增长1.5%；在全国各省、市、自治区中排第12位，比上年前移一位。在出口贸易中，国有企业出口继续占据主力军地位，全年出口18.68亿美元，占全区出口总额的77.2%；出口商品结构进一步优化，工业制成品出口比重进一步提高；出口市场结构调整取得较好成效，1998年广西省对欧盟、越南等重要市场以及对新开发的非洲、中南美、大洋洲的出口得到较大幅度增长，弥补了对亚洲主要市场出口下跌造成的损失。1998年广西省实际利用外资12.83亿美元（其中实际直接利用外资8.86亿美元，实际间接利用外资3.97亿美元），比1997年增长1%，仅次于实际利用外资额最高纪录的1993年。但外商直接投资项目合同外资额降幅较大，实际利用外资后劲不足。

（一）对外贸易持续增长 1. 外贸出口整体状况良好。1998年，广西省完成进出口总额29.8亿美元，比上年下降2.8%。其中出口额24.18亿美元，比上年增长1.5%；进口额5.66亿美元，比上年下降17.5%。

出口商品销往 118 个国家和地区，比上年减少 3 个。其中 10 大主要出口市场有香港、越南、美国、日本、荷兰、台湾省、德国、英国、泰国、法国等国家和地区，出口金额计 21.63 亿美元，占全区出口总额的 89.47%。进口商品来自 41 个国家和地区，比上年增加 4 个；其中进口额在 1000 万美元以上的有 10 个国家和地区，进口金额 4.99 亿美元，占全区进口总额的 88.21%。

大宗出口商品出口金额比上年增加。出口额在 1000 万美元以上的大宗出口商品有 32 种，与上年持平。这些大宗商品出口金额 14.16 亿美元，比上年增加 1.09 亿美元，占全区出口总额的 58.55%。其中出口额在 3000 万美元以上的大宗商品有服装、锡、松香、人造棉布、陶瓷、重晶石、水泥、罐头、鞭炮烟花、真丝领带、鞋等 11 种，出口金额 10.59 亿美元，占全区出口总额的 43.8%。1997 年出口额只有 2517 万美元的鞭炮烟花，1998 年出口增达 6165 万美元，增长 1.39 倍。

出口商品结构进一步改善。工业制成品出口比重进一步提高。全年工业制成品出口 20.14 亿美元，占全区出口总额的 83.3%，比上年增加 1.9 个百分点；初级产品出口 4.04 亿美元，占全区出口总额的 16.7%。但在工业制成品中，机电产品出口仍然比上年有所减少，全年出口仅 2.11 亿美元，比上年下降 1.9%。若按农、轻、重产品分类，1998 年广西轻纺产品出口增加，农副产品和重工业产品出口减少。全年农副产品出口 1.9 亿美元，比上年减少 5%，占全区出口总额的 7.9%；重工业产品出口 6.7 亿美元，比上年减少 5.1%，占全区出口总额的 27.7%；轻纺产品出口 15.58 亿美元，比上年增加 5.4%，占全区出口总额的 64.4%。

进口商品仍以生产资料为主。全年进口生产资料 4.45 亿美元，比上年减少 21%，占全区进口总额的 78.7%；进口生活资料 1.21 亿美元，比上年减少 1.4%，占全区进口总额的 21.3%。大宗进口商品比上年减少。1998 年进口额在 500 万美元以上的商品有棕榈油、豆粕、硬锰砂、鱼粉、钢材、豆油、菜油、纸张、铁矿砂、液化石油气、电子元器件、录音机零件、钻石、塑料等 14 种，比上年减少 9 种，进口金额计 1.87 亿美元，比上年减少 0.67 亿美元，占全区进口总额的 33.14%。

2. 外贸经营主体的出口比重发生新的变化。1998 年，广西国有企业出口仍占主导地位，但出口比重有所减少，非国有企业出口比重增加。全区国有企业出口额 18.68 亿美元，比上年下降 3.4%；占全区出口总额的 77.2%，比上年减少 3.95 个百分点。全区外商投资企业出口 4.95 亿美元，比上年增长 14.4%；占出口总额的 20.5%，比上年增加 2.34 个百分点。其他经济类型企业出口从 1997 年实现零的突破以后，1998 年又有较大发展，全年出口 5561 万美元，比上年增长 2.4 倍，占出口总额的 2.3%，比上年增加 1.61 个百分点。

在国有企业中，区直各进出口公司出口 5.22 亿美元，外贸口岸公司出口 1.55 亿美元，地市公司出口 11.91 亿美元，均比上年有所下降。其中，区直进出口公司下降幅度稍大些，口岸和地市公司下降幅度稍小些。地市公司作为广西外贸出口第一主力军的地位和作用进一步增强。区直进出口公司出口额占全区出口总额的比重从上年的 30.8%下降到 21.57%，减少 9.23 个百分点，出口份额进一步缩小。

1998 年，在广西国有企业出口有所下降的情况下，外商投资企业和其他经济类型出口企业的出口增长，对推动全区外贸出口持续增长起了重要作用。

3. 调整出口市场结构取得成效。面对亚洲市场需求下降，进口萎缩的情况，广西外贸企业及时调整了出口市场结构和策略。一方面在“保市场、保客户”的原则下，以保本为前提，进一步巩固和拓展对港澳、东南亚、欧盟、美国、日本等传统大市场的出口份额；另一方面组织适销产品加大对中南美、非洲、大洋洲的开发力度。同时，针对在东南亚国家中，越南受危机影响较轻的情况，认真分析越南进口需求状况，努力增加对越南的出口。到 1998 年底，广西对欧盟、越南等重要市场以及对新开发的非洲、中南美、大洋洲的出口得到较大幅度增长，弥补了对亚洲主要市场出口下跌造成的损失。如对越南出口 43699 万美元，增长 20.4%；对欧盟出口 24169 万美元，增长 27%；对非洲出口 2004 万美元，增长 60.7%；对拉丁美洲出口 1953 万美元，增长 44%；对大洋洲出口 1369 万美元，增长 36.4%。全年对港澳、东南亚、欧盟、美国、日本等主要市场出口 22.3 亿美元，占全区出口总值的 92.2%，比上年增加 0.5 个百分点。全区出口金额在 1000 万美元以上的国家和地区 17 个，比上年增加 2 个，出口金额 22.77 亿美元，比上年增加 0.41 亿美元出口市场结构调整取得良好效果。

（二）利用外资继续发展 1. 实际利用外资保持了增长。1998 年，广西批准外商投资项目 266 个，合同外资金额 6.42 亿美元，比上年下降 56.3%；实际利用外资 12.83 亿美元、比上年增长 1%，保持了增长势头。在 266 个外商投资项目中，合资项目 101 个，合同外资金额 10862 万美元；合作项目 60 个，外资额 28059 万美元；独资项目 105 个，外资额 25321 万美元。

2. 外商直接投资来源与投资行业分布。1998 年，外商直接投资来自香港、台湾省、美国、加拿大、法国、越南、泰国、英国、维尔京群岛等23个国家和地区。其中合同外资额较大的国家和地区有：香港，合同外资金额23977万美元；台湾省43项，5579万美元；美国16项，4738万美元；加拿大11项，1726万美元；维尔京群岛10项，11607万美元；法国3项，5106万美元；越南3项，4690万美元；泰国2项，1220万美元；英国2项，1047万美元；毛里求斯1项，1562万美元。

1998年，外商投资制造业的项目增多，投资能源、基础设施项目下降，但基础设施建设和工业制造业仍是外商的投资热点。在全年批准的266个外商直接投资项目中，生产型项目有202项，合同外资额44416万美元；非生产型项目64项，合同外资额19806万美元。按行业分，农、林、牧、渔业21项，合同外资额3680万美元；采掘业3项，37万美元；制造业154项，16306万美元；电力、煤气及水的生产和供应6项，14084万美元；建筑业10项，7584万美元；交通运输、仓储业8项，2725万美元；餐饮业5项，55万美元；房地产业22项，6304万美元；社会服务业28项，8981万美元；教育、文化艺术业1项，91万美元；科学研究与综合技术服务业3项，1994万美元；其他行业5项，2381万美元。

（三）对外经济技术合作业务发展速度减慢 1998年，广西签订对外承包工程和劳务合作项目合同84个，比上年减少12个；合同总金额7493万美元，比上年下降38.2%；完成营业额2854万美元，比上年下降28%；年末在国（境）外劳务人员840人，比上年减少1456人。对外承包和劳务合作业务主要分布在澳门、越南、柬埔寨、泰国、马来西亚、孟加拉国、巴基斯坦、斯里兰卡、肯尼亚、安哥拉、纳米比亚、法属波利尼西亚等22个国家和地区。

1998年广西在境外举办非贸易性企业三家，合同总额218万美元；其中中方协议投资145万美元，占合同总额的66.5%。这三家企业分布在澳大利亚、新加坡和马来西亚。主要生产销售兽用药品、建筑机械及开采矿山等。

（广西外经贸厅办公室　李亦之）

海南省

经济贸易发展与成就

（一）国民经济回升加快 1998年，海南省国民经济基本实现了速度和效益同步发展，开始进入景气运行区间，增长速度结束了连续3年低速运行状况，首次超过全国平均水平。据统计，全年国内生产总值完成438.92亿元，按可比口径计算比上年增长8.3%，其中第一产业增加值164亿元，增长8.3%，第二产业增加值90.63亿元，增长9.0%，第三产业增加值184.29亿元，增长8%。地方财政收入36.29亿元，比上年增长14.7%，其中一般性预算收入33.68亿元，增长7.1%。年末常住人口752.82万人，人口自然增长率由上年的13.56‰下降到12.92‰。城镇居民年人均可支配收入4853元，实际增长2.5%；农村居民人均纯收入2575元，实际增长11.9%。

（二）农村经济持续快速发展，主要农产品增产增收 种植业获得好收成，主要农产品中，粮食、油料、瓜菜、水果产量创历史最高记录，粮食总产量230.1万吨，比上年增长3.1%；瓜菜总产量257.6万吨，增长15.4%；水果53.3万吨，增长33.6%；干胶总产27.5万吨，增长1.9%。林业增加值26.37亿元，增长2.3%，森林覆盖率达51%。渔业增加值30.93亿元，增长15.1%，水产品产量达59.77万吨，增长14.4%。乡镇企业产值100亿元，增长20%。

（三）工业效益明显好转 海南省工业增加值55.70亿元，比上年增长9.6%，工业经济效益综合指数90.8%，比上年提高25.4%个百分点。工业整体效益实现了连续三年净亏损后的首次盈利。工业亏损总额比上年下降26.3%，盈亏相抵后盈利3.75亿元，实现利税16.07亿元，增长132.9%。在列入统计的22种主要工业产品中，原盐、啤酒、毛毯、生铁、水泥、钢材、氮肥、机制纸、轮胎外胎等产品产量大幅度增长，原盐19.68万吨；增长124.1%；啤酒4.98万吨，增长51.3%；水泥223.12万吨，增长18.3%；轮胎外胎46.01%，增长12.4%；发电量35.52亿度，增长7.9%。

（四）交通运输和邮电通信业持续快速发展 1998年完成增加值35.03亿元，比上年增长13.6%。全社会货物周转量309.63亿吨公里，增长7.0%；全社会旅客周转量122.77亿人公里，增长10.4%；港口货物吞吐量1474万吨，增长0.1%。邮电增加值11.0亿元，增长12.6%；邮电业务总量18.4亿元，增长14.1%；电话普及率每百人9.6部，增加1.3部。

（五）旅游人数和旅游收入稳定增长 1998年接待

游客过夜人数855.97万人次，比上年增长8.1%。其中：定点饭店接待海外旅游者39.42万人次，下降4.5%。旅游者消费66.96亿元，增长8.5%，其中海外旅游者消费7.99亿元，下降4.9%。

（六）固定资产投资增加，重点工程建设加快 全社会固定资产投资完成183.30亿元，比上年增长9.2%，实现了海南省4年来的首次正增长。全年安排重点建设项目31个，完成投资50.9亿元。一批重点项目工程建设完成较好，东线高速公路扩建，海口长途电信枢纽工程，北海到海口光缆工程，三亚南山文化旅游区等已完工交付使用；海口美兰国际机场、海口市中心区污水处理厂、海口世纪大桥、亚龙湾国家旅游度假区、粤海铁路通道等在建项目进展顺利；海南金海浆纸厂已正式开工，欣龙无纺布一期扩建工程和海南天然气化肥厂基地项目前期工程准备工作，取得实质性进展。

（七）对外开放取得新成绩 1998年，海南省利用外资总额达到10.97亿美元，比上年下降1.6%，其中外商直接投资7.17亿美元，增长1.6%；成功地举办了'98海南投资贸易洽谈会和中部少数民族地区招商会，特别是首次举办'98全国（海口）冬季农副产品交易会，成交量达113.4万吨，总成交额48.8亿元；洋浦经济开发区开工的项目概算总投资高达120亿元。1998年全省外贸出口总值8.85亿美元，与上年持平。

（八）科技事业不断取得进步 组织实施国家级重点火炬计划项目1项，国家级火炬计划8项；"863计划"项目2项；组织实施国家星火计划项目5项；申请专利478项，获得授权239项。以海南大学为依托，创建了"海大信息技术学院"、"信息技术研究院"、"信息技术产业园"；以华南热带农业大学为依托，与农业部共建"热带农业高科技产业示范区"。

（九）精神文明建设成效显著 为了树立新的政风，在全省范围内全面展开机关行政优质服务年活动，推行直接办理制、窗口服务制和社会服务承诺制；组织开展"为海南跨世纪发展献计献策"活动；公开承诺为群众办实事，进一步增强广大干部为经济服务、为企业服务、为群众服务的意识；设立海南省新闻舆论监督中心，对社会不良影响较大的问题进行集中曝光，为经济发展创造了良好的条件。党政机关与社会各界联手扶贫，86个机关单位和三个市帮助全省45个贫困乡镇脱贫，加大了扶贫力度。创建文明城市、文明村镇、文明行业、文明旅游景区活动得到加强，军警民共建精神文明活动力度加大，弘扬伟大的抗洪精神，把思想道德建设提高到一个新境界。文化、科技、医疗卫生"三下乡"活动推进了农村的两个文明建设。深入开展扫除"黄、赌、毒"和打击非法出版物的斗争，促进了文化市场的繁荣和健康发展。

国有企业改革

放开搞活国有小企业，是1998年海南省改革国有企业的重点工作之一。根据省政府制定的《关于放开搞活海南国有小型工业企业的若干意见》的要求，1998年初，全省经济工作会议就做出部署，同时又专门召开"放小"工作会议，进一步研究和深化这项工作，并下达了指导性计划；19个市县都成立了国有企业改革组织机构，制订"放小"方案，有序推进"放小"工作。对"放小"工作，全省坚持因地制宜、因企施策、多种形式，不搞一刀切、一卖了之，主要以改制为手段，搞活企业，恢复生产，吸纳职工再就业，缓解职工失业的压力为目的，成熟一个搞一个，同时注意与债权银行搞好协调，做好债务落实与重组工作。经过认真、规范的工作，"放小"取得了较好的成效，市（县）属国有中小工业企业已完成改制面达42%，比上年的28%增加14个百分点。全年"放小"工作启动停产半停产企业12家，减亏2600万元，安排上岗职工9180人。大部分企业通过改组、改制，转换了机制，加强了管理，增加了投入，经济效益明显提高。为完善企业监督机制，制定了地方企业稽察特派员制度和国有企业亏损责任追究制度，向资产规模较大、影响度较强的国有及国有控股企业派出稽察特派员，强化政府对企业的监督。

企业资产重组

1998年海南省在企业资产重组、优化资本结构工作上，主要抓了以下几项工作：一是突出重大结构调整项目。主要有一汽集团兼并海南汽车制造厂、海南钢铁公司兼并鞍钢实业、山东联大集团兼并金轮公司。二是以盘活资产、转换机制促进经济增长为原则，计划项目均征得债权银行同意，不逃废债务。三是兼并方全部接收被兼并企业职工，并按国家政策妥善安置，破产企业落实职工安置费用后才列入计划。四是对破产企业财产实行公开拍卖，杜绝暗箱操作，有效地防止国有资产流失。通过这项工作，大大优化了海南工业产业结构和国有资产结构，盘活了国有资产，减轻了企业负担，壮大了一批优势企业，提高了一批企业的效益，形成了一批新的经济增长点。

农业结构调整

根据市场需求及海南省的实际情况，1998年海南省农业生产加大结构调整力度，在稳定粮食总产，发展优质稻的基础上，大力发展海洋渔业、反季节瓜菜以及名特优水果等优势产业及产品，同时注意林业结构的优化，使整个农业经济结构不断趋于合理。一是大力发展海洋渔业。海南省颁布《关于加快海洋渔业发展的若干意见》，明确了发展海洋渔业的指导思想、目标、任务和政策措施，组织专家编制了全省海洋渔业发展总体规划和部分沿海市县渔业发展规划，搞好技术引进试验和示范，并给予政策扶持，启动一大批渔业开发项目。全年渔业总产值比上年增长 15.2%。二是扩大反季节瓜菜和名特优水果生产，提高经济效益。各级政府通过市场调研，提供市场信息，积极发展“订单农业”。抓好农民的技术培训，加强生产技术指导，推广优良品种，引导农民合理安排品种和植期，特别是着力抓好运销工作，调动农民种植反季节瓜菜的积极性。全年瓜菜产量大幅度增长，比上年增长 23.9%。三是启动“百万亩椰林工程”和 23.3 万公顷浆纸林基地工程，优化林业结构。四是搞好水利建设。五是抓好第二轮土地承包，到 1998 年底，全省基本完成了第二轮土地承包工作。

下岗分流与再就业

出台并实施了《关于推进国有企业改革，妥善安置国有困难企业下岗职工办法》，海南省成立了 1280 个再就业服务中心，全方位、多层次地开展下岗职工再就业培训和职业介绍工作，积极帮助国有企业下岗职工再就业。1998 年，海南省各级就业服务机构为下岗职工举办 40 多次专场招聘会，帮助 4800 多名下岗职工实现再就业。省职业介绍服务中心与省人民广播电台共同设立了“再就业金桥信息”服务栏目，及时发布再就业招聘信息。同时，充分利用社会力量开展再就业培训，全年累计培训下岗职工 16320 多人。已形成以人事劳动部门的就业管理机构和非人事劳动部门的培训机构融为一体、覆盖全省的就业训练体系。为了让更多的下岗职工实现再就业，各地积极开拓第三产业，组织劳务输出，创造新的就业岗位。省、市县人事劳动部门积极协调有关部门建立下岗职工再就业一条街，千方百计帮助下岗职工再就业。

住房改革

为了贯彻中央关于实行住房分配货币化、加快建立面向中低收入家庭的经济适用房供应体系的决策和部署，海南省制定了《关于深化城镇住房制度改革促进住宅业健康发展的意见》，提出停止实物分房，实行以逐步提高住房公积金缴存比例和发放购房补贴为主要形式的货币化分配；建立已售公有住房、经济适用房和普通商品房统一的住房交易市场；按照资本保全原则盘活改制企业的住房资产，推进企业住房制度改革等一系列新的思路。同时还先后出台了《海南经济特区职工换购住房暂行办法》和《海南经济特区住房公积金政策性个人住房抵（质）押贷款办法》有关房改配套政策，规范操作。在积极适用房建设中，海南省坚持统一建设，分散集资，以个人出资为主多渠道筹集建设资金。实行以销定建，根据有效需求适度控制规模，把积极适用房建设与消化积压商品房结合起来，在商品房积压严重的海口市，安排商品房转换项目占经济适用房年度建设规模的 80%，促进了住宅建设的健康发展，为推动经济增长作出了贡献。在加快推行新房新制度的同时，海南省按“老房老办法”的要求，继续做好存量公有住房出售工作。各级房改部门在新的房改方案出台之前，加紧政策宣传发动，提供优质高效服务，使各单位出售存量公房工作又一次成为热点。

（海南省政府办公厅　李经雷）

北京、上海、天津三直辖市与沿海九省（自治区）统计资料
（1998年）

基本情况
BASIC STATISTICS

全国行政区划（1998年底）
DIVISIONS OF ADMINISTRATIVE AREAS IN CHINA（END OF 1998）

单位：个
（Unit）

省级区划名称 Provinces，Municipalities and Autonomous Regions	地级区划数 Number of Prefectures	#地级市 Cities at Prefectural Level	县级区划数 Number of Counties	#县级市 Cities at Country Level	各级市个数 Number of Cities at All Levels	市辖区数 Districts Under the Jurisdiecation of cities
全　国 National	**331**	**227**	**2126**	**437**	**664**	**737**
东部地区 Eastern Regions	**112**	**103**	**657**	**194**	**297**	**342**
比重（%）Proportion	**34%**	**45%**	**31%**	**44%**	**45%**	**46%**
北京市 Beijing			6			12
天津市 Tianjin			5			13
河北省 Hebei	11	11	138	23	34	34
辽宁省 Liaoning	14	14	44	17	31	56
上海市 Shanghai			4			16
江苏省 Jiangsu	13	13	64	31	44	44
浙江省 Zhejiang	11	10	64	25	35	24
福建省 Fujian	9	8	61	15	23	23
山东省 Shandong	17	15	94	33	48	45
广东省 Guangdong	21	21	79	33	54	43
广西壮族自治区 Guangxi	14	9	81	10	19	29
海南省 Hainan	2	2	17	7	9	3

各地区总人口和出生率、死亡率、自然增长率（1998年底数）

TOTAL POPULATION AND BIRTH RATE, DEATH RATE AND NATURAL GROWTH RATE BY REGION（END OF 1998）

地　区 Region	年底总人口（万人） Total Population (year-end) (10000 person)	出生率 Birth Rate (‰)	死亡率 Death Rate (‰)	自然增长率 Natural Growth Rate (‰)
全　国 National	**124810**	**16.03**	**6.5**	**9.53**
东部地区 Eastern Regions	**50739**			
比重（%）Proportion	**40.7%**			
北　京 Beijing	1246	6	5.3	0.7
天　津 Tianjin	957	9.89	6.49	3.4
河　北 Hebei	6569	13.01	6.18	6.83
辽　宁 Liaoning	4157	11.39	6.81	4.58
上　海 Shanghai	1464	5.2	7	-1.8
江　苏 Jiangsu	7182	10.97	6.84	4.13
浙　江 Zhejiang	4456	11.15	6.33	4.82
福　建 Fujian	3299	11.53	6.2	5.33
山　东 Shandong	8838	11.58	6.12	5.46
广　东 Guangdong	7143	16.51	5.61	10.9
广　西 Guangxi	4675	15.87	6.86	9.01
海　南 Hainan	753	18.48	5.56	12.92

注：1. 全国总人口包括现役军人数，分地区数字中则未包括。

2. 全国数据未包括香港特别行政区、台湾省和澳门地区的人口数据。

3. 全国数据根据抽样误差和调查误差进行了修正。

a）The military personnel were included in the national total population, but excluded in the regional total population.

b）The national total population excluded the population of Hong Kong, Macao and Taiwan.

c）The national total population was readjusted on the basis of the samlpe error and investigate error.

各地区人口年龄构成和负担系数（1998 年）

POPULATION AGE COMPOSITION AND DEPENDANCY RATIO BY REGION（1998）

地　区 Region	人口数(人) Population 合　计 Total	0—14 岁 Age 0—14	15—64 岁 Age 15—64	65岁及以上 Age 65 and Over	负担系数（%）Total Dependency Ratio（%）	负担少儿系数 Children Dependency Ratio	负担老年系数 The Aged Dependency Ratio
全　国 National	**1243377**	**302230**	**848749**	**92398**	**46.50**	**35.61**	**10.89**
东部地区 Eastern Regions	**511686**	**118259**	**351578**	**41849**			
比重（%）Proportion	**41.2%**	**39.1%**	**41.4%**	**45.3%**			
北　京 Beijing	12620	1986	9498	1136	32.87	20.90	11.96
天　津 Tianjin	9665	1949	6852	864	41.05	28.44	12.62
河　北 Hebei	66315	16096	45767	4452	44.90	35.17	9.73
辽　宁 Liaoning	41979	7770	31041	3168	35.24	25.03	10.21
上　海 Shanghai	14735	2100	10707	1928	37.62	19.61	18.01
江　苏 Jiangsu	72533	15587	50266	6681	44.30	31.01	13.29
浙　江 Zhejiang	44974	8517	32401	4056	38.80	26.29	12.52
福　建 Fujian	33244	8909	21755	2581	52.81	40.95	11.86
山　东 Shandong	89110	19560	62116	7433	43.46	31.49	11.97
广　东 Guangdong	71700	20567	45598	5535	57.24	45.10	12.14
广　西 Guangxi	47231	12954	30727	3550	53.71	42.16	11.55
海　南 Hainan	7580	2264	4850	465	56.27	46.68	9.59

注：负担系数是指 0—14 岁和 65 岁及以上人口占 15—54 岁人口的比重，0—14 岁人口为少年儿童人口，65 岁及以上人口为老年人口。

The dependency ratio refers to the proportion of the number of people aged 0—14 and 65 and over to the number of people aged 15—64. The children refers to the people aged 0—14, and the aged refers to the people aged 65 and over.

按三次产业分的从业人员（1998 年）

NUMBER OF EMPLOYED PERSONS BY TYPE OF INDUSTRY（1998）

（年底）

（year-end）

地　区 Region	从业人员（万人）Total（10000 persons）	第一产业 Primary Industry	第二产业 Secondary Industry	第三产业 Tertiary Industry	构成 Composition in Percentage（合计 total = 100）第一产业 Primary Industry	第二产业 Secondary Industry	第三产业 Tertiary Industry
全　国 National	**69957**	**34838**	**16440**	**18679**	**49.8**	**23.5**	**26.7**
东部地区 Eastern Regions	**25696**	**11655**	**6686**	**7354**			
比重（%）Proportion	**36.7%**	**33.5%**	**40.7%**	**39.4%**			
北　京 Beijing	624.3	71.2	220.5	332.5	11.4	35.3	53.3
天　津 Tianjin	427	80.9	177.2	168.8	18.9	41.5	39.5
河　北 Hebei	3382.9	1649.7	884	848.8	48.8	26.1	25.1
辽　宁 Liaoning	1818.2	668.3	523.9	625.9	36.8	28.8	34.4
上　海 Shanghai	670	80	293	297.3	11.9	43.7	44.4
江　苏 Jiangsu	3635	1555.7	1104.6	974.5	42.8	30.4	26.8
浙　江 Zhejiang	2651.1	1109.1	785.1	757	41.8	29.6	28.6
福　建 Fujian	1621.9	787.5	330.6	504	48.6	20.4	31.1
山　东 Shandong	4657.2	2498.9	1097.4	1060.7	53.7	23.6	22.8
广　东 Guangdong	3737.4	1530.5	1004.4	1202.4	41	26.9	32.2
广　西 Guangxi	2470.9	1623	265.5	582.5	65.7	10.7	23.6
海　南 Hainan	320.8	197.7	32.7	90.4	61.6	10.2	28.2

按城乡分的从业人员

NUMBER OF EMPLOYED PERSONS BY RESIDENCE IN URBAN AND RURAL AREAS

（年底）单位：万人

（year-end）10000 persons

地 区 Region	合 计 Total	城 镇 小计 Sub-total	#国有经济单位 State-Owned Units	#集体经济单位 Urban Collective Owned Units	#股份合作单位 Share Holding Units	#联营单位 Joint-owned Units	#有限责任公司 Limited Liability Corporations	#股份有限公司 Share Holding Corparations Ltd.
全 国 National	**69957**	**20678**	**9058**	**1963**	**136**	**48**	**484**	**410**
东部地区 Eastern Regions	**26017**	**7350**	**3971**	**968**	**79**	**37**	**219**	**205**
比重（%）Proportion	**37.2%**	**35.5%**	**43.8%**	**49.3%**	**58.0%**	**76.0%**	**45.1%**	**49.9%**
北 京 Beijing	624.3	463.3	308.1	51	6.9	5.2	19.1	18.5
天 津 Tianjin	427	253.9	137.7	36.3	1.3	0.9	9.7	6.3
河 北 Hebei	3382.9	746.9	467.8	78.4	6.1	0.9	22.3	11.7
辽 宁 Liaoning	1818.2	884.9	487.8	138.5	6.3	1.2	21.9	17.4
上 海 Shanghai	670	446.8	238.6	47.3	3.2	2.8	16.7	24.5
江 苏 Jiangsu	3635	899.1	480.6	165.4	14.4	7	33.5	21.4
浙 江 Zhejiang	2651.1	554.5	245.2	93.8	14.8	3.2	26.6	22.2
福 建 Fujian	1621.9	421.6	192.9	43	4.5	3.5	7.7	7.2
山 东 Shandong	4657.2	1061.4	612.1	134.8	12.5	3.1	20.3	34.5
广 东 Guangdong	3737.4	1104.4	474.7	138.7	7.3	7.2	26.3	30.7
广 西 Guangxi	2470.9	402.8	254.2	35.3	1.4	0.9	13.3	7.5
海 南 Hainan	320.8	110.5	71.6	5	0.2	0.6	1.1	2.6

续表 Continued

（年底）单位：万人

（year-end）10000 persons

地 区 Region	Urban #私营企业 Private Enterprises	#港澳台商投资单位 Economic Units Funded by Entrepreneurs from HongKong, Macao & Taiwan	#外商投资单位 Foreign Funded Economic Units	#个 体 Individuals	乡村 Rural 小 计 Sub-total	#乡镇企业 Township and Village Enterprises	#私营企业 Private Enterprises	#个 体 Individuals
全 国 National	**973**	**294**	**293**	**2259**	**49279**	**12537**	**737**	**3855**
东部地区 Eastern Regions	**552**	**251**	**249**	**817**	**18666**	**6431**	**508**	**1917**
比重（%）Proportion	**56.7%**	**85.5%**	**84.8%**	**36.1%**	**37.9%**	**51.3%**	**68.9%**	**49.7%**
北 京 Beijing	4.6	13.1	21.2	15.5	161	92.4	4	19.2
天 津 Tianjin	19.2	8	18.2	16.1	173	115.4	9.3	19
河 北 Hebei	36.9	6.2	7.3	108.7	2635.9	750.6	111.6	550.8
辽 宁 Liaoning	57.8	9.5	19.9	123.6	933.2	425.9	29	94.6
上 海 Shanghai	52.5	16.9	35.5	8.8	223.2	145.2	41.6	13.9
江 苏 Jiangsu	59.3	20.1	26.4	70.6	2735.9	837.4	74.4	211.1
浙 江 Zhejiang	57.2	15.5	11	64.6	2096.5	788.1	95.7	203.2
福 建 Fujian	28.9	47.6	35.9	49.7	1200.3	510.4	20.6	61.5
山 东 Shandong	78.5	11	28	125.9	3595.8	1198.5	63.8	514.7
广 东 Guangdong	126.4	99	38.7	154.9	2632.9	1172.7	50.4	139.6
广 西 Guangxi	16.5	2.8	4.9	65.9	2068.2	369.4	6.2	80.2
海 南 Hainan	13.7	1.7	1.5	12.3	210.3	25.4	1.3	9.1

从业人员按受教育程度分组构成（1998）

COMPOSITION OF EMPLOYED PERSONS BY EDUCATIONAL LEVEL AND REGION（1998）

本表及以下各表是 1998 年人口变动抽样调查数据。

Datas in this table and following tables are obtained from the Sample Survey on Population Changes in 1998.

单位：%

（%）

地 区 Region	合计 Total	男 Male	女 Female	不识字 Illiterate and Semi illiterate	小 学 Primary School	初 中 Junior Secondary School	高 中 Senior Secondary School	大专以上 College & Higher Level
全 国 National	**100.0**	**53.3**	**46.7**	**11.5**	**34.2**	**38.9**	**11.9**	**3.5**
北 京 Beijing	100.0	55.8	44.2	1.5	8.9	39.5	30.8	19.4
天 津 Tianjin	100.0	55.6	44.4	4.6	24.8	43.8	19.4	7.5
河 北 Hebei	100.0	53.0	47.0	6.9	29.1	47.3	13.0	3.7
辽 宁 Liaoning	100.0	54.5	45.5	3.5	27.3	49.9	13.5	5.8
上 海 Shanghai	100.0	54.5	45.5	4.6	14.4	39.5	28.5	12.9
江 苏 Jiangsu	100.0	51.2	48.8	14.8	28.0	39.0	14.3	3.9
浙 江 Zhejiang	100.0	56.1	43.9	11.0	37.7	36.1	11.6	3.6
福 建 Fujian	100.0	54.4	45.6	12.8	41.6	30.8	12.0	2.9
山 东 Shandong	100.0	52.7	47.3	16.0	29.7	42.0	10.3	2.0
广 东 Guangdong	100.0	52.1	47.9	4.0	34.0	42.4	14.5	5.1
广 西 Guangxi	100.0	52.5	47.5	8.6	42.4	39.3	8.5	1.2
海 南 Hainan	100.0	53.3	46.7	11.5	29.0	41.6	13.8	4.1

私营企业从业人员（1998 年底）

NUMBER OF EMPLOYED PERSONS IN PRIVATE ENTERPRISES（END OF 1998）

单位：万户、万人

（10000 households，10000 persons）

地 区 Region	合 计 Total 户 数 Number of Households	从业人数 Number of Employed	#投资者 Employers	城 镇 Urban Areas 户 数 Number of Households	从业人数 Number of Employed	#投资者 Employers	乡 村 Rural Areas 户 数 Number of Households	从业人数 Number of Employed	#投资者 Employers
全 国 National	**120.1**	**1709.1**	**263.8**	**75.5**	**972.6**	**176.0**	**44.6**	**736.5**	**87.9**
东部地区 Eastern Regions	**77.5**	**1059.2**	**160.0**	**45.4**	**551.5**	**99.5**	**32.0**	**507.9**	**60.6**
比重（%）Proportion	**64.5%**	**62.0%**	**60.7%**	**60.1%**	**56.7%**	**56.5%**	**71.7%**	**69.0%**	**68.9%**
北 京 Beijing	0.8	8.6	0.9	0.5	4.6	0.6	0.3	4	0.4
天 津 Tianjin	2.5	28.5	5.6	1.8	19.2	4	0.7	9.3	1.6
河 北 Hebei	7.1	148.5	15.7	2.1	36.9	4.8	5	111.6	11
辽 宁 Liaoning	6.1	86.8	10.8	4.4	57.8	8.4	1.6	29	2.3
上 海 Shanghai	9.5	94	18.9	5.5	52.5	11.4	4	41.6	7.5
江 苏 Jiangsu	10.8	133.7	20.2	5	59.3	10.7	5.7	74.4	9.5
浙 江 Zhejiang	10	152.9	19.4	4.2	57.2	8.8	5.8	95.7	10.6
福 建 Fujian	3.5	49.4	8.5	2.3	28.9	5.3	1.2	20.6	3.2
山 东 Shandong	9.8	142.2	21	5.9	78.5	13.3	3.9	63.8	7.7
广 东 Guangdong	14.1	176.8	30.9	10.9	126.4	25.2	3.3	50.4	5.7
广 西 Guangxi	1.6	22.7	3.9	1.2	16.5	3.1	0.4	6.2	0.8
海 南 Hainan	1.7	15.1	4.2	1.6	13.7	3.9	0.1	1.3	0.3

个体从业人员（1998年底）
NUMBER OF SELF-EMPLOYED INDIVIDUALS（END OF 1998）

单位：万户、万人
（10000 households，10000 persons）

地区 Region	合计 Total 户数 Number of Households	合计 Total 从业人数 Number of Employed Individuals	城镇 Urban Areas 户数 Number of Households	城镇 Urban Areas 从业人数 Number of Employed Individuals	乡村 Rural Areas 户数 Number of Households	乡村 Rural Areas 从业人数 Number of Employed Individuals
全 国 National	**3120.2**	**6114.4**	**1177**	**2259.3**	**1943.2**	**3855.1**
东部地区 Eastern Regions	**1393.9**	**2733.8**	**444.4**	**816.6**	**949.5**	**1916.9**
比重（%）Proportion	**44.7%**	**44.7%**	**31.8%**	**36.1%**	**48.9%**	**49.7%**
北 京 Beijing	24.6	34.7	10.8	15.5	13.8	19.2
天 津 Tianjin	24.8	35.1	12.9	16.1	12	19
河 北 Hebei	276.6	659.5	49.7	108.7	226.9	550.8
辽 宁 Liaoning	127.1	218.3	72	123.6	55.1	94.6
上 海 Shanghai	17.7	22.7	6.8	8.8	10.9	13.9
江 苏 Jiangsu	155.7	281.7	38.6	70.6	117.1	211.1
浙 江 Zhejiang	158.4	267.8	41.1	64.6	117.3	203.2
福 建 Fujian	54.6	111.2	25.7	49.7	28.9	61.5
山 东 Shandong	288.1	640.6	56.7	125.9	231.4	514.7
广 东 Guangdong	150.5	294.6	79.5	154.9	70.9	139.6
广 西 Guangxi	104.2	146.1	44.3	65.9	59.9	80.2
海 南 Hainan	11.6	21.5	6.3	12.3	5.3	9.1

劳动部门职业介绍工作情况（1998年底）
SITUATIONS IN EMPLOYMENT SERVICES OF LABOUR DEPARTMENTS（END OF 1998）

单位：万人次
（10000 person time）

地区 Region	求职登记总数 Total Number of Registered Persons	本年求职登记人数 Registered Persons in This Year	农村劳动力 Rural Labour Force	用人登记总数 Total Number of Job Vacancies Registered	本年用人登记总数 Job Vacancies Registered in This Year	介绍成功人数 Number of Persons Actually Employed	失业人员 Former Unemployees	农村劳动力 Rural Labour Force
全 国 National	**1863.4**	**1184.3**	**490.3**	**1170.0**	**934.2**	**798.8**	**262.1**	**393.3**
东部地区 Eastern Regions	**1045.7**	**697.4**	**269.7**	**664.5**	**510.3**	**394.7**	**130.8**	**197.5**
比重（%）Proportion	**56.1%**	**58.9%**	**55.0%**	**56.8%**	**54.6%**	**49.4%**	**49.9%**	**50.2%**
北 京 Beijing	45.6	45.6	16.5	43.2	43.2	26.5	6.9	10.5
天 津 Tianjin	88.6	64.8	0.2	47.3	27.5	12.3	3.8	0.2
河 北 Hebei	64.5	41.8	25.1	43.4	35.4	34.4	6.2	21.3
辽 宁 Liaoning	102.4	69.7	15.2	52.3	44.1	40.7	16.8	10.6
上 海 Shanghai	46.5	30.6	1.8	54.3	37.3	10.9	17.8	1.4
江 苏 Jiangsu	104.7	59.9	19.7	63.6	51.9	46.3	18.1	18.3
浙 江 Zhejiang	194.3	110.1	77.0	121.8	89.2	67.3	12.6	47.8
福 建 Fujian	71.5	49.4	32.2	44.4	38.0	30.9	7.1	19.1
山 东 Shandong	115.1	72.1	33.5	73.7	58.7	57.7	19.2	32.2
广 东 Guangdong	138.6	95.0	25.4	78.0	47.7	38.6	12.3	20.3
广 西 Guangxi	40.4	35.5	20.3	28.2	26.3	19.8	5.7	12.8
海 南 Hainan	33.5	22.9	2.8	14.3	11.0	9.3	4.3	3.0

职业介绍机构基本情况（1998 年）

BASIC CONDITIONS OF EMPLOYMENT SERVICES（1998）

地区 Region	合计 Total	劳动部门办 Run by Labour Departments	省、自治区、直辖市 Provincial	地、市 Profectural	县、区 County	乡镇、街道 Township and Neighbourhood Committee	非劳动部门办 Run by Other Departments	企、事业、机关 Enterprises, Institutions & Organizations	私人 Private
全 国 National Total	**35449**	**28717**	**62**	**466**	**3179**	**24959**	**6732**	**3152**	**3106**
东部地区 Eastern Regions	**13542**	**10248**	**43**	**143**	**1084**	**8978**	**3294**	**1351**	**1680**
比重（%）Proportion	**38.2%**	**35.7%**	**69.4%**	**30.7%**	**34.1%**	**36.0%**	**48.9%**	**42.9%**	**54.1%**
北 京 Beijing	353	171	26			145	182	163	5
天 津 Tianjin	203	92	2		23	67	111	95	16
河 北 Hebei	2150	1894	1	11	181	1701	256	110	75
辽 宁 Liaoning	1559	1142	1	23	118	1000	417	245	172
上 海 Shanghai	447	339	3		20	316	108	47	5
江 苏 Jiangsu	2144	1966	1	15	129	1821	178	153	15
浙 江 Zhejiang	1716	801	1	17	106	677	915	186	662
福 建 Fujian	1164	831	1	12	85	733	333	67	253
山 东 Shandong	1718	1497	1	19	153	1324	221	87	131
广 东 Guangdong	1447	1049	1	34	159	855	398	110	283
广 西 Guangxi	641	466	5	12	110	339	175	88	63
海 南 Hainan	37	28	1	5	17	5	9	5	4

职工工资总额和指数（1998 年）

TOTAL WAGES OF STAFF AND WORKERS AND RELATED INDEX（1998）

地区 Region	工资总额（亿元）Total Wages（100000000）				指数（以上年为 100）Index（Preceding year = 100）			
	合计 Total	国有经济单位 State-Owned Units	城镇集体经济单位 Urban Collective Owned Units	其他经济单位 Units of Other Types of Ownership	合计 Total	国有经济单位 State-Owned Units	城镇集体经济单位 Urban Collective Owned Units	其他经济单位 Units of Other Types of Ownership
全 国 National	**9296.5**	**6812.5**	**1021.6**	**1462.4**	**100.2**	**95.8**	**83.1**	**156.9**
东部地区 Eastern Regions	**5152.8**	**3513.6**	**589.9**	**1049.3**				
比重（%）Proportion	**55.4%**	**51.6%**	**57.7%**	**71.8%**				
北 京 Beijing	530.3	378.6	39.5	112.2	104	99.6	74.7	145.5
天 津 Tianjin	218	142.3	22.5	53.1	99.5	90.6	86.8	147
河 北 Hebei	375.6	303.7	34.9	37	98.4	95.5	80.3	185.6
辽 宁 Liaoning	504.5	372.8	68.7	63	94.5	93.1	75.7	146.1
上 海 Shanghai	491	317.9	39.6	133.5	98.5	91.9	77.9	131.1
江 苏 Jiangsu	628.5	422.3	99.5	106.7	101.2	96.4	82.5	170.6
浙 江 Zhejiang	414.2	252.2	72.9	89.1	104.4	101.4	74.1	179.7
福 建 Fujian	282.1	162.4	27.2	92.5	108	102.3	93.5	126.1
山 东 Shandong	575.4	444.4	61.6	69.4	100.4	99.9	78.9	138.8
广 东 Guangdong	890.7	523.7	104.3	262.7	104.5	97.9	87.4	132.9
广 西 Guangxi	190.2	150.7	16.7	22.9	103.7	97.4	91.4	220
海 南 Hainan	52.3	42.6	2.5	7.2	91.4	91.2	76	100.3

职工平均工资及指数（1998 年）
AVERAGE WAGE OF STAFF AND WORKERS AND RELATED INDICES（1998）

地区 Region	平均货币工资（元）Average Money Wage (yuan)				指数（以上年为 100）Indices（preceding year = 100）							
					货币工资 Average Money Wage				实际工资 Average Real Wage			
	合计 Total	国有经济单位 State-Owned Units	城镇集体经济单位 Urban Collective-Owned Units	其他经济单位 Units of Other Types of Ownership	合计 Total	国有经济单位 State-Owned Units	城镇集体经济单位 Urban Collective-Owned Units	其他经济单位 Units of Other Types of Ownership	合计 Total	国有经济单位 State-Owned Units	城镇集体经济单位 Urban Collective-Owned Units	其他经济单位 Units of Other Types of Ownership
全国 National	**7479**	**7668**	**5331**	**8972**	**106.6**	**106.1**	**102.5**	**97.7**	**107.2**	**106.7**	**103.1**	**98.3**
东部地区平均 Eastern Regions Average	**8861**	**9128**	**6336**	**10132**								
北京 Beijing	12451	12348	8567	15332	109.4	106.6	106.1	102.5	106.8	104.1	103.6	100.1
天津 Tianjin	9946	10237	6121	12257	109.2	106.8	103.6	111.2	109.7	107.3	104.1	111.8
河北 Hebei	6302	6592	4360	6695	104.7	103.7	102.5	104.4	106.1	105.1	103.9	105.8
辽宁 Liaoning	7161	7604	4972	8285	107.7	106.7	103.3	101.6	107.9	106.9	103.5	101.8
上海 Shanghai	13580	13746	9344	15188	109.8	108.8	110.3	103.1	109.8	108.8	110.3	103.1
江苏 Jiangsu	8256	8872	6033	8867	108.0	107.7	104.8	101.8	108.0	107.7	104.8	101.8
浙江 Zhejiang	9759	10480	7882	9760	111.3	114.0	105.2	99.2	110.7	113.4	104.7	98.7
福建 Fujian	8531	8682	6662	8999	107.7	108.6	107.5	103.4	107.7	108.6	107.5	103.4
山东 Shandong	6854	7469	4558	6346	104.4	105.2	99.3	96.7	104.7	105.5	99.6	97.0
广东 Guangdong	11032	11294	7663	12658	107.3	106.0	102.1	107.5	109.2	107.8	103.9	109.4
广西 Guangxi	6208	6243	4855	7445	106.8	105.6	101.4	111.7	110.0	108.8	104.4	115.0
海南 Hainan	6248	5970	5020	9750	100.9	101.1	89.1	100.4	103.4	103.6	91.3	102.9

国民经济主要指标

各地区国内生产总值和指数
GROSS DOMESTIC PRODUCT AND ITS INDICES BY REGION

本表绝对值按当年价格计算，指数按可比价格计算。

Absolute figures in this table are calculated at current prices while the indices are calculated at comparable prices.

地区 Region	国内生产总值（亿元）Gross Domestic Product（100 million yuan）				指数（上年 = 100）Indices（preceding year = 100）			
	1995	1996	1997	1998	1995	1996	1997	1998
全国总计 National	**58478.1**	**67884.6**	**74462.6**	**79395.7**	**110.5**	**109.6**	**108.8**	**107.8**
东部地区 Eastern Regions	**33506.8**	**39532.1**	**44366.1**	**48114.5**				
比重（%）Proportion	**57.3%**	**58.2%**	**59.6%**	**60.6%**				
北京 Beijing	1394.89	1615.73	1810.09	2011.31	112.4	109.2	109.6	109.8
天津 Tianjin	920.11	1102.40	1240.40	1336.38	114.9	114.3	112.1	109.3
河北 Hebei	2849.52	3452.97	3953.78	4256.01	113.9	113.5	112.5	110.7
辽宁 Liaoning	2793.37	3157.69	3490.06	3881.73	107.1	108.6	108.9	108.3
上海 Shanghai	2462.57	2902.20	3360.21	3688.20	114.1	113.0	112.7	110.1
江苏 Jiangsu	5155.25	6004.21	6680.34	7199.95	115.4	112.2	112.0	110.0
浙江 Zhejiang	3524.79	4146.06	4638.24	4987.50	116.7	112.7	111.1	110.1
福建 Fujian	2160.52	2583.83	3000.36	3330.18	115.2	115.4	114.5	111.4
山东 Shandong	5002.34	5960.42	6650.02	7162.20	114.2	112.2	111.2	110.8
广东 Guangdong	5381.72	6519.14	7315.51	7919.12	114.9	110.7	110.6	110.2
广西 Guangxi	1497.56	1697.90	1817.25	1903.04	111.4	108.3	108.0	109.1
海南 Hainan	364.17	389.53	409.86	438.92	104.3	104.8	106.4	108.3

各地区国内生产总值（1998年）

GROSS DOMESTIC PRODUCT BY REGION（1998）

本表按当年价格计算，指数按可比价格计算。

Absolute figures in this table are calculated at current prices while the indices are calculated at comparable prices.

地　　区 Region	国内生产总值（亿元） Gross Domestic Product（100 million yuan）	第一产业 Primary Industry	第二产业 Secondary Industry	#工　业 Industry	#建筑业 Construction	第三产业 Tertiary Industry	农林牧渔服务业 Farming, Forestry, Animal and Fishery Services	地质勘查业水利管理业 Geological Prospecting and Water Conservancy
全国总计 National	**79395.7**	**14599.6**	**38691.8**	**33429.8**	**5262.0**	**26104.3**		
东部地区 Eastern Regions	**48114.5**	**6777.8**	**23245.3**	**20284.3**	**2961.0**	**18091.5**	**98.2**	**115.9**
比重（%）Proportion	**60.6%**	**46.4%**	**60.1%**	**60.7%**	**56.3%**	**69.3%**		
北　京 Beijing	2011.31	86.56	786.85	610.66	176.19	1137.90	1.94	4.50
天　津 Tianjin	1336.38	74.03	660 00	587.83	72.17	602.35	0.33	6.49
河　北 Hebei	4256.01	790.60	2084.33	1822.05	262.28	1381.08	6.16	17.18
辽　宁 Liaoning	3881.73	531.46	1855.22	1664.05	191.17	1495.05	11.17	8.17
上　海 Shanghai	3688.20	78.50	1847.20	1646.70	200.50	1762.50	3.64	6.67
江　苏 Jiangsu	7199.95	1016.27	3640.10	3157.69	482.41	2543.58	30.89	19.08
浙　江 Zhejiang	4987.50	631.31	2709.08	2445.43	263.65	1647.11	6.26	6.30
福　建 Fujian	3330.18	610.04	1444.73	1208.75	235.98	1275.41	5.85	5.61
山　东 Shandong	7162.20	1215.81	3457.03	3052.44	404.59	2489.36	10.80	11.73
广　东 Guangdong	7919.12	1004.92	3991.97	3463.12	528.85	2922.23	16.30	24.10
广　西 Guangxi	1903.04	574.25	678.19	569.90	108.29	650.60	4.01	4.00
海　南 Hainan	438.92	164.00	90.63	55.70	33.93	184.29	0.80	2.07

续表 1　continued

GROSS DOMESTIC PRODUCT BY REGION（1998）

The absolute figure in this table are calculated at current priecs while the indices are calculated at comparable prices.

（100 million yuan）

地　　区 Region	交通运输仓储和邮电通信业 Transportation, Storage, Postal and Telecommunications Services	批发零售贸易和餐饮业 Wholesale, Retail Trade and Catering Services	金融、保险业 Banking and Insurance	房地产业 Real Estate Trade	社　会服务业 Social Services	卫生体育和社会福利业 Health Care, Sports and Social Welfare	教育、文化艺术和广播电影电视业 Education, Culture, Arts, Radio, Film and Television	科学研究和综合技术服务事业 Scientific Research and Polytechnical Services
东部地区 Eastern Regions	**3513.3**	**5186.9**	**2649.6**	**2718.7**	**1631.4**	**526.0**	**1071.1**	**285.5**
北　京 Beijing	154.45	207.33	246.87	277.64	135.79	30.58	110.67	80.83
天　津 Tianjin	133.16	127.29	120.17	114.88	81.21	14.05	35.70	16.00
河　北 Hebei	313.40	386.96	202.98	204.22	79.43	32.42	79.38	14.54
辽　宁 Liaoning	271.96	533.15	164.40	123.78	187.70	58.63	90.52	31.71
上　海 Shanghai	244.42	412.04	459.63	512.21	160.45	43.51	89.93	48.55
江　苏 Jiangsu	435.77	724.85	376.04	381.81	210.39	71.82	150.64	23.74
浙　江 Zhejiang	321.75	665.80	157.94	172.19	147.16	52.44	78.16	10.90
福　建 Fujian	347.25	332.59	157 32	172.48	115.16	33.80	77.27	8.69
山　东 Shandong	442.20	665.33	411 89	429.88	115.07	87.45	145.25	21.39
广　东 Guangdong	688.83	827.16	271.07	268.20	331.55	71.44	146.15	23.38
广　西 Guangxi	125.04	243.50	52.06	31.22	47.25	25.59	55.27	4.49
海　南 Hainan	35.03	60.90	29.20	30.14	20.22	4.22	12.19	1.30

续表 2 continued

本表绝对数按当年价格计算，指数按可比价格计算。

The absolute figure in this table are calculated at current prices while the indices are calculated at comparable prices.

单位：亿元

(100 million yuan)

地区 Region	国家机关、政党机关和社会团体 Government Agencies, Party Agencies and Social Organizations	其他行业 Others	构成% Composition			指数 Indices 上年=100				人均国内生产总值（元） Per Capita GDP (yuan)
			第一产业 Primary Industry	第二产业 Secondary Industry	第三产业 Tertiary Industry	国内生产总值 Gross Domestic Product	第一产业 Primary Industry	第二产业 Secondary Industry	第三产业 Tertiary Industry	
全国总计 National			**18.4**	**48.7**	**32.9**	**107.8**	**103.5**	**109.2**	**107.6**	**6392**
东部地区 Eastern Regions	**1103.0**	**255.8**								
北京 Beijing	51.83	14.09	4.3	39.1	56.6	109.8	101.5	109.6	110.8	18482
天津 Tianjin	27.10	2.93	5.5	49.4	45.1	109.3	106.7	107.4	113.0	14808
河北 Hebei	128.13	42.15	18.6	49.0	32.5	110.7	106.2	112.2	110.6	6525
辽宁 Liaoning	84.05	11.61	13.7	47.8	38.5	108.3	113.0	107.6	107.9	9333
上海 Shanghai	48.63	7.05	2.1	50.1	47.8	110.1	102.2	108.2	114.3	28253
江苏 Jiangsu	188.28	19.65	14.1	50.6	35.3	111.0	102.1	112.0	112.9	10021
浙江 Zhejiang	93.05	9.45	12.7	54.3	33.0	110.1	103.2	110.8	111.5	11247
福建 Fujian	79.01	8.24	18.3	43.4	38.3	111.4	105.0	113.9	110.0	10369
山东 Shandong	187.77	110.20	17.0	48.3	34.8	110.8	105.6	112.0	111.6	8120
广东 Guangdong	145.77	16.52	12.7	50.4	36.9	110.2	103.9	112.2	108.7	11143
广西 Guangxi	60.13	13.64	30.2	35.6	34.2	109.1	105.8	114.1	106.4	4076
海南 Hainan	9.29	0.27	37.4	20.6	42.0	108.3	108.3	109.0	108.0	6022

各地区国内生产总值结构项目（1998年）

STRUCTURE OF GROSS DOMESTIC PRODUCT BY REGION (1998)

本表按当年价格计算。

Datas in value terms in this table are calculated at current prices.

地区 Region	国内生产总值（亿元） Gross Domestic Product (100 million yuan)	劳动者报酬 Compensation of Laborers	固定资产折旧 Depreciation of Fixed Assets	生产税净额 Net Taxes on Production	营业盈余 Operating Surplus
东部地区 Eastern Regions	**48114.5**	**23968.2**	**7013.2**	**6404.2**	**10729.0**
北京 Beijing	2011.31	979.90	384.94	274.07	372.40
天津 Tianjin	1336.38	708.79	209.05	184.15	234.39
河北 Hebei	4256.01	2253.94	568.08	442.10	991.89
辽宁 Liaoning	3881.73	1974.25	616.74	423.51	867.23
上海 Shanghai	3688.20	1279.41	489.77	798.64	1120.38
江苏 Jiangsu	7199.95	3664.08	1034.88	866.25	1634.74
浙江 Zhejiang	4987.50	2349.89	487.00	574.80	1575.81
福建 Fujian	3330.18	1718.09	397.48	337.64	876.97
山东 Shandong	7162.20	3262.63	1317.45	977.66	1604.46
广东 Guangdong	7919.12	4224.82	1251.72	1276.98	1165.60
广西 Guangxi	1903.04	1292.33	188.03	197.86	224.82
海南 Hainan	438.92	260.06	68.01	50.51	60.34

各地区支出法国内生产总值（1998 年）

GROSS DOMESTIC PRODUCT CALCULATED WITH EXPENITURE APPROACH BY REGION（1998）

本表按当年价格计算。

The data in value terms in this table are calculated at current prices.

地　　区 Region	支出法国内生产总值（亿元） Gross Domestic Product with Expenditure Approach (100 million yuan)	最终消费 Final Consumption Expenditure	资本形成总额 Gross Capital Formation	货物和服务净出口 Net Export	资本形成率（%） Capital Formation Rate（%）	最终消费率（%） Final Consumption Rate（%）
全国总计 National	**79853.3**	**46405.9**	**30396.0**	**3051.5**	**38.1**	**58.1**
东部地区 Eastern Regions	**48108.6**	**23414.0**	**22137.1**	**2557.6**		
比重（%）Proportion	**60.2%**	**50.5%**	**72.8%**	**83.8%**		
北　京 Beijing	2046.31	809.82	1396.40	－159.91	68.2	39.6
天　津 Tianjin	1336.38	622.72	729.69	－16.03	54.6	46.6
河　北 Hebei	4256.01	1819.19	2059.17	377.65	48.4	42.7
辽　宁 Liaoning	3881.73	2128.05	1225.99	527.69	31.6	54.8
上　海 Shanghai	3688.20	1526.28	1975.94	185.98	53.6	41.4
江　苏 Jiangsu	7172.45	3161.88	3321.44	689.13	46.3	44.1
浙　江 Zhejiang	4976.17	2172.29	2482.45	321.43	49.9	43.7
福　建 Fujian	3330.18	1717.34	1577.67	35.17	47.4	51.6
山　东 Shandong	7162.20	3533.34	3463.15	165.71	48.4	49.3
广　东 Guangdong	7919.12	4375.41	3051.96	491.75	38.5	55.3
广　西 Guangxi	1903.04	1308.67	650.55	－56.18	34.2	68.8
海　南 Hainan	436.85	238.98	202.71	－4.84	46.4	54.7

各地区总投资及构成（1998 年）

CROSS CAPITAL FORMATION AND IT'S COMPSITION BY REGION（1998）

本表按当年价格计算。

The data in value terms in this table are calculated at current prices.

地　　区 Region	资产形成总额（亿元） Gross Capital Formation (100 million yuan)	固定资产形成总额 Cross Fixed Capital Formation	存货增加 Changes in Inventories	资产形成总额＝100 Total＝100 固定资产形成总额 Cross Fixed Capital Formation	资产形成总额＝100 Total＝100 存货增加 Changes in Inventories
全国总计 National	**30396.0**	**28180.8**	**2215.1**	**92.7**	**7.3**
东部地区 Eastern Regions	**22137.1**	**17732.0**	**4405.1**		
比重（%）Proportion	**72.8%**	**62.9%**	**198.9%**		
北　京 Beijing	1396.40	1171.90	224.50	83.9	16.1
天　津 Tianjin	729.69	640.15	89.54	87.7	12.3
河　北 Hebei	2059.17	1665.10	394.07	80.9	19.1
辽　宁 Liaoning	1225.99	1069.57	156.42	87.2	12.8
上　海 Shanghai	1975.94	1804.81	171.13	91.3	8.7
江　苏 Jiangsu	3321.44	2642.29	679.15	79.6	20.4
浙　江 Zhejiang	2482.45	1848.00	634.45	74.4	25.6
福　建 Fujian	1577.67	1145.35	432.32	72.6	27.4
山　东 Shandong	3463.15	2347.02	1116.13	67.8	32.2
广　东 Guangdong	3051.96	2651.24	400.72	86.9	13.1
广　西 Guangxi	650.55	573.10	77.45	88.1	11.9
海　南 Hainan	202.71	173.48	29.23	85.6	14.4

各地区最终消费及构成（1998 年）

FINAL CONSUMPTION EXPENDITURE AND IT'S COMPOSITION BY REGION (1998)

本表按当年价格计算。

The data in value terms in this table are calculated at current prices.

地　区 Region	最终消费（亿元） Final Consumption Expenditure (100 million yuan)	居民消费 Household Consumption	农村居民 Peasants	城镇居民 Non-Peasants	政府消费 Government Consumption	最终消费 = 100 Final Consumption Expenditure = 100 居民消费 Household Consumption	政府消费 Government Consumption	居民消费 = 100 Household Consumption Expenditure = 100 农村居民 Peasants	城镇居民 Non-Peasants
全国总计 National	**46405.9**	**36921.1**	**17667.3**	**19253.9**	**9484.8**	**79.6**	**20.4**	**47.9**	**52.1**
东部地区 Eastern Regions	**23414.0**	**17730.0**	**8398.9**	**9331.1**	**5684.0**				
比　重（%）Proportion	**50.5%**	**48.0%**	**47.5%**	**48.5%**	**59.9%**				
北　京 Beijing	809.82	563.62	109.26	454.36	246.20	69.6	30.4	19.4	80.6
天　津 Tianjin	622.72	470.08	111.56	358.52	152.64	75.5	24.5	23.7	76.3
河　北 Hebei	1819.19	1415.78	876.35	539.43	403.41	77.8	22.2	61.9	38.1
辽　宁 liaoning	2128.05	1578.49	462.27	1116.22	549.56	74.2	25.8	29.3	70.7
上　海 Shanghai	1526.28	1201.84	202.23	999.61	324.44	78.7	21.3	16.8	83.2
江　苏 Jiangsu	3161.88	2513.52	1370.53	1142.99	648.36	79.5	20.5	54.5	45.5
浙　江 Zhejiang	2172.29	1678.15	1002.03	676.12	494.14	77.3	22.7	59.7	40.3
福　建 Fujian	1717.34	1284.42	884.42	400.00	432.92	74.8	25.2	68.9	31.1
山　东 Shandong	3533.34	2554.64	1301.15	1253.49	978.70	72.3	27.7	50.9	49.1
广　东 Guangdong	4375.41	3330.07	1415.08	1914.99	1045.34	76.1	23.9	42.5	57.5
广　西 Guangxi	1308.67	952.63	560.99	391.64	356.04	72.8	27.2	58.9	41.1
海　南 Hainan	238.98	186.75	103.03	83.72	52.23	78.1	21.9	55.2	44.8

居民消费水平

HOUSEHOLD CONSUMPTION

本表绝对数按当年价格计算，指数按可比价格计算。

Absolute figures in this table are calculated at current prices, while indices are calculated at comparable prices.

地　区 Region	绝对数（元） 全国居民 All Households	农村居民 Agricultural Households	城镇居民 Non-agricultrual Households	城乡消费水平对比（农村居民 = 1） Urban/Rural Consumption Ratio (Agricultural House-holds = 1)	指数（上年 = 100）Index (Preceding year = 100) 全国居民 All Households	农村居民 Agricultural Households	城镇居民 Non-agricultural Households	指数（1978 = 100）Inedx (1978 = 100) 全国居民 All Households	农村居民 Agricultural Households	城镇居民 Non-agricultural Households
全国总计 National	**2972**	**1895**	**6182**	**3.3**	**105.5**	**102.0**	**107.7**	**393.1**	**370.9**	**330.5**
东部地区平均 Eastern Regions Average	**4079**	**2695**	**6430**							
东部地区与全国比较（%）	**137%**	**142%**	**104%**							
北　京 Beijing	5178	3032	6240	2.1	110.1	111.5	109.3			
天　津 Tianjin	5209	2905	6916	2.4	107.3	109.3	106.5			
河　北 Hebei	2163	1642	4463	2.7	102.2	102.0	101.2			
辽　宁 Liaoning	3795	2048	5869	2.9	106.5	109.9	103.6			
上　海 Shanghai	9202	5654	10541	1.9	105.8	104.3	105.7			
江　苏 Jiangsu	3498	2603	5951	2.3	105.0	100.5	111.1			
浙　江 Zhejiang	3784	2824	7630	2.7	103.3	103.7	100.4			
福　建 Fujian	3934	3388	6115	1.8	103.1	102.2	104.6			
山　东 Shandong	2899	1998	5450	2.7	109.1	108.6	109.8			
广　东 Guangdong	4686	2893	8642	3.0	105.1	101.7	107.4			
广　西 Guangxi	2040	1457	4788	3.3	105.2	106.3	102.7			
海　南 Hainan	2562	1890	4555	2.4	105.3	106.2	102.9			

注：城乡消费水平对比，没有剔除城乡价格不可比的因素。

a) The effect of price differentials between urban and rural areas has not been the urban/rural consumption ratio.

固定资产投资和建筑业

按经济类型分的全社会固定资产投资（1998 年）
TOTAL INVESTMENT IN FIXED ASSETS BY OWNERSHIP（1998）

单位：亿元
（100 million yuan）

地　区 Region	总　计 Total	国有经济 State-Owned Units	集体经济 Collective Owned Units	# 农　村 Rural
全　国 National	**28406.17**	**15369.30**	**4192.24**	**3233.31**
东部地区 Eastern Regions	**16932.03**	**7985.29**	**3100.88**	**2399.72**
比　重（%）Proportion	**60%**	**52%**	**74%**	**74%**
北　京 Beijing	1124.62	721.81	68.46	42.36
天　津 Tianjin	571.05	302.25	69.24	56.70
河　北 Hebei	1591.76	726.89	482.39	417.29
辽　宁 Liaoning	1057.70	651.21	119.26	80.08
上　海 Shanghai	1966.38	1088.71	208.07	137.40
江　苏 Jiangsu	2450.37	969.44	605.37	485.82
浙　江 Zhejiang	1801.74	653.98	423.61	349.71
福　建 Fujian	1053.01	429.62	118.78	85.62
山　东 Shandong	1935.58	930.43	542.16	470.82
广　东 Guangdong	2644.13	1152.40	382.39	220.84
广　西 Guangxi	562.32	276.58	62.58	50.47
海　南 Hainan	173.37	81.97	18.57	2.61

按经济类型分的全社会固定资产投资（1998 年）
TOTAL INVESTMENT IN FIXED ASSETS BY OWNERSHIP（1998）

单位：亿元
（100 million yuan）

地　区 Region	个体经济 Individuals	# 农村 Rural	联营经济 Joint Owned Economic Units	股份制经济 Share Holding Economic Units	外商投资经济 Foreign Funded Economic Units	港澳台投资经济 Economic Units Funded by Entrepreneurs From HongKong, Macao and Taiwan	其他经济 Economic Units of Other Types of Ownership
全　国 National	**3744.37**	**2681.52**	**60.49**	**1947.01**	**1693.61**	**1334.20**	**118.95**
东部地区 Eastern Regions	**2008.04**	**1422.77**	**45.35**	**1230.08**	**1401.60**	**1094.73**	**66.06**
比　重（%）Proportion	**53.6%**	**53.1%**	**75.0%**	**63.2%**	**85.5%**	**82.1%**	**55.5%**
北　京 Beijing	22.86	19.67	1.94	58.51	80.92	169.60	0.52
天　津 Tianjin	21.41	6.87	0.60	41.50	111.16	22.53	2.36
河　北 Hebei	198.21	132.00	3.08	92.50	58.61	25.63	4.45
辽　宁 Liaoning	100.33	73.64	1.46	64.29	62.23	41.23	17.69
上　海 Shanghai	43.15	14.31	10.16	202.63	287.69	118.66	7.31
江　苏 Zhejiang	325.82	271.29	3.47	96.62	353.01	94.60	2.04
浙　江 Zhejiang	341.37	250.22	3.25	245.40	80.99	49.43	3.71
福　建 Fujian	186.31	111.70	8.82	63.82	77.06	162.40	6.20
山　东 Shandong	257.18	207.74	1.83	67.09	106.01	29.63	1.25
广　东 Guangdong	340.52	232.37	9.11	250.35	139.11	356.79	13.46
广　西 Guangxi	155.52	98.05	0.26	22.25	28.76	14.58	1.79
海　南 Hainan	15.36	4.91	1.37	25.12	16.05	9.65	5.28

按资金来源和隶属关系分的基本建设投资（1998）

INVESTMENT IN CAPITAL CONSTRUCTION OF STATE-OWNED UNITS BY SOURCE OF FUNDS AND ADMINISTRATIVE RELATIONSHIP（1998）

单位：亿元

（100 million yuan）

地　区 Region	按资金来源分 By Source of Funds					按隶属关系分 By Administrative Relationship	
	国家预算内资金 State Budgetary Appropriations	国内贷款 Domestic Loans	利用外资 Foreign Investment	自筹资金 Fund-Raising	其他投资 Others	中央项目 Central Goverment Projects	地方项目 Local Projects
全　国 National	**102132**	**281436**	**144578**	**487026**	**146122**	**412292**	**779351**
东部地区 Eastern Regions	**374.78**	**1159.35**	**1018.72**	**2906.76**	**591.53**	**1641.92**	**4595.38**
比　重（%）Proportion	**0.37%**	**0.41%**	**0.70%**	**0.60%**	**0.40%**	**0.40%**	**0.59%**
北　京 Beijing	86.67	58.65	36.86	221.07	22.87	250.66	164.86
天　津 Tianjin	13.51	53.23	59.62	80.49	20.44	86.06	176.47
河　北 Hebei	24.25	119.73	52.49	239.87	84.71	155.62	388.43
辽　宁 Liaoning	36.37	90.76	49.72	166.85	64.02	164.68	273.39
上　海 Shanghai	39.19	176.65	149.73	401.77	62.48	183.23	660.92
江　苏 Jiangsu	32.56	107.06	102.70	340.72	65.02	170.54	542.12
浙　江 Zhejiang	23.85	115.19	86.03	315.20	61.08	181.40	438.06
福　建 Fujian	22.12	69.74	120.46	143.89	29.70	69.51	274.13
山　东 Shandong	31.86	147.83	86.70	276.03	77.47	166.07	474.96
广　东 Guangdong	32.38	156.63	216.11	552.31	64.26	168.50	871.41
广　西 Guangxi	20.90	39.80	29.20	109.13	28.55	29.32	211.21
海　南 Hainan	11.12	24.08	29.10	59.43	10.93	16.33	119.42

注：1993 年以后的资金来源为财务拨款数。

a) After 1993, Source of funds refers financial appropriation.

按构成和建设性质分的基本建设投资（1998）

INVESTMENT IN CAPITAL CONSTRUCTION OF STATE-OWNED UNITS BY USE OF FUNDS AND TYPE OF CONSTRUCTION（1998）

单位：亿元

（100 million yuan）

地　区 Region	投资额 Total	按构成分 By Use of Funds			按建设性质分 By Type of Construction		
		建筑安装工程 Construction and Installation	设备、工器具购置 Purchase of Equipment and Instruments	其他费用 Others	新建 New Construction	扩建 Expansion	改建 Reconstruction
全　国 National	**11916.42**	**7695.75**	**2101.83**	**2118.84**	**6765.24**	**3204.87**	**1032.42**
东部地区 Eastern Regions	**6237.29**	**3843.02**	**1269.94**	**1124.31**	**3644.57**	**1795.77**	**428.71**
比　重（%）Proportion	**52%**	**50%**	**60%**	**53%**	**54%**	**56%**	**42%**
北　京 Beijing	415.52	260.19	71.88	83.45	119.67	224.69	31.27
天　津 Tianjin	262.54	164.51	56.68	41.34	153.28	80.24	23.56
河　北 Hebei	544.05	362.44	109.33	72.28	330.34	119.83	39.74
辽　宁 Liaoning	438.07	278.06	93.27	66.74	228.86	131.23	40.35
上　海 Shanghai	844.15	376.55	202.72	264.88	619.67	167.09	34.33
江　苏 Jiangsu	712.66	467.42	144.32	100.92	349.88	251.74	89.55
浙　江 Zhejiang	619.46	361.17	120.70	137.58	364.64	171.78	58.54
福　建 Fujian	343.63	238.85	51.31	53.48	225.87	89.68	17.08
山　东 Shandong	641.03	435.99	140.70	64.34	300.27	242.42	28.34
广　东 Guangdong	1039.91	634.53	215.63	189.75	710.49	243.51	46.40
广　西 Guangxi	240.53	176.55	37.01	26.96	157.90	49.01	17.59
海　南 Hainan	135.74	86.76	26.39	22.59	83.70	24.55	1.96

按项目规模分的基本建设投资及项目个数（1998）

NUMBER OF CAPITAL CONSTRUCTION PROJECTS OF STATE-OWNED UNITS BY PROJECT SIZE (1998)

地　区 Region	项目投资（亿元）Investment in Projects (100 million yuan) 大中型 Large and Medium Sized	小　型 Small Sized	施工项目（个）Number of Projects und Construction	#大中型 Large and Medium Sized	全部建成投产项目（个）Number of Projects Completed and Put into Use	#大中型 Large and Medium Sized
全　国 National	**4539.21**	**7192.94**	**99665**	**1308**	**54950**	**175**
东部地区 Eastern Regions	**2107.01**	**4079.03**	**39741.00**	**608.00**	**20933.00**	**111.00**
比　重（%）Proportion	**46%**	**57%**	**40%**	**46%**	**38%**	**63%**
北　京 Beijing	82.66	332.54	1260	28	415	2
天　津 Tianjin	140.64	121.82	624	47	350	18
河　北 Hebei	186.10	355.15	5315	57	3251	8
辽　宁 Liaoning	164.28	253.49	2062	50	1153	12
上　海 Shanghai	358.12	480.68	1096	33	418	3
浙　江 Zhejiang	206.45	505.82	4396	39	2940	9
浙　江 Zhejiang	177.39	440.81	5035	48	2568	8
福　建 Fujian	131.43	210.49	3516	52	1666	4
山　东 Shandong	154.02	482.81	6061	43	3288	7
广　东 Guangdong	394.56	637.40	4800	94	2071	14
广　西 Guangxi	52.17	187.80	4351	37	2135	6
海　南 Hainan	59.19	70.22	1225	80	678	20

基本建设房屋建筑面积

FLOOR SPACE OF BUILDINGS OF STATE-OWNED UNITS THROUGH CAPITAL CONSTRUCTION

单位：万平方米
(10000 sq.m)

地　区 Region	施工面积 Floor Space of Buildings Under Construction	#住　宅 Residential Buildings	竣工面积 Floor Space of Buildings Completed	#住　宅 Residential Buildings
全　国 National	**52023.11**	**24529.9**	**24685.04**	**12552.44**
东部地区 Eastern Regions	**24452.29**	**9786.36**	**10794.56**	**4815.16**
比　重（%）Proportion	**47%**	**40%**	**44%**	**38%**
北　京 Beijing	2328.90	1015.19	684.62	331.23
天　津 Tianjin	530.13	184.11	219.66	67.69
河　北 Hebei	2657.42	1392.58	1448.12	760.66
辽　宁 Liaoning	1673.98	686.11	869.69	438.42
上　海 Shanghai	2038.96	625.90	599.30	196.55
江　苏 Jiangsu	2479.22	796.89	1350.53	497.83
浙　江 Zhejiang	2049.01	394.36	888.49	199.89
福　建 Fujian	1550.63	467.46	634.93	231.51
山　东 Shandong	3209.67	1834.22	1575.24	972.46
广　东 Guangdong	3929.76	1469.63	1588.40	638.62
广　西 Guangxi	1415.31	686.40	682.33	348.23
海　南 Hainan	589.30	233.51	253.25	132.07

各地区基本建设施工、投产项目个数和新增固定资产

NUMBER OF CAPITAL CONSTRUCTION PROJECTS UNDER CONSTRUCTION AND PUT INTO USE AND NEWLY INCREASED FIXED ASSETS BY REGION

地区 Region	施工项目 (个) Number of projects under Construction (unit)	全部建成投产项目 (个) Number of Projects Fully Completed and Put into Use (unit)	项目建成投产率 (%) Rate of Projects Completed and Put into Use (%)	新增固定资产 (亿元) Newly Increased Fixed Assets (100 million yuan)	固定资产交付使用率 (%) Rate of Fixed Assets Put into Use (%)
全　国 National	**99665**	**54950**	**55.1**	**8499.82**	**71.3**
东部地区 Eastern Regions	**39741**	**20933**		**4342.69**	
比　重（%）Proportion	**40%**	**38%**		**51%**	
北　京 Beijing	1260	415	32.90	300.01	72.20
天　津 Tianjin	624	350	56.10	184.01	70.10
河　北 Hebei	5315	3251	61.20	317.93	58.40
辽　宁 Liaoning	2062	1153	55.90	336.22	76.80
上　海 Shanghai	1096	418	38.10	496.26	58.80
江　苏 Jiangsu	4396	2940	66.90	523.74	73.50
浙　江 Zhejiang	5035	2568	51.00	395.15	63.80
福　建 Fujian	3516	1666	47.40	231.43	67.30
山　东 Shandong	6061	3288	54.20	418.43	65.30
广　东 Guangdong	4800	2071	43.10	889.01	85.50
广　西 Guangxi	4351	2135	49.10	166.94	69.40
海　南 Hainan	1225	678	55.3	83.56	61.6

按资金来源和隶属关系分的更新改造投资

INVESTMENT IN INNOVATION BY SOURCE OF FUNDS AND ADMINISTRATIVE RELATIONSHIP

单位：亿元
(100 million yuan)

地区 Region	按资金来源分 Grouped by Source of Funds					按隶属关系分 By Administrative Relationship	
	国家预算内资金 State Budgetary Appropriations	国内贷款 Domestic Loans	利用外资 Foreign Investments	自筹资金 Fundraising	其他投资 Others	中央项目 Central Goverment Projects	地方项目 Local Projects
全　国 National	**60.96**	**845.29**	**219.29**	**3019.81**	**226.19**	**1739.79**	**2776.96**
东部地区 Eastern Regions	**24.34**	**464.53**	**162.29**	**1735.44**	**116.72**	**815.52**	**1796.52**
比　重（%）Proportion	**40%**	**55%**	**74%**	**57%**	**52%**	**47%**	**65%**
北　京 Beijing	7.19	49.03	4.37	149.76	18.50	100.34	152.09
天　津 Tianjin	0.83	10.36	14.87	67.25	5.79	24.20	95.42
河　北 Hebei	4.56	60.16	10.24	184.06	15.31	80.49	212.83
辽　宁 Liaoning	0.66	51.63	16.07	181.48	4.01	98.36	161.44
上　海 Shanghai	0.82	60.81	41.97	249.66	7.29	74.45	290.56
江　苏 Jiangsu	1.99	45.11	23.84	207.56	15.98	103.04	192.97
浙　江 Zhejiang	0.61	30.40	4.18	119.67	5.62	50.96	120.20
福　建 Fujian	0.65	33.49	9.90	108.24	7.88	23.39	144.95
山　东 Shandong	2.87	62.84	14.37	184.08	10.30	87.38	196.11
广　东 Guangdong	3.37	49.46	17.77	230.40	21.72	145.13	181.73
广　西 Guangxi	0.72	10.19	4.54	48.86	3.67	26.98	42.74
海　南 Hainan	0.07	1.05	0.17	4.42	0.65	0.80	5.48

按构成和建设性质分的更新改造投资
INVESTMENT IN INNOVATION IN STATE-OWNED UNITS BY USE OF TUNDS AND TYPE OF CONSTRUCTION

单位：亿元
(100 million yuan)

地　区 Region	投资额 Total	按构成分 Grouped by Uses of Funds			按建设性质分 Grouped by Type of Construction		
		建筑安装工程 Construction and Installation	设备、工器具购置 Purchases of Equipment and Instruments	其他费用 Others	#新建 New Construction	#扩建 Expansion	#改建 Reconstruction
全　国 National	**4516.75**	**1681.38**	**2445.24**	**390.13**	**452.61**	**2324.42**	**1407.51**
东部地区 Eastern Regions	**2612.02**	**947.18**	**1398.94**	**265.92**	**299.75**	**1277.92**	**791.74**
比　重（%）Proportion	**58%**	**56%**	**57%**	**68%**	**66%**	**55%**	**56%**
北　京 Beijing	252.43	105.34	83.75	63.34	43.75	138.05	44.20
天　津 Tianjin	119.62	46.32	57.71	15.59	12.70	50.04	53.89
河　北 Hebei	293.31	118.68	152.70	21.93	50.03	107.68	113.17
辽　宁 Liaoning	259.80	117.54	121.15	21.11	8.93	140.74	99.53
上　海 Shanghai	365.01	120.44	202.30	42.27	98.63	76.18	142.52
江　苏 Jiangsu	296.01	98.67	174.98	22.36	18.00	170.86	91.18
浙　江 Zhejiang	171.16	47.45	109.00	14.71	11.32	106.19	43.92
福　建 Fujian	168.34	55.18	103.59	9.57	19.49	113.88	26.17
山　东 Shandong	283.49	99.98	156.49	27.02	5.37	159.29	95.86
广　东 Guangdong	326.86	113.87	188.99	24.01	25.66	171.10	63.92
广　西 Guangxi	69.72	22.01	43.95	3.76	5.71	40.21	16.29
海　南 Hainan	6.27	1.70	4.33	0.25	0.16	3.70	1.09

各地区更新改造施工、投产项目个数和新增固定资产
NUMBER OF INNOVATION PROJECTS UNDER CONSTRUCTION AND PUT INTOUSE AND NEWLY INCREASED FIXED ASSETS IN STATE-OWNED UNITS BY REGION

地　区 Region	施工项目（个） Number of projects under Construction (unit)	全部建成投产项目（个） Number of projects Fully completed (unit)	项目建成投产率（%） Rate of Projects Completed and Put into Use (%)	新增固定资产（亿元） Newly Increased Fixed Assets (100 million yuan)	固定资产交付使用率（%） Rate of Fixed Assets Put into Use (%)
全　国 National	**51054**	**33407**	**65.4**	**3690.36**	**81.7**
东部地区 Eastern Regions	**24914**	**16615**		**2173.48**	
比　重（%）Proportion	**49%**	**50%**		**59%**	
北　京 Beijing	1812	1109	61.2	161.65	64.0
天　津 Tianjin	1103	795	72.1	104.58	87.4
河　北 Hebei	2779	1962	70.6	213.82	72.9
辽　宁 Liaoning	2287	1520	66.5	222.20	85.5
上　海 Shanghai	2174	1273	58.6	377.04	103.3
江　苏 Jiangsu	3415	2609	76.4	264.41	89.3
浙　江 Zhejiang	2113	1375	65.1	103.25	60.3
福　建 Fujian	1603	1111	69.3	143.87	85.5
山　东 Shandong	2562	1701	66.4	240.48	84.8
广　东 Guangdong	3239	1985	61.3	274.70	84.0
广　西 Guangxi	1679	1048	62.4	61.95	88.9
海　南 Hainan	148	127	85.8	5.53	88.2

各地区限额以上更新改造项目个数、投资和新增固定资产（1998 年）

NUMBER OF INNOVATION PROJECTS, INVESTMENT AND NEWLY INCREASED FIXED BY REGION (1998)

地区 Region	施工项目（个）Number of Projects under Construction	全部建成投产项目（个）Number of Projects Ful Completed and Put into Use (unit)	项目建成投产率（%）Rate of Projects Completed and Put into Use (%)	投资额 Investment 绝对数（亿元）Value (100 million yuan)	投资额 Investment 比重 Percentage	新增固定资产（亿元）Newly ncreased Fixed Assets 100 millio yuan)	固定资产交付使用率（%）Rate of Fixed Assets Put into Use
全　国 National							
东部地区 Eastern Regions	**1932**	**626**	**32.4**	**1301.33**	**100**	**983.7**	**75.6**
比　重（%）Proportion							
北　京 Beijing	114	29	25.4	128.12	9.8	68.58	53.5
天　津 Tianjin	66	33	50	44.75	3.4	47.93	107.1
河　北 Hebei	142	56	39.4	112.79	8.7	65.26	57.9
辽　宁 Liaoning	96	28	29.2	111.3	8.6	110.53	99.3
上　海 Shanghai	350	144	41.1	176.33	13.5	175.46	99.5
江　苏 Jiangsu	66	17	25.8	38.2	2.9	25.18	65.9
浙　江 Zhejiang	42	13	31	53.17	4.1	13.86	26.1
福　建 Fujian	52	19	36.5	21.71	1.7	14.07	64.8
山　东 Shandong	77	25	32.5	55.51	4.3	55.11	99.3
广　东 Guangdong	221	67	30.3	90.4	6.9	68.9	76.2
广　西 Guangxi	43	11	25.6	15.06	1.2	10.66	70.8
海　南 Hainan	8	3	37.5	0.92	0.1	0.82	89.7

房地产开发企业基本情况（1998 年）

BASIC CONDITIONS OF ENTERPRISES FOR REAL ESTATE DEVELOPMENT (1998)

地区 Region	开发公司个数（个）Number of Development Companies (Unit)	#国有经济 State-Owned	#集体经济 Collective-Owned	#外商投资经济 Foreign Funded	#港澳台投资经济 Funded by Entrepreneurs from H. K., Macao and Taiwan	年平均职工人数（人）Annual Average Number of Staff and Worders (person)
全　国 National	**24378**	**8395**	**5090**	**1204**	**3214**	**825888**
东部地区 Eastern Regions	**16308**	**5327**	**3743**	**833**	**2392**	
比　重（%）Proportion	**67%**	**63%**	**74%**	**69%**	**74%**	
北　京 Beijing	462	175	18	54	127	31183
天　津 Tianjin	500	193	74	32	51	15081
河　北 Hebei	376	209	55	17	27	15224
辽　宁 Liaoning	1224	448	247	78	111	38155
上　海 Shanghai	2601	801	435	101	206	90457
江　苏 Jiangsu	1893	700	541	106	248	58542
浙　江 Zhejiang	1761	525	462	51	110	40069
福　建 Fujian	1783	415	276	199	576	35365
山　东 Shandong	1107	436	299	52	133	45315
广　东 Guangdong	3936	1196	1231	97	674	124692
广　西 Guangxi	538	186	93	35	95	13606
海　南 Hainan	127	43	12	11	34	3585

房地产开发经营情况

REAL ESTATE DEVELOPMENT AND MANAGEMENT

单位：万元
(10000 yuan)

地 区 Region	经营总收入 Total Revenue	土地转让收入 Land Transferred	商品房屋销售收入 Commerical Houses Sold	房屋出租收入 Houses Leased	其他收入 Others	经营税金及附加 Business Tax and Extra Charges	营业利润 Profits
全 国 National	**30583079**	**1322454**	**25155108**	**493192**	**3612325**	**1388134**	**964443**
东部地区 Eastern Regions	**22262478**	**1002970**	**18225331**	**378861**	**2655316**	**1014354**	**1545419**
比 重（%）Proportion	**73%**	**76%**	**72%**	**77%**	**74%**	**73%**	**150%**
北 京 Beijing	2573182	101477	1908598	41173	521934	121195	-330434
天 津 Tianjin	628770	14508	501978	16462	95822	43754	1099
河 北 Hebei	406763	8353	344318	2960	51132	17252	-28843
辽 宁 Liaoning	1270884	16176	1177986	19592	57130	63546	-98976
上 海 Shanghai	6741176	301398	4687639	138410	1613729	229597	1332874
江 苏 Jiangsu	2012713	52468	1839208	23895	97142	96895	12783
浙 江 Zhejiang	2249466	32777	2118908	15999	81782	114221	55037
福 建 Fujian	1253808	56187	1071224	8904	117493	63118	-9401
山 东 Shandong	975378	34695	889165	4941	46577	46917	62
广 东 Guangdong	6397676	407667	5367328	141608	480573	318466	341324
广 西 Guangxi	241573	35028	192719	4960	8866	14103	-25011
海 南 Hainan	84271	43713	34358	1130	5070	6485	-35529

商品房屋销售情况

SALES OF COMMERICAL HOUSES

地 区 Region	实际销售商品房屋面积（万平方米） Floor Space of Commerical Houses Actually Sold (10000sq. m)	#住 宅 Residential Buildings	个人购买商品住宅（万平方米） Commerical Houses Purchased by Individuals (10000 sp. m)	商品房屋销售额（万元） Total Sales of Commerical Houses (100000 yuan)	#住 宅 Residential Buildings
全 国 National	**12185.33**	**10827.08**	**7792.62**	**25133027**	**20068676**
东部地区 Eastern Regions	**8221.32**	**7314.11**	**5312.99**	**20139871**	**16158277**
比 重（%）Proportion	**67%**	**68%**	**68%**	**80%**	**81%**
北 京 Beijing	409.20	376.99	151.89	2143836	1797999
天 津 Tianjin	249.39	233.41	179.16	580120	529614
河 北 Hebei	293.86	272.47	156.62	411690	364213
辽 宁 Liaoning	664.75	577.20	381.21	1198862	971718
上 海 Shanghai	1141.91	1056.77	785.26	3988177	3197633
江 苏 Jiangsu	1321.40	1176.57	950.62	2100217	1699631
浙 江 Zhejiang	1192.36	1031.00	808.23	2151768	1644769
福 建 Fujian	515.20	441.67	331.57	1050962	787052
山 东 Shandong	698.13	615.21	351.88	921355	764277
广 东 Guangdong	1538.93	1354.10	1068.72	5302203	4163369
广 西 Guangxi	175.21	159.97	137.77	256323	207145
海 南 Hainan	20.98	18.75	10.06	34358	30857

各地区房地产开发建设投资总规模及完成投资（1998 年）

GENERAL SCALE OF AND ACTUALLY COMPLETED INVESTMENT IN REAL ESTATE DEVELOPMENT BY REGION（1998）

单位：亿元

（100 million yuan）

地区 Region	实际需要总投资 Total Investment Actually Needed	自开始建设至本年底累计完成投资 Accumulative Investment Actually made Since Starting of Construction up to the End of This Yeat	#本年完成 Investment Made in This Year	全部建成尚需投资 Further Invesment Required for the Completion of Construction
全　国 National	**19623.04**	**10515.44**	**3614.23**	**9107.60**
东部地区 Eastern Regions	**16008.92**	**8585.51**	**2742.97**	**7423.41**
比　重（%）Proportion	**82%**	**82%**	**76%**	**82%**
北　京 Beijing	3194.89	1418.60	377.40	1776.29
天　津 Tianjin	425.10	226.16	106.70	198.94
河　北 Hebei	199.28	108.17	61.27	91.11
辽　宁 Liaoning	614.58	384.60	150.38	229.98
上　海 Shanghai	3495.81	2172.80	577.12	1323.01
江　苏 Jiangsu	954.56	575.13	300.24	379.43
浙　江 Zhejiang	891.58	570.78	226.69	320.80
福　建 Fujian	1309.72	586.73	165.63	722.99
山　东 Shandong	545.46	334.57	131.90	210.89
广　东 Guangdong	4026.70	2032.26	602.72	1994.44
广　西 Guangxi	257.51	132.52	32.68	124.99
海　南 Hainan	93.73	43.19	10.24	50.54

各地区房地产开发建设房屋建筑面积和造价（1998 年）

FLOOR SPACE OF BUILDINGS AND THEIR COST IN REAL ESTATE DEVELOPMENT BY REGION（1998）

地区 Region	施工房屋面积（万平方米） Floor Space of Buildings under Construction (10000 sq.m)	竣工房屋面积（万平方米） Floor Space of Buildings Completed (10000 sq.m)	房屋建筑面积竣工率（%） Rate of Floor Space of Buildings Completed (%)	竣工房屋价值（万元） Value of Buildings Completed (10000 yuan)	竣工房屋造价（元/平方米） Cost of Buildings Completed (yuan/sq.m)
全　国 National	**50770.14**	**17566.60**	**34.60**	**21391927.00**	**1218.00**
东部地区 Eastern Regions	**35152.69**	**11701.15**		**16472357.00**	
比　重（%）Proportion	**69%**	**67%**		**77%**	
北　京 Beijing	3499.1	842.8	24.1	1927910	2287
天　津 Tianjin	1379.8	428.7	31.1	633277	1477
河　北 Hebei	1169.5	480.8	41.1	397584	827
辽　宁 Liaoning	2371.7	1007.7	42.5	924671	918
上　海 Shanghai	5416.1	1565.3	28.9	3936445	2515
江　苏 Jiangsu	3809.8	1824.6	47.9	1718789	942
浙　江 Zhejiang	3420.4	1403.2	41.0	1620532	1155
福　建 Fujian	2748.8	578.7	21.1	692656	1197
山　东 Shandong	2396.4	985.1	41.1	781947	794
广　东 Guangdong	8130.8	2319.1	28.5	3610833	1557
广　西 Guangxi	662.7	240.2	36.2	198957	828
海　南 Hainan	147.6	24.9	16.9	28756	1154

各地区按登记注册类型分的建筑业企业单位数（1998 年）

NUMBER OF CONSTRUCTION ENTERPRIESES BY RESGISTERED AND REGION（1998）

单位：个

地 区 Region	总 计 Total	内资企业 Domestic Funded	# 国有 State－owned	# 集体 Collective Owned	港澳台商投资企业 Funded by Enterpreneurs from Hongkong Macao and Taiwan	# 港澳台商独资企业 Solely Owned	外商投资企业 Foreign Funded	# 外商独资企业 Solely Owned
全 国 National Total	**45634**	**44668**	**9458**	**26970**	**629**	**74**	**337**	**23**
东部地区 Eastern Regions	**24124**	**23311**	**4808**	**13680**	**525**	**46**	**288**	**16**
比重（%）Proportion	**53%**	**52%**	**51%**	**51%**	**83%**	**62%**	**85%**	**70%**
北 京 Beijing	1481	1351	413	692	80		50	
天 津 Tianjin	500	471	158	282	18	1	11	
河 北 Hebei	1730	1722	458	1085	4		4	1
辽 宁 Liaoning	2366	2299	564	1451	38	1	29	
上 海 Shanghai	1485	1292	290	491	123		70	
江 苏 Jiangsu	3458	3383	559	2285	48		27	
浙 江 Zhejiang	3540	3485	351	1583	36	3	19	2
福 建 Fujian	1638	1562	260	937	52	26	24	8
山 东 Shandong	4238	4155	714	2718	59	13	24	4
广 东 Guangdong	2511	2424	651	1463	60	2	27	
广 西 Guangxi	929	924	235	621	4		1	
海 南 Hainan	248	243	155	72	3		2	1

注：本表为城镇及城镇以上建筑企业数（以下各表同）。

a）Figures for construction enterprises in this table are at township and above level.

b）The same as following tables.

各地区按登记注册类型分的建筑业企业从业人员（1998 年）

NUMBER OF STAFF AND WORKERS IN CONSTRUCTION ENTERPRISES BY RESGISTERED AND REGION（1998）

单位：万人

（10000 person）

地 区 Region	总 计 Total	内资企业 Domestic Funded	# 国有 State-owned	# 集体 Collective Owned	港澳台商投资企业 Funded by Enterpreneurs from Hongkong Macao and Taiwan	# 港澳台商独资企业 Solely Owned	外商投资企业 Foreign Funded	# 外商独资企业 Solely Owned
全 国 National	**2029.99**	**2015.6**	**738.36**	**1008.54**	**9.29**	**0.72**	**5.1**	**0.34**
东部地区平均	**1078.01**	**1065.94**	**344.87**	**564.07**	**7.94**	**0.51**	**4.12**	**0.29**
Eastern Regions Average	**53%**	**53%**	**47%**	**56%**	**85%**	**71%**	**81%**	**85%**
北 京 Beijing	74.66	72.95	39.36	24.62	1.23		0.48	
天 津 Tianjin	24.51	24.32	17.22	6.41	0.14		0.04	
河 北 Hebei	87.66	87.57	38.98	41.37	0.06		0.04	
辽 宁 Liaoning	98.51	97.66	44.54	44.95	0.44		0.41	
上 海 Shanghai	40.14	38.10	15.06	9.75	1.28		0.75	
江 苏 Jiangsu	212.68	211.33	46.76	145.83	0.88		0.46	
浙 江 Zhejiang	147.62	146.20	20.20	77.76	0.72	0.03	0.71	0.01
福 建 Fujian	47.93	46.56	13.96	23.36	0.85	0.36	0.53	0.27
山 东 Shandong	159.10	157.84	37.47	94.74	0.91	0.06	0.34	0.01
广 东 Guangdong	140.56	138.82	48.16	75.45	1.40	0.06	0.34	
广 西 Guangxi	33.98	33.94	17.61	14.95	0.02		0.02	
海 南 Hainan	10.66	10.65	5.55	4.88	0.01			

各地区历年建筑业总产值

TOTAL OUTPUT VALUE OF CONSTRUCTION IN VARIOUS YEARS BY REGION

单位：万元
(10000 yuan)

地　区 Region	1994	1995	1996	1997	1998
全　国 National	**46533226**	**57937454**	**82822497**	**91264777**	**100619922**
东部地区 Eastern Regions	**28493143**	**36502882**	**52105093**	**57219909**	**62699703**
比重（%）Proportion	**61%**	**63%**	**63%**	**63%**	**62%**
北　京 Beijing	3015335	3706600	4680761	5192363	6230089
天　津 Tianjin	1238873	1583452	1685191	1909999	2111208
河　北 Hebei	2136309	2612875	3363064	3760962	3935044
辽　宁 Liaoning	3851674	4072948	3976734	4291256	4189831
上　海 Shanghai	3096794	3914166	4406801	5524161	5859020
江　苏 Jiangsu	3609629	5372145	10140598	10716094	11962007
浙　江 Zhejiang	2212708	3536617	8362780	8773546	9425292
福　建 Fujian	1305249	1661711	2083515	2268855	2446658
山　东 Shandong	2064248	2579473	5780205	6479717	7001115
广　东 Guangdong	4890276	6358305	6240552	6747406	7886723
广　西 Guangxi	849761	928668	1233093	1275627	1344209
海　南 Hainan	222287	175922	151799	279923	308507

注：1992 年的建筑业总产值包括附营施工单位完成的部分。

a) The total output value of coustruction enterprises in 1991 and 1992 included the output value of the affiliated construction units

各地区按登记注册类型分的建筑业总产值（1998 年）

TOTAL OUTPUT VALUE OF CONSTRUCTION BY RESGISTERED AND REGION (1998)

单位：万元
(10000 yuan)

地　区 Region	总　计 Total	内资企业 Domestic Funded	#国有 State-owned	#集体 Collective Owned	港澳台商投资企业 Funded by Entrepreneurs from Hongkong Macao and Taiwan	#港澳台商独资企业 Solely Owned	外商投资企业 Foreign Funded	#外商独资企业 Solely Owned
全　国 National Total	**100619922**	**99075254**	**45714427**	**37931650**	**919435**	**79047**	**625233**	**47692**
东部地区 Eastern Regions	**62699703**	**61274394**	**24892711**	**25051429**	**851280**	**64930**	**574027**	**45189**
比重（%）Proportion	**62%**	**62%**	**54%**	**66%**	**93%**	**82%**	**92%**	**95%**
北　京 Beijing	6230089	6003094	3355704	1398404	95078		131916	
天　津 Tianjin	2111208	2086347	1626931	369341	16573	137	8289	
河　北 Hebei	3935044	3930930	2328895	1323333	2475		1639	340
辽　宁 Liaoning	4189831	4126520	2235364	1440436	40974	436	22337	
上　海 Shanghai	5859020	5449980	2290912	921353	266059		142981	
江　苏 Jiangsu	11962007	11785649	3344433	7129629	106223		70135	
浙　江 Zhejiang	9425292	9312533	1747845	4652915	66751	1655	46007	808
福　建 Fujian	2446658	2337318	1156599	778684	55765	29076	53575	41937
山　东 Shandong	7001115	6921668	2499730	3269106	49927	4705	29520	2078
广　东 Guangdong	7886723	7670404	3276792	3224436	149385	28921	66934	
广　西 Guangxi	1344209	1342223	790929	483790	1502		484	
海　南 Hainan	308507	307728	238577	60002	568		210	26

各地区历年建筑业增加值

VALUE ADDED OF CONSTRUCTION IN VARIOUS YESRS BY REGION

单位：万元
（10000 yuan）

地　区 Region	1994	1995	1996	1997	1998
全国 National	**13221143**	**16686358**	**24056186**	**25405426**	**27837909**
东部地区 Eastern Regions	**7698852**	**9930217**	**14438707**	**15295718**	**16818185**
比重（%）Proportion	**58%**	**60%**	**60%**	**60%**	**60%**
北　京 Beijing	880241	1071808	1348018	1424872	1787588
天　津 Tianjin	364477	463342	510525	508102	580644
河　北 Hebei	622007	753626	1004433	1058799	1026622
辽　宁 Liaoning	1150259	1257086	1352915	1331824	1271822
上　海 Shanghai	682109	874100	995145	1209914	1311338
江　苏 Jiangsu	905461	1275984	2540378	2620881	2915897
浙　江 Zhejiang	530486	843427	2099332	2212090	2431151
福　建 Fujian	326032	422848	561023	618988	738348
山　东 Shandong	630366	783397	1770885	1894007	2020712
广　东 Guangdong	1321791	1853664	1854934	1964243	2230076
广　西 Guangxi	237820	283733	365971	378210	436240
海　南 Hainan	47803	47202	35148	73788	67747

各地区按登记注册类型分的建筑业增加值（1998 年）

VALUE ADDED OF CONSTRUCTION BY RESGISTERED AND REGION（1998）

单位：万元
（10000 yuan）

地　区 Region	总　计 Total	内资企业 Domestic Funded	# 国有 State-owned	# 集体 Collective Owned	港澳台商投资企业 Funded by Enterpreneurs from Hongkong Macao and Taiwan	# 港澳台商独资企业 Solely Owned	外商投资企业 Foreign Funded	# 外商独资企业 Solely Owned
全　国 National	**27837909**	**27448328**	**13099101**	**10298565**	**224781**	**18538**	**164800**	**12996**
东部地区 Eastern Regions	**16818185**	**16469665**	**6949887**	**6640766**	**205543**	**14568**	**142975**	**12318**
比重（%）Proportion	**60%**	**60%**	**53%**	**64%**	**91%**	**79%**	**87%**	**95%**
北　京 Beijing	1787588	1733083	1029798	416816	23246		31259	
天　津 Tianjin	580644	574875	455598	98382	2937	72	2832	
河　北 Hebei	1026622	1025569	587578	360259	515		538	185
辽　宁 Liaoning	1271822	1251870	675984	460992	11686	81	8266	
上　海 Shanghai	1311338	1229209	560572	219570	50949		31180	
江　苏 Jiangsu	2915897	2875264	871284	1691818	27181		13452	
浙　江 Zhejiang	2431151	2401957	412724	1207509	16703	470	12491	201
福　建 Fujian	738348	704030	314136	256736	18659	9787	15658	11602
山　东 Shandong	2020712	1995529	754808	901860	15105	1965	10077	338
广　东 Guangdong	2230076	2175255	970031	859902	37806	2193	17014	
广　西 Guangxi	436240	435543	268696	150039	555		142	
海　南 Hainan	67747	67481	48678	16883	201		66	-8

各地区历年建筑业企业利润总额

TOTAL PROFITS OF CONSTRUCTION ENTERPRISES IN VARIOUS YEARS BY REGION

单位：万元
（10000 yuan）

地　区 Region	1994	1995	1996	1997	1998
全国 National	**725172**	**741983**	**1093504**	**1099170**	**1173285**
东部地区 Eastern Regions	**570877**	**623501**	**890678**	**911084**	**973210**
比重（%）Proportion	**79%**	**84%**	**81%**	**83%**	**83%**
北　京 Beijing	94385	77857	88896	104320	123744
天　津 Tianjin	6497	10286	13731	21445	29350
河　北 Hebei	26417	26402	40251	48968	40479
辽　宁 Liaoning	63354	18513	28388	-8711	-42535
上　海 Shanghai	79876	85316	81808	126383	130723
江　苏 Jiangsu	62598	80113	142671	113507	138139
浙　江 Zhejiang	35975	59357	165803	170603	194607
福　建 Fujian	22312	24957	23532	28436	26052
山　东 Shandong	40597	40985	150203	161762	162328
广　东 Guangdong	128910	190605	143255	131085	153969
广　西 Guangxi	6383	7983	11299	8418	16059
海　南 Hainan	3573	1127	841	4868	295

各地区历年建筑业企业税金总额

TOTAL TAX OF CONSTRUCTION ENTERPRISES IN VARIOUS YEARS BY REGION

单位：万元
（10000 yuan）

地　区 Region	1994	1995	1996	1997	1998
全国 National	**1357508**	**1680417**	**2479508**	**2716661**	**3019269**
东部地区 Eastern Regions	**825749**	**1050564**	**1534432**	**1654588**	**1844413**
比重（%）Proportion	**61%**	**63%**	**62%**	**61%**	**61%**
北　京 Beijing	87774	109524	133026	149558	181706
天　津 Tianjin	32826	43858	44817	49575	53204
河　北 Hebei	63690	77152	106402	117092	124915
辽　宁 Liaoning	115396	121984	122621	135564	132028
上　海 Shanghai	82223	109877	124981	138251	142681
江　苏 Jiangsu	91044	127916	256054	255623	278305
浙　江 Zhejiang	65163	89401	232144	254643	281932
福　建 Fujian	41467	54273	73709	81560	103386
山　东 Shandong	60645	73787	187394	197489	217180
广　东 Guangdong	155257	204101	209670	218956	270277
广　西 Guangxi	23744	29753	39107	45010	49408
海　南 Hainan	6520	8938	4507	11267	9391

各地区按登记注册类型分的建筑业企业实收资本（1998 年）

CAPITAL OF CONSTRUCTION ENTERPRISES BY RESGISTERED AND REGION（1998）

单位：万元

（10000 yuan）

地 区 Region	总 计 Total	内资企业 Domestic Funded	# 国有 State-owned	# 集体 Collective Owned	港澳台商投资企业 Funded by Enterpreneurs from Hongkong Macao and Taiwan	# 港澳台商独资企业 Solely Owned	外商投资企业 Foreign Funded	# 外商独资企业 Solely Owned
全 国 National	**22804563**	**22210335**	**9466497**	**8910548**	**359111**	**32326**	**235117**	**9988**
东部地区 Eastern Regions	**13934514**	**13403139**	**5283789**	**5574944**	**318500**	**23095**	**212876**	**7424**
比重（%）Proportion	**61%**	**60%**	**56%**	**63%**	**89%**	**71%**	**91%**	**74%**
北 京 Beijing	1150757	1055025	630765	256312	59225		36507	
天 津 Tianjin	480409	469086	358478	86562	8578	115	2745	
河 北 Hebei	873154	870723	442928	337197	969		1463	500
辽 宁 Liaoning	1287791	1256453	646465	471356	16580	166	14758	
上 海 Shanghai	1284670	1146097	504760	207357	77445		61128	
江 苏 Jiangsu	2127943	2082428	644127	1197225	29990		15526	
浙 江 Zhejiang	2011757	1974907	293314	970596	20811	880	16039	682
福 建 Fujian	802462	758727	234916	343532	25229	9682	18506	5727
山 东 Shandong	1423219	1393135	486806	661956	21751	4135	8333	484
广 东 Guangdong	1960506	1869106	735365	857718	54122	8117	37278	
广 西 Guangxi	450842	447618	254534	163560	2712		512	
海 南 Hainan	81004	79834	51331	21573	1088		81	31

各地区按登记注册类型分的建筑业企业资产（1998 年）

ASSETS OF CONSTRUCTION ENTERPRISES BY RESGISTERED AND REGION（1998）

单位：万元

（10000 yuan）

地 区 Region	总 计 Total	内资企业 Domestic Funded	# 国有 State-owned	# 集体 Collective Owned	港澳台商投资企业 Funded by Enterpreneurs from Hongkong Macao and Taiwan	# 港澳台商独资企业 Solely Owned	外商投资企业 Foreign Funded	# 外商独资企业 Solely Owned
全 国 National	**118704232**	**116604203**	**62907550**	**36739275**	**1256888**	**112099**	**843141**	**63687**
东部地区 Eastern Regions	**77812770**	**75925322**	**36789174**	**26278896**	**1137351**	**72229**	**750096**	**59222**
比重（%）Proportion	**66%**	**65%**	**58%**	**71%**	**90%**	**64%**	**89%**	**93%**
北 京 Beijing	8676761	8416786	5782428	1369438	130205		129770	
天 津 Tianjin	2807996	2765087	2266650	380886	30847	345	12061	
河 北 Hebei	3927770	3922461	2709539	967117	2940		2369	826
辽 宁 Liaoning	5738421	5653282	3267822	1807038	43392	280	41747	
上 海 Shanghai	6950458	6504161	3184980	1049551	277990		168307	
江 苏 Jiangsu	12110062	11905030	4443918	6108790	119665		85367	
浙 江 Zhejiang	8238710	8106250	1819536	3775379	88249	1482	44210	2322
福 建 Fujian	4100302	3943248	1566163	1717538	70965	32703	86089	54987
山 东 Shandong	7819363	7685505	3101060	3285888	85951	8397	47908	1048
广 东 Guangdong	14724184	14312995	6742882	5196341	280895	29022	130294	
广 西 Guangxi	2309809	2304530	1568386	561399	3786		1493	
海 南 Hainan	408934	405987	335810	58531	2466		481	39

各地区按登记注册类型分的建筑业企业所有者权益（1998 年）

CREDITORS' EQUITY OF CONSTRUCTION ENTERPRISES BY RESGISTERED AND REGION（1998）

单位：万元
（10000 yuan）

地　区 Region	总　计 Total	内资企业 Domestic Funded	# 国有 State-owned	# 集体 Collective Owned	港澳台商投资企业 Funded by Entepreneurs from Hongkong Macao and Taiwan	# 港澳台商独资企业 Solely Owned	外商投资企业 Foreign Funded	# 外商独资企业 Solely Owned
全　国 National	**30766253**	**30069384**	**13928102**	**11223417**	**422517**	**38228**	**274352**	**12674**
东部地区 Eastern Regions	**18967408**	**18339334**	**7801761**	**7153028**	**378397**	**28335**	**249676**	**10379**
比重（%）Proportion	**62%**	**61%**	**56%**	**64%**	**90%**	**74%**	**91%**	**82%**
北　京 Beijing	1768696	1663789	1002684	410936	61340		43566	
天　津 Tianjin	644690	628157	480914	119425	12657	180	3876	
河　北 Hebei	1217567	1214610	655756	448491	1465		1491	543
辽　宁 Liaoning	1574376	1536828	818050	562368	19766	166	17782	
上　海 Shanghai	1764670	1614267	750479	277829	84345		66058	
江　苏 Jiangsu	2795699	2742566	940558	1489403	35042		18091	
浙　江 Zhejiang	2654649	2612511	463619	1229029	24747	898	17392	780
福　建 Fujian	1043641	989244	388649	404093	32215	12539	22182	8942
山　东 Shandong	2001704	1964079	713151	902516	26731	5258	10894	114
广　东 Guangdong	2895156	2770395	1245842	1086075	77387	9294	47374	
广　西 Guangxi	606560	602888	342059	222863	2702		970	
海　南 Hainan	105272	104032	71762	26052	1132		108	31

各地区按登记注册类型分的建筑业企业负债（1998 年）

LIABILITIES OF CONSTRUCTION ENTERPRISES BY RESGISTERED AND REGION（1998）

单位：万元
（10000 yuan）

地　区 Region	总　计 Total	内资企业 Domestic Funded	# 国有 State-owned	# 集体 Collective Owned	港澳台商投资企业 Funded by Entepreneurs from Hongkong Macao and Taiwan	# 港澳台商独资企业 Solely Owned	外商投资企业 Foreign Funded	# 外商独资企业 Solely Owned
全　国 National	**87937979**	**86534819**	**48979447**	**25565858**	**834371**	**73871**	**568789**	**51013**
东部地区 Eastern Regions	**58740091**	**57481955**	**28915654**	**19099815**	**757823**	**43895**	**500315**	**48812**
比重（%）Proportion	**67%**	**66%**	**59%**	**75%**	**91%**	**59%**	**88%**	**96%**
北　京 Beijing	6908066	6752997	4779745	958502	68865		86204	
天　津 Tianjin	2163306	2136930	1785736	261461	18190	165	8186	
河　北 Hebei	2710203	2707850	2053783	518626	1475		878	283
辽　宁 Liaoning	4164045	4116454	2449772	1244670	23626	114	23965	
上　海 Shanghai	5185788	4889894	2434501	771722	193645		102249	
江　苏 Jiangsu	9314363	9162465	3503360	4619387	84622		67276	
浙　江 Zhejiang	5584060	5493740	1355918	2547350	63502	584	26819	1543
福　建 Fujian	3056660	2954003	1177515	1313444	38750	20165	63907	46045
山　东 Shandong	5817659	5721425	2387909	2383372	59220	3139	37014	933
广　东 Guangdong	11829029	11542600	5497040	4110266	203508	19728	82921	
广　西 Guangxi	1703250	1701642	1226327	338536	1085		523	
海　南 Hainan	303662	301955	264048	32479	1335		373	8

各地区按登记注册类型分的建筑业企业利润总额（1998 年）

TOTAL PROFITS OF CONSTRUCTION ENTERPRISES BY RESGISTERED AND BY REGION（1998）

单位：万元

（10000 yuan）

地　区 Region	总　计 Total	内资企业 Domestic Funded	# 国有 State-owned	# 集体 Collective Owned	港澳台商投资企业 Funded by Enterpreneurs from Hongkong Macao and Taiwan	# 港澳台商独资企业 Solely Owned	外商投资企业 Foreign Funded	# 外商独资企业 Solely Owned
全　国 National	**1173285**	**1144138**	**65533**	**687249**	**10402**	**1752**	**18746**	**4042**
东部地区 Eastern Regions	**973210**	**944136**	**170218**	**461845**	**10530**	**2117**	**18541**	**4215**
比重（%）Proportion	**83%**	**83%**	**260%**	**67%**	**101%**	**121%**	**99%**	**104%**
北　京 Beijing	123744	117715	39923	45326	－189		6217	
天　津 Tianjin	29350	28234	12032	13319	304	5	812	
河　北 Hebei	40479	40283	－423	32675	63		134	43
辽　宁 Liaoning	－42535	－43950	－44995	－1627	1157	24	258	
上　海 Shanghai	130723	126015	28908	22123	2704		2004	
江　苏 Jiangsu	138139	134683	26957	81460	2928		528	
浙　江 Zhejiang	194607	192603	25183	86065	1013	－61	991	－17
福　建 Fujian	26052	20384	4125	10394	1285	1140	4382	4310
山　东 Shandong	162328	161534	29572	95787	526	149	268	－90
广　东 Guangdong	153969	150213	44872	63761	801	860	2955	
广　西 Guangxi	16059	16041	4240	11521	6		11	
海　南 Hainan	295	381	－176	1041	－68		－19	－31

各地区房屋建筑面积

FLOOR SPACE OF BUILDING CONSTRUCTION BY REGION

地　区 Region	房屋建筑面积 Floor Space of Building Construction		国有 State－owned		集体 Collective－owned	
	施工面积 Under Construction	竣工面积 Completed	施工面积 Under Construction	竣工面积 Completed	施工面积 Under Construction	竣工面积 Completed
全　国 National	**137593.6**	**65682.6**	**45866.9**	**17577.4**	**68199.9**	**37517.6**
东部地区 Eastern Regions	**83322.9**	**38173.5**	**25273.6**	**9402.2**	**42150.0**	**22260.5**
比重（%）Proportion	**61%**	**58%**	**55%**	**53%**	**62%**	**59%**
北　京 Beijing	6511.6	2224.9	3272.1	1057.3	1723.5	756.2
天　津 Tianjin	2059.2	868.0	1517.6	524.6	470.9	329.2
河　北 Hebei	5570.6	2922.2	2431.7	985.1	2556.3	1625.3
辽　宁 Liaoning	4318.7	2275.4	1527.9	708.4	2068.1	1221.6
上　海 Shanghai	4680.1	1695.7	1355.3	436.2	1054.6	471.7
江　苏 Jiangsu	17423.5	9652.1	3830.6	1747.4	11308.6	6864.4
浙　江 Zhejiang	11830.2	5267.0	1307.5	519.3	6684.6	3042.2
福　建 Fujian	3742.4	1494.3	1421.7	426.1	1631.3	750.3
山　东 Shandong	9609.3	4985.9	2322.4	952.5	5717.3	3221.5
广　东 Guangdong	14740.7	5466.0	4914.8	1558.5	7623.5	3208.8
广　西 Guangxi	2383.6	1125.9	1016.1	356.8	1218.8	705.3
海　南 Hainan	453.0	196.1	355.9	130.0	92.5	64.0

财政收支与物价指数

各地区历年财政收入情况（1998 年）

FINAL STATEMENT OF GOVERNMENT REVENUE IN VARIOUS YEARS BY REGION（1998）

单位：亿元
（10000 yuan）

地 区 Region	1990	1995	1996	1997	1998
地方合计 Total	**1972.3**	**2985.6**	**3746.9**	**4263.2**	**4983.9**
东部地区 Eastern Regions	**1079.3**	**1777.3**	**2221.1**	**2549.2**	**3012.0**
比重（%）Proportion	**54.7%**	**59.5%**	**59.3%**	**59.8%**	**60.4%**
北 京 Beijing	76.2	115.3	150.9	182.3	229.4
天 津 Tianjin	44.9	61.9	79.0	89.9	101.4
河 北 Hebei	81.2	120.0	151.8	176.1	206.8
辽 宁 Liaoning	129.3	184.4	211.7	228.2	264.6
上 海 Shanghai	157.7	219.6	280.5	332.5	380.7
江 苏 Jiangsu	136.2	172.6	223.2	255.6	296.6
浙 江 Zhejiang	101.6	116.8	139.6	157.3	198.1
福 建 Fujian	57.1	117.4	142.1	162.9	187.9
山 东 Shandong	109.1	179.0	241.7	290.4	352.4
广 东 Guangdong	131.0	382.4	479.4	543.9	640.8
广 西 Guangxi	47.6	79.4	90.5	99.2	119.7
海 南 Hainan	7.4	28.5	30.7	30.9	33.7

分地区财政收入决算总表（1998 年）

FINAL STATEMENT OF GOVERNMENT REVENUE BY REGION（1998）

单位：万元
（10000 yuan）

地 区 Region	收入合计 Total Revenue	增殖税 Industrial and Commercial Taxes	营业税 Agriculture and Animal Husbandry Taxes and Tax on the Use of Cultivated Land	企业所得税 Enterprises' Income Tax	外商投资企业和外国企业所得税 Profits of State-owned Enterprises Handed Over to the Higher Authorities
地方合计 Total	**49839483**	**9084424**	**13404986**	**5151356**	**1400143**
东部地区 Eastern Regions	**30120188**	**5648400**	**9065455**	**3521950**	**1274331**
比重（%）Proportion	**60.4%**	**62.2%**	**67.6%**	**68.4%**	**91.0%**
北 京 Beijing	2294497	375807	1129996	269813	210670
天 津 Tianjin	1013963	189897	307117	127852	75723
河 北 Hebei	2067587	393610	405390	270711	21964
辽 宁 Liaoning	2646201	484868	685232	254045	47192
上 海 Shanghai	3806961	755814	1381028	508818	329437
江 苏 Jiangsu	2965804	790618	748459	314476	81901
浙 江 Zhejiang	1981028	584274	660672	360983	52021
福 建 Fujian	1879249	245803	479930	144074	52198
山 东 Shandong	3523912	701402	752239	468054	46780
广 东 Guangdong	6407547	927539	2139745	704950	342312
广 西 Guangxi	1196720	177321	258357	80076	8012
海 南 Hainan	336719	21447	117290	18098	6121

单位：万元

续表 1 continued (10000yuan)

地 区 Region	个人所得税 subsidies to loss-making State-owned Enterprises	城市建设维护税 Revenue Raised from the Repayment of loans for Capital Construction	农业税 Other Revenue	国有企业亏损补贴退税 Income Tax Rebate	行政性收费收入 Penalty and Collect Fee
地方合计 Total	**3381993**	**2919952**	**1760932**	**-2588146**	**1762890**
东部地区 Eastern Regions	**2439297**	**1640930**	**596883**	**-2026564**	**798950**
比重（%）Proportion	**72.1%**	**56.2%**	**33.9%**	**78.3%**	**45.3%**
北 京 Beijing	364938	141241	5847	-631096	39917
天 津 Tianjin	79102	58819	4778	-72900	37039
河 北 Hebei	131852	105025	74204	-49111	149254
辽 宁 Liaoning	175556	176751	55220	-131434	98656
上 海 Shanghai	387018	204110	19544	-459426	4875
江 苏 Jiangsu	207337	185826	105518	-91478	12875
浙 江 Zhejiang	169122	161586	52891	-378564	882
福 建 Fujian	178494	79661	21757	-7842	51551
山 东 Shandong	166968	226211	96758	-49225	169040
广 东 Guangdong	477675	243045	96303	-136022	140559
广 西 Guangxi	68122	48476	58575	-13367	65821
海 南 Hainan	33113	10179	5488	-6099	28481

各地区历年财政支出情况（1998 年）

FINAL STATEMENT OF GOVERNMENT EXPENDITURE IN VARIOUS YEARSBY REGION（1998）

单位：亿元

（10000 yuan）

地 区 Region	1990	1995	1996	1997	1998
地方合计 Total	**2133.0**	**4828.3**	**5786.3**	**6562.7**	**7672.6**
东部地区 Eastern Regions	**1001.6**	**2562.6**	**3067.8**	**3517.2**	**4113.8**
比重（%）Proportion	**47.0%**	**53.1%**	**53.0%**	**53.6%**	**53.6%**
北 京 Beijing	68.7	154.4	187.4	236.4	280.7
天 津 Tianjin	40.2	93.3	113.2	122.8	137.9
河 北 Hebei	87.3	191.2	231.9	270.5	301.6
辽 宁 Liaoning	122.2	273.8	314.8	340.6	390.3
上 海 Shanghai	75.7	250.0	333.2	408.8	470.0
江 苏 Jiangsu	101.0	253.5	310.9	364.4	424.9
浙 江 Zhejiang	80.2	180.3	213.7	240.2	286.8
福 建 Fujian	68.5	171.6	200.3	224.4	254.9
山 东 Shandong	123.9	275.9	359.0	407.8	487.8
广 东 Guangdong	150.7	525.6	601.2	682.7	825.6
广 西 Guangxi	65.8	140.6	157.0	170.8	198.4
海 南 Hainan	17.4	42.4	45.2	47.8	54.9

分地区财政支出决算总表（1998 年）

FINAL STATEMENT OF GOVERNMENT EXPENDITURE BY REGION（1998）

单位：万元

（10000 yuan）

地　区 Region	支出合计 Total Expenditure	基本建设支出 Expenditure for Capital Consturction	挖潜改造支出 Expenditure for Innovation Enterprises	简易建筑费 Expenditure for Simple Construction	地质勘探费 Expenditure for Geological Prospecting	科技三项费用 Expenditure for Science and Technology Promotion	流动资金 Expenditure for Circulating Funds
地方合计 Total	**76725788**	**7782431**	**4194249**	**86834**	**10322**	**733325**	**209031**
东部地区 Eastern Regions	**41137711**	**4718714**	**2808860**	**29625**	**1121**	**419138**	**170354**
比重（%）Proportion	**53.6%**	**60.6%**	**67.0%**	**34.1%**	**10.9%**	**57.2%**	**81.5%**
北　京 Beijing	2806827	325028	192580	1632		21964	9889
天　津 Tianjin	1379265	241644	124156	200		15785	
河　北 Hebei	3015508	222220	184068	2178	125	37437	
辽　宁 Liaoning	3902863	468622	361380	1931		63265	
上　海 Shanghai	4700472	977652	510596	100		8821	150028
江　苏 Jiangsu	4249003	306661	272138	2406	709	49936	1546
浙　江 Zhejiang	2868113	158109	194479	1363		40859	50
福　建 Fujian	2548663	251028	74942	10118	50	29907	2618
山　东 Shandong	4878175	318452	310392	5253		62634	2860
广　东 Guangdong	8256147	1242926	500320	1520		74007	3343
广　西 Guangxi	1983609	135215	83181	2730	237	13065	20
海　南 Hainan	549066	71157	628	194		1458	

续表 1　continued

单位：万元

（10000 yuan）

地　区 Region	支援农业生产支出 Expenditure for Supporting Agriculture Production	农业综合开发支出 Expenditure for Operating Expenses of Departments of Agriculture，Forestry，Water Conservancy and Meteorology	农林水利气象等部门事业费 Expenditure for Operating Expenses of Department Industry & Transportation	工业交通部门事业费 Expenditure for Operating Expenses of Department of Commerce	流通部门事业费 Expenditure for City Maintenance	文体广播事业费 Expenditure for Operating Expenses of Departments of Culture，Education and Public Health
地方合计 Total	**2059573**	**813811**	**2698450**	**630317**	**121627**	**2253792**
东部地区 Eastern Regions	**976300**	**377134**	**1059489**	**308056**	**37992**	**1197368**
比重（%）Proportion	**47.4%**	**46.3%**	**39.3%**	**48.9%**	**31.2%**	**53.1%**
北　京 Beijing	59533	14559	32928	12141	1459	69870
天　津 Tianjin	13499	5399	21089	5320	119	37584
河　北 Hebei	68529	30347	95833	33492	2688	93091
辽　宁 Liaoning	122704	34611	96791	35147	6272	96216
上　海 Shanghai	63369	24505	36543	35137	1042	97801
江　苏 Jiangsu	114453	67175	126211	27214	3090	143823
浙　江 Zhejiang	84902	34099	112823	51272	508	104565
福　建 Fujian	70458	26093	88087	31844	5115	86842
山　东 Shandong	111017	79364	186817	31640	11175	150517
广　东 Guangdong	178921	31295	176499	33053	5093	239623
广　西 Guangxi	72177	21604	67894	10759	1144	62032
海　南 Hainan	16738	8083	17974	1037	287	15404

单位：万元
(10000 yuan)

续表 2　continued

地　区 Region	教育事业费 Expenditure for Operating Expenses for Departments of Science	科学事业费 Expenditure for Operating Expenses of Other Departments	卫生经费 Expenditure for Pensions and Relief Funds for Social Welfare	抚恤和社会福利救济费 Expenditure for National Defence	行政事业单位离退休经费 Expenditure for Government Administration	社会保障补助支出 Expenditure on Subsidies to Social Security Programs	国防支出 Expenditure for National Defence
地方合计 Total	**12147794**	**661102**	**4062282**	**1649243**	**2697722**	**1358639**	**61050**
东部地区 Eastern Regions	**6635025**	**407385**	**2257741**	**773040**	**1149391**	**521382**	**34215**
比重（%）Proportion	**54.6%**	**61.6%**	**55.6%**	**46.9%**	**42.6%**	**38.4%**	**56.0%**
北　京 Beijing	413122	41058	203863	65350	111790	17992	720
天　津 Tianjin	217416	10703	79824	18727	7203	34532	724
河　北 Hebei	544564	19519	154865	86490	107235	36340	2367
辽　宁 Liaoning	489366	33926	153708	76079	141919	136787	5943
上　海 Shanghai	674601	54840	256268	46502	44176	37921	1678
江　苏 Jiangsu	897309	40101	286312	100153	154400	42634	3812
浙　江 Zhejiang	537890	29894	212943	61073	22915	29537	2330
福　建 Fujian	459326	23641	138236	47973	55443	27232	4750
山　东 Shandong	886208	35703	252965	121311	114022	56616	3186
广　东 Guangdong	1091089	98356	392872	104154	308982	80842	5271
广　西 Guangxi	346385	16301	100306	35584	63490	17095	2840
海　南 Hainan	77749	3343	25579	9644	17816	3854	594

单位：万元
(10000 yuan)

续表 3　continued

地　区 Region	行政管理费 Expenditure for Price Subsidies	武装警察部队支　出 Expenditure for Supporting Underdeveloped Areas	公检法司支　出 Other Expenditures	城市维护费 Expenditure for Comprehensive Development of Agriculture	政策性补贴支　出 Expenditure for Public Health	支援不发达地区支出 Expenditure for Retired Persons in Administrative Department
地方合计 Total	**7069566**	**104632**	**5214287**	**3798936**	**3482210**	**1108018**
东部地区 Eastern Regions	**3257793**	**331372**	**2783747**	**2232830**	**1257201**	**225787**
比重（%）Proportion	**46.1%**	**316.7%**	**53.4%**	**58.8%**	**36.1%**	**20.4%**
北　京 Beijing	131328	75	217862	129960	139233	300
天　津 Tianjin	74896	892	88197	151271	43425	
河　北 Hebei	277567	1318	251808	116651	112187	35793
辽　宁 Liaoning	244992	2115	261414	264925	149701	10796
上　海 Shanghai	161667	268814	156039	97365		
江　苏 Jiangsu	406197	6860	281524	283535	141373	9808
浙　江 Zhejiang	325330	3212	172913	229724	76966	14047
福　建 Fujian	236805	5829	170950	97421	90432	15115
山　东 Shandong	501269	2627	288817	367382	200655	15437
广　东 Guangdong	607240	31738	700278	419613	173633	35216
广　西 Guangxi	230207	3006	157315	58294	109665	69817
海　南 Hainan	60295	4886	36630	16689	19931	19458

各地区居民消费价格指数和商品零售价格指数（1998年）
CONSUMER PRICE INDICES AND RETAIL PRICE INDICES OF COMMODITIES BY REGION (1998)

（上年=100）
(preceding year=100)

地 区 Region	居民消费价格指数 Consumer Price Index			商品零售价格指数 Retail Price Index of commodities		
	全省（区、市） Province	城市 Urban Areas	农村 Rural Areas	全省（区、市） Province	城市 Urban Areas	农村 Rural Areas
全 国 National	**99.2**	**99.4**	**99.0**	**97.4**	**97.4**	**97.6**
北 京 Beijing	102.4			98.3		
天 津 Tianjin	99.5			96.6		
河 北 Hebei	98.4	98.7	98.1	97.7	97.9	97.3
辽 宁 Liaoning	99.3	99.8	98.7	97.6	97.6	97.4
上 海 Shanghai	100.0			95.1		
江 苏 Jiangsu	99.4	100.0	99.0	98.2	98.2	98.1
浙 江 Zhejiang	99.7	100.5	99.3	98.4	98.4	98.4
福 建 Fujian	99.7	100.0	99.5	98.5	98.3	98.9
山 东 Shandong	99.4	99.7	99.0	97.1	97.1	97.2
广 东 Guangdong	98.2	98.3	98.1	97.0	96.9	97.2
广 西 Guangxi	97.0	97.1	96.8	96.3	96.7	95.9
海 南 Hainan	97.3	97.6	96.6	96.5	96.3	96.8

各地区居民消费价格分类指数（1998年）
CONSUMER PRICE INDICES BY CATEGORY AND BY REGION (1998)

（上年=100）
(preceding year=100)

地 区 Region	居民消费价格指数 General Index	食 品 Food	#粮食 Grain	#油 脂 Oil or Fat	#肉禽及其制品 Meat and Poultry	#蛋类 Eggs	#水产品 Aquatic Products	#菜类 Vegetables	#酒和饮料 Liquor and Beverages
全 国 National	**99.2**	**96.8**	**96.9**	**100.0**	**90.9**	**100.9**	**93.9**	**99.6**	**98.9**
北 京 Beijing	102.4	97.1	96.4	103.3	93.2	102.6	94.8	94.6	99.0
天 津 Tianjin	99.5	97.7	97.0	104.5	92.6	105.1	100.1	96.1	98.1
河 北 Hebei	98.4	95.7	93.3	101.2	90.0	103.0	95.8	92.5	98.9
辽 宁 Liaoning	99.3	97.0	96.3	104.6	92.5	100.7	96.0	95.0	99.4
上 海 Shanghai	100.0	97.7	96.4	106.9	91.8	105.2	93.4	110.3	94.9
江 苏 Jiangsu	99.4	97.3	103.9	102.3	89.8	105.4	95.1	101.8	98.7
浙 江 Zhejiang	99.7	98.3	101.3	97.4	91.6	101.8	95.8	110.1	98.5
福 建 Fujian	99.7	98.3	101.2	97.4	89.1	96.9	93.7	114.7	100.7
山 东 Shandong	99.4	96.2	91.7	101.0	88.4	104.0	95.1	98.0	100.1
广 东 Guangdong	98.2	96.0	96.1	95.2	92.1	96.6	93.3	96.5	99.1
广 西 Guangxi	97.0	94.2	95.0	96.1	89.6	98.1	88.2	95.0	99.8
海 南 Hainan	97.3	95.6	90.9	94.7	91.6	94.0	94.6	99.6	100.4

(上年 = 100)

续表 1　continued　(preceding year = 100)

地　区 Region	#干鲜瓜果 Melons and Fruits	#饮食业 Catering Trade	衣着 Clothing	家用设备及用品 Household Appliances	医疗保健 Health Care	交通和通讯工具 Means of Transportation & Communication	娱乐教育文化用品 Recreational, Educational & Cultural Goods	居住 Residence	服务项目 Services
全　国 National	**96.2**	**101.1**	**99.2**	**98.4**	**102.8**	**95.8**	**96.6**	**101.7**	**110.1**
北　京 Beijing	90.8	101.7	105.9	97.5	108.6	99.0	97.8	104.7	121.3
天　津 Tianjin	96.8	99.7	95.7	95.4	94.2	90.1	102.6	104.3	112.5
河　北 Hebei	91.5	100.4	100.1	98.9	101.2	96.5	96.4	100.4	109.0
辽　宁 Liaoning	97.0	100.0	98.5	97.8	102.6	95.8	96.0	106.0	108.0
上　海 Shanghai	92.5	101.8	93.0	93.1	102.6	94.9	92.8	113.4	114.4
江　苏 Jiangsu	96.4	100.8	99.3	98.7	102.7	96.1	98.5	100.7	108.6
浙　江 Zhejiang	99.5	100.9	100.1	98.5	107.0	95.4	96.5	99.6	106.9
福　建 Fujian	102.0	100.5	100.1	98.8	103.1	96.1	95.6	104.5	105.3
山　东 Shandong	93.1	99.6	98.4	99.0	102.9	94.0	96.2	102.0	119.1
广　东 Guangdong	97.9	101.4	99.9	98.0	102.2	96.6	97.6	98.1	105.9
广　西 Guangxi	98.7	101.1	98.8	98.1	104.0	93.6	96.9	99.3	104.4
海　南 Hainan	94.0	100.9	98.4	98.4	99.8	89.8	99.0	99.8	102.1

各地区商品零售价格分类指数（1998 年）
RETAIL PRICE INDICES BY CATEGORY OF COMMODITIES BY REGION (1998)

(上年 = 100)

(preceding year = 100)

地　区 Region	总指数 General Index	食　品 Food	#粮食 Grain	#油　脂 Oil or Fat	#肉禽蛋 Meat, Poultry & Eggs	#水产品 Aquatic Products	#鲜　菜 Vegetables	#鲜　果 Fresh Fruits	#干　果 Dried Fruits
全　国 National	**97.4**	**96.8**	**96.9**	**100.7**	**92.6**	**94.2**	**100.3**	**95.7**	**94.8**
北　京 Beijing	98.3	96.9	96.4	103.3	94.4	94.8	94.8	89.5	96.2
天　津 Tianjin	96.6	98.0	94.6	104.2	96.3	97.9	97.5	99.9	89.0
河　北 Hebei	97.7	95.7	93.4	101.2	92.6	96.2	92.4	91.4	93.1
辽　宁 Liaoning	97.6	97.2	96.3	105.7	94.6	96.1	95.3	98.3	91.8
上　海 Shanghai	95.1	97.2	93.4	106.9	92.1	94.1	111.6	88.5	103.5
江　苏 Jiangsu	98.2	98.2	103.6	102.6	92.5	95.1	102.8	96.0	96.0
浙　江 Zhejiang	98.4	99.0	101.4	99.6	93.4	96.2	110.4	100.5	97.8
福　建 Fujian	98.5	97.9	100.4	98.5	91.2	93.3	115.6	102.8	92.2
山　东 Shandong	97.1	95.5	91.5	101.3	92.8	96.1	99.2	92.5	93.0
广　东 Guangdong	97.0	96.1	95.7	94.7	92.5	93.4	96.7	98.0	91.9
广　西 Guangxi	96.3	94.2	95.3	95.7	90.9	88.1	94.3	101.0	86.1
海　南 Hainan	96.5	94.6	88.7	93.9	91.4	94.5	100.6	96.5	92.1

续表 1 continued

（上年＝100）
(preceding year = 100)

地　区 Region	# 饮食业 Catering Trade	饮料烟酒 Beverages Tobacco and Liquor	服装鞋帽 Clothing, Shoes and Hats	纺织品类 Textiles	中西药品类 Traditional Chinese & Western Medicines	化妆品 Cosmetics	报纸杂志 Newspapers and Magazines
全　国 National	**101.1**	**98.8**	**99.3**	**99.1**	**102.8**	**100.5**	**105.1**
北　京 Beijing	101.7	99.3	106.4	99.9	108.6	96.7	105.8
天　津 Tianjin	99.7	96.3	96.8	94.6	101.3	95.7	116.2
河　北 Hebei	100.8	99.4	100.3	99.9	101.8	100.2	102.7
辽　宁 Liaoning	99.8	98.5	99.0	98.8	101.9	102.5	103.0
上　海 Shanghai	101.9	95.4	89.6	97.5	102.2	98.7	102.9
江　苏 Jiangsu	100.8	98.3	99.6	99.0	102.1	100.2	108.5
浙　江 Zhejiang	101.3	98.2	101.2	100.1	106.4	101.5	103.7
福　建 Fujian	100.4	102.3	101.5	99.5	102.7	99.2	103.3
山　东 Shandong	98.2	99.8	98.0	99.4	103.4	101.0	103.1
广　东 Guangdong	102.2	99.0	100.0	100.1	103.0	100.4	108.6
广　西 Guangxi	101.1	99.6	99.9	99.7	104.3	100.6	103.9
海　南 Hainan	100.9	98.2	98.3	100.1	99.7	101.4	106.1

续表 2 continued

（上年＝100）
(preceding year = 100)

地　区 Region	文化体育用品 Cultural, and Sports Goods	日用品 Articles for Daily Use	家用电器 Household Appliances	首　饰 Jewelery	燃　料 Fuels	建筑装璜材　料 Building Decoration Materials	机电产品 Mechanical and Electrical Products
全　国 National	**99.0**	**99.0**	**93.9**	**90.9**	**96.1**	**97.1**	**92.3**
北　京 Beijing	98.1	100.4	94.7	89.2	100.4	106.2	87.6
天　津 Tianjin	95.3	98.5	91.0	88.5	101.4	98.3	85.9
河　北 Hebei	102.3	99.6	94.8	92.0	97.2	97.6	93.9
辽　宁 Liaoning	97.2	97.8	94.1	90.0	98.7	97.4	93.6
上　海 Shanghai	97.1	95.3	89.3	90.0	108.3	94.3	88.1
江　苏 Jiangsu	97.8	99.3	95.7	91.4	95.4	96.5	94.3
浙　江 Zhejiang	99.2	98.8	94.8	90.7	92.3	96.7	92.9
福　建 Fujian	100.0	99.5	95.3	91.2	96.7	96.9	94.4
山　东 Shandong	99.1	98.2	94.9	91.3	96.5	97.0	94.3
广　东 Guangdong	97.0	98.8	94.8	91.6	91.9	95.3	92.9
广　西 Guangxi	99.9	98.9	93.5	90.9	89.6	96.5	91.7
海　南 Hainan	101.4	98.5	95.1	95.2	95.5	96.8	93.6

各地区服务项目价格分类指数（1998 年）

SERVICES PRICE INDICES BY CATEGORY AND BY REGION (1998)

（上年 = 100）

(preceding year = 100)

地　区 Region	总指数 General Index	电讯费 Telecom – munica – tion	邮　费 Postage	交通费 Traffic	洗理美容费 Bathing and Haircut	文娱费 Recrea – tion	学杂保育费 Tuition and Children Care	修理及其他服务费 Repair and Other Services	医疗保健服务费 Medical & Health Care Services
全　国 National	**110.1**	**100.8**	**100.8**	**102.9**	**106.5**	**110.5**	**116.4**	**103.8**	**117.2**
北　京 Beijing	121.3	100.0	100.0	100.4	106.8	156.9	136.1	103.1	169.1
天　津 Tianjin	112.5	100.0	100.0	100.6	100.0	150.0	116.8	100.5	111.9
河　北 Hebei	109.0	100.0	101.8	102.4	112.0	113.4	110.4	105.2	119.4
辽　宁 Liaoning	108.0	100.0	100.7	107.9	104.1	110.6	109.7	102.5	120.0
上　海 Shanghai	114.4	113.9	100.0	103.0	100.7	109.7	126.1	110.1	123.5
江　苏 Jiangsu	108.6	98.5	100.3	105.6	107.6	107.6	110.4	104.3	121.2
浙　江 Zhejiang	106.9	97.7	100.4	103.5	107.1	108.3	113.6	101.6	105.5
福　建 Fujian	105.3	101.2	103.7	107.3	104.1	107.1	106.4	105.0	103.5
山　东 Shandong	119.1	100.1	100.6	102.4	106.1	110.4	137.3	105.0	113.3
广　东 Guangdong	105.9	101.5	100.0	102.2	105.5	103.4	110.1	103.5	109.7
广　西 Guangxi	104.4	100.1	100.0	106.1	101.4	110.0	105.7	100.4	100.6
海　南 Hainan	102.1	99.4	104.2	101.1	107.3	100.1	102.6	99.3	106.3

各地区农业生产资料价格分类指数

PRICE INDICES OF AGRICULTURAL MEANS OF PRODUCTION BY CATEGORY AND BY REGION

（上年 = 100）

(preceding year = 100)

地　区 Region	总指数 General Index	小农具 Small Farm Tools	饲料 Forage	幼禽家畜 Young Livestock & Fowls	半机械化农　具 Semi – mechanized Farm Implements	机械化农　具 Mechanized Farm Implements	化学肥料 Chemical Ferti – lizer	农药及农药械 Pestici – de & Its Appli – ances	农机用油 Oil for Farm Machi – nery
全　国 National	**94.5**	**100.1**	**102.6**	**86.4**	**99.6**	**97.6**	**91.4**	**96.4**	**94.9**
北　京 Beijing									
天　津 Tianjin									
河　北 Hebei	98.7	101.2	98.1	95.8	100.2	99.1	94.4	96.0	99.7
辽　宁 Liaoning	95.6	98.4	104.6	93.1	101.4	102.5	91.9	98.0	99.3
上　海 Shanghai									
江　苏 Jiangsu	92.5	98.8	108.0	75.6	99.0	95.8	90.9	97.5	93.7
浙　江 Zhejiang	92.4	97.4	104.4	76.4	99.4	98.4	90.1	95.8	92.9
福　建 Fujian	94.6	100.9	96.8	86.1	98.2	99.0	94.3	93.7	96.2
山　东 Shandong	96.2	101.1	106.7	85.6	99.7	95.5	93.2	96.6	95.0
广　东 Guangdong	94.9	98.0	97.2	86.3	98.0	96.8	94.1	95.6	95.5
广　西 Guangxi	92.1	95.6	100.4	74.9	97.5	99.3	92.9	96.8	92.6
海　南 Hainan	98.4	89.8	99.6	99.2	100.8	99.9	96.0	97.4	99.2

各地区固定资产投资价格指数

PRICE INDICES OF INVESTMENT IN FIXED ASSETS BY REGION

（上年＝100）

（preceding year＝100）

地 区 Region	1997 固定资产投资 Investment in fixed Assets	1997 建筑安装工程 Construction and Installtion	1997 设备工、器具 Purchases of Equipment, Tools and Instruments	1997 其他费用 Others	1998 固定资产投资 Investment in Fixed Assets	1998 建筑安装工程 Construction and Installtion	1998 设备工、器具 Purchases of Equipment, Tools and Instruments	1998 其他费用 Others
全　国 National	**101.7**	**102.9**	**98.1**	**102.9**	**99.8**	**100.5**	**97.5**	**100.4**
北　京 Beijing	102.7	104.9	96.8	100.4	100.8	101.4	100.5	99.5
天　津 Tianjin	100.8	101.9	97.3	101.5	98.9	100.2	95.3	100.3
河　北 Hebei	101.5	105.0	95.0	101.2	97.8	99.4	94.4	98.5
辽　宁 Liaoning	102.3	102.1	101.0	105.1	99.8	100.2	100.4	97.2
上　海 Shanghai	100.5	101.4	97.8	100.8	98.4	98.9	96.1	99.6
江　苏 Jiangsu	99.2	100.0	96.6	101.6	98.4	99.1	95.0	102.6
浙　江 Zhejiang	99.5	99.8	97.3	100.3	97.6	97.0	95.9	101.6
福　建 Fujian	101.1	102.2	97.9	99.8	98.0	98.9	94.7	98.6
山　东 Shandong	100.4	100.7	98.7	103.5	99.2	100.2	96.0	102.0
广　东 Guangdong								
广　西 Guangxi	100.3	100.3	98.2	104.4	99.9	101.4	95.2	100.4
海　南 Hainan								

对外经济贸易

各地区进出口商品总值（按经营单位所在地分）

IMPORT AND EXPORT VALUE BY LOCATION OF CHINA'S FOREIGN TRADE MANAGING UNITS BY REGION

单位：万美元

（USD 10000）

地 区 Region	1996 进出口 Total	1996 出口 Exports	1996 进口 Imports	1997 进出口 Total	1997 出口 Exports	1997 进口 Imports	1998 进出口 Total	1998 出口 Exports	1998 进口 Imports
全　国 National	**28988030**	**15104753**	**13883277**	**32516202**	**18279166**	**14237036**	**32392341**	**18375711**	**14016630**
东部地区 Eastern Regions	**26336436**	**13598493**	**12737943**	**129807345**	**16534917**	**13272428**	**29841713**	**16816734**	**13024979**
比重（%）Proportion	**91%**	**90%**	**92%**	**399%**	**90%**	**93%**	**92%**	**92%**	**93%**
北　京 Beijing	2931833	811975	2119858	3038852	961103	2077749	3051738	1052334	1999404
天　津 Tianjin	954405	465082	489323	1033137	524387	508750	1061389	549879	511510
河　北 Hebei	419269	307839	111430	410328	323902	86426	422733	311618	111115
辽　宁 Liaoning	1406871	863683	543188	1490552	915645	574907	1274106	805210	468896
上　海 Shanghai	2713885	1302879	1411006	2979998	1506897	1473101	3134431	1595634	1538797
江　苏 Jiangsu	2069761	1159872	909889	2362899	1409624	953275	2634870	1562709	1072161
浙　江 Zhejiang	1252851	803918	448933	1424222	1008533	415689	1485383	1086624	398759
福　建 Fujian	1551259	838269	712990	1818909	1026480	792429	1716018	995937	720081
山　东 Shandong	1616405	918127	698278	1764399	1096569	667830	1662934	1035931	627003
广　东 Guangdong	10991006	5934099	5056907	113004734	7453952	5550782	12982647	7563971	5418676
广　西 Guangxi	202605	126901	75704	286631	227924	58707	240884	180389	60495
海　南 Hainan	226286	65849	160437	192684	79901	112783	174580	76498	98082

各地区进出口商品总值（按境内目的地、货源地分）

IMPORT AND EXPORT VALUE OF COMMODITIES BY PLACES OF DESTINATION OR ORIGIN IN CHINA BY REGION

单位：万美元
（USD 10000）

地区 Region	1996			1997			1998		
	进出口 Total	出口 Exports	进口 Imports	进出口 Total	出口 Exports	进口 Imports	进出口 Total	出口 Exports	进口 Imports
全　国 National	**28988030**	**15104753**	**13883277**	**32516202**	**18279166**	**14237036**	**32392341**	**18375711**	**14016630**
东部地区 Eastern Regions	**25781799**	**13337097**	**12444702**	**29334548**	**16293920**	**13040628**	**29353333**	**16585220**	**12768113**
比重（%）Proportion	**89%**	**88%**	**90%**	**90%**	**89%**	**92%**	**91%**	**90%**	**91%**
北　京 Beijing	1492959	506441	986518	1562196	583512	978684	1572756	649414	923342
天　津 Tianjin	1015756	468114	547642	1069322	517670	551652	1107733	546529	561204
河　北 Hebei	421220	238109	183111	398135	263914	134221	424138	261248	162890
辽　宁 Liaoning	1357185	729973	627212	1476852	810721	666131	1376240	762542	613698
上　海 Shanghai	2789238	1313539	1475699	3036464	1476625	1559839	3117146	1564157	1552989
江　苏 Jiangsu	2227704	1195257	1032447	2536961	1443346	1093615	2807841	1593005	1214836
浙　江 Zhejiang	1442746	866146	576600	1625110	1074428	550682	1675012	1160580	514432
福　建 Fujian	1588079	844497	743582	1925519	1101426	824093	1811944	1071833	740111
山　东 Shandong	1808953	999169	809784	2005922	1181650	824272	1911431	1121043	790388
广　东 Guangdong	11201265	5997150	5204115	13257182	7594779	5662403	13148082	7630246	5517836
广　西 Guangxi	241472	138743	102729	248368	166640	81728	238802	160390	78412
海　南 Hainan	195222	39959	155263	192517	79209	113308	157208	64233	92975

各地区外商投资企业进出口商品总值

VALUE OF IMPORT AND EXPORT GOODS OF FOREIGN-FUNDED ENTERPRISES BY REGION

单位：万美元
（USD 10000）

地区 Region	1996			1997			1998		
	进出口 Total	出口 Exports	进口 Imports	进出口 Total	出口 Exports	进口 Imports	进出口 Total	出口 Exports	进口 Imports
全　国 National	**13711016**	**6150636**	**7560380**	**15262121**	**7489986**	**7772135**	**15767938**	**8096189**	**7671749**
东部地区 Eastern Regions	**13013548**	**5957538**	**7056010**	**14618519**	**7268044**	**7350475**	**15211451**	**7878598**	**7332853**
比重（%）Proportion	**95%**	**97%**	**93%**	**96%**	**97%**	**95%**	**96%**	**97%**	**96%**
北　京 Beijing	322836	98814	224022	349280	115424	233856	408045	126273	281772
天　津 Tianjin	701952	295097	406855	788511	352987	435524	815622	382367	433255
河　北 Hebei	143843	54220	89623	119603	63223	56380	132808	72029	60779
辽　宁 Liaoning	636981	317894	319087	740097	352803	387294	686648	383276	303372
上　海 Shanghai	1486777	544661	942116	1659719	700243	959476	1821775	816461	1005314
江　苏 Jiangsu	1213710	506971	706739	1418961	670710	748251	1663145	804595	858550
浙　江 Zhejiang	473156	202352	270804	470267	246044	224223	470714	268295	202419
福　建 Fujian	952403	450087	502316	1054364	529863	524501	1062231	544915	517316
山　东 Shandong	851577	385182	466395	963736	514760	448976	945594	522517	423077
广　东 Guangdong	6096722	3069026	3027696	6951018	3678155	3272863	7091507	3918329	3173178
广　西 Guangxi	69871	26412	43459	67659	35135	32524	71293	31925	39368
海　南 Hainan	63720	6822	56898	35304	8697	26607	42069	7616	34453

各地区外商投资企业年末登记情况
BASIC INDICATORS OF REGISTERED FOREIGN-FUNDED ENTERPRISES BY REGION AT END OF YEAR

地　区 Region	企业数（户） Number of Registered Enterprise		投资总额（万美元） Total Investment (USD 10000)		注册资本（万美元） Registered Capital (USD 10000)		#外　方 Capital Invested by Foreign Partner	
	1997	1998	1997	1998	1997	1998	1997	1998
全　国 National	**235681**	**227807**	**75347010**	**77422942**	**45981372**	**46728674**	**30298675**	**31371224**
东部地区 Eastern Regions	**192422**	**186859**	**63270115**	**64923147**	**37775513**	**38324559**	**25683709**	**26534954**
比重（%）Proportion	**82%**	**82%**	**84%**	**84%**	**82%**	**82%**	**85%**	**85%**
北　京 Beijing	10448	9629	3196562	3260834	1695893	1735335	1065996	1099342
天　津 Tianjin	9688	9384	2217961	2366252	1387916	1469352	1001051	1074510
河　北 Hebei	4924	4403	1602928	1522261	951811	910030	515924	496513
辽　宁 Liaoning	13404	14136	3787049	4280750	2344799	2542367	1323230	1450157
上　海 Shanghai	16365	17622	8675361	9176529	4669969	4986774	3120576	3423721
江　苏 Jiangsu	22132	21403	6915893	7173029	4051575	4099344	2558492	2704816
浙　江 Zhejiang	10648	10106	2709202	2772694	1616049	1632261	933638	961903
福　建 Fujian	18342	18071	4741406	4789113	2942377	2958128	2445148	2483582
山　东 Shandong	16817	14204	4289461	3930432	2701686	2499818	1477988	1395792
广　东 Guangdong	59040	57665	21711732	22173596	13378857	13435618	9741784	9918075
广　西 Guangxi	3658	3452	1183469	1197218	712066	708138	435078	441813
海　南 Hainan	6956	6784	2239091	2280439	1322515	1347394	1064804	1084730

实际利用外商直接和其他投资额（按地区分）
ACTUALLY USED FOREIGN DIRECT AND OTHER INVESTMENT BY REGION

金额单位：万美元
(USD 10000)

地区、部门 Region and Sector	1997		1998	
	外商直接投资 Froeign Direct Investment	外商其他投资 Foreign Other Investment	外商直接投资 Froeign Direct Investment	外商其他投资 Foreign Other Investment
全　国 National	**4525704**	**713030**	**4546275**	**209474**
东部地区 Eastern Regions	**3855930**	**137720**	**3949012**	**184405**
比重（%）Proportion	**85%**	**19%**	**87%**	**88%**
北　京 Beijing	159286		216800	
天　津 Tianjin	251135		211361	
河　北 Hebei	110064	244	142868	
辽　宁 Liaoning	220470	16165	219045	21579
上　海 Shanghai	422536		360150	6624
江　苏 Jiangsu	543511		663179	
浙　江 Zhejiang	150345		131802	2210
福　建 Fujian	419666	44	421211	
山　东 Shandong	249294	28262	220274	52826
广　东 Guangdong	1171083	92412	1201994	101166
广　西 Guangxi	87986	593	88613	
海　南 Hainan	70554		71715	

各地区外商直接投资额

DIRECT FOREIGN INVESTMENTS BY REGION

地区 Region	1997年 项目个数（个）Number of Contracts	1997年 协议投资额（万美元）Foreign Capital Through Signed Contracts Agreements (USD 10000)	1997年 实际投资额（万美元）Foreign Capital Actually Used (USD 10000)	1998年 项目个数（个）Number of Contracts	1998年 协议投资额（万美元）Foreign Capital Through Signed Contracts Agreements (USD 10000)	1998年 实际投资额（万美元）Foreign Capital Actually Used (USD 10000)
全　国 National	**21001**	**5100353**	**4525704**	**19799**	**5210205**	**4546275**
东部地区 Eastern Regions	**17061**	**4399094**	**3855930**	**16339**	**4522208**	**3949012**
比重（%）Proportion	**81%**	**86%**	**85%**	**83%**	**87%**	**87%**
北　京 Beijing	790	168102	159286	651	409692	216800
天　津 Tianjin	1056	385067	251135	859	307598	211361
河　北 Hebei	629	111342	110064	696	126771	142868
辽　宁 Liaoning	1698	438835	220470	1703	438014	219045
上　海 Shanghai	1802	531999	422536	1490	584551	360150
江　苏 Jiangsu	2089	919582	543511	1817	757764	663179
浙　江 Zhejiang	852	121008	150345	965	183390	131802
福　建 Fujian	2298	453751	419666	2006	500150	421211
山　东 Shandong	1594	325112	249294	1364	220186	220274
广　东 Guangdong	3744	769202	1171083	4348	915529	1201994
广　西 Guangxi	289	147001	87986	266	64242	88513
海　南 Hainan	220	28093	70554	174	14321	71715

各地区接待国际旅游人数

NUMBER OF FOREIGN TOURISTS BY REGION

单位：万人次

(10000 persons – times)

地区 Region	1990 总计 Total	1990 #外国人 Foreigners	1995 总计 Total	1995 #外国人 Foreigners	1997 总计 Total	1997 #外国人 Foreigners	1998 总计 Total	1998 #外国人 Foreigners
全　国 National	**2746.2**	**303.7**	**4638.7**	**880.6**	**5758.8**	**1092.9**	**6347.8**	**940.3**
东部地区 Eastern Regions	**1023.1**	**245.6**	**1377.6**	**622.1**	**1688.4**	**752.8**	**1737.4**	**729.9**
比重（%）Proportion	**37%**	**81%**	**30%**	**71%**	**29%**	**69%**	**27%**	**78%**
北　京 Beijing	100.1	63.8	206.9	166.5	229.8	186.9	220.1	178.2
天　津 Tianjin	5.6	3.6	20.1	16.3	28.0	23.1	30.5	26.0
河　北 Hebei	3.2	2.2	15.5	13.6	32.2	27.4	32.7	27.2
辽　宁 Liaoning	11.4	7.5	25.4	21.5	38.8	31.1	41.1	31.8
上　海 Shanghai	89.3	46.1	135.8	107.5	165.4	130.0	152.7	117.6
江　苏 Jiangsu	72.5	21.9	76.8	48.7	101.7	64.3	115.4	69.6
浙　江 Zhejiang	45.6	10.8	67.3	36.7	81.2	45.3	82.0	41.4
福　建 Fujian	70.8	8.8	90.6	22.4	115.1	31.6	121.8	32.7
山　东 Shandong	12.5	6.9	45.1	30.4	58.5	34.4	60.8	37.2
广　东 Guangdong	541.5	56.4	620.7	122.1	739.2	134.7	788.7	131.5
广　西 Guangxi	51.8	15.3	41.9	30.7	57.3	34.1	52.3	28.1
海　南 Hainan	18.9	2.5	28.7	5.8	41.3	10.0	39.4	8.7

各地区按经济类型分的涉外饭店个数（1998年底）

NUMBER OF TOURIST HOTELS BY OWNERSHIP AND BY REGION（END OF 1998）

单位：个

（unit）

地区 Region	涉外饭店个数 Total Number of Tourist Hotels	国有 State-owned	集体 Colective Owned	私营 Private	联营 Joint Owned	股份制 Share Holding	外商投资 Foreign Funded	港澳台投资 Funded by Enrepreneurs from HongKong, Macao and Taiwan
全　国 National	**5782**	**3639**	**859**	**153**	**155**	**282**	**458**	**236**
东部地区 Eastern Regions	**3664**	**2125**	**568**	**86**	**132**	**196**	**362**	**195**
比重（%）Proportion	**63%**	**58%**	**66%**	**56%**	**85%**	**70%**	**79%**	**83%**
北　京 Beijing	341	198	50	1	3	12	77	
天　津 Tianjin	88	42	15		3		28	
河　北 Hebei	139	136	1				2	
辽　宁 Liaoning	243	143	27	4	1	13	28	27
上　海 Shanghai	136	87	10		5	9	11	14
江　苏 Jiangsu	351	256	43	1	3	14	16	18
浙　江 Zhejiang	366	181	71	1	13	69	18	13
福　建 Fujian	187	76	57	4	8	3	23	16
山　东 Shandong	319	246	27	1	6	7	24	8
广　东 Guangdong	1056	554	201	46	68	18	82	87
广　西 Guangxi	190	118	23	1	1	14	23	10
海　南 Hainan	248	88	43	27	21	37	30	2

各地区按规模分的涉外饭店个数（1998年底）

NUMBER OF TOURIST HOTELS BY CAPACITY AND REGIONS（END OF 1998）

单位：个

（unit）

地区 Region	涉外饭店个数 Total Number of Tourist Hotels	客房总数500间以上 with 500 Rooms and Over	客房总数300—499间 with 300—499 Rooms	客房总数200—299间 with 200—299 Rooms	客房总数100—199间 with 100—199 Rooms	客房总数99间以下 with Less than 100 Rooms
全　国 National	**5782**	**95**	**290**	**498**	**1742**	**3157**
东部地区 Eastern Regions	**3664**	**79**	**210**	**331**	**1107**	**1937**
比重（%）Proportion	**63%**	**83%**	**72%**	**66%**	**64%**	**61%**
北　京 Beijing	341	22	48	41	94	136
天　津 Tianjin	88	1	4	10	29	44
河　北 Hebei	139	2	6	17	54	60
辽　宁 Liaoning	243	3	12	23	75	130
上　海 Shanghai	136	13	20	23	56	24
江　苏 Jiangsu	351	4	15	24	141	167
浙　江 Zhejiang	366	3	10	33	164	156
福　建 Fujian	187	1	7	13	40	126
山　东 Shandong	319	3	11	27	104	174
广　东 Guangdong	1056	25	52	80	252	647
广　西 Guangxi	190	1	16	23	51	99
海　南 Hainan	248	1	9	17	47	174

各地区国际旅游外汇收入

FOREIGN EXCHANGE EARNINGS AND IT'S COMPOSITION BY REGION

单位：百万美元
（USD million）

地区 Region	1990	1995	1997	1998
全　国 National	**2218**	**8733**	**12074**	**12602**
东部地区 Eastern Regions	**2063**	**7214**	**8754**	**9121**
比重（%）Proportion	**93%**	**83%**	**73%**	**72%**
北　京 Beijing	658	2182	2248	2384
天　津 Tianjin	23	133	180	202
河　北 Hebei	5	42	97	100
辽　宁 Liaoning	69	189	260	262
上　海 Shanghai	230	939	1317	1213
江　苏 Jiangsu	71	260	408	529
浙　江 Zhejiang	54	236	345	361
福　建 Fujian	101	484	614	651
山　东 Shandong	36	154	204	220
广　东 Guangdong	713	2393	2801	2942
广　西 Guangxi	76	121	178	156
海　南 Hainan	27	81	102	96

农村经济

农村基层组织情况

BASIC CONDITIONS OF RURAL GRASSROOTS UNITS

地　区 Region	乡镇数（个）Number of Township and Town Govern－ments	#镇数 Town Govern－ments	村民委员会（个）Number of Villages' Committees	乡村户数（万户）Number of Households (10 000 households)	乡村人口数（万人）Rural Population (10 000 persons)	乡村劳动力（万人）Number of Rural Laborers (10 000 persons)	男 Male	女 Female
全　国 National	**45462**	**19060**	**739980**	**23692.7**	**91960.1**	**46432.2**	**24733.1**	**21699.2**
东部地区 Eastern Regions	**14851**	**8458**	**299101**	**9932.7**	**37339.1**	**18666.2**	**9890.9**	**8775.4**
比重（%）Proportion	**32.7%**	**44.4%**	**40.4%**	**41.9%**	**40.6%**	**40.2%**	**40.0%**	**40.4%**
北　京 Beijing	240	120	4044	125.9	364.4	161	81.1	79.9
天　津 Tianjin	225	94	3877	112.7	389.7	173	92.8	80.2
河　北 Hebei	1972	871	50027	1401.6	5325.6	2635.9	1414.1	1221.8
辽　宁 Liaoning	1678	636	16310	663.8	2289.9	933.2	523.3	410
上　海 Shanghai	209	201	2895	131.4	373.2	223.2	109.7	113.5
江　苏 Jiangsu	1971	1015	35726	1503.1	5245.2	2735.9	1402.4	1333.5
浙　江 Zhejiang	1832	1006	43108	1073.3	3579.6	2096.5	1136.2	960.3
福　建 Fujian	980	600	14970	630.2	2669.8	1200.3	647.3	553
山　东 Shandong	2366	1432	87750	1993.1	7027.2	3595.8	1918.4	1677.4
广　东 Guangdong	1707	1578	22945	1319.8	5644.6	2632.9	1367.3	1265.6
广　西 Guangxi	1363	703	14816	877.9	3953.3	2068.2	1090.5	977.7
海　南 Hainan	308	202	2633	99.8	476.6	210.3	107.8	102.5

注：乡村人口数是指户口在乡村的常住人口，本指标是按1964年建镇标准划分的，包括后来的新建制镇人口，故本表数字大于人口篇的乡村总人口。

a) Total rural population refers to persons residing and registered in rural areas. This indicator is calculated on the basis of the 1964 town classification standards which includes rural population in what are now established towns. Therefore, the population figures shown here are larger than that is in Chapter 3.

乡村劳动力

RURAL LABOR FORCE BY SECTOR

本表分行业劳动力是按从事的主行业划分的，如以农业为主、兼营商业的，仍作为农林牧渔业劳动力。

The number of laborers by sector in this table is classified by main activity. For example, those engaged primanily in agriculture and secondarily in commerce are classified under farming, forestry, animal husbandry and fishery.

（年底数）单位：万人

(year-end) (10000 persons)

地　区 Region	农林牧渔业 Farming, Forestry, Animal Husbandry and Fishery	工　业 Industry	建筑业 Construction	交通运输邮电通讯业 Transportation and Storage	批发零售贸易业餐饮业及仓储业 Wholesale, Retail Sale And Catering Trades	其他非农行业 Other Non-agricultural Trades
全　国 National Total	**32626.4**	**3928.6**	**2393.5**	**1087.9**	**1461.9**	**4933.9**
东部地区 Eastern Regions	**11672.4**	**2449.4**	**1185.3**	**553.5**	**747**	**2058.3**
比重（%）Proportion	**35.8%**	**62.3%**	**49.5%**	**50.9%**	**51.1%**	**41.7%**
北　京 Beijing	67.7	36.6	11.8	10.2	8.7	26
天　津 Tianjin	79.4	49	9.7	9.5	8.7	16.6
河　北 Hebei	1635.5	380.1	191.5	89.6	126.1	213.1
辽　宁 Liaoning	633	78.1	49.2	33.4	43.8	95.6
上　海 Shanghai	76.3	88.8	8.2	4.5	6.4	39
江　苏 Jiangsu	1531.5	462.5	245.7	91.2	95.1	309.9
浙　江 Zhejiang	1102.7	439.9	102.1	64.3	112.3	275.1
福　建 Fujian	776.8	128.1	14.5	36	51	193.9
山　东 Shandong	2487	399.2	279.7	106.1	134.5	249.3
广　东 Guangdong	1508.2	380	187.5	72	108.3	376.9
广　西 Guangxi	1604.1	61.7	78	30.8	44.7	248.9
海　南 Hainan	170.2	5.4	7.4	5.9	7.4	14

注：工业劳动力中包括村及村以下办的工业的劳动力。

a) Industrial labor force includs workers in enterprises at and below village level.

耕地面积（1995）

AREA UNDER CULTIVATION (1995)

本表实有耕地面积数字偏小，有待进一步核查。　　单位：千公顷

The cultivated area in this table is under estimated and must be further verified.　　(1000 hectares)

地　区 Region	耕地面积 Cultivated Area (year-end)	水　田 Paddy Fields	旱　地 Dry Fields	年内减少 Decrease in Cultivated Are in the year	#国家基建占地 Capital Construction	#乡村集体占地 Village Collectiv Construction	#农民个人建房占地 easant Housing Construction
全　国 National Total	**94970.9**	**24850.5**	**70120.4**	**621.1**	**111.9**	**84.9**	**31.6**
东部地区 Eastern Regions	**30349.4**	**9552.2**	**20797.3**	**213.5**	**58.8**	**30.3**	**10.4**
比重（%）Proportion	**32.0%**	**38.4%**	**29.7%**	**34.4%**	**52.5%**	**35.7%**	**32.9%**
北　京 Beijing	399.5	23.7	375.8	2.9	1.5		
天　津 Tianjin	426.1	48.5	377.7	1.5	1.1	0.2	
河　北 Hebei	6517.3	126.5	6390.7	19.4	8.6	2.6	1.5
辽　宁 Liaoning	3389.7	468.6	2921.1	27.0	2.7	1.3	0.7
上　海 Shanghai	290.0	253.9	36.1	4.8	1.7	2.2	0.2
江　苏 Jiangsu	4448.3	2669.7	1778.6	23.7	11.7	2.5	1.7
浙　江 Zhejiang	1617.8	1344.9	272.9	22.2	7.5	7.5	2.3
福　建 Fujian	1204.0	972.5	231.5	9.5	3.2	0.4	0.3
山　东 Shandong	6696.0	156.7	6539.3	34.4	10.9	10.0	2.7
广　东 Guangdong	2317.3	1698.7	618.7	35.2	5.0	2.6	0.4
广　西 Guangxi	2614.2	1540.3	1073.9	29.0	3.8	0.9	0.5
海　南 Hainan	429.2	248.2	181.0	3.9	1.1	0.1	0.1

注：年内减少数包括因各种原因占用的耕地和因灾废弃而实际减少了的耕地。

a) Decrease in cultivated area include occupation cultivated land for all reason and decreasing accually for natural disaster abandon.

农作物总播种面积
TOTAL SOWN AREAS OF FARM CROPS

单位：千公顷
(1000 ha)

地 区 Region	农作物总播种面积 Total Sown Area	粮食播种面积 Sown Area of Grain Crops	谷 物 Cereal	油 料 Oilbearing Crops	棉 花 Cotton	麻 类 Fiber Crops	糖 料 Sugar Crops
全 国 National Total	**155706.0**	**113787.0**	**92117.0**	**12919.0**	**4459.0**	**224.0**	**1984.0**
东部地区 Eastern Regions	**53203.7**	**38331.5**	**32842.9**	**3438.7**	**1235.7**	**96.2**	**670.1**
比重（%）Proportion	**34.2%**	**33.7%**	**35.7%**	**26.6%**	**27.7%**	**42.9%**	**33.8%**
北 京 Beijing	535.3	422.7	404.3	9.7			
天 津 Tianjin	578.1	446.6	395.4	20.1	0.2	0.2	
河 北 Hebei	9097.7	7305.7	6243.8	632.4	315.7	5.0	8.0
辽 宁 Liaoning	3630.3	3039.2	2656.2	122.4	20.5	0.2	
上 海 Shanghai	556.4	352.5	343.8	1.0	1.2		
江 苏 Jiangsu	8058.3	5946.3	5434.7	626.8	416.2	1.0	3.8
浙 江 Zhejiang	3919.6	2799.5	2436.9	281.9	62.8	2.6	10.7
福 建 Fujian	2918.8	2028.6	1510.8	119.8	0.5	0.6	32.8
山 东 Shandong	11138.0	8132.5	7057.6	858.8	414.0	3.8	0.8
广 东 Guangdong	5540.2	3529.0	2888.6	356.0	1.7	1.7	
广 西 Guangxi	6293.4	3757.7	3063.2	353.9	2.1	8.7	614.0
海 南 Hainan	937.6	571.2	407.6	55.9	0.8	72.4	

主要农业机械和农产品加工机械拥有量
OWNERSHIP OF AGRICULTURAL MACHINERY AND MACHINERY FOR PROCESSING FARM PRODUCTS

(年底数)
(year-end)

地 区 Region	农业机械总动力（万千瓦） Total Power of Agricultural Machinery (10000 kW)	农用大中型拖拉机 Large and Medium Agricultural Tractors		小型拖拉机 Mini-Tractors		大中型拖拉机机引农具(部) Number of Large and Medium Tractor Towing Farm Machinery (unit)	小型拖拉机机引农具(部) Number of Mini-Tractor Towing Farm Machinery (unit)
		Number（台）(Units)	Capacity（万千瓦）(10000kW)	Number（台）(Units)	Capacity（万千瓦）(10000kW)		
全 国 National Total	**45207.7**	**725215**	**2587.9**	**11220551**	**1003[illegible].5**	**1203687**	**14485796**
东部地区 Eastern Regions	**22171.2**	**288283**	**1051.6**	**4266170**	**380[illegible].5**	**511943**	**5264968**
比重（%）Proportion	**49.0%**	**39.8%**	**40.6%**	**38.0%**	**37.9%**	**42.5%**	**36.3%**
北 京 Beijing	415.5	12032	56.7	30793	31.5	25184	11616
天 津 Tianjin	602.1	8901	40.8	38100	35.5	11300	32900
河 北 Hebei	6263.9	45767	182.5	1163353	1105.2	76953	1303028
辽 宁 Liaoning	1138.1	29733	128.3	136800	128.1	46100	137400
上 海 Shanghai	155.7	9037	33.7	10890	9.8	21601	10900
江 苏 Jiangsu	2594.8	39844	147.5	838740	744.7	76923	1430795
浙 江 Zhejiang	1798.8	6299	17.8	266101	226.4	3880	236854
福 建 Fujian	818.4	3075	10	152263	141.2	552	60095
山 东 Shandong	5228.3	113525	365.4	987265	808.3	234678	1460153
广 东 Guangdong	1698.2	6718	21.4	326586	253[illegible]	5267	254962
广 西 Guangxi	1263.1	10703	39.4	289051	294.7	8103	321764
海 南 Hainan	194.3	2649	8.1	26228	24.1	1402	4501

续表 continued

（年底数）
(year-end)

地　区 Region	柴油机 Diesel Engines Number（台）(unit)	Capacity（万千瓦）(10000kW)	农用载重汽车 Trucks for Agricultural Use Number（辆）(unit)	Capacity（万千瓦）(10000kW)	渔用机动船 Motorized Fishing Boats Number（艘）(unit)	Loading Capacity（万吨）(10000 t)	Power（万千瓦）(10000 kW)
全　国 National Total	**5815616**	**4498.4**	**901105**	**6781.3**	**411133**	**653**	**1174.3**
东部地区 Eastern Regions	**3460428**	**4306.0**	**433700**	**3119.6**	**357231**	**608**	**1139.2**
比重（%）Proportion	**59.5%**	**95.7%**	**48.1%**	**46.0%**	**86.9%**	**93.1%**	**97.0%**
北　京 Beijing	502	1	18100	129.3			
天　津 Tianjin	27900	23	27600	216.8	1322	2	4.1
河　北 Hebei	1362672	1164	92100	753.3	9898	19	35.3
辽　宁 Liaoning	64000	57	33200	242.9	32766	36	75.7
上　海 Shanghai	47	1500		9.6	2766	12	21.1
江　苏 Jiangsu	147246	142	29100	172.1	58431	95	104.7
浙　江 Zhejiang	75794	37	28500	187.9	60471	192	369.1
福　建 Fujian	54919	38	18500	164.5	56165	86	133.7
山　东 Shandong	1421733	1157	83100	488.7	42148	48	96.2
广　东 Guangdong	115977	83	70500	459.2	66823	81	218.1
广　西 Guangxi	146595	82	26800	249.2	12224	18	42.7
海　南 Hainan	43043	22	6200	46.1	14217	19	38.5

灌溉面积、农用化肥施用量、农村水电及用电情况（1998 年）

CULTIVATED, IRRIGATED AND CHEMICALLY FERTILIZED AREAS, NUMBER (1998) OF HYDROPOWER STATIONS AND ELECTRICITY CONSUMPTION IN RURAL AREAS

地　区 Region	灌溉面积（千公顷）Irrigated Area (1000 hectares)	化肥施用量（万　吨）Consumption of Chemical Fertilizers (10000tn)	氮　肥 Nitrogenous Fertilizer	磷　肥 Phosphate Fertilizer	钾　肥 Potash Fertilizer	复合肥 Ompoun Fertilizer	乡村办水电站 Hyrdopower Station in Rural Areas 个　数 Number	发电能力（万千瓦）Generating Capacit (10000kW)	农村用电量（亿千瓦时）Electricity Consumed in Rural Area (100 million kWh)
全　国 National Total	**52295.6**	**4085.6**	**2234.4**	**682.8**	**346.3**	**822.2**	**33211**	**634.8**	**2042.1**
东部地区 Eastern Regions	**20777.4**	**1729.8**	**933.7**	**239.7**	**169.6**	**387**	**13440.3**	**348.9**	**1280.5**
比重（%）Proportion	**39.7%**	**42.3%**	**41.8%**	**35.1%**	**49.0%**	**47.1%**	**40.5%**	**55.0%**	**62.7%**
北　京 Beijing	323.7	19.3	11.9	1	0.4	6	40	1.7	27.7
天　津 Tianjin	351.9	15.3	8.7	2	0.7	3.9	33.8		
河　北 Hebei	4388.1	270.2	151.8	43.8	15.3	59.3	108	2.1	167.4
辽　宁 Liaoning	1335.1	114.1	72	12	7.2	22.8	61	2.2	87.4
上　海 Shanghai	277.5	14.8	11.1	1.3	0.3	2.1	69.5		
江　苏 Jiangsu	3855.4	333.3	196.7	48.2	14.6	73.8	4	40	264
浙　江 Zhejiang	1385.8	90.8	61.3	12.7	5.4	11.5	2229	81.6	200.9
福　建 Fujian	932.9	118.1	55.4	16.6	22.6	23.5	3457	78.4	61
山　东 Shandong	4780.2	406.5	197.5	57.1	32.4	119.6	31	0.3	168.2
广　东 Guangdong	1502	169.5	96.9	19.3	34	19.4	6052	126.4	274.9
广　西 Guangxi	1468.1	155.5	60.3	23.8	34.1	37.3	1250	15	27.7
海　南 Hainan	176.7	22.4	10.1	1.9	2.6	7.8	105	1.2	1.3

各地区水利设施和除涝、治碱面积（1998年）

WATER CONSERVANCY FACILITIES AND AREA WITH FLOOD PREVENTION MEASURES AND IMPROVED AREA OF SALINE-ALKALINE LAND BY REGION（1998）

地　区 Region	水库数（座） Number of Reservoirs	水库总库容量（亿立方米） Capacity of Reservoirs （100 million cu. m）	除涝面积（万公顷） Flooded Area Under Control （10000 hectares）	除涝面积占易涝面积% Percentage to Total Area Liable to Flood	治碱面积（千公顷） Improved Area of Saline-Alkaline Land （1000 hm^2）	治碱面积占盐碱地面积% Percentage to Total Area of Saline-Alkaline Land
全　国 National	**84837**	**4583.4**	**2052.6**	**83.5**	**5612.3**	**72.7**
东部地区 Eastern Regions	**27303**	**2081.0**	**980.6**		**3106.7**	
比重（%）Proportion	**32.2%**	**45.4%**	**47.8%**		**55.4%**	
北　京 Beijing	84	93.5	15.9	94.6	42.9	92.3
天　津 Tianjin	105	26.9	40.4	98.1	213	91.3
河　北 Hebei	1122	149.4	163.3	87.6	807.5	79.3
辽　宁 Liaoning	922	306.6	98	97.4	329.2	85.6
上　海 Shanghai			6.5	91.1	29.9	86.7
江　苏 Jiangsu	917	139.2	275.6	94.1	668.0	91.4
浙　江 Zhejiang	3697	345.5	46.9	88.7	4.1	62.1
福　建 Fujian	2949	79.2	11.1	52	21.6	55.3
山　东 Shandong	5676	192	252.4	85.5	892.9	86.1
广　东 Guangdong	6439	330.5	49.8	84.9		
广　西 Guangxi	4393	225	19.7	53.7	97.6	32.7
海　南 Hainan	999	93.2	1	93		

各地区农村居民家庭平均每户生产性固定资产原值（1998年底）

ORIGINAL VALUE OF PRODUCTIVE FIXED ASSETS PER RURAL HOUSEHOLD BY REGION（END OF 1998）

本表为农村住户抽样调查资料。　　　　单位：元

Data in this table are obtained from the sample surveys on rural households.　　　　（yuan）

地　区 Region	合　计 Total	役畜产品畜 Draught Animals and Animals Commodity	大中型铁木农具 Large and Medium Wood and Iron Farm Tools	农林牧渔业机械 Machinery for Farming, Animal Husbandry and Fishery	工业机械 Industrial Machinery	运输机械 Transport Machinery	生产用房 Buildings for Productive Purpose	其　他 Others
全　国 National	**3970.81**	**771.06**	**213.27**	**1033.75**	**125.81**	**569.36**	**1000.8**	**256.76**
东部地区平均 Eastern Regions Average	**3922.95**	**558.25**	**149.17**	**885.09**	**161.33**	**769.94**	**1045.70**	**353.48**
北　京 Beijing	3568.36	123.24	22.22	824.27	10.4	1906.81	404.53	276.89
天　津 Tianjin	5855.05	479.45	198.74	1622.29	53.33	807.83	1794.97	898.44
河　北 Hebei	5461.74	563.51	212.91	2222.17	230.25	1209.86	816.06	206.98
辽　宁 Liaoning	3348.95	742.32	113.3	660.51	36.23	625.82	898.41	272.36
上　海 Shanghai	2663.97	65.73	52.35	77.63	191.67	298.17	1375.79	602.03
江　苏 Jiangsu	3158.94	168.23	115.99	923.62	153.35	525.97	1133.17	138.61
浙　江 Zhejiang	6553.31	244.6	188.72	1220.66	770.57	787.71	2878.55	462.49
福　建 Fujian	2459.13	404	196.33	210.88	153.29	390.57	763.15	340.91
山　东 Shandong	4036.86	529.77	202.51	1231.07	53.22	919.56	877.4	223.33
广　东 Guangdong	2964.17	590.32	206.42	390.36	98.17	589.62	818.07	271.22
广　西 Guangxi	2869.05	1005.12	170.44	469.6	149.13	339.43	627.89	107.44
海　南 Hainan	4135.86	1782.66	110.1	768	36.32	837.92	160.43	440.43

各地区农村居民家庭平均每百户拥有主要生产性固定资产数量（1998 年底）

NUMBER OF MAJOR PRODUCTIVE FIXED ASSETS PER 100 RURAL HOUSEHOLDS BY REGION (END OF 1998)

本表为农村住户抽样调查资料。

Data in this table are from the sample surveys on rural households.

地　区 Region	汽　车 （辆） Motor Vehicles	大中型拖拉机 （台） Large and Medium Tractors	小型和手扶拖拉机 （台） Mini and Walking Tractors	机动脱粒机 （台） Motorized Threshing Machines	胶轮大车 （辆） Carts with Rubber Tires	胶轮手推车 （辆） Hand Carts with Rubber Tires	抽水机 （台） Water Pumps	役　畜 （头） Draught Animals	产品畜 （头） Commodity Animals
全　国 National Total	**1.01**	**1.22**	**14.34**	**8.58**	**8.52**	**38.45**	**13.73**	**48.39**	**52.2**
东部地区平均 Eastern Regions Average	**1.56**	**0.94**	**12.07**	**15.35**	**9.24**	**42.23**	**14.60**	**34.09**	**31.1**
北　京 Beijing	6.13	0.8	17.87	0.4	4	63.33	2.93	14.13	12.4
天　津 Tianjin	2.5	1	24.25	9.18	19.32	30.5	18.85	35.67	15.92
河　北 Hebei	1.4	2.21	32.85	10.19	19.2	40.88	26.28	31.99	30.44
辽　宁 Liaoning	1.14	2.2	8.41	3.44	28.89	33.33	42.02	45.85	21.48
上　海 Shanghai	0.83	1.17	11.62	59.5	3.17	39.5			
江　苏 Jiangsu	0.75	0.33	15.14	24.08	9.45	40.84	8.46	4.81	21.94
浙　江 Zhejiang	0.92	0.19	4.93	32.29	1.15	90.64	18.23	6.14	38.12
福　建 Fujian	1.16	0.17	3.43	10.06	0.51	37.34	8.17	24.39	46.66
山　东 Shandong	0.67	1.87	3.86	7.4	17.27	75.95	23.62	31.23	15.93
广　东 Guangdong	1.04	0.47	8.5	9.72	2.56	25.66	10.15	39.28	31.48
广　西 Guangxi	0.56	0.39	6.43	10.13	1.6	18.01	7.12	72.62	43.12
海　南 Hainan	1.67	0.42	7.5	7.78	3.75	10.83	9.31	103.01	95.83

各地区农村居民家庭平均每人经营耕地情况（1998 年）

RURAL HOUSEHOLDS PER CAPITA AREA OF CULTIVATED LAND USE BY REGION (1998)

本表为农村住户抽样调查资料。　　单位：亩

Data in this table are obtained from the sample surveys on rural households.　　(mu)

地　区 Region	经营耕地面积 Area of Cultivated Land Under Management	承包地面积 Contracted Land	自留地面积 Family Plots	经营山地面积 Hilly Area Under Management	承包山面积 Contracted Land	自留山面积 Family Polts	#植树造林面积 Fforesded Hilly Area	经营水面面积 Water Area Under Management
全　国 National	**2.06**	**1.90**	**0.10**	**0.43**	**0.28**	**0.13**	**0.05**	**0.02**
东部地区平均 Eastern Regions Average	**1.36**	**1.23**	**0.08**	**0.32**	**0.17**	**0.13**	**0.07**	**0.03**
北　京 Beijing	0.85	0.77	0.04	0.06	0.05	0.01	0.02	0.01
天　津 Tianjin	1.6	1.57	0.01	0.04				
河　北 Hebei	2.03	1.93	0.08	0.1	0.09	0.06		
辽　宁 Liaoning	2.84	2.63	0.19	0.32	0.07	0.24	0.07	0.01
上　海 Shanghai	0.97	0.86	0.1	0.01				
江　苏 Jiangsu	1.25	1.16	0.08	0.01	0.05			
浙　江 Zhejiang	0.9	0.82	0.06	0.61	0.34	0.26	0.07	0.03
福　建 Fujian	0.84	0.74	0.07	1.04	0.47	0.44	0.2	0.02
山　东 Shandong	1.46	1.41	0.04	0.02	0.01	0.01		
广　东 Guangdong	0.93	0.82	0.06	0.46	0.22	0.22	0.07	0.01
广　西 Guangxi	1.32	1.05	0.09	0.54	0.29	0.21	0.14	0.02
海　南 Hainan	1.32	1.01	0.16	0.67	0.44	0.12	0.28	0.03

农、林、牧、渔业总产值及指数（1998 年）

GROSS OUTPUT VALUE OF FARMING, FORESTRY, ANIMAL HUSBANDRY AND THE RELATED INDICES（1998）

本表绝对数按当年价格计算，指数按可比价格计算。

Values in this table are based on current prices, indices are based on comparable prices.

地 区 Region	绝对数（亿元） Gross Output Value of Farming, Forestry, Animal Husbandry and Fishery （100million yuan）					指 数（上年=100） Indices of Gross Output of Farming, Forestry, Animal Husbandry and Fishery （perceding year=100）				
	农林牧渔业总产值 Total	农 业 Farming	林 业 Forestry	牧 业 Animal Husbandry	渔 业 Fishery	农林牧渔业总产值 Total	农 业 Farming	林 业 Forestry	牧 业 Animal Husbandry	渔 业 Fishery
全 国 National Total	**24516.67**	**14241.88**	**851.26**	**7000.65**	**2422.88**	**106.0**	**104.9**	**102.9**	**107.4**	**108.8**
东部地区 Eastern Regions	**11739.18**	**6404.3**	**392.91**	**3055.66**	**1885.31**					
比重（%）Proportion	**47.9%**	**45.0%**	**46.2%**	**43.7%**	**77.8%**					
北 京 Beijing	176.58	89.16	3.23	75.60	7.59	103.4	102.3	89.2	104.5	113.0
天 津 Tianjin	156.17	98.83	1.20	38.10	18.05	112.6	108.2	140.1	115.5	127.6
河 北 Hebei	1505.94	885.88	27.36	547.60	45.09	107.8	107.4	102.1	108.5	110.4
辽 宁 Liaoning	969.79	534.71	17.35	269.60	148.13	116.0	124.0	111.2	109.7	109.8
上 海 Shanghai	206.78	89.10	0.84	87.30	29.54	102.4	105.1	139.3	101.9	196.7
江 苏 Jiangsu	1849.19	1096.88	24.16	435.50	292.65	104.0	103.0	109.9	104.2	107.2
浙 江 Zhejiang	1003.71	522.98	59.46	165.90	255.37	103.8	100.4	96.5	103.6	112.3
福 建 Fujian	973.39	410.96	78.35	200.20	283.88	106.0	103.4	103.0	108.3	109.6
山 东 Shandong	2174.54	1219.85	45.91	583.40	325.38	109.9	111.3	96.0	111.6	104.9
广 东 Guangdong	1614.64	861.98	54.65	350.80	347.21	104.8	103.4	103.6	105.2	108.4
广 西 Guangxi	865.91	476.24	37.75	263.96	87.95	105.2	106.5	95.5	102.9	110.1
海 南 Hainan	242.54	117.73	42.65	37.70	44.47	108.5	109.2	104.3	107.6	113.5

主要农产品产量

YIELD OF MAJOR FARM CROPS

单位：万吨
（10000 tn）

地 区 Region	粮 食 Grain					豆 类 Beans	薯 类 Tubers	油 料 Oil-bearing Crops
		谷 物 Cereal						
			#稻 谷 Rice	#小 麦 Wheat	#玉 米 Corn			
全 国 National Total	**51229.5**	**45624.7**	**19871.3**	**10972.6**	**13295.4**	**2000.6**	**3604.2**	**2313.9**
东部地区 Eastern Regions	**19197**	**17441.4**	**7931.7**	**4393.5**	**4594.2**	**560.1**	**1209.3**	**813.8**
比重（%）Proportion	**37.5%**	**38.2%**	**39.9%**	**40.0%**	**34.6%**	**28.0%**	**33.6%**	**35.2%**
北 京 Beijing	239.2	233.9	13.3	96.7	122.6	3	2.3	2.8
天 津 Tianjin	210.1	203.5	45.2	76.1	75.5	5.5	1.1	3.8
河 北 Hebei	2917.5	2680.3	99.2	1253.6	1187.2	95	142.2	138.8
辽 宁 Liaoning	1828.9	1730.4	378.9	61.4	1120.9	52.2	46.3	23.4
上 海 Shanghai	212.6	210.4	163	31.1	4.9	2.2	6.8	
江 苏 Jiangsu	3415.1	3218	2089.2	759.7	286.2	93.5	103.6	115.5
浙 江 Zhejiang	1435.2	1317.6	1207.8	61.2	14.9	35.7	81.9	35.5
福 建 Fujian	958.1	762.7	728.8	15.4	9.8	26.8	168.6	24.5
山 东 Shandong	4264.8	3777.4	138.9	2024.5	1553.6	141.6	345.9	335.5
广 东 Guangdong	1947.6	1686.2	1614.1	5.1	59.8	24.2	237.2	79.3
广 西 Guangxi	1557.1	1453.1	1290.9	3.5	156.2	40.1	63.9	54.4
海 南 Hainan	210.8	167.9	162.4	5.2	2.6	40.3	9.5	

主要农产品产量

YIELD OF MAJOR FARM CROPS

单位：万吨
(10000 tn)

地区 Region	#花生 Peanuts	#油菜籽 Repeseeds	#芝麻 Sesame	棉花 Cotton	麻类 Fiber Crops	#黄红麻 Jute and Ambary Hemp	甘蔗 Sugarcane	甜菜 Beetroots
全国 National Total	**1188.6**	**830.1**	**65.6**	**450.1**	**49.5**	**24.8**	**8343.8**	**144.66**
东部地区 Eastern Regions	**678.2**	**126.1**	**9.5**	**170.7**	**359.5**	**1981**	**3680**	**1.3**
比重（%）Proportion	**57.1%**	**15.2%**	**14.5%**	**37.9%**	**726.3%**	**7987.9%**	**44.1%**	**0.1%**
北京 Beijing	2.8	0.2						
天津 Tianjin	1.5	0.1	0.6	0.1	0.1			
河北 Hebei	118.5	4.1	2.2	27	1.4	1.3	17.1	
辽宁 Liaoning	19.8	0.6	1.8	41.6				
上海 Shanghai	0.3	6.5	0.5	7.1				
江苏 Jiangsu	48.9	64.3	2.4	46.2	0.3	0.2	18.4	1.3
浙江 Zhejiang	3	32.1	0.4	6.5	0.8	0.8	61.9	
福建 Fujian	22.6	1.9	0.1	0.1	0.1	219.3		
山东 Shandong	331.3	3.6	0.5	41.3	1	1	0.3	
广东 Guangdong	78	1	0.2	0.4	0.4	1756.9		
广西 Guangxi	42.4	11.3	0.5	0.1	1.7	1.5	3582.3	
海南 Hainan	9.1	0.4	0.3	0.3	353.7			

主要农产品产量

YIELD OF MAJOR FARM CROPS

单位：万吨
(10000 tn)

地区 Region	烟叶 Tobacco	#烤烟 Flue－cured Tobacco	蚕茧（吨）Silkworm Cocoons (ton)	#桑蚕茧 Mulberry Silkwom Cocoons	茶叶（吨）Tea (ton)	水果 吨 Fruits (ton)	#苹果 Apples	#柑桔 Citrus	#梨 Pears	#葡萄 Grapes	#香蕉 Bananas
全国 National Total	**236.4**	**208.8**	**525669**	**475453**	**665034**	**54528533**	**19480719**	**8590360**	**7275464**	**2358219**	**3518175**
东部地区 Eastern Regions	**34.8**	**29**	**316624**	**270808**	**307345**	**33921891**	**10481773**	**4728725**	**4418202**	**1264771**	**3390833**
比重（%）Proportion	**14.7%**	**13.9%**	**60.2%**	**57.0%**	**46.2%**	**62.2%**	**53.8%**	**55.0%**	**60%7%**	**53.6%**	**96.4%**
北京 Beijing						541057	162930		105436	20318	
天津 Tianjin						250654	88388		25305	56032	
河北 Hebei	1.2	0.8	827	817		6296892	1930339		2388517	404436	
辽宁 Liaoning	3.1	2.6	44563	85		2985505	1674628		610898	275557	
上海 Shanghai			203	203		201325		98651	12895	26679	
江苏 Jiangsu	0.1		85110	85110	12045	1443649	628721	31306	308453	71577	
浙江 Zhejiang	0.3		104201	104201	113221	2064155	991	1496872	85740	92021	
福建 Fujian	7.4	7.2	54	54	118911	3430433	218	1464206	72289	27503	659787
山东 Shandong	11.5	11.2	43145	41886	1561	8396986	5995558		714667	268986	
广东 Guangdong	6.6	4.8	20722	20706	38889	4531223		756912	31621		1642127
广西 Guangxi	4.6	2.4	17799	17746	19717	3247332		869857	62381	21662	852923
海南 Hainan					3001	532680		10921			235996

主要农产品单位面积产量
YIELD OF MAJOR FARM CROPS PER HECTARE

单位：公斤/公顷
（kg/hm²）

地　区 Region	谷　物 Cereals	棉　花 Cotton	花　生 Peanuts	油菜籽 Rapeseeds	芝　麻 Sesame	黄红麻 Jute and Ambary Hemp	甘　蔗 Sugar-cane	甜　菜 Beet-roots	烤　烟 Flue-Cured Tobacco
全　国 National	**4953**	**1009**	**2943**	**1272**	**1042**	**2677**	**59549**	**24806**	**1740**
北　京 Beijing	5785	856	3020		830				
天　津 Tianjin	5146	1030	2554		807	2872			
河　北 Hebei	4293	856	2787	1209	749	3053		21460	1931
辽　宁 Liaoning	6515	874	2177	1250	641			24264	2017
上　海 Shanghai	6119	1058	3192	1143			60294		
江　苏 Jiangsu	5921	1110	3459	1370	1460	2783	56556	24206	1678
浙　江 Zhejiang	5407	1033	2562	1205	1163	3334	57823		
福　建 Fujian	5048		2268	1011	724	2369	66910		1590
山　东 Shandong	5352	997	3962	2008	1151	2854		3626	2150
广　东 Guangdong	5837		2292	791	883	2542	74476		1831
广　西 Guangxi	4744	436	1911	940	657	2040	58347		1433
海　南 Hainan	4118		1807		729	3676	48865		

各地区畜产品产量
OUTPUT OF LIVESTOCK BY REGION

地　区 Region	肉类产量（万吨）Output of Meat (10000 tn)	#猪牛羊肉 Output of Pork, Beef and Mutton	猪　肉 Pork	牛　肉 Beef	羊　肉 Mutton	奶　类（万吨）Milk (10000 tn)	绵羊毛（吨）Sheep Wool (tn)	禽　蛋（万吨）Poulty Eggs (10000 tn)
全　国 National Total	**5723.8**	**4598.2**	**3883.7**	**479.9**	**234.6**	**744.5**	**276759**	**2018.5**
东部地区 Eastern Regions	**2331.3**	**1686.3**	**1448.3**	**169**	**69.1**	**231.5**	**50131**	**1099.3**
比重（%）Proportion	**40.7%**	**36.7%**	**37.3%**	**35.2%**	**29.5%**	**31.1%**	**18.1%**	**54.5%**
北　京 Beijing	44.8	31.2	27.9	2.1	1.2	22.8	431	17.9
天　津 Tianjin	21.7	17.6	13.9	2.3	1.4	11.7	87	22.7
河　北 Hebei	376.7	298.9	219.1	58	21.8	65.9	23172	319
辽　宁 Liaoning	216.6	138.9	112.8	23.4	2.6	19.9	7450	131.6
上　海 Shanghai	58.6	26.1	25.3	0.1	0.7	24.6	66	13.4
江　苏 Jiangsu	296.8	210.2	190.8	5.7	13.8	9.1	1116	157.1
浙　江 Zhejiang	104	84.5	81.4	0.9	2.2	8	2194	31.7
福　建 Fujian	135.2	110.5	107.3	2	1.1	6.7		36.7
山　东 Shandong	497.9	347.5	266.6	60.1	20.9	54	15615	322
广　东 Guangdong	297.2	192.8	189.3	3.1	0.5	7.5		29.6
广　西 Guangxi	250.8	205.6	194	9.5	2.1	1.2		16.2
海　南 Hainan	31	22.5	19.9	1.8	0.8	0.1		1.4

水 产 品 产 量
OUTPUT OF AQUATIC PRODUCTS

单位：千吨
(1000 tn)

地　区 Region	水产品总产量 Total Aquatic Products	海水产品 Seawater Aquatic Products	天然生产 Naturally Grown	人工养殖 Artificially Cultured	鱼　类 Fish	淡水产品 Freshwater Aquatic Products	天然生产 Naturally Grown	人工养殖 Artificially Cultured	鱼　类 Fish
全　国 National Total	**39065.1**	**23567.2**	**14966.8**	**8600.4**	**10559.7**	**15497.9**	**2283.3**	**13214.3**	**14252.2**
东部地区 Eastern Regions	**31006.4**	**23293**	**14692.7**	**8600.2**	**10308.6**	**7713.1**	**884**	**6829.1**	**6980.6**
比重（%）Proportion	**79.4%**	**98.8%**	**98.2%**	**100.0%**	**97.6%**	**49.8%**	**38.7%**	**51.7%**	**49.0%**
北　京 Beijing	76.4					76.4		76.4	76
天　津 Tianjin	213.8	32.9	29.6	3.2	10.6	180.9	18.9	162	176.3
河　北 Hebei	693.3	384.9	302.2	82.7	156.1	308.4	66.1	242.3	290.3
辽　宁 Liaoning	3127.1	2814.1	1606.1	1208	855.3	312.9	27.9	285	295.6
上　海 Shanghai	268.2	122.1	120.8	1.3	68.3	146.1	6.1	140	133.7
江　苏 Jiangsu	2820.3	882.1	707.8	174.3	458.1	1938.2	315.7	1622.6	1632.1
浙　江 Zhejiang	4227.3	3728	3263.1	464.9	2269.5	499.3	73.1	426.2	424.6
福　建 Fujian	4759.2	4255.2	2054.6	2200.6	1617.5	504	67.4	436.6	443
山　东 Shandong	6505.1	5665.2	3325.6	2339.6	2258.9	839.9	88.9	750.9	789.6
广　东 Guangdong	5542.8	3462	1954.5	1507.5	1647.1	2080.7	119.9	1960.8	1936
广　西 Guangxi	2175.2	1461.5	887.8	573.6	576.1	713.7	86.9	626.8	678.8
海　南 Hainan	597.7	485	440.6	44.5	391.1	112.6	13.1	99.5	104.6

受灾面积和成灾面积
AREAS COVERED AND AFFECTED BY NATURAL DISASTER

单位：千公顷
(1000 hm^2)

地　区 Region	受灾面积 Areas Covered	成灾面积 Areas Affected	成灾面积占受灾面积% Percentage of Disaster Areas Affected to Areas Covered	水灾 Flood: 受灾面积 Areas Covered	水灾 Flood: 成灾面积 Areas Affected	旱灾 Drought: 受灾面积 Areas Covered	旱灾 Drought: 成灾面积 Areas Affected
全　国 National	**50145**	**25181**	**50.2**	**22292**	**13785**	**14236**	**5060**
东部地区 Eastern Regions	**12628**	**5373**		**3961**	**1800**	**3839**	**1265**
比重（%）Proportion	**25.2%**	**21.3%**		**17.8%**	**13.1%**	**27.0%**	**25.0%**
北　京 Beijing	78	39	50	13	6	30	16
天　津 Tianjin	141	66	46.8	50	40	40	26
河　北 Hebei	2466	1120	45.4	380	140	1220	436
辽　宁 Liaoning	384	106	27.6	148	56	140	50
上　海 Shanghai							
江　苏 Jiangsu	3614	1583	43.8	443	178	604	133
浙　江 Zhejiang	1228	398	32.4	392	185	212	11
福　建 Fujian	1030	372	36.1	697	237	187	53
山　东 Shandong	1541	510	33.1	623	212	679	216
广　东 Guangdong	701	330	47.1	411	188	203	95
广　西 Guangxi	1294	791	61.1	793	548	384	172
海　南 Hainan	151	58	38.4	11	10	140	57

乡镇企业单位数（1998）

NUMBER OF TOWNSHIP AND VILLAGE ENTERPRISES（1998）

单位：万个
（10000）

地　区 Region	合　计 Total Enterprises	农　业 Agriculture	工　业 Industry	建筑业 Construction	交通运输业 Trans-portation	商业饮食服务业及其他 Commerce，Catering Trade and Other Services
全　国 National Total	**2003.9**	**18.9**	**662.0**	**82.1**	**414.8**	**826.1**
东部地区 Eastern Regions	**842.0**	**5.8**	**316.1**	**28.3**	**146.6**	**353.2**
比重（%）Proportion	**42.0%**	**30.7%**	**47.7%**	**34.5%**	**35.3%**	**42.8%**
北　京 Beijing	7.9	0.1	1.7	0.3	2.8	3.0
天　津 Tianjin	11.6		3.0	0.2	2.9	5.5
河　北 Hebei	85.4	0.5	35.4	3.3	15.6	30.6
辽　宁 Liaoning	89.7	0.6	26.2	2.1	21.8	39.0
上　海 Shanghai	2.9		2.9			
江　苏 Jiangsu	89.2	0.1	43.3	3.2	11.1	31.5
浙　江 Zhejiang	102.6		62.9	0.5	12.8	26.4
福　建 Fujian	77.6	1.1	23.8	3.7	14.5	34.5
山　东 Shandong	150.8	1.3	54.5	5.6	30.0	67.4
广　东 Guangdong	140.3	1.5	42.8	7.0	24.1	64.9
广　西 Guangxi	80.6	0.6	18.7	2.3	10.5	48.5
海　南 Hainan	3.4		0.9	0.1	0.5	1.9

乡镇企业职工人数（1998）

NUMBER OF STAFF AND WORKERS EMPLOYED IN TOWNSHIP AND VILLAGE ENTERPRISES（1998）

单位：万人
（10000 persons）

地　区 Region	合　计 Total Enterprises	农　业 Agriculture	工　业 Industry	建筑业 Construction	交通运输业 Trans-Portation	商业饮食服务业及其他 Commerce，Catering Trade and Other Services
全　国 National Total	**12536.5**	**273.9**	**7334.2**	**1633.7**	**886.3**	**2408.4**
东部地区 Eastern Regions	**6431.4**	**96.9**	**4285.6**	**635.8**	**337.8**	**1069.4**
比重（%）Proportion	**51.3%**	**35.4%**	**58.4%**	**38.9%**	**38.1%**	**44.4%**
北　京 Beijing	92.4	1.3	54.1	16.4	5.7	14.9
天　津 Tianjin	115.4		81.2	6.5	9.8	12.1
河　北 Hebei	750.6	11.6	460.1	96.3	51.5	131.1
辽　宁 Liaoning	425.9	11.6	236.6	41.3	40.9	95.5
上　海 Shanghai	145.1		145.1			
江　苏 Jiangsu	837.4	3.0	633.8	79.8	24.0	96.8
浙　江 Zhejiang	788.2	0.7	677.5	33.2	20.2	56.5
福　建 Fujian	510.4	19.6	299.5	50.6	34.5	106.2
山　东 Shandong	1198.5	18.4	712.4	184.0	73.3	210.4
广　东 Guangdong	1172.7	11.6	825.0	88.4	45.7	202.0
广　西 Guangxi	369.4	16.8	151.6	36.8	29.9	134.3
海　南 Hainan	25.4	2.3	8.7	2.5	2.3	9.6

乡镇企业增加值（1998 年）

VALUE-ADDED OF TOWNSHIP AND VILLAGE ENTERPRISES（1998）

单位：亿元

（100 million yuan）

地　区 Region	合　计 Total Enterprises	农　业 Agriculture	工　业 Industry	建筑业 Construction	交通运输业 Trans-Portation	商业饮食服务业及其他 Commerce，Catering Trade and Other Services
全　国 National Total	**22186.5**	**346.2**	**15530.3**	**1781**	**1361.4**	**3167.6**
东部地区 Eastern Regions	**13402.6**	**142.5**	**10520.9**	**699.1**	**535.6**	**1504.5**
比重（%）Proportion	**60.4%**	**41.2%**	**67.7%**	**39.3%**	**39.3%**	**47.5%**
北　京 Beijing	149.8	1.9	85	23.9	9.3	29.7
天　津 Tianjin	280.3		194.7	11.7	27	46.9
河　北 Hebei	1500.9	9.1	1085.1	93.5	96.1	217.1
辽　宁 Liaoning	1375	27.6	895.2	88.1	112.1	252
上　海 Shanghai	482.7		482.7			
江　苏 Jiangsu	1974.6	6	1703.4	86.4	32.4	146.4
浙　江 Zhejiang	2118.7	2.1	1929.9	47.8	29.6	109.3
福　建 Fujian	1090.3	35.4	729.1	71.4	69.2	185.2
山　东 Shandong	2049	28.8	1735.6	134	40.3	110.3
广　东 Guangdong	1916	15.8	1475	99.4	70.6	255.2
广　西 Guangxi	435.3	14.5	190.5	40	47.2	143.1
海　南 Hainan	30	1.3	14.7	2.9	1.8	9.3

乡村企业主要财务和经济效益指标（1998 年）

MAIN FINANCIAL INDICATORS AND RATIOS OF ENTERPRISES RUN BY TOWNSHIPS AND VILLAGES BY REGION（1998）

地　区 Region	营业收入（亿元） Business Income（100 million yuan）	利润总额（亿元） Total Profits（100 million yuan）	# 应交所得税 Income Taxes Payable	实交各种税金（亿元） Taxes Paid（100 million yuan）	利税总额（亿元） Total Pre-tax Profits（100 million yuan）	工资总额（亿元） Total Wages（100 million yuan）
全　国 National Total	**38284.0**	**1969.3**	**271.5**	**866.2**	**3147.2**	**2483.0**
东部地区 Eastern Regions	**25946.7**	**1286.3**	**192.6**	**618.0**	**2086.9**	**1577.3**
比重（%）Proportion	**67.8%**	**65.3%**	**70.9%**	**71.3%**	**66.3%**	**63.5%**
北　京 Beijing	571.7	28.3	4.5	16.7	44.2	46.6
天　津 Tianjin	863.9	69.7	10.2	14.3	92.2	45
河　北 Hebei	1603.6	128.7	8.2	27.9	158.4	96.9
辽　宁 Liaoning	1418.1	95.5	15.3	22.4	132.1	61.6
上　海 Shanghai	1462.4	67.9	7.2	36.5	113	96.1
江　苏 Jiangsu	5240.7	151.3	26.5	132.2	331.9	277.2
浙　江 Zhejiang	3861.3	159.7	35.2	135.4	333.7	247.4
福　建 Fujian	1520.8	70.9	5.4	34.1	106	100.3
山　东 Shandong	4625.1	315.9	64.7	94.1	462.8	218.9
广　东 Guangdong	4232.3	176	14.1	91.2	276	349.4
广　西 Guangxi	519	20.3	1.1	12.1	33.3	35.5
海　南 Hainan	27.8	2.1	0.2	1.1	3.2	2.4

续表 1 continued

地 区 Region	年末固定资产原值（亿元） Original Value of Fixed Assets (year-end) (100 million yuan)	累计折旧（亿元） Accumulative Total Depreciation (100 million yuan)	固定资产净值平均余额（亿元） Average Balance of Net Value of Fixed Assets (100 million yuan)	流动资产平均余额（亿元） Average Balance of Circulating Funds (100 million yuan)	平均资产总额（亿元） Average Balance of Fixed
全 国 National	**13467.8**	**3899.9**	**9515.7**	**12958.6**	**24401.9**
东部地区 Eastern Regions	**9736.3**	**2811.5**	**7007.8**	**10075.5**	**18493.1**
比重（%）Proportion	**72.3%**	**72.1%**	**73.6%**	**77.8%**	**75.8%**
北 京 Beijing	257.4	80.3	175.6	313.2	545.7
天 津 Tianjin	269.7	85.3	182.9	346.7	569.6
河 北 Hebei	632.9	194.9	435.5	495.6	953.4
辽 宁 Liaoning	367.5	116.8	248.7	416.5	694.9
上 海 Shanghai	661.1	176.6	482	910	1539.9
江 苏 Jiangsu	1930.7	545.2	1382	2174.9	3812
浙 江 Zhejiang	1537.3	400.5	1133.8	1735.8	3171.7
福 建 Fujian	453	119	441.5	431.2	800.9
山 东 Shandong	1457.5	443.5	1012	1377.8	2600.9
广 东 Guangdong	1969	592.4	1373.1	1750.7	3518.4
广 西 Guangxi	172.5	52.4	118.6	113	254.3
海 南 Hainan	27.7	4.6	22.1	10.1	31.4

工业经济

各地区工业企业单位数和工业总产值（1998 年）

NUMBER OF INDUSTRIAL ENTERPRISES AND GROSS INDUSTRIAL OUTPUT VALUE BY REGION (1998)

地 区 Region	企业单位数 Number of Enterprise		工业总产值（亿元）Gross Output Value（100000000yuan）		
	总计（万个） Total (10000)	全部国有及规模以上非国有（个） At Township and Higher Levels	总产值（当年价格） Toal (at current prices)	# 全部国有及规模以上非国有	
				1990 年不变价格 ta1990 constant prices	当年价格 at current prices
全 国 National	**7974565**	**165080**	**119048.15**	**57574.61**	**67737.14**
东部地区 Eastern Regions	**3569417**	**104000**	**78668.74**	**42346.22**	**46983.76**
比重（%）Proportion	**44.8%**	**63.0%**	**66.1%**	**73.6%**	**69.4%**
北 京 Beijing	27082	4497	2017.02	1762.08	1816.48
天 津 Tianjin	46129	5412	2562.62	1892.80	2062.69
河 北 Hebei	463497	7597	6428.49	2154.78	2719.10
辽 宁 Liaoning	313630	6249	6674.14	2534.02	3147.86
上 海 Shanghai	50194	9320	5847.75	4864.32	5191.43
江 苏 Jiangsu	516565	17957	13185.70	7174.96	8053.03
浙 江 Zhejiang	706380	13475	11338.19	4780.50	4702.43
福 建 Fujian	252763	6106	4508.62	1837.77	2037.52
山 东 Shandong	468098	11402	10579.17	5354.66	6398.39
广 东 Guangdong	471344	17980	13574.86	9063.72	9738.56
广 西 Guangxi	233847	3365	1697.68	778.65	928.67
海 南 Hainan	19888	640	254.50	147.96	187.60

全部国有及规模以上非国有工业企业单位数和工业总产值（1998年）

NUMBER ALL STATE-OWNED INDUSTRAL ENTERDRISES AND NON-STATE-OWNED INDUSTRIA L ENTERPRISES ABOVE DESIGNATED SIZE AND THEIR OUTPUT VALUE（1998）

单位：个、亿元

（unit）（100million yuan）

地区 Region	#国有及国有控股企业 State-Owned Enterprises			#集体企业 Collective-Owned Enterprises			股份有限公司 Share Holding Enterprises		
	企业单位数 Number of Enter-prises	总产值 Gross Output Value		企业单位数 Number of Enter-prises	总产值 Gross Output Value		企业单位数 Number of Enter-prises	总产值 Gross Output Value	
		1990年不变价格 At 1990 Constant Prices	当年价格 At Current Prices		1990年不变价格 At 1990 Constant Prices	当年价格 At Current Prices		1990年不变价格 At 1990 Constant Prices	当年价格 At Current Prices
全　国 National	**64737**	**26794.56**	**33621.04**	**47745**	**11307.61**	**13179.67**	**4120**	**3873.88**	**4334.46**
东部地区 Eastern Regions	**30885**	**15889.65**	**18961.6**	**30909**	**9221.36**	**9964.47**	**1924**	**2385.98**	**2541.01**
比重（%）Proportion	**47.7%**	**59.3%**	**56.4%**	**64.7%**	**81.6%**	**75.6%**	**46.7%**	**61.6%**	**58.6%**
北　京 Beijing	2262	1303.81	1324.36	1001	158.94	168.72	49	65.15	62.26
天　津 Tianjin	2018	626.03	761.53	2059	410.55	467.75	19	40.42	40.60
河　北 Hebei	3247	1109.70	1524.72	2667	594.91	680.87	244	111.55	167.29
辽　宁 Liaoning	3052	1546.50	2100.17	1587	330.39	364.46	124	136.32	134.87
上　海 Shanghai	2602	2400.11	2587.68	2445	477.92	561.71	57	154.82	152.17
江　苏 Jiangsu	3322	2335.87	2653.00	6215	2026.53	2309.94	337	336.87	388.63
浙　江 Zhejiang	2330	1109.52	1245.78	3791	1540.29	1372.98	262	330.09	394.14
福　建 Fujian	1737	555.58	679.04	1174	151.86	173.55	95	106.59	103.75
山　东 Shandong	3272	2076.68	2695.73	4817	1961.33	2206.64	430	418.53	474.47
广　东 Guangdong	4415	2201.09	2631.19	4338	1417.61	1480.13	212	595.78	516.77
广　西 Guangxi	2142	516.51	626.03	786	145.74	171.12	72	52.50	66.31
海　南 Hainan	486	108.25	132.37	29	5.29	6.60	23	37.36	39.75

乡及乡以上工业企业单位数和工业总产值（1998年）

NUMBER AND GROSS INDUSTRAL OUTPUT VALUE OF INDUSTRIAL ENTERPRISES AT AND ABOVE TOWNSHIP LEVEL（1998）

（unit）（100MILLION yuan）

地区 Region	#外商投资企业 Foreign Funded Enterprises			#港澳台商投资企业 Funded by Overseas Chiom HongKong, Macao & Taiwa			轻工业 Enterprises of Light Industry			重工业 Enterprises of Heavy Industry		
	企业单位数 Number of Enter-prises	总产值 Gross Output Value		企业单位数 Number of Enter-prises	总产值 Gross Output Value		企业单位数 Number of Enter-prises	总产值 Gross Output Value		企业单位数 Number of Enter-prises	总产值 Gross Output Value	
		1990年不变价格 At 1990 Constant Prices	当年价格 At Current Prices		1990年不变价格 At 1990 Constant Prices	当年价格 At Current Prices		1990年不变价格 At 1990 Constant Prices	当年价格 At Current Prices		1990年不变价格 At 1990 Constant Prices	当年价格 At Current Prices
全　国 National	**10717**	**8455.16**	**8458.43**	**15725**	**7618.37**	**8299.47**	**83738**	**26314.90**	**29081.79**	**81342**	**31259.71**	**38655.35**
东部地区 Eastern Regions	**9456**	**7624.83**	**7522.03**	**14342**	**7080.63**	**7662.85**	**55665**	**20581.84**	**21871.51**	**48335**	**21764.36**	**25112.27**
比重（%）Proportion	**88.2%**	**90.2%**	**88.9%**	**91.2%**	**92.9%**	**92.3%**	**66.5%**	**78.2%**	**75.2%**	**59.4%**	**69.6%**	**65.0%**
北　京 Beijing	523	490.22	464.01	370	102.94	116.22	2268	463.04	532.31	2229	1299.04	1284.17
天　津 Tianjin	702	704.44	646.67	394	187.99	194.55	2786	735.42	763.56	2626	1157.38	1299.14
河　北 Hebei	322	123.49	148.84	286	129.16	154.75	3419	868.67	958.20	4178	1286.11	1760.9
辽　宁 Liaoning	597	381.22	420.23	248	101.00	125.38	2450	599.11	657.08	3799	1934.91	2490.78
上　海 Shanghai	1804	1900.26	1718.04	1339	792.28	824.79	5143	1939.71	2103.10	4177	2924.61	3088.33
江　苏 Jiangsu	1481	1041.67	1119.66	1418	647.36	709.71	8890	3387.97	3709.65	9067	3786.99	4343.38
浙　江 Zhejiang	858	318.58	319.63	1011	485.83	461.62	8090	2854.48	2676.38	5385	1926.01	2026.06
福　建 Fujian	654	288.15	316.51	2056	897.66	914.45	3771	1122.02	1182.09	2335	715.75	855.43
山　东 Shandong	1031	563.4	638.24	556	211.15	245.29	5875	2658.20	2984.23	5527	2696.45	3414.16
广　东 Guangdong	1336	1738.29	1639.2	6508	3481.13	3863.63	11095	5490.54	5765.51	6885	3573.18	3973.05
广　西 Guangxi	108	61.04	70.76	95	26.18	29.03	1537	357.04	413.61	1828	421.61	515.06
海　南 Hainan	40	14.07	20.24	61	17.95	23.43	341	105.64	125.79	299	42.32	61.81

单位：个、亿元

续表 1 continued

(unit)(100million yuan)

地 区 Region	大型企业 Large Enterprises			中型企业 Medium Enterprises			小型企业 Small Enterprises		
	企业单位数 Number of Enter-prises	总产值 Gross Output Value		企业单位数 Number of Enter-prises	总产值 Gross Output Value		企业单位数 Number of Enter-prises	总产值 Gross Output Value	
		1990年不变价格 At 1990 Constant Prices	当年价格 At Current Prices		1990年不变价格 At 1990 Constant Prices	当年价格 At Current Prices		1990年不变价格 At 1990 Constant Prices	当年价格 At Current Prices
全 国 National	**7558**	**23125.92**	**27977.62**	**15850**	**8665.78**	**9574.72**	**141672**	**25782.91**	**30184.8**
东部地区 Eastern Regions	**4741**	**15578.31**	**17712.63**	**9716**	**6244.93**	**6570.54**	**89543**	**20522.98**	**22700.59**
比重（%）Proportion	**62.7%**	**67.4%**	**63.3%**	**61.3%**	**72.1%**	**68.6%**	**63.2%**	**79.6%**	**75.2%**
北 京 Beijing	253	923.4	954.14	244	94.11	117.89	4000	744.57	744.45
天 津 Tianjin	319	976.82	1041.6	482	188.48	200.1	4611	727.5	820.99
河 北 Hebei	320	754.45	1082.62	826	300.19	357.73	6451	1100.14	1278.75
辽 宁 Liaoning	506	1554.36	2060.62	825	270.36	308.63	4918	709.3	778.61
上 海 Shanghai	651	2674.36	2772.22	779	565.56	555.14	7890	1624.4	1854.07
江 苏 Jiangsu	604	2120.77	2426.61	1785	1238.82	1384.38	15568	3815.37	4242.04
浙 江 Zhejiang	331	1177.84	1198.71	1098	997.41	915.6	12046	2605.25	2588.12
福 建 Fujian	94	347.06	368.72	259	229.22	247.72	5753	1261.49	1421.08
山 东 Shandong	715	1934.97	2440.83	1555	806.8	958.77	9132	2612.89	2998.79
广 东 Guangdong	751	2747.66	2933.97	1358	1313.27	1235.19	15871	5002.79	5559.4
广 西 Guangxi	162	322.58	380.37	416	176.31	206.55	2787	279.76	341.75
海 南 Hainan	35	44.04	52.22	89	64.4	82.84	516	39.52	52.54

各地区全部国有及规模以上非国有工业企业主要指标（1998 年）

MAIN INDICATORS OF INDUSTRIAL ENTERPRISES WITH INDEPENDENT ACCOUNTING SYSTEM BY REGION (1998)

单位：亿元

(100000000yuan)

地 区 Region	企业单位数（个）Number of Enterprises	工 业 总产值 Gross Industrial Output Value	工 业 增加值 Value Added of Industry	实收资本 Total Capital	流动资产合 计 Total Circu-lating Funds	流动资产年平均余额 Annual Average Balance of Circulating Funds
全 国 National	**165080**	**67737.14**	**19421.93**	**26676.62**	**46600.87**	**45420.55**
东部地区 Eastern Regions	**104000**	**46983.76**	**12331.17**	**17463.36**	**29672.03**	**29052.94**
比重（%）Proportion	**63.0%**	**69.4%**	**63.5%**	**65.5%**	**63.7%**	**64.0%**
北 京 Beijing	4497	1816.48	524.98	898.46	1636.17	1660.34
天 津 Tianjin	5412	2062.69	451.29	831.13	1416.06	1358.38
河 北 Hebei	7597	2719.10	889.07	1072.87	1809.98	1783.30
辽 宁 Liaoning	6249	3147.86	858.03	1484.05	2668.69	2638.38
上 海 Shanghai	9320	5191.43	1333.19	2470.42	3838.75	3772.67
江 苏 Jiangsu	17957	8053.03	1916.92	2441.76	4355.37	4255.81
浙 江 Zhejiang	13475	4702.43	1098.37	1485.62	2653.61	2540.10
福 建 Fujian	6106	2037.52	601.54	881.82	1101.12	1054.48
山 东 Shandong	11402	6398.39	1888.36	1897.07	3551.04	3394.37
广 东 Guangdong	17980	9738.56	2444.05	3519.15	5846.30	5825.10
广 西 Guangxi	3365	928.67	276.70	379.18	654.35	630.63
海 南 Hainan	640	187.60	48.67	101.83	140.59	139.38

单位：亿元

续表 1 continued (100million yuan)

地区 Region	固定资产合计 Total Fixed Assets	固定资产原价合计 Original Value of Fixed Assets	固定资产净值年平均余额 Annual Average Balances of Net Value of Fixed Assets	流动负债合计 Total Liquid Liabilities	长期负债合计 Long-Term Liabilities	所有者权益合计 Creditors' Equity
全 国 National	**52577.70**	**64832.05**	**44136.87**	**47773.02**	**20987.01**	**39445.40**
东部地区 Eastern Regions	**31180.74**	**38288.37**	**25993.4**	**29908.89**	**11118.6**	**25701.99**
比重（%）Proportion	**59.3%**	**59.1%**	**58.9%**	**62.6%**	**53.0%**	**65.2%**
北 京 Beijing	1667.97	2094.64	1337.50	1558.83	710.84	1427.00
天 津 Tianjin	1576.64	1876.95	1273.97	1378.13	705.42	1187.48
河 北 Hebei	2418.28	2887.67	1917.68	1919.53	940.30	1681.71
辽 宁 Liaoning	3497.46	4537..00	2988.11	2912.85	1399.70	2283.45
上 海 Shanghai	3431.75	4168.88	2621.63	3521.02	999.85	3783.33
江 苏 Jiangsu	4002.98	4936.57	3488.93	4415.82	1232.55	3434.63
浙 江 Zhejiang	2492.32	2997.82	2142.87	2575.16	744.07	2321.14
福 建 Fujian	1280.20	1539.99	1092.93	1038.99	349.61	1152.85
山 东 Shandong	3938.35	4951.04	3276.99	3728.76	1534.28	2938.64
广 东 Guangdong	5737.86	6968.36	4893.50	5874.02	2034.19	4859.21
广 西 Guangxi	920.86	1088.15	772.17	830.71	325.73	523.18
海 南 Hainan	216.07	241.30	187.12	155.07	142.06	109.37

单位：亿元

续表 2 continued (100000000 yuan)

地区 Region	产品销售收入 Sales Revenue	产品销售成本 Cost of Sales	产品销售税金及附加 Sales Tax and Extra Charges	产品销售利润 Sales Profits	利润总额 Total Profits	本年应交增值税 Value Added Tax Payable
全 国 National	**64148.86**	**52797.54**	**1236.79**	**7493.26**	**1458.11**	**2827.02**
东部地区 Eastern Regions	**44775.17**	**37452.24**	**567.48**	**4940.33**	**1213.8**	**1774.8**
比重（%）Proportion	**69.8%**	**70.9%**	**45.9%**	**65.9%**	**83.2%**	**62.8%**
北 京 Beijing	1913.21	1568.83	21.83	226.40	53.94	84.83
天 津 Tianjin	1942.33	1633.53	19.18	218.44	56.92	73.77
河 北 Hebei	2706.81	2254.87	38.15	331.98	97.87	121.94
辽 宁 Liaoning	3090.51	2608.76	54.75	343.80	– 16.49	145.47
上 海 Shanghai	5196.35	4310.84	59.40	620.91	193.09	222.61
江 苏 Jiangsu	7375.45	6314.14	66.08	725.78	151.51	274.03
浙 江 Zhejiang	4469.41	3739.80	58.17	515.42	170.94	178.35
福 建 Fujian	1860.76	1562.01	37.12	185.50	55.76	66.72
山 东 Shandong	5923.25	4914.46	87.87	691.81	235.25	252.79
广 东 Guangdong	9243.42	7678.84	103.24	970.99	224.89	294.70
广 西 Guangxi	878.02	727.98	18.54	90.78	– 11.81	49.54
海 南 Hainan	175.65	138.18	3.15	18.52	1.93	10.05

主要工业产品产量

OUTPUT OF MAJOR INDUSTRIAL PRODUCTS

地　区 Region	化学纤维（万吨） Chemical Fiber (10000tons)	纱（万吨） Yarn (10000 tons)	布（亿米） Cloth (100million m)	丝（万吨） Silk (10000 tons)	机制纸及纸板（万吨） Machine-made Paper and Paperboards (10000tons)	原盐（万吨） Salt (10000 tons)	糖（万吨） Sugar (10000 tons)
全　国 National	**510.00**	**542.00**	**241.00**	**6.77**	**2125.63**	**2242.52**	**825.00**
东部地区 Eastern Regions	**340.55**	**293.99**	**104.02**	**2.6**	**1137.12**	**1392.94**	**543.49**
比重（%）Proportion	**66.8%**	**54.2%**	**43.2%**	**38.4%**	**53.5%**	**62.1%**	**66.4%**
北　京 Beijing	2.21	6.13	2.13		13.07		
天　津 Tianjin	8.93	8.13	2.79		25.09	218.67	
河　北 Hebei	9.24	34.90	12.96		182.53	325.31	[illegible].02
辽　宁 Liaoning	30.49	14.31	4.67	0.20	72.05	190.86	5.14
上　海 Shanghai	40.93	13.99	4.32	0.03	45.46		
江　苏 Jiangsu	138.26	90.58	31.72	1.45	126.81	110.48	
浙　江 Zhejiang	8.40	23.05	6.40	0.25	49.13	22.50	
福　建 Fujian	31.59	10.85	7.28		72.07	50.51	16.95
山　东 Shandong	32.41	70.15	22.35	0.51	279.08	420.83	0.02
广　东 Guangdong	34.21	13.93	8.32	0.10	196.71	21.60	152.85
广　西 Guangxi	1.88	7.97	0.97	0.06	73.83	12.50	344.60
海　南 Hainan	2.00		0.11		1.29	19.68	27.91

续表 1　continued

地　区 Region	食用植物油（万吨） Edible Vegetable Oil (10000 tons)	啤酒（万吨） Beer (10000 tons)	卷烟（万箱） Cigarettes (10000 cases)	家用电冰箱（万台） Household Refrigerators (10000 units)	电风扇（万台） Electric Fans (10000 units)	家用洗衣机（万台） Household Washing Machines (10000 units)	彩色电视机（万台） Color Television Sets (10000 units)
全　国 National	**510.00**	**542.00**	**241.00**	**6.77**	**2125.63**	**2242.52**	**826.00**
东部地区 Eastern Regions	**401.72**	**300.77**	**108.11**	**4.97**	**1306.03**	**1376.96**	**548.49**
比重（%）Proportion	**78.8%**	**55.5%**	**44.9%**	**73.4%**	**61.4%**	**61.4%**	**66.4%**
北　京 Beijing	2.21	6.13	2.13		13.07		
天　津 Tianjin	8.93	8.13	2.79		25.09	218.67	
河　北 Hebei	9.24	34.90	12.96		182.53	325.31	1.02
辽　宁 Liaoning	30.49	14.31	4.67	0.20	72.05	190.86	5.14
上　海 Shanghai	40.93	13.99	4.32	0.03	45.46		
江　苏 Jiangsu	138.26	90.58	31.72	1.45	126.81	110.48	
浙　江 Zhejiang	69.57	29.83	10.49	2.62	218.04	6.52	
福　建 Fujian	31.59	10.85	7.28		72.07	50.51	16.95
山　东 Shandong	32.41	70.15	22.35	0.51	279.08	420.83	0.02
广　东 Guangdong	34.21	13.93	8.32	0.10	196.71	21.60	152.85
广　西 Guangxi	1.88	7.97	0.97	0.06	73.83	12.50	344.60
海　南 Hainan	2.00		0.11		1.29	19.68	27 91

续表 2 continued

地 区 Region	照相机（万架）Cameras（10000 units）	原煤（亿吨）Coal（100000000tons）	原油（万吨）Crude Oil（10000tn）	天然气（亿立方米）Natural Gas（100000000cu.m）	发电量（亿千瓦小时）Electricity（100000000 kWh）	#水电 Hydro-Power	生 铁（万吨）Pig Iron（10000tn）	钢（万吨）Steel（10000tn）
全 国 National	**5521.87**	**12.50**	**16100.00**	**232.79**	**11670.00**	**1988.90**	**11863.67**	**11559 00**
东部地区 Eastern Regions	**5495.55**	**2.61**	**6901.58**	**70.81**	**5765.23**	**580.32**	**6322.09**	**6909.39**
比重（%）Proportion	**99.5%**	**20.9%**	**42.9%**	**30.4%**	**49.4%**	**29.2%**	**53.3%**	**59.8%**
北 京 Beijing	177.73	0.10			144.53	9.23	751.50	803.22
天 津 Tianjin	129.66		691.28	7.59	165.30		179.76	254.94
河 北 Hebei		0.58	536.82	3.73	687.11	7.76	1297.03	1103.86
辽 宁 Liaoning		0.58	1452.08	15.55	608.08	21.56	1419.04	1406.52
上 海 Shanghai	428.58				483.23		1208.57	1603.75
江 苏 Jiangsu	27.24	0.24	125.82	0.17	754.27	0.29	291.29	520.37
浙 江 Zhejiang	15.45	0.01			492.11	75.90	92.29	147.44
福 建 Fujian	250.79	0.07			321.92	184.81	141.81	113.32
山 东 Shandong	44.48	0.90	2731.00	9.18	823.79	0.07	632.22	579.27
广 东 Guangdong	4421.62	0.03	1361.43	34.59	1004.37	125.32	181.05	263.69
广 西 Guangxi		0.10	3.15		245.00	146.80	127.07	112.82
海 南 Hainan					35.52	8.58	0.46	0.19

续表 3 continued

地 区 Region	成品钢材（万吨）Steel Products（10000 tons）	水 泥（万吨）Cement（10000 tons）	平板玻璃（万重量箱）Plate Glass（10000 weight cases）	木 材（万立方米）Timber（10000 cu.m）	硫 酸（万吨）sulfuric Acid（10000tons）	纯 碱（万吨）soda Ash（10000 tons）	烧 碱（万吨）Caustic Soda（10000 tons）
全 国 National	**10737.80**	**53600.00**	**17194.03**	**5966.20**	**2171.00**	**744.00**	**539.37**
东部地区 Eastern Regions	6839.42	28313.28	10581.84	1781.95	846.74	498.58	352.26
比重（%）Proportion	63.7%	52.8%	61.5%	29.9%	39.0%	67.0%	65.3%
北 京 Beijing	676.07	763.00	500.31	6.67	7.75		10.28
天 津 Tianjin	387.03	183.00	380.68		10.35	65.50	37.03
河 北 Hebei	922.39	3887.00	2456.00	50.21	91.83	90.17	29.21
辽 宁 Liaoning	1149.18	1663.72	1546.94	163.66	100.01	69.19	32.48
上 海 Shanghai	1417.34	330.95	701.45		35.59	4.48	38.22
江 苏 Jiangsu	933.63	3856.30	1629.27	61.73	175.82	102.97	58.57
浙 江 Zhejiang	258.21	3435.88	678.64	215.61	44.00	11.09	31.82
福 建 Fujian	187.95	1458.27	520.14	468.93	31.10	7.12	12.89
山 东 Shandong	490.62	5411.71	1484.65	169.80	153.26	146.19	77.09
广 东 Guangdong	318.53	5091.86	612.08	252.65	134.16		15.02
广 西 Guangxi	94.48	2008.47	71.68	358.62	61.92	1.87	9.65
海 南 Hainan	3.99	223.12		34.07	0.95		

续表 4 continued

地　区 Region	农用氮、磷、钾化肥（万吨） Chemical Fertilizer (10000 tons)	化学农药（万吨） Chemical Pesticide (10000 tons)	塑　料（万吨） plastics (10000 tons)	金属切削机床（万台） Metal – Cutting Machine Tools (10000units)	汽　车（万辆） Motor Vehicles (10000 units)	#载重汽车 Trucks	大中型拖拉机（万台） Tractors (10000units)
全　国 National	**3010.00**	**55.90**	**692.58**	**11.91**	**163.00**	**73.56**	**6.78**
东部地区 Eastern Regions	**1052.26**	**39.77**	**511.07**	**9.97**	**80.63**	**24.08**	**4.52**
比重（%）Proportion	**35.0%**	**71.1%**	**73.8%**	**83.7%**	**49.5%**	**32.7%**	**66.7%**
北　京 Beijing	11.25		73.65	0.19	8.48	4.61	
天　津 Tianjin	7.68	1.49	42.61	0.04	15.55	1.72	0.85
河　北 Hebei	198.65	4.99	15.12	0.08	1.81	0.64	
辽　宁 Liaoning	76.84	1.92	71.52	0.90	4.28	1.02	0.02
上　海 Shanghai	12.73	1.06	77.42	1.19	23.64	0.04	1.38
江　苏 Jiangsu	170.12	13.95	69.91	2.51	8.98	2.73	0.29
浙　江 Zhejiang	71.83	8.04	21.24	2.56	0.88	0.08	0.57
福　建 Fujian	63.51	1.10	6.39	0.04	0.63	0.35	
山　东 Shandong	312.19	5.69	60.69	1.68	3.43	3.28	1.40
广　东 Guangdong	53.97	0.78	71.09	0.59	1.03	0.49	
广　西 Guangxi	48.69	0.75	1.43	0.19	11.67	9.12	
海　南 Hainan	24.80				0.25		

运输和邮电通讯业

各地区运输线路长度（1998 年底）
LENGTH OF TRANSPORTATION ROUTES BY REGION (END OF 1998)

单位：公里（km）

地　区 Region	国家铁路 National Railways		内河航道里程 Length of Navigable Inland Waterways	公路里程					
	营业里程 Length of Railways in Operation	正线延展里程 Extention Length of the Trunk Lines		Total Length of Highways	等级路 Expressway and Class I to IV Highway	高速 Express-way	一级 First Class	二级 Second Class	等外路 Highway Below Class IV
全　国 National	**57584**	**78940**	**110263**	**1278474**	**1069243**	**8733**	**15277**	**125245**	**209231**
东部地区 Eastern Regions	**17151**	**25818**	**57971**	**461419**	**420251**	**5211**	**12471**	**60886**	**41168**
比重（%）Proportion	**29.8%**	**32.7%**	**52.6%**	**36.1%**	**39.3%**	**59.7%**	**81.6%**	**48.6%**	**19.7%**
北　京 Beijing	1069	1737		12498	12038	190	247	1083	460
天　津 Tianjin	527	959	90	4335	4252	182	341	965	83
河　北 Hebei	3624	6084	75	57263	54601	688	967	7242	2662
辽　宁 Liaoning	3558	4981	508	44483	43716	707	619	7136	767
上　海 Shanghai	248	400	2100	4104	4095	91	317	701	9
江　苏 Jiangsu	757	1440	23908	27331	25610	401	1942	6138	1721
浙　江 Zhejiang	942	1430	10408	38533	34260	344	669	3686	4273
福　建 Fujian	1068	1080	3725	48021	38866	144	317	4007	9155
山　东 Shandong	2351	3665	1414	64145	63929	913	1838	16110	216
广　东 Guangdong	774	1456	10808	92713	82786	810	4766	10927	9927
广　西 Guangxi	2014	2364	4521	51073	43319	439	389	2107	7754
海　南 Hainan	219	222	414	16920	12779	302	59	784	4141

各地区全社会客运量（1998 年）
PASSENGER TRAFFIC BY REGION（1998）

单位：万吨
（10000 tn）

地　区 Region	合　计 Total	国家铁路 National Railways	地方铁路 Local Railways	公　路 Highways	水　运 Waterways
全　国 National	**1377252**	**92991**	**628.9**	**1257332**	**20545**
东部地区 Eastern Regions	**639042**	**43237**	**225.9**	**585626**	**9953**
比重（%）Proportion	**46.4%**	**46.5%**	**35.9%**	**46.6%**	**48.4%**
北　京 Beijing	10573	3869		6704	
天　津 Tianjin	3213	1561	0.1	1651	1
河　北 Hebei	58506	4745		53761	
辽　宁 Liaoning	51079	10381	30	40468	200
上　海 Shanghai	5528	2761		1922	845
江　苏 Jiangsu	97101	4460		92215	426
浙　江 Zhejiang	118129	3248		111847	3034
福　建 Fujian	60062	1399		57935	728
山　东 Shandong	51878	3410	22	47574	872
广　东 Guangdong	128818	5271	45	120810	2692
广　西 Guangxi	39031	2110	129	36006	786
海　南 Hainan	15124	22		14733	369

各地区全社会旅客周转量（1998 年）
PASSENGER-KILOMETERS BY REGION（1998）

单位：亿吨公里
（100000000 tn. km）

地　区 Region	合　计 Total	国家铁路 National Railways	地方铁路 Local Railways	公　路 Highways	水　运 Waterways
全　国 National	**105592975**	**36909700**	**50107**	**59428051**	**1202673**
东部地区 Eastern Regions	**46510136**	**14841300**	**15482**	**31240486**	**412868**
比重（%）Proportion	**44.0%**	**40.2%**	**30.9%**	**52.6%**	**34.3%**
北　京 Beijing	828692	524100		304592	
天　津 Tianjin	823196	629700	4	191400	2092
河　北 Hebei	6789613	3156700		3632913	
辽　宁 Liaoning	4474811	2858700	1240	1591480	23391
上　海 Shanghai	645971	306700		300050	39221
江　苏 Jiangsu	6703618	1416200		5276194	11224
浙　江 Zhejiang	5550091	1092300		4363379	94412
福　建 Fujian	3217568	611700		2589917	15951
山　东 Shandong	4412826	1845600	2783	2515198	49245
广　东 Guangdong	8773184	1581700	897	7062880	127707
广　西 Guangxi	3778053	815500	10558	2926285	25710
海　南 Hainan	512513	2400		486198	23915

注：不分地区合计中，包括公路和水运部门的直属企业、民航、管道完成数。

A）The freight ton－kilometers not classified by region includes those completed by enterprises directly under the departments of highways and waterways，and by civil aviation and pipelines.

各地区全社会货运量（1998 年）

FREIGHT TRAFFIC BY REGION (1998)

单位：万吨
（10000 tn）

地　区 Region	合　计 Total	国家铁路 National Railways	地方铁路 Local Railways	公　路 Highways	水　运 Waterways
全　国 National	**1264361**	**153208**	**8035**	**976004**	**109555**
东部地区 Eastern Regions	**595340**	**53638**	**5578.3**	**475128**	**60995**
比重（%）Proportion	**47.1%**	**35.0%**	**69.4%**	**48.7%**	**55.7%**
北　京 Beijing	30120	2563	66.7	27490	
天　津 Tianjin	21439	1749	718	18584	438
河　北 Hebei	73836	10749	1109	61564	414
辽　宁 Liaoning	78535	12100	382.5	65481	571
上　海 Shanghai	31026	1152		26352	3522
江　苏 Jiangsu	77189	3793	410.7	54328	18657
浙　江 Zhejiang	60404	1726	34.6	45338	13305
福　建 Fujian	31425	2325		25400	3700
山　东 Shandong	79392	9688	652.4	67155	1897
广　东 Guangdong	73750	4858	534.2	53788	14570
广　西 Guangxi	31624	2649	1670.2	25482	1823
海　南 Hainan	6550	286		4166	2098

各地区全社会货物周转量（1998 年）

FREIGHT TON-KILOMETERS BY REGION (1998)

单位：亿吨公里
（100000000 tn. km）

地　区 Region	合　计 Total	国家铁路 National Railways	地方铁路 Local Railways	公　路 Highways	水　运 Waterways
全　国 National	**37840.7**	**12261.5**	**50.7**	**5483.4**	**19405.8**
东部地区 Eastern Regions	**9827.3**	**4703.8**	**34.2**	**2550**	**2539.1**
比重（%）Proportion	**26.0%**	**38.4%**	**67.5%**	**46.5%**	**13.1%**
北　京 Beijing	333.8	255.4	0.0	78.3	
天　津 Tianjin	365.9	229.5	3.5	60.3	72.6
河　北 Hebei	1952.5	1365.6	4.3	501.8	80.8
辽　宁 Liaoning	1229.9	900.7	1.0	206.5	121.7
上　海 Shanghai	206.3	40.3		49.5	116.6
江　苏 Jiangsu	1075.1	344.0	0.7	316.1	414.2
浙　江 Zhejiang	897.9	173.3	0.0	257.1	467.5
福　建 Fujian	674.1	141.9		154.6	367.6
山　东 Shandong	1238.9	680.2	4.6	357.2	186.9
广　东 Guangdong	935.2	223.4	2.4	325.7	383.6
广　西 Guangxi	647.5	347.9	17.7	190.5	91.4
海　南 Hainan	270.2	1.6		32.4	236.2

各地区民用运输船舶拥有量（1998）

NUMBER OF CIVIL TRANSPORT VESSELS OWNED BY REGION（1998）

地　区 Region	机动船 Motor Vessels 艘数（艘）Number	机动船 净载重量（吨）Dead Weight Tonnage（tn）	机动船 载客量（客位）Passenger Capacity（seat）	机动船 拖船功率（千瓦）Drawing Power（kw）	驳船 Barges 艘数（艘）Number	驳船 净载重量（吨）Dead Weight Tonnage（tn）	驳船 载客量（客位）Passenger Capacity（seat）	帆船 Sailing Boats 艘数（艘）Number	帆船 净载重量（吨）Net Loading Capacity（tn）
全　国 National	**212093**	**38896576**	**983630**	**1584601**	**48115**	**9019417**	**14914**	**3368**	**23304**
东部地区 Eastern Regions	**157543**	**15229623**	**380637**	**793405**	**34897**	**3875492**	**9479**	**24**	**894**
比重（%）Proportion	**74.3%**	**39.2%**	**38.7%**	**50.1%**	**72.5%**	**43.0%**	**63.6%**	**0.7%**	**3.8%**
北　京 Beijing									
天　津 Tianjin	162	274995	1105	137050	425	43508			
河　北 Hebei	36	307638		4359	20	17200			
辽　宁 Liaoning	673	410657	12614	18513	68	18824			
上　海 Shanghai	2821	574107	19863	73409	1824	242797			
江　苏 Jiangsu	69163	4073841	47798	313340	19212	1941939	6885		
浙　江 Zhejiang	45486	2827761	85363	61235	4716	365782	2594		
福　建 Fujian	3530	1385771	33011	9574	49	10700		23	644
山　东 Shandong	4182	896646	14229	99657	7745	972410			
广　东 Guangdong	22770	2806052	90634	63530	607	198112			
广　西 Guangxi	8441	847666	63101	11562	223	57085			
海　南 Hainan	279	824489	12919	1176	8	7135		1	250

民用汽车拥有量

NUMBER OF CIVIL MOTOR VEHICLES OWNED

地　区 Region	民用汽车总计（万辆）Total Number（10000 units）	载客汽车 Buses and Cars 辆数（万辆）Number（10000 units）	载客汽车 （万辆）客位（万客位）Number of Seats（10000seats）	载货汽车 Trucks 辆数（万辆）Number（10000 units）	载货汽车 #普通载货汽车 Ordinary Trucks	载货汽车 吨位（万吨）Capacity（10000 tons）	载货汽车 #普通载货汽车 Ordinary Trucks	其他机动车 Number of Other Motor Vehicles（10000 units）
全　国 National	**1319.30**	**654.83**	**7621.47**	**627.89**	**609.31**	**2408.94**	**2280.74**	**2770.72**
东部地区 Eastern Regions	**706.71**	**365.72**	**4188.47**	**324.16**	**314.71**	**1215.8**	**1144.23**	**1878.54**
比重（%）Proportion	**53.6%**	**55.8%**	**55.0%**	**51.6%**	**51.7%**	**50.5%**	**50.2%**	**67.8%**
北　京 Beijing	89.85	69.03	802.14	19.96	19.61	64.39	60.14	27.26
天　津 Tianjin	40.02	18.52	155.70	20.45	19.83	67.29	62.79	43.78
河　北 Hebei	81.03	35.97	719.45	43.53	41.91	222.50	209.56	179.38
辽　宁 Liaoning	66.51	35.82	553.14	29.25	27.93	138.52	129.16	70.87
上　海 Shanghai	38.69	24.43	226.11	12.31	11.83	39.85	35.92	18.69
江　苏 Jiangsu	56.11	29.52	281.25	25.44	24.61	94.08	90.80	258.41
浙　江 Zhejiang	47.83	20.91	219.53	25.81	25.19	95.62	88.15	123.04
福　建 Fujian	24.81	11.57	121.45	12.95	12.50	38.32	36.79	95.68
山　东 Shandong	90.04	38.58	308.09	47.33	45.96	135.17	126.96	407.02
广　东 Guangdong	135.51	62.65	617.76	70.33	68.82	260.47	245.62	527.52
广　西 Guangxi	27.25	13.69	136.10	12.99	12.71	45.44	44.22	96.11
海　南 Hainan	9.06	5.03	47.75	3.81	3.81	14.15	14.12	30.78

(续)

地 区 Region	公路部门营运 Vehicles Owned by Department of Highway Transportation					私人汽车 Private Vehicles				
	合计(万辆) Number-Subtotal (10000 units)	载客汽车 Buses and Cars		普通载货汽车 General Trucks		合计(万辆) Number-Subtotal (10000 units)	载客汽车 Passenger Vehicles		普通载货汽车 General Trucks	
		辆数(万辆) Number (10000 units)	客位(万客位) Number of Seats (10000 units)	辆数(万辆) Number (10000 units)	吨位(万吨) Capacity (10000 tons)		辆数(万辆) Number (10000 units)	客位(万客位) Number of Seats (10000 units)	辆数(万辆) Number (10000 units)	吨位(万吨) Capacity (10000 tons)
全 国 National	**31.88**	**19.4**	**536.43**	**11.81**	**79.51**	**423.65**	**230.65**	**2632.77**	**190.77**	**716.07**
东部地区 Eastern Regions	**14.99**	**8.84**	**234.36**	**5.71**	**41.27**	**228.05**	**135.16**	**1532.58**	**91.83**	**338.45**
比重(%)Proportion	**47.0%**	**45.6%**	**43.7%**	**48.3%**	**51.9%**	**53.8%**	**58.6%**	**58.2%**	**48.1%**	**47.3%**
北 京 Beijing	0.31	0.11	5.73	0.19	1.79	40.75	36.01	391.65	4.74	14.58
天 津 Tianjin	0.35	0.06	2.31	0.25	2.33	14.88	9.56	91.47	5.22	17.84
河 北 Hebei	1.14	0.60	19.83	0.50	3.84	38.70	22.54	450.84	15.83	79.16
辽 宁 Liaoning	1.07	0.49	20.09	0.56	5.13	16.53	11.85	156.44	4.62	25.55
上 海 Shanghai	0.58	0.06	1.99	0.42	4.21	0.92	0.62	2.12	0.30	0.43
江 苏 Jiangsu	1.90	1.28	37.45	0.61	4.83	8.03	4.47	37.38	3.53	12.55
浙 江 Zhejiang	2.54	1.64	34.18	0.83	3.63	11.68	5.34	56.04	6.32	22.14
福 建 Fujian	0.92	0.71	14.49	0.20	1.18	5.93	2.09	23.08	3.79	11.10
山 东 Shandong	3.22	1.64	35.65	1.52	11.35	18.96	11.19	80.32	7.61	19.38
广 东 Guangdong	1.95	1.68	43.51	0.20	1.47	59.43	27.27	188.02	31.95	106.12
广 西 Guangxi	0.93	0.49	16.82	0.43	1.51	9.72	3.55	44.88	6.11	22.56
海 南 Hainan	0.08	0.08	2.31			2.52	0.67	10.34	1.81	7.04

注：1. 小轿车包括在载客汽车中。
2. 公路部门营运汽车总计中含公路部门直属企业营运汽车。
a) Cars are included in passenger vehicles.
b) Vehicles owned by department of highway transportation include those vehicles owned by enterprises directly under the department of highway transportation.

各地区私人运输船舶拥有量（1998）
NUMBER OF PRIVATE-OWNED TRANSPORT VESSELS BY REGION（1998）

地 区 Region	机动船 Motor Vessels				驳船 Barges			帆船 Sailing Boats	
	艘数(艘) Number	净载重量(吨) Dead Weight Tonnage (ton)	载客量(客位) Passenger Capacity (seat)	拖船功率(千瓦) Drawing Power (kw)	艘数(艘) Number	净载重量(吨) Dead Weight Tonnage (ton)	载客量(客位) Passenger Capacity (seat)	艘数(艘) Number	净载重量(吨) Net Loading Capacity (ton)
全 国 National	**127130**	**6547095**	**328884**	**98537**	**7290**	**794618**	**1850**	**2934**	**19193**
东部地区 Eastern Regions	**95313**	**5044115**	**92715**	**69342**	**6229**	**696912**	**0**	**1**	**250**
比重（%）Proportion	**75.0%**	**77.0%**	**28.2%**	**70.4%**	**85.4%**	**87.7%**	**0.0%**	**0.0%**	**1.3%**
北 京 Beijing									
天 津 Tianjin	9	162	230	226	2	109			
河 北 Hebei									
辽 宁 Liaoning	266	14142		561	1	500			
上 海 Shanghai	1297	71860		389	4	400			
江 苏 Jiangsu	33301	2067012	6051	32248	3079	353937			
浙 江 Zhejiang	42948	1791466	21800	854	295	10641			
福 建 Fujian	1323	115916	16678						
山 东 Shandong	2205	194100	1577	29578	2835	320831			
广 东 Guangdong	10037	605270	11104	5486	13	10494			
广 西 Guangxi	3785	179417	33873						
海 南 Hainan	142	4770	1402					1	250

邮电业务量（1998）
POSTAL AND TELECOMMUNICATIONS SERVICES（1998）

年份　地区 Year　Region	邮电业务总量（亿元）Business Volume of Post and Telecommunications (100 million yuan)	邮政业务总量 Business Volume of Post	电信业务总量 Business Volume of Telecommu－nications	函件（亿件）Number of Letters (100million pcs)	特快专递（万件）Pieces of Express Mail Services (10000pcs)	报刊期发数（万份）Newspapers and Magazines Circulation (10000 copies)
全　国 National	**2431.21**	**166.28**	**2264.94**	**65.51**	**7331.8**	**22989**
东部地区 Eastern Regions	**1594.67**	**94.44**	**1500.23**	**41.01**	**4562.7**	**10300**
比重（%）Proportion	**65.6%**	**56.8%**	**66.2%**	**62.6%**	**62.2%**	**44.8%**
北　京 Beijing	129.09	10.69	118.40	5.07	584.9	565
天　津 Tianjin	47.57	3.07	44.50	0.94	144.6	612
河　北 Hebei	86.37	7.75	78.62	2.57	238.3	776
辽　宁 Liaoning	124.93	7.28	117.65	2.34	243.2	745
上　海 Shanghai	134.97	10.13	124.84	4.21	507.9	750
江　苏 Jiangsu	167.80	14.22	153.58	5.16	656.5	1762
浙　江 Zhejiang	157.88	6.92	150.96	3.32	411.4	1261
福　建 Fujian	122.86	6.59	116.27	2.95	315.2	623
山　东 Shandong	133.89	10.46	123.43	3.31	393.2	1147
广　东 Guangdong	418.18	12.96	405.22	9.00	921.5	1097
广　西 Guangxi	52.66	2.94	49.72	1.81	105.0	509
海　南 Hainan	18.47	1.43	17.04	0.33	41.0	453

续表 1　continued

年份　地区 rear　Region	集邮业务（万枚）Philately	长途电话（万次）Number of Long Distance Telephone Calls (10000 times)	无线寻呼用户（万户）Number of Subscribers Of Pageing Service (10000 subscribers)	移动电话用户（万户）Number of Mobile Telephone Subscribers (10000 subscribers)	电子信箱用户（户）Number of Subscribers of E-mail Service (subscriber)	国际互联网络用户（户）Number of Subscribers of lnternet Service (subscriber)
全国 National	**502850**	**1825941**	**3908.16**	**2386.29**	**20959**	**676755**
东部地区 Eastern Regions	**244923**	**1201211**	**2026.28**	**1512.85**	**15318**	**515953**
比重（%）Proportion	**48.7%**	**65.8%**	**51.8%**	**63.4%**	**73.1%**	**76.2%**
北　京 Beijing	46451	71769	23.82	99.37	3845	33002
天　津 Tianjin	9773	28796	43.96	47.59	97	14271
河　北 Hebei	15466	66027	217.73	91.56	255	16675
辽　宁 Liaoning	24367	88136	342.78	128.79	1054	23090
上　海 Shanghai	15721	70966	78.17	125.97	2100	102404
江　苏 Jiangsu	39843	133904	303.95	140.1	3255	69856
浙　江 Zhejiang	23183	109989	185.56	150.72	286	37729
福　建 Fujian	13051	67906	0.13	146.47	1220	30973
山　东 Shandong	29706	97077	242.28	149.36	1381	39903
广　东 Guangdong	19670	412657	370.03	362.69	1721	128323
广　西 Guangxi	4526	42261	161.82	50.74	84	10564
海　南 Hainan	3166	11723	56.05	19.49	20	9163

续表 2 continued

年份 地区 Year Region	本地电话年末用户（户）Number of Subscribers of Local Telephone at Year-end (subscribers)	城市电话用户 Number of Urban Telephone Subscribers	#住宅电话 Residencial Telephone Subscribers	乡村电话用户 Rural Telephone Subscribers	#住宅电话 Residencial Telephone Subscribers	公用电话（户）Public Telephone (Subscribers)
全国 National	**87420937**	**62598121**	**49110805**	**24822816**	**20707488**	**2594898**
东部地区 Eastern Regions	**50845662**	**34398515**	**26457544**	**16447147**	**13727415**	**1385552**
比重（%）Proportion	**58.2%**	**55.0%**	**53.9%**	**66.3%**	**66.3%**	**53.4%**
北 京 Beijing	3132642	2825226	1912082	307416	261220	53575
天 津 Tianjin	1657248	1536488	1226126	120760	104391	37037
河 北 Hebei	4034731	2762731	2196220	1272000	972241	104643
辽 宁 Liaoning	4767833	3663494	2958489	1104339	929676	194727
上 海 Shanghai	4311209	3409720	2515096	901489	657467	59079
江 苏 Jiangsu	7495884	3861072	3114595	3634812	3299062	197649
浙 江 Zhejiang	5023361	2809471	2116484	2213890	1872079	145250
福 建 Fujian	3474637	2050247	1600507	1424390	1219937	138434
山 东 Shandong	5262761	3480208	2800184	1782553	1393240	172993
广 东 Guangdong	9584542	6289063	4734330	3295479	2749452	189155
广 西 Guangxi	1666776	1350757	1052838	316019	224355	66832
海 南 Hainan	434038	360038	230593	74000	44295	26128

邮电局所数及邮递线路
POSTAL AND TELECOMMUNICATIONS SERVICES FACILITIES

（年底数）
(year-end)

年份 地区 Year Region	邮电局所（处）Number of Post and Telecommunications Offices	信筒信箱（处）Number of Post Boxes	邮路总长度（公里）Length of Postal Routes (km)	#汽车邮路 Highway Routes	#铁路邮路 Railway Routes	农村投递线路（公里）Rural Delivery Routes (km)
全 国 National	**102225**	**234716**	**2853942**	**930622**	**189652**	**3361484**
东部地区 Eastern Regions	**36479**	**113962**	**1276035**	**388128**	**81637**	**1244167**
比重（%）Proportion	**35.7%**	**48.6%**	**44.7%**	**41.7%**	**43.0%**	**37.0%**
北 京 Beijing	718	2548	101715	31444	19844	18084
天 津 Tianjin	399	1809	54198	8765	5118	15468
河 北 Hebei	3597	8584	39080	33583	2683	148140
辽 宁 Liaoning	3266	8798	143207	30480	6436	96405
上 海 Shanghai	849	4185	206335	19672	14699	25131
江 苏 Jiangsu	4720	12745	93874	50346	4796	233918
浙 江 Zhejiang	3979	15805	91353	28114	4296	113971
福 建 Fujian	2249	14411	140781	29127	2548	73755
山 东 Shandong	7991	19190	155314	48191	10162	228420
广 东 Guangdong	6192	17906	137289	59372	6740	159337
广 西 Guangxi	1899	6850	62691	39123	4315	109793
海 南 Hainan	620	1131	50198	9911		21745

邮电通信电路（年底数）

TELECOMMUNICATIONS FACILITIES（YEAR—END）

地 区 Region	长话业务电路 Long-Distance Telephone Circuits (line)	# 光缆电路 Circuits of Optical Cable	# 数字电路 Digital Circuits	长途光缆线路长度（公里）Length of Long Distance Optical Cable Lines (km)	长途微波线路长度（公里）Length of Long Distance Microwave Lines (km)
全 国 National	**1576483**	**1351665**	**1560201**	**194100**	**66518**
东部地区 Eastern Regions	**1244887**	**1069923**	**1233243**	**64042**	**21454**
比重（%）Proportion	**79.0%**	**79.2%**	**79.0%**	**33.0%**	**32.3%**
北 京 Beijing	96437	82352	96205	1626	241
天 津 Tianjin	48116	39330	41974	1252	437
河 北 Hebei	70111	64381	70111	6677	2910
辽 宁 Liaoning	130914	107922	130908	4537	2731
上 海 Shanghai	84357	73286	84357	1468	152
江 苏 Jiangsu	180319	156488	180319	6351	1842
浙 江 Zhejiang	115036	107395	115036	5374	777
福 建 Fujian	88937	78483	88937	7389	1789
山 东 Shandong	98760	89598	98760	4372	1132
广 东 Guangdong	271932	215764	266668	11489	5984
广 西 Guangxi	41622	39638	41622	11757	2234
海 南 Hainan	18346	15286	18346	1750	1235

邮电通信设备拥有量

TELECOMMUNICATIONS FACILITIES

（年底数）
（year-end）

地 区 Region	长途自动交换机容量（路端）Capacity of Long-distance Telephone Exchanges (circuit)	本地电话局用交换机容量（万门）Capacity of Local Office Telephone Exchanges (10000line)	中央国有 Central State-owned	地方国有 Local State-owned	电话机（万部）Number of Telephone (10000 sets)	中央国有 Central State-owned	地方国有 Local State-owned
全 国 National	**4491595**	**13823.66**	**9951.35**	**3872.31**	**13123.44**	**7963.29**	**2773.86**
东部地区 Eastern Regions	**2511693**	**7948.47**	**5013.04**	**2500.53**	**8151.81**	**4645.45**	**1993.51**
比重（%）Proporeion	**55.9%**	**57.5%**	**50.4%**	**64.6%**	**62.1%**	**58.3%**	**71.9%**
北 京 Beijing	108400	504.05	504.05		522.50	423.14	
天 津 Tianjin	65000	244.76	228.60	16.17	259.58	202.07	9.91
河 北 Hebei	163770	621.11	420.24	200.87	538.37	316.67	130.13
辽 宁 Liaoning	246260	681.79	516.31	165.48	688.10	445.49	113.83
上 海 Shanghai	113000	618.42	618.42		753.41	627.44	
江 苏 Jiangsu	331626	1292.37	772.35	520.02	1300.52	601.22	559.20
浙 江 Zhejiang	243553	834.48	14.00	385.55	901.78	405.31	345.76
福 建 Fujian	196860	546.95	312.98	233.97	550.56	247.52	156.57
山 东 Shandong	311534	854.43	532.45	321.99	812.26	462.53	200.37
广 东 Guangdong	541150	1393.84	823.65	570.20	1507.88	709.01	436.17
广 西 Guangxi	148120	289.48	216.70	72.78	246.20	162.14	33.32
海 南 Hainan	42420	66.79	53.29	13.50	70.65	42.91	8.25

注：电话交换机容量中不包括用户交换机容量。1990 年以后，电话机总数中含移动电话。

a) The capacity of exchanges in this table excludes the capacity of exchanges owned by users. Since 1990, total number of telephone sets include mobile phones.

国内商业和城乡居民生活

社会消费品零售总额（按地区和城乡分，1998年）

TOTAL RETAIL SALES OF CONSUMER GOODS BY REGION AND BY URBAN-RUAL AREAS（1998）

单位：亿元

（100000000 yuan）

地　区 Region	社会消费品零售总额 Total Retail Sales of Consumer Goods	按地区分 By Region 市 City	县 County	县以下 Under County Level
全　国　National	**29152.2**	**17825.2**	**3681.9**	**7645.4**
东部地区 Eastern Regions	**17664.0**	**11392.6**	**1588.7**	**4682.7**
比重（%）Proportion	**60.6%**	**63.9%**	**43.1%**	**61.2%**
北　京　Beijing	1167.2	905.0	111.6	150.6
天　津　Tianjin	587.1	466.4	36.9	83.8
河　北　Hebei	1332.6	626.0	249.7	456.9
辽　宁　Liaoning	1568.7	1286.0	87.0	195.7
上　海　Shanghai	1471.1	1179.2	71.5	220.4
江　苏　Jiangsu	2238.0	1353.4	156.2	728.4
浙　江　Zhejiang	1909.2	1036.0	183.6	689.6
福　建　Fujian	1132.5	642.4	145.4	344.7
山　东　Shandong	2127.2	1304.9	204.9	617.4
广　东　Guangdong	3248.6	2143.8	182.7	922.1
广　西　Guangxi	734.0	352.3	146.8	234.9
海　南　Hainan	147.8	97.2	12.4	38.2

社会消费品零售总额（按经济类型分，1998年）

TOTAL RETAIL SALES OF CONSUMER GOODS BY OWNERSHIP（1998）

单位：亿元

（100000000 yuan）

地　区 Region	社会消费品零售总额 Total Retail Sales	国有单位 State-owned	集体单位 Collective Owned	合　营 Joint Owned	个　体 Individual	其　他 Others
全　国　National	**29152.5**	**6021.3**	**4829.9**	**164.3**	**10802.2**	**7334.8**
东部地区 Eastern Regions	**17664.0**	**3647.5**	**3183.2**	**158.0**	**6328.0**	**4347.3**
比重（%）Proportion	**60.6%**	**60.6%**	**65.9%**	**96.2%**	**58.6%**	**59.3%**
北　京　Beijing	1167.2	371.3	290.5	36.0	272.0	197.4
天　津　Tianjin	587.1	115.7	96.0	6.5	99.2	269.7
河　北　Hebei	1332.6	296.3	180.3	1.6	655.1	199.3
辽　宁　Liaoning	1568.7	226.9	156.1	0.9	738.5	446.3
上　海　Shanghai	1471.1	590.9	417.0	36.8	82.8	343.6
江　苏　Jiangsu	2238.0	475.9	616.6	10.0	557.2	578.3
浙　江　Zhejiang	1909.2	228.2	216.3	8.3	894.3	562.1
福　建　Fujian	1132.5	140.3	181.4	8.4	606.7	195.7
山　东　Shandong	2127.2	403.6	400.9	9.2	796.7	516.8
广　东　Guangdong	3248.6	653.9	518.9	38.1	1215.7	822.0
广　西　Guangxi	734.0	117.5	102.2	0.8	344.7	168.8
海　南　Hainan	147.8	27.0	7.0	1.4	65.1	47.3

1.1993年以后，其他经济包括农对非、私营、股份制、外商投资、港澳台投资经济。

a) Since 1993, other types of ownership have included private, share holding, foreign funded enterprises and enterprises funded by the entrepreneurs from Hong Kong, Macao and Taiwan. The retail sales to the non-agricultural residents by the agricultural residents have also been included.

社会消费品零售总额（按行业分）

TOTAL RETAIL SALES OF CONSUMER GOODS BY SECTOR

单位：亿元

（100000000 yuan）

地　区 Region	社会消费品零售总额 Total Retail Sales of Consumer Goods	批发零售贸易业 Wholesale and Retail Sale Trades	餐饮业 Catering Trades	制造业 Manufacturing	农业生产者 Catering	其他行业 Others
全　国　National	**29152.5**	**19185.8**	**2816.4**	**2037.6**	**4088.7**	**1024.0**
东部地区 Eastern Regions	**17664.0**	**12020.7**	**1716.8**	**1164.1**	**2060.4**	**702.0**
比重（%）Proportion	**60.6%**	**62.7%**	**61.0%**	**57.1%**	**50.4%**	**68.6%**
北　京　Beijing	1167.2	758.7	95.2	58.8	166.4	88.1
天　津　Tianjin	587.1	333.4	50.0	26.7	54.2	122.8
河　北　Hebei	1332.6	925.2	116.4	118.4	136.7	35.9
辽　宁　Liaoning	1568.7	1123.9	159.5	52.7	206.2	26.4
上　海　Shanghai	1471.1	1189.8	92.8	42.0	138.2	8.3
江　苏　Jiangsu	2238.0	1540.5	175.6	184.5	289.0	48.4
浙　江　Zhejiang	1909.2	1319.3	134.4	129.8	242.9	82.8
福　建　Fujian	1132.5	806.1	123.7	54.9	89.3	58.5
山　东　Shandong	2127.2	1328.4	198.8	272.3	224.6	103.1
广　东　Guangdong	3248.6	2141.3	470.9	169.2	368.7	98.5
广　西　Guangxi	734.0	469.7	80.6	51.4	110.1	22.2
海　南　Hainan	147.8	84.4	18.9	3.4	34.1	7.0

按地区分限额以上批发零售贸易业商品购、销、存总额（1998 年）

TOTAL SALES AND INVENTORY IN WHOLESALE AND RETAIL SALE TRADES BY REGION（1998）

单位：亿元

（100 million yuan）

地　区 Region	购进总额 Total Goods Purchase	销售总额 Total Sales	批发 Total Wholesale	零售 Total Retail Sales	年末库存总额 Inventory (year-end)
全　国　National	**24297.4**	**56437.7**	**27146.8**	**29290.9**	**3789.7**
东部地区 Eastern Regions	**16844.2**	**36972.5**	**18689.5**	**18283.0**	**2159.7**
比重（%）Proportion	**69.3%**	**65.5%**	**68.8%**	**62.4%**	**57.0%**
北　京　Beijing	2518.9	3290.9	2585.8	705.1	482.5
天　津　Tianjin	633.7	958.9	695.4	263.5	102.2
河　北　Hebei	715.2	2360.9	790.1	1570.8	95.6
辽　宁　Liaoning	1128.6	2958.7	1211.4	1747.3	138.1
上　海　Shanghai	2394.3	3700.3	2850	850.3	241.4
江　苏　Jiangsu	2315.8	5202.9	2609.7	2593.2	300.2
浙　江　Zhejiang	2173.6	5037.5	2357.8	2679.7	205.5
福　建　Fujian	833.2	2001.3	920.9	1080.4	76.3
山　东　Shandong	1486.1	3535.8	1687.3	1848.5	251.9
广　东　Guangdong	2243.2	6721.2	2516	4205.2	206
广　西　Guangxi	350.4	1020.4	404.7	615.7	47.6
海　南　Hainan	51.2	183.7	60.4	123.3	12.4

餐饮业销售情况（1998 年）
CATERING TRADE（1998）

单位：亿元
（100 million yuan）

指　标 Item	营业收入 Business Revenue	商品销售额 Total Sales
全　国　National	**3080.3**	**2816.4**
东部地区 Eastern Regions	**1846.3**	**1714.8**
比重（%）Proportion	**59.9%**	**60.9%**
北　京　Beijing	96.5	90.6
天　津　Tianjin	62.8	57.3
河　北　Hebei	143.1	116.2
辽　宁　Liaoning	169.2	159.5
上　海　Shanghai	101.1	92.5
江　苏　Jiangsu	203.3	175.6
浙　江　Zhejiang	136.8	132.7
福　建　Fujian	125.4	123.7
山　东　Shandong	218.8	198.8
广　东　Guangdong	486.9	472.1
广　西　Guangxi	83	77.5
海　南　Hainan	19.4	18.3

限额以上批发零售贸易业企业资产及负债情况（1998 年，按地区分）
ASSETS OF LARGE AND MEDIA-SIZED ENTERPRISES IN WHOLESALE AND RETAIL SALE TRADES BY REGION（1998）

单位：万元
（10000 yuan）

地　区 Region	资产合计 Total Assets	# 流动资产 Circulating Funds	# 固定资产 Fixed Asset	负债合计 Total Liabilities	# 流动负债 Liquid Liabilities	# 长期负债 Long-Term Liabilities
全　国　National	**182721420**	**122484314**	**39158398**	**146150968**	**128707576**	**16821592**
东部地区 Eastern Regions	**120026439**	**78904118**	**25006777**	**92656193**	**80966187**	**11506934**
比重（%）Proportion	**65.7%**	**64.4%**	**63.9%**	**63.4%**	**62.9%**	**68.4%**
北　京　Beijing	26005105	17801064	2833878	20057466	15571512	4485954
天　津　Tianjin	4920194	3553443	841929	3823364	3617988	205376
河　北　Hebei	4724483	3039940	1187884	3962609	3578937	377275
辽　宁　Liaoning	9381423	6265944	2106393	7583848	6983161	600587
上　海　Shanghai	13124653	8121473	2980283	9529088	8052478	1475610
江　苏　Jiangsu	13412846	8545207	3710559	10565681	9360532	1205149
浙　江　Zhejiang	10772013	7185327	2527435	7612709	6948860	601594
福　建　Fujian	5096906	3459657	962693	3519111	3232086	257046
山　东　Shandong	13181022	8148776	3561396	10704854	9798634	906220
广　东　Guangdong	16308912	10896911	3338707	12897644	11722561	1096080
广　西　Guangxi	2588587	1598133	783424	1969196	1736582	227176
海　南　Hainan	510295	278243	172196	430623	362856	67757

限额以上餐饮业企业资产及负债情况（1998年，按地区分）

LIABILITIES AND CREDITORS' EQUITY OF LARGE AND MEDI-SIZED ENTERPRISES IN WHOLESALE AND RETAIL SALE TRADES BY REGLON（1998）

单位：万元
（10000 yuan）

地　　区 Region	资产合计 Total Assets	#流动资产 Circulating Funds	#固定资产 Fixed Asset	负债合计 Total Liabilities	#流动负债 Liquid Liabilities	#长期负债 Long-Term Liabilities
全　国　National	**5783025**	**1519857**	**3269303**	**3758898**	**2837546**	**897148**
东部地区 Eastern Regions	**4577418**	**1227462**	**2513627**	**2974139**	**2285529**	**667803**
比重（%）Proportion	**79.2%**	**80.8%**	**76.9%**	**79.1%**	**80.5%**	**74.4%**
北　京　Beijing	540319	201899	210369	336151	285766	50385
天　津　Tianjin	75498	24529	29065	48703	40901	7802
河　北　Hebei	79697	20996	47141	53911	41016	12895
辽　宁　Liaoning	471252	110866	287115	297795	226279	71516
上　海　Shanghai	273109	98712	115284	182382	131188	51193
江　苏　Jiangsu	560339	118198	326211	325630	228919	96710
浙　江　Zhejiang	368432	79860	232036	236892	192430	42168
福　建　Fujian	149115	56930	61192	83216	71927	10648
山　东　Shandong	558663	107608	339267	346328	246022	100306
广　东　Guangdong	1277070	361048	714954	945123	750641	176611
广　西　Guangxi	118449	29633	81572	68900	48063	20837
海　南　Hainan	105475	17183	69421	49108	22377	26732

限额以上批发零售贸易业主要财务指标情况（1998年，按地区分）

MAIN FINANCIAL INDICATORS OF LARGE AND MEDIA-SIZED ENTERPRISES IN WHOLESALE AND RETAIL SALE TRADES BY REGION（1998）

单位：万元
（10000 yuan）

地　　区 Region	商品销售收入 Sales Revenue	商品销售成本 Cost of Sales	经营费用 Operation cost	商品销售税金及附加 Sales Tax and Extra Changes	商品销售利　润 Total Profits
全　国　National	**232608168**	**210057568**	**9293560**	**706206**	**9506884**
东部地区 Eastern Regions	**157852719**	**143480104**	**6030751**	**427290**	**6145314**
比重（%）Proportion	**67.9%**	**68.3%**	**64.9%**	**60.5%**	**64.6%**
北　京　Beijing	18855840	16911415	870106	36393	863415
天　津　Tianjin	5407030	4989832	235664	6396	160705
河　北　Hebei	6983013	6370574	261416	9886	252291
辽　宁　Liaoning	10401335	9700948	446239	17905	179178
上　海　Shanghai	19404660	17218795	757949	185460	1039532
江　苏　Jiangsu	23188452	20926345	803802	35138	891462
浙　江　Zhejiang	20562376	19077162	628318	28876	752293
福　建　Fujian	8507260	7784180	316118	22028	321600
山　东　Shandong	17336826	15759365	704569	35218	643664
广　东　Guangdong	23395906	21283383	841781	42256	906172
广　西　Guangxi	3403890	3095788	146645	6880	116959
海　南　Hainan	406131	362317	18144	854	18043

限额以上餐饮业主要财务指标情况（1998 年，按地区分）

MAIN FINANCIAL INDICATORS OF ENTERPRISES ABOVE DESIGNATED SIZE IN CATERING TRANE BY REGION（1998）

单位：万元
（10000 yuan）

地 区 Region	营业收入 Sales Revenue	营业成本 Cost of Sales	营业费用 Business cost	商品销售税金及附加 Sales Tax and Extra Changes	主营业务利润 Total Profits
全 国 National	**3029417**	**1454276**	**1040029**	**149353**	**382771**
东部地区 Eastern Regions	**2494616**	**1184932**	**869876**	**123429**	**313393**
比重（%）Proportion	**82.3%**	**81.5%**	**83.6%**	**82.6%**	**81.9%**
北 京 Beijing	440347	210253	159078	22269	48747
天 津 Tianjin	70453	37694	23845	3431	5483
河 北 Hebei	36099	20155	9173	1889	4882
辽 宁 Liaoning	162322	79069	55191	8940	19121
上 海 Shanghai	191505	91527	66313	7869	22808
江 苏 Jiangsu	241928	111771	81350	11839	36968
浙 江 Zhejiang	196245	95910	58494	10273	31568
福 建 Fujian	112645	57163	32964	8143	14376
山 东 Shandong	204655	97162	61597	10141	35755
广 东 Guangdong	772952	357841	298704	35534	80873
广 西 Guangxi	41701	20046	15278	1705	4673
海 南 Hainan	23764	6341	7889	1396	8139

各地区城镇居民平均每人全年家庭收入来源（1998 年）

SOURCES OF PER CAPITA ANNUAL INCOME OF URBAN RESIDENTS BY REGION（1998）

单位：元
（yuan）

地 区 Region	可支配收入 Disposable Income	实际收入 Real Income	国有单位职工收入 Income of Liabilities Workers in State-owned Units	集体单位职工收入 Income of Staff & Workers in Collective Owned Units	其他经济类型单位职工全部收入 Income of Staff & Workers in Other Types of Ownership	财产性收入 Income from Property	转移收入 Transfer Income
全 国 National	**5425.05**	**5458.34**	**3288.71**	**363.34**	**154.15**	**132.87**	**1083.04**
东部地区平均 Eastern Regions Average	**6573.55**	**6615.22**	**3748.74**	**450.19**	**279.27**	**170.13**	**1332.99**
北 京 Beijing	8471.98	8520.61	4613.32	356.57	552.40	108.56	2319.75
天 津 Tianjin	7110.54	7126.23	3764.64	162.09	275.99	110.42	2119.11
河 北 Hebei	5084.64	5116.12	3340.51	231.10	40.75	203.26	949.98
辽 宁 Liaoning	4617.24	4646.41	2500.39	493.72	116.76	45.93	990.60
上 海 Shanghai	8773.10	8825.26	4028.57	373.10	798.45	56.60	2645.48
江 苏 Jiangsu	6017.85	6064.45	3081.54	718.51	167.90	150.55	1609.05
浙 江 Zhejiang	7836.76	7883.77	4288.99	894.37	305.27	230.08	1415.17
福 建 Fujian	6485.63	6544.81	3515.01	520.28	214.61	229.16	1206.10
山 东 Shandong	5380.08	5414.17	3994.87	497.26	132.20	118.46	541.76
广 东 Guangdong	8839.68	8904.83	4861.56	830.21	673.24	383.27	1262.01
广 西 Guangxi	5412.24	5440.55	3596.44	194.88	37.40	330.74	783.24
海 南 Hainan	4852.87	4895.39	3398.58	130.14	36.25	74.55	753.58

各地区城镇居民家庭平均每人全年消费性支出（1998 年）

PER CAPITA ANNUAL EXPENDITURE FOR CONSUMPTION OF URBAN RESIDENTS BY REGION（1998）

单位：元
（yuan）

地区 Region	消费性支出 Expenditure for Consumption	食品 Food	粮食 Liabilities Grain	油脂类 Oil and Fats	肉禽及制品 Meat, Poulty and Related Products	水产品类 Aquatic Products	菜类 Vegetables
全 国 National	**4331.61**	**1926.89**	**226.79**	**75.26**	**431.23**	**142.46**	**197.02**
东部地区平均 Eastern Regions Average	**5227.82**	**2367.87**	**232.82**	**79.52**	**554.76**	**249.91**	**225.45**
北 京 Beijing	6970.83	2865.73	256.95	72.49	590.64	128.24	233.48
天 津 Tianjin	5471.01	2383.15	234.32	77.98	471.74	210.96	191.22
河 北 Hebei	3834.43	1534.46	220.8	94.17	312.97	73.33	169.01
辽 宁 Liaoning	3890.74	1735.23	232.39	66.13	376.69	120.23	233.43
上 海 Shanghai	6866.41	3467.95	260.77	97.75	690.54	532.18	311.61
江 苏 Jiangsu	4889.43	2205.4	214.98	78.05	512.57	238.27	210.21
浙 江 Zhejiang	6217.93	2644.41	212.94	58.06	483.04	405.88	252.11
福 建 Fujian	5181.45	2684.82	326.79	112.45	614.24	441.3	255.31
山 东 Shandong	4143.96	1642.13	172.23	50.28	335.89	101.73	138.88
广 东 Guangdong	7054.09	3112.52	263.24	91.1	895.44	346.8	292.7
广 西 Guangxi	4381.09	2029.32	201.46	77.84	698.7	127.4	190.15
海 南 Hainan	3832.44	2109.36	196.98	77.91	674.69	272.57	227.29

单位：元
（yuan）

续表 1 continued

地区 Region	衣着 Clothing	服装 Garments	衣着材料 Liabilities Materials	鞋帽袜及其他衣着 Shoes, Hats, Hoses and Other Clothing	衣着加工服务费 Tailoring and Laundering Service Fees	家庭设备用品及服务 Household Facilities, Articles and Services	耐用消费品 Durable Consumer Goods
全 国 National	**480.86**	**311.01**	**35.93**	**120.69**	**13.23**	**356.83**	**201.27**
东部地区平均 Eastern Regions Average	**480.04**	**311.60**	**35.34**	**117.97**	**15.12**	**472.02**	**282.53**
北 京 Beijing	713.69	455.87	55.15	178.13	24.55	794.13	517.7
天 津 Tianjin	506.64	324.15	40.39	127.46	14.63	705.62	493.02
河 北 Hebei	513.8	302.82	59.82	131.61	19.55	343.91	225.8
辽 宁 Liaoning	565.03	360.69	32.06	158	14.27	264.95	141.73
上 海 Shanghai	472.27	303.63	30.75	122.75	15.14	466.84	240.79
江 苏 Jiangsu	449.21	284.58	39.6	107.49	17.54	579.34	361.24
浙 江 Zhejiang	570.54	370.52	44.05	133.99	21.98	693.21	436.98
福 建 Fujian	465.15	336.69	21.02	90.94	16.5	346.73	192.6
山 东 Shandong	581.02	343.57	68.15	145.01	24.29	429.45	274.15
广 东 Guangdong	396.65	286.7	7.2	98.95	3.8	515.2	257.7
广 西 Guangxi	326.05	221.8	22.67	74.04	7.53	320.56	178.44
海 南 Hainan	200.37	148.16	3.26	47.29	1.67	204.35	70.18

续表 2 continued

单位：元
(yuan)

地 区 Region	室内装饰品 Interior Decorations	床上用品 Bed Articles	家庭日用杂品 Household Articles for Daily Use	家具材料 Furniture Materials	家务服务 Household Services	医疗保健 Medicine and Medical Services	交通和通讯 Transportation and Communications
全 国 National	**13.34**	**19.57**	**81.24**	**6.32**	**35.09**	**205.16**	**257.15**
东部地区平均 Eastern Regions Average	**15.51**	**22.62**	**97.67**	**6.38**	**47.32**	**225.26**	**324.18**
北 京 Beijing	21.33	26.04	173.52	0.82	54.71	347.88	369.54
天 津 Tianjin	21.02	22.68	89.21	1.1	78.59	229.77	258.56
河 北 Hebei	18.29	17.24	60.47	3.29	18.81	225.01	270.09
辽 宁 Liaoning	10.09	16.72	54.86	19.71	21.83	220.32	201.87
上 海 Shanghai	9.1	26.91	110.77	2.73	76.55	260.78	384.49
江 苏 Jiangsu	28	17.67	101.39	7.39	63.64	164.15	255.55
浙 江 Zhejiang	17.23	33.03	93.32	20.3	92.35	345.44	388.79
福 建 Fujian	8.31	24.09	77.35	3.82	40.55	160.08	346.75
山 东 Shandong	22.5	19.14	88.71	3.91	21.04	188.13	255.53
广 东 Guangdong	11.36	36.06	143.5	10.08	56.5	290.82	640.56
广 西 Guangxi	10.55	20.54	81.26	2.68	27.09	136.9	252.37
海 南 Hainan	8.3	11.3	97.7	0.73	16.14	133.86	265.98

续表 3 continued

单位：元
(yuan)

地 区 Region	交 通 Transportation	通 讯 Communications	娱乐教育文化服务 Recreation, Education and Cultural Services	文娱用耐用消费品 Recreational Durable Consumer Goods	教 育 Education	文化娱乐 Recreation
全 国 National	**114.77**	**142.37**	**499.39**	**125.99**	**275.01**	**98.4**
东部地区平均 Eastern Regions Average	**147.79**	**176.39**	**614.02**	**170.35**	**322.56**	**121.12**
北 京 Beijing	161.12	208.42	964.19	264.66	459.68	239.84
天 津 Tianjin	111.92	146.64	657.77	214.72	309.21	133.84
河 北 Hebei	120.66	149.43	435.98	128.08	248.61	59.3
辽 宁 Liaoning	86.12	115.75	405.2	87.37	255.26	62.57
上 海 Shanghai	171.1	213.4	843.24	301.95	374.6	166.59
江 苏 Jiangsu	107.82	147.82	530.38	130.99	284.36	115.02
浙 江 Zhejiang	175.34	213.44	771.18	240.63	384.94	145.52
福 建 Fujian	121.47	225.28	472.05	118.62	271.7	81.74
山 东 Shandong	136.42	119.11	531.49	148.08	271.28	112.14
广 东 Guangdong	313.03	327.53	798.82	186.86	443.8	168.15
广 西 Guangxi	133.24	119.13	561.06	153.56	314.82	92.68
海 南 Hainan	135.28	130.7	396.92	68.62	252.47	75.83

单位：元
(yuan)

续表 4 continued

地区 Region	居住 Residence	住房 Housing	水电燃料及其他 Water, Electricity, Fuels and Others	杂项商品和服务 Miscellaneous Commodities and Services	个人消费 Personal Consumption	其他商品 Other Commodities	其他服务 Other Services
全　国 National	**408.39**	**172.96**	**235.42**	**196.95**	**156.71**	**17.67**	**22.56**
东部地区平均 Eastern Regions Average	**497.86**	**213.72**	**284.14**	**246.56**	**192.62**	**24.35**	**29.58**
北　京 Beijing	528.28	274.69	253.58	387.4	341.78	7.9	37.73
天　津 Tianjin	474.71	185.32	289.39	254.79	183.15	21.09	50.55
河　北 Hebei	355.64	126.98	228.66	155.53	128.84	7.83	18.86
辽　宁 Liaoning	346.29	134.26	212.03	151.84	130.23	7.12	14.49
上　海 Shanghai	659.59	203.2	456.39	311.24	235.18	43.96	32.1
江　苏 Jiangsu	478.54	221.45	257.1	226.77	163.76	32.63	30.38
浙　江 Zhejiang	539.69	247.22	292.47	264.68	218.53	17.29	28.85
福　建 Fujian	482.76	187.54	295.22	223.11	183.08	15.57	24.46
山　东 Shandong	326.49	140.59	185.9	189.72	146.52	24.25	18.94
广　东 Guangdong	908.1	443.08	465.01	391.43	311.03	42.06	38.34
广　西 Guangxi	565.22	298.32	266.9	189.61	143.6	24.43	21.59
海　南 Hainan	309.02	101.95	207.07	212.58	125.79	48.08	38.71

各地区城镇居民家庭平均每百户年底耐用消费品拥有量（1998 年）

NUMBER OF MRJOR DURABLE CONSUMER GOODS OWNED PER 100 URBAN HOUSEHOLDS AT THE YEAR-END BY REGION (1998)

地区 Region	毛皮大衣（件）Fur Coat	呢大衣（件）Woolen Coat	毛毯（条）Woolen Blanket	地毯（平方米）Carpet (sq. m)	组合家俱（套）Composite Furniture (sets)	沙发床（个）Soft Bed	沙发（个）Sofa	大衣柜（个）Wardrobe	写字台（张）Writing Desk
全　国 National	**55.61**	**191.12**	**142.07**	**126.44**	**55.13**	**44.43**	**207.62**	**84.02**	**86.28**
东部地区平均 Eastern Regions Average	**50.66**	**186.31**	**142.07**	**114.57**	**56.51**	**45.08**	**166.42**	**91.45**	**90.62**
北　京 Beijing	92.00	220.00	136.60	165.00	74.20	72.40	166.00	84.60	96.80
天　津 Tianjin	72.40	284.20	144.60	118.20	70.60	46.40	126.40	70.20	67.40
河　北 Hebei	61.17	186.76	141.28	113.98	67.34	45.59	270.65	82.74	89.44
辽　宁 Liaoning	61.35	194.08	103.92	232.60	46.17	45.73	114.08	57.64	58.48
上　海 Shanghai	25.60	279.20	170.00	220.40	25.40	32.60	117.60	93.20	64.40
江　苏 Jiangsu	41.35	254.66	137.96	104.47	38.45	30.36	144.75	90.91	97.93
浙　江 Zhejiang	54.76	226.61	168.91	131.36	48.30	24.26	175.92	86.56	100.12
福　建 Fujian	36.17	149.49	127.42	37.60	47.09	33.45	162.77	78.92	95.20
山　东 Shandong	60.50	214.71	163.19	158.43	68.23	66.97	311.46	88.09	97.14
广　东 Guangdong	43.13	83.39	175.68	31.24	60.79	65.52	139.01	162.99	123.27
广　西 Guangxi	24.53	100.31	114.10	52.34	77.31	40.49	186.34	91.39	94.56
海　南 Hainan	35.00	42.30	121.20	9.20	54.20	37.20	82.10	110.20	102.70

续表 1 continued

地 区 Region	摩托车 (辆) Motorcycle	自行车 (辆) Bicycle	家用三轮车 (辆) Tricycle	缝纫机 (架) Sewing Machine	洗衣机 (台) Washing Machine	电风扇 (台) Electric Fan	电冰箱 (台) Refrigerator	冰柜 (台) Freezer	彩色电视机 (台) Color TV Set
全 国 National	**13.22**	**182.05**	**0.25**	**56.00**	**90.57**	**168.37**	**76.08**	**4.80**	**105.43**
东部地区平均 Eastern Regions Average	**19.16**	**199.23**	**0.26**	**66.01**	**91.76**	**210.07**	**84.76**	**6.44**	**113.89**
北 京 Beijing	3.80	221.00	1.00	51.40	102.20	145.00	105.40	15.60	133.20
天 津 Tianjin	10.60	226.20	0.00	69.40	96.60	126.80	98.80	19.40	121.20
河 北 Hebei	27.67	245.19	0.31	68.83	92.88	172.08	81.61	10.35	103.73
辽 宁 Liaoning	5.43	169.05	0.38	46.38	88.72	65.14	76.88	6.65	104.25
上 海 Shanghai	1.40	132.60	0.00	75.80	91.60	229.00	103.00	2.40	128.20
江 苏 Jiangsu	17.08	228.34	0.00	65.44	96.14	259.88	78.61	1.78	105.23
浙 江 Zhejiang	11.46	222.50	0.21	75.35	90.19	271.29	98.76	1.57	121.47
福 建 Fujian	25.23	176.96	0.48	60.05	90.91	235.12	83.38	1.45	112.12
山 东 Shandong	25.19	225.95	0.15	60.15	87.82	196.82	85.83	13.57	106.20
广 东 Guangdong	42.48	203.73	0.39	75.39	97.05	327.06	78.59	2.12	123.21
广 西 Guangxi	27.51	224.78	0.21	81.27	90.93	308.20	77.94	1.78	104.39
海 南 Hainan	32.10	114.40	0.00	62.70	76.10	184.50	48.30	0.60	103.50

续表 2 continued

地 区 Region	影碟机 (台) Video Disc Player	录放像机 (台) Video Recorder	家用电脑 (台) Computer	组合音响 (套) Hi-Fi Stereo Component System	录音机 (台) Tape Recorder	摄相机 (台) Pickup Camera	照相机 (架) Camera	钢琴 (架) Piano
全 国 National	**16.02**	**21.66**	**3.78**	**17.51**	**57.63**	**0.90**	**36.26**	**1.08**
东部地区平均 Eastern Regions Average	**19.61**	**29.71**	**5.80**	**19.04**	**65.65**	**1.28**	**45.15**	**1.46**
北 京 Beijing	20.60	59.80	15.00	22.20	72.80	3.60	95.20	3.00
天 津 Tianjin	13.40	35.60	5.80	14.00	81.00	1.60	57.00	1.20
河 北 Hebei	12.95	17.71	1.63	12.60	62.24	0.87	36.28	0.30
辽 宁 Liaoning	9.18	21.26	1.85	14.95	60.43	0.71	38.44	1.33
上 海 Shanghai	25.00	48.80	13.20	21.00	82.20	2.60	58.40	2.50
江 苏 Jiangsu	12.28	24.19	3.46	13.94	56.35	0.50	34.42	0.56
浙 江 Zhejiang	26.32	31.01	5.59	17.80	66.86	1.13	46.92	0.58
福 建 Fujian	22.90	19.88	2.44	21.08	56.34	0.60	32.41	1.34
山 东 Shandong	13.78	25.23	3.78	15.81	67.35	1.25	46.76	2.25
广 东 Guangdong	40.32	34.28	12.34	39.89	64.62	1.34	44.63	1.31
广 西 Guangxi	26.51	20.58	3.17	21.50	57.00	0.56	33.59	0.73
海 南 Hainan	12.10	18.20	1.30	13.70	60.60	0.60	17.70	0.60

续表 3 continued

地 区 Region	其他高中档乐器（件）Medium and High Grade Musical Instrument	微波炉（台）Oven	空调器（台）Air Conditioner	电炊具（台）Electric Cooking Appliances	淋浴热水器（个）Shower	排油烟机（台）Smoke Absorber	吸尘器（台）Dust Catcher	健身器材（件）Health Equipment	移动电话（台）Hand Telephone
全 国 National	**5.69**	**8.49**	**20.01**	**95.98**	**43.3**	**45.93**	**11.21**	**3.03**	**3.26**
东部地区平均 Eastern Regions Average	**5.94**	**15.68**	**30.56**	**99.25**	**59.25**	**53.15**	**14.54**	**3.78**	**4.67**
北 京 Beijing	13.20	37.20	34.00	68.60	65.40	59.40	23.40	6.40	3.00
天 津 Tianjin	5.20	15.40	44.80	61.00	56.40	59.00	21.40	3.40	1.20
河 北 Hebei	5.51	3.30	16.75	45.53	35.86	44.05	9.75	3.59	1.76
辽 宁 Liaoning	6.34	3.97	1.28	81.01	43.30	60.42	23.64	2.32	3.06
上 海 Shanghai	5.00	62.20	68.20	147.00	53.60	52.60	42.40	3.40	6.00
江 苏 Jiangsu	2.44	12.57	25.82	133.86	46.12	51.48	12.82	2.95	2.50
浙 江 Zhejiang	6.81	11.82	44.07	102.44	64.08	65.35	16.74	2.38	5.34
福 建 Fujian	6.20	9.28	24.25	120.93	92.17	39.12	2.23	4.18	9.11
山 东 Shandong	8.45	6.96	15.21	66.82	41.38	61.61	13.73	4.26	2.70
广 东 Guangdong	5.25	16.98	71.05	95.12	91.08	67.31	5.27	6.29	14.66
广 西 Guangxi	4.32	4.80	12.32	135.27	73.24	48.71	2.81	1.33	2.26
海 南 Hainan	2.60	3.70	9.00	133.40	48.40	28.80	0.30	4.90	4.50

各地区农村居民家庭平均每人纯收入
PER CAPITA NET INCOME OF RURAL HOUSEHOLDS BY REGION

单位：元
（yuan）

地 区 Region	1978	1980	1985	1990	1995	1996	1997	1998
全 国 National	**133.57**	**191.33**	**397.60**	**686.31**	**1220.98**	**1577.74**	**2090.13**	**2161.98**
东部地区平均 Eastern Regions Average	**136.66**	**222.15**	**470.22**	**967.72**	**1812.53**	**2346.06**	**3005.13**	**3153.99**
北 京 Beijing	224.80	290.46	775.08	1297.05	2400.69	3223.65	3661.68	3952.32
天 津 Tianjin	178.40	277.92	564.55	1069.04	1835.71	2406.38	3243.68	3395.70
河 北 Hebei	91.50	175.78	385.23	621.67	1107.25	1668.73	2286.01	2405.32
辽 宁 Liaoning	165.20	273.02	467.84	836.17	1423.45	1756.50	2301.48	2579.79
上 海 Shanghai	290.00	397.35	805.92	1907.32	3436.61	4245.61	5277.02	5406.87
江 苏 Jiangsu	152.10	217.94	492.60	959.06	1831.53	2456.86	3269.85	3376.78
浙 江 Zhejiang		219.18	548.6	1099.04	2224.64	2966.19	3684.22	3814.56
福 建 Fujian	134.90	171.74	396.45	764.41	1577.74	2048.59	2785.67	2946.37
山 东 Shandong	101.20	194.33	408.12	680.18	1319.73	1715.09	2292.12	2452.83
广 东 Guangdong	182.30	274.37	495.31	1043.03	2181.52	2699.24	3467.69	3527.14
广 西 Guangxi	119.50	173.68	302.96	639.45	1107.02	1446.14	1875.28	1971.90
海 南 Hainan				696.22	1304.52	1519.71	1916.9	2018.31

各地区农村居民家庭平均每人按来源分的纯收入（1998 年）
PER CAPITA NET INCOME OF RURAL HOUSEHOLDS BY SOURCE AND BY REGION（1998）

单位：元
（yuan）

地　区 Region	纯　收　入 Net Income	基本收入 Basic Income			转移性收入 Transfer Income	财产性收入 Property Income
			劳动者报酬 Labourers' Remuneration	家庭经营收入 Income from Household Business Operation		
全　国 National	**2161.98**	**2039.58**	**573.58**	**1466**	**92.03**	**30.37**
东部地区平均 Eastern Regions Average	**3153.99**	**2953.76**	**1294.95**	**1658.81**	**136.55**	**63.58**
北　京 Beijing	3952.32	3645.01	2420.43	1224.58	189.09	118.22
天　津 Tianjin	3395.70	3227.68	1640.34	1587.33	91.54	76.48
河　北 Hebei	2405.32	2306.91	786.79	1520.13	56.32	42.09
辽　宁 Liaoning	2579.79	2482.95	753.05	1729.9	64.60	32.24
上　海 Shanghai	5406.87	5054.24	3869.37	1184.87	189.44	163.15
江　苏 Jiangsu	3376.78	3218.51	1464.1	1754.42	116.03	42.24
浙　江 Zhejiang	3814.56	3575.03	1584.95	1990.08	156.14	83.4
福　建 Fujian	2946.37	2681.64	900.42	1781.22	225.78	38.96
山　东 Shandong	2452.83	2325.74	722.66	1603.08	78	49.09
广　东 Guangdong	3527.14	3246.95	995.49	2251.47	222.56	57.63
广　西 Guangxi	1971.90	1848.92	349.17	1499.75	112.46	10.51
海　南 Hainan	2018.31	1831.56	52.65	1778.91	136.6	50.16

各地区农村居民家庭平均每人生活消费支出（1998 年）
PER CAPITA LIVING EXPENDITURE OF RURAL HOUSEHOLDS BY REGION（1998）

单位：元
（yuan）

地　区 Region	生活消费支出合计 Living Expenditure	食　品 Food	衣　着 Clothing	居　住 Residence	家庭设备及服务 Household Facilities, Articles and Services	医疗保健 Medicines and Medical Services	交通和通　讯 Transportation and Communications	文教、娱乐用品及服务 Cultural, Educational and Recreation Articles and Services	其他商品及服务 Other Commodity and Services
全　国 National	**1590.33**	**849.64**	**98.06**	**239.62**	**81.92**	**68.13**	**60.68**	**159.41**	**32.88**
东部地区平均 Eastern Regions Average	**2187.47**	**1062.44**	**136.92**	**355.52**	**136.77**	**98.14**	**107.73**	**236.66**	**53.31**
北　京 Beijing	2873.20	1215.08	231.51	439.63	213.53	170.96	152.11	374.81	75.60
天　津 Tianjin	1976.70	911.39	172.62	333.52	114.24	107.19	82.43	202.49	52.81
河　北 Hebei	1298.54	616.90	111.72	212.10	76.95	64.46	60.43	130.45	25.53
辽　宁 Liaoning	1702.68	898.87	157.63	230.42	77.36	72.74	68.96	158.79	37.92
上　海 Shanghai	4206.89	1775.04	238.58	876.39	369.05	169.85	226.50	462.59	88.89
江　苏 Jiangsu	2336.78	1117.01	135.09	399.23	153.79	99.54	132.15	240.03	59.94
浙　江 Zhejiang	2890.65	1361.80	164.07	532.51	157.62	157.92	168.98	251.19	96.56
福　建 Fujian	2025.09	1101.64	111.42	265.25	100.04	65.46	115.72	214.17	51.39
山　东 Shandong	1595.09	804.64	116.37	241.08	92.05	84.64	78.64	156.34	21.33
广　东 Guangdong	2683.18	1370.70	100.97	423.33	158.82	101.06	143.27	318.17	66.86
广　西 Guangxi	1414.76	808.82	51.84	202.17	66.02	48.10	39.49	174.11	24.20
海　南 Hainan	1246.12	767.42	51.23	110.56	61.71	35.71	24.02	156.80	38.67

各地区农村居民家庭平均每人生活消费现金支出（1998 年）
PER CAPITA LIVING CASH EXPENDITURES FOR CONSUMPTION OF RURAL HOUSEHOLDS BY REGION（1998）

单位：元
（yuan）

地区 Region	生活消费支出合计 Living Expenditure	食品 Food	衣着 Clothing	居住 Residence	家庭设备及服务 Household Facilities, Articles and Services	医疗保健 Medicines and Medical Services	交通和通讯 Transportation and Communications	文教、娱乐用品及服务 Cultural, Educational and Recreational Articles and Services	其他商品及服务 Other Commodities and Services
全　国 National	**1128.16**	**428.90**	**97.04**	**199.35**	**81.77**	**68.13**	**60.68**	**159.41**	**32.88**
东部地区平均 Eastern Regions Average	**1791.23**	**687.08**	**136.16**	**335.53**	**136.63**	**98.14**	**107.73**	**236.66**	**53.31**
北　京 Beijing	2676.38	1018.48	231.51	439.42	213.50	170.96	152.11	374.81	75.60
天　津 Tianjin	1712.22	659.95	172.06	321.04	114.24	107.19	82.43	202.49	52.81
河　北 Hebei	1022.34	341.08	111.44	212.08	76.88	64.46	60.43	130.45	25.53
辽　宁 Liaoning	1246.33	488.44	157.00	185.12	77.36	72.74	68.96	158.79	37.92
上　海 Shanghai	3762.53	1332.46	238.58	874.62	369.05	169.85	226.50	462.59	88.89
江　苏 Jiangsu	1831.32	638.71	132.41	375.54	152.99	99.54	132.15	240.03	59.94
浙　江 Zhejiang	2448.73	933.58	164.00	519.01	157.50	157.92	168.98	251.19	96.56
福　建 Fujian	1607.26	721.65	111.41	227.43	100.03	65.46	115.72	214.17	51.39
山　东 Shandong	1220.19	442.23	112.15	232.85	92.02	84.64	78.64	156.34	21.33
广　东 Guangdong	2171.31	887.12	100.24	396.17	158.41	101.06	143.27	318.17	66.86
广　西 Guangxi	981.98	395.28	51.84	183.06	65.90	48.10	39.49	174.11	24.20
海　南 Hainan	814.14	386.02	51.23	59.98	61.71	35.71	24.02	156.80	38.67

各地区农村居民家庭平均每人主要食品消费量（1998 年）
PER CAPITA CONSUMPTION OF MAJOR FOOD IN RURAL HOUSEHOLDS BY REGION（1998）

单位：公斤
（kg）

地区 Region	粮食 Grain	蔬菜 Vegetables	食油 Edible Oil	猪牛羊肉 Pork, Beef and Mutton	家禽 Poultry	蛋类及其制品 Eggs and Related Products	水产品 Aquatic Products	食糖 Sugar	酒 Liquor
全　国 National	**249.28**	**108.96**	**6.13**	**13.2**	**2.33**	**4.11**	**3.66**	**1.4**	**6.98**
东部地区平均 Eastern Regions Average	**237.71**	**103.62**	**6.22**	**12.36**	**3.75**	**5.51**	**7.33**	**1.75**	**10.69**
北　京 Beijing	173.42	89.36	10.29	13.42	1.49	7.92	4.52	2.13	18.12
天　津 Tianjin	216.59	73.80	7.96	10.17	0.85	8.41	6.96	0.83	10.54
河　北 Hebei	209.62	70.87	5.50	6.49	0.38	4.85	1.85	0.71	6.46
辽　宁 Liaoning	243.67	204.26	7.05	13.71	1.23	7.35	4.70	0.63	9.72
上　海 Shanghai	243.60	80.75	6.80	16.10	5.75	7.89	12.04	2.54	16.18
江　苏 Jiangsu	262.38	110.27	8.26	11.17	4.00	6.69	8.14	2.12	10.23
浙　江 Zhejiang	257.47	72.74	4.10	14.49	4.18	4.55	11.51	2.70	22.40
福　建 Fujian	266.67	131.18	4.83	13.84	5.76	3.09	9.45	2.42	11.49
山　东 Shandong	232.37	114.41	5.65	7.33	2.02	10.33	3.78	1.26	9.94
广　东 Guangdong	258.38	118.45	6.58	19.52	8.89	2.96	12.74	3.02	3.63
广　西 Guangxi	240.72	120.11	4.45	13.31	5.76	1.12	2.67	1.27	6.03
海　南 Hainan	247.68	57.18	3.18	8.74	4.68	0.91	9.65	1.36	3.55

各地区农村居民家庭平均每百户主要耐用消费品拥有量（1998年底）
NUMBER OF DURABLE CONSUMER GOODS OWNED PER 100 RORAL HOUSEHOLDS BY REGION AT THE END OF 1998

地区 Region	自行车（辆） Bicyle	缝纫机（架） Sewing Machine	手表（只） Watch	# 电子表 Electronic Watch	电风扇（台） Electric Fan	洗衣机（台） Washing Machine	电冰箱（台） Refrigerator
全 国 National	**137.15**	**65.82**	**154.55**	**51.36**	**111.59**	**22.81**	**9.25**
东部地区平均 Eastern Regions Average	**187.25**	**78.18**	**194.86**	**63.07**	**173.68**	**38.72**	**25.91**
北 京 Beijing	258.40	72.00	240.53	103.47	148.93	86.80	75.6
天 津 Tianjin	229.33	90.17	226.67	95.83	147.17	74.33	44 17
河 北 Hebei	201.95	90.21	162.36	62.17	136.79	50.36	16.79
辽 宁 Liaoning	152.12	75.66	158.15	53.12	38.62	55.08	13.17
上 海 Shanghai	238.50	88.00	239.00	80.67	307.83	65.83	71.67
江 苏 Jiangsu	182.94	66.24	171.50	35.82	202.50	42.32	17.15
浙 江 Zhejiang	198.26	85.89	244.67	51.48	256.07	23.96	31.39
福 建 Fujian	119.60	75.60	230.23	66.57	171.77	26.86	12.34
山 东 Shandong	200.26	78.14	156.12	62.67	136.64	13.19	13.52
广 东 Guangdong	207.89	75.35	250.16	79.18	287.03	20.27	11.02
广 西 Guangxi	154.68	74.37	140.65	19.57	159.00	2.47	1.65
海 南 Hainan	103.06	66.53	118.33	46.25	91.81	3.19	1.94

续表 1 continued

地区 Region	摩托车（辆） Motorcycle	收音机（台） Radio	黑白电视机（台） Black and White TV Set	彩色电视机（台） Color TV Set	收录机（台） Radio Cassette Player	照相机（架） Camera
全 国 National	**13.52**	**28.19**	**63.57**	**32.59**	**32.36**	**2.22**
东部地区平均 Eastern Regions Average	**25.76**	**35.12**	**55.74**	**52.04**	**38.98**	**5.59**
北 京 Beijing	27.60	49.60	41.87	94.40	58.27	23.33
天 津 Tianjin	27.17	34.17	43.83	80.17	58.50	8.67
河 北 Hebei	23.19	43.86	68.90	45.69	35.62	2.76
辽 宁 Liaoning	12.96	33.54	54.97	53.60	34.44	4.07
上 海 Shanghai	54.83	42.33	68.33	73.67	41.33	8.67
江 苏 Jiangsu	21.06	33.06	76.68	38.15	35.71	4.38
浙 江 Zhejiang	17.04	23.78	59 85	55.81	33.37	5.19
福 建 Fujian	30.74	21.94	55.94	50.00	29.77	3.14
山 东 Shandong	25.62	47.10	71.48	35.79	32.45	2.90
广 东 Guangdong	34.02	36.41	43.95	55.43	48.98	2.03
广 西 Guangxi	7.66	15.97	66.80	13.94	26.54	0.52
海 南 Hainan	27.22	39.72	16.25	27.78	32.78	1.39

各地区城市房屋建筑及住房情况（1998年）
BASIC STATISTICS ON BUILDING CONSTRUCTION AND HOUSING CONDITION IN CITIES BY REGION（1998）

地区 Region	建成区面积（平方公里）Developed Areas (sq. km)	征用土地面积（平方公里）Land Put in Requisition for State Construction Projects (sq. km)	市区人口密度（人/平方公里）Population Density of Urban Districts (persons/sq. km)	年末全市实有房屋建筑面积（万平方米）Total Floor Space of Buildings (year－end) (10000sq. m)	年末全市实有住宅建筑面积（万平方米）Total Floor Space of Residential Buildings (year－end) (10000sq. m)	年末全市住房居住面积（万平方米）Total Living Space of Residential Buildings (year－end) (10000sq. m)	解决缺房户（户）Number of Households with Their Housing Problems Solved
全　国 National	**21379.56**	**515.54**	**459**	**708528**	**397322**	**198024.61**	**871759**
东部地区 Eastern Regions	**10098.35**	**312.01**		**388371**	**219787**	**106193.97**	**444164**
比　重（%）Proportion	**47.2%**	**60.5%**		**54.8%**	**55.3%**	**53.6%**	**51.0%**
北　京 Beijing	488.28	0.15	2499	25686	13184	6226.66	120438
天　津 Tianjin	371.23		1372	14434	7412	3835.66	41546
河　北 Hebei	927.24	18.13	1804	27853	14670	7908.66	42025
辽　宁 Liaoning	1508.70	8.47	1202	52653	30500	15428.79	86504
上　海 Shanghai	549.58	44.86	3295	29211	17416	9265.00	16654
江　苏 Jiangsu	1256.18	54.00	2242	45598	23467	11535.42	14320
浙　江 Zhejiang	827.54	46.31	1201	34263	21027	10650.51	5517
福　建 Fujian	394.53	12.84	1205	16455	9807	4692.73	17071
山　东 Shandong	1414.77	38.49	615	49337	27818	13859.91	47453
广　东 Guangdong	1580.04	64.38	1661	71805	42142	16972.58	27770
广　西 Guangxi	557.06	18.60	459	16636	9310	4039.83	13732
海　南 Hainan	223.20	5.78	2229	4440	3034	1778.22	11134

各地区城市自来水情况（1996年）
BASIC STATISTICS ON TAP WATER SUPPLY IN CITIES BY REGION（1996）

地区 Region	年末自来水生产能力（万吨/日）Production Capacity of Tap Water (year-end) (10000 tons/day)	年末供水管道长度（公里）Length of Water Supply Pipelines (year-end) (km)	全年供水总量（万吨）Total Annual Volume of Water supply (10000tons)	#生活用水 For Residential Use	#生产用水 For Productive Use	用水人口（万人）Number of Residents with Access to Tap Water (10000)	人均日生活用水量（升）Per Capita Daily Consumption of Tap Water for Residential Use (liter)
全　国 National	**20991.8**	**225361**	**4704732**	**1810355**	**2496452**	**23169.05**	**214.07**
东部地区 Eastern Regions	**11401.4**	**128953**	**2485378**	**1019084**	**1232306**	**11990.01**	
比　重（%）Proportion	**54.3%**	**57.2%**	**52.8%**	**56.3%**	**49.4%**	**51.8%**	
北　京 Beijing	472.25	7945	109050	69464	29483	675.26	281.84
天　津 Tianjin	311.50	4598	68989	27512	30714	521.10	144.65
河　北 Hebei	967.92	8953	211979	68252	117646	1034.84	180.70
辽　宁 Liaoning	1396.15	19926	310190	112268	179014	1694.37	181.53
上　海 Shanghai	1397.90	11423	292825	108164	124344	1070.62	276.79
江　苏 Jiangsu	1543.64	16545	358999	137663	199055	1387.54	271.82
浙　江 Zhejiang	900.41	12018	180329	71808	87644	992.12	198.30
福　建 Fujian	596.11	4410	126856	47879	67428	530.65	247.20
山　东 Shandong	1086.82	17152	241117	87916	136726	1595.85	150.93
广　东 Guangdong	1965.02	19969	420682	213424	186834	1799.51	324.93
广　西 Guangxi	614.53	4452	137688	58242	68086	519.82	306.97
海　南 Hainan	149.18	1562	26674	16492	5332	168.33	268.42

各地区城市煤气、液化石油气、天然气情况（1996 年）

BASIC STATISTICS ON SUPPLY OF GAS，LIQUEFIED PETROLEUM GAS AL GAS IN CITIES BY REGION（1996）

地　区 Region	人工煤气生产能力（万立方米/日）Production Capacity of Coal Gas（10000 cu. m/day）	输气管道长度（公里）Length of Gas Pipelines（km）		全年供气总量 Total Gas Supply			用气人口（万人）Population with Access to Gas（10000 persons）		
		人工煤气 Coal Gas	天然气 Natural Gas	人工煤气（万立方米）Coal Gas（10000 cu. m）	液化石油气（吨）Liquefied Petroleum Gas（ton）	天然气（万立方米）Natural Gas（10000 cu. m）	人工煤气 Coal Gas	液化石油气 Liquefied Petroleum Gas	天然气 Natural Gas
全　国 National	**2731.96**	**42725**	**25429**	**1675571**	**7972547**	**688255**	**3746.26**	**9992.39**	**1908.09**
东部地区 Eastern Regions	**1744.63**	**25927**	**10259**	**814274**	**5790946**	**153993**	**2211.29**	**5879.66**	**832.60**
比重（%）Proportion	**63.9%**	**60.7%**	**40.3%**	**48.6%**	**72.6%**	**22.4%**	**59.0%**	**58.8%**	**43.6%**
北　京 Beijing	205	1422	2181	68604	168514	32620	132.34	263.08	194
天　津 Tianjin	134.5	1476	3471	15780	62283	14002	84.77	119.57	239.42
河　北 Hebei	112.8	2239	431	43062	187065	3111	228.01	447.98	18.72
辽　宁 Liaoning	197.8	4208	2958	80614	388558	25547	407.54	599.95	344.1
上　海 Shanghai	692	6734		191016	178589		554.55	330.18	
江　苏 Jiangsu	164.53	3470		331580	620344		271.07	798.32	
浙　江 Zhejiang	34	764		24393	577797		42.04	503.72	
福　建 Fujian	10	367		4151	267729		24.09	307.26	
山　东 Shandong	126	3563	949	41394	247450	78350	300.25	796.18	31.45
广　东 Guangdong	68	1391	269	10087	2843608	363	135.77	1268.77	4.91
广　西 Guangxi		149		2553	174073		14.21	344.25	
海　南 Hainan		144		540	74936		16.65	100.4	

各地区城市集中供热情况（1996 年）

BASIC STATISTICS ON HEATING IN CITIES BY REGION（1996）

地　区 Region	供能应力 Heating Capacity		供热总量 Volume Supplied		管道长度（公里）Length of Pipelines（km）		供热面积
	蒸汽（吨/小时）Steam（ton/hour）	热水（兆瓦）Hot Water（1 billion kw）	蒸汽（吨）Steam（ton）	热水（万百万千焦）Hot Water（1 billion joule）	蒸汽 Steam	热水 Hot Water	（万平方米）Heating Area（10000sq. m）
全　国 National	**66427**	**66428**	**66429**	**66430**	**66431**	**66432**	**66433.00**
东部地区 Eastern Regions	**42499**	**33085**	**10457**	**29915**	**4054**	**13581**	**46094.43**
比　重（%）Proportion	**64.0%**	**49.8%**	**15.7%**	**45.0%**	**6.1%**	**20.4%**	**69.4%**
北　京 Beijing	2908	3052	1674	8102	345	1855	6477.00
天　津 Tianjin	10932	3309		3400		1992	4184.08
河　北 Hebei	3660	6552	1705	4218	413	2190	6693.73
辽　宁 Liaoning	11653	13317	3325	8374	1370	5313	16446.00
上　海 Shanghai							
江　苏 Jiangsu	2259		487		213		1295.37
浙　江 Zhejiang	1222		381		120		300.60
福　建 Fujian		25		61		44	1500.00
山　东 Shandong	9865	6830	2885	5760	1593	2187	9197.65
广　东 Guangdong							
广　西 Guangxi							
海　南 Hainan							

各地区城市市政工程情况（1996年）
BASIC STATISTICS ON MUNICIPAL ENGINEERING IN CITIES BY REGION（1996）

地　区 Region	年末实有铺装道路长度（公里） Length of Paved Roads（year-end）（km）	年末实有铺装道路面积（万平方米） Area of Paved Roads（year-end）（10000sq. m）	城市桥梁（座） Number of Bridges（unit）	城市下水道总长度（公里） Length of Sewer Pipelines（km）	城市污水日处理能力（万吨） Daily Disposal Capacity of Sewage（10000tons）	城市路灯（盏） Number of Street Lights（unit）
全　国 National	**145163**	**163992.75**	**31496**	**125943.38**	**1583.28**	**3564611**
东部地区 Eastern Regions	**78003**	**93006.25**	**20858**	**76910.78**	**1101.70**	**2166822**
比　重（%）Proportion	**53.7%**	**56.7%**	**66.2%**	**61.1%**	**69.6%**	**60.8%**
北　京 Beijing	3319	3620.60	638	3968.04	66.60	127651
天　津 Tianjin	3358	3737.00	467	6294.00	66.80	86086
河　北 Hebei	6178	7191.90	1094	6467.86	67.90	152165
辽　宁 Liaoning	8904	9459.05	1209	8065.28	76.65	200372
上　海 Shanghai	4770	5401.20	2598	3651.07	111.70	152877
江　苏 Jiangsu	9618	11336.17	4247	9574.34	228.88	328270
浙　江 Zhejiang	6386	7586.64	4402	6230.32	64.89	210313
福　建 Fujian	3351	3543.61	900	3123.04	44.30	105490
山　东 Shandong	14555	19219.02	2540	10793.50	150.70	253517
广　东 Guangdong	12678	15813.78	2221	14326.63	203.02	411700
广　西 Guangxi	3551	4045.95	422	2730.03	17.85	94149
海　南 Hainan	1335	2051.33	120	1686.67	2.40	44232

各地区城市公共汽（电）车、出租汽车情况（1996年）
BASIC STATISTICS ON BUSES, TROLLEY BUSES AND TAXIS IN CITIES BY REGION（1996）

地　区 Region	年末实有公共汽（电）车（辆） Number of Public Transportation Vehicles（year-end）				运客总数（万人次） Number of Passengers Carried（10000 Person-times）				出租汽车（辆） Number of Taxis
	合计 Total	公共汽车 Buses	电车 Trolley	地铁 Subways	合计 Total	公共汽车 Buses	电车 Trolley	地铁 Subways	
全　国 National	**189002**	**184352**	**4093**	**557**	**2916788**	**2662363**	**194990**	**59435**	**754247**
东部地区 Eastern Regions	**99900**	**96734**	**2609**	**461**	**1791674**	**1604732**	**127507**	**59435**	**397118**
比重（%）Proportion	**52.9%**	**52.5%**	**63.7%**	**82.8%**	**61.4%**	**60.3%**	**65.4%**	**100.0%**	**52.7%**
北　京 Beijing	9267	8292	538	437	403817	345690	11796	46331	55332
天　津 Tianjin	3946	3922		24	57775	57277		498	34150
河　北 Hebei	5354	5354			48280	48280			33239
辽　宁 Liaoning	11059	10010	1049		268340	208569	59771		72684
上　海 Shanghai	15378	14764	518		261433	225026	23801	12606	41183
江　苏 Jiangsu	12411	12411			157600	157600			34661
浙　江 Zhejiang	8020	7868	152		112762	95145	17617		21502
福　建 Fujian	3925	3893	32		67079	67079			12632
山　东 Shandong	9945	9755	190		126332	118790	7542		42068
广　东 Guangdong	15663	15533	130		231247	224267	6980		36923
广　西 Guangxi	2419	2419			48337	48337			8635
海　南 Hainan	2513	2513			8672	8672			4109

各地区城市园林绿化情况（1996 年）

BASIC STATISTICS ON PARKS，GARDENS AND GREEN AREAS IN CITIES BY REGION（1996）

地　区 Region	城市园林绿地面积（公顷） Total Area of Parks，Gardens and Green Areas in Cities（hectare）	#公共绿地 Public Green Areas	公　园（个） Number of parks	公园面积（公顷） Area of Parks（hectare）	年游人量（万人次） Number of Visitors to Parks and Zoos in the Year（10000 Person-times）	全年植树（万株） Number of Trees Planted in the Year（10000 trees）
全　国 National	**745654**	**120326**	**3990**	**73197.62**	**112559**	**15521.15**
东部地区 Eastern Regions	**408788**	**64147**	**2331**	**38569.87**	**71108**	**11259.33**
比　重（%）Proportion	**54.8%**	**53.3%**	**58.4%**	**52.7%**	**63.2%**	**72.5%**
北　京 Beijing	18682	4954	94	3847.00	8707	207.00
天　津 Tianjin	5531	1924	157	901.54	4682	78.38
河　北 Hebei	20406	4458	144	2703.01	3172	753.09
辽　宁 Liaoning	57232	9041	199	4944.31	6028	395.49
上　海 Shanghai	7529	2539	94	675.48	9065	515.00
江　苏 Jiangsu	54756	8891	295	4920.06	6109	2463.96
浙　江 Zhejiang	23473	3922	300	2009.31	6616	617.36
福　建 Fujian	16096	2588	185	2046.11	3191	430.79
山　东 Shandong	51447	8816	309	4720.32	5278	648.41
广　东 Guangdong	106939	12674	450	8553.82	14950	4263.13
广　西 Guangxi	41216	2954	82	2453.61	2805	704.26
海　南 Hainan	5481	1387	22	795.30	505	181.96

各地区城市公共卫生情况（1998 年）

BASIC STATISTICS ON URBAN SANITATION IN CITIES BY REGION（1998）

地　区 Region	清扫面积（万平方米） Area Cleaned（10000sq.m）	生活垃圾清运量（万吨） Volume of Garbage Disposal（10000tons）	粪便清运量（万吨） Volume of Excrement and Urine Disposal（10000tons）	环卫机械 Environmental Sanitation Equipment 总数（台） Total（unit）	环卫机械 Environmental Sanitation Equipment 总功率（千瓦） Total Power（kw）	公共厕所（座） Number of Public Lavatories（unit）
全　国 National	**146827.64**	**11301.81**	**2915.42**	**42975**	**107947**	**48454**
东部地区 Eastern Regions	**71275.58**	**7983.39**	**1537.29**	**26358**	**50256**	**27994**
比　重（%）Proportion	**48.5%**	**70.6%**	**52.7%**	**61.3%**	**46.6%**	**57.8%**
北　京 Beijing	4347.00	444.60	272.50	2812	6869	5674
天　津 Tianjin	4802.40	2707.70	16.70	652	2736	1572
河　北 Hebei	7032.53	547.61	116.85	1755	5579	1554
辽　宁 Liaoning	15149.84	872.56	152.30	3266	11152	942
上　海 Shanghai	3886.00	470.00	217.50	3669	1203	1203
江　苏 Jiangsu	7589.46	485.50	302.26	2407	7486	5516
浙　江 Zhejiang	5431.31	401.66	120.09	1899	3252	2542
福　建 Fujian	3484.55	219.00	34.32	984	1317	1157
山　东 Shandong	12937.48	647.95	120.46	2896	5169	2969
广　东 Guangdong	1318.66	915.26	134.31	2966	3892	3497
广　西 Guangxi	3132.96	198.24	25.64	752	1189	998
海　南 Hainan	2163.39	73.31	24.36	2300	412	370

各地区城市设施水平（1998 年）
LEVEL OF PUBLIC FACILITIES IN CITIES BY REGION（1998）

地　区 Region	人均使用面积（平方米）Per Capita User Space (sq.m)	人均居住面积（平方米）Per Capita Living Space (sq.m)	城市人口用水普及率（%）Percentage of Population with Access to Tap Water	城市煤气普及率（%）Percentage of Population with Access to Gas	每万人拥有公共汽（电）车辆（标台）Number of Public Buses and Trolley Buses per 10000 Persons	人均拥有铺装道路面积（平方米）Per Capita Area of Paved Roads (sq.m)	人均公共绿地面积（平方米）Per Capita Public Green Areas (sq.m)	每万人拥有公共厕所（座）Number of Public Lavatories per 10000 Population
全　国 National	**13.63**	**9.30**	**95.97**	**78.78**	**8.60**	**8.26**	**6.06**	**5.43**
东部地区 Eastern Regions	**14.93**	**10.02**	**98.55**	**91.08**	**10.55**	**9.84**	**6.73**	**5.05**
北　京 Beijing	14.83	9.87	100.00	95.40	19.62	5.86	8.00	11.12
天　津 Tianjin	12.58	8.06	100.00	93.61	8.20	7.88	4.06	5.77
河　北 Hebei	12.86	9.22	99.14	87.36	6.20	9.04	5.61	7.02
辽　宁 Liaoning	11.68	8.13	97.44	87.84	7.66	6.15	5.88	7.25
上　海 Shanghai	13.91	10.25	100.00	99.00	19.98	6.04	2.84	1.35
江　苏 Jiangsu	14.72	9.85	99.21	92.65	8.73	9.82	7.70	6.49
浙　江 Zhejiang	19.86	13.72	99.69	96.49	11.89	13.41	6.93	5.75
福　建 Fujian	16.96	10.82	97.38	83.29	8.25	8.91	6.50	3.31
山　东 Shandong	14.69	10.19	96.62	83.78	7.02	14.28	6.55	3.84
广　东 Guangdong	17.68	9.92	97.12	92.63	7.85	10.39	8.33	2.56
广　西 Guangxi	14.24	8.80	98.30	85.92	5.50	9.70	7.08	2.85
海　南 Hainan	15.17	11.39	97.71	95.03	15.65	16.65	11.26	3.34

效 益 指 标

农业主要经济效益指标（1998 年）
ECONOMIC RESULTS INDICATORS OF VILLAGES

地　区 Region	每一农业劳动者提供 loyer in Agriculture Supply				
	粮食产量（公斤）Output of Grain (kg)	棉花产量（公斤）Output of Cotton Crop (kg)	油料产量（公斤）Output of Oil-Bearing Crop (kg)	糖料产量（公斤）Output of Sugar Crop (kg)	水产品产量（公斤）Output of Aquatic Products (kg)
全国总计 National	**1570.2**	**13.8**	**70.9**	**17.7**	**119.7**
东部地区平均 Eastern Regions Average	**1968.1**	**7.4**	**59.7**	**28.9**	**297.1**
东部地区与全国比较（%）Compare	**125.3%**	**53.7%**	**84.2%**	**163.4%**	**248.2%**
北　京 Beijing	3533.2	2.7	41.9	66.2	112.8
天　津 Tianjin	2645.3	8.0	47.4	27.3	269.1
河　北 Hebei	1783.8	16.5	84.9	23.0	42.4
辽　宁 Liaoning	2889.2	2.8	36.9	34.2	494.0
上　海 Shanghai	2786.1	6.2	89.1	76.8	351.4
江　苏 Jiangsu	2229.9	30.2	75.5	19.4	184.2
浙　江 Zhejiang	1301.5	5.9	32.2	9.4	383.4
福　建 Fujian	1233.4	0.1	31.7	17.4	612.7
山　东 Shandong	1714.8	16.6	135.0	20.0	261.6
广　东 Guangdong	1291.3		52.6	19.7	367.5
广　西 Guangxi	970.7	0.1	33.9	15.6	135.6
海　南 Hainan	1238.2	0.0	55.8	18.2	351.2

各地区乡村企业主要财务和经济效益指标（1998 年）
MAIN FINANCIAL INDICATORS AND RATIOS OF ENTERPRISES RUN BY TOWNSHIPS AND VILLAGES BY REGION（1998）

地　区 Region	每百元固定资产原值实现利润（元） Profits per 100 Yuan Original Value of Fixed Assets (yuan)	每百元资金实现利润（元） Profits per 100 Yuan of Capital (yuan)	每百元资金实现的利润税金（元） Per-Tax Profits Per 100 Yuan Capital (yuan)	每百元营业收入实现利润（元） Profits Per 100 Yuan of Business Income (yuan)	每百元固定资产原值实现营业收入（元） Business Income Per 100 Yuan Original Value of Fixed Assets (yuan)	每百元营业收入占用的流动资金（元） Circulating Funds Per 100 Yuan of Business Income (yuan)
全　国 National	**14.6**	**8.1**	**12.9**	**5.1**	**284.3**	**33.3**
东部地区平均水平 Eastern Regions Average	**14.8**	**8.2**	**12.3**	**5.6**	**266.2**	**38.5**
北　京 Beijing	11.0	5.2	8.1	5.0	222.1	54.8
天　津 Tianjin	25.8	12.2	16.2	8.1	320.3	40.1
河　北 Hebei	20.3	13.5	16.6	8.0	253.5	30.9
辽　宁 Liaoning	26.0	13.7	19.0	6.7	385.9	29.4
上　海 Shanghai	10.3	4.4	7.3	4.6	221.2	62.2
江　苏 Jiangsu	7.8	4.0	7.7	2.9	271.4	41.5
浙　江 Zhejiang	10.4	5.0	10.5	4.1	251.2	45.0
福　建 Fujian	15.7	8.9	13.2	4.7	335.7	28.4
山　东 Shandong	21.7	12.1	17.8	6.8	317.3	29.8
广　东 Guangdong	8.9	5.0	7.8	4.2	214.9	41.4
广　西 Guangxi	11.8	8.0	13.1	3.9	300.9	21.8
海　南 Hainan	7.6	6.7	10.2	7.6	100.4	36.3

各地区全部国有及规模以上非国有工业企业主要经济效益指标（1998 年）
MIAN INDICATORS ON ECONOMIC BENEFIT OFINDUSTRIAL ENTERPRISES WITH INDEPENDENT ACCOUNTING SYSTEM BY REGION（1998）

地　区 Region	工业增加值率（%） Ratio of Value Added to Gross Industrial Output Value (%)	总资产贡献率（%） Ratio of Total Assets to Industrial Output Value (%)	资产负债率（%） Assets-Liability Ratio (%)	流动资产周转次数（次/年） Number of Times of Turnover of Circulating Fund (times-year)	工业成本费用利润率（%） Ratio of Profits to Industrial Cost (%)	全员劳动生产率（元/人年） Overall Labor Productivity (yuan-person-year)	产值销售率（%） Proportion of Products Sold (%)
全　国 National	**28.67**	**7.12**	**63.74**	**1.41**	**2.35**	**31346.86**	**96.52**
北　京 Beijing	28.90	5.81	61.63	1.15	2.81	41686.80	98.02
天　津 Tianjin	21.88	6.35	64.07	1.43	3.00	32066.12	97.94
河　北 Hebei	32.70	7.60	63.13	1.52	3.76	30274.33	97.74
辽　宁 Liaoning	27.26	4.86	65.55	1.17	-0.53	24154.85	97.07
上　海 Shanghai	25.68	7.10	54.44	1.38	3.80	55525.30	98.08
江　苏 Jiangsu	23.80	7.33	62.25	1.73	2.10	33120.72	95.96
浙　江 Zhejiang	23.36	9.60	58.88	1.76	3.99	34956.03	95.34
福　建 Fujian	29.52	7.88	56.10	1.76	3.13	38250.11	95.52
山　东 Shandong	29.51	8.94	64.34	1.75	4.18	34474.00	96.59
广　东 Guangdong	25.10	6.92	62.19	1.59	2.52	44551.24	96.52
广　西 Guangxi	29.80	5.71	69.10	1.39	-1.34	25732.75	96.01
海　南 Hainan	25.94	6.58	73.24	1.26	1.08	36393.55	95.21

各地区国有及国有控股工业企业主要经济效益指标（1998 年）
MIAN INDICATORS ON ECONOMIC BENIFTT OF STATE - OWNED INDUSTRIAL ENTERPRISES WITH INDEPENDENT ACCOUNTING SYSTEM BY REGION（1998）

地区 Region	工业增加值率（%） Ratio of Value Added to Gross Industrial Output Value（%）	总资产贡献率（%）	资产负债率（%）	流动资产周转次数（次/年） Number of Times of Turnover of Circulating Fund（times-year）	工业成本费用利润率（%） Ratio of Profits to Industrial Cost（%）	全员劳动生产率（元/人年）	产值销售率（%）
全　国 National	**32.95**	**6.51**	**64.26**	**0.93**	**1.61**	**29053.87**	**97.41**
北　京 Beijing	28.27	6.03	61.10	1.17	3.32	43219.14	99.16
天　津 Tianjin	27.45	4.16	67.89	0.10	-1.46	2582.54	98.45
河　北 Hebei	35.70	6.33	63.35	1.28	2.43	27533.41	98.49
辽　宁 Liaoning	28.63	4.60	65.99	1.05	-1.41	23573.74	97.91
上　海 Shanghai	29.55	6.90	53.00	1.20	4.19	60099.93	99.23
江　苏 Jiangsu	26.97	6.14	61.37	1.36	1.42	30084.85	97.84
浙　江 Zhejiang	29.73	7.63	57.55	1.38	3.15	39977.13	97.00
福　建 Fujian	36.10	9.38	58.39	1.47	5.07	42388.13	98.76
山　东 Shandong	34.30	7.52	63.39	1.43	2.85	32470.32	97.44
广　东 Guangdong	31.02	7.67	61.18	1.30	4.36	59662.68	96.94
广　西 Guangxi	31.13	5.54	69.24	1.23	-1.83	24380.04	96.29
海　南 Hainan	27.22	6.94	74.17	1.13	1.26	33038.86	96.78

各地区建筑业企业工程质量（1998）
CONSTRUCTION QUALITY OF CONSTRUCTION ENTERPRISES BY REGION（1998）

地区 Region	单位工程竣工个数（个） Number of Projects Completed	#优良品 High Quality	单位工程优良品率（%） Percentage of High Quality Projects	房屋建筑竣工面积（万平方米） Floor Space of Buildings Completed（10000sq.m）	#优良品 High Quality	房屋建筑竣工面积优良品率（%） Percentage of Floor Space of High Quality Buildings	技术装备率（元/人） Value of Machines per Labourer（yuan/person）	动力装备率（千瓦/人） Power of Machinery per Labourer（kW/person）
全国 National	**415501**	**126069**	**30.3**	**65682.6**	**24353.6**	**37.1**	**5127**	**4.3**
东部地区 Eastern Regions	**232789**	**66483**		**38173.5**	**14943.2**			
北　京 Beijing	14418	3082	21.4	2224.9	1087.8	48.9	4589	4.2
天　津 Tianjin	7584	1954	25.8	868.0	323.2	37.2	8408	7.1
河　北 Hebei	16207	6063	37.4	2922.2	1264.7	43.3	5147	5.5
辽　宁 Liaoning	20679	5748	27.8	2275.4	900.2	39.6	5435	5.4
上　海 Shanghai	15326	5361	35.0	1695.7	612.9	36.1	9500	5
江　苏 Jiangsu	46158	15628	33.9	9652.1	4080.8	42.3	4617	3.2
浙　江 Zhejiang	32329	7247	22.4	5267.0	2241.3	42.6	6573	3.4
福　建 Fujian	13095	2198	16.8	1494.3	273.3	18.3	5601	4.2
山　东 Shandong	36516	10978	30.1	4985.9	1761.7	35.3	4109	3.9
广　东 Guangdong	20685	5785	28.0	5466.0	2081.3	38.1	6580	5.8
广　西 Guangxi	8305	2054	24.7	1125.9	257.5	22.9	5765	5.3
海　南 Hainan	1487	385	25.9	196.1	58.5	29.9	3677	2.8

各地区历年建筑业企业劳动生产率

LABOR PRODUCTIVITY OF CONSTRUCTION ENTERPRISES IN VARIOUS YEARS BY REGION

（按建筑业增加值计算）

（In terms of value added.）

单位：元

（yuan）

地区 Region	1994	1995	1996	1997	1998
全国 National	**9144**	**11140**	**11337**	**12089**	**13350**
东部地区平均 Eastern Regions Average	**9665**	**11990**	**12792**	**13656**	**15374**
北京 Beijing	11998	12969	16344	17736	21203
天津 Tianjin	10814	16177	18077	17364	19791
河北 Hebei	7348	9885	9816	10785	10807
辽宁 Liaoning	9056	10658	11661	11883	12163
上海 Shanghai	12842	14967	18331	20666	23038
江苏 Jiangsu	8008	12808	12045	12683	12904
浙江 Zhejiang	10038	13386	14748	15863	17059
福建 Fujian	9488	12354	12754	12835	17159
山东 Shandong	9519	11720	9725	10889	12026
广东 Guangdong	10247	10455	12868	14396	16332
广西 Guangxi	9080	11129	9468	10578	12537
海南 Hainan	7544	7374	7663	8198	9463

各地区建筑业企业效益情况（1998 年）

ECONOMIC RESULTS OF CONSTRUCTION ENTERPRISES BY REGION

地区 Region	利税总额合计 Total Pre-tax Profits (10000 yuan)	利润总额 Total Profits	税金总额 Total Tax	产值利润率 Ratio of Profits to Output Value (%)	产值利税率 Ratio of Pretax Profits to Output Value (%)	资产利税率 Ratio of Pretax Profits to Assets (%)
全国 National	**4192554**	**1173285**	**3019269**	**1.2**	**4.2**	**3.5**
东部地区 Eastern Regions	**2817625**	**973210**	**1844413**			
比重（%） Proportion	**67.2**	**82.9**	**61.1**			
北京 Beijing	305450	123744	181706	2	4.9	3.5
天津 Tianjin	82554	29350	53204	1.4	3.9	2.9
河北 Hebei	165395	40479	124915	1	4.2	4.2
辽宁 Liaoning	89494	－42535	132028	－1	2.1	1.6
上海 Shanghai	273404	130723	142681	2.2	4.7	3.9
江苏 Jiangsu	416444	138139	278305	1.2	3.5	3.4
浙江 Zhejiang	476540	194607	281932	2.1	5.1	5.8
福建 Fujian	129438	26052	103386	1.1	5.3	3.2
山东 Shandong	379508	162328	217180	2.3	5.4	4.9
广东 Guangdong	424246	153969	270277	2	5.4	2.9
广西 Guangxi	65466	16059	49408	1.2	4.9	2.8
海南 Hainan	9686	295	9391	0.1	3.1	2.4

各地区产品质量情况（1998年）

QUALITY OF PRODUCTS BY REGION（1998）

单位：%

地　区 Region	产品质量等级品率 Rates of Grade Products			新产品产值率 Rate of New Products	质量损失率 Rate of Loss Due to Bad Quality
	优等品率 Rate of Products With Excellent Quality	一等品率 Rate of Products With First Grade Quality	合格品率 Rate of Products With Qualified Quality		
全　国 National	**19.80**	**39.50**	**40.17**	**14.25**	**0.72**
北　京 Beijing	25.78	33.46	40.75	14.03	0.93
天　津 Tianjin	12.35	49.07	35.46	11.11	0.36
河　北 Hebei	28.04	33.92	38.04	7.41	0.49
辽　宁 Liaoning	14.12	36.82	48.90	13.55	0.54
上　海 Shanghai	12.31	53.50	34.20	20.06	0.80
江　苏 Jiangsu	17.10	35.76	46.46	19.29	0.63
浙　江 Zhejiang	19.56	34.80	45.07	9.93	0.90
福　建 Fujian	21.68	42.99	35.06	18.70	0.35
山　东 Shandong	27.23	40.54	31.01	16.12	0.51
广　东 Guangdong	39.23	25.03	35.04	29.41	1.30
广　西 Guangxi	19.46	52.14	28.40	31.05	0.72
海　南 Hainan					

注：本资料由74个重点工业城市数据汇总而成。

a) Data in this table are collected from 74 main industrial cities.

开发区高新技术企业主要经济指标（1998年）

MAIN ECONOMIC INDICATORS OF HIGH-TECH ENTERPRISES IN DEVELOPMENT AREAS（1998）

开发区 Develop Area	企业数（个） Number of Enterprises	职工人数（人） Number of Staff & Workers (person)	总产值（万元） Gross Output Value (10000 yuan)	总收入（万元） Total Income (10000 yuan)	出口总额（千美元） Exports (1000 USdollars)
全国 National Total	**16097**	**1740499**	**43336003**	**48396371**	**8525381**
东部地区 Eastern Regions	**9009**	**561071**	**14806197**	**19051254**	**4149146**
比重（%）Proportion	**56.0%**	**32.2%**	**34.2%**	**39.4%**	**48.7%**
北　京 Beijing	4258	143381	3699551	6874297	652805
天　津 Tianjin	1737	77161	1523963	1724637	488895
石家庄 Shijiazhuang	368	31718	423873	633168	309052
保　定 Baoding	118	30735	393195	397039	60462
沈　阳 Shenyang	874	47382	871521	1203555	57883
大　连 Dalian	731	55642	617712	809384	180253
鞍　山 Anshan	100	21899	110029	78756	6353
上　海 Shanghai	372	73645	3572858	3724563	977137
南　京 Nanjing	207	31767	1647539	1711076	152660
常　州 Changzhou	138	21727	437017	426607	107056
无　锡 Wuxi	106	26014	1508939	1468172	1156590
苏　州 Suzhou	225	53297	1765662	1778668	915262
杭　州 Hangzhou	226	15549	959298	962642	37155
福　州 Fuzhou	105	19689	859069	768769	199022
夏　门 Xiamen	56	13382	376699	376575	259326

（续）

开发区 Develop Area	企业数（个） Number of Enterprises	职工人数（人） Number of Staff & Workers (person)	总产值（万元） Gross Output Value (10000 yuan)	总收入（万元） Total Income (10000 yuan)	出口总额（千美元） Exports (1000 USdollars)
济南 Jinan	203	39798	672012	725362	36877
青岛 Qingdao	122	39917	2130692	2113501	217182
淄博 Zibo	104	43980	485919	495713	61226
潍坊 Weifang	38	15160	259649	286883	26084
威海 Weihai	55	27381	342259	271339	169172
广州 Guangzhou	413	21019	444231	921358	77946
深圳 Shenzhen	162	29338	2392200	2212100	671000
珠海 Zhuhai	49	5674	204696	182865	37039
惠州 Huizhou	45	24790	858765	751865	250927
中山 Zhongshan	195	34853	1026257	867418	412094
佛山 Foshan	37	7918	391456	404413	122727
南宁 Nanning	112	11937	141478	220773	5519
桂林 Guilin	163	20775	317423	300615	22817
海南 Hainan	32	3676	106253	92707	3768

各地区三种专利申请受理和批准量（1998年）

THREE TYPES OF PATENT APPLICATIONS EXAMINED AND GRANTED BY REGION (1998)

单位：项 (item)

地区 Region	申请受理量合计 Number of Patent Applications Examined	发明 Inventions	实用新型 Utility Models	外观设计 Designs	批准量合计 Number of Patent Applications Granted	发明 Inventions	实用新型 Utility Models	外观设计 Designs
全国 National	**87591**	**12660**	**45664**	**29267**	**54994**	**1574**	**29558**	**23862**
东部地区 Eastern Regions	**59314**	**7514**	**28542**	**23258**	**38929**	**978**	**18392**	**19559**
比重（%）Proportion	**67.7%**	**59.4%**	**62.5%**	**79.5%**	**70.8%**	**62.1%**	**62.2%**	**82.0%**
北京 Beijing	6321	1758	3442	1121	3800	309	2522	969
天津 Tianjin	1485	204	925	356	1042	43	706	293
河北 Hebei	3295	597	2068	630	2090	56	1402	632
辽宁 Liaoning	5643	937	3746	960	3162	131	2339	692
上海 Shanghai	3419	573	1724	1122	2334	97	1219	1018
江苏 Jiangsu	5829	768	3499	1562	3787	85	2289	1413
浙江 Zhejiang	7074	571	3309	3194	4470	47	1967	2456
福建 Fujian	3393	201	1071	2121	2318	20	689	1609
山东 Shandong	7597	890	4270	2437	4127	91	2729	1307
广东 Guangdong	13473	753	3621	9099	10707	77	1992	8638
广西 Guangxi	1317	186	753	378	853	19	490	344
海南 Hainan	468	76	114	278	239	3	48	188

全国技术市场成交额

TRANSACTION VALUE IN TECHNICAL MARKET BY REGION

单位：万元

(10000 yuan)

地　区 Region	1992	1993	1994	1995	1996	1997	1998
全　国 National Total	**1508895**	**2075508**	**2288696**	**2683447**	**3002045**	**3513718**	**4358228**
东部地区 Eastern Regions	**956778**	**1351109**	**1483561**	**1718604**	**1986853**	**2312135**	**2900936**
比重（%）Proportion	**63.4%**	**65.1%**	**64.8%**	**64.0%**	**66.2%**	**65.8%**	**66.6%**
北　京 Beijing	313066	235497	371821	411681	458152	543192	815591
天　津 Tianjin	50656	63044	95188	121200	133475	150074	200298
河　北 Hebei	38305	67153	68371	84278	97853	115256	139090
辽　宁 Liaoning	131726	161988	215709	228615	242570	250372	280977
上　海 Shanghai	152458	154427	220927	230409	256499	287568	314060
江　苏 Jiangsu	72260	161456	138057	181563	238126	284473	330684
浙　江 Zhejiang	30830	86663	71966	97768	107293	133232	162275
福　建 Fujian	13545	33324	25117	30550	46205	57454	69363
山　东 Shandong	82955	138207	166977	185946	222509	241583	261922
广　东 Guangdong	63934	180802	95885	125972	131112	195993	248122
广　西 Guangxi	6305	23986	13543	20622	25181	17293	37021
海　南 Hainan	738	44562			27878	35645	41533

沿海开放城市选介

沈　阳　市

国民经济持续增长

1998年，沈阳市以党的十五大精神为指针，围绕"头年起好步、三年树形象、五年上台阶"的总体要求，实施"壮三活一"战略，加快结构调整，促进产业升级，完善城市功能，发展区域经济，实施凝聚力工程，深化改革，扩大开放，积极化解社会不稳定因素，带领全市人民开拓进取，努力工作，促进了国民经济持续增长，推动了社会事业的全面进步，圆满地完成了市十二届人大一次会议确定的各项任务。1998年全市实现国内生产总值941亿元，增长10.6%；地方财政收入55.81亿元，按可比口径增长8.85%。

农村经济全面发展

粮食产量达到325.9万吨，增长29.1%，是沈阳市历史上又一特大丰收年；蔬菜产量256.1万吨；肉类、禽蛋、水产品产量分别为28.2万吨、21.4万吨和9万吨，人均占有量居全国主要大中城市的前列。"一带四区"农业现代化建设开始启动。农业基础设施进一步完善。产业化经营发展态势良好，出现了一批产值超亿元、利税超千万元的大型龙头企业。乡镇企业改革全面展开，改制面已达95%。党的农村政策得到全面落实，延长土地承包期的工作进展顺利。已有70%的行政村进入小康村的行列。第一产业实现增加值65亿元，增长11.8%。

工业经济稳步增长

针对工业发展面临的困难和矛盾，通过深化企业改革，强化企业管理，实施政策联动和主辅分离，推动了工业经济的稳步增长。全市实现工业总产值1310亿元，增长19.2%。其中，国有及500万元以上非国有工业企业552.7亿元，增长12.5%。工业增加值365亿元，增长11.3%，产销率96.2%，提高0.9个百分点。实现利税31.6亿元，增长16.9%。实现利润7亿元，增长71.5%。18个企业集团实现工业总产值236亿元，增长24.6%。各工业局、集团所属企业产品成本降低8亿元。企业扭亏工作完成了省政府下达的责任制目标。金杯汽车二期"双加"改造等百余个技改项目竣工投产。第二产业实现增加值410亿元，增长11%。其中，建筑业实现增加值45亿元，增长8%。

第三产业快速发展

全市实现社会商品零售总额473.3亿元，增长11.5%。各类商品市场成交额556亿元，成交额超亿元的市场已达55个。商业连锁店、物资配送中心等新的流通形式逐步拓展。"四分开、一完善"的粮食流通新体制开始运行。新兴第三产业发展加快。证券、人才、劳动、技术、产权等生产要素市场不断完善。金融市场健康发展，金融机构存款和贷款分别增长19.2%和14.4%，货币净回笼229.75亿元。金融保险业增加值62.8亿元，增长11%。房地产业增加值12.1亿元，增长12.8%。商品房销售额29.2亿元，比上年增长66.2%。其它服务业增加值153.9亿元，增长14.6%。旅游业作为新兴支柱产业的地位开始确立。全年共接待海外游客12.1万人次，旅游外汇收入6007万美元。旅游资源得到进一步开发，旅游设施不断完善。通过国家旅游局验收，沈阳市成为首批“中国优秀旅游城市”。第三产业实现增加值466亿元，增长9.8%。

对外开放进一步扩大

以“四节两会”为主体的中国沈阳国际友好活动月活动，获得圆满成功。起到了增进友谊、加深了解、扩大开放、促进发展的积极作用。全年实际利用外资10.2亿美元，增长17.6%。来沈投资的国家、地区和大公司、大客户继续增加。国有大中型企业合资面达到50%。18个企业集团中已有12个54种主导产品与国外优良企业进行了不同程度的对接。自营出口创汇7.2亿美元。对外交流与合作不断扩大，先后开辟了大阪、札幌等国际航线，与韩国城南市、喀麦隆雅温得市建立了友好城市关系。开发区建设和发展不断加快。沈阳经济技术开发区实现工业总产值101.3亿元，增长35.1%；实现利税总额10.8亿元，增长19.1%。沈阳高新技术产业开发区实现工业总产值115亿元，增长31.9%；实现利税总额10.8亿元，增长21.5%。

民营经济健康发展

全市个体工商户已发展到21.6万户，民营企业发展到1.8万户，和光、东宇、协合、科讯、联谊、中辰等一批大型民营企业集团，成为沈阳市经济发展中的新生力量。民营经济已从流通领域向生产加工、电子信息等更广阔的领域延伸。民营经济在参与国有企业改革中迈出了新的步伐，同联、裕腾、纪颖、宝岩等民营企业集团成功收购或托管了一批中小型国有或集体企业。民营经济实现增加值400.4亿元，增长20.5%，为全市国内生产总值的42.5%。

城市建设取得新成果

“621”环境改造工程全面竣工；北部污水处理厂、赵家沟垃圾处理场和铁西分质供水工程相继投入使用。解决了7万户煤气拖期开栓和沈河、和平地区25万户煤气气质差的问题。王家庄地区的综合改造全面开工。沈新、沈大公铁立交桥等一批市政道桥工程全面完成，沈山高速公路、京哈线、沈营线、丹霍线及城市出口路建设取得了阶段性进展。沈阳金融商贸开发区建设初具规模。桃仙国际机场扩建工程、国际会展中心、省艺术中心、科普公园等改善城市功能的建设项目开始启动。城市管理进一步规范，小区整治、物业管理、城市环境、交通秩序都有不同程度的改观。

社会事业全面进步

科技优势不断增强，共取得科技成果755项，推广应用率达80.9%。科技与经济对接硕果累累，技术贸易成交额达到14.8亿元。成功地举办了’98中国沈阳第二届科技周和首届沈阳电脑节。大学科学园和科研院所办企业发展迅速。科学家公寓建设进展顺利。教育为经济建设和社会发展服务取得新成果，“普九”工作通过了国家教育部的复检验收。沈阳大学合校成功，经国家教育部本科评价达标合格。在市内五区启动了教育现代化工程，素质教育取得一定进展，小班额教学开始在小学入学年级实行。为“一带四区”服务的六项工程和下岗职工再就业培训工作取得阶段性成果。卫生事业有新进步，各类急慢性传染病得到有效控制，群众的卫生保健水平和公共卫生管理水平进一步提高。初级卫生保健提前两年达到国家标准。体育事业蓬勃发展，成功地举办了’98中国沈阳亚洲体育节，获得国际、国内的广泛赞誉。

人民生活水平进一步提高

城镇居民人均可支配性收入4931.6元，农民人均纯收入2892元，分别增长4.6%和20.6%。物价保持了基本稳定。实施了安居工程和安居乐教工程，解决了部分教师、职工和城市低收入居民的住房困难，城市人均居住面积增加到7.77平方米。全市50%的国有企业下岗职工实现了再就业。在养老保险支付极端困难的情况下，基本保证了企业养老金的发放。出台了《沈阳市实施城镇居民最低生活保障制度暂行办法》，为城镇最困难群体提供了基本的生活保障。积极采取有效措施，认真解决与人民群众密切相关的供暖、供气、供水、供电和动迁、回迁等问题。妥善处置了一批社会性的不稳定问题。

城市建设步伐加快

经过几届政府的努力，沈阳的城市面貌发生了巨大变化，城市形象、城市档次、城市知名度和城市综合实力显著提高。由于在城市建设和环境改造方面坚持了可持续发展战略，在改造人居环境上取得了很大成绩，沈阳市市长做为沈阳市的代表，获得了1998年度“联合国人居奖”，这是沈阳市人民的荣誉。1998年，沈阳市与北京、上海同时被邀请参加全球“最具竞争力的城市”大会。这一切说明了沈阳市的种种努力得到了国际社会的充分认可，说明了沈阳市在国际社会树立了新的形象，并占据了更重要、更有利的地位。

（沈阳市政府办公厅　洪　波）

沈阳市国民经济主要指标

指标	单位	1998年		1997年	
		地区	市区	地区	市区
年底人口数	万人	674.9	480.0	673.8	479.1
其中：非农业人口	万人	424.22	387.63	422.6	386.3
土地面积	平方公里	12980	3495	12980	3495
人口密度	人/平方公里	520	1375	519	1371
年末劳动力资源总数	万人			473.1	
其中：乡村劳动力	万人	119.6	—	141.9	
国内生产总值	亿元	941	793.3	851.1	725.7
农林牧渔业产值	亿元	120.88	40	108.70	30.17
粮食产量	万吨	325.88	90.8	252.5	80.1
蔬菜产量	万吨	256.1	145.9	216.72	128.87
猪牛羊肉产量	万吨	17.3	3.5	17.3	3.5
水产品产量	万吨	9.0		8.4	1.6
全部工业总产值	亿元	1333	1286	1150	998
其中：乡及乡以上	亿元	667.75	—	657	617
客运总量	万人	7673	7175	8342	7795.47
货运总量	万吨	14822.3	14485	14550	14412
固定资产投资总额	亿元	183.8	119.19	165.7	146.6
其中：住宅	亿元	36.79	21.61	36.1	21.3
房地产开发投资额	亿元	35.6	27.29	28.8	25.1
商品房销售额	亿元	29.2	20.4	17.6	15.7
出口贸易总额	万美元	89490		95334	
进口贸易总额	万美元	66601		47631	
利用外资签订协议总数	项	475	462	485	465
利用外资签订协议金额	万美元	103278	101936	76318	73061
实际利用外资金额	万美元	102081	101150	53760	53208
国际旅游人数	万人	12.1		11.9	
国际旅游收入	万美元	6007		574626（万元）	
地方财政预算内收入	亿元	55.81	52.17	47.9	41.7
地方财政预算内支出	亿元	69.12	65.18	60.45	51.5
银行年末各项贷款余额	亿元	1147.39	1047.92	1066.14	1012.97
每万名职工中专业技术人员数	人				
其中：中级职称以上	人				
城镇居民家庭人均生活费收入	元	—	4931.6	—	4714
农村居民家庭人均纯收入	元	2892	—	2398	—

注：表内各项产值均按当年价格计算

（沈阳市人民政府办公厅供稿）

大 连 市

政治经济及文化各项事业再获新进展

（一）综合经济实力进一步加强 1998年，全市完成国内生产总值935亿元，按可比口径计算，比上年增长12.2%；人均国内生产总值2086美元。其中，第一产业增加值419.4亿元，增长11.3%；第三产业增加值413.9亿元，增长14.3%。

（二）农业生产创历史最高水平 1998年，完成农业总产值（现价）185.7亿元，比上年增长9.7%。全市粮食总产量达到147.66万吨，超过历史上大丰收的1980年；地方水产品总产量185万吨，蔬菜总产量201.4万吨，水果总产量95.3万吨，肉、蛋、奶总产量42.9万吨，均创新的历史纪录。特色农业、精品农业发展步伐加快，新增远洋渔船42艘，是1996年前10年的总和，远洋捕捞生产扩展到20多个国家和地区；工厂化养鱼发展到6.1万平方米，高值、高效品种发展到6个，俄罗斯鲟鱼养殖形成规模，实现利润1000多万元，港养虾池综合利用创产值5.3亿元，达到历史最好水平；新发展蔬菜保护地0.23万公顷；新建成60项精品工程，实现产值7.59亿元、利润1.68亿元、出口创汇4790万美元；专业化商品生产基地发展到180多个。乡镇企业完成增加值516亿元，比上年增长15%；实现利润150亿元，增长13.8%；实缴税金14.38亿元，增长12.8%；完成合同外资6.2亿美元，实际使用外资2.56亿美元。成功地举办了'98大连国际渔业博览会，有46个国家和地区的3000多名客商到会洽谈。甘井子区的丰源制靴、普兰店市的大杨集团和中浪麦芽、庄河市的华丰家具、瓦房店市的大成食品等一批外向型乡镇企业迅速崛起。农村生态环境得到改善，完成石质山造林104.1万株，残次林改造1.35万公顷，“四旁”植树1576万株，新建千亩以上苗圃4个；建成园林式村庄102个、花园式单位305个，大连市被国家确定为全国造林绿化样板市。

（三）国有工业在调整中得到发展 1998年，大连市完成工业总产值（现价）1768亿元，比上年增长18%，其中国有工业产值350亿元，增长19.1%。减员分流顺利实施，市属国有工业企业下岗分流职工6.3万人。推进企业上市募集资金4.5亿元，国有工业增资减债总额达33亿元。清理不良资产力度加大。三项资金占用比上年减少4亿元，压缩5%。企业结构得到调整，纺织行业完成12万枚压锭任务，分流职工1万多人，搬迁重组设备286台，将三大纺织企业组成锦达纺织集团，实现了当年减亏目标；完成9户企业整体搬迁改造；签订利用外资项目48项，合同外资2.25亿美元，实际使用外资2.13亿美元，其中投资额超1000万美元的大项目11项。学邯钢，市属工业企业否决28.7万人次的工资、奖金等4299万元。派出20名稽察特派员及助理对22户国有大中型企业进行监督。国有骨干企业在调整中发展壮大，大连造船厂和造船新厂新造船舶17艘，总吨位98万吨；大连石化公司实现利税12亿元，出口交货值4.7亿元；冰山集团实现利税3亿元，超市冷冻设备占据全国市场30%，工业制冷设备占60%；大显集团实现利润1.3亿元，出口创汇1亿美元；盛道集团利税突破亿元大关，产量与效益位居全国同行业之首；大起、大重在宝钢重大项目投标中一举成功。

（四）商贸业整体水平明显提高 1998年，大连市完成社会消费品零售额410.9亿元，比上年增长14.1%，国有商业实现利润在全国名列前茅。胜利广场、先施秋林、迈凯乐、百盛、香格里拉、瑞士酒店等一批具有国际水准的商业设施相继竣工开业，新增营业面积40万平方米、日均营业额500多万元。改建了5条精品商业街和10条商业大街。新增大型批发市场面积10万平方米，有3个批发市场年交易额超过15亿元。新建货仓式商场3个，高标准超市11个，便民连锁店62个。市区完成马路市场退路进厅56处，累计达到109处，在全国率先基本解决了市场占道经营问题。举办了地工产品展销会，开设专店、专柜，地工产品市场占有率提高了5个百分点。大商集团积极调整经营战略，实现利税1.5亿元；北上成功购并了抚顺、锦州、营口市3家最大的百货零售店，实现了跨地区经营和低成本扩张。商业配送已延伸到北京、天津、成都等大中城市。个体私营经济快速发展，全市新批个体工商户2.88万户、私营企业5100家，分别比上年增长15%和30%。交通运输业又有新发展，开通、恢复国际航空线各2条，开辟国际集装箱班轮航线2条，全市空中航线达到71条、海上国际航线9条。大连港完成货物吞吐量7515万吨，大连国际机场旅客吞吐量211.7万人次。

（五）对外经贸在困境中又创佳绩 1998年，大连市新批外商投资企业760家，合同外资25.1亿美元，实际使用外资14亿美元。对外招商向欧美拓展，与45个国家和地区的客商进行广泛洽谈，多次赴京登门拜访跨国公司驻华代表，使来连投资的跨国公司增加到21家，欧美在连投资总额达7.2亿美元，比上年增长45%。开发区发挥了对外开放的“龙头”作用，招商引资取得显著成效，实现合同外资8亿美元；保税区发挥功能优势，实现合同外资3亿美元；度假区坚持招商旅游并重，实现合同外资2.25亿美元；商新园区加快产业化项目引进，实现合同外资2.2亿美元；星海湾商务区积极引进大项目，实现合同外资1.5亿美元。金港新区筹委会正在发挥综合服务和保障等方面的作用。对内招商力度加大，先后到宁波、厦门、哈尔滨、北京等地开展10次较大规模的招商活动，共签订合同及意向345项，合同金额15.9亿元。对外贸易取得突破性进展，全市完成自营出口34.5亿美元，比上年增长14.5%。一些大型出口生产企业出现了转机，西太平洋石化公司加工原油340万吨，实现产值46亿元；中国华录公司录像机磁头销量达420万对，出口创汇6300万美元。全市签订对外承包工程和劳务合作合同695项，比上年增长71.6%；合同金额1.65亿美元，增长17.9%；外派劳务1万人次，增长50.2%。1998年举办大连出口商品交易会、汽车暨零部件展、国际电子通讯产品展等各类展会41个，参展国家和地区37个，贸易总额250亿元，比上年增长20.2%。成功地举办了东亚城市市长会议、加中贸易理事会年会、烟花爆竹迎春会、第二届中国花卉交易会等活动；第十届大连国际服装节盛况空前，国际奥委会主席萨马兰奇等1100多名国内外贵宾出席了开幕式，180多家海内外新闻单位的记者来连采访报道，服装博览会实现交易额27亿元，比上届增长82.5%。接待来自129个国家和地区的宾客和海内外旅游者1900万人次，旅游总收入61.4亿元。大连市荣获首批中国优秀旅游城市称号。

（六）城市建设成效显著 1998年，列入大连市重点建设项目93项，为拉动内需，又将1999年的40多项重点项目提前开工，是重点项目建设最多的一年。横跨庄河市、普兰店市和金州区、开发区的黄海大道全线通车，又一鼓作气开工了旅顺南路改造工程。黄海大道、振兴路、东北路、中山路和旅顺南路将一线贯通，形成北起庄河，南至旅顺，全长180公里的双向四排道高等级公路。市内东北路、长春路等6座立交桥全部投入使用；大修、维修市区道路205万平方米；覆盖有轨电车路面10.2公里。普兰店皮口港扩建工程竣工通航。东北亚最大的现代化散粮中转基地北良工程的中转库、码头和铁路专用线等主体工程完工；南关岭国家粮食储备库的浅圆仓和立筒仓主体基本完工。华能大连电厂二期工程2台35万千瓦机组投入使用；香海热电厂工程正在进展；煤气新厂点火试车成功；日供饮用水1000吨的长海县海水淡化工程基本建成。希望、长江、远洋、联合、金座等10座大型三资公建主体封顶或局部投入使用；广播电视中心主体工程已收尾，新妇产医院主体封顶，新自然博物馆、新华书店、伯川图书馆、中日文献资料馆、棋牌苑竣工。项目建设全部实行招投标和监理制，工程进度快、质量好、市重点项目降低造价12%。集健身、购物、旅游观光和餐饮娱乐为一体的奥林匹克广场正在昼夜施工，英雄纪念公园一期、虎雕广场改造等工程已完工。市区植树150万株，栽植花卉1000万株，垂直绿化103万株，新增绿地94万平方米，市区绿化覆盖率39.4%，人均公共绿地7.3平方米。又有22个住宅小区被评为“国家优秀示范小区”。市区全部实行生活垃圾袋装化收集，大连市成为全国第一个实现垃圾清运密封化的城市。大钢、大化等企业污染治理初见成效，关停12家小白灰、石材等重污染企业，甘井子区年减少烟尘、粉尘量4000吨，大连市被列为中日环境合作示范首选城市。

（七）财税金融运行平稳 1998年，大连市完成地方财政收入64亿元（含中央税收净返还和专项拨款为80亿元），比上年增长9.7%，其中金州区、甘井子区的财政收入均突破3亿元；地方财政支出79.7亿元，比上年增长8.2%。全市完成各项税收126.3亿元，其中国税80亿元，比上年增长9.14%，地税46.3亿元，增长9%。金融机构各项存款余额1106亿元，比年初增加93.7亿元，贷款余额1000亿元，增加84.7亿元。金融市场交易活跃，外汇交易额14亿美元，位居全国计划单列市之首；保险市场承保额达3700亿元，保费收入24.8亿元，居东北各市的第一位；证券市场交易量首次突破1000亿元，比上年增长33%；大连商品交易所交易额6700亿元，位居全国第二。

（八）人民生活继续改善 1998年，全面启动了早点工程和厨房工程，开办了400个便民早餐店，建立了23个厨房食品定点生产厂，千余家商店延长了营业时间。城区完成住宅竣工配套面积209万平方米，人均居住面积达到9平方米；安置低洼区住户6500户；更新公交车450辆；新增供热面积208万平方米，新增管道煤气户3万户。再就业工程向纵深拓展，市财政安排4亿元专项用于下岗职工基本生活和再就业；通过“即时服务”，鼓励自谋职业和“城下乡”等措施，使8万名下岗和失业职工得到安置，城镇登记失业率控制在3%以内。扶贫帮困送温暖活动不断深入，在市区有15400多名党政干部联络帮助下岗职工6592户，向8370人发放最低生活保障金540万元，向12.7万人发放临时救济金2846万元；在农村实施四位一体、秸杆养牛等富民项目，使2.7万户农民脱困致富。城乡居民储蓄存款余额689亿元，比年初增加81.2亿元。城市居民年人均可支配收入6155元，农村居民年人均纯收入3400元。

（九）社会各项事业全面进步 大连软件园、彩色液晶显示器、普兰店丰荣工厂化农业示范基地等一批高科技项目陆续启动，全年认定登记技术合同2980项，成交额6.2亿元，大连市在全国率先跨入科教兴市先进城市行列。中小学素质教育取得成效，庄河市实验小学的心脑算、山南头小学的书法教学受到国务院领导的赞誉；中等职业教育结构进一步优化，高等职业教育已经启动。金卫远程医疗网络大连卫星站开通试运行，急救医疗网络项目已进入调试阶段，大连市被国家确定为卫生免检城市。人口自然增长率为1.88‰。双拥工作成绩突出，全市用于安置军转干部和为部队办实事资金2.24亿元。残疾人事业向规范化迈进。民族、宗教、侨务、对台和档案工作发挥出积极作用。

（十）精神文明和民主法制建设不断加强 以争创国家文明城市为目标的精神文明建设全面展开，通过星期六义务奉献日、文明护绿和敬老认亲等活动，爱我家园、助人为乐蔚然成风。在全国抗洪救灾中，全市各界捐款捐物价值5000多万元。根据国务院的部署，向贵州的遵义、六盘水，湖北的兴山和西藏的那曲等对口支援地区捐款物价值740万元。各级政府自觉接受人大的法律监督、工作监督和政协的民主监督，充分发挥各民主党派、无党派人士和人民群众参政议政作用，985件市人大代表的建议、批评、意见和政协委员的提案全部办理完毕。地方立法和执法工作取得新进展，58件政府规章和规范性文件已发布实施，核发执法证件4940个，审理行政复议案件173件。全市乡以上单位受理群众来信来访18.6万件次、热线电话5.2万件次，处结率达98%以上。监察工作得到加强，清查机关带来单位财务违纪金额1.19亿元；清理公款装配住宅电话9044部、移动电话4624部，收回资金450余万元；查处违法违纪案件750件，有318人受到政纪处分。全市1481个村全部实行了村务公开和民主管理。抓紧了盛达、宝路等7户企业非法集资清理退款工作，将6户企业的1.19亿元个人集资款按不同比例返还给5.97万集资户，并依法惩处了11名非法集资主犯。完善以110报警服务为载体的社会公共救援系统，城区救援覆盖面达90%以上，接警调度有效率达到100%，维护了社会的正常秩序。

1998年，大连市虽然取得了较大成绩，但也应该看到，由于亚洲金融危机的冲击，大连作为对外依存度比较高的城市，受到的影响十分严重。1998年占全市年引进外资总额70%以上的港澳台、韩国和东南亚等国和地区，投资额比上年减少三成以上，使全市利用外资遇到前所未有的困难，企业对外出口受阻。同时，国内市场疲软，企业产品积压，效益下滑，有的被迫停产或半停产，职工下岗，待业人员增多，使就业和再就业压力加大。另外，在计划经济向市场经济转换中，长期积累的矛盾集中显露，国有工业企业跟不上市场经济发展的步伐，债务包袱沉重，三项资金占用比重过大；创名牌、开拓市场意识不强，产品结构调整慢；优势企业规模较小，高科技含量、高附加值产品少；企业管理水平较低，制约监督机制尚不健全等，直接影响了全市的经济发展。这些问题，有待于在新的一年里采取有效对策，努力加以解决。

经济建设和人民生活实事

（一）对外经贸 新批直接利用外资项目合同外资25亿美元，实际使用外资14亿美元，进出口总额50亿美元，外贸自营出口30亿美元。组织好2次大型招商活动。邀请国外80个高规格经贸团组来连考察洽谈，引进10家国际知名跨国公司来连投资。完善外向型计算机信息网络建设，建立百万家世界企业客户档案数据库，与各区市县、先导区及有关部门实现网络互联。

（二）工业 工业招商合同外资4亿美元，实际使用外资2亿美元。市属国有工业企业资产负债率下降3个百分点。地方独立核算国有工业企业亏损额下降20%。工业企业上市3户。完成开发性搬迁改造企业8户。全市工业企业盘活资产存量10亿元。基本解决大化、华录的债务问题，完成大钢的整顿。纺织行业压锭12万枚，当年减少亏损30%以上，3年扭亏为盈。创建市级名牌产品10个。再建花园式工厂6个。

（三）农业 粮食总产量达到145万吨，复种指数提高到125%，改造中低产田3.33万公顷，新增节水灌溉面积1.33万公顷。播种冬小麦2.87万公顷。新建井、塘、库、闸、站1000处，治理水土流失面积2万公顷。减少贝类养殖病害30%，提高港养池虾产量25%。新增远洋捕捞船20艘，地方水产品总产量175万吨。新建农业精品工程60项。其中，千亩以上园田化精品粮田4个，百亩以上精品菜园4处，百亩以上名特优精品果园6处，千亩以上精品苗圃4处，受益面积千亩以上精品水利工程11个，其他精品菜园、养殖场、加工厂等35项。新发展“四位一体”农业生态户8000户，新建太阳能热水器7000平方米、太阳能暖房（农舍）500栋。

（四）乡镇企业和区街经济 乡镇企业新批利用外资项目合同外资6亿美元，实际使用外资2.5亿美元。完成乡镇企业增加值500亿元，其中工业增加值300亿元；利润总额150亿元；实缴国家税金14.2亿元。市内四区财政收入完成10亿元，新批合同外资2.5亿美元，实际使用外资1亿美元。

（五）开放先导区 开发区，新批利用外资合同金额8亿美元，实际使用外资4亿美元。引进1000万美元以上项目10个，5家世界著名跨国公司进区投资。实现出口创汇15亿美元。确保振兴路杨屯定向立交桥、大窑湾净水厂建成投入使用。保税区，新批外商投资企业120项，合同外资额2.5亿美元。实际使用外资1亿美元。实现市场交易额50亿元。进出口总额突破10亿美元。金石滩国家旅游度假区，新批项目合同外资2亿美元，实际使用外资0.8亿美元。完成5000吨净水厂、金石广场3平方公里的道路和环路绿化工程建设，金石国际会议中心主体完工。合资建设的2平方米玻璃温室投入使用。新增绿地60万平方米。

（六）展览业 完成在会展中心举办40个展（博）览会的任务，实现交易额250亿元。办好国际服装博览会、出口商品交易会、国际家具暨木工机械展览会、国际汽车暨零部件展览会、国际百货商品交易会、国际渔业博览会、国际电子通信产品展览会等大型国际展（博）览会。同香港海岸国际展览公司、香港工商业展览公司等国际著名展览机构在大连合作办展。

（七）口岸工作 海港完成货物吞吐量7200万吨，国际集装箱吞吐量54万标箱，新辟2条国际集装箱班轮航线。开通大连至长春的集装箱直达专列班车。大窑湾港一期工程9、10号码头主体工程完工。努力完成20万吨级进口矿石立项和30万吨级进口原油码头项目的可行性研究。空港完成旅客吞吐量210万人次，新辟1条、恢复2条国际航线，每周增加大连到日本、韩国、香港的航班6个。实施机场扩建发展规划工作。积极推进烟大火车轮渡前期工作。搞好口岸EDI系统建设，实现出口集装箱单证资料、进出口舱单资料的电子数据交换。

（八）金融 吸引国内、国外各1至2家金融机构到大连落户。完成大连市地方银行——大连市商业银行的组建与开业。建设市级和区市县级支付系统处理中心。完善各类银行卡的联网，使ATM、POS的入网量达到2500个，POS机增加到2300个，入网卡数达到8种，各类银行卡的使用覆盖面达到80%。完成大连冷冻机股份有限公司B股发行工作，加快“大连国际”发行H股的筹备工作进度，选择适当时机在香港上市。全年证券交易额达到800亿元，占全省交易额的比重增至35%以上。尽快完成大连商品交易所会员制改造，新发展全国会员30家，期货交易额达到1450亿元，争取期货交易规模排在全国第二位。

（九）科技 实施高新技术成果转化工程，解决冷冻机关键技术等主导产品重大技术难题10项，建立、发展农药中间体、合成纤维等工程技术中心、工厂化农业等科技示范基地10个。培育生物育种、生物制药等高新技术产业增长点10个。支持、发展氟涂料、膜工程等高新技术产业化项目20项，实现新增产值中技术贡献25亿元。启动计算机软件产业工程，信息产业收入争取达到50亿元。推动民营科技企业发展。争取1家科技企业上市。高新技术产业园区，新批利用外资合同金额2亿美元，实际使用外资0.8亿美元，启动“九五”高科技产业化项目16个，实现技工贸总收入55亿元。

（十）绿化 农村四旁植树1500万株，石质山裸岩造林100万株，改造低产林1.33万公顷，铺种草坪50万平方米，栽植花卉50万株，新发展园林村庄102个，新建花园式单位305个。市内完善6个公园，新建及改造公园、广场和游园绿地20个，创建花园式单位20个，更新20条道路行道树。种植花卉1000万株，垂直绿化100万株，绿化覆盖率达到39.2%，人均公共绿地达到7.3平方米。

（十一）商业 全年社会商品零售额增长15%。商业招商合同外资2亿美元，实际使用0.8亿美元。发展培育果品、生产资料、水产品、蔬菜、旧物等10个交易额5亿元以上的区域性批发市场（其中15亿元以上3个、10亿元以上2个）。积极筹建城郊农副产品加工交易基地和华南国际时装日用品交易市场。新建3个大型货仓式商店、10个高标准超市、50个便民连锁店，完善9个配送中心。建立熟肉制品加工基地。全面启动早点工程，配备100辆便民早餐车，开办400家便民早餐店。搞好50处集贸市场的改造，完成55处集贸市场退路进厅。将人民路、中山路改造成高标准的精品商业大街。基本完成国际商城主体工程。建设5条精品商业街、10个餐饮乐园、12个购物示范店。

（十二）重点工程 黄海大道全面竣工通车。实施城市供水系统和煤气管网改造项目。开工建设香海热电厂，基本完成“引刘入普”工程，推进台山热电厂前期工作。建成煤气新厂、英雄纪念公园、自然博物馆、棋牌苑并投入使用。全面完成体育场改造工程，广播电视中心一期工程竣工，人才交流中心主体封顶。全面建成市急救中心及6个分站，启动市妇产医院新建工程。整修旅顺博物馆，新扩建4所普通高中，开工建设4个市民体育健身房，建成中日资料馆。继续实施县市区“五个一”工程，即改造一个棚户区、改造一个小城镇、整治一条路街或河道、新建一处公共绿地、新建一个乡村示范住宅小区。

（十三）公建项目 确保国贸大厦，站前不夜城、远洋大厦、希望大厦、中山大厦、新华书店、长江广场、万泰大厦等8个项目竣工交付使用，新世界广场、麒瑞中心、云山大厦、亚太金融中心、华星大厦、联合大厦等6个项目年内主体封顶，启动五一广场大世界商业中心、物贸大厦等2个项目。

（十四）路桥建设 完成春柳、桃源街道等6座城市立交桥建设，大修市区道路120万平方米、维修60万平方米，覆盖有轨电车路面6.5万平方米。开工建设红旗东路。高标准改造长江路、沈阳路、水仙街等50条路街，支持电业局撤掉电杆880根，电缆落地106公里。更换人行步道方砖18万平方米，新安设树池篦子8000块。路街和住宅小区新安装路灯3000盏，解决兴工街、荣民街、香一坊、促进路等20条摸黑路问题。设置交通指示牌1000个。

（十五）公用设施 建立新的垃圾除运体系，新增垃圾袋装化10万户。更新公交车辆250台，出租车500台。新发展煤气用户2万户，燃气普及达到97%。新增供热面积160万平方米，住宅供热普及率达到88.5%。改造公交车站台150个。新建、改造公厕20座。新发展电话用户10万户，公用电话1500部，新增现代电话亭、新式邮筒各100个。

（十六）住宅建设 实现住宅竣工配套面积150万平方米，市区人均居住面积增加到8.5平方米。全面完成低洼区改造任务，启动100万平方米棚户区改造工程，动迁安置居民1.5万户。启动大染住宅区的建设。完成安居工程20万平方米，提供安居住房5000套，解困6000户。再创建20个国家级优秀物业管理小区。全面推进住房制度改革，年内筹集房改资金15亿元。

（十七）社会保障 实现下岗职工就业6万人，城镇登记失业率控制在3%以内。推行再就业即时服务。对减人增效的国有企业下岗职工实行托管分流，托管率要达到100%。除财政拨款外，新增扶贫资金1000万元。组织好1至2次大规模的社会扶贫工程。市内新结敬老认新对子3000个，建立和完善达到规范标准的扶贫物资捐助总站30处。确保5万贫困农民脱贫。进一步完善和扩大医疗保险。

（十八）公安 完善以110报警为龙头的社会公共救援系统建设，城区救援覆盖面要达到90%以上，接警调度有效率要达到100%。全部案件破案数不低于1.2万起，现行重特大案件破案数不低于3500起。全面完成24个派出所更新改造工程。新增、更换207基大型道路反光标志牌，在迎宾路、主要交通干线和大修后的交通干线新涂反光交通标线6万平方米。在市区主要路段基本消除行人横穿马路现象。

（十九）文体旅游活动 成功举办第十届大连国际服装节、烟花爆竹迎春会、赏槐会、国际马拉松赛和冰峪冰灯会。1998年接待入境旅游者24万人次，旅游创汇2.2亿美元。确保大连成为首批中国优秀旅游城市。进一步加强卫生除害工作，年内灭蚊、灭蝇达到国家先进标准。组建游泳俱乐部。支持万达足球队蝉联全国甲A联赛冠军。支持马家军在亚运会上取得好成绩。

（大连市对外经济贸易委员会　赵成武）

大连市国民经济主要指标

指标	单位	1998年		1997年	
		地区	市区	地区	市区
年底人口数	万人	543.24	262.40	540.36	259.71
其中：非农业人口	万人	265.61	200.09	260.03	195.19
土地面积	平方公里	12574	2415	12574	2415
人口密度	人/平方公里	432	1087	430	1075
年末劳动力资源总数	万人	—	—	—	—
其中：乡村劳动力	万人	118.67	—	118.86	—
国内生产总值	亿元	926.27	649.22	820.60	—
农林牧渔业产业	亿元	185.7	77.9	169.97	72.9
粮食产量	万吨	147.66	23.8	111.74	13.7
蔬菜产量	万吨	201.4	81.5	180.2	75.1
猪牛羊肉产量	万吨	19.4	6.8	17.6	4.3
水产品产量	万吨	200.5	—	186.6	114.3
全部工业总产值	亿元	1705.4	—	1517.4	—
其中：乡及乡以上	亿元	726.1	641.3	—	—
客运总量	万人	10934	—	10950	—
货运总量	万吨	20520	—	20800	—
固定资产投资总额（全社会）	亿元	263.5	—	262.2	—
其中：住宅	亿元	51.1	—	42.3	—
房地产开发投资额	亿元	62.9	60.3	64.2	62.6
商品房销售额	亿元	48.7	46.0	27.2	26.2
出口贸易总额	亿美元	34.5	—	30.1	—
进口贸易总额	亿美元	22.2	—	20.8	—
利用外资签订协议总数	项	1128	—	1213	—
利用外资签订协议金额	亿美元	25.15	—	28.10	—

（续）

指标	单位	1998年		1997年	
		地区	市区	地区	市区
实际利用外资金额	亿美元	14.08	—	14.22	—
国际旅游人数	万人	20.6	20.6	20.5	20.5
国际旅游收入	万美元	15300	15300	16.6（万元）	16.6（万元）
地方财政预算内收入	亿元	64.4	57.98	58.1	53.3
地方财政预算内支出	亿元	79.7	69.1	73.2	63.9
银行年末各项贷款余额（金融机构）	亿元	999.6	858.8	914.4	783.6
各类专业技术人员数	万人	24.3	15.7	24.6	15.9
其中：中级职称以上	万人	10.4	8.3	10.1	8.0
城镇居民家庭人均可支配收入	元	6093	—	6070	—
农村居民家庭人均纯收入	元	3431	—	3081	—

注：表内各项产值均按当年价格计算

（大连市统计局供稿）

丹东市

国民经济平稳发展

1998年，丹东市各族人民在市委、市政府领导下，高举邓小平理论伟大旗帜，认真贯彻落实党的十五大精神，进一步深化改革，扩大开放，促进发展，保持稳定，经过全市人民的艰苦努力，实现了国民经济的平稳发展和社会的全面进步。全年实现国内生产总值157.8亿元，按可比价格计算比上年增长6.2%。其中第一产业增加值31.1亿元，增长9.1%；第二产业增加值61.5亿元，增长4.7%；第三产业增加值65.2亿元，增长6.9%。一、二、三产业增加值占国内生产总值的比重由上年的18.3∶41.9∶39.8调整为19.7:39:41.3。人均国内生产总值6570元，比上年增加266元。

农村经济蓬勃发展

紧紧围绕“粮食增产、县区财政收入增加、集体经济实力增强、农民增收”的工作目标，以推进农业产业化经营为突破口，农村经济全面发展。全年实现农林牧渔业总产值53亿元，比上年增长12.7%；农业增加值完成31.1亿元，比上年增长9.1%。粮食生产克服了前期干旱、低温寡照，中后期暴风雨灾害等不利气候条件，喜获丰收。全市粮食总产量76.7万吨，比上年增长20.6%，是历史上少有的丰收年。农业产业化进程加快，粮食、林业、畜牧、水产、蔬菜、干鲜果品等6大产业15个骨干品种得到延伸和拉长。畜牧业生产持续增长。全年肉类总产量9.1万吨，比上年增长3.9%。其中猪肉增长11.8%。奶类产量0.4万吨，增长5.6%。年末全市生猪存栏71.4万头，比上年末增长17.7%。渔业生产又创历史新记录。全年水产品总产量18万吨，比上年增长18.3%。其中淡水产品产量3.2万吨，海水产品产量14.8万吨，分别增长26.6%和16.6%。农田水利建设取得新成绩。继续开展“大禹杯”竞赛活动，治理小流域，改造中低产田。全年投工量达2245万工日，完成土石方5002万立方米，新修加固堤防549公里，疏通河道575公里。改造中低产田28700公顷。农业生产条件继续有所改善。全市农机总动力70.23万千瓦，比上年末增长2.4%；农用排灌机械动力6.09万千瓦，新增有效灌溉面积1150公顷。乡镇企业继续保持较快发展势头。全市乡镇企业总产值272.7亿元，比上年增长21.4%，其中乡镇工业总产值210.2亿元，增长21.8%。乡镇企业实现利税32.5亿元，增长23.1%。

工业经济下滑势头初步得到遏制

通过进一步强化对工业经济运行的调度，狠抓扭亏增盈和加强企业管理工作，使工业经济下滑的趋势逐步得到遏制，从下半年开始生产逐月回升，产销衔接状况有所好转。全市工业总产值完成301.3亿元，比上年增长4.5%；工业增加值完成53.7亿元，按可比价格计算比上年增长5.7%；全市工业产销率为97.7%，比上年提高1.4个百分点。技术改造取得一定成效，产业、产品结构有所改善。在项目少、资金难争取、工作难度大的情况下，全年完成技改投资2亿元，比年初确定的指标超额5000万元，技改项目实现销售收入4亿元，利税3000万元。其中，丹东啤酒厂3万吨啤酒扩产改造，丹东五一八厂D6114曲轴精加工改造等均按计划实施，进展情况良好。1998年初计划全市有518厂5000吨和3150吨压力机改造、石化总厂移地改造、电子研究所煤气表收费系统改造等6个技改项目投产见效，经过一年的努力，6个项目均正常运转，并取得了一定的效益。

企业产权制度改革取得了突破性进展

1998年，各县（市）区、市直各工业局在市有关部门的大力支持和配合下，按照省委、省政府和市委、市政府的统一部署，狠抓了中小企业产权制度改革，取得突破性进展。全市917户参改企业，完成改制823户，改制面达89.7%，其中县（市）区企业643户，完成620户，完成改制面为96.4%；非工口企业95户，完成68户，改制面为71.5%；市属工业企业179户，完成改制135户，改制面为75.4%。一些已改制的中小企业通过深化内部改革，在经营机制和分配方式等方面开始发生可喜的变化，其内部能量将随着时间的推移逐步释放出来。认真贯彻落实省委、省政府关于全省国有大企业改革与发展座谈会议精神，突出抓了列入全省60户重点企业的化纤、汽车以及鸭纸、518厂等国有大企业改革与发展，通过积极工作，这些大企业在主辅分离、分配制度改革、减员增效、实施再就业工程以及招商引资等方面取得明显进展。按照国家和省对试点城市的部署及要求，认真组织实施了“三条路”计划，全市列入计划的13个项目进展顺利，全年核销银行呆坏账准备金20144万元。13户企业除2户破产企业外，其余11户企业生产经营都出现明显转机，1998年销售收入增长16%，工业增加值增长5倍，亏损额比上年减亏2355万元，减亏幅度达38%。

社会保障事业有了一定的发展

一是深化职工养老保险制度的改革。按照《丹东市实行职工养老保险市级统筹的决定》，理顺了县、市两级的社保机构的管理体制和业务关系，实行了人、财、物的垂直管理，完成了职工养老保险的市级统筹工作。在认真贯彻落实《丹东市城镇私营企业个体工商户从业人员基本养老保险实施办法》的同时，又制定出台了《丹东机关事业单位工作人员基本养老保险暂行办法》，把养老保险范围扩大到机关事业单位。1998年参加职工养老保险统筹企业中，国有和集体企业的职工已占全部在职职工的96.2%，离退休职工占全部离退休职工的98.2%。养老保险的覆盖面国有企业达到98%，集体企业为86%，三资企业为81%，私营个体为32%，在册职工与离退休人员之比为2.72:1。机关事业单位已有245户、1245人参加了养老保险。二是强化城镇职工的失业保险。全市参保户数2919户，占核定户数的87.53%，参保职工总数358920人，覆盖面达96.94%，截止到11月末统计，全市共收缴失业保险金1002万元，全额超过省定的969万元和市政府核定的850万元的收缴额，收缴率达90%，累积滚存达670万元，发放失业救济金468.27万元。三是加快医疗保险制度的改革步伐。

再就业工程正在引向深入

全市各职能部门齐抓共管，使全市再就业工作出现了良好的态势，取得了一定的成效。全市下岗职工总数为14.58万人，其中国有下岗职工9.1万人，占64.4%，全市下岗职工实现再就业人数为3.2万人，占再就业人数的22%，其中，国有企业下岗职工再就业为2.1万人，占再就业总数的68%，完成了省下达的再就业指标。全市有下岗职工的国有企业全部建立了再就业服务中心，进入再就业服务中心的国有企业下岗职工3162人。千方百计筹措资金，从7月份起基本做到了离退休金按时足额发放。

政府机构改革积极稳妥推进

根据国家的机构改革总体安排和企业产权制度改革的进程，适时地推进了政府机构改革，转变了政府职能。改革从所属企业已基本完成转制或已不具备政府行政职能、不能适应新形势需要的主管局开始，先后对化工局、医药局、建材局、煤炭局、贸易局及物资集团进行了改革和重组，即由原市煤炭和建材局合并改建为市煤炭建材工业局，由原化工、医药局合并改建为化工医药管理局，原物资集团归属贸易局。改建后的局分别为市政府直属机构，承担其合并前的行业管理职能。组建后，其编制由原来的109人缩减为59人，缩减幅度为45.9%。已不具备行政管理职能的物资集团划并到市贸易局，所属企业由贸易局承接。机构撤销后，14名工作人员就地分流。此外，还对21家事业单位实施了就地改为企业的改革，使这些事业单位脱离政府机构的附属，走向市场，独立运行。与此同时，大力加强政府机关建设。积极推行社会服务承诺制、行政执法公示制，努力改进政府机关工作作风，提高工作质量，机关形象有所改进。对科及科以下国家公务员实行竞聘上岗和双向选择聘任制，促进了机关建设。开展评选“十佳服务机关”和“群众最不满意机关”活动，促进了机关作风的转变。加大了反腐倡廉和纠风治乱工作力度，群众反映强烈的公款吃喝、高消费、乱办班、乱摊派等现象有所遏制。

市场体系建设和流通领域的改革步伐加快

一是加快市场建设，完善市场体系。对全市170处城乡集贸市场加强引导、管理和服务，使集贸市场朝着健康、有序、规范的方向发展。全年实现集贸成交额24.4亿元，比上年增长11.6%。生产要素市场进一步得到完善，先后建起了木材、建材和旧机动车辆三大交易市场。劳动力市场发展到42家，促进了劳动力的合理流动和再就业工作的开展。市人才中心举办了3次较大规模的人才交流会，发布人才信息1.9万条，交流各类人才4315名，为549家企业提供了人才服务。二是培育证券和期货市场，促进其规范和发展。全市4家证券市场经过几年培育和发展，已初步形成规模。证券营业部营业面积比1997年同期增长38.46%；从业人员增长45.83%；开户股民数比增长51.64%；股票交易额为36.9亿元。三是深化粮食流通体制的改革。在实施国家“三项政策”改革的同时，进一步深化了粮食企业的改革。粮食系统的改制面达到了40.3%，市属企业的产权制度改革面达到了66.4%。原直属一级企业26户，其中主附在一起的粮食收储企业10户，通过改革，原粮食企业全部实行了主附分设，共分离企业16户。改革后的市属企业共42户，扣除10户粮食收储企业和1户承担行政职能的事业单位和5户特困户外，其余26户企业已全部完成转制任务，分别实行了产权出售、股份制、租赁等改革形式。

对外开放进程不断加快

市委、市政府根据丹东独特的地缘优势，制定了沿边、沿江、沿海“三沿”并用，外贸、外资、外经、外事、外旅“五外”联动，构筑全方位、多层次、宽领域、纵深化的对外开放新格局的工作思路；大张旗鼓地开展全民招商引资活动，加大吸引域外资金力度；出台了吸引域外资金的优惠政策，设立了全市招商引资办公室；认真处理外商投诉案件，改善服务质量，优化投资软环境，全市对外开放工作有了新的进展。对外贸易持续快速增长。全市完成外贸进出口总额66347万美元，比上年增长9.7%。其中出口完成40111万美元，增长12%。在出口总值中，外贸企业完成9060万美元；三资企业完成28986万美元，比上年增长19.8%；自营企业完成2065万美元，增长51.5%。全市进口完成26236万美元，比上年增长6.3%。全市完成边境贸易进出口总额17039万美元，比上年增长13.3%。其中出口完成13189万美元，比上年增长9.7%；进口完成3850万美元，增长27.8%。招商引资有所发展。全年利用外资技术引进成交118项，合同总金额12105万美元。其中新办三资企业91家，合同总金额10964万美元，协议外资金额7254万美元；加工装配成交27项，合同总金额1141万美元，比上年增长186.7%。截止1998年12月底，全市三资企业累计816家，合同总金额92157万美元，协议外资金额41137万美元。1998年新投产营业企业40家，累计投产营业300家。三资企业全年创产值31亿元，比上年增长3.3%；实现销售收入27.8亿元，比上年增长10.3%；外商投资企业资金累计到位18063万美元，其中本年到位2773万美元，比上年增长26%。全年还引进域外内资项目451个，资金到位103265万元。对外经济技术合作有新的进展。对外承包工程和劳务合作合同金额达430万美元，1998年向国外新派劳务合作人员712人，比上年增长55.1%，年末在外人数为1171人，增长49.7%。国际旅游人数增加。全年共接待来丹东市的海外旅游者9487人次，比上年增长33%，获取旅游外汇收入454万美元。

第三产业、个体私营经济快速发展

采取政策扶持、重点培育、拓展领域、多种经济成份一起上等措施，推动第三产业进一步发展。消费品市场货源充足，城乡贸易进一步发展，实现社会消费品零售总额61.3亿元，比上年增长8.4%。运输业稳定增长，港口吞吐量完成230万吨，比上年增长4.5%；邮电业务总量完成4.7亿元，比上年增长10.6%。风景旅游区环境有所改善，接待能力和服务水平有所提高。社会化服务向多领域拓展，信息、咨询、律师、家政、社区和中介服务发展较快。积极扶持个体私营经济发展，全市私营企业、个体工商户已达8.99万户，从业人员18万人，比上年增长17.9%；创造产值31亿元，实现营业额73亿元，分别比上年增长28%、33.4%，成为丹东市经济发展的重要增长点。

财政金融保险保持平稳运行

在财政形势十分严峻的情况下，充分挖掘潜力，强化税收征管，努力增收节支，较好地完成了财政工作目标。全地区全口径财政收入完成155796万元，比上年增长7.4%，其中市本级完成54141万元，增长7.4%。实现了全地区当年财政收支平衡，略有结余。金融运行平稳，为地方经济发展做出了积极贡献。丹东市金融机构各项存款余额207.5亿元，比年初增加27.7亿元，增长15.4%；全市金融机构贷款余额为

183.2亿元，比年初增加12.3亿元，增长7.2%。保险事业持续发展。年末，全市承保总额316.4亿元，比上年末增长29.3%。全年保费收入7.66亿元，比上年增长21.6%。全市有4252户企业参加了企业财产保险，有74.57万人次参加了人身保险。全年财产保险赔款金额0.73亿元，人身保险给付金额4.97亿元。

城乡建设取得新的成果

加大基础设施投入力度，努力改善城乡居民生产生活环境。投资规模55亿元的沈丹高速公路本溪至丹东段工程已经开工；丹东至宽甸、凤城至本溪等重点二级路改扩建工程完工，形成了全市“一环三射”公路网的主体格局；大东港功能提高，成功靠泊了5万吨货轮；开通了丹东至韩国仁川客货班轮航线和丹东至日本直江津港集装箱班轮航线；民航丹东机场综合服务系统建成使用；华能丹东电厂一号、二号机组并网发电；邮电通信有新的发展。花园路拓宽改造工程完成，提高了丹沈公路出口的通车能力；江沿路铁路桥扩孔工程竣工，改善了陆路口岸交通秩序；建成新安商业步行街，改造了站前广场和七经街；城市绿化、美化水平有新的变化。以12项专项整治为重点，深入开展城乡爱国卫生运动，城市管理水平进一步提高。完成了城市总体规划大纲和土地利用总体规划修订工作，为城市建设和土地利用科学化、法制化提供了依据；城市公用事业克服诸多困难，保证了生产和居民生活需要；加大取暖费收缴力度，基本保证了按期供暖。加强水污染和空气污染防治以及声环境建设，城市环境质量状况基本稳定。

科技教育在支持经济增长中发生了重要作用

完成科技项目138项，高新技术产业化工程开始起步。组织企业与科研院所开展课题合作，落实了一批高新技术产业化试点企业及重点高新技术项目。完成了一批农业科研攻关、火炬计划项目，加大了农业新技术推广和星火计划实施力度，为推进农业产业化进程发挥了积极作用。开发性科研院所进入经济建设主战场，并取得了一定进展。进一步落实《丹东市教育改革和发展纲要》，基础教育在接受国家“普九”检查中获得好评，农村初级职业教育稳步发展，城市职高专业技能训练和综合技能教育质量明显提高，高等教育有所发展。岗位培训和继续教育进展较好，完成下岗职工培训12万人次。

文化、卫生、体育等各项事业全面发展

积极开展各种形式的文化活动，城乡群众文化生活进一步活跃。新闻出版、广播电视宣传质量和水平有所提高。新建、扩建一批村级有线电视站，完成了有线电视网络升级工程的光缆铺设任务。加大文化市场整顿力度，基本保证了文化市场的健康发展。举办了少数民族运动会和农民运动会，全民健身活动十分活跃，被评为“辽宁省群众体育优秀市”。城市社区卫生服务试点取得成效，农村合作医疗得到初步恢复和发展，城乡医疗机构的医疗水平逐步提高，传染病得到有效控制。积极整顿医药和市场秩序，保证了群众的正常医疗需要。爱国卫生运动和争创全国卫生城工作取得良好成果。全市计划生育率达99.92%，继续保持全省领先地位。

（丹东市对外经济贸易委员会　孙绍童）

丹东市国民经济主要指标

指　　标	单　位	1998年		1997年	
		地区	市区	地区	市区
年底人口数	万人	240.4	70.0	239.9	69.7
其中：非农业人口	万人	97.4	57.9	96.8	57.5
土地面积	平方公里	14910	563	14910	563
人口密度	人/平方公里	161	1241	161	1238
年末劳动力资源总数	万人	125.5	32.0	125.7	33.8
其中：乡村劳动力	万人				
国内生产总值	亿元	157.8	75.7	151.9	72.9
农林牧渔业产业	亿元	53.0		48.6	3.4
粮食产量	万吨	76.7		63.6	1.5
蔬菜产量	万吨	95.5		97.4	16.2
猪牛羊肉产量	万吨	8.0		6.5	0.5
水产品产量	万吨	18.0		15.2	0.2

(续)

指　　标	单　位	1998年		1997年	
		地区	市区	地区	市区
全部工业总产值	亿元	298.4	91.2	201.6	71.6
其中：乡及乡以上	亿元			119.1	70.5
客运总量	万人	1942.5	980.6	3179	1608.3
货运总量	万吨	2095	713.1	3076	996
固定资产投资总额	亿元	39.3	30.0	43.2	33.8
其中：住宅	亿元	2.5	1.5	1.7	1.1
房地产开发投资额	亿元	3.6	2.5	3.9	3.0
商品房销售额	亿元	3.2	2.2	2.8	2.1
出口贸易总额	万美元				
进口贸易总额	万美元				
利用外资签订协议总数	项	91	46	48	32
利用外资签订协议金额	万美元	7254	4135	40346	6238
实际利用外资金额	万美元	8043	1415	28589	1531
国际旅游人数	万人	0.95	0.81	0.7	
国际旅游收入	万元	3579	3378	4000	
地方财政预算内收入	亿元	9.3	4.8	8.2	4.0
地方财政预算内支出	亿元	14.4	7.8	12.9	4.4
银行年末各项贷款余额	亿元	207.5	88.8	169.5	68.1
每万名职工中专业技术人员数	人	2421	2512	1538	1720
其中：中级职称以上	人	898	934	544	610
城镇居民家庭人均生活费收入	元	×	3840	×	3847
农村居民家庭人均纯收入	元	2819	×	2579	×

注：表内各项产值均按当年价格计算

（丹东市统计局供稿）

锦　州　市

社会发展综述

1998年，锦州市紧紧依靠和带领全市各族人民，努力克服亚洲金融危机和国内市场需求不旺带来的不利影响，战胜了严重的洪涝灾害，全市国民经济和各项社会事业持续健康发展。1998年完成国内生产总值190.6亿元，按可比价格计算比上年增长8.5%。其中，第一、二、三产业分别增长13%、3%和10%。第一、二、三产业增加值分别占国内国民生产总值的33%、32.3%、34.7%。人均国内生产总值6274元，比上年增长5.8%。

（一）农村各业全面增长　粮食产量达到187.3万吨，蔬菜、水果、肉蛋奶、水产品产量分别达到350万吨、35万吨、51.9万吨和17.5万吨，同比分别增长9.3%、4%、6.3%和8.7%。农林牧渔业完成总产值124.4亿元，按可比价格计算比上年增长12.4%。乡镇企业上缴税金3.2亿元，增长10.3%，县级财政收入完成5.9亿元，增长7.3%。

（二）农村联产承包责任制进一步落实　锦州市1630个村共54万农户全部实行了家庭联产承包责任制，实行家庭联产承包经营的土地面积500万亩，占全市耕种面积的97.1%。第一轮土地承包到期的1043个村有901个村完成了土地承包期延长30年合同的续签工作。

（三）农村扶贫工作力度加大　锦州市共为贫困地区解决贷款233.14万元，无偿援助资金1575.46万元，化肥166.8吨，年末贫困人口由上年的1.12万人下降到0.7万人，下降37%。贫困户由3068户下降到1889户，下降38%。贫困村由62个下降到38个。贫困地区的人均收入由上年的1400元上升到1600元。

（四）**农业产业化经营稳步发展** 北宁市常兴店镇以葡萄贮藏保鲜为主的果菜产业化基地建设已进入辽宁省先进行列，五粮乡“工厂化高效农业示范区”已建成20栋高效温室，平均亩产值3.41万元。全市农业优良品种覆盖率达92%。科技进步对农业贡献率达到52%。

（五）**工业改革与调整取得成效** 锦州市有21户国有骨干企业初步建立了现代企业制度，11户进行了资产重组。锦州港B股和金城A股股票成功上市，融资3.4亿元，国有企业通过优化资本结构，减债2.7亿元。截止年底，全市已有股份有限公司20家，其中已有4个成为上市公司，累计吸收社会资金13亿元；有限责任公司287户，组建大型企业集团19个，重组存量资产近20亿元。中小企业改制面达74%，县属企业改制面达到90%以上。全年开发新产品285种，投产139种，新增利税5630万元。地方国营工业企业亏损额下降15%，亏损面下降5%。全年实现工业总产值267.4亿元，比上年增长7.0%。其中，中直企业实现工业产值63.9亿元，增长6.5%；省属企业实现产值4.2亿元，增长11.7%；市属企业产值实现39.1亿元，与上年基本持平；县区企业产值实现69.4亿元，增长16.7%；个体工业产值实现90.8亿元，增长5.7%。

（六）**招商引资的工作力度不断加大** 举办了中国·锦州经贸合作说明会、招商恳谈会、文化艺术节暨锦州经贸洽谈会等一系列大型招商活动，招商领域已延伸到西欧、澳洲、非洲、北美、日本等众多国家和地区。全年新批利用外资项目41个，合同外资额10516万美元，当年到位外资4202万美元。派出各类劳务2227人次，按可比口径计算，各项指标均超过上年。一是利用外资领域进一步拓宽，方式有新突破，结构逐步优化，1998年批准欧美项目13个，合同外资额4448万美元，占全市新签外资总额的42%。私营企业合资合作项目10个，合同外资额2338万美元。锦州港B股上市融资2100万美元。大中型企业合资合作项目4个，合同外资额1878万美元。二是外贸出口市场开拓有新进展。全年对欧盟出口增长37.2%，对美国出口增长3%。三是劳务输出质量和外派人员素质有所提高，在全市对外派劳务人员中，技术型劳务已占60%以上。

（七）**流通体制改革步伐加快** 全面实施了粮食流通体制改革，做到了“敞开收购、顺价销售、封闭运行”。商贸企业通过深化改革和加强管理，经营成果明显好转。供销系统部分基层供销单位重现生机，发展了禽蛋、棉花、果菜、生产资料等36个专业合作社。

（八）**市场体系建设取得新进展** 1998年新建市场8个，改扩建市场5个，面积12.8万平方米，市场总数已达226个。拓展了超市、连锁店、专营店和物资代理配送等现代流通方式。锦州市社会消费品零售额完成82.9亿元，同比增长4.1%。市场物价持续在低位运行。1998年商品零售价格指数为98.5%，比上年下降1.5%；居民消费价格为98.8%，比上年下降1.2%。强化了生猪定点屠宰工作，开展了打击假冒伪劣商品活动，查获伪劣农资商品价值91.7万元。

（九）**个体私营经济突飞猛进** 出台并实施了《关于大力发展非公有制经济的决定》,先后为22户私营企业挂了“重点保护企业”牌匾。取消了对个体私营企业的20项不合理收费。个体私营业户达12.7万户，从业人员达21.8万人，同比分别增长18.1%和20.6%。

（十）**再就业工作成效显著** 锦州市有21010名下岗职工实现了再就业，其中，国有企业下岗职工实现再就业11000人，劳务输出实现3570人（含到外省市输出人员），到农村进行“四荒”开发，实现再就业2490人。全市共筹措再就业资金3322万元，保证了再就业工作顺利开展。一是认真贯彻国家、省关于国有企业下岗职工基本生活保障和再就业工作会议精神，市政府与各县（市）区签订责任状，市直各部门和全社会各界积极参与，使再就业工程成为了“社会工程”。二是大力开展转岗转业培训，提高下岗职工再就业能力，全市建立再就业培训基地37个，免费培训下岗职工12478人，其中80%以上实现了再就业。三是加强再就业服务中心的建设与管理，实现下岗职工再就业的限时服务。市政府投资1000多万元建成了现代化的再就业服务中心，提高了再就业服务水平。同时企业再就业服务中心建设也取得了一定进展，1998年锦州市共建成企业再就业服务中心199个。

（十一）**社会保障工作逐步完善** 1998年实收养老保险基金22560万元，收缴率为84.4%。其中市本级实收18270万元，收缴率为87.84%。从下半年开始，基本实现了养老金的按月逐额发放，全年共为111户特困企业借垫养老金3250万元。城市居民最低生活保障制度全面实施，对4386户居民实行了特困救济，保证了他们的基本生活。农村社会养老保险工作继续得到巩固和发展。基本完成了企业职工基本养老保险个人账户的建立工作。1998年底已建个人账户职工230862人，建户率为92%。

（锦州市　鲍百灵　王怀家　杨国安）

锦州市国民经济主要指标

指　　标	单　位	1998 年		1997 年	
		地区	市区	地区	市区
年底人口数	万人	304.2	81.3	303.5	80.9
#非农业人口	万人	106.1	65.9	105.3	65.3
土地面积	平方公里	10301	440	10301	440
人口密度	人/平方公里	295	1843	294	1827
年末劳动力资源总数	万人				
#乡村劳动力	万人	76.9	7.1	74.6	7.0
国内生产总值	亿元	186.5	77.0	179.6	77.1
农林牧渔业产值	亿元	121.9	7.8	100.3	7.2
粮食产量	万吨	187.1	5.3	127.5	3.8
蔬菜产量	万吨	302.1	60.1	320.6	54.8
猪牛羊肉产量	万吨	23.2	1.3	27.0	12.2
水产品产量	万吨	17.7	8.3	16.1	7.5
全部工业总产值	亿元	269.8		268.6	131.2
#乡及乡以上	亿元			164.9	117.5
客运总量	万人	2316.4	870.8	2324.2	770.1
货运总量	万吨	4572	1968	4705	1656
固定资产投资总额	亿元	28.4		24.2	
#住宅	亿元	8.8		6.6	
房地产开发投资额	亿元	5.4	5.3	4.8	4.8
商品房销售额	亿元	4.8	4.7	4.4	4.3
出口贸易总额	万美元				
进口贸易总额	万美元				
利用外资签订协议总数	项	40	27	33	24
利用外资签订协议金额	万美元	8417	7433	24766	24331
实际利用外资金额	万美元	4202	4010	5980	5808
国际旅游人数	万人	0.26		0.20	
国际旅游收入	万美元	138		154	
地方财政预算内收入	亿元	11.1	5.9	9.1	4.9
地方财政预算内支出	亿元	16.5	8.1	14.4	8.0
银行年末各项贷款余额	亿元	207.1	134.1	190.1	121.4
每万名职工中专业技术人员数	人	2077		1936	
#中级职称以上	人	945		895	
城镇居民家庭人均生活费收入	元	—	4566	—	4367
农村居民家庭人均纯收入	元	2582	—	2400	—

注：表内各项产值均按当年价格计算

（锦州市统计局供稿）

葫芦岛市

国民经济持续稳步增长

1998 年，葫芦岛市国内生产总值达到 153.5 亿元，比上年同期增长 10.2%，其中，一、二、三次产业增加值分别达到 30.5 亿元、70.4 亿元和 52.6 亿元，分别比上年增长 9.7%、9.1%和 12%；农业总产值 40 亿元，比上年增长 14.4%；全部国有和年销售收入 500 万元以上的非国有工业企业总产值 98.1 亿元，比上年增长9.77%；市级财政收入80077万元，比上年增长13%；全社会固定资产投资46.5亿元，比上年增长20.6%；金融机构各项存款余额达到165亿元，各项贷款余额达到203亿元，均比上年初增长14%；城乡市场集市贸易成交额达到40亿元，比上年增长6%；社会消费品零售总额达到51.5亿元，比上年增长6.2%；市场物价稳定，城市居民消费价格指数为98.4%；商品零售价格指数为98.3%；城镇居民人均可支配收入4887元，扣除物价因素，比上年略有增长；农民人均纯收入2302元，扣除物价因素，比上年增长14.3%；人口自然增长率为4.35‰。

农村经济跃上新台阶

农业获得大丰收。1998年全市粮食总产量达到107.97万吨，比上年增长34.9%，创历史最高水平；水果总产量75万吨，比上年增长22%；水产品总产量20万吨，比上年增长14.3%；蔬菜总产量105.9万吨，比上年增长8.5%；肉蛋奶总产量25万吨，比上年增长13.1%；完成植树造林2.91万公顷。农田水利基本建设步伐加快。全市完成水库、河道等防洪工程17项、水利灌溉工程755处,新增有效灌溉面积1.13万公顷;治理水土流失面积5.51万公顷。土地管理工作得到加强,全年复垦耕地284.6公顷。农业产业化有新进展。1997年下半年以来扩建、新建的25个龙头项目,大部分已建成投产,新增产值1亿元,利税2000万元,新增农产品生产基地3533公顷,带动5万农户。

工业基本建设和技术改造进展顺利

1998年，全市共安排工业技改项目30项，当年完成投资10.3亿元，有5个项目竣工投产。其中总投资为4.5亿元和6.7亿元的锦化化工集团8万吨离子膜烧碱、锦西炼油化工总厂140万吨重油催化裂化提前投产，当年实现增加值2.6亿元，利税0.8亿元；总投资额分别为1.99亿元和0.5亿元的渤海造船厂10万吨级船台、锦西化工机械厂专用透平压缩机等项目进入收尾阶段；总投资分别为105亿元和62亿元的国家重点建设项目绥中发电厂完成投资60亿元，绥中36-1油田基地开工建设。此外，总投资7.83亿元的锦化化工集团聚氯乙烯项目已完成投资2亿元；20万吨聚氯乙烯项目计划投资26.8亿元，已经国家有关部门批复。

对外开放迈出新步伐

1998年，葫芦岛市共引进域外项目383个，实际到位资金7.8亿元，其中外商投资3132万美元，比上年增长1.69倍；对外交流与合作进一步扩大。葫芦岛市在日、韩、美、俄等国均开展了招商引资和经贸考察活动，签订了10项合资合作合同；同82家外国驻京使馆商务处和国外经贸组织驻京办事机构建立了稳定的联系；参加了第二届中国投资经贸洽谈会、大连“小交会”、中俄边贸洽谈会等招商引资活动，达成合作意向30多个；首次在境外投资项目进展顺利，葫芦岛市邮电实业总公司在莫斯科开办的传呼台已完成设备安装，开展业务，并将在全俄联网经营。对外贸易不断拓展。针对亚洲金融危机造成产品出口受阻的实际情况，及时调整出口重点对象，巩固东南亚传统市场，积极开拓欧美和非洲市场，出口美国市场和欧美市场的产品分别比上年增长26%和87%；全市进出口总额2.3亿美元，其中出口总额1.5亿美元。

改革取得新突破

农村改革进一步深化。按照党的十五届三中全会关于稳定家庭承包经营制度的要求，目前全市已有74个乡镇、780个村完成了延长土地承包期30年工作，分别占全市乡村总数的60%和53.5%。企业改革取得重大进展。按照辽宁省鞍山会议精神，以“三分一开”为重点，制定实施了《葫芦岛市国有大中型企业改革实施方案》。渤海造船厂等6户现代企业制度试点工作进展顺利；积极推进了国有大中型企业的主辅分离。1998年全市国有大中型企业共下岗分流职工1.2万人；企业分配制度改革试点工作正在进行。中小企业产权制度改革取得突破性进展，改制面达到92.5%。所有制结构调整步伐加大。非公有制经济快速发展。非公有制经营领域不断扩大，经营实力有所增强，经营环境有所改善，全年取消各种不合理收费38项。全年新增个体工商户9500户、私营企业210户，分别比上年增长13%和17.6%。

城市建设和交通、通信工作取得新成绩

加强了城市基础设施建设。1998年葫芦岛市实施了4项重点城市基础设施建设工程。一是民用天然气一期工程主体竣工，已有7000户居民使用燃气。二是完成了海滨路等10条道路改造和龙湾大街等38500平方米的人行步道方砖更新。三是重点实施了龙背山、龙湾海滨、五里河、住宅小区和道路的绿化工程；城市绿化覆盖率达到30.56%，人均公共绿地增加到7.42平方米，均超过辽宁省“绿叶杯”竞赛达标标准；五里河水上乐园二期工程完工，建成了10万平方米的人工湖，游船码头交付使用。四是房屋开发改造工程。开工改造棚户区36万平方米，新建经济适用住房25万平方米。交通、通信和人防建设等工程取得新发展。全年共完成道路改造73公里，铺设黑色路面113公里修建桥梁70座；京沈高速公路境内段和出入口连接线

工程进展顺利；葫芦岛港扩建一期工程万吨级码头各项设施基本配套，投入运营；建筑面积15300平方米的客运站主体工程完成；平山水源工程进展顺利，隧道及拦河闸等关键性工程已经竣工，并与辽宁省供水集团公司签订了合资建设合同；城乡电话普及率达到每百人6部；人防办连续两年被辽宁省评为达标先进单位。此外，锦西炼化总厂、锦化化工集团等几户大企业污染源得到了有效控制。

企业职工下岗分流和再就业工作取得新成果

全市共有下岗职工的284户国有企业都建立了再就业服务中心，下岗职工都进入再就业服务中心，都领到了基本生活费。1998年省、市、县三级财政共筹集生活保障费3700万元，已下发3115万元。各级政府及有关部门千方百计为下岗职工拓宽再就业门路，到1998年底，通过组建街道就业服务站、开拓社区服务就业渠道、创办有形市场，增加就业机会，动员全社会力量，开展连心桥活动等方式，全市已有26330名下岗职工实现了再就业，再就业率达到93%。从7月份起，做到及时足额发放离退休职工养老保险金，并补发了拖欠2100万元。此外，对城市人均收入120元以下的3014户特困户实行了最低生活保障线制度，共发放保障金356万元；对农村2717户实行了定期定量救济，发放救济金106.65万元，为受灾农户发放救灾款513万元。

（葫芦岛市人民政府　赵俊田　刘　鉴）

葫芦岛市国民经济主要指标

指　　标	单　位	1998年		1997年	
		地区	市区	地区	市区
年底人口数	万人	265.2	89.7	264.5	89.2
其中：非农业人口	万人	72.3	44.8	71.3	44.0
土地面积	平方公里	10415	2301	10415	2301
人口密度	人/平方公里	254.6	387.6	253.9	387.6
年末劳动力资源总数	万人	124.1	45.9	123.9	45.5
其中：乡村劳动力	万人	78.2	16.1	76.3	15.4
国内生产总值	亿元	150.7	91.4	140.8	91.2
农林牧渔业产值	亿元	56.2	13.8	54.2	12.9
粮食产量	万吨	102.5	25.1	80.1	16.9
蔬菜产量	万吨	105.9	34.3	97.6	33.3
猪牛羊肉产量	万吨	11.0	2.0	16.5	3.4
水产品产量	万吨	20.7	1.4	17.6	1.1
全部工业总产值	亿元	226.2	175.3	232.6	164.9
其中：乡及乡以上	亿元	152.7	138.4	183.8	159.4
客运总量	万人	1553	1539	1880.9	1079.8
货运总量	万吨	3842	1636	4485	2319
固定资产投资总额	亿元	46.6	21.7	35.8	12.8
其中：住宅	亿元	6.8	4.3	3.8	2.4
房地产开发投资额	亿元	4.0	3.9	2.9	2.8
商品房销售额	亿元	2.5	2.5	2.8	2.7
出口贸易总额	万美元	14538	—	22231	—
进口贸易总额	万美元	7383	—	17765	—
利用外资签订协议总数	项	23	16	14	11
利用外资签订协议金额	万美元	5405	5325	11701	9168
实际利用外资金额	万美元	4879	3044	913	412
国际旅游人数	万人	0.2	0.1	0.1	—
国际旅游收入	万元	140	125	102	—
地方财政预算内收入	亿元	8.0	5.3	7.1	5.0
地方财政预算内支出	亿元	12.4	8.2	11.7	7.8
银行年末各项贷款余额	亿元	204.6	145.6	177.8	122.9
每万名职工中专业技术人员数	人			—	—
其中：中级职称以上	人			—	—
城镇居民家庭人均生活费收入	元	4887	4887	4946	4946
农村居民家庭人均纯收入	元	2311	—	2007	—

注：表内各项产值均按当年价格计算

（葫芦岛市统计局供稿）

营口市

对外开放取得全面进展

（一）利用外资有了突破性进展 1998年营口市实际利用外资额完成10130万美元，为年计划8500万美元的119.2%，比1997年7800万美元增长29.9%，在省内列大连沈阳后排第三位。这是改革开放20年来，营口市实际利用外资首次突破1亿美元大关。其中，开发区完成2918万美元，同比增长8%；西市区完成1052万美元，同比增长119%；盖州市完成1045万美元，同比增长4%；水产局完成1002万美元；大石桥市完成960万美元，同比增长67%；港务局完成728万美元，同比下降51%；友谊家电集团完成723万美元，同比增长20%；老边区完成405万美元，同比增长59%；站前区完成280万美元，同比增长16%；机械局完成227万美元；电子局完成189万美元；冶金局完成108万美元；纺织总会完成100万美元。

全市利用外资合同金额为24524万美元，为年计划16000万美元的153.3%。比1997年1.85亿美元增长32.8%。在省内列大连、沈阳后排第三位。利用国外贷款包括政府间贷款和国际金融组织贷款，完成1594万美元。在直接利用外资合同总额中，营口开发区完成13765万美元，是年计划的115%；大石桥市完成2694万美元，是年计划的108%；公用事业局完成2217万美元，是年计划的4434%；冶金局完成2039万美元，是年计划的185%；盖州市完成1448万美元，是年计划的58%；机械局完成1209万美元，是年计划的202%；站前区完成1088万美元，是年计划的73%；纺织总会完成1055万美元，是年计划的88%；港务局完成600万美元，是年计划的120%；老边区完成166万美元，是年计划的11%；西市区完成139万美元，是年计划的9%；建材局完成24万美元，是年计划的4%。1998年利用外资的主要特点有：一是利用外资质量水平进一步提高，大项目增多。全市外商投资企业500万美元以上的项目有11个，合同外资额21557万美元，占外商投资企业合同外资额的87.9%，平均单项合同外资额为383万美元，同比增长53.8%。二是科技技术含量高的项目有所增多，占项目总数的8%，第三产业的项目有所增加，占项目总数的11%。三是营口市国有企业利用外资有了可喜进展，通过利用外资合资合作方式促进了一批国有大中型企业的嫁接改造。如化纤厂与法国罗纳公司及活塞厂与德国马勒和日本依之密公司等一批较大的合资项目有了较大的实质性进展。四是在努力扩大利用国外资金的同时，对来自国内的域外资金也加大引进力度，全年引进国内资金20.3亿元。营冷集团与广东科龙，无线电一厂与广东丰华等项目已投入生产，步入正常运营轨道，从而形成一批新的经济增长点。五是乡镇企业利用外资呈现强劲发展势头。1998年营口市乡镇企业利用外资取得了长足进展，盼盼集团、东林铝材不仅得到省领导的充分肯定，成为全省先进典型，并在全国也产生一定影响，具有相当高的知名度。六是来营口市投资的国家和地区有所增加，达到36个国家和地区，其中来自加拿大、香港、美国的投资分别排为一、二、三位，特别是香港回归祖国后，来自香港的项目明显增多。占投资总数的15.6%，同比增长7%。七是来自北美、欧洲的项目投资规模增大，合同外资额为13024万美元，同比增长75%

（二）外贸出口保持了一定的规模 长期以来，营口市外贸出口市场相对集中在亚洲。受亚洲金融危机影响，全市外贸出口受到严重冲击，成交合同减少，履约率降低。为改变这种状况，营口市外贸战线职工克服困难，共同努力，积极开拓欧美市场，改变产品结构，调整出口品种，大力培育新的出口增长点，使全市对外贸易保持一定增长。全市外贸出口供货额实现38.15亿人民币，为年计划33亿元的115.6%，同比增长6.7%。全市出口创汇完成21176万美元，为年计划21000万美元的100.8%，位居全省第五位。其中三资企业出口创汇为16608万美元，占全市出口创汇总额的78.4%。自营权企业出口创汇为3769万美元，占全市出口创汇总额21.6%。

1998年营口市外贸出口主要特点有：一是自营权企业产品出口创汇出现增长势头，出口创汇额达到历史最好水平。二是自营权企业增多。经过多方努力，1998年新批自营权企业8家，全市共有自营权企业56家，全省共有自营权企业170家，自营权企业家数在省内列大连、沈阳之后。三是自营出口，三资企业出口创汇比较稳定，涌现出一批出口创汇骨干企业。营口纺织厂、市进出口公司、青花镁矿集团、东北钢琴

(集团)、华晨集团、市管件工业公司、大石桥市进出口公司、盖州市进出口公司、天力电机、营口官屯镁砂成为我市十强自营出口企业。辽宁奥镁、渤海油脂、奥利安耐火材料、罗星皮革、大明餐具、一心箱包、新亚造花、泰山服装、新国箱包，多年保持出口创汇的优势，成为营口市出口创汇的十强三资企业。四是1998年全市外贸出口在大宗产品保持增长的基础上，机电产品增幅较大，完成2800万美元，占全市出口总额的12.8%。如营口市管件工业公司，1998年获自营权，当年就出口机械管件产品创汇283万美元。五是市场多元化有一定进展。外贸出口重点开始转向欧美市场。亚洲经济危机使出口减少20%~40%，为此，营口市调整出口战略，将重心转移至欧美市场，对欧美市场出口增长40%~60%。六是对外贸易活动增强。为打开产品销路，营口市共外派105个经贸团组160人参加国外各种展销会、博览会，去国外考察市场推销产品，外派团组比1997年增30%。如钢琴厂先后参加了洛杉矶、法兰克福博览会，将更多产品推向国际市场。

(三)对外经济技术合作得到进一步发展 1998年营口市劳务合作外派914人，为年计划的115.7%，同比增长27.3%。至1998年底在外劳务人员共1411人。政府间和世行贷款完成1299万美元。技术引进成交额195万美元。

(四)开发区建设取得新进展 营口经济技术开发区做为全市对外开放的“龙头”，在全市对外经贸工作中，具有举足轻重的作用，1998年开发区工作获得新的起色，共兴办外资项目16个，其中合资项目9个，独资项目4个，合作项目3个，3000万美元的大项目4个。1998年合同投资总额12621万美元，其中，合同外资额10824.8万美元，分别是1997年的1.25倍和1.5倍。外资实际到位3028.24万美元，比1997年增长21.4%。

全年共引进超200万人民币的内资项目14个，协议投资总额24024万元，资金到位总额9650万元，已投产营业项目2个，其余项目正在进行基建工程；引进200万人民币以下项目78个，到位资金3068万元人民币，内资项目资金到位总额12718万元人民币。

1998年营口经济技术开发区利用外资主要特点是：

一是中小项目开工投产较快，有5个项目实现了当年批准、当年开工、当年投产。二是项目科技含量有了一定程度的提高。三是内资项目发展较快，势头较好。

为进一步落实外向牵动战略，促进开发区的建设发展。市委调整充实加强了开发区领导班子。新班子采取了许多行之有效的措施，对开发区的建设发展起到了不可估量的推动作用。

对外开放工作的重点和特点

(一)进一步扩大开放提高利用外资水平，推进重点项目实施 全市对骨干企业重点项目抓紧推进落实，重点是投资500万美元以上的能够牵动全市经济发展产业关联度大的项目。为推进项目进展，营口市确立实施“18168”外资项目工程，既在1998年本市利用外资项目中筛选出竣工投产项目18项，拟成交项目16项，推进项目8项，总计42个项目。投资总额74126.9万美元，协议外资额43736万美元。特别是省市确定的重点项目继续实施项目跟踪责任制。一是实行重大项目市领导负责制。将以上42个项目分配到每位市领导，包括市委书记、市长、人大主任、政协主席及副市级领导。将42个项目正式列出项目名单，明确负责领导，经过市委、市政府常务会议讨论通过，落实到具体领导手里。二是把全年对外经贸指标分解到各有关单位，如对今年实际利用外资1.5亿美元任务指标进行分解，落实责任分别下达各市(县)区、局、总会和公司共84个单位，并适时召开缴资调度会。

(二)主动出击赴京招商 在全国人大、政府两会期间，国家对外经贸部和省政府于3月20日在京联合召开了辽宁省国有企业利用外资情况说明会，营口市不失时机地组织两市四区及市属纺织总会、石化局、机械局、轻工总会等十一个部门所属24家大中型企业经理共46人赴京招商。经过一周时间紧张走访、交流、洽谈，共洽谈项目25个，取得较好效果，达到了预期目的。为推动招商引资工作进展，市长亲自率团赴北京进行招商引资工作。此次赴京招商与国外大公司、大商社驻京机构进行了广泛接触，先后拜访了美国通用公司、日本三菱商社、加拿大鲍尔公司、芬兰康克公司、德国工商会、加中贸易理事会等国外企业驻京机构，并拜访了丹麦、芬兰驻华大使馆。围绕交通、机械、农业、纺织、基础设施等7个行业共洽谈项目17个，初步达成意向的项目8个，如营口经济技术开发区与德国康乐公司就扩建大口径直缝焊管达成合作生产意向，项目投资总额为800万美元；营口港务局与德国欧德油储有限公司就鲅鱼圈港区——港池油码头开发达成合作意向。突出境外投资建厂带动技术劳务合作项目，是这次赴京招商一个明显特点。招商团多数成员听取了国家有关部门关于古巴、南非、东南亚、蒙古等国家的投资环境介绍，进一步拓宽了视野，提高了对走出国门寻求发展的认识。营口纺织总会等6个单位就在古巴、南非建服装厂、胶带厂、电线厂、海、淡水养殖场和肉食品加工厂等项目进行了对口洽谈。

这次北京招商除洽谈预定项目外，还拜访了外经贸部、国家纺织总会、经济技术交流中心等国家有关部门，通过接触拓展了7个新项目。如通过拜访外经贸部获重要项目信息，并需营口市抓紧联系落实有两个项目：一是欧盟无偿援助我国2000万美元治理大辽河污染项目；二是争取利用日本政府低息贷款3.95亿人民币兴建鲅鱼圈供水工程。争取明年初项目实施利用外资到位。这次赴京招商取得了可喜成绩，是营口市历次赴京招商效果最好的一次。

对赴京招商项目进行后续跟踪推进。为跟踪推进赴京招商项目的进展，组织专门人员深入项目单位，帮助企业想方设法推进项目，使不少项目取得了实质性进展，同时也使合作外方感到营口市的工作效率和合作诚意。

目前营口市项目有关单位正在进一步加大力度，继续抓紧工作，使更多项目获得实质性的突破进展。

（三）组团去国外招商 在组织营口市企业去北京敲门招商同时，又不失时机地派团去国外招商。如为推进国有企业转让所有权和经营权项目，推进与日本正在洽谈的重点项目，省政府利用沈阳——大阪首航开通之机派团出访，营口市由主管外经贸工作的副市长带队参加。根据招商引资重点转向欧、美的需要，6月初，市委书记带队赴欧洲招商。以市委书记为团长的营口经贸代表团于6月初随省委书记率领的辽宁省经贸代表团一起赴北欧丹麦、芬兰、瑞典三国开展招商活动，并配合省政府在三个国家分别举办了“辽宁省投资说明会”。投资说明会期间营口经贸代表团介绍、说明了营口投资环境及投资优惠政策，广泛宣传营口自改革开放以来外商投资企业的发展情况及利用外资所取得的丰硕成果，并提出涉及交通、轻工、电子、机械、石化、冶金、纺织、建材、农业、旅游、基础设施等行业的62项对外经济技术合作项目。北欧三国与会的外商对省委书记关于辽宁省投资环境的介绍及营口市的区位优势，优惠的投资政策及招商项目表现出浓厚的兴趣，并就双方合作项目问题作了进一步探讨。北欧之行共接触了32家客商，其中初步达成意向的有9项。

7月初，营口市市长率营口分团一行9人，随省政府经贸代表团赴北美、加拿大、美国招商。代表团广泛接触，广交朋友利用一切可以利用的机会主动联络客户。千方百计找项目，千辛万苦谈项目。走访期间除参加省在加拿大多伦多、美国芝加哥两次大的招商活动外，营口分团分别在加拿大多伦多，在加拿大加中企业交流协会，加拿大国际联合投资有限公司协助下召开了营口经贸合作项目招商会；7月10日在美国华盛顿由东北同乡联谊会，美国国际技术交流投资公司组织召开了营口招商会，著名华人美国国际合作委员会主席陈香梅女士应邀到会并作了发言；7月16日在洛杉矶招商团邀请当地新闻单位举办了营口投资环境专题介绍会；在招商团的三个招商会上营口市市长向与会的国外朋友介绍了营口的投资环境及吸引外资的优惠政策，近期拟与国外合作的项目等会上播放了介绍营口市情的VCD影碟等，通过以上活动极大地提高了营口市知名度取得意想不到的效果，从而为招商引资项目洽谈奠定了坚实的基础。

招商团北美之行共接触50多家公司，洽谈经贸合作项目42个，其中重点投资合作项目16个，总投资额33516万美元，协议外资额17003万美元。由于代表团卓有成效的工作，坚持不懈地努力，一大批极具发展潜力的项目正在推进中。如加拿大明达国际投资集团有限公司投资5000万美元辽河大桥项目，与HKC公司合资开采加工黄金总投资2998万美元项目，与美国莱沃奥尼公司签约合资生产肉肠及各种肉食品项目，与美国ADM谷物公司洽谈年加工60万吨玉米项目等。北美招商团取得喜人的成果。招商团回国不久，加拿大企业家经贸考察团，便两次来我市进行项目考察经贸洽谈。考察团规模之大、成员之多、档次之高，在营口市对外经贸交往历史上是前所未有的。8月初加拿大企业家东北考察团一行24人来本市，考察了22户企业，推进了项目进展。由于准备充分，安排得当，通过二天多的认真洽谈，签约1项合同，17项协议意向书。10月份加拿大企业考察团一行25人来营口市考察洽谈，经过双方努力共签订合同3个，协议2个，意向25个，由于市政府主要领导和分管市长非常重视该项工作，亲自抓准备和接待工作，使两次接待洽谈工作取得圆满成功，收到可喜的效果。目前所洽谈项目正在继续全力推进中。

（四）开展全民招商，推进招商引资进展 为进一步实施外向牵动战略，推进全市招商引资步入新阶段，市委、市政府召开了全市招商引资动员大会，号召全市各机关单位、企业及中省直驻营单位，全市发动全民招商。市委制定了有关招商引资奖励优惠政策，又将任务指标下发至各单位。这次招商引资大动员是我市历史上的第一次，会后各机关企事业单位、各行业、各部门都积极地投入到这前所未有的招商引资洪流中，纷纷找关系、谈项目、扩大联络、结交朋友，一个全民参与的招商引资的高潮在营口市形成。通过全民招商引资推进了全市项目的进展，特别是一些重点项目有较大进展。一些项目外资逐步到位，如营口化纤厂与法国罗纳普朗克公司合作生产尼龙66弹力丝项目，总投资额2998万美元，合同外资额1000万美元。目前已到位100万美元，营口经济技术开发区新满毛纺厂与韩国、世帮邻物产会社合资生产毛纱线针纺毛衫项目，投资总额500万美元，合同外资额375万美元，外方资金已到位260万美元等。在国家提倡的交通、能源、基础设施建设项目方面也获进展。如营口电业局利用西班牙政府贷款在仙人岛建风力发电厂项目，设备已全部到位。联通公司利用外资已到位442万美元。以上项目的外资到位和实施，对于优化营口市产业结构、改善投资环境、提高利用外资水平将起极大推动作用。此外，一批后续项目在接触洽谈全力推进中，如市水产局通过农业部利用西班牙政府贷款825万美元建5艘船的项目、冷藏箱厂与南非松下公司总投资600万美元，合资生产空调机项目，九寨水泥厂与澳门合资生产工业硅项目等。

（五）多方努力筹建信息网 开展网上招商进行网上经贸活动是一项极具发展潜力的新生事物。为适应世界高科技和经贸发展的新形势，营口市经多方努力，克服困难，终于建成中国国际电子商务中心营口分部暨中国国际电子商务网营口节点站。

中国国际电子商务网是国家为企业直接面对国际市场而设的“信息高速公路”，哪个地区首先设立节点站就将抢占先机和首先受益，就会在今后的经贸工作中变为主动。营口市有关领导深刻认识到此事在全市对外开放中的重要意义和作用。在各级领导支持下使全市获外经贸部批准，从而成为全国39个设节点站城市之一。其中除省会，计划单列市之外，仅有几个沿海城市为设节点市。中国国际电子商务中心营口分部的成立和正式上网将使营口市对外经贸工作掀开新的一页，也是开展外经贸工作划时代的一件大事，将在营口市对外经贸发展史上产生深远的影响。

（营口市对外经济贸易委员会　邵　毅）

唐山市

国民经济持续快速健康发展

1998年是极不平凡的一年。面对亚洲金融危机不断加深，国内市场需求不足等前所未有的困难，坚决贯彻落实中央和省的一系列重大决策和部署，积极调整工作思路，采取了一系列增加投入，启动内需，拉动经济增长的有力举措，保持了国民经济持续快速健康发展和社会全面进步。全市实现国民生产总值781亿元，比上年增长13.7%，其中第一、二、三产业增加值分别完成167亿元、384亿元和230亿元，分别增长7.8%、15.6%和14.3%。

农业农村经济健康发展

坚持以宽裕型小康建设总揽农村工作全局，不断深化农村改革，调整农业结构，推进农业产业化经营和乡镇企业二次创业，促进了农业增产、农民增收、农村稳定。农业综合生产能力进一步提高。粮食总产达到352.9万吨，比上年增长3.3%，再创历史最高水平。农业内部结构得到调整。肉蛋奶、鱼果菜发展步伐加快，畜牧业产值比重达到30.3%。科教兴农取得较大进展。6个市级现代农业生产示范园区和16个县级农业科技园区一期工程全部完成。农业先进适用技术覆盖率达到70%以上。农业产业化经营扎实推进。种养两业已形成29个生产基地，25个主导产品。新改扩建龙头企业30家。全市农业产业化经营总额突破100亿元，产业化经营率达到35%。乡镇企业快速健康发展。完成增加值191亿元，实现利润41亿元，上缴税金9.7亿元，分别比上年增长22.7%、17.4%和23.1%。认真落实党在农村的各项基本政策，减轻农民负担工作进入全国先进行列。宽裕型小康建设扎实起步。

工业经济运行质量稳步提高

工业生产克服了亚洲金融危机和国内市场需求不旺的影响，加大市场开拓力度，实现了提速增效，运行质量和效益稳步提高。全市国有及销售收入500万元以上工业企业完成增加值173亿元，实现利税45.2亿元；全员劳动生产率比上年增长15.1%；产品销售率达到97.9%。市属及以下国有工业企业亏损额减亏18%。企业技术改造和产品结构调整取得新进展。开工建设40个总投资千万元以上的技术改造项目，有16个项目已完工投产；开发鉴定省级以上新产品111项，投产新产品230项，新产品产值率达到5.3%。

“项目年”活动卓有成效

把增加投入作为扩大内需，拉动经济增长的主要措施，扎实开展“项目年”活动。全社会固定资产投资完成220.3亿元，比上年增长14.4%。其中，基建投资139.3亿元，技改投资81亿元，分别增长13.5%和15.7%。筛选出107个项目作为增加投资的着力点，争取到国家投资支持的基础设施建设等六个方面投资项目22个，并全部开工建设；谋划了30个市级重点“双献礼”项目，加快了建设进度。45个省、市重点项目建设步伐加快，当年完成投资37.99亿元。唐钢1号高炉易地大修、唐山重机厂一期、丰润乐百氏等12个项目竣工投产。东郊污水处理厂扩建、迁化改扩建。唐山信息港工程等一批项目正在建设。投资效益进一步提高，全市新增固定资产185.9亿元，比上年增长21.6%。

对外开放取得较好成绩

针对亚洲金融危机的不利影响，及时调整出口策略，改进招商方式，并成功地举办了首届中国陶瓷博览会，活跃了全市对外开放工作局面。年内全市实际利用外资3.44亿美元，比上年增长6.5%。新投产三资企业40家。实现出口创汇3.65亿美元，比上年增长1.2%。以京津为重点的对内开放取得新成效，引进省外资金10亿元。“一港三路一场”建设步伐加快，投资环境进一步改善。京唐港港口功能不断完善，开通了环渤海集装箱班轮运输业务，一号港池2万吨级航道通过国家验收，3万吨级船舶可进出停泊，货物吞吐量达到519万吨。二号港池水工主体完工。曹妃甸矿石码头前期工作取得积极进展。京沈高速（唐山段）、唐津高速二期工程正在加紧建设，唐港高速公路二期工程已开工建设，机场搬迁初步设计基本完成。

经济体制改革取得新进展

围绕搞好“两个大多数”，以国有企业改革为重点，以调整和完善所有制结构为突破口，全面推进各项改革。建立现代企业制度工作稳步推进。有34户企业完成公司制改造，累计达到100家，其中50户大中型企业已建立起较为规范的现代企业制度。新建股份制企业59家，直接融资近5亿元；唐山陶瓷4500万A股上市成功。抓大放小，实施大公司、大集团战略取得新进展。三友碱业与唐山化纤、胜利陶瓷与唐山陶瓷又实现了强强联合；唐山啤酒、唐山清源环保、唐山齿轮、向旺饮料等4家集团挂牌运作；全市大型企业集团发展到17家。小企业双放工作扎实有效，全市1200多家小企业全部放开，放活率达到80%。调整和完善所有制结构取得积极进展，非公有制经济快速发展。全市个体私营经济实现产值营业额375.8亿元，比上年增长98.8%，并且有8家私营企业进入全国500强，20户企业进入全省100强，成为经济新的速生点。各项配套改革稳步推进。城镇职工养老保险覆盖率达到95%，失业保险覆盖率达到99%；住房制度改革进一步深化；粮食流通体制改革进展顺利；生产资料、人才、产权、资金、证券等要素市场健康发展。

财税金融和城乡市场运行平稳

全市大口径财政收入完成43.91亿元，比上年增长13.2%。其中，一般预算收入完成25.31亿元，比上年增长12.4%。金融形势基本稳定。全市金融系统存贷款余额分别达到555.8亿元和460.3亿元，分别比上年末增加80.5亿元和68亿元，较好地支持了地方经济发展。社会消费品零售总额达到191.6亿元，比上年增长10.1%。物价低位运行，商品零售价格指数为96.5%，比上年回落5.9个百分点。市场建设进一步加强。投资1.7亿元，新改扩建市场24个，提高了市场功能和档次。

城乡建设成绩显著

城市公用基础设施建设步伐加快，建设经济适用住房110.58万平方米、商品房72万平方米。市中心区西部供热工程投入使用，新增和改善供热面积147万平方米。煤气输配改扩建工程微机系统进入试运行，扩供煤气用户7467户。完成重点污染治理项目26个，污染源治理达标率比上年提高25%，城乡环境质量改善。国防西道等5条城市道路和城区出入口建设改造工程全部完工或竣工通车，增加公交线路两条，新增出租车300辆，城市交通条件进一步改善。大力实施“形象工程”，对城市主要街道、公共场所进行了大规模改造，绿化、美化、净化、亮化水平明显提高。通信事业快速发展。电话普及率城市达到24.4部/百人，农村达到3.4部/百人。县城和村镇建设步伐加快，标准提高，功能进一步增强。新修乡村油路892公里，全市已有73%的村通了油路。

各项社会事业健康发展

共取得科研成果86项，其中达到国内、国际先进水平34项；市以上科技成果推广应用率达到76.7%；科技进步对经济增长的贡献率达到43%，比上年提高3个百分点。高新技术产业发展步伐加快，成功地举办了‘98唐山高新技术发布展示洽谈会，与清华、北大等60多家高校和科研单位共签订技术合作合同98项，项目总投资达5.1亿元。全市新增高新技术企业21家，高新技术产品23项。全市高新技术技工贸总收入达到45亿元，比上年增长50%。引进人才、智力取得积极进展。共引进高层次专业技术人才205名，是历年来最多的一年。建立了国家级陶瓷技术开发中心、唐山陶瓷集团公司博士后科研工作站、中科院人才智力唐山服务工作站，为唐山市长期稳定地引进人才、智力提供了保证。教育事业健康发展。高考万人口上线率居全省首位。高等教育又有新突破。人口增长得到有效控制，计划生育率和人口自然增长率分别为99%和2.8‰。文化艺术事业、卫生、体育、民政、民族宗教、广播电视、外事侨务等各项社会事业全面发展。

城乡人民生活水平进一步提高

城镇居民人均可支配收入达到5748元，比上年增长6.9%；农民人均纯收入3335元，比上年增长5%。全市城乡居民储蓄存款余额404.2亿元，比上年末增加61.4亿元。加快实施再就业工程，突出狠抓再就业服务中心建设、再就业资金筹集、城镇居民最低生活保障等重点工作。全年共安置下岗职工4.5万人，再就业率达到64.5%；城镇登记失业率为2.53%。全市有下岗职工的国有企业已全部建立起再就业服务中心，托管率和基本生活保障率均达到100%。从6月份开始，保证了离退休职工工资按时足额发放。进一步完善落实了城乡居民最低生活保障制度，保障范围和对象扩大到全市城乡所有低于最低生活保障线标准的各类人员。

（唐山市人民政府办公厅　张志华）

唐山市国民经济主要指标

指　　标	单　　位	1998年		1997年	
		地区	市区	地区	市区
年底人口数	万人	690.13	163.64	688.34	162.84
其中：非农业人口	万人	185.77	121.08	181.55	119.05
土地面积	平方公里	13472	1090	13472	1090
人口密度	人/平方公里	512	1501	511	1494
年末劳动力资源总数	万人	372.90	100.09	374.03	100.16
其中：乡村劳动力	万人	264.08	25.37	263.39	25.15
国内生产总值	亿元	781.16	264.72	710.88	240.90
农林牧渔业产业	亿元	300.54	18.89	282.66	17.52
粮食产量	万吨	352.89	21.37	341.56	20.56
蔬菜产量	万吨	798.41	71.77	747.80	62.57
猪牛羊肉产量	万吨	41.09	2.23	39.33	2.09
水产品产量	万吨	36.17	1.78	32.25	1.52
全部工业总产值	亿元	1057.68	358.55	972.15	345.39
其中：乡及乡以上	亿元	471.92	241.90	538.21	261.51
客运总量	万人	4864.10	2814.20	3777.10	2331.60
货运总量	万吨	15135	4592	15515	5461
固定资产投资总额	亿元	220.34	100.32	192.59	94.34
其中：住宅	亿元	34.77	14.95	23.12	9.62
房地产开发投资额	亿元	6.57	5.35	4.83	4.00
商品房销售额	亿元	5.73	5.27	1.80	1.48
出口贸易总额	亿美元	3.65	2.08	3.61	2.30
进口贸易总额	亿美元	0.98		0.92	
利用外资签订协议总数	项	196		106	
利用外资签订协议金额	万美元	56270		108337	
实际利用外资金额	万美元	3.44	2.44	3.23	2.37
国际旅游人数	万人	3.03		2.80	
国际旅游收入	万元	9936		9018	
地方财政预算内收入	亿元	25.31	14.37	22.53	12.79
地方财政预算内支出	亿元	32.05	16.85	28.83	15.20
银行年末各项贷款余额	亿元	372.13	—	306.08	178.37
每万名职工中专业技术人员数	人	3184	1507	2703	2188
其中：中级职称以上	人	796	647	676	547
城镇居民家庭人均生活费收入	元		5749		5377
农村居民家庭人均纯收入	元	3335	3513	3175	3319

注：表内各项产值均按当年价格计算

（唐山市人民政府办公厅供稿）

秦皇岛市

国民经济在严峻形势下保持了较强的稳定性和良好的增长势头

全市国内生产总值完成248.9亿元（现价，下同），按可比口径计算比上年增长13.3%，人均国内生产总值9486元，增长13.0%；一、二、三产业增加值分别增长9.7%、15.5%和12.2%。

（一）农村经济全面发展 粮食总产108.51万吨，油料总产7.24万吨，均创历史最高水平。蔬菜、果品、水产品和肉蛋奶产量有较大幅度增长。产业化经营率达36.6%。乡镇企业实现了速度、效益同步增长。农田水利基本建设完成投资1.95亿元，新增节水灌溉面积7533公顷，洋河水库除险加固等一批较大工程开工建设。以滦河三角洲为重点的农业综合开发项目规模大、效果好。

（二）工业经济稳中有升 全市国有及年销售收入500万元以上非国有企业完成增加值40.72亿元，增长13%。重点扶强扶优的12家大企业完成销售收入占全市工业企业的30%以上。达到“小巨人”标准企业由去年的5家增加到10家。市及市以下国有企业亏损额下降5.9%，重点帮扶8家亏困企业取得初步成效。开发市级以上新产品119个，其中省级以上64个。学邯钢挖潜增效10%以上。人均劳动生产率达到2.1万元，增长17.1%。

（三）财贸金融形势平稳 投资1.09亿元，新建改建市场34个。全市消费品零售总额增长10.4%。商品零售价格总指数为96.5%。全部财政收入完成19.09亿元，增长3.1%，地方财政收入完成13.64亿元，增长11.2%；县级财政两项工程建设取得积极进展。金融机构存贷款余额分别比年初增加17.12亿元和13.77亿元，分别增长5.9%和6.4%。

（四）旅游经济有较快发展 投资1.5亿元，建成新澳海底世界等一批旅游项目。全年接待游客600多万人次，其中海外游客10.7万人次。旅游环境发生显著变化，旅游市场进一步扩大。秦皇岛市被评为首批“中国优秀旅游城市”。

（五）人民生活有新的改善 城市居民人均可支配性收入达6156元，农民人均纯收入2980元。4个乡镇、120个村可望如期实现小康。41个贫困村脱贫出列。较好地落实了贫困居民最低生活保障制度。困难职工救助率达100%。

项目建设年、深化改革年和第三个绿化美化年活动扎实展开，取得较大成效

（一）“十百千”项目工程顺利实施 完成全社会固定资产投资91.26亿元，增长6.1%，其中地方投资增长12.4%。国家重点加强的6个方面基础设施建设进度加快。27个重点建设项目完成投资为年计划的117.2%。集中力量实施“十百千”项目工程，年内安排的124个立市和立县立区项目中，70个在建和新开工项目完成投资26.6亿元，54个前期项目全面完成年计划。立乡立镇项目开工475项，完成投资10.8亿元。年内安排公路建设项目13项，总投资12.06亿元，完成投资6.64亿元，滨海大道、联峰北路、山东堡立交桥等5项工程完工，承秦公路等8项工程完成或超额完成年度计划。

（二）各项改革取得新进展 耀华、华联商城等9家第一批现代企业制度试点企业，内部改革进一步深化，抚宁造纸厂等15家企业完成公司制改造或资产重组。推广山海关中小企业改制经验，全市国有、集体企业产权制度改革面达到80%以上。发展股份制企业106家，融资1.2亿元。通过企业兼并、破产和减员增效，冲销呆、坏帐准备金2亿元。深化社会保障制度改革，实施再就业工程，国有企业下岗职工再就业率达67.2%。粮改三项政策得到较好落实，粮食企业自身改革不断深入。新的房改方案出台，加快了住房商品化、社会化进程。个体私营经济得到较快发展。

（三）绿化美化年活动实现“三年大变化”目标 新增各类园林绿地45.6万平方米，人均公共绿地达6.5平方米。9条城市道路提高了绿化美化水平，建设了一关等高水平游园和10公里海滨绿色长廊。改建扩建了红旗路等城市主干道，改造整治小街小巷129条。北戴河西部污水处理厂全面开工，完成了配套工程。海港区热电联网集中供热工程开工建设。该市规模最大的秦皇小区旧城改造工程破土动工。全年绿化美化和基础设施建设投资近3亿元。城市规划和管理得到加强。公用事业加快了由福利服务型向经营服务型的转变，公交公司比上年增收820万元，煤气公司的单位成本下降24%，热力公司实现扭亏。邮电分营顺利完成，联通公司投入运营。新增地方公路29公里。港

口建设加快进行，在面向市场争效益上迈出重要一步。

克服亚洲金融危机的影响，对内对外开放水平有新的提高

在巩固对亚洲国家和港澳台地区招商成果的同时，重点加强了对欧、美、非、澳国家的招商。出台并实施了优化投资软环境的8项措施和外商投资工业企业管理办法。在受亚洲金融危机影响。9500多万美元合同外资不能兑现，6700万美元外资未能进入的情况下，全市新批准利用外资合同80个，合同利用外资4.57亿美元，实际利用外资2.31亿美元，完成省定目标的106%。298家投产三资企业实现产值、税金和出口创汇分别占全市工业企业的40.4%、28.4%和61.8%。全市外贸出口总额达2.77亿美元，增长27.7%；新签对外承包合同2315万美元，当年外派劳务725人次。对外交往继续扩大，与日本苫小牧市缔结为友好城市。对内开放成果显著，引进省外到位资金7.3亿元。

社会事业全面发展，精神文明和民主法制建设进一步加强

（一）科教兴市迈出扎实步伐 推广省级以上科技进步成果25项，评选科技成果99项，其中达到国际先进水平的15项。实施科技项目121项。高新技术技工贸总收入占国内生产总值的9%。科技进步贡献率达40%。中小学教育管理改革不断深化。巩固“普九”成果，加快了青龙“普九”进程。职业教育、成人教育和高等教育继续发展。投资1.24亿元，进一步改善了办学和教师住房条件。

（二）文化、卫生、体育等项事业实现新的进步 文化事业健康发展，9件文化作品获全省“五个一工程”奖。社区卫生服务得到优化，合作医疗覆盖面进一步扩大，城乡医疗水平不断提高，创建国家卫生城市取得显著进展。群众性体育蓬勃发展。全市环境综合质量又上新台阶。以发展民族经济为重点，协调社会力量为民族地方办实事，增进了民族团结。依法加强了对宗教事务的管理。

（三）精神文明创建活动成效显著 “做文明秦皇岛人，建文明秦皇岛市”活动和创建“三讲”文明机关活动深入展开，广大干部群众保持了团结奋进的精神状态。老龙头和野生动物园列为全省十大文明景区示范点。全市选评出市城建局、地税局、交通局等10个优胜行业单位和10个文明秦皇岛人标兵。城乡星级文明户和见义勇为模范人物不断涌现。海港区中心庄村被确定为国家文明村示范点。双拥活动取得新成效，驻秦部队在支持地方建设上发挥了重要作用。

（四）政治安定、社会稳定的局面继续巩固发展 深入开展廉政建设和反腐败斗争，清理纠正公款安装电话531部，移动电话925部，实行话费限额，超额自付，年节省电话费460多万元。机关招待费、会议费支出明显下降。查处违法违纪大要案125件。清理政法机关所办公司144家。严打、扫黄打非斗争和反走私联合行动组织得力，战果显著。坚持打防结合，落实“一区一警”，综合治理工作进一步加强。建立了以“110”报警服务台为中心，17个部门和单位组成的为民服务网络，并逐步向县区延伸，强化了稳定社会、服务群众的职能。高质量完成暑期安全保卫任务。民间纠纷排查治理工作进一步加强，信访工作6项指标在全省处于领先位次。

（五）依法治市和民主建设力度进一步加大 各级政府认真执行人民代表大会及其常务委员会的决议，自觉接受监督。及时向政协和各民主党派、人民团体通报工作，搞好民主协商。坚持了邀请市人大、市政协领导及民主党派、工商联负责人列席市政府常务会议的制度。办复人大代表建议和政协提案430件，满意率达97.5%。年度普法任务全面完成，专项执法检查深入开展，行政执法水平进一步提高。政务、村务公开继续深化、企务、校务公开着手实施。加强了城镇居委会和村民自治组织的建设。

（秦皇岛市人民政府办公室　苏斐华　陈　雷）

秦皇岛市国民经济主要指标

指　　标	单　　位	1998年		1997年	
		地　区	市　区	地　区	市　区
年底人口数	万人	262.93	67.31	261.87	66.42
其中：非农业人口	万人	65.21	48.51	63.31	47.10
土地面积	平方公里	7812	393	7812	393
人口密度	人/平方公里	335	1701	334	1666
年末劳动力资源总数	万人	183.53	—	181.97	—
其中：乡村劳动力	万人	103.67	10.76	103.11	10.64
国内生产总值	亿元	249.50	131.19	230.71	122.97
农林牧渔业产值	亿元	77.51	7.66	72.55	6.87

（续）

指 标	单 位	1998年		1997年	
		地 区	市 区	地 区	市 区
粮食产量	万吨	108.51	5.92	103.12	6.20
蔬菜产量	万吨	161.78	30.46	142.04	24.56
猪牛羊肉产量	万吨	14.15	0.74	13.35	0.71
水产品产量	万吨	9.06	2.55	7.38	2.42
全部工业总产值	亿元	234.39	136.21	245.14	137.20
其中：工业总产值（新口径）	亿元	146.85	114.71	141.41	111.29
客运总量	万人	1094.16	876.99	973.38	790.46
货运总量	万吨	1335	873	1255	1091
固定资产投资总额	亿元	91.26	66.43	86.01	62.13
其中：住宅	亿元	14.53	10.77	12.84	8.42
房地产开发投资额	亿元	8.19	7.26	7.49	6.68
商品房销售额	亿元	5.99	5.96	2.80	2.79
出口贸易总额	万美元	27686	23987	21688	19614
进口贸易总额	万美元	10097	—	6031	—
利用外资签订协议总数	项	80	48	101	75
利用外资签订协议金额	万美元	45737	32882	46734	38245
实际利用外资金额	万美元	23149	16089	30032	26263
国际旅游人数	万人	10.70	10.13	10.66	—
国际旅游收入	万美元	4849	4628	4683	—
地方财政预算内收入	亿元	13.64	10.09	12.27	9.34
地方财政预算内支出	亿元	17.54	13.02	15.35	11.04
银行年末各项贷款余额	亿元	229.75	171.15	215.98	160.89
每万名职工中专业技术人员数	人	1500	991	1262	849
其中：中级职称以上	人	571	490	483	362
城镇居民家庭人均支配	元	—	6156	—	6015
农村居民家庭人均纯收入	元	2980	4314	2832	4100

注：表内各项产值均按当年价格计算

（秦皇岛市统计局供稿）

沧 州 市

经济建设和社会各项事业进一步发展

1998年，沧州市委、市政府积极克服宏观环境诸多不利因素的影响，在困难中团结一致，以良好的精神状态，积极的应对举措，保持了经济建设和社会各项事业的进一步发展。全年完成国内生产总值403亿元，比上年增长13.6%。其中第一产业增加值88.7亿元，增长12%；第二产业增加值195.9亿元，增长14.3%；第三产业增加值118.4亿元，增长13.5%。粮食总产量达34.95亿千克，棉花总产4664万千克，油料总产6520万千克，乡镇企业共完成总产值685.7亿元，营业收入619.7亿元，上缴税金7.5亿元，分别比上年增长25.4%、24.5%和15.8%。全年共完成固定资产投资120.45亿元，较上年增长23.2%，其中，地方固定资产投资87.3亿元，增长27.4%，技改投资完成19.9亿元，增长92.7%。全部财政收入完成21.9亿元，较上年增长16.7%，其中地方财政收入14.3亿元，增长17.9%；财政支出19.4亿元，增长13.5%。全市金融机构各项存款余额400.3亿元，比年初增加57亿元，各项贷款余额295.9亿元，比年初增加44亿元。全市直接出口额达17422万美元，较上年增长28.4%，直接利用外资4413万美元，增长10.6%。年内人口出生率0.91%，计划生育率92.07%；城市居民人均可支配收入5228元，比上年增长2%，农民人均纯收入2434元，增长6.3%。

农村土地延包进展顺利

沧州市委、市政府把进一步稳定和完善农村土地承包关系，加快新一轮土地承包工作列入重要议事日程，全市5704个村、76万公顷耕地中，已进行新一轮土地承包的村达3476个，面积44.75万公顷，占全市第一轮土地承包到期村数和面积的69%和67%。其中，已与农户签订土地承包合同并将“土地承包经营权证书”发至农户手中的村2128个，面积28.25万公顷，分别占已进行了新一轮延包村数和面积的61%和63%。新一轮土地延包工作的推进，使两田制和机动地的超限额部分以及仗权承包等问题全部得到了彻底地治理和纠正，农村社会更加稳定，广大农民发展生产的积极性空前高涨。自开展新一轮土地延包以来，全市农民新增农业投资3000多万元，新打机井1900眼，购买大中型农机具5800多台件，搞塑料大棚等高效农田0.21万公顷，开发大洼地0.19万公顷。

对外经济贸易成效显著

为抵御亚洲金融危机给对外经济带来的冲击，沧州市实施五措并举抓出口取得显著成效。一是坚定必胜信念。针对因沧州市外贸出口工作对东南亚市场依存度高而带来的前所未有的困难，市政府主要领导多次深入市外经贸部门及其所属企业、三资企业，与大家共同分析形势、研究对策，专门请国家外经贸部专家学者来沧举办应对亚洲金融危机报告会，帮助大家高瞻远瞩，正视困难，抓住机遇，迎接挑战，从而在全市上下牢固树立起敢打必胜的信心和决心。二是大力开拓市场。坚持实施市场多元化战略，走出去，请进来，多方寻求外销渠道，大力开拓市场。三是壮大销售队伍。一方面积极为县、市和企业争取进出口经营权，一方面主动深入企业帮助解决产品出口工作中遇到的困难。四是培植出口强项。坚持立足自身产业优势和特色经济，面向国际社会需求，建立了以青县、河间、献县为重点的农产品出口基地，培植了青县渤海能克公司和肃宁华斯裘皮厂等出口大户。五是扩展加工贸易。到年底，全市已有200多种产品出口世界50多个国家和地区，全年完成直接出口创汇17422万美元，较上年增长28.4%，间接供货出口29.5亿元，较上年增长16%；批准利用外资项目46个，投资总额15115万美元，注册资本7429万美元，合同利用外资3786万美元，除项目数量与1997年持平外，其它三项指标分别增长55.8%、26.9%和38.8%；审批来进料加工贸易264项，进出口合同总额12773万美元，合同出口额8388万美元。

企业改革取得较大突破

1998年，沧州市专门成立了由市委、市政府主要领导挂帅，吸收人大、政协及市直有关部门负责同志参加的深化企业改革推进委员会，抽调50多名精干人员设立了办公室，按照谋划、督导、协调、综合的职能，分成四个专业组，对全市工业和流通企业实行统一组织、统一规划、统一调度、统一审批，从严把住资产评估、产权界定、股权设置、法人治理结构这“四关”。并通过召开全市深化企业改革动员会、经验交流会，加大宣传力度，从多方面为企业产权改革创造良好的内外部环境。工作中，一是坚持把明晰产权、重组产权、营运产权融为一体，通过依法清产核资、评估验收、界定确权，保证企业国有资产不流失、债务不悬空、包袱不甩向社会。二是坚持建立健全符合社会主义市场经济体制要求的新型的企业风险机制、竞争机制、约束监督机制和激励机制，合理调整企业产权结构，建立科学的管理体制，真正让企业家掌握企业的命运，让企业的人力资本充分发挥其应有的作用。经过一年的努力，全市乡及乡以上国有、集体工商企业中已有3137家进行了各种形式的改革，占企业总户数的79.1%。其中，涉及产权改革的占53.7%，改为股份制和股份合作制的1292家，占总数的32.6%。改制后的企业开始步入良性发展轨道，经济效益明显提高。据对全市100家改制企业抽样调查，有80家企业经济效益明显提高，其中实现利润同比增长100%以上的有18家，增长最高的达10倍以上；上缴税金同比增长的有58家，其中增长100%以上的有12家，最高的达300%。

经济发展后劲明显增强

1998年，沧州市抓住国家增加投入、扩大内需和实施积极的财政政策的机遇，找准借势发展的对接点和突破口，切实加大了重点项目建设与投入，培育新的经济增长点的力度，增强经济发展后劲。一是在建项目抓进度。对年初确定的黄骅港工程、沧化集团“战略东移”工程、石港高速公路工程、滹沱河北大堤及滞洪区建设工程、市文化艺术中心等重点建设项目，严格实行项目法人责任制，倒排工期，确保项目建设的进度。二是拟建项目抓开工。对电信大楼、京沪高速公路沧州段、沧西500KV输变电工程、沧南和任丘220KV输变电工程、“王大”引水工程等重点项目，每项都组建了专门工作班子，进一步加大了组织和协调力度，按照计划排出项目时间表，有力地推动了项目的进展速度。到年底，全市254个投资千万元以上的项目中，已有64个建成投产，TDI工程、沧炼“735”

工程、沧化PVC工程也将于1999年上半年建成投产。京沪高速公路沧州段、沧西500KV输变电工程、新华粮食储备库等都顺利开工，市电信大楼、“王大”引水工程等已完成规划设计。三是后续项目抓启动。黄骅电厂一期、热电厂、市造纸厂污染治理及外迁和市污水处理厂等后续项目的前期工作落实较好，黄骅港杂货码头已与黄骅煤码头同时启动。四是储备项目抓谋划。重点谋划了一批节水灌溉、良种繁育、基地建设、企业技术改造、精深加工、机电一体化，以及交通、电力、通讯、环保及城市集中供水、供热、供气等大项目。

房改工作继续保持在全省全国的领先地位

1998年，沧州市进一步深化住房制度改革，积极推进房管经营机制的转换，不断加快经济适用住房建设，建立并完善以房屋产权产籍管理为龙头的房地产市场体系，积极稳妥地搞好房地产开发建设，各项工作均取得明显成效。到年底，全市1100个单位中，已建立住户公积金制度的单位达965个，占应建单位总数的95.5%。公有住房基本上实现了按成本价出售，全年共完成出售面积达60万平方米，其中，市区已售公有住房达到可售住房总量的84%，县、市达75%。全年共计审核批准集资建房面积62.97万平方米，为8247户中低收入家庭解决了住房困难。房地产开发工作共完成施工面积3.8万平方米，竣工面积2.2万平方米，其工程质量合格率100%，销售率100%。房地产评估事务所、房地产中介所、小区物业管理站为全市房改工作的大踏步推进，发挥了应有的职能作用。

下岗职工基本生活保障和再就业工作取得实效

1998年，沧州市委、市政府把再就业工作定为“一把手工程”。具体工作中，一是抓管理。为摸清全市国有、集体企业下岗职工底数及城市困难居民的生活情况，市政府派出多个调查组，深入各县市、各企业、各居委会进行调查摸底，并在准确掌握底数、建立台账的基础上，坚持对下岗职工情况实行动态管理，确保每个下岗职工都不失去党和政府的关注。二是抓扶持。市委、市政府联合制发了有关意见和办法，加大了对再就业工作的政策扶持力度。三是抓安置。通过建设和完善劳动力市场、搞好就业训练、兴办劳服企业、鼓励自谋职业、提倡社会帮助调剂、发展劳务输出等方法措施，大力实施再就业工程。到1998底，每个街道居委会、每个有下岗职工的企业、每个企业主管部门，以及各级再就业工作办公室，都层层建立健全了下岗职工动态管理台账；有下岗职工的224家国有企业全部建立了再就业服务中心，7531名下岗职工全部进入再就业服务中心托管；全年共分流安置国有企业下岗职工8057人，实现再就业率51.7%，下岗率8%，对下岗职工基本生活保障率100%。

（沧州市人民政府办公室　邹双林　陈　哲）

沧州市国民经济主要指标

指标	单位	1998年		1997年	
		地区	市区	地区	市区
年底人口数	万人	653.6	44	648	42
其中：非农业人口	万人	99.2	32.5	96	31
土地面积	平方公里	14053	202	14053	202
人口密度	人/平方公里	465	2180	461	2079
年末劳动力资源总数	万人	454.2	26.7	442	26
其中：乡村劳动力	万人	262.7	5	378	7
国内生产总值	亿元	403	58.9	369	50.8
农林牧渔业产业	亿元	154.2	2.2	141.4	2.3
粮食产量	万吨	349.5	3.8	290	3.4
蔬菜产量	万吨	201	10.6	163.9	10.9
猪牛羊肉产量	万吨	19.7	0.2	18.3	0.1
水产品产量	万吨	11.2	—	9.7	—
全部工业总产值	亿元	681.2	53.8	612.7	59.2
其中：乡及乡以上	亿元	188.9	48.3	204	49
客运总量	万人	5530	199	4384.8	437.6
货运总量	万吨	4150	616	4520	750
固定资产投资总额	亿元	120.5	46	98.1	20.9
其中：住宅	亿元	14.3	3.6	7.2	2.2

（续）

指　　标	单　　位	1998年		1997年	
		地　区	市　区	地　区	市　区
房地产开发投资额	亿元	3.3	2.3	1.1	0.6
商品房销售额	亿元	1.2	0.5	0.8	0.4
出口贸易总额	万美元	11438			
进口贸易总额	万美元	6889			
利用外资签订协议总数	项	74		98	18
利用外资签订协议金额	万美元	15114	4526	11067	4322
实际利用外资金额	万美元	4672	1647	6087	2450
国际旅游人数	万人	0.2		0.2	
国际旅游收入	万元	32			
地方财政预算内收入	亿元	14.3	3.8	12.1	3.1
地方财政预算内支出	亿元	19.5	5.8	16.4	3.8
银行年末各项贷款余额	亿元	295.9	98.9	251	69.1
每万名职工中专业技术人员数	人	1837	1034		
其中：中级职称以上	人	523	529	474	488
城镇居民家庭人均生活费收入	元	5228		5126	
农村居民家庭人均纯收入	元	2434		2289	

注：表内各项产值均按当年价格计算

（沧州市人民政府办公室供稿）

青　岛　市

国民经济发展综述

1998年，青岛市国内生产总值实际完成12.7%，达800亿元。其中第一产业增长15%，第二产业增长12.5%，第三产业增长12%。全市完成工业总产值1020亿元，比上年增长17.6%。工业增加值达到246.7亿元，增长15.4%。实现利润21.6亿元，增长22.4%。粮食总产量347万吨，增长37.5%。

固定资产投资242.3亿元，比上年增长15.3%。消费品零售额242.03亿元，比上年增长12%。实际利用外资8.48亿美元，出口38.3亿美元。零售价格指数94.9%。财政收入57.59亿元，增长21.9%，1998年末金融系统存款余额818亿元，比上年增长10.2%。

加快海洋产业发展

1998年7月18日的国际海洋年宣传日活动中有这样一句话——“今天的海洋正以自己优越的环境和丰富的资源，孕育着一切意识到和重视到它们巨大作用的国家和民族。”国内外许多专家预言：二十一世纪整个世界将是海洋的世纪。置身海洋环抱的青岛，从认识和重视青岛市海洋产业的发展出发，努力加快发展青岛市的海洋产业。

（一）充分认识加快发展海洋产业的战略意义　海洋产业是开发利用和保护海洋资源而形成的各种物质生产和很多部门的总和。海洋产业内部又分为海洋渔业、海洋交通运输业（包括造船业）、滨海旅游业、海洋油气以及新兴的海洋技术，如海洋生物、海洋电子、深海采矿等等。青岛海洋门类比较齐全，且有许多的优势比较明显，得天独厚的胶州湾在全国独一无二，可谓养殖宝地，以对外对内贸易为依托的港口交通运输已形成体系，在全国占有重要的一席之地，海洋院校、科所汇集，山海景色、避暑旅游具有鲜明特色和优势。近年来海洋产业的发展对青岛经济社会发展做出了积极贡献。

加快发展海洋产业是青岛市发展的战略重点。二十一世纪将是海洋世纪，是海洋经济、海洋产业大发展的世纪。规划发展青岛的海洋产业对青岛未来城市发展趋势、城市功能定位具有十分重要的战略影响。海洋产业中的港口交通、海滨旅游、耕海牧渔及加工贸易、海洋科技大都是第三产业的重点和拉动性强的行业，加强海洋产业发展对于繁荣青岛经贸，实现迈向现代化国际城市的目标意义十分重大。

青岛市加快发展海洋产业是实现产业间结构战略重组，促进产业升级的重要举措。挖掘经济增长的潜力除了“抓大放小”，突出规模带动效力外，经济结构调整是当务之急。而结构调整的重要方面就是调整产业之间和产业内部的结构，立足点是面向新的消费领域，提高经济综合质量和效益。经济结构调整是一个复杂和庞大的运作体系，特别是地区产业结构调整应当尽可能地发挥地区和资源优势，以优势产业为突破带动整个经济发展。举几个世界上因地制宜，遵循和利用自然资源取得成功的典范：欧洲的瑞士高居于阿尔卑斯山脉，交通不便的高山地势条件，迫使其放弃大宗原材料粗加工产品，主要发展对原材料依赖较小的精密仪器产品，著名的瑞士手表就可见一斑。日本的资源使其由早期的农业国较快完成向工业的转化进程。素有世界“多岛国”之称的荷兰围海造田发展特色农业取得了成功。在自然资源这个总的系统中，看到了海洋资源的再生性，从而使海洋产业获得了“朝阳产业”之称。青岛的自然资源优势在海洋，拥有可开发利用的邻近海域约1.3万平方公里，海岸线全长870公里，海湾49处，大小海岛69个，滩涂面积375平方公里，负20米水域面积3255平方公里。胶州湾是我国少有的半封闭型深水港湾，栖息生物330种。青岛的海洋产业门类比较齐全，且在许多方面优势明显，发展空间广阔，海洋科技、造船业、海洋食品、滨海旅游、保健品等更是方兴未艾。因此，青岛在产业升级进程中，海洋产业大发展势在必行，大有可为。

加快海洋产业发展对解决青岛市当前经济和社会中的一些现实问题有十分现实的意义。加快发展海洋产业及其联动效应，可以促进国企存量调整；围绕“海”字、利用先进技术开发新产品、新项目提供了新的市场机遇；在当前劳动力就业压力较大情况下，海洋产业中的捕捞养殖、深加工等劳动力密集型项目，可以大量吸纳下岗人员，减轻就业压力。

（二）发挥资源优势，加快海洋产业发展步伐 从国际、国内大趋势看，海洋产业发展将进入海洋资源的全面深度开发利用和海陆经济一体化，集约性开发和可持续发展。青岛市海洋产业发展规划（1996—2010）中提出把发展港口、水产、旅游、造船、海洋药物、精细海洋加工作为重点发展的六大产业，规划为今后加快海洋产业发展提出了战略方向和具体目标，但在具体实施当中，还有很大差距，缺乏紧迫感和具体实施措施，其主要原因，一是青岛的海洋产业还没有得到全社会的真正重视，没有把它放在一个能使青岛经济实现新经济增长和可持续发展具有非常大的推动作用这个高度来认识和对待，蕴含着巨大潜力的海洋产业开发缓慢，形不成“气候”。二是青岛的海洋产业缺乏系统性、整体性运作机制，海洋产业虽然分散在一、二、三产业之中，但是以海洋为纽带的行业之间有着紧密的内在联系，比如水产及加工、海洋交通运输、海洋科技、化工、海洋药物、保健及食品等等，既相对独立，又相互关联，在整体上缺乏政策、协调、支持引导发展环境的基础，使之整体开发不足，开放程度低、社会参与面小。三是青岛的海洋产业缺乏有效的组织体系，没有一个在产业方面真正起到管理、协调的组织机构等等，应将加快发展青岛海洋产业作为关系到青岛当前和长远发展的战略目标，充分发挥青岛的“海”资源优势，以强化现有产业、壮大薄弱产业、开辟高新海洋产业为发展思路，从优势中寻找突破，从潜能中挖掘资源，发展重点产业，实现整体带动。

港口和海上交通运输：港口的发展要在规模和功能上向现代化大港靠拢，应成为青岛的转口贸易枢纽。要充分利用和争取国家分期投入资金的良机以及多渠道筹资，重点建设一批现代化水平较高的集装箱、矿石、原油、煤炭、混装码头及多用途码头。增强吞吐能力以适应世界航运船舶大型化、货物集装化、管理现代化需要的国际大港。海洋运输应以提高综合运输能力为目标，重点发展集装箱运输，调整壮大远洋船队和航线，开辟新的海运市场。海洋水产业：青岛市的海洋水产应当说起步较早，曾有过率领全国三次养殖“革命”浪潮的优良传统，但发展却比较缓慢，仅在省内就比烟台、威海有较大差距，在渔业体制改革上力度不够，渔业生产投入机制不活，渔业生产的发展速度和规模都很低，在产量和产值上，烟台、威海两地均成倍高于青岛市，威海市水产品产值已占整个农业产值的70%，而青岛市仅占38.8%。应当看到，青岛市的自然优势是明显的，发展潜力巨大，要从体制改革入手，依靠政策和科技，实现海洋水产业的飞跃发展。海洋捕捞业方面应当大力推行渔业股份合作制，向着“造大船、出远海”方向发展，海水养殖业应掀起第四次浪潮，在养殖布局结构、品种方面开发，逐步走生态渔业、产业发展之路，谱写“耕海牧渔，建设海上家园”的宏伟蓝图；水产品加工还要内外并举，开发高附加值产品，走产供销、科工贸一体化之路，让青岛的海产品成为走向世界的产品。海滨旅游：青岛的旅游优势在海，有了海才有了青岛的旅游。这是对青岛旅游的点睛概括。青岛旅游要发展，要有方向、有重点、有特色。就目前国内外看，海滨旅游形式多种多样，青岛的海滨旅游以海岸观光为主，显得比较单调，总的感觉在海滨旅游的特色上没有突破。旅游是一个综合性的服务行业，在战略上，要从长计宜、软硬并举，分层次开发，要在完善已开发的观光、商务、会议、休闲、度假等旅游的基础上，对将要开发和潜在开发上大作“海”的文章，特别是青岛海滨西翼，岛屿星布，风貌不一，各有所长，很适宜点状开发，琅琊台、灵山岛、大海滩、小群岛，海上交通，逐渐连线成片，组合成风景旅游带，形成旅游新区与东翼观光景点遥相呼应。船舶修造：当前，应依托现有优势和基础，按照“大修小造”的思路，巩固完善外轮修护基地，瞄准国内外市场，适时开发游艇、特种船舶和渔轮修造等船舶产品，特别是要加快海西湾造船基地建设，通过外引内联、分期实施、滚动发展等方式，到2010年建设高水准的三十万吨修、造船坞各一处，逐步发展成我国现代化大型船舶工业基地。海洋药物及保健品制造：充分发挥海洋科技优势和丰富的海洋生物资源优势，重点发展海洋西药、海洋中成药、海洋保健品、海洋生物材料等系列产品，适应现代生活对海洋生化药品和保健品的需求。海洋化工：巩固发挥品种优势和规模优势，提高产品质量，发展深加工产品，提高附加值，带动主导产品上规模，加大海洋涂料、精细化工科技开发，推动海洋化工向多品种、精细化、系列化、外向型、大化工方向发展。

（三）发挥科技优势，将青岛建设成名符其实的“海洋科技城” 青岛海洋科研不论从海洋科研机构、单位、院校，还是人才和手段设施，在全国都是一流的，这是其他城市可望而不可及的。在即将全面进入知识经济和科技产业化的新纪元之际，如何发挥科技这第一生产力的作用，把青岛的各种优势与科技优势紧密相结合，从而进一步提高科技对当地经济的贡献率，是现在值得深思的问题。据了解，目前青岛市在这方面存在不足，一方面海洋科研院(所)的科研活动与当地经济结合紧密度不够，企业与科研缺乏沟通，科技成果转化速度慢、转化率较低，造成较大的资源浪费。另一方面，利用科技发展有关海洋产业的意识淡漠，规模化、集约化生产程度低，传统的粗放型生产仍占海上生产的主导地位。再一方面由于外地主动到青岛科研单位积极寻求合作，使大量诞生在青岛的科研成果“远嫁”他乡，出现“墙内开花墙外香”的现象。

第一，提高公众海洋科技意识是当务之急。要把海洋科技知识的宣传推广和提高全民海洋科技意识作为对科技的先行投入，从教育、生产、经营和文化等方面加大推广力度。第二，要选好突破口，选好结合点，重在建立运行一个海洋科技与生产转化的促成机制，政府要在“联姻”中扮演好“红娘”角色，通过建立有效的转化组织，缩小科研和生产的距离，通过课题招标等形式，打破单位界限，组织科技攻关，通过一定的政策、经费倾斜，鼓励和吸引在青科研机构为建设青岛，发展青岛海洋产业做贡献。第三，要培育和建设海洋科技大市场，通过市场建立科技资源的配置渠道。初期主要是政府要采取一定的政策等手段培育海洋产业技术市场，形成“气候”以后，通过有形市场带动无形市场，通过辐射不断壮大。建立联系科研和企业的中间体是科技市场的非常重要组成部分，青岛市在海洋药物、海洋保健、食品等方面的开发潜力是巨大的，但是开发的比例速度都是很低的，主要障碍是没有风险转化机制，因此，要建立多种形式的以沟通市场信息、转化科技风险、促进科技开发的经营实体。青岛市的海洋科技势力雄厚，未来的青岛海洋产业应向产品输出与技术输出并举的方向发展。

（四）努力创造一个有利于海洋产业开发建设的良好环境 在发展目标和发展重点方面，要在现已制订的海洋产业发展规划的基础上，制订具体的实施计划和工作方案，列入政府经济工作的重要目标，并且建立相应的海洋产业发展指标评价体系。从宏观上加强管理与引导。

在加强组织体系方面，为了突出海洋产业启动和发展，鼓励、引导各方积极参与开发、建设。提出建设“海上开发区”的构想，这不同于现在的陆上开发区，而是一个以“海洋”为纽带，以产业为界定的集合概念。只要是属于鼓励开发和发展的涉海单位、项目都可以进入“海上开发区”，并可以享受一定的优惠政策。在产业开发初期，要培育和引入多元化开发主体，打破国别、地区、所有制和行业界限，只要是符合国家产业政策和青岛市海洋产业发展的重点，都一律采取“低门槛”政策，特别是鼓励青岛市及外地名牌企业、优势企业进入海洋产业领域，领办企业、开发项目。要加强对海洋产业的领导，建议成立一个跨行业、部门的海洋产业发展协调机构，由政府派相应级别领导专职负责，对海洋产业实施有效的计划、协调、管理职能。

在扶持、鼓励优惠政策方面，根据中央、省、市有关产业开发、吸引外资等政策精神，归纳出台一个有利于海洋产业加快发展的一揽子优惠政策。具体内容包括：市政府每年安排一定的资金设立海洋开发管理专用资金，对一些急需发展的项目，一次性给予贷款贴息。对外商投资开发海洋产业，只要是从事和兴办港口、码头等基础设施，从事和发展海洋运输、海洋旅游、海洋科技投资和建设；从事经营远洋渔业、海水养殖、水产品加工及临港工业生产项目等相关行业进口技术、设备、设施机械等，符合国家有关规定的，均可免征关税和进口增值税。支持、鼓励国家干部、科技人员采取调动、聘用、借用、短期服务、兼职等多种形式，从事海洋开发，并在户口、身份、职称、工龄、养老、失业等社会保险等方面给予优惠照顾。

（青岛市政府调研室　王　磊）

淄博市

对外经贸发展综述

1998年，淄博市认真贯彻市八次党代会和全市对外开放工作会议精神，坚定不移地实施开放带动战略，构筑全方位对外开放的大经贸格局，努力克服亚洲金融危机的影响，千方百计开拓国际市场，下大气力改善投资环境，全市对外贸易、利用外资和国际经济技术合作等方面取得了新的进展。

对外贸易实现稳定增长　1998年，淄博市进出口总额完成88398万美元，同比增长6.9%。其中，进口总额28298万美元，同比增长13.2%；出口总额60100万美元，同比增长4.1%。其中自营出口完成23002万美元，同比增长8.9%；三资企业出口37098万美元，同比增长1.1%。达到了保平促增的目标。

利用外资实现恢复性增长　1998年，淄博市共审批利用外资项目51个，合同外资10410万美元，同比增长2.7%；实际外资到位10075.7万美元，同比增长10.7%。实现了利用外资的恢复性增长。

对外经济技术合作空间得到拓展　1998年，淄博市共完成对外承包劳务合作合同额1007万美元，营业额1046.6万美元，外派劳务276人次，同比分别增长36%、28%和23%；期末在外541人。境外设点办厂有了实质性进展，空间大为拓宽。

开发区建设取得新的进展　截止1998年底，淄博市六个省级开发区累计批准进区利用外资项目246个，合同外资5.67亿美元，实际外资到位3.14亿美元，分别占全市总额的13.7%、26.3%和27.8%。目前各开发区在谈三资项目21个，总投资2.55亿美元，协议外资近亿美元。1998年区内企业出口9986万美元，占全市出口总额的16.6%。

抓重点，加大对外经贸工作领导力度

针对亚洲金融危机给外经外贸带来的严重冲击，1998年初淄博市就及时召开了对外经贸运行分析会，重点研究金融危机的应对措施。上半年又单独召开了全市对外开放工作会议，出台了关于进一步改善涉外服务优化投资环境的若干规定，表彰奖励了出口创汇先进集体、个人和利用外资十强乡镇、外商投资十佳企业，市五大班子领导出席了会议，市委、市政府主要领导分别讲了话。同时，为了加强对外经贸工作的领导，调整充实了市对外开放工作领导小组。对市五大班子领导，实行利用外资项目分工负责制，每人挂靠一个在建、在谈的重点项目。对市八个有关部门实行部门联动招商，要求计委、经委、外经委、农委、科委、建委、财委、国资局的主要负责同志挂帅，通力协作，配套联动。对各区县和部门利用外资和出口创汇完成情况实行考核，建立了奖惩机制，进一步增强了各区县和有关部门加快开放型经济发展的紧迫感和责任感。

抓市场开拓，努力培植新的增长点

受亚洲金融危机的影响，淄博市产品向日本、韩国和东南亚的出口下降幅度在30%以上。亚洲市场的萎缩，促使该市开拓多元化市场。在巩固东南亚、欧盟市场的同时，淄博市把南非、拉美等国家和地区的市场作为开拓重点。市里分别由两位副书记带队组团赴南非和拉美考察洽谈，重点是抓好在南非的设点办厂和在南美的商品分拨站的探讨和启动工作，有针对性地选择新市场开拓的切入点。在南非设立淄博产品销售中心，500吨绒线和60万条拉舍尔毛毯项目正在加紧运作；在巴西，兰雁集团设立牛仔布销售中心、淄博市外贸宝利公司设立销售公司、淄博第二棉纺厂建棉纺厂的工作正在积极进行。市属企业、乡镇企业、外贸专业公司都加大了市场开拓力度，分别在非洲、独联体、东欧、北美等国家和地区设点办厂，年内已有十几家挂牌营业，淄博市的出口市场结构得到初步调整。向亚洲出口所占比重由63%下降到46.7%；向欧洲出口5692万美元，所占比重由10.4%上升到15.4%；向美国出口6033万美元，增长51.8%，所占比重上升了4.5个百分点，达到16.3%；向俄罗斯的出口增长了近1.3倍；向非洲出口增长了30%；向拉美市场的出口也略有增长。

研究制定、用足用好政策，使企业摆脱危机

1998年，为积极应对亚洲金融危机，缓解金融危机的负面影响，国家、省政府先后出台了许多鼓励政策和扶持措施。淄博市在研究政策、宣讲政策，引导企业用足用好政策的同时，结合淄博实际，研究制订政策。淄博市外经贸委代市政府起草了关于鼓励企业出口创汇8条优惠政策，其中每年安排400万元建立

外经贸发展资金用于鼓励出口和新市场开拓、对国有企业一般贸易出口增长部分实行奖励以及扩大出口退税B类企业范围等政策措施具有很强的可操作性，从根本上调动了企业开拓国际市场和出口创汇的积极性。

抓队伍建设，壮大外贸企业实力

一是加大了生产企业外贸自营权的申报工作，扩大出口队伍。1998年淄博市又争取到20家企业获得自营进出口权，全市自营进出口企业已增至84家。1998年全市自营企业出口额达23002万美元，占全市直接出口总额的62.2%。二是加快了市属外贸专业公司的改革重组。以进出口经营权为龙头，以资产重组为纽带，以股份制改造为基础，对8家市属外贸公司实施兼并改造，组建了三个有限责任公司。1998年改制后的三家集团公司进一步深化改革，由职工入股组建起16家股份制子公司。目前，改革已取得实质成果，1998年三家公司出口3297万美元，同比增长了9%，实现赢利19万元，比上年同期减亏1010万元。

抓骨干带动，实现对外贸易稳定增长

针对外贸出口大幅滑坡的严峻形势，1998年，淄博市确定了新华等十家自营企业、鲁泰等十家三资企业和淄博进出口集团有限公司等三家市属外贸公司等23家企业为全市出口创汇的骨干力量，并排出了出口的重点产品，作为出口创汇的重点抓住不放。淄博市外经贸委会同海关、商检、国税等部门建立了联合办公制度，每月对23家出口大户和重点商品进行调度，对出口创汇中遇到的困难和问题及时协调解决，从而带动了对外贸易的稳步发展。

抓贸易方式调整，推动一般贸易向加工贸易、技术贸易、服务贸易转变

1998年，淄博市充分利用国家加工贸易出口退税的政策和该市加工能力强、工业门类多的比较优势，大力开展以进料加工为主的加工贸易。通过召开经验交流会，会同海关、商检、国税等部门现场办公、制订政策措施、境内外招商、网上推介等，推动了加工贸易的健康发展。努力扩大技术出口。完成了全市技术出口资源调查，初步筛选了84个项目，建立起了技术出口项目库，已通过联合国工发组织中国投资促进网全力向外推介。召开了技术出口座谈会，40多家有望出口的机电企业参会，并请有关专家介绍了政策等方面情况。启动了技术出口和成套设备出口。据不完全统计，全年进出口额达1242万美元。同时，通过网络，组织企业上网参加纺织品被动配额招标，有史以来，淄博市第一次获得了纺织品被动配额，有多家企业中标，中标额达1000多万美元，极大地拓展了企业开展对外贸易的方式和思路。

抓招商引资，在重点和方式上进行调整和转变

在招商引资重点方面，淄博市确定了重点加大基础设施和基础产业、城市公用设施项目和高新技术产业项目等六大领域利用外资的力度。在招商方式上，积极开展网上招商、代理招商、委托招商等。举办了淄博网上招商会，按照行业或地区制作了四个网上展示台，包括300多个出口产品、招商、加工贸易和技术出口项目，在近半年时间里24小时不间断地在INTERNET网上发布，全球170余个国家1亿用户可随时登录查寻该市上网企业情况，收到了良好的效果。认真组织参加了意、英、德招商考察、'98中国厦门投资贸易洽谈会、青洽会、北京中韩经贸洽谈会、'98中国中西部地区对外经洽会、淄博经济技术洽谈会等一系列国内外招商洽谈活动，洽谈了一批合作项目和贸易合同，与英中贸易48集团、中国通道、中英技术交流中心建立了合作关系，为今后淄博市扩大招商引资打下了良好基础。

（淄博市外经贸委　陈　泉）

淄博市国民经济主要指标

指　　标	单　　位	1998年		1997年	
		地　区	市　区	地　区	市　区
年底人口数	万人	403.68	265.42	401.03	263.03
其中：非农业人口	万人	173.41	145.81	173.86	146.02
土地面积	平方公里	5938	2961	5938	2961
人口密度	人/平方公里	679.8	896.4	675.36	—
年末劳动力资源总数	万人	274.86	178.59	271.07	194.15
其中：乡村劳动力	万人	143.69	79.18	144.76	78.14
国内生产总值	亿元	536	425	498.8	402.17
农林牧渔业产业	亿元	82.9	46.2	84.69	48.06

（续）

指　　标	单　　位	1998 年		1997 年	
		地　区	市　区	地　区	市　区
粮食产量	万吨	170.07	84.54	145.03	72.14
蔬菜产量	万吨	244.03	187.22	218.1	169.98
猪牛羊肉产量	万吨	13.57	6.98	13.64	6.37
水产品产量	万吨	2.01	0.33	1.45	0.24
全部工业总产值	亿元	894.92	762.99	849.87	726.7
其中：500 万元以上	亿元	549.77	485.03	506.82	440.36
客运总量	万人	6356.89	5885.7	1566	1150
货运总量	万吨	4808	4129	4999	4416
固定资产投资总额	亿元	129.65	110.59	52.41	47.96
其中：住宅	亿元	13.62	11.61	7.33	6.07
房地产开发投资额	亿元	6.54	5.94	5.58	5.09
商品房销售额	亿元	4.18	3.71	3.68	3.38
出口贸易总额	万美元	60100		39105	—
进口贸易总额	万美元	28298		25469	—
利用外资签订合同总数	项	51	41	61	—
利用外资签订合同金额	万美元	10410	9295	10381.9	—
实际利用外资金额	万美元	10076	8141	9100	—
国际旅游人数	万人	0.98		0.7	—
国际旅游收入	万美元	305		1834	—
地方财政预算内收入	亿元	19.58	8.03	16.92	10.58
地方财政预算内支出	亿元	23.45	10.57	20.31	9.03
银行年末各项贷款余额	亿元	316.03	263.81	291.33	243.19
每万名职工中专业技术人员数	人	3867	3716		
其中：中级职称以上	人	909	874		
城镇居民家庭人均可支配收入	元		5391	—	5374
农村居民家庭人均纯收入	元	2946	3330	2671	2979

注：表内各项产值均按当年价格计算

（淄博市统计局供稿）

东　营　市

经济社会发展综述

1998 年，受亚洲金融危机、国内市场变化和胜利油田生产经营困难的影响，全市经济遇到了前所未有的困难。面对异常严峻的形势，全市上下团结一致，迎难奋进，创造性地推进改革与发展，保持了国民经济持续快速发展的良好势头。全市国内生产总值完成 320 亿元，增长 9.2%，其中第一产业增加值 33.3 亿元，增长 6.7%；第二产业增加值 246.4 亿元，增长 7.9%；第三产业增加值 40.3 亿元，增长 16%。农村经济全面发展，粮食总产量首次突破百万吨大关，达到 102.1 万吨，增长 30.6%。工业速度、效益逐步回升，原油产量完成 2731 万吨，天然气产量 9.2 亿立方米，全市工业增加值完成 217 亿元，增长 6.0%。消费、投资、出口均保持了较快增长，全市社会消费品零售总额 59.2 亿元，增长 13.8%；固定资产投资完成 132.2 亿元，增长 16.2%，其中地方 36.7 亿元，增长 68.5%。财政金融运行平稳，全年地方财政收入 10.3 亿元，增长 16.7%；年末金融机构各项存款余额 196.4 亿元，增长 19.1%；各项贷款余额 129.2 亿元，增长 20.4%。人民生活水平继续提高，城镇居民平均可支配收入 7842 元，增长 4.6%；农民人均纯收入 2533 元，增长 14.2%。

农业和农村经济

围绕农业增产、农民增收这个目标，确立了农业发展必须坚持市场化、科技化、规模化、企业化的原则，坚持以农业产业化为总目标，以水利建设为龙头，向科技兴农要动力，大搞农业综合开发，确保了农业和农村经济稳定增长。积极调整农业内部结构，在稳定粮棉的基础上，重点培育了畜牧、水产、瓜菜、林果、花卉等主导产业，规划建设了以色列大棚蔬菜、冬枣密植、上农下渔、毛蟹养殖等15个农业开发示范园；重点扶持了华誉集团、鲁北畜产品第一大市场等龙头企业和农副产品批发市场。为加快土地开发步伐，提高开发效益，成立了市荒碱地开发、高科技农业开发和机械工程开发三大公司。把水利作为生存产业和生命工程来抓，新建水库45座，新增蓄水能力9900多万方，引提黄河水能力达到513立方米/秒，农田有效灌溉面积达到14.67万公顷，解决了6.6万人的吃水困难。科技兴农、科技兴海成效显著，良种引进、繁育，示范、推广力度加大。地下半咸水对虾精养高产技术取得突破，为滨海盐碱地开发利用和海产品养殖探索出了一条新路子。

企业改革与发展

立足于“抓大放小”，按照“一退三转”（一退：除少数骨干企业外，对一般中小型企业的国有、集体资产全部置换。三转：一是将国有、集体资产一资转让，法人或个人一次买断有困难的，可以有偿使用，分期收回；二是多种形式转让，推广拍卖、出租转让，鼓励个人或少数人控大股，力争改制一步到位；三是改制企业转向社会，走向市场，政企分开，与主管部门彻底脱钩，党团关系属地管理）的总体思路，积极稳妥地推进企业改制。先后制定了工业企业、流通企业、农业企业、乡镇企业改制等10多个政策性文件，引导企业建立起规范的法人治理机构和适应市场经济体制要求的运行机制，真正走向市场。坚持一企一策，什么形式能把企业搞活就采用什么形式改制，不搞一刀切。分门别类地树立了一批改制典型，对加快改制起到了引导和推进作用。重点培育华泰等大型企业集团，组建了东营石油化工集团。全市已有5家集团被列入省重点企业集团。到年底，全市地方乡及乡以上企业改制率达到93.9%。绝大多数企业改制后，产权关系明晰，经营机制灵活，拓宽了融资渠道，调动了职工的积极性，激发了企业内部活力。继续把发展高新技术产业作为带动产业结构优化调整升级的重要措施来抓，制定了高新技术产业发展规划，设立了专项发展资金，重点开发高新技术产品，培植高新技术产业。目前，全市高新技术企业已发展到23家，高新技术企业增加值在地方工业增加值的比重占到11.2%。技术改造力度加大，全年完成技改投资12.5亿元，2500KM/年特种电缆、15万吨/年重油二段催化裂解、2240吨光导板、离子膜烧碱二期工程等一批重点技改项目竣工投产。积极推进社会保障制度、住房制度、国有资产管理等配套改革，为企业改革和发展提供了有力保障。

开放型经济

成功举办了'98（北京）山东省黄河三角洲对外招商洽谈会，共签定经济技术合同、协议15项，总投资2.61亿美元，其中合同、协议外资1.2亿美元。组织企业参加了广交会、华交会、青洽会和日本大阪展销会，共成交2751万美元。继续深化外资企业改革，市直外经贸企业全部实行了股份制改造。按海关口径，全市实现外资出口总值1862万美元，增长58.6%。新批利用外资项目13个，实际利用外资3471万美元。增长11.9%。全市三资企业已有140家开业投产，年出口创汇1500万美元。利用日本海外协力基金农业综合开发项目已经国家计委批复。开发区保税仓库建成使用。

油地结合

确立了把团结思想向下渗透，具体工作向实发展，决定的事情抓好落实的指导方针，制订了加快油地经济发展的意见，建立了决策、调研、运行三个环节的运行机制，成立了油地结合办公室，突出了人才和技术结合、现有企业重组、新上项目共建共管、油地市场共同开拓四个重点，建立了产品联销办公室，推动了油地结合的实质性进展。1998年已开工建设100万元以上的结合项目13项，已有6项已竣工投用。油田选择13个实力强的二级单位，帮扶地方13个困难乡镇，为这些乡镇脱贫致富奠定了基础。把油地结合延伸为油地校结合，与石油大学签订了科技合作协议和一批科技合作项目。教育、文化、卫生等社会事业方面的结合取得了新进展，制订了进一步深化油地校教育结合的意见，成立了油地校教育结合领导小组。油地校团结协手、共同发展的形势越来越好。

个体私营经济

把个体私营经济作为推动全市发展的战略重点和重要突破口来抓，1998年初召开了规模空前的宣传动员大会，在原有优惠政策的基础上，又出台了18条补充规定，鼓励党政机关事业单位干部职工、应届大中专毕业生、复退军人、下岗职工和离退休人员从事个体经济活动。加大政策落实力度，认真清理“三乱”，着重解决“中梗阻”和“下梗阻”等问题；设立了一站式服务大厅，减化手续，优化服务；对执纪执法部门“约法三章”，建立了政务公开、举报监督、缴费卡和评议奖惩四项制度，为个体私营经济营造了良好发展环境。注重培育载体，重点建立了东城商贸城、黄河口商贸城等园区；在乡镇创办了示范服务基地，规划了一批好的农业开发园区和项目，重点发展个体私营经济。积极吸引外地客商来东营投资兴业，全年吸引外来私营企业130余家，吸引外来资金2亿多元。到年底，全市个体工商户达到4.8万户，私营企业2060家，从业人员12.5万人，注册资金12.3亿元，分别比上年增长20.8%、47.8%、32.1%和73.2%；上缴税金7946万元，增长22.3%。机关干部领办创办经济实体和示范服务基地迈出较大步伐，已有2800多名机关干部离职从事个体私营经济或领办创办经济实体，投资总额达1.4亿元，创办项目480多个。

城市和基础设施

按照“严格规范、加快建设、强化管理、深化改革、改善服务”的总体思路，修订完善了新一轮城市总体规划及部分专业规划，加强对重点路段建筑项目的控制，各类建筑严格按功能规划区布局。投资3亿多元，重点整治了济南路、府前街等主要街道，拓宽改造了海河路、青州路，建成了市政广场及建筑群等标志性工程。实施“美化、净化、亮化”和造绿工程，全市新增绿地276万平方米，其中新城区新增绿地82.7万平方米，建成区绿化覆盖率达23.1%，市容市貌大为改观，被省政府授予1996—1998年度创建现代化城市优秀城市奖，并夺得“齐鲁杯”。重大基础设施工程进展顺利，东营至青州高速公路完成投资4.5亿多元，改造了一批干线公路，利津黄河公路大桥批复立项。

保障机制

东营市本着超前预防、积极疏导、化解矛盾、促进稳定的原则，开展了创建全国安全文明油区活动；实施了下岗职工基本生活和再就业工程，凡有下岗职工的企业都建立了再就业服务中心，凡进入再就业服务中心的下岗职工都能按月领取基本生活保障金，下岗职工再就业率达到了73.2%；减轻农民负担，加大扶贫开发力度，52个贫困村基本实现了脱贫目标。推行农村政务公开、财务公开，加强了基层民主政治建设；对基层站所进行了集中整顿，重点解决了群众反映强烈的问题。通过这些措施，有效缓解了社会矛盾，维护了政治安定、社会稳定的良好局面。

（东营市人民政府办公室　李梦来）

东营市国民经济主要指标

指　　标	单　　位	1998年		1997年	
		地区	市区	地区	市区
年底人口数	万人	169.18	72.20	167.01	70.62
其中：非农业人口	万人	59.74	46.39	57.71	44.91
土地面积	平方公里	7923	3294	7923	3294
人口密度	人/平方公里	212	217	210	213
年末劳动力资源总数	万人	122.03	54.33	121.66	54.03
其中：乡村劳动力	万人	72.05	19.42	71.98	16.83
国内生产总值	亿元	320	226.17	300.18	225.27
农林牧渔业产业	亿元	59.94	14.23	55.24	13.73
粮食产量	万吨	102.16	20.28	78.20	15.92
蔬菜产量	万吨	121.99	14.85	101.96	12.54
猪牛羊肉产量	万吨	10.88	3.51	9.13	2.60
水产品产量	万吨	18.76	7.98	12.77	5.19
全部工业总产值	亿元	452.44	245.21	441.25	293.16
其中：乡及乡以上	亿元	303.33	242.75	350.40	280.18
客运总量	万人	445.95	295.35	408.49	265.69
货运总量	万吨	1567	770	1415	677
固定资产投资总额	亿元	145.0	127.12	128.10	114.17

（续）

指　　　标	单　位	1998 年		1997 年	
		地区	市区	地区	市区
其中：住宅	亿元	10.37	6.30	10.83	6.54
房地产开发投资额	亿元	1.55	1.34	1.98	1.95
商品房销售额	亿元	1.04	0.98	1.05	0.85
出口贸易总额	万美元	1862	1862	1174	1174
进口贸易总额	万美元	1021	1021	1176	1176
利用外资签订协议总数	项	14	10	15	15
利用外资签订协议金额	万美元	1814	1762	3293	3293
实际利用外资金额	万美元	3471	3419	3101	3101
国际旅游人数	万人	0.12	0.12	0.09	0.09
国际旅游收入	万元	423	423	340	340
地方财政预算内收入	亿元	10.32	7.61	8.84	5.61
地方财政预算内支出	亿元	13.05	8.99	11.70	8.46
银行年末各项贷款余额	亿元	129.18	91.88	107.27	74.12
每万名职工中专业技术人员数	人	3264	2931	2999	2825
其中：中级职称以上	人	899	886	805	819
城镇居民家庭人均生活费收入	元	7842	7842	7496	7496
农村居民家庭人均纯收入	元	2533	2465	2219	1954

注：表内各项产值均按当年价格计算

乡及乡以上工业总产值中 1998 年数为年销售收入 500 万元以上非国有工业和全部国有工业

（东营市人民政府办公室供稿）

潍　坊　市

对外经贸概况

1998 年，尽管受亚洲金融危机和国内市场需求紧缩的不利影响，潍坊市的对外经贸事业仍处于稳定快速发展的良好状态。全年出口创汇 64239 万美元，比上年增长 3.5%，高出全省平均增幅 8.3 个百分点，其中自营企业出口完成 40882 万美元，比上年增长 6.1%，占全市出口总值的 63.6%。出口产品 24 大类、600 多个品种，销往世界 150 多个国家和地区。

1998 年，潍坊市新批利用外资项目 103 个，合同外资额 17310 万美元，实际利用外资 17053.3 万美元。与年初相比，实际利用外资回升了 19.2 个百分点，利用外资持续大幅度下滑的局面得到初步遏制。利用外资的领域逐步拓宽，运行质量提高。1998 年底，在潍坊建成投产的外商投资企业累计已达 847 家，完成销售收入 125 亿元，实现利税 9.7 亿元，对全市经济发展产生了积极的促进作用。

1998 年新签对外承包劳务合同额 4554 万美元，外派劳务 1216 人次，兴办境外企业 7 家。通过劳务输出和对外承包工程，带动了全市部分产品的技术出口。海外企业累计已达 77 家，为进一步拓展国际市场，奠定了全市对外经贸发展的基础。

面对外经贸发展的严峻形势，1998 年，各级党政领导都把外经贸工作摆到了突出位置，给予了极大的重视、关心和支持。市委书记办公会专门听取外经贸工作汇报，市政府常务会多次研究对外经贸工作，成立了“市利用外资工作领导小组”，及时协调解决工作中遇到的困难和问题。市委、市政府先后召开了全市对外经贸工作会议、全市创汇农业工作会议等一系列综合会议和分类指导调度的专题会议，在面上进行发动，在工作上具体部署；市领导几次亲自带队出国开展经贸活动；参加境内涉外经贸活动；各县市区都把发展外经贸工作作为拉动经济增长的着力点，不少县市区把对外经贸工作纳入“一把手”工程，调动了各方面的积极性，有力地推动了全市对外经贸工作的健康发展。

为更好地推动全市外经贸工作的健康发展，帮助各类企业解决遇到的困难和问题，各级各部门从自身的职能出发，在政策上给予倾斜。特别是市外经贸主管部门，采取扶持倾斜政策，深入到基层企业，现场办公，为出口企业和项目单位提供全方位服务。财政、海关、商检、卫检、动植检、税务、金融等单位从实际出发，多次举办涉外政策法规培训讲座，向出口企业系统讲解国家、省、市的优惠政策。各主管部门、各开发区也都加大工作力度，把外经贸工作作为工作考核的一项重要内容，推动了企业出口和利用外资工作的顺利开展。

面对1998年的困难形势，潍坊市各级各类外经贸企业结合自身实际，加大市场开拓力度，搞好产品结构调整，狠抓产品质量，加强与老客户的沟通与协调，采取让利或保本销售，促进了企业出口创汇水平的提高。不少企业在国家调整进口政策，给企业生产造成较大影响的情况下，不等不靠，通过大搞进口，继续大力开展加工贸易，同时注重抓好产品质量，在企业出口主市场发生严重金融危机的情况下，订单不但没有减少，而且大幅度增加。市属外经贸企业进一步完善承包经营责任制，调动了干部职工的积极性，使企业出口创汇和经济效益都有明显提高，增强了参与世界市场竞争的能力，为潍坊的经济国际化战略充分发挥了骨干带头作用。

加大了市场开拓力度

针对亚洲各国由于金融危机导致市场需求紧缩，进口量下降的状况，潍坊市组织力量，通过各种渠道，对北美、欧盟、东南亚、中东、拉美、南非、独联体及中东欧市场等世界七大市场进行了调研，基本掌握了这些市场的特点，进行重点开拓，1998年，对欧盟、北美、拉美、中东出口均有增长，为扩大全市外贸出口创造了条件。同时，确保亚洲传统出口市场。市里排出了对日本、韩国、东南亚、港澳等国家和地区的重点出口企业和重点出口产品，千方百计保持与老客户的联系与接触，采取让利或保本经营等措施，力争保住国外市场份额。全年对亚洲出口46300万美元，占全市出口总值的72.1%。

加大招商工作力度

先后组织参加了潍坊鲁台经贸洽谈会、青岛小交会、'98厦门会、春秋两季广交会等活动。对每个活动，认真做好客户邀请、项目准备、对外宣传等各项准备工作，坚持会内会外结合，广泛结识客户，洽谈项目，取得了较好的成效。仅青交会、鲁台会、厦门会三会期间，共签订出口成交合同3000多万美元，利用外资项目162个，合同协议外资额3.67亿美元。以上签约项目，经跟踪调度落实，到年底已正式批准成立19项，合同外资额2168.8万美元，分别占1998年新批外资项目的19.6%、14.2%。同时，积极走出国门，开展招商活动。共直接组织参与境外招商活动6次，涉及美欧亚等10余个国家和地区，签订贸易出口合同9项，成交额1800万美元，合资、合作项目3项，外资额1150万美元。

改善外商投资软环境

在进行大量调查了解的基础上，针对外商在软环境建设方面提出的突出问题，外经贸委组织起草并以市政府名义发布了关于改善外商投资环境，吸引外商投资和支持骨干出口企业的三个规范性文件，为进一步改善潍坊市外商投资软环境打好基础。集中处理了一些外商投资企业纠纷。到1998年底，共收到外商投诉案件29件，通过坚持合情、合理、合法的原则，积极协调，配合有关部门公正协调处理各种问题，维护中外方的合法权益，1998年底已协调解决了24件，结案率达83%，中外双方对处理结果都比较满意，维护了潍坊市的对外开放形象。

加大了外经贸企业改革力度

潍坊市直外经贸企业因企制宜、多形式地进行了改革、改制。成立了改革领导小组，设立了专门班子，对市属外贸企业进行了认真地调查研究，制订了改革方案。通过近一年的工作，对毛巾总厂进行了依法破产，市外贸土产公司被中基总公司嘉发公司兼并工作已经结束，市国际经济技术合作公司、潍坊外贸粮油公司的兼并工作已进入最后程序，并对另外几个公司的兼并工作进行了前期准备。同时，对市外贸食品、轻化、基地、进出口公司完善了承包经营责任制，以促进转换机制和提高职工积极性为重点，进行了改革。从改革取得的效果看，市属15家外经贸企业出口完成9373万美元，比1997年增长7.4%；效益增长，盈亏相抵，虽然仍净亏损1009万元，但同比减亏1554万元。

（潍坊市对外经贸委　马振业）

潍坊市国民经济主要指标

指　　标	单　位	1998年		1997年	
		地区	市区	地区	市区
年底人口数	万人	835.79		829	
其中：非农业人口	万人	207.41		203.6	
土地面积	平方公里	15800		15800	
人口密度	人/平方公里	131.3		128.9	
年末劳动力资源总数	万人				
其中：乡村劳动力	万人	323.67			
国内生产总值	亿元	774		718	
农林牧渔业产业	亿元	177.85			
粮食产量	万吨	492.2		446.68	
蔬菜产量	万吨	960.5		718.42	
猪牛羊肉产量	万吨	93.2		34.96	
水产品产量	万吨	51		44.6	
全部工业总产值	亿元	501.93		332	
其中：乡及乡以上	亿元				
客运总量	万人	3558.8		3208.5	
货运总量	万吨	8646.2		8230.8	
固定资产投资总额	亿元	164.3		144.01	
其中：住宅	亿元	4.9			
房地产开发投资额	亿元	7.8		5.36	
商品房销售额	亿元	7.3			
出口贸易总额	万美元	64239		80700	
进口贸易总额	万美元	27080		33700	
利用外资签订协议总数	项	103		136	
利用外资签订协议金额	万美元	17300		81841.54	
实际利用外资金额	万美元	17100		34684.84	
国际旅游人数	人次	19466			
国际旅游收入	万美元	430			
地方财政预算内收入	29.9亿元			26.71	
地方财政预算内支出	亿元			32.09	
银行年末各项贷款余额	亿元	436.4		374.6	
每万名职工中专业技术人员数	人				
其中：中级职称以上	人				
城镇居民家庭人均生活费收入	元	5859		5811	
农村居民家庭人均纯收入	元	3260		3076	

注：表内各项产值均按当年价格计算　　（潍坊市外经贸委供稿）

烟台市

国民经济保持适度快速增长

1998年，烟台市市国内生产总值达805亿元，比上年增长12.3%，增幅比上年提高1.9个百分点，高于全国4.5个百分点，高于全省1.3个百分点，是“九五”以来增长速度最快的一年。其中第一产业增加值140亿元，增长10%；第二产业增加值419.4亿元，增长13.6%；第三产业增加值245.6亿元，增长11.3%。三次产业不同的增长速度对经济总量增长的影响程度为：第一产业使之增长了1.9个百分点，第二产业使之增长了7.5个百分点，第三产业使之增长了2.9个百分点，综合起来形成了GDP总量12.3%的增幅。

1998年，城乡贸易稳定增长，个体私营经济继续呈现强劲发展势头。全年完成社会消费品零售总额212.1亿元，同比增长10.5%。

从经济类型看，国有经济零售额44.1亿元，同比下降6.8%；集体经济零售额51.3亿元，同比增长5.7%；个体私营经济零售额85亿元，同比增长24.9%，联营经济零售额0.3亿元，同比增长100.2%，其它经济零售额24.9亿元，同比增长16.5%。

1998年，面对亚洲金融危机的冲击，烟台市及时调整开放策略，在优化出口商品结构、开拓多元化国际市场、提高利用外资质量、改善投资环境等方面积极采取应对措施，减少危机带来的负面影响，保持了对外经济的稳步发展。

（一）利用外资升中有降 全年实际利用外资5.02亿美元，比上年增长8.8%，其中三资企业实际利用外资4.6亿美元，比上年增长22.1%。利用外资新签合同、协议外资额分别比上年下降了45.1%和30.2%。

（二）对外贸易平稳发展 全年全市外贸进出口总额22.28亿美元，同比增长2.95%。其中：进口9.44亿美元，同比增长20.25%；出口12.84亿美元，同比下降6.88%。

（三）旅游事业喜获丰收 全市共接待海外旅游人数11.97万人次，同比增长10.09%，其中华侨、港澳和台湾地区旅游人次分别增长67.6%、26.9%和31.2%；旅游外汇收入4716万美元，同比增长49.63%。同时经过全市上下的共同努力，烟台市获得“全国优秀旅游城市”荣誉称号。

（四）对外开放形式有新进展 继去年成功承办APEC博览会的基础上，1998年10月份，烟台市代表国家又成功地承办了第二届APEC中小企业技术交流暨展览会，进一步扩大了烟台市在国内外的影响和声誉。

（五）第二届APEC交展会 1998年10月8日至14日，第二届APEC中小企业技术交流暨展览会在烟台召开。APEC21个成员、准成员及全国22个省、市、自治区的3万多名客商参加了交展会，展位总数达1056个。有1896人参加了技术交流，是上一届的9倍。会议期间，烟台市共签定利用外资项目204个，总投资15亿美元，其中外商投资9.9亿美元；对外贸易成交8.8亿美元，其中出口6.5亿美元；国内贸易成交2.5亿元人民币；签定对外劳务合作项目7项，合同额2293万美元，外派劳务880人。本次交展会，给烟台市今后经济增长增添了巨大的动力，提供了更为广阔的就业空间，也进一步提高了烟台的对外影响和知名度。

烟台开发区蓬勃发展

1998年，烟台经济技术开发区政治、经济和社会各项事业蓬勃发展，取得了较好的成绩：一是主要经济指标完成良好，经济效益不断提高。全年完成国内生产总值31.4亿元，地方财政收入1.75亿元，分别增长11.6%和6.3%；完成工业销售产值70.2亿元，骨干企业发展势头良好，利税总额达到4亿元，有11家企业利税过千万元，有8家企业利润增幅在50%以上。二是项目引进和建设在困境中稳步推进。全年实际利用外资2.5亿美元，增长24.7%，有16家企业共追加投资5900万美元，全区引进项目投资总额1.25亿美元。项目建设速度进一步加快，完成投资25亿元，其中生产性投资22.4亿元，分别增长57.6%和63.4%。一汽——大宇汽车零部件项目设备安装已结束，1998年3月份可按期投产；电子网板二期工程设备安装已完成，进入试生产阶段。三是城区建设配套步伐加快，基础设施进一步完善。全年完成投资1.1亿元，较好地满足了项目建设和生产生活需要；所规划的长江路改造、海滨路美化、天地广场完善等重点基础设施工程已全面完成，城区形象大为改观。经济实力的壮大、经济体制的完善、经济管理的加强，为开发区的大开放大发展奠定了坚实基础。

企业改革改制

根据党的十五大精神和全市企业改革会议的部署，烟台市工业系统将放开搞活中小企业作为重中之重的工作来抓。遵照改制企业的进度服从改制质量的要求，扎扎实实推进中小企业的改革放活工作。到1998年，市县两级工业企业累计有771户工业企业实行了不同形式的改革改制，改制面达到93%，其中，市直工业中有89户企业实施改革改制，改制面达到82.4%。在指导企业改革工作中，坚持在形式上因企制宜，不搞一刀切，只要是有利于企业生存发展就采用。主要采取股份制、股份合作制、出让、出售、挂靠租赁等十几种形式，其中，由国外参股的23户，国外控股的21户，挂靠国内大企业的25户，整体出售企业只占改制企业的7.1%。通过改制，企业内部机制进一步激活，经济运行质量得到提高。1998年，市直89户改制企业，完成销售收入、利税分别比上年增长6.1%和

23.7%，比市直平均水平分别高4.1和2.2个百分点；资产负债率为54.1%，比市直工业平均低2个百分点。

下岗职工基本生活保障和再就业

烟台市建立健全了再就业服务网络，建立再就业服务中心14个，行业分中心216个，企业工作站624个，实现了100%的建站目标。1998年8月全市下岗职工已全部进入工作站。实现了100%的进站目标。各级劳动部门加大资金筹集力度，因地制宜抓落实，全市共筹集保障资金8458万元，使下岗职工基本生活得到有效保障。全市全面实施再就业工作目标责任制，对各县市区的再就业工作纳入年度工作岗位责任制考核范围。市领导与市直29个行业主管部门签订了责任书，对政府10个综合部门也明确了工作目标和责任，并建立和落实了督查考核制度，促进了保障与再就业各项任务指标的落实。1998年全市下岗职工实现再就业64629人，下岗职工分流安置再就业率75%。加大对夫妻双下岗职工再就业工作的力度，采取企业行业调剂、劳动部门协助、行政手段与市场招聘相结合等方法，市直1146名夫妻双下岗职工全部得到妥善安置。全市各级劳动部门坚持培训与再就业工作紧密结合的原则。两年共培训下岗职工20822人，经培训后再就业率达到了68%。1998年11月，国家劳动和社会保障部在烟台召开的全国职业指导交流会议上，重点推广了烟台市开展再就业培训工作的经验。

完善社会养老保险体系

1998年底，全市参加养老保险社会统筹的企业5137个，职工54万多人，企业和职工参保率均达到98%以上。近两年来，在以下几个方面又取得了长足的进步。一是完善统账结合的养老保险改革机制，为每一位参保在职职工建立了基本养老保险个人账户，连续两年发放了企业职工个人账户明细单，发放率达98%，增强了企业职工的自我保障意识。二是扎实平稳地统一了企业职工基本养老保险制度。根据国务院《关于建立统一的企业职工基本养老保险制度的决定》，烟台市在全省率先出台实施了统一企业职工基本养老保险制度方案，实现了“企业和职工个人缴费比例、个人账户计入比例、基本养老金计发办法”三个统一，其中，职工个人缴费比例从1998年1月1日起由2%提高到4%。三是扩大养老保险覆盖面工作有了新的突破。1998年11月，出台了《烟台市城镇私营企业职工和个体劳动者基本养老保险试行办法》，加大了规范政策、强化管理、落实进度三个方面的工作力度，把私营个体从业人员的养老保险纳入市级统筹，对参保对象、用人单位和从业人员的缴费基数、缴费比例以及停保、续保和退休时养老金的计发等有关事宜均做出明确规定。全市已有1.6万多名符合范围的私营个体从业人员参加了基本养老保险，参保率达83%。四是离退休人员养老金全面实行了社会化发放。9月底，全市13个县市区和市直共10万余名离退休人员养老金，通过银行、企业发放点、邮局等渠道发放，从制度上保障了离退休人员按时足额领取养老金。

医疗保险制度改革

截至1998年11月，参加医改的企业有4991个，职工60.24万名（含10.21万名离退休人员）。近两年来，新的医疗保险制度在实践中不断充实和完善。主要抓了以下五个方面的管理工作：（1）实行大病定点医疗制度。职工看大病和住院治疗必须到定点医疗机构。定点医疗机构资格由劳动、卫生行政部门按照“方便职工，公平竞争，合理利用卫生资源”的要求共同确认；（2）实行药品目录准入制度。定点医疗机构必须执行国家和山东省制定的《公费医疗用药报销范围》。未经社会保险机构批准使用了范围外药品，统筹基金不予支付；（3）实行职工持证就医制度。职工被诊断为统筹病种，通用《医疗保险专用病历手册》；（4）实行高新技术检查和转院就医审批制度；（5）实行统筹病种康复复查制度。社会保险机构定期对已认定为统筹病种的职工进行复查，杜绝不符合标准或病情痊愈者仍享受给付标准的漏洞。

烟台市蝉联“全国科教兴市先进城市”

国家科技部1998年5月8日正式下文，批准全国44个城市为“全国科教兴市先进城市”，烟台市继1995年度荣获该项称号之后，又一次榜上有名。该项评选工作由国家科技部每两年牵头开展一次，根据各城市科技进步方面的80项指标，组成评审委员会，按照客观、科学、公正的原则，同时兼顾东、中、西部地区发展的历史及现状，进行综合评价后正式发布。

市高新区被国务院批准为向APEC成员开放的科技工作园区

烟台市经多年建设和发展，现已扩展为一区三园，即高新区中心区和烟台科技园、福山高新技术产业园、只楚民营科技园，总体规划面积13.8万平方公里。其中中心区规划面积6平方公里，累计投入基础设施建设资金7亿多元，目前区内高新技术企业发展到18家，新批准成立外资企业43个，项目总投资4076万美元，合同外资额3560万美元，实际利用外资4196万美元，逐步成为烟台市高新技术产业的主要基地。1998年，国务院批准烟台市高新技术产业开发区为全国5个向亚太经合组织（APEC）成员开放的科技工业园区之一，享受国家级高新技术产业开发区的政策待遇。

中俄高新技术产业化合作示范基地

1998年下半年，烟台市科委向国家科技部申报兴建“中俄高新技术产业化合作示范基地”。国家科技部于当年12月14日下文正式批复，同意在烟台高新技术产业开发区内建立“中俄高新技术产业化合作示范基地”。这是烟台市在引进和开发高新技术、开展中俄科技合作方面取得的重大进展。目前，正在抓紧该基地的各项起步工作。利用这一基地，瞄准俄罗斯和独联体国家丰富的技术和人才，特别是其世界一流的高科技项目，大力开展引进、消化吸收和技术创新，在烟台市实现产业化或嫁接改造传统产业，为发展高新技术产业开辟一条新的途径。

全国技术创新示范城市

国家科技部于1998年7月下文，将烟台市列入“全国技术创新示范城市”。示范城市将在国家指导和支持下，建立健全技术创新体系和机制增强创新能力，发展高新技术，促进产业优化和提升。烟台市以此为契机，制定和实施全市技术创新示范工程，以电子信息和新材料两个行业、高新技术产业开发区和留学人员创业园区及全市10个重点企业为重点，建立技术创新体制，完善技术创新机制，增强技术创新能力，培育一批拥有自主知识产权的名牌产品。

精准农业引起全国关注

1998年，精准农业取得了丰硕成果。中央人民广播电台、中央电视台、人民日报、经济日报，省、市电视台、报社等20多个新闻单位，先后进行了系列报道。1998年9月27日，经济日报社在烟台举行了由国家有关部委、省有关部门的领导及专家参加的精准农业高层专家研讨会。

烟台市精准农业的发展，概括起来有三大特点：一是创出一批名牌产品，占领国内外市场。精准农业是建立在信息技术、生产技术、自动监控技术、农艺与农机技术等一系列高新技术最新成果的基础上发展起来的现代农业，是以高科技为核心的产业。烟台市农产品连续多年在全国农业博览会和各项评比活动中，都取得了显著成绩。到1998年，已有180多个产品商标在国家工商局注册。其中“皇家”、“鲁冠”牌苹果、“龙大”牌蔬菜、“双塔”牌粉丝等品牌被认定为名牌，并抢先在10多个国家注册，从而提高了农产品在国内外市场上的知名度和覆盖率。二是降低消耗，有利竞争。精准农业讲究的是精细准确，是以最佳配方、最少消耗换取对自然资源的最大节约和对农业产出的最大索取。在精准灌溉方面，粮田管灌每亩可节水30%，省地0.5%～2%；果园与菜园的微灌每亩可节水50%～60%，累计全市每年可节水4亿立方米，直接经济效益3亿元以上。在精准播种方面，全市主要农作物的良种选育推广有40多个，在农业增产中的贡献率达到35%以上，小麦、玉米良种覆盖率在95%以上，创造了上百亿元的经济效益。年推广小麦精播技术13.33万公顷，就可年节省良种500多千克，增产粮食20万吨。直接经济效益可达到10亿元。在精准施肥等方面也都有较大的节省。节省下来的这部分资金，本身就是潜在经济。同时由于降低了成本，在价格上就有了竞争优势。三是注重生态环境，发展绿色食品。精准农业在生产过程中，不仅突出低耗、高效、优质，而且注意保护自然资源，保护生态环境，成为一把打开潜在市场的金钥匙，变潜在为现实。

（烟台市政府办公室　王术亮）

烟台市国民经济主要指标

指标	单位	1998年		1997年	
		地区	市区	地区	市区
年底人口数	万人	643.35	156.77	641.49	154.42
其中：非农业人口	万人	193.15	81.86	196.81	80.06
土地面积	平方公里	13745.74	2643.6	13745.74	2643.6
人口密度	人/平方公里	0.0021	0.0017	0.0021	0.0017
年末劳动力资源总数	万人	261.09	44.13	265.55	42.12
其中：乡村劳动力	万人	243.15	39.75	246.06	39.71
国内生产总值（预计数）	亿元	805	266	725.00	234.43
农林牧渔业产业	亿元	256.60	36.00	259.98	36.79
粮食产量	万吨	313.16	37.67	236.98	25.47
蔬菜产量	万吨	206.45	32.68	176.90	26.03
猪牛羊肉产量	万吨	21.15	4.35	23.58	4.31

（续）

指　　标	单　位	1998年		1997年	
		地区	市区	地区	市区
水产品产量	万吨	155.75	22.32	163.83	26.60
全部工业总产值	亿元	1370.34	361.49	1365.28	378.76
其中：乡及乡以上	亿元	（500万元以上849.24	209.55）	687.36	216.25
客运总量	万人	297.1	185.6	303.2	186.9
货运总量	万吨	2568.0	1476.9	2473.5	1549.2
全社会固定资产投资总额	亿元	166.8	86.0	143.13	71.5
其中：住宅	亿元	21.46	9.81	16.6	8.02
房地产开发投资额	亿元	10.73	7.45	9.72	7.28
商品房销售额	亿元	10.67	7.91	8.16	6.22
出口贸易总额	万美元	128355	84173	137868	92235
进口贸易总额	万美元	94437	—	78501	—
利用外资签订协议总数	项	180	99	328	216
利用外资签订协议金额	万美元	35102	14222	50261	24694
实际利用外资金额	万美元	50170	34123	46103	30033
国际旅游人数	万人	11.97	—	10.87	—
国际旅游收入	万美元	4716	—	3152	—
地方财政预算内收入	亿元	27.49	13.57	23.31	11.54
地方财政预算内支出	亿元	34.16	17.24	29.14	14.52
银行年末各项贷款余额	亿元	513.77	263.52	463.57	229.40
每万名职工中专业技术人员数	人	3500	—	3381	3148
其中：中级职称以上	人	（预计）850	—	797	790
城镇居民人均可支配收入	元	6049	—	5915	—
农村居民人均纯收入	元	3167	3175	2852	2960

注：表内各项产值均按当年价格计算

（烟台市统计局供稿）

威　海　市

综合经济实力明显增强

威海市国民生产总值530.7亿元，比上年增长15%，超额完成了12%的经济增长目标。其中，第一产业增加值113亿元，增长11.2%；第二产业增加值263.2亿元，增长16.7%；第三产业增加值154.5亿元，增长15.2%。农村经济快速发展，1998年农业总产值162亿元，增长8.7%（按可比价格计算）。农业获得较好收成，粮油产量超额完成年度计划，创历史最好水平，全年粮食、花生、果品总产量分别达到127.3万吨、27.2万吨和80.1万吨，比上年增长19.6%、42.6%和7.7%。畜牧业在调整中发展，肉类总产量7.3万吨，其中猪肉5.4万吨。渔业生产持续发展，水产品总产量221万吨，增长5.2%，乡镇企业“二次创业”已见成效，乡镇工业增加值195亿元，增长16%。工交生产超额完成年度计划。运行质量和效益进一步提高。全市工业增加值233.7亿元，增长18.5%。其中，国有、大中型及年销售收入500万元以上工业企业实现销售收入555.6亿元，增长14.7%；实现利税62.9亿元，增长10.4%；利润41.8亿元，增长10.5%。交通运输业稳步发展，全市客运、货运量分别达到1809万人和2245万吨，比上年增长12.9%和15.5%；港口吞吐量734万吨，增长30.6%。邮电通信事业继续高速发展，全年完成邮电业务总量7.3亿元，增长27.6%；邮电业务总收入5.9亿元，增长25.5%。国内消费品市场繁荣活跃，全社会消费品零售总额132.6亿元，增长13.4%。财政金融形势保持稳定，全年地方财政收入16.6亿元，增长18.9%；银行各类存款余额287.1亿元，增长12.8%；贷款余额237.2亿元，增长7.9%。全市外经外贸在克服困难中发展，外贸出口总值18亿美元，增长0.6%。全年市场物价持续走低，居民消费价格指数和零售价格指数分别为99.2%和96.4%，低于年初确定的涨幅5%和3%的调控目标。

产业结构进一步优化

国内生产总值中，第二产业和第三产业比重上升，第一、二、三产业所占份额分别为21.3%、49.6%和29.0%。农业经济中，优质高效创汇农业取得新进展。果品总产量中高档优质果品产量8万吨；名优水产品养殖力度加大，陆地工厂化养殖面积突破15万平方米，海水网箱养殖发展到500多个；远洋渔业迈出实质性一步。畜牧规模化养殖和特色养殖力度加大，涌现了一批专业养殖镇村。农业基础设施建设得到加强，共完成投资2亿元，新增和恢复灌溉面积1.91万公顷。工业经济运行中，以调整结构为核心，加大了基本建设、技术改造力度，8个重点基建项目，开工建设7项，其中3项投产或试产；12个重点技改项目投产或试生产7项，全市技术改造投资46.5亿元，增长10.1%。工业经济总体效益提高，限额以上工业企业经济效益综合指数为155.8%，比上年提高4.3个百分点；产品销售率96.5%，提高0.7个百分点；总资产贡献率15.8%，提高0.3个百分点；流动资金周转次数2.6次，提高0.2次。投资总量略有增长，全社会固定资产投资总额80.4亿元，增长0.5%。县及县以上完成固定资产投资48.5亿元，增长5.1%。其中，基本建设完成投资26.8亿元，下降7.3%；更新改造完成投资10.7亿元，增长21%；房地产开发完成投资8亿元，增长52.8%。全市安排的13项重点工程进展态势良好，有11项开工建设，完成投资12亿元。限制项目如一般加工项目、大型高档商业设施和豪华楼堂馆所得到严格控制。

改革开放稳步推进

按照“内部抓机制、外部抓配套、大的抓集团、小的抓产权、整体求活力”的思路，全面推进各项改革。企业改制力度加大，新完成各类改制企业1140家，改制面87%。各项配套改革顺利完成，财税制度改革、城镇住房改革成效显著，养老、医疗、失业等保险制度改革不断完善。以发展个体私营经济为重点的所有制结构调整力度加大，全年全市个体工商户数、私营企业数和交纳税金比上年分别增长41.6%、62.8%和14.7%。外经外贸在逆境中拓展。受亚洲金融危机的严重影响，利用外资下降，但出口仍有所增长。全年实际利用外资额1.61亿美元，剔除不可比因素，下降30%。对外贸易上，积极调整出口商品和市场结构，加大了电子、轻工等产品出口力度，大力开拓欧美等远洋市场，全市外贸出口总值18亿美元，比上年增长0.6%，继续保持了全省第三的位次。

对外经济贸易

1998年，在亚洲经济危机影响下，海外市场萎缩，经营成本提高，成交价格下降，资金严重短缺，威海市外经贸工作面临巨大压力。市外经贸部门和各外经企业适时调整策略，扩大对外开放的领域，在第二产业利用外资稳定提高的同时，一、三产业利用外资不断取得新的进展，多部门、多领域、多行业共同参与的大经贸格局已经形成。

在对外贸易方面，首先是狠抓市场开拓。在确保传统市场基本份额的同时，大力开拓新兴市场和欧美、日本等发达国家市场，使全市海外市场过于集中的矛盾得到缓解，市场的覆盖面进一步扩大；其次是抓好资金运筹。通过加强与外资银行的合作，解决部分流动资金，并积极争取国家进出口银行的支持，解决机电产品出口信贷，有效地缓解了外工贸企业资金严重短缺的矛盾；三是实施骨干带动战略。在全市筛选了65家骨干出口企业，实行重点调度、重点扶持，促其扩大规模，增强实力，在全市形成了一批出口创汇龙头企业。在招商引资方面，首先是加强对国家级开发区、省级开发区和重点镇的督导和扶持，充分发挥其在全市的示范和带动作用，使其成为全市招商引资的热点区域，成为拉动全市对外经贸发展的骨干力量；其次是切实加强对重点招商项目的调度工作，普遍实行了领导分工负责制，加强跟踪落实，使1998年大项目的招商有了实质性的突破。三是进一步优化投资环境，突出抓好涉外服务工作，通过涉外管理服务评比打分制度的实施，有效地完善了涉外管理服务监督机制，使全市的涉外管理服务水平有了很大提高，投资软环境得到进一步优化。

1998年，威海市完成进出口总额24.27亿美元，比上年下降8.42%，其中进口到货6.25亿美元，下降27.27%，出口18.03亿美元，与上年持平。新批准外资企业149家，合同外资额达到2.16亿美元，比上年下降28%，实际利用外资额1.61亿美元。对外劳务承包共签订合同金额4548.9万美元，实现营业额3752.7万美元，分别比上年增长26.6%和15.8%。

（一）外商投资综合服务中心运行情况良好 威海市外商投资综合服务中心1997年3月正式对外办公。运行一年多来，全市进驻的14个涉外部门，紧密配合，团结协作，在许可证申领、免税手续代办、结汇审批、办理就业及外商投诉受理等方面坚持做到有登记、有调查、有答复、有结果、有档案，使“一条龙、全方位”的服务体系得到巩固和优化。1998年接待国内外客商6000多人次，联合年检200家，审批外商投资企业185家，其中新批企业149家，合同利用外资额2.16亿美元，实际利用外资1.61亿美元。

（二）’98中韩（威海）经济贸易洽谈会暨威海国际商品交易会 1998年9月，第六届中韩（威海）经济贸易洽谈会在威海体育馆隆重举行。本届洽谈会是经国家外经贸部批准，由山东省外经贸委和威海市人民政府共同主办，威海市外经贸委承办的。洽谈会获得圆满成功，到会客商2000多人，分别来自韩国、日本、美国、新加坡、意大利及香港、台湾等国家和地区；共搭建摊位323个，其中设外商摊位59个；参展商品达15大类600多个品种，涉及食品、机械、电子、化工、汽车、工艺美术、纺织、服装、医药等领域。签订利用外资合同、协议63项，项目外资额3.25亿美元；签订进出口合同338份，进出口额3.49亿美元，其中出口2.83亿美元。

本届洽谈会，改变了往届单一由韩国有关机构参与协办的历史，扩大到由韩国四个贸易团体、日本国际贸易促进会和香港经贸商会合力协办，提高了洽谈会的国际化程度。

对外贸易

1998年，威海市对外贸易进出口总额24.27亿美元，其中出口18.03亿美元，与上年持平。

到1998年底，威海市有自营进出口经营权的外贸专业公司20家，生产企业140家，已开工投产的三资企业1088家，成为全市外经贸工作发展的中坚力量。其中，有自营进出口经营权的外贸公司进出口总额5.26亿美元，占全市的21.68%，比上年下降26.3%，进口到货1.7亿美元，下降35.48%，出口3.56亿美元，下降20.94%；140家自营进出口生产企业完成进出口额4.68亿美元，占全市的19.29%，下降3.71%，进口到货1.23亿美元，下降23.39%，出口3.45亿美元，增长6.03%；三资企业进出口额14.33亿美元，下降1.2%，占全市的59.03%，进口到货3.3亿美元，下降23.74%，三资企业中有429家企业有出口实绩，出口额11.01亿美元，增长8.4%。在全市国家级和省级开发区作用愈益显著的情况下，又涌现出一大批充满活力的外向型镇和村，外经贸队伍进一步壮大，整体实力大大增强，出口创汇的龙头企业成批涌现。全市出口过千万的外工贸企业和外商投资企业34家，1997年度有3家企业（山东威海进出口公司、威海纺织服装进出口公司、威海市纺织工业集团进出口公司）进入全国进出口规模最大的500家外工贸企业行列，有2家企业（威东航运有限公司、荣成国泰轮胎有限公司）跻身全国最大的外商投资企业行列。

1998年威海市各类企业进出口情况表

单位：万美元

企业类别	出口额	占总额比重%	比上年增长%	进口额	占总额比重%	比上年增长%
总值	180258.11	100	0.61	62461.06	100	-27.27
外贸公司	35640.08	19.77	-20.94	16969.57	27.17	-35.48
自营生产企业	34488.03	19.13	6.03	12344.09	19.76	-23.39
三资企业	110130.0	61.10	8.4	33148.3	53.07	-23.74

（一）加工贸易仍然占有很大比重 由于受亚洲经济危机影响，1998年加工贸易进出口总额11.92亿美元，比上年下降25.55%，占全市进出口总额的49.12%。其中，进口到货4.64亿美元，占全市进口总额的74.34%；出口7.28亿美元，占全市出口总额的40.38%。

1998年威海市对外贸易进出口分国别（地区）情况表

单位：万美元

国别（地区）	进出口额	占总额比重%	出口额	占总额比重%
总值	242720.07	100	180258.11	100
韩国	107646.17	44.35	66864.19	37.09
日本	62267.43	25.65	59517.52	33.02
香港	17097.41	7.04	14556.36	8.06
美国	11886.24	4.90	10156.85	5.63
菲律宾	4503.45	1.86	484.24	0.27
台湾省	4346.79	1.79	4034.34	2.24
澳大利亚	3221.03	1.33	2623.53	1.46
德国	3127.27	1.29	2889.90	1.60
泰国	2915.43	1.20	589.13	0.33
英国	2767.39	1.14	1016.14	0.56
巴西	2519.65	1.04	2519.65	1.40
其他	20421.81	8.41	15006.26	8.32

（二）对外贸易国别不断增加 1998年，威海市的对外贸易伙伴发展到六大洲107个国家和地区，比上年增加17个。贸易量居前4位的国家和地区分别是韩国、日本、香港和美国。

（三）进出口商品结构进一步优化 1998年，在威海市外工贸企业出口商品中，农副产品出口比重占16.4%；工业制成品比重占83.9%，其中，农副产品加工品占28.7%，工矿产品占54.9%。全市出口商品达15大类500多个品种，主要有：水产品、服装、纺织品、渔具、轮胎、电子、石材等。进口商品有14大类180多个品种，主要是：纺织品、天然橡胶、化工原料，塑料原料等。

利用外资

到1998年底，威海市累计批准利用外资项目8507项，合同外资额26亿美元，实际利用外资额13.82亿美元。1998年，全市批准利用外资项目149项，合同外资额2.16亿美元，比上年同期下降28.0%，实际利用外资额1.16亿美元，比上年同期下降48.0%。1998年内外商直接投资合同外资额增长71.1%。其主要原因是批准成立了澳瑞凯（威海）爆破器材有限公司、威海亚洲电子有限公司、威海华鹰液化气有限公司等七个总投资过千万的大项目。外商直接投资实际外资额下降14.1%，其主要原因是合资企业实际外资额下降34.6%；而独资企业、合作企业实际外资额分别增长160.6%和91.2%。

1998年威海市利用外资情况综合表

单位：万美元

利用外资方式	1998年利用外资						累计（1986～1998）		
	批准项目		合同外资额		实际利用外资		项目数	合同外资金额	实际外资金额
	数量	比上年同期增长%	金额	比上年同期增长%	金额	比上年同期增长%			
合计	149	-94.3	21622.49	-28.0	16063.41	-48.0	8507	260047.62	138245.79
1. 外商直接投资	149	-13.4	21622.49	71.1	16063.41	-14.1	1796	214344.54	107977.39
合资企业	69	19.0	11924.69	83.3	10320.69	-34.6	1271	165538.78	87599.13
合作企业	7	75.0	4275.70	493.3	568.24	160.6	91	15769.72	2480.23
独资企业	73	-33.6	5422.10	0.1	5174.48	91.2	434	33036.04	17898.03
2. 外商其它投资							6711	45703.08	30268.40
加工装配							6678	32618.98	20675.04
对外借款							33	13084.10	9593.36

（一）来威海市投资的主要国家和地区 截至1998年底，威海市累计合同利用外资最多的是香港地区，韩国居第二位。1998年实际利用外资最多的国家是韩国，投资额为7012.02万美元，占全市实际利用外资总额的44.21%；合同利用外资最多的是香港地区，共批准投资项目22个，合同外资额7170.10万美元，居第一位；英属维尔京合同外资额7073.00万美元，居第二位；韩国合同外资额3841.02万美元，居第三位。这三个国家和地区的投资额占1998年全市合同外资总额的83.48%。

1998年威海市外商投资企业分行业统计表

单位：万美元

行业	1998年					累计（1986～1998）				
	个数	合同外资		实际外资		个数	合同外资		实际外资	
			比重%		比重%			比重%		比重%
合计	149	21622.49		16063.41		1796	214344.54		107977.39	
轻工	85	4375.43	20.24	3150.87	19.62	826	64657.21	30.17	25285.34	23.42
水产	9	195.70	0.91	854.40	5.32	186	7742.89	3.61	5630.77	5.21
机械	4	425.40	1.97	2911.97	18.13	107	35887.41	16.74	15426.59	14.29
电子	18	8201.38	37.93	4475.18	27.86	180	23798.73	11.10	18413.98	17.05
纺织	4	580.54	2.68	763.70	4.75	61	6810.29	3.18	6422.49	5.95
建材	8	1356.80	6.27	583.00	3.63	86	8573.71	4.00	4144.62	3.84
旅游服务	6	1178.48	5.45	465.24	2.90	165	21342.53	9.96	7356.84	6.81
房地产		60.00	0.28	448.30	2.79	89	30640.50	14.29	13655.83	12.65
其它	15	5248.76	24.27	2410.75	15.01	96	14891.27	6.95	11640.93	10.78

1998年威海市外商投资企业分国别（地区）统计表

单位：万美元

国别（地区）	1998年					累计（1986～1998年）				
	个数	合同外资		实际外资		个数	合同外资		实际外资	
			比重%		比重%			比重%		比重%
合计	149	21622.49		16063.41		1796	214344.54		107977.39	
香港	22	7170.10	33.16	2028.19	12.63	554	65944.02	30.77	35415.69	32.80
韩国	77	3841.02	17.76	7102.02	44.21	641	63310.17	29.54	39410.24	36.50
台湾	13	384.60	1.78	613.30	3.82	150	10442.84	4.87	4506.91	4.17
日本	11	418.65	1.94	1411.71	8.79	148	10810.73	5.04	8039.39	7.45
美国	6	27.30	0.13	346.10	2.15	116	16305.61	7.61	6178.22	5.72
新加坡	4	220.72	1.02	781.30	4.86	40	19101.74	8.91	4037.21	3.74
欧盟	5	96.90	0.45	631.50	3.93	40	5790.46	2.70	2505.60	2.32
澳大利亚	1	1480.00	6.84	536.00	3.34	12	2950.70	1.38	705.77	0.55
英属维尔京	3	7073.00	32.71	1640.25	10.21	8	8386.70	3.91	1645.25	1.52
其它	7	910.20	4.21	973.04	6.06	87	11301.57	5.27	5533.11	5.12

（二）外商投资企业生产经营情况良好 至1998年底，威海市累计开工的外商投资企业达1088家，全年完成产值252.74亿元，实现利税20.01亿元，分别比上年增长5.0%和1.1%，年收入比上年增长2.9%。在开工的企业中，生产性企业926家，其中429家自营出口创汇，年末创汇11.01亿美元，比上年增长8.4%。

对外经济技术合作

1998年，威海市新签订对外劳务承包合同97个，合同额4548.90万美元，完成营业额3752.70万美元，分别比上年增长11.49%、26.60%、15.8%；外派劳务1776人次，期末在外人数3332人，增长18.30%和24.65%。与威海市进行劳务合作的国家和地区主要有日本、韩国、新国坡、香港等9个。截至1998年底，威海市设立海外企业27家，比上年增加了6家，总投资额为3064.4万美元，是上年的6倍多，这些海外企业主要分布在莫桑比克、斯里兰卡、美国、俄罗斯、香港等13个国家和地区。

（威海市外经贸委办公室　薛中军）

威海市国民经济主要指标

指标	单位	1998年		1997年	
		地区	市区	地区	市区
年底人口数	万人	245.75	49.64	245.09	48.49
其中：非农业人口	万人	79.13	28.79	59.64	25.23
土地面积	平方公里	5436	731	5436	731
人口密度	人/平方公里	500	700	500	700
年末劳动力资源总数	万人	—	—	172.40	38.10
其中：乡村劳动力	万人	96.65	11.59	98.17	12.16
国内生产总值	亿元	530.7	130.05	477.59	118.07
农林牧渔业产值	亿元	172.47	27.4	173.79	28.65
粮食产量	万吨	127.28	10.8	106.45	7.08
蔬菜产量	万吨	89.89	13.94	76.23	11.4
猪牛羊肉产量	万吨	5.58	0.45	6.08	0.49
水产品产量	万吨	221.04	44.03	210.21	47.90
全部工业总产值	亿元	1054.32	238.20	999.81	207.50
其中：乡及乡以上	亿元	—	—	—	—
客运总量	万人	1830.5	1330.5	1640	1173
货运总量	万吨	2409.0	1326.0	2071	1124

（续）

指标	单位	1998年		1997年	
		地区	市区	地区	市区
固定资产投资总额	亿元	80.4	39.19	80	43.16
其中：住宅	亿元	11.97	4.09	9.45	2.83
房地产开发投资额	亿元	7.97	5.86	5.21	3.85
商品房销售额	亿元	7.62	5.01	4.17	2.47
出口贸易总额	万美元	180258.11	77049	179156	75249
进口贸易总额	万美元	62461.96	45401.79	85880.28	60774.84
利用外资签订协议总数	项	149	69	172	—
利用外资签订协议金额	万美元	21622.49	14603.16	30024	21530.74
实际利用外资金额	万美元	16063.41	9051.31	30919	20224.51
国际旅游人数	万人	7.53	—	8.01	—
国际旅游收入	万美元	2212	—	2400	—
地方财政预算内收入	亿元	16.55	6.83	13.92	5.76
地方财政预算内支出	亿元	21.14	9.91	17.81	8.37
银行年末各项贷款余额	亿元	237.19	120.19	219.82	109.36
每万名职工中专业技术人员数	人	2475	—	2222	—
其中：中级职称以上	人	—	—	—	—
城镇居民家庭人均生活费收入	元	—	6335	—	6312
农村居民家庭人均纯收入	元	3629	4110	3277	3800

注：表内各项产值均按当年价格计算。表内1997年进出口额及利用外资签订协议总数因统计口径变化有所调整。

（威海市统计局供稿）

滨 州 市

国民经济和社会发展情况综述

1998年，是极不平凡的一年，滨州市国民经济在国际、国内宏观经济发展环境比较困难的情况下，全市人民在市委、市政府的领导下，积极贯彻党的十五大精神，进一步解放思想，振奋精神，知难而进，勇于开拓，突出以经济建设为中心，深入开展干部作风建设年活动，紧紧围绕全市经济工作会议确定的任务，各方面工作扎实有效，国民经济和社会事业基本实现了平稳运行，保持了良好发展态势。1998年完成国民生产总值43.87亿元，按可比价计算增长10.68%。其中：第一产业完成7.67亿元，增长17.44%；第二产业19.48亿元，增长8.15%；第三产业16.72亿元，增长11.23%。农业生产全面丰收，全年实现粮食总产29.89万吨，增长57.5%；棉花0.53万吨，增长0.6%；水产品产量1.25万吨，增长35.9%；蔬菜瓜果总产39.2万吨，增长25.0%。工业经济平稳运行，完成工业总产值48.08亿元，增长12.4%，其中：市属工业完成13亿元，增长26.6%；乡镇集体、私营企业完成35.08亿元，增长7.9%；国有及年销售收入500万元以上独立核算工业企业实现利税1.5亿元，增长16.7%，实现利润6 588万元，增长16.7%。固定资产投资运行态势趋好，全社会完成固定资产投资7.2亿元，增长20%。财政收入保持较快增长，地方财政收入完成1.6177亿，增长15.3%。国内外贸易稳定增长，社会消费品零售额实现10.15亿元，增长4.3%。企业自营出口交货值完成1507.7万美元，增长26.5%。实际利用外资1035万美元，下降6.2%。人民生活水平进一步提高，农民人均纯收入达到2330元，较上年增长362元，城镇居民人均可支配收入5249元，比上年增加49元。

（一）经济发展后劲和经济运行质量有所提高 全年竣工总投资500万元以上的工业项目8项，累计完成投资9700万元，新增生产能力近3亿元。1999年续建工业项目10项，计划投资1.04亿元，项目完成后可新增工业销售收入2.3亿元。

（二）企业改革不断深化，企业战略性改组有了重大进展

市属工业已有34家完成改制，占85%，组建企业集团7家，市织袜厂和地毯厂改制，重新组建了民营性质的法人实体，新企业已按新机制运行。

（三）经济发展外部环境和支撑条件进一步改善

抓住机遇，扎实工作，加快发展已成为全市人民的共识，以水、电、路、讯为重点的基础产业又迈上了新的台阶，支撑经济发展的能力显著增强。科技对经济的贡献率进一步提高。教育事业在巩固完善“九年制”义务教育基础上，职业教育、成人教育体制改革也迈出了新的一步。计划生育工作继续得到加强。文化、体育、卫生等社会事业也有了新进展。

（四）认真实施再就业工程，努力保持社会稳定

切实加强社会保障制度建设和实施再就业工程，基本保障了下岗职工和特困职工生活，下岗职工再就业率达到64.7%，保持了社会稳定。进一步开展社会治安综合治理，社会秩序进一步好转。

总结1998年的国民经济和社会发展运行情况，取得这样的成绩的确不易，但必须清楚地看到前进中存在的困难和问题：一是农业抗御自然灾害的能力仍然偏低，农业产业化发展不快，机制不活，还没有形成规模和特色优势，农业增收的压力较大；二是工业经济整体效益不够理想，企业改制后效果不甚明显，产业、产品结构升级性调整比较缓慢，骨干优势企业的拉动掩盖了量大面广的中小企业困难状况；三是社会保障体系建设和就业工作压力依然较大；四是资金仍显紧张，企业自身筹资能力不强；五是对外经贸形势比较严峻，开拓市场任务艰巨，利用外资难度增大。对于上述问题，必须予以高度重视，采取得力措施加以克服和解决，以保持全市国民经济和社会事业的健康发展。

（滨州市外经贸委　窦晖来　董洪海）

滨州市国民经济主要指标

指　　标	单　位	1998年		1997年	
		地　区	市　区	地　区	市　区
年底人口数	万人		58.00		57.95
＃非农业人口	万人		17.75		17.56
土地面积	平方公里		1142		1142
人口密度	人/平方公里		507.45		507.45
年末劳动力资源总数	万人		40.10		35.2
＃乡村劳动力	万人		20.20		18.53
国内生产总值	亿元		45.15		43.14
农林牧渔业产值	亿元		18.65		17.63
粮食产量	万吨		29.89		18.98
蔬菜产量	万吨		39.20		26.48
猪牛羊肉产量	万吨		3.12		3.69
水产品产量	万吨		1.43		0.9
全部工业总产值	亿元		48.08		67.6
＃乡及乡以上	亿元		35.08		6.09
客运总量	万人		500		450
货运总量	万吨		4000		3896
固定资产投资总额	亿元		10		8.8
＃住宅	亿元		—		—
房地产开发投资额	亿元		0.13		—
商品房销售额	亿元		0.07		—
出口贸易总额	亿元		2.0		1.8
进口贸易总额	亿元		0.5		0.3
利用外资签订协议总数	项		3		8
利用外资签订协议金额	亿元		1.2		1.4
实际利用外资金额	亿元		1.0		1.3
国际旅游人数	万人		—		—
国际旅游收入	万元		—		—
地方财政预算内收入	亿元		1.62		1.4
地方财政预算内支出	亿元		1.86		1.4
银行年末各项贷款余额	亿元		21.85		20.75
每万名职工中专业技术人员数	人		1000		—
＃中级职称以上	人		6500		6200
城镇居民家庭人均生活费收入	元		5249		5200
农村居民家庭人均纯收入	元		2330		1968

注：表内各项产值均按当年价格计算

（滨州市外经贸委供稿）

南京市

国民经济稳定健康发展

1998年是南京市“三年面貌大变”的决战之年，也是经济运行中外部困难较多的一年。在南京市政府的领导下，全市人民围绕“三个加快、两个提高”的总体要求，抓住机遇，开拓进取，克服各种困难，积极落实各项关键性措施，保证全市国民经济稳定健康发展。1998年全市国内生产总值达825.61亿元，比上年增长12%，增幅比全国平均水平高4.2个百分点，比全省平均水平高1个百分点。其中第一产业完成增加值49.61亿元，比上年增长4.6%；第二产业完成增加值409.39亿元，比上年增长11.8%；第三产业完成增加值366.61亿元，比上年增长13.5%。全年财政收入达108.2亿元，同口径增长13.72%。其中地方财政收入50.78亿元，同口径增长13.69%。经济结构继续得到调整。第一、第二、第三产业增加值在国内生产总值中的构成比例，由上年的6.4∶50.8∶42.8调整为6.0∶49.6∶44.4。第三产业继续保持快速发展势头，成为支撑和拉动南京市经济增长的重要力量。全市人均国内生产总值达15248元。

农村经济继续发展，综合实力进一步增强

农村经济在大灾之年继续发展，综合实力进一步增强。在夏熟作物受灾减产的情况下，南京市积极采取“以秋补夏”等措施，秋粮单产达8.38千克/公顷，比上年增长8.33%，秋粮总产达148.92万吨，比上年增长8.28%，均创南京市历史最好水平。全年农林牧渔业不变价总产值达46.47亿元，比上年增长5.04%。其中，农业产值25.82亿元，比上年增长1.77%；林业产值1.02亿元，比上年增长8.15%；牧业产值13.24亿元，比上年增长6.13%；渔业产值6.40亿元，比上年增长17.21%。

1998年粮食产量176.91万吨，虽比上年下降3.07%，但总产仍属历史较高年份；油料产量10.65万吨，比上年下降27.14%；棉花产量0.48万吨，比上年增长7.48%；茶叶产量1592吨，比上年增长6.49%；蔬菜产量151万吨，比上年增长16.89%；肉类产量15.59万吨，比上年增长5.66%；禽蛋产量4.28万吨，比上年增长15.5%；牛奶产量3.27万吨，比上年增长9.68%；水产品产量9.69万吨，比上年增长5.29%。

1998年，南京市拥有农业机械总动力164.44万千瓦，比上年增长0.43%；拥有大中型拖拉机916台，比上年增加138台；小型拖拉机46994台，比上年增加175台；农用载重汽车2558辆，比上年增加89辆；农用排灌动力机械67.51万千瓦，比上年增长0.09%。全年化肥用量（折纯）达18.21万吨，比上年增长10.61%。农村用电量达118155万千瓦小时，比上年下降1.07%。建成达标防洪堤1480公里，年末全市有效灌溉面积197.99千公顷。

农村经济的发展，推动了达小康的进程，使农民收入水平继续提高。全年农民人均纯收入达3724元，比上年增长5.41%。全市实现了乡乡镇镇达小康。

工业经济稳步增长，集团企业优势发挥

1998年，南京市完成工业增加值338.36亿元，比上年增长12.1%。全市国有工业企业和年销售收入500万元及以上的非国有工业企业完成现价工业总产值1209.88亿元，按可比价计算比上年增长14.1%。全市工业中公有制经济继续占据主要份额，全年国有企业完成现价工业总产值553.81亿元，集体企业完成现价工业总产值258.78亿元，按可比价计算，分别比上年增长4.7%和下降3.1%。其它经济类型的工业企业快速发展，完成工业总产值397.29亿元，占全市总产值的比重由上年的24.9%上升到32.8%。轻工业的发展继续快于重工业。全年轻工业完成产值323.63亿元，比上年增长23.2%；重工业完成产值886.25亿元，比上年增长11.1%。

1998年，南京市工业企业集团（公司）发挥规模优势，为全市工业经济发展继续做出贡献。全市工业产品产销率达97.5%。独立核算工业企业实现利税91.68亿元，同比增长2.3%。但亏损企业情况仍较严重，全年亏损额比上年上升34.5%。1998年全市建筑业完成增加值71亿元，比上年增长9.5%，竣工各类房屋面积达634.2万平方米。

第三产业步伐加快，旅游业取得长足进步

1998年，南京市各种运输方式共完成客运周转量133.3亿人公里，比上年增长2.7%；完成货运周转量457.62亿吨公里，比上年下降1%。

（一）邮电通信业务继续稳步发展 1998年完成邮电业务总量27.2亿元，比上年增长32%。在电信业务方面，全年新增移动电话用户8.6万户，年末达23.5万户；无线寻呼用户有所减少，年末为35.6万户；全年发展电话用户12.55万户，累计达到95.53万户；发展公用电话2.4万部，其中磁卡电话1201部，IC卡电话5048部。1998年年末，全市电话交换机总容量已达158.25万门。全市计算机互联网用户已达2.45万户，比上年末增长2.79倍。在邮政业务方面，国际国内特快专递共完成118.6万件，比上年增长17.4%；邮政储蓄扭转了上年增幅下降的局面，比上年增长16.6%；集邮业务增长58%。

（二）1998年南京市消费品市场运行平稳 全年完成社会消费品零售总额382.39亿元，比上年增长10.8%，比上年增幅下降4.8个百分点。市区零售额311.19亿元，增长11.7%，占全市零售总额的比重达81.4%；县的零售额35.58亿元，比上年增长9.3%；县以下零售额35.62亿元，增长5.2%。在零售商业企业中，其它经济形式的商业的发展速度继续快于纯公有制商业，所占比重不断上升。按现有统计口径计算，全年纯公有制（国有和集体经济）商业企业完成零售额156.24亿元，比上年增长2.2%；占全市比重为40.9%，比上年下降3.4个百分点。其中国有商业企业完成零售额70.65亿元，比上年下降9.8%；集体商业企业完成零售额85.59亿元，比上年增长14.9%。随着经济体制改革的深入，股份制经济不断发展，其中国有绝对控股企业实现零售额36.59亿元，比上年增长18.8%。个体和私营经济继续快速发展，全年完成零售额102.85亿元，比上年增长29.7%。

（三）市场物价继续低位运行 1998年商品零售价格指数和居民消费价格指数分别为98.2和100。从全年价格运行情况看，各月消费价格指数和商品零售价格指数基本在99至101之间。金融存贷规模扩大，1998年年末金融机构各项存款余额达1544亿元，比年初增加201亿元；贷款余额为1277亿元，比年初增加195亿元。金融机构现金净回笼46亿元。保险业继续保持一定的发展势头。目前南京市已有10家分业经营的商业保险公司，全年商业性保险保费收入达17.86亿元，比上年增长11.5%。其中财产险保费收入7亿元，较上年同期增长7.1%；人寿险保费收入10.85亿元，较上年增长14.6%。保险赔款支出2.77亿元，比上年增长5.3%。旅游业发展取得了长足进步。围绕创中国优秀旅游城市这个中心，进一步改善了旅游的整体环境，提高旅游产业的整体素质和管理水平，促进了全市旅游产业的快速发展，以全国副省级城市前四名的优异成绩首批进入中国优秀旅游城市行列。成功举办了“国际梅花节”及“第二届国际园林花卉博览会”，全年旅游收入达到120亿元以上，增长20%。旅游收入占全市GDP和三产增加值的比重分别为14.5%和32.6%。全市已拥有旅游涉外宾馆饭店123家，从事国际旅游业务的22家。全年来南京市旅游观光的海外游客达30.5万人次，比上年增长3.46%；国内旅游人数达1165.5万人次，比上年增长18.5%。全年旅游总收入达120.8亿元，比上年增长20.1%，创汇1.47亿美元，增长21%，几项主要经济指标连续两年居全省之首，发展速度也位居全国前列。

对外开放不断扩大，综合评价位次上升

1999年，南京市按照市委提出的“三个加快、两个提高”的总体要求，积极应付亚洲金融危机对开放型经济发展带来的严重影响，振奋精神，自加压力，采取针对性措施，加大工作力度，全面完成了全年的奋斗目标，保持了稳中有进的发展势头。在全省开放型经济发展综合评价中的位次由1997年的第四位上升到1998年的第三位，为全市经济增长作出了积极的贡献。

（一）利用外资持续发展 1998年，南京市新批三资企业367家，居全省第一；合同外资5.4亿美元，增长1%，三年来，首次实现恢复性增长；实际利用外资达8.4亿美元，增长13.3%，其中实际直接利用外资7.14亿美元，增长9%，均为历史最高水平；投产开业企业173家。截止1998年底，全市累计批准外商投资企业5298家，合同外资69.07亿美元，实际直接利用外资31.57亿美元，投产开业企业2745家。投资结构继续优化，新批项目中工业生产型项目占80%左右，主要集中在电子通讯、医药化工等行业，市场前景好、科技含量高。跨国公司继续看好南京市，增资扩股项目、独资项目明显增多。世界500强中有20多家公司参加了’98金秋经贸洽谈会；新批千万美元以上项目33个，合同外资2.6亿美元，占总额的48%；有52家三资企业增资扩股，合同外资9542万美元，占总额的18%；新批独资项目155个，合同外资1.8亿美元，占总额的34%。三资企业对全市经济发展的贡献度明显提高。已投产企业经营状况普遍良好，销售收入约330亿元，比上年增长13%；涉外税收20.96亿元，增长28.4%，居全省第一。

（二）外贸出口稳定增长 1998年南京市进出口总额17.13亿美元，比上年增长1.18%。其中出口额11.74亿美元，增长10.18%；进口额5.39亿美元。外贸经营主体向多元化方向发展，三资企业成为拉动出口增长的主要力量，出口额6.41亿美元，比上年增长24%，占全市出口总额的比重由上年的48%上升到

54%，华飞、夏普电子、江南小野田、华新电线电缆、锦湖轮胎等企业出口超千万美元。外贸骨干企业出口实力增强，带动作用明显。南京市纺织品进出口股份有限公司以改革促发展，全面提高市场竞争力，成为全市出口企业第一大户，出口额1.7亿美元，增长11%，占全市出口总额的15%；自营生产企业出口首次突破1亿美元，金城集团、江南光电、高淳陶瓷等超千万美元的出口大户增加。出口市场结构调整取得明显成效。在对东南亚出口下降39%、对韩国出口下降31%的不利形势下，对欧美及新兴市场的开拓取得较大的进展，对美国、欧盟的出口分别增长40%和23%，对非洲、拉美的出口分别增长81%和52%。出口商品结构进一步优化，机电产品出口大幅增长，出口额达4.23亿美元，增长41%，占全市出口总额的比重由上年的28%上升到36%，成为南京市的主要出口商品。

（三）外经合作有新突破 南京市新签对外承包劳务合同额9682万美元，比上年增长7.26%；完成营业额9029万美元，增长11.25%；新派劳务人员3397人次，增长32%；期末在外5266人，增长70%，在省内总位次居第二位。新批境外企业2家，投资总额105万美元。实现了承接总包工程"零"的突破，南京海外建筑工程总公司以我方独立承包全部工程施工的方式承接了1400万美元的苏里南住房建筑工程，实现了南京市对外承包工程从转手分包到直接总承包的转变。承包劳务市场进一步扩大，外派劳务拓展了新领域。南京市开拓了市场前景看好的南美市场，形成了以东亚、中东和南美市场为基础向周边拓展的新格局，劳务人员分布在50多个国家和地区；在缝纫、电子、工程监理、设备安装、技术施工等领域实现了批量外派劳务，还安排了一批下岗职工到境外就业。境外办厂带动了南京地方产品的出口，金城集团、长发公司、熊猫集团都取得境外办厂的成功经验，其中金城集团在哥伦比亚兴办的摩托车装配企业组装、销售摩托车1万辆，出口额达700万美元。

（四）开发区成为南京市经济发展重要的增长点 1998年南京市9个省级以上开发区新批进区企业500多家，比上年增长8%；投资总额84.3亿元，增长55.8%；到位资金59.2亿元，增长77.2%；其中新批进区三资企业88家，投资总额4.9亿美元，合同外资2.2亿美元，实际利用外资1.6亿美元。全年技工贸总收入突破340亿元，增长33.8%；实现利税32.7亿元，增长14%。开发区招商引资成绩显著，进区项目规模大、质量高，新城进区亿元以上项目21个，其中外商投资企业16个，千万美元以上三资企业占全市的64%，外资项目平均规模由上年的474万美元提高到569万美元，大大高于全市利用外资项目平均规模。投资环境进一步改善，1998年投入基础设施建设资金8亿多元，比上年增长50%以上，在加强优质服务、提高办事效率、治理违规收费等方面取得较大进展。

（五）对外交流进一步扩大 1998年，南京市外事工作和侨务、对台、贸促会工作本着服务于地方经济建设和社会事业发展的指导思想，在直接参与外向型经济工作同时，国际交流日趋活跃，全年共接待来自22个国家和地区的外宾1935人，比上年同期增长38%，其中经济界重要人士近300人，来自欧洲国家的工商界人士627人，占总接待人数的32.4%。因公出国境1191批，共4541人次，其中经贸团组出境人员比例比上年增长4%，来南京市采访的境外记者150人次。

（六）南京口岸安全畅通 1998年南京市口岸的奋斗目标基本实现，外贸运输运行稳中有升，较好地完成了各项任务。港口完成吞吐量5278.7万吨，其中外贸吞吐量622.8万吨，超额完成国家计划，完成集装箱吞吐量12.5万标箱。经上海至欧美及世界各地的多式联运和通往满洲里、东欧、香港的就地封关铁路完成集装箱运量6198吨，空港首次开通国际货运航班，出入境货物量逐渐上升，1998年达到3654吨。

"科教兴市"继续实施

1998年南京市继续实施"科教兴市"战略，当年再度被评为全国科教兴市先进城市，各项综合考核指标由上年全国第五位前移至第三位。科技兴农标志性工程取得新进展，六大良种繁育基地建设初具规模，农业现代化种子加工中心建成投产；重点科技攻关的开发，推广及产业化项目按计划进度顺利实施，以电子信息、生物工程与医药为龙头的高新技术产业呈现出良好的发展势头，全市科技经济一体化进程不断加快，科技进步对经济增长的作用日益明显。1998年技术交易额达12亿元以上，信息化建设中5大类22个重点项目均进入实施阶段。加大技术投入，全市科技三项费增长30%，有力地支撑了一批重点科技项目的实施和高新技术改造传统产业的进展。

教育事业全面发展。全市城乡的素质教育为主要内容的教育综合改革不断深入，以更高的标准推进教育改革和九年制义务教育，中小学教育质量进一步提高，办学条件得到改善，高等教育继续发展，全年教育总支出达15亿元左右。

固定资产投资合理，人民生活水平进一步提高

全社会固定资产完成额为376.69亿元，比上年增长7.12%，其中，基本建设投资148.34亿元，比上年

下降1.84%；技术改造投资62.34亿元，比上年下降4.07%；房地产开发投资101.06亿元，比上年增长38.65%，增幅比上年提高34.05个百分点。1998年南京市国家重点大中型项目数为6个，项目总规模93.22亿元，为上年的70.2%。南京长江二桥工程克服特大洪水的影响，全年完成投资8.08亿元，完成计划的115.4%。

居民生活水平总体上有所提高。据抽样调查，1998年城镇居民人均可支配收入7017元，比上年增长8%；人均消费性支出6056元，比上年增长11.1%。社会保障制度改革继续完善，全市有7960户企业95.4万职工参加了养老保险，职工基本养老保险覆盖面超过95%，28.1万多名离退休人员享受了养老保险待遇。

居民住房条件和生活环境继续得到改善，年末人均居住面积达9.2平方米，城市居民煤气、液化气家庭用气气化率达94%。

再就业和解困工作取得成效，实现了年初确定的下岗分流职工再就业率50%的目标。全市分流安置下岗职工10.5万人，再就业率达64.2%，通过为下岗职工和困难企业职工筹集基本生活保障基金、再就业培训、多渠道分流与安置、划定最低工资标准和最低生活费保障线等措施，缓解了部分居民生活困难的问题。

城市建设再上台阶，“三年面貌大变”全面实现

1998年南京市加快了城市基础设施建设步伐，城市建设“三年面貌大变”的目标全面实现。

道路建设步伐加快。一年来，全市新建、改建道路总长度近40公里，建成宁马、宁高公路二期和长江二桥南岸接线等项工程，提前实现全市乡乡通柏油路、村村通公路的目标。三年累计新建、改建、扩建市区道路60多条，增加道路长度309公里，形成“经五纬八”城市道路骨干网架。

城市环境不断改善，实现了创建国家园林城市的目标。全年重点治理改善了“两河一湖”的水环境。三年来，建成市民广场15个及一批小游园，总面积超过35万平方米。竣工高层建筑172座，并对四条道路实施了景观改造。全市新增公共绿地面积近400公顷，园林绿化覆盖面积达1920公顷，人均公共绿地面积8.1平方米，建成区绿化覆盖率达40%；荣获“国家园林城市”称号。

（南京市外经贸委　司开明）

南京市国民经济主要指标

指　　标	单　位	1998年		1997年	
		地　区	市　区	地　区	市　区
年底人口数	万人	532	276	529	
其中：非农业人口	万人	276		270	
土地面积	平方公里	6516	976	6516	976
人口密度	人/平方公里				
年末劳动力资源总数	万人				
其中：乡村劳动力	万人				
国内生产总值	亿元	825		761	
农林牧渔业产业	亿元	47		44	
粮食产量	万吨	177		182	
蔬菜产量	万吨	151		129	
猪牛羊肉产量	万吨	16		9	
水产品产量	万吨	10		9	
全部工业总产值	亿元	1210		1045	
其中：乡及乡以上	亿元				
客运总量	万人次	13783		13000	
货运总量	万吨	11899		12560	
固定资产投资总额	亿元	377		351	
其中：住宅	亿元	57		39	
房地产开发投资额	亿元	101		73	
商品房销售额	亿元	46		34	
出口贸易总额	万美元	117400		106600	
进口贸易总额	万美元	60000		62700	
利用外资签订协议总数	项	371		374	
利用外资签订协议金额	万美元	113700		53601	

（续）

指　标	单　位	1998年		1997年	
		地　区	市　区	地　区	市　区
实际利用外资金额	万美元	83600		49400	
国际旅游人数	万人	30		30	
旅游收入	万元	1200000		1000000	
地方财政预算内收入	亿元	51		46	
地方财政预算内支出	亿元	59		53	
银行年末各项贷款余额	亿元	1277		1104	
每万名职工中专业技术人员数	人				
其中：中级职称以上	万人	32			
城镇居民家庭人均生活费收入	元	7017		6113	
农村居民家庭人均纯收入	元	3724		3533	

注：表内各项产值均按当年价格计算

（南京市统计局供稿）

连　云　港　市

经济发展情况概述

1998年，连云港市高举邓小平理论伟大旗帜，全面贯彻党的十五大精神，认真落实扩大内需政策、促进经济增长的政策措施，努力克服亚洲金融危机、自然灾害等困难，保持了国民经济持续稳定增长。全年实现国内生产总值265亿元，增长13.8%。

（一）农村经济稳定发展　夏粮因灾减产，秋粮、棉花和油料均超历史，多种经营产值增长18.2%。实施粮食流通体制改革，严格执行三项政策，确保粮食顺价销售。水利建设完成投资3.5亿元，一批重点工程交付使用。改造中低产田1.87万公顷，扩大旱改水0.6万公顷。农机化水平达到70.5%。

（二）工业经济持续增长　通过结构调整，积极开拓市场，国有及年销售500万元以上非国有独立核算工业销售收入增长7.9%，利税增长9.8%，产销率96.4%，综合效益指数提高2.6个百分点。医药、化工、纺织、食品、建材等五大支柱行业逐步壮大，增加值占全市工业比重达到60%。国有技术改造投资增长40.8%，51项重点达产项目中有41项达产。

（三）第三产业快速发展　新建各类市场57个，社会消费品零售总额增长5.7%。成功举办第二届连云港之夏和花果山金秋登山节，全年接待游客280万人次，增长12%。港口完成吞吐量1775.8万吨，增长7.5%，陆桥过境集装箱运量达1.21万标箱。东陇海铁路复线建成，开通至成都、重庆的“五定”班列。大陆桥国际信息中心正式运营，已有35个国家、50个国内城市、520家企业上网运行。

（四）改革开放稳步推进　20户国有大中型企业初步建立起现代企业制度，改制面达40%，采取多种形式搞活小企业，改革面达到86.9%。严格执行粮改三项政策，完善粮食风险基金和粮食储备制度。制定住房分配货币化实施方案，出售公房64万平方米。面对亚洲金融危机的持续影响，精心组织招商引资和外贸促销。外贸出口（海关口径）增长35.2%，实际利用外资增长7.1%，外经营业额增长12.6%。与俄罗斯伏尔加斯基市、日本佐贺市建立友城关系。积极开展国内招商和经济协作，引进客方到位资金4.8亿元。

（五）基础设施投资加大　抓住国家扩大投资需求的机遇，积极做好争取工作，一批项目列入国家和省计划，徐连、汾灌高速公路、310和204国道在建重点工程进度加快。核电站完成投资14.8亿元，移动通信扩容2535个信道。扩建了海连西路、苍梧路、南极南路等城市干道，新建海滨大道北段。加快住宅建设，开工139万平方米，竣工89万平方米，农村出现一批新型小城镇。

（六）人民生活继续改善　全年财政收入完成16.4亿元，增长9.8%，财政支出15.5亿元，增长7.7%。城镇居民年人均可支配收入5458元，增加162元，对851户城镇特困居民实施最低生活保障；农民人均纯收入2938元，增加233元。改造草危房3537户，降氟治污改水新增受益人口20.9万人。

（七）科教兴市步伐加快 实施各类科技项目261个，科技总投入3.5亿元。星火产业带建设取得新进展，推广农科成果30项、先进养殖技术18项，形成5个海洋科技开发中心。实施高新技术产业化项目48个，新上省以上火炬计划8项，转化适用科技成果55项。“两基”成果得到巩固，小学、初中入学率达到99.5%和97%，青壮年非文盲率达到99.3%。实施中小学素质教育方案，城区全部实行免试就近入学。组织17万人次参加各类职工教育培训，61万人次参加农村适用技术培训，市职业技术学院、师范专科学校获准组建。

（八）精神文明和民主法制建设得到加强 广泛开展讲文明、树新风活动，5个行业被评为首批市文明行业，4个小区被评为省级文明小区。加强廉政建设，在制止奢侈浪费、清理通讯工具、公车迎亲等方面取得新的成效。坚持依法治市，全年制定各类行政措施66件。加强社会治安综合整治，开展110联合行动，为民排忧解难。

控制下岗职工总量 办好再就业中心

1998年全市下岗职工达21751人，下岗率为6.5%，建立再就业服务中心（站）892个，下岗职工全部进入再就业服务中心。全市累计发放下岗职工基本生活费1842.3万元，代缴社会保险费1054.8万元。23198名下岗职工实现了再就业，再就业率为51.6%，下岗职工再就业培训率达93.6%。

连云港市的主要做法是：1. 各级政府和领导做到“四到位、三挂钩”，即思想认识到位、政策掌握到位、情况了解到位、工作力度到位；强化目标责任制，实行年终考核与工作实绩挂钩，与各单位评优挂钩，与财政拨付挂钩。2. 控制下岗职工总量。去年7月，我市作出规定，凡下岗职工总量已超过10%的县区和企业，一律暂停安排职工下岗。对未经批准自行安排职工下岗的，其基本生活保障费全部由企业承担，对确需批量安排职工下岗的，要经职代会讨论，严格报批程序。3. 尽力而为做好“两个确保”。按照“三三制”的筹资原则，采取分级管理、分级负责的办法，筹措资金3004.5万元。征收企业养老金2.7万元，发放养老金3.1万元。4. 促进隐性就业显性化。一是通过服务中心每期15天的培训，核清职工下岗情况。二是服务中心对下岗职工做到个人状况、思想情况、家庭情况、择业要求、个人专长“五清楚”，并且建档建卡。三是在街道和居委会、派出所的帮助下，深入下岗职工家庭调查，掌握职工下岗情况。

搞好封闭贷款 扶持困难企业

1998年7月，连云港市采取有力措施，为部分困难企业提供封闭贷款，收到明显效果。一是资金到位率高，对14家困难企业投入的2600万元的封闭贷款年底前全部到位。二是贷款回笼率高，到年底所扶持的产品贷款资金回笼率均达到95%以上。三是扶持的产品效益高，变压器、剪烫机等一批产品扭亏为盈。主要做法是：1. 市领导高度重视。市政府专题研究封闭贷款的运作和管理，出台有关规定。市长和分管副市长多次到企业了解情况，协调解决存在的问题。2. 强化组织协调工作，创造良好外部环境。市政府成立了由市经委和人行牵头，法院、财政、税务、工商、房产、国土、供电、供水等部门负责人参加的封闭贷款协调小组，认真抓好落实。3. 加强监控和考核，对封闭贷款企业在贷款期内新增的销售收入、利税和利润实行目标考核。建立封闭贷款运行情况月报制度，对贷款投入、生产、销售、回笼全过程实施全方位跟踪监控。

发展海水养殖 建设海上连云

1998年全市完成海水产量21万吨，海水养殖面积2.27万公顷，新增0.1万公顷，混养面积扩大533.33公顷。主要养殖紫菜、海带、牡蛎、对虾和文蛤、扇贝等。海上网箱养殖达200箱，放养鲈鱼10000尾、黑雕10000尾、美国红鱼1000尾。育苗生产取得新成绩，全市共育蟹苗3.7万千克，增长32%，幼蟹培育大棚110个，面积大13.33公顷。全年培育对虾苗25.7亿尾、罗氏沼虾苗0.3亿尾，海水育苗产值达到2亿元。几点做法：

一是选准突破口，以养补捕。连云港市根据海洋渔业资源逐年衰退的情况，将发展海水养殖作为突破口，实现四个拓展：海水养殖从低级开发向高产高效拓展，小规模示范向规模化拓展，单品种向多品种拓展，潮间带、潮下带向浅海拓展。二是强化服务，推动产业化经营。我们注重发展规模化养殖，巩固提高苗种业，稳定海洋捕捞业，培育龙头企业。还编印下发实用技术资料，培训渔民3000人次，广泛收集信息，及时反馈，指导渔业生产。三是加强渔政管理，营造良好生产环境。按照渔船数与马力数双控原则，及时换发新版捕捞证，检验渔船460艘，培训职务船员136人。全年出动渔政船256航次，查处违章渔船2015艘，维护渔场生产秩序。

（连云港市政府研究室 颜士友）

连云港市国民经济主要指标

指　　标	单　位	1998 年		1997 年	
		地　区	市　区	地　区	市　区
年底人口数	万人	443.53	60.45	437.25	59.39
其中：非农业人口	万人	84.36	44.79	82.83	43.91
土地面积	平方公里	7444	879	7444	879
人口密度	人/平方公里	596	688	587	675
年末劳动力资源总数	万人	219.35	31.26	218.94	35.22
其中：乡村劳动力	万人	166.40	9.35	166.73	9.38
国内生产总值	亿元	264.67	85.96	238.53	81.15
农林牧渔业产值	亿元	150.40	12.63	144.33	11.86
粮食产量	万吨	251.93	10.86	280.4	11.56
蔬菜产量	万吨	257.55	32.66	236.50	28.47
猪牛羊禽肉产量	万吨	15.97	1.51	13.76	1.44
水产品产量	万吨	32.36	5.76	28.49	4.92
全部工业总产值（不变价）	亿元	444.59	146.39	369.63	132.9
其中：500 万元以上非国有企业	亿元	167.71	88.24	197.38	103.9
客运总量	万人	3360		3144	
货运总量	万吨	4498		2654	
固定资产投资总额	亿元	83.83	44.87	65.52	29.15
其中：住宅	亿元	6.70	4.24	2.78	
房地产开发投资额	亿元	4.54	4.00	4.23	4.03
商品房销售额	亿元	3.65	3.41	3.14	3.07
出口贸易总额	万美元	26523		3.31	
进口贸易总额	万美元	6291		0.38	
利用外资签订协议总数	项	117	57	187	86
利用外资签订协议金额	万美元	11390	9259	0.94	0.69
实际利用外资金额	万美元	13145	8982	1.22	0.88
国际旅游人数	万人	4619		4958	
国际旅游收入	万美元	450		370	
地方财政预算内收入	亿元	11.11	5.39	9.8	5.06
地方财政预算内支出	亿元	15.53	7.10	14.3	7.05
金融机构年末各项贷款余额	亿元	164.94		149.18	81.5
每万名职工中专业技术人员数	人	2302	2185	2098	2076
其中：中级职称以上	人	613	661	540	648
城镇居民家庭人均可支配收入	元		5458	5296	
农村居民家庭人均纯收入	元	2938	3731	2705	3784

注：表内各项产值均按当年价格计算　　　　（连云港市政府研究室供稿）

淮　阴　市

经济社会发展综述

1998 年，淮阴市实现国内生产总值 219.78 亿元，按可比价计算比上年增长 12.6%，其中第一产业增长 8%，第二产业增长 17.1%，第三产业增长 11.9%。人均国内生产总值 4422 元，比上年增长 11.5%，一、二、三产业的比重分别为 36∶35.7∶28.3。全社会固定资产投资 81.13 亿元，比上年增长 43.2%；社会消费品零售总额 83.1 亿元，比上年增长 8.6%。

农业

全年粮食总产达到346万吨，比历史上产量最高年份增产8500吨。农业产业化经营加速推进。种植业结构调整取得明显成效，经济作物在上年10万公顷的基础上扩大到12万公顷，占种植业的比重由25%提高到30%。其中，蔬菜种植面积达到8万公顷，占经济作物面积的66.7%，形成了0.67个万公顷片和60个千公顷片，大中棚设施化栽培面积达1.32万公顷。新建了淮阴蔬菜科技园、盛发园艺、花卉园等一批在全省有影响的农业示范园区。畜禽、水产等主导产业逐步壮大，建成了淮安市稻田养殖、淮阴县肉鸽饲养等30个区域化、规模化生产基地。龙头企业带动能力逐步增强，大地食品、淮阴正大等10个龙头企业实现销售收入6.3亿元、利税5507万元，均比上年有较大幅度增长。农产品流通日益活跃，开发了苏粤乳鸽、天泉粉丝等名牌产品30多个，农民营销队伍发展到12万人。奔小康的进程进一步加快，清浦、金湖、洪泽、淮安5个县（市、区）基本达到小康，全市163个乡镇中有110个基本实现小康。全市农民人均纯收入2921元，比上年增加264元。

工业

淮阴市始终坚持以结构调整为主线，注重市场开拓，强化企业管理，不断提速增效，全市独立核算工业企业实现产值157亿元、销售157.5亿元、利税14.4亿元，分别增长15.1%、9.7%和6.7%。骨干企业支撑作用十分突出，淮阴卷烟厂、清江石化有限公司等23户盘大企业和淮阴汽车改装厂、涟水纺织厂等19户成长型企业，实现产值、销售、利税分别占全市工业的41.1%、50.7%和80.6%。技术改造得到加强。全市完成工业技改投入28.86亿元，比上年增长15%。

商贸流通

市场建设步伐明显加快，清江蔬菜批发市场、淮安中山门蔬菜批发市场二期工程、涟水苏北果品批发市场、淮阴电子市场等专业批发市场改扩建工程顺利完成。兴建了上海农产品中心批发市场淮阴分场、南京城北农产品市场淮阴分部等市外直销窗口150多个，市场辐射面和成交额进一步扩大。总经销、总代理业务不断增加，超市及连锁经营业蓬勃发展。在消费品市场异常平淡的情况下，社会消费品零售总额仍保持了较大幅度的增长。

财税金融

积极培植财源，依法治税，强化征管，增收节支，注重审计监督，加强预算外资金管理，促进了财政收支平衡。全市财政收入19.62亿元，完成年度预算的102.51%，财政收入超百万元的乡镇达到144个，占总数的88.34%。“两税”收入12.25亿元，比上年增长26.38%；市县级地税收入4.06亿元，比上年增长26.09%。全市实现财政支出14.73亿元，比上年增长13.47%，低于收入增幅10.53个百分点。连续4年实现收支平衡，并提前1年消化老赤字。全市金融系统年末各项存款余额147亿元，比年初增加17亿元；各项贷款余额164亿元，比年初增加15亿元；保险费收入3.1亿元，比上年增长19%。

改革

企业改革大力推进，积极实施跨地区、跨行业、跨所有制的资产重组，一批企业靠大、靠外取得明显成效，清拖集团加入中国一拖集团、洪泽化工集团与山西南风集团联合组建全国最大的元明粉集团、华新集团兼并淮阴制药厂、淮阴生化制药厂出售给深圳工力鸿公司、淮阴造漆厂划属清江石化有限公司等顺利实施。全市通过资产划转、吸收入股、兼并等形式，新组建企业集团8个，兼并企业34户，盘活资产近5亿元。乡镇企业产权制度改革全面推开，全市列入改制企业2683户，改制面达94.6%。农村改革进一步深入，土地承包期延长三十年不变的二轮承包工作基本完成，小城镇土地拍卖、小型水利工程等集体资产经营权转让及小城镇综合改革试点取得成功。粮食流通体制改革进展顺利，按保护价敞开收购农民余粮、国有粮食收储企业实行顺价销售、粮食收购资金封闭运行三项政策得到较好执行。

再就业工程

全市建立企业再就业中心784个，下岗职工控制在职工总数10%以内，再就业率达到50%。普遍建立了城镇居民最低生活保障线制度。完善了养老保险和失业保险制度，养老保险、失业保险覆盖率分别达到98.67%和97.7%。扩大了农村合作医疗试点，农村合作医疗覆盖率达25%。

对外开放

面对亚洲金融危机的不利影响，采取切实有效措施，努力保持开放型经济良好的发展势头。成功举办了“3·5”纪念周恩来百年诞辰经贸洽谈会、'98淮阴（香港）经贸洽谈会，组织参加上海、北京、厦门等招商活动并取得积极成果，小分队招商、代理招商、网上招商全面启动。全年新批三资企业28个，实际利用外资8500万美元，协议利用外资5835万美元，分别比上年增长65%、5%和275%，韩泰轮胎子午胎项目、淮阴正大新建工程等重点利用外资项目克服重重困难，如期竣工投产。对外贸易快速增长，完成进出口总额2.6亿美元，比上年增长26.8%，水产品、服装、玩具等13个骨干产品的出口额占出口总额的50%。全市实现外经营业额4128万美元、外派劳务1697人，分别比上年增长23.9%和35%。

个体私营经济

淮阴市坚持把个体私营经济作为加快地方经济发展的战略重点来抓，制定和完善了《关于加快个体私营经济发展的若干规定》等扶持政策，对10户骨干私营企业进行了挂牌保护，通过抓改制、建市场、搞加工、兴城镇、促营销，有力地推动了个体私营经济的发展。全市个体工商户达12万户、私营企业达4020户，分别比上年增长21%和85%。私营企业注册资本11.1亿元，比上年增长113%，其中注册资本超百万元或用工人数超百人的重点私营企业达到125户，比上年净增48户。个体私营经济从业人员30.5万人，比上年增长41%。特别是以大户为主的加工小区发展迅速，清河区繁荣、淮安市施河、涟水县杨口等20个个体私营加工小区进区企业达到720户，一批工艺技术先进、科技含量较高的私营企业相继开业。

交通建设

淮江、沂淮、宁（宿）徐高速公路淮阴段建设进展顺利，宁连路马坝互通立交完成主体工程，淮阴南门、盐金互通立交工程开工建设。新建县乡公路1183公里，新增通油路乡镇27个、通砂石路行政村164个，淮阴、盱眙两县率先实现了乡乡通油路。新淮铁路投入试营运，开工建设新长铁路淮阴段及华能淮阴电厂铁路专用线。

水利建设

淮河入海水道淮阴段开工建设。以河、湖、圩"三堤"达标和小水库除险加固为重点的水利建设进一步加强，圩堤加固192公里，疏浚骨干河道21条，农田水利累计完成土石方7422万立方米，新建各类配套建筑物7068座，改造中低产田2.49万公顷，农业综合开发水平和综合抗灾能力明显提高。

电力通信

提前实现了农村杆线到行政村目标，完成农、市话程控交换机扩容8.8万门，开通市到县电视电话会议系统和"121"气象自动电话咨询系统，市区电信大厦已开工建设，金湖成为江北第一个电话县。

城市建设

市区承德路全线通车，古黄河绿化风光带如期开放，樱花园樱花广场提前建成，圩河疏浚等防洪排涝工程顺利竣工，淮海路美化亮化二期工程基本完成，人民南路6.1万平方米旧城改造一期工程全面完工。县（市）旧城改造也取得较大进展，小城镇建设快速发展，溪河、马坝、流均、三河、高沟等一批乡镇可望达到省、市级新型小城镇标准。

科教兴市

全市共实施星火产业带重点项目29项，推广农业先进适用新技术、新品种35个。积极推进产学研联合，举办了'98淮阴科技恳谈会，与12家高等院校签订了长期科技合作协议。组织实施了新材料、机电一体化、生物医药等一批高新技术项目，"涤纶超细低弹丝"等6个项目在埃及科技博览会上荣获"金字塔奖"，辉煌牌太阳能热水器专有技术成功转让印度，实现了技术出口零的突破。建成了国内先进的数字化地震台网。气象首次运用火箭人工增雨作业获得成功。科技对外合作交流取得新的进展，引进了一批国外智力项目和外国专家。科普活动成效明显。教育体制改革和布局调整步伐加快，"普九"成果进一步巩固，素质教育得到加强，职业教育、成人教育和高等教育有了新的发展。

（淮阴市人民政府办公室　*戚寿余　孙健　夏善宏*）

淮阴市国民经济主要指标

指标	单位	1998年		1997年	
		地区	市区	地区	市区
年底人口数	万人	498.98	52.18	495	50.56
其中：非农业人口	万人	88.28	32.09	86.25	30.93
土地面积	平方公里	10072	347	10645	347
人口密度	人/平方公里	495.00	1504	491	1457
年末劳动力资源总数	万人	296.30	14.30	259.27	20.5
其中：乡村劳动力	万人	211.71	11.70	210	11.40
国内生产总值	亿元	219.78	52.02	195.85	49.03

（续）

指　　标	单 位	1998年		1997年	
		地　区	市　区	地　区	市　区
农林牧渔业产业	亿元	158.72	5.90	143.42	5.60
粮食产量	万吨	345.96	11.48	345.45	11.74
蔬菜产量	万吨				
猪牛羊肉产量	万吨	18.51	0.76	26.91	0.61
水产品产量	万吨	20.57	—	19.01	0.35
全部工业总产值	亿元	310.75	94.52	231.26	89.67
其中：乡及乡以上	亿元	267.07	96.48	208.80	81.41
客运总量	万人	2300	986.19	2144	914.9
货运总量	万吨	2635	1467	2621	1723
固定资产投资总额	亿元	81.13	34.34	34.69	20.38
其中：住宅	亿元	6.99	3.60	4.28	2.43
房地产开发投资额	亿元	4.25	2.91	2.35	1.65
商品房销售额	亿元	3.14	2.12	1.30	0.69
出口贸易总额	万美元	15447	12630	14436	12876
进口贸易总额	万美元	3023	2928	1113	1077
利用外资签订协议总数	项	53	18	52	24
利用外资签订协议金额	万美元	3729	1486	4383	2386
实际利用外资金额	万美元	8559	6452	8092	5774
国际旅游人数	万人	3875	2756	3282	2822
国际旅游收入	万元	156	110	8560	1200
地方财政预算内收入	亿元	19.62	11.73	15.82	9.15
地方财政预算内支出	亿元	14.88	4.91	12.86	4.16
银行年末各项贷款余额	亿元	163.54	68.40	148.91	62.08
每万名职工中专业技术人员数	人	1986	2830	1726	2600
其中：中级职称以上	人	910	1670	710	1520
城镇居民家庭人均生活费收入	元	5193	5193	4498	4498
农村居民家庭人均纯收入	元	2921	3285	2657	3070

注：表内各项产值均按当年价格计算

（淮阴市人民政府办公室供稿）

盐　城　市

盐城市围绕经济结构和所有制结构调整，以开展外向开拓年、深化企业改革、推进农业产业化、发展个体私营经济为主线，1998年国民经济保持了稳中有进的发展势头，完成国内生产总值464.7亿元，比上年增长13%，增幅高出全省平均水平2个百分点。第一、二、三次产业增加值在国内生产总值中的构成比例由上年35.2:37:27.8转变为33.3:37.9:28.8。经济社会发展中存在的主要矛盾和困难是：工业结构性矛盾比较突出，停产半停产企业有所增加，技改投入不足，经济增长缺乏后劲；农业结构调整步伐不快，农民收入增幅趋缓；就业与再就业压力较大；基础设施和城镇建设仍不适应经济社会加快发展的要求。

（一）农业和农村经济　大力推进农业产业化经营和科教兴农步伐，扎实开展秋超活动，尽力减轻夏熟灾害影响，基本实现了全年目标。全市粮食总产量485.4万吨，比上年下降2.2%；棉花总产量19.2万吨，下降6.7%；油料总产量17.2万吨，下降12.7%；蚕茧总产量1.7万吨，增长21.4%；水果总产量28.3万吨，增长4.8%。完成造林面积1.9千公顷，增长8.6%。肉类总产量54.5万吨，下降11.2%，禽蛋总产量77.3万吨，增长2.5%。水产总产量59.5万吨，增长7.6%；其中海、淡水产品分别增长2.6%和11.1%。农业产业化经营进程加快，建成大蒜、西瓜、浅水藕、三元杂交猪等一批富有地方特色的农副产品生产基地，有15个初级农产品在国家商标局登记注册；年销售收入300万元以上的各类龙头加工企业已达360多户，其中亿元以上14户；拥有农村经纪人12万多人、合作流通组织5000多个，设立外地销售窗口900多个。农业综合开发得到加强。围垦滩涂6.1千公顷，改造中低产田33.3千公顷，建设高产稳产农田20千公顷。农业生产条件有所改善。新增节水灌溉面积37千公顷，1998年末全市农业机械化总动力292.88万千瓦，增长6.5%。农村改革进一步深化，土地承包期再延长30年的合同签订顺利完成，粮食流通体制改革进展顺利。

（二）工业和建筑业 工业加大改革改制力度，大力拓展市场，继续保持了适度增长。1998年完成工业增加值155.9亿元，比上年增长16%。完成工业总产值390.8亿元（定报口径），增长3.8%；其中，集体和外资工业增长18.7%，股份制工业增长8.7%，外商港澳台投资工业增长7.0%；轻工业完成总产值234.8亿元，增长9.8%，重工业完成总产值181.4亿元，增长10.2%。全市工业产品销售率为96.1%，比上年略有提高。定报口径实现利润总额6.5亿元，增长6.6%。全年工业经济效益综合指数为88.9%，企业资本保值增值率为99.4%，资产负债率为76.7%。产品结构有所优化，全市开发新产品620个，其中省级以上新品514个，有12个被列入国家重点科技新产品计划；纺织行业压缩淘汰9.7万纱锭。

建筑业完成增加值22.5亿元，比上年增长26.2%。1998年建筑施工企业共承接6 045个施工项目，实行招标投标的工程个数有3 336个，招标面提高14.1个百分点。工程质量优良品种率为32.7%，提高8.6个百分点。

（三）固定资产投资 由于政府推动，固定资产投资增长较快。1998年全社会完成固定资产投资112.6亿元，比上年增长17.9%。其中基本建设投资26.1亿元，增长33.8%；更新改造投资11.9亿元，增长11.9%；房地产开发投资11.4亿元，增长40.7%；集体及其它投资60.8亿元，增长6.7%。投资结构进一步调整，基础产业和基础设施投资得以加强。全市城镇集体以上投资中，第一、二、三次产业完成投资分别增长42.9%、1.9%、33%。建成投产项目772个，项目建成率为68.2%，新增固定资产32.3亿元，新增固定资产交付使用率为70.4%。

（四）国内贸易和市场建设 国内消费品销售稳中偏淡，全年社会消费零售总额150.4亿元，比上年增长6.7%；其中，城市、农村分别增长6.3%、7.3%；国有、集体、个体私营经济分别增长0.4%、1.1%、17.6%。全市商品交易市场已有618个，其中年成交额超亿元的市场10个，超10亿元的市场1个。

（五）交通、邮电 全社会完成货物周转量100.5亿吨公里，客运周转量45.4亿人公里，分别比上年增长1.3%、0.6%。主要港口货物吞吐量1 112万吨，增长2.6%。完成邮电业务总量8.7亿元，增长27.6%，业务收入7.8亿元，增长18.7%。城乡住宅电话用户达42.45万户，新增10.35万户。全市电话普及率达每百人8.8部，比上年提高2.71部。计算机互联网用户达到1 414户，增长2.43倍。

（六）对外经济 1998年进出口总额达5.53亿美元，比上年增长26.4%；其中进口1.01亿美元，增长28.3%，出口4.52亿美元，增长26%。出口商品结构得到改善，工业制成出口比重提高6.8个百分点。全市实际利用外资总额达1.53亿美元，增长26.6%；其中外商直接投资1.42亿美元，增长29.2%。全年新签对外承包劳务合同额6 787万美元，增长28%；完成营业额5 084万美元，增长16%。

（七）财政、金融、保险 1998年财政总收入24.32亿元，比上年增长12.86%，其中地方财政收入14.78亿元，增长12.89%；财政支出25.37亿元，增长15.5%。全社会各项存款余额318.2亿元，比年初增加31.4亿元，贷款余额298.2亿元，增加21.3亿元。全市承保总额1 055.1亿元，增长22.4%。

（八）社会事业 列入省以上火炬计划、星火计划项目分别达15个和76个，项目数居全省第一。盐城市获国家级科技进步奖1项，省科技进步奖12项。技术贸易成交额1.75亿元。全面改造和更新薄弱中小学校222所。招收普通高校学生8 238人。全市各类中等专业学校在校生3.79万人，普通中学在校生41.6万人，分别比上年增加0.23万和0.5万人；小学在校生87.6万人；职业中学在校生3.1万人；技工学校在校生7 100人，比上年减少816人。教师“安居工程”年内竣工面积达27.78万平方米。一批优秀剧目和作品在全国、全省获奖。《盐城市志》已公开发行。全市共有群艺馆、文化馆10个，公共图书馆9个，博物馆5个。市广电中心正式开工建设，广播人口覆盖率和电视人口覆盖率分别达100%和98.85%。全年获省级及省级以上体育比赛奖牌104枚，其中金牌35.5枚。

1998末拥有各类卫生机构302个，病床13 030张；共有卫生技术人员17 871人，其中医生8 692人。全市传染病总发病率比上年下降20.2%。农村改水新增受益人口59.4万人。全市人口出生率控制在10‰以内，计划生育率达93%。全市已有各级环境监测站10个，完成环境污染治理项目89项，总投资903.4万元。

（九）物价、人民生活 盐城市居民消费价格指数和商品零售价格指数分别为98%、96.4%。1998年城镇居民百户抽样调查人均可支配收入5 173元，比上年下降3.5%，人均消费性支出4 131元，增长6.2%。全年职工平均工资5 722元，增长6.1%。农民人均纯收入3 186元，增长8.2%。

众想集团砸下全省压锭第一锤

3月25日下午，随着江苏众想集团10名劳模的锤声，盐城市首批1.4536万陈旧落后纱锭被砸碎后送往市钢铁厂熔炼。中国纺织总会、省政府及省计经委、省纺织总会和盐城市有关领导，无锡、南通市纺织行业负责人及市内有关企业负责人出席压锭现场会。为妥善安置好压锭下岗职工，众想集团成立再就业服务中心，对首批压锭下岗的890名人员作了较周密的安排。

苏北农村人才市场在盐建立

5月20日，江苏省苏北人才市场在盐城建立。这是全省首家省级农村人才市场。该市场由省人事厅、盐城市人民政府共同组建，省人才流动服务中心、盐城市人事局共同管理。市场服务对象为：各类专业技术人员、管理人员、大中专毕业生、社会闲散科技人员，农村乡土人才或有一技之长的能工巧匠、“种养加”能手，机关、团体、国有和非国有企事业单位以及农村专业户。10多家省有关部门、单位及本省各省辖市人事局、人才中心的负责同志参加了人才市场建立活动。

’98盐城经贸洽谈会

10月8日至10日在盐城市区顺利举行。这次洽谈会以庆祝建市15周年活动为契机，采取政府搭台、经贸唱戏的形式，集中开展经贸活动。市委、市政府成立了市长李全林为主任，常务副市长葛绍林等为副主任，有关部门主要负责人参加的组委会。10月8日上午，在亚细亚商城隆重举行了开幕仪式，并组织中外客商参观展馆。8日至9日，进行经贸洽谈和商品交易活动。10日下午在海悦大酒店召开了新闻发布会。应邀参加这次洽谈会的有20多个国家和地区的海内外客商741人。其中外商203人，包括有德国SKS电气公司、GETA（盖塔）机动工具有限公司等世界知名大公司的客商。这次洽谈会，签订利用外资项目139个、协议利用外资34 797万美元，国内贸易合同额34.5亿元。

企业改制改革

1998年，盐城市按照“真改求活促发展”的改制改革目标和“允许多形式，不许不改革”的总体要求，坚持“先点后面、先易后难，上下联动、全面推进、改转结合、配套实施”的工作方针，扎实进行改制改革工作。到年底，市、县（市、区）乡、村四级应改企业9 441家，已实施改制改革的企业达8 415家，占89.13%。其中，市直改制企业占71.2%，县属企业占90.8%，乡（镇）办企业占96.3%，村办企业占87.3%。县、乡两级改制企业公有资产出让变现资金到账率达88.14%，金融债务落实率达90%左右，改制企业工商变更登记率达96.5%、内改配套率达80%左右。这次改制坚持因企制宜，形式多样。在县、乡两级3528家已改制改革的企业中，股份合作制企业占36.62%；股份有限公司、有限责任公司企业占16.4%；私营企业占11.65%；其他改革形式企业占39.3%；乡村企业两级摘“红帽子”企业1459家。这次改制优化了所有制结构和资本结构，企业的生机和活力明显增强。

城市基础设施建设

1998年，《盐城市城市总体规划》通过了省级专家论证和市人大常委会审议通过。市区建设力度加大，投入资金2亿多元，实施了建军路等6条主干道路修建、7个交叉道口拓宽、沿街综合整治、园林建设等八大工程，整治改造了建军路、大庆路、通榆路，新建了青年路、海龙路，建设后街巷道39条，建成黄海公园（一期工程）、毓龙公园并对外开放，整治污水沟河24条，改造旱厕319座，新建一批环卫设施。采取疏堵结合的办法，重点整治交通秩序和流动摊点。1998年市区共拆迁各类建筑近2万平方米，新筑路基6.4万方，新铺沥青路面16.5万平方米，新铺彩色人行道板6万平方米，维修主次干道64万平方米，埋设各种管线30万米，新装路灯1200杆。大力度的市区建设工作，使城市面貌为之一新，为创建全国卫生城市打下了扎实基础。

（盐城市政府办公室 陈华鲁）

盐城市国民经济主要指标

指标	单位	1998年		1997年	
		地区	市区	地区	市区
年底人口数	万人	791.64	59.88	789.11	58.28
#非农业人口	万人	156.06	33.21	151.3	31.05
土地面积	平方公里	14983	423	14983	423
人口密度	人/平方公里	528	1416	527	1362
年末劳动力资源总数	万人				
#乡村劳动力	万人	283.04	11.56	282.59	11.64
农林牧渔业产值（现价）	万元	3299121	90222	3150461	88346
粮食产量	万吨	485.41	12.02	496.46	13.53
蔬菜产量	万吨				
猪牛羊肉产量	万吨	36.88	1.94	39.83	1.18
全部工业总产值（现价）	万元	791.58	92.44	7478743	916410
全部工业总产值（不变价）	万元	631.6	71.32	6503666	725082
客运总量	万人	5489	3123	5354	3046
货运总量	万吨	7119	1262	7080	1255
固定资产投资总额	万元	825718	223498	680939	195164
#住宅	万元	114272	51319	101882	29582
房地产开发投资额	万元	114272	51319	80771	69575
商品房销售额	万元	106676	49568	67769	37817
地方财政预算内收入	万元	147838	36541	130954	33604
地方财政预算内支出	万元	253695	54158	219556	47461
#文教科学卫生事业费支出	万元	112324	14072	97244	11711
金融机构年末各项贷款余额	万元	2981838	739936	2768500	679500
高等学校数	个	2	2	2	2
高等学校在校学生数	人	8238	8238	8470	8470
每万名职工中专业技术人员数	人				
#中级职称以上	人				
影剧院	个	21	5	21	5
公共图书馆	个	9	1	9	1
卫生机构数	个	881	126	884	126
#医院	个	247	16	253	16

（盐城市统计局供稿）

南通市

经济社会发展综述

1998年，南通市国民经济呈现难中有进、平稳回升的发展态势，经济结构不断优化，城乡人民生活继续改善，各项社会事业取得新的成就。实现国内生产总值620亿元（按可比价计算，下同），比上年增长10.5%。其中第一产业增加值125亿元，比上年增长3%；第二产业增加值287亿元，比上年增长12.2%；第三产业增加值208亿元，比上年增长13%，人均国内生产总值7879元。财政收入40.27亿元，比上年增长10.5%。金融机构年末各项存款余额620.28亿元，贷款余额368.89亿元，分别比年初增长16.4%、9%；城乡居民年末储蓄存款余额450.15亿元，比年初净增68.76亿元，增长18%。据抽样资料，市区居民人均可支配收入6899元，全市农民人均纯收入3504元，均比上年增长。市区商品零售价格总指数为97.5%，居民消费价格总指数为99.9%，市场物价继续低位运行。

积极应对亚洲金融危机，促进对外贸易稳定增长

1998年，面对亚洲金融危机的持续冲击，坚定不移地实施外向带动战略，坚持保传统市场、保主体产品、保原有客户，加大开拓欧美新兴市场的力度，市场多元化战略取得明显成效。同时加快市属外贸公司改革步伐，优化出口商品结构，实现了全市对外贸易平稳增长。按海关统计口径，1998年全市外贸进出口总额21.8亿美元，与上年基本持平；其中外贸出口13.3亿美元，比上年增长7.2%。按外贸业务口径，全市外贸进出口总额27.72亿美元，增长8.4%，其中外贸出口18.85亿美元，增长8.3%。三资企业和自营生产企业继续担当全市外贸出口的主力军。全市三资企业出口12.61亿美元（按外贸业务口径，下同），占全市出口的66.9%，增长12.4%，自营生产企业出口2.45亿美元，占全市出口的13%，增长22.7%。市属外贸公司加大改革和管理力度，当年实现扭亏为盈。出口商品结构进一步优化。全市工业制成品出口17.32亿美元，同比增长8.5%，占全市出口的91.9%；其中科技含量较高的机电产品出口4.61亿美元，增长12.2%，占全市出口的比重由上年的23.6%上升到24.5%。纺织、服装、机电三大类主导产品出口14.36亿美元，占全市出口的76.2%，增长9.2%。出口市场结构得到调整。在巩固亚洲传统出口市场的同时，大力开拓欧美市场。全市对亚洲出口13.11亿美元，占出口总额的69.5%，增长12.24%，其中对日本市场出口8.43亿美元，增长6.81%。对欧洲市场出口增长21.41%，北美增长21.48%，非洲增长20.43%。

灵活调整招商策略，提高利用外资质量

通过及时调整招商引资策略，吸引欧美国家和跨国公司投资，在利用外资保持一定规模的基础上，确保利用外资质量有新的提高。1998年全市新批外商投资项目122个，协议利用外资5.32亿美元；实际利用外资6.1亿美元，完成全年工作目标。全年利用外资主要有四个特点：一是现有三资企业增资规模继续扩大。全市增资项目达56个，协议利用外资2.97亿美元，占全市新批协议外资总额的55.8%。二是欧美国家和地区的投资增多。新批项目中有40个项目来自欧美国家，28个外资来源国家和地区中有15个是欧美国家，协议利用外资2.22亿美元，占全市总额的41.4%，比上年增加8个百分点。三是投资超千万美元的大项目比重大。全年新批超千万美元大项目15个（含增资），协议利用外资4.19亿美元，占全市总额的78.8%。四是外商投资企业经营情况良好。据统计，共实现主营业务收入165亿元；实现利税13.36亿元，同比增长3.9%，其中净利润7.23亿元。利税超千万元的企业有17家，其中净利润超千万元的有12家。南通远洋船务工程有限公司、南通醋酸纤维有限公司、南通中集顺达集装箱有限公司、南通天生港发电有限公司和南通正大有限公司等5家企业进入1998全国500家最大规模外商投资企业行列。

充分发挥集团优势，推动外经合作再上台阶

1998年，南通市新签对外承包劳务合同额1.52亿美元，增长12.4%；完成对外承包劳务营业额1.32亿美元，增长24.5%；新外派劳务4680人，增长30.5%。外经工作全年的各项指标均提前一个月完成，并继续在全省保持领先地位。外经合作档次明显提高。新签500万美元以上的大中型承包工程项目6个，合同额3440万美元，占全市总额的22.7%。签约权公司的主导作用增强。全市有签约权的7家公司新签合同额9120.4万美元，实现营业额7693万美元，分别占全市总额的60.2%和58.2%。南通三建、四建在全省62家有权公司中分列第二、第三位。积极发展境外非贸易企业，鼓励民营企业走出国门。目前，拥有海外企业40多家，年出口贸易额2000多万美元。

加快建设步伐，增强开发区龙头载体作用

随着开发区建设步伐加快，南通市各级各类开发区在开放型经济中的集聚、辐射、带动作用日趋明显，成为全市经济发展的重要增长点。1998年，各级各类开发区新批进区企业472个，其中外商投资企业项目48个，协议利用外资2.75亿美元，占协议利用外资总额的51.7%；实际利用外资2.14亿美元，占实际利用外资总额的35.1%。南通经济技术开发区协议利用外资1.77亿美元，实际利用外资1.6亿美元，分别占开发区总额的64.4%和74.8%。开发区企业积极调整产品结构，努力以高科技、高附加值、高质量的产品全方位开拓国内、国际市场，取得了良好的社会效益和经济效益。按外贸业务口径，开发区企业实现自营进出口总额10.4亿美元，占总额的37.4%。其中出口6.84亿美元，增长9.6%，占总额的36.3%。实现工业增加值24.87亿元，占工业增加值的10.2%；业务总收入191.17亿元，增长4.3%。

切实搞好服务，提高外事、口岸工作水平

1998年，南通市对外友好交流进一步扩大，全年

共接待国外友好经济团组、民间友好人士22批268人次。南通市与意大利奇维塔韦基亚市签订了友好交流合作协议书。与日本丰桥市、和泉市进行了政府间互访。全年接待以商务旅游为主的海外旅游者7.23万人，创汇5057万美元，增长11%。旅游景点及配套设施建设继续加强，旅游事业规模不断扩大。抓住机遇，积极开展海峡两岸的经济往来，加强两地交流。全年南通口岸吞吐量突破2000万吨，创历史最好水平。其中外贸运输量474.5万吨，比上年增长4.7%。集装箱运量首次突破13万标箱，比上年增长7.2%，跃居长江港口首位。开通国际航空货运业务。海关、商检、动检、卫检、港监、边检、外管等查验、监管单位依法管理，优质服务，为对外开放创造了良好的环境，促进了开放型经济的健康持续发展。

扎实推进各项改革，增强经济发展活力

1998年，南通市共有42%的国有大中型企业初步建立现代企业制度。继续突出扶优扶强，全市15家重点企业集团实现销售收入75亿元、利税5.78亿元，分别占全市工业的16.4%和18.6%。优化资本结构、推进资产重组取得新的进展，企业破产、兼并、减员增效实现预定目标，纺织压锭超额完成省下达的年度任务。个体私营经济在全市经济总量中的比重明显提高。按照国家和省的统一要求，基本养老保险实现制度并轨，覆盖面进一步扩大。基本生活保障和再就业工作初步纳入规范化管理轨道。下岗职工再就业率达到60.3%；全市失业职工再就业率达到58.9%，城镇登记失业率为2.7%。住房制度改革有序推进。居民个人购买商品住宅比重达到75.9%，住房分配货币化开始启动，安居工程和经济适用房建设加快，全市共竣工36.2万平方米，增长36.6%。

加大投资力度，加快基础设施建设步伐

1998年，城乡集体以上固定资产投资170.24亿元，增长11.9%。基本完成38个重点项目年度计划。南通市水利基建投资1.72亿元，超额完成省下达的任务。宁通公路南通段高速化封闭完善工程、325省道拓宽工程相继开工，省确定的“网化工程”和“通达工程”全面拉开序幕。新长铁路南通段全线开工建设。苏通长江公路大桥项目已由省计经委上报国家审批。城市基础设施建设步伐加快，市区南大街北段、工农路北段、204国道市区段等一批城市形象工程建成通车。垃圾无害化处理一期工程、城北水库等相继投入使用。农村电网改造工程开始实施。年内新增城市绿地89公顷，人均公共绿地5.4平方米，绿化覆盖率提高到28.7%。

实施科教兴市战略，促进社会全面进步

重视和加强科技研究，南通市有14项成果获省级科技进步奖，实现技术贸易额1.4亿元，实施引智项目18项。大力实施教育现代化工程。28所中小学通过“江苏省电教示范实验学校”评估验收。教师住宅新开工建设18.58万平方米，竣工15.82万平方米。精神产品生产成绩显著，有7个项目11件作品获省“五个一工程奖”。加强文物保护工作，新公布了20处市级文物保护单位。农村初级卫生保健水平不断提高，52个乡镇通过省级初级卫生保健合格评审；合作医疗行政村覆盖率和甲级村卫生室率均超过70%；农村改水新增受益人数51.7万人；计划生育率达到97.94%，人口自然增长率为0.162%。

（南通市人民政府办公室　陈鸿庆　仇红）

南通市国民经济主要指标

指　标	单　位	1998年 地　区	1998年 市　区	1997年 地　区	1997年 市　区
年底人口数	万人	787.49	63.96	786.30	63.23
其中：非农业人口	万人	247.21	46.83	244.36	45.80
土地面积	平方公里	8619	240	8001	224
人口密度	人/平方公里	914	2665	983	2823
年末劳动力资源总数	万人			547.60	50.50
其中：乡村劳动力	万人	374.93	12.71	376.24	12.91
国内生产总值	亿元	619.93	123.26	577.47	118.47
农林牧渔业产业（现价）	亿元	235.66		231.27	5.58
粮食产量	万吨	326.36		353.56	8.74
蔬菜产量	万吨	167.42			
猪牛羊肉产量	万吨	15.25	0.5	14.56	0.6
水产品产量	万吨	54.79	1.11	54.94	0.85

（续）

指　　标	单　位	1998 年		1997 年	
		地　区	市　区	地　区	市　区
全部工业总产值	亿元	1023.73	203.85	971.50	211.19
客运总量	万人	6813	3307.3	6390	3277
货运总量	万吨	5260	976	5788	1840
固定资产投资总额	亿元	130.41	84.82	115.37	71.12
其中：住宅	亿元	17.04	9.04	18.35	7.46
房地产开发投资额	亿元	17.25	10.95	17.84	10.52
商品房销售额	亿元	15.21	9.38	11.17	5.27
出口贸易总额	万美元	18853	101453	173989	100589
进口贸易总额	万美元	88621	71185	81667	62911
利用外资签订协议总数	项	122	37	148	49
利用外资签订协议金额	万美元	53182	35139	56037	32158
实际利用外资金额	万美元	61077	63939	61410	48419
国际旅游人数	万人	7.23	6.96	8.95	8.62
国际旅游收入	万美元	5057	5057	4547	4547
地方财政预算内收入	亿元	21.45	8.31	19.01	7.03
地方财政预算内支出	亿元	27.07	9.08	23.89	7.56
银行年末各项贷款余额	亿元	227.42	94.12	246.49	105.58
每万名职工中专业技术人数	人			1904	1655
其中：中级职称以上	人			526	545
城镇居民家庭人均生活费收入	元	—	6899	—	6506
农村居民家庭人均纯收入	元	3504	—	3388	—

注：表内各项产值均按当年价格计算

（南通市统计局供稿）

无　锡　市

经济发展概况

1998 年，在亚洲金融危机影响和国内需求平缓的情况下，无锡市认真贯彻中央关于加快两个根本性转变、扩大内需、增加基础设施投入等一系列重大决策，开拓进取，迎难而上，继续保持了经济总量的稳定增长。全市国内生产总值完成 1052 亿元，比上年增长 11.8%。其中，第一产业增加值 46.4 亿元，增长 0.7%；第二产业增加值 609.3 亿元，增长 11.4%；第三产业增加值 396.3 亿元，增长 14.3%。人均国内生产总值 2.43 万元，居江苏省之首。全市完成固定资产投资 277 亿元，增长 15%；财政收入 75.99 亿元，增长 11.4%，综合实力进一步增强。

农业“以秋补夏”，大灾之年夺得丰收

1998 年，无锡市夏熟粮食生产遭受历史罕见的秋播干旱、早春低温、雨雪冰冻、长期阴雨等多种不利因素和恶劣气候的严重影响，尽管采取了一系列扎实有效的抗灾减灾措施，但不可抗拒的自然灾害仍然导致全市夏粮减产三成以上。面对夏粮因灾大幅度减产的严峻形势，无锡市及时提出“以秋补夏，保供增收”，确保水稻亩产超历史、粮食总产超计划、农民增收 6% 的目标要求，认真落实各项秋熟超产措施，大力推广高产品种和先进适用技术，全市武运粳 7 号良种推广面积达到 60% 以上，水稻良种覆盖率达 98%，以肥床旱育为主体的小苗秧扩大到 10.67 多万公顷，‘双优’栽培、抛秧、二次穗肥和病虫草综防措施到位率普遍提高，加上秋季气候条件有利，全市水稻大面

积获得历史性丰收，平均单产 613 千克，连续第五年超历史纪录，全年粮食总产 149.77 万吨，超额完成了年初确定的目标任务。与此同时，进一步加快农业产业化、现代化步伐，大力发展多种经营，新增 5 个规模型农副业生产基地，建成 3 个现代农业示范区。大力加强水利建设，依托多年兴修水利特别是修筑高标准长江江港大堤形成的坚实基础，在 1998 年长江中下游全流域、大范围、长时间特大洪涝灾害面前经受了考验，夺取了抗洪斗争的全面胜利。

认真落实提速增效措施，城乡工业保持稳定增长

1998 年，无锡市在工业经济发展遇到前所未有困难和矛盾的情况下，从年初开始就确定了提速增效、加快发展的工作思路，进一步实施工业经济结构调整，鼓励以名品、精品、新品拓展市场，全市工业实现销售收入 2020 亿元，增长 11.6%。重点突出了三抓：一是抓骨干企业，确定了 179 家重点骨干企业及其产销增长目标，逐户落实有针对性的增产扩销措施，净增销售收入 169.9 亿元，占全市工业销售增量的 50% 以上；二是抓专业化协作配套，先后组织有关企业赴三峡、北京、大庆、广州等地，主动与国家电网改造、铁路建设、重点水利工程等配套，一批企业与大工程、大集团的协作配套有了新的实质性进展；三是抓工业重点项目建设，集中力量加快推进与希捷、西门子、默洛尼等国际大公司合资项目的建设，小天鹅洗碗机、迪爱生环氧树脂等一批项目按期建成投产，全年工业后劲投入完成 120 亿元。

继续加快发展第三产业，以优异成绩建成中国优秀旅游城市

1998 年，无锡市继续突出抓好商贸流通、旅游观光、金融保险等第三产业支柱项目，全市第三产业增加值占国内生产总值的比重达到 35% 以上，社会消费品零售总额达 300.1 亿元，增长 6.7%。进一步完善市场体系，各类商品市场累计达到 447 个，其中年交易额超 10 亿元的市场 10 个，要素市场累计达到 37 个。大力发展旅游业，成功举办了太湖旅游节，全年接待境外游客 22.6 万人次、境内游客 1361 万人次。进一步加强太湖旅游资源综合开发，推进灵山大佛景区、江阴长江大桥景区的建设和配套，强化旅游管理服务体系的建设，以全国地级市总分第一的成绩跻身首批中国优秀旅游城市行列。正确处理防范金融风险与促进经济发展的关系，改善金融服务，推动银企合作，金融系统存贷款余额分别增长 20.1% 和 15.9%。

积极推进各项改革，大力发展个体私营经济

1998 年，无锡市在积极推进国有大中型企业改革与脱困、现代企业制度建设、探索公有制多种实现形式、引导优势企业开拓资本经营、完善社会保障体系等各项改革的同时，把大力发展个体私营经济作为深化改革、推动经济增长的关键举措列入重要议事日程，采取有力措施，促进全市个体私营经济快速健康发展。一是加强组织领导，成立了由市长任组长的个体私营经济发展领导小组，负责全市个体私营经济发展的规划、指导、协调、管理工作，各市（县）、区政府也设立相应组织，完善了个体私营经济发展的领导组织网络。二是加强政策扶持，相继出台了鼓励和支持个体私营经济发展的九项措施、十大政策，特别是鼓励个体私营企业参与国有、集体企业改制转制，鼓励个体私营企业吸纳下岗职工再就业，鼓励下岗职工举办个体私营企业。全市先后组织 30 余家私营企业参与国有集体企业产权交易，全年个体私营企业共吸纳安置下岗职工 1.5 万人，有 4000 多名下岗职工申请从事个体私营业。三是加强优质服务，印发《个体私营经济政策汇编》，开通热线电话，为个私业人士提供政策咨询服务，组织金融系统积极为个体私营经济和有关转制企业提供贷款 44.8 亿元，协调工商、税务、卫生、公安等部门联合对个体私营企业实行“一站式”服务。四是加快建设个体私营工业园，全市共有 44 个乡镇规划了私营企业集中发展的小区 74 个，占地面积 6084 亩。五是加强监督管理，完善对个体私营经济的统计，实施有效的劳动保护、环境保护监察，把个体私营经济发展纳入政府宏观管理范畴。至 1998 年底，全市个体私营户总数达 13.7 万户，其中私营企业户数增长 51%；个体私营企业创造的国内生产总值占全市的 10%，完成的工业总产值、社会消费品零售总额、税收分别占全市的 14%、24.7% 和 11.8%。

突出抓好重点开发区投资环境建设，进一步扩大对外开放

1998 年，无锡市围绕提高开放型经济的水平和质量，更大力度吸引国际大公司、大财团合资合作，采取有力措施，切实加强重点开发区投资环境特别是软环境的建设。针对利用外资领域外商反映较多的政出多门、多头收费、服务效率不高等问题，在深入调查研究的基础上，积极探索实施“一个窗口对外、一个头收费、一站式服务”的外商投资服务管理办法，统一对外，规范收费，减轻负担，提高效率，收费项目由 128 个减少到 19 个，投资环境明显改善，全市当年新批合同外资 12 亿美元，实际利用外资 10.5 亿美元，

新批超千万美元的项目25个，外商独资和增资扩股势头较好，独资企业增长1.5倍，增资企业有75家。与此同时，积极应对亚洲金融危机以后国际贸易出现的新情况，抓好外贸出口的调整、巩固和扩展。全市进出口总额达到43.3亿美元，增长30.4%，其中三资企业和自营企业出口分别增长38.2%和12.9%。

大力推进现代文明城市建设，切实加强太湖水环境治理和保护

1998年，无锡市围绕建设现代文明城市的总体目标，精心组织实施城市大交通、市内路网以及区域环境建设治理等重点工程建设，顺利完成江阴长江公路大桥、锡澄高速公路、新长铁路无锡段、104国道无锡段以及市政“三路二桥”等工程的年度建设任务。进一步加强城市管理，积极创建国家卫生城市，通过了国家级卫生城市调研，加快实施环境绿化、美化、净化工程，市区三阳广场和中山路文明示范一条街的建设和管理，集中展示了无锡的风采，受到普遍赞誉。大力加强环境保护工作，根据党中央、国务院的统一部署，认真贯彻实施太湖流域水污染源达标排放“零点行动”各项要求，围绕《太湖无锡水域水污染防治“九五”计划和2010年总体规划》，全力以赴打好水污染源达标排放攻坚战，排出日排放废水100吨、COD30公斤以上的企业297家和苏南运河沿河等小流域地区的企业15家，列入限期治理、达标、排放名单，采取有力措施限期治理，形成了“政府领导、部门负责、企业治理、环保监督、公众参与”的达标排放工作体系。到12月底，列入名单的限期治理企业按期完成治理任务，另有102家非重点水污染源企业也完成了治理任务。

大力加强社会主义精神文明建设，协调发展各项社会事业

1998年，无锡市继续坚持以邓小平理论武装群众，以改革开放和现代化建设的巨大成就教育群众，以抗洪精神激励群众，进一步提高了市民的思想道德素质。广泛开展群众性精神文明创建活动，积极组织争创文明行业、文明小区、文明家庭。广大群众踊跃参加赈灾活动，体现了良好的精神风貌。积极推进依法治市，全面推行村务公开，高度重视群众信访，认真化解社会矛盾，强化社会治安综合治理，维护了社会稳定。进一步发挥科技第一生产力的作用，促进科技与经济的紧密结合，推进高新技术产业化，科技进步对工业、农业经济增长的贡献份额分别达到45%和53%。大力实施教育现代化工程，加强薄弱学校建设，又有33个乡镇和150所学校基本达到教育现代化标准，80所小学、11所中学的办学条件得到明显改善。文化、广电、卫生事业进一步发展，在提高水平、改进服务的同时，推进了市图书馆、广电大厦、急救中心大楼等一批重点项目的建设。成功举办了市首届残疾人运动会，计划生育工作保持全国先进水平，老龄、妇女、儿童和社会福利等事业进一步发展。

认认真真为群众办实事，人民生活质量继续提高

1998年，无锡市在广泛征求各方面意见的基础上，确定为全市人民办18件实事项目，经过各级各部门和全市人民群众的共同努力，18件实事全面完成。城镇职工人均年工资性收入9068元，农民人均年纯收入5018元，分别比上年增长5.3%和3.5%。把下岗职工基本生活保障和再就业作为头号工程来抓，立足加快发展，支持生产自救，多渠道拓展就业空间。全年筹集解困再就业基金1.2亿元，分流安置下岗职工4.9万人，再就业率达到51.8%，城镇登记失业率控制在2%以内，下岗职工的基本生活得到保障。妥善安排困难群众的基本生活，农村扶贫落实1325户。继续改善市民居住条件，全年安置旧城改造拆迁户住房29.2万平方米，完成4个地块3.6万平方米的危旧房改造和一批新村共200万平方米住宅区环境配套工程。进一步改善水电气供应条件，市区改造小口径自来水管38条，农村新增自来水受益人口8.3万人，城乡电网改造完成投资3.5亿元，市区燃气气化率提高到89%。

突出重点狠抓落实，大力实施再就业工程

1998年，无锡市继续把解决下岗职工再就业问题作为促进经济发展、维护社会稳定和为人民群众办实事的一项十分重要的工作，进一步加强组织领导，强化政策扶持，严格督促检查，取得了显著成效。一是认真贯彻全国国有企业下岗职工基本生活保障和再就业工作会议精神，进一步明确了再就业工作目标，加大工作力度，及时完成了企业再就业服务中心组建工作，下岗职工100%进入再就业服务中心，并全面确保了下岗职工的基本生活；对企业离退休人员的养老金也全部做到按时足额发放。二是继续筹集和用好再就业基金，通过财政预算内安排一部分，失业保险基金调剂一部分，按预算外资金收入的5%集中一部分，机关、企事业单位职工捐助一部分等多种途径，全年共筹资1.2亿元，确保了下岗职工基本生活保障、转岗培训等方面的需要。三是进一步完善促进再就业的有关政策：实行经济和就业同步发展的产业政策，积极培育新的就业增长点；鼓励开发和拓展社区服务业，吸纳安置下岗职工；鼓励下岗职工开展生产自救；鼓

励个私、民营、外资企业嫁接国有、集体破产企业，促进企业复产自救，控制下岗"源头"；鼓励下岗职工、失业人员自谋职业，从事个体经营或开办私营企业。四是全社会共同参与，有力出力，有钱出钱，有岗腾岗，凝成了促进再就业的工作合力。各级、各部门既分工负责，又通力协作，积极帮助困难企业落实解困政策，支持企业开辟新的就业空间，帮扶下岗职工自主、自立创新业；各区、街道、居委会全面建立健全再就业服务机构，形成了条块结合、横向到边、纵向到底的再就业服务、管理网络，在全市再就业工程的实施中发挥了重要作用。

切实加强政府自身建设，认真研究和实施"八项工程"

1998年，无锡市新一届政府围绕构筑无锡经济和社会发展长远的战略优势，抓住当前改革、发展、后劲方面的关键问题，在深入调查研究的基础上，确定了本届政府任期内的重点工作——"八项工程"，并抓紧组织实施：

1. 农业产业化、现代化工程。以市场为取向，以效益为中心，加快形成贸工农一体化的新型农业产业化经济结构，加快农业现代化的步伐。到2002年，形成12个区域特色生产基地，建成10家年销售超亿元的农副产品批发交易市场，形成各类农副产品加工、运销企业300家，累计建成高产稳产田12万公顷，稻麦良种覆盖率95%以上，生产机械化综合水平提高到85%以上，农民人均年收入6500元。

2. 工业"四化"工程。着力推进工业国际化、集约化、多极化、高新技术产业化，到2002年，全市形成年销售额超100亿元、利税超10亿元的大型企业集团2家，年销售额超50亿元、利税超5亿元的10家，年销售额超亿元、市场占有率居全国前列的名牌产品45种。全市实际利用外资年均增长8%，进出口总值年均增长15%。全市国有独资经济在工业总量中所占的比重调整到10%左右，混合所有制经济占70%左右，个体私营经济占15%左右，高新技术产业产值占工业总产值的20%以上。

3. 流通"三二一"工程。抓住建设区域性交通枢纽的重大机遇，积极实施商物流通业的战略性调整重组，着力建设和培育三个年交易额超100亿元的批发市场群即锡沪路建筑装潢材料市场群、锡澄路蔬菜果品副食品市场群、解放西路小商品市场群；着力培育两个销售额突破30亿元的大型商贸企业集团即商业大厦和朝阳股份企业集团；建设和振兴一条繁华商业街即中山路标志性商业街。

4. 交通枢纽工程。用5年左右的时间，把无锡建成区域性交通枢纽，形成与无锡经济、社会发展相适应并适当超前发展的现代化综合交通运输体系，京沪、京沪高速、新长等铁路干线纵横沟通，锡澄高速、锡宜高速、沪宁高速等公路骨架主辅配合，水路通道一城居中、四面辐射，周山浜、藕塘等客货运枢纽基本建成。加快建设江阴组合港，努力发挥无锡空港的功能。

5. 旅游"3456"工程。充实和发展观光、文化、度假三大旅游主题，开发完善环太湖、江阴人文景观、锡山吴文化和宜兴生态旅游等四条特色旅游线，建成太湖风光、马山度假区、江阴长江大桥等五大旅游景群，建设和完善旅游景点、旅游接待服务等六大旅游体系。到2002年，全市年接待国际游客达到25万人次，年接待国内游客达到1800万人次。

6. 环境绿化、美化、净化工程。大力推进城市环境的绿化、美化、净化，组织实施一条环城花园道路、二块健身休闲场地、三座特色景观公园、四条沿河风光带、五个现代风貌广场、六条绿色风景走廊等重点绿化工程，抓好中山路、崇安寺、寄畅园等重点街区、景区及主要特色建筑的亮化，大力加强环境污染的防治，建成国家卫生城市、全国园林城市、中国优秀旅游城市和国家环境保护模范城市。

7. 科技教育现代化工程。大力贯彻"科教兴市"战略，建立起适应无锡经济、社会发展并符合科技、教育自身发展规律的科技教育新体制。科技进步对工业、农业经济增长的贡献份额分别达到50%、60%以上，高新技术产品销售收入占全市工业产品销售收入20%以上；进一步提高基础教育水平，普及高中阶段教育，培养一批社会主义市场经济的企业家，每万人拥有各类专业技术人员达到760人。

8. "安居乐业"工程。安——使市民生活安定、安心、安全，基本建立比较科学合理的社会保障制度，基本建成水平较高的社区服务网络，有效控制刑事案件发案率。居——改善和提高市民的居住质量，城镇人均居住面积达到11平方米，住房成套率达80%。乐——大力丰富市民精神文化生活，80%的市（县）区创建省群众文化先进地区，全市逐步建立起现代化的医疗卫生服务保障体系，提高市民健康水平。业——努力确保劳动者充分就业，确保城镇登记失业率控制在2.5%以内，职工下岗待工率控制在5%～6%，下岗职工再就业率50%以上。

（无锡市人民政府办公室　陆卫东）

无锡市国民经济主要指标

指标	单位	1998年		1997年	
		地区	市区	地区	市区
年底人口数	万人	432.21	110.21	432.29	109.56
其中：非农业人口	万人	171.04	94.09	173.63	92.73
土地面积	平方公里	4650	517	4650	517
人口密度	人/平方公里	929	2132	930	2119
年末从业人员	万人	228.51	56.56	232.59	60.29
其中：乡村劳动力	万人	158.48	13.48	157.81	13.40
国内生产总值	亿元	1052.01	344.76	960	315
农林牧渔业产业	亿元	85.87	6.7	83.28	6.55
粮食产量	万吨	149.78	5.50	157.83	5.91
蔬菜产量	万吨	57.51		56.33	
猪牛羊肉产量	万吨	7.35	1.02	7.19	0.93
水产品产量	万吨	8.79	1.51	8.16	1.36
全部工业总产值	亿元	2337.16	614.84	2204.83	555.20
其中：500万元以上	亿元	1460.86	47.06	1302.47	38.33
客运总量	万人	4334	1944	4015	1996
货运总量	万吨	728	345	878	440
固定资产投资总额	亿元	277.22	142.54	235.34	110.39
其中：住宅	亿元	23.63	13.97	23.32	11.29
房地产开发投资额	亿元	34.04	20.36	33.02	18.99
商品房销售额	亿元	26.20	15.25	20.69	10.87
出口贸易总额（海关）	亿美元	25.92	19.07	22.80	13.66
进口贸易总额（海关）	亿美元	18.35	14.91	10.40	7.58
利用外资签订协议总数	项	205		201	
利用外资签订协议金额	万美元	120101	65506	90835	41400
实际利用外资金额	万美元	105211	56610	100188	45652
国际旅游人数	万人	22.60	19.83	21.78	19.12
国际旅游收入	万元	63254	55004	54257	46959
地方财政预算内收入	亿元	35.66	19.40	31.44	16.89
地方财政预算内支出	亿元	34.79	18.55	29.07	15.09
银行年末各项贷款余额	亿元	615.99	292.79	532.14	251.95
每万名职工中专业技术人员数	人	2752	2621	2992	2518
其中：中级职称以上	人	824	862	777	853
城镇居民家庭人均可支配收入	元	7178		6935	
农村居民家庭人均纯收入	元	5018		4848	

注：表内各项产值均按当年价格计算

（无锡市人民政府办公室供稿）

苏州市

国民经济快速协调发展

1998年，面对复杂严峻的国内外经济环境，苏州市全面深入贯彻党的十五大精神，认真落实国家增加投资、扩大内需、鼓励出口、促进经济增长的重大决策，积极应对亚洲金融危机，努力克服各种困难，国民经济保持了快速协调发展的好势头。全市完成国内生产总值1250亿元，比上年增长13.1%，人均国内生产总值达到2.17万元。第一产业增加值89.7亿元，增长1.7%；第二产业增加值700.2亿元，增长13.9%；第三产业增加值460.1亿元，增长14%。一、二、三次产业的比例关系由上年的8.3∶55.7∶36调整为7.2∶56∶36.8。完成财政收入87.6亿元，其中地方财政收入45.8亿元，分别增长14.5%和15.7%。全市财政收入占国内生产总值的比重比上年提高0.2个百分点。

农业获得较好收成，农村经济稳步发展

在夏熟因灾严重减产的情况下，全市广泛开展了以秋补夏、以副补粮、以工补农活动，调整农业内部结构，大力发展高效经济作物和特种养殖业，一着不让地抓好农业增产增收，取得了明显的成效，全年粮食总产239.6万吨，棉花总产2.43万吨，肉类、禽蛋、水产品、牛奶、茶叶等主要多种经营产品产量比上年都有不同程度的增长，多种经营总收入增长11%。农业产业化经营加快推进，形成了一批骨干产品和龙头企业，张家港梁丰集团、吴江华鑫集团、常熟隆力奇集团等省级龙头企业，显示出较强的市场竞争优势和辐射带动作用。农业基础设施建设得到加强，生产条件不断改善。全年共投入水利建设资金4.63亿元，长江堤防达标工程高标准、高质量地推进，太湖治理和河道清淤工程加快实施，完成土地整理和复垦复耕6400公顷，新建高标准农田6700公顷，农业机械化水平进一步提高。乡镇企业产权改革全面推开，至1998年底，涉及产权制度改革的企业占到82%，资产份额占到65%。在改革的推动下，乡镇企业生产、效益回升，1998年完成产值比上年增长11.8%，实现利润增长11.2%；乡镇工业总产值和利税分别占全市工业的61%和65%，上缴税金占全市财政收入的29%。

工业生产逐步回升，新增长点产出良好

在国内需求不足，出口难度加大，年初生产增速回落的严峻形势下，全市工业战线迎难而上，大力开拓市场，积极调整结构，精心组织生产，促进了工业经济的有效增长。1998年，全市完成工业增加值633亿元，比上年增长13.9%。国有及年销售收入500万元以上的非国有工业企业完成产值1626亿元，增长8.1%，其中三资工业完成产值612亿元，增长26%，股份制工业完成产值131亿元，增长41.5%；产销率达到96%，比上年提高0.7个百分点。新兴产业快速成长，电子信息、精细化工等新兴产业占全市工业总量的比重接近50%，市区达到53%。规模经济逐步壮大，全市有8家重点企业集团年销售收入超过10亿元，1998年合计实现销售收入172亿元；吴江丝绸集团进入国家重点企业行列，沙钢集团成为省重点企业集团。名牌产品产出加快，36个销售收入超亿元、国内市场占有率名列前三位的名牌产品销售增长24.6%。多层次的协作配套不断拓展，重点开展了与三资企业的外向配套，与重大基础设施项目的专项配套，与规模优势企业的产品配套，全市已形成380多家专业化配套协作企业，近600个配套产品，1998年配套产品销售总额达到40亿元。重组传统产业取得突破，纺织压锭、丝绸重组项目列入国家结构调整重大项目，全市共压锭10万锭。苏钢集团特殊钢、苏州杜邦聚酯切片、化工农药集团1605农药搬迁、沙钢浦项镀锌钢板、永鼎电缆技术改造、牡丹高档轻型客车生产线等重大项目相继建成，增强了工业发展的后劲。

第三产业发展势头良好，新的优势行业开始形成

全市第三产业总量持续增长，领域继续拓宽，结构得到优化，各主要行业都取得了新的拓展。确立了大旅游的发展思路，旅游业得到较快发展。围绕’98华夏城乡游活动，在加快景点景区开发建设的同时，大力开展宣传促销，先后举办了虎丘花会庙会、天平山红枫节、周庄国际艺术节、同里之春旅游文化节、用直水乡服饰文化旅游节和太湖西山梅花节等大规模的旅游活动，吸引了大批中外游客，全市接待境外旅游者44万人，旅游外汇收入1.29亿美元，分别比上年增长5.9%和22.9%；接待国内旅游者1141.5万人，旅游总收入95亿元，分别增长7.1%和15%。苏州进入了首批中国优秀旅游城市行列，虎丘风景区被列为全国十佳文明旅游风景区示范点。房地产业发展势头看好，全市完成房地产开发投资58.5亿元，增长14.3%；商品房销售面积297.3万平方米，销售额45.2亿元，分别增长23.1%和31.9%，其中住宅销售面积占商品房销售面积的88.3%。商贸流通业平稳发展，各类商品市场成交额688.2亿元，增长12.9%；社会消费品零售总额297.9亿元，增长3.9%，剔除价格因素，实际增长7.1%；总代理、总经销、连锁超市、配送中心等新型商业形式迅速兴起，市区连锁店已有149家，并开始辐射到乡镇。金融运行平稳，年末金融机构存款余额1112.4亿元，贷款余额724.3亿元，分别比年初增加165.7亿元和97.5亿元；新设立了光大银行苏州分行。商业保险业务迅速拓展，保费收入15.8亿元，增长29.8%。交通邮电业快速发展，全市完成交通基础设施投资超过17亿元，增长32%，交通运输业增加值增长10%以上；电信、邮政业务收入分别增长25.1%和8.9%。社区服务领域拓宽，沧浪、金阊两个区被评为全国社区服务示范城区。

企业改革不断深化，配套改革继续推进

按照建立现代企业制度的要求，坚持“抓大放小”并举，以产权制度改革为重点的企业改革不断深入。1998年，全市发起设立股份有限公司10家，累计已有45家；设立有限责任公司4036家，累计达到11476家；30家重点企业（集团）已有20家实施了公司制改造。以股份合作制为主要形式，通过改组、联合、兼并以及破产、出售等多种形式进一步放开中小企业，全市国有和城镇集体中小企业改制面达到51%，其中涉及产权制度改革的占30%。国有（集体）资本营运体制改革迈出新的步子，苏州市及所属6市（县）初步建立了由国资委（集资委）、资本营运机构（控股公司）和企业构成的资本营运管理体制框架，国有资产授权经营覆盖面进一步扩大，优化资本结构工作顺利推进，市区累计重组盘活资产28.5亿元。直接融资取得新进展，吴江丝绸集团成功发行了2亿元可转换债券，苏州高新技术产业股份有限公司通过配股募集资金1.9亿元。所有制结构进一步调整，个体私营经济快速发展，年末实有个体工商户13.52万户，私营企业1.66万家，分别比上年增长11.7%和52.3%；合计注册资金96.2亿元，增长57.7%。养老、失业、医疗、工伤、生育五大社会保险改革全面推进，全市已有67.7万职工参加基本养老保险，23.5万职工参加医疗保险，失业保险的对象已覆盖所有城镇失业人员。参照新加坡管理经验制定的《苏州工业园区公积金管理暂行办法》，以及苏州新区城乡一体化的社会保障制度改革方案相继出台。新一轮城镇住房制度改革开始运作。

努力克服国际环境的不利影响，开放型经济保持稳步发展

进出口贸易根据国际市场变化，积极调整营销策略、市场结构和产品结构，稳定原有市场，开辟新兴市场，实现了较快增长。据海关统计，苏州市完成进出口总额96.5亿美元，比上年增长11.7%，其中出口52.1亿美元，增长12.1%；机电产品出口25亿美元，增长25.6%，占到出口总额的48%；对欧盟、美国的出口明显增长，对非洲、拉美的出口大幅度上升。通过改善投资环境，加大招商力度，改进招商方法，利用外资规模继续扩大，全年新增合同外资40.9亿美元，实际利用外资28.4亿美元，增长16.1%，年末累计实际利用外资达到146亿美元。世界500强跨国公司中又有7家来苏州投资，累计已有64家。一大批外商投资企业进入产出期，各项税收超过20亿元，占全市财政收入近1/4。对外经济技术合作不断拓展，新签对外劳务承包合同金额9600万美元，对外劳务承包营业额突破1亿美元，增长10.4%；海外投资趋向多元化，新设立了9家海外生产企业和贸易公司，累计开业投产海外企业33家。对外交往活跃，苏州又与埃及伊斯梅利亚市、法国格勒诺布尔市结为友好城市，全市共结交友好城市21对，经济、科技、文化交流日益频繁。在对内开放方面，本着互惠互利、共同发展的原则，采取优惠政策，积极吸引国内企业前来投资合作。

开发区建设积极推进，聚集和辐射带动效应日益显现

苏州市坚持把开发区建设作为一项重点工作来抓，注重功能开发，加强管理服务，完善投资环境，使开发区的发展水平有了新的提高。1998年，全市省级以上开发区新增合同外资30.6亿美元，实际利用外资25.4亿美元，分别占全市总额的74.9%和89.2%；至年末，累计开发面积145.9平方公里，投入基础设施建设资金172.9亿元，实际利用外资86.3亿美元。苏州工业园区经过近5年的开发建设，首期开发区实现了“九通一平”。结合中国国情借鉴新加坡经济和公共行政管理经验工作取得进展。1998年，园区实际利用外资12亿美元，增长76.4%，累计达到25.6亿美元；当年实现财政收入4亿元，增长79.4%。苏州新区城市功能日趋完善，经济运行质量稳步提高，产出速度加快，全年实际利用外资5.5亿美元，增长139.9%；实现财政收入6.4亿元，增长45.5%。昆山经济技术开发区、张家港保税区、太湖国家旅游度假区以及大部分省级开发区，积极调整发展思路，充分发挥各自优势，加快开发建设，扩大招商引资，开创了新的发展局面。

投资力度逐步加大，基础设施和城镇建设步伐加快

按照扩大投资需求，促进经济增长的要求，苏州市以基础设施、开发区、街坊改造、安居工程为重点，加大了固定资产投资力度。1998年，全市完成全社会固定资产投资450.1亿元，比上年增长11.1%，其中城镇集体以上固定资产投资增长22.8%。继续贯彻“突出重点、保证重点、落实重点”的方针，加快了重大基础设施项目建设。张家港电厂扩建工程、太仓中远国际城港区起步工程、苏州工业园区高速公路接入工程等10个项目全面建成。苏州工业园区华能电厂一期工程、太仓沪浮璜一级公路、昆山南北干线、市区水环境综合治理等一批续建和新开工项目加紧实施，城乡电网改造开始启动。规划工作进一步加强，开展了市区商业中心观前地区控制性详规、古城街坊控制性详规和城市绿化规划的修编工作，编制了古城保护、

集镇街景等规划。城市建设积极推进，实施了供水供电、道路交通、街坊改造、公共环境卫生等一大批建设项目，改善了市政设施和城镇面貌。市区新增绿地64万平方米，绿化覆盖率达到27.2%，人均占有公共绿地4.7平方米。

科技事业取得新的进步，教育事业全面发展

“科教兴市”战略深入实施，促进了科技教育与经济建设的紧密结合。开展了与中科院以及国内著名高校的合作，在建设科研开发基地，引进科研项目、技术成果和科技人才等方面取得了突破性进展。成功地举办了高新技术及其产业交易洽谈会，全市签订合作项目48项。新增省级高新技术企业74家，累计已有231家。企业技术创新迈出较大步子，新建了5个省级技术中心、11个市级技术中心。高新技术孵化器功能进一步发挥，中国苏州留学人员创业园吸引了大批学成归来的科技人才。全市新获得国家科技进步奖1项，省科技进步奖31项；申请专利1364件，专利授权677件，分别比上年增长53%和16.5%。“科教兴农”继续推进，全市主要农作物良种覆盖率超过95%，常熟市被列为国家级持续高效农业技术研究与示范区。九年制义务教育继续巩固提高，苏州市被列为江苏省素质教育实验区，进行了初、高中分设和九年一贯制义务教育试点。高中段教育加快普及，初中毕业生升学率由上年的83.4%提高到88.3%。扶贫帮困助学、改造薄弱学校、培养名教师名校长、教育信息化、素质教育等5项教育行动计划全面实施并初见成效。地方高等教育、社会办学又有新的发展。全年完成岗位培训和成人教育110万人次，6.4万人获得市民外语和计算机应用能力等级考试合格证书。

城乡居民收入有所增加，生活质量得到改善

1998年，城市居民人均可支配收入7812元，农民人均纯收入5089元，分别比上年增长4.4%和3.4%。年末城乡居民储蓄存款余额649亿元，比年初增加115.3亿元，人均储蓄11284元。商品零售价格总指数和居民消费价格总指数分别为97%和99%。城乡居民居住条件进一步改善，市区居民人均住房使用面积14.6平方米，住房成套率达到70%；农民人均住房使用面积59.4平方米，各市（县）都建成了一批具有相当规模的农民居住小区。市区新增燃气用户1.5万户，家庭燃气率已达97%。农村新增自来水受益人口25.9万人，饮用自来水普及率达到92%。城乡电话机普及率为每百人41.6部，比上年增加10.7部。交通、旅游、购物更趋便捷，人民群众的精神生活日益丰富，文化、娱乐等消费增长较快。再就业工程实施力度加大，全年分流安置下岗职工5.08万人，再就业率达到52.2%。城镇登记失业率控制在2.6%。政府、企业、社会共同努力，保障了下岗职工的基本生活。各级政府认真落实了城镇居民最低生活保障线制度，社会各阶层广泛开展了救灾救济等工作，取得了较好的效果。

（苏州市人民政府办公室　顾九生　万建伟　张　旗）

苏州市国民经济主要指标

指　　标	单　位	1998年		1997年	
		地　区	市　区	地　区	市　区
年底人口数	万人	575.35	107.75	574.99	107.07
其中：非农业人口	万人	192.88	84.57	186.18	82.80
土地面积	平方公里	8488	392	8488	392
人口密度	人/平方公里	678	2749	677	2731
年末劳动力资源总数	万人				
其中：乡村劳动力	万人	223.14	18.20	224.83	16.77
国内生产总值	亿元	1250.01	220.20	1132.59	197.95
农林牧渔业产业	亿元	165.41	11.00	165.09	10.80
粮食产量	万吨	239.63	11.54	279.93	13.10
蔬菜产量	万吨	114.52	13.29	103.55	13.19
猪牛羊肉产量	万吨	12.42	0.90	12.60	0.84
水产品产量	万吨	30.76	2.42	30.07	2.28
全部工业总产值	亿元	2615.79	454.77	2422.46	415.23
其中：500万元以上	亿元	1625.69	374.03	1707.40	341.14
客运总量	万人	15084	5877	16473	6912
货运总量	万吨	6336	1509	7395	1748
固定资产投资总额	亿元	338.21	187.23	275.43	154.41

（续）

指　　标	单　位	1998 年		1997 年	
		地　区	市　区	地　区	市　区
其中：住宅	亿元	42.69	24.68	64.42	20.52
房地产开发投资额	亿元	58.54	35.28	51.23	32.04
商品房销售额	亿元	45.17	24.78	34.25	17.42
出口贸易总额	万美元	520735	174400	464677	142351
进口贸易总额	万美元	444186	213280	398934	139530
利用外资签订协议总数	项	518	120	648	129
利用外资签订协议金额	万美元	408694	206461	441203	158744
实际利用外资金额	万美元	284130	140146	244723	77797
国际旅游人数	万人	44.02	35.21	41.58	
国际旅游收入	万美元	12900		10500	
地方财政预算内收入	亿元	87.63	27.05	76.54	23.27
地方财政预算内支出	亿元	46.40	16.87	39.39	14.00
年末各项贷款余额	亿元	724.28		610.94	
每万名职工中专业技术人员数	人	2576	2683	2180	2158
其中：中级职称以上	人	787	954	636	738
城镇居民家庭人均可支配收入	元	—	7812	—	7479
农村居民家庭人均纯收入	元	5089	5276	4924	4865

注：表内各项产值均按当年价格计算

（苏州市人民政府办公室供稿）

张家港市

国民经济

1998 年，张家港市实现国内生产总值比上年增 13.1%。工业入库税收 8.13 亿元，比上年增 4.11%。财政总收入 13.02 亿元，比上年增 13.04%。

农业生产

1998 年，张家港市粮食总产 31.43 万吨，水稻亩产 633.8 公斤，皮棉收购总量 1.03 万吨，稻、棉单产双超历史。多种经营继续保持良好发展势头。实现总收入 36.2 亿元，比上年增长 7.4%，农民来自多种经营的人均纯收入 2606 元，比上年净增 127 元。农业结构调整有了良好起步。新增高效种养面积 5 万多亩，其中常年性高效经济作物面积 0.13 万多公顷。形成了一批富有区域特色的专业村和农副业种养大户，培育了一批农副产品加工型龙头企业，涌现了一批活跃市场的农民经纪人。通过开展科技兴农活动，农民人均收入比上年实际增收 160 元左右。农田水利建设取得新的进展。长江江堤达标建设主体工程全面完工，开挖和疏浚镇、村、队三级河道 590 条 775.5 公里，新建各类水利配套建筑物 985 座，永久性渠道 55 公里。建成高标准吨粮田 1333 公顷，新增标准化农田 1333 公顷。农机化水平不断提高。累计投入 3500 万元，新增中拖 24 台、进口联合收割机 76 台。耕地保护和整理工作进一步加强。复垦复耕整理土地 0.1 万公顷，新增耕地 100 公顷。

工业经济

1998 年，张家港市工业产品销售收入 323.5 亿元，工业入库税收 8.13 亿元，工业用电 21.46 亿度，分别比上年增长 5.2%、11.07% 和 10.67%，其中市属工业实现销售收入 118.9 亿元，入库税收 3.47 亿元，工业用电 12.64 亿度，分别比上年增长 12.33%、17.19% 和 23.6%。一批支撑全市经济发展全局的骨干企业、骨干产品优势不断显现。有 50 家企业销售收入超亿元，其中 4 家超 10 亿元；有 31 家企业利税总额超千万元，其中 4 家超 5000 万元、2 家超亿元。沙钢、牡丹、永钢等十大工业企业销售收入、实现利税、用电总量分别占全市的 34.48%、34.21% 和 55.75%。全年共实施技改项目327只，其中超千万元项目39只。实际完成投资工作量26.04亿元，有307只项目竣工投产。特别是总投资超8亿美元的十大竣工项目和十大新开工项目进展顺利，有7只项目按时建成投产。

开放型经济

1998年，张家港市完成进出口总额14.48亿美元，其中自营出口8.11亿美元。出口大户继续保持较好势头。江苏国泰国际集团完成进出口总额5.56亿美元，其中自营出口3.98亿美元，分别增长7.1%和10.1%。出口商品和市场结构进一步优化。新开发出口产品25只，服装、机电、纺织等深加工产品出口比重由上年的32.9%上升到38.6%，东南亚地区以外的远洋市场出口份额由上年的31.5%上升到40.7%。利用外资保持一定规模和质量。新批三资企业67家，合同利用外资3.74亿美元，到账外资3.28亿美元。有5个项目投资超千万美元，其中超亿美元项目2个。一批外资大项目建设顺利。沙钢浦项、统清食品、不二制油、光王电子、顺德文具、扬子纺纱二期、越洋实业等项目如期竣工投产；雪佛龙聚苯乙烯、斯泰隆聚苯乙烯、丁苯胶乳、南港橡胶等一批大项目进入开工建设阶段。海外合作继续拓展。完成对外承包工程和劳务合作营业额2201.3万美元，新签工程承包、劳务合同额2623.8万美元，新派劳务人数335人，累计在外劳务人数达615人。保税区、开发区招商引资载体作用日益突出。张家港保税区新批进区企业300家，其中三资企业39家，合同外资1.21亿美元，到账外资1.2亿美元，实现工业产品销售收入19亿元，自营进出口3.24亿美元，保税仓储总值8000万美元，完成财政收入1.3亿元。

第三产业和个体私营经济

1998年，张家港市三产增加值比上年增长11.2%，占国内生产总值比重达36%。形成了一批富有特色的三产发展示范区域。市区建成了西门路综合服务一条街，港区文化娱乐业初步形成气候，江南汽车交易市场、江南建材城等一批专业市场顺利建成投运，青草巷农副产品批发市场经营规模不断扩大，扩建改造工程进展顺利。商业、供销、物资、粮食等流通企业改革不断加快，适应市场经济能力逐步增强。以双山生态旅游岛建设和凤凰山、香山景区建设为主的旅游项目开发有了实质性起步。投资2000万元的双山度假村顺利建成投运。信息咨询、社区服务、物业管理、中介服务等一批新兴三产逐步兴起。金融保险规模进一步扩大。金融机构各项存款余额达152.78亿元，比年初增加26.3亿元。其中城乡居民储蓄余额101.83亿元，比年初增加18.13亿元。贷款余额106.23亿元，比年初增加14亿元。保险业完成保费收入1.56亿元，理赔支出总额4218万元，赔付率26.98%。证券成交额42.89亿元。个体私营经济呈现了良好发展势头。个体工商户累计达14044家，比上年净增1493家，私营企业1422家，比上年净增609家。个体私营经济上交税收9531万元，比上年增长28.81%，占财政收入的7.31%，比上年提高2.2个百分点。

体制改革

产权制度改革不断向纵深推进。张家港市改制企业累计达2508家，改制面90.83%。特别是128家规模企业改制取得了突破性进展，有56家企业完成了转制。公有资产营运体系基本建立。市镇两级分别成立了国有资产和集体资产经营公司，明确了投资主体，理顺了产权关系，落实了资产保值增值的各项措施，资产运行质量明显提高。政府职能转换步伐不断加快。镇级机关通过深化改革，理顺关系，定员定岗，共精简行政事业人员608名，清退聘用人员487名，减少领导职数136名，管理机制逐步符合市场经济的要求。社会保障能力不断增强。养老保险覆盖率达81.5%。其中，城镇覆盖率98%，农村覆盖率65%。

科教兴市

科技成果转化步伐明显加快。通过开展产学研联合，举办科技成果信息发布洽谈会，共达成各类技术合作意向71个，转化各类科技成果260项，有4个项目列入省火炬计划，3个项目列入国家火炬计划。企业技术创新能力不断增强。50家企业通过了ISO-9000国际质量体系认证；开发各类新产品590只，其中省级以上新产品56只；申请各类专利120件；3只产品获省级科技进步奖；8只产品被评为江苏著名商标；12只产品填补了国内空白。信息化建设有了良好起步。建成了具有一定辐射范围的市级信息交互中心和网络培训中心，开通了163、169微机联网，20个镇建立了科技网站点，42家企业进入了互联网，46个企事业单位完成了域名注册，14家企业制作了主页。高新技术产业化有了良好开端。累计有20家企业进入省级高新技术企业行列，45只产品被评为省级以上高新技术产品。教育支撑经济社会发展的能力日益增强。小学入学率保持100%，初中入学率超过99%，学前三年教育普及率保持在95%以上，高中段教育普及率稳定在90%以上，升入各类高等学校人数2770人。教育现代化进程不断加快。共投入8000多万元，用于改善中小学校办学条件，新建教职工住宅300多套。8个镇通过了省教育现代化合格镇评估验收。

城乡建设管理

市区完成了沙洲东路、暨阳东路等20条主要街道的路面改造，整治了各类住宅小区的配套设施。204国道鹿苑至西界港段拓宽改造工程进展顺利。张家港市共新建村镇道路42.5公里，浇筑混凝土路面30万平方米，铺设雨污水管道19.6公里，4个镇被评为省级新型示范小城镇。电力基础设施进一步完善。城乡电网改造工程进入了施工阶段，华宇电厂2号机组顺利并网发电，斜桥110千伏变电站建成投运。邮政电信事业不断发展。完成邮政业务总量2665万元，电信业务总量2.43亿元，新增程控交换机容量5.1万门，局用交换机总容量达27.7万门，顺利实现了电话市创建目标。城乡绿化水平进一步提高。共植树120万株，新增各类绿地45公顷。市区完成了东渡花园绿化工程，改造了谷渎港两侧绿化带，绿地率提高了1.5个百分点。城乡管理水平又有新的提高。在全国第三次卫生城市检查评比中，被列为国家卫生城市免检单位。全市共有20个镇被评为省级卫生镇、106个行政村评为省级卫生村，塘桥镇被命名为全国首批国家卫生镇。环境保护得到全面加强。城乡大气、噪声、饮用水源等主要环境指标继续保持较好水平，17家列入太湖流域限期治理的污染项目提前23天完成了达标治理任务。

（张家港市政府办公室　孙炳元）

张家港市国民经济主要指标

指　　标	单　位	1998年		1997年	
		地　区	市　区	地　区	市　区
年底人口数	万人		85.30		85.25
其中：非农业人口	万人		15		14.80
土地面积	平方公里		784.70		784.70
人口密度	人/平方公里		1092		1090
年末劳动力资源总数	万人		34.20		34.70
其中：乡村劳动力	万人		33.00		33.10
国内生产总值	亿元		240		238
农林牧渔业产业	亿元		36.2		30.06
粮食产量	万吨		31.43		37.60
蔬菜产量	万吨		17.5		18.30
猪牛羊肉产量	万吨		1.7		1.67
水产品产量	万吨		1.6		1.53
全部工业总产值	亿元		560		553
其中：乡及乡以上	亿元		378.3		373.2
客运总量	万人		1275		1356.7
货运总量	万吨		320.7		330.5
固定资产投资总额	亿元		26.04		33.82
其中：住宅	亿元		4.66		5.73
房地产开发投资额	亿元		3.10		2.78
商品房销售额	亿元		2.60		2.30
出口贸易总额	万美元		14.48		8
进口贸易总额	万美元		6.37		6.63
利用外资签订协议总数	项		67		86
利用外资签订协议金额	万美元		3.74		6.64
实际利用外资金额	万美元		3.28		4.5
国际旅游人数	万人				
国际旅游收入	万元				
地方财政预算内收入	亿元		13.02		11.48
地方财政预算内支出	亿元		4.20		4.50
银行年末各项贷款余额	亿元		106.23		73.1
每万名职工中专业技术人员数	人		3500		3478
其中：中级职称以上	人		700		688
城镇居民家庭人均生活费收入	元		8250		8050
农村居民家庭人均纯收入	元		5730		5550

注：表内各项产值均按当年价格计算　　　　（张家港市政府办公室供稿）

江 阴 市

经济发展概况

1998年，江阴市国民经济保持适度快速增长，总体运行态势良好，全年实现国内生产总值272.24亿元，按可比价计算，比上年增长14.03%。其中第一产业增加值14.20亿元，增长0.73%；第二产业增加值164.71亿元，增长15.8%；第三产业增加值93.33亿元，增长12.17%。全市人均国内生产总值中的构成比例为5.2∶60.5∶34.3。预算内财政收入14.57亿元，增长13.52%，其中地方财政收入6.24亿元，增长13.95%。全市城镇职工年平均工资8678元，增长4.24%。据典型户家庭抽样调查，城镇居民人均生活费收入7436元，增长3.58%；农村居民人均纯收入5308元，增长3.37%。年末全市城乡居民储蓄存款余额97.81亿元，增长25.40%；人均储蓄8554元，增长27.46%。全市零售物价指数为98.5，下降1.5个百分点；居民消费价格指数为99.4，下降0.6个百分点。全社会消费品零售总额60.65亿元，增长4.51%。

（一）农业生产平稳发展 1998年夏季粮油因灾大幅度减产，江阴市积极采取以秋补夏措施，秋粮亩产、总产双超历史水平，水稻亩产达620.10千克。全年粮食总产43.85万吨，其中夏粮总产7.95万吨，秋粮总产35.90万吨；生猪出栏38.18万头，猪肉产量2.29万吨，家禽出栏798.49万羽，水产品产量1.48万吨。农业装备得到加强，全市拥有农业机械总动力78.03万千瓦，大中型拖拉机1422台，联合收割机1380台，综合机械化程度达72.5%。水利建设进一步加强，全年完成总土石方815万立方米，加固加高圩堤65公里，建成长江港堤达标工程35公里，成功抵御了长江特大洪水的冲击。城乡“菜篮子”工程建设速度加快，年内建成7个镇级连片蔬菜基地，全市共有蔬菜面积0.73万公顷。全年改造中低产田0.08万公顷，复垦复耕土地262.27公顷。

（二）工业经济整体素质提高，规模优势日益明显 江阴市全年完成工业增加值157.20亿元，增长16.05%。工业总产值（现价）681.25亿元，增长8.62%，其中市属工业72.58亿元，增长3.01%；镇村工业531.67亿元，增长0.2%；私营及村以下工业87.35亿元，增长147.03%。全市工业产品销售收入565.36亿元，增长9.36%；工业产品销售率为95.87%，比上年提高0.23个百分点。工业投入力度加大，全年工业固定资产投资40.06亿元，增长1.01%；28只重点重大项目年内完成投入11.81亿元，占全市工业投资的29.49%。年末全市工业固定资产原值达246.88亿元，比上年增加22.91亿元，增长10.23%。全市共有大型工业企业21家，中型企业42家，累计63家。其中市属企业27家，镇办企业30家，村办企业6家。全市12家重点企业集团，销售收入和利税总额分别占全市总量的25.3%和41.1%；100家重点骨干企业实现利税占全市总量74.42%；18个农村现代化建设示范村销售收入和利税总额分别占全市村级经济总量的50.18%和65.32%。

（三）城市基础设施建设逐步完善 初步形成长江下游交通枢纽中心、物资集散中心、商贸流通中心的现代化港口城市新格局。通江路、环城西路、君山路等道路建设竣工通车，文明广场建成开放。调整完善城东新区规划大纲，长江大桥景观区建设开始实施，加快城市建设重心东移步伐。加强各类专业市场建设，投资1.2亿元，新建各类市场7个，建筑面积10.6平方米。全年专业市场成交额68.25亿元。供电事业稳步发展，全社会用电量30.15千瓦时，增长4.65%。市区通信网络完善，电话普及率42.7%，在无锡地区率先建成电话市。供水能力加强，全年自来水供水总量9219万平方米。液化气供气总量11.98万吨，其中家庭和生活用气量9.27万吨。有城市公交线路14条，配备公交车辆107辆，营运出租车388辆。城市美化、净化、绿化水平不断提高，建成城区烟尘控制区和噪声达标区。年内城区新增绿化面积1074公顷，人均公共绿地10.55平方米，绿化覆盖率达41.66%。

（四）外向开拓突飞猛进 1998年，江阴市被国家农业部、外经贸部评为全国乡镇企业出口创汇五强县（市）名列第一。全年完成外贸供货总值200.60亿元，增长11.5%；完成自营出口5.24亿美元，增长9.88%。年内三资企业新开业28家，累计684家；当年实际利用外资2.5亿美元，累计15.91亿美元。兴澄钢铁配套项目、新和桥化工二期等10个项目投资均超千万美元。利用外资领域向一产、三产拓展，农业、旅游等方面的合资、合作项目启动。境外合作步伐加快，全市新批境外企业5家，累计58家。年末劳务输出在外人数290人，全年完成工程承包及劳务合作营业额3829万美元。全年港口吞吐量919.28万吨，比上年增长29%；外贸运量131.78万吨，增长25.3%；集装箱运量7979标箱，增长49.9%；到港外贸船舶446艘次，增6.7%。经济开发区建设取得新进展，进区企业全年完成工业产值51.56亿元，外贸供货总值7.52亿元，自营出口额1.19亿美元。全年新批进区项目27个，其中外资项目12个，总投资21.25亿元。进区项目当年合同利用外资1.01亿美元，实际到账外资0.64亿美元，累计到账外资3.59亿美元。

江阴长江公路大桥建设进展顺利

1998年，世界第四、中国第一悬索型江阴长江公路大桥建设进入实质性阶段。下部结构工程、南北锚碇、南北主塔全面完成；上部结构全面开工建设，其中作为上部结构主体工程之一的两根主缆挂设完毕，44节桥面用钢箱梁加工制作基本完成；其他管理、监控、收费等各项配套工程正抓紧进行，大桥建设进度基本完成年度计划目标。全年完成投资10亿多元，累计已完成投资近28亿元，占总投资约80%。

创建国家首批文明城市

1998年，江阴市创建国家首批文明城市工作实现由单一创建向综合创建、由阶段性创建向经常性创建、由突击性创建向规范性创建的三大转变，创建工作的经济优势和文明基础不断增强。一是全市经济保持持续、快速、健康发展。改革开放20年来，全市国内生产总值年平均增长18.3%，高于全省平均增长率5.6个百分点。二是城市现代化、集镇城市化、城乡一体化水平不断提高，现代化港口城市格局初步形成。三是广泛开展精神文明建设活动，社会主义职业道德、社会公德、家庭美德教育不断深入，市民文明素质进一步提高。四是城市文明程度显著增强。1987—1998年，先后获得国家级荣誉称号38项，是江苏省第一家国家卫生城市、乡镇企业发源地之一、全国“知识工程”发祥地之一，被中央领导誉为“志愿者之乡”。教育、文化、医疗、体育等设施均达到全国先进水平。

企业集团由规模经营跃上资本经营新台阶

江阴市已组建省级企业集团84家，市级集团71家，共计155家。其中被农业部审定为国家级乡镇企业集团46家。1998年，江苏法尔胜股份公司上网发行6000万A股，筹资3.84亿元；“南京中达”发布配股方案；江阴新桥振新毛纺织厂控制“苏三山”；江苏澄星磷化工集团公司控股“鼎球实业”；江苏江阴模塑集团与“兴澄股份”实施资产重组。全市有5家企业以不同形式上市，为全国县级市企业上市数量之最。

企业改制

1998年，围绕清假放小抓扫尾、中型企业抓突破、重点难点抓试点、已改企业抓完善、保障体系抓到位，着力把企业改革推向深入。至年底，全市办理工商变更登记的各类改制企业达4270家。其中组建有限责任公司1198家，股份合作制企业1392家，转为私营企业1338家，个体工商户342家，歇业646家。公有资产管理体系基本形成框架，进入运作阶段。

完善社会保障体系

1998年，全市城镇企事业和机关单位职工有6.82万人参加社会养老保险，养老保险覆盖率达99.2%；各镇、村企业12.15万职工参加农村养老保险，参保率75.8%。城镇个体和私营企业职工养老保险、失业保险有所突破，个私企业人员养老保险覆盖率达34.2%。医疗保险工作全面启动。全年参保单位728个，参保职工7.3万名，参保率达73%。大力实施“绿卡”工程和再就业培训，拓展就业渠道，再就业率达50%以上，落实下岗职工基本生活保障制度。全市失业率小于3%，失业保险覆盖率达95%以上。城乡最低生活保障制度全面实施。人均保障标准由年1200元提高到1440元，全年发放保障金255.17万元。对全市人均月收入低于170元的301户459人城镇居民，按月实施差额补贴，共发放保障金35万元。

稳定和完善农村土地承包关系

江阴市全面贯彻《关于进一步稳定和完善农村土地承包关系的通知》精神，至10月基本完成延长土地承包30年不变的政策性工作。据统计，全市共有农户261573户，其中应发承包经营权证书的农户230211户，已发证书198628户，占86.28%；全市耕地面积3.59万公顷，其中应发证面积3.51万公顷，已发证耕地面积3.22万公顷，占91.73%。全市粮田规模经营单位1161家，经营面积3496.47公顷，全部完善规范承包合同，稳定土地承包关系。

实施名牌战略

1998年，江阴市推行名品、名牌战略，名牌产品的支柱地位日益明显。全年有22只产品被确认为省级名牌产品，累计达31只；有19只产品被确认为无锡市星级名牌产品；有49只产品被确认为江阴名牌产品。全市名牌产品销售额占工业销售总量21.25%，比上年提高2.2个百分点，其中23只省级名牌产品销售收入比上年同期增长16.2%，利润增长14.5%。

市属工业企业经营者试行年薪收入制

1998年，为进一步落实企业资产经营责任，充分调动企业经营者积极性，江阴市工业局对市属工业企业经营者试行年薪收入。经营者年薪收入由基本年薪、效益年薪和奖励年薪3部分组成，年薪按企业资产规模（总资产和净资产）分档（共8档）确定；效益年薪与企业年度目标利润挂钩，实行奖罚制；奖励年薪主要由奖与罚两部分组成：奖励部分有销售增幅奖、后劲投入奖、自营出口创汇奖、创名牌产品奖和精神文明建设奖；处罚部分有两方面内容。同时，设立特殊嘉奖。

水利产权制度改革

1998年8—11月，江阴市本着“积极慎重、稳妥”的原则，在璜土镇进行小型农田水利工程改制试点工作，通过制订改制意见、资产评估、公开拍卖、签订各项规章制度、进行法律公正等规范手续，共拍卖泵站83座，租赁承包6座，回收资金43万元。12月，全市小型农田水利工程改制全面展开。通过小型农田水利工程改制，明晰所有权，放开建设权，搞活经营权，理顺投入管理机制。具体方法：（1）基本原则：坚持“谁投资，谁所有”，科学合理定产权；坚持因地制宜，分类指导；坚持“公开、公平、公正”，竞争指标，定价出售，依法公正；坚持市场取向，兼顾各方利益；坚持严格控减农民负担；坚持依法治水，统一管理，强化产权制度改革后的服务。（2）具体范围和内容：全市实施农田水利设施改制的范围，主要包括机电灌溉站、灌水渠系及田间配套建筑物等。（3）改制形式：各镇根据本地的具体情况和现有水利设施的不同类型，采取股份合作制、产权转让、租赁经营、承包经营等多种形式，做到宜股则股、宜售则售、宜租则租、宜包则包，不搞一刀切。（4）工作环节：坚持全面发动与分类指导相结合，抓好资产评估、选好改制形式、合理确定水费标准、强化资金管理等4个环节。（5）实施步骤。（6）所有者与经营者的权利和义务。

供销社全面改制

1998年，江阴市对29个基层供销社全面进行体制改革。至12月底全部改制结束，1296名职工与新的业主重新签订劳动合同，1102名职工与单位解除劳动合同，104名职工提前退休，189名职工放长假，共盘活存量资产4399万元。改制形式和方法：一是对农业生产资料部、烟草批发部、采购站3个涉及专营专卖的项目，重新核定经营人数，实行集体风险抵押承包，风险共担，利益均沾。二是对易分割的边小部门实行公开出售、拍卖，转为个体、私营，在同等条件，供销社职工在与单位解除劳动合同、一次性交足中标金额后优先。三是对人员多、经营范围广的大型商场进行按柜组租赁，根据规定享受转制优惠政策，基本方法是定员定编，自筹资金，自主经营，单独登记，自行纳税，自负盈亏，自主分配，独立承担经营风险和民事责任。资产处理：对固定资产、低值易耗品等统一评估作价后公开出售，先后共拍卖小汽车25辆，对集体配置的大哥大、BP机、住宅电话全部按有关标准作价给个人。凡参加改制的门店柜组，原有商品经评估作价后全部转让中标经营者，对代销商品一律清退。对改制前和个人借款及经营中的应收应付款一律按规定由原责任人负责处理，防止集体资产流失。改制中人员安置：改制后的用人单位（法人、业主）与供销社解除劳动合同，与组合的职工重新签订劳动合同手续，并继续为他们办理各项社会保险；对没有组合的职工，单位提供经营场所；对既不参加组合又不接受单位提供场所的职工，与其解除劳动合同，并按规定给予经济补偿；对年龄大、工龄长的部分老职工，根据企业实际情况给予放长假或实行内部提前退休。

（江阴市史志办公室　严伯英　延克俭）

江阴市国民经济主要指标

指　　标	单　位	1998年		1997年	
		地　区	市　区	地　区	市　区
年底人口数	万人		114.44		114.26
其中：非农业人口	万人		33.94		32.78
土地面积	平方公里		983		983
人口密度	人/平方公里		1163		1162
年末劳动力资源总数	万人		64.27		61.25
其中：乡村劳动力	万人		50.16		49.77
国内生产总值	亿元		272.24		245.03

（续）

指标	单位	1998年		1997年	
		地区	市区	地区	市区
农林牧渔业产业	亿元		26.44		25.82
粮食产量	万吨		43.85		45.52
蔬菜产量	万吨		—		—
猪牛羊肉产量	万吨		2.39		2.23
水产品产量	万吨		1.48		1.69
全部工业总产值	亿元		691.25		636.38
其中：乡及乡以上	亿元		349.08		351.26
客运总量	万人		1462		1267.5
货运总量	万吨		844.2		910.7
固定资产投资总额	亿元		57.48		51.19
其中：镇、村投资	亿元		36.53		29.34
社会消费品零售总额	亿元		60.65		59.91
出口商品供货总额	亿美元		200.60		179.91
进口贸易总额	万美元		—		—
利用外资签订协议总数	项		—		38
利用外资签订协议金额	亿美元		3.05		2.81
实际利用外资金额	亿美元		2.50		2.81
国际旅游人数	万人		0.62		0.42
国际旅游收入	万元		—		—
地方财政预算内收入	亿元		14.57		12.84
地方财政预算内支出	亿元		6.08		4.95
银行年末各项贷款余额	亿元		149.16		116.96
城镇居民家庭人均生活费收入	元		7436		7179
农村居民家庭人均纯收入	元		5308		5135

注：表内各项产值均按当年价格计算

（江阴市统计局供稿）

宿迁市

经济社会发展综述

1998年，完成国内生产总值165.46亿元，增长14.4%。其中，第一产业增加值71.95亿元，增长9.7%；第二产业增加值52.96亿元，增长17.3%；第三产业增加值40.55亿元，增长18.7%。人均国内生产总值达3366元，增长12.8%。经济结构和所有制结构进一步优化，一、二、三产业增加值在国内生产总值中的比重由上年的45.9：29.8：24.3调整为43.5:32.0:24.5。在各种经济类型中，个体私营经济发展最为迅速。财政金融形势稳定，市场物价保持低位运行。投资拉动经济增长的效果较为明显。重点项目建设速度加快，成为拉动经济回升的重要因素。经济发展中存在的主要问题和矛盾是：经济结构性矛盾依然突出，消费需求增长乏力，部分企业生产经营比较困难，就业和再就业压力增大，技改投资比重偏低，经济增长缺乏后劲，城乡居民收入增幅不大，少数低收入居民生活比较困难。

（一）农业 完成增加值71.95亿元，增长9.7%。粮食总产316.42万吨，增长0.2%。棉花总产2.05万吨，增长15.9%；油料总产8.25万吨，增长22.9%；蚕茧总产1.03万吨，增长22.2%。水果总产7.13万吨，增长1.1%。肉类总产21.04万吨，增长4.4%，其中猪牛羊肉产量达17.75万吨，增长8.7%。生猪饲养423万头，增长9.0%。家禽饲养4128万只，增长7.0%。全年完成造林面积1687公顷，新建林网5333公顷。水产品总产量14.8万吨，增长17.9%。多种经营产值完成83.01亿元，增长16.0%。多种经营占农业总产值的比重达62.0%，比上年提高4个百分点。农业机械总动力197.45万千瓦，增长4.0%；农村用电量42270万千瓦时，增长5.2%。改造中低产田3.33万公顷。农田有效灌溉面积32.05万公顷，比上年增加1.63万公顷。基本完成延长农村土地承包期30年不变的二轮承包工作。农业结构有所调整，农业产业化经营进一步推进，优质高产作物面积扩大，全市形成年销售收入千万元以上的农业龙头企业30家。农村非农产品结构快速发展，农村工业、建筑业、运输业、批发零售贸易业和餐饮业的产值上升18.5%，占农村社会总产值比重达55.0%，比上年提高2个百分点。

（二）工业　建筑业　完成工业增加值43.38亿元，增长13.7%。国有及年销售收入500万元以上非国有工业企业完成总产值78.07亿元，增长10.3%。销售收入66.86亿元，增长12.4%。利税7.52亿元，增长6.0%。其中利润1.22亿元，增长0.5%。受扩大内需的拉动，轻工业增速快于重工业。轻工业完成产值57.32亿元，增长11.3%；重工业完成产值20.75亿元，增长7.6%。全年有11家国有大中型企业初步建立现代企业制度，占这类企业总数的68.8%。轻工食品、建材、纺织、农用工业四大产业继续发挥支柱作用，组建发展了一批企业集团，年末全市有市级以上企业集团21家。优化资本结构工作取得进展，全年资产重组达1.80亿元。在列入考核的69种主要工业产品中，保持增长的有31种，下降的有38种。产品质量和档次有所提高，名牌产品的市场竞争力进一步增强。工业产品销售率为94.7%，提高1.7个百分点。亏损企业亏损总额为5547万元，下降17.2%。国有企业亏损面仍达34.04%，乡及乡以上建筑企业全年完成增加值2.33亿元，增长32.4%。50万元以上土建筑工程招投标率达到100%，工程质量优良品率达35.8%，提高2个百分点。国有建筑企业房屋建筑施工面积64.25万平方米，增长114.6%。房屋竣工面积34.0万平方米，增长136.6%。建筑企业实现利税0.49亿元，增长19.8%。

（三）固定资产投资　全社会完成固定资产投资45.75亿元,增长54.6%。其中基本建设投资17.34亿元,增长110.5%;更新改造投资3.67亿元,增长10.5%;房地产开发投资1.71亿元,增长190.8%。农田水利基本建设投资1.98亿元,增长3.0倍。工业完成技改投资4.1亿元,增长54.5%。第三产业完成投资15.86亿元,增长74.7%。其中交通运输邮电业完成投资9.66亿元,增长75.7%。基本建设和更新改造建成投产项目247个,项目建成投产率为68.0%,新增固定资产14.8亿元,新增固定资产交付使用率为68.9%。

（四）交通　运输　邮电　全年公路建设总投入8.2亿元，高速公路新开工122公里。干线公路全面实施改造，县乡道路黑色化率达91.4%，乡村道路砂石化率为91.0%。公路运输完成客运量1846万人，旅客周转量15.99亿人公里，分别增长12.6%和25.6%。各种运输方式完成的货物周转量有所下降。其中公路货物周转量3.96亿吨公里，下降10.6%；水路货物周转量12.36亿吨公里，下降37.8%。邮电通信业完成增加值1.19亿元，增长42.0%，完成邮电业务总量2.38亿元，增长55.6%；业务收入2.39亿元，增长55.2%。局用交换机总容量达30.4万门，净增8.5万门。其中市内电话已装21.7万门，净增2万门。农话已装8.7万门，净增6.5万门。城乡住宅电话达14.98万户，新增3.95万户。电话普及率每百人4.21部，比上年增长0.64部。移动电话用户达18223户，新增7564户。

（五）内外贸易　全年社会消费品零售总额51.24亿元，增长6.1%，剔除物价因素，实际增长8.1%。其中城市（包括县城）实现26.30亿元，增长9.8%；农村实现24.94亿元，增长3.4%。国有商业实现零售14.25亿元，下降3.6%；集体商业实现零售15.82亿元，增长2.8%；私营商业实现零售3.01亿元，增长143.4%，个体商业实现零售12.18亿元，增长12.7%，其他商业实现零售5.82亿元，增长2.8%。全年完成进出口总额3529万美元。其中：完成自营进口总额510万美元；完成自营出口总额3019万美元，增长20.5%；实现利用外资1468万美元，下降12.0%。

（六）财政　金融　保险　财政收入9.85亿元，增长10.7%。其中地方财政收入5.10亿元，增长15.1%。财政支出12.22亿元，增长8.2%。年末金融机构存款余额73.77亿元，比年初净增4.48亿元。年末金融机构贷款余额72.72亿元，比年初净增10.60亿元。实现承保总额224.36亿元，增长8.1%，保险费收入1.26亿元，增长18.7%；赔付总额0.3亿元，下降11.6%。

（七）科技兴市　宿迁市有各类专业技术人员4.61万人，增长4.4%。有科学研究开发机构15个，增加4个。投入企业挖潜改造资金及科技三项费用2510万元，增长1.0%。其中科技三项费用1066.5万元，增长17.6%。申报并列入省级以上科技项目50项。1998年获市科技进步奖43项，其中二等奖7项，三等奖11

项。共达成技术贸易成交额 3607 万元，增长 7.4%。已形成 4 个省级高新技术产品群。列入省新产品试制计划 6 项，其中通过省级鉴定 5 项。有高新技术企业 2 家。

（八）环境保护 全年环保投入 1.70 亿元，完成限期治理项目 14 个。市区和沭阳、泗阳、泗洪县城全部建成烟尘控制区，面积 49.80 平方公里。市区首次建成噪声达标区，面积为 3.06 平方公里。年末全市工业废水处理能力为 6 万吨/日，排放达标率为 92.6%，比上年提高 26.5 个百分点。

（九）人口 人民生活 人口出生率为 1.15%，下降 3 个千分点。死亡率为 4.9‰，与上年持平；人口自然增长率为 6.6‰，下降 3 个千分点。城镇居民人均可支配收入 3896 元，增长 11.1%。职工工资总额达 13.93 亿元，增长 2.8%。职工平均工资 4945 元，增长 7.7%。城镇居民人均消费性支出 2984 元，增长 8.8%。农民人均纯收入 2630 元，增长 10.9%；人均消费性支出 1422 元，增长 0.8%。社会商品零售物价指数为 98.6%，居民消费价格指数为 99.3%，分别回落 1.2 和 1.7 个百分点。下岗职工人数控制在 10% 以内，再就业率达 56.0%。

市长、县区长、乡镇长热线电话网络形成

1998 年 9 月中旬，市辖各县（区）长、乡镇长热线电话全部设立并开通，从而与 1997 年开通的市长热线电话形成完整的三级网络。每一级热线电话都有严格的值班制度、反馈制度、公布制度，保证办理效果。年内，仅市长热线就答复、办理电话 2200 多个，为基层和群众解决许多实际问题，同时采纳大量合理化建议，受到普遍欢迎。

宿迁经济开发区建立

1998 年 11 月，江苏省人民政府批准宿迁经济开发区为省级经济开发区，控制区面积 15.18 平方公里，规划面积 3.95 平方公里，起步区面积 0.88 平方公里。开发区将以工业经济为主体，大力发展高科技产业和外向型经济。1998 年，开发区一是完成总体规划和起步区控制性详细规划，二是开始基础设施建设，三是宿迁经济开发区暨东南大学——宿迁科技工业园揭牌。年内开发区基本设施建设投入资金 2000 万元，批准进区项目 3 个、总投资 2000 多万元。

“发展中地区经济论坛”第一次会议暨’98 中国宿迁投资贸易洽谈会隆重举行

1998 年 12 月 8 日上午，“发展中地区经济论坛”第一次会议暨’98 中国宿迁投资贸易洽谈会隆重开幕。省市及中央领导参加开幕式，一些大专院校的专家、学者，来自美国、德国、法国、日本、意大利等 16 个国家和香港、台湾、澳门地区的 200 多位嘉宾以及全国 20 多个省市的工商界朋友。“发展中地区经济论坛”第一次会议历时两天，有 50 多位专家莅会，提交论文近 20 篇，16 人作大会发言。’98 中国宿迁投资贸易洽谈会期间签订项目约 200 多个，协议项目利用资金折合 5.8 亿美元。

（宿迁市人民政府　佘义和　章大李　李文兵）

宿迁市国民经济主要指标

指标	单位	1998年		1997年	
		全市	市区	全市	市区
年底人口数	万人	494.26	23.70	488.83	23.31
其中：非农业人口	万人	53.14	11.54	50.38	11.10
土地面积	平方公里	8555	136	8555	136
人口密度	人/平方公里	575	1728	566	1766
年末劳动力资源总数	万人	257.6	8.47	255.7	6.23
其中：乡村劳动力	万人	224.77	5.12	216.7	5.28
国内生产总值	亿元	165.46	13.43	144.69	11.15
农林牧渔业产业	亿元	134.43	1.96	123.17	1.86
粮食产量	万吨	316.42	3.40	215.79	4.68
蔬菜产量	万吨	20.86	6.97	120.7	6.97
猪牛羊肉产量	万吨	17.75	0.27	16.33	2.77
水产品产量	万吨	14.80	0.23	12.55	0.27
全部工业总产值	亿元	213.79	15.69	184.08	18.24
其中：国有及年销售 500 万元以上非国有企业	亿元	78.07	7.56	104.44	14.47

（续）

指　　标	单　位	1998 年		1997 年	
		全　市	市　区	全　市	市　区
客运总量	万人	1846	440	1639	312
货运总量	万吨	1135	508	1230	447
固定资产投资总额	亿元	45.75	12.00	13.75	5.73
其中：住宅	亿元	3.78	1.40	1.48	0.47
房地产开发投资额	亿元	1.71	1.26	0.59	0.48
商品房销售额	亿元	0.53	0.17	0.68	0.31
出口贸易总额	万美元	3019	390	2506	226
进口贸易总额	万美元	—	—	—	—
利用外资签订协议总数	项	18	3	1	0
利用外资签订协议金额	万美元	1474	373	184	35
实际利用外资金额	万美元	1468	320	1672	48
国际旅游人数	万人	272	—	0.03	0.02
国际旅游收入	万元	164.50	—	64	24
地方财政预算内收入	亿元	5.10	0.69	4.43	0.96
地方财政预算内支出	亿元	12.22	0.56	11.07	2.88
银行年末各项贷款余额	亿元	72.72	24.91	55.67	17.92
每万名职工中专业技术人员数	人	1625	1337	44.66	612
其中：中级职称以上	人	486	430	432	230
城镇居民家庭人均生活费收入	元	3896	3896	3508	3508
农村居民家庭人均纯收入	元	2630	2866	2371	2560

注：表内各项产值均按当年价格计算　　　　　　（宿迁市统计局供稿）

杭　州　市

经济贸易发展综合情况

1998 年，在亚洲金融危机影响和国内需求平缓的情况下，杭州市经济总量继续保持增长。据统计，1998 年实现国内生产总值 1135 亿元，按可比价格计算，比上年增长 11.2%。实现了年初确定的目标，增长幅度继续保持高于全国、全省水平。其中第三产业实现增加值 451 亿元，比上年增长 10.7%。从构成看，三次产业占国内生产总值比重由上年 8.8∶52.3∶38.9 调整为 8.5∶51.8∶39.7。第三产业所占比重比上年提高 0.8 个百分点。全市人均国内生产总值达到 1.86 万元，比上年增长 10.5%。财政收入保持较快增长，全年实现财政总收入 86.98 亿元，比上年增长 17.4%，其中地方财政收入 36.85 亿元，增长 17.8%。

全市各级高度重视农业和农村工作，继续深化农村改革，农业生产和农村经济稳步发展。1998 年实现第一产业增加值 96 亿元，比上年增长 9.5%。农业生产基本稳定。全年粮食总产量为 175 万吨，完成年初确定的计划任务。经济作物总体生产形势好于上年，全年蔬菜种植面积 6.27 万公顷，总产量 175 万吨，分别比上年增长 0.7% 和 7.5%，其中市郊蔬菜基地产量达 30 万吨，增长 7.1%；棉花产量 0.57 万吨，增长 3.5%；茶叶产量 2.14 万吨，增长 4%；花生产量 0.35 万吨，增长 10.8%。

工业生产在改革和结构调整中保持稳定增长。全年实现工业增加值 510 亿元，按可比价计算，比上年增长 10.2%。完成工业销售产值 1748.83 亿元，按同口径比上年增长 12.2%。产品销售率为 95.93%。国有工业和年销售收入在 500 万元以上非国有工业企业完成销售产值 1066.29 亿元，增长 6.7%，其中，国有全资工业完成销售产值 320.78 亿元，增长 7.2%（按资本金比例计算，全部国有工业销售产值 462.28 亿元，增长7%）；集体工业完成420.11亿元，增长3.7%；以三资企业为主的其它经济完成325.4亿元，增长10.3%。重工业增幅高于轻工业，全年轻工业完成销售产值592.43亿元，增长6.5%，重工业完成473.86亿元，增长7%，轻重工业之比为1.25:1。

建筑业生产经营发展较好。1998年建筑业完成增加值78亿元，比上年增长21.9%。各类房屋建筑施工面积1220万平方米，竣工面积373万平方米。建筑施工企业按总产值计算的全员劳动生产率为7.4万元/人，比上年增长17.8%。

对外开放进一步扩大。针对亚洲金融危机影响和全球经济环境的变化，市政府年初及时研究部署，比较早地在扩大外贸出口和利用外资上出台了一系列优惠政策并积极地加以落实，保持了开放型经济发展的良好势头。在不利因素较多的情况下，1998年杭州市外贸自营出口16.96亿美元，比上年增长16.7%。积极改善投资环境，多渠道招商引资，重点做好吸引一些跨国公司来杭投资工作，取得了较好的成效。新批外商投资项目216个，比上年增加42个。协议外资5.14亿美元，比上年增长84.2%。各级各类开发区建设保持良好势头。对外经济技术合作得到加强。在积极利用外资的同时，敞开城门，充分利用杭州的有利条件，吸引省内外企业来杭投资发展。1998年又有8家外地大企业总部迁址杭州。同时，杭州市娃哈哈集团、金松集团等一批大企业，积极进军内地，实施“销地产”战略，也取得了明显成效。通过内引外联，促进了企业自身发展，也为地方经济发展增添了活力。地方外事工作活跃，国际交往进一步扩大。较好地完成了各项重大外事活动，并与法国尼斯市、苏里南帕拉马里博市结为友好城市，进一步扩大了杭州与国外城市的联系。

企业改制（股份制及股份合作制）

围绕建立现代企业制度的目标，杭州市先后有33家企业进入国家、省、市现代企业制度试点，1998年新列入的企业有5家。在具体工作中，杭州市十分注意把改革、改制、改造和改善管理结合起来，做到“四改联动”。一是按照《公司法》的要求，推进老企业改造为股份有限公司。通过吸收社会资金将老企业改造为股份有限公司。1998年共有7家工业企业批准改组为股份有限公司，累计全市48家股份有限公司中，主业为工业的股份有限公司29家；其中6家上市公司中，主业为工业的4家。二是组建职工持股协会，将老企业改造为有限责任公司。1998年经杭州市批准的工业企业组建职工持股会13家，总数达到28家，持股总额为39886万元，其中职工个人现金投入18244万元。三是进一步放活小企业，采取改组、联合、兼并、租赁、承包经营和股份合作制、出售等多种形式，推进中小企业改革。到1998年底萧山市国有城镇集体企业改制面已达92.8%、乡镇集体企业改制面为99.24%；淳安县国有城镇集体企业改制面为84%，乡镇集体企业改制面为91.1%；富阳市国有和城镇集体企业改制面为50%左右，其它市、县的改制面都接近或超过了50%；市属国有、集体企业改制为股份合作制的有16家。四是积极鼓励个私企业发展和参与国有、集体企业的调整和改革，杭州市出台了《关于加快发展个体私营经济的若干意见》，调动了个私企业参与国有、集体企业改革的积极性，如私营企业富阳512铜业公司出资1000万元，以收购形式与富春江冶炼厂共同组建有限责任公司。五是鼓励外地企业来杭发展和参与杭州市企业改革，制定出台了《关于鼓励外地企业来杭发展若干政策的通知》，1998年年末总部迁入杭州市区的外地企业（集团）已有14家。

据统计，到1998年末，杭州市国有企业改制面约66%，其中，国有大中型工业企业改制面为27.5%，市属国有企业改制面约30%。

再就业工程

社会保障体系不断完善。杭州市区已建立再就业服务中心106个，有28784名下岗职工进入了再就业服务中心，占市区下岗职工总数的73.7%。切实保障下岗职工的基本生活。确保市区下岗职工领到基本生活费达到100%；统一的企业职工和城镇个体劳动者基本养老保障制度已开始建立，市政府《关于建立统一的企业职工和城镇个体劳动者基本养老保险制度的通知》，就基本养老保险的范围对象，基本养老保险费的筹集、建立职工基本养老保险个人账户，职工基本养老金计发办法等都作了具体规定。职工大病住院基本医疗保险运行平稳；职工失业保险、女工生育保险、职工工伤保险不断完善。

结构调整

结构调整积极推进。优势企业对杭州市工业经济的支撑和拉动作用明显，10个大集团和50家小型三人企业1998年实现销售收入268.22亿元，增长9.3%。工业技术改造投入比上年增长14.1%，技改竣工项目800个，开发新产品1190项，新产品产值达到227.75亿元。一批技术含量较高、适应市场需求的产品增长较快，而一些生产能力过剩的一般性产品低速增长或下降。水泥、成品钢材分别比上年增长4.2%和3.9%，平板玻璃下降0.8%；移动通讯设备、彩电、空调分别比上年增长25.3%、18.8%和10%，洗衣机、电冰箱分别下降 24.1%和 18.1%；农用薄膜增长 14.3%；金属切削机床下降 16.4%。

旅游

旅游事业取得新进展。全面实施“大杭州、大旅游、大产业”战略，努力克服东南亚金融风波和市场消费相对疲软给旅游业带来的不利影响，加强了旅游资源的开发和旅游招商促销力度，进一步改善了旅游环境，精心组织旅游节庆活动，成功举办了’98 杭州金秋国际旅游节，1998 年共接待境外游客 51 万人次，旅游外汇收入 2.1 亿美元，分别比上年增长 1.1%和 4.6%。接待国内游客 2121 万人次，国内旅游收入 146 亿元，分别比上年增长 1%和 2.7%。经国家验收，杭州获得“中国优秀旅游城市”称号，西湖风景名胜区环湖景区被命名为全国 10 个文明风景旅游区示范点之一。

实施科教兴市和可持续发展战略

深入开展科技“创先”活动。1998 年杭州市被评为全国科教兴市先进城市，上城、拱墅、江干区和余杭市进入全省科技进步先进县（市）、区行列，萧山市、上城、西湖区被评为全省党政领导科技进步目标责任制考核先进单位。实施“钱江科技潮”综合工程取得明显成效，促进了高新技术产业发展。科研攻关取得一定成效，杭州市获浙江省科技进步奖 54 项，省星火奖 6 项。成功举办了’98 杭州产学研科技合作洽谈会，有 315 项科技成果达成科技合作协议。市政府与浙江大学签订了全面科技合作协议。积极运用改革思路，解决发展教育事业中的一些难点热点问题。通过调整布局、挖掘潜力，平稳度过了市区第二个初、高中入学双高峰年。创建了一批省市示范学校，建成竣工了一批新学校。进一步改善了教师居住条件。全市又有 22 个乡（镇）成为教育强镇。积极实施培养跨世纪科技人才工程，努力为现代化建设提供高素质人才。积极推进土地利用方式和管理方式的转变，土地执法和耕地保护得到加强。编制完成《杭州市土地利用总体规划》。建立健全了环境保护目标考核机制。按照国家和省的统一部署，认真抓好属于杭州市范围内的太湖流域环境治理工作。围绕创建国家环保模范城市的目标，大力实施环境保护“碧水、蓝天、绿色、清静”工程，使杭州城乡的环境质量得到了进一步改善。

优化资本结构

优化资本结构工作取得新的突破。1998 年列入优化资本结构试点的有：杭二棉等 7 家企业列入破产计划（其中 1997 年结转 2 家），杭州第一毛纺厂等 22 家企业列入兼并计划（其中 1997 年结转 18 家），杭州磁带厂等 7 家企业列入减员增效计划（其中 6 家由 1997 年结转），批准核销银行呆坏账 5 亿元，对调整经济结构、实施国有企业的战略性改造起到至关重要的作用。如杭州磁带厂 1997 年列入减员增效计划，共核销银行呆坏账 2.05 亿元，另外，市政府同意杭州磁带厂现有 140 多亩土地以批租形式偿还建行 1 亿元的贷款本金，省、市建设投资公司和市财务开发公司同意全免 1.47 亿元的贷款利息，本金 1.35 亿元转为股权，通过上述举措使该企业减债 5.3 亿元，到 1997 年末资产负债率已由 100%降至 70%多。1998 年又继续对杭州磁带厂予以支持，安排计划内核销欠息，通过以上措施大大减轻企业债务负担，加上企业在信息材料、多媒体电脑、信息网络建设等领域取得突破，使杭州磁带厂进入快速发展期，有望成为带动全市知识经济发展的排头兵。1998 年，结合国家对棉纺行业压锭重组的政策，杭州市重点对杭二棉实施压锭、破产、重组，共核销银行呆坏账损失 2.7 亿元，同时，到 1998 年末杭州市财政出资用于重组企业中兴纺织厂和原有职工的分流安置。

（杭州市人民政府办公厅　钱荣南）

杭州市国民经济主要指标

指　标	单　位	1998 年		1997 年	
		地　区	市　区	地　区	市　区
年底人口数	万人	611	171	607	169
其中：非农业人口	万人	210	134	204	131
土地面积	平方公里	16596	683	16596	683
人口密度	人/平方公里	369	2517	366	2478
年末劳动力资源总数	万人				
其中：乡村劳动力	万人				
国内生产总值	亿元	1135			
农林牧渔业产业	亿元	1367578	207120	1287650	198745

（续）

指标	单位	1998年		1997年	
		地区	市区	地区	市区
粮食产量	万吨	176	12	184	12
蔬菜产量	万吨	185		162	
猪牛羊肉产量	万吨				
水产品产量	万吨				
全部工业总产值	亿元	18227100	7218500	16547022	6706012
其中：乡及乡以上	亿元				
客运总量	万人				
货运总量	万吨				
固定资产投资总额	亿元	3636607	2260918	3033904	1821969
其中：住宅	亿元	753353	481462	891015	475459
房地产开发投资额	亿元	666244	538499	573686	445316
商品房销售额	亿元	541447	429676	436988	364821
出口贸易总额	万美元	169600			
进口贸易总额	万美元				
利用外资签订协议总数	项	216			
利用外资签订协议金额	万美元	51400			
实际利用外资金额	万美元	38400			
国际旅游人数	万人	2172			
国际旅游收入	万元	146亿人民币+2.1亿美元			
地方财政预算内收入	亿元	368484	236269	312797	196885
地方财政预算内支出	亿元	424478	237221	363834	197054
银行年末各项贷款余额	亿元	7880100	2740500	9388500	6772221
每万名职工中专业技术人员数	人	408	919		
其中：中级职称以上	人	84613	56049		
城镇居民家庭人均生活费收入	元	8465			
农村居民家庭人均纯收入	元				

注：表内各项产值均按当年价格计算

（杭州市人民政府办公厅供稿）

宁波市

国民经济继续增长

1998年，宁波国民经济继续保持平稳增长态势。据初步统计，全年实现国内生产总值980亿元，按可比价格计算，比上年增长11.6%。其中第一产业增加值为87亿元，增长4%；第二产业增加值为550亿元，增长11.8%；第三产业增加值为343亿元，增长13.3%。全年实现财政总收入87.6亿元，比上年增长16.8%，其中地方财政收入增长12.7%。

（一）农业　农村经济稳步发展，1998年实现农林牧渔业总产值136.36亿元，比上年增长4.2%，其中农业产值71.92亿元，增长2.4%；林业产值4.09亿元，下降1.3%；牧业产值20.53亿元，增长4.8%；渔业产值39.82亿元，增长6.9%。

农业生产条件继续改善。加大了以水利为重点的农业基础设施建设，1998年共完成农业水利投资9.55亿元，增长82.3%。在严格工程质量的前提下，建成标准海塘110公里，超额完成计划任务。年末拥有农业机械总动力177万千瓦，比上年末增长1.4%。林业资源得到保护，全年造林面积2407公顷。

（二）工业　工业生产稳定增长，1998年完成工业增加值501亿元，比上年增长12.7%。实现工业总产值2 202亿元，按可比价格计算，比上年增长13.3%，其中国有及年销售收入500万元以上非国有工业企业完成产值925亿元，比上年增长9.7%。轻、重工业同步发展，分别增长10.0%和9.4%。其他经济类型发展较快，三资企业和股份制企业增速分别为11.5%和12.8%。产销衔接继续保持较高水平，全市产销率为96.3%。全年工业企业完成出口交货值244.9亿元，增长1.3%。

产品结构调整步伐加快。全年实现新产品产值51.2亿元，比上年增长36.3%。全市累计已有省、市名牌产品154只，新增50只。大中型工业企业主导和骨干作用得到进一步发挥，其在国有工业及年销售收入500万元以上非国有工业企业的比重，销售收入达到44.2%，利税达到55.0%。工业产品根据市场需求调整结构，适销产品产量增幅较大。

工业投入和技术改造明显回升。全年完成工业固定资产投资150.87亿元，比上年增长7.2%，其中工业更新改造投资55.75亿元，增长16.9%。

工业企业整体效益继续回升。国有工业和年销售收入500万元以上非国有工业企业实现利税82.1亿元，比上年增长3.5%，工业产品销售率、资产负债率、资本保值增值率、产品质量稳定提高率、全员劳动生产率等均好于上年。

（三）交通、港口、邮电　交通建设力度加大，沿海国道主干线大石碶至大朱家段、穿山半岛进港公路和梁周公路二期工程建成通车，沿海国道主干线南段、329国道余姚段改造、鄞县大道和高速公路慈溪、奉化连接线等10大工程全面启动。交通运输能力增强，各类运输业完成全社会货运总量10006万吨，其中铁路567.69万吨，公路8195万吨，航空0.69万吨，水运1243万吨。全社会旅客发送量21736.6万人次，其中铁路300.3万人次，公路21199万人次，民航54.95万人次，水运182.4万人次。全年港口货物吞吐量8706万吨，比上年增长5.9%，完成集装箱运量35.2万标准箱，增长37.1%。

邮政、电信业务有了新的发展。1998年邮政和电信实现了分家，全年邮政和电信业务总量分别为1亿元和15.2亿元。通信能力进一步增强，市话和农话用户数分别达到42.34万户和41.4万户。年末移动电话数25.7万部，新增移动电话9.3万部。

（四）经济体制改革　以建立现代企业制度为目标，积极贯彻落实抓大放小方针，加大企业重组和调整工作力度。重点抓了30家大企业集团的培育组建工作，已完成组建25家。纺织行业重组调整取得突破，组建了维科、敦煌、博洋三大集团，7个工业经济主管部门完成转体。进一步放开搞活中小企业，加快小企业转制步伐，先后对56家企业实行改制，全市国有、城镇集体中小企业转制面已达80%左右。优化资本结构工作取得新进展，一批企业通过兼并重组走出困境。

社会保障制度改革稳步推进，养老保险的覆盖面进一步扩大，失业保险制度进一步完善。积极实施再就业工程，国有、城镇集体企业普遍建起再就业服务中心（工作站），全市分流安置下岗职工6.38万名，超过当年下岗职工人数，失业职工再就业1.83万名，年末城镇登记失业率2.89%。

（五）对外经济　积极应对严峻形势挑战，外贸出口继续有所增长。1998年，全市自营进出口总额45.45亿美元，其中出口34.53亿美元，比上年增长6.1%。在全部出口产品中，工业制成品占88.1%，机电产品占34.1%。对亚洲地区出口比重下降较大，从上年的62.3%下降到53.3%，出口额比上年下降9.2%，但对欧洲出口额比上年增长34.5%，对北美洲出口增长25.7%，对非洲出口增长32.8%。

招商引资工作得到加强。成功举办了第二届宁波国际服装节和第三届国际住宅产品博览会。全年合同利用外资5.12亿美元，同比增长11.7%。利用外资新签项目数281个，增长8.1%，实际利用外资5.03亿美元。对外经济合作快速发展，承包劳务营业额1.6亿美元，增长14.3%，年末在外劳务人员11000人，增长19.6%。积极开展旅游创优活动，首批荣获“中国优秀旅游城市”称号。全年旅游收入95亿元，接待旅游者288.98万人，同比增长13.6%，其中过夜海外旅游者10万人，与上年持平。

（六）国内贸易、金融保险业　消费品市场在买方市场格局下仍保持较快增长。全年社会消费品零售总额313.4亿元，比上年增长10.3%，扣除物价因素，实际增长13%。占全市零售额56.8%的私营经济和个体经济，发展势头快于国有、集体经济。全年私营经济、个体经济的增幅分别为31.5%和20.2%，国有经济、集体经济则分别比上年下降19%和5.3%。分行业看，批发零售贸易业零售额235.6亿元，增长12.1%；餐饮业零售额18.7亿元，增长10.4%。全年城乡商品交易市场成交额512亿元，比上年增长14.5%。全市有商品交易市场738个，其中成交额超亿元的市场67个。

金融形势保持稳定。年末全部金融机构存款余额855.27亿元，比年初增加133.82亿元。各项贷款余额670.08亿元，比年初增加95.60亿元，其中短期贷款503.51亿元，中长期贷款110.67亿元，分别比年初增加63.46亿元和29.51亿元。

保险事业继续得到发展。全年保险总金额3011亿元，保费收入14.25亿元，其中财产险保收入6.98亿元，寿险保费收入7.27亿元，全年保险赔款（含即付支出）金额6.12亿元。

（七）人民生活 城乡人民生活进一步改善。市区居民人均可支配收入9193元，比上年实际增长1.6%，人均消费性支出7912元，增长10.1%。农民人均纯收入4697元，比上年实际增长2.8%。全市城乡居民金融资产继续增加，年末全市城乡居民储蓄存款余额459.63亿元，比年初新增95.16亿元。市区居民食品支出总额占总消费支出比重（恩格尔系数）为39.5%，比上年降低4.1个百分点。

城乡人民居住条件继续改善。市区居民人均居住面积8.57平方米，比上年提高0.25平方米。农民人均住房面积38平方米。

（八）固定资产投资、重点工程 紧紧抓住国家扩大内需的政策机遇，继续加大投资力度。固定资产投资在已形成较高基数的情况下仍保持小幅增长。全年完成全社会固定资产投资307.9亿元，比上年增长2.4%，其中国有经济投资83.06亿元，下降7.6%，集体经济投资77.11亿元，增长3.2%；其他经济类型投资120.71亿元，增长16%。在城镇集体以上单位投资中，基建投资130.12亿元，增长7.7%；更新改造投资19.49亿元，增长14.7%；房地产投资43.87亿元，下降15.5%；其他投资21.46亿元，增长26.9%。

固定资产投资结构进一步优化，投入重点继续放在基础产业和基础设施上。在全年投资完成额中，农业水利投资9.55亿元，增长82.3%；能源原材料工业投资77.09亿元，增长17.8%；交通邮电投资32.44亿元，增长27.7%；社会服务业投资17.92亿元，增长11.2%，四项合计占全社会固定资产投资的44.5%，比上年增加7.5个百分点。

40项重点工程项目进展顺利。全年投资87.7亿元，完成年投资计划的104.6%。镇海燃机发电工程、长丰热电有限公司热电项目、金光食品精炼油项目、宝新不锈钢、ABS等10个项目建成投产，北仑电厂二期、镇海炼化800万吨/年扩建等项目进度加快，大榭华东液化气基地站项目开工建设。

（九）城市建设 城市基础设施建设步伐加快，完成了新河路、开明街等一批道路建设改造任务。1998年市区新增公共绿地面积达66.5公顷。中山广场、潘火立交绿地、段塘立交绿地、市体育中心绿地等相继建成。年末市区人均公共绿地面积达4.8平方米，建成区绿化覆盖率30.1%。

城市环境治理得到加强。城区内河综合治理取得了突破性的进展，专项投资2100万元，整治了一批内河。粪便无害化处理厂已建成并投入使用，填补了宁波市环卫事业的一项空白。

城市供水能力进一步提高，水质继续得到改善。完成了北仑水厂一期主体工程建设和南郊水厂配套工程的基础建设，优质饮用水工程已投入运行。市区加快了管道液化气工程建设，建成了镇安气化站和石碶储配站工程。城市公共交通事业稳步发展。市区新辟公交线路5条，公交旅游观光线1条，新增运营车辆178辆，市区公交运营线路达61条，客运量比上年增加近20%。

（十）科技、教育 积极推进“科教兴市”，大力培植高新技术及其产业发展，出台《关于加快高新技术及其产业发展的若干规定》。1998年全市高新技术产品总产值为160亿元，高新技术企业47家。全市共安排市级以上科技计划项目309项，其中国家级29项，取得了明显的经济和社会效益。在创建10家市级重点实验室、工程技术研究中心的基础上，又启动建设7家行业工程中心。科技合作取得新进展，先后与中科院、兵科院达成了全面科技合作协议，与科研院所、大专院校合作共建了一批研究开发机构。专利工作发展迅速，被国家知识产权局授予专利权共计560项。技术市场继续发展，全年技术合同成交额1.7亿元。

教育事业健康发展。全市高标准普及九年义务教育、高标准扫除青壮年文盲的“两高”县（市）、区达到6个。共有省级以上示范性学校78所。高中段招生规模进一步扩大，1998年全市高中段招生5.35万人，占初中毕业生的68.6%，职技教育与普通教育招生比例稳定在6:4左右，城区初中升学率达87.3%，基本满足初中毕业生升入高中段学习的要求。全市有各级各类全日制学校4089所（含技校），在校学生94.4万人，比上年增长0.3%。高等教育稳步发展，3所普通高校在校生规模继续扩大，在校学生1.25万人，比上年增长8.7%，宁波大学被批准为硕士学位授予单位。全市有成人高校4所，普通高校举办成人高等教育3所，在校学生1.12万人。大专以上自学考试在册人数18万人。义务教育段学生入学率、巩固率、完成率分别达到100%、99.5%和92.5%，继续保持全省领先水平。

（十一）困难和问题 一是农业抗御自然和市场风险的能力比较薄弱；二是工商企业整体竞争力不强；三是科研开发力量和企业的技术创新能力相对较弱；四是就业压力增大，部分低收入居民家庭生活比较困难。

（宁波市人民政府办公厅 陈健胜）

宁波市国民经济主要指标

指　　标	单　位	1998年		1997年	
		地　区	市　区	地　区	市　区
年底人口数	万人	535.27		533.31	
#非农业人口	万人	130.48		123.5	
土地面积	平方公里	9365		9365	
人口密度	人/平方公里	571.56		569.47	
从业人员人数	万人	348.1		412	
#乡村从业人员	万人	189.9		235.8	
国内生产总值	亿元	973.44		897.43	
农林牧渔业产值	亿元	136.36		129.44	
粮食产量	万吨	180.39		173.73	
蔬菜产量	万吨	174.67		158.10	
猪牛羊肉产量	万吨	8.84		7.97	
水产品产量	万吨	65.73		61.51	
全部工业总产值	亿元	2236.7		2039.24	
(国有及年销售收入500万元以上非国有工业)	亿元	940.59		925.15	
客运总量	万人	21737		21719	
货运总量	万吨	10006.38		10322.53	
固定资产投资总额	亿元	309.81		300.57	
#住宅	亿元	27.83		26.71	
房地产开发投资额	亿元	43.72		51.89	
商品房销售额	亿元	53.02		37.9	
出口贸易总额	万美元	345253		325499	
进口贸易总额	万美元	109208		172308	
利用外资签订协议总数	项	284		269	
利用外资签订协议金额	万美元	52108		48522	
实际利用外资金额	万美元	75404		69839	
国际旅游人数	万人	10		10.05	
国际旅游收入	万元	4400		3402	
地方财政预算内收入	亿元	41.76		37.05	
地方财政预算内支出	亿元	64.39		52.05	
银行年末各项贷款余额	亿元	498.77		410.54	
每万名职工中专业技术人员数	人	2602.2		2306.5	
#中级职称以上	人	45550		40282	
城镇居民家庭人均可支配收入	元	9193		9069	
农村居民家庭人均纯收入	元	4697		4568	

注：表内各项产值均按当年价格计算

(宁波市统计局供稿)

温州市

国民经济保持良好发展态势

1998年，温州市实现国内生产总值680亿元，比上年增长12.3%，分别高于全国、全省平均水平4.5和2.2个百分点。人均国内生产总值9495元。第一产业增加值54.04亿元，比上年增长4.5%，第二产业增加值394.06亿元，增长12.4%，第三产业增加值229.1亿元，增长16%。金融机构各项存贷款余额、全社会用电量、货物周转量和邮电业务总量分别增长25.1%、10.8%、11.6%和43%；财政总收入46亿元，增长18.8%。城镇居民人均可支配收入8968元，与上年基本持平，农村居民人均纯收入3833元，增长4.8%。市区人均居住面积达到12.3平方米，居住区公建配套滞后的矛盾得到缓解。农业和农村经济稳步发展，粮食总产量达148.2万吨，基本完成预定目标。农林牧渔业总产值92.7亿元，增长2.3%。工业企业着眼于开拓国内外市场，全年完成工业总产值1384.6亿元，工业增加值340亿元，分别增长12.6%和12.9%；产销率达到93.1%；浙江东方集团等3家企业年销售收入超5亿元，年销售收入超亿元的企业达47家。9家重点骨干企业跻身全国行业500强。第三产业加快发展，占国内生产总值比重达33.2%。社会消费品零售总额345亿元，增长9.7%，商品零售价格和居民消费价格分别比上年下降2.4和0.4个百分点。

基础设施建设取得新成效

把握国家扩大内需的有利时机，适时加大投资力度，增强对经济增长的拉动力。1998年完成全社会固定资产投资201.2亿元，增长13%。重点工程建设投资是历年来完成最多的一年。金温铁路全线通车并于1998年6月投入营运。泽雅水库于4月19日开始蓄水，泽雅引水工程于5月23日建成并向市区通水，日供水能力10万吨的新西山水厂投入正常运行。如期建成温州大桥、甬台温高速公路乐清湖雾岭隧道、龙湾燃机电厂、机场站坪扩建、三插溪水电站、高岭头二级电站、市长途通信大楼、市交通管理指挥中心、温州图书新馆、游泳馆、江心屿亮丽工程等一批重点工程。开工建设温州电厂二期，瓯江三桥、瓯江五桥，104国道永嘉三期、平阳段二期、瑞安江南段，220千伏瓯海度山，110千伏乐清柳市、瑞安北门、鹿城仰义、泰顺雅阳输变电工程，温州广播电视大厦，温州国际贸易中心大楼，瑞安商城三期一区等一批重大项目。金丽温高速公路温州段一期按计划竣工，二期已开工建设，三期初步设计已通过审查，整个工程正常有序推进。洞头五岛相连工程是温州半岛工程的重要组成部分，先期开工建设的深门大桥已贯通，三盘大桥、花岗大桥、洞头大桥陆续开工建设。珊溪水利枢纽工程、新阳昋水厂、温州日报新闻大楼、温三医科技综合楼、温州邮政枢纽中心等续建项目进展良好。

国有企业改革工作稳步推进

加快国有、集体企业改革步伐，推动公有经济战略性调整。一是调整和重组温州市纺织行业的结构。以温州棉纺织厂压锭1.6万锭、计划减员620人为契机，以温州针织一厂为主体兼并棉纺织厂、一棉厂、二棉厂组建了温州针棉织总厂。二是组建温州市二轻集体资产开发有限公司，对二轻系统内列入旧城拆迁的企业实行资产统一管理，人员统一安置，以利于资产盘活和优化组合及对困难企业的职工安置。三是鼓励和支持优势企业进行跨地区、跨行业、跨所有制兼并其他企业。如浙江东方集团公司兼并温州树脂化工厂、温州黄龙集团公司兼并温州水泵总厂、温州医药商业集团公司兼并丽水医药采购站、温州南亚集团公司兼并市凤凰锁厂、温州裕昌经贸公司兼并市劳护用品厂等。四是抓试点，促进企业改制。着重抓了国工实业公司（集体）和热处理厂（国有）的改制试点工作。鼓励和支持浙江康乐集团公司、黄龙集团公司、方正集团公司等进行局部改制。如浙江康乐集团公司在保持集团公司国有独资性质不变和不涉及国有资产产权变动的前提下，建立由集团公司企业法人、经营者、技术管理骨干、职工参股的浙江康乐集团销售有限公司和浙江康乐集团外贸有限公司，分别由集团公司相对控股对集团公司下属的制剂药厂、原料药厂实行租赁经营，充分发挥了经营者和职工的积极性和主动性，呈现了新的活力。五是继续帮助和支持企业特别是民营企业以多法人联合进行跨地区、跨所有制、跨行业组建企业集团公司。据统计，国有工业企业完成改制任务67家。现代企业制度建设取得新成效，股份合作企业按公司法改制已达1.6万家。以优势企业为龙头，新组建企业集团26家，总数达190家。建立统一的企业职工基本养老保险制度，有28.1万企业职工参加了基本养老保险。

对外开放进一步扩大

外贸出口坚持以质取胜和市场多元化战略，努力巩固西欧、北美市场，拓展俄罗斯、东欧市场，新辟南美、非洲市场。全年进出口总额8.6亿美元，其中出口6.8亿美元，分别增长36%和29%，增幅列浙江省各地市之首。积极改善投资环境，开展多渠道招商引资。全市新批外商投资企业95家，增长17.3%；投资总额6.3亿美元，协议外资2.4亿美元，分别增长208%和222%。与美国特鲁莱国际能源企业合资创办的发电项目，是温州市现有投资规模最大的外商投资项目。对外交流和经济技术合作得到加强，巴西中华商城顺利开业，与美国新泽西州尤宁郡和厦门市分别结为友好城市。圆满举办了’98金秋旅游节暨首届温交会等一批重要经贸交流活动。同时还积极参加澳门、西欧、日本、美国等境外招商活动，均取得较好成绩。这些活动成为温州产品走向世界的重要桥梁。目前，温州已与世界上135个国家和地区建立了贸易关系。

环境保护取得新进展

一是严格实行环境影响评价审批制度和“三同时”制度。对影响环境的建设项目，以污染物排放量控制为目标，把好选址关，严格“污染源治理以新带老”原则，促使新、扩、改建项目在投产运行前采取环境保护措施，较好地起到预防和控制新污染源的作用。全年办理建设项目共1276个，环评执行率为100%；经环评审批项目总投资为83.9亿元，其中环保投资为1.25亿元，占总投资额的1.49%。全市验收建成投产的建设项目311个，“三同时”执行率为100%，验收合格率为100%。同时温州市认真查处环保违法行为。全年关闭“十五小”企业174家，促进了地方环境质量的改善和产业结构的合理调整。二是积极开展“一控双达标”工作。首先是全面开展排污申报登记工作，及时掌握企业排污数量、种类、浓度和排放方式，同时，实施污染物排放许可证制度，市本级全年发放排污许可证124份，并明确排污总量控制范围和年审时间。其次是进一步实施污染源限期治理，全市应完成限期治理的529个项目，1998年已完成352项。三是稳步实施区域环境综合整治。已完成的项目有杨府山污水处理厂前期准备、开工建设；建成市区环境空气质量自动监测系统，开始发布环境空气质量周报；市区机动车强制使用无铅汽油；市区建成6平方公里噪声达标区；开展创建锦山、永中等5个生态示范小区的前期工作；龙湾区西片规范化电镀中心开工建设；开发区西片排污管网全线贯通。全市共计创建饮用水源保护区29个，生态示范村11个，全市建成95.325平方公里的“烟尘控制区”和44.879平方公里的“噪声达标区”，建成12个环境宣教基地。11个县（市、区）都完成了本辖区的环境保护规划。关停泽雅水库“小造纸”，目前已关停34家机械造纸和环库公路附近的造纸作坊。

市容市貌进一步美化

加强道路清扫保洁，实行垃圾运输车辆密闭管理，市区垃圾做到日产日清，全年共清运垃圾55.4万吨，市区主、次干道和一般街道平均清洁度分别达到95%、91.55%和90.88%。大力开展河道综合整治，沿勤奋河、九山外河等河道沿岸架设了2.5米高的防护网5000余米，并配套种植了爬山虎，着手治理水心河，共拆迁沿岸各类建筑物1.3万平方米，疏浚河道淤泥7万立方米，新驳坎1200米，维修旧驳坎1200米，建设水心九曲桥及水心阁和南岸绿化工程。解决群众关注的热点问题，及时组织了山根河治理，强制拆除了市区沿河各类违章搭建物近8000平方米，清除市区主要河道水葫芦1万平方米。继续加强园林绿化的管理与建设，对人民路、鹿城路、飞霞南路的行道树、绿化带及各大景区进行绿化补植，完成了温金大道、瑞祥大道、火车站前广场、机场路与永强大道交通绿岛的种植任务，改建了杏花堂花坛，实施了九山路绿带栏杆改建，建成了水心、上陡门、南浦3个绿化示范区。加快了景山公园建设的步伐，完成了休闲谷、观城台及上山主干道沿线两侧绿地建设。开展绿化广场建设，拆除松台山东侧解放剧院及周围民房，建设松台广场。在江滨路拆建中，辟出十余亩土地建成星河广场。同时积极发动全民植树造林，认真开展城市立体绿化、垂直绿化试点。进一步加大对破坏侵占绿地的查处力度，共恢复硬化或侵占绿地1668.72平方米，及时做好市区行道树、绿化带的病虫害防治和整枝修剪等养护管理工作。据不完全统计，共种植乔木、灌木36多万株，种植草坪9.6万平方米，摆放草花8.8万盆。总投资3800万元的江心屿亮丽工程顺利进行。至1998年底，投资1000万元的主体工程已经竣工，1269套绚烂多姿的现代灯光纷呈异彩，使江心孤屿成为盈盈瓯水中一颗灿烂的夜明珠；投资800万元的供电工程已经开始送电，结束了江心依靠自备发电的历史。

（温州市人民政府办公室　叶建中）

温州市国民经济主要指标

指　　标	单　位	1998 年		1997 年	
		地　区	市　区	地　区	市　区
年底人口数	万　　人	718.04	116.48	708.35	115.28
其中：非农业人口	万　　人	123.90	51.25	119.76	49.74
土地面积	平方公里	11784	1082	11784	1082
人口密度	人/平方公里	609	1077	601	1065
年末从业人员数	万　　人	409.81		404.7	
其中：乡村劳动力	万　　人	332.59	40.90	329.44	40.95
国内生产总值	亿　　元	677.19	261.33	605.82	232.04
农林牧渔业产业	亿　　元	92.71	10.63	90.05	10.35
粮食产量	万　　吨	148.17	14.80	154.92	16.39
蔬菜产量	万　　吨	101.97	16.38	85.48	12.57
猪牛羊肉产量	万　　吨	7.30	1.46	8.04	1.41
水产品产量	万　　吨	51.24	1.18	47	1.07
全部工业总产值	亿　　元	1384.60	549.68	1242.4	475.52
其中：国有及500万元以上	亿　　元	425.14	186.26		
客运总量	万　　人	17254.34	4558.71	15827	4564.47
货运总量	万　　吨	3521	851	3374	841
固定资产投资总额	亿　　元	201.20	100.06	178.11	93.15
其中：住宅	亿　　元	66.27	23.23	73.92	34.08
房地产开发投资额	亿　　元	39.09	30.82	38.09	31.29
商品房销售额	亿　　元	44.66	37.20	35.74	29.83
出口贸易总额	万　美　元	68329	39949	43.93	25.09
进口贸易总额	万　美　元	19612		8.63	
利用外资签订协议总数	项	95	45	81	34
利用外资签订协议金额	万　美　元	24439	20973	7587	4750
实际利用外资金额	万　美　元	3702	2648	6025	3889
国际旅游人数	万　　人	48000	—	4.3	
国际旅游收入	万　　元	23015	—	17470	
地方财政预算内收入	亿　　元	26.57	14.09	21.76	11.42
地方财政预算内支出	亿　　元	28.28	9.14	25.07	8.38
银行年末各项贷款余额	亿　　元	286.13		198.9	
每万名职工中专业技术人员数	人	1480	891	1387	839
其中：中级职称以上	人	365	299	330	278
城镇居民家庭人均生活费收入	元	—	7899		7848
农村居民家庭人均纯收入	元	3833	6147	3658	5724

注：表内各项产值均按当年价格计算

年末劳动力资源总数和乡及乡以上工业产值温州市已无统计，只统计年末从业人员数、国有及500万元以上工业总产值

（温州市人民政府办公室供稿）

嘉　兴　市

经济发展概况

1998年，嘉兴市经济建设和社会发展事业取得了显著的成绩，全市人民齐心协力，扎实工作，在亚洲金融危机影响，国内需求平缓的情况下，经济总量继续保持增长。全市全年国内生产总值达到451.19亿元，比上年同期增长10.1%，增长幅度高出全国2.3个百分点。其中，第一产业增加值59.75亿元，同比

增长0.2%；第二产业增加值269.03亿元，同比增长10.3%；第三产业增加值122.41亿元，同比增长14.9%。全市人均国内生产总值达到13689元，比上年增长39.9%，折合美元达1653美元。财政总收入26.3亿元，比上年增长164.4%。全社会消费品零售总额168.31亿元，城市居民人均可支配收入7905元，农村居民人均纯收入4120元，年末城乡居民人均储蓄存款7925元，全市7个县（市、区）全部被命名为“浙江省首批小康县”。

沪杭高速公路（嘉兴段）建成通车

沪杭高速公路（嘉兴段）于1998年12月29日正式通车。沪杭高速公路是国家批准的大型基础设施建设项目，是全国12条骨干公路之一。西起杭州市彭埠镇，东止上海松江北，全长130公里，浙江境内全长102.6公里，其中嘉兴段88.135公里，占浙江段的86%，途经海宁、桐乡、郊区、嘉善4个县（市、区）。工程总投资32亿元，其中世界银行贷款14亿元人民币，是嘉兴市建设史上投资规模最大的工程项目。沪杭高速公路（嘉兴段）设有5个互通式立交出入口，全线大小桥梁143座，其中大桥7座，特大桥6座，互通式立交5座，分离式立交12座，各种通道195条，经过河流122条，路幅宽26米，平均填土高度3.01米。沪杭高速公路自1995年9月1日正式开工建设以来，经过全市人民的共同努力，于1998年12月12日试运营，12月29日正式通车。沪杭高速公路的建成通车，极大地改善了嘉兴的投资环境，为嘉兴市的经济建设发挥了巨大的作用。

对外贸易实现稳步增长

1998年，世界一些主要市场金融动荡，需求不旺，面对严峻的形势，嘉兴市的对外贸易仍然实现了稳步增长。全年实现全社会出口供货总值188亿元，完成进出口总值12.41亿美元，其中出口10.03亿美元，比1997年增长7%，进口2.38亿美元。在出口总值中，外贸企业出口5.45亿美元；外商投资企业出口4.58亿美元。在全市46个出口商品大类中，纺织服装品出口6.52亿美元，增长8%；机电产品出口1.43亿美元，增长13%；轻工工艺品出口1.16亿美元，增长32%；化工矿产类5549万美元，增长1.5倍。出口规模化经营程度进一步提高，出口额在5000万美元以上的企业有3家，嘉兴市进出口公司进出口额已连续三年超过1亿美元。

经济开发区环境建设又上新台阶

嘉兴经济开发区经过6年的建设，已经形成了一定的规模，1998年5月份，中共嘉兴市委、嘉兴市人民政府又发出了《关于进一步改善嘉兴经济开发区外商投资软环境的决定》，决定在嘉兴经济开发区内先行实施“三个一”（“一站式”审批、“一个窗口”收费、“一条龙”服务）。赋予并落实开发区管委会在项目审批、规模建设管理、土地征用与出让、工商行政管理、财政和税务管理等方面的职能。清理了各种收费项目，界定了和降低了费率标准。同时，设立了统一收费窗口，把开发区各局、分局职能范围内的收费一律纳入统一收费窗口，实行了收费备案制度、收费登记卡制度、收费许可证制度，制止了乱收费、乱摊派、乱罚款现象，减轻了企业负担。建立了开发区项目推进中心，对项目建设的供水、供电、供汽、通讯、排水等配套建设实行全过程服务，推进项目建设如期实施。为企业生产经营过程中遇到的困难和问题提供全方位的帮助、协调、服务，开发区管委会及各分局还建立了相应的首问责任制、工作承诺制和项目责任制，公开办事内容和办事程序，使开发区外商投资软环境有了实质性的改善。

旅游规划建设成绩斐然

1998年，嘉兴市的旅游业在“大嘉兴、大联合、大旅游、大投入、大发展”的思想指导下，全市旅游业继续保持良好的发展势头。浙江省湘家荡旅游度假区的开发建设列入了市委、市政府的重大课题和项目之一，湘家荡森林公园一期工程竣工并通过验收，度假区启动区块控制性详规编制完成；《海宁盐官观潮胜地公园及百里文化长廊》项目被列入43个国家级优先发展项目之一；嘉善古镇西塘投入400多万元用于疏浚市河，修复古桥、廊棚，并结合明清十景，修复了西园、圣堂、护国随粮王庙以及种福堂等；海盐南北湖风景区内修复和新建了湖山真意、金牛古洞、白云阁、梓园等多个景点；嘉兴郊区莲泗荡浏公园43.8米高的7层塔楼建成完工。

个体私营经济呈现良好发展势头

据工商管理部门统计，到目前为止，全市注册个体工商业户数达123612户，注册资金达188316万元，从业人员达198703人；全市私营企业共6769家，投资者人数达12296人，注册资金达333361万元，雇佣职工100678人。其主要特色有，一是产业结构日趋优化，经济块状特色明显。全市各地形成了一批镇乡连片、一乡一品、一村一品、各具区域特色的块状经济。如嘉善县的木业、钮扣业，平湖市的服装业、箱包业，海盐县的灯泡业，海宁市的皮革服装业，桐乡市的羊毛衫、制鞋业，郊区的丝织业、无纺布等。二是工业小区建设加快，集聚功能增强。如嘉兴郊区建成镇乡工业小区29个，进区企业329家，固定资产投资额超过6亿元。三是企业规模不断扩大，传统产业得到提升。1998年全市个体工商户和私营企业的户均注册资金分别为1.43万元和45.52万元，分别比1997年增长23.55%和20.27%。私营企业中，注册资金超百万元的已有476户，其中，100万元至500万元的有443家，500万元至1000万元的有28家，1000万元以上的有5家；年产值超百万元的私营企业已有955户，其中1000万元以上的有91户。四是个私经济外向度不断提高，出现了一批个私外贸强乡重镇。1998年，全市个私外贸出口交货值达到20.84亿元，同比增长65.12%，在嘉兴127个乡镇中，个私出口在亿元以上的有6个，其中前10位的乡镇，其出口总值达12.23亿元，占到个私经济全部出口的58.69%。

水污染防治初见成效

1998年，嘉兴市的环境保护工作以开展水污染防治为重点，坚持依法行政，强化监督管理，加大治污力度，遏制了全市环境质量恶化的趋势。嘉兴市是国务院列入1998年污染企业限期治理达标排放的重要区域之一，对此，市政府把水污染防治工作列为本届政府必须抓好的重点工程和实事之一，提出了所有水污染源年内完成治理任务的目标、任务和措施。市政府还与各县（市、区）、有关部门签订了1998年度水污染防治目标责任书，并号召全市人民积极行动起来，确保全面完成全年的水污染防治工作。市污水处理重点工程建设正式启动，根据嘉兴临海的有利条件和河网水系基本无环境容量的实际情况，借鉴国内外临海城市的经验，组织了挪威专家及同济大学、国家排海（江）中心实验室等单位专家学者，对嘉兴市污水综合处理课题进行研究，并经多方论证。同时，成立了嘉兴市污水处理有限责任公司作为本项目的业主具体负责项目的实施和建成后的经营管理，市区污水管网一期工程已于9月底开工，工程建设规模为15.66万吨/日，污水管道38公里，泵站4座，总投资1.77亿元，计划于2001年与外排工程同步竣工。

再就业工程

1998年，中共嘉兴市委、嘉兴市人民政府结合嘉兴的实际，提出了《关于切实做好国有企业和城镇集体企业下岗职工基本生活保障和再就业工作的实施意见》，到年底，全市下岗职工分流和再就业18107名，超额完成了省政府下达的目标任务，下岗职工再就业率达到51.8%。再就业服务体系进一步完善，全市建有各级劳动管理所90家，再就业服务中心331个，各级职业介绍机构定期举办劳动力交流市场。嘉兴市区推出了再就业服务承诺制，向下岗职工承诺：只要不挑不拣，保证安排其在一周内上岗。同时，仍积极靠社会力量开展下岗职工转业转岗培训，全市下岗职工中接受再就业技术培训或职业指导的人数达到80%以上。下岗职工基本生活保障体系基本形成，全市全年筹措专项资金总数达4485.5万元。市县二级财政都把就业资金纳入预算盘子，提高了失业保险金征缴比例。凡参加统筹的国有、城镇集体企业的离退休职工，每月都能按时足额领到养老金，对特别困难的企业，采取了缓缴养老保险费保证足额发放的办法，对确保下岗职工的基本生活，维护社会稳定，发挥了极为重要的作用。

高新技术产业园区建设取得新进展

嘉兴高新技术产业园区于1997年底开始建设，占地3.2平方公里，分南、北两园进行开发。为加快园区建设，促进高新技术产业的发展，推动全市产业结构的调整、优化和升级，市委、市政府对高新技术产业园区及高新技术企业，制订了10条扶持政策和建立园区高新技术发展资金的配套政策等。并进一步做好控制性详细规划，南园规划建成产业服务中心区、中试区、产业区、仓储区四个功能区，已通过会审。北园一期开发35公顷，规划建成电子产业园区，分计算机产业区、通讯产业区、家电及整机产品区三个生产区。1998年，已完成园区基础配套工程投资总额1.2亿元，水、电、通讯等市政配套工程已基本建成。招商引资工作取得新进展，北园与市机电控股公司共同组建了“电子产业园区联合开发有限责任公司”；新组建的“嘉科电子有限公司”，依托36所技术优势，已成为军转民的高科技开发经营实体；南园的“嘉兴科技创业服务中心”已批准立项；东方日立锅炉有限公司完成投资额1454万元；此外，美国的泰克赛尔软件（嘉兴）有限公司、嘉兴中宝碳纤维有限责任公司，以及嘉兴药业公司与美国IBM公司合资开发的抗癌新药和抗凝血颗粒剂项目等，正在进行抓紧建设中。1998年园区技工贸总收入达到10.1亿元。

（嘉兴市人民政府办公室　杨建强）

嘉兴市国民经济主要指标

指　　标	单　位	1998 年		1997 年	
		地　区	市　区	地　区	市　区
年底人口数	万　人	329.91	78.06	329.29	77.76
其中：非农业人口	万　人				
土地面积	平方公里	3915	968	3915	968
人口密度	人/平方公里	843	806		
年末劳动力资源总数	万　人				
其中：乡村劳动力	万　人	150.46	29.48	152.05	30.14
国内生产总值	亿　元	451.19	100.24	419.75	30.14
农林牧渔业产值	亿　元	87.13	20.65	92.00	21.75
粮食产量	万　吨	171.74	48.63	193.88	53.50
蔬菜产量	万　吨				
猪牛羊肉产量	万　吨	14.37	4.69	12.86	4.12
水产品产量	万　吨	8.41	2.1	7.93	2.03
全部工业总产量	亿　元	1013.05	193.83	943.07	179.4
其中：乡及乡以上	亿　元				
客运总量	万　人	5320		5529	
货运总量	万　吨	4455		4567	
固定资产投资总额	亿　元	172.69	96.27	144.21	69.91
其中：住宅	亿　元				
房地产开发投资额	亿　元	13.06	7.53	11.61	7.05
商品房销售额	亿　元				
出口贸易总额	万美元	100337	39602	93677	31928
进口贸易总额	万美元				
利用外资签订协议总数	项	77			
利用外资签订协议金额	万美元	20253	7551	24303	14382
实际利用外资金额	万美元	12128	8624	14780	7739
国际旅游人数	万人/次	2.23			
国际旅游收入	万美元	1453			
地方财政预算内收入	亿　元	11.43	3.79	9.85	3.19
地方财政预算内支出	亿　元	12.73	4.19	11.13	3.63
银行年末各项贷款额	亿　元	300.73	105.51	268.56	88.91
每万名职工中专业技术人员数	人				
其中：中级职称以上	人				
城镇居民家庭人均生活费收入	元	7905	7921	7290	7498
农村居民家庭人均纯收入	元	4120	4236	4430	4795

注：表内各项产值均按当年价格计算　　　　（嘉兴市统计局供稿）

绍　兴　市

经济发展概况

1998 年，绍兴市实现国内生产总值 651.3 亿元，按可比价计算比上年增长 12.2%。其中一、二、三产业增加值分别为 70.1 亿元、399.7 亿元和 181.6 亿元，分别比上年增长 6%、13.8%和 10.7%；人均国内生产总值 1.52 万元，扣除物价因素，比上年实际增长 11.8%。

（一）农业获得较好收成 粮食总产量达到 132.1 万吨，棉花、茶叶、蚕茧、肉类、水产品等主要农副产品产量也有不同程度增长。农业综合开发和产业化进程加快，现代农业园区、农产品开发基地和骨干龙头企业的档次有了新的提高，初步确立具有区域特色的农业主导产业，基本形成林特产、平原粮产和城郊型三大农业区域。大力推广新品种、新技术、新机械，早稻优化率、“旱直抛”等轻栽技术和新机械推广率均居全省前列。

（二）工业经济持续增长 坚持以企业为主体，市场为导向，创新为灵魂，不断提高科技含量，引导企业调整产品结构和产业结构，强化市场开拓，开发市级以上新产品 733 只，工业产销率达到 95.8%。运用高新技术改造传统产业，培育新兴产业，电子、医药、化工、新型建材、机电一体化行业成为工业经济的支柱。加快技改投入，完成技术改造投资 58.4 亿元，比上年增长 15.8%，新昌合成化工厂 1200 吨异植物醇、天乐集团 T 铁生产线、阳光集团 400 万套大功率电子节能灯、喜临门集团沙发家俱生产线、大东南塑胶集团双向拉伸聚丙烯薄膜、明星集团年出口 1500 万套轴承、大和纺织印染公司印染生产线改造、市蓄电池厂大型密闭工业电池等 25 只国家“双加”和省重点技改项目建成投产或部分投产，增强了工业发展的后劲。全省统一考评的 10 项经济效益指标综合得分居全省首位。建筑业发展较快，创国家和省部级优质工程 44 项，向建筑强市跨出了新的步伐。

（三）第三产业发展势头较好 城乡市场繁荣，商品供应充裕，社会消费品零售总额 174.1 亿元，比上年增长 9.8%，一批商品市场和要素市场建设取得新的进展。大力开发旅游资源，改善旅游环境，旅游综合优势得到较好发挥，绍兴市进入首批中国优秀旅游城市行列。财政金融形势稳定，财政总收入和年末金融机构各项存贷款余额分别比上年增长 13.3%、26.5% 和 19.8%。随着经济的发展，人民生活水平进一步提高，城镇职工平均工资 8892 元，农村居民人均纯收入 4408 元，分别比上年增长 6% 和 7%。

农村改革不断深化

一是搞好“延包”工作，健全土地流转机制。全市 5 个县（市、区）全面开展，有 41.9 万多户农户领到了土地承包权证书。在此基础上，根据“依法、自愿、有偿”原则，建立和健全了土地流转机制。二是采取多种形式，探索产业化运行机制。全市已发展 2000 多家股份合作制农业企业，217 个农民专业协会，建成了 330 家骨干农业龙头企业，实现年产值 37 亿元，各类专业大户发展到 6.7 万户。三是加大扶持力度，建立多元投入机制。在加大财政扶持力度的基础上，采取多种形式，对农业实行多元投入。其中 285 户个体工商户参与荒山荒坡开发，面积超过 2000 公顷。此外，一批工商企业也积极参与农产品开发和加工，从而给农业经济注入了新的活力。

企业改革步伐加快

加快产权制度改革，国有城镇集体工业企业和乡镇企业转制面分别达到 61.4% 和 93%。个体私营工业扩规模、上水平，占工业经济总量的比重提高到 48.7%。推进市直真空电子公司、弹力丝厂、海尔曼斯集团、新建染织厂等企业跨地区、跨所有制的联合兼并和资产重组。85 家“小型巨人”企业脱颖而出，其产、销、利分别占国有及年销售收入 500 万元以上的非国有工业企业总量的 43%、41% 和 55%。社会保障体系建设加快，国有及县属以上城镇集体企业养老和失业保险的覆盖面均已达到 95% 以上。普遍建立再就业服务中心，分流安置下岗职工 1.12 万人，再就业机制初步形成。筹集国有集体企业下岗职工基本生活保障和再就业资金 7278 万元，下岗职工基本生活得到保障。全市城镇登记失业率为 3.09%。完善国有资产管理体制，基本建立了经营者考核和奖惩制度，对经营者持大股，技术、管理等要素入股作了探索。

科技工作扎实推进

强化党政领导科技进步目标责任制考核，各县（市）均成为全省科技进步先进县（市），上虞市进入全省技术创新试点市行列。科技投入不断增加，市本级财政科技三项费用及科学事业费支出同口径增长 18%。实施市级以上科技计划 330 项。加快了绍兴、上虞两个省级高新技术产业园区的建设，中国西部软件园浙江分园落户绍兴高新技术产业园区。新昌、嵊州、柯东、诸暨四个高新技术产业园区建设启动。成功组织了’98 北京科技招商引才恳谈活动，绍兴市与中科院、清华紫光集团和上海交通大学等建立了全方位科技合作关系，签订了 139 只科技合作项目，聘请了市政府科技顾问 6 名，达成人才引进意向 1175 名，为进一步促进绍兴市与北京、上海科技教育界的合作奠定了基础。

建筑大市再迈新步

建筑业围绕建设“建筑强市”的总目标，在建筑业低谷期，仍取得了好成绩。一是建筑的质和量跃上了新台阶。建筑业增加值占全市国内生产总值的 9%，全行业工程优良率为39.4%，工程合格率100%，建筑业的产值、名优工程和优秀设计数量为历史最高水平。二是行业的专业结构实现了新调整。利用资质动态管理等有效手段，积极扶植有发展前途且势头较好的企业上规模、上资质，初步扭转了设备安装、建筑装饰等专业缺少龙头企业的局面，拓展了施工领域。同时，按照“强大育专”战略，采取“抓一带二转三专四”的方针，重点扶植一二级企业，优胜劣汰的“马太效应”日趋明显。三是建筑市场拓展有了新突破。按照“市场抢滩”战略和“一主两翼”市场拓展思路，市场结构调整初见成效。目前，全市施工队伍涉及23个省市，形成了一纵一横（沿京九线、沿长江）、一头一尾（东北、西北）的建筑市场，特别是中西部地区，已显现出趋热势头。境外市场已由单纯提供劳务，逐步向工程分包、承包发展，完成境外业务量4886万美元，为历年最好成绩。四是建筑市场治理有了新秩序。已成功组建了市建设工程交易中心，实行一站式办公、一条龙服务，设置了工程报建、资金审核、招标申请、安监受理、质监受理等服务窗口，所有建设工程的手续统一在交易大厅内完成。以量大面广的住宅工程为突破口，加大工程创优管理力度。以创文明安全标化工程为载体，开展各项施工安全管理，真正做到质量治劣、管理治乱、企业治散，建筑市场出现了新秩序。

开放型经济稳中有进

千方百计减少亚洲金融危机的影响，开拓市场，调整结构，自营出口按海关统计口径5.89亿美元，比上年增长9.4%。理顺管理体制，建立外商投资管理局和外商投资服务中心，落实对外加工贸易“一站式”审批制度，投资软环境有了明显改善。精心组织项目推介招商活动，利用外资呈现恢复性增长，实际利用外资1.18亿美元。5个省级经济开发区和会稽山旅游度假区投资环境进一步改善，引进项目155个，实际利用外资4177万美元。对外经济技术合作进一步加强，期末在外劳务人数3500余人，占全省三分之一。

个私经济发展迅猛

全市个私经济创工业产值565亿元，社会消费品零售额91亿元，分别比上年增长31%、32%。呈现以下6个特点：一是发展环境优化，运行势头良好。随着十五大精神的深入贯彻落实，各项鼓励支持发展的政策逐步落实到位，为个私经济创造了更为有利的政策环境和舆论氛围。二是资金投入增加，经营规模扩大。注册资本（金）超100万元的企业有800家，有7家企业总资产超过亿元。现有私营企业集团24家。三是整体效益提高，规模优势明显。全市个私经济实现国内生产增加值比上年增长15%，尤其是规模较大企业生产经营业绩较好、效益明显提高。同时，由于各地把培植块状经济作为发展个私经济的着力点，各项政策措施到位，使许多块状经济日趋活跃。四是引进外资增加，对外贸易加快。全市又有36家私营企业与外商合资（合作），新增外商投资633万美元。全市出口创汇个私企业达到234家，创汇额达到11.9亿元人民币。五是经营领域拓展，行业结构合理。为生产、生活服务的科技开发咨询、职业培训、文化娱乐、广告装璜、信息中介等技术型、服务型个私企业逐渐增多，特别是从事种植、养殖、农副产品加工业的个私企业明显增加。使部分行业相对集中、经营领域比较狭窄、过度竞争问题有所缓解。六是品牌意识增强，科技含量增加。全市个私企业注册商标累计达到1260件，其中被评为省级著名商标4件，已有11家私企通过ISO9000族国际质量体系认证。全市个私企业技改项目达70项，投入达2.8亿元，其中用于新产品开发的投入就达1.7亿元，已开发出新产品153只。

再就业工作成效明显

全市有下岗职工的企业都已建立了再就业服务中心或相应机构，所有下岗职工全部进入了再就业服务中心；全部国有企业下岗职工和96%的集体企业下岗职工基本生活得到了保障，企业离退休人员的养老金也得到了按时足额发放，并基本完成了养老保险制度的统一并轨任务。在具体工作中，主要抓了四条：一是加强调研，制定落实政策措施。二是健全机构，层层落实目标责任。成立了工作领导小组，各县（市）及市级有21个主管部门也均成立了类似的机构。市政府把目标任务层层分解落实，从而初步形成了一级抓一级、一级促一级的工作网络。三是筹措资金，落实基本生活保障。按照财政支持、社会奖励、失业保险金合理安排的办法，多渠道筹集解困和再就业专项资金。四是强化服务，搞好再就业工作。全年累计分流安置下岗职工11203人。对下岗职工组织开展就业指导和职业技能培训，全市约有1.5万名下岗、失业人员参加了再就业培训。另外，还努力扩大养老保险的覆盖面，市区城镇自由职业者实行了养老保险制度，到年底自谋职业者投保人数已达1640人。

水利建设得到加强

十大重点工程进展顺利，特别是汤浦水库工程截流成功。共完成投工1041万工，土石方910万立方米，投资3.3亿元。小型大规模水利工程再掀热潮。全市共疏浚河道416公里，维修加固堤防217公里，兴建高质量标准堤34公里，围垦海涂0.09万公顷，完成小流域治理91平方公里，加固处理病险水库103座，改造中低产田0.93万公顷。以水法宣传为载体，规范化建设为基础，河道综合整治为重点，水政执法力度有了新的加强。水利改革步伐加快，小型农田水利设施产权制度改革试点已在各县市展开。河道"三清"工作进一步深化，部分乡镇成立专业清草队，实行常年打捞，以沿河砌坎、河边绿化、河堤硬化、水质净化、环境美化为目标的河道综合整治工作进展顺利。

（绍兴市人民政府办公室　严关木）

绍兴市国民经济主要指标

指　标	单　位	1998年		1997年	
		地　区	市　区	地　区	市　区
年底人口数	万　人	430.04	32.43	428.94	31.90
其中：非农业人口	万　人	72.65	23.40	70.11	22.82
土地面积	平方公里	7901	101	7901	101
人口密度	人/平方公里	544	3210	542	3158
年末劳动力资源总数	万　人				
其中：乡村劳动力	万　人				
国内生产总值	亿　元	651.33	70.68	594.55	69.94
农林牧渔业产业	亿　元	108.50	3.92	101.22	3.87
粮食产量	万　吨	182.08	4.32	181.26	4.29
蔬菜产量	万　吨	118.56	6.40	95.77	6.04
猪牛羊肉产量	万　吨	8.28	0.58	7.95	0.51
水产品产量	万　吨	5.50	0.48	5.15	0.51
全部工业总产值	亿　元	1763.41	105.60	1499.56	116.85
其中：乡及乡以上	亿　元				
*客运总量（包括铁路）	万　人	9722	1590	10850	1242
*货运总量	万　吨	5614	517	6849	471
固定资产投资总额	亿　元	170.17	30.39	164.52	26.36
其中：住宅	亿　元	30.11	7.32	25.36	4.02
房地产开发投资额	亿　元	18.23	7.03	13.57	4.82
商品房销售额	亿　元	15.69	6.29	13.72	4.87
出口贸易总额（海关口径）	万美元	58904	—	53843	
进口贸易总额	万美元	32132	—	40075	
利用外资签订协议总数	项	75	10	73	12
利用外资签订协议金额	万美元	12877	3807	7487	3210
实际利用外资金额	万美元	11789	4064	11481	4213
国际旅游人数	万　人	3.61		3.47	
国际旅游收入	万美元	1557		1495	
地方财政预算内收入	亿　元	14.20	4.02	12.54	4.00
地方财政预算内支出	亿　元	16.44	4.11	14.17	3.58
*银行年末各项贷款余额（为金融机构）	亿　元	376.71	106.46	316.13	86.29
每万名职工中专业技术人员数	人				
其中：中级职称以上	人				
城镇居民家庭人均生活费收入	元		8087		7625
农村居民家庭人均纯收入	元	4408	—	4119	

注：表内各项产值均按当年价格计算　　（绍兴市统计局供稿）

舟山市

国民经济综述

1998年，面对困难和压力，舟山市上下集中精力抓经济建设，采取了一系列切实有效的措施，国民经济继续保持稳中有进的增长态势，全年经济增长速度逐季加快。全市国内生产总值93.5亿元，比上年增长7.2%，人均国内生产总值9486元，比上年增加437元。

（一）新经济增长点的培育和资源优势的开发利用工作得到进一步加强，产业结构调整取得初步成效 以旅游、港口贸易为重点的第三产业发展较快，全年第三产业增加值35.2亿元，比1997年增长8%，高于国内生产总值增幅，对国内生产总值的贡献率达到39.7%，比上年提高10个百分点，占国内生产总值的比重上升到37.7%。第一产业尤其是具有资源优势的渔业稳步增长，从而使全市第一产业增加值达到30.7亿元，增长8.9%，对国内生产总值的贡献率达到38.2%，占国内生产总值的比重为32.8%。第二产业平稳发展，全年增加值27.6亿元，增长4.7%。

（二）投资结构继续改善 1998年，全社会固定资产投资31亿元。在固定资产投资中，突出与经济结构的调整，消费市场的启动和长远的经济社会效益结合起来，使投资结构进一步优化。加大了生产性投资特别是技术改造投资力度，促进技术创新，产业升级，1998年全市技改投资中用于技术创新的投资同比增长41%。加大了对城市经济适用住房的投资力度，努力消除住房消费的制约因素，启动住房消费市场，个人购房面积和销售额同比分别增长56.6%和71.1%。加大了对基础设施建设的投资力度，全年交通运输业投资增长49.8%，水利投资增长2.9倍，经济发展的硬环境进一步改善。

（三）财政实力稳步增强 大力推进财税改革，做好培植税源和依法征管两篇文章，1998年全市财政总收入完成70986万元，比上年增长17.9%。其中地方财政收入39944万元，比上年增长24.2%。财政支出结构继续优化。农业投入增加，全年财政支农支出增长43.4%；对科学技术和教育事业的支持力度进一步加大，科技支出增长18.2%，教育事业费增长23.4%；支持企业技术改造，用于企业技改挖潜支出比上年增支3.6倍。金融业务稳步发展。到1998年底，全市金融机构各项存款余额110.7亿元，比上年末增长21.8%，贷款余额76.5亿元，比上年末增长11.7%，其中，技改基建贷款余额97753万元，比上年末增长27.3%。

（四）城乡居民生活稳定 全年渔农民人均纯收入3954元，实际增长0.5%，城镇居民人均可支配收入7735元，实际下降2.1%，职工平均工资8786元，增长5%。市场物价继续回落。全年商品零售价格比上年下降2.2%，居民消费价格比上年下降0.1%。

企业改革

1998年国有及城镇集体中小企业改革从涉及的系统、资产总量、职工数量来看，是舟山市历史上规模最大的。到1999年2月底，全市已有485家国有及城镇集体中小企业推行了以产权制度改革为核心的企业改革，占应改制企业的87%。改革从舟山实际出发，选择股份制和股份合作制为主要形式，加大力度，整体推进，因企制宜，分类指导。对15家企业资产质量较好，符合产业导向，发展前景较好的企业，通过推行资产重组，组建企业集团，扶优做大。对一大批处于不同状态的中小企业，采取多种形式放开搞活。对严重资不抵债、生存无望的企业，在安置职工的前提下，进行劳动和资本的重组。年内市属127家改制企业中，改制成有限责任公司和股份合作制企业76家，外资全额收购1家，破产及职工安置重组36家，整体拍卖3家，兼并10家，租赁1家。在改革过程中，核实企业资产，该核销的核销，该剥离的剥离，该提留的提留，解脱企业的历史包袱，使企业轻装上阵；盘活企业有量资产，降低企业资产负债率；解开企业贷款担保“连环扣”死结，帮助企业走出困境。通过改革，企业投资主体得到明确，产权得到明晰，为企业按照现代企业制度要求实施规范运作奠定了良好的基础。配合企业改革，成立了市国有资产投资经营公司，努力实现国有资产的保值、增值。

产业结构调整

立足舟山现有产业基础，注重发挥资源优势，以市场为导向，以效益为目标，进一步加快了产业结构调整步伐。工业，继续推行“抓大活小”。扶优做大企业通过资本、技术、管理等多种形式的扩张，生产规模扩大、效益提高，海力生、弘生、兴业、金鹰和扬帆等5家重点骨干企业产值和利税分别比上年增长11.6%和21.6%。中小工业企业加快以股份制和股份合作制为主要形式的产权改革，生产经营出现新的局面。1998年，全市股份和股份合作制工业企业完成产值占全市产值的比重比上年提高5.6个百分点。具有舟山优势的新兴产业和拳头产品得到较好的培育和发展。发挥舟山资源优势，积极扶持和加快海洋药物、修造船、水产品加工、电子、纳米材料等新兴产业和新产品的开发与发展步伐，取得了明显成效。全年海洋药物产值比上年增长18%，修造船产值比上年增长4.3%，水产品精深加工产量增长14.4%，特别是和渔业生产结构调整配套的低值鱼加工能力提高1倍以上。渔业，继续实施"抓两头、转中间"的结构调整战略，拓展远洋捕捞，大力发展养殖，稳定国内捕捞。全年水产品总量达到132.5万吨，比上年增长12.8%，产值55.2亿元，比上年增长5.5%。远洋渔业作业船只达到229艘，产量13.1万吨，比上年增长6.6%。水产养殖总面积扩展到0.5万公顷，产量3.1万吨，比上年增长24.7%。国内捕捞扩大灯围作业和鳀鱼捕捞规模，加快开发上层鱼资源，确保了捕捞总量的稳定。农业生产加快调整农作物种植结构，积极发展节水农业和效益农业，推进农业产业化，在稳定粮食产量的同时，优质农产品生产供应能力有了新的提高。

外经贸与旅游业

在亚洲金融危机影响不断加深的情况下，舟山市外经贸工作趋利避害，发挥优势，取得了来之不易的成绩。1998年完成地方自营进出口总额3亿美元，其中地方自营进口1.17亿美元，增长15.7%，地方自营出口1.82亿美元，比上年有一定幅度下降。进口贸易格局有所变化，专业外贸公司和三资企业比重分别上升9个和23.8个百分点。外贸市场继续得到拓展，全年出口国家及地区比上年增加2个，目前5个最大的贸易伙伴依次为日本、韩国、欧盟、香港和美国。利用外资规模有所扩大。全市全年新批三资企业10家，项目平均投资额为468.7万美元，比上年增长61.63%。协议利用外资和实际利用外资均较好地完成了省下达任务。对外经济技术合作稳步发展。全市外派劳务1281人次，完成营业额463万美元，分别比上年增长19%和8%。境外新办企业取得新进展，舟山市驻日本办事处和驻阿根廷贸易办事处经营业务已经起步，全年带动对驻在国出口159万美元。经外经贸部批准，在香港成功设立兴舟（香港）有限公司。

旅游业强化市场促销，1998年接待国内外游客343.6万人次，比上年增长5.6%，其中接待国内游客338.9万人次，接待国外游客4.8万人次。旅游收入15.2亿元，比上年增长16.7%，国际旅游收入2350万美元。

港口开发与航运

面向21世纪，把开发深水岸线、建设深水码头泊位作为推进舟山经济跨世纪发展的战略重点，积极配合上海国际航运中心建设，发挥深水岸线资源优势和区位优势，切实加大招商引资力度，以重大项目为抓手，加快港口开发建设步伐。一批重大港口项目建设继续取得进展。宝山钢铁（集团）公司嵊泗马迹山25万吨级矿砂中转港项目在完成进港公路、海水淡化工程等配套设施建设后，1998年11月8日主体工程正式全面开工；东海平湖油气田岱山原油中转站工程及六横龙山6万吨级船坞工程建设基本完工，已投入试运营；兴中石油转运（舟山）有限公司二期扩建工程6个5万立方米油罐已完成基础工程。一批重大港口项目正在加紧争取，包括野鸭山国际煤炭中转项目、册子岛原油中转项目、长峙30万吨级修造船基地等。结合推进城市化建设，加大了港口基础及配套设施投资力度。加紧全市两个海上客运主窗口——定海客运港区和普陀山客运码头改造建设步伐，加强了航道建设养护，确保航道畅通，港航业务正常有序运作。

在加快港口开发建设的同时，积极发挥以大宗货物水水中转为特色的港口综合优势，加大揽货力度，拓展港口贸易。重点引入老塘山港一期件杂货、集装箱储运等合作项目，实施集装箱内支线运输跨行业联合经营。在发展港口贸易中，增强服务意识，提高办事效率，全年国际航线船舶进出口审批1459艘次，605.7万吨，国内船舶进出口签证11.24万艘次。舟山港全年货物吞吐量达到1655万吨，比上年增长6.5%，按吞吐量计算，在全国沿海港口中列第13位，其中外贸货物吞吐量382万吨。依托港口优势，舟山船舶交易市场下半年建成开业，到年底交易各类船舶116艘，7.67万吨，成交额1.26亿元，成为港航业新的经济增长点。

基础设施建设

舟山市坚持基础设施建设适度超前的思路，继续推进基础设施建设"登陆战略"，使地处海岛的舟山经济发展硬环境持续改善。水利方面，投资1.72亿元，完成了年度24条，共47.19公里标准海塘建设，其中50年一遇18条，41.29公里；建成了岑港水库、紫岙水库等一批蓄水工程，年增加蓄水能力675万立方米舟山从大陆引水应急工程海底管道铺设年底开工。交通方面，华东最长的跨海大桥——朱家尖跨海大桥主体工程已经完成，全线竣工通车在即；“329”国道拓宽改造、定马公路及三江码头等已投入使用；舟山至宁波跨海大桥工程前期工作取得实质性进展，舟山本岛接线公路已经动工建设，分阶段跨海大桥工程1999年正式开工。电力方面，舟山与大陆双回路电力联网工程已经开工建设，年底完成总工程量的25%。通讯方面，舟山至宁波海底光缆铺设工程已全面开工，市话扩容、移动通讯基站建设等取得新的进展，全年新增固定电话用户3.38万户，全市电话普及率由上年的13.7部/百人提高到18.6部/百人，移动电话用户由上年末的17680户增加到31297户，增长77%。城市建设和管理方面，新一轮《舟山市城市总体规划》通过了省鉴定，旧城改造步伐加快，一批市政重点工程及实事项目相继竣工，城区供水、供气及道路交通条件进一步改善。

下岗再就业

1998年省下达舟山再就业安置分流任务3500名，市政府自加压力，增加到8000名，并将此指标列为全市重要的经济和社会发展指标，把实现指标的立足点放在加快舟山经济发展上，与企业改革、产业结构调整有机结合起来，全力抓好下岗再就业工作。一是明确目标，完善网络。市委、市政府把下岗再就业工作作为“一把手工程”，放到突出位置来抓。市政府同4个县（区）和市属部门签订了再就业工作目标责任书，县（区）政府和市属部门也将再就业任务层层分解，明确所属部门、企业、单位各自的职责和任务。同时，调整充实各级再就业工作领导小组、协调小组及就业服务机构、下岗职工专管员队伍力量，进一步完善了党政领导挂帅，劳动部门牵头，有关部门配合，企业单位参与，专门队伍辅助，社会各界关注的实施再就业工程工作网络。二是政策保证、狠抓落实，市里制订出台了《关于切实做好国有企业下岗职工基本生活保障和再就业工作的实施意见》，劳动、财政、工商等部门据此制订操作性强的配套政策，在具体工作中狠抓落实，并把工作重点放到创造就业岗位，疏通信息渠道，完善再就业服务上来，通过开通“再就业”热线，完善各级劳动力市场，加强对下岗职工的再就业培训，落实一系列优惠政策等，使再就业工作取得了较好效果。1998年，全市安置分流下岗职工、失业职工10372人，其中安置分流下岗职工8900人，1472名失业职工实现再就业，完成省下达指标数的近3倍。到年底，下岗失业职工总数为5847人，同比减少近1/2。全市城镇登记失业率为3.1%。

社会保障

社会保障工作以养老保险制度改革为重点，同时积极推进医疗、工伤、生育保险制度改革，取得了显著进展。养老保险制度改革，通过建立统一的企业职工养老保险制度，确保离退休人员及时、足额领到养老金。根据国务院和省政府有关文件精神，全市已如期完成统一制度及并轨工作，打破了所有制和身份界限，实施范围拓宽，实行“三个统一”：企业缴费比例统一，减轻了企业负担；个人账户模式和管理统一，增强了职工养老保险意识；计发办法统一，保证了新老制度平衡衔接。一年来，全市有58家新增企业、30家私营企业和256家个体户加入养老保险，5205名自谋职业人员重新办理了参保手续。到年底，全市共有1062家企业11.1579万名职工参加了养老保险，比1997年增加3300名。为确保离退休费按时足额发放，加大了养老保险基金收缴力度，落实专管员制度和“确保”责任制，使全市养老保险基金的收缴率保持在96%以上。同时加快了养老保险管理服务社会化步伐，收到了良好效果。医疗保险工作，以切实保障职工基本医疗为重点，进一步扩大医疗保险覆盖面，做好医疗保险受理、结算、拨付工作及医疗费用审核工作。一年来，新建企业及尚未参加保险的企业全部纳入医疗保险，参保率达到了99%，同时吸纳2400余名个私从业人员和自谋职业人员参加保险。在扩大保险面、保障职工基本医疗的同时，切实加强了医疗费用审核工作，较好地控制了医疗费用的不合理增长。

科技教育事业

深入实施“科教兴市”战略，把科技和教育工作放在突出重要的地位，加大投入，力求实效。进一步加强了对科技工作的领导，继续实行市、县（区）党政领导科技目标责任制。全年安排实施各级各类科技计划项目共339项，其中，中外科技合作项目一项，国家级“九五”科技攻关项目2项，国家级“火炬计划”、“星火计划”项目2项，省级项目82项，为历年来列入省级以上各类科技计划项目数量最多、档次最高的一年。在培育高新技术产业方面，组建了舟山明日纳米材料有限公司，9月份全国第一条具有自己知识产权及国际90年代中期先进水平、年产百吨级纳米硅基氧化物材料系列生产线建成投产。在“科技兴海”方面，欧洲鳗海水集约化养殖技术开发，鳀鱼深度开发利用、上层鱼加工产业化研究、大黄鱼全人工养殖技术研究均取得了经济意义上的突破。技术市场建设、民营科技企业发展等工作也取得了新的进展。科技工作对国民经济的贡献率有了明显提高。教育事业协调发展，全市学龄儿童入学率99.8%，小学毕业生升初中率97.52%，中等职业技术教育继续发展，成人教育成效显著。由浙江水产学院和舟山师专合并组建的全国第三所海洋学院——浙江海洋学院正式㧑生运作，使舟山的高等教育上了一个新的台阶。

（舟山市人民政府办公室　江建国　张欣尚）

舟山市国民经济主要指标

指　标	单　位	1998年		1997年	
		地　区	市　区	地　区	市　区
年底人口数	万人	98.54	68.36	98.58	58.22
其中：非农业人口	万人	25.71	19.64	24.42	18.56
土地面积	平方公里	1440	1027	1440	1027
人口密度	人/平方公里	684	666	685	664
年末劳动力资源总数	万人	77.20		75.45	54.00
其中：乡村劳动力	万人	58.82		57.57	40.39
国内生产总值	亿元	93.50	67.05	89.15	62.79
农林牧渔业产值	亿元	64.71	39.63	63.18	37.53
粮食产量	万吨	12.41	10.86	13.22	11.82
蔬菜产量	万吨	13.25	11.54	11.97	10.20
猪牛羊肉产量	万吨	0.88	0.73	0.76	0.68
水产品产量	万吨	132.54	73.13	117.5	64.78
全部工业总产值	亿元	84.15	67.81	81.39	66.58
其中：乡及乡以上	亿元			52.53	44.14
客运总量	万人	6789	5619	6670	5760
货运总量	万吨	2357	1836	2457	1875
固定资产投资总额	亿元	31.00	23.67	34.09	26.82
其中：住宅	亿元	6.81	5.87	7.75	6.52
房地产开发投资额	亿元	7.97	7.41	7.74	6.93
商品房销售额	亿元	9.14	6.81	5.40	4.84
出口贸易总额	万美元	19440	17514	23917	19997
进口贸易总额	万美元	12823	12823	11711	11711
利用外资签订协议总数	项	12	9	16	16
利用外资签订协议金额	万美元	2428	1980	848	848
实际利用外资金额	万美元	658	473	1162	1047
国际旅游人数	万人	4.73	4.49	5.26	5.20
国际旅游收入	万美元	2350	2230	2492	2464
地方财政预算内收入	亿元	3.99	2.93	3.07	2.16
地方财政预算内支出	亿元	8.0	5.69	6.40	4.40
银行年末各项贷款余额	亿元	59.54	48.60	51.64	42.98
每万名职工中专业技术人员数	人	1518	1230	1428	1435
其中：中级职称以上	人	454	432	396	417
城镇居民家庭人均生活费收入	元	6878		7166	
农村居民家庭人均纯收入	元	3954		3940	

注：表内各项产值均按当年价格计算

（舟山市人民政府办公室供稿）

福 州 市

经济发展概况

1998年，福州市国民经济保持持续、快速、健康的发展态势。预计全市国内生产总值853.4亿元，比增17.56%，其中第一产业129.2亿元，比增6.6%，直接拉动经济增长0.8个百分点；第二产业360.95亿元，比增20.1%，直接拉动经济增长10.56个百分点；第三产业363.25亿元，比增17.5%，直接拉动经济增长6.2个百分点。财政金融形势保持平稳，全年全市财政总收入58.66亿元，比增15%，其中地方财政收入41.24亿元，比增14%；年末全市金融机构各项存款余额680.91亿元，比年初增加74.68亿元；各项贷款余额412.76亿元，比年初增加43.82亿元。全市城镇居民人均可支配收入6820元，比增6.3%；农民人均纯收入3520元，比增9.2%。全市社会消费品零售总额277.1亿元，比增18.2%；全市商品零售价格指数、居民消费价格指数分别为99.0和100.5，均低于年初确定的目标。

外向型农业

福州市以海峡两岸农业合作实验区成立为契机，围绕"农业招商引资、实验区建设、对外交流与合作、创汇农业"四大任务，扩大农业对外开放，外向型农业取得了较好成效。呈现以下特点：一是农业招商引资成效显著。全市共签约农业外资合同项目124项，总投资6.08亿美元，合同外资4.87亿美元；已批合同93项，总投资2.57亿美元，协议外资2.10亿美元；动工58项，投产51项，实际利用外资（含间接利用外资）1.21亿美元。二是海峡两岸农业合作实验区建设取得阶段性成果。以福清渔溪、闽侯荆溪、马尾琅岐三个示范区为重点的海峡两岸（福州）农业合作实验区建成了首批20个重点项目，并全面启动第二批30个重点项目。三是农业对外交流层次进一步提高。举办了首届海峡两岸（福州）农业科技合作交流研讨会，与美国、以色列、日本、新加坡、澳大利亚及台港澳等国家和地区的农业专家、学者及经贸界人士加强互访，交流现代农业科技、信息，探讨农业合作项目，引进农业良种，建立良种推广基地67万公顷，密切了与国外、海外农业界的联系。四是创汇农业保持持续、健康发展。全市新建外向型乡镇企业101家，全年乡镇企业出口交货总值可达197.97亿元，比增14.1%；建立境外乡镇企业5家，境外生产远洋渔轮达60艘，基本上形成了以水产为支柱，以瘦肉型猪、果蔬、花卉、食用菌、茶叶为主导产业的创汇农业，有力地推动了农业的全方位对外开放。

国有企业改革

福州市认真落实优化资本结构试点城市的各项政策，特别是认真贯彻中央1997年召开的国有企业改革工作会议精神，立足市情，制定《福州市工业企业三年改革和摆脱困境的实施意见》，分类指导"抓大放小"工作，大胆探索公有制多种实现形式，积极推进国有企业改革。在"抓大"方面，着力抓好重点企业制度创新，全市已组建的70家企业集团进一步规范内部法人治理机构，加快企业经营机制转换，福发、天宇等一些上市公司已按《公司法》要求实行董事长、总经理分设；鼓励优势企业实施低成本扩张，大通公司兼并闽瓷总厂、一化集团兼并闽侯磷肥厂等。"放小"工作进展顺利，省定141家国有小企业改制计划已有110家通过兼并、转让、公司制、股份合作制、租赁承包、托管等多种形式放开搞活，完成实际计划数的90.9%，其中市属小型国有企业58家已通过多种形式改革的有53家，完成计划数的91.4%；八县（市）国有小型企业63家已通过多种形式改革的有57家，完成计划数的90.5%。实施优化资本结构试点工作顺利，完成1998年度国家批复的企业兼并破产计划，实施企业兼并4家，破产1家，预计核销银行呆、坏账3.34亿元。

对外开放

1998年面对政策优势弱化、国内外竞争加剧、亚洲金融危机负面影响日益显现的严峻挑战，福州市坚持把扩大开放和发展外向型经济摆在十分突出的位置，广泛发动，顽强拼搏，基本实现了年初提出的利用外资不低于上年水平和保持外贸出口持续增长的目标。全年全市新批外资项目460项，合同外资9.5亿美元，实际利用外资10亿美元，其中外商直接到资9亿美元；对外贸易稳中趋升，全市出口总值23亿美元（业务口径），比增13.5%；国际经济技术合作领域不断拓展，全年可完成新签合同额5500万美元，完成营业额

6300万美元，年末在外劳务8000人，外派各类劳务6500人次，分别比增2.8%、8.4%、27.1%和4.4%。旅游产业稳步发展，侨务、外事工作也取得新进展。对外开放呈现以下特点：一是领导有方。市里成立了应对亚洲金融危机工作领导小组，严格利用外资指标考核，坚持定期召开利用外资大项目协调会和出口协调会，推动国有外经贸企业和三资企业加快发展。二是措施得力。出台了《关于进一步加强投资软环境建设的实施意见》等新政策，全面简化外商投资建设项目审批手续和程序，加大出口通关协调力度，编发外资企业收费明白卡，开设外国人服务中心，继续推行利用外资项目ABC分级分类跟踪管理责任制，突出抓好大项目和出口大户，投资软环境进一步优化。三是形式得体。围绕“文化搭台，经贸唱戏”，成功举办建城2200年暨'98中国福州国际招商月活动，突出抓好“二次招商”，积极开展创意招商，推行网络招商、展会招商和商会招商。四是帮扶到位。制定出台《关于扶持国有外贸出口的意见》、《关于促进外经贸发展的通知》等扶持政策，在减轻外贸企业税外费负担、鼓励发展加工贸易、支持外经贸企业重组改造等方面加大工作力度，实施了外经贸出口财政贴息资金和出口奖励制度、扶持机电产品出口和出口基地建设以及加强国有外贸企业管理等措施，帮助企业渡过难关，努力促进外经贸发展。

拓展内需

投资和消费对经济增长的拉动作用增强。全年全社会固定资产投资完成252亿元，比增14.6%，市级39项重点建设项目完成投资37亿元，建成或基本建成市区110kV新港、通湖输变电站、市电视中心（一期）等14项工程。积极、合理引导消费，认真贯彻落实党的十五届三中全会精神，下大力气整顿农村电价，严肃查处乱摊派、乱罚款、乱集资，切实减轻农民负担，提高农民的消费能力；充分发挥农副产品批发市场、集贸市场主渠道作用，建立健全“绿色通道”，解决农村“卖难”问题，增加农民收入；充分发挥供销社等流通组织主渠道作用，通过连锁推销、送货上门等方式，启动和搞活农村市场。投资3亿元的福州国际会展中心正式投入运行，成功承办了'98全国针棉纺织品交易会、'98中国体育用品博览会、全国药品交易会等全国性、行业性的大型展览、展销会。高度重视地产品开拓省内外市场工作，成立了“地产品销售协调小组”，牵头组织、协调本市地方产品促销工作；颁布实施了《关于进一步开拓福州市名优产品销售市场的意见》，明确规定今后凡市财政投资的各类建设项目及社会集团控购商品，在质量、价格和服务同等条件下，提倡优先使用本市产品。在充分挖掘本地市场潜力的同时，采取“拉进来、走出去”的办法，通过“政府搭台、企业唱戏”，大力开拓西北、西南市场，成功举办了福州市名优新特产品秋季订货会、福州市名优新特产品（昆明）展销会等地产品促销活动，取得了良好的成效。在昆明举办的展销会上，仅4天时间成交金额就达20.46亿元。同时还以这次昆明展销会为契机，积极引导企业强化营销观念，建立健全销售网络，动员各参展企业在当地设立了579个办事处和销售点，为“榕货”开辟了新的市场空间。适应社会需求，适时放开二轮（轻便）摩托车报牌。加强市场建设，加快新型商业业态发展步伐，全面推行“净菜上市”和牲畜定点屠宰，市场管理得到加强。居民“菜篮子”更加丰富，物价继续保持低位运行，全年社会消费品零售总额277.1亿元，比增18.2%；全年商品零售价格指数、居民消费价格指数分别为99.0%和100.5%，均低于年初确定的目标。

非国有经济发展

进一步加快乡镇企业发展，促进个体私营经济上规模、上档次。在加快乡镇企业发展方面，制定《关于加快我市乡镇企业产权制度改革的意见》，提出一般乡村集体企业改制成股份合作制企业；规模较大、效益较好的乡镇企业进行公司制改造；以大型骨干企业为依托组建企业集团；小、微、亏乡镇企业实行兼并、租赁、拍卖和风险抵押承包等意见，引导乡镇企业加快改革步伐，一批乡镇企业以多元化投资主体替代了原来单一的集体所有制经济。全年共发展股份合作制乡镇企业507家，新成立有限责任公司291家，进行乡（镇）村两级集体企业改制81家，组建股份有限公司2家，组建企业集团4家，兼并、租赁、出售、破产近1100家，进行资产重组11例。通过改革，促进了乡镇企业持续、快速发展。全市乡镇企业总产值达1019.62亿元，比增25.1%；实现税金20.3亿元，比增10.5%；纯利润39.2亿元，比增12.0%。为进一步促进个体私营经济上规模、上档次，成立了私营经济园区领导小组，出台了《关于加快个体私营经济发展的若干意见》和《关于创办福州市私营经济园区的决定》，积极引导、鼓励和支持有实力的私营企业参与承包、租赁甚至兼并国有、集体企业，积极嫁接外资，大力引进国外先进的技术和管理经验。同时，制定优惠政策，积极鼓励有技术、有能力的下岗职工从事个体私营经济，全市共有个体工商户、私营企业近8.4万户，从业人员达25万人。

县（市）区经济

加大对县（市）区工作的指导力度，组织开展对思路、对项目、对任务、对措施和寻找资金来源的“四对一找”活动，引导各县（市）区理清发展思路，帮助各县（市）区解决发展中遇到的问题。制定实施《关于加快县（市）区经济发展的若干意见》，从财政、税收、金融等方面采取有效政策、措施，积极鼓励和引导县（市）区发展特色产业；有效推进山海协作，加大对永泰、平潭等县的财政转移支付力度，帮助部分县（市）区解决涉及100多个项目、总额近20亿元的贷款问题。县（市）区经济总量不断壮大，福清、长乐、闽侯、连江等县（市）迈入全省经济实力十强县（市）行列，闽侯、罗源等县迈入全省经济发展十佳县行列。各县（市）区财政基本实现收支平衡。

再就业工程

1998年是实施再就业工程力度最大的一年。全市共需分流和下岗职工6.3万人（其中国有企业需分流和下岗职工4.15万人），已安置分流下岗职工3.5万人（其中分流安置国有企业下岗职工2.8万人，集体企业下岗职工0.7万人），国有企业下岗职工再就业率达67.5%，再就业人数超过新增下岗职工人数。全市已建立企业再就业服务中心205家，国有企业建立再就业服务中心率、有就业要求的下岗职工进中心率、进中心下岗职工基本生活费发放率和离退休人员养老金发放率均达到100%。财政、劳动部门和企业“三家抬”再就业基金的筹资机制基本形成，全年全市共筹集再就业基金4000万元。在实施再就业工程过程中，联系实际，抓出特色，形成了“一二三四五发展格局”和“六大新亮点”，即实施再就业“一把手工程”，坚持再就业与发展社区服务“两篇文章”一起做，形成失业、养老、下岗职工基本生活和城市居民最低生活等“三条保障线”，开拓了民政、治安、物业、家政“四大就业新领域”，建立再就业“五级社会服务网络”。形成“六大新亮点”：一是下岗带下岗，共同走上岗；二是城里下岗，乡下上岗；三是以就业促创业，培育新经济增长点；四是变“上访”为“下访”，建立领导干部“下岗职工接待日”；五是开展实施再就业工程“五月关怀行动”和“千家送岗暖万家”活动，形成全社会关心、关怀、关注下岗职工的氛围；六是抓住法制建设关键环节，建立市场就业和社会保障新机制，保证社会安定稳定。

城市基础设施建设

市政基础设施不断完善，新建、扩建了江滨大道等6条市区交通主干道，改造了广达路等17条市区支路、102条街巷和29条道路人行道，目前，全市建成区道路总长已达857.6公里，总面积已达797.6万平方米，人均道路面积达7.31平方米，基本形成了市区环形放射性路网，极大地改善了城市交通环境。城市供水、供电、供气、供热能力继续提高，西区水厂二期一组工程已正式投产，敖江二水源工程破土动工，供水普及率达99%以上；市区日供电量最高达1876千瓦时；城市气化率达86.1%；全年合计开采温泉245万吨，集中供热程度进一步提高。通讯能力不断增强，市区电话主线普及率已达32.1线/百人。完成三八路等一批新扩建道路配套绿化和六一路等20多条（段）主次干道绿化改造，新建、续建光明港公园（二期）等11座公园，建成区绿化覆盖率达到30.13%，人均公共绿地面积达到6.43平方米。加大经济适用房建设力度，建成经济适用房（安居工程）25万平方米，出售和预售70万平方米；据统计，1998年，福州市经济适用住房建设约占市区住宅开发建设规模的1/5。

城市基础设施工程质量管理

1998年，福州市受新增国债支持的8个城市基础设施项目建设进度、质量都达到了预定标准，得到国务院和中央有关部门的充分肯定。在加强城市基础设施建设过程中，不断建立健全质量保障体系，强化城市基础设施工程质量管理，呈现出以下特点：一是深化项目前期工作，严把项目规划设计质量关。引入竞争机制，开展规划设计招标以提高规划设计水平，组织专业人员和人文、社会科学、环境科学等方面专家及民主人士进行综合评估，大大提高项目的可行性和经济技术的合理性。二是突出抓好五个重点，切实加强工程建设管理。全面推行招投标制度，优选施工队伍；强化工程监理，全面推行社会监理制；坚持工期服从质量的原则，千方百计确保工程质量；严把材料、设备关，材料须经监理工程师抽样验测合格后方可进入施工现场；坚持“依法治市、科技创业、质量兴业”，积极开展科技攻关，向科技要质量，向科技要效益。三是综合运用经济、法律、行政等措施，保证质量管理落到实处。对城市基础设施项目、特别是大中型城市基础设施项目实行“五定”管理办法，即：定分管市级领导、定建设行政主管部门责任领导、定责任部门、定计划目标、定业主单位，层层抓落实；严格执行验收制度，把好质量终审关，同时充分发挥社会监督作用，提高全民质量意识，市建委专门设立了24小时投诉中心，接受举报，组织查处。

环境保护

福州市坚持把创建国家卫生城市工作作为提高城市整体素质、推进两个文明建设的突破口，坚持以城市环境综合整治定量考核为龙头，全面推进城市环保工作。垃圾袋装等“五项基本功”全面落实，内河治理等“五个难点”得到有效解决，全市主次干道保洁率达98%以上；祥坂、快安、马尾污水处理厂建成并投入运行，动工建设洋里污水处理厂，大力推广埋地式无动力污水处理装置，城市污水处理率达20%；对华林河、光明港等13条内河进行了整治，内河整治工程和内河引水工程已基本完成，市区内河水质得到改善。继续完善空气质量周报工作，大气环境质量接近一级标准。完成了闽江水环境污染、制鞋业“三苯”废气、小水泥粉尘、小建陶烟尘等四大重点污染源阶段性整治任务；在国家环保局组织的城市环境综合整治定量考核中，环境管理的分类得分列全国46个重点城市第9位。

城市科技、教育发展情况

认真实施“科教兴市”战略，制定《关于进一步加强和推进科教兴市工作的决定》，先后出台了扶持“福州软件园”建设的若干规定及引进高层次专业技术人才、留学回国人员等优惠政策。大力推进十大科技工程，组织实施“火炬计划”项目25项、“星火计划”项目107项。积极扶持民营科技企业发展，全年新审批民营科技机构60家，全市民营科技企业技工贸总收入可超30亿元，创汇3000万美元。加速高新技术产业化进程，决定从1998年起连续三年，每年安排1000万元用于高新技术项目的贷款贴息；投资3000万美元、以股份制形式创办的“福州软件园”已被列入“国家火炬计划软件产业基地”；“百亿电子城”、“实达科技城”、“福大新大陆科学园”建设步伐进一步加快。科技体制改革逐步深化，对部分市属国有科研所实行了科研与开发分类管理，推动科研所向科技型企业转轨变型；筹建了福建省第一家技术经纪人事务所，技术市场培育取得新进展。科技与经济结合进一步密切，1998年共投入资金3.8亿元，推广科技成果284项，新增产值105.6亿元，新增利税4.94亿元；科技成果获省科技进步奖19项，获国家专利申请公告450项，授权394项；“福州全国建设科技发展试点城市”工作已通过国家建设部验收，跻身于全国建设科技先进市行列；农村经济科技含量进一步提高，建设“海上福州”科技工程顺利实施。经过全市上下共同努力，1998年，福州市全年全市高新技术产品产值达125亿元，科技进步对经济增长贡献率已接近50%；第二次荣获“全国科教兴市先进城市”称号，闽清县、马尾区顺利通过国家科技部“全国科技工作先进县（区）”验收，使全市达标县区达到9个，走在全省前列。正式在市区实施以“免试、分设、就近、对口”为主要内容的初中招生制度改革，教育“两基”工作通过国家教育部验收。总结推广素质教育试点经验，制定出台《关于加强福州市中学教学工作的若干意见》等条例，由教育部授牌的市3所学校积极开展现代教育技术试验，现代教育工程正式启动，切实把推进全面素质教育落实到全面提高教育教学质量上来。以基础教育为重点，大力发展职业高中、农民实用技术培训等各类教育事业，整顿、规范社会力量办学行为，加大薄弱校建设力度，强化学生德育工作，优化师资队伍，推动全市教育事业迈上了新台阶。

（福州市人民政府办公厅　林秀燕）

厦　门　市

综合概况

1998年，厦门市在深化改革，扩大开放，促进发展，保持稳定，采取“减负、增投、促销、增效、节支”等措施方面，努力克服亚洲金融危机、国内市场需求不振等造成的不良影响，国民经济在连续多年高速增长的基础上，继续保持健康、快速的发展势头。全年实现国内生产总值420.1亿元，增长16.2%，财政总收入56.66亿元，增长17.8%，其中地方级财政收入35.12亿元，增长14.9%。三次产业的结构进一步得到调整，一、二、三次产业的增加值为22.01亿元、216.84亿元和181.26亿元，分别增长3.3%、18.8%和13.4%。人民生活水平有所提高，城镇居民人均可支配收入9179元，增长2.22%，农民人均纯收入3826元，增长5.43%。城乡居民储蓄存款余额197.8亿元，增长10.98%。居民消费价格总指数

100.3%，商品零售物价总指数98%。全市经济发展中存在的主要问题：招商引资和对外贸易形势严峻；部分企业经营较困难，效益仍不理想；新的经济增长点不突出，经济增长后劲存在隐忧；社会就业和下岗职工再就业压力加大。

农业

农村工作继续以发展农村经济，增加农民收入为重点，积极调整农村经济结构，增加农业投入，实施科教兴农战略，发展高优现代农业，农村经济稳步发展。

（一）增加农业投入，提高农业防灾抗灾能力 厦门市增大对农村水利设施和农村电网改造的投入，加强了对水库、堤坝等水利设施的维修加固和渠道清淤，完成同安城南、城北排涝工程建设，建成了海沧困瑶、同安洪塘两大蔬菜基地的排洪体系，继续改造中低产田，改善农业生产条件，提高农业防灾抗灾能力。

（二）调整农业结构，增加农副产品有效供给 厦门市农业生产以市场为导向，调整优化农业结构，大力推广良种普及和新技术应用，在稳定粮食生产的基础上，发展壮大水产、水果、畜牧、蔬菜、花卉五大农业主导产业和高优创汇农业，抓好“菜篮子工程”建设，农副产品有效供给持续增加。全年农业总产值34.0亿元，按可比价计算，比1997年增长1.2%，粮食总产量20.04万吨，蔬菜产量44.81万吨，肉蛋奶产量6.51万吨，分别增长2.33%、2.52%和11.31%。水产品产量20.99万吨，水果产量3.64万吨，花生产量2.70万吨，分别下降1.23%、15.24%和0.91%。

（三）乡镇企业持续发展，农业产业化进程加快 全市乡镇企业产值达162.39亿元，比1997年增长20.83%。乡镇企业的快速发展，吸收大量农村剩余劳动力，为农民增加收入拓宽了渠道。全市已涌现了惠尔康、银祥饲料、同茂食品等年产值超亿元的龙头骨干企业。同时还形成了侦贸、洪塘、如意食品等多种与农产品产销结合模式的企业，对农产品进行加工增值，有效推动农业产业化进程。

工业和交通运输业

工业生产较快增长。1998年实现工业总产值594.5亿元，按可比价计算，比上年增长18.6%。其中国有及年销售收入500万元以上的非国有工业完成产值487.25亿元。三资工业产值399.68亿元，比上年增长20.3%，占国有及年销售收入500万元以上非国有工业企业产值的82%。全年的工业生产呈现以下特点：

（一）结构调整步伐加快 为引导企业调整产业结构，鼓励发展高新技术产业，市政府及时出台了《关于进一步扶持高新技术发展的若干规定》和《厦门市关于扶持软件产业发展的若干规定》，同时结合增投措施加快企业技改。1998年厦门市轻、重工业产值的比例为65.5∶34.5，轻、重工业的增长速度分别为21.1%、13.6%，工业经济内部结构调整逐步轻型化，电子等轻工行业在全市工业经济中占居主导地位。

（二）重点企业成为工业经济增长的主要力量 1998年全市有52家市属工业企业年产值超亿元，比上年增加11家。这些大中型企业年产值累计达233.91亿元，比上年增长24.1%，比全市工业产值年均增幅高5.5个百分点。在大中型企业中，年产值超10亿元的有7家，分别是：厦华电子39.3亿元、翔鹭纺纤17.73亿元、厦新电子15.9亿元、华夏电子13.88亿元、厦门卷烟厂12.97亿元、灿坤实业12.54亿元、正新橡胶11.22亿元。

（三）产销衔接良好，产品外向度高 厦门市工业企业以市场为导向，及时跟踪市场热点，围绕市场开发新产品和调整产品结构，收到了较好的效果。1998年厦门市工业在生产增长的同时销售也同步增长，全年实现销售产值477.81亿元，比上年同期增长12.4%。其中，出口交货值204.95亿元，增长0.6%，占销售产值的42.9%，与上年基本持平。工业产销率保持在98.1%的较高水平。

交通运输业平稳发展，邮电通信业持续快速增长。全年完成货运周转量175.75亿吨公里，比上年增长1.19倍；完成旅客周转量37.17亿公里，比上年下降2.69%。全年港口货物吞吐量1639.46万吨，比上年减少6.51%，其中港口货物吞吐量65.38万标箱，增长19.74%。邮电系统顺利完成了电讯和邮政管理机构分设的任务，全年完成邮电业务总量21.35亿元，比上年增长32.94%。信息港建设步伐加快，信息传输应用和信息平台建设迈出新步伐，信息网已逐步走进千家万户。

国有大中型企业改革

1998年，厦门市国有企业改革围绕“三改一加强”，实施国企三年解困计划已取得初步成效，先后出台了国有大企业资产重组、放开搞活国有中小型企业等8项改革方案，组建农业国有资产投资公司，逐步完善了国有资产运营体系，制定了稽查特派员制度，强化了对重点企业的监督和管理。新成立了一批股份制企业并优先推荐股票上市，组建了一批企业集团。积极支持福达感光、厦门酒厂等困难老企业利用外资改组改造，关停并转了糖厂等一批长期亏损、扭亏无望的企业，冲销呆坏账准备金2亿元。同时努力搞好配套改革，进一步健全职工社会保障体系，加强社会保险基金的集中管理使用和有效监督，做好下岗职工的分流安置和再就业培训，切实治理“三乱”，减轻企业负担，促进了国有企业改革的顺利进行。

当前国有企业改革工作遇到的困难和问题主要有：市级国有资产营运体系与运行机制有待进一步完善，有关的政策法规尚未健全；为市场和企业服务的中介组织在管理体制、运作机制和服务行为，特别是收费标准等方面亟待规范。

固定资产投资和重点项目建设

1998年，厦门市积极多渠道筹措资金，增加基础设施等重点建设项目的投入。全年完成固定资产投资180.79亿元，比上年增长17.86%。其中，基本建设投资69.87亿元，增长34.62%；更新改造投资13.65亿元，增长11.61%；房地产投资76.05亿元，增长12.19%。

重点建设项目进展顺利。全年36个重点建设项目当年完成投资45.22亿元，占基本建设和更新改造投资的51.08%。环岛路二期厦大段、仙岳山隧道已竣工通车，林德工业气体、金达威维生素、心血管研究中心及急救中心、劳动力市场综合楼等已完工投入使用。厦门海沧大桥已完成全部工作量的70%，主缆架设施工已基本完成，大桥整形展现，将于今年国庆前完工。海沧铁路、厦门湾十万吨级航道一期、会展中心一期，柯达感光等重点项目的建设较为顺利，为厦门经济发展注入新的活力。

对外开放

为努力克服亚洲金融危机对招商引资和对外贸易的影响，厦门市1998年及时调整策略，采取有力措施，提高服务质量，使招商引资和对外贸易保持稳定。

1998年共批准外商直接投资项目245项，比上年减少46.74%，合同外资16.88亿美元，实际到资13.81亿美元，分别增长1.19%和0.18%，保持较好水平。当年引资单项利用外资额大，平均每个项目689万美元，比上年平均单项利用外资363万美元，增长89.8%。由于加大对欧美发达国家的招商力度，引资国别变化较大。欧美国家客商投资9.75亿美元，占全市合同利用外资的57.7%，港台客商投资6.29亿美元，占37.2%。东南亚国家客商投资大幅下降。协议外资投资以工业为主，全年协议外资中投资工业的有13.02亿美元，投资房地产业2.40亿美元，投资饮食服务业1.22亿美元，投资农业0.23亿美元，分别占协议外资总额的77.15%、14.2%、7.26%和1.38%。

对外贸易呈现出口持平、进口下降的趋势。1998年外贸进出口总额75.47亿美元，比上年下降2.75%，其中：外贸出口42.55亿美元，增长0.12%，外贸进口32.92亿美元，下降6.21%。在外贸出口中，由于积极实施市场多元化战略，大力拓展欧美市场和中东市场，使对外出口贸易在东南亚和日、韩等国大幅下降的情况下，对欧美、东欧、中东、非洲出口大幅增长。同时出口产品结构得到优化，全年机电产品出口9.21亿美元，占各类出口产品的首位，比上年增长4.6%，占出口总值的比重比上年提高1个百分点。

对台经贸交流更加密切，1998年对台贸易总值9.26亿美元，比上年降低12.09%，其中出口1.5亿美元，增长13.25%。两岸船舶试点直航进展顺利。

1998年，厦门市以创建国家旅游城市为契机，新建一批市政设施，加强城市基础设施建设和城市管理，改善城市整体环境。同时完善旅游景点各项配套设施建设，提高旅游服务质量，年内被国家旅游局授予“全国优秀旅游城市”的称号。全年接待境外游客38.75万人次，国内游客585.52万人次，分别比上年增长0.21%和6.85%。旅游收入达75.54亿元人民币，增长3.06%。

环境保护与治理

厦门市在发展经济的同时，不以牺牲环境质量为代价，始终坚持经济发展与环境保护并举。1998年共投入8800多万元用于园林绿化和防护林工程建设，全市新增园林绿地1.34平方公里，建成区绿地覆盖率达37.61%，人均公共绿地面积达9.43平方米。目前厦门市自然保护区总面积为106.20平方公里，自然保护区覆盖率为7%。

制定出台《厦门市禁止使用塑料餐具规定》、《厦门市排污收费管理规定》和《厦门市机动车排气污染防治办法》等，开展“白色污染”专项整治，对饮用水源保护区内超标排污企业实行限期整治；采取措施治理汽车尾气等。与此同时，厦门市进一步强化污染源监测，完善大气自动监测系统，并从1998年6月5日起，利用新闻媒体公布每日环境空气质量。1998年厦门市城区空气污染周报指数为37，保持在国家大气环境质量一级标准，汽车尾气年检达标率为91.6%，工业废水排放达标率为73.1%，城市污水处理率50.47%，城市气化率95.61%，生活垃圾处理率98.04%。

社会事业

1998年，厦门市继续多渠道增加科技开发的投入，大力扶持民营科技企业，全年新批准民营科技企业15家，新增技贸机构20家。新设立的成果转化基地和技术创新基地，更进一步促进了科技成果的“科研、开发、产业”一体化的发展，技术开发、技术转让、技术咨询活动发展势头强劲。全年实施国家三类科技计划15项，市重大科技进步项目10项，同时进一步扩展对外科研技术交流与合作。采取“一区多园”的火炬开发区发展战略，科技对经济发展的作用增强，荣获“全国科教兴市先进城市”称号。

全面推进素质教育，实施教育现代化工程，扶持一般学校建设，改革初中招生办法，取消择优择校，免试就近入学，岛内生员实行电脑随机派位。开办高级技工学校，开展专业技术人员的继续教育和职工岗位技能培训，实施劳动预备制。同时，加强农村成人教育，建设农村文化技术学校，提高农民文化素质。

（厦门市人民政府办公厅　王　红）

厦门市国民经济主要指标

指　　标	单　　位	1998年		1997年	
		地　　区	市　　区	地　　区	市　　区
年底人口数	万人	126.59		124.67	
其中：非农业人口	万人	59.34		57.01	
土地面积	平方公里	1565		1516.12	
人口密度	人/平方公里	808.9		822.3	
年末劳动力资源总数	万人	98.31		96.15	
其中：乡村劳动力	万人	40.27		39.51	
国内生产总值	亿元	418.06		371.82	
农林牧渔业产值	亿元	35.47		34.04	
粮食产量	万吨	20.04		19.58	
蔬菜产量	万吨	44.81		43.04	
猪牛羊肉产量	万吨	4.73		4.09	
水产品产量	万吨	20.98		21.24	
全部工业总产值	亿元	590.58		525.8	
其中：乡及乡以上	亿元	514.97		473.7	
客运总量	万人	2368		2145	
货运总量	万吨	2148		2031	
固定资产投资总额	亿元	186.06		153.4	
其中：住宅	亿元				
房地产开发投资额	亿元	76.25		67.79	
商品房销售额	亿元	43.88		32.89	
出口贸易总额	万美元	425521		425000	
进口贸易总额	万美元	329215		351000	
利用外资签订协议总数	项	245		460	
利用外资签订协议金额	万美元	168811		187900	
实际利用外资金额	万美元	138121		165600	
国际旅游人数	万人	38.75		38.67	
国际旅游收入	万元				
地方财政预算内收入	亿元	56.66		30.56	
地方财政预算内支出	亿元	40.43		34.80	
银行年末各项贷款余额	亿元	397.33		400.62	
每万名职工中专业技术人员数	人				
其中：中级职称以上	人				
城镇居民家庭人均可支配收入	元	9179		8980	
农村居民家庭人均纯收入	元	3826		3629	

注：表内各项产值均按当年价格计算　　（厦门市人民政府办公厅供稿）

漳州市

经济社会发展概况

1998年，漳州市坚持以邓小平理论为指导，全面贯彻落实党的十五大精神，认真执行党中央关于扩大内需的正确决策和部署，努力克服亚洲金融危机和国内外市场需求不足所造成的负面影响，继续加强两个文明建设，有力地推动了国民经济的增长和社会进步，达到了省委提出的"稳中求进，再创新业"的要求。有效供给能力进一步增强；投资对经济拉力增大；财政金融运行平稳；较好地完成了经济与社会发展的各项主要指标。全年国内生产总值433亿元，比上年增长20.1%，增幅居全省首位。

（一）农村经济稳步发展 1998年农业总产值176.12亿元，增长13.1%，增幅略高于上年。粮食总产152.66万吨、甘蔗总产141.11万吨，比上年略减；水果总产152.75万吨，增长12.9%；食用菌产量12.49万吨，增长7%；蔬菜产量155.58万吨，增长17%；肉蛋奶总产量25.89万吨，增长7.8%；水产品总量107.6万吨，增长11.8%。全年完成造林面积1.26万公顷，比上年增加0.42万公顷，森林覆盖率达63%，比上年提高8.2%。全市农业机械总动力117.17万千瓦，比上年增长9.1%。全年新批农业三资企业135家，合同外资额3.4亿美元，分别增长32.4%和72.5%。乡镇企业总产值782亿元，增长24%。

（二）工业继续快速增长 全市工业总产值675.9亿元，比上年增长22.5%。其中，轻工业总产值496.47亿元，增长27.5%；重工业总产值180.43亿元，增长9.6%。国有工业和年销售收入500万元以上的非国有工业产值196.28亿元，增长18.2%。全年个私工业总产值339.24亿元，占全部工业总产值的50.1%，增长29.5%。全市投资类产品生产加快，花岗岩石板材增长11.6%，釉面砖增长77.6%，墙地砖增长2.6倍，日用陶瓷增长14倍。产品结构以市场为主导，18种主导产品产值增长35.3%。

（三）财税金融运行平稳 全市加强征管工作，严格控制支出，金融形势稳定。预算内财政总收入25.28亿元，增长16.1%，其中地方级财政收入19.3亿元，增长18.9%。财政支出21.21亿元，增长14.7%，连续十年实现收支平衡。全市各项存款余额164.87亿元，增长14.8%，其中城乡居民储蓄存款余额113.34亿元，增长21%；贷款余额132.99亿元，增长12.4%。全市保险费收入3.46亿元，增长19.4%，其中财产保险收入1.4亿元，人寿保险收入1.83亿元。支付各类赔险款1.37亿元。

（四）外经保持较好态势 全市努力克服东南亚金融风波的负面影响，积极开拓欧美市场，推进贸易市场多元化。外贸出口业务8.41亿美元，增长8.7%，其中一般贸易出口增长4.3%；"三来一补"出口增长50.5%；"三资"出口增长8.4%。，出口商品结构进一步优化，国有外贸出口中工业制成品比重提高6.4%。全年利用外资新签合同590个、协议外资额3.14亿美元，分别增长42.9%和13.6%，实际利用外资7.02亿美元，增长15%；新批三资企业324家，增长19%。全年进口总值1.89亿美元，减少15.9%。

（五）各项事业协调发展 全市财政"科技三项费用"投入3103万元，比1997年增长1.4倍，科学事业费1047万元，增长25.7%；落实各类科技项目93项，其中国家级4项，省级27项；新发展民营科技企业34家（总数达220家）。全市获省级科技进步奖7项，市级科技进步奖69项。全市在校普通中小学生84.62万人，其中小学生56万人、初中生26.03万人；3至6周岁幼儿入园率由1997年的69.3%提高到71.3%。成人中专招生1840人，在校生首次突破5000人；自学报考人数3.07万人，增长38.3%；扫盲2.04万人。全市11个县（市、区）教育"两基"达标全部通过省政府和国家教育部的检查验收。全年投资环境污染治理2126.1万元，市区新增绿地35.5公顷，被评为省级园林绿化城市。

（六）人民生活有所提高 1998年全市社会消费品零售总额120.23亿元，比上年增长17.6%；商品零售物价指数98.2，下降1.8%。城镇居民人均可支配收入5753元，比上年增长10.3%；农民人均纯收入3250元，比上年增长9.1%。由于收入的增加，全年城镇居民人均消费性支出4561元，增长5.2%，农民人均消费性支出增长1.5%。社会保障体系进一步增强，全市有3815个下岗职工进入再就业中心，实现再就业的下岗职工达69.1%；有4.9万名离退休职工实行了养老保险费用社会统筹，并建立了相应的物价补贴制度，全年共发放退休职工养老金1.43亿元。全市实行失业保险的单位有375个，其中国有企业266个 投保的职工达4.2万人。全市设有乡村敬老院68所，收养人数463人；11个县（市、区）都建立了城乡基本生活保障制度，城市有3000人、农村有1.76万人享有基本生活保障，共发放了保障金759万元；全市五保人数6052名，供养金589万元。全年救济灾民22.5万人，下发救灾款1260万元；救济贫困民众14.6万人，发放救济款890万元。年末全市总人口441.54万人，其中非农业人口73.05万人，占16.5%；人口自然增长率为0.683%。

国企改革积极推进

全市有110家国有企业实行了各种形式的改革，取得实质性进展，其中大中型国有企业改革成效较为显著。全市机制糖厂实施“留二并四关八”的方案，由漳州糖厂、漳浦鹿溪糖厂、南靖第二糖厂、长泰第二糖厂等4家组建“福建糖业集团”，关掉8家较小规模的糖厂，合理调整布局，优化资源配置，提高了经济效益。龙溪机器厂改制为福建力佳股份有限公司；龙溪轴承厂完成了内部股份制改造，且兼并了永安轴承厂，其产值和利润都比上年有较大的增长。漳州香料总厂与青山纸业、厦门中坤化学有限公司合资，组建了福建青山漳州香料有限公司，利税比1997年增长43.8%。闽芗电子总厂兼并漳州无线电五厂，其产值、销售收入和利润都得到成倍增长。还有，漳州罐头厂由厦门赛德公司兼并，漳浦啤酒厂加盟九洲集团等改革，都使企业得到新的发展。

固定资产投资加大

1998年，全市固定资产投资104.32亿元，首次突破百亿元，创下投资的最高纪录，比上年增长34.9%。其中：基本建设投资20.32亿元、更新改造投资10.04亿元、房地产投资7.02亿元、城乡集体投资5.78亿元、城乡私人投资18.7亿元、其他投资41.6亿元。从投资结构看有较大改善，投向水电、交通运输邮电通信两大基础设施建设等项资金达52亿元，占71.7%，尤其是对水电的投资增长了1.5倍，达34.8亿元。用于更新设备的比重由上年的11.9%提高到21%。全市社会主义新农村“十片百村”建设步伐加快，新增村镇建设面积190万平方米。全市50个重点项目建设完成投资47亿元，占全社会固定资产投资45%，已建成的有8个：厦漳高速公路、东山大山产大桥、轴承厂杆端关节轴承生产线、北环城路、国家级外向型农业示范区、龙溪机器厂多缸机生产线、市第一职业中专学校、龙海九龙江悬索大桥。

致力发展高新技术产业

漳州市积极实施“火炬计划”10年来，始终把发展高新技术产业作为经济发展的重点，使知识经济第一支柱——高新技术产业从无到有，由点成片，初具规模。目前，全市拥有18家高新技术企业，1998年全市实现高新技术产业的产值45亿元，实现税利4.3亿元，分别比上年增长28%和14%，并保持较快的发展势头。成为漳州经济增长重要驱动力和培育新支柱产业的生长点。

漳州市1989—1998年的9年间实施国家级“火炬计划”项目9个、省级“火炬计划”项目41个，一大批技术高档次、带动性强、效益高的“火炬计划”项目建设，催发了漳州市高新技术产业群，形成壮大获得国家“火炬计划”优秀企业奖的国家重点高新技术企业福建万利达电子有限公司的超级VCD，并荣获国家“火炬计划”优秀项目奖，还有“数字卫星接收机”等项目，创造了福建经济奇迹，有力促进电子信息产业的发展，使原本“不显眼”的电子业在“九五”计划中被列入漳州市重点发展的支柱产业。科华电子有限公司在“UPS交流正弦波不间断电源”项目实施的基础上，先后开发了5大系列80多个型号的高新技术产品，成为国内不间断电源产品主要生产厂家，年产值2亿元。此外，“旋转永磁退磁机”、“球头杆端关节轴承”、“柏木系列香料”、“复方无极膏”等项目相继取得重大进展。

1998年，漳州市又有“UNMS—1不间断电源网络管理系统”、“5—20KVA大功率不间电源”被列入国家级“火炬计划”。从而推进漳州市高新技术产业建设进程。初步形成电子信息产业群、电源和电光源产业群、机电一体化产业群、新材料及精密机械加工产业群、生物工程和精细化工产业群等五大高新技术产业群。老企业以高新技术改造传统产业取得积极进展。同时利用高新技术改造传统工业。龙溪轴承厂、红旗机器厂、龙溪机器厂、漳州香料总厂、漳州化学品厂等国企通过知识创新、技术创新，嫁接高新技术，开发高附加值的新产品，增加经济总量，提高效益，探索一条发展高新技术，重振国有企业雄风的路子。眼下，CAD（电脑辅助设计）、CAM（电脑辅助制造）已开始进入企业。经过多年努力，漳州市高新技术产业开发区初步形成一园辖三区的崭新格局。漳州城东高科技园首期工程顺利进行，4家企业签约入园；角美高科技园初步完成规划工作，台湾统一集团的马口铁等7个项目入园投产；港尾高科技园已着手规划论证，保持良好的发展势头，令人欢欣鼓舞。

台湾与漳州农业合作潮正高

自'97中国投资贸易洽谈会期间，国家外经贸部、农业部、国务院台办把“海峡两岸农业合作实验区”牌授漳州后，台商投资漳州农业迅速升温：一年多来，漳州市新批台资农业项目116个，合同台资2.14亿美元，分别占历年引进台资累计批准数、合同台资额的24%和32.5%，并保持良好的发展势头，出现台湾与漳州农业合作潮正高。

台湾与漳州农业引进、交流合作范围是从“小额贸易”、引进优良种苗开始的，现在已拓展到资金、人才、技术、设备、管理经验的一揽子引进，发展到合作开发山海资源、投资兴业、对外贸易、农业教育和学术交流。据统计，漳州从台湾引进农业优良种苗已达430多种（次），加工设备、先进技术1200多台套。漳州抓住机遇，派出团组访问台湾，加深漳台情谊，让台胞更加了解漳州优越的投资环境和农业优势，推出一批新项目，签订一批新协议。台商看好漳州农业合作取得显著成果；台湾优良的芦笋、蘑菇、草虾、单性罗非鱼、白背毛木耳、速冻优质蔬菜等在漳州大面积推广，并成为漳州出口支柱产品，促进漳州传统农业升级转型。

台湾商人在漳州农业投资已从试探性进入长期性投资兴业发展的新阶段。台商在漳州投资从80年代初以试探性的“三来一补”起步，到1987年以后台商在漳州开始以独资、合资、合作等形式兴办企业，进入90年代逐步形成规模性经营，并转向以谋求长远利益目标的开发性生产项目，投资兴业发生了可喜的变化。目前，合作期限20年以上的占80%，有的台商在漳州山区承租几个山头种果栽竹，建立原料基地，创办种植—加工—销售一条龙的企业；有的台商在漳州投资农业取得经济效益，尝到甜头以后便多次增加投资兴业，充分体现了他们在漳州长期投资的信心。

在漳州投资贸易的台商目睹漳州投资环境优越，开发潜力大，发展前景广阔，便以现身说法说服同行结伴到漳州寻求农业合作，他们带来订单、资金、设备，特聘台湾专家，应用台湾技术，拓展实业。目前发展比较快的有蔬菜单体流态速冻和真空低温脱水，有25条生产线，年加工量8万多吨，拥有优质蔬菜基地1.5万公顷；工厂化墙体式的白背毛木耳栽培，已发展到2亿多袋；四季竹笋深度加工，年生产各类笋制品10多万吨；拥有竹笋基地2万多公顷；还有水产养殖、瘦肉型猪饲养也初具规模。1998年漳州农产品及经过深加工制品出口创汇3.1亿美元。

台湾与漳州农业合作、交流，在开放初期是由香港同胞、海外侨胞穿针引线、投石问路，逐步发展到台、港、侨、外商联合投资，成片开发漳州农业。现在，在漳州农业投资中台商起了主导作用，目前，台商已成为漳州合作开发农业的主要对象。有不少台资农业加工业在向国际化发展，出现漳州的基地，台湾的厂长，国外的资金，日本、欧美的市场。台商已成为引导漳州发展外向型农业的重要力量。

台湾与漳州农业合作区域已从沿海向内陆山区延伸。前些年，台资农业企业集中在交通、通讯便利，生活条件好的沿海县、区落户。近年来，随着漳州内陆山区基础设施的日趋改善和台商投资朝着开发性农业拓展，合作的区域便从沿海向内陆山区延伸。现在台商也纷纷到漳州内陆山区的平和、南靖、长泰、华安等4个县创办台资农业企业。目前，台商投资漳州农业已逐步形成了沿海搞养殖，平原种蔬菜和培育食用菌，郊区兴办加工企业，山区种果栽竹的区域化布局，朝着规模经济的方向发展，使漳州这块热土成为对台农业引进、交流与合作的重要基地。不断提高农业科技含量，促进漳州农业转型升级。

（漳州市人民政府发展研究中心　林水土）

漳州市国民经济主要指标

指　　标	单　　位	1998年		1997年	
		地　　区	市　　区	地　　区	市　　区
年末人口数	万人	442	49	439	48
其中：非农业人口	万人	73	23	71	22
土地面积	平方公里	12608	392	12608	392
人口密度	人/平方公里	351	1250	348	1224
年末劳动力资源总数	万人				
其中：乡村劳动力	万人	186	14	183	13
国内生产总值	亿元	433	80	369	69
农林牧渔业产值	亿元	175	9.0	157	9.0
粮食产量	万吨	153	5	154	5
蔬菜产量	万吨	156	10	133	9

（续）

指标	单位	1998年		1997年	
		地区	市区	地区	市区
猪牛羊肉产量	万吨	18	3	17	3
水产品产量	万吨	108	1	96	1
全部工业总产值	亿元	671	114	562	99
其中：乡及乡以上	亿元	—	—	223	57
客运总量	万人	4223	1943	3499	2514
货运总量	万吨	5164	1325	5290	1360
固定资产投资总额	亿元	105	22	77	20
其中：住宅	亿元	20	6	16	5
房地产开发投资额	亿元	7	5	6	4
商品房销售额	亿元	5	4	4	3
出口总值	万美元	84149	21028	77427	21037
进口总值	万美元	18907		22479	
利用外资新签合同数	项	590		413	
利用外资签订协议金额	万美元	81378		71661	
实际利用外资金额	万美元	70218	8794	61058	16942
国际旅游人数（境外）	万人	5	1	4.5	0.25
国际旅游收入	万元				
地方财政预算内收入	亿元	25	10	23	9
地方财政预算内支出	亿元	21	8	18	6
银行年末各项贷款余额	亿元	102		95	
每万名职工中专业技术人员数	人				
其中：中级职称以上	人				
城镇居民家庭人均可支配收入	元	5753	6053	5214	5524
农村居民家庭人均纯收入	元	3218	3453	2980	3248

注：表内各项产值均按当年价格计算

（漳州市人民政府供稿）

泉州市

国民经济保持快速增长势头

1998年泉州市积极实施“大泉州”发展战略，狠抓“一个确保、三个重点、五项改革”，多项经济指标继续位居福建省前列，三个市辖区高效运作，泉州市所有县(市)分别进入福建省经济实力十强县(市)和经济发展十佳县(市)行列。1998年实现国内生产总值862亿元(现行价，下同)，比增17.5%。其中第一产业79.3亿元，第二产业448.7亿元，第三产业334亿元，分别比增7.5%、18.6%和17.4%。农村经济稳步发展，宽裕型小康建设全面推进。农业总产值131.8亿元，比增7.5%；乡镇企业总产值1469亿元，比增18.5%；认真组织扶贫攻坚第三年工作，超额完成“造福工程”计划任务；230个村基本实现宽裕型小康。工业生产持续增长，经济效益有所提高。工业总产值1260亿元，比增18.6%；产销率97.2%；工业企业经济效益综合指数114.2，高出1997年3.5个百分点，连续多年位居福建省前列。外经外贸工作历经考验，对内经济联合得到加强。新批外商投资项目487个，投资总额10.8亿美元，合同利用外资额8.23亿美元；新投产(开业)外资企业307家，外商实际到资7.08亿美元；出口商品总值(业务口径)23.6亿美元，全面完成年度计划。新增对内经济技术协作项目65个，投资总额7.3亿元。财政收入稳步增长，金融运行平衡。财政总收入42.7亿元，比增16.3%。金融系统各项存款余额503.7亿元、贷款余额312.8亿元、城乡储蓄存款余额381.5亿元，分别比年初增加80.5亿元、

46.8亿元和68.7亿元。固定资产投资力度加大。全社会固定资产投资完成188亿元，比增17.5%。飞机首航香港，火车客运武夷。机场、铁路、公路、港口、邮电、电力等基础设施发挥了良好的经济和社会效益城乡市场供应充足，人民物质生活丰裕。社会消费品零售总额286.6亿元，剔除物价因素，实际增长18%；商品零售价格指数为97，居民消费价格指数为98.1。城镇居民人均可支配收入7300元，农民人均纯收入4000元，剔除物价因素，分别比增11.1%和10.2%。

大力培植新经济增长点

为了增加经济发展后劲，泉州市大力培植和壮大经济增长点。一是实行市五套班子领导挂钩制度，帮助各县（市、区、管委会）寻找新的增长点，引导重点区域、重点乡镇和重点企业增资扩营。二是加大固定资产投资力度，狠抓40个重点建设项目、30个重点工业项目、22个重点市政项目以及30个重点绿化美化项目建设，以投资拉动需求，促进经济增长。三是对符合产业、产品前景看好的100家企业重点扶持，为企业发展提供资金保证。四是努力办好以肖厝经济开发区和清濛科技工业园区为重点的一批工业开发区，加快招商引资步伐。

积极开拓国内外市场

泉州市采取“巩固发展城市市场，大力拓展农村市场，积极抢占海外市场”的策略，变危机为机遇，化压力为动力，做好做足政府与企业联手开拓市场这篇文章，提高泉州产品的市场占有率。一是开拓国内市场。1998年泉州市先后在西安、长沙、赣州、上海、郑州等大中城市举办商品展销会。第三届泉州9·9商品交易会也取得明显成效，短短8天时间总成交额达22.87亿元，签约外商投资项目29个，投资总额2.4亿多美元，合同外资1.9亿多美元。二是开拓国外市场。面对东南亚金融危机，适时提出招商引资必须巩固东南亚，加强港澳台，拓展欧美日的策略，努力实现市场多元化，扩大了对中东、拉美、独联体和东欧国家特别是对非洲的出口，多管齐下，确保外贸出口增幅。在第二届中国投资贸易洽谈会上，泉州市共签约223个项目，总投资9.89亿美元，利用外资8.94亿美元。三是拓宽市场空间。重视发挥泉州市众多的商会、同业公会和供销大军的作用；尝试建立代理制等营销新机制；鼓励、组织企业加入国际互联网，现全市上网企业已达2000多家。

大力建设以市区为中心的“半小时城市群”

泉州市按照“打开大门，治理两江，保护古城，建设新区”的原则，强化中心城市辐射功能，规划建设好周边次中心城市和重点卫星城镇。中心城市建设坚持“内缮外举”的方针，既高起点规划建设新区，又正确处理名城保护与建设、继承与发展的关系，积极稳妥地推进古城区的改造和保护。晋江、石狮、惠安、南安等次中心城市，以及沿江、沿路重点卫星城镇主动接受中心辐射，加大规划建设力度。尤其是以举办9·9泉州商交会、创建全国卫生城市、省运会和'98中国国内旅游交易会等四大活动为契机，上了一大批城市基础设施及绿化美化项目，努力提高城市化水平。一个经济活跃、交通发达、城乡一体的具有闽南侨乡特色的“半小时城市群”和“半小时经济圈”已具雏形。

加快推进以五项改革为重点的综合配套改革

泉州市是全国综合配套改革试点城市。充分利用这一有利条件，深化综合配套改革。一是通过实行“一厂一策”，做细、做实国有、二轻集体企业改革工作，盘活国有、集体资产存量，计划至1999年6月基本完成国有、二轻企业的改制任务。二是努力引导和促进企业走规模化经营之路。1998年泉州市新批企业集团14家，累计171家。三是加快企业股份制改革步伐。依照《公司法》规范原有15家股份有限公司，并着手对2700多家有限责任公司的运作进行规范。四是加大国有资产管理力度。各县（市、区）先后成立了相应机构，使国有资产管理规范化、科学化，防止国有资产流失。五是深化社会保险制度改革。建立城乡居民最低生活保障线制度，千方百计搞好下岗职工再就业工程。六是深化住房分配制度改革。在前两年停止福利分房的基础上，全面建立住房公积金制度，实施住房分配货币化改革。此外，目前泉州市的粮食流通体制改革正平稳运行，医疗保险制度改革措施也正准备出台。

积极应对亚洲金融危机

亚洲金融危机对泉州市的外资来源、出口市场和劳务市场造成很大的消极影响，外经外贸一度停滞不前。为保证国民经济持续快速健康发展，泉州市采取主动措施，趋利避害，积极应对亚洲金融危机。一是成立应对东南亚金融危机工作小组。及时收集信息，分析情况，提出对策，努力确保全市对外经贸工作任务的顺利完成。二是优化投资环境。相继出台关于加强外商投资软环境建设及进一步鼓励外商投资的有关规章。开展办事承诺制及外资企业市长接待日活动、外资企业总经理座谈会和市长现场办公会等活动，为企业排忧解难，不断优化投资生产经营环境。三是健全外商投资企业的跟踪反馈制度，办好现有企业。泉州市政府确定了50家台资企业分别由市外经贸委、侨办、台办为主进行跟踪，积极搞好服务。鼓励和引导一批有市场前景、有经济效益、有品牌效应的企业做好增资扩营这篇文章。四是积极做好招商引资工作。1998泉州市组织企业参加在澳门举办的欧共体中小企业投资伙伴计划，为欧盟中小企业与泉州市企业合作牵线搭桥；利用全球商业发展网络，建立了泉州市招商主面，鼓励企业上网招商。五是积极引导企业提高经营管理水平，降低成本、增强自身竞争能力。鼓励企业通过ISO9000、ISO14000体系认证，形成经济增长依靠质量、效益的机制。六是实施“陆上损失海上补”的战略，拓展对外劳务。根据泉州市劳务输出特点，有意识地加大了对外派船员和短期渔工业务，扩大了劳务合作。

加快农业现代化产业化进程

1998年泉州市以党的十五届三中全会精神为指导，积极采取有力措施，大力培育、扶持有市场开拓能力、辐射面广、带动农户能力强的龙头企业，加快农业产业化进程，为农业和农村经济的持续快速健康发展奠定了较好的基础。一是制订农业产业化的发展框架。泉州市按照建设“林业强省”、“海洋经济大省”的思路及《泉州市国民经济和社会发展“九五”计划和2010年远景目标纲要》，制定了农业产业化发展战略。各县（市、区）根据资源情况，结合实践经验，着手制定农业产业化发展规划。二是发挥资源优势，确立主导产业。各县（市、区、管委会）立足本地资源条件，进行资源的有效配置，调整农产品结构和农村产业布局，最大限度发挥资源优势，确立本地的主导产业，建设一批具有示范效应的生产基地。三是建立农业产业化运行机制。努力引导龙头企业通过合同契约形式与商品基地和农户在自愿、平等、互利的前提下，签订具有法律效力的产销合同，使双方责权关系法律化，逐步完善利益分配机制。四是完善农产品流通网络。规划了标准较高、功能配套的粮食、茶叶、柑橘、蔬菜、水产、水果、畜牧、花卉等8个区域性批发市场。全市建立了农贸批发市场120个，年交易总额53亿元；农产品购销公司300个，代销人员3万人。五是提高农业发展的外向度。泉州市充分发挥侨台之乡优势，积极开展以侨引资，以港澳引资。目前，已有30多家台商分别在安溪、永春、德化投资建厂、引进设备。

以承办旅交会为契机，加快发展泉州旅游业

泉州旅游业已列为泉州市国民经济发展的支柱产业，受到社会各界的广泛关注。一是完善配套设施建设。市财政专门拨款1000万元并筹资1亿多元，用于中心市区主要景点建设。二是实施城市绿化工程和夜景工程。确定中心城区20项绿化重点工程，总投资近1亿元，建设城市主干道的出入口、中心城区主干道、城市公园、小广场和街头绿地等方面的绿化景观。采取各种措施鼓励全社会参与，实施中心城区夜景工程，让泉州的夜晚亮起来。三是发展专线旅游。泉州市推出名胜古迹游、宗教朝圣、古建筑文化游、戏曲文化游、滨海度假健身、海上丝绸之路史迹游、名人史迹游、民俗风情游、山林田园风光游、购物游10条旅游专线，更好地让游客了解泉州传统文化和风俗民情的丰富内涵。四是大力开拓市场和开发旅游产品。积极组织开发和生产富有泉州特色的旅游商品，在优化产品结构、提高产品质量、改进包装、增加花色品种以及建立销售网点、改善销售服务等方面狠下功夫，做好做足旅游购物这篇文章。加大对外促销力度，开拓国内外旅游市场。有计划有重点地在国内外新闻媒体宣传介绍泉州旅游，扩大古城泉州的知名度。

（泉州市人民政府办公室　吴忠溪）

泉州市国民经济主要指标

指　标	单　位	1998年		1997年	
		地　区	市　区	地　区	市　区
年底人口数	万人	654.19	64.00	650.13	62.71
其中：非农业人口	万人	88.08	28.19	85.21	28.24
土地面积（不包括金门县）	平方公里	10897.74	561.57	10897.74	561.57
人口密度	人/平方公里	598.5	1128.2	594.2	1108.1
年末劳动力资源总数	万人				
其中：乡村劳动力	万人				
国内生产总值	亿元	863.88	139.14	746.28	122.09
农林牧渔业产业	亿元	131.35	7.20	123.18	6.75
粮食产量	万吨	119.38	6.26	117.77	17.42
蔬菜产量	万吨	85.81	9.89	82.32	9.32

（续）

指标	单位	1998年		1997年	
		地区	市区	地区	市区
猪牛羊肉产量	万吨	19.35	1.15	22.34	1.06
水产品产量	万吨	80.52	2.53	70.70	2.36
全部工业总产值	亿元	1260		1090.45	149.03
其中：全部国有及年销售收入500万元以上	亿元	334.40	55.63	309.66	50.43
客运总量	万人				
货运总量	万吨				
固定资产投资总额（全社会）	亿元	188		160	
其中：住宅	亿元				
房地产开发投资额	亿元			1.14	0.68
商品房销售额	亿元				
出口贸易总额	万美元	236375		202461	
进口贸易总额	万美元	135799		149656	
利用外资签订协议总数	项	487	144	506	234
利用外资签订协议金额	万美元	82275	20975	82214	35158
实际利用外资金额	万美元	70787	17085	78163	34820
国际旅游人数	万人	39.5328		42.8102	
国际旅游收入	万元				
地方财政预算内收入	亿元	27.97	8.38	23.24	7.07
地方财政预算内支出	亿元	29.31	8.77	25.37	7.97
银行年末各项贷款余额	亿元			265.99	71.93
每万名职工中专业技术人员数	人				
其中：中级职称以上	人				
城镇居民家庭人均生活费收入	元	7300	8444	6700	7503
农村居民家庭人均纯收入	元	4003	4054	3700	3830

注：表内各项产值均按当年价格计算

（泉州市统计局供稿）

广州市

国民经济持续快速增长

1998年，广州市面对复杂的国内外经济环境，从本市实际出发，坚持“开拓进取，稳中求快，加强管理，有效增长”的工作方针，有针对性地采取了一系列促进经济增长的启动和应变措施，有效促进了国民经济的持续、快速增长和经济结构的优化调整。全市国内生产总值完成1844.09亿元，增长13%，实现预期目标。农业总产值154.02亿元，增长4.6%。工业总产值2520.75亿元，工业增加值716.56亿元，分别增长13.9%和13%，产销率达96.9%。市属外贸出口80.18亿美元，增长6.36%。金融机构人民币存、贷款余额为3473.82亿元和2105.5亿元。全市财政一般预算收入132.09亿元，增长28.5%，财政一般预算支出175.04亿元，增长22.5%。经济体制改革取得成效，对外开放稳步推进；城市基础设施建设大规模展开，城市面貌发生可喜变化；精神文明和民主法制建设进一步加强；各项社会事业有新的进步，人民生活水平继续提高；经济社会发展继续保持了快速、健康、稳定的势态。

加大经济结构调整力度，增创发展新优势

农业生产努力克服市场的不利因素和自然灾害的影响，大力发展产业化经营，培育花卉、蔬菜成为广

州市农业支柱产业。工业生产着眼于市场开拓，通过抓认识、抓改革、抓大户、抓调整，从四季度起增速回升。大规模地进行城市基础设施建设，兴建地铁、内外环路、几座过江大桥和机场迁建，再加上一批重点项目和标志性项目的建设，使广州较早开始了扩大内需的启动。交通邮电业大力推进各项基础设施建设，广州港出海浚深工程、公路主枢纽站场建设等全面铺开。大力推进交通邮电业的各项基础设施建设，广州港新沙一期6～10号泊位陆域工程、广州港出海浚深工程已正式动工，北二环高速公路部分工程已开工，公路主枢纽站场建设全面铺开。加快电信事业的建设，邮电业务总量86.39亿元，增长21.4%。

通过深入开展“增创广州发展新优势”调研活动，进一步明确把汽车工业、电子信息业、建筑与房地产业作为近期集中力量优先发展的三大支柱产业。1998年重点推进的项目包括：广州本田轿车，培育移动通信设备开发、制造企业，创建移动通信产业基地，发展自有知识产权的移动通信设备以及电脑系列产品制造等各项工作。进一步规范了土地供给及房地产市场，房地产开发、商品房销售发展态势良好。第一、二、三产业占全市国内生产总值的比重分别为4.88%、45.03%和50.09%，接近“九五”计划确定的三次产业结构调整目标。

以深化国有企业改革为重点，扎实推进经济体制改革

（一）坚持“抓大放小”方针，企业改革取得新进展 “抓大”突出抓“优”，以优势企业和名牌产品为龙头，推进存量资产重组和企业组织结构调整，使资源向优势企业集团集中，扶持重点大集团的发展壮大，提高其整体竞争力。进而增强了广州市企业的整体竞争力。广钢与冶金集团的三个企业重组，初步实现了依托优势大集团，推动冶金工业结构的调整和资源配置优化。一轻与二轻合并，珠江钢琴、五羊摩托车进行业内兼并，优化了资本结构，发挥了名牌效应，带活了一批企业，也壮大了优势支柱产业。同时还积极推进大型企业集团制度创新工作。以收购、兼并、联合、控股、参股、组织上市等多种形式进行资产重组和资本扩张，培育大集团。全市58户重点大集团中，有49户按照《公司法》规范改制并进行工商登记，建立了董事会、监事会等法人治理机构，初步形成现代企业制度的基本框架。

“放小”突出搞活。采取多种形式，分类分批，稳步推进公有小企业的放开放活。主要进行了几个方面的工作：第一，出台了《全面推进我市公有小企业改革的若干意见的通知》，加大对小企业改革的引导和支持；第二，通过改组、联合、兼并、租赁、承包经营、股份合作制、出售等多种形式，进一步放开搞活公有小企业；第三对公有小企业采取“分类分批”的处置办法：与大集团发展关系较密切的，以大带小发展一批；对具有产品市场前景的企业采取多种形式扶持一批；产品无市场、扭亏无望、严重资不抵债的企业，果断了结一批。第四，公有小企业实行开放政策：对非公有制企业、“珠三角”和内地企业、境外企业及投资者开放，引入外部资源，盘活存量资产，搞活公有小企业。目前，市属2200户独立核算公有小企业中已有1100多户进行了多种形式的转制，八区、四个县级市9402户公有小企业，已转制5406户。

（二）继续派出“推进国有工业企业改革工作队”，协助企业依法兼并破产、减员增效和转换机制 目前有关政策已逐步到位，破产企业已终结，兼并及减员增效企业呆、坏账准备金已经各商业银行总行初步通过。同时，减员增效政策的实施也使一批大中型亏损企业逐步扭亏。1998年列入国家兼并破产、减员增效计划共47户企业，核销呆、坏账准备金7.36亿元，完成国家下达指标。对全市资本结构调整和企业脱困，起到了重要作用。

（三）走出“三年脱困”的第一步 1998年是中央提出国有大中型企业三年“改革与脱困”目标的第一年，也是国家实施优化资本结构政策的关键一年。广州在对全市国有、集体大中型工业企业进行分析和分类的基础上，排出93户企业作为三年脱困的主要对象，并制定了基本思路和具体工作目标，力图从根本上解决企业亏损问题。作为改革脱困突破口的广州纺织行业，全年压棉纺6.31万锭的计划已完成。

（四）强化企业内部管理和外部监管，加强对国有资产流失的监管 为加强国有资产进行有效的监管，正确处理政企分开和加强监管的关系，广州市在现行的企业管理体制下进行了积极的探索：为推进企业的节能降耗工作，开展了“抓大户、促管理、降能耗、增效益”的活动；狠抓节约费用。围绕降低成本、增强企业竞争力，开展对管理费用、产成品占用、应收账款、亏损企业亏损额的大检查，以堵住各种资产流失、资源浪费的源头，抓好内部的科学化管理；加强对企业的监管力度。针对部分企业盲目投资、决策失误、管理混乱、物耗上升、经营性亏损严重的状况，对企业进行了考核、调整。通过降低制造成本、减少销售费用、管理费的方法使企业迅速扭亏。

（五）积极拓展市场，促进经济增长目标的实现 一是大力开发生产适销对路产品。对重点产品开发项目加强跟踪管理；二是努力拓展本地市场；三是着力改善销售策略，完善“政府搭台、企业唱戏”的营销

方式，推进在内地大城市设立产品分批中心或分销公司；四是积极开拓中小城镇及农村市场。在做好市场调查的基础上，为广大的农村市场提供适用、质优、价廉的商品，并认真做好销售服务。五是大力推进多渠道、多形式的营销网建设，特别是销售代理制销售形式。

加大扶持力度，推动个体、私营经济加快发展

党的十一届三中全会以来，得改革开放之先的广州，率先发展个体、私营经济取得了很大的成效。在新的形势下，广州根据生产力发展的客观要求，树立了“抓住机遇，不断开拓”的观念，进一步推进个体私营经济的发展，并把它作为调整和完善所有制结构的重要内容。主要做法：

（一）鼓励、引导私营经济健康发展 制定并颁布了《关于进一步促进个体、私营经济发展的补充规定》。从改革与发展的原则出发，坚持把经济体制改革与个体、私营经济发展相结合，提出了一些新的、有关突破性的政策措施。如鼓励个体、私营企业参与国有企业改革，给有贡献的外地来穗办私营企业者入广州户口，允许和鼓励大中应届毕业生到私营企业工作等。此外，还制定了个体、私营企业人员参加社会养老保险办法，将在全市范围逐步推广。这些政策的制定为非公有制经济参与平等竞争和健康发展提供强有力的法律保障和创造了宽松的环境。

（二）支持、引导个体经济、私营经济、外商投资经济参与国有经济改革 通过全部购买、部分购买、注资参股、租赁托管四种形式对国有、集体中小型企业进行承包、租赁、兼并和收购，把国有集体中小型企业改造成混合所有制的经济实体。这四种形式已初见成效。目前全市已有多家非公有制企业投入资金，成功地参与公有小企业的改革转制。

（三）鼓励私营企业参与高新技术产业开发等多种经营 创办了广州民营科技园。这是广州个体、私营经济相对集中，政策优惠相对集中，资源相对集中的一个重点园区，将发展为个体、私营发展高新技术产业的重要基地。广州市非公有制经济发展到今天，已经逐步成为国民经济发展中的重要力量。在解决下岗职工就业问题，推进再就业工程，从整体上搞活国民经济等方面发挥了积极作用。

切实保障下岗职工生活，积极开展再就业工作

随着国有、集体、工业企业改革的进一步深入，资产重组力度的进一步加大，广州注重在企业调整与重组中妥善解决职工再就业问题。

（一）对下岗职工和失业人员建立四项基本生活保障制度 规定了最低工资标准保障线为每人每月380元，下岗职工最低生活费保障线为每人每月340元，失业保障救济金标准保障线为每月340~437元。城镇居民每月每人最低生活保障线为240元。要求所有再就业服务中心或相应机构按时足额为下岗职工发放生活费。推动特困下岗职工优先服务的制度，承诺在一个月内解决其就业问题。广州还专门设立帮困资金，保障下岗职工基本生活费。目前，属于市管一级的企业下岗职工，符合条件的，已绝大部分保证了下岗基本生活费。

（二）从组织和制度上加强对下岗职工的服务和管理 全市已设立各级再就业服务中心（站）或相应机构近5000个。市属企业的下岗职工已基本做到有专门机构或专人管理。制定了一系列管理制度，具体规范企业下岗行为。同时，实行《下岗证》制度，使对下岗职工的各项社会优惠政策顺利推进。

（三）落实再就业专项基金，积极开展再就业工程 设立的再就业专项资金共发放3000多万元，扶持了失业人员和下岗职工转岗培训、安置分流、生产自救和职业介绍等。对发展中企业、优势企业、非公有制企业通过多种渠道分流安置下岗职工和失业人员均可在再就业专项资金中得到相应资助。通过多种渠道的分流安置，1998年末，广州地区企业下岗职工降至28113人，全年城镇登记失业率为2.29%。

（四）大力开展转业训练和职业介绍服务 共培训失业、下岗人员3.2万人，比1997年增加了57%，市劳动力市场信息网全面开通，在全市实现了招用工等有关信息的共享。

社会保障制度改革稳步推进。进一步扩大养老保险社会统筹覆盖面，有效保证了全市离退休职工养老金和失业人员失业救济金的按时足额发放。全面统一实施企业职工基本养老保险制度的并轨工作。规定私营企业、个体工商户及非本市城镇户口的劳动者与乡镇企业劳动者，都要参加养老保险社会统筹。调整了企业职工基本养老保险的缴费比例和缴费基数。加快医疗保险制度改革步伐，积极做好广州市职工医疗保险制度改革试行方案的拟定工作。

深入贯彻党的十五届三中全会精神，增创农村经济的新优势

（一）稳定家庭承包经营，初步建立统分结合的双层经营体制 全市1998年到期的承包土地已有90%以上完成了续包30年的工作。在坚持稳定和完善农村土地承包关系的基础上，还积极稳妥地逐步建立起承包经营权的合理有序流转机制，推进适度规模经营，逐步实现了从数量型农业向质量效益型农业，从产、

加、销分散经营向贸、工、农一体化经营，从城郊型农业向都市型农业，从传统农业向现代化农业转变。

（二）稳固推进农业产业化经营，发展步伐明显加大 广州市早期建立的“公司＋农户”的“江高体系”是农业产业化雏形。近年又通过大力发展“三高”农业基地、培育扶持发展“龙头”企业，以国内外市场为导向，以提高经济效益为中心，加快了农业产业化经营的步伐。据普查统计，广州市现有农业产业化组织52个。这些产业化组织越来越显示出实现农业和农村经济两个根本性转变的有效途径，是家庭承包经营责任制的深化和发展。有利于既稳定家庭承包责任制，又实现规模化、集约化，使小生产变成大生产；有利于农业对外开放；有利于引导农民建立共享机制，提高农民进入市场的组织化程度的意识，推动广州市农业现代化的进一步发展。

（三）稳妥进行农村民主管理，逐步完善农村管理体制 广州市村级普遍实行以投票直接选举村民委员会的民主制度，积极推行农村村务、财务两公开和民主管理体制。并在番禺市、花都市、从化市、白云区建立了“两公开一监督”规范化试点。其中番禺市、花都市农村已全面铺开“村务公开、民主管理”工作，番禺市作为省的试点，并通过检查验收基本合格。

在抓好城市基础设施建设和管理的同时，努力改善城市环境

按照广州城市面貌“一年一小变，三年一中变，2010年一大变”的要求，明确提出了城市发展目标，努力增强中心城市功能。抓住国家加大基础设施投资力度的机遇，结合迎全国“九运会”和创建文明城市，集中力量建设一批市政、交通、体育、文化设施以及改善市容市貌、绿化、环保等项目。1998年全社会固定资产投资746亿元，增长13.6%。完成城市建设投资140.31亿元，增长52.5%。

在加快城市建设的同时，加强了城市管理，不断提高城市综合环境质量。深化城市管理体制改革顺利推进。东山、海珠两个试点区分两步开展了试点工作。第一步开展规划、国土房地产、市政园林、工商、公安、街道、财税7个方面的管理体制改革试点，第二步开展工业、商业、投资、国资、教育、卫生、环卫7个方面的改革试点。按照管理重心下移，立足基层的原则，把原属市一级的部分管理权限下放给区，进一步明确和理顺了市、区、街道城市管理的职责和事权，建立和完善“以块为主，条条保证、社会监督、依法治城”的管理格局。改革试点已初见成效。加快城市规划编制，完成了“九运会”交通设施配套等一批专项交通规划的编制，逐项推进“城市形象工程”规划设计。城市环境秩序综合整治取得成效。

加大了城市环境保护力度，力求在突出环境问题的综合整治方面取得实效。重点治理工业企业污染源66项，总投资1.28亿元，全年应完成的14项已全部通过验收。机动车排气治理工作顺利开展，实施禁鸣喇叭控制噪声污染工作成效明显。强化对饮食服务业推广使用清洁能源，控制饮食服务业废气排放，逐步解决污染扰民问题。加强了对珠江污染的整治，对462家重点排污单位实现了排污口规范化管理。抓紧实施城区污水集中处理设施建设。城区垃圾收运已基本实现袋装—专门收集—集中压缩转运—填埋。控制“白色污染”执法工作已全面推开，禁止销售、生产、使用一次性不可降解塑料餐具。经过各方面的治理，市区空气和水、声环境质量都有了较明显的改善。

规范土地市场管理，加快住房制度改革的步伐

（一）加强对土地资源的管理 加大回收国有闲置土地的力度，全面推行房地产开发用地公开招标拍卖，实行土地有偿有期使用制度。1998年共回收国有闲置土地115宗，面积94.88公顷，注销过期用地批文34宗，面积118.39公顷，对过期无法开发的项目用地进行了调整。立案查处违法用地175宗，查处违法建设7927宗。制订了全面改造危房计划，加快了危房改造。

（二）通过立法，住房公积金日渐成为住房资金的稳定来源，增强了住宅尤其是安居工程建设的后劲 住房公积金实现立法后，归集额长足增长，在住房建设中发挥了积极作用，为政府、单位解困安居工程建设提供贷款，使超过2.7万户住房困难户、10万人解决了住房问题。住房公积金还使政策性住房抵押贷款有了稳定可靠的资金来源。

（三）稳步出售公有住房，促进住房商品化、社会化进程 广州房改从卖房起步，全年出售公有住房30多万套。根据住房基金专款专用的原则，房改以来，共批准单位动用20多亿元，专项用于建造住房、购买解困安居房及住房维修。通过建房—售房—再建房，解决了更多职工的住房问题。房改改变了职工的住房消费观念，为推进住房社会化、商品化步伐打下了基础。

（四）逐步加大租金改革力度，合理调整租售比价关系 今后公有住房租金标准将逐渐向成本租金、市场租金过渡。租金改革抑制了不合理的住房需求，大大提高了职工购房的积极性，有力促进了公有住房的出售。

（五）转换住房分配机制，出台实施住房货币分配方案 首先在市直机关事业单位中试行住房货币分配。新进单位的人员一律领取住房补贴，自行解决住房

问题。

加大市场开拓力度，拉动国民经济持续快速增长

积极开拓国内市场，扩大消费需求。广州先后在洛阳、武汉、郑州、南宁等地成功举办或参加了商品展销会和博览会，总成交金额135.1亿元。承办全国文化用品和化妆洗涤商品交易会，举办广式月饼订货会、广州国际美食节、广州流花服装节等，既拓展了国内市场，又树立了“广货”新形象。此外，还加大了农村市场的拓展力度，完善农村商品销售网络，促进了农村社会消费的增长。推进重点流通设施的建设。

努力扩大外贸出口，积极有效利用外资。根据亚洲金融危机对广州外经贸工作的影响，适时调整出口产品结构，推动外贸出口市场多元化发展。落实省政府支持外贸出口的政策，并制定了扩大出口的若干措施，鼓励国有、集体、外商投资、私营企业多出口，抓好骨干行业、重点企业和拳头产品的出口。采取的相应措施有：一是利用资金、商标提高自身出口商品的档次及在一些商品上的相应价格优势，扩大出口量；二是对外贸小企业实行多种形式的放开搞活政策；三是抓住机电产品的出口机遇和扩大家产品的出口份额。同时，抓紧内部管理，减低成本，寻找经济效益新的增长点。市属外贸出口80.18亿美元，增长6.36%。

为加强招商引资工作，广州加大了对美欧跨国公司的招商力度，招商工作逐步向专业化、小分队、有针对性的招商方式转变。拓展高科技领域的招商，加快了招商工作的信息化步伐。努力改善投资环境，合理引导外资投向，优化投资结构，利用外资保持平稳增长，全年实际利用外资30.45亿美元，增长5.2%。以广州经济技术开发区、广州高新技术产业开发区、广州保税区和广州南沙经济技术开发区为重点的东南部开发区域建设步伐加快，在为广州经济的新增长点。

实施“科教兴市”战略，大力发展科技教育事业

（一）推动科研机构企业化　这是深化科教体制改革的一项重要举措。广州加大科技体制改革力度，制定和实施了《广州市关于深化市属独立科研机构体制改革的决定》，把少数基础比较好的科研机构建设为市属研究所，实行研究开发与产业化经营两条线管理；大多数科研机构进入企业、企业集团，或转制为企业；部分科研机构向全社会服务网络方向发展。构筑和完善以企业为主体的技术开发体系和社会化的科技服务体系。科研机构科学事业费集中支持市属研究所，支持科研机构改制，发展高新技术。

（二）高新技术产业有新的发展　制定了《关于贯彻省委、省政府依靠科技进步推动产业结构优化升级的决定的意见》和《关于进一步扶持高新技术产业发展的若干规定》，认真落实有关政策措施。全市确定了28家技术创新示范企业，大力实施技术创新工程，逐步形成技术创新机制，促进一批重大技术创新项目的开发投产。培育出一批有市场竞争力的电子信息产品和新材料产品，以及光机电一体化产品、生物医疗技术和新能源高效节能产品。广州市金鹏集团有限公司和美国摩托罗拉（中国）有限公司成功进行合作，金鹏公司以技术作价入股合作生产移动通信设备，这是广州市在发展高新技术产业方面一个新的突破。开展农业高新技术应用研究，提高了农业科技水平。民营科技企业发展步伐加快。全市高新技术产业产值335亿元，高新技术企业已发展到265家，科技进步对工业经济增长的贡献率达45.2%。

（三）高新技术产业发展基地的建设加快推进　广州高新技术产业开发区与广州经济技术开发区合署办公，广州科学城奠基启动。进一步加强了与港澳地区发展高新技术产业的合作。研究制定了在广州经济技术开发区建设粤（穗）港高新技术产业园的实施方案，在广州南沙经济技术开发区建造资讯科技园和高新技术产业化中试基地。充分利用开发区的优惠政策和良好的投资环境，建立符合国际规范的科技产业发展机制，吸引港澳及内地项目、资金和人才，特别是穗港澳高等院校的力量，研究和开发高新技术产品，扶持、培植一批高新技术产业或企业集团。与此同时，完成了广州市人才资源开发总体规划，人才资源开发和人才培养工作进一步加强。

确立现代化中心城市的总体思路，增创广州发展新优势

在世纪之交的关键时期，国内外新的形势对广州经济社会发展提出了更高的要求。为适应新形势的发展，根据省的有关精神，广州市开展了“增创广州发展新优势”的调研活动。经过这次大调研，广州进一步统一了思想，明确了增创广州发展新优势，建设现代化中心城市的总体思路：围绕经济建设中心，以建设现代化中心城市为目标，立足于“一个基地”（工业基地），“八个中心”（交通中心、商贸中心、金融中心、科技中心、信息中心、教育中心、文化中心、旅游中心）的中心城市功能定位，大力推动经济体制和经济增长方式两个根本性转变，全面实施“外向带动”、“科教兴市”和“可持续发展”三大战略，切实加强民主法制建设、精神文明建设和党的建设，着力增创中心城市、体制、开放、科技、文明城市五大新

优势，进一步发挥区域经济社会发展的龙头带动、示范带头、综合服务、吸纳创新四大作用。

（一）确立以建设现代化中心城市为发展目标 增创广州发展新优势的核心，是增创中心城市新优势。广州市现阶段的发展目标是：逐步建设成为环境优美、秩序优良、文明富庶、经济繁荣，有较强辐射力、吸引力和带动力的现代化中心城市。为了实现建设现代化中心城市的发展目标，必须抓住机遇、开拓进取，在下世纪初基本建立起社会主义市场经济体制；依靠科技进步推动产业结构优化升级；形成全方位、多层次、高水平对外开放格局；推进城市建设现代化和第三产业高度化；稳步推进民主法制建设；坚持“科教兴市”、加强精神文明建设，实现公民素质和社会文明程度的明显进步。

（二）确立以“一个基地”、“八个中心”为主的现代化中心城市的功能定位 改革开放以来，广州综合经济实力大提高，作为全省工业基地和交通中心、旅游中心、金融中心、科技中心、信息中心、教育中心、文化中心、商贸中心的地位和作用进一步增强。

广州作为全省工业基地的发展，必须以市场为导向，依靠科技进步，扶持壮大具有优势的制造行业，着力培育新兴工业，适度发展重化工业，改造提高传统工业，形成一批关联度高、带动力强的支柱产业，大力发展一批名牌优势产品，促使制造业向高档次、高质量、高效益方向发展，提高广州工业控制和辐射力能，增强带动作用和服务作用。

广州提出要强化八大中心功能：一是金融中心。建立起国有商业银行为主体，多种金融机构共同发展的现代金融组织体系，有序开放的市场体系和高效完善的管理体系。二是科技中心。全面加快科技成果的产业化、商业化、国际化进程，建立起适应社会主义市场经济体制和符合科技发展规律的新型科技体制，以及面向经济建设，面向未来发展的知识创新和技术创新体系。三是信息中心。根据国民经济信息化的基本目标，建成面向社会的规模化、标准化、多方式的信息通讯网和信息资源网。四是交通运输中心。高起点、高标准、高质量建设港口、铁路和航空枢纽，建成以内河航道网为主的对外运输通道。五是商贸中心。建设面向国内外市场，行业结构合理、运行有序，实现市场化、社会化、集团化和现代化的商品流通体系，形成大商业、大市场、大流通的格局。六是旅游中心。以国际、国内旅游市场为导向，突出重点，综合开发，建设具有中国岭南特色的国际旅游城市。七是教育中心。以培养适应现代化经济社会发展需要的各类人才，提高国民素质为目标，建立起普通教育、高等教育、成人教育、职能培训、公务员培训、再就业培训相结合协调发展的多层次的教育体系。八是文化中心。根据现代化精神文明建设的需要，建设起布局合理、人才荟萃、设施先进、管理有序，具有地方特色和现代化国际水准的社会主义文化体系。

其中，加强工业基地的建设，是发挥中心城市作用的基础；加强交通中心和信息中心的建设是发挥中心城市作用的先导；加强金融中心、商贸中心和旅游中心的建设是发挥中心城市作用的依托；加强科技中心、教育中心、文化中心的建设是发挥中心城市作用的关键。

（三）确立以增强“四个力”、发挥“四个作用”为建设现代化中心城市的着力点 增创广州发展新优势，建设现代化中心城市，要突出四个方面的着力点：一是依靠科技进步，推动产业结构优化升级，大力发展高新技术产业，培育支柱产业，进一步增强技术扩张和产业辐射力，更好发挥中心城市的龙头带动作用；二是全面深化体制改革，加快制度创新步伐，进一步增强影响力，更好地发挥中心城市的示范带头作用；三是加强城市的规划、建设和管理，创建文明城市，重点发展第三产业，进一步增强吸引力，更好发挥中心城市的综合服务作用；四是坚持实施“外向带动”战略，提高对外开放水平，进一步增强凝聚力，更好发挥中心城市的吸纳创新作用。

（四）依靠科技进步，推动产业结构优化升级 制定了《贯彻〈中共广东省委、广东省人民政府关于依靠科技进步推动产业结构优化升级的决定〉的实施意见》。这是作为这次调研成果转化、运用的第一个重大决策，是广州全面落实科学技术是第一生产力的思想，充分发挥科技进步对经济建设的强大推动作用，增创发展新优势的战略决策和根本性措施。目的是要走出一条科技与经济紧密结合的新路子，加快实现产业结构的优化升级。具体措施是：

1. 发展高新技术，带动产业优化升级。选择重点发展领域、重点工程和重点项目给予政策扶持。通过建立科技风险投资基金，大力支持高新技术产业发展。

2. 培育和发展支柱产业，促进产业结构升级。明确了把电子信息业、交通运输及设备制造业、建筑与房地产业、金融保险业、商贸旅游业和石油化工业六大支柱产业，现阶段优先发展电子信息业、汽车制造业、建筑与房地产业，使其成为全市新的经济增长点。

3. 加大改造传统产业的力度，促进现有传统产业的转型升级。重点是改造提高纺织服装工业、食品饮料工业、电气器材工业、机械制造业、建筑材料工业等传统产业，扶持发展医药、钢铁、造纸等有潜力的产业。

4. 加快第三产业发展的步伐，实现第三产业优化升级。要把第三产业中的劳动密集型与资本密集型产业结合起来，把传统产业与新兴产业结合起来，通过电子信息技术的推动，提高第三产业发展的层次和水平。

（广州市政府研究室　林进炎　姚朝娟）

广州市国民经济主要指标

指　　标	单　位	1998 年		1997 年	
		地　区	市　区	地　区	市　区
年底人口数	万人	674.14	399.30	666.49	395.65
其中：非农业人口	万人	417.28	330.63	410.86	326.73
土地面积	平方公里	7434.4	1443.6	7434.4	1443.6
人口密度	人/平方公里	907	2766	896	2741
年末劳动力资源总数	万人	600.87		586.36	
其中：乡村劳动力	万人	161.43		159.55	
国内生产总值	亿元	1841.61		1646.26	1161.61
农林牧渔业产值	亿元	154.02		85.72	26.05
粮食产量	万吨	103.3		100.92	
蔬菜产量	万吨	256.28		239.57	
猪牛羊肉产量	万吨	12.44		13.05	
水产品产量	万吨	30.68		27.59	
全部工业总产值	亿元	2512.7		2375.39	1386.57
其中：乡及乡以上	亿元	1850.98		1814.27	1257.21
客运总量	万人	19587		17725	14575
货运总量	万吨	24443		23768	20147
固定资产投资总额	亿元	758.83		656.58	541.51
其中：住宅	亿元	233.01		190.25	152.25
房地产开发投资额	亿元	269.37		237.42	208.31
商品房销售额	亿元	207.47			
出口贸易总额	万美元	1033814		105.95	
进口贸易总额	万美元	753870		81.51	
利用外资签订协议总数（新签）	项	986		3066	2726
利用外资签订协议金额（新签）	万美元	245058		219922	145617
实际利用外资金额	万美元	304467		289379	204466
国际旅游人数	万人	303.59		1409.94	
国际旅游收入（旅游外汇收入）	亿美元	10.53			
地方财政预算内收入	亿元	132.19		97.72	83.86
地方财政预算内支出	亿元	175.11		138.99	118.37
银行年末各项贷款余额	亿元	2105.50		222.68	198.07
每万名职工中专业技术人员数	人	2109			
其中：中级职称以上	人				
城镇居民家庭人均生活费收入	元	11256		820.60	
农村居民家庭人均纯收入	元	5629		5545.91	

注：表内各项产值均按当年价格计算

（广州市统计局供稿）

深 圳 市

经济贸易发展与成就

1998年，深圳市国民经济持续、快速、健康发展，经济结构不断优化，经济质量进一步提高，经济社会协调发展，物质文明建设和精神文明建设取得了新成就。全年实现国内生产总值1289亿元，增长14.5%。工业总产值1848亿元，增长18.5%，工业增加值515.7亿元，增长16.9%。全社会固定资产投资475亿元，增长20.7%。进出口总额452.8亿美元，其中出口总额264.2亿美元，增长3.6%。地方预算内财政收入164.4亿元，增长13.8%。年末金融机构各项存款余额2238亿元，比年初增长21.3%；各项贷款余额1550亿元，增长29.1%。外币存款75.89亿美元，贷款85.74亿美元。上市公司数量增加52家。港口集装箱吞吐量增长70%，达195万标箱，居全国第二位。机场旅客吞吐量、航空货运量分别增长16%、18.2%。社会消费品零售总额423亿元，扣除物价因素实际增长9.5%。商品零售价格总水平下降2.5%，居民消费价格总水平下降0.7%。“菜篮子工程”建设取得新进展，农村经济稳步发展。人民生活水平提高，生活质量改善。各项社会事业蓬勃发展。实施科教兴市战略取得新进展，荣获“全国科教兴市先进城市”称号。

高新技术产业作为第一经济增长点的地位更加突出

1998年深圳市继续大力推进科技与经济的紧密结合，牢固树立科学技术是第一生产力的思想，坚持一把手抓第一生产力。制定了扶持高新技术产业发展的22条政策，不断建立和完善发展高新技术产业的服务体系，努力营造促进高新技术产业发展的政策环境、法制环境、人才环境和良好的工作生活环境。抓紧筹备首届中国国际高新技术成果交易会，积极探索建立科技风险投资机制。全年高新技术产品产值655亿元，增长38.1%，占工业总产值的比重达35.4%，其中有自主知识产权的高新技术产品产值增长迅速，占高新技术产品总值的43%。

确保外贸出口保持一定增长

1998年，亚洲金融危机对深圳市外贸出口冲击很大。深圳市及早对外贸出口的形势作了正确的分析判断，先后出台了扶持外贸发展的两个“十条”规定，紧紧抓住出口大户，紧紧抓住加工贸易，充分调动企业出口创汇的积极性。大力扶持高新技术产品、机电产品的出口，保证了外贸出口的增长，出口总额264.2亿美元，连续六年居全国大中城市首位。占全国出口总额的14.4%。

固定资产投资规模扩大

抓住国家扩大内需的有利时机，深圳市将1998年固定资产投资规模由年初的464亿元调整为500亿元，实际完成475亿元，在全国大中城市中居第5位，增长20.7%。其中基本建设投资239.6亿元，更新改造投资20亿元，房地产开发投资161.6亿元，分别比上年增长18.9%、20.4%、18.3%。固定资产投资规模的扩大，基本上满足了经济增长对于投资量的要求，拉动全市经济增长约6个百分点。

继续深化国有企业改革

进一步落实国有企业改革的五个“暂行规定”，逐步完善企业法人治理结构。规范资产经营公司的职能，基本理顺了资产经营公司与直属企业之间的关系，三个层次的国有资产管理体制不断完善。建立和强化企业内部动力机制，在全市市属国有企业推行经营者年薪制，148家国有企业实行了内部员工持股试点。进一步完善了国有企业经理人员评价体系，基本实现市属国有企业经理持证上岗。“抓大放小”有新的进展，大中型工业企业产值增幅高于全市平均水平2个百分点。通过多种规范的企业重组方式，全市“放小”800多家。

转变政府职能取得新进展

1998年，深圳市出台了《深圳经济特区土地使用权招标、拍卖规定》，对经营性土地使用权出让实行公开招标拍卖，制定了《深圳市政府审批制度改革方案》，审批项目由723项减少到305项，核准项目由368项减少到323项。积极推进政府采购制度改革，实行集中招标采购，规范了政府采购行为。这些改革措施的实施，对于进一步转变政府职能，提高办事效率，加强廉政建设都有积极的促进。

各项配套改革进一步推进

加快了社会保险立法，不断规范和完善社会统筹与个人账户相结合的基本医疗保险制度，进行了企业补充养老保险的试点，加强了社会保险基金的使用监管，社会保障体系不断完善。认真做好国有企业下岗职工基本生活保障和失业人员再就业工作，实现了“两个确保”，国有企业下岗员工基本生活保障率达到100%，按时足额发放离退休人员养老金，提高了城乡居民最低生活保障标准，城镇登记失业率控制在2.5%以内。口岸管理体制改革不断深化，建成了皇岗口岸计算机查验网络，改革海关通关作业方式，积极推进卫检、动检、商检“三检合一”，边检职业化改革逐步完善。

利用外资水平有新的提高

通过进一步改善投资环境，重点加强了对世界知名大公司的引进，引导外资投向高新技术产业和城市基础设施建设。1998年合同利用外资27.5亿美元，增长55.2%，实际利用外资25.5亿美元，其中外商直接投资16.6亿美元，比上年略有增长。4家外资银行试办人民币业务，2家外资保险公司深圳代表处和比利时联合银行深圳分行获准成立。保税区在利用外资和扩大外贸出口方面的作用增强。

深港合作进一步加强

深港两地举行了高层会晤。跨境大型基础设施建设的衔接工作进一步深化，双方就合作发展高新技术产业进行了广泛探讨，口岸管理合作加强，进出更加方便、快捷、安全。在联合打击走私、贩毒、黑社会等各种犯罪活动以及保护生态环境方面取得积极成效。继续推进了金融、房地产、信息、商贸、旅游、航运、展览等产业的合作。加强了两地政府、民间、专家之间的联系与沟通。

与内地的交流合作更加密切

加强了与兄弟省市的互访交流和考察学习，积极支持内地省市来深圳市开展招商活动。继续开展对口扶贫，向贵州、三峡等地投放资金3110万元，扶持了26个项目；向省内大埔、丰顺、五华、紫金四个特困县和惠州市等地投放6180万元，扶持11个项目。

重大基础设施建设步伐加快

1998年，深圳加大固定资产投资力度，重大基础设施进展顺利。东部供水水源工程超额完成计划进度，市供水网络干线工程、深圳河治理二期工程全面铺开。机场新航站楼建成，盐田港二期工程进展顺利，机荷高速公路西段建设加快。会展中心建设前期工作积极推进。深港西部通道已经国家批准立项，并初步确定了深圳湾大桥深港两地落岸选址。市中心区建设全面启动，市民中心等六大重点建设项目正式开工。

环境保护加强

继续关注环保问题。牢固树立环境保护在经济社会发展中的重要地位，下决心解决水源污染和水土流失问题。西海堤机场段加固工程主体部分已完工，深圳水库流域污水截排工程正式动工，污水排海和滨河、罗芳污水处理厂的续建工程进展顺利。加强饮用水源保护，加大了水土流失治理力度，减少水土流失面积50平方公里。强化建设项目环境管理，全面开展排污申报登记，推行排污许可证和环保许可证制度。治理噪声和机动车尾气，加强环境质量监测，发布深圳城市大气和环境质量指数，公众环境意识不断提高，巩固了国家环保模范城创建成果。

依法行政和机关作风建设继续加强

改革行政执法体制，在罗湖区开展行政综合执法试点。依法行政责任制试点取得进展，行政复议工作力度加大。积极推进基层依法治理，实行民主选举、民主管理，实现了村务公开。在与企业和群众联系较多的政府部门实行“窗口式办文”。开展“创廉洁文明高效机关、做优秀公务员”活动，机关作风进一步好转。继续纠正部门和行业不正之风，治理行政事业性乱收费、清理预算外资金，对重点市政工程招投标工作进行专项检查。加大反腐败力度，全市共查处大案要案139宗。改革政府审批制度，经营性土地实行公开招标、拍卖，建立政府采购制度，这三项改革是从制度上加强廉政建设的治本措施。

社会治安进一步好转

继续实行社会治安综合治理，严厉打击严重刑事犯罪活动，先后开展了4次全市性的严打专项斗争，刑事案件比1997年下降了4.4%，大案要案下降2.9%。严厉打击经济领域犯罪活动，破获特大经济犯罪案件148宗、走私案件155宗。深入开展创建安全文明小区活动，加强流动人口和出租屋管理，继续清理“三无”人员，收缴非法枪支弹药，消除社会治安隐患。扫除“黄赌毒”态度坚决，措施得力，社会丑恶现象得到有效遏制。

（深圳市人民政府办公厅综合处　孙乡瑜）

深圳市国民经济主要指标

指　标	单　位	1998年		1997年	
		地　区	市　区	地　区	市　区
年底人口数	万人		394.96		379.64
其中：非农业人口	万人				
土地面积	平方公里		2020		2020
人口密度	人/平方公里		1955		1879
年末劳动力资源总数	万人		286.37		272.01
其中：乡村劳动力	万人				
国内生产总值	亿元		1289.28		1130.01
农林牧渔业产值	亿元				
粮食产量	万吨		0.38		0.50
蔬菜产量	万吨		18.57		16.97
猪肉产量	万吨		4.3		3.8
水产品产量	万吨		5.8		5.6
全部工业总产值（新口径）	亿元		1848.38		1602.49
其中：乡及乡以上	亿元				
客运总量	万人		8483.9		8514.3
货运总量	万吨		4047.9		3852.9
固定资产投资总额	亿元		474.63		393.07
其中：住宅	亿元				
房地产开发投资额	亿元		161.61		136.65
商品房销售额	亿元		80.19		158.54
出口贸易总额	万美元		2642389		2549921
进口贸易总额	万美元		1885192		1950835
利用外资签订协议总数	项		1915		1786
利用外资签订协议金额	万美元		274571		176896
实际利用外资金额	万美元		255222		287168
国际旅游人数	万人		148.47		140.41
国际旅游收入	万美元		59025		53225
地方财政预算内收入	亿元		164.91		144.78
地方财政预算内支出	亿元		176.94		142.64
银行年末各项贷款余额	亿元		1550.37		1201.35
各类专业技术人员数（户籍人口口径）	万人		13.05		
其中：中级职称以上	万人		6.04		
城镇居民人均可支配收入（新口径）	元		19886		19078
农村居民家庭人均纯收入	元		7350		6256

注：表内各项产值均按当年价格计算　　（深圳市人民政府办公厅综合处供稿）

珠 海 市

国民经济保持适度快速增长

1998年，珠海市努力克服亚洲金融危机和国内市场变化带来的不利因素，采取积极措施，一方面加大投资力度，特别是积极引进外资，拉动经济增长；另一方面大力扶持外经贸工作，进一步开拓国内外两个市场，促进消费，保持了国民经济持续、快速、健康发展。1998年实现国内生产总值263.5亿元，按可比价格计算，比上年增长11.9%。其中，第一产业增加值12.5亿元，增长2.4%，比重下降0.47个百分点；第二产业增加值137.8亿元，增长12.6%，比重上升0.28个百分点；第三产业增加值113.2亿元，增长11.9%，比重上升0.19个百分点。珠海市人均国内生产总值达到2.24万元。1998年地方预算内财政收入18.7亿元，比上年增长17.2%，其中一般预算收入17.9亿元，增长12.1%。年末全市金融机构各项存款余额为374.2亿元，比上年末增加40.3亿元，增长12.1%；各项贷款余额为274.6亿元，比上年末增加19.7亿元，增长7.7%。

（一）农业和农村经济平稳发展 农业生产获得丰收，1998年完成农业总产值19.9亿元，比上年增长5.3%，其中种植业产值7.59亿元，增长5.9%；渔业产值8.34亿元，增长6.3%。粮食播种面积保持稳定，总产量达到9.67万吨，比上年增长0.7%；甘蔗总产量133.62万吨，增长5.3%，蔬菜总产量13.69万吨，增加4.0%。乡镇企业继续保持良好发展势头，全年乡镇企业总产值179.7亿元，增长16.1%。

（二）工业经济继续保持较快增长速度 1998年完成工业增加值114.7亿元，增长17.8%，对珠海市国民经济增长的贡献率为43.5%。全市全年完成工业总产值491.99亿元，比上年增长18.2%，其中国有及年销售收入500万元以上非国有工业企业完成工业总产值426.49亿元，增长18.7%。外商及港澳台投资企业和股份制企业在珠海市工业占的比重较高，分别达到67.7%和17.9%，两者之和已超过全市工业总产值的85%。其他工业和股份制工业的增长速度较快，分别为1.1倍和21.9%。珠海市工业经济效益综合指数为111.94%，比上年提高8.03个百分点。全市工业产品销售率为97.26%，比上年提高0.47个百分点。

（三）旅游业在第三产业中的支柱作用得到进一步发挥 旅游业在上年大幅度增长之后进入平稳发展阶段。以创建“中国优秀旅游城市”为契机，借助第二届国际航展、国际赛车和第十届广东省运动会等多项盛事在珠海成功举办，大力进行旅游促销活动，营造大商贸、大旅游环境。1998年接待旅游总人数713.92万人次，比上年增长13.1%。其中，接待国际游客136.14万人次，增长10.9%；国内游客577.78万人次，增长13.6%。全年接待过夜游客403.81万人次，比上年增长23.9%。全年旅游业测算总收入60.44亿元，比上年增长3.55%，其中国际旅游（外汇）收入（测算数）3.32亿美元，增长1%；国内旅游收入（测算数）32.88亿元，增长5.66%。全年社会消费品零售总额100.31亿元，比上年增长6.9%，扣除价格因素，实际增长10.7%。

综合运输能力进一步提高。1998年水、陆运输方式完成的货运量3354万吨，比上年增长2%；货物周转量15.36亿吨公里，增长3.8%。完成客运量3073万人次，增长5%；旅客周转量17.09亿人公里，增长7.9%。港口货物吞吐量1340万吨，与上年持平。航空方面，珠海机场全年完成运输飞行9723架次，比上年增长11.6%。全年累计航线通达城市为36个，平均每周运输航班为93班。

邮电通信业改革步伐加快，服务质量提高，1998年完成邮政业务总量4301万元，比上年增长22%。全年新增电话用户8.03万户，其中移动电话用户5.82万户，年末电话用户达36.16万户，其中住宅电话用户16.07万户，计算机互联网络用户达到6886户，比上年增加4379户。

（四）固定资产投资总量大幅增长，对经济的拉动作用明显增大 1998年完成固定资产投资96.1亿元，比上年增长33.9%。其中，基本建设投资62.18亿元，比上年增长39.8%；房地产开发投资27.17亿元，增长37.7%。重大基础设施建设取得明显进展，珠海港8万吨成品油码头正式投产，体育中心、航展展馆、新闻中心和机场环形路建成并投入使用，拱北口岸新联检大楼、广珠铁路、莲花大桥、横琴大桥等重点工程正在加紧施工。这些基础设施项目的投资，成为保持投资拉动作用的主要因素。工业投资特别是外资工业投资项目势头较好，珠海电厂、联邦制药二期、PTA、旭田电子、红塔仁恒等项目进展较为顺利。

（五）积极开展招商引资，实际利用外资和外贸平稳增长 珠海市在困难的形势下，全面贯彻上级关于做好外贸出口工作的有关措施，并出台了一系列鼓励出口、吸引外资的具体办法，运用各种招商方式，将金融危机的冲击减少到最低限度。对外贸易规模有所扩大，1998年进出口总额达59.17亿美元，比上年增长7.2%。其中出口29.95亿美元，增长1%；进口29.22亿美元，增长14.32%。实际利用外资则稳步发展，全年实际利用外资金额达11.06亿美元，增长8.1%，其中，外商直接投资6.96亿美元，增长12.9%。

（六）劳动就业工作有所加强，人民生活水平继续提高 1998年末珠海市职工人数为28.5万人，与上年末大致持平。安置城镇失业、下岗、富余人员再就业1.95万人，再就业率为53.9%；年末城镇失业登记人数0.95万人，登记失业率为2.56%；年末下岗职工0.41万人。城乡居民实际收入增加。城镇居民年人均可支配收入13632元，比上年增长3.7%，扣除价格因素，实际增长5.4%；农（渔）民家庭人均年纯收入3775元，比上年增长3%，扣除价格因素，实际增长4.7%。年末全市城乡居民储蓄存款余额202.7亿元，比年初增加25亿元，增长14%。

经济体制改革不断深入

（一）企业改革深入进行，企业内部经营机制加快转换 珠海市把企业产权制度改革作为转换企业经营机制的突破口，加大改革力度，积极调整企业的组织结构，盘活存量资产，充分发挥社会资源的作用。在改革形式上坚持从实际出发，根据企业实际情况，分别采取转让、出租、兼并合作、股份合作制、破产等多种形式，使全市有64%的国有、集体企业进行了改制，其中进行产权制度改革的占31%。

在推进企业改革过程中，党政机关与企业脱钩的工作逐步实施。首先是完成了工商管理部门与所办市场办管分离工作；其次是政法机关与所办企业脱钩工作取得突破性进展，脱钩采取先交接、后清理、再处理的方式，企业的资产、债务一并移交；第三是中介机构（会计师事务所、审计师事务所、评估事务所）与所办部门脱钩工作稳步推进。

（二）国有资产管理体制初步建成，国有资产管理工作得到加强 1998年，珠海市先后有交通、工业控股和投资管理公司三家资产经营公司进入运作。为充分发挥新体制的作用，采取各种有效措施，改进管理方式，提高管理效率。一是向各营运机构派出财务总监，以加强资产营运和财务的监督；二是重新修订资产经营责任制实施方案，加强对企业实行资产经营责任制的管理和监督；三是对企业按资产规模进行分类，制定相应的管理措施；四是充分发挥产权交易中心的作用，促进产权流动。

（三）社会保险制度不断完善，保障能力有所提高 珠海市职工医疗保险制度改革于1998年1月1日正式实施，由市社会保险局对全市职工养老保险实行统筹，垂直管理，结束了市、县、区分级管理的局面，提高了综合保障能力。全市参加养老保险的人数达17.47万余人，占全市职工人数的65%。珠海市全面推行养老、工伤、失业、医疗、生育五项保险，实现了全方位保险的目标，进一步完善了保险体制，扩大了保险功能。一年的试点取得较好成效，为扩大保险范围打下了基础。首先是较好地解决了医疗费用的筹集问题。通过国家、单位、个人共同筹集、合理分担，建立起医疗费用的筹措机制；其次是促进了医疗费用的合理使用，节约了医疗资源。个人账户的使用和对医疗机构严格管理，使医患双方建立起自我约束机制，职工门诊费用平均下降10%；再者是减轻了企业负担和广大职工的后顾之忧。此外，通过医改，较好地遏制了行政事业单位医疗费用不断上升的势头，减轻了财政负担。

精神文明建设和社会各项事业取得新进步

1998年，珠海市坚持以经济建设为中心，在努力搞好物质文明的同时，把精神文明建设摆在更加突出的位置，把“两手抓”紧密结合起来，真正做到了“两手硬”。

（一）以人为本，努力提高市民素质 珠海市把文明人的培养教育工作放在一个非常重要的位置，通过迎接澳门回归、命名圆明新园等一批爱国主义教育基地、参加国际航空航天博览会、开展职业道德和社会公德大讨论、评选表彰先进等活动，在全社会大力开展爱国主义、集体主义和社会主义思想教育。在活动中涌现了一大批先进人物和先进单位，1998年评选出省文明单位10个，市文明单位211个，市创建文明单位积极分子76人，还评出了“十佳外来工”、“十杰青年”、“十佳学生”和“十佳公仆”。全市有1000多名青年志愿者参加了航展的义务服务工作，展现了特区青年文明风貌。在1998年的抗洪斗争中，珠海人民情系灾区，向灾区捐款捐物达6000多万元。

（二）实施科技兴市战略，重视基础教育 1998年珠海市有10个项目列入“火炬计划”，科技攻关项目32个，59个项目列入新产品试制计划。全市共有生产高技术产品的企业130家，高新技术产品产值占全市工业总产值的20%以上。全市受理专利申请350多件，其中发明专利221件，比上年增长40%。科技成果转化也出现了好的势头，南方科技软件园、广东科技成果转化基地已先后落户珠海。珠海市全面实施素质教育，教育教学质量进一步提高。1998 年全市有各类学校 391 所，在校学生数为 16.37 万人，比上年增长 3%。

（三）环境保护事业有新突破 1998 年，珠海市荣获联合国人居中心颁发的“国际改善居住环境最佳范例奖”，联合国人居中心的公报赞扬珠海“为中国其他城市的建设树立了榜样，也是全球全面改善人居质量的榜样城市”。颁布并实施了《珠海市环境保护条例》，发布并贯彻执行了《关于禁止销售使用含铅汽油的通告》。空气污染指数保持低于 100，大气质量属于优良水平，地面水、海水质量稳定，区域环境噪声、交通干线噪声均符合国家标准。生态示范区建设取得积极进展。

（四）抓好社会治安综合治理 珠海市社会治安已步入良性循环的轨道：一是维护稳定工作取得明显效果。1998 年，珠海市是广东省唯一没有到省集体上访的地级市。二是社会治安形势稳定，刑事发案稳中有降。在 1994—1996 年刑事发案连续 3 年持续下降的基础上，1998 年，全市的刑事案件和大案分别比 1997 年下降 10% 和 1.9%。三是防火防事故工作取得进展。1998 年全市共发生交通事故而造成的经济损失分别比 1997 年下降 20.5% 和 26.9%。四是“黄赌毒”等社会丑恶现象得到有效遏制。1998 年新吸毒人数比上年减少 46.8%。对桑拿按摩、发廊以及宾馆、酒店等公共场所进行了有效整治。五是安全文明小区创建工作有新的起色。截止 1998 年底，全市有安全文明小区 502 个，覆盖人口 42.7 万。

（五）继续实行“精品战略”，建设社会主义的特区文化 1998 年，珠海出版社出版了 200 多种各类型图书，其中《中国电影图志》等在全国城市出版社图书评奖中荣获两项一等奖；业余室内合唱团参加全省、全国大赛分别获得一等奖和金奖；组建了全国第一家音乐剧团并推出了中国第一个原创大型音乐剧《四毛英雄传》。全市书法、摄影、文艺汇演、龙舟竞赛等群众性的活动开展得有声有色。全市文化市场管理力度加大，稽查文娱场所及商铺 7559 间（次），查处违法案件 82 起，收缴非法音像制品 11 万余件。市体育中心建成使用，市民人均拥有体育设施面积进入全国先进行列。全市大力实施“全民健身计划”，体育社会化和人民身体素质有明显提高，全市的体育竞技水平也有进步，1998 年省第十届运动会珠海从团体总分第九名跃进到第四名。

（中共珠海市委办公室　王琦萍）

珠海市国民经济主要指标

指　　标	单　位	1998 年		1997 年	
		地　区	市　区	地　区	市　区
年底人口数	万人		118.90		116.9
其中：非农业人口	万人				
土地面积	平方公里				
人口密度	人/平方公里				
年末劳动力资源总数	万人				
其中：乡村劳动力	万人				
国内生产总值（现价）	亿元		263.5		23.5
农林牧渔业产值（现价）	亿元		19.9		19.2
粮食产量	万吨		9.67		9.6
蔬菜产量	万吨		13.69		13.16
猪牛羊肉产量	万吨				
水产品产量	万吨		9.74		9.5
全部工业总产值（现价）	亿元		491.98		460.9
其中：乡及乡以上	亿元				403.5
客运总量	万人次		3073		2927
货运总量	万吨		3354		3289
固定资产投资总额	亿元		96.1		71.6
其中：住宅	亿元				
房地产开发投资额	亿元		27.17		19.2
商品房销售额	亿元				
出口贸易总额	亿美元		29.95		29.7

（续）

指　标	单位	1998年		1997年	
		地　区	市　区	地　区	市　区
进口贸易总额	亿美元		29.22		25.6
利用外资签订协议总数	项				
利用外资签订协议金额	万美元				
实际利用外资金额	亿美元		11.06		10.24
国际旅游人数	万人次		136.14		
国际旅游收入	万元				
地方财政预算内收入	亿元		18.7		15.96
地方财政预算内支出	亿元				
银行年末各项贷款余额	亿元		274.6		254.9
每万名职工中专业技术人员数	人				
其中：中级职称以上	人				
城镇居民家庭人均生活费收入	元		13632		13150
农村居民家庭人均纯收入	元		3775		3665

注：表内各项产值均按当年价格计算　　　　（中共珠海市委办公室供稿）

汕　头　市

概况

1998年，是汕头市在克服困难中发展，在化解矛盾中前进的一年。这一年，亚洲金融危机影响的加深和国际市场萎缩，给汕头市对外贸易造成严重影响。国内市场疲软，多年来高速发展积累的深层次矛盾逐渐显露，经济工作遇到不少新的困难。汕头市围绕增创特区发展新优势，抓住全市改革与发展的重大问题，广泛深入开展调研活动，理顺发展思路。制订加快发展工业、扶持个体私营经济、发展高新技术产业和推动企业技术进步等政策措施，把经济工作的着力点转移到调整结构和提高效益上来，赢得了发展主动权，实现了预定的经济增长目标。全市完成国内生产总值423亿元，增长13.6%。其中第一产业增加值45.21亿元，增长6%；第二产业增加值200.8亿元，增长16%；第三产业增加值177.04亿元，增长11.5%。全市首次实现人均国内生产总值超万元；特区人均国内生产总值超2万元。工农业总产值701.01亿元，增长19.5%；财政收入32.7亿元，增长12.8%。

三大产业协调发展

工业快速发展，整体素质提高。全市完成工业增加值175.11亿元，比上年增长18.1%；工业总产值660亿元，增长20.5%。其中独立核算国有和年销售收入500万元及以上工业企业产值386.8亿元，增长13.9%。产值结构显示轻工业为主特点，轻工业产值占72.7%，重工业产值占27.3%。产品结构继续调整，高密度多层印制板、彩色多普勒诊断仪等一批重点项目竣工投产。经济效益有所提高，全市列入统计的1083家工业企业，盈亏相抵后实现利润2.89亿元，增长5.2%；利税总额13.53亿元，增长8.5%，其中大中型企业增长110.6%。工业综合经济效益指数98.2%，为近年来最好水平。

农业丰收，农村经济稳定增长。全市农业总产值40.9亿元，增长5.5%。粮食生产连续8年实现“吨谷市”。第三期耕地保护目标责任制得到落实。渔业、林业、畜牧业全面发展。农业产业化进程加快，新建种养业商品生产基地2370公顷，农业龙头企业15家，“三高”农业产值占农业总产值的67%。现代农业示范区、农业科学园和设施蔬菜示范点建设按计划推进。乡镇企业持续发展，总产值530.8亿元，增长23%。气象、水利、农田基本建设取得新进展，全市投入水利建设资金2.68亿元，市区汕头大围建设任务基本完成，一批江海堤围和山塘水库得到维修加固。扶贫成果进一步巩固，老区、山区和贫困地区生产、生活条件继续改善。

第三产业稳步发展。全市社会消费品零售总额178.1亿元，增长16.2%；城乡集市贸易成交额80.8亿元，增长11.6%。市场供应充裕，物价总水平持续下降。旅游业稳步发展，来汕游客增加，市旅游总公司进入全国同行业百强行列，名列第10位。房地产市场成交活跃，商品房销售面积119.7万平方米，增长3.7%。金融运行平稳，年末全辖金融机构存款余额535.5亿元，贷款余额452.2亿元，分别增长15.1%和15.4%。交通运输、邮电通信、信息咨询、中介服务等行业发展加快。

推进基础设施建设

1998年，汕头市固定资产投资处于大投入后的调整期，在继续贯彻“保重点，保收尾，保投产”的同时，着力于调整优化投资结构，提高投资效益。在重点建设项目安排上，充分体现以市场为导向，以效益为中心的原则，运用产业投资政策及产业投资指导目录，合理引导社会资金投向交通、能源、邮电通信、水利等基础设施和高新技术产业。全年全社会固定资产投资完成126.18亿元，比上年下降3.7%。其中，国有单位投资63.74亿元，下降26.9%；城乡集体单位投资50.71亿元，增长47%；城乡私人投资11.73亿元，增长24.8%。同时，针对建设资金紧缺的实际，抓住国家实施扩大内需，加大基础设施建设投资力度的有利时机，及时了解有关政策动态，掌握第一手情况和信息，积极做好重点项目筛选、申报国债投资和银行贷款工作，争取到国家对汕头市项目支持资金26.18亿元，争取到省各项扶持、补助资金1495万元，有效地缓解了重点建设项目资金紧缺的状况，确保了岩石大桥、汕潮汾高速公路等一大批交通、能源、邮电通信基础设施重点建设项目顺利推进。至1998年底，全市公路通车里程已达1638.1公里，公路密度每百平方公里79公里，实现了国道、省道、县道100%水泥路面；港口码头5000吨级以上泊位达到28个，其中万吨级以上泊位9个，年吞吐能力2112万吨；机场通航城市44个，年旅客吞吐能力300万人次；全市发电装机容量143.44万千瓦；电话交换机总容量88.32万门；特区每百人拥有电话47部，其中移动电话13.1部。随着欧亚国际海底光缆的登陆及一批通信项目的建成投产，汕头作为国际通信网络的重要节点的功能日趋完善。一个以海港、空港为中心，以高等级公路、铁路及方便、快捷的信息基础设施为骨架的海陆空现代化立体交通通信网络正在汕头的现代化建设中发挥重大作用。

努力拓展对外经贸

1998年，由于亚洲金融危机影响，汕头市外经贸工作遇到前所未有的困难。出口产品售价降低，合同履约率下降，一批外商投资项目推迟执行，部分外商投资企业生产经营不正常。汕头市委、市政府加大政策扶持力度，有效地落实出口退税政策，鼓励机电产品出口，帮助外贸企业缓解资金困难，提高外贸企业参与国际市场竞争能力。制止“四乱”行为，增强外商来汕投资信心。外经贸企业积极发展高附加值产品和新产品出口，提高传统产品质量水平，加大对欧美等远洋市场的开发力度。3月份在毛里求斯举办首次“汕头经济特区出口商品展览会”，共有来自东南非国家1486家公司约2000名客商到会洽谈，扩大了对非洲的商品出口。下半年开始，汕头市外贸出口止跌回升，呈现稳步增长局面。1998年出口总额34.49亿美元，增长0.1%，其中近远洋出口11.28亿美元，增长12.5%。出口商品销往130个国家和地区，比上年增加3个。

国有企业下岗职工基本生活保障和再就业

汕头市政府和各有关部门高度重视做好国有企业下岗职工基本生活保障和再就业工作，健全领导机构，制订分流安置方案，出台各项政策措施，积极筹集资金，构筑起下岗职工生活保障“四道防线”。第一道防线是下岗特困职工优待制度。从当年8月1日起，市区家庭人均月收入低于180元，所在企业属于停产、半停产，又难以提供救济，或基本丧失劳动能力的下岗特困职工，本人及其家庭成员可凭《汕头市国有企业特困职工优待证》，享受电、水、粮油、燃料、学杂费、住房租金、小区管理费等九项优惠，有关费用由财政和有关单位共同负责。第二道防线是下岗职工基本生活保障制度。职工下岗进入再就业服务中心，在签订有关协议后，按月在再就业服务中心领取基本生活费。基本生活费第一年为汕头市失业救济标准242元/人月的110%，第二年为105%，第三年为100%。再就业服务中心的资金按“三三制”方式筹集。市财政安排落实了600万元资金，用于解决市直进入企业再就业服务中心下岗职工的基本生活问题。使全市进入再就业服务中心的21000名国有企业下岗职工，基本生活都得到了保障。第三道防线是社会保险制度。对进入再就业服务中心的下岗职工，在协议期满后仍未能实现再就业的，可向社会保险机构按月申领失业救济金。第四道防线是城市居民最低生活保障制度。对领取失业救济金期满后仍未实现再就业，家庭人均收入低于180元的，可向民政部门申领城市居民最低生活费。资金采取分级负担、差额补助的办法发放。同时，汕头市采取积极措施，着力建立起企业自主用工、劳动者自主择业、政府组织协调、社会提供服务、通过市场实现再就业的多渠道、全方位再就业新机制。当年全市共分流安置下岗职工4.33万人，城镇失业率控制在2.5%以内，维护了就业局势的稳定。在全市建立了531个再就业服务中心，有1.8万名下岗职工进入再就业服务中心。通过发展第三产业，兴办经济实体，开发性安置下岗职工。宣传48个再就业先进典型，引导下岗职工树立有合法劳动报酬就是就业的观念，同时积极开展多种形式的转业转岗培训，提高下岗职工的市场就业竞争能力，使60.4%参加转岗转业培训的下岗职工走上了新的就业岗位。充分发挥市场机制在配置劳动力资源中的基础性作用，完善职业介绍机构建设，开设下岗职工服务窗口，清理整顿非法社会职业中介机构，维护劳动力市场秩序，共帮助2691名下岗职工通过劳动力市场实现再就业。

各项改革继续深化

加快国有企业转机建制，继续坚持“抓大放小”方针，打好国有企业改革攻坚战。积极培育和扶持大型企业集团，促进整体素质提高。全年新批准组建集团公司9户，至1998年底全市已有153户大型企业集团。同时，加大资产重组力度，多形式放开放活国有中小企业。至1998年底，全市国有中小企业1559户，已采取不同形式实施改革的企业有891户，改革面达57.2%。年度优化资本结构试点工作基本完成，上报核销银行呆坏账准备金1.85亿元。全市依照《公司法》登记成立有限责任公司3108家，至1998年底，全市共有股份有限公司16户，依照《公司法》登记成立的有限责任公司11919户。利用外资改造国有困难企业取得新突破，汕头公元感光材料工业总公司与美国柯达公司合资合作进展顺利。社会保险制度进一步完善，实施特区企业职工社会保险条例，颁布特区社会养老保险、工伤保险、失业保险、女职工生育保险规章，在全省率先实行企业职工养老保险制度与全国统一制度并轨。住房制度改革稳步推进，出售公有住房步伐加快。成立市建设工程交易中心，建设工程、商业用地招标投标进一步规范。粮食流通体制改革取得阶段性成果，敞开收购、顺价销售、收购资金封闭运行等三项政策得到落实。地方金融机构体制改革有新进展，城市合作银行改组为商业银行。农村经济体制改革继续深化，农村集体资产清产核资全面完成，第二轮土地承包顺利展开，撤销管理区改设村民委员会试点工作圆满完成。

个体私营经济迅速发展

汕头市是经济特区和全国著名侨乡，充裕的侨力民资，为非公有制经济发展奠定了重要的经济基础；经济特区政策和活跃的市场流通，为个体私营经济提供了发展机遇；市政府向来支持鼓励个体私营经济发展，1998年5月颁布《汕头市鼓励和保护个体私营经济若干规定》，把个体私营经济纳入全市经济和社会发展的总体规划。工商行政管理部门充分发挥职能作用，在简化登记手续、放宽经营范围、经营方式、从业人员、注册资金等方面都制订了具体扶持措施。各级各部门共同努力，营造有利于个体私营经济发展的政策环境、法制环境、服务环境和舆论环境。至1998年底，全市共有个体工商户47311户，从业人员73900人，注册资金4.7亿元；私营企业10010户，从业人员117369人，注册资本71.8亿元。全市个体工商户、私营企业年产值16.2亿元，年营业额32.2亿元，已成为汕头经济发展中最具活力的增长点。私营企业发展主要特点有：有限责任公司成为私营企业发展的主要形式；部分个体私营企业已完成原始积累阶段，开始向规模经济、集团化方向发展；私营企业从“重商轻工”朝向工业、商贸、交通、社会服务等多方面发展，一批生产型、科技型、外向型的私营企业正在迅速崛起。

科技教育蓬勃发展

科教兴市步伐加快。全面实施省、市依靠科技进步推动产业结构升级和企业技术进步的政策措施。全市取得科技成果56项，其中“FTZ-1100型金银卡纸复合涂布机”等8项成果水平达到国际先进水平，“CTS-60B型超声探伤仪”等14项成果达到国内领先水平；获国家专利权571项；推广转化科技成果125项。全市县及县级以上国有独立研究与开发机构、科技情报和文献机构20个；有300家企业同国内科研院所、高等院校建立合作关系，35%的企业办起自己的技术开发机构；有技术商品经营机构150家。经国家、省认定的高新技术企业已达到43家，民营科技企业发展到800家。超声电子集团公司、海洋集团公司和超声仪器研究所进入国家级重点高新技术企业行列。汕头超声电子股份有限公司筹备设立博士后工作站。高新技术产业开发区聚集、辐射效应增强，以区带园、内外联动格局初步形成。汕头市被国家列为科技创新工程试点区域，获得全国科教兴市先进城市称号。

教育整体水平进一步提高，素质教育全面实施，“普九”成果得到巩固，普及高中阶段教育逐步推进。由香港知名人士李嘉诚先生捐资创办的汕头大学，设有文、理、工、法、商、医、艺术、高等职业技术、成人教育9个学院和科学研究院，已顺利通过国家“211工程”立项论证，1998年增列为博士学位授权单位，有1个博士学位授予点，16个硕士学位授予点。

民主法制建设得到加强

各级政府自觉接受人大及其常委会监督，向人民政协、民主党派通报情况、听取意见形成制度；人民代表议案和政协委员提案205件办理完毕；受理群众来信1233件、来访165批次，一批群众关心的社会热点问题初步得到解决。廉政建设继续推进，清理公务用车、公款配置通信工具等专项工作取得成效。国家公务员过渡工作基本完成。依法治市取得新进展。市政府提请市人大常委会审议通过的特区法规草案3件，颁布特区规章13件，发布规范性文件17件，其中涉及经济立法的19项，占57.6%。“三五”普法广泛开展，行政执法责任制全面推行，行政执法监督力度加大。防范化解金融风险责任制得到落实，风险隐患逐步消除，信贷质量得到改善。反走私斗争深入开展，打击逃汇骗汇，偷漏税收、制假销假等专项斗争取得阶段性成果，社会经济管理逐步规范化、法制化。

（汕头市政府办公室　陈毓玲）

汕头市国民经济主要指标

指　　标	单　位	1998年		1997年	
		地　区	市　区	地　区	市　区
年底人口数	万人	417.95	111.32	413.09	109.23
其中：非农业人口	万人	141.4	83.19	138.05	80.87
土地面积	平方公里	2064.4	298.3	2064.4	298.3
人口密度	人/平方公里	2029	3732	2001	3662
年末劳动力资源总数	万人	237.81	66.79	235.05	65.54
其中：乡村劳动力	万人	151.88	18.77	149.87	17.78
国内生产总值	亿元	423.18	214.92	373.52	197.78
农林牧渔业总产值	亿元	80.44	9.21	73.38	8.72
粮食产量	万吨	76.97	4.18	76.85	4.24
蔬菜产量	万吨	137.20	11.42	132.78	10.75
猪牛羊肉产量	万吨	5.60	1.08	5.51	1.08
水产品产量	万吨	30.72	5.04	28.99	4.78
全部工业总产值	亿元	699.92	276.99	588.61	245.75
其中：乡及乡以上	亿元	306.91	171.92	288.69	202.57
客运总量	万人	1911.3	1350.3	1901.5	1301.5
货运总量	万吨	1355.3	849.8	1250.8	840.8
固定资产投资总额	亿元	126.18	78.56	131.05	96.26
其中：住宅	亿元	30.52	22.16	22.10	14.70
房地产开发投资额	亿元	24.30	21.98	20.12	17.91
商品房销售额	亿元	26.24	24.35	33.67	31.52
出口贸易总额	万美元	344900	242641	344730	267951
进口贸易总额	万美元			342600	250346
利用外资签订协议总数	项	302	161	461	349
利用外资签订协议金额	万美元	49537	29955	45975	26409
实际利用外资金额	万美元	103903	78248	101126	70924
国际旅游人数	万人	18.70	15.71	18.37	16.01
国际旅游收入	万元	84498	70926	82170	—
地方财政预算内收入（含返还部分）	亿元	22.22	15.60	21.11	14.89
地方财政预算内支出	亿元	26.92	17.75	25.23	16.96
银行年末各项贷款余额	亿元	452.24	333.11	390.99	289.34
每万名职工中专业技术人员数	人	2447	2088	2188	1893
其中：中级职称以上	人	456	617	560	534
城镇居民家庭人均生活费收入	元	—	8098	—	7938
农村居民家庭人均纯收入	元	4190	3777	4011	3469

注：表内各项产值均按当年价格计算

“其中乡及乡以上”一栏：1997年为乡及乡以上，1998年统计范围为国有和年销售收入500万元及以上非国有独立核算企业

（汕头市政府办公室供稿）

江门市

综合实力进一步增强

国民经济继续增长，1998年江门市国内生产总值482亿元，人均国内生产总值1.27万元，分别比上年增长9%和4%。其中第一产业增加值62.6亿元，增长1%；第二产业增加值223.2亿元，增长9.2%；第三产业增加值195.1亿元，增长10.9%。一、二、三产业结构比例为13∶46.4∶40.6。地方财政一般预算收入17.3亿元，增长6.4%。经济实力增强，各项社会事业全面进步。

强镇富民，农村经济稳中有进

1998年6月下旬，境内潭江、西江流域遭受特大洪灾，江门市早稻受浸面积约2万公顷，农业损失较大。由于及时采取措施抗灾复产，全年粮食总产量139万吨，比上年减产9万吨。但蔬菜、甘蔗、水产品、肉类的产量均比上一年有增长；新造林面积6420公顷。全市农业总产值122亿元，仍增长1.1%；农村经济总收入747亿元，增长8.6%。加强水利建设，全年完成投资3.3亿元，增长35%；修复水毁水利工程1011宗，维修加固大小水库79座、堤围326公里。农业开发势头强劲。“三高”农业创办点增加到4975个，办点面积扩大到9.75万公顷，新种水果4500多公顷，营造丰产林3220公顷，扩大海水养殖200多公顷，新增养殖网箱500多个，沉箱养殖发展到86个。农业产业化步伐加快。农业龙头企业发展到100多家，产业化组织增加到63个。实施强镇富民战略，大力发展镇级经济，全市乡镇企业总产值723亿元，增长10.9%；营业总收入717亿元，增长11.7%。

工业立市，工业生产保持增长

坚持工业立市的方针，抓大放小，深化改革，依靠科技进步推动产业结构优化升级，加强对企业内部管理及营销工作的指导与服务，全市工业总产值1053亿元，比上年增长10.3%；其中，轻工业增长12.5%，重工业增长4.1%。产销基本衔接，工业产销率为93.91%，比上年提高0.27个百分点。增产的主要产品有：微型电脑增长84%，服装增长48%，机制糖增长35%，电风扇增长32%，干电池增长27%，彩色电视机增长4%。减产较大的主要产品有化纤及纺织制品、机制纸及纸板、平板玻璃、空调器等。从所有制结构看，集体工业增长12.4%；其他经济类型企业增长10.3%，其中三资企业工业总产值177.7亿元，增长13.4%；国有企业及国有控股企业下降10%。重点扶持发展大企业，全市大中型企业实现工业总产值275.8亿元，增长16.1%。

外向带动，外贸出口和利用外资大幅增加

实施外向带动战略，江门市外贸出口总值30.6亿美元，增长10.5%；其中一般贸易出口10.8亿美元，增长1.9%；外商投资企业出口17.8亿美元，增长20.2%，占全市出口总额的58%。大宗出口产品增加，其中纺织品出口12.5亿美元，增长21.6%；电子产品出口1.89亿美元，增长68.8%；机械及设备出口4.32亿美元，增长62.4%。调整出口市场结构，远洋贸易比例增大。组织和动员干部群众改善投资环境，营造“洼地效应”，创造“五优环境”：优化的思想环境、优惠的政策环境、优质的办事环境、优良的法制治安环境、优美的城市环境，对外来投资者的吸引力明显增加。积极开展对外招商引资，新批利用外资合同项目（企业）1422个，合同金额3.7亿美元，增长30.6%；实际利用外资5.61亿美元，增长11.4%。外资投向基础设施建设比重较大，投向高新技术企业和农业开发性生产的也有所增加。

发展第三产业，培育新的经济增长点

江门市社会消费品零售总额165亿元，扣除物价因素影响，实际增长10.5%。在零售业中，国有、集体、私营、个体及其他经济成分所占比重分别为17%∶19%∶6%∶58%。物价涨幅继续趋降，全市社会商品零售价格总指数下降1.8%，居民消费价格指数下降0.6%，是近七年来首次出现负增长。加强旅游资源开发，建设和完善了一批景点景区。全市宾馆酒店接待旅游人数441万人次，增长3%。其中国内旅游者424万人次，增长31%；国际旅游者17万人次，增长

2%。旅游宾馆酒店平均开房率为40%，营业收入5.95亿元，下降5%。全市旅游总收入31亿元，增长3%；旅游外汇收入7190万美元，增长1.5%。房地产开发放缓，商品房竣工面积140万平方米，下降20%；商品房销售面积106万平方米，增长8.5%；商品房空置率为36%。交通运输方面，完成水陆货运量655万吨，货运周转量6亿吨公里；完成水陆客运量3115万人，客运周转量17亿人公里。港口货物吞吐量820万吨，增长10%；港口旅客吞吐量78万人，下降23%。邮电方面，完成邮电业务总量17.6亿元，下降1.8%；邮电业务收入10.5亿元，增长5.7%。金融形势稳定，年末全市金融机构各项存款余额649.4亿元，增长12.4%，各项贷款余额605.5亿元，增长13.2%。证券、保险、信息、娱乐、健身及社会中介服务等行业也得到平稳发展。

体制改革取得新进展

国有、集体企业改制有新突破。以建立股份公司、有限责任公司，组建股份合作、中外合资合作经营企业，实行资产经营承包、抵押承包、租赁经营以及转为个体私营企业等多种形式，加快公有企业转制步伐。全市完成改制面达75%。积极推进各项配套改革，全市养老、失业、医疗等多层次、多险种和社会保障体系初步形成。社会保险的覆盖面不断扩大，全市城镇职工养老保险保率达90%以上。坚持抓大扶优，市重点扶持的14家大型企业集团，全年实现工业总产值184亿元，增长6.3%。建立分级资产运营管理体系，实施财务总监制度和行政事业收费收支两条线管理，强化以资产收益、各类收费为重点的各项管理。改革党政机构，精简人员编制，完善国家公务员制度。加快发展个体私营经济。全市个体户发展到9.5万户，从业人员18万人，注册资金12.8亿元，分别比上年增长9%、12.5%和28%；私营企业发展到6102家，从业人员7.2万人，注册资金32.8亿元，分别增长17%、19%和30%。三资企业继续发展。注册三资企业2741家，从业人员37万人，注册资金67.6亿美元。全年非国有集体经济上缴税利占全市总额的1/4。与此同时，农村体制改革、财税金融体制改革、外贸体制改革、医疗卫生制度改革也取得了新的进展。

科教兴市取得新成效

全市开发生产高新技术产品244个，比上年增加15个，累计产值128亿元，占全市工业总产值12%。新增高新技术企业8家，总数达43家。组织实施“火炬计划”、“星火计划”、新产品试制鉴定计划、重点科研成果推广计划、重点科技攻关计划项目共146项，新增产值26.2亿元，利税2.45亿元。其中江门三捷电池实业有限公司的镉镍电池，江门华南塑料发展公司的废弃聚酯综合利用项目，江门畜牧所的鸵鸟养殖基地等一批科技项目取得显著经济效益。新会毛绒总厂与广东省化纤研究所共同研制的新型纺织原料-5异混纤纺毛新型空气变形纱，填补国内空白。江门市农药厂生产的天丰素被国家列为全国推广产品。全市受理专利申请348件，比上年增长51%。活跃科技市场，建立健全科技信息网络，民营科技企业有较大增长。普及高中教育取得新进展。全市普高率达到73.1%，比上年提高5.4个百分点。全面实施“校舍建设工程”和“教师安居工程”。

基础设施建设进一步加强

江门市全社会固定资产投资82.5亿元，增长7%，是连续两年下降后首次回升，其中基本建设投资16.2亿元，增长52%。以高速公路联网为重点的交通基础设施建设取得较大发展。全市交通设施建设完成投资13.3亿元。江鹤高速公路一期工程建成通车。新台高速公路、广东西部沿海高速公路台山与新会段工程建设进展顺利。全市改建扩建水泥公路112公里。邮电通信建设方面，全市城乡新增电话6.1万户，新增移动电话5.9万户，分别增长13%和57%，无线寻呼用户发展到27万户，增长5%。江门市区进入“电话市”行列，实现电话程控化、传输数字化，成为粤西邮电通信区域性中心。电力建设方面，江门西江电厂一期工程一号机组建成发电，新增发电能力5万千瓦；江茂500千伏输电线路基本建成，全市电网建设有所加强。

城乡建设改造步伐加快

在江门市区开展城市规划建设改造的社会大讨论，市民群众和专家学者积极献计献策，并邀请上海、广州等地的专家教授对江门的城市规划进行研讨，综合定位江门市区的发展目标为：“现代化滨江园林城市、海内外五邑人向往的侨都”，建成区域性的制造业中心、贸易中心、信息中心和人才中心。市区的城市市政建设及基础设施建设完成投资1.7亿元，铺开建设改造东湖广场、跃进路等19项重大工程，提高城市的绿化、净化、美化水平，城市形象明显改观。在全市开展村镇规划建设管理达标活动，有33个镇实现“五邑杯”达标，达标镇总数达到64个。实施可持续发展战略，投资1.5亿元，完成环境污染治理项目57个。采取推广使用无铅汽油等措施，城市烟尘控制区总面积达82.7平方公里。大气质量、水质量、环境噪音等均符合国家规定标准。

人民生活进一步改善

江门市城镇在岗职工人均年工资收入 8286 元，与上年持平；农民人均纯收入 3968 元，扣除物价因素，实际增长 3.7%。全市农村贫困人口 3.12 万人，减少了 1.16 万人。积极解决城镇就业问题，城镇人口登记失业率为 2%，年末各类企业下岗职工 1.48 万人，比上年下降 7.1%，下岗职工分流安置率为 53.5%，比上年提高 10 个百分点。全市国有企业建立再就业服务中心或类似机构 455 个，国有企业下岗职工分流安置率为 63.2%。筹集下岗职工基本生活保障资金 650 多万元。进入服务中心的下岗职工，有 97.6% 领到基本生活保障金。特困下岗职工除领取基本生活费以外，还在房租、水电费、医疗费、子女学杂费等 9 个方面享受减免优惠。生活保障及社会福利逐步完善，社会保障机构发放养老金 4.14 亿元，失业救济金 1077 万元，医疗补助费 65 万元，工伤保险待遇金额 214 万元，生育保险金 515 万元。

（江门市人民政府研究室　卢荣湘）

江门市国民经济主要指标

指　标	单　位	1998 年		1997 年	
		地　区	市　区	地　区	市　区
年底人口数	万人	378.90	42.79	377.07	41.97
其中：非农业人口	万人	142.85	33.32	138.18	32.69
土地面积	平方公里	9541	180	9541	180
人口密度	人/平方公里	397	2377	394	2311
年末劳动力资源总数	万人			223.32	26.98
其中：乡村劳动力	万人	154.57	8.71	152.67	8.64
国内生产总值	亿元	481.88	123.98	457.87	119.83
农林牧渔业产值	亿元	121.43	4.43	124.07	4.27
粮食产量	万吨	138.99	0.64	148.02	0.71
蔬菜产量	万吨	114.76	11.53	114.54	10.07
猪牛羊肉产量	万吨	11.01	0.76	10.72	0.74
水产品产量	万吨	64.32	1.30	60.25	1.31
全部工业总产值	亿元	1053.01	224.28	988.15	206.83
其中：乡及乡以上（500 万元以上）	亿元	741.44	199.59	715.87	191.73
客运总量	万人	3114.62	739.76	7069	2688
货运总量	万吨	655	208	2764	321
固定资产投资总额	亿元	82.48	24.01	77.04	24.94
其中：住宅	亿元	26.16	5.40	28.84	7.36
房地产开发投资额	亿元	16.64	6.74	21.40	10.46
商品房销售额	亿元	16.73	5.87	12.45	5.13
出口贸易总额	万美元	30.57	6.22	27.67	6.09
进口贸易总额	万美元	11.06		14.09	
利用外资签订协议总数	项	1422	336	2004	372
利用外资签订协议金额	万美元	36959	11691	28296	16310
实际利用外资金额	万美元	56085	19759	50335	15155
国际旅游人数	万人	16.98	3.09	16.85	4.45
国际旅游收入	万元	7190			
地方财政预算内收入	亿元	17.30	5.39	16.26	4.90
地方财政预算内支出	亿元	23.02	7.64	22.41	7.06
银行年末各项贷款余额	亿元			534.69	144.68
每万名职工中专业技术人员数	人				
其中：中级职称以上	人				
城镇居民家庭人均生活费收入	元			8136	9361
农村居民家庭人均纯收入	元			3849	4610

注：表内各项产值均按当年价格计算

（江门市人民政府研究室供稿）

佛山市

综述

1998年，佛山市政府认真贯彻落实党中央、国务院提出的扩大内需、鼓励出口、增加投入等一系列政策措施，努力克服亚洲金融危机、国内市场疲软等不利因素影响，稳步推进各项改革，积极培育经济新增长点，使全市国民经济和社会各项事业都取得新发展。1998年，佛山市国内生产总值782.56亿元，比上年增长13.1%，其中一、二、三产业增加值分别比上年增长1.8%、13.7%和14%。人均国内生产总值达24230元，增长11.5%。工农业总产值1810.13亿元，增长14.2%。内外贸易持续发展，全市社会消费品零售总额275.9亿元，增长13.2%；外贸出口总值49.76亿美元，增长10.15%，其中远洋出口8.25亿美元，增长30.5%。财政收入稳步增长，金融形势平稳。全市地方财政一般预算收入37.08亿元，增长16.9%。年末金融机构存款余额1555.34亿元，贷款余款1235.25亿元，分别增长24.5%和22.7%。城乡居民生活继续得到改善，职工年人均工资10936元，农民人均纯收入5204元，分别增长1.4%和3.5%；城乡居民储蓄余额1068.87亿元，增长25.27%，人均储蓄余额超过3.3万元。各项改革取得新进展，全市已有75%的公有小企业放开，已有80%以上的农村社区建立了股份合作制组织，住房制度、社会保障制度、政府审批制度等改革取得新突破。非公有制经济发展迅速，全市非公有制企业数已占工商企业总数的四成。经济和社会发展中存在的困难和问题主要是：经济结构调整进展缓慢，企业效益欠佳，就业问题突出，市民收入增幅偏小，环保工作有待加强等。

加快公有资产管理体制改革步伐

根据转变政府职能、建立现代企业制度、保障国有资产保值、增值的需要，佛山市于1998年8月成立了市工业投资管理公司，在公有资产管理体制改革方面进行了积极、有益的探索，取得了阶段性的成果。要改革过程中，有关部门注意把握好“三个原则”，处理好“三个关系”：

一是把握好政府的社会经济管理职能和所有者职能分离的原则，处理好行政主管部门和投资管理公司职能划分的关系。市工业投资管理公司成立后，按市资产管理委员会授权负责企业的公有资产的监管、营运；而市经济委员会对企业不再行使所有者职能，其经济行政管理职能也按市场经济需要来调整，从过去微观的找项目、跑资金、办企业、管企业，转变为宏观的研究发布产业政策、实行行业管理，提供信息服务和业务培训上来。

二是把握好公有资产分级管理的原则，处理好工业投资管理公司和授权、委托经营公司的关系。工业投资管理公司成立后，市属工业中原有的授权、委托经营公司的资产都归口工业投资管理公司监管、营运，而原授权、委托经营公司对属下企业资产的监管权责不变，层层落实经营责任制。

三是把握好所有权和经营权分离的原则，处理好投资管理公司监管资产和企业自主经营的关系。工业投资管理公司是以出资者身份监督其资产营运，参与企业重大决策，但不直接干预也不从事企业日常的生产经营活动。企业日常运作由董事会领导下的总经理负责。

开展大规模的市区经济结构优化调整调研活动

佛山市于1998年8月开展了大规模的市区经济结构优化调整调研活动。该活动由市政府20多个部门和市区的两区参与，历时半年多。调研方法上注意做到六个结合：一是集中调研与分工调研相结合。在普遍调研基础上再分专题研究，深化调研成果。二是实际工作者与专家相结合。这次调研活动，除了组织各部门人员参加之外，还邀请省内知名的专家学者参与，提高问题分析深度和理论研究水平。三是专业工作部门与综合部门相结合。这次调研活动由专业管理部门与综合管理部门共同参与，使调研工作较有客观性和针对性。四是本次调研与过去调研相结合。这次调研注意借鉴、吸纳近年来有关部门、单位的调研成果，将其充实到新的调研成果中去。五是本地调研与向外地取经学习相结合。组织了各专题调查组赴深圳、中山等地学习取经，拓展了调研思路。六是部门调研与群众献计献策相结合。为集思广益，调研活动期间在《佛山日报》开辟了“市区经济结构调整大家谈”的专栏，收到社会各界人士的许多来稿，大大丰富了调研成果。通过这次大规模的调研活动，全市共完成20多篇专题调研报告、1篇总体调研报告，在此基础上将出台7个政策性文件，有关政策性文件的陆续出台，对市区今后的改革与发展会产生巨大的推动作用。

不断发展完善社会保险体系

为适应市场经济的需要，改革开放以来，佛山市积极发展、完善社会保险事业，逐步形成了一个覆盖面较广、险种较齐全、保障能力较强的社会保险体系。

1984年，佛山市首先在全民、集体企业合同工中建立起社会养老保险制度。1990年，在全国率先建立起社会保险管理机构——社会保险事业局。1992年，又在全国率先建立社会综合保险制度，对养老、失业、工伤、医疗、生育等五大险种实行一体化管理，并取消企业所有制及职工身份的区别，实行同一待遇。1997年，佛山市把综合社会保险范围扩展到个体工商户、私营企业的从业人员及外来工。1998年末，全市参加社会保险的单位达9082个，职工达64.2万人。全市已初步形成一个覆盖各种所有制经济组织、各种用工形式，综合多个险种的全方位社会化的保险体系，它为企业、职工提供了一个“减震器”和“安全网”，发挥了保障社会稳定、促进改革与发展的积极作用。

不断提高规划、建设、管理水平，促进城市可持续发展

佛山是中国古代四大名镇之一，具有悠久的历史文化。改革开放以来，佛山市在大力发展经济的同时，坚持不懈地进行城市环境、基础设施建设和综合治理，使城市面貌发生了巨大的变化。佛山先后获得“国家卫生城市”、“国家历史文化名城”、“城市环境综合整治优秀城市”、联合国“人类住区优秀范例”等多项殊荣，1998年佛山创建国家园林城市通过了国家级考评。近年来，佛山市在城市规划、建设和管理方面主要有如下特点：

一是正确处理发展经济与建设环境的关系。市政府清醒地认识到，城市环境及基础设施是社会经济活动的支撑系统和承载体，只有不断建设改善城市环境和基础设施，社会经济才能得到可持续发展。因此，市政府在大力发展经济的同时，高度重视建设和改善城市环境。如，在市财政偏紧的情况下，市政府投资4000多万元修复了广东四大名园之一的梁园。

二是高标准编制城市总体规划。城市规划是城市建设的龙头和关键。市政府根据实际和发展的需要，高标准、高质量地编制城市总体和专项规划。1994年市政府邀请著名的同济大学等院校，对佛山市1984年编制的城市总体规划进行全面修编，确定了把佛山市建设成为“以高新技术为主导、第三产业发达、环境优美的现代化历史文化名城”的目标，并在此基础上编制了“佛山市历史文化名城保护规划”、“古建筑祖庙片区规划”、“城市绿地系统规划”及城市交通系统、环境卫生等多个专项规划。同时，强化了城市规划的执行和管理，保障了高标准地、依法有序地建设城市。

三是改革投资体制，多渠道筹集城市建设资金。针对建设资金紧缺的状况，佛山市突破过去城市建设单一靠政府投入的传统模式，采用多种方式吸引社会资金参与城市建设，促进了城市建设的快速发展。如，把城市土地出让收益用于城市道路建设，用收费偿还集资的方式建设大桥，以政府和受益单位、居民三方合资形式建设燃气管道，利用外国政府贷款建设污水处理厂等等，都收到较好的效果。

实行住房货币化分配改革

为建立与社会主义市场经济体制相应的新的城镇住房制度，实现住房商品化、社会化，佛山市于1998年1月开始实施住房货币化分配改革，通过一年来的实践，取得了可喜的成绩。

这次房改的基本原则是将住房的实物福利分配改为货币分配，每月向在职的干部职工发放住房补助金，取消福利分房；大力开展住房金融业务，通过发放个人购房抵押贷款，提高干部职工的购房经济能力，加快实现住房商品化、社会化。房改的实施范围是由市财政供给的市属机关事业单位，自收自支单位和企业参照执行。改革方案规定，1998年1月1日后进入单位工作的人员，单位不再分配福利性住房，这些人员工作满三年后可每月领取住房补助金。1998年1月1日前已在单位工作的人员，可选择继续租用或购买公有住房，不领取住房补助金；也可选择退出现租用的公有住房，领取住房补助金，租用或购买商品房。住房补助金标准为：首年每月发给一般干部职工400元、科级500元、处级600元、厅级700元，以后每年递增10%，发放时间15年，资金来源由市财政拨款解决。工作满5年以上者在购买商品房时可一次性领取7年的住房补助金，该部分不计算递增，余下部分逐月领取。个人申请住房补助金由单位统一申报，经市编委办、房改办和财政局审核后，由财政局划入在银行开设的个人住房补助金储蓄专户，专款专用，使用时经单位批准，银行解付。

实施货币分房一年来，社会反应热烈，干部职工普遍支持，效果是良好的。它解决了单位在住房问题

上的沉重负担，使单位领导和有关部门从建房、分房的繁琐事务中解脱出来，避免了住房分配上的不公平现象及不正之风，同时还促进了商品房的销售。

不断改善发展环境，促进外经贸工作向前发展

目前，外经贸已成为佛山市经济中的一个重要组成部分，工业总产值中约有 1/4 是通过出口实现的，而利用外资则是实现经济增长的重要方面。近年来，面对亚洲金融危机和国际市场竞争加剧等给对外经贸工作带来的新挑战，全市各级政府通过进一步改善经济发展环境，促进经贸工作不断向前发展，使多年来外贸出口和利用外资保持持续增长的态势。其主要做法是三个“加强”：

一是加强扶持。市政府在积极贯彻落实省政府“关于鼓励扩大出口的八项措施”的基础上，在地方财政困难的情况下，进一步制订实施鼓励市直外贸出口的政策，对符合一定条件的外贸出口企业给予贴息奖励和出口奖励，调动了企业出口的积极性。

二是加强服务。佛山市的税务、海关、商检、动植物检、卫检、口岸、外管、金融等部门，能够切合实际，采取加快退税速度、完善进出口货物报验一条龙服务、对部分出口企业给予封闭贷款等多项措施，从各方面来支持外经贸工作。为协调解决外商投资经营相关的问题，外经委、经委、计委、科委坚持每季召开一次联席会议。为提高办事效率，市政府在 1998 年建立了由九个职能部门联合办公的“佛山市企业法人报批中心”，为投资经营者提供了便利。

三是加强联系。近年来，市领导通过每年都召开台商、外商投资企业座谈会、荣誉市民座谈会等多种形式，了解投资者的情况和问题，征询意见和建议，不断改进政府工作，受到外商的好评。为增强佛山市与国内外投资者的联系，佛山市近期还在中国国际电子商务网设立了佛山招商网页，介绍佛山的投资环境和招商项目，收到较好的效果。

（佛山市政府办公室　赵克贵　何锦沛）

佛山市国民经济主要指标

指　　标	单　位	1998 年		1997 年	
		地　区	市　区	地　区	市　区
年底人口数	万人	324.98	46.84	320.96	46.18
其中：非农业人口	万人	139.88	41.11	146.15	40.5[illegible]
土地面积	平方公里	3813.64	77.44	3813.64	77.4[illegible]
人口密度	人/平方公里	852	6052	842	5966
年末劳动力资源总数	万人			215.68	34.86
其中：乡村劳动力	万人			116.22	9.02
国内生产总值	亿元	782.56	143.41	724.57	143.53
农林牧渔业产值	亿元	114.46	1.79	113.48	2.08
粮食产量	万吨			47.14	0.18
蔬菜产量	万吨	161.29	2.2	154.49	2.19
猪牛羊肉产量	万吨	12.27	0.72	11.21	0.72
水产品产量	万吨	39.79	0.26	37.71	0.24
全部工业总产值	亿元	1695.67	309.91	1527.38	305.45
其中：乡及乡以上	亿元			985.85	267.13
客运总量	万人	4675	1058	4780	1492
货运总量	万吨	9969	2192	9200	2190
固定资产投资总额	亿元	149.15	35.8	144.58	35.73
其中：住宅	亿元	56.37	4.81	45.9	12.63
房地产开发投资额	亿元	39.65	14.51	34.32	14.62
商品房销售额	亿元	45.17	18.41	33.62	16.68
出口贸易总额	万美元	49.76	11.84	45.18	11.59
进口贸易总额	万美元				
利用外资签订协议总数	项	2746	530	3529	690
利用外资签订协议金额	万美元	64013	5133	52539	6316
实际利用外资金额	万美元	113621	29172	112159	31781
国际旅游人数	万人	32.09	8.33	18.78	8.78
国际旅游收入	万美元	9790	3877		

（续）

指　　标	单　位	1998年		1997年	
		地　区	市　区	地　区	市　区
地方财政预算内收入	亿元	37.08	10.73	31.73	9.48
地方财政预算内支出	亿元	49.5	15.34	43.74	14.06
金融机构贷款余额	亿元	1555.34	379.92	1006.43	276.52
每万名职工中专业技术人员数	人	1380	1403	1327	1337
其中：中级职称以上	人	380	439	335	395
城镇居民家庭人均生活费收入	元		10522.2		10500
农村居民家庭人均纯收入	元	5204	4996		

注：表内各项产值均按当年价格计算　　（佛山市政府办公室供稿）

湛　江　市

国民经济发展概况

1998年，湛江市国内生产总值365.4亿元（当年价，增长速度按不变价计算，下同），比上年增长9.1%。其中，第一产业增加值107.6亿元，增长9.3%；第二产业增加值129.1亿元，增长8%；第三产业增加值128.7亿元，增长10%。全年全社会劳动生产率11771元/人，比上年增长9.1%。其中，第一产业5781元/人，增长7.1%；第二产业23170元/人，增长16%；第三产业18763元/人，增长9.3%。

改革开放与发展

（一）工业与企业改革　1998年工业总产值395亿元，比上年增长11.5%。采取多种形式“放小”。湛江市国有企业通过改制、股份合作、兼并联合、租赁承包、出售转让、破产拍卖等措施，放开面达80%。湛江经济技术开发区对14家资不抵债的企业，采取“零价出售”的办法转让给职工经营。

制订了糖业改革解困方案并经省政府批准实施。计划用3年时间完成全市糖业结构和布局调整。已关停4间糖厂，压减日榨能力4950吨；兼并4间糖厂，另有3间糖厂实行股份制或租赁经营。

实施粮食流通体制改革。按保护价敞开收购农民余粮；坚持顺价销售，扭转了全市粮食系统大量亏损的局面，粮改后的6～12月实现利润204万元。粮食系统实现国务院提出的减员50%的目标。查处非法收购粮食案件189宗。

七大行政性公司改制。市政府颁发《关于市经委系统七个行政性公司转为经济实体的决定》，并开始操作实施。以相应的配套政策措施，帮助扶持各行政性公司实行政企分开，按《公司法》转为经济实体。

全面推进国有企业下岗职工基本生活保障和再就业工作。出台《关于进一步做好国有企业下岗职工基本生活保障和再就业工作的决定》。市区拟建的7条再就业临时商业街有3条开始营业。安排了400名下岗职工从事摩托车营运。举办各种技术培训班695期，培训职工37400多人次，经培训重新上岗或转岗的26534人次。取缔非法职业介绍机构27家，举办再就业劳务集市。市本级财政按“三三制”分担原则及时足额安排了1069万元用于国有企业下岗职工基本生活费补助。全市城镇年末登记失业率2.7%，城镇失业职工再就业率60%，下岗职工分流安置率51.3%。

非公有制经济发展。出台实施《湛江市关于鼓励发展个体私营经济的若干规定》。采取政策性措施扶持非公有制企业。非公经济成分份额增大、比重提高、增速加快。非公经济已占全市经济总量的31.4%，比上年增长10.5%；工业总产值、商品零售总额、上缴税金分别占全市的45.4%、64.6%和43.5%。

（二）农业连续五年丰收　粮食、蔬菜、水果、花生、水产品等总产量均超历史最高水平。完成农业总产值175.1亿元，增长11.4%。

掀起以水利为重点的农业基础设施建设热潮。进一步确立“水利第一”思想，增加投入，以建设江海堤围、小型水库除险加固、渠道建设为重点，加强农业基础设施建设。共完成水利投资2.77亿元，维修加固江堤47公里、海345.6公里、渠道2966公里。高标准改造中低产田1.06万公顷。12个渔港列入全省十年渔港建设首期规划，已投入1.2亿元。

依法收回闲置土地打响第一炮。加强土地利用总体规划、耕地保护和国土管理动态监测，颁发了关于清查处理城市规划区内非农建设闲置土地的暂行办法和实施方案，积极稳妥清理回收闲置土地。已依法收回首批闲置4至22年的土地，这项多年难于推开的工作取得了进展。

（三）出台实施《988科技兴湛计划》 确定6项指导原则、5种科技进步机制、30条扶持政策和10大工程300个备选项目。首期100个项目已启动实施。建立健全了各级科技领导小组。科技体制改革方案已经形成。制订了工程技术研究开发中心建设规划及管理办法，已建立特种纸、新兽药和精细化工3家市级工程技术研究开发中心，取得零的突破。重组市科技专家咨询委员会，成立了科技兴湛高级顾问团，建立了中央、省驻湛单位与湛江市开展科技协作的联谊联席会制度。1998年获省级科技成果奖7项、市级30项；新增省级高新技术企业2家；实施“火炬”、“星火”计划共67项，新增18项；民科企业数增长41.3%。《988科技兴湛计划》的实施开局良好。

（四）政府搭台企业唱戏开拓国内外市场 在重庆举办了’98湛江产品展销暨经贸合作洽谈会，签订合同148宗，金额19.1亿元，创造了湛江市同类经贸活动成交额的最高纪录，促成湛江市与重庆结成11对友好县（市、区、开发区、试验区）。组团赴西安、郑州、武汉、沈阳、南宁等地举办产品促销活动，参加第83、84届广交会、在美国的’98广东经济技术贸易洽谈会、在香港的’98广东高新技术项目洽谈会、在东莞的’98广东台商投资介绍会，签订了一批经贸合同。湛江市成为西南经济区市长联席会成员，成立了云南湛江商会，与西南的合作加强。

加快市场建设，开辟“绿色通道”。1998年计划新（改、扩）建市场19个，已完成17个。国家级广东农副产品中心批发市场完成“三通一平”。进行专项治理，保障公路“绿色通道”畅通；新开通以湛江为起点的铁路“绿色通道”。

建立了有形建设市场。贯彻《建筑法》，对273项在建工程和1997年7月1日以来竣工工程项目的招标进行全面清理，处理了37项违章工程。成立市建设工程交易中心。全市工程招标率82.42%，工程监理面80%以上，受监竣工工程合格率100%。

全社会消费品零售总额157.6亿元，扣除物价因素实际增长11.1%。商品零售物价指数下降3.6。进出口总额15亿美元，增长86.6%。其中进口10.9亿美元，增长2.08倍；出口4.14亿美元，降8.2%。实际利用外资1.05亿美元，增长3.9%。

（五）加强基础设施建设 全社会固定资产投资86.4亿元，增长26.3%。人民广场、月亮岛防浪堤、冯村垃圾场已竣工，整治南桥河首期工程依期完成。此外，50万吨/日供水工程首期（25万吨/日）已完成净配水厂和取水厂征地任务，计划2003年建成。湖光路排水、解放西排污、百姓桥改造和工农东三路、湾南路、东园路等新（扩、续）建工程竣工或基本完成，体育南路完成工程量60%。

交通基础设施建设完成一级公路改造路面20.4公里，二、三级公路新建改建187公里。电湛高速公路源水至官渡段完成路基桥涵工程，官渡至洨水段已动工。公路站场建设完成投资1429万元；市区主要出入口基本完成改造任务。东海岛起步码头进港公路完成工程量的35%。积极配合黎湛铁路复线和粤海铁路建设，南渡河特大桥及徐闻、雷州境内地段路基工程进展顺利。全社会运输货运量5750万吨，下降10.6%；客运量6297万人次，下降17.1%。港口货物吞吐量2256万吨，下降6.2%；其中，湛江港务局1843万吨，下降10.1%。邮电业务总量12.9亿元，增长20.8%。

（六）预算外资金“收支两条线”基本上轨 开设了预算外资金管理专户和43个代收网点，开通电脑自动管理查询系统，对票据实行统一管理，建立预算外资金收支计划制度。已纳入预算外资金管理中心管理的项目120项，涉及单位66个，累计入库金额2.57亿元。市、县（市、区）两级公、检、法和工商行政管理部门已把预算外资金上缴财政。各级政法机关已与所办53家企业脱钩。地方财政一般预算收入10.36亿元（未含中央和省返还部分），同口径比增10.5%。年末金融机构各项存款余额325.4亿元，增长11.9%；各项贷款余额276.1亿元，增长4.7%。

取消涉农不合理负担项目30个和涉及企业的收费、罚款、集资、基金项目427个，降低收费标准23项。对43个企业实行挂牌保护，对55宗行业不正之风案件和120多名有关人员作出处理，对电力、交通、城监、城管等四个部门进行行风评议。

（七）认真实施可持续发展战略 制订了《湛江市环境保护规划》和本届政府的环保任期目标。加强环保执法、建设项目环境管理、污染源监督和以饮用水源为重点的自然生态保护。实施市区空气质量周报制度，城市建成区烟尘控制面覆盖率达100%，环境噪音达标区覆盖率达50%以上，城市环境质量居全国参加考核排名的42个城市的第3位。在赤坎、霞山、开发区实施机动车禁鸣喇叭取得成功。

下大力气整治脏乱差。改革并初步理顺城市市容卫生管理体制，市城监大队与市城管中队合并为城监支队，市管的环卫队伍和市政维护队伍下放给区管理。进一步落实“门前三包”责任制，建立机关、团体、企事业单位周末卫生清洁日制度和“认养公共绿地”制度。整治脏乱差暗的工作正在加速实施。

(八) 加速信息化建设 制订《湛江市信息化发展1998年—2010年规划纲要》；在原有的高等教育科研网、广东视聆通的基础上，新开通了中国经济信息网湛江节点、外经贸部国际贸易EDI服务中心湛江分部、金科网和广东经贸信息网湛江网点，用户不断扩大；计委等部门相继开通办公局域网。全市电视电话会议网络工程已建成交付使用。

(湛江市人民政府研究室　陈喜山)

湛江市国民经济主要指标

指　　标	单　位	1998年		1997年	
		地　区	市　区	地　区	市　区
年底人口数	万人	636.51	130.73	627.32	128.38
其中：非农业人口	万人	154.02	58.86	148.91	56.74
土地面积	平方公里	12471	1460	12471	1460
人口密度	人/平方公里	510	895	503	879
年末劳动力资源总数	万人	—	—	311.26	67.81
其中：乡村劳动力	万人	245.29	39.05	240.53	37.30
国内生产总值	亿元	365.4	145.46	348.56	144.36
农林牧渔业产值	亿元	175.09	24.14	164.25	23.46
粮食产量	万吨	160.94	15.95	151.13	15.42
蔬菜产量	万吨	152.29	19.11	130.61	16.37
猪牛羊肉产量	万吨	15.52	1.70	13.39	1.44
水产品产量	万吨	74.52	17.72	72.89	18.41
全部工业总产值	亿元	395.01	215.80	372.18	206.07
其中：乡及乡以上	亿元	259.73	185.60	250.37	178.67
客运总量	万人	6297	2152	6329	2163
货运总量	万吨	5750	733	6431	820
固定资产投资总额	亿元	86.35	56.04	68.48	41.44
其中：住宅	亿元	24.13	16.82	19.82	6.05
房地产开发投资额	亿元	2.72	2.01	3.03	2.28
商品房销售额	亿元	2.03	1.83	1.97	1.80
出口贸易总额	万美元	41411	—	45125	—
进口贸易总额	万美元	109009	—	35383	—
利用外资签订协议总数	项	79	54	45	37
利用外资签订协议金额	万美元	5507	4487	11177	10501
实际利用外资金额	万美元	10514	9198	10103	7786
国际旅游人数	万人	5.3	—	8.3	—
国际旅游收入	万元	1584	—	1891	—
地方财政预算内收入	亿元	10.63	6.58	9.74	5.93
地方财政预算内支出	亿元	22.01	12.78	20.86	12.66
银行年末各项贷款余额	亿元	276.12	163.86	263.70	154.25
每万名职工中专业技术人员数	人	1874	2264	1534	1848
其中：中级职称以上	人	442	536	340	411
城镇居民家庭人均生活费收入	元	—	6232	—	6496
农村居民家庭人均纯收入	元	3013	—	2794	—

注：表内各项产值均按当年价格计算

(湛江市政府研究室供稿)

肇 庆 市

国民经济保持快速、有效增长

1998年，肇庆市国内生产总值362.07亿元，比上年增长13.2%。农村经济稳定发展。农业总产值145.89亿元，比上年增长8.6%，粮食总产量151.73万吨，实现了粮食连续五年增产。工业经济增长质量和效益不断提高。全年全部工业增加值129.60亿元，比上年增长15.9%；其中独立核算国有工业企业和年销售收入在500万元以上的非国有独立核算工业企业工业总产值324.5亿元，比上年增长18.3%；经济效益综合指数113.5%，比上年提高1.4个百分点。外贸出口稳定增长，各项投资增加较快。全年外贸出口总值11.45亿美元，比上年增长11.7%；全年实际利用外资4.01亿美元，比上年增长8%；全年全社会固定资产投资达73.81亿元，比上年增长15.1%。财政收入增加，人民生活水平进一步提高。全年财政总收入16.12亿元，其中地方财政收入8.44亿元，比上年增长15.49%，全年财政收支平衡。年末全市金融机构存款余额236.53亿元，比上年末增加26.54亿元，各项贷款余额207.94亿元，比上年末增加19.46亿元。城镇居民人均可支配收入6495元，农民人均纯收入3644元，扣除物价因素，分别比上年增长5.9%和6%。市场消费畅旺，物价稳中有降。全市社会消费品零售总额105.25亿元，比上年增长13%。商品零售物价指数比上年下降2.7%。

首批中国优秀旅游城市

1998年12月，肇庆市被国家旅游局命名为首批“中国优秀旅游城市”，在全国24个达标地级市中名列第四位。

在创建中国优秀旅游城市过程中，肇庆市成立了专门领导机构。一方面，大力拓展旅游基础设施建设和旅游环境的改造创新。扩建了天宁北路和大冲广场、火车站广场、桥北路广场，完成了江滨堤路二期工程、端州一路、端州大道、大冲至鼎湖公路的扩建工程。城区和各县（市）景区、景点进一步绿化、美化、净化、亮化，夜星湖成为新的旅游景点。七星岩中心游览区由0.9平方公里扩大至2.88平方公里，景区面貌焕然一新。形成了以星湖风景名胜区为中心，连接悦城龙母祖庙、封开龙山、四会贞山、怀集燕岩、砚洲包公祠及城区其他景点的旅游网络。另一方面，进一步深化旅游体制改革，加强了景区景点建设，加强了全民素质教育，推动各项创建文明活动进一步开展。1998年，全市接待游客439.87万人次，比1997年增长13.5%，旅游收入23.6亿元，比上年增长10.9%。全市第三产业增加值110.43亿元，比上年增长13.[illegible]%。

全国十个文明风景旅游区示范点之一

星湖风景名胜区是首批国家重点风景名胜区，座落在肇庆市城区。1998年7月，被中央文明办、建设部、国家旅游局确定为首批全国十个文明风景旅游区示范点之一。

肇庆市十分注意风景名胜区资源的保护、开发和利用。投入巨资划界立碑，统征86.67多公顷土地，立下99块界碑，办理了国有土地使用证，使星湖风景名胜区成为全国唯一竖立了景区界碑，取得了合法土地证的国家风景名胜区。加强对景区内酒店、宾馆等污染源进行整治，清理星湖中水草杂物，提高湖堤的植被面积，使七星岩景区大气质量达到国家一级标准，水质达到国家地面水二类标准，噪音控制在55分贝以下。

加强景区文明经营。在主要游览区门前设立迎宾员，景区入口安排免费导游，景区内设置最佳留影点和文明经营监督岗。杜绝了无证经营的乱设摊点、强买强卖现象，使景区内商品明码实价，文明经营，严禁黄赌毒行为和占卜算命活动，净化了景区的旅游环境。

塑造文明景区形象。在景区内建设了面积近3万平方米的七星岩牌坊文化广场，广场内建有一个5000多个喷头的大型彩色音乐喷泉，800平方米的露天舞池，1000平方米的溜冰场和广场舞台，免费向市民和游客开放。文化广场活动营造了浓厚的文化氛围，成为风景名胜区一道亮丽的旅游风景线。1998年，肇庆七星岩牌坊文化广场被广东省评为“十佳文化广场”。

肇庆市委、市政府提出，从1998年起用5年时间，建设起花园式风景旅游城市的基本框架，现正积极开展“三优”、“四化”、“五城”活动，即开创优美环境、优良秩序、优质服务；搞好景区的绿化、美化、净化、亮化工程；在取得中国优秀旅游城市的基础上，要努力达到国家卫生城市、园林城市、环保模范城市和文明城市的标准要求。

加快建立社会主义市场经济体制基本框架

肇庆市提出从1998年起用3年左右的时间，初步建立起肇庆市社会主义市场经济体制的基本框架，目前已逐步构筑起六大支柱：一是国有企业改革不断扩大和深化。到1998年底，全市912家国有企业通过实行注资经营责任制、股份合作制、产权转让、联合兼并、租赁、抵押承包等形式，有752家实行了转制，转制面达83%。二是集体经济和非公有制经济共同发展。1998年底，全市有个体私营企业86107户，比上年增加5859户，注册资本金19.18亿元，比上年增长19%。全市个体私营企业实现产值24.2亿元，上缴税金1.81亿元，占全市税收总额的12%。三是逐步建立以资产为纽带的国有资产管理、监督、营运体系。出台了《关于构建和完善国有资产监督和营运体系的指导意见》，组建了首家授权经营的资产经营公司肇工公司，基本完成对风华发展公司、星湖集团和肇通国有资产经营公司的授权经营。在高要、端州等县（市）区开展向重点企业派驻财务总监试点工作，并取得较好效果。四是社会保障体系进一步强化和规范。从1998年7月1日起，肇庆市养老保险制度顺利完成与全国统一制度接轨工作，完成了失业保险由劳动局向社保局接交管理工作，制订了市直机关单位养老保险及非国有企业、城镇个体工商户养老保险的实施办法。成立了社会保险监督委员会。全年社保费征缴率保持在78%以上，全市收缴社保费19120.8万元，支付各项社会保险金16815.2万元，各项社会保险待遇支付率保持100%。积极实施再就业工程。五是市场体系不断完善和加快发展，市场中介服务组织进一步健全和规范。设立全市产权交易中心。积极启动住宅市场，发展住房金融，开办个人购房抵押贷款业务。加快市场建设，至1998年底，全市建立商品市场250个，面积70万平方米，有商业网点86202个，从业人员22万人。六是继续推进政府机构改革，转变政府职能。全面推行公务员过渡，完成了政府机关公款配置通讯工具的清理工作，全面清理小金库，对公、检、法、工商行政管理等部门的行政性收费和罚没收入实行“收支两条线”管理。建立了有形建筑市场，实行工程公开招标投标。完成了对军队、武警部队、政法机关所办企业的脱钩、移交工作。通过加快建立社会主义市场经济体制基本框架，促进肇庆市国民经济持续、快速、健康发展和社会各项事业全面进步。

建立和完善企业内部法人治理制度

肇庆市紧紧抓住企业改革的中心环节，全面加快国有企业转制工作的同时，严格按照《公司法》和有关法律法规的要求，加强企业内部法人治理制度建设，进一步规范转制企业的运作，取得初步成效。进一步健全股东会、董事会和监事会等组织机构，建立以资产增值和效益目标为主要内容的董事会和经营班子责任制度，协调公司内部党组织、职代会、股东会、董事会和监事会之间的关系，规范各自的运作规则，完善财务、投资约束管理机制，实施有效监督，规范企业行为。已转制的企业按照市委、市政府的要求，初步建立起一套职责分明、管理有序、决策科学的内部运作机制。

高新技术企业蓬勃发展

肇庆市十分重视发展高新技术产业。从1988年国家科委开始实施高新技术的“火炬计划”以来，到1998年全市共计列入省级以上“火炬计划”项目40项，其中国家级项目18项；承担了国家“863”重大计划项目成果转化2大项5子项；组建了国家级工程技术研究中心1家，省级工程技术研究开发中心3家；认定了国家“火炬计划”重点高新技术企业1家，省级高新技术企业17家；开发了高新技术产品68个。1998年9月4日，国家科技部正式确立广东风华高新科技集团有限公司为国家重点高新技术企业（集团）。风华集团成立了国家级工程技术研究中心，建立了博士后工作站。星湖股份有限公司等3家企业成立了省级工程技术研究开发中心。蓝带集团、风华集团、德庆林产化工集团等3家企业被列入广东省重点扶持的大企业集团，风华集团还列为国家重点扶持的全国512强企业之一。高新技术项目主要集中在电子、生物、新材料、机电一体化、轻纺高技术五大领域。1998年火炬项目实现销售值8.8亿元，税利2.57亿元。全市17家省级高新技术企业总销售额达30亿元，税利3.5亿元，出口创汇8000万美元。

肇庆市高新技术产业开发区成立

1998年4月17日，广东省人民政府批准在肇庆市设立省级高新技术产业开发区，总面积达9平方公里。为加强对高新区的领导和管理，加快高新技术产业的发展，肇庆市成立了高新技术产业开发区管委会，负责对高新区的经济和社会发展作高标准的规划管理。高新区在原已形成的电子元器件工程技术研究与开发、生物发酵工程和新型片式电子元器件科研生产出口基地的基础上，进一步加快高新技术成果的研究开发和产业化，以技术新、起点高的项目为主，加快区内旧企业的技术更新改造，积极引进高新技术企业和生产高新技术产品的企业及科研开发机构。1998年，高新区工业总产值49.4亿元，税利6.8亿元，出口8600万美元，其中高新技术产品产值24.5亿元，占区内工业总产值的50%。

“四优”战略成效显著

“九五”期间，肇庆市确定工业“四优”发展目标，即是要树立40家优势企业、40个优势项目、50个优势产品、100位优秀企业管理人才。1998年，肇庆市加大力度加快“四优”发展策略的实施，积极调整工业结构，提高企业经济效益。全市40家优势企业完成工业总产值112.9亿元，实现销售收入79.2亿元，分别比上年同期增长18.3%和5.4%，分别占全市工业的33.5%和28.3%。全市50种优势产品完成产值94.7亿元，销售收入69.2亿元，实现税利9.86亿元，分别占全市工业的28.1%、24.7%和51.4%。全年有30个优势配套项目在建，有19个项目竣工投产或试产。1997年投产的22个优势配套项目中，1998年又有7个配套项目达标达产。这些投产项目累计新增产值8亿多元，销售收入5.5亿元，分别占优势企业增长额的45.9%和62.5%。

交通企业改革焕发生机

肇庆市交通企业大部分是国有老企业，企业体制和经营机制难以适应市场经济的要求。1998年，继市直工业企业改制后，交通系统根据市委、市政府的部署，坚持“原则把住，形式放开，鼓励探索，注重实效”方针，对港航企业集团公司、汽车运输总公司、西江船厂、港务局以及客车运输公司5家亏损严重的国有老企业进行大刀阔斧的改制，各企业根据自身的实际和发展方向，选择了注资经营或租赁经营的转制模式，通过资产重组和优化股本设置，积极引入经营者、职工及社会法人注资，形成了以国家资本为主，集体资本、经营者资本和职工资本为辅的资本结构，把单一的资本结构转变为多元化的资本结构，盘活了资本存量，增强了企业法人资本的盈利能力。企业转制后，严格按《公司法》规定，建立了法人治理制度，规范企业决策行为。对企业精简出来的人员采取充实到生产第一线、停薪留职、内退、共同出资组建股份合作企业等多种形式安置。对企业的烂账坏账、非经营性资产和闲置资产、离退休人员的养老费用和医疗费用，从国有净资产变现或国有资产收益中合理解决。改制给交通企业带来了新的生机，1998年，5个转制企业实现营业收入15041.9万元，比上年同期增长13.43%，累计减亏204.9万元。

商贸改革闯新路

1998年10月召开的广东省流通工作会议，充分肯定了肇庆四会市（县）商贸改革“盘活资产不流失、债权债务不悬空、人员分流不下岗”的做法和经验。四会市紧紧围绕“钱从哪里来”、“人往哪里去”、“债务怎样卸”等问题，对原商贸企业采取先分离、后遣散、再重组的办法进行改革。对解除劳动合同关系的职工，在重组企业时，采取协商优先安排或开辟新的经营网点办法安置。债权债务则首先通过企业向社会公开拍卖部分资产，解决职工经济补偿款和偿还银行贷款；其次转移借贷关系，把借贷关系转移给经营者。对退休人员采取由企业按有关规定一次性发放养老金以外的各种政策性补贴及医疗费办法解决。原领取的养老金，仍到社保局领取。由于妥善处理好人员、债务及发展资金关系，改革顺利进行，通过注资经营、股份合作等主要形式，先后组建了8个股份制责任有限公司，有效地实现了购、销、利、税、职工收入“五个稳步增长”。供销、商业合计，1998年全年总购进4.78亿元，比上年增长6.5%；总销售5.5亿元，比增7%；利润91.2万元，比增9.6%；税收459.1万元，比增8.5%；供销社职工月均收入623元，比增14.5%；商业职工月均收入556元，比增30%。

多渠道促进下岗职工分流和再就业

肇庆市在发展壮大国有经济的同时，采取积极措施发展经济，扩大就业门路。一是发展“三资”企业和个体私营企业吸纳下岗职工；二是采取优惠政策鼓励下岗人员从事个体经济活动；三是实施“四优”发展策略，不断扩大就业容量以及拓宽劳务输出渠道，缓解当地就业压力。劳动部门通过建立下岗职工和困难职工档案登记制度、困难职工情况报送和下岗分流安置制度，进一步强化再就业服务，规范再就业服务中心运作，加强职业指导和再就业培训，完善劳务市场设施建设和管理，下岗职工分流与再就业工作取得可喜的成绩。到1998年底，全市国有企业分流及安置下岗职工11530人，分流安置率达61%。全市国有企业建立企业再就业服务中心或类似机构282个，进入中心的下岗职工27645人，按时实现了“两个100%”。

“三高”农业方兴未艾

1998年，肇庆市重点加强了对“三高”农业基地和开发性农业的发展。全年投入发展“三高”农业的资金达2.43亿元，新发展“三高”农业基地475个，面积2.05万公顷。到1998年底，全市农业基地面积已达到42万公顷，其中种植业基地5.99万公顷，占耕地的43.5%；林业基地35.2万公顷，占山地面积的33.3%；渔业基地面积0.8万公顷，占鱼塘面积47%。积极开展农业现代化试点工作，高要市农业现代化（蔬菜）示范区和鼎湖区农业现代化（水稻）示范区已被列入广东省珠三角十大农业现代化示范区。大力发展农业龙头企业，抓好已列入广东省农业龙头企业的四会市广新食品集团有限公司、怀集县威达工业（集团）有限公司和已纳入广东省农业龙头企业培育对象的高要市蔬菜发展总公司、德庆县康蓝中密板企业集团公司4家企业；确定了高要市水产公司、封开县农副产品加工有限公司等10家为市农业龙头企业重点培植发展；建设了一批农副产品加工企业和流通市场。“三高”农业成为肇庆市农村新的经济增长点，成为带动农民奔小康致富的重要途径。

（肇庆市政府经济研究室　*卢嘉权　罗文志*）

肇庆市国民经济主要指标

指　标	单　位	1998年		1997年	
		地　区	市　区	地　区	市　区
年底人口数	万人	372.47	45.91	368.34	
其中：非农业人口	万人	93.28	31.16	91.96	
土地面积	平方公里	14856	658	14856	
人口密度	人/平方公里	250	697	248	
年末劳动力资源总数	万人	211.65	23.51	210.79	
其中：乡村劳动力	万人	157.65	9.01	155.04	
国内生产总值	亿元	361.99	84.09	331.10	
农业总产值	亿元	145.89	10.34	137.53	
粮食产量	万吨	151.73	9.08	146.79	
蔬菜产量	万吨	148.38	6.17	140.20	
猪牛羊肉产量	万吨	17.90	1.95	19.30	
水产品产量	万吨	19.43	2.62	17.75	
全部工业总产值	亿元	524.55	127.11	451.90	
其中：规模以上	亿元	180.02	52.09	337.58	
客运总量	万人	5410	2067	4788	
货运总量	万吨	3579	1283	3291	
固定资产投资总额	亿元	73.81	22.95	64.11	
其中：住宅	亿元	25.66	7.98	18.62	
房地产开发投资额	亿元	6.07	4.88	5.09	
商品房销售额	亿元	7.26	6.29	3.45	
出口贸易总额	万美元	10.25	4.79	10.25	
进口贸易总额	万美元	—	—	—	
利用外资签订协议总数	项	255	78	255	
利用外资签订协议金额	万美元	29464	14269	2.95	
实际利用外资金额	万美元	37254	9731	3.73	
国际旅游人数	万人	10.38	10.19	10.30	
国际旅游收入	万元	—	—	47303	
地方财政预算内收入	亿元	84.44	3.58	7.31	
地方财政预算内支出	亿元	15.59	5.92	14.64	
银行年末各项贷款余额	亿元	130.59	69.78	117.21	
每万名职工中专业技术人员数	人	18.8	15.1	2723	
其中：中级职称以上	人	5.0	5.0	508	
城镇居民家庭人均可支配收入	元	6495	—	6248	
农村居民家庭人均纯收入	元	3644	—	3505	

注：表内各项产值均按当年价格计算

（肇庆市政府办公室供稿）

南宁市

国民经济持续快速健康发展，整体经济实力增强

1998年，全市国内生产总值完成262.05亿元，为计划的100.02%，比上年增长12.82%。其中，第一产业增加值完成44.05亿元，为计划的104.88%，增长10.17%；第二产业增加值完成83.13亿元，为计划的96.66%，增长8.80%；第三产业增加值完成134.87亿元，为计划的100.65%，增长17.32%。

（一）农村经济稳定增长 全市农业总产值68.2亿元，比上年增长11.38%。全年粮食总产量81.45万吨，增长1.58%，连续7年增产丰收；甘蔗产量376.78万吨，增长15.30%。“菜篮子”工程成效显著，城乡副食品供应充裕。全年肉类总产量达到15.14万吨，增长7.68%；水产品产量5.92万吨，增长11.12%；蔬菜产量96.74万吨，增长13.09%。乡镇企业继续保持良好的发展势头，全年完成营业总收入162.15亿元，增长30.14%；完成总产值123.98亿元，增长30.18%；实现利润5.53亿元，增长7.80%。

（二）工业经济平稳增长 全市工业增加值完成62.44亿元，为计划的98.33%，比上年增长7.48%；全市国有及500万元以上工业企业完成工业总产值111.59亿元，增长6.73%；全市工业产品销售率为95.69%，比上年提高1.64个百分点。

（三）邮电通信和交通事业稳步发展 全市邮电业务总量完成11.23亿元，比上年增长29.34%，全市系统内公路货运量完成538.63万吨，增长2.15%；客运人数达2090.6万人，增长4.70%。

（四）市场稳定，物价回落 全市社会消费品零售总额完成125.52亿元，为计划的95.09%，比上年增长8.81%；价格总水平持续走低，商品零售价格下降4.17%，居民消费价格下降3.35%。

（五）旅游业有新的发展 围绕创建中国优秀旅游城市活动，重点抓了旅游环境整治、旅游资源和旅游产品开发，并加大了旅游景点宣传，提高了南宁的知名度，促进了旅游业的健康发展。全市旅游总收入34.43亿元，比上年增长14%。经过全市各族人民共同努力，南宁市已被国家旅游局命名为第一批“中国优秀旅游城市”。

（六）固定资产投资适度增长，重点建设项目进展顺利 全市固定资产投资完成67.63亿元，为计划的101.70%，比上年增长10.14%。南宁机场新航站楼、市图书馆等重点工程建成并交付使用；南宁机场高速公路已开工建设。

（七）财政收入增长，金融形势良好 全市财政总收入24.53亿元，完成预算的107.35%，比上年增长13.64%。其中，地方财政收入13.16亿元，完成预算的102.44%，增长12.68%。全市财政支出14.14亿元，增长18.53%。年末全社会金融机构存款余额343.76亿元，各项贷款余额189.90亿元。

（八）城乡居民收入增加，生活水平继续提高 全市城镇居民年人均可支配收入6570元，农民年人均纯收入2429元，分别比上年实际增长10.78%和8.63%。城镇居民最低生活保障制度进一步完善，低收入居民、困难企业职工的基本生活得到保障。

以企业改革整顿为重点的经济体制改革全面推进

（一）企业改革整顿进展顺利 按照自治区党委、政府的部署，深入开展国有企业改革整顿工作。成立了市企业改革整顿工作领导小组，在自治区企业改革整顿指导组的具体帮助下，制定并实施了《南宁市企业改革整顿工作实施方案》，企业改革整顿工作在工交商贸企业中全面展开。抽调了一批思想作风好、业务素质高的同志组成14个指导组，深入50户国有重点企业帮助开展工作，重点抓企业内部的三项制度改革和以产品及产品质量为中心的企业整顿，转换经营机制，提高企业素质。其中10户企业通过调整领导班子，生产经营出现了新的转机。同时，优化资本结构和优化工业经济结构工作取得新进展，南宁糖业股份有限公司发行股票额度已获批准，正在等待上市发行；南化已成功地发行了我国第一只可转换公司债券1.5亿元；全市已有9户企业实施破产、兼并，72户小型国有工交企业改制，改制面达72%。商贸流动体制改革进一步深化，19户商贸流通企业进行改制、改组。与此同时，大部分乡镇企业和其他集体企业改制、改组工作也逐步展开。

（二）农村经济体制改革不断完善 延长土地承包期工作进展顺利，已发放土地承包经营证书33.92万户，占应发证的92.50%；完成了各项专业承包面积

7533公顷的签发证工作，占任务的61%。农村所有制结构形成了多种经济成分并存的格局。全市已建立村级合作经济组织6061个，村以下合作经济组织7892个，农村股份合作企业4818个，有力地促进了农村经济的发展。

（三）粮食流通体制改革顺利推进 按照国务院和自治区粮食改革工作的要求，落实了“三项政策、一项改革”（按保护价敞开收购农民余粮政策、粮食顺价销售政策、粮食收购资金封闭运行政策，粮食系统内部改革），出台了《南宁市粮食流通体制改革实施方案》，切实搞好粮食收购、销售和资金管理工作，保证了粮食政策性补贴资金足额到位。加强了粮食收购市场的管理，堵住非法粮食流通渠道。新成立的储备粮管理公司已正式营运。

（四）国有资产和财政资金管理制度进一步完善 一是通过试行季度分析，加强了国有资产动态管理。二是在逐步完善国有企业资产监管的基础上，加强了对行政事业单位的国有资产管理，抓好行政事业单位非经营性转经营性资产的管理和“非转经”占用费的征收工作。三是加强国有股权管理，重点是加强股份制企业中的国有股权管理，审核企业财务预算和利润分配方案。四是加强国有资产评估工作，把好资产评估立项、确认关。五是在广西率先实施了政府采购制度，全年政府采购实际节约资金589.42万元，节约率13.97%。六是成立了市工程预决算审核所，完成111项工程的预算、决算审核，造价核减率16.29%。七是成立了市收费局，规范收费行为，取消了124项收费项目，大大减少了乱收费现象。八是成立了市会计管理公司，成功地试行了对企业委派会计制度，对加强会计管理和监督工作起到了积极的促进作用。九是根据自治区出台的企业改革整顿文件精神，向7户大中型企业委派了财务总监，向17户企业派出了财务负责人和主办会计。

（五）所有制结构进一步调整 为加大非公有制经济发展的力度，1998年出台了《关于进一步加快个体私营经济发展的决定》。全市国有、集体企业完成工业总产值比上年分别增长1.41%和0.90%；而股份制、外资企业增长分别达34.99%和8.27%。在全市社会消费品零售总额中，国有、集体企业完成的只占19.49%和12.37%，非公有制企业完成的达68.14%，比上年提高了6个百分点。

（六）综合配套改革有计划、有步骤地开展 一是拟定了《南宁市职工医疗保障制度改革实施方案》，基本完成了与国务院和自治区新医改方案相衔接的前期准备工作。在农村大力推行合作医疗，全市已有83.88%的行政村实行了合作医疗制度。二是配合国家停止实物福利分房的政策，加快房改步伐，调整了职工住房公积金缴存率，全年归集公积金7429万元，参加公积金的职工达98.20%。三是出台了《南宁市国有直管公房出售办法》，将国有公房推向市场。四是在全区率先启动以职称改革为突破口的事业单位人事制度综合改革，广开招才纳贤之门，通过市场配置人才资源。五是出台了《南宁市职工失业保险条例》，失业保险费缴纳标准由原来按全部职工工资总额的1%调整到3%，发放失业保险救济金的标准也从上年的每人每月138元提高到150元。六是筹集1176万元建立了国有企业下岗职工基本生活保障基金，确保下岗职工基本生活费的发放，并通过多渠道、多层次、多形式安排国有企业下岗、失业职工再就业。

对外开放进一步扩大，招商引资居全区前列

（一）利用外资领域进一步扩大 全市实际利用外资2.21亿美元，其中直接利用外资1.5亿美元，比上年下降5.96%。去年新批“三资”企业42家，合同外资额1.9亿美元，增长61.60%，在全区各地市中名列前茅。'98南宁优化资本结构招商会共签约55项，总签约金额33.89亿元人民币，其中外资1.84亿美元；'98南宁国际学生用品交易会，成交额达6.29亿元。在自治区40大庆商品展销经贸洽谈会上，南宁市签约项目的外资总额达4.13亿美元，其中合同外资额为0.95万美元，协议外资额为3.18亿美元；内联项目总投资22.2亿元，引进国内资金12.8亿元。

但是，由于受东南亚金融危机造成的国际环境影响，外贸出口未完成计划。全市进出口3.92亿美元，比上年下降35.96%，其中出口3.28亿美元，下降30.05%。市属进出口1.1亿美元，下降20.29%，其中出口1.03亿美元，下降15.25%，完成计划的85.60%。

（二）经济技术合作有新进展 全年国际经济技术合作新签劳务合同4项，合同额173万美元，完成营业额558万美元，比上年增长2.9倍；外派劳务154人次。国内经济技术协作签订合同202项，通过横向联合协作实现产值2.43亿元，实现利税2648.6万元。

（三）开发区建设取得新成就 开发区作为南宁市对外开放窗口和新经济增长点的作用日益显现。1998年，高新技术产业开发区完成技工贸总收入18亿元，工业产值12亿元；全年引进项目93个，实际利用外资1300万美元，比上年增长62%。经济技术开发区完成工业总产值8100万元，合同利用外资672万美元。华侨投资区完成工业总产值2.43亿元。大沙田开发区实现工业总产值5.5亿元，实际利用外资357万美元。邕宁沿海经济走廊开发区1998年3月被批准为自治区

级开发区，招商引资工作一直保持着良好的发展势头，全年完成工业总产值3.5亿元，实际利用外资937万美元。

城市规划建设与管理再上新台阶

（一）城市规划进一步加强 新修编的《南宁市总体规划》已通过了建设部主持召开的部际联席会审查。城市规划以出精品、上档次、造品位为主线，完成了一批重点项目的规划、城市景区规划及城市出入口景观规划等。城市依法建设的审批工作和规划执法工作得到进一步加强。

（二）城市建设成绩显著 1998年我们继续加大对城市基础设施的投入，完成了民族广场、朝阳花园、邕江河堤壁画以及青秀山、动物园、南湖公园、人民公园四个门区的改建和新建工程。机场高速公路已全线开工；城市快速环道建设加快，沙井大道已完成设计并开展了征地拆迁工作；民族大道延长线（竹溪路口至三岸段）全线基本贯通；青秀路已竣工；天桃路、葛麻路北段、鲤湾路南段、新竹路延长线道路扩建工程及市区部分路口拓宽工程陆续竣工，逐步改善了市区交通条件；朝阳溪综合整治工程进展顺利，南湖截污工程1～5标段已完成；东污水处理厂土建工程已完工；石西垃圾无害化处理厂、城南垃圾卫生填埋场逐步完善配套设施建设。还完成了15万多平方米道路和5.52万平方米人行道的维修、174公里的下水道疏浚、民族大道、江南路等8条主干道和边阳街、纬武路等24条小街小巷的路灯改造增亮工程，建成民生路人行天桥。清川大桥荣获建设部颁发的1998年度中国市政工程金杯奖。

（三）城市公用事业蓬勃发展 1998年新增公共汽车70辆，调整延伸4条、新开辟6条公交线路。燃气管理逐步规范，保障了市民的利益和用气安全；管道燃气工程通过招标，已开工建设。城市供水稳步发展，水质综合合格率达99.74%。

（四）建筑业健康发展，建筑市场管理规范化 全年工程报建项目811项，建筑面积331.19万平方米，总投资38.55亿元；竣工112项，面积64万平方米。大力开展对建筑市场的执法监察，建立健全有形建筑市场，制定了一系列规章制度，积极发挥建筑工程交易中心的作用，依法开展招、投标工作，规范了建筑交易行为。应招标的工程招标率为100%，公开招标和邀请招标率由年初的40%提高到年底的91.3%。城市综合开发和住宅小区建设取得新成效，全年签订开发项目29项，全市房地产实际完成投资7.2亿元。大力推行物业管理，已有130个住宅小区（大厦）实施了物业管理，新兴苑、明秀等5个不同类型的住宅小区（大厦）顺利通过了建设部和自治区的住宅小区物业管理考评验收。新兴苑小区荣获全国第四批城市住宅试点小区金牌奖。

（五）土地管理工作成绩显著 初步完成了南宁市土地利用总体规划修编工作；严格按有关规定补办和完善了大批建设项目用地手续；加强地籍管理，促进企业改制工作，1998年6月南宁市清理整顿土地隐形市场工作通过自治区政府组织的检查验收。

（六）园林绿化再上新台阶 全面完成了“创城保杯迎大庆”的各项园林工程建设。完善了江南路、朝阳路等4条示范街的绿化美化工作。更新改造公园设施，丰富了游园内容。完成苗木生产162.2万株、苗花生产136.7万盆。全年新增单位附属绿地9.97万平方米，居住区绿地8.55万平方米。积极参与国际国内园林交流，作品“壮乡美”荣获香港国际花卉博览会展位布置金杯奖，“半城绿树半城楼”景区在南京获得中国国际园林花卉博览会园林景点评比一等奖。

（七）环境保护得到加强 南宁市率先在全区禁止使用一次性塑料餐具；邕江水体保护、武鸣河环境综合整治取得新进展；建成区噪声达标区覆盖率64.6%，烟尘控制区覆盖率91.9%；严格建设项目环境影响评价审批和“三同时”监督管理，启动全市酸雨控制区二氧化硫综合防治工作；全市12种主要污染物排放量绝大部分控制在自治区下达的指标内。全市环境总体质量有较大提高，城市环境综合整治定量考核通过国家环保局会审考核，排第13位，实现了进入全国前15名的目标。

（八）城市管理逐步完善 南宁市坚持依法治市，加强立法工作，不懈地抓城市长效管理，积极探索城市管理新思路，逐步形成法制化、规范化、经常化的城市管理格局。以整治违章占道、城郊结合部卫生死角、加强商业繁华区市容秩序管理、组织“创城保杯迎大庆”工作为重点，切实有效地开展城市综合整治工作，城市环境有了明显改善。

科技教育等各项事业健康发展

（一）科技进步成为经济增长的加速器 年初，市政府与各县（区）政府签订了《科技兴市（县、区）目标管理责任书》，确保“科技兴市”计划与规划的实施。又有一县四镇跨入科技工作先进县（区）、乡（镇）行列。全年共安排实施市级科技计划项目105项，项目总投资3.57亿元。其中，安排农业科技21项，总投资1060.19万元，可新增农业产值7602.66万元。科技成果移植重点放在制糖、CAD应用等对南宁市经济影响较大的项目上。全年通过市级以上鉴定的科技成果32项，其中达到国内领先和先进水平18项，区内领先和先进水平13项。这些科技成果90%已推广应用。积极培养和开发技术市场，全面开展科普教育，进一步提高全民科技意识和科技素质。搞好科技下乡活动，在两县一郊选定科普示范乡（镇）6个、示范基地20个、示范户300户、生态农业示范村10个。重视科技队伍建设，重奖了研制、推广科技成果及有功人员10项50人。民营科技企业的规模和质量也上了一个新的台阶。

（二）教育改革和发展步伐加快 教育综合改革继续推进，基础教育、职业教育和成人教育都有新的发展，教育结构进一步优化。多渠道筹措教育经费，加大对教育的投入，新建的市三十中和新兴苑学校已投入使用；新兴苑和五一路的403套教工住宅全部完工；市财政还拨出专款408万元，对县郊边远乡村教学点进行修缮或改建，进一步改善了乡村办学条件。继续推进素质教育，全面提高育人质量，创建了一批“规范加特色”的学校，培养了一大批“合格加特长”的学生。全市中小学毕业生行为规范合格率99.80%，小学毕业率99.50%、初中毕业率98%、普通高中毕业率95.80%，体育锻炼达标率95%以上，高考录取率54.30%（其中城区66.30%）。市属三所高校合并为南宁市职业技术学院已经教育部批准。企业职工技术培训和转岗培训、农村成人文化技术教育扎实有效地开展。重视教师队伍建设，评选出市首届教坛明星5人、学科带头人50人、教学骨干665人，表彰了一批优秀校长和优秀教师。

（三）文化事业繁荣兴旺 文艺团体创作和演出了一批传统剧目和现代剧目。多渠道、多层次地开展社会文化活动，重视抓好文化下乡和“知识工程”，52个乡镇全部建立了图书馆。市图书馆新馆已向市民开放。加大“扫黄打非”力度，净化了首府文化市场。广播电视、报刊、新闻出版事业也取得长足的进步。

（四）卫生事业加快发展 医疗卫生单位创等达标工作取得新进展，市一医院跨入三甲医院行列、市红十字会医院和市妇幼保健院进入二甲医院行列。南宁急救中心与市二医院合并为南宁市急救医疗中心，建立起新型的医护联合体。又有6所综合医院和7所卫生院通过爱婴医院评审。有效地预防和控制了各种疾病的发生，全市无急性传染病暴发流行。食品卫生、公共场所卫生、饮用水卫生、传染病防治、除“四害”等工作达到全国卫生城市标准。深入开展整顿社会医疗机构、药品生产经营单位和清理虚假医疗广告的专项工作。无偿献血再上新台阶，全市无偿献血达23137人次，达到了全国无偿献血先进城市金质奖标准。

（五）体育事业蓬勃开展 竞技体育跃上新台阶，南宁市运动健儿代表国家和广西参加了多项国际、国内重大比赛，取得优异成绩。群众性体育活动蓬勃开展，广泛建立全民健身工程网络，重点放在普及推广，从城市向农村辐射，从老年、儿童向中青年辐射，全年共开展各项体育活动1500次，参与人数达20万人以上。

（六）计划生育工作水平不断提高 制订和完善了一系列计划生育的政策法规，提高规范化管理水平，开展了6次全市性计划生育宣传一条街活动。自治区人口增长率0.838%，低于1.137%的计划控制目标；计划生育率为85%，达到自治区规定的计划指标要求。

（南宁市人民政府　李应适）

南宁市国民经济主要指标

指　　标	单　位	1998年		1997年	
		地区	市区	地区	市区
年底人口数	万人	284.63	130.81	281.2	128.03
其中：非农业人口	万人	114.29	95.41	110.38	92.12
土地面积	平方公里	10029	1834	10029	1834
人口密度	人/平方公里	283	713	280	698
年末劳动力资源总数	万人				
其中乡村劳动力	万人				
国内生产总值	亿元	262.05	184.85	231.6	161.75
农林牧渔业产值	亿元	68.49	15.21	62.01	14.94
粮食产量	万吨	81.45	12.03	80.18	12.03
蔬菜产量	万吨	96.74	27.98	85.54	25.28
猪牛羊肉产量	万吨	11.21	2.32	9.54	2.11
水产品产量	万吨	5.92	2.4	5.33	2.28
全部工业总产	亿元	179	137.01	169.68	121.42

（续）

指　　标	单　位	1998年		1997年	
		地区	市区	地区	市区
其中：乡及乡以上	亿元	139.27	118.26	136.62	102.62
客运总量	万人	6086	5026	5446	4406
货运总量	万吨	3470		3450	2645
固定资产投资总额	亿元	54.51	45.64	47.69	39.52
其中：住宅	亿元	9.61	8.23	5.07	4.15
房地产开发投资额	亿元	14.47	14.43	13.7	12.97
商品房销售额	亿元	12.9	11.66	6.8	6.46
出口贸易总额	万美元	33228	9527	46894	
进口贸易总额	万美元	6525	768	14342	
利用外资签订协议总数	项	42		49	42
利用外资签订协议金额	万美元	18805		11636	6214
实际利用外资金额	万美元	22138		27074	25174
国际旅游人数	万人	2.63	2.63	3.56	3.56
国际旅游收入	万元	4338	4333	4414	4409
地方财政预算收入	亿元	13.16	10.01	11.68	9.05
地方财政预算支出	亿元	14.14	10.41	11.95	8.59
银行年末各项贷款余额	亿元	189.89	165.66	173.13	149.51
每万名职工中专业技术人员数	人	1096	928	1044	903
其中：中级职称以上	人	413	399	403	401
城镇居民家庭人均生活费收入	元	6570	6570	5931	5931
农村居民家庭人均纯收入	元	2429	2465	2212	2285

注：表内各项产值均按当年价格计算

（南宁市人民政府供稿）

北　海　市

国民经济跃上新台阶

1998年，北海市在资金短缺、遗留问题较多的情况下，坚持以经济建设为中心，团结拼搏、求实创新、积极推进“六大突破”，较好地解决了存在的各种矛盾和问题。全市社会稳定，经济快速增长，各项事业全面进步，是北海改革开放以来形势最好的时期之一。1998年，全市国内生产总值实现126.1亿元，比上年增长15.1%。其中第一产业增加值38.7亿元，增长12.4%；第二产业增加值38.5亿元，增长16.45%；第三产业增加值48.9亿元，增长16%。人均国内生产总值9204元，增长14.2%。三次产业结构由上年的30.4∶29.5∶40.1调整为30.7∶30.5∶38.8。

（一）农业生产喜获丰收，农村经济全面发展　北海市农业总产值67亿元，增长11.7%；粮食总产量41.5万吨，增长2.5%；甘蔗总产量165.2万吨，增长7.8%；水产品总产量78万吨，增长12.5%。农业科技投入力度加大，产业结构得到调整优化，科技贡献率达到37%，高于全自治区平均水平。闲置土地复耕工作进展加快，全年复耕面积达1333.3公顷。水利基础设施建设显著加强，全年落实计划投资1.5亿元，增长101%。

（二）工业生产稳中有进，经济效益逐步提高　北海市工业总产值121亿元，增长15.01%，其中全部独立核算国有企业和年销售收入500万元以上的非国有工业企业总产值达39.4亿元，增长了15.1%。销售收入104.5亿元，增长9%；实现利税6.9亿元，增长25%；工业经济效益综合指数比上年提高10.4个百分点。

（三）第三产业稳步发展，旅游业形势喜人 旅游行业1998年接待国内外游客258万次，增长14.8%；旅游总收入达6.73亿元，增长16%。其中旅游外汇收入260.4万美元，增长3.5%。经国家旅游局检查验收，北海市成为首批“中国优秀旅游城市”之一。北海至越南海上旅游航线正式运营。房地产业继续保持回升态势。交通运输和邮电业平稳增长。商品供应充足，全社会消费品零售总额达28.7亿元，增长9.1%。

（四）财政收入情况良好，金融形势保持稳定 1998年财政收入9.69亿元，增长15.2%，其中地方财政收入6.63亿元，增长19.7%。财政支出8.16亿元，增长37.2%。金融机构各项存款余额95.6亿元，比年初增长8%；各项贷款余额102.8亿元，下降1.4%；经过努力，城市信用社支付危机得到有效化解，金融形势保持基本稳定。

（五）外向型经济迎难而进 北海市进出口总额14410万美元，其中出口总额10529万美元，增长25.7%，进口总额3881万美元。新批外资项目24个，合同投资总额达8802万美元；实际利用外资5440万美元，增长20.9%。横向经济联合进一步加强，全年新增协作项目103个，协作资金总额12.1亿元，实际到位资金3.8亿元。

（六）企业改革整顿取得阶段性成果 1998年，北海市按照自治区的部署要求，把国有企业改革整顿工作当作“天大的事情”来抓，做到思想到位、领导到位、组织到位和人员到位。经过努力，取得了阶段性进展。参加企业内部三项制度改革年底验收的62家企业中达到优秀、合格标准的分别为30.6%和59.7%；小型企业改革改制工作力度加大，全市59家国有小型企业中，已有39家进行了多种形式的改革改制，建立现代企业制度工作取得新的进展，银河股份有限公司股票成功上市。

基础设施进一步完善

1998年，北海市全社会固定资产投资完成24亿元，完成计划指标的102.2%，增长36.4%，其中基本建设投资9.6亿元，增长48.1%，更新改造投资2.8亿元，增长42.1%，扭转了近几年来固定资产投资持续下滑的局面。重大项目建设进展加快。钦北高速公路全线开工，垃圾处理厂卫生填埋场投入试运营，污水处理厂已经完成海洋放流工程、厂区污水处理系统土建全面开工，标准化海堤示范工程，合浦水库除险加固及灌区续建配套顺利完工，外沙渔港一期工程全面动工；北海机场扩建工作已完成设备安装任务，新飞行区具备验收条件；涠洲岛油气终端处理厂建成投产；北海国家客运码头一号泊位和国际联检候船大厅正式投入营运；海口至北海海底光缆全线开通，北海经济信息网基本建成，市中心图书馆破土动工，常乐至曲樟水泥公路建成通车。

1998年，北海市完成了北部湾东路、北海大道东段、火车站广场东侧、少儿图书馆等主干道和市区主要公共场所的绿化改造工程，人均公共绿地面积达到6.1平方米，荣获广西“园林城市”称号；市中心区夜景灯光首期工程已完成。积极参与创建“三城一杯”，加大了对旅游景点和市容环境的整洁力度。环境监测力度加大，空气质量名列全国重点城市前列。

北海打击走私综合治理成果显著

1998年8月，北海市认真贯彻全国打私工作会议精神和朱镕基总理及吴仪国务委员视察北海的指示精神，在自治区政府、公安部、海关总署的统一领导下，认真组织公安、海警、工商和法院、检察院、纪检监察等部门积极参与、支持、配合北海海关开展了北仑河、北部湾打击走私联合行动。开展专项斗争和“两北”联合行动以来，各有关职能部门共出动人力3313人次，出动车辆434车次，出动船舶190航次，检查场、点235处，其中，“两北”行动出动海上缉私艇286航次，摩托艇126航次，飞机飞行52架次、飞行总时为121小时55分；全市共查获走私案件20起，案值406.4万元。北海市公安机关立案调查走私案件13起（已破获11起），抓获走私犯罪嫌疑人23名，其中逮捕8人，刑事拘留12人，取保候审3人。北海市纪委、监察局立案查处涉嫌走私、贩私案件4起，其中单位购买涉嫌走私小汽车案件1起，涉嫌走私、贩私案件3起，立案查处涉嫌走私人员5名。经过声势浩大的反走私斗争，北部湾海域的走私活动明显得到遏制，取得了良好的效果：一是大宗货物走私趋于零；二是未发现法人走私活动；三是打私机制秩序得到理顺和明显好转；四是假借边贸名义从事的走私活动得到整治；五是走私汽车的源头被堵死。打击走私综合治理给北海市营造了良好的经济建设环境，市场成品油、植物油批发价迅速上涨。北海海关1998年度税收达1.3095亿元，提前超额完成海关总署下达的年关税1.3亿元的任务。

获首批“中国优秀旅游城市”称号

1998年11月6日至11日，以国家旅游局等单位组成的国家验收组对北海市创建工作进行了全面的检查验收。北海市顺利通过了国家检查验收，被国家旅游局批准成为首批“中国优秀旅游城市”之一。北海市的创建工作有如下特点：一是基本条件相当优越；二是目前创优基本达标；三是市场发育还不够成熟；

四是未来发展不可限量。有关部门评价北海具有第一流的自然生态环境，市领导及建设者具有现代化生态意识；提出“不求最大，但求最美”，体现了旅游城市的正确发展思路，城市规划及道路、街区都很好，广场等景点在文化品位上具有国内一流水平。同时，北海市旅游产业行政管理机构健全、有效；旅游产品结构框架与检查标准吻合程度高；旅游住宿设施构成和档次比较理想，购物整体环境和旅游安全形象较好。

“银河”获准建立博士后工作站

1998年11月，自治区高新技术企业北海银河股份有限公司成为全国第二批获准建立博士后工作站的17家企业之一。公司斥资600多万元用于博士后工作站的建设，“银河”公司这一工作站将由国际知名电力系统专家担纲，除主要进行电力自动控制的系统软件和新型片式电阻材料及工艺的开发外，还可以把市急需研究的其他科研项目作为课题。“银河”公司将在该工作站内建立计算机主站及信息网络系统，并拟聘请包括科学院、工程学院院士在内的国内外知名专家作为工作站指导教师。目前公司已就联合招收博士后计划与清华大学、浙江大学进行了协商。

水产养殖业实现新突破

1998年北海市水产品总产量78.01万吨，比增12.5%，总产值45.4亿元，比增20%。北海市以珍珠为龙头，发展高产量、高效益的养殖品种，在抓好养殖量扩张的同时，把质的提高作为主攻方向，通过抓好样板示范、推广引进新品种和科技兴养等工作，促进水产养殖业上了一个新台阶。完成全市养殖总面积3万公顷，比1997年增加866.67公顷，养殖产量为22.93万吨，比增16%。同时，产业化经营探索出新的路子。北海珍珠总公司从1997年以来以低息贷款500万元给300多户珠农扶持发展珍珠生产，进行技术指导、培训，并按市场价收购珍珠，形成了产供销一条龙服务的“公司+基地+农户”的产业化经营模式。促进了南珠产业的发展。同时，深水育珠取得了大面积丰收，在营盘实施的万亩深水育珠，平均1万贝达到1.2千克，特别是市珍珠总公司在南万进行深水育珠50万只收珠105千克，平均1万贝达到2.08千克，创北海历史最高记录。

北海新力实现资产重组

1998年11月12日，经自治区人民政府、财政部、中国证券会的批准，同意转让部分北海新力股份公司国家股进行资产重组，将有超强实力和产业优势的国有大型企业中国华能集团引入北海投资。北海新力公司5914.44万国家股转让给中国华能集团，华能占51%股份，成为第一大股东，北海回收股权收益1.18亿元，使北海港二期工程扫尾和三期工程建设的北海方资金得到了保证。

（北海市人民政府办公室　李　勇）

北海市国民经济主要指标

指　　标	单　位	1998年		1997年	
		地区	市区	地区	市区
年底人口数	万人	137.79	49.70	136.49	49.24
其中：非农业人口	万人	36.66	19.63	35.29	13.99
土地面积	平方公里	3337	957	3337	957
人口密度	人/平方公里	413	519	409	515
年末劳动力资源总数	万人				
其中：乡村劳动力	万人	61.63	17.58	61.41	17.07
国内生产总值	亿元	126.09		109.41	51.29
农林牧渔业产值	亿元	66.02	28.74	60.01	25.65
粮食产量	万吨	41.49	6.41	40.50	6.00
蔬菜产量	万吨	36.00	8.96	30.42	7.82
猪牛羊肉产量	万吨	5.98	2.11	5.77	2.05
水产品产量	万吨	78.01	46.63	69.32	41.65
全部工业总产值	亿元	112.40		105.28	58.56
其中：乡及乡以上	亿元			42.34	29.47
客运总量	万人	2327	2249	2079	1556
货运总量	万吨	1629	1565	1429	1039
固定资产投资总额	亿元	24.11	16.85	17.59	10.60

（续）

指标	单位	1998年		1997年	
		地区	市区	地区	市区
其中：住宅	亿元	2.82	1.30	8.07	3.39
房地产开发投资额	亿元	0.83	0.75	0.84	0.77
商品房销售额	亿元	0.38	0.37	0.53	0.52
出口贸易总额	万美元	10529		8374	
进口贸易总额	万美元	3881		7483	
利用外资签订协议总数	项	24		18	
利用外资签订协议金额	万美元	6078		11527	
实际利用外资金额	万美元	2768		4502	
国际旅游人数	万人	1.03		0.78	
国际旅游收入	万美元	1894		252	
地方财政预算内收入	亿元	6.63	5.17	5.61	4.19
地方财政预算内支出	亿元	8.15	6.05	6.03	4.06
银行年末各项贷款余额	亿元	102.83	79.14	104.26	
每万名职工中专业技术人员数	人				
其中：中级职称以上	人				
城镇居民家庭人均收入	元	5392	5661		
农村居民家庭人均纯收入	元	2366		2822	

注：表内各项产值均按当年价格计算

（北海市政府办公室供稿）

海口市

经济发展速度加快，开始步入良性循环

1998年，海口市实现国内生产总值110.09亿元，按可比价格计算，比上年增长8.6%，增幅比上年提高1.5个百分点。其中第一产业实现增加值2.88亿元，增长7.2%；第二产业实现增加值28.62亿元，增长10%；第三产业实现增加值78.59亿元，增长8.2%。全年完成农业总产值4.45亿元，增长7.8%；蔬菜产量增长3%，肉类产量增长8.7%，禽蛋产量增长7.6%，水产品产量增长9.5%；乡镇企业总产值增长8.5%。全市完成工业产值78.5亿元，比上年增长12%；实现增加值15.16亿元，增长10.5%；产销率达99%，比上年提高4.1个百分点。全年接待旅游人数256万人次，增长7.6%；旅游营业收入12.8亿元，与上年持平。全市社会消费品零售总额达63.5亿元，扣除物价因素，增长9.2%；商品零售价格指数下降3.7个百分点，居民消费价格指数下降3个百分点。全年货物周转量239.5亿吨公里，增长2.8%；邮电业务总量完成10.34亿元，增长17.2%。固定资产投资在1997年下降6.8%的情况下，出现了较为强劲的回复增长势头，1998年固定资产投资63.5亿元，增长7%。国有企业外贸出口交货值7052万美元，增长8.2%；外资企业销售收入43.68亿元，增长7.9%，产品出口创汇6568万美元；受亚洲金融危机影响，全市实际利用外资5.11亿美元，下降2.97%。财政收入稳中有增，全年财政收入完成14.04亿元，增长2.7%。金融形势稳定，年末海口地区金融机构各项存款余246.98亿元，比年初增加16.95亿元，增长7.4%；各项贷款余额241.25亿元，比年初增加40.71亿元，增长20.3%。

国企改革继续推进，各项改革有新成效

建立现代企业制度，坚持“三改一加强”，国有企业改革继续向纵深发展。制订了《海口市放开搞活国有小型工业企业暂行办法》，对8家市属工业企业进行改革，其中改制6户、兼并1户、破产1户，为国有

工业的发展注入了新的活力。市属国有工业在1997年扭亏增盈的基础上，1998年净盈4500万元，净盈增长50%；社会工业企业效益也明显好转。1998年全市工业盈亏相抵后实现利润1.1亿元，工业对财政的贡献率由上年的17.8%上升到23.2%。国有商贸企业改革开始启动，出台了《海口市国有商贸企业改革发展的若干意见》，以粮食流通体制改革为突破口，按照“四分开一完善”的原则，粮食系统6家试点企业已完成改制，其中4家开始盈利；商贸、供销、物资系统的7家试点企业也取得初步成效。积极探索国有资产新的经营管理模式，成立了国有资产经营公司，为优化重组国有资产，强化保值增值，搞活国有经济创造了有利条件。同时，对国有企业和行政事业单位的资产进行清查和产权年检，加强国有资产评估和管理，规范了国有资产抵押担保行为。鼓励发展非公有经济，出台了《海口市加快非公有制经济发展暂行办法》，并采取一系列优惠政策，努力改善投资与经营环境，促进了多种经济成分的迅速发展。积极推进政府机构改革，调整和精简了政府组成部门，政府职能部门由原来32个减至26个。继续推进国家公务员制度，完成乡、镇（街道）机关公务员过渡工作，并公开选拔市政府有关职能部门处级领导干部。深化社会保障制度改革，全市从业人员养老、工伤、失业和医疗保险覆盖面进一步扩大，新增参保单位311家、6413人，保险金的收缴、使用和监管得到加强；农村社会保障工作有新的进展。改革财税体制，成立了海口市地方税务局，理顺了省、市的税制关系。城镇住房制度改革继续深化，实行购房按揭政策，加快了住房商品化、货币化进程。农村第二轮土地承包基本完成。科技、教育、医疗体制改革稳步推进。

加大招商引资力度，对外开放有新进展

面对全球范围内的经济波动，尤其是亚洲金融危机的巨大压力，海口市把招商引资作为扩大开放的重点，积极参与和举办各种交易会、洽谈会、博览会及行业招商会，加大招商引资力度，促成了一批新项目。全年新批准外商投资项目113个，合同投资总额2.06亿美元，比上年增长13.7%。美视高尔夫球场及配套设施项目动工；亚洲豪苑项目部分资金到位；北大天意计算机有限公司落户保税区；引进了以BOT方式投资的1.5万千瓦垃圾焚烧发电厂。出台保税区新的招商优惠政策，保税区招商引资工作取得了明显突破。各开发区招商工作加强，在生物制药等方面引进了一批新项目。进一步扩大外资准入范围，稳妥地推进包括商业、旅游业、金融证券等服务行业的对外开放，对外开放有新的发展。

加快基础设施建设，投资环境继续改善

1998年，海口市实施市政基础设施项目20个，完成投资14.84亿元。建成了敬贤路、南江路及和平桥匝道；对海甸一路、机场路、白龙路和滨海大道进行了不同规模的改造扩建；国兴大道、海垦路、金垦路动工兴建；海甸溪清淤完成工程量的82.5%；污水处理厂已完成总工程量的66%，污水顶管工程和海甸、疏港提升泵站建设进度加快；米铺水厂二期扩建工程投入使用；世纪大桥、南渡江防洪堤、垃圾填埋场重大项目已动工，城市基础设施进一步改善。

围绕先进城市创建目标，在全市范围内开展了大规模的环境综合整治。以治理“乱搭建、乱张贴、乱摆卖”和户外设置物为重点，加强机动车尾气排放、城市噪声、环境卫生等专项治理，对摩托车载客经营、机动车违规违章进行整顿。大搞绿化、美化，新植补植绿化道路32条，新建街心绿地6块，扩大绿化面积45.6公顷。加强住宅小区综合管理和文明小区建设。大抓城市环境综合整治，海口市环境质量有了新的提高，在全国城市环境综合定量考核中名列第三。大力开展创建先进城市活动，首批跨入“中国优秀旅游城市”的行列。

社会事业全面发展，精神文明上新台阶

坚持“科教兴市”，加快科技进步，积极引进高科技工业项目和推广农业适用技术，开发一批工业新产品，“菜篮子”经济科技含量明显提高。全市生产高新技术产品的企业已达63家，高新技术产业增加值占到国内生产总值的13%；科技进步对国民经济增长的贡献率达36%。强化教育基础地位，全面展开素质教育，9年义务教育得到巩固提高，薄弱学校建设加强，大力发展中等职业教育，强化成人教育，教育质量进一步提高。繁荣文化事业，规范管理，文化市场健康发展；实行精品战略，一批优秀精神作品获国家、省奖励。大力开展健身体育和竞技体育，群众性体育活动蓬勃发展，被评为全国体育工作先进单位。坚持预防为主，努力做好卫生防疫工作，防病治病、食品卫生和环境卫生都保持较好的水平；开展创建“五佳”医院活动和整顿医药市场取得明显成效，农村卫生工作有新的进步。

坚持“两手抓”，广泛开展爱国主义、集体主义、社会主义为主题思想道德教育，开展形式多样、内容充实的精神文明建设活动，涌现出一批文明单位和先进典型。全面开展创建现代文明机关活动，大力推行“三制”，政府各部门的办事效率和服务质量明显提高。加强基层政权建设，完成了村委会换届选举工作，街

道办事处、居委会工作条件进一步改善。深入开展双拥和国防教育，密切军警民关系，共建活动收到良好效果。认真治理“三乱”，减轻企业和农民负担，取消和降低收费项目41项，纠风工作取得成效。开展反腐倡廉教育和执法监察，通过清理通信工具，检查领导干部的住房、用车、公务接待超标等问题，廉政建设进一步加强。大力弘扬’98抗洪精神，在’98帮扶赈灾募捐活动中，全市共捐款986万元，衣物34万件，树立了良好的社会风尚。认真开展政法队伍集中教育整顿，深入开展以“破大案、打团伙、抓流窜、缴黑枪、追逃犯”和扫除“黄、赌、毒”为重点的“严打”和专项斗争，全面落实社会治安综合治理责任制，全市刑事案件、重大案件破案率上升，分别达到82.6%和73.6%。摧毁犯罪团伙147个，依法惩处犯罪分子3356人。加强法制宣传教育和法律服务工作，开展基层文明小区安全创建活动，强化防范体系建设，全市社会治安保持稳定，人民群众的安全感普遍增强。

人民生活水平稳定提高

1998年，认真落实《海口市企业优化资本结构分流安置富余人员实施方案》、《海口市就业再就业工作实施方案》，实施城市居民最低生活保障制度。实行下岗职工再就业责任制，加强下岗职工技能培训，拓宽再就业渠道。全市建立再就业服务中心87个，国有企业下岗职工进入再就业服务中心4200人，2200多名下岗职工实现再就业，并解决3360名社会待业人员就业；国有企业下岗职工基本生活得到保障。加强对城市居民和农村中特殊困难户的生活补助与救济工作，对全市16552户43602人实施救济，发放救济金571万多元。市直机关对农村低收入困难户实行帮扶活动，取得了一定成效。1998年，城乡居民储蓄存款余额175.37亿元，比年初增加24.78亿元；城镇居民人均可支配收入达6749元，郊区农民人均纯收入3150元，扣除物价因素，分别增长5.6%和6.4%，人民生活水平稳定提高。

（海口市政府发展研究中心　娄东风）

海口市国民经济主要指标

指　　标	单　位	1998年		1997年	
		地区	市区	地区	市区
年底人口数	万人	52.79		51.41	
其中：非农业人口	万人	43.83		42.28	
土地面积	平方公里	236.44		236.44	
人口密度	人/平方公里	2674		2611	
年末劳动力资源总数	万人	37.53		39.36	
其中：乡村劳动力	万人	4.26		4.45	
国内生产总值	亿元	110.09		104.58	
农林牧渔业产值	亿元	4.45		4.20	
粮食产量	万吨	0.94		1.03	
蔬菜产量	万吨	8.07		7.67	
猪牛羊肉产量	万吨	1.73		1.60	
水产品产量	万吨	1.27		1.16	
全部工业总产值	亿元	78.48		70.01	
其中：全部国有工业及年销售收入500万元以上非国有工业	亿元	67.5		66.85	
客运总量	万人	4781		4302	
货运总量	万吨	2306		2209	
固定资产投资总额	亿元	63.51		59.34	
其中：住宅	亿元	13.91		8.01	
房地产开发投资额	亿元	8.16		4.86	
商品房销售额	亿元	3.2		3.18	
出口贸易总额	亿美元	1.61		2.62	
进口贸易总额	亿美元	6.11		8.00	
利用外资签订协议总数	项	113		156	

（续）

指　　标	单　位	1998 年		1997 年	
		地区	市区	地区	市区
利用外资签订协议金额	亿美元	2.06		1.81	
实际利用外资金额	亿美元	5.11		5.27	
国际旅游人数	万人	14.62		17.15	
国际旅游收入	万元	32244		42882	
地方财政预算内收入	亿元	10.76		10.33	
地方财政预算内支出	亿元	8.72		8.00	
银行年末各项贷款余额	亿元	241.25		200.95	
每万名职工中专业技术人员数	人	634		391	
其中：中级职称以上	人	138			
城镇居民人均可支配收入	元	6749		6589	
农村居民家庭人均纯收入	元	3150		3052	

注：表内各项产值均按当年价格计算

（海口市政府发展研究中心供稿）

三亚市

国民经济稳步发展

1998 年以来，全市各族人民在市委、市政府的领导下，认真贯彻落实“稳中求进，有效增长”的总体要求，坚持以“抓产业上项目，抓管理上水平”为经济工作重点，以确保全年经济增长 10% 为经济工作目标，继续深化改革，扩大开放，努力培植新的经济增长点，使国民经济走出低谷，逐步进入平稳发展的轨道，农业基础地位继续加强，工业保持较快增长，旅游业发展势头较好，财政收入增加，金融秩序稳定，市场供应充足，人民生活继续改善。

1998 年三亚市国内生产总值完成 24.56 亿元（现价，含农垦，下同），完成年计划 100.2%，比上年增长 10%，增幅比上年回升了 5.4 个百分点，其中：第一产业增长 13.4%，第二产业增长 2.6%，第三产业增长 12.5%；工农业总产值完成 14.55 亿元（1990 价，含农垦，下同），完成计划 105.2%，增长 16.6%，其中：农业总产值 8.15 亿元，完成计划 107.4%，增长 14.3%，工业总产值 6.40 亿元，完成计划 102.6%，增长 19.6%；在工农业总产值中，市属农业产值 6.41 亿元，完成计划 109.9%，增长 17.8%，市属工业产值 4.89 亿元，完成计划 101.7%，增长 17.5%。

农业经济在结构调整中发展，增幅提高

1998 年，三亚市进一步加强对农业生产和农村经济工作的领导。加快农业产业化进程和产业结构调整，有效促进农业和农村经济的发展。继续增加对农业的投入，积极推进科技兴农政策，加快农业适用技术的推广和应用，加大农业综合项目的开发力度，合理调整农业生产结构，在确保粮食生产稳步发展的基础上大力发展热带特色现代农业，并使其成为农业经济增长的强大支柱。全年粮食播种面积 2.01 万公顷，完成计划 107.7%，增长 5.2%，粮食总产量 7.46 万吨，完成计划 103.6%，增长 4.5%；瓜菜产量 22.67 万吨，完成计划 108.0%，增长 7.4%；干胶产量 1799 吨，完成计划 112.4%，增长 17.7%；水果产量 3.99 万吨，完成计划 113.7%，增长 25.5%；肉类总量 1.0 万吨，完成计划 100.0%，增长 8.7%；水产品产量 4.20 万吨，完成计划 108.0%，增长 16.7%，当年林业总产值 2.03 亿元，比上年增长 6.1%，全年完成造林面积 669 公顷，年末森林覆盖率达 54%。

工业生产保持较快增长

三亚市工业生产以推进两个根本性转变为中心，加强行业指导，强化企业管理，积极推进技术进步，

加快调整产业结构和产品结构，以市场为导向，开发和引进一批有市场竞争优势的产品，提高了三亚市工业企业的竞争能力和应变能力。联科电子、亨源海产品加工、中亿服装厂、黄帝椒等一批新建工业项目的陆续投产发挥效益，为工业经济增添了新的增长点。1998年工业总产值完成6.40亿元（1990价），比上年增长19.6%。主要工业产品产量全面增长：全年发电量53000万千瓦时，完成计划152.4%，增长14.3%；水泥25.65万吨，完成计划102.6%，增长1.1%；原盐0.65万吨，完成计划185.7%，增长124.1%；自来水供应量4200吨，完成计划93.3%，增长6.1%；药品5.50万件，完成计划250.0%，增长10.4%。

交通运输和邮电通讯业发展加快。全年社会货运量800万吨，完成计划100.0%，增长6.5%；社会客运量1300吨，完成计划100.0%，增长8.0%；港口吞吐量39.0万吨，完成计划118.2%，增长30.0%；邮电业务总量14237万元，完成计划113.9%，增长21.5%。

旅游业持续发展，旅游人数和旅游收入保持稳步增长

旅游行业以创建中国优秀旅游城市为工作重点，加快旅游景点的配套建设，优化旅游环境，规范旅游市场，提高旅游服务质量。同时加大旅游产品的宣传促销活动，成功举办了“天涯海角万人中秋赏月”及“天涯海角国际婚礼节”等节庆活动，相继推出南海潜水观光、高尔夫球健身、热带风情旅游等旅游名牌产品，建立起三亚多媒体旅游信息网络系统，开发欧美旅游市场，有效促进了旅游业的迅速发展。1998年涉外宾馆接待旅游者151.0万人次，完成计划100.7%，增长14.0%，其中接待国内旅游者139.0万人次，完成计划101.1%，增长15.0%，旅游外汇收入3200万美元，完成计划123.1%，增长16.7%。

投资结构趋于优化

固定资产投资继续向基础设施和旅游业倾斜。三亚市抓住国家发行1000亿元国债扩大基础设施建设，启动内需的有利时机，积极推出前期工作准备较好的污水处理厂、排污管网工程、东西河综合整治工程及白排港客运码头等项目，争取了国家7800万元的投资。1998年固定资产投资完成15.34亿元，完成计划95.9%，减少14.9%。其中：基本建设投资12.55亿元，完成计划97.3%，减少18.7%，房地产投资0.72亿元，完成计划90.0%，减少20.9%。从行业完成情况看，投向基础设施3.84亿元，占25.0%；旅游业5.6亿元，占36.5%；农业1.0亿元，占6.5%；工业0.92亿元，占6.2%；商贸、物资、供销0.33亿元，占2.2%；文教、卫生、广播电视、体育0.2亿元，占1.3%；房地产0.72亿元，占4.7%；其他2.73亿元，占17.8%。

外贸出口增加，实际利用外资与上年持平

外贸企业努力调整出口产品结构、市场结构、贸易方式和资产结构，充分利用保税仓优惠政策，努力培育新的出口增长点，使三亚市外贸出口在受亚洲金融风暴冲击的严峻形势下保持了增长。1998年地方外贸进出口总值18762万美元，增长155.4%，其中：出口总值11176万美元，增长122.7%；剔除保税仓进出口部分，实际进出口总值6450万美元，完成计划124.0%，增长10%，其中出口总值5020万美元，完成计划111.6%，增长0.1%。全年实际利用外资16100万元，完成计划100.6%，与上年持平。

金融秩序稳定，地方财政收入增加

金融部门进一步深化体制改革，在加强宏观调控，提高金融服务和经营管理水平的同时，规范金融市场，积极防范和化解金融风险，平稳顺利地进行了城市信用社及海南发展银行的关闭交接工作，保持了金融运行秩序稳定。1998年末全社会存款余额45.0亿元，完成计划100.0%，增长1.2%，其中：国家银行存款余额34.0亿元，完成计划121.4%，增长35.5%；全社会年末贷款余额63.0亿元，完成计划108.6%，增长13.0%，其中：国家银行贷款余额38.0亿元，完成计划102.7%，增长12.5%。

全年地方财政收入23720万元，比上年增长8.0%，剔除西线高速公路即征即退税款2190万元，实际收入21530万元，完成计划107.9%，增长9.2%；财政支出27863万元，增长13.7%，剔除西线高速公路即征即退税款2190万元，实际支出25673万元，完成计划114.6%，增长14.2%。

城乡市场繁荣，人民生活水平总体有所提高

全社会消费品零售总额7.72亿元，完成计划107.2%，增长12.7%，扣除价格因素，实际增长15%。物价继续回落，全年消费品零售物价指数98.0%，涨幅比上年回落3.4个百分点。

人民生活水平有所提高，1998年职工平均工资7700元，增长4.3%；剔除价格因素，实际增长6.4%；农民人均纯收入2250元，增长11.6%，剔除价格因素，实际增长13.2%，城乡居民的居住条件、医疗保健、社会保险等有所改善。

总的看来，1998年三亚市的国民经济保持了稳步

回升的态势，计划完成情况较好，实现了全年经济增长10%的奋斗目标。经济增长的稳定性进一步提高，三次产业均有不同程度的发展，尤其是热带高效农业、新兴工业和旅游业都得到加强，综合经济实力进一步增强。但要清醒认识到，三亚市经济总量较小，经济增长的基础仍然比较脆弱，新的经济增长点乏力。当前突出的问题和困难：一是农业基础仍然薄弱，农业开发资金严重缺乏，农业产业化程度低；二是部分国有企业经济效益较低；三是资金供求矛盾比较突出，一方面银行不良贷款的比重上升，使新增贷款乏力，其次是房地产沉淀资金尚未盘活，严重影响了社会资金的正常循环。

（三亚市政府办公室　王怀中）

三亚市国民经济主要指标

指　　标	单　位	1998年		1997年	
		地区	市区	地区	市区
年底人口数	万人	44.60		44.06	
其中：非农业人口	万人	16.18		15.53	
土地面积	平方公里	1919		1919	
人口密度	人/平方公里	232.4		229.6	
年末劳动力资源总数	万人	21.96		21.73	
其中：乡村劳动力	万人	11.9		10.22	
国内生产总值	亿元	23.99		22.1	
农林牧渔业产值	亿元	8.16		7.13	
粮食产量	万吨	8.18		8.08	
蔬菜产量	万吨	20.22		19.65	
猪牛羊肉产量	万吨	0.98		0.92	
水产品产量	万吨	4.28		3.66	
全部工业总产值	亿元	6.34		5.35	
其中：乡及乡以上	亿元	—		—	
客运总量	万人	1127		1207	
货运总量	万吨	559		592	
固定资产投资总额	亿元	14.76		18.03	
其中：住宅	亿元	2.22		1.69	
房地产开发投资额	亿元	0.48		0.90	
商品房销售额	亿元			3.20	
出口贸易总额	万美元	11092		0.51	
进口贸易总额	万美元	6583		0.23	
利用外资签订协议总数	项	22		19	
利用外资签订协议金额	万美元	2165		3703	
实际利用外资金额	万美元	16200		15416	
国际旅游人数	万人	13.29		11.58	
国际旅游收入	万元	—		—	
地方财政预算内收入	亿元	2.42		2.20	
地方财政预算内支出	亿元	2.77		2.45	
银行年末各项贷款余额	亿元	61.46		55.73	
每万名职工中专业技术人员数	人				
其中：中级职称以上	人				
城镇居民家庭人均生活费收入	元				
农村居民家庭人均纯收入	元	2502		2017	

注：表内各项产值均按当年价格计算　　　　（三亚市统计局供稿）

香港特别行政区与台湾、澳门地区经济贸易

香港特别行政区经济贸易发展综述

1998 年香港经济的基本特点

蔡赤萌

1998 年香港经济遇到前所未有的困难环境。随着亚洲金融风暴的负面效应全面浮现，1998 年亚洲地区经济与金融状况极度低迷和不稳定，不少国家（或地区）经济相继进入衰退期。在外部不利因素的冲击下，香港经济内在的泡沫问题和结构性问题也直接暴露出来，金融市场所受的创伤逐渐蔓延到经济各个层面，再加上大型对冲基金有计划及有规模的阻击港元行动，令香港拆息急剧飚生。年内香港经济基本处于利率偏高、股市楼市泡沫破裂、失业上升、消费不振的局面，全年 GDP 出现了历史罕见的跌幅，与 1997 年 5.3% 的强劲增长形成明显的对比。

一、1998 年香港整体经济发展呈现以下几个特点

（一）经济急剧从增长放缓转为衰退，而且衰退幅度较大 1997 年第四季度香港经济增长开始明显放缓，本地生产总值（GDP）从上一季度的 6% 降至 2.7%。进入 1998 年，随着内外需求疲弱乃至下降，香港经济进一步大幅下调。首季 GDP 较上年同期实质下跌 2.8%；第二、三季度跌幅进一步扩大至 5.1% 和 6.9%；第四季度经济持续收缩，只是跌幅略微收窄至 5.7%。全年 GDP 跌幅为 5.1%，香港已陷入 13 年来的第一次经济衰退。

（二）内外需求明显萎缩，导致与之相关的投资和消费均出现大幅下降 1998 年以来，香港 GDP 各组成部分都因内外需求十分疲弱的影响出现放缓、停顿甚至倒退（均以 1990 年固定市价计算）。其一，内部消费需求明显萎缩。全年私人消费开支出现 6.8% 的负增长，零售消费萎缩，饮食业也较为萧条。其二，内部投资需求急剧放缓，全年固定资本形成总额实质下跌 6.1%。建造业发展总体停滞，私人机构房屋建造有所放缓，公营部门出售房屋建造活动增加；但非房屋建造业则因新机场工程完工其他大型工程尚未进入施工等因素的影响，出现较大跌幅。全年投入楼宇及建造方面的固定资本投资下跌 3.8%。机器及设备投资受信贷紧缩、利息成本高昂以及营商前景不明朗所影响，也大幅减少，跌幅达 7.1%；而上年该类投资增幅则高达 17%。其三，由外部需求带动的货物和服务出口表现较差。年内香港货物总出口比上年同期下降 4.3%，除港产品出口跌幅扩大外，转口贸易也出现 1986 年第一季度以来的首次下跌。服务输出方面，整体跌幅达 6.7%，其中访港游客人次较上年同期减少 8%。

（三）金融市场受到外部严重冲击 1998 年年内联

系汇率制度和金融市场屡遭国际炒家的投机冲击，港元汇率虽维持稳定，但金融市场和楼市这两个利率敏感行业则因香港利率却高起难下、日资大量撤出市场资金短缺而受到严重打击：股市动荡及持续低迷，楼价持续下跌物业交易萎缩。由于香港经济基础过于狭窄，金融、地产两大支柱行业的下挫和低迷，反过来又加重了整体经济的困境。

（四）企业机构调整收缩，失业人数上升　在经济环境不景气的情况下，不少企业倒闭或收缩规模，大量裁员。经季节调整的失业率由1997年第四季度的2.5%逐季上升，第四季度高达5.7%，远远高于上次调整期3.8%的高峰。同期就业不足率也从1.5%上升到3%。到第四季度香港失业人数已超过20万，失业状况趋于严重，成为香港市民最为关注的社会问题。造成失业情况持续增加的另一个原因是劳动人口供应量的增长加快。由于移民回流、内地人士赴港增加、劳动人口供应量增长加快等因素，香港劳动人口增幅分别从第一季度的3.5%上升至二、三季度的5.3%和5.9%。

（五）通货膨胀显著缓和　物业价格及租金已从1997年的高峰大幅下跌，工资增长也明显放缓，因此香港的生活水平和营商成本均告缓和，通货膨胀已降到1986年来的最低水平。1998年综合消费物价指数和甲类消费物价指数较上年同期只分别上升2.8%和2.6%，明显低于1997年的升幅（5.9%和5.7%）。通胀缓和除了由于港元强势、国际商品价格下跌等因素化解外部通胀压力外，还与香港内部资产贬值、消费减少、物业租金下降、政府及公用事业降低或冻结收费等因素有关。

二、香港经济主要行业及市场的基本情况

香港经济体系的基本特征是：市场高度开放和高度自由、外资在经济中的比重很大；经济结构高度依赖服务业（金融、外贸和房地产业）、服务业产值占整个经济体系的80%以上。在国际经济、金融体系高度一体化的今天，香港各主要行业都不可避免地受到外部经济环境的严重冲击和影响。

（一）对外贸易　长期以来，对外贸易一直是香港经济增长的主要带动力，基本保持双位数增长。近几年来香港外贸的增幅虽然开始回落，但仍然是香港经济的主要增长动力。

1998年香港整体贸易在区内经济不振需求严重萎缩的情况下，一改过去带动经济增长的龙头作用，出现罕见的负增长，无论转口、出口和进口均出现13年来（1975年石油危机以来）的最大跌幅。据特区政府统计处公布的资料，全年对外贸易总额为27767亿港元，较上年下跌9.6%。其中进口额大幅跌至14291亿，较上年下降11.5%；出口总值13476亿，下跌7.4%。在总出口中，港产品出口跌幅扩大，较上年下跌10.9%；转口贸易也开始在1997年增幅放缓的基础上出现6.9%的负增长。相对而言，下半年外贸情况更为严峻，进口和出口的跌幅扩大至两位数，各月进口和出口的跌幅均保持11%～20%的高位。

由于本地需求缩减，进口跌幅超过出口跌幅，导致香港长期存在的有形贸易逆差问题得到显著改善。自1998年6月起香港外贸大幅下降，全年外贸逆差仅为814亿，远远低于1997年的1591亿。

造成1998年香港外贸情况不佳的主要原因有：东南亚、日本、韩国经济不景气，对香港的货物需求减少，上述地区的货币贬值对香港产品出口也造成一定的压力。从香港的出口结构看，1998年香港对新加坡的整体出口（港产品出口与转口之和）实质下跌达19%，输往日本的出口急跌15%，对内地出口也出现4%的跌幅。相对而言，香港对欧美地区的出口稍佳，全年合计略有增长，其中对美国和英国的总出口实质增幅分别为1%和4%。其次，香港企业经营困难，本地经济需求不振；新机场完工而其他大型基建尚未进入施工阶段，因此对进口货品的需求尤其是进口留用的资本货品的需求显著减少。全年供本地使用的进口货物实质减少14%。再次，随着内地生产能力的提高和港口功能的发展，香港与内地之间的贸易形式发生变化，越来越多的香港公司将产品通过直接付运或转运的方式销往海外市场，离岸贸易持续增加部分替代了原来的转口贸易。此外，香港7月、8月进出口大幅下跌主要是新机场启用时其空运货物处理服务不畅这一临时因素所致。

（二）房地产市场　房地产业是香港的重要经济支柱之一，也是香港本次经济调整中所受冲击最大的行业之一。前几年香港房地产市场一直处于炒作过热屡压不退的局面，这一势头自1997年金融风暴波及香港后迅速逆转。由于市场利率急升、银行信贷收缩，楼市急转直下，到1997年底楼宇买卖合约数目及金额从8月高峰期分别下跌52%和62%。

1998年，由于失业情况加剧、收入增长放缓、按揭利率上升以及银行普遍对按揭持谨慎态度等不利因素的影响，香港物业市场进一步呈下挫趋势。1月至10月，香港住宅物业市道显著下挫，住宅楼宇平均价格累计跌幅达44%。由于发展商大幅削减一手楼宇价格，并采取积极的促销措施，使二手楼宇的价格受到相当大的下调压力。由于楼价下跌较大，市场基本处于有价无市状况，购楼者放弃楼宇合同（损失订金）或者业主亏本转售物业的个案增多。由于房地产行业

不景气，地产代理从业人员减少60%，许多地产代理行因业务清淡而被迫关闭。9月份楼宇买卖合约只有5000多宗，是1995年3月以来的最低位，楼宇买卖金额跌至134亿。无论是物价和物业买卖，下跌的速度之快和幅度之大，都是过往未见的。

楼市的跌势和萧条状况一直到10月份才出现扭转。随着亚洲区内及香港金融市场趋向稳定以及利率的连续下调，香港楼市才逐渐稳定并出现好转迹象，成交量也明显增加。11月、12月楼宇买卖合约达到15000宗，买卖金额则升至385亿元和458亿元。1998年年底，住宅楼价也由10月的低位明显反弹，价格回升幅度约达15%。

房地产泡沫的破裂，一方面有助于减弱香港长期以来形成的高地价、高租金对香港经营环境所产生的不利影响，但楼市持续调整，同时又会拖低股市并通过财富收缩效应抑制经济增长和消费意欲。香港现有上市公司中，约有70%的企业业务与房地产业有关；企业向银行申请贷款时也经常以房地产作抵押。为防止楼市的过度下挫，特区政府逐步取消1997年为抑制楼市过热所采取的措施，继而又根据市场发展走势推出一系列稳定楼市措施。在香港金融市场逐渐稳定、资金流动性增强、利率下调的利好影响下，有关政策效应在第四季度已逐渐显露。但全年计，住宅楼宇平均价格仍较上年下跌36%。住宅楼宇租务市场全年也呈疲弱态势，年底楼宇新租约的租金较一年前平均下跌27%。商业楼宇价格跌幅更大，写字楼的平均价格大幅下跌45%，平均租金也大幅下调34%；工业楼宇的平均价格和租金的跌幅则分别为29%和17%。

（三）证券市场　证券市场可谓是1998年香港经济的重灾区。作为国际金融中心，香港的金融机构和金融市场与国际金融体系紧密相连。全球40多个国家的474家认可金融机构及海外银行驻港代表处都在香港经营业务。香港银行界是全球拥有最多对外资产的市场之一。

1998年亚洲多个金融市场都困难重重，区内金融风暴不断激化，其影响甚至从亚洲扩散至南美洲和东欧。香港当然难以幸免，年内港元倍受投机压力，联系汇率制度数度遭受国际投机势力的冲击。其中尤以8月的投机活动最为猛烈，造市者进行跨市场操控，证券市场出现异常波动。为确保金融市场的稳定、健全，制止威胁香港金融体系稳定的各种操控活动，特区政府在8月中开始在股票和期货市场采取行动，直接与炒家对抗，先后动用近1200亿港元在市场上购入恒生指数成分股股票。9月初，金管局又推出7项技术性措施，强化货币发行制度，以配合入市行动。虽然政府入市行为受到很大争议，但从客观效果上看，入市行动和强化措施达到预期成效，香港外汇和货币市场在第四季度迅速得到稳定。香港财政司曾荫权称入市措施是“为应付非常情况而采取的非常措施”。10月份成立的外汇基金投资管理公司，将专责管理政府所持股份的利益和权利，并在不干扰市场的前提下寻找增值机会出售这些股份。

尽管外围环境波动频繁、港元又备受投机压力，但得益于香港较为健全的货币金融制度和雄厚的财政实力，港元汇价在1998年仍然非常稳定，在1美元兑7.736至7.75港元之间窄幅徘徊，保障了香港各业的正常运作和结算。然而证券市场却在外来因素冲击下，出现大幅震荡和波动。

香港证券市场自1997年10月出现大幅急跌并于28日跌至8775点最低点后，虽有回升但基本处于低迷和动荡之中，年底收市价为10723点。1998年1月13日恒生指数在外围因素冲击下再次跌至7909低点，然后在9000点边缘争持。农历新年后重上10000点，几经反复，稳步升上11000点。1月至3月股市共计出现30%的反弹，但在12000点前受阻，之后股市一直反复下调。5月份港股受印尼局势动荡、美股调整影响跌破10000点的支持位；6月受香港经济出现负增长和楼价继续下跌影响又跌破9000点，并在日元大幅下挫拖累下跌至7351新低点；8月由于受到国际炒家冲击港元汇率的影响一度跌至6660低点，后经金融管理局入市干预，港股才重上7000点，8月底报收7275点。9月股市逐步出现回升势头，但力度不大，第四季度基本在10000点上下徘徊。年底恒生指数报收10049点，较上年同期下跌6.3%，不过跌幅较1997年的20.3%明显收窄。与邻近市场比较，跌幅也尚属温和。

年内香港股市走势有以下几个特点：

1.股市低迷，呈熊市走势。1月至8月，港股大致呈一浪低于一浪的熊市走势，市场交投偏低，只有2月和8月日均成交额超过100亿港元，4月至7月4个月只维持在40亿～60亿，相对与1997年平均日成交额154亿港元来说，降幅不小。

2.波动幅度极大。以1月低位7909点与3月高位11926点相比，恒生指数反弹幅度高达50%。不过升幅主要集中在汇丰控股、中国电讯及和黄等若干只大蓝筹股上。港股在淡市中呈现个别发展的特征。

3.股市走势受到外围因素的严重制约和操控。由于联系汇率制度及香港股市高度国际化和高流动性的特点，香港股市一直成为国际炒家冲击港元汇率以及外围政经局势的最直接、最敏感的接触点。1月、6月和8月，香港的汇率制度和金融市场经历过三次较大的外来冲击，同期股市呈现三次急跌探底的走势。为改变国际炒家冲击港元汇市并通过操控股市、期市获取暴利的局面，8月中旬香港金管局改变被动维护联系汇率的做法，在汇市、股市和期市主动出击有针对性吸纳港元和港股，之后又推出强化货币发行制度、改善金融市场秩序等多项措施，才使得香港金融市场的稳定性和抗冲击力有所增强。

自香港金管局采取措施打击炒家及完善金融市场有关规定以来，对冲基金损失惨重，10月中旬香港股市因种种利好因素大幅上扬，突破9000点大关，迫使许多基金被迫平仓离场，市场整体投资气氛有所改善，不少欧美传统投资基金开始调整投资组合增持港股。香港有基础稳健、内地经济腹地发展良好等优势，一旦外围风暴平息，外资仍有可能重新流入香港市场。第四季度市场已有资金回流香港的迹象，恒生指数因而出现回稳势头。

（四）银行业 1998年，百富勤等几家香港证券财务公司陆续倒闭，但银行业整体相对稳定。由于银行业加强管理，资本充足率高达18%，加上各银行努力保持充足的流动资金，香港银行业总体尚属稳健。但是，随着经济不景气、资产市场大幅调整以及一些外地银行收缩亚洲业务，银行业也出现信贷紧缩、盈利普遍下降等困难。总体而言，年内银行业的主要特点如下：

1. 整体存款增长放缓。1998年上半年，香港总存款只上升1.7%，其中4月至5月总存款更是一度出现负增长。其主要原因是资金外流，尤其是部分日资银行撤离香港及出售在香港的业务，抽资回国。另外股市下跌和楼市萎缩，使香港居民的财富大幅萎缩，存款增长受到抑制。为此，政府于6月宣布对香港存款的利息收入豁免征收利得税，致使离岸存款的税务吸引力消失，一些资金陆续调回香港银行体系，此外，金管局也将其部分海外存款调返香港存入香港银行体系。从6月底以来香港存款增长加快，下半年总存款上升9%，全年升幅达到10.9%。

2. 吸引成本相对较高，港元头寸仍较紧张。金融风暴后促使银行以保证流动性作为首要目标，以防止市场因信心和环境等问题所可能引起的提款增加和坏账增加。因此许多银行不愿拆出长期资金，银行同业港元头寸一直处于紧张状态，各银行纷纷以高息吸引存款。

3. 信贷因投资消费需求减弱而明显收缩。由于利率高起，私人建造业、机器设备投资及私人消费等经济活动明显放缓，因此市场整体贷款需求较为疲弱。此外亚洲金融危机和香港经济调整也使进出口贸易和贸易融资受到影响，东南亚国家贷款需求下降和部分日资银行抽资回国等，均使香港海外贷款出现严重跌幅。全年计整体信贷下跌19.8%，是90年代以来首次出现信贷紧缩，其中，本地信贷下跌5.5%；海外使用的信贷下跌幅度更大，达到36.7%。

4. 资产素质出现下降。受经济不景气和亚洲金融危机的影响。香港银行业问题贷款比率已从1997年第四季度的2.08%升至1998年第三季度的4.2%。从不良贷款的分布看，主要是公司贷款和贸易融资；住宅楼宇按揭贷款的拖欠情况虽有增加，但仍处于低水平；信用卡欠款情况则持续恶化。如果按照国际标准来衡量，特别是与东南亚国家的银行业相比，香港的问题贷款比例，仍属偏低及可以控制的水平。

5. 银行业业绩出现倒退。由于净息差大幅收窄，银行经营收入增长放缓；股市和楼市交投淡净、外贸萎缩，银行非利息收入增长也相对缓慢；呆坏账的增加又使银行增加呆坏账拨备，因此1998年上半年香港上市银行盈利增长平均下跌25%。估计全年大部分银行仍会有一定盈利，但与1997年相比，全年盈利会下跌25%～40%不等。

尽管银行业经营出现一定的困难，但由于香港金融监管健全，银行体系表现稳健，银行业整体的财务状况、资本比例、资产素质、流动资金及盈利水平等普遍表现尚属良好。香港银行业平均资本充足率仍保持在17.5%，流动资金比率则为42%，两者都远远高于国际上最低要求8%和25%。自特区政府豁免企业在港存款利息缴纳利得税后，已有海外存款陆续回流香港，香港本地及外资银行对此反映良好，此举可进一步纾缓银根。

（五）旅游业 旅游业一直是香港经济的主要支柱之一，并带动酒店、航空、旅游景点、零售、饮食、娱乐场所、运输服务业等一系列相关行业的发展，是香港第二大外汇收入来源。旅游业的强劲发展势头一直到1997年中发生逆转，其原因主要是亚洲金融危机导致周边地区货币大幅贬值旅游需求锐减，以及近几年访港游客增幅较大基数较高等。

1998年，香港旅游业依然不景气，全年访港旅客较上年下跌8%，仅为957.47万人次，是自1995年以来首次跌破1000万人次关口的一年。

旅游业总收益为552亿，较上年下跌23.4%，跌幅较1997年（－14.7%）扩大，成为1993年以来旅游收益额最低的一年。由于港元汇价相对区内货币较强，影响游客在香港的消费能力，因此旅游收益的跌幅较游客人数的跌幅为大。

1998年访港游客变化趋势大致如下：上半年访港人数跌幅较大，下半年在政府各项政策的推动下出现回升。

1月至5月，各月访港旅客人次较1997年同期的降幅基本保持在20%～26%。香港的主要客源市场来自亚洲地区，1998年几乎整个地区的消费能力都受亚洲金融风暴的影响，访港旅客大幅减少。

为振兴旅游业，特区政府在6月份推出若干措施，重点拓展香港旅游业最具潜力的内地客源和台湾客源，如将内地前往香港旅游的限额提高三成；将台胞经香港往返内地在港逗留时间延长至7天，并缩短了入境许可证办证时间，这些措施都起到即时效果。此外，政府和旅游协会齐心协力，推出一系列长短期措施增强香港旅游业的吸引力。亚洲金融危机后香港资产价格已大幅下降，酒店、航空公司普遍降价，客观上也改善了香港的对外吸引力。因此下半年香港旅游业开始好转。

7月份访港旅客在持续下降13个月之后首次大幅增长26.25%，8月份游客升至85.9万人次，较上年同期增加4.9%，也是自1997年5月以来单一月份的最高旅客数字。随着旅客人数的回升，香港酒店入住率也开始上升，8月份达79%。7月、8月份访港人数增幅最显著的是内地游客，其次是台湾游客，此外，美洲、欧洲、澳大利亚、日本、新西兰等地的游客也有两位数增长。1998年12月访港旅客达93.69万人次，较1997年12月上升11%，是1997年5月以来的最高单月数字。旅游业在下半年已开始出现复苏的势头。

香港旅游业目前虽然受到周边地区经济不景气、需求下降的短期困扰，但其发展优势和客观基础依然存在。香港正在努力拓展多元化市场，而作为香港最有潜力的客源的内地，为协助香港旅游业复兴，已放宽赴港探亲口岸的限制；粤港两地联席会议已就促进粤港两地旅游合作提出5条措施，有待中央批准；香港准备将旅游签证进一步电脑化，提高过境效率；此外，为了拓展新兴市场，特区政府采取签订航空协议等措施吸引俄罗斯、中东、东欧、印度等地区游客；开发新的旅游景点，增加香港的旅游价值等。一些短期的措施将在年底前后付诸实施，有助于在9月后的商务旺季提供方便，一些中长期的措施也将在1999年显现出效果。

三、有关政策效应及香港未来发展方向

1998年香港遇到的困难，主要是由外部环境变化引发的，这是香港本身难以预料和控制的，香港属于高度外向型经济，又有联系汇率制度与美元挂钩，其经济走势深受外围因素影响；有的则是与香港长期来内部经济结构失衡和经济政策不完善有关。

就外部原因而言，其影响主要可以归纳为：

1. 周边经济不景气，对香港需求减少。亚洲金融风暴的持久性和深度都远远超出人们的预期，1998年金融波动逐渐蔓延至日本、俄罗斯和拉美国家，不仅致使亚洲大多数国家经济出现负增长，而且拖低了全球经济发展步伐。1998年占全球经济总量近40%的地区陷于经济衰退。

2. 外资大量外流。据国际结算银行年报显示，1998年亚洲经济所受到的真正损害，是由互惠基金和对冲基金纷纷撤离亚洲、以及银行信贷急剧收缩造成的。年内仅日资撤离香港的资金数就达数百亿元，香港市场流动资金紧张。

3. 汇市、股市、期市多次遭受冲击，致使利率高起，实质经济受损。就内部原因而言，香港虽非亚洲金融风暴源头，但引发的经济调整幅度却比同类经济体系要大，究其原因，不能不归咎于香港经济基础过窄以及营商成本过高等内部问题。

因此，通过这场金融风暴，香港各界正在认真地从中汲取经验教训，积极寻求因应之道。经过近年来应付危机的实践，特区政府对楼市、股市、银行和整体金融稳定之间的互相连动关系的认识不断深化，已采取一系列富有针对性的积极措施来稳定市场信心，防范风险扩散。例如：

在2月份公布的财政预算案中，特区政府提出了多项宽减税收措施，以减轻市民和企业的经济负担；同时为促进经济发展、刺激经济复兴，特区政府在房屋建设、资本性投资和教育方面的开支都有不同程度的增加。

由于上述措施效应的发挥有一个滞后期，为此，特区政府在5月29日又针对当前香港经济振兴中三个关键环节推出了7项纾解短期经济困难的措施，以改善金融市场的流动资金状况、稳定物业市场和振兴旅游业，以期带动内部消费的增长。

6月下旬，为进一步刺激经济、纾解民困，行政长官董建华又公布了9项措施，如即时停售计划中的土地、退回新一季差饷、注资协助中小企业、豁免离岸存款利得税等。

9月，金管局公布强化货币发行制度措施，加强外汇基金对同业拆息市场拆放头寸，市场反映良好，拆息立即回软。之后政府又推出30项新措施来监控股票市场和期货市场活动，金融市场稳定性和透明度均得到加强。

10月，香港行政长官董建华发表1998年度施政报告，推出了有关稳定楼市和利率等措施，使地产股明显回升，银行同业拆息稳定回落，带动了香港股市持续上升。

这些政策效应已经部分显露，有的将在1999年逐渐显露。进入第四季度，香港经济已有所变化，主要体现在楼市、股市开始回稳并呈上升势头、旅游业呈现复兴势头，第四季度香港GDP跌幅收窄，显示经济措施起到一定的作用，同时也与10月以后外围形势好转有关。

从另一方面讲，这次经济调整幅度虽大、过程虽

然痛苦，但同时也给香港带来了各种生机和机遇。

1. 催化了香港现有产业结构的调整，为推动有关政策创造了条件。经过亚洲金融风暴的冲击，香港社会已达成共识，香港应有一个适合自己的长远发展战略，来提升和重造香港经济新的竞争优势。按照特区政府的思路，香港一方面要巩固原有的产业支柱，全面加强与内地的合作，使香港成为类似纽约和伦敦的国际商业大都会；另一方面香港要以创新科技作为经济增长的主要动力，将香港建设成为华南的科技创新中心，成为发展及应用资讯科技的全球首要城市、国际中药中心、促进内地与世界技术转移的最佳市场等。为此特区政府已制订策略要使香港经济更加多元化，要为具备高增值元素的行业创造有利条件，并鼓励工商各业利用内地赋予的优势开拓和掌握新的机会。所有这些，都将成为香港长远发展的利好条件。

2. 落实了多项在顺境时难以进行的彻底改革。例如扩阔货币基础、规范市场抛空活动、改善监察资金流动机制等措施，使香港的金融管理制度和调控能力得以完善和加强。

3. 经过1998年的调整，香港的营商环境有所改善：香港经济经过几十年的高速发展，楼价、通胀和工资连年上升，在较大程度上削弱了香港的经济竞争力。随着楼价、租金和工资成本的大幅下降，香港营商成本大为减轻；利率已逐步趋于稳定，到1998年底一个月港元同业拆息为4.9厘，与1997年底的9.5厘相比已大幅回落；全年的通胀率降至2.8%，为历年最低。

此外，香港经济发展的原有基本经济优势依然存在：香港市场体制灵活、金融体系稳健、财政实力雄厚。例如，1998年12月底香港外汇储备仍高达896亿美元，位居全球第四，成为香港刺激经济复兴、维护金融稳定的重要保障。据国际结算银行1998年进行的全球调查（每3年进行一次），香港的外汇交易总额在全球位列第七。香港股市虽出现大幅调整，但1998年底其市值仍达全球第11位，在亚洲位居第二。年内，香港仍是世界第八大贸易中心，人均GDP达25000美元，位居全球第15位。

综上所述，1998年在经历了亚洲金融风暴之后，香港资产价格调整已经到位，特区政府稳定与刺激经济的政策收到正面效应，外围经济也出现了有利于香港的变化。香港若干行业已于第四季度出现好转势头。估计1999年下半年以后整体经济可望结束调整步入复兴。从中长期发展来看，未来香港经济结构调整的任务仍较繁重，但凭借香港雄厚的财政实力、与内地及国际市场的广泛联系、充满活力的企业制度，香港将依照特区政府的发展思路创造出新的竞争优势、更上一个新的台阶。

（作者所在单位：国务院港澳办港澳研究所）

香港——面向新世纪的国际金融中心

陈　多

香港作为一个国际性的金融中心，始于本世纪70年代中叶。在香港成为金融中心的20多年中，金融业年平均增长将近20%，大大超过同期本地生产总值的增幅。1980年金融业只占本地生产总值的6%左右，而现在已达到10%以上，成为香港发展最快的一个行业。经过20多年的巩固和发展，香港目前已经拥有亚洲最发达的现代化金融体系，拥有门类齐全的金融机构、规模庞大的金融市场和健全完善的金融监管制度。发生在近两年前的那场亚洲金融风暴，使香港经济、金融经受了严峻的考验。在即将到来的下一个世纪，在“一国两制”、“港人治港、高度自治”的条件下，香港经济能否稳定增长，能否继续保持国际金融中心的地位，成为世人关注的焦点之一。

一、香港国际金融中心的形成和发展

香港成为国际金融中心绝不是偶然的。从60年代中开始，伴随着香港经济现代化、多元化进程的加快，经过贸易金融和产业金融两个阶段逐步发展起来的香港金融业蓬勃发展，不断壮大，为日后成为国际金融中心奠定了坚实的基础。

内地与香港的学者通常认为，香港能够成为举世公认的国际金融中心，究其原因不外乎以下两个方面：

一是内部因素，主要包括：①战后香港经济始终保持了较高的增长速度，本地生产总值（GDP）在70年代的平均发展速度高达12%，其中以出口加工业为主的制造业产值曾在GDP中占到近30%的份额，国际贸易的这种快速增长直接推动了国际金融的发展；②拥有由健全完备的法律体系和相对公正的司法架构构成的良好的法制环境，市场机制活而不乱；③政府长期来施行“积极不干预”的政策导向，营造出世界上自由度最高的投资经商环境，基本不设关税，没有外汇管制，实行简单税制，内资外资一视同仁，政府对工商业活动极少干预，便于大规模资金的进出和流动；④拥有较完善的基础设施和支援服务体系，新闻自由使得信息高度透明，传递通畅；⑤广泛使用英语，拥有众多高素质的金融、法律、财会专业人才。

二是外部因素，主要包括：①国家长期来对香港实行的特殊政策，使得香港近几十年来社会稳定，经济繁荣，每当东南亚国家出现政局动荡，香港都是其资金最好的“避难”场所，国际资本对香港也格外垂青，视其为“聚宝盆”；②地处欧美两大金融中心——伦敦和纽约中间的有利时区，位于亚洲经济最活跃的中心地带，金融业的发展拥有得天独厚的区位优势；③长期以来，特别是改革开放以后，中国内地巨大的资金需求给香港金融业提供了新的发展机遇，同时也使香港成为国际资金进入中国的桥头堡和中转站，国际金融中心的功能得以充分发挥并不断强化；④在战后相对稳定的世界经济环境下，以跨国公司的迅速发展和金融资本大量输出为特点的世界经济一体化潮流汹涌澎湃，国际资本高度重视香港优良的投资环境，锐意利用香港，积极发展与香港的经济贸易联系，为香港国际金融中心的发展提供了难得的机遇。

经过20多年的发展，香港国际金融中心的地位不断巩固和提高。到1998年底，香港认可的金融机构总数为333家，其中持牌银行172家，有限制牌照银行60家，接受存款公司101家。在上述所有机构中，由境外投资者设立的分别为156家（其中141家在境外注册）、58家和87家。此外，境外金融机构还在香港设立了141家代表办事处。

根据《银行家》杂志1998年排名，世界最大的500家银行有213家在香港设立了126家持牌银行、37家有限制牌照银行、16家接受存款公司和53家代表办事处。

1989年，香港已开始实行资本充足比率制度。至1998年底，香港银行业的资本充足比率和流动资金比率分别达到18.6%和40%，大大高于巴塞尔协议规定的8%和25%的最低监管要求，使得香港银行业实际抵御风险的能力大大提高。

在回归以后，香港继续保持着稳定的金融秩序，发达的资金市场、证券市场、黄金市场、外汇市场、保险市场和金融衍生工具市场依然发挥着各自的功能。特别是特区政府在1998年8月，果断地采取有效措施，成功地抵御了国际投机基金的轮番冲击，捍卫了以联系汇率为核心的货币制度，维护了金融市场秩序，保证了经济政策的连续和社会的稳定，极大地增强了国际社会对香港的信心，也巩固和加强了香港国际金融中心的地位。

二、香港在国际金融体系中的地位

香港本身是一个小型的城市经济，其自身所产生的资金流量根本不足以使之成为一个大型的、国际化的金融中心。因此，判断衡量它在国际金融领域的地位，除了看其金融机构的数量和金融市场的规模外，还有一个重要的尺度就是衡量其金融业的国际化程度。具体来看，主要表现在以下方面：

（一）金融机构数量众多，其中大部分为世界著名的跨国银行在香港开设的分支机构　60年代末，香港共有银行70多家，其中外国银行约占1/2。香港银行机构迅速增长和外资银行大量涌入，始于70年代初期外汇管制的解除。金融政策的这种调整，给银行业的发展以极大的推动，40多个国家和地区的银行相继进入香港，使海外银行数量迅速增加。到80年代香港已成为亚洲最大的海外银行中心之一，全球最大的100家银行中，82家在香港设有分行。由于银行的高度密集，香港成为亚洲最大的银团贷款中心。1997年通过香港筹集的银团贷款总额是日本的10倍、新加坡的7倍。

香港海外银行数量

	1985	1998
亚洲排名	2	1
世界排名	5	4

（二）金融市场历史悠久，规模庞大　香港作为一个集多种功能于一身的金融中心，除银行外，外汇、证券、黄金以及金融衍生工具等市场的规模在世界上也都享有盛誉。香港虽然在60年代后期失去了开办亚洲美元市场的发展良机，但其外汇市场在世界上仍占有一席之地，每日成交额达900亿美元；黄金市场历来是世界重要金市之一，与伦敦、纽约、苏黎世齐名；证券市场市值位居世界前十名，恒生指数跻身于国际经济重要的“风向标”、“寒暑表”之列。就金融市场的一般功能而言，香港只有债券市场不够发达，这与香港政府债券发行品种和数量较少以及香港缺乏央行式的大量公开市场业务有关。

香港金融市场排名（截止1998年底）

	外汇交易额	股票市值	黄金交易量	银团贷款签约	衍生工具交易	基金管理	保险公司数量
亚洲排名	3	2	1	1	Na	2	1
世界排名	5	8	3	4	7	Na	Na

（三）银行业资产总额迅速增加，国际业务所占比重大大提高　在70年代以前，香港银行主要为本地贸易及其他经济活动融资提供服务。后来，随着香港经济长时期的高速增长，外贸出口的空前蓬勃，特别是放宽外国银行在港开设分行的限制、取消对境外金融活动利息收入的预扣税和10%的港币利息预扣税等措施的陆续推出，整个银行体系的对外资产与负债有了十分可观的增长。截止到1998年底，香港银行业对外债权净额达7254亿港元；对外债权占银行总债权的比重接近70%，对外负债的比重也达到了60%。

香港银行业的对外资产与负债

		1975	1985	1995
银行体系对外资产	年末余额（亿美元）	90	1011	6832
	亚洲排名	3	3	2
	世界排名	15	11	4
银行体系对外负债	年末余额（亿美元）	66	833	5596
	亚洲排名	3	2	2
	世界排名	16	10	4

从以上三个方面来看，香港作为国际金融中心是名副其实的。它既不同于那种仅仅提供注册和记账服务，旨在避税的“名义上的中心”，也不是只进行一项或少数几项金融活动、且将本地业务与离岸业务进行严格区分的“专项服务中心”，而是一个云集了大量的国际银行和金融机构，从事本地或离岸的多功能金融交易，创造就业和收入机会的实质性金融中心。

三、香港国际金融中心的基本特征和主要功能

香港作为国际金融中心，其基本特征是与它本身的经济和金融形态紧密相连的。首先，海岛型的小规模城市经济性质，决定了它不大力拓展境外业务就难以生存发展的特点；其次，所处的地理位置以及特殊的历史背景，使它自然而然地成为西方金融资本走向亚洲新兴地区，特别是经济高速增长而资金极为短缺的中国内地、东南亚国家的跳板，成为一个规模不断扩大的资金集散地；最后，经济上的高度自由，导致其金融体系对国际资本势必采取高度开放的态度。

对外国银行和金融机构一视同仁是香港金融体系高度国际化的一大体现。香港是亚洲惟一不对本地业务（居民之间）、在岸业务（居民与非居民之间）和离岸业务（非居民与非居民之间）加以限制的金融中心，允许海外金融机构进行任何境内或境外的金融活动。香港对外资收购活动采取相当宽容的态度，任何信誉良好、实力雄厚的外资银行都可以收购本地银行高达100%的股权。香港金融业的开放，得到国际社会极高的评价。根据国际管理发展协会的《1998年世界竞争力年报》，以外国金融机构加入本地市场的机会来说，香港排名第三，仅次于卢森堡和新西兰两地。目前，在香港的持牌银行中除了18家中资银行外，其余大多为外资银行，真正华资控股的已所剩无几。在这种情况下，以欧、日、美为主的外资银行可以从事从本地存放款到离岸金融等各项业务。以投资银行业务为主的有限制牌照银行中，外资也占有压倒优势。

上述特征，使得香港同纽约、东京等国际金融中心相比，有着明显不同。纽约、东京主要是为适应本国庞大的经济体系运作和发展对外经济关系的需要而形成的国际金融中心；香港则不同，它主要是通过提供高水准的金融服务，吸引众多国际资本前来开展业务而成为国际金融中心。因此，资金自由流动前提下的高度国际化，是其生存和发展的先决条件，而以最有利的条件满足各方融资者的需要，便是它最主要的功能。截止到1998年底，香港银行业存款总额已达到29533.16亿港元，其中外币存款为12690.29亿港元，占42.94%；尽管受到亚洲金融风暴的冲击，整体贷款出现近两成的下降，贷款余额仍达到33056.28亿港元，其中海外放款余额占总贷款的比重从上年底的44.7%急挫至35.4%，为11701.25亿港元。

由此可见，香港的银行业更多地是为满足国际资本的运营周转需要而提供服务的。除此之外，多年来，香港股市一直是亚太地区最活跃的集资场所之一，股市交易以外资为主；香港是亚洲最大的国际银团贷款签约地，通过它安排的银团贷款约占每年亚洲各国和地区银团贷款总额的一半；香港管理的投资基金总额达1320亿美元，在亚洲排名仅次于日本；根据1997年6月的一项统计表明，香港管理的创业资金占亚洲各国和地区总额的24.3%。

香港作为国际金融中心的另一大功能，就是它发挥着中国离岸金融中心的特殊作用。在80年代初期，香港银行业对中国内地的作用主要体现在贸易结算和贸易融资方面。随着两地经济合作关系的日益发展和内地改革开放的不断深化，香港在中国引进外资、对外融资等方面发挥着越来越大的作用。据不完全统计，改革开放20年来，进入中国的外资中有接近60%是经香港注入的；经香港筹集的银团贷款约占全国利用外资银团贷款总额的60%，其中最高年份达到90%；截至1998年末，香港在中国内地共设立了34家营业性金融机构，占全国外资营业性金融机构1/4以上；迄

今为止，在香港的上市公司中有40%以上的公司参与了内地大约1000个项目的投资，总投资约5000亿港币；到1998年底，共有43家内地企业在海外证券市场筹集了近120亿美元，其中有41家在香港上市，筹资累计达600多亿港元，约80多亿美元；由中资企业直接控股的红筹股，包括驻港中企上市公司、国企H股等的市值总计已达1000多亿港币，占港股总市值的5%左右。

因此，香港作为国际性的金融中心，一方面要满足本地、周边地区乃至跨国经济活动对资金融通的需求，另一方面，还要充当中国的对外融资中心和离岸金融中心。上述功能的日益强化就意味着香港国际金融中心地位的不断巩固和提高。

四、香港与周边地区金融中心的比较

新世纪到来之际，香港在国际经济大舞台上，既存在着新的发展机遇，也面临着严峻的挑战。就金融中心而言，目前亚洲除了香港以外，东京在金融规模方面长期居于领先地位；新加坡一直是最具竞争力的对手；台北、吉隆坡、曼谷以及上海等城市也纷纷倚仗自身优势，提出了发展金融中心的目标，预计未来亚太地区的金融竞争会更趋激烈。因此，在展望新世纪香港国际金融中心的发展前景之前，不妨对其他几个金融中心的优势与劣势与香港作一比较。

东京被公认为亚洲最大的金融中心，在世界上也仅次于纽约和伦敦。东京的突出优势在于：①国家经济实力雄厚，是亚洲最大的资本输出国，拥有巨额的外汇储备和海外债权；②外汇市场和资本市场较为成熟、发达；③银行积极向外扩张，规模和影响较大；④积极推进日元国际化。自80年代起，日本为推进金融自由化作了很大努力，相继推出了利率自由化、解除外汇管制、建立离岸金融市场等措施，大大加快了市场国际化的进程。但是，东京的劣势也很明显，一是境内业务和离岸业务的严格分离，使得市场国际化程度大打折扣；二是政府对金融市场控制较严，不利于境外机构开展业务。这就使得东京很难完全取代以自由港为背景的香港国际金融中心地位。此外，从服务对象、服务方式和提供的服务内容来看，香港是以吸收国际资本，然后转投于其他地区为主，侧重于为东南亚地区和中国内地提供综合性的金融服务，是金融的转口、批发或集散中心，而日本主要是以自身资金实力为主，是国际金融的辐射中心。

新加坡是香港在亚太地区最现实的竞争对手。一是因为新加坡在许多方面同香港有类似之处，如产业结构、金融业发展水平、城市规模等；二是新加坡政府一直把香港作为赶超目标，采取了许多有针对性的措施，加大金融市场的开放力度。新加坡金融管理局近日公布了5年内使该国银行自由化的计划，并打算在3年内批准6家外资银行在国内开展全面业务。新加坡的优势在于：①基金组织与非银行金融机构比香港发达；②是亚洲美元交易中心，在外汇市场方面优于香港；③金融衍生工具市场发展较快；④交易成本低于香港。据国际管理发展协会《1998年世界竞争力年报》，以1997年数字计算，香港的生活费用（不含住房费用），比新加坡高出34%，办公室租金是新加坡的两倍多。此外，虽然新加坡整体税务负担大大超过香港，但它已推出一系列对金融机构的特别税务优惠措施，与香港的差距明显缩小。不过，新加坡作为国际金融中心，也有不足：首先是新加坡实行严格的外汇管制，对金融业务“境内管制，境外自由”，对外资银行开展业务也有一定限制，因此只适宜发展离岸金融业务；其次是金融市场的综合性能比香港逊色，如股票市场、黄金市场等都远不如香港，更适合成为“专项国际金融中心”。

台北、曼谷也正在向国际金融中心的目标努力，它们都拥有各自的优势，并且也取得了不俗的成绩。但是，毕竟这些地区的金融体系尚不够成熟，金融现代化还在起步阶段，开放程度也远不及香港，因而在今后相当一段时期内不可能对香港的国际金融中心地位构成威胁。况且亚洲金融风暴的冲击，也将大大延迟这些地区金融国际化的进程。

近年来发展势头迅猛的上海将是香港一大潜在的竞争者。上海的优势在于拥有辽阔的长江三角洲乃至全国作为经济腹地，自身有着良好的经济发展基础，政府在政策上也有一定的倾斜和支持。最近几年，上海为了增强未来在国际金融领域的竞争力采取了一系列举措，如大力引进外资金融机构，扩大证券、外汇、资金拆借市场规模，筹建黄金市场和离岸金融市场，加快建设中央商业区以改善市场硬件设施，等等。但是，上海金融中心的建设目前还处于起步阶段，市场参与、市场运作以及市场监管仍不成熟完善，特别是现阶段人民币还难以实现完全的自由兑换，因此短期内也不可能挑战香港的国际金融中心地位。

根据以上比较，不难得出结论：在新世纪到来之际，尽管香港面临着亚洲区内各金融中心对其现有地位的严峻挑战，但毫无疑问香港完全能够以其过硬的条件，明显的优势回应这些挑战，继续保持并不断加强国际金融中心的地位。

五、新世纪香港国际金融中心的发展前景

香港能够继续保持国际金融中心的地位，理由是非常充分的。

（一）以往对香港成为国际金融中心的有利条件没有变 美国传统基金会已连续4年把香港评为世界上最自由的经济体系，其中有两年是在香港回归以后进行的。这在一定程度上反映了国际社会对香港在“一国两制”构架下，继续维持原有制度不变的认可。以香港优越的地理环境、人文条件和经济基础及制度条件，确有亚洲其他城市难以与之匹敌的综合优势。

（二）香港面对的是一个庞大而富有潜力的市场 改革开放近20年来，中国实际利用外资总额累计达2675亿美元，其中直接来自香港的资金一直保持在60%左右。据世界银行预测，1994年至2004年期间，亚洲地区约需要基建投资达15000亿美元，其中一半需求来自中国。另一方面，随着中国产业和贸易对外开放的不断深入，以及中国加入世界贸易组织的前景，都要求金融业扩大对外开放，在更大程度上参与到国际资本的循环中去。在这一背景下，香港作为中国的离岸金融中心将继续发挥“国家融资中心”的功能，其作为中国与国际资本之间的桥梁和中转的作用将更加凸显。

（三）香港作为金融中心与内地金融业务有着优势互补，互惠互利的关系，这是香港金融业得以在周边地区激烈的竞争中取胜的一个重要因素 两地金融业的合作可以从以下几方面入手：

1. 内地在港积极推出各种金融工具，以推动香港金融品种更加丰富和进一步繁荣。如扩大内地在港的债券发行，不但可以筹集资金，也有助于激活香港的债券市场。

2. 鼓励更多的符合条件的国有企业到香港上市，既有利于加快国企改革步伐，也可以优化港股结构，扩大股市规模。

3. 促进两地商业银行在同业拆借和外汇市场方面的合作，以提高双方资金的流动性。

4. 适当扩大引进香港银行到内地发展业务，既有助于香港银行拓展业务，也可为中国加入WTO并开放金融服务业提供经验。

（四）香港在亚洲金融风暴的冲击下，虽然暴露出不少自身存在的缺陷，致使经济滑坡，陷入衰退。但是，在危机中特区政府从容应对，成功地捍卫了联系汇率，没有动摇香港国际金融中心的地位 截至1998年4月底，香港外汇基金总资产达9557亿港币，比金融风暴开始前还增加了3000多亿港币，外汇基金的雄厚实力，成为保持港币稳定的可靠保障。风暴过后，香港变“危”为“机”，把香港面临的强制性经济调整作为新的发展起点，提出了香港未来的发展风向，决心在21世纪将香港建成亚洲首要的国际都会，成为与纽约、伦敦鼎足而立的世界性中心城市。目前，为科技创新、风险投资服务的创业板市场正在积极筹备，即将在年内推出。届时将为香港、内地以至整个亚洲的中小企业，特别是高薪技术企业提供一种新的融资渠道，在推动这一地区高新技术产业发展的同时，促进香港国际金融中心的繁荣，使得香港金融业的规模、运作、监管水平和人才优势等，继续在亚洲处于领先地位。

（作者所在单位：国务院港澳办港澳研究所）

香港航运中心地位——优势与劣势

蔡赤萌

一场金融风暴，使香港和东南亚国家都在不同程度上受到冲击和震撼，同时也引起香港社会对香港未来发展路向和自身竞争条件的重新审视和评估。从国际经济发展历史看，经济危机或经济调整中往往也含有各种机遇，大危机后美国经济的发展情况便是一例。如何客观审视自身的优劣势，并以积极进取、务实的态度有针对性地采取措施，将成为香港21世纪成功发展和重创优势的重要基础。

一、香港航运中心的地位

香港航运业发展以及航运中心地位形成中，拥有着各种有利条件。

（一）在海运方面

1. 港口条件优越：天然深水良港，与美国的三藩市、巴西的里约热内卢同称为世界三个最优良的天然港口；位置优越，位处东南亚地区的中心及珠江口，既是中国内地通往世界各地的天然大门，也是东南亚的中枢港。

2. 港口设施先进，现代化程度高：现有8个货柜码头都由私人经营。以每个泊位计，香港的效率比新加坡高18%，比美国大部分港口高一倍。

3. 腹地辽阔且富有经济活力：内地经济的改革开放和快速发展以及对香港外销网络和渠道的依赖，有力地推动了香港航运中心地位以及整个经济的发展。

近20年来香港与内地之间的贸易和投资往来日益密切，作为中国对外联系门户和桥梁的香港，其航运中心功能因而迅速增强并多年蝉联世界最大货柜港。

4. 投资环境优良：香港一直实行自由港政策，税制简单税率较低；同时香港又具有信息灵通、通讯设施先进、财经等服务体系发达的特点，对于航运中心地位的形成和发展提供很好的基础条件和支援体系。

因此香港航运业自80年代以来发展十分迅速，并成为举世公认的远东航运中心，是太平洋西岸一个举足轻重的贸易枢纽港。具体体现为：

1. 航道网络及航班频密：香港与世界100多个国家或地区的460多个港口建有航运关系，形成一个以香港为枢纽、航线通达五大洲、三大洋的海上运输网络。主要航线20余条，每条主航线上又有多家船公司派出班轮定期行驶。

2. 船舶管理中心和船东基地：香港是国际航运财团在亚太地区的行政管理中心，共有300多家轮船公司在香港设立总公司、分公司或代理处。其中，以本地华资船公司实力较雄厚，中国、荷兰、挪威、德国、法国、瑞典、希腊等其他国家的船公司，在香港航运业中占有一定地位。1998年香港船东协会拥有、操作和管理的船舶1118艘，载重吨位5777万吨，是国际重要的船东基地之一。

3. 集装箱港口高效、繁忙：香港第一个货柜码头与1972年建成，当年货柜吞吐量只有25万个标准箱。但1987至1996年十年间，香港集装箱吞吐量年均有18%的增长；年吞吐量从340万激增至1350万标准箱，增幅达4倍。香港自1987年首次成为世界最繁忙的货柜港口，此后几乎一直保持这美誉（其中1990年至1991年两年一度被新加坡超过）。1998年香港集装箱总吞吐量为1470万个标准箱。

总体而言，香港对外贸易的稳定增长、中国内地经港转口贸易畅旺，再加上香港货柜码头设施先进、管理和操作水平较高，令香港货柜运输长久不衰。目前港口及航运业占香港GDP 1.7%，直接雇佣人数超过50000人，成为香港其中一个重要的行业，也在一定程度上带动进出口、金融、法律、保险等其他行业的发展。

（二）在航空方面 香港空运业在70年代后发展蓬勃，在世界空运业中占有重要地位。

香港有50多家航空公司提供来往香港至世界90多个城市的空运服务，金融风暴前，每周超过1200班定期客货机，另外每周还有240多班不定期客货运服务。香港的航运服务网络远至美国、加拿大、中国内地、南非、印度、日本、中东、俄罗斯、澳洲和东南亚各国。此外，还有多家航空公司提供不定期的包机服务。

启德机场曾是世界最繁忙的机场之一，其客运量排世界第四。

香港空运货站更是世界三大空运货站之一。1997年香港空运货量达181万吨，仅次于美国的孟菲斯机场和洛杉矶机场。在过去十年内，香港空运货物年均增长达11%，这一高增长幅度是世界其他主要机场所罕见的。以重量计算，航空货物占香港所处理的总货运量不足1%，但以总值计，却占香港货物总值的21%。许多价高利大、季节性强的货物一般都依靠空运，以尽快占领市场。

由于启德机场已经饱和，1998年香港启用新机场。新机场全日24小时运行，使香港的空运处理能力显著提高，一年的理货量可达300万吨，新机场全面建成后总处理能力可达900万吨。

二、航运业发展条件的现状与新变化

在一系列优势背后，香港航运业的发展也面临诸多新的压力和问题。

（一）在航运中心方面，香港面临的挑战与问题主要有：

1. 贸易形式发展变化，对航运中心的地位产生的拉动作用下降。对外贸易一直是香港经济增长的龙头。过去几十年，对外贸易（确切地说是转口贸易）的大幅增长，带动了航运等服务业乃至整体经济的快速发展。然而近几年来，香港的贸易增幅已相对放缓，作为香港贸易支柱的转口贸易的增长开始放缓，离岸贸易大量增加。其原因为：90年代以来，东南亚国家对外直接贸易迅速发展，加之周边地区新加坡等重要转口港的有力竞争，各地通过香港的转口量相应减少；另一方面，作为香港转口贸易支柱的内地，由于自身对海外市场的逐渐熟悉以及内地港口设施日趋完善，经香港转口额也呈相对下降趋势。离岸贸易虽然成为香港进出口贸易中一个日益重要的组成部分，但因其总值不计入香港贸易统计之内，对香港经济的拉动作用不能直接显示。

货运转移对香港进口来说影响较小。因为绝大部分外国供应商仍然透过香港的代理或分销尚进入中国市场，香港作为对中国内地转输货物的最重要转口港的地位比较稳固。

2. 周边港口纷纷兴起，竞争加剧，香港海运货量的增幅开始下降。1996年香港的货柜吞吐量首次从两位数增幅下降至7%，1998年东南亚地区经济受金融风暴的影响需求疲弱，香港货柜处理量更是出现1.2%微型增长。其中中流作业卸货需求下降，而葵涌货柜码头处理欧美业务影响不大。这种由经济周期变化引起区内需求减少所产生的影响只是短期的，其负面作用会随着周边经济的复兴而逐步消失。就长期而言，对香港未来航运中心地位构成一定竞争压力的是亚洲区港口群迅速崛起，区内航运竞争将因此加剧。

新加坡是香港最具实力的挑战者。新加坡的集装箱运输业发展甚为迅速，曾在1990年和1991年跃升为世界第一大集装箱港，之后虽为香港所超越，但一直紧跟香港，年吞吐量极为接近。香港和新加坡你追我赶的发展势头把其他国际级大港远远抛在身后。

超前型港口建设模式以及低廉的运输成本优势是新加坡未来航运中心发展的两项有利因素。新加坡所采用的“超前型”建设模式，就是根据未来的货运量增长预计，提前规划港口等有关设施的建设，以满足未来的需求发展。数年来，经过一系列改建、扩建和新建后，新加坡现有三个集装箱码头总能力不断扩大。而根据新加坡政府的有关规划，现有的巴西班让还将改建成一个大型的现代化的集装箱码头，这一工程预计用30年时间分四个阶段完成，最终可使新加坡的货柜处理能力达3600万个标准箱。

不过，香港和新加坡两港的转口贸易市场侧重点有所不同，前者的腹地主要是祖国大陆，后者则侧重东南亚，所以在集装箱航运量方面虽有第一之争，却不完全是市场之争。

高雄集装箱货运量自1993年超过鹿特丹跃居世界第三大港之后，引起国际航运业的注目。1994年12月，台湾当局抛出酝酿了两年多的“亚太营运中心”方案，将高雄港定为“境外转运中心”。其实这一设想把目光瞄准在未来两岸直航上，高雄希望由此成为祖国大陆第二个与世界联系中转港。高雄对祖国大陆吸引力较大的地区主要为华东、华中及东北地区，而且主要影响为集装箱运输。而香港与内地间的运输大部分是通过陆路，陆路集装箱运量大约为水运量的2.5倍至3倍。

1997年初，祖国大陆和台湾已达成中转通航协议，从福州和厦门发出的货物可经高雄中转。由于这一协议只局限于上述两地经台湾的中转货物，对香港影响并不大。据有关业内人士估计，如果协议扩大至所有沿海港口、或是最终发展成为两岸直航，对香港的影响分别将是每年60万和100多万标准箱，往来广东和台湾省的货物将会受到直接影响。

但是目前台湾在不触动其既定的拒绝“三通”的政策情况下，高雄的“境外转运中心”只能以外国船和权宜船舶为主，缺乏大陆这一强有力的依托和腹地，对香港的航运中心地位无法构成明显的实质威胁。

3. 内地沿海港口尤其是深圳盐田港的快速崛起，直接分流部分经港货源。最近20年，内地集装箱运输业几乎是以年均30%的速度猛增，基本形成了华南以深圳为中心、华东以上海、宁波港口组合为中心，以及华北以青岛、天津、大连港口群为中心的国际集装箱中转枢纽港的雏形，共有集装箱专用泊位70个。内地经营的集装箱国际班轮航线140多条，从事国际集装箱运输的的航运公司达150多家，拥有集装箱船泊600余艘，船队总载箱能力30余万标准箱。1998年内地港口集装箱吞吐量达1300万标准箱，集装箱船舶的货运量达1000万标准箱，分别比上年增长21%和19%。上海、青岛、深圳、天津、广州港经过几年的快速发展，已跻身世界前50大集装箱港口之列。其中上海港和深圳港1998年的集装箱运输量分别达到306万和195万标准箱。内地港口的整体不足是尚未形成一批有影响的集装箱国际中枢纽港，沿海港口多为支线，存在规模小、港口水深不足、集装箱装卸效率低、计算机管理水平落后等问题，与国际先进水平有较大的差距。

内地主要港口国际集装箱吞吐量

单位　万吨

港口	1997年	1998年
上海	252.7	306.6
深圳	114.7	195.2
青岛	103.3	121.3
天津	93.6	101.8
广州	68.7	85.0
厦门	54.6	65.4
大连	45.3	52.6
宁波	25.7	35.2
祖国内地	1000.0	1300.0

对香港而言，邻近香港的深圳港尤其是盐田港对其产生的竞争效应最为直接。深圳港口的优势：一是接近货源，省却货物陆路输港所产生的费用和时间；二是港口建设成本较香港低，将来可以低廉的收费来吸引货主及船东；三是盐田港的港口条件可以直接与香港媲美，陆路集疏运改善后，其便捷性也将优于香港。深圳已将港口建设作为该市的重点发展战略，盐田港将发展成为国际中转大港，蛇口已开通了不经香港中转的环球集装箱班轮航线。虽然深圳的港口建设在目前还难与香港相比，还存在配套设施不完善、进出港手续有待进一步简化等一系列问题，但长远而言，深圳港口对香港产生的竞争和分流作用会相对较大。因为随着深圳港口各方面条件的改善，与香港的差距会日益拉近；另一方面两者在内地的腹地又完全重叠。

为避免香港与内地港口之间的重复建设，使得两地基建设施的经济效益和社会效益得到最大程度的发挥，粤港两地政府部门定期召开粤港合作联席会议，共同对香港和珠江三角洲地区的港口发展与建设进行协调。

4. 设施饱和、成本昂贵，竞争力受到一定影响。长期以来，香港码头及道路设施十分拥挤，一直呈饱和状态。其原因一是香港尺土寸金，岸线短缺，难有扩大港口规模尤其是后方集疏系统的余地；二是政府多年来采取“适应型”港口建设模式，即在货运量不断增长的压力下发展港口，这种模式的最突出反映是香港的“触发点概念”，即原有的集装箱码头使用率达到一定程度、接近饱和后才触发新的码头设施上马。但由于种种原因，实际上香港的码头和道路设施常常发展不足，港口建设处于“滞后型”状态。

此外，香港的码头处理费相对昂贵。长期的高地价政策以及自由经营政策，推高了码头建设成本，以致码头作业收费昂贵。香港每个集装箱的平均装卸费高出高雄港的30%，比新加坡高出80%。部分船公司因而改造高雄、新加坡为挂靠港。另外，由于竞争加剧，航运收费率几年来有所下降，而香港运费成本则高起不下，香港虽有世界第一之称，却旺场不旺财，航运业经营者创利不易。

（二）在空运中心方面，香港的优势要相对明显 香港空运业面临的竞争情况与海运业比较要相对好些，短期内不会受到临近机场的重大竞争威胁。毗邻香港的国际机场不少，但规模都较小，而且国际联系和航线均比香港逊色，各项支援服务、基础设施以至货物装卸效率都难以与香港相提并论。澳门机场、深圳黄田机场虽有运费较低的优势，但实际使用量仍偏低。

新机场起用后，香港空运能力的制约因素消除，可以24小时运作。随着作为香港厂商工业生产基地的华南地区生产能力日益雄厚、产品逐渐趋向“体积小、价值高”，对空运需求也将继续增加，香港发展成为亚洲地区空运中心的前景较为乐观。1998年5月，香港国际机场北跑道开始启用，将有助于即时舒缓机场繁忙时的挤塞情况。

航空公司和运付人对香港新机场的收费也出现一些微词。金融风暴后市场对航班需求一度减少，航空公司利润也受到影响，航空公司为节省成本暂时停飞了部分航班。随着亚洲整体经济复苏迹象的出现，航空公司对新机场费用的承受力会有所提高。

三、基本结论

从金融风暴冲击中，香港经济内部暴露出一些结构性问题和长期遗留下来的隐忧，外部环境又因地区内经济面临需求减弱、竞争加剧等压力和挑战。然而客观地讲，香港航运中心地位仍有发展潜力，有其难以取代的独特优势。

（一）综合优势 香港具有高度开放、自由灵活、法制完善、税率低下、资讯自由流通、基础设施完备等综合条件，同时又兼备国际金融、贸易、航运、信息、旅游中心于一身。香港虽有港口装卸成本昂贵之不足，但香港上述综合优势使之独具特色，其航运中心地位物有所值，依然具有竞争力。

（二）腹地辽阔 香港具有一种天生地设的地缘优势，使其既可根据比较优势发展外向型经济，同时又可成为内地对外贸易的窗口、外商投资内地的跳板。得益于内地经济的依托，香港转口贸易连年急速增长，令香港航运中心和贸易中心地的发展占尽地缘优势。经港转口的集装箱中，有65%来自内地转往内地，而在香港的转口贸易中，与内地有关的竟高达80%～90%，香港也因此连年位居全球第一大集装箱港的宝座。

香港有80%的厂商在内地设有工厂或进行进出口加工贸易，其中大部分在广东省。据香港港口及航运局估计，1996年至2016年，华南地区的货量年均增长将达9%，足以维持香港与深圳等港口的业务量，香港集装箱吞吐量在1996年至2006年十年间仍可保持5.8%年均增长率。

（三）政府推出有关政策

1. 政府为推动香港航运业的发展，1998年6月将“港口发展局”改组成为集港口建设及航运发展规划于一身的“港口及航运局”，其职能是统筹及协调政府及航运界的资源，巩固加强香港作为国际航运中心的地位。该局下设“港口委员会”和“航运委员会”，前者专责港口及货柜码头发展工作，后者专责香港航运业发展及促进香港的国际航运中心地位。

2. 海事处改革船舶登记制度，其特色是引入品质管理，并以国际海事组织所制定的国际标准作依据来行事。航运委员会和海事处联合推介新措施，已开始吸引本地船东把海外船舶转移到香港登记的兴趣。截止1999年5月25日止，香港船舶注册总吨已上升到6536468吨，比4月初增长2.7%。在一个多月时间里，5家本地中资、外资及华资的船东、船舶公司，共在港新注册7艘船，吨位达173824吨。

3. 为进一步提高香港作为航运中心的竞争优势，业内人士提出一些措施，如透过贸发局和驻各国办事机构，加强宣传香港形象；不断更新港口设施，帮助货运界实施全面电脑化的货物管理及运输定位系统；保持海关制度的简单和系统的廉洁；积极调低收费，减少经营者的成本；改进运输系统，特别是与华南地区的联系，使之更为畅通、便捷等。

综上所述，香港虽有诸多不利的因素，但香港发展航运中心的优势地位在短期仍难以被挑战。

过去支持香港航运中心地位的多项优势依然存在，如自由港、高效率和高素质的服务、简化的海关清关手续、优越的物流和基础支持、频密并覆盖世界各地的远洋船舶服务等。对于那些要在最短时间内付运的高价值商品来说，用过境货车接驳轮船从香港出口仍是最佳选择。

至于深圳盐田等港口对未来香港的影响，总体而言仍是分流作用大于竞争作用。以内地的发展态势和香港的实际承受能力，如果内地港口全部成为喂给港，而由香港独挑转口枢纽港重担，香港恐怕难以消化；如果由内地港口替代香港在中国对外贸易中的独特角色，既不现实也不可取，毕竟内地在港口设施、管理手段、运作效率以及其他支援服务方面与香港仍有着较大的差距。

另外，珠江三角洲新崛起的港口群大多由香港码头商直接投资经营的，除为发展商直接带来收益外，还将为香港带来货源。如三山、江门等货柜码头，实际是香港货柜码头的供给港；即使是盐田、蛇口、赤湾和九州港，除本身经营远洋航线外，亦辟有至香港的货柜码头支线服务，为出口商提供更多选择。

（作者所在单位：国务院港澳办港澳研究所）

香港特别行政区主要社会经济指标

按开支组成部分划分的本地生产总值（以当时市价计算）
Gross Domestic Product by Expenditure Component at Current Market Prices

单位：百万元
$ Million

	1996	1997	1998
本地生产总值的开支组成部分 Expenditure Components of GDP			
私人消费开支 Private consumption expenditure	722098 （10.3）	801973 （11.1）	775094 （-3.4）
政府消费开支 Government consumption expenditure	104385 （10.8）	114161 （9.4）	120934 （5 9）
本地固定资本形成总额 Gross domestic fixed capital formation	372327 （13.0）	472803 （27.0）	412712 （-12.7）
存货增减 Changes in inventories	9762	2789	-23639
货物出口（离岸价） Total exports of goods（f. o. b.）	1397917 （4.0）	1455949 （4.2）	1347650 （-7.4）
减去货物进口（到岸价） Less imports of goods（c. i. f.）	1539851 （3.0）	1619468 （5.2）	1432423 （-11.5）
服务输出 Exports of services	296188 （11.5）	295583 （-0.2）	264.665 （-10.5）
减去服务输入 Less imports of services	170936 （6.3）	179685 （5.1）	175864 （-2.1）
本地生产总值开支估计（以当时市价计算） GDP（expenditure-based estimate）at current market prices	1191890 （10.7）	1344105 （12.8）	1289129 （-4.1）
按人口平均计算的本地生产总值（$） Per capita GDP at current market prices（$）	188859 （7.9）	206719 （9.5）	192776 （-6.7）

按开支组成部分划分的本地生产总值〔以固定（1990年）市价计算〕
Gross Domestic Product by Expenditure Component at Constant（1990）Market Prices

单位：百万元
$ Million

	1996	1997	1998
本地生产总值的开支组成部分 Expenditure Components of GDP			
私人消费开支 Private consumption expenditure	471766（4.7）	503529（6.7）	470522（-6.6）
政府消费开支 Government consumption expenditure	60162（4.0）	61603（2.4）	62166（0.9）
本地固定资本形成总额 Gross domestic fixed capital formation	270146（10.8）	312247（15.6）	294269（-5.8）
存货增减 Changes in inventories	9608	4654	-23352
货物出口（离岸价） Total exports of goods（f. o. b.）	1322954（4.8）	1404124（6.1）	1343355（-4.3）
减去货物进口（到岸价） Less imports of goods（c. i. f.）	1430864（4.3）	1533705（7.2）	1423836（-7.2）
服务输出 Exports of services	218000（9.7）	215647（-1.1）	201472（-6.6）
减去服务输入 Less imports of services	132.019（4.9）	136779（3.6）	135961（-0.6）
本地生产总值开支估计〔以固定（1990年）市价计算〕 GDP（expenditure-based estimate）at constant（1990）market prices	789753（4.5）	831320（5.3）	788635（-5.1）
按人口平均计算的本地生产总值（$） Per capita GDP at constant（1990）market prices（$）	125139（1.9）	127854（2.2）	117.932（-7.8）

注：括号内数字指与上年相比的百分比变动。
Notes: Figures in brackets refer to percentage changes over the preceding year.

按经济活动划分的本地生产总值（以当时价格计算）
Gross Domestic Product at Current prices by Economic Activity

经济活动 Economic Activity	1995 百万元 $ Million	1995 所占百分率 distri-bution	1996 百万元 $ Million	1996 所占百分率 distri-bution	1997* 百万元 $ Million	1997* 所占百分率 distri-bution
农业及渔业 Agriculture and fishing	1453	0.1	1444	0.1	1464	0.1
工业 Industry	163426	16.1	175127	15.5	184788	14.7
采矿及采石业 Mining and quarrying	317	+	311	+	273	+

（续）

经济活动 Economic Activity	1995		1996		1997*	
	百万元 $ Million	所占百分率 distribution	百万元 $ Million	所占百分率 distribution	百万元 $ Million	所占百分率 distribution
制造业 Manufacturing	84770	8.3	82769	7.3	82156	6.5
电力、燃气及水务业 Electricity, gas and water	23578	2.3	26989	2.4	29220	2.3
建造业 Construction	54761	5.4	65058	5.8	73139	5.8
服务业 Services	851235	83.8	953642	84.4	1069930	85.2
批发、零售、进出口贸易、饮食及酒店业 Wholesale, retail and import/export trades, restaurants and hotels	270520	26.6	301277	26.7	328258	26.1
运输、仓库及通讯业 Transport, storage and communications	102199	10.1	111087	9.8	116551	9.3
金融、保险、地产及商用服务业 Financing, insurance, real estate and business services	247985	24.4	284119	25.1	333338	26.5
社区、社会及个人服务业 Community, social and personal services	175956	17.3	198967	17.6	218423	17.4
楼宇业权 Ownership of premises	134933	13.3	147547	13.1	163477	13.0
非直接计算的金融中介服务费调整 Adjustment for financial intermediation services indirectly measured	－80358	－7.9	－89356	－7.9	－90117	－7.2
以要素成本计算的本地生产总值（生产估计） Gross Domestic Product at factor cost (production-based estimates)	1016115	100.0	1130212	100.0	1256182	100.0
生产及入口税 Taxes on production and imports	52974		62443		85002	
以市价计算的本地生产总值（生产估计） Gross Domestic Product at market prices (production-based estimates)	1069089		1192656		1341184	
以市价计算的本地生产总值（开支估计） Gross Domestic Product at market prices (expenditure-based estimates)	1077145		1191890		1344105	
统计差额（%） Statistical discrepancy (%)	－0.7		0.1		－0.2	

注：＊初步估计。

Notes: ＊Preliminary estimates.

＋少于 0.05。

＋Less than 0.05.

本地居民生产总值
Gross National Product

单位：百万元
$ Million

	1995	1996	1997
本地居民生产总值（以当时市价计算） GNP at current market prices	1077656	1192078	1351591
按人口平均计算的本地居民生产总值（以当时市价计算）（$） Per capita GNP at current market prices（$）	178304	188889	207870
本地居民生产总值〔以固定（1990年）市价计算〕 GNP at constant（1990）market prices	770289	789879	836064
按人口平均计算的本地居民生产总值〔以固定（1990年）市价计算〕（$） Per capita GNP at constant（1990）market prices（$）	125126	125159	128584

以1994—1995年为基期的综合消费物价指数（1994年10月—1995年9月=100）
1994/95-based Composite Consumer Price Index
（Oct. 1994 - Sep. 1995 = 100）

项　　目 Section	权数 Weight	全年平均数 Annual average			全年增幅（%） Annual rate of increase（%）		
		1996	1997	1998	1996	1997	1998
总指数 **All items**	100.00	108.3	114.7	117.9	6.3	5.8	2.8
食品 Food	29.50	105.5	109.3	111.4	3.9	3.6	1.9
外出用膳 Meals bought away from home	(18.16)	105.6	109.8	112.2	3.9	4.0	2.2
食品（不包括外出用膳） Food, excluding meals bought away from home	(11.34)	105.4	108.6	110.2	3.9	3.0	1.5
住屋 Housing	28.83	113.3	123.7	129.4	10.1	9.1	4.7
燃料及电力 Fuel and light	2.36	106.8	112.8	114.6	5.3	5.6	1.6
烟酒 Alcoholic drinks and tobacco	1.35	107.3	113.3	120.8	5.7	5.6	6.6
衣履 Clothing and footwear	6.66	110.2	119.4	118.5	8.3	8.4	-0.8
耐用物品 Durable goods	5.49	102.8	105.1	105.3	1.9	2.2	0.2
杂项物品 Miscellaneous goods	6.14	103.5	109.2	112.0	2.7	5.4	2.6
交通 Transport	7.77	108.0	112.3	116.6	6.2	4.0	3.9
杂项服务 Miscellaneous services	11.90	107.9	112.7	115.7	6.1	4.5	2.7

以 1994—1995 年为基期的甲类消费物价指数（1994 年 10 月—1995 年 9 月 = 100）

1994/95-based Consumer Price Index（A）

（Oct. 1994 – Sep. 1995 = 100）

项　目 Section	权数 Weight	全年平均数 Annual average			全年增幅（%）Annual rate of increase（%）		
		1996	1997	1998	1996	1997	1998
总指数 All items	100.00	107.9	114.1	117.0	6.0	5.7	2.6
食品 Food	37.30	105.6	109.5	111.6	4.0	3.7	1.9
外出用膳 Meals bought away from home	(20.43)	106.0	110.5	113.3	4.2	4.3	2.5
食品（不包括外出用膳） Food, excluding meals bought away from home	(16.87)	105.2	108.3	109.5	3.7	2.9	1.1
住屋 Housing	25.34	112.2	122.2	125.9	9.3	9.0	3.0
燃料及电力 Fuel and light	3.37	106.8	112.7	114.2	5.2	5.6	1.3
烟酒 Alcoholic drinks and tobacco	2.06	107.3	113.4	120.8	5.8	5.7	6.6
衣履 Clothing and footwear	5.12	111.5	121.6	121.7	9.5	9.1	0.1
耐用物品 Durable goods	4.34	102.7	105.1	105.4	1.8	2.3	0.3
杂项物品 Miscellaneous goods	6.03	103.4	110.8	114.8	2.5	7.2	3.6
交通 Transport	7.17	108.2	112.4	117.3	6.3	3.9	4.3
杂项服务 Miscellaneous services	9.27	109.0	114.4	119.1	6.9	4.9	4.2

以 1994—1995 年为基期的乙类消费物价指数（1994 年 10 月—1995 年 9 月 = 100）

1994/95-based Consumer Price Index（B）

（Oct. 1994 – Sep. 1995 = 100）

项　目 Section	权数 Weight	全年平均数 Annual average			全年增幅（%）Annual rate of increase（%）		
		1996	1997	1998	1996	1997	1998
总指数 All items	100.00	108.4	114.7	117.9	6.4	5.8	2.8
食品 Food	29.37	105.6	109.5	111.8	4.0	3.7	2.1
外出用膳 Meals bought away from home	(18.99)	105.6	110.0	112.4	3.9	4.1	2.2
食品（不包括外出用膳） Food, excluding meals bought away from home	(10.38)	105.5	108.8	110.6	4.0	3.1	1.7
住屋 Housing	28.18	113.0	122.6	127.9	9.8	8.4	4.4
燃料及电力 Fuel and light	2.16	106.6	112.7	114.4	5.1	5.7	1.6
烟酒 Alcoholic drinks and tobacco	1.18	107.5	113.6	121.4	5.9	5.7	6.9
衣履 Clothing and footwear	6.95	112.4	123.1	123.2	10.3	9.5	0.1
耐用物品 Durable goods	5.85	102.7	105.1	105.3	1.8	2.3	0.2

（续）

项　　目 Section	权数 Weight	全年平均数 Annual average			全年增幅（%）Annual rate of increase（%）		
		1996	1997	1998	1996	1997	1998
杂项物品 Miscellaneous goods	6.44	103.7	109.1	111.6	2.8	5.2	2.3
交通 Transport	7.57	108.1	112.5	116.5	6.2	4.1	3.6
杂项服务 Miscellaneous services	12.30	108.3	113.5	117.2	6.5	4.8	3.3

以 1994—1995 年为基期的恒生消费物价指数（1994 年 10 月—1995 年 9 月 = 100）

1994/95-based Hang Seng Consumer Price Index

（Oct. 1994 - Sep. 1995 = 100）

项　　目 Section	权数 Weight	全年平均数 Annual average			全年增幅（%）Annual rate of increase（%）		
		1996	1997	1998	1996	1997	1998
总指数 All items	100.00	108.7	115.3	118.9	6.6	6.1	3.2
食品 Food	20.38	104.8	108.3	110.3	3.5	3.3	1.9
外出用膳 Meals bought away from home	(14.15)	104.4	107.9	110.0	3.2	3.4	1.9
食品（不包括外出用膳） Food, excluding meals bought away from home	(6.23)	105.7	109.1	111.1	4.0	3.2	1.9
住屋 Housing	34.00	114.8	126.4	134.5	11.2	10.1	6.4
燃料及电力 Fuel and light	1.50	107.2	113.3	116.1	5.9	5.7	2.5
烟酒 Alcoholic drinks and tobacco	0.77	106.8	112.3	119.4	5.4	5.1	6.3
衣履 Clothing and footwear	8.04	106.3	112.8	109.8	4.6	6.2	-2.7
耐用物品 Durable goods	6.31	103.1	105.1	105.2	2.1	1.9	0.1
杂项物品 Miscellaneous goods	5.79	103.4	107.3	109.2	2.5	3.7	1.8
交通 Transport	8.79	107.6	111.8	116.1	6.0	3.9	3.9
杂项服务 Miscellaneous services	14.42	106.4	110.4	111.2	5.0	3.7	0.8

失业人数及失业率（按年龄组别及性别划分）
Number of Unemployed Persons and Unemployment Rates by Age Group and by Sex

	1996		1997		1998	
	人数 Number ('000)	比率 Rate (%)	人数 Number ('000)	比率 Rate (%)	人数 Number ('000)	比率 Rate (%)
年龄组别 Age group						
15—19	10.6	12.5	8.2	10.2	16.9	20.5
20—29	29.5	3.6	23.0	2.8	48.0	5.7
30—39	20.2	2.0	17.2	1.6	36.4	3.3
40—49	16.0	2.2	13.9	1.8	34.6	4.1
50—59	8.5	2.7	7.7	2.3	19.1	5.1
≥60	1.4	1.1	1.2	1.0	2.8	2.3
性别 Sex						
男 Male	58.0	3.1	45.7	2.3	105.0	5.1
女 Female	28.1	2.3	25.6	2.0	52.7	4.0
合计 Overall	86.1	2.8	71.3	2.2	157.6	4.7

就业不足人数及就业不足率（按年龄组别及性别划分）
Number of Underemployed Persons and Underemployment Rates by Age Group and by Sex

	1996		1997		1998	
	人数 Number ('000)	比率 Rate (%)	人数 Number ('000)	比率 Rate (%)	人数 Number ('000)	比率 Rate (%)
年龄组别 Age group						
15—19	1.5	1.7	1.5	1.8	2.4	2.9
20—29	7.6	0.9	5.0	0.6	13.2	1.6
30—39	15.2	1.5	9.7	0.9	22.9	2.1
40—49	17.1	2.4	13.3	1.7	29.0	3.4
50—59	7.9	2.5	6.9	2.0	14.4	3.8
≥60	2.4	1.9	1.6	1.3	3.6	3.0
性别 Sex						
男 Male	41.3	2.2	29.0	1.5	66.7	3.3
女 Female	10.4	0.9	8.8	0.7	18.7	1.4
合计 Overall	51.7	1.7	37.9	1.2	85.5	2.5

业务收益指数

Business Receipts Indices

（1996 年按季平均指数 = 100）

(Quarterly Average of 1996 = 100)

A. 服务行业业务收益指数

A. Business Receipts Indices for Service Industries

	1996	1997	1998
航空运输	106.2	113.7	100.7
Air transport	(-)	(+7.1)	(-11.5)
银行	98.8	108.8	[-19.6] 94.5
Banking	(+9.9)	(+10.1)	(-13.1)
电影	107.1	113.0	111.2
Film entertainment	(-)	(+5.5)	(-1.6)
金融市场及基金管理服务	93.1	218.7	92.2
Financial markets and fund management services	(-)	(+134.9)	(-57.8)
进出口贸易	105.3	110.7	94.6
Import/Export trade	(+1.4)	(+5.1)	(-14.6)
保险	101.9	113.8	109.4
Insurance	(+7.0)	(+11.7)	(-3.9)
陆上运输	102.8	108.6	110.6
Land transport	(-)	(+5.7)	(+1.8)
海运	105.6	111.1	107.8
Maritime transport	(-)	(+5.2)	(-3.0)
专业服务	100.3	114.8	103.7
Professional services	(-)	(+14.4)	(-9.6)
地产	95.9	107.6	80.9
Real estate	(-)	(+12.3)	(-24.8)
电讯	103.8	125.1	116.7
Telecommunications	(-)	(+20.5)	(-6.8)
批发/零售	100.5	103.8	84.5
Wholesale/Retail	(-)	(+3.3)	(-18.6)

B. 服务界别业务收益指数

B. Business Receipts Indices for Service Domains

	1996	1997	1998
旅游、会议及展览服务	96.7	76.6	61.4
Tourism, convention and exhibition services	(-)	(-20.8)	(-19.8)
电脑及有关服务	100.6	114.2	109.5
Computer and information services	(-)	(+13.5)	(-4.1)

公共开支（按用途分类）

Public Expenditure by Function

单位：百万元

$ Million

项目 Item	1996—1997 实支 Actual 1996—1997			1997—1998 实支 Actual 1997—1998			1998—1999 修订预算 Revised Estimate 1998—1999		
	经常 Recurrent	非经常 Capital	合计 Total	经常 Recurrent	非经常 Capital	合计 Total	经常 Recurrent	非经常 Capital	合计 Total
公共及对外事务 Community and external affairs									
康乐、文化及市政设施 Recreation. culture and amenities	8059	3002	11061	8910	2679	11589	10154	3078	13232
地区及社区关系 District and community relations	1145	94	1239	1292	198	1490	1453	106	1559
小计 Sub-total	9204	3096	12300	10202	2877	13079	11607	3184	14791
经济 Economic	8822	3058	11880	10270	7581	17851	10931	13672	24603
教育 Education	33779	4129	37908	36663	10364	47027	41645	9133	50778
环境 Environment	2388	3851	6239	2863	4173	7036	3235	3223	6458
卫生 Health	22702	2461	25163	26032	1950	27982	28886	2195	31081
房屋 Housing	10.542	13708	24250	11357	13294	24651	12800	28043	40843
基础建设 Infrastructure									
屋宇、土地及规划 Buildings, lands and planning	2509	5117	7626	2705	5170	7875	3030	5480	8510
运输 Transport	2048	6991	9039	2410	4802	7212	2709	3877	6586
水务 Water supply	4134	1778	5912	4489	1877	6366	5001	2837	7838
小计 Sub-total	8691	13886	22577	9604	11849	21453	10740	12194	22934
保安 Security									
内部保安 Internal security	16906	2838	19744	17348	1486	18834	18610	1613	20223
入境事务 Immigration	1762	49	1811	1841	94	1935	2030	55	2085
其他 Other	2539	258	2797	2852	143	2995	3348	371	3719
小计 Sub-total	21207	3145	24352	22041	1723	23764	23988	2039	26027
社会福利 Social welfare	16788	1153	17941	20337	1373	21710	25558	1381	26939
辅助服务 Support	22036	6602	28638	23050	7177	30227	22779	7892	30671
总计 Total	156159	55089	211248	172419	62361	234780	192169	82956	275125

政府开支与经济状况

Government Expenditure and the Economy

单位：百万元

$ Million

	实支 Actual 1994—1995	实支 Actual 1995—1996	实支 Actual 1996—1997	实支 Actual 1997—1998	修订预算 Revised Estimate 1998—1999
政府开支 Government Expenditure					
经营开支 Operating Expenditure	106620	121903	135853	160566	178716
非经常开支 Capital Expenditure	38950	39730	37791	33675	43161
扣除偿还债项 Less debt repayment	(2400) 36550	— 39730	— 37791	— 33675	43161
政府总开支 Total Government Expenditure	143170	161633	173644	194241	221877
加上其他公营部门 Add other public sector bodies	22780	29705	37604	40539	53248
公共开支总额 Total Public Expenditure	65950	191338	211248	234780	275125
本地生产总值（按当时市价计算）（历年） Gross Domestic Product（GDP）at current market prices（calendar year）	1010885	1077145	1191890	1344105	1289129
本地生产总值增长 Growth in GDP					
表面计算 Nominal terms	12.6%	6.6%	10.7%	12.8%	-4.1%
实质计算 Real terms	5.4%	3.9%	4.5%	5.3%	-5.1%
公共开支增长 Growth in Public Expenditu					
表面计算 Nominal terms	6.9%	15.3%	10.4%	11.1%	17.2%
实质计算 Real terms	-2.2%	6.3%	2.9%	4.2%	11.5%
公共开支相对本地生产总值的百分比 Public Expenditure as percentage of GDP	16.4%	17.8%	17.7%	17.5%	21.3%

政府总收支与财政状况概要

Total Government Revenue and Expenditure and Summary of Financial Position

单位：百万元

$ Million

	收入 Revenue		
	实收 Actual	实收 Actual	修订预算 Revised Estimate
	1996—1997	1997—1998	1998—1999
经营收入 Operating Revenue			
直接税 Direct taxes			
入息税及利得税 Earnings and profits tax	83966	91524	74190
间接税 Indirect taxes			
应课税品税项 Duties	8450	8465	8004
一般差饷 General rates	6285	6258	3624
本地内部税收 Internal revenues	34552	44263	24844
车辆税 Motor vehicle taxes	3249	4246	2345
专利税和特权税 Royalties and concessions	1755	1889	1311
其他收入 Other revenue			
罚款、没收和罚金 Fines, forfeitures and penalties	1592	1566	1359
物业和投资 Properties and investments	2926	7159	8316
付还垫款和捐赠款项 Reimbursements and contributions	5044	6042	6375
公用服务 Utilities			
机场和航空服务 Airport and air services	3793	3968	1089
渡轮码头 Ferry terminals	298	264	196
邮务 Postal services	94	53	—
水费 Water	2423	2450	2409
排污费 Sewage services	—	—	700

	收入 Revenue		
	实收 Actual	实收 Actual	修订预算 Revised Estimate
	1996—1997	1997—1998	1998—1999
收费和费用 Fees and charges	10766	11279	10866
利息 Interest	5616	8976	20170
经营收入总额 Total Operating Revenue	170809	198402	165798
非经常收入 Capital Revenue			
直接税 Direct taxes			
遗产税 Estate duty	1510	1588	1230
间接税 Indirect taxes			
的士牌费 Taxi concessions	—	23	—
其他收入 Other revenue			
土地买卖 Land transactions	451	17864	—
杂项 Miscellaneous	1087	2264	2483
基金 Funds			
基本工程储备基金（卖地和利息） Capital Works Reserve Fund (Land sales and interest)	29057	48067	24403
资本投资基金 Capital Investment Fund	3023	3888	6462
公务员退休金储备基金 Civil Service Pension Reserve Fund	501	647	1037
赈灾基金 Disaster Relief Fund	1	2	2
贷款基金	1919	2475	2516
Loan Fund	—	6006	8399

（续）

	支出 Expenditure		
	实支 Actual	实支 Actual	修订预算 Revised Estimate
	1996—1997	1997—1998	1998—1999
非经常收入总额 Total Capital Revenue	37549	82824	47032
政府收入总额 Total Government Revenue	208358	281226	212830
经营开支 Operating Expenditure			
经常开支 Recurrent expenditure			
薪俸 Personal emoluments	37404	40114	44593
与职员有关的支出 Personnel related expenses	4129	4345	4741
退休金 Pensions	8724	9272	7344
部门支出 Departmental expenses	7062	8067	9695
其他费用 Other charges	21147	24139	29232
补助金 Subventions			
教育 Education	17179	18877	21509
医疗 Medical	20930	24039	26630
社会福利 Social welfare	3207	4598	5504
大学及理工 University and Polytechnic	10723	11792	13248
职业训练局 Vocational Training Council	1668	1806	2057

	支出 Expenditure		
	实支 Actual	实支 Actual	修订预算 Revised Estimate
	1996—1997	1997—1998	1998—1999
杂项 Miscellaneous	2564	2337	2386
其他非经常开支 Other non-recurrent	1116	11180	14390
经营开支总额 Total Operating Expenditure	135853	160566	181329
非经常开支 Capital Expenditure			
政府一般收入账目 General Revenue Account			
机器、设备和工程 Plant，equipment and works	616	852	1211
非经常补助金 Capital subventions	2043	1065	1729
基金 Funds			
基本工程储备基金 Capital Works Reserve Fund	29168	28772	30145
赈灾基金 Disaster Relief Fund	20	38	39
贷款基金 Loan Fund	5944	2948	10037
非经常开支总额 Total Capital Expenditure	37791	33675	43161
政府开支总额 Total Government Expenditure	173644	194241	224490
注入资本（资本投资基金）Equity Investments（Capital Investment Fund）	9036	119	20606
政府开支及注入资本总额 Total Government Expenditure and Equity Investments	**182680**	**194360**	**245096**

	财政状况概要 Summary of Financial Position		
	实际数字 Actual	实际数字 Actual	修订预算 Revised Estimate
	1996—1997	1997—1998	1998—1999
政府收入总额 Total Government Revenue	**208358**	**281226**	**212830**
扣除政府开支及注入资本总额 Total Government Expenditure and Equity Investments	182680	194360	245096

	财政状况概要 Summary of Financial Position		
	实际数字 Actual	实际数字 Actual	修订预算 Revised Estimate
	1996—1997	1997—1998	1998—1999
综合盈余/（赤字）Consolidated surplus/（deficit）	25678	86866	（32266）
储备结余（4月1日）Reserve balance at 1 April	147927	370677	457543
储备结余（3月31日）Reserve balance at 31 March	173605	457543	425277

持牌银行负债资产表
Statement of Restricted Licence Banks' Liabilities and Assets

单位：百万元
$ Million

	年底计算 As at end of year		
	1996	1997	1998
负债 Liabilities			
本港认可机构存款 Amount due to authorized institutions in Hong Kong	569947	553145	454803
港外银行存款 Amount due to banks outside Hong Kong	3838492	3887610	2736958
客户存款 Deposits from customers	2399812	2597994	2908496
未付的可转让存款证 Negotiable certificates of deposit（NCD）outstanding	148284	195209	194082
其他负债 Other liabilities	475442	652380	577950
负债总额 Total liabilities	7431977	7886338	6872290
资产 Assets			
纸币和硬币 Notes and coins	12592	13726	13506
存放本港认可机构款项 Amount due from authorized institutions in Hong Kong	726623	720211	594015
存放港外银行款项 Amount due from banks outside Hong Kong	2129342	2232887	2251121
可转让存款证 Negotiable certificates of deposit（NCD）held	115481	148768	134974
向客户提供贷款和垫款 Loans and advances to customers	3707889	3875883	3088255
其他资产 Other assets	740050	894863	790417
资产总额 Total assets	7431977	7886338	6872290

有限制牌照银行负债资产表
Statement of Restricted Licence Banks' Liabilities and Assets

单位：百万元
$ Million

	年底计算 As at end of year		
	1996	1997	1998
负债 Liabilities			
本港认可机构存款 Amount due to authorized institutions in Hong Kong	115534	140845	111055
港外银行存款 Amount due to banks outside Hong Kong	71165	67009	49765
客户存款 Deposits from customers	42897	51945	36174
未付的可转让存款证 Negotiable certificates of deposit（NCD）outstanding	27225	22875	14504
其他负债 Other liabilities	48442	72106	57107
负债总额 Total liabilities	305263	354780	268605

（续）

	年底计算 As at end of year		
	1996	1997	1998
资产 Assets			
纸币和硬币 Notes and coins	2	2	4
存放本港认可机构款项 Amount due from authorized institutions in Hong Kong	19679	27720	18073
存放港外银行款项 Amount due from banks outside Hong Kong	75067	68564	54670
可转让存款证 Negotiable certificates of deposit（NCD）held	16970	16703	6751
向客户提供贷款和垫款 Loans and advances to customers	128614	163473	150174
其他资产 Other assets	64931	78318	38933
资产总额 Total assets	305263	354780	268605

接受存款公司负债资产表

Statement of Deposit-taking Companies' Liabilities and Assets

单位：百万元
$ Million

	年底计算 As at end of year		
	1996	1997	1998
负债 Liabilities			
本港认可机构存款 Amount due to authorized institutions in Hong Kong	82812	78502	52914
港外银行存款 Amount due to banks outside Hong Kong	26735	25919	16591
客户存款 Deposits from customers	15547	14528	9897
未付的可转让存款证 Negotiable certificates of deposit（NCD）outstanding	4037	1950	768
其他负债 Other liabilities	40161	35164	32541
负债总额 Total liabilities	169292	156063	112711
资产 Assets			
纸币和硬币 Notes and coins	17	15	15
存放本港认可机构款项 Amount due from authorized institutions in Hong Kong	24158	23072	16148
存放港外银行款项 Amount due from banks outside Hong Kong	13442	8141	6487
可转让存款证 Negotiable certificates of deposit（NCD）held	8392	7074	2990
向客户提供贷款和垫款 Loans and advances to customers	78386	82314	67132
其他资产 Other assets	44897	35448	19939
资产总额 Total assets	169292	156063	112711

港元的汇兑值

Exchange Value of the Hong Kong Dollar

(甲)汇率制度的变迁

(A) Historical changes in the exchange rate system

	港元对纯黄金比价(克) Par value of the HK$ in grams of fine gold	港元对一单位外币 HK dollar to one unit of foreign currency		
		英镑 Sterling	美元 US dollar	特别提款权 Special Drawing Right
1946年12月18日 18 December 1946 国际货币基金会订立各种货币的比价;港元与英镑挂钩 IMF parities established: Hong Kong dollar was pegged to sterling	0.223834	16.00	3.970	
1949年9月18日 18 September 1949 港元跟随英镑贬值30.5% Hong Kong dollar devalued pari passu with sterling by 30.5%	0.155517	16.00	5.714	
1967年11月20日 20 November 1967 港元跟随英镑贬值14.3% Hong Kong dollar devalued pari passu with sterling by 14.3%	0.133300	16.00	6.667	
1967年11月23日 23 November 1967 港元对英镑升值10%,但以新汇率与英镑继续挂钩 Hong Kong dollar revalued by 10%, including against sterling but continues pegged to sterling. at new rate	0.146631	14.55	6.061	
1971年12月18日 18 December1971 全面重整汇率后,港元与英镑对美元升值8.57%。由于美国在1971年8月终止美元可兑换黄金的制度,黄金比价的实际意义消失。国际货币基金会遂采用特别提款权作其会计单位 As part of the general currency realignment. Hong Kong dollar and sterling appreciated by 8.57%, against US dollar. As a result of USA terminating, in August 1971. the convertibility of US dollar into gold. gold par value no longer had a practical meaning. IMF began to adopt the SDR as its accounting unit		14.55	5.582	6.061
1972年7月6日 6 July 1972 继英镑自由浮动后,港元与美元挂钩 Hong Kong dollar pegged to US dollar following the floating of sterling			5.650	6.134
1973年2月14日 14 February 1973 美元贬值:港元以新汇率继续与美元挂钩 US dollar devalued: Hong Kong dollar remains pegged. at new rate			5.085	6.134
1974年11月26日 26 November 1974 港元获准自由浮动。港府不再保证把港元对其他货币的汇率保持在固定水平 Hong Kong dollar allowed to float. ie the government no longer undertook to maintain a particular rate against any other currency				
1983年10月17日 17 October 1983 港府通过有关发行纸币的新措施,把港元与美元联系,以7.8港元兑1美元为固定汇率 Hong Kong dollar was linked to US dollar. through a new arrangement in the note-issue mechanism. at a fixed exchange rate of HK $7.80 = US$1				

（乙）港元对数种主要货币的汇率

（B）Exchange rates of the Hong Kong dollar against selected major currencies

年底时 End of period	英镑 Sterling	美元 US dollar	德国马克 Deutsche Mark	日元 Japanese Yen	特别提款权 Special Drawing Right	实际汇率指数（贸易加权） Effective exchange rate index（trade－weighted） （1983年11月＝100） （Nov. 1983＝100） 无有关数字 N. A.
	（港元对一单位外币） （HK dollar to one unit of foreign currency）					
1975	10.21	5.035	1.92	0.0165	5.894	
1992	11.77	7.741	4.80	0.0623	10.644	113.2
1993	11.45	7.726	4.46	0.0690	10.612	113.8
1994	12.11	7.738	4.99	0.0775	11.298	123.5
1995	11.97	7.732	5.38	0.0750	11.495	122.7
1996	13.07	7.736	4.97	0.0666	11.124	125.3
1997	12.85	7.746	4.33	0.0597	10.451	137.9
1998	12.86	7.746	4.62	0.0682	10.907	131.8

货币供应

Money Supply

单位：百万元

$ Million

	年底计算 As at end of year		
	1996	1997	1998
货币供应 Money supply			
港币 HK$	198311	188135	178261
外币 Foreign currency	19149	19958	19397
总计 Total	217460	208093	197658
货币供应 Money supply			
港币 HK$	1503603	1652473	1814504
外币 Foreign currency	1028633	1090520	1251979
总 计 Total	2532236	2742993	3066482
货币供应 Money supply			
港币 HK$	1520461	1670379	1826636
外币 Foreign currency	1091176	1155230	1296102
总计 Total	2611636	2825609	3122738

	年内增长幅度 Growth rate during the year		
	1996	1997	1998
货币供应 Money supply			
港币 HKS	15.5	－5.1	－5.2
外币 Foreign currency	1.7	4.2	－2.8
整体 Overall	14.2	－4.3	－5.0
货币供应 Moneg supply			
港币 HKS	19.3	9.9	9.8
外币 Foreign currency	0.6	6.0	14.8
整体 Overall	10.9	8.3	11.8
货币供应 Money supply			
港币 HKS	18.9	9.9	9.4
外币 Foreign currency	0.5	5.9	12.2
整体 Overall	10.5	8.2	10.5

外汇基金资产负债表
Exchange Fund Balance Sheet

单位：百万元
$ Million

	年底计算 As at end of year				
	1994	1995	1996	1997	6/1998
资产 Assets					
外币资产 Foreign Currency Assets	381233	428547	493802	588475	608923
港元资产（1）	24617	32187	40715	48198	47398
Hong Kong Dollar Assets	405850	460734	534517	636673	656321
负债 Liabilities					
负债证明书 Certificates of Indebtedness	74301	77600	82480	87015	84675
财政储备账项 Fiscal Reserves Account	131240	125916	145898	237629	245393
流通硬币 Coins in Circulation	3372	3597	4164	5399	5648
外汇基金票据及债券 Exchange Fund Bills and Notes	46140	53125	83509	89338	87758
其他负债 Other Liabilities	22815	38600	45130	26770	30369
银行体系结余 Balance of Banking System	2208	1762	474	296	497
	280076	300600	361655	446447	454340
累计盈余 Accumulated Earnings	**125774**	**160134**	**172862**	**190226**	**201981**

香港与主要贸易伙伴的贸易概况
Hong Kong's External Trade by Major Trading Partner

		1996		1997		1998		1997—1998 增减% Percentage Change 1998 Over 1997
		百万元 $ Million	%	百万元 $ Million	%	百万元 $ Million	%	
进口	**Imports**							
供应地	**Supplier**							
中国内地	The mainland of China	570442	37.1	608372	37.7	580614	40.6	−4.6
日本	Japan	208239	13.6	221646	13.7	179947	12.6	−18.8
美国	United States	121058	7.9	125381	7.8	106537	7.5	−15.0
台湾地区	Taiwan Regions	123202	8.0	124547	7.7	104075	7.3	−16.4
韩国	Republic of Korea	73302	4.8	73226	4.5	68836	4.8	−6.0
新加坡	Singapore	81495	5.3	79186	4.9	61457	4.3	−22.4
德国	Federal Republic of Germany	33884	2.2	38518	2.4	32639	2.3	−15.3
马来西亚	Malaysia	33994	2.2	38008	2.4	32479	2.3	−14.5
英国	United Kingdom	33254	2.2	36285	2.2	29671	2.1	−18.2

(续)

		1996		1997		1998		1997—1998 增减% Percentage Change 1998 Over 1997
		百万元 $ Million	%	百万元 $ Million	%	百万元 $ Million	%	
意大利	Italy	31799	2.1	31018	1.9	23500	1.6	-24.2
其他国家	Others	224903	14.6	238904	14.8	209336	14.6	-12.4
贸易货物总额	Merchandise total	1535582	100.0	1615090	100.0	1429092	100.0	-11.5
港产品出口	Domestic Exports							
目的地	Destination							
中国内地	The mainland of China	61620	29.0	63867	30.2	56066	29.8	-12.2
美国	United States	53860	25.4	55073	26.1	54842	29.1	-0.4
英国	United Kingdom	10597	5.0	10723	5.1	10058	5.3	-6.2
德国	Federal Republic of Germany	11388	5.4	10321	4.9	9805	5.2	-5.0
台湾地区	Taiwan Regions	6705	3.2	7029	3.3	6505	3.5	-7.5
日本	Japan	11335	5.3	10641	5.0	6435	3.4	-39.5
新加坡	Singapore	10009	4.7	8404	4.0	5103	2.7	-39.3
荷兰	Netherands	4674	2.2	5138	2.4	4736	2.5	-7.8
加拿大	Canada	3885	1.8	3872	1.8	3598	1.9	-7.1
法国	France	2947	1.4	3210	1.5	3171	1.7	-1.2
其他国家	Others	35139	16.6	33131	15.7	28137	14.9	-15.1
贸易货物总额	Merchandise total	212160	100.0	211410	100.0	188454	100.0	-10.9
转口	Re-exports							
目的地	Destination							
中国内地	The mainland of China	417752	35.2	443878	35.7	407366	35.1	-8.2
美国	United States	242342	20.4	261372	21.0	259856	22.4	-0.6
日本	Japan	80154	6.8	77724	6.2	64194	5.5	-17.4
英国	United Kingdom	35991	3.0	39066	3.1	42259	3.6	+8.2
德国	Federal Republic of Germany	47216	4.0	46336	3.7	42161	3.6	-9.0
台湾地区	Taiwan Regions	26638	2.2	29581	2.4	27368	2.4	-7.5
新加坡	Singapore	28388	2.4	29385	2.4	25625	2.2	-12.8
法国	France	18823	1.6	20293	1.6	21316	1.8	+5.0
荷兰	Netherlands	18261	1.5	19847	1.6	20332	1.8	+2.4
加拿大	Canada	15387	1.3	17513	1.4	17817	1.5	+1.7
其他国家	Others	254806	21.5	259544	20.9	230901	19.9	-11.0
贸易货物总额	Merchandise total	1185758	100.0	1244539	100.0	1159195	100.0	-6.9

香港对外贸易概况（按标准国际贸易分类第三次修订版划分）

Hong Kong 's External Trade Analysed by Standard International Trade Classification Revision 3 (SITC Rey, 3)

Imports 进口

单位：百万元
$ Million

类/段 Section/division	1996	1997	1998
食物及活动物 Food and live animals			
肉类和肉类制品 Meat and meat preparations	11656	12908	12606
奶类制品和雀蛋 Dairy producst and birds eggs	4280	4226	3692
鱼类、贝介类、软体类、无脊椎水产类及有关制品 Fish. crustaceans, molluscs and aquatic invertebrates and preparations thereot	14807	16173	12440
蔬菜和水果 Vegetables and truit	12917	13623	12348
杂类食品和食物制品 Miscellaneous edible products and preparations	5513	6188	5161
其他 Others	12800	12876	11236
小计 Sub-total	61972	65993	57483
饮料及烟草 Beverages and tobacco			
饮料 Beverages	7706	8746	6752
烟草及烟草制品 Tobacco and tobacco manufactures	11137	6952	5276
小计 Sub-total	18844	15697	12028
除燃料外的非食用未加工材料 Crude materials, inedible, except fuels			
生皮、生牛皮和毛皮 Hides, skins and furskins, raw	4762	3900	3499
软木和木材 Cork and wood	3570	5179	5511
纺织用纤维（毛条及其他经梳理羊毛除外）及其废料（非用以制造纱线或布料者） Textile fibres(other than wool tops and other combed wool)and their wastes (not manufactured into yarn or fabric)	9197	8271	6472
未加工的动物及植物材料（另列者除外） Crude animal and vegetable materials, n. e. s	4329	3875	3093
其他 Others	9571	9290	6026
小计 Sub-total	31429	30515	24601
矿物燃料、润滑剂及有关物质 Mineral fuels, lubricants and related materials			
石油、石油产品和副产品 Petroleum, petroleum products and related materials	27469	24034	17143
其他 Others	7176	7770	7653
小计 Sub-total	34644	31803	24795
动物及植物油、脂肪及蜡 Animal and vegetable oils, fats and waxes			
不易挥发的天然、经制炼及分馏的植物脂肪和油 Fixed vegetable fats and oils, crude, refined or fractionated	4199	7274	7824
其他 Others	236	309	305
小计 Sub-total	4435	7583	8128
未列明在其他编号的化学品及有关产品 Chemicals and related products, n.e.s.			
有机化学物 Organic chemicals	13468	12351	10684
染料、制革料和颜料 Dyeing. tanning and colouring materials	9780	9945	8567
原型塑胶 Plastics in primary forms	37811	38138	33668
非原型塑胶 Plastics in non-primary forms	11897	12055	9591
其他 Others	32506	32108	28609
小计 Sub-total	105461	104598	91219
主要以材料分类的制成品 Manufactured goods classified chiefly by material			
纺纱、布料、制成品（另列者除外）及有关制品 Textile yarn, fabrics, made-up articles, n.e.s. and related products	127730	125460	104439
非金属矿物制品（另列者除外） Non-metallic mineral manufactures. n.e.s.	43391	44679	35496
铁和钢 Iron and steel	31407	30612	27415
有色金属 Non-ferrous metals	25506	27332	25357
其他 Others	80660	83820	71440
小计 Sub-total	308694	311903	264148

(续)

类/段 Section/division	1996	1997	1998
机械及运输设备 Machinery and transport equipment			
办公室机器和自动资料处理机器 Office machines and automatic data processing machines	81382	100029	103145
电讯、录音及音响设备和仪器 Telecommunications and sound recording and reproducing apparatus and equipment	141033	152377	130886
电动机械、仪器和用具（另列者除外）及零件 Electrical machinery，appliratus and appliances，n. e.s.，and electrical parts thereot	195942	219701	195561
其他 Others	150499	151558	133222
小计 Sub-total	568856	623665	562814
杂类制成品 Miscellaneous manufactured articles			
衣物和衣饰 Articles of apparel and clothing accessories	105419	116277	110744
鞋类 Footwear	56734	57243	44982
摄影仪器、设备和供应品、光学器材(另列者除外)、钟表 Photographic apparatus, equipment and supplies and optical goods, n.e.s., watches and clocks	62745	62937	54627
杂类制品（另列者除外）Miscellaneous manufactured articles，n，e.s.	108193	115497	107691
其他 Others	61491	64835	60242
小计 Sub-total	394582	416788	378286
标准国际贸易分类中其他尚未分类的货品及交易 Commodities and transactions not classified elsewhere in the SITC	6665	6545	5589
贸易货物总额 Merchandise total	1535582	1615090	1429092
黄金和硬币 Gold and specie	21431	36446	17611
总计 Grand total	1557013	1651536	1446703

港产品出口 Domestic Exports

单位：百万元
$ Million

类/段 Section/division	1996	1997	1998
食物及活动物 Food and live animals			
鱼类、贝介类、软体类、无脊椎水产类及有关制品 Fish，crustaceans，molluscs and aquatic invertebrates and preparations thereof	1220	1626	265
谷类及谷类制品 Cereals and cereal preparations	276	274	189
杂类食品和食物制品 Miscellaneous edible products and preparations	1166	1199	1172
其他 Others	426	331	244
小计 Sub－total	3087	3430	1870
饮料和烟草 Beverages and tobacco			
饮料 Beverages	544	476	389
烟草及烟草制品 Tobacco and tobacco manufactures	2145	2073	1201
小计 Sub-total	2689	2549	1590
除燃料外的非食用未加工材料 Crude materials，inedible，except fuels			
纸浆和废纸 Pulp and waste paper	344	310	236
纺织用纤维（毛涤及其他经梳理羊毛除外）及其废料（非用以制造纱线或布料者）Textile fibres（other than wool tops and other combed wool）and their wastes（not manufactured into yarnor fabric）	74	63	39
金属矿石和旧料 Metalliferous ores and metal scrap	1501	1372	1161
其他 Others	94	62	45
小计 Sub-total	2014	1806	1481
矿物燃料、润滑剂及有关物质 Mineral fuels，lubricants and related materials	327	873	613
动物及植物油、脂肪及蜡 Animal and vegetable oils，fats and waxes	138	182	122

（续）

类/段 Section/division	1996	1997	1998
未列明在其他编号的化学品及有关产品 Chemicals and related products，n. e. s.			
染料、制革料和颜料 Dyeing，tanning and colouring materials	903	810	638
药用产品 Medicinal and pharmaceutical products	858	793	785
精炼油、树脂、香水、化妆品、磨光和清洁制品 Essential oils and resinoids and perfume materials，toilet. polishing and cleansing preparations	912	885	524
原型塑胶 Plastics in primary forms	3823	3577	3076
非原型塑胶 Plastics in non－primary forms	1058	942	761
其他 Others	1137	1070	870
小计 Sub－total	8691	8077	6753
主要以材料分类的制成品 Manufactured goods classified chiefly by material			
纸、纸板和纸浆、纸或纸板制品 Paper，paperboard and articles of paper pulp，of paper or of paperboard	3023	2872	2319
纺纱、布料、制成品（另列者除外）及有关制品 Textile yarn，fabrics，made－up articles，n. e. s. and related products	13693	12655	10767
有色金属 Non－ferrous metals	1635	1614	1571
金属制品（另列者除外）Manufactures of metals，n. e. s.	4213	3414	2362
其他 Others	1975	1795	1144
小计 Sub－total	24538	22350	18164
机械及运输设备 Machinery and transport equipment			
办公室机器和自动资料处理机器 Office machines and automatic data processing machines	13090	10425	8922
电讯、录音及音响设备和仪器 Telecommunications and sound recoring and reproducing apparatus and equipment	8586	9251	6304
电动机械、仪器和用具（另列者除外）及零件 Electrical machinery，apparatus and appliances，n. e. s.，and electrical parts thereof	30357	32958	26688
其他 Others	7327	6072	4557
小计 Sub-total	59360	58707	46471
杂类制成品 Miscellaneous manufactured articles			
预制楼宇构件、卫生、水管、热力和照明设备（另列者除外）Prefabricated buildings；sanitary，plumbing，heating and lighting fixtures and fittings，n. e. s.	338	279	164
家具和有关用品：被褥、床垫、床垫承托、坐垫、及其他塞入填料的同类陈设品 Furniture and parts thereof；bedding；mattresses，mattress supports cushions and milar stuffed furnishings	267	224	141
旅行用品、手袋和同类制品 Travel goods，handbags and similar containers	616	376	227
衣物和衣饰 Atricles of apparel and clothing accessories	69447	72228	74874
鞋类 Footwear	51	42	25
专业、科学及控制仪器和设备（另列者除外）Professional，scientific and controlling instruments and apparatus，n. e. s.	3298	4714	5911
摄影仪器、设备和供应品、光学器材（另列者除外）、钟表 Photographic apparatus，equipment and supplies and optical goods，n. e. s.；watches and clocks	15084	14488	12535
杂类制品（另列者除外）Miscellaneous manufactured articles，n e. s.	18092	17397	14892
小计 Sub-total	107193	109749	108770
标准国际贸易分类中其他尚未分类的货品及交易 Commodities and transactions not classified elsewhere in the SITC	4121	3687	2621
贸易货物总额 Merchandise total	212160	211410	188454
黄金和硬币 Gold and specie	0	0	1992
总计 Grand total	212160	211410	190447

转　口
Re-exports

单位：百万元
$. Million

类/段 Section/division	1996	1997	1998
食物及活动物 Food and live animals			
肉类和肉类制品 Meat and meat preparations	5482	6017	5724
鱼类、贝介类、软体类、无脊椎水产类及有关制品 Fish，crustaceans，molluscs and aquatic invertebrates，and preparations thereot	3292	2808	2315
蔬菜和水果 Vegetables and truit	5231	4794	4220
杂类食品和食物制品 Miscellaneous edible products and preparauons	2215	2550	1876
其他 Others	5057	4754	3944
小计 Sub-total	21277	20923	18078
饮料及烟草 Beverages and tobacco			
饮料 Beverages	3483	4099	2732
烟草及烟草制品 Tobacco and tobacco manutactures	10648	6288	5285
小计 Sub-total	14131	10387	8017
除燃料外的非食用未加工材料 Crude materials，inedible，except fuels			
生皮、生牛皮和毛皮 Hides，skins and furskins，raw	1848	2261	2260
软木和木材 Cork and wood	2423	3759	4731
纺织用纤维（毛涤及其他经梳理羊毛除外）及其废料（非用以制造纱线或布料者） Textile tibres（other than wool tops and other combed wool）and their wastes（not manufactured into yarn or fabric）	6389	5701	4606
金属矿石和旧料 Metalliferous ores and metal scrap	3062	3399	2998
其他 Others	6660	5993	4517
小计 Sub-toatl	20382	21112	19112
矿物燃料、润滑剂及有关物质 Mineral fuels，lubricants and related materials			
石油、石油产品和副产品 Petroleum，petroleum products and related materials	15062	15835	9470
其他 Others	62	33	32
小计	15124	15869	9503

(续)

类/段 Section/division	1996	1997	1998
Sub-total			
动物及植物油、脂肪及蜡 Animal and vegetable oils, fats and waxes	2224	2998	3232
未列明在其他编号的化学品及有关产品 Chemicals and related products, n. e. s.			
有机化学品 Organic chemicals	10596	9123	8022
原型塑胶 Plastics in primary forms	28819	30047	27798
非原型塑胶 Plastics in non-primary forms	7506	7661	6250
化学原料和制品（另列者除外） Chemical materials and products, n. e. s.	7290	7367	6727
其他 Others	19931	19848	17767
小计 Sub-total	74143	74046	66565
主要以材料分类的制成品 Manufactured goods classified chiefly by material			
纺纱、布料、制成品（另列者除外）及有关制品 Textile yarn, fabrics, made-up articles, n. e. s., and related products	95719	100395	90234
非金属矿物制品（另列者除外） Non-metallic mineral manufactures, n. e. s.	21768	22398	19952
铁和钢 Iron and steel	20158	19180	17006
金属制品（另列者除外） Manufactures of metals, n. e. s.	20731	21191	20623
其他 Others	50143	52755	49627
小计 Sub-total	208518	215918	197442
机械及运输设备 Machinery and transport equipment			
一般工业机器和设备（另列者除外）及零件（另列者除外） General industrial machinery and equipment, n. e. s., and machine parts, n. e. s.	29134	25110	21891
办公室机器和自动资料处理机器 Office machines and automatic data processing machines	70757	86253	92902
电讯、录音及音响设备和仪器 Telecommunications and sound recording and reproducing apparatus and equipment	115959	116801	114348
电动机械、仪器和用具（另列者除外）及零件 Electrical machinery, apparatus and appliances, n. e. s., and electrical parts thereof	123764	136784	132040
其他 Others	51457	55028	46219
小计 Sub-total	391071	419976	407400
杂类制成品 Miscellaneous manufactured articles			

（续）

类/段 Section/division	1996	1997	1998
衣物和衣饰 Articles of apparel and clothing accessories	100524	106669	96799
鞋类 Footwear	65233	65619	51913
摄影仪器、设备和供应品、光学器材（另列者除外）、钟表 Photographic apparatus, equipment and supplies and optical goods, n. e. s., watches and clock	55519	58838	58379
杂类制品（另列者除外） Miscellaneous manufactured articles, n. e. s.	149528	162642	155544
其他 Others	63717	65306	63626
小计 Sub-total	434522	459074	426262
标准国际贸易分类中其他尚未分类的货品及交易 Commodities and transactions not classified elsewhere in the SITC	4368	4237	3584
贸易货物总额 Merchandise total	1185758	1244539	1159195
黄金和硬币 Gold and specie	1489	1136	4826
总计 Grand total	1187247	1245675	1164021

主要货品类别的港产品出口概况
Hong Kong's Domestic Exports of Principal Commodity Groups

货品类别 Commodity Group	1996 百万元 ($ Million)	1997 百万元 ($ Million)	1998 百万元 ($ Million)	1997—1998 增减% Percentage Change
纺织和成衣 Textiles and clothing	83140	84883	85641	+1
电子制品 Electronic products	55067	56466	47856	-15
钟表 Watches and clocks	11987	10798	8937	-17
首饰和金银器 Jewellery, goldsmiths' and silversmiths' wares	5777	5333	4770	-11
印刷品 Printed matter	4785	4765	4221	-11
塑胶制品 Plastic products	3792	3466	2591	-25
金属制品 Manufactures of metals	4213	3414	2362	-31
玩具和洋娃娃 Toys and dolls	1610	1757	1112	-37
电器 Electrical appliances	1631	1304	675	-48
以上9个类别的港产品出口总值 Total domestic exports of the above 9 groups	163659	164530	152006	-8
占所有港产品出口百分比 As % of all domestic exports (%)	77	78	81	

按选定主要行业组别划分的机构单位数目（公营机构除外）以及建筑地盘数目

Number of Establishments (other than those in the Civil Service) by Selected Major Industry Group and Number of Construction Sites

行业类别/主要行业组别 Industry Sector/Major Industry Group	1996	1997	1998
采矿及采石业 Mining and quarrying	7	5	7
制造业 Manufacturing	27316	26397	23631
食品、饮品及烟草制造业 Food product, beverage and tobacco manufactures	651	707	627
服装制品业 Wearing apparel	3008	2697	2396
皮革制造、皮革制品及鞋类制造业 Leather and leather products and footwear	211	201	168
纺织制品业 Textiles	2854	2798	2384
木材及水松制品、家具及固定装置制造业 Wood and cork products, furniture and fixtures	649	658	553
纸张及纸品制造业 Paper and paper products	850	778	680
印刷、出版及有关行业 Printing, publishing and allied industries	4770	4873	4684
化学品及化学产品、石油及煤产品制造业 Chemicals and chemical products, products of petroleum and coal	520	532	500
橡胶制品及塑胶制品业 Rubber and plastic products	1914	1884	157[illegible]
非金属矿产制品业 Non-metallic mineral products	248	258	259
基本金属制造业 Basic metal	110	107	97
金属制品业 Fabricated metal products	3394	3138	2731
办公室、会计及计算器材制造业 Office, accounting and computing machines	208	203	190
收音机、电视机及通讯设备制造业 Radio, television and communication equipment	101	116	77
电子零件制造业 Electronic parts and components	229	259	267
家庭电器用具制造业 Electrical appliances and houseware	110	123	85
其他机械及设备制造业 Other machinery and equipment	3902	3555	3087
运输设备制造业 Transport equipment	500	500	495
专业仪器及光学用品制造业 Professional instrument and optical goods	782	726	629
其他产品制造业 Other manufacturing industries	2305	2284	2151
电力及燃气业	24	25	22

（续）

行业类别/主要行业组别 Industry Sector/Major Industry Group	1996	1997	1998
Electricity and gas			
批发、零售、进出口贸易、饮食及酒店业 Wholesale. retail and import/export trades，restaurants and hotels	183291	183746	172279
批发业 Whoiesale	17666	18034	16142
零售业 Retail	52684	52466	51085
进出口贸易业 Import/Export	103138	103360	95298
饮食业 Restaurants	8920	9069	8959
酒店及旅舍业 Hoteis and boarding houses	883	817	795
运输、仓库及通讯业 Transport，storage and communications	9293	9526	9080
陆路客运业 Land passenger transport	9	10	10
海、空运输业 Water and air transport	586	649	505
运输辅助服务业 Supporting services to transport	2632	2839	2807
其他与运输有关的服务业 Services incidental to transport	4774	4756	4439
仓库业 Storage	367	398	370
通讯业 Communications	925	874	949
金融、保险、地产及商用服务业 Financing，insurance，real estate and business services	46270	47651	45733
金融机构 Financial institutions	6917	6956	6285
证券、期货及金银经纪服务业 Stock，commodity and bullion brokers	1229	986	976
保险业 Insurance	5243	5160	5817
地产业 Real estate	12120	13247	11676
商用服务业 Business services	20761	21302	20979
社区、社会及个人服务业 Community，social and personal services	24930	25091	24991
清洁及同类服务业 Sanitary and similar services	1209	1004	1063
教育及有关服务业 Education and related services	2340	2539	2517
医疗及保健服务业 Medical and healty services	4107	4132	4218

（续）

行业类别/主要行业组别 Industry Sector/Major Industry Group	1996	1997	1998
其他社区及社会服务业 Other community and social services	2535	2670	2649
娱乐及康乐服务业 Amusement and recreational services	3033	2723	2640
个人服务业 Personal services	11706	12023	11904
总计 Total	291131	292441	275743
建筑地盘 construction sites	1143	1142	1082

按选定主要行业组别划分的就业人数（公务员除外）及建筑地盘工人数目

Number of Persons Engaged (other than those in the Civil Service) **by Selected Major Industry Group and Number of Manual Workers at Construction Sites**

行业类别/主要行业组别 Industry Sector/Major Industry Group	1996	1997	1998
采矿及采石业 Mining and quarrying	486	418	462
制造业 Manufacturimg	327464	309160	257042
食品、饮品及烟草制造业 Food product, beverage and tobacco manufactures	22434	22188	20918
服装制品业 Wearing apparel	66023	55555	44933
皮革制造、皮革制品及鞋类制造业 Leather and leather products and footwear	1442	1226	861
纺织制品业 Textiles	49351	43901	35120
木材及水松制品、家具及固定装置制造业 Wood and cork products, furniture and fixtures	2332	2468	1817
纸张及纸品制造业 Paper and paper products	6886	5938	4719
印刷、出版及有关行业 Printing, publishing and allied industries	44436	45844	44362
化学品及化学产品、石油及煤产品制造业 Chemicals and chemical products, products of petroleum and coal	6294	6329	5701
橡胶制品及塑胶制品业 Rubber and plastic products	13345	12641	9020
非金属矿产制品业 Non-metallic mineral products	3111	3187	2351
基本金属制造业 Basic metal	1816	1691	1463
金属制品业 Fabricated metal products	20550	18954	15039
办公室、会计及计算器材制造业 Office, accounting and computing machines	6323	4978	2335

（续）

行业类别/主要行业组别 Industry Sector/Major Industry Group	1996	1997	1998
收音机、电视机及通讯设备制造业 Radio，television and communication equipment	1903	1902	1507
电子零件制造业 Electronic parts and components	16074	20910	16540
家庭电器用具制造业 Electrical appliances and houseware	2324	1804	1284
其他机械及设备制造业 Other machinery and equipment	24842	22607	19468
运输设备制造业 Transport equipment	9663	9970	10222
专业仪器及光学用品制造业 Professional instrument and optical goods	12165	10935	6973
其他产品制造业 Other manufacturing industries	16150	16132	12409
电力及燃气业 Electricity and gas	11390	9792	9132
批发、零售、进出口贸易业、饮食及酒店业 Wholesale，retail and import/export trades，restaurants and hotels	1046561	1026562	946574
批发业 Whoiesale	80214	82004	81385
零售业 Retail	207169	213769	189910
进出口贸易业 Import/Export	535553	510185	469654
饮食业 Restaurants	186970	184930	176471
酒店及旅舍业 Hoteis and boarding houses	36655	35674	29154
运输、仓库及通讯业 Transport，storage and communications	179755	177566	169562
陆路客运业 Land passenger transport	27456	29309	32159
海、空运输业 Water and air transport	36338	34804	33057
运输辅助服务业 Supporting services to transport	21700	21663	21915
其他与运输有关的服务业 Services incidental to transport	50013	49325	43276
仓库业 Storage	5917	6084	4990
通讯业 Communications	38331	36381	34165
金融、保险、地产及商用服务业 Financing，insurance，real estate and business services	391151	415943	398056
金融机构 Financial institutions	120092	127012	114845
证券、期货及金银经纪服务业 Stock，commodity and bullion brokers	15248	16692	13577
保险业 Insurance	27561	21591	26451
地产业 Real estate	75841	85232	78824

（续）

行业类别/主要行业组别 Industry Sector/Major Industry Group	1996	1997	1998
商用服务业 Business services	152409	165416	164359
社区、社会及个人服务业 Community, social and personal services	314516	313861	323854
清洁及同类服务业 Sanitary and similar services	39622	31436	37259
教育及有关服务业 Education and related services	93994	99866	104364
医疗及保健服务业 Medical and healty services	61471	62287	67042
其他社区及社会服务业 Other community and social services	31805	35757	36758
娱乐及康乐服务业 Amusement and recreational services	36549	34064	31794
个人服务业 Personal services	51075	50451	46537
总计 Total	2271323	2253302	2104682
建筑地盘工人 Manual workers at construction sites	76580	78106	75810

按行业类别划分督导级及以下雇员（经理级与专业雇员除外）的工资指数

Wage Indices for Employees up to Supervisory Level (Excluding Managerial and Professional Employees) by Industry Sector

行业类别 Industry sector	工资指数 Wage index (1992年9月=100)(September 1992=100)		
	1996	1997	1998
名义工资指数 Nominal wage index			
制造业 Manufacturing	135.0 (+7.5)	142.2 (+5.3)	143.3 (+0.8)
批发、零售、进出口贸易、饮食及酒店业 Wholesale, retail and import/export trades, restaurants and hotels	136.4 (+5.0)	147.0 (+7.7)	148.9 (-1.3)
运输服务业 Transport services	139.9 (+7.0)	149.7 (+7.0)	155.2 (+4.3)
金融、保险、地产及商用服务业 Financing, insurance, real estate and business servces	143.2 (+8.4)	153.8 (+7.4)	150.4 (+4.3)
个人服务业 Prsonal services	141.0 (+6.1)	149.0 (+5.7)	154.6 (+3.7)
所有选定行业 All selected industries	137.6 (+6.4)	147.3 (+7.1)	150.6 (+2.2)
实质工资指数 Real wage index			
制造业 Manufacturing	100.8 (+2.2)	100.8 (#)	99.3 (-1.5)

（续）

行业类别 Industry sector	工资指数 Wage index （1992年9月=100）（September 1992=100）		
	1996	1997	1998
批发、零售、进出口贸易、饮食及酒店业 Wholesale, retail and import/export trades, restaurants and hotels	101.9 (−0.1)	104.2 (+2.3)	103.2 (−1.0)
运输服务业 Transport services	104.5 (+1.7)	106.2 (+1.6)	108.2 (+1.9)
金融、保险、地产及商用服务业 Financing, insurance, real estate and business services	106.9 (+3.0)	109.1 (+2.0)	111.1 (+1.9)
个人服务业 Personal services	105.3 (+0.9)	105.7 (+0.4)	107.1 (+1.4)
所有选定行业 All selected industries	102.8 (+1.2)	104.5 (+1.7)	104.4 (−0.1)

按行业类别及主要职业组别划分督导级及以下雇员（经理级与专业雇员除外）1998年9月份的平均工资

Average Wage Rates for Empiovees up to Supervisory Level (Excluding Managerial and Professional Employees) by Broad Occupational Group and by Industry Sector for September 1998

元 $

行业类别 Industry sector	技工及操作工 Craftsmen and operatives 每日平均工资 Average daily wages	督导级、技术员级、文员级及其他非生产级工人 Supervisory, technical, clerical and miscellaneous non-production workers 每月平均薪金 Average monthly salaries	所有选定职业 All selected occupations 每月平均薪金 Average monthly salaries
制造业 Manufacturing	339	11693	9716
批发、零售、进出口贸易、饮食及酒店业 Wholesale, retail and import/export trades, restaurants and hotels		11833	11833
运输服务业 Transport services	542	13580	13818
金融、保险、地产及商用服务业 Financing, insurance, reat cstate and business services	439	11481	11480
个人服务业 Personal services	534	6676	7008
所有选定行业 All selected industries	406	11573	11384

1998年职业伤亡数字
Occupational Injuries for 1998

伤亡数字
Number of injuries

意外类别 Type of Accident	1998		
	死 Fatal	伤 Nonfatal	总计 Total
受困于物件之内或物件之间 Trapped in or between objects	4	658	662
提举或搬运物件时受伤 Injured whilst lifting or carrying	0	8983	8983
滑倒、绊倒或在同一高度跌倒 Slip trip or fall on same level	5	10677	10682
人体从高处坠下 Fall of person from height	48	2697	2745
与固定或不动的物件碰撞 Striking against fixed or stationary object	2	7050	7052
被移动物件或与移动物件碰撞 Striking against or struck by moving object	5	10836	10841
踏在物件上 Stepping on object	0	1444	1444
暴露于有害物质中或接触有害物质 Exposure to or contact with harmful substance	1	599	600
触电或接触放出的电流 Contact with electricity or electric discharge	6	97	103
受困于倒塌或翻侧的物件 Trapped by collapsing or overturning object	6	146	152
遭坠下的物件撞击 Struck by falling object	10	1479	1489
遭移动中的车辆撞到 Struck by moving vehicle	48	2200	2248
触及开动中的机器或触及以机器制造中的物件 Contact with moving machinery or object being machined	2	2176	2178
遇溺 Drowning	6	0	6
火警烧伤 Exposure to file	1	104	105
爆炸受伤 Exposure to explosion	0	41	41
被手工具所伤 Injured by hand tool	0	6313	6313
泥土倾泻受伤 Injured by fall of ground	0	1	1
窒息 Asphyxiation	0	7	7
触及灼热表面或物质 Contact with hot surface or substance	0	3937	3937
被动物所伤 Injured by animal	0	446	446
于工作场所暴力事件中受伤 Injured in workplace violence	7	575	582
其他类别 Others	87	2366	2453
总数 Total	238	62832	63070

1995—1997 年职业伤亡数字

Occupational Injuries for 1995 to 1997

伤亡数字

Number of injuries

成因 Cause	1995			1996			1997		
	死 Fatal	伤 Nonfatal	总计 Total	死 Fatal	伤 Nonfatal	总计 Total	死 Fatal	伤 Nonfatal	总计 Total
电动机器 Machinery: power driven	14	2484	2498	3	2410	2413	5	2578	2583
非电动机器 Machinery: non power driven	0	28	28	0	31	31	0	30	30
交通 Transport	58	1840	1898	66	1941	2007	50	2167	2217
爆炸或火灾 Explosion or fire	2	390	392	35	349	384	5	214	219
高温或腐蚀物质 Hot or corrosive substance	0	3892	3892	0	3997	3997	0	4029	4029
有毒气体、中毒和其他有毒物质 Gassing, poisoning and other toxic substances	2	47	49	3	61	64	3	49	52
触电 Electricity	5	43	48	5	62	67	5	83	88
高空跌下 Fall of person	54	8714	8768	46	9598	9644	47	10064	10111
踏着或撞及物体，或被物体撞击 Stepping on, striking against or srtuck by objects	10	18029	18039	13	19186	19199	7	20955	20962
物体跌下 Falling object	19	2294	2313	12	2131	2143	11	2015	2026
地面下陷 Fall of ground	1	1	2	1	13	14	0	21	21
与机器无关的操作 Handling without machinery	1	11349	11350	0	7986	7986	0	9704	9704
手工具 Hand tool	0	5862	5862	0	5589	5589	0	6334	6334
杂类或原因未评定 Miscellaneous or causes not yet assessed	81	4155	4236	94	5833	5927	114	4286	4400
总计 Total	247	59128	59375	278	59187	59465	247	62529	62776

进口农作物、牲口、家禽和鱼类

Imports of Crops，Livestock，Poultry and Fish

项　目 Item	单位 Unit	1996	1997	1998
农作物 Crops				
稻谷 Rice	吨 tonnes	370629	348701	323861
小麦 Wheat	吨 tonnes	36148	18527	15842
其他谷类和谷类制品 Other cereals and cereal preparations	吨 tonnes	405484	402722	377999
其他农作物 Other field crops	吨 tonnes	53623	52870	50000
蔬菜（新鲜、冻藏或腌制） Vegetables（fresh，frozen or simply preserved）	吨 tonnes	335582	319479	386092
蔬菜（腌制或加工）、水果和硬壳果（新鲜、晒干、腌制和加工） Vegetables（preserved or prepared），fruit and nuts（fresh，dried，preserved or prepared）	吨 tonnes	1168870	1273127	1230230
花卉 Flowers	千元 $	157709	160769	124724
糖和蜂蜜 Sugar and honey	吨 tonnes	290263	317054	303115
咖啡 Coffee	吨 tonnes	6603	7883	7064
可可 Cocoa	吨 tonnes	679	2278	2321
茶和各类茶晶 Tea and mate	吨 tonnes	19388	16217	16308
牲口和家禽 Livestock and poultry				
牛 Cattle	头 heads	80631	96913	94754
羊 Sheep，lambs and goats	头 heads	7209	6694	5801
猪 Swine	千头 thousand heads	2258	2126	2018
鸡 Chicken	吨 tonnes	51314	52571	49130
其他家禽 Other poultry	吨 tonnes	15966	15131	2618
牲畜 Live animals	吨 tonnes	10355	16572	18989
肉类和肉类制品 Meat and meat preparations	吨 tonnes	1122306	1277990	1414843
牛奶制品和蛋类 Dairy products and eggs				
鲜奶 Milk（fresh）	吨 tonnes	58775	55183	55646

(续)

项目 Item	单位 Unit	1996	1997	1998
鲜奶油 Cream (fresh)	吨 tonnes	1789	1721	1450
牛奶和奶油（脱水、浓缩、粉末等） Milk and cream (evaporated, condensed, powdered, *etc*)	吨 tonnes	139062	148337	129396
牛油、乳酪和凝乳 Butter, cheese and curd	吨 tonnes	22028	19141	19721
鲜蛋 Eggs (fresh)	千个 thousands	1534989	1457288	1470703
蛋（腌制） Eggs (preserved)	千个 thousands	196811	204066	206253
鱼类和鱼类制品 Fish and fish preparations				
鱼类（新鲜、冷藏或冻藏） Fish (fresh, chilled or frozen)	吨 tonnes	150312	106501	124081
鱼类（晒干、盐腌或熏制） Fish (dried, salted or smoked)	吨 tonnes	17023	17582	16958
贝介类和软体类（新鲜、冻藏、晒干、盐腌等） Crustaceans and molluscs (fresh, frozen, dried, salted, *etc*)	吨 tonnes	104468	80921	86305
鱼类产品和鱼类制品 Fish products and preparations	吨 tonnes	8929	9362	7810
贝介类和软体类产品和制品 Crustacean and mollusc products and preparations	吨 tonnes	5585	5635	5948
油和脂肪（未提炼或已提炼） Oil and fats (crude or refined)	吨 tonnes	3700	1441	173
鱼粉（牲口饲料） Fish meals (animal feeding stuffs)	吨 tonnes	15061	8430	6139

本地出产农作物、牲口、家禽和鱼类估计数字
Estimated Local Production of Crops, Livestock, Poultry and Fish

项目 Item	单位 Unit	1996	1997	1998
农作物 Crops				
蔬菜（新鲜、冻藏或腌制） Vegetables (fresh, frozen or simply preserved)	吨 tonnes	76000	64000	59500
鲜果和硬壳果 Fresh fruit and nuts	吨 tonnes	5230	4611	3873
花卉 Flowers	千元 $ thousand	186800	175924	283780
其他农作物 Other field crops	吨 tonnes	660	799	1120
牲口和家禽 Livestock and poultry				
牛 Cattle	头 heads	270	51	101

（续）

项　　目 Item	单位 Unit	1996	1997	1998
猪 Swine	千头 thousand heads	288	306	355
鸡 Chicken	吨 tonnes	17040	14590	3720
其他家禽 Other poultry	吨 tonnes	1880	1800	2170
牛奶制品和蛋类 Dairy products and eggs				
鲜奶 Milk (fresh)	吨 tonnes	439	215	246
鲜蛋 Eggs (fresh)	千个 thousands	600	33450	3550
鱼类和鱼类制品 Fish and fish preparations				
鱼类（新鲜、冷藏或冻藏） Fish (fresh, chilled or frozen)				
海鱼 Marine fish	吨 tonnes	147600	147280	148610
淡水鱼 Freshwater fish	吨 tonnes	5100	5000	4900
鱼类（晒干、盐腌或熏制） Fish (dried, salted or smoked)				
海鱼 Marine fish	吨 tonnes	490	220	230
贝介类和软体类（新鲜、冻藏、晒干、盐腌等） Crustaceans and molluscs (fresh, frozen, dried, salted, etc)	吨 tonnes	21940	23020	15990
鱼类产品和鱼类制品 Fish products and preparations	吨 tonnes	100	20	180
贝介类和软体类产品和制品 Crustacean and molluse products and preparations	吨 tonnes	140	20	10
鱼粉（牲口饲料） Fish meals (animal feeding stuffs)	吨 tonnes	13680	18470	16230

进口矿物
Imports of Ores and Minerals

单位：吨（Tonnes）

项　目 Item	1996	1997	1998
石英 Quartz	2995	875	966
长石 Feldspar	59694	32169	23657
石墨 Graphite	298	117	43
高岭土/砂石 Kaolin/feldspar sand	212902	207817	158665

教育院校数目（按教育院校类别计算）

Number of Educational Institutions by Type

院校数目 Number of institutions

院校类别 Type	9月份的纪录 As of September		
	1996	1997	1998
幼稚园 Kindergartens	734	735	744 +
小学 Primary schools	856	847	832 +
中学 Secondary schools	498	503	507 +
特殊学校 Special schools	68	70	74 +
工业学院 Technical Institutes	7	7	7
科技学院 Technical Colleges	2	2	2
认可专上学院 Approved post-secondary college	1	1	1 +
其他学院 Other colleges	16	20	17 +
高等教育院校(由大学教育资助委员会资助) UGC-funded institutions	8	8	8
香港演艺学院 The Hong Kong Academy for Performing Arts	1	1	1
香港公开大学 The Open University of Hong Kong	1	1	1
成人教育院校 Adult education institutions	411	422 *	605 +
总计 **Total**	**2603**	**2617 ***	**2799 +**

学生人数（按教育院校类别及进修模式计算）
Number of Students by Type of Educational Institution and Mode of Study

学生人数 Number of students

院校类别 Type	9月份的纪录 As of September					
	1996		1997		1998	
	全日制/日校 Full-timel Day	兼读制/夜校 Part-timel Evening	全日制/日校 Full-timel Day	兼读制/夜校 Part-timel Evening	全日制/日校 Full-timel Day	兼读制/夜校 Part-timel Evening
学校 Schools						
幼稚园 Kindergartens	180771	—	177462	—	175073 +	—
小学 Primary	466507	—	461911	98	476682 +	342 +
中学 Secondary	465658	11950	458118	10871	455392 +	12095 +
特殊教育 Special education	8697	—	8956	—	9667 +	—
小计 Sub-total	1121633	11950	1106447	10969	1116814 +	12437 +
工业学院 Technical Institutes						
技工课程 Craft level courses	5616	16192	5206	16033	5043 +	14850 +
技术员课程 Technician level courses	8531	18493	8595	19073	10161 +	17693 +
科技学院 Technical Colleges	5141	8731 *	5265 *	9179	5522 +	9460 +
小计 Sub-total	19288	43416	19066	44285	20726 +	42003 +
认可专上学院 Approved post - secondary college	2434	—	2383	—	2346 +	—
其他学院 Other colleges	2213	848	2281	969	3084 +	1219 +
高等教育院校(由大学教育资助委员会资助) UGC-funded institutions						
学位以下程度 Sub-degree	10701	12165	11220	11758	10994 +	10884 +
学位 First degree	44302	4223	44225	4120	43787 +	3730 +
研究生 Postgraduate	4021	10138	4342	10537	5160 +	10261 +
小计 Sub - total	59024	26526	59787	26415	59941 +	24875 +

（续）

院校类别 Type	9月份的纪录 As of September					
	1996		1997		1998	
	全日制/日校 Full-time/Day	兼读制/夜校 Part-time/Evening	全日制/日校 Full-time/Day	兼读制/夜校 Part-time/Evening	全日制/日校 Full-time/Day	兼读制/夜校 Part-time/Evening
香港演艺学院 The Hong Kong Academy for Performing Arts	638	—	697	—	748	—
香港公开大学 The Open University of Hong Kong	—	20451	—	22904	—	24318
成人教育院校 Adult education institutions	33359	59211	36588	62948	48905 +	65013 +
总计 Total	**1238589**	**162402**	**1227249**	**168490**	**1252564 +**	**169865 +**

全日制教师人数（按教育院校类别计算）
Number of Full-time Teachers by Type of Educational Institution

教师人数 Number of teaching steff

院校类别 Type	10月份的纪录 As of October		
	1995	1996	1997
幼稚园 Kindergartens	8438	8647	8876
小学 Primary schools	19710	20038	20616
中学 Secondary schools	22777	23077	23304
特殊学校 Special schools	1424	1463	1516
香港教育学院 Hong Kong Institute of Education	415	—	—
工业学院 Technical Institutes	756	773	772
科技学院 Technical Colleges	354	375	374
认可专上学院 Approved post-secondary college	133	122	110
高等教育院校(由大学教育资助委员会资助) UGC-funded institutions	5154	5725	5728

（续）

院校类别 Type	10月份的纪录 As of October		
	1995	1996	1997
香港演艺学院 The Hong Kong Academy for Performing Arts	78	77	81
香港公开大学 The Open University of Hong Kong	68	75	85
总计 Total	**59307**	**60372**	**61462**

教师及学生人数比例（按教育院校类别计算）
Pupil-teacher Ratios by Type of Educational Institution

院校类别 Type	10月份的纪录 As of October		
	1995	1996	1997
幼稚园 Kindergartens	14.3	14.3	13.6
小学 Primary schools	24.1	23.7	22.8
中学 Secondary schools	20.5	20.5	20.0
特殊学校 Special education	5.8	5.8	5.8
工业学院 Technical Institutes	21.9	21.8	21.6
科技学院 Technical Colleges	13.4	14.1	14.5
认可专上学院 Approved post – secondary college	19.5	20.0	21.7
高等教育院校（由大学教育资助委员会资助） UGC-funded institutions	12.0	12.1	12.2
香港演艺学院 The Hong Kong Academy for Performing Arts	9.1	8.3	8.6

赴海外留学的香港学生人数
Students Leaving Hong Kong for Overseas Studies

学生人数
Number of students

国家名称 Country	1996	1997	1998
美国 United States	4782	4426	4106
澳洲 Australia	4200	3542	3467
加拿大 Canada	2607	1962	2121
英国 Britain	2506	—	—

教育公共开支
Public Expenditure on Education

	财政年度（4月至翌年3月）Financial Year（April - March）		
	1996/1997	1997/1998	1998/1999
开支总额（百万元） **Total expenditure（$ Million）**	**37908**	**48510**	**53200**
相对公共开支的% As percentage of government budget（%）	17.9	19.9	18.4
相对本地生产总值的% As percentage of Gross Domestic Product（%）	3.2	3.7	3.8
经常开支（百万元） Recurrent expenditure（$ Million）	33779	37276	42990
用于小学教育的% Percentage spent on Primary education	21.5	21.8	21.6
用于中学教育的% Seconary edcucation	33.7	33.9	34.6
用于高等教育的% Tertiary education	36.2	35.4	34.5
用于其他教育项目的% Tertiary education Others	8.6	8.9	9.3

人口及生命统计数字
Population and Vital Statistics

	1996	1997	1998
年中人口估计 **Estimated mid-year population**	**6311000**	**6502100**	**6687200**
粗略出生率（按每千名人口计算 Crude birth rate（per 1000 population）	10.1	9.1	7.9
粗略死亡率（按每千名人口计算 Crude death rate（per 1000 population）	5.1	4.9	4.8
婴儿死亡率（按每千名出生登记活产婴儿计算） Infant mortality rate（per 1000 registered live births）	4.0	4.0	3.2
初生婴儿死亡率（按每千名出生登记活产婴儿计算） Neo-natal mortality rate（per 1000 registered live births）	2.2	2.2	1.5
孕妇死亡率（按每十万名出生总人数计算） Maternal mortality rate（per 100000 total births）	3.1	1.6	0.0
出生时的平均预期寿命（岁数） Expectation of life at birth（years）			
男性 Male	76.3	76.8	76.9
女性 Female	81.8	82.2	82.3

死因

Causes of Death

死亡人数 Number of deaths

死因 Cause	1996	1997	1998
传染病和寄生虫病 Infectionus and parasitic diseases, of which	1037	943	961
各种结核病 Tuberculosis, all forms	292	252	333
肿瘤 Neoplasms, of which	10215	10435	10631
恶性肿瘤，包括淋巴组织和造血组织的肿瘤 Malignant, including neoplasms of lymphatic and haematopoietic tissues	10134	10373	10567
内分泌、营养、新陈代谢和血液的毛病 Endocrine, nutritional, metabolic and bood diseases, of which	546	483	492
糖尿病 Diabetes mellitus	432	371	378
神经系统或感觉器官疾患和神经错乱 Diseases of nervous system, sense organs and mental disorders	234	258	263
循环系统疾病 Diseases of circulatory system, of which	8356	8239	8393
心脏病 Heart diseases	4844	4806	4896
脑充血 Cerebrovascular disease	3102	3026	3083
呼吸系统疾病 Diseases of respiratory system, of which	6640	6475	6596
各种肺炎 Pneumonia, all forms	3980	4100	4177
支气管炎，气肿和哮喘 Bronchitis, emphysema and asthma	345	312	318
消化系统疾病 Diseases of digestive system, of which	1390	1378	1404
胃溃汤 Peptic ulcer	61	51	52
慢性肝病和肝藏硬化 Chronic liver disease and cirrhosis	447	436	444
泌尿生殖系统疾病 Diseases of genito - urinary system	1213	1273	1297
妊娠、分娩和产后并发症 Complications of pregnancy, childbirth and the puerperium	2	1	0
皮肤、皮下组织、肌骼组织和结缔组织疾患 Diseases of skin, subcutaneous tissues, musculoskeletal system and connective tissues	82	128	130
先天异态 Congenital anomalies	110	128	130
若干生育期病症 Certain conditions originationg in the perinatal period	126	77	79
症状、病微和病况不明 Symptoms. signs and ill - defined conditions	428	353	360
受伤和中毒 Injury and poisoning, of which	1670	1908	1944

（续）

死因 Cause	1996	1997	1998
各种意外事故 All accidents	724	1016	1035
自杀和自伤 suicide and self - inflicted injuries	788	642	654
合计 Total	**32049**	**32079**	**32680**

医院病床数目
Hospital Beds

院所类别 Type of institutions	年底时数目 As at end of year		
	1996	1997	1998
医院管理局辖下医院 Hospital Authority hospitals	25600	26404	27883
惩教机构 Correctional institutions	769	754	703
政府诊疗所/留产所 Government clinics/maternity homes	72	72	70
护养院和私家医院 Nursing homes and private hospitals	3514	3570	4180
总计 Total	**29955**	**30800**	**32836**

医疗注册人员
Registered Medical Personnel

注册人数 Number of registered persons

	年底时数目 As at end of year								
	在政府服务 In Government service			在医院管理局服务 In Hospital Authority service			注册总数 Total registered		
	1996	1997	1998	1996	1997	1998	1996	1997	1998
医生 Doctors	519	553	585	3090	3248	3449	8976 +	9289 +	9527 +
牙医 Dentists	211	220	227	3	3	4	1654 +	1684 +	1724 +
牙齿卫生员 Dental hygienists	11	11	12	—	—	—	138	143	152
注册护士（普通科） Registered nurses（general）	1043	1095	1157	10358	10814	11608	24814	25746	26392
注册护士（精神科） Registered nurses（psychiatric）	—	—	—	974	971	1052	1579	1621	1665
注册护士（智力迟缓科） Registered nurses（mental subnormal）	—	—	—	—	—	—	20	20	20
注册护士（儿科） Registered nurses（sick children）	—	—	—	—	—	—	17	18	18
登记护士（普通科） Enrolled nurses（general）	383	400	423	2920	2965	3201	9061	9530	10159

（续）

	年底时数目 As at end of year								
	在政府服务 In Government service			在医院管理局服务 In Hospital authority service			注册总数 Total registered		
	1996	1997	1998	1996	1997	1998	1996	1997	1998
登记护士（精神科） Enrolled nurses (psychiatric)	—	—	—	638	650	654	904	945	996
药剂师 Pharmacists	36	35	49	153	161	169	1067	1143	1212
医疗化验师 Medical laboratory technologists	220	238	240	1089	1093	1107	2713	2841	2953
职业治疗员 Occupational therapists	4	5	9	380	393	420	730	794	849
放射技师 Radiographers	10	20	30	715	757	777	1151	1356	1441
视光师 Optometrists	4	5	5	20	24	25	1315	1666	1942

社会保障计划
Social Security Schemes

单位：个案数目
Number of cases

计划类别 Type	1996	1997	1998
	年底时 As at end of yeur		
综合社会保障援助 Comprehensive Social Security Assistance	159837	186932	227454
公共福利金 Social Security Allowance	506837	515498	525281
暴力及执法伤亡赔偿 Criminal and Law Enforcement Injuries Compensation	757	764	729
交通意外伤亡援助 Traffic Accident VictmS Assistance	5822	6169	6385
紧急救济 Emergency Relief	55	66	55

1998年年中的屋宇单位数目和估计居住人数
Number of Quarters and Estimated Persons Accommodated as at Mid 1998

屋宇单位数目
Number of quarters

房屋类型 Type of housing	港岛 Hong Kong Istand	九龙 Kowloon	新界 New Territories	总计 Total
公营租住房屋 Public Rental Housing	84100	254700	365400	704200
补助出售单位 Subsidized Sale Flats	33200	55900	159600	248700
私人永久性房屋 Private Permanent Housing	336300	336800	444200	1117300
全部永久性房屋 Total permanent Housing	453600	647400	969200	2070200
临时房屋 Temporary Housing	2900	6900	49100	58900

估计居住人数

Estimated persons accommodated

房屋类型 Type of housing	港岛 Hong Kong Istand	九龙 Kowloon	新界 New Territories	总计 Total
公营租住房屋 Public Rental Housing	274900	834600	1307300	2416800
补助出售单位 Subsidized Sale Flats	116700	201200	561700	879600
私人永久性房屋 Private Permanent Housing	997500	1049200	1232300	3279000
全部永久性房屋 Total permanent	1389100	2085000	3101300	6575400
临时房屋 Temporary Housing	5300	16700	72800	94800
水上 Marine				14700
越南船民 Viemamese Migrants				2300
总人口 Total Population				6687200

土地注册处

The Land Registrv

	1996	1997	1998
收到登记文件（数量） Documents received for registration（Numbers）			
土地的转让 Assignments of land	6231	10959	7350
楼宇单位的转让 Assignments of building units	159520	220911	134994
土地的买卖协议 Agreements for sale and purchase of land	3292	5133	2080
楼宇单位的买卖协议 Agreements for sale and purchase of building units	147423	205461	111489
楼宇按揭/楼宇法定抵押 Building mortgages/building legal charges	63	75	65
其他按揭/法定抵押 Other mortgages/legal charges	194970	252324	154228
收回按揭楼宇的地契/收据/解除登记负债/解除扣押和还清债款证明书 Reassignments/receipts/discharges/releases and certificates of satisfaction	146012	201651	93015
其他文件 Miscellaneous	83972	94052	97401
总计 Total	741483	990566	600622

收到供登记文件所涉及总金额 单位：百万元

Considerations in documents received for registration（$ Million）

	1996	1997	1998
土地的转让 Assignments of land	38098	93750	24311
楼宇单位的转让 Assignments of building units	412420	790408	348352
土地的买卖协议 Agreements for sale and purchase of land	43107	69787	23706

（续）

	1996	1997	1998
楼宇单位的买卖协议 Agreements for sale and purchase of building units	474660	868019	340906
楼宇按揭/楼宇法定抵押 Building mortgages/building legal charges	11090	20007	4877
其他按揭/法定抵押 Other mortgages/legal charges	75281	98072	92129
收回按揭楼宇的地契/收据/解除登记负债/解除扣押和还清债款证明书 Reassignments/receipts/discharges/releases and certificates of satisfaction	42309	35188	16881
总计 Total	1096965	1975231	851162
已登记的出售、批租、交换土地等条件（数量） Conditions of sale, grant, exchange, *etc* registered (Numbers)	1103	900	655
已登记的政府地契（数量） Government leases registered (Numbers)	13	15	14
已登记的多层建筑物业主法团（数量） Multi-storey building owners corporations registered (Numbers)	234	258	235
市民往土地注册处查册和查阅记录（数量） Public searches of Land Registers and records (Numbers)	4313948	5408040	3133845

土地用途分布情况（截至1998年3月31日）
Land Usage as at 31 March 1998

类别 Class	大约面积（平方公里） Approximate area (km^2)	占总面积百分率（%）	备注 Remarks
甲 已发展土地 A. Developed lands			
i 商业 i. Commercial	2	0.2	
ii 住宅 ii. Residential	44	4.0	包括所有住宅区（租住公共屋村、居屋计划/私人参建居屋计划屋苑和临时房屋区除外） Include all residential areas except public rental housing estates.
iii 租住公共屋村 iii. Public rental housing	14	1.3	包括居屋计划/私人参建居屋计划屋苑 HOS/PSPS and temporary housing areas
iv 工业 iv. Industrial	11	1.0	包括仓库和储存库
v 游憩用地 v. Open space	17	1.6	Include HOS/PSPS
vi 政府、团体和社区设施 vi. Government, institution and community facilites	20	1.8	Include warehouse and storage
vii 空置发展区 vii. Vacant development land	39	3.5	包括正在进行建筑工程的土地 Include land with construction in progress
viii 道路/铁路 viii. Roads/Railways	31	2.8	包括行车天桥和铁路用地 Include flyovers and railway lands
ix 临时房屋区 ix. Temporary housing areas	1	0.1	

（续）

类别 Class	大约面积（平方公里） Approximate area (km^2)	占总面积百分率（%）	备注 Remarks
乙　未建设土地 B. Non-built-up lands			
i　林地 i. Woodlands	220	20.0	天然和人工植林地 Natural and established woodlands
ii　草地和灌木地 ii. Grass and scrub	519	47.3	天然草地和灌木地 Natural grass and scrubland
iii　荒地、沼泽和红树林 iii. Badlands, swamp and mangrove	44	4.0	全无草木的土地或花岗岩石地，包括沿岸碱水沼泽和红树地 Land stripped of cover, or denuded granite country including coastal brackish swamp and mangrove
iv　耕地 iv. Arable	61	5.6	可耕地，包括耕作中和休耕的果园和农园 Cultivable lands, including orchards and market gardens, under cultivation and fallow
v　鱼塘 v. Fish ponds	14	1.3	饲养淡水鱼和半碱淡水鱼，不包括沿岸海鱼养殖场 Fresh and brackisk water fish farming excluding coastal marine fish farms
vi　临时搭建物/牧场 vi. Temporary structures/livestock farms	11	1.0	
vii　水塘 vii. Reservoir	26	2.4	
viii　其他用途 viii. Other uses	23	2.1	包括坟场、火葬场、铁矿场和石矿场等 Include cemetery, crematorium, mine and quarry etc.
总计 Total	1097	100.0	

电力供应分配
Electricity Distribution

单位：太焦耳
Terajoules

		1996	1997	1998
中华电力有限公司	CLP Power HongKong Limited	83847	85403	92748
香港电灯有限公司	The Hong Kong Eiectric Company Limited	31943	32685	34896
总计	Total	115790	118088	127643
住宅	Domestic	29194	28937	32793
工业	Industrial	19934	18965	18489
商业	Commercial	64465	67849	73857
街灯	Street lighting	287	322	307
供应内地	Export to the mainland of China	1910	2014	2197
总计	**Total**	**115790**	**118088**	**127643**

煤气供应分配
Gas Distribution (Towngas)

单位：太焦耳
Terajoules

	1996	1997	1998
住宅 Domestic	11986	12465	12519
工业 Industrial	918	911	888
商业 Commercial	10085	10529	10536
总计 Total	**22989**	**23906**	**23943**

本港石油气销售量
Local Sales of Liquefied Petroleum Gas (LPG)

单位：公吨
Tonnes

	1996	1997	1998
本港石油气销售量 Lcoal sales of liquefied petroleum gas (LPG)	161123	146277	139382

耗水量
Water Consumption

单位：百万立方米
Million cubic metres

		1996	1997	1998
淡水	Fresh water	928	913	916
海水（供冲厕用）	Salt water (flushing purposes)	185	198	199

进出香港的飞机、船只、车辆和火车数目
Inward and Outward Movements of Aircraft, Vessels, Motor Vehicles and Trains

	1996	1997	1998
飞机 Aircraft			
抵港 Arrivals	79401	82573	81516
离港 Departures	79396	82581	81507
总计 Total	158797	165154	163223
远洋轮船 Ocean vessels			
抵港 Arrivals	41056	43294	40734
离港 Departures	41076	43297	41046
总计 Total	82132	86591	81780
内河客船及货船 River trade passenger forries and cargo vessels			
抵港 Arrivals	177461	188979	194000

（续）

	1996	1997	1998
离港 Departures	177266	188888	194000
总计 Total	354727	377867	388000
车辆 Motor vehicles			
抵港 Arrivals	4455628	4759316	4882588
离港 Departures	4456616	4751593	4890140
总计 Total	8912244	9510909	9772728
客运火车 Passenger trains			
抵港 Arrivals	1878	2108	2376
离港 Departures	1877	2108	2376
总计 Total	**3755**	**4216**	**4752**

进出口货柜数目（20英尺长的标准货柜单位）
Inward and Outward Movements of Containers

T. E. U.

		1996	1997	1998
经货柜码头	Container terminals			
卸货	Discharged	4146984	4564093	4700000
装货	Loaded	4539155	4925582	4900000
总计	Total	8686139	9489675	9600000
不经货柜码头（远洋轮船）	Other than container terminals – ocean trade			
卸货	Discharged	1625019	1632239	1500000
装货	Loaded	1420340	1523268	1400000
总计	Total	3045359	3155507	2900000
不经货柜码头（内河船）	Other than container terminals – river trade			
卸货	Discharged	880743	984241	1200000
装货	Loaded	848102	937808	1000000
总计	**Total**	**1728845**	**1922049**	**2200000**

进出香港的旅客人数 Inward and Outward Movements of Passengers

单位：千人
Thousands

	1996	1997	1998
抵港 Arrivals			
航空 Air	11692	10841	10284
水路 Sea	10603	9340	8856
陆路 Land	27618	32598	38603
总计 Total	49913	52780	57742
离港 Departures			
航空 Air	11786	10933	10209
水路 Sea	10772	9512	9111
陆路 Land	27280	32319	38425
总计 Total	**49837**	**52764**	**57745**

本港进出口商品（按运输方式分类）
Inward and Outward Movements of Cargo Carried by Different Modes of Transport

单位：吨
Tonnes

	1996	1997	1998
空　运　Air			
卸　货　Discharged	733907	839872	767787
装　货　Loaded	829586	946615	857602
总　计　Total	1563493	1786487	1625389
远洋轮船　Ocean vessels			
卸　货　Discharged	86694000	91950000	90104000
装　货　Loaded	39145000	41351000	37378000
总　计　Total	125838000	133301000	127482000
内河船　River vessels			
卸　货　Discharged	14234686	15562938	18100000
装　货　Loaded	17226329	20365001	22700000
总　计　Total	31461014	35927939	40800000
铁　路　Rail			
卸　货　Discharged	683907	537046	323654
装　货　Loaded	255054	174272	137918
总　计　Total	938961	711318	461573
陆　路　Road			
卸　货　Discharged	17343000	18333000	18465000
装　货　Loaded	17817000	18075000	17688000
总　计　Total	**35159000**	**36408000**	**36152000**

登记或领有牌照车辆数目
Registered and Licensed Motor Vehicles

	年底时数目 As at end of year					
	1996		1997		1998	
	登记 Registered	领牌 Licensed	登记 Registered	领牌 Licensed	登记 Registered	领牌 Licensed
公共车辆　Pubblic service vehicles						
公共巴士　Public buses						
中华巴士公司　China Motor Bus Company	855	843	823	816	—	—
九龙巴士公司　Kowloon Motor Bus Company	3594	3581	3839	3834	3990	3988
新大屿山巴士公司　New Lantao Bus Company	78	69	80	77	87	82
城巴有限公司　Citybus	451	390	590	561	937	937
龙运巴士公司　Long Win Bus Company	—	—	22	22	163	160
新世界第一巴士公司　New World First Bus	—	—	—	—	841	703
其他 Others	5287	5048	5630	5349	5868	5526
公共小型巴士　Public light buses	4348	4313	4350	4335	4350	4343
的士　Taxis	18126	17789	18136	17918	18138	18053
私家车辆　Private vehicles						
电单车　Motor cycles	30164	22650	21212	23511	32004	23343
三轮电单车　Motor tricycles	2	0	0	0	0	0
私家车　Private cars	325131	293381	348450	314833	359694	318137
私家巴士　Private buses	383	359	423	404	437	423
私家小型巴士　Private light buses	2481	2303	2392	2230	2297	2158

（续）

	年底时数目 As at end of year					
	1996		1997		1998	
	登记 Registered	领牌 Licensed	登记 Registered	领牌 Licensed	登记 Registered	领牌 Licensed
货车 Goods vehicles	134419	116791	134861	118279	132785	115051
特别用途车辆 Special purpose vehicles	345	316	406	370	457	406
政府车辆（不包括军部车辆） Government vehicles（excluding military vehicles）						
电单车 Motor cycles	1207	1207	1308	1308	1238	1238
其他车辆 Other motor vehicles	6075	6075	6381	6381	6125	6125
总计 Total	**532946**	**475115**	**558903**	**500228**	**569411**	**500673**

公共交通：按公司计算的乘客人次
Pubilic Transport: Passenger Journeys by I ndertaking

单位：千次 Thousands journeys

	1996	1997	1998
九龙巴士公司 Kowloon Motor Bus Company	1031889	1051102	1034351
中华巴士公司 China Motor Bus Company	179212	176449	104920
新大屿山巴士公司 New Lantao Bus Company	5270	5923	6208
城巴有限公司 Citybus	119686	147750	183295
龙运巴士公司 Long Win Bus Company	—	2883	14364
九龙铁路巴士 Kowloon - Canton Railway Bus	38074	39251	37872
新世界第一巴士公司 New World First Bus	—	—	46980
地铁公司 Mass Transit Railway Corporation	816572	811897	797530
九广铁路公司——东铁 Kowloon - Canton Railway Corporation - East Rail	248331	262024	269443
轻便铁路公司 Light Rail Transit	125124	126185	144474
香港电车公司 Hongkong Tramways	107816	101908	92893
山顶缆车公司 Peak Tramways Company	4401	4246	3321
绿色小巴 Green Minibus	332592	353839	359820
住宅豪华巴士服务 Residential Coach Services	38790	40741	39328
香港油麻地小轮船公司 Hongkong and Yaumati Ferry Company	34213	29990	22756
天星小轮有限公司 Star Ferry Company	35225	32477	30025
小型渡轮 Minor Ferries	8885	9113	9959
红色小巴 Red Minibus	314722	294003	280663
的士 Taxi	473213	473636	477109
总计 Total	**3914015**	**3963416**	**3925309**

公共交通：按交通工具计算的平均每日乘客人次

Public Transport: Average Daily Number of Passenger Journeys by Different Modes of Transport

单位：千次

Thousand joruneys

	1996	1997	1998
专利巴士　Franchised bus	3650	3792	3809
非专利巴士　Non－franchised bus	104	108	104
地下铁路　Mass Transit Railway	2231	2224	2185
红色小巴（1）和绿色小巴 Red Minibus（1）and Green Minibus	1769	1775	1755
的士　Taxi	1293	1298	1307
九广铁路—重型铁路　Kowloon－Canton Railway－Heavy Rail	678	718	738
电车和缆车　Tram	307	291	264
九广铁路—轻便铁路　Kowloon－Canton Railway－Light Rail	342	346	314
渡轮　Ferry	214	196	172
住宅豪华巴士　Residential coach	106	112	108
总计　Total	**10694**	**10859**	**10754**

公共交通：按选定交通工具计算的过海乘客人次

Public Transport: Cross－Harbour Passenger Journeys by Selected Modes of Transport

单位：千次

Thousand joruneys

	1996	1997	1998
地下铁路　Mass Transit Railway	319889	307100	289073
专利巴士　Franchises bus	145484	163500	178168
渡轮　Ferry	45008	40420	35109

访港旅客人数（按居住国家、地区划分）

Visitor Arrivals by Country/Territory of Residence

人数

Number of persons

居住国家/地区（Country/Territory of residence	1996	1997	1998
美洲　The Americas			
美国　United States of America	751275	800539	773309
加拿大　Canada	165887	178046	194351
南美及中美　South and Central America	55970	65202	61745
区域合计　Regional total	973132	1043787	1029405
欧洲、非洲及中东　Europe, Africa and the Middle East			
英国　United Kingdom	397153	340263	325738
德国　Germany	275892	235006	170716
法国　France	126986	133807	115543
意大利　Italy	67891	67065	63216
南非　South Africa	30324	26500	23830
中东　Middle East	35932	41328	47351
其他　Others	343996	332218	294448
区域合计　Regional total	1278174	1176187	1040842
澳洲、新西兰及南太平洋　Australia, New Zealand and South Pacific			
澳洲　Australia	310597	293974	272454

（续）

居住国家/地区（Country/Territory of residence	1996	1997	1998
新西兰 New Zealand	58038	52786	54135
其他 Others	13266	7970	5952
区域合计 Regional total	381901	354730	332541
北亚 North Asia			
日本 Japan	2382890	1368988	954334
南韩 South Korea	396549	357538	179499
区域合计 Regional total	2779439	1726526	1124833
南亚及东南亚 South and Southeast Asia			
印尼 Indonesia	174960	174947	104885
马来西亚 Malaysia	263670	269337	235928
菲律宾 Philippines	376746	326418	214556
新加坡 Singapore	349768	339689	331610
泰国 Thailand	262735	214782	130405
印度 India	105838	89320	93048
其他 Others	82290	83972	85059
区域合计 Regional total	1616007	1498465	1195491
中国内地 The mainland of China	2311184	2297128	2597442
台湾 Taiwan Regions	1821279	1782580	1812634
澳门 Macau	541619	526858	441523
总计 Total	**11702735**	**10406261**	**9574711**

澳门地区经济贸易发展综述

1998年澳门经济回顾与展望

陈 多

澳门经济自1993年下半年以来，在祖国内地和香港仍以较高速度增长的同时发展开始放缓。1993年至1995年的本地生产总值（GDP）的实质增长分别为5.2%、4.6%和3.8%；1996年首次出现0.5%的负增长，进入经济衰退；1997年仍为0.1%的负增长；1998年，在亚洲金融风暴的冲击下，特别是受到香港经济衰退的直接影响，澳门经济负增长高达3.5%以上，成为近年来经济形势最为严峻的一年，也是自1982年澳门开始有本地生产总值统计以来表现最差的一年。

一、整体经济回顾

澳门是在非常艰难的条件下度过1998年的。在政治上，过渡时期原有的三大问题——公务员本地化、法律本地化和中文官方地位虽在加快解决、逐步明朗之中；但随着形势的发展，新的三大问题——经济问题、治安问题和人才问题又突出而迫切地摆在人们的面前。在经济方面，原有的结构性矛盾尚未解决，又受到外部经济环境转趋恶劣、内部需求持续疲弱的双重打击，整体经济出现了近30年来最严重的衰退，在澳门GDP中约占80%比重的四个主要支柱产业也受到很大影响。

（一）旅游博彩业 旅游博彩业在澳门经济中拥有举足轻重的地位，它不仅是澳门的龙头产业，在GDP中占有40%以上的比重；而且是政府最主要最稳定的财政收入来源，近20年来博彩税收入从4100万元（澳门元，下同）增长到近60亿元，约占政府全部税收的40%以上；旅游及相关行业所提供的就业人口超过70000人，占澳门就业总人口的1/3。但是，由于澳门缺乏大型景观，旅游业结构单一，过于依赖赌业，加上近年来受到周边地区的竞争和本地治安状况恶化等不利因素的影响，发展已趋向放缓。根据澳门政府统计，1998年上半年到澳门的游客人数比上年同期减少9.51%，但进入下半年，由于上年同期基数较低，加上香港新机场运作不畅，部分客源分流澳门，致使下半年到澳旅客明显增加，为全年旅客总人数力保700万大关，与上年基本持平打下基础。

从到澳旅客的客源分布上看，90%来自东亚，其中香港、台湾、中国内地和日本仍是四大主要客源市场，但是各自的市场占有率却有所变化。来自香港和中国内地的人数呈增加趋势：香港游客由于本地经济不景，消费疲弱，外游欲望减退，因此多将距离较近，交通方便，消费低廉的澳门作为短期度假的理想之地，人数有所增加；内地游客由于中国政府放宽了公民出境旅游的限制，到澳人数也有近7%的增幅。同期，来自日、韩等国以及欧美的游客人数出现较大滑坡：日本游客减少主要是由于日元疲软，汇价大幅下跌，对其消费能力和外游意欲造成严重影响；东亚及东南亚其他地区也受到亚洲金融风暴严重冲击，有的国家甚至引发政局不稳和社会动荡，限制本国公民出国旅游，造成这些国家和地区到澳人数大减。从统计数字看，台湾游客减少21.61%，美洲游客减少24.31%，欧洲游客减少45.38%，跌幅最大的韩国，游客人数减少了81.78%，为各主要客源国之首。

受远道游客人数大幅下降的影响，全年澳门酒店及相关场所的入住率自1997年大幅滑落后继续在低位徘徊，近一半客房处于空置状态；入住各酒店及公寓的住客比上年同期减少3.3%，平均留宿时间仅为1.42晚。由于旅游收入的下降，直接影响了本地生产总值的增长，导致全年经济出现较大滑坡。

（二）出口加工业 澳门工业历史悠久，产品曾一度远销东南亚及欧美各国并占有相当大的市场。但现代工业的形成并成为经济四大支柱之一，只是近二三十年的事。1963年起西方国家开始限制香港生产的成衣、纺织品入口，使得大量港资来澳投资，从而直接带动澳门成衣、纺织业的发展。80年代中，澳门工业达到鼎盛时期，有工厂2700余家，工人80000人，产值占全澳总产值37%，超过旅游博彩业成为澳门经济的第一大产业。澳门工业不但为当时三分之一的澳门劳动人口提供了就业岗位，而且还是澳门外汇收入的主要来源。

进入90年代，由于澳门邻近的珠江三角洲及东南亚一些国家出口加工业的迅速发展，澳门工业受到很大的挑战，生产成本低廉的优势逐渐丧失，竞争力下降，发展速度明显下降，许多工厂或部分生产工序转移到成本更低的邻近地区。自从1990年起工业生产总值在GDP的比重被旅游博彩业超过，退居第二位以来，澳门工业出口总值多年徘徊在150亿澳门元左右。

由于受资源、规模等条件的限制，澳门与其他微型经济体系一样，工业结构十分单一，具有规模小，层次低、对外依赖性强、依赖配额、被动接单生产的特点。进入90年代，随着澳门旅游业和地产业的快速发展，本地工资持续上涨，生产成本大大提高。与珠江三角洲地区相比，澳门电价贵1倍，水价贵4倍，工人工资贵2倍，航运费也贵的惊人，从澳门到香港的运费比从台湾高雄到香港的运费还高。与此同时，邻近新兴工业国家纷纷生产劳动密集型产品，削弱了澳门同类产品在国际市场上的竞争能力。于是这几年来，澳门一些非配额工业如电子、人造花、玩具业等纷纷迁往珠江三角洲及内地其他地区，即使受配额制度保护的成衣制造业，为了增加价格上的竞争力，亦有部分工序外移。目前留下的工厂主要是接受订单或完成产品的后加工工序，以便取得澳门的产地来源证，享受进口国的配额优惠。

随着生产线的大量外迁，澳门本地工业规模不断萎缩。1990—1996年，工业总值增长不足百分之一，工厂和工人数目均减少35%～40%。目前，澳门的劳动密集型工业还能勉强维持，主要是得益于配额制度和输入内地廉价劳动力。根据1995年达成的乌拉圭回合协议规定，配额制度将在10年内分三阶段逐步取消。第一阶段主要是取消生产原料的进口配额，第二、第三阶段主要是取消进口配额。因此，澳门出口产品的配额优惠只能再维持6年左右。

1998年，在连续多年下降的情况下，澳门进出口贸易继续萎缩，上半年进出口分别比上年同期下跌8.1%和3.5%，贸易逆差1.3亿元；下半年虽略有好转，但仍处在较低水平。进出口贸易的持续下降，特别是进口出现较大跌幅，说明随着经济结构的变化，澳门经济的对外竞争力有所减退，经济增长的主要动力已经从依赖外部需求的出口转为依靠内部需求推动。因此一旦内部需求不足，便会对整体经济增长造成影响。事实上，过去一年中，由于经济衰退加剧，澳门已经出现了以大多数商品和服务价格及成本下降为主要特征的通货紧缩的现象：综合消费物价指数5月份开始出现负增长；7月和8月继续下降，9月略有反弹；10月后又全面下降。不少商店割价倾销，原先的一些热门商号，不仅门庭冷落，有的甚至还被迫关门结业，这种情况在过去是很少见的。综合全年情况看，通货膨胀率将从上年的3.49%下降到1%以下的历史性低水平。

（三）建筑地产业 在澳门四大支柱产业中，房地产建筑业排列第三，仅次于旅游博彩业和工业制造业，1998年占澳门本地生产总值的10%左右。

地产建筑业是澳门目前所处困境最严重的一个行业。自1993年7月至今，澳门的整体楼价水平已经累积下跌约40%，但楼宇空置问题仍没有缓和的迹象。据估计，澳门现有的住宅空置数量，如按澳门居住单位住户人数中位数4人计算，足可容纳21.5万人口，相当于现有人口的一半左右。

1998年，澳门房地产业多年来的调整不仅未能收效，反而由于以往过量批地的积累使得物业供应量还在不断增加。头8个月新建成楼宇单位及面积比上年同期分别增长了50.78%及19.36%，使得供求失衡更加严重，空置率有进一步上升的趋势。

造成澳门房地产供求严重失衡的主要原因是多方面的。

1. 境外资本过度涌入。澳门的地价和楼价低于香港和台湾，而港、台工商界人士资本雄厚，一般居民收入也高于澳门，因此澳门相对低廉的房地产价格对他们有很大的吸引力。在80年代末和90年代初，澳门房地产出现两次超常规增长，除澳门本地资金外，港、台、日甚至新加坡、韩国资金亦纷纷涌入，1992年后内地出现房地产热，不少资金也流入澳门。外部资金的急剧增加及其炒作，对房地产市场的供求失衡起了推波助澜的作用。

2. 澳葡政府批地计划总量失控。土地在澳门是一种特别稀缺的资源，因而土地供应量及其价格对房地产市场的供给影响很大。澳门基本没有私人的土地储备，新建楼宇的建筑用地，一是来自政府批地，二是来自旧房拆建改造，上述两项都须经过政府批建程序。根据中葡联合声明规定，澳葡政府在过渡期每年可批出土地20公顷，但实际上，在1988—1992年，澳门每年批出的土地都超过30公顷。即便在地产市道已经因为供给过剩而出现衰退的1993年和1994年，澳门的批地数量仍超过22公顷。由于澳门政府可以弹性处理已批出的土地，间接拓宽了房地产供给的空间，在增加批地收益的同时，也对日后经济平稳发展留下了消极后果。

3. 发展商对澳门地产市场的供求缺乏基本估计，盲目增加供应到毫无理性甚至疯狂的程度。

4. 投机转手炒卖过盛。在最近这次房地产热潮中，随着房地产价格上升，投机赢利空间增大，投机者趋之若骛，一时间中间交易十分活跃。过度活跃的中间交易，使发展商难以准确判断市场真实需求，导致需求脱节日益严重。

因此，一方面澳门房地产供应不断扩大，另一方面，澳门居民收入速度不快，人口近年来也没有大的增长，其增幅远远低于住宅增长的速度。供求矛盾在短期仍难以解决。

（四）金融保险业 受经济持续低迷不景，以及亚洲金融风暴冲击的影响，1998年澳门市场利率一度攀高，企业经营状况不断恶化，使得银行成本上涨，逾期贷款增加，风险加大，经营环境越来越差。但是，由于澳门币与港币挂钩，银行在利用澳门币投资时，会因港币的高利率而受惠，因此可以部分弥补银行整体收益的不足，使其业绩得以改善。澳门货币暨汇兑监理署的统计数字表明，1998年澳门银行存放款余额均较上年同期有所增长，其中存款自6月以来持续增加，达800亿澳门元，比上年增加了6%；贷款增长不如存款，微增1%左右。存款增长比放款高，除了投资意欲明显减弱导致银行资金出路收窄的原因外，也反映出在高利率、低通胀的整体经济环境下，人们不愿消费而把钱存入银行的心态。

从另一方面看，尽管外部环境不理想，金融业作为澳门一个很有发展潜力的行业，近年来仍有一定的发展，在澳门经济中的作用也日益增大，特别是银行业得到了长足的发展，出现服务品种多样化、操作电子化、业务国际化、管理现代化趋势。但是，与经济发达国家和地区相比，与现代银行业的趋势和要求相比，与澳门作为自由港的经济地位相比，澳门的金融发展程度显得还很不够。

首先，金融市场结构相对单一，市场发育不全，金融工具简单稀少。特别是本地金融业不发达，对外依赖程度高。从金融机构看，澳门银行主要为外资银行。1998年底，澳门银行总数为22家，其中外资银行14家，占澳门银行总数的60%。从货币流通看，澳门流通中的货币主要为港币，占到澳门货币供应量（M2）的53%，而澳门币所占的比重不到29%。从商业银行的资产负债结构看，澳门对外资产占总资产的比重远远高于对外负债占总负债的比率，表明澳门货币资本输出大于货币资本输入。

其次，信贷资产投向偏重房地产业。澳门用于房地产开发和购置的贷款一向占总贷款的40%左右，而且期限大多较长；用于制造业的贷款不到10%。在目前澳门房地产业不景，楼盘空置严重的情况下，发展商积压资金难以回收。这种不合理的信贷结构已影响银行信贷资金正常回流。

此外，澳门金融业的宏观监管机制仍存在滞后、疏漏等问题，金融从业人员教育程度和专业资格相对薄弱，这些都与澳门金融业现有规模颇不相称，也与邻埠香港和国际金融业一般水平有相当距离。然而澳门金融业存在较大的发展潜力，通过完善金融市场结构、鼓励银行金融创新、完善金融监管机制、加强与内地的金融合作等措施，充分挖掘澳门内在优势和潜力，澳门的金融业将登上新的发展台阶，在澳门经济中发挥出应有的作用。

二、1999年澳门经济展望

1999年12月20日，既是澳门回归祖国的庄严时刻，也是人类告别取得巨大变化和成就的20世纪、迈入充满挑战和希望的新世纪的历史性时刻。在21世纪，澳门将在“一国两制”构架下，谱写“澳人治澳”的新篇章。对澳门来说，新世纪初始的国际环境和内部环境并不理想。经过亚洲金融风暴冲击后的全球经济，增长开始放缓，对外需求减弱；亚洲地区的大部分国家和地区仍处于调整之中，加大了澳门经济走出困难、复兴经济的难度。挑战和机遇同时扩大，将是新一年澳门面临的现实环境的基本特点。

在政治方面，“九七”后香港的顺利回归及“一国两制”在香港的成功实践，为澳门提供了范例和许多可供借鉴的经验。香港特区行政长官的施政纲领、特区政府的正常运作、中央政府对特区的高度信任和支持等等，都十分有利于澳门特区政府依据澳门基本法对澳门进行高度自治。

“一国两制”为澳人治澳提供了一个崭新的舞台。长期以来，澳葡政府对澳门的管制多是短期心态，澳门一直没有长远的明确的发展方向，也没有健全的适合现代澳门发展的法律环境。回归后，澳门特区政府可以根据澳门自身情况来长远规划和考虑澳门的发展问题，改革澳门政治体制中落后的和不适宜的部分。

人心思变、民心思归是澳门社会的现实心态。自过渡期以来，澳门人参与意识日益浓厚，越来越多的澳门人不仅积极参与有关平稳过渡和政权交接的事务，而且纷纷献计献策，对澳门社会经济发展中的深层次、结构性问题，提出许多有价值的意见和方案，成为“澳人治澳”的坚实基础，也便于澳门第一届特区政府吸纳积极建议。

随着澳门的回归，内地各部门和省市对澳门的认识和了解得到有力推动和深化，利用澳门、服务澳门和支持澳门的热潮和共识已初步形成，有利于推动澳门与内地经济互补合作的进一步拓展和提升。

回归后，澳门与香港同为特别行政区，便于在同一个中央政府之下更好地协调港澳地区间经济合作与发展，有利于结合内地和港澳的优势，促进整个区域经济的和谐发展。

在经济方面，澳门自1993年下半年开始进入漫长的调整期，原有的结构性矛盾尚未解决，又狭逢亚洲金融风暴的频频冲击，加上澳门近年来社会治安有所恶化，使21世纪初的澳门经济形势更加困难和严峻。但由于香港的屏障效应，再加上澳门早已处于调整阶段，因此亚洲风暴对澳门的冲击相对亚洲大多数国家和地区来说影响较轻，澳门也面临着一些有利的发展条件。

1. 与澳门经贸关系最密切的欧美两大市场总体上仍可望处于一个较低速但相对稳定的发展时期，亚洲国家的经济形势也会有所好转，这对澳门经济发展将起到支持作用。

2. 随着内地新一轮改革和发展，今后几年将重点推进国企、金融、政府机构以及其他配套的改革。在一系列加大改革力度、扩大内需等促进经济增长的政策和措施陆续出台后，相信中国经济将会继续保持健康、快速的增长。这对澳门来说，无疑将是最有力的支持，也为澳门经济发展提供了难得的机遇。

3. 从确保澳门平稳回归及经济健康发展的角度出发，中央政府将更加关心和重视澳门的社会治安和经济形势，并通过各种渠道和形式，加大对澳门的支持力度，这对澳门治安形势的好转和推动澳门经济早日走出低谷，将起到非常重要的作用。

4. 澳门经济经过持续多年的低速增长乃至衰退，已具有一定的承接力，在进一步下跌的余地有限。1998年中，澳门政府推出一系列挽救经济、减少失业、稳定金融及增加社会保障的措施和办法，政府及私人均有一些大型投资和基建项目陆续出台，有的已经开工，并将在1998年投入使用。此举将对尽快扩大内部需求，刺激经济增长起积极作用。

但是，毕竟澳门经济发展中一些积累下来的矛盾是长期形成的，不可能在短期内得以解决。因此，从四大支柱行业情况看，表现仍难以乐观。

旅游博彩业，受亚洲金融风暴和治安局势恶化的影响，仍有下调压力；但随着回归日期渐近，澳门吸引力增强，以及内地逐步放宽赴澳利用限制，估计情况会有所好转。

地产建筑业，楼价自1993年进入调整以来，已有可观跌幅，进一步下调空间有限；但由于供求严重失衡，加上经济不景，需求受到抑制，复苏将会较预期延长。

出口加工业，在周边地区金融动荡，经济衰退的情况下有部分订单回流澳门，有助于澳门制造业复苏；但是由于出口商品价格下调，以及国际贸易组织对澳门出口配额的逐步削减，加上工业转型进展缓慢，前景值得担忧。

金融业在外部因素不明朗，且本地经济环境难望明显好转的情况下，估计难以有所表现。

（作者所在单位：国务院港澳办港澳研究所）

澳门作为中国内地对外窗口的独特优势

蔡 赤 萌

背靠祖国内地和毗邻香港是澳门得天独厚的区位优势，作为高度开放的微型经济实体，其经济贸易的发展与外部世界，特别是与中国内地和香港的经济合作息息相关。澳门的独特优势主要有：

一、广泛的对外经济联系

澳门在特殊的历史条件下，作为一个区域性非主权实体，形成了在国际交往中独特的法律地位，与世界各国、各地区建立了广泛而密切的联系。澳门参与国际或区域性组织和协定已有很长的历史。早在1884年澳门邮政部门就已参加了国际邮联。目前澳门参与的政府间国际或区域性组织和协定达80多个，其中包括四种情况：作为正式成员加入国际性组织或协定，单独以地区名义承担国际义务，享受国际权利；作为准成员、联系成员或无投票权的会员加入国际组织或协定，单独以地区名义在组织内发言，在特定条件下承担国际义务，享受国际权利；作为观察员参加国际组织或协定，不能以地区名义发言；作为葡萄牙代表成员或顾问的身份出席国际组织会议。

澳门地区的各类民间团体和组织，还以多种形式参加了许多非政府国际或区域性组织，如亚洲奥林匹克理事会、国际图书馆协会联合会、国际建筑师协会、国际大学协会、狮子会、扶轮社、国际青商会等，不胜枚举。这种与国际间近百个民间组织和团体的友好联系和交往，大大丰富了澳门地区对外关系的内容，促进了澳门社会经济的发展，并使澳门的国际地位日益提高。

此外，澳门政府在葡萄牙里斯本设立澳门办事处和澳门联络处，在欧共体总部设立澳门办事处，在10个国家和1个地区的15个城市设立旅游办事处，这些都是澳门与外界重要的联系纽带。

拥有广泛的对外联系，是澳门发展经济的主要优势之一。澳门经济属于市场经济，实行自由港和自由经济政策，经济运作与国际间联系密切，是国际化程度较高的外向型经济。这种经济体制的正常与有效运作，离不开广泛的国际经济关系作为前提和保证。参加各种类型的国际组织则是获得这种经济关系的一个重要方面。通过参加各种类型的国际组织，并与之保持密切的联系，不仅有助于提高和扩大澳门的国际形象和知名度，有利于同国际社会及时进行各方面的信息交流，而且有益于澳门在履行国际义务的同时享受有关国际权益如欧美国家的进口配额和低关税优惠等等。在发展对外经济联系方面，澳门利用自身各种条件并经过不断努力，已取得令人注目的成绩，大大拓展了澳门的经济发展空间，成为澳门未来发展的必须借重的经济优势。

二、优越的国际贸易地位

作为世界贸易组织（WTO）的正式成员，澳门在市场准入、补贴和反倾销政策、信息技术产品、动植物检疫措施、纺织品、通讯服务、金融保险服务、专业人士服务、版权、企业产权等方面，已与WTO的118个成员国家和地区达成各种协议。根据这些协议，有关国家和地区对澳门本地产品实行减免关税等优惠措施。

如1992年签署的“欧澳贸易合作协定”规定，澳门与欧共体国家进出口、转口、支付及转帐、行政和法律手续等方面，互相给予最惠国待遇，并在共同生产及合办企业、技术转让及金融合作、共同培训高级管理人员等方面提供便利。澳门能够享受欧盟的三项优惠政策：其一、纺织品协议，欧盟给予澳门28类纺织品配额，使带有配额的纺织品出口到欧盟可免缴关税。根据有关规定，大约30%的生产工序在澳门完成，即可视为澳门产品（各种产品有不同的要求）。其二、根据普及优惠制的原则，澳门产品在某个数量内出口到欧盟可享有免税或低税优惠。其三、欧盟正式将澳门纳入国际投资伙伴计划的优惠国家（地区）名单，凡在澳门成立、由欧盟企业和澳门企业联合经营的企业，可通过该计划申请欧盟的津贴、优惠贷款或无息贷款。

此外，澳门还在美国等地享受产品进口配额和低关税优惠。目前澳门出口产品中有40%以上是输往美国的，根据澳门与美国签定的纺织品协议，澳门各类输美的带有配额的产品可以享受到免税或减税优惠。

澳门的上述优势，使得澳门成为中国内地、甚至亚洲国家与欧盟国家经济联系的一座桥梁，在内地开展对外经济技术合作中，澳门具有不可替代的特殊作用。

三、便利的国际信息渠道

因循澳门与葡萄牙特殊的历史，澳门与欧盟和拉丁语系国家有着密切的经济联系，并构成澳门特有的经济优势。自90年代开始，欧盟陆续在澳门建立了三个面向亚洲乃至欧洲之外所有地区的服务中心。其一是欧洲资讯中心，负责协助欧洲中小企业和亚洲中小企业建立各种联系，提供咨询服务。目前，欧洲资讯中心已与欧洲其他210个资讯中心形成电脑网络，后者可以迅速向澳门提供欧盟的有关发展计划、政策、法律、贸易、金融信息、科技讯息、企业活动等信息，澳门亦将有关信息反馈给欧洲各资讯中心，使之为欧洲企业前来投资、洽商经贸合作提供顾问服务，并协助有关银行共同实施欧盟的“亚洲投资伙伴计划”。其二是欧洲文献中心，馆藏大量欧盟的公开文件和各类刊物，并建有专门的计算机网站供用户从因特网上查询文献资料。其三为欧洲旅游培训中心，负责向亚洲旅游业的同行提供各类有关欧洲旅游的培训。

此外，联合国也在澳门设立了三个独特的机构。一是全球唯一的一所联合国大学国际软件技术研究所，其主要目的是为发展中国家培养信息技术方面的科研、教学和企业管理人才；二是联合国及联合国教科文组织文献中心，该中心收藏了联合国和联合国教科文组织90年代以来的全部文献；三是联合国教科文组织澳门科教文中心。另外，世贸组织、世界银行、世界粮农组织等，也在澳门建立了文献中心。应该指出，联合国在发展中国家建立的各类机构一般都设于所在国家的首都，而对澳门却大开方便之门，这一方面说明中葡双方在澳门问题上友好合作，对此给予大力支持；另一方面也表明在澳门各界的积极努力下，澳门自身所具备的条件得到了国际组织的认可。所有这些，都为澳门成为欧盟及其他国际组织与中国乃至亚洲地区进行经济、科技、文化联系与交流的重要渠道创造了有利的条件。

四、毗邻香港的有利位置

澳门地处东亚经济中心，背靠中国经济增长最快的珠江三角洲，往东隔伶仃洋与香港相望，距离仅40海里，面向四通八达的太平洋，是这个经济增长三角洲的重要桥梁和窗口。优越的区域环境为澳门经济的发展提供了巨大的空间和广阔的腹地。

澳门与香港一衣带水，在历史上就有着千丝万缕的密切联系。长期来，两地之间人员交往频繁，至今仍有10万人同时持有香港身份证和澳门身份证；资金进出自由，港币也是澳门的流通货币；贸易渠道顺畅，同为自由港、低税区。因此两地自然形成了互为补充，互相促进的经济合作格局。从产业结构上看，香港主要是亚太地区举足轻重的国际金融、贸易、航运、旅游及商贸服务中心。而澳门利用国际间对澳门贸易的优惠，把香港部分劳动密集型出口加工业吸引过来，使其与同期发展起来的博彩旅游、地产建筑、金融保险等业一起，成为澳门新的支柱产业。

由于两地产业形成与结构调整的时间有所不同，特别是经济规模及发展程度上的差异，澳门很自然地成为香港市场的延伸或补充。在金融方面，澳门银行多数来自香港，澳元直接与港币挂钩，黄金、外汇、股票等金融工具的买卖也须通过香港市场进行；在贸易方面，香港是澳门最大的贸易伙伴，出口绝大部分经香港转运，进口也主要通过香港转入；在房地产领域，来自香港的投资占相当比重；旅游博彩是澳门的主导产业，香港游客占澳门旅游客源的70%以上，外国游客也多取道香港来澳。由此可见，澳门在产业结构方面与香港高度重合，但并未因此而削弱了澳门的竞争力，澳门正是依托了香港的竞争优势而赢得了自己的生存和发展空间。

从地理位置上看，澳门位于珠江口西岸，与地处珠江口东岸的香港遥相呼应，成为整个华南地区特别是珠江三角洲两个重要的对外窗口。从区域分工的角度而言，澳港两地在加强珠江三角洲东西两翼的联系中发挥着重要作用。香港偏重于与珠江三角洲东部地区乃至东南沿海地区的联系，而澳门则偏重于与珠江三角洲西部地区的联系，进而辐射到整个大西南地区。在这一点上，澳港优势完全可以互补，它可以使两地共同拥有一个更为广阔的腹地，对内地的联系也更为充实全面。

从对外联系上看，由于历史的原因，澳门通过葡萄牙与欧盟形成了一种特殊的关系，享受着多种优惠待遇，与香港同英语国家的密切联系相得益彰，相辅相成。

从城市功能上看，澳门有条件成为香港国际金融、贸易、航运、旅游中心的延伸和补充。澳门与香港一样，实行自由经济制度，又是独立关税地区。经过多年建设，澳门的基础设施也有了长足的进步。无论是交通还是能源、通讯方面，与香港的差距都在缩小。在经营成本方面，澳门实行低税政策，所得税率甚至低于香港；澳门楼价只有香港的1/8至1/10。工人工资只是香港的一半左右。此外，澳门与香港一水之隔，来往方便，澳门作为世界三大赌城之一，享有“东方蒙特卡洛”之称，从来都是港人短期休闲度假之地，世界各地的大量游客也慕名前来。

从以上几点不难看出，澳港两地存在着不少共同之处，但又拥有各自的优势。虽然，澳门经济在很大程度上要依附于香港才能生存和发展，居于主导地位的香港几乎影响和制约着澳门的所有产业，但两地之间仍存在着互补、互利以致互动的关系。澳港两地优势的有机结合及充分发挥，对内地来说，将成为扩大对外开放，推动经济增长的新的动力。

目前，澳门与香港之间这种具有互补性质的竞争优势，发挥得并不充分，两地合作的形式基本还处在民间自发形成的初级阶段，主要还是靠微观市场机制的自发调节，缺乏政府的宏观引导和有效协调。随着澳门回归祖国，澳门与香港两个特别行政区直辖于同一个中央政府，有利于更好地协调两地经济关系，更大限度地发挥各自的优势，把两地经济合作水平提升到更高的层次和更广阔的领域。

澳门经济有其独特的地位和优势，如何通过与邻近地区的经济协作来充分发挥澳门的优势和作用，是未来澳门提升经济层次、挖掘经济潜力的重要因素，也是澳门与内地及港台经济共同发展的需要。自从中国内地实行开放政策以来，港澳台与内地形成了互补、互利、相互依存、相互合作、共生共荣的经济合作格局。随着香港、澳门回归祖国，这种业已形成的优势互补的合作关系，将紧紧配合“一国两制”这个历史机遇，为四地的经济合作提供更好的宏观环境和总体条件。因此不少有识之士提出，澳门在这样一个大背景下，其经济发展战略的制订和实施，不仅要从自身着眼，更要注重与粤港经济的协调发展、注重与台湾经济互补互利及其沟通两岸经贸的桥梁作用。要充分比较研究澳门与粤港台之间的相对优势和劣势，找准自己的位置，在一种与周边地区和谐的经济关系中确立和实施自己的经济发展战略。

澳门与内地经济交往渊源流长。内地始终是澳门经济发展的坚强后盾，作为主要原材料、劳动力、农副产品等供应地，保证了澳门经济发展的基本需要。近20年来，澳门与内地在贸易、旅游、投资、交通、制造业、房地产等方面的联系日益增强，内地因素特别是“广东因素”正发挥越来越重要的作用。澳门与内地的贸易总额，由1979年的54.2亿澳门元增长到1997年的5852.3亿澳门元。1997年到澳门的内地游客达52.8万人次。中资已成为澳门最大的外来投资者。到1997年底，中资在澳门开设的企业已达200多家，资本总额超过400亿澳门元，分别占澳门地产、金融、旅游、保险和贸易等几大支柱产业的比重为70%、60%、50%、50%和30%。

澳门与香港同是国际自由港和世界贸易组织特别关税地区，在“一国两制”的基础上，港澳两地既可以保持其经济上的特殊性，又可以消除过去主权分裂所造成的种种障碍，与内地进行充分、直接、更高层次的全面协调和合作。香港与澳门、内地经济相比，具有明显的绝对优势和比较优势，香港作为国际贸易中心、金融中心、航运中心和信息中心的地位仍然不可动摇。澳门与香港有许多相似之处，但又有自己独特的相对优势，具体体现在旅游博彩、自由经济制度、低税低成本、市场反应敏捷、联系欧盟和拉丁语系国家优势、背靠珠江三角洲西部等方面。内地经济优势主要表现为：丰富的自然资源、充足的廉价劳动力、巨大的内部市场、雄厚的科技实力和完整的工业体系。结合三地比较优势，理性地进行广泛的分工与合作，无疑可为三方共同面临的产业结构转型和升级创造了有利条件、使旅游业在各显特色的基础上又协调发展、在出口贸易上有所侧重又互相依靠和共同拓展、使科研活动能够及时跟进国际市场的动向并使科研成果成功地进行商品化和产业化、使金融业能够不断吸引海外资金和机构并为区域经济和亚太经济的发展发挥更为重要的金融中心功能。

1998年3月，粤港两地政府间已成立了高层次的合作协调机构，并决定今后粤港合作联席会议每隔半年举行一次，使的政府间的联系和合作制度化和经常化，从而推进两地合作走向新的阶段。随着澳门的回归，澳门与内地也将建立起类似的高层协调机构。但人们更为关注和期望的是建立一个内地、澳门和香港多边政府间的协调机构，来协调三地间的基础设施如航空、铁路、港口、机场、通讯等方面的合作与衔接，来推动金融、旅游、信息、科技等行业的深层合作与发展，从而形成新的更高层次的竞争优势。

可以预计，未来“一国两制”实践不仅将在港澳地区获得成功，也将对台湾地区起到巨大的示范效应，同时港澳台和内地间的经济将在互补互利的基础上更加理性地开展合作，21世纪中国经济发展将成为世界经济中一个新的奇迹。

（作者所在单位：国务院港澳办港澳研究所）

澳门地区主要社会经济指标

1997年按行业分类之工业概况

MAIN STATISTICS BY TYPE OF CLASSFICATION OF ECONOMIC ACTIVITIES-1997

澳门行业分类 Classification of economic activities	场所 Establishments	在职员工 Persons engaged	有薪酬员工 Employees	报酬 Remuneration	普查生产值 Census output	普查消耗 Census input	普查增添值 Census value added
	N^0 数目			10^3MOP 千元澳门币			
总数 GRAND TOTAL							
采矿工业 MINING AND QUARRYING	1	33	33	4657	18147	4914	13232
制造工业 MANUFACTURING	1340	38679	37664	2010981	14101959	10551501	3550458
食品、饮品及菸草工业 Foodindustries, beverages and tobacco	139	1383	1252	78744	372285	239094	133191
食品工业 Foodindustries	128	1081	953	54612	182880	99820	83060
饮品工业 Beverage industries	7	197	194	17392	83176	51225	31950
菸草业 Tobacco industry	4	105	105	6740	106229	88049	18181
纺织、成衣及皮革工业 Textiles, wearing apparel and leather industries	563	30801	30521	1564854	11759955	8932189	2827766
纺织工业 Textiles industries	140	5980	5912	322902	2907512	2300591	606921
成衣产品的制造（鞋除外） Manufacture wearing apparel, except footwear	408	23916	23710	1206309	8606843	6445395	2161448
制皮革工业、皮革、皮革代用品及兽皮工业（鞋及其他衣物除外） Industries of leather and products of leather, leather substitutes and fur, except footwear and other wearing apparel	4	104	103	4879	21817	15689	6128
鞋的制造（倒模硫化橡胶鞋或塑胶鞋以及完全用木造的鞋除外） Manufacture of footwear, except vulcanized; moulded rubber/plastic and wood footwear	11	801	796	30766	223784	170515	53268
木料及软木工业 Wood and cork industries	126	335	197	10504	42175	22778	19398
木材工业；木材及软木加工品的制造（家具除外） Industries of wood; wood and cork articles, except furniture	18	71	51	2657	7224	4479	2745

1997 年按行业分类之工业概况

MAIN STATISTICS BY TYPE OF CLASSFICATION OF ECONOMIC ACTIVITIES-1997

澳门行业分类 Ciassification of economic activities	场 所 Establish ments	在职员工 Persons engaged	有薪酬员工 Employees	报 酬 Remunera tion	普查生产值 Census output	普查消耗 Census input	普查增添值 Census value added
	N^0 数目			10^3MOP 千元澳门币			
家具的制造（金属及倒模塑胶家具除外） Manufacture of furuniture, except metallic and moulded plastic furniture	108	264	146	7847	34951	18299	16653
纸工业；印刷及刊物出版 Faper industries; printing and publshing	123	1389	1294	99101	304100	196235	107865
纸工业 Paper industries	25	159	138	6766	36534	25518	11017
印刷及刊物出版 Printing and publishing	98	1230	1156	92334	267566	170717	96849
石油和煤的衍生物以及橡胶和塑胶产品的化学工业 Chemicals industries of petroleum and coal by - products, rubber products and plastic products	28	409	374	27613	203979	151405	52574
其他化学产品的制造 Manufacture of other chemical products	15	300	285	22934	172460	128198	44262
橡胶工业 Rubber industry	2	6	5	293	503	219	285
塑胶物品的制造（玩具除外） Manufacture of plastic products except toys	11	103	84	4386	31016	22988	8027
非金属矿物产品的工业（原油和煤衍生品除外） Industries of non - metallic mineral products, except petroleum and coal by - products	22	482	465	39739	507979	415179	92801
陶瓷、釉陶、缸瓷及陶器制品的制造 Manufacture of pottery, china and earthenware	—	—	—	—	—	—	
玻璃及玻璃物品的制造 Manufacture of galss and glass products	5	18	12	836	4744	3522	1222
其他非金属矿物的制造 Manufacture of other non - metallic mineral products	17	464	453	38903	503235	411657	91579

1997年按行业分类之工业概况

MAIN STATISTICS BY TYPE OF CLASSFICATION OF ECONOMIC ACTIVITIES-1997

澳门行业分类 Classification of economic activities	场　所 Establishments	在职员工 Persons engaged	有薪酬员工 Employees	报　酬 Remuneration	普查生产值 Census output	普查消耗 Census input	普查增添值 Census value added
	N⁰ 数目			10^3MOP 千元澳门币			
金属产品、运输机器、设备及器材的制造 Manufacture of metal products, machinery and transport equipment	284	2339	2080	129828	577328	344170	233158
金属产品的制造（运输机器、设备及器材除外） Manufacture of metal products, except machinery and transport equipment	177	562	380	22179	86791	47449	39342
非电动机器的制造 Manufacture of mon – electrical machinery	39	159	121	7832	31664	10378	21287
机器、仪器、用具及其他电力器材的制造 manufacture of electrical machinery, apparafus, appliances and other electrical equipment	27	1301	1294	72967	381300	250757	130543
运输工具的建造 Manufacture of transport equipment	38	288	257	25944	67227	29310	37917
专业和科学器材、测量和检测仪器以及摄影和光学仪器的制造 Manufacture of professional and scientific, and measuring and controlling equipment, and of photographic and optical goods	3	29	28	906	10346	6276	4070
其他制造工业 Other manufacturing industries	55	1541	1481	60598	334156	250451	83704
其他制造工业 Other manufacturing industries	55	1541	1481	60598	334156	250451	83704
电力、气体及水 ELECTRLCITY, GASANDWATER	2	1055	1055	263044	1891205	611168	1280037
电力、气体及蒸气 Electricity, gas and steam	1	803	803	219618	1625406	491700	1133706
水的供应 Water supply	1	252	252	43426	265799	119468	146331

政府投资发展计划－1998

GOVERNMENT INVESTMENT PLAN－1998

10^3 MOP
千元澳门币计

类型 Kind of investment	最初拨款 Initial budget allowance	付予 Payments	差额 Balance	实施百分率 Execution rate
TOTAL 总额	1900000	1595479	304521	84.0
土地 Land	0	0	0	—
房屋 Housing	16160	28454	－12294	176.1
非居住性用途楼宇 Non－residential buildings	847397	778983	68414	91.9
道路及桥梁 Roads and bridges	144375	97430	46945	67.5
港口 Ports	0	1387	－1387	—
其他建筑工程 Other constructions	416009	352592	63417	84.8
土地改良 Land improvement	0	0	0	—
种植 Plantations	0	0	0	—
运输工具 Transport equipment	0	1193	－1193	—
机器及其他设备 Machinery and other epuipment	169230	142368	26862	84.1
动物 Animais	0	0	0	—
其他投资 Other investment	204975	193072	11903	94.2
历年数目参考 RETROSPECTIVE FIGURES				
总数 Total values				
1997	1500000	1460707	39293	97.4
1996	1600000	1326889	273111	82.9
1995	1750000	1237087	512913	70.7
1994	1820000	1010343	809657	55.5

进出口贸易活动年编

NUAL EVOLUTION OF IMPORTS AND EXPORTS

10^3 MCP

千元澳门币计

年 Year	进口 Imports				出口 Exports				进口及出口 Imports and exports			
	进口 Imports	确定性入口 Definite Imports	暂时入口 Temporary Imports	再进口 Reimports	确定性出口 Definite Exports	本地产品出口 Domsctic Exports	再出口 Reexpoits	暂时出口 Temporary Exports	差额 Trade balance	全年比率% Annual variation% 进口 Import	出口 Export	贸易百分比 Coverage rate %
1998	15596446	—	—	1840954	—	14903821	2179795	1583963	+1487170	-6.1	-0.3	109.5
1997*	16603389	—	—	1260647	—	15048141	2081030	1097689	+525782	+4.2	+7.7	103.2
1996*	15930661	—	—	1027763	—	13375822	2552688	888402	-32152	-2.1	-0.1	99.8
1995	—	16267102	238899	884514	15913452	—	n. d.	740976	-353650	-3.9	+7.1	97.8
1994	—	16925115	235285	790417	14853890	—	n. d.	666307	-2071225	+4.9	+4.3	87.8
1993	—	16137991	344322	633861	14236218	—	n. d.	525824	-1901773	+2.9	+1.1	88.2
1992	—	15684720	273824	708609	14080157	—	n. d.	582075	-1604563	+5.7	+5.7	89.8
1991	—	14832422	242274	448753	13326068	—	n. d.	414404	-1506354	+20.2	-2.3	89.8
1990	—	12343101	111033	220213	13638192	—	n. d.	160590	+1295091	+3.9	+3.4	110.5
1989	—	11879172	41873	242534	13193892	—	n. d.	224761	+1314720	+14.5	+9.9	111.1
1988	—	10375535	5047	105453	12003248	—	n. d.	110978	+1627713	+15.1	+6.9	115.7
1987	—	9017166	10921	99872	11233528	—	n. d.	81842	+2216362	+23.2	+30.2	124.6
1986	—	7318203	8472	45948	8630253	—	n. d.	41249	+1312050	+18.4	+20.2	117.9
1985	—	6178896	21009	57128	7180918	—	n. d.	43932	+1002022	-3.2	-1.7	116.2

经济货物大类 Ctassification by Broad Economic Categories	1995				
	进口 Imports		出口 Exports		比率（%）Cover-age rate %
	价值 Value	%	价值 Value	%	
总数 Total	16267	100.00	15913	100.00	97.82
食物及饮品 Food and beverages	1695	10.42	163	1.02	9.62
未经加工 Primary	542	3.33	27	0.17	4.98
主要工业用途 Mainly for industry	256	1.57	3	0.02	1.17
主要家庭消费 Mainly for household consumption	286	1.76	24	0.15	8.39
已经加工 Processed	1154	7.09	136	0.85	11.79
主要工业用途 Mainly for industry	113	0.69	5	0.03	4.42
主要家庭消费 Mainly for household consumption	1041	6.40	131	0.82	12.58
未列明之工业物品 Industrial supplies not elsewhere specified	8153	50.12	2596	16.31	31.84
原料 Primary	397	2.44	380	2.39	95.72
加工原料 Processed	7755	47.67	2215	13.92	28.56
燃料及润滑油 Fuels and lubricants	834	5.13	2	0.01	0.24
原料 Primary	5	0.03	—	—	—
加工原料 Processed	829	5.10	2	0.01	0.24
汽油 Motor spirit	104	0.64	—	—	—
其他燃料 Others	725	4.46	2	0.01	0.24
生产器具（交通运输工具除外）及其零件及附件 Machines and other capital goods (except transport equipmen), and parts and accessories thereof	2034	12.50	560	3.52	27.53
生产器具（交通运输工具除外）Machines and other capital goods (except transport equipment)	1479	9.09	330	2.07	22.31
生产器具之零件及附件 Parts, separated pieces and accessories	555	3.41	230	1.45	41.44
交通运输工具之零件及附件 Transpot equipment and accessories thereof	645	3.97	62	0.39	9.61
可载乘客之汽车 Passenger motor cars	252	1.55	6	0.04	2.38
其他类型交通运输工具 Other transport equipment	296	1.82	8	0.05	2.70
工业用途 Industrial	248	1.52	5	0.03	2.02
非工业用途 Non-industrial	47	0.29	4	0.03	8.51
交通运输工具之零件及附件 Parts, separated pieces and accessories	98	0.60	48	0.30	48.98
其他未列明之消费物品 Consumer goods not elsewhere specified	2894	17.80	12516	78.65	432.48
耐用物品 Durables	609	3.74	88	0.55	14.45
半耐用物品 Semi-durables	1130	6.95	9396	59.05	831.50
非耐用物品 Non-durables	1156	7.11	3031	19.05	262.20
未能之类之货品 Goods not elsewhere specified	12	0.07	15	0.09	125.00

之进口及出口
BY《BEC》

10⁶MOP
百万元澳门币计

1996					1997					1998				
进口 Imports		出口 Exports		比率(%) Cover-age rate %	进口 Imports		出口 Exports		比率(%) Cover-age rate %	进口 Imports		出口 Exports		比率(%) Cover-age rate %
价值 Value	%	价值 Value	%		价值 Value	%	价值 Value	%		价值 Value	%	价值 Value	%	
15931	100.00	15899	100.00	99.80	16603	100.00	17129	100.00	103.17	15596	100.00	17084	100.00	109.54
1644	10.32	133	0.84	8.09	1611	9.70	122	0.71	7.57	1453	9.32	144	0.84	9.91
555	3.48	26	0.16	4.68	539	3.25	22	0.13	4.08	512	3.28	19	0.11	3.71
258	1.62	0	—	—	259	1.56	0	—	—	248	1.59	1	0.01	0.40
297	1.86	25	0.16	8.42	280	1.69	21	0.12	7.50	263	1.69	19	0.11	7.22
1089	6.84	108	0.68	9.92	1072	6.46	101	0.59	9.42	941	6.03	124	0.73	13.18
105	0.66	5	0.03	4.76	93	0.56	2	0.01	2.15	86	0.55	1	0.01	1.16
984	6.18	103	0.65	10.47	979	5.90	99	0.58	10.11	855	5.48	123	0.72	14.39
8378	52.59	2579	16.22	30.78	8726	52.56	2026	11.83	23.22	8433	54.07	1957	11.46	23.21
468	2.94	375	2.36	80.13	323	1.95	183	1.07	56.66	143	0.92	89	0.52	62.24
7910	49.65	2204	13.86	27.86	8402	50.61	1844	10.77	21.95	8290	53.15	1868	10.93	22.53
1016	6.38	65	0.41	6.40	1070	6.44	73	0.43	6.82	989	6.34	66	0.39	5.67
8	0.05	0	—	—	—	—	—	—	—	0	0.00	—	—	—
1009	6.33	65	0.41	6.44	1070	6.44	73	0.43	6.82	989	6.34	66	0.39	5.67
125	0.78	0	—	—	138	0.83	—	—	—	135	0.87	—	—	—
884	5.55	65	0.41	7.35	932	5.61	73	0.43	7.83	854	5.48	66	0.39	7.73
1513	9.50	435	2.74	28.75	1625	9.79	479	2.80	29.48	1448	9.28	589	3.45	40.68
1079	6.77	254	1.60	23.54	1285	7.74	245	1.43	19.07	1170	7.50	419	2.45	35.81
433	2.72	181	1.14	41.80	340	2.05	234	1.37	68.82	278	1.78	170	1.00	61.15
741	4.65	166	1.04	22.40	1030	6.20	156	0.91	15.15	765	4.91	272	1.59	35.56
293	1.84	8	0.05	2.73	412	2.48	13	0.08	3.16	350	2.24	25	0.15	7.14
206	1.29	7	0.04	3.40	355	2.14	8	0.05	2.25	133	0.85	37	0.22	27.82
117	0.73	6	0.04	5.13	256	1.54	6	0.04	2.34	67	0.43	34	0.20	50.75
88	0.55	1	0.01	1.14	99	0.60	2	0.01	2.02	66	0.42	3	0.02	4.55
242	1.52	150	0.94	61.98	263	1.58	135	0.79	51.33	282	1.81	210	1.23	74.47
2623	16.46	12517	78.73	477.20	2506	15.09	14273	83.33	569.55	2491	15.97	14057	82.28	564.31
432	2.71	77	0.48	17.82	351	2.11	75	0.44	21.37	301	1.93	35	0.20	11.63
1068	6.70	9405	59.15	880.62	1035	6.23	10761	62.82	1039.71	1092	7.00	10637	62.26	974.08
1123	7.05	3035	19.09	270.26	1120	6.75	3436	20.06	306.79	1098	7.04	3385	19.81	308.29
15	0.09	3	0.02	20.00	35	0.21	—	—	—	18	0.12	0	0.00	1.79

综合消费物价指数-
CONSUMER PRICE INDEX

物品/服务 Sections & groups of goods & services	权数 Weight	平均指数 Annual index 1998	一月 Jan.
总指数（包括屋租） Global index (including rent)	100.00	101.83	102.62
粮食及不含酒精饮品类 Foodstuff and beverages (non-alcoholic drinks)	31.31	104.32	104.90
衣服类 Clothing & footwear	5.74	101.43	100.11
租金、维修及住屋开支类 Rent, maintenance and housing expenses	30.26	100.31	100.78
住屋租金 Rent for dwelling	24.48	98.21	98.76
烟酒类 Alcoholic drinks and tobacco	1.42	105.49	102.04
家居用品类 Household goods	4.09	98.95	100.65
药物及医疗类 Health	1.84	109.24	108.74
交通及通讯类 Transports and communications	10.12	99.96	102.52
教育、文化及消闲类 Education, culture and leisure	9.22	104.66	105.08
其他物品及服务类 Other goods and services	6.01	94.49	983.47

外汇储备（澳门货币暨汇兑监理署）
MONETARY AND FOREIGN EXCHANGE AUTHORITY RESERVE

期末数值（百万元澳门币计）及结构

Values at the end of period (10^6MOP) and structure

项　目 Specification	1996 数值 Value	1996 %	1997 数值 Value	1997 %	1998 数值 Value	1998 %
资产 Assets	19304.6	100.0	20222.7	100.0	19657.0	100.0
黄金及白银 Gold and silver	5.8	0.0	7.3	0.0	5.9	0.0
活期存款 Deposits and current accounts	9848.5	51.0	13091.9	64.7	11901.1	60.6
投资 Financial investments	9450.4	49.0	7123.4	35.2	7750.0	39.4
其他储备 Other reserves	0.0	0.0	0.0	0.0	0.0	0.0
负债 Liabilities	103.1		0.1		0.2	
外汇储备净值 Net foreign exchange reserve	19201.5		20222.6		19656.8	

（包括屋租）

(COMPOSITE) -INCLUDING RENT

1995年7月至1996年6月=100

Jul. 95—Jun. 96 = 100

1998										
二月 Feb.	三月 Mar.	四月 Apr.	五月 May.	六月 Jun.	七月 Jul.	八月 Aug.	九月 Sept.	十月 Oct.	十一月 Nov.	十二月 Dec.
102.87	102.84	102.35	102.01	102.03	101.77	101.37	101.42	101.15	100.91	100.58
105.66	105.78	105.06	104.75	104.74	104.50	103.59	104.09	103.49	102.80	102.44
101.75	102.58	103.47	102.16	102.85	100.83	99.28	98.94	100.52	102.45	102.19
100.60	100.82	100.63	100.54	100.61	100.34	100.32	100.10	99.80	99.77	99.40
98.50	98.63	98.50	98.40	98.39	98.27	98.26	97.99	97.78	97.73	97.29
102.03	106.47	106.45	106.58	106.48	106.24	106.27	106.07	106.07	105.71	105.45
100.86	100.93	101.20	99.95	99.58	98.66	97.75	97.54	96.52	96.86	96.85
109.65	108.28	109.57	109.11	109.32	109.66	110.31	109.68	109.13	109.27	108.22
102.07	100.13	98.97	98.56	98.69	100.01	100.37	100.31	99.78	99.18	98.96
105.61	105.57	105.37	105.16	104.97	104.22	104.01	104.05	104.46	103.91	103.57
97.49	97.10	94.52	94.10	93.74	93.47	93.37	93.35	93.10	92.73	92.37

金融状况综合表

SUMMARY OF THE MONETARY SITUATION

期末数值（百万元澳门币计）

Values at the end of period (10^6MOP)

项 目 Specification	1996		1997		1998	
	数值 Value	%	数值 Value	%	数值 Value	%
对外净资产 Net foreign assets	43206.7	10.1	42820.1	-0.9	52881.7	23.5
资产 DX Foreign Assets	105626.3		105998.5		115130.8	
负债 RX Foreign Liabilities	62419.6		63178.4		62249.1	
本地信贷 Domestic credit	39003.3	4.7	41437.8	6.2	41977.0	1.3
公共 Public sector	-5408.1		-7371.8		-6072.3	
机构及私人 Firms and individuals	44411.4	6.6	48809.6	9.9	48049.3	-1.6
货币供应（M2）Money supply（M2）	74744.3	7.9	78353.8	4.8	86209.5	10.0
货币供应（M1）Money supply（M1）	20438.3	7.5	18953.1	-7.3	20164.1	6.4
流通货币 Currency in circulation	1426.7	11.4	1518.3	6.4	1547.6	1.9
活期及储蓄存款 Sight deposits	19011.5	7.2	17434.8	-8.3	18616.5	6.8
准货币负债 Quasi-monetary liabilities	54306.0	8.0	59400.7	9.4	66045.4	11.2
其他（净值）Sundry（net）	7465.8		5904.1		8649.3	

本地区总预算
MACAU GOVERNMENT BUDGET

10^3 MOP
千元澳门币计

收支预算 Budget of revenue and expenditure	1994	1995	1996	1997	1998
总收入 TOTAL REVENUE	12512571	16840355	15759557	16017681	14831099
一般收入 Recurrent receipts	9281019	9024860	9433150	10724545	10249454
财务收入 Capital receipts	31400	161400	142400	222603	322921
拨回款项 Reimbursements	8000	8000	10000	12000	20000
自治机关收入 Autonomous bodies receipts	2860684	5564455	6174007	4658533	3168324
动用上年度盈余滚存 Utility of balance from previous fiscal years	331468	2081640	0	400000	1070400
总支出 TOTAl EXPENDITURE	12512571	16840355	15759557	16017681	14831099
一般支出 Recurrent payments	7458677	6791867	7043564	8730310	9068354
财务支出 Capital payments	2193210	4484033	2541986	2628838	2594421
自治机关支出 Autonomous bodies expenditure	2860684	5564455	6174007	4658533	3168324

本地区总账目
MACAU GOVERNMENT ACCOUNTS

10^3 MOP
千元澳门币计

已收缴金额及已支付开支 Receipts and payments	1994	1995	1996	1997	1998
总收入 TOTAL REVENUE	12811236	16194783	14711265	15000584	10457547
一般收入 Recurrent receipts	10000244	8558189	8446794	10035133	8658709
财务收入 Capital receipts	77888	77943	103317	16524	210846
拨回款项 Reimbursements	8606	38987	19193	21100	17592
自治机关收入 Autonomous bodies receipts	2724498	5438024	6141961	4527827	n. d.
动用上年度盈余滚存 Utility of balance from previous fiscal years	0	2081640	0	400000	1570400
总支出 TOTAl EXPENDITURE	11251339	15472165	14681297	14240687	10414882
一般支出 Recurrent payments	6826828	6106587	6518219	7715312	8332441
财务支出 Capital payments	1700013	3928025	2021117	1997548	2082441
自治机关支出 Autonomous bodies expenditure	2724498	5437553	6141961	4527827	n. d.

主 要 收 益

MAIN RECEIPTS

10^3 MOP

千元澳门币计

收　　益 Receipts	1994	1995	1996	1997	1998
职业税 Income tax	242870	258358	292157	308585	296545
所得补充税 Profits tax	623371	595098	555500	569648	632724
营业税 Business tax	26820	27127	27180	27155	26748
业钞 Urban house tax	120376	134268	162904	199033	230436
遗产及赠与税、物业转移税 Estate duty and conveyance tax	416439	343911	336628	351688	274044
印花税 Stamp tax	190615	202564	227659	213758	214103
消费税 Consumption tax	400999	342993	371776	172615	139715
机动车辆税 Tax on vehicles	—	—	—	156457	125083
旅游税 Tourism tax	124145	—	—	—	—
来源证及出口证之税项 From the emission of certificates of origin and export licences	24872	9066	7238	8003	7086
其他税收 Other taxes	2785	4453	1936	2144	1938
各类手续费、罚款及其他处分 Compulsory fees fines and penalites	374495	345555	328808	300877	293019
专利税 From the concession of exclusiveness	4754087	5479951	5217073	6277426	5232362
产业收益 Property income	2521134	759299	850929	673861	991904

本地生产总值及

MAIN COMPONENTS OF EXPENDITURE

经济项目 Components	1991	△%	1992	△%	1993	△%
以当年价格计算 At current market prices						
PIB 本地生产总值 GDP	32817291	15.3	42072441	28.2	47594751	13.1
私人消费 Private consumption expenditure	10623936	17.2	12404155	16.8	14035965	13.2
非企业性公共机构最缔造消费（1） Goverment consumption expenditure（1）	2938064	22.6	3109766	5.8	3602641	15.8
固定资产增减总额 Gross domestic fixed capital formation	8161713	35.8	12670940	55.2	14699751	16.0
贮存变动 Change is stocks	378719	181.0	354519	－6.4	426371	20.3
出口货物及服务 Exports of goods and services	27626264	7.9	32119496	16.3	34136114	6.3
入口货的及服务 Imports of goods and services	16911405	14.7	18586435	9.9	19306091	3.9
（1989 年）以固定价格计算 At constant（1989）market prices						
本地生产总值 GDP	27043293	3.7	30639810	13.3	32228825	5.2
私人消费 Private consumption expenditure	8984305	7.2	9774937	8.8	10405680	6.5
非企业性公共机构最终消费（1） Goverment consumption expenditure（1）	2450756	12.9	2359441	－3.7	2515292	6.6
固定资产增减总额 Gross domestic fixed capital formation	7296708	27.4	9989458	36.9	10416434	4.3
贮存变动 Change is stocks	331291	169.7	290018	－12.5	324924	12.0
出口货物及服务 Exports of goods and services	24224037	－0.4	26185542	8.1	26833276	2.5
入口货物及服务 Imports of goods and services	16243804	10.9	17959586	10.6	18266781	1.7

主要消费项目

ON THE GROSS DOMESTIC PRODUCT

10^3 MOP

千元澳门币计

1994	△%	1995	△%	1996	△%	1997	△%	1998	△%
53428709	12.3	59281655	11.0	58255975	-1.7	58619553	0.6	54608547	-6.8
15951322	13.6	17614003	10.4	19013169	7.9	19923210	4.8	19656135	-1.3
4148759	15.2	4772846	15.0	5280284	10.6	5740858	8.7	5883885	2.5
16901088	15.0	16123974	-4.6	11640862	-27.8	11956284	2.7	10019180	-16.2
607963	42.6	380450	-37.4	552307	45.2	265629	-51.9	376139	41.6
36567923	7.1	41010951	12.2	41700558	1.7	42230561	1.3	39471589	-6.5
20748346	7.5	20620569	-0.6	19931223	-3.3	21496989	7.9	20798381	-3.2
33696914	4.6	34914655	3.6	34752376	-0.5	34707290	-0.1	33318430	-4.0
11134881	7.0	11495649	3.2	11964241	4.1	12196178	1.9	12064263	-1.1
2692458	7.0	2870830	6.6	2985126	4.0	3073544	3.0	3034604	-1.3
10789948	3.6	9822512	-9.0	7337907	-25.3	7842122	6.9	7008489	-10.6
468273	44.1	284215	-39.3	394624	38.8	179931	-54.4	266303	48.0
27953010	4.2	29378567	5.1	29521597	0.5	29215478	-1.0	28626105	-2.0
19341656	5.9	18937118	-2.1	17451119	-7.8	17799963	2.0	17681334	-0.7

按固定资产类别及单位统计之固定资产增减总额

GROSS DOMESTIC FIXED CAPITAL FORMATION BY TYPE OF ASSETS AND INSTITUTIONAL SECTORS

10^3 MOP

千元澳门币计

固定资产类别 Type of assets	1995	1996	1997	1998
以当年价格计算 At current market prices				
固定资产增减总额 - GDFCF	16123974	11640862	11956284	10019180
物业转移费用 Transfer costs of land and buildings	365567	365705	384776	301949
楼宇及其他建筑物 Building and constructions	7280402	4640989	4530237	3817413
不动产经营毛利总额 Real estate developers' margin	5290339	3910363	3988562	3413640
运输工具 Transport equipment	521631	501049	804650	515643
机器及设备 Machinery and equipment	2502050	2036244	2041824	1776166
其他 Others	163985	186512	206235	194369
单位 Institutional sectors				
私人机构 Private	14707991	10056986	10299702	8297082
非企业性公共机构 Government sector	1415983	1583876	1656582	1722098
(1989年)以固定价格计算 At comstant (1989) market prices				
固定资产增减总额 - GDFCF	9822512	7337907	7842122	7008489
物业转移费用 Transfer costs of land and buildings	196024	158695	200756	159999
楼宇及其他建筑物 Building and constructions	4850735	3053495	2885880	2467399
不动产经营毛利总额 Real estate developers' margin	1746754	1400802	1749199	1562344
运输工具 Transport equipment	434586	458666	677525	431623
机器及设备 Machinery and equipment	2487664	2144609	2195428	2263232
其他 Others	106749	121640	133334	123892
单位 Institutional sectors				
私人机构 Private	8819031	6222403	66755556	5791922
非企业性公共机构 Government sector	1003481	1115504	1166566	1216567

出 口 结 构

COMPOSITION OF EXPORTS

10³ MOP
千元澳门币计

货物及服务 Goods and services	1995	1996	1997	1998
以当年价格计算 At current market prices				
总值 Total	41010951	41700558	42230561	39471589
货物出口 Exports of goods	15915329	15898466	17129171	17083615
服务出口 Exports of services	25095622	25802092	25101390	22387974
非本地居民在本地市场之消费 Non residents expenditure in the domestic market	24904036	24911342	23651806	20974188
工业服务 Industrial services	170230	219706	238802	212341
非工业服务 Non industrial services	21356	671044	1210782	1201445
（1989 年）以固定价格计算 At constant（1989）market prices				
总值 Total	29378567	29521597	29215478	28626105
货物出口 Exports of goods	14798318	14787836	15348258	15840915
服务出口 Exports of services	14580249	14733761	13867220	12785190
非本地居民在本地市场之消费 Non residents expenditure in the domestic market	14402176	13926006	12635789	11360586
工业服务 Industrial services	158223	203139	212066	195139
非工业服务 Non industrial services	19850	604616	1019365	1229455

入 口 结 构

COMPOSITION OF IMPORTS

10^3 MOP
千元澳门币计

货物及服务 Goods and services	1995	1996	1997	1998
以当年价格计算 At current market prices				
总值 Total	20620569	19931223	21496989	20798381
货物入口 Imports of goods	18229332	17298023	18064655	17033255
服务入口 Imports of services	2391237	2633200	3432334	3765126
本地居民在外地之消费 Residents expenditure abroad	927092	1094738	1225144	1336617
非企业性公共机构之外地消费 Grovernment sector expenditure abroad	182937	151609	144689	173493
其他 Other services	1281208	1386853	2062501	2255016
邮递及电讯 Postal and telecommunications	108839	112908	127296	125173
运输 Transports	502628	491570	521787	461139
工业服务 Industrial services	474877	500830	690624	840355
非工业服务 Non industrial services	194864	281545	722794	828349
（1989 年）以固定价格计算 At constant（1998）market prices				
总值 Total	18937118	17451119	17799963	17681334
货物入口 Imports of goods	17577620	16055029	16064736	15825609
服务入口 Imports of services	1359498	1396090	1735227	1855725
本地居民在外地之消费 Residents expenditure abroad	488199	543028	588934	645378
非企业性公共机构之外地消费 Grovernment sector expenditure abroad	97229	75875	69327	80955
其他 Other services	774070	777187	1076966	1129392
邮递及电讯 Postal and telecommunications	59460	58081	62694	60037
运输 Transports	341671	311616	311367	260950
工业服务 Industrial services	266487	262665	346939	411120
非工业服务 Non industrial services	106452	144825	355966	397285

1998年台湾地区市场物价形势

孙丁力

1998年，台湾地区物价变动受国际原油及农工原料价格走低，亚洲金融危机、台币汇率及气候变动等因素影响比较大，整体涨幅不大，全年批发物价指数上涨0.61%；消费者物价指数上涨1.68%。

一、总体物价指数变动情况

就台湾地区1998年消费者物价指数与批发物价指数变动情况进行简要分析。

（一）消费者物价指数变动情况　1998年，台湾地区消费者物价总指数为102.60（1996年=100），较1997年上升1.68%。就全年基本类别物价变动情况看，食物类受台风与水灾影响，蔬菜、水果价位较高，加上鱼、肉、蛋与大蒜等产品供需不平衡，量少价扬，该类指数涨幅较大，达4.43%，居第一位；教养娱乐类因教科书、学杂费及视唱中心费用调涨，上升3.05%；居次；杂项类因美容费用、卫生用品及考试报名费调升，涨1.75%，居第三位；居住类因房租、家庭管理费及天然煤气费用调涨，上升1.28%；医疗保健类因手术费及病房费调高，上涨0.94%；衣着类则需求减缓，降价促销，下跌5.10%；交通类因油料费、机票、呼叫器及行动电话设定费调降，下跌1.1%。依商品性别观察，1998年，商品类消费者物价指数上升1.44%，服务类上升2.07%，显示服务类价格上涨仍大于商品类涨幅。

（二）批发物价指数变动情况　1998年，台湾地区批发物价指数为96.85（1996年=100），较1997年略涨0.61%。

批发物价指数包括了自产自销、进口与出口等三类产品物价指数。1998年，自产内销产品物价指数为96.85（1996年=100），较1997年下跌1.73%。就基本分类看，农林渔牧业产品类受台风、暴雨影响较大，蔬菜、水果、毛猪与仔猪等量减价扬，上涨11.72%；矿产品类尽管天然气价格调降，但因砂石、石材等受当局部分禁采政策的影响，价格大幅上涨，使得矿产品类价格平均上涨达12.34%；水电燃气类变化不大，略涨0.41%；制造业产品类价格因经济不景气而走低，平均下降3.60%。在制造业20个种类中，有14类产品价格下跌，5类产品价格上涨，1类产品价格持平。其中，化学材料类因国际石化原料价格走低下跌9.97%，电力及电子机械器材类下跌6.15%，分别居下跌幅度最大的前两位。

全年进口物价指数为99.33（1996年=100），较1987年上涨0.74%。从各月与上年同月比较观察，各月进口物价指数经过了逐步下降的过程，即从1月的上涨11.55%降到8月的0.35%、再降到第四季度的负增长，其中12月负增长达13.08%。若扣除台币对美元贬值14.2%这一因素，以美元计价则进口产品物价指数跌幅达13.63%。以美元计价的十大类进口物价指数全面下跌，以矿产品类跌幅23.78%最大，电机及其设备类跌幅20.07%次之，化学、塑胶、橡胶及其制品类跌13.63%居第三。其主要原因是原油、燃料油等国际行情走跌，加上电子产品及石化原料受经济不景气影响，价位下挫所致。

1998年出口物价指数为107.78（1996年=100），较上年上涨5.61%。就各月与上年同月变动比较，各月出口物价指数也是经过了持续下跌的变化过程，即从1月份的上涨17.57%变为12月的下跌11.61%。若剔除汇率因素，以美元计价则下跌9.47%。以美元计价的九大类出口物价指数全面下跌，其中以电机及其设备类跌幅最大，为16.48%；木、纸、纸浆及其制品类跌8.45%，居次。其主要原因是资料处理机及其附属品、空白磁带、磁碟、电视机与纸类需求不足，报价持续走低所致。

二、1998年台湾地区市场物价与价格调整情况

1998年，台湾地区市场商品与服务价格调整与变动情况的主要特点如下：

（一）军公教人员工资调涨　1998年7月1日起，军公教人员工资调高3%，而部长级以上的政务官调高5.01%。其中，台“教育部”公布，于7月1日起实行的各级公立学校教师薪资标准如下：教师本奉调幅为

3%，学术研究费调高 3.3%，中小学教师费与钟点费未调整，维持 2000 元；大学毕业的新进中学教师一律从 180 元薪额起薪，每月可支领 37780 元；大专院校教师最高每月支领本奉加学术研究费，每月可支领 99680 元，中小学教师最高可领 72100 元。大专教师薪资结构区分为助教、讲师、助理教授、副教授与教授五个等级。为适应大专教师分级制度的过渡期，助教最低可支领 41235 元，讲师最低为 52165 元，助理教授最低 63865 元，副教授最低为 71150 元，教授最低为 86915 元。大专院校教育人员每月学术研究费，讲师 28945 元，助理教授 36995 元，副教授 42460 元，教授 51230 元。公立大专院校兼任教师钟点费未进行调整，维持 1997 年 3 月公布的薪资水平；中小学教育人员学术研究费校长为 29120 元，有资格领取该项研究费的教师领取费用从 18510 元至 29120 元不等。不过，教师领取的薪资需扣除 6.4% 的公保费用、4.75%的健康保险费、2.8%退抚基金自付费用与 1%的互助金。中小学教师仍享有免税优惠。

（二）部分农产品价格出现较大幅度上涨 1998 年下半年以来，由于气候异常，气温偏高，雨量多，岛内农产品供需失衡严重，猪肉、鸡肉、鸡蛋、蒜头与水果等价格普遍上涨。如蒜头年消费量为 4 万～5 万吨，而估计 1998 年年产量不足 1.2 万吨，引起蒜价的上涨，到 9 月初，蒜头零售价已高达每公斤 180 元到 200 元。为避免出现 1995 年蒜价涨到 400 元的天价，台湾于 9 月初采取措施，增加大蒜的进口。在进口 8000 吨大蒜后，蒜价自 9 月末起开始下降。另外，因气温偏高，猪、鸡生长受到影响，价格上涨。到 8 月底、9 月初，毛猪、鸡蛋、鸡肉等价格迅速上涨。其中，市场批发猪价由 6 月的每百公斤 4000 元涨至 7 月的 5000 元，再涨到 8 月底最高时的 7400 元，直到第四季度猪价才逐渐回稳。

（三）学杂费改革与调涨 1998 年，台湾当局对大学学杂费收费制度进行了改革，从以前的统一规定收费标准改为制订最高上限，各学校在此范围内自行决定，并在招生简章中明定收费标准。同时，将奖学金额度由 3% 提高为 5%。但大学学杂费调涨与改革在岛内引起激烈争论与学生的抗议活动。80 多位民意代表参选人与社会运动组织进行共同连署，反对高学费政策，要求当局落实平等受教育权，但未能改变大学收费制度的改革。台湾教育部门于 7 月间公布各大学 1998 年度学杂费征收标准，规定公立大学收费调幅以 11%为上限，私立大学则不超过 5.5%；同时要求各学校在调涨学杂费的同时，应至少将 3%作为学生的奖励补助金，帮助有困难的学生就学。各大专院校先后对学杂费进行了调整。

1998 年 10 月 12 日，台湾教育部门公布 1998 年度各大学学杂费调整情况，其中除淡水工商管理学院日间部调幅达 6.5%与长庚大学护理在职班达 17%外，其余各学校调幅接近规定上限。其中，公立大学平均调幅未达到 11%的学校，日间部学校为 17 所，占公立学校总数的六成，夜间部有 10 所，占九成；私立大学平均调幅低于 5.5%的学校，日间部为 22 所，占私立学校总数的八成，夜间部有 16 所，占设有夜间部学校的七成。其中，各学院学杂费最高的是私立大学医学系，一学年为 63900 元；最低的是公立大学文、法学院，一学年为 18870 元。

1998 年公私立大学学杂费收费最高标准

（单位：元台币）

院系	1997 年		1998 年	
	公立	私立	公立	私立
医学系	26660	60600	29590	63920
牙医学系	24390	55450	27060	58490
医学院（不含上述两个系）	20930	47590	23220	50200
工学院	19890	45240	22070	47720
理、农学院	19730	44860	21890	47320
商学院	17270	39290	19160	41440
文、法学院	17010	38690	18780	40810

（四）重要民生物资费用价格调整 台湾地区对重要民生物资费用十分重视，每年均会根据经济、物价等形势进行研究是否调整或调整多少，1998 年重要调整情况如下：

一是降低糖价。7 月 1 日起，各类糖价调降，其中细砂糖由 24.3 元降到 22.3 元，一级砂糖由 20.5 元降到 19.1 元，二级砂糖由 19.8 元降至 18.5 元，转化液糖由 14.45 元降至 13.45 元。每公斤糖平均售价由 22 元降为 20.5 元，是历年调降幅度最大的一次。

二是调整部分健康保险费。随基本工资调整，劳工及眷属保健费每月增加 3 元至 23 元不等；第三、五、六类保险对象，即农民、渔民、低收入户、荣民荣眷约 554 万人保健费每月增加 12 元至 28 元不等。其中，第三类保险人（农渔民）保费增幅为 5.15%，每人每月应缴保费由 233 元增为 245 元，每月增加 12 元；第五、六类保险人（低收入户、荣民荣眷及地区人口）保费提高 4.86%，每人每月平均应缴保费由 960 元增为 1007 元（其中，低收入户及荣民的保费全部由政府补助，荣眷自付保费由 288 元调高为 302 元，每月增加 14 元；地区人口自付保费也由 576 元调高为 604 元，每月增加 28 元）。

三是台湾省（不包括台北市与高雄市）于 7 月 1 日起，随水费征收废弃物清理处理费调涨，从 75%调高为 87.5%。以掩埋处理者，每度由 3.1 元调为 3.6 元；以焚化处理者，每度由 6.3 元调涨为 7.3 元。台北市环保局自 7 月 1 日起调涨垃圾处理费，自来水用户随水费附征每度由 6.3 元提高至 7.3 元；非自来水用户每月收费由 195 元提高至 230 元，平均调幅为 16.9%。

四是部分县市调高出租车费用。8 月 15 日起，台北市、台北县与基隆市三地出租车费调涨，起跳价由

1650米65元涨至70元，其余项目不变，但下车时按表加付20元。

五是6月1日起，实施夏季电价计算标准。居民用电根据不同用电量采取不同等级收费，上涨费用从2.2元至3.3元不等，用电越多，电价越高；营业用电由非夏季的每度2.66元调到3.3元。

（五）航空票价普遍调高 1998年7月1日起，岛内航空票价调涨，平均调涨13.28%，离岛偏远地区调高28.46%。7月9日，台民航局票价小组经讨论，不同意航空运输公会所提的统一票价案，但达成通过部分新的航空票价调整决议，自8月1日起，台港航线票价调涨15%，经济舱往返公告票价由10478元上涨至12050元，其中高雄至香港的经济舱公告票价由8894元调为10228元，台北至香港的头等舱由14846元调为17073元，商务舱票价由12050元调为13850元。另外决定自7月中旬起台湾至美国、中南北洲航线的儿童票价由原来票价的67%调整为75%。10月，民航部门对岛内航空票价管制制度作出进一步的调整方案，将取消各航线统一票面价的管制，放宽上限，各家航空公司可根据自己的营运成本，订出各航线上限票面价，其中，台北与高雄航线最多可打五折，其他航线最多可打七折，实施日起另行公布。

（六）多次调整油品价格 1998年，台湾"中油公司"对油价制度作了适当调整，实施浮动油价，每周定期检讨油价一次，并在周二对外发布油价是否调涨。1998年，根据国际油品市场行情的变化，多次调降油品价格。4月15日，"中油公司"自宣布实施浮动油价以来首次降价行动，平均调降1.51%，各类油品售价每公升分别调降0.2元至0.22元，其中，汽油与柴油每公升调降0.2元，燃料油每千公升调降93元，家用桶装煤气每公斤降2.2元。下半年始，由于国际油价一直走低，加上"中油公司"税前盈余尚佳，乃根据市场情况连续六次调降油品价格，分别是7月1日平均调降1.57%、7月22日调降1.28%、8月12日降1.53%、8月26日降1.31%、10月14日降2.99%、11月11日起降2.97%，六次累计降幅达11.65%。其中，11月11日调降情况如下：汽油每公升降0.4元，此油每公升降0.3元，燃料油每千公升降152元。同时11月11日起降低工业用天燃气，平均降幅为2.92%。各地煤气价格也均相应调低。

（七）电子产品价格不断调整 在家电产品方面，1998年2月开始，家电进口商全面调涨进口家电产品价格；受"行政院环保署"实施废电器回收制度的影响，岛内家电商品售价自4月份起调涨，涨幅从100元到2000元不等。在电子产品方面，受台币兑美元汇率走贬的影响，进口印表机、硬碟机等价格自年初上涨，涨幅在3%至5%之间；而运态随机存取记忆体（DRAM）厂商达成不再降价协议后，1月初该类产品就上涨60%。显像管售价也不断调涨，继8月份36厘米、38厘米与43厘米分别上涨10%、15%与6%之后，10月份出现第二波调涨，其中38厘米涨8%，其他调幅不大。电脑价格届普遍下调。1998年初，IBM手提电脑降价3%至28%不等。受英特尔公司调降微处理器价格的影响，10月份起岛内个人电脑售价向下调降5%～10%。

1998年主要油品价格调整情况

品　名	单位	1998年底	1997年底
液化石油气—批发家用	元/千克	9.57	11.33
液化石油气—零售车用	元/千克	9.90	10.90
高级汽油	元/千克	16.60	18.40
95无铅汽油	元/千克	16.40	18.20
92无铅汽油	元/千克	15.40	17.20
二行程无铅汽油	元/千克	15.40	17.20
低铅航空汽油	元/千克	14.90	16.70
煤油	元/千克	12.50	14.20
高级柴油	元/千克	11.80	13.20
普通柴油	元/千克	10.60	12.00

（八）调整电信价格 由于手机市场竞争激烈，岛内各大公司纷纷调降手机价格。1998年7月1日，太平洋电信公司以13800元加门号促销诺基亚8148型手机，第一个月免缴租费及免设定费。几天之后，和信电讯公司推出诺基亚8148型机加门号的8700元低价促销方案。随后太平洋信公司又以6666元打擂台，较6月底的市场价16000元降了近1万元。

除大哥大一再降价外，竞争日趋激烈的数据业务也不断降价。如ISDN（整体服务数位网路）用户将线路分为电话用与上网用，电话费比照一般电话收费，而上网费从每分钟0.6元降为0.4元，每月基本费100元，同时可使用64K的宽频。在64K专线方面，包月制的月租费由1.4万元降为9800元；计量制的月租费，基本费由1.1万元降为7700元，国际通信费上限也由1万元降为7000元。

国际电话费率，也两度向下调整。自5月调降后，7月1日起，中华电信公司调降包括美国、欧洲等海外通话费率，平均调幅为19%，而1月起至6月底实施的国际电话打折促销案同时终止。

1998年台湾地区网际网路专线通讯费用价格表

（元/月）

公司	中华电信	香港电讯	资策会	亚优电讯	NEC	IBM
专线项目	hinet	netplus	seednet	aunet	biglobe	genet
64K	9800	9500	13500	16000 9800	13500	13500
128K	28000	27500	24500	32000	28000	27500

（作者所在单位：中国社科院台湾研究所）

1998年台湾地区对外贸易发展影响评析

王 建 民

亚洲金融危机爆发初期，台湾地区对外贸易与经济没有受到太大冲击，对外贸易仍保持了较高增长率。但到了1998年，亚洲金融危机与东亚地区经济衰退对台湾经济特别是对外贸易的影响与冲击加大，台湾对外贸易出现数十年来最严重的衰退，进、出口额及外贸总额均大幅下降。但由于欧美经济持续景气，台湾在对东亚地区出口全面衰退的情况下，对美国出口跌幅不大，对欧洲出口保持增长，避免了外贸更大的衰退。受此影响，台湾进出口地区结构与贸易产品结构也发生重要变化。

一、总体外贸及与主要贸易伙伴双边贸易情况

1998年是台湾地区对外贸易发生重要变化的一年。据台湾海关统计，全年对外贸易总额为2153.8亿美元，较上年下降8.9%；出口金额为1106.4亿美元，进口金额为1047.4亿美元，分别较上年下降9.4%与8.5%，也分别创下1955年与1983年以来最大衰退幅度。就全年各月进出口变化情况观察，起伏相当大，出口除2月、8月为正增长外，其余10个月均呈现衰退，衰退幅度在负7.4%与负26.4%之间；进口除2月、3月、5月维持增长外，其余9个月均大幅衰退，衰退幅度在负7.4%与负22.1%之间。

在出口地区方面，按台湾地区划分的八大出口地区观察，除对欧洲出口增长6.7%外，对其他七大出口地区全面衰退。其中，衰退最严重的三个地区依次为亚洲（－18.5%，其中，对香港出口衰退13.4%，对日本出口衰退20.2%，对泰国、印尼、马来西亚、菲律宾与新加坡等东盟五国出口减少29.7%）、南美洲（－16.8%）、大洋洲（－12.8%）。在进口地区方面，按台湾地区划分的八大进口地区全面衰退，其中衰退10%以上的地区依次为中东（－27.8%）、南美洲（－24.4%）、非洲（－20.6%）、北美洲（－16%）、大洋洲（－10.9%）。而亚洲与欧洲进口市场衰退最小，分别衰退为3.8%（其中东盟五国进口衰退5.1%）与4.5%。

由于出口衰退幅度大于进口衰退幅度，台湾地区外贸顺差有所下降，全年为59亿美元，较上年下降22.9%，成为1984年以来贸易顺差最少的一年。台湾地区的贸易逆差主要来自日本。1998年，对日贸易逆差继续上升，达176.9亿美元，较上年增长2.1%。居第二、三位的贸易逆差地区分别为韩国与法国，1998年对韩国与法国贸易逆差分别增至41.8亿美元与39.5亿美元。台湾地区主要贸易顺差来自香港（包括祖国内地内地）与美国。1998年，台湾对香港（包括祖国在内）贸易顺差虽有下降，但仍达228.9亿美元；对美贸易顺差因进口大幅下降而增长186.3%，达97亿美元。另外，台湾地区对荷兰也有较大贸易顺差，1998年增至27.8亿美元。

1998年，台湾地区前十大贸易伙伴分别为美国、日本、香港（包括祖国内地）、德国、韩国、法国、荷兰、新加坡、马来西亚、英国。其中，亚洲占5个，欧洲占4个，美洲1个。与上年比较，前五名排名没有变化。所不同的是，欧洲国家从上年的2个增为4个，亚洲从6个为5个。下面就台湾与主要贸易伙伴情况做以简要分析。

1998年台湾地区前十大贸易伙伴

（单位：亿美元）

1998年			1997年		
序列	排名	金额	排名	金额	序列
1	美国	490.7	美国	528.0	1
2	日本	363.5	日本	407.2	2
3	香港	246.6	香港	287.3	3
4	德国	92.4	德国	90.6	4
5	韩国	91.6	新加坡	80.5	5
6	法国	67.1	韩国	73.9	6
7	荷兰	59.61	马来西亚	72.66	7
8	新加坡	59.56	法国	61.2	8
9	马来西亚	59.10	澳大利亚	50.90	9
10	英国	49.90	印尼	43.19	10

台美贸易。美国仍然是台湾最大的贸易伙伴。依台海关统计，1998年，台美双边贸易总额达490.7亿美元，较上年下降7.1%。其中，对美出口293.7亿美元，下降0.6%，仍居台湾第一大出口市场；从美进口196.8亿美元，较上年下降15.3%，是台湾地区第二大进口市场；台湾地区对美贸易顺差增至97亿美元，是台湾地区第二大贸易顺差来源地。依据美商务部门的统计，1998年，美国对台出口下降10.8%，从

台进口增长1.5%，对台贸易逆差达150亿美元，创下近9年来的新高；台湾地区是美国第七大贸易伙伴、第六大贸易逆差来源地及第七大进口与出口市场。

日台贸易。日本仍然是台湾地区第二大贸易伙伴与最大的贸易逆差来源地。依台海关统计，1998年，台日贸易总额达363.5亿美元，较上年下降10.7%，仍是台湾地区第二大贸易伙伴；对日出口93.3亿美元，较上年衰退20.2%，居台湾地区第三大出口市场；从日进口270.2亿美元，较上年下降6.9%，是台湾地区最大的进口市场；对日本贸易入超达到176.9亿美元，仍较上年增长2.1%，仍是台湾地区最大的贸易入超地区。据日本海关统计，1998年，台湾地区与日本贸易总额达363亿美元，台湾地区升为日本的第三大贸易伙伴；日本对台出口额占日本出口总额6.6%，居第二位；但从台湾地区进口比率只有3.7%，居第七位。1998年，日台贸易产品结构也有重要变化，1998年日本对台湾地区出口前五大产品依序为电机设备、锅炉机械、光学用品、运输设备、有机化学等。1998年，台湾地区对日本汽车零部件产品回销率有较大提高。早在1991年7月台就开始实行“促进汽车制造厂外销能力及增加对日本输出要点”，逐渐产生积极效果，1998年，台湾地区汽车制造厂及零部件厂商对日出口汽车零件达2.8亿美元，回销比率上升至23.47%，比台预计目标13%高出许多。

台欧贸易。欧洲是台湾地区的重要贸易伙伴，1998年在台外贸出口中的地位上升。1998年，台欧贸易总额达402.8亿美元，较上年增长0.6%。其中，对欧洲出口196.4亿美元，较上年增长6.7%，是台湾地区出口重要地区中唯一保持增长的地区，欧洲在台湾地区出口市场的比重从上年的15.1%上升为17.8%；从欧洲进口206.4亿美元，较上年下降4.5%。由于台湾地区对欧洲进口下降及出口仍赶不上有关国家对欧洲的出口，台湾地区在欧盟对贸易中的地位下降。根据欧盟发布的欧盟十大主要贸易伙伴报告，1998年7月之前，台湾地区一度取代香港成为欧盟第九大贸易伙伴；8月退居第十位，10月被匈牙利取代，被挤出前十名，到11月，亚洲只有日本与中国名列欧盟十大贸易伙伴之内。

台港地区及海峡两岸贸易。台港地区及两岸之间贸易有着十分密切与复杂的关系。1998年，台港贸易总额267.9亿美元，较上年下降14.3%，但香港仍为台湾地区第三大贸易伙伴。其中，台湾地区对香港出口额248.4亿美元，较上年下降13.4%，是台湾地区第二大出口市场；但从香港进口量很少，只有19.5亿美元，较上年下降2.2%。不过，台湾地区从香港获得228.9亿美元的顺差，仍是台湾地区最大的贸易顺差来源地。海峡两岸贸易依祖国海关统计，1998年，两岸贸易总额为205亿美元，较上年增长3.3%。其中，祖国内地对台出口38.7亿美元，较上年增长13.9%；从台进口166.3亿美元，较上年增长1.1%。

另外，台湾地区与其他地区贸易均出现不同程度的衰退。其中在台湾地区对外贸易新兴市场中，由于受石油价格持续下滑与亚洲金融危机的波及，台湾地区与中东贸易衰退显为严重，全年进出口贸易总额下降达19.7%，其中进口下降27.8%。

二、出口与进口地区结构变动分析

1998年，台湾地区出口市场与进口市场结构也发生变化。但市场仍高度集中，出口市场近一半集中在美国与香港；进口市场近一半集中在美国与日本。

（一）出口地区结构变化分析 1998年，受亚洲金融危机的影响，台湾地区出口地区结构发生明显变化。就亚洲（不包括中东）、北美洲与欧洲三大出口市场地区而言，对亚洲市场出口比重下降，对北美洲与欧洲出口市场比重明显上升。台对亚洲（不包括中东）出口额为501.9亿美元，所占出口比重从上年的50.4%降为45.4%；对欧洲出口额为196.4亿美元，所占出口比重从15.1%上升为18.4%；对北美洲出口额为309.6亿美元，所占出口比重从上年的25.5%上升为28%。对其他地区出口比重变化不大，所占比例也不高。

1998年，按国别或地区划分的台湾地区十大出口市场依次为美国、香港、日本、荷兰、德国、英国、新加坡、马来西亚、菲律宾与泰国，与上年排名情况变化不大。其中，美国与香港市场合计近占台湾出口市场总额的一半，计49.1%；日本市场不足10%，为8.4%，其他七个国家所占比重较低，在1.7%与3.9%之间。

1998年台湾出口地区市场结构变动情况

（单位：亿美元）

	1998年		1997年		增长比率
	金额	比重%	金额	比重%	%
合计	1106.4	100.0	1220.7	100.0	－9.4
亚洲	501.9	45.4	615.9	50.4	－18.5
中东	25.6	2.3	27.6	2.3	－7.3
非洲	14.5	1.3	14.9	1.2	－4.9
大洋洲	19.9	1.8	22.8	1.9	－12.8
欧洲	196.4	17.8	184.2	15.1	6.7
北美洲	309.6	28.0	311.6	25.5	－0.6
中美洲	15.9	1.4	16.3	1.3	－2.3
南美洲	16.3	1.5	19.6	1.6	－16.8
其他地区	6.2	0.5	7.9	0.7	－23.1

（二）进口地区结构变化分析 1998年，台湾地区进口地区结构也发生较大变化。就亚洲（不包括中东）、北美洲与欧洲三大进口市场观察，对亚洲与欧洲进口比重上升，而对北美洲进口比重下降。1998年，台湾地区从亚洲地区进口额为529.2亿美元，所占进口比重从上年的48.1%上升为50.5%；从欧洲地区进口额为206.4亿美元，所占进口比重从上年的18.9%上升为19.7%；从北美洲地区进口额为208.4亿美元，所占进口所占比重从上年的21.7%降为19.9%。另外，中东、非洲、南美洲等进口市场所占比重均告下降，其他进口地区变化不大。

1998年，按国别或地区划分的台湾地区十大进口市场依次为日本、美国、韩国、法国、德国、马亚西亚、澳大利亚、新加坡、印尼与香港（与泰国并列）。其中，日本与美国进口市场合计占台湾进口总额的46.6%；其他市场所占比例介于1.9%与5.4%之间。

1998年台湾地区进口地区市场结构变动情况

（单位：亿美元）

	1998年		1997年		增减比较
	金额	比重%	金额	比重%	%
合计	1047.4	100.0	1144.3	100.0	−8.5
亚洲	529.2	50.5	550.2	48.1	−3.8
中东	30.4	2.9	42.0	3.7	−27.8
非洲	19.6	1.9	24.7	2.2	−20.6
大洋洲	33.1	3.2	37.1	3.2	−10.9
欧洲	206.4	19.7	216.0	18.9	−4.5
北美洲	208.4	19.9	248.3	21.7	−16.0
中美洲	3.0	0.3	3.3	0.3	−9.9
南美洲	16.8	1.6	22.1	1.9	−24.2
其他地区	0.6	0.0	0.6	0.0	0

三、进口与出口产品结构分析

1998年，台湾地区出口产品结构与进口产品结构发生不同程度的变化，出口继续向工业产品集中，资本设备进口持续大幅增长。

（一）出口产品结构分析 1998年，台湾地区三大类出口产品均出现不同程度的衰退，工业品出口比重继续增加。其中，农产加工品出口额16.3亿美元，只占出口总额的1.5%，较上年衰退24.8%；农产品出口额为3.2亿美元，占出口总额的0.3%，较上年衰退15.4%；工业产品出口额为1086.8亿美元，占出口总额的98.2%，较上年衰退9.1%。从中可以看出，农产品与农产加工品在台湾地区外贸出口中的地位很低，工业产品出口占了绝对地位。

就工业产品出口内部结构观察，非重化工业产品出口衰退较重化工业更为严重。1998年重化工业出口额为711亿美元，较上年下降7.4%；非重化工业产品出口额为375.8亿美元，较上年下降12.2%。重化工业产品也是出口主力，约占工业产品出口额的2/3；非化工业产品约占1/3。

在所有重要类别产品出口中，机械与电机设备出口额达553.1亿美元，虽较上年下降6.2%，但仍是台湾地区第一大出口产品，所占比重首次超过出口总额的一半，从上年的48.3%上升为50%。纺织品仍是台湾地区第二大出口产品，出口额为145.5亿美元，较上年下降12.7%，但所占出口总额的比重为13.2%，较上年仅减少0.4个百分点。居第三位的出口产品是基本金属及其制品，出口额为108.8亿美元，较上年下降5.6%，但所占比重则从上年的9.4%上升为9.8%。其他出口产品比重均甚低，所占比重一般在6%以下。

1998年出口产品结构

（单位：亿美元）

	1998年		1997年		增减比率
	金额	%	金额	%	%
农产品	3.2	0.3	3.8	0.3	−15.4
农产加工品	16.3	1.5	21.7	1.8	−24.8
工业产品	1086.8	98.2	1195.2	97.9	−9.1
重化工业产品	711.0	65.4	767.1	62.8	−7.4
非重化工业产品	375.8	34.6	428.1	35.1	−12.2

（二）进口产品结构分析 1998年，台湾地区农工原料与消费品进口均出现较大幅衰退，而资本设备进口却呈现大幅增长趋势，进口产品结构因而也发生重要变化。1998年，消费品进口额为135.9亿美元，较上年下降12.6%，其主要原因是经济不景气，失业率上升，岛内消费需求下降所致；农工原料进口额为668.3亿美元，较上年减少13.4%，除总体经济不景气外，国际农工原料价格走低也是一个重要因素；资本设备进口额为243.1亿美元，较上年增长11.9%，主要原因是1997年以来岛内大企业提出并推动许多大型投资计划，1998年岛内民间固定投资大幅增加，对资本设备需求上升。

就三大类进口产品结构观察，资本设备进口比例首次突破20%，从上年的19%上升为23.2%；消费品进口所占比例略有下降，从上年的13.6%降为13%；农工原料进口比例也从上年的67.4%降为63.8%，但仍是进口主力，也充分显示台湾地区加工经济型态没有从根本上改变。

就主要进口产品类别观察，不像出口产品那样高度集中在三大产品中，相对较为分散。1998年第一大进口产品仍是机械及电机设备，进口额为429.9亿美元，较上年增长4.5%，所占进口比重从上年的

35.9%上升为41%。居进口第二位的是化学品，进口额为99.52亿美元，较上年下降13%，所占进口比重从上年的10%降为9.5%。居进口第三位的是基本金属及其制品，进口额为95亿美元，较上年下降18.6%，所占进口比重从10.2%降为9.1%。居进口第四位的是矿产品，进口额为78.1亿美元，较上年下降24.2%，所占进口比重从9%降为7.5%。其他进口较重要的产品包括运输设备、精密机械、纺织品、塑胶及其制品等。

1998年进口贸易结构（单位：亿美元）

	1998年		1997年		增减比率
	金额	%	金额	%	%
资本设备	243.1	23.2	217.5	19.0	11.9
农工原料	668.3	63.8	771.3	67.4	－13.4
消费品	135.9	13.0	155.6	13.6	－12.6

四、对外贸易政策调整

为减少亚洲金融危机与经济衰退对外贸出口的影响，台湾地区在1998年制定了一系列扩大出口的政策措施。

1998年，台湾地区提出了“全球出口拓销方案”，千方百计的扩大外贸出口。其中新增的拓展外销市场包括：①南美新兴市场。主要包括阿根廷、巴西、智利、墨西哥等，其拓销产品主要是纺织品、通讯产品、电子电机、自行车及其零配件、车辆零件等。②东欧新兴市场。包括波兰、捷克、匈牙利等，拓销产品主要为纺织品（以布料为主）、通讯器材等。③南亚与中东新兴市场。包括越南、印度、土耳其、伊朗等，拓销产品包括塑胶原料、合成纤维纱、机器之电器零件、自动资料处理机、车辆零件等。④西欧市场。包括法国、荷兰、意大利、比利时等，产品以信息产品及零附件、电子电机产品、自行车、车辆零件、积成电路、摩托车、女用或童用套装等为主。⑤台湾经贸部门在促成不少大型外商及几十家采购团来台采购的同时，还组织了多批经贸拓销团与采购团赴海外扩大对外贸易。

（作者所在单位：中国社科院台湾研究所）

1998年台湾地区经济形势与宏观政策调整

吉　敏

1998年台湾地区经济表现虽不如预期乐观，且发生企业财务与信用危机，但相对东亚与东南亚地区受金融危机影响相对较小；地区采取了历史上少见的一系列重大稳定金融经济形势的政策措施，取得一定效果。

第一部分　总体经济形势

1998年，亚洲金融危机对台湾地区经济的影响逐渐显现，对外贸易出现大幅衰退，经济增长率数度下调，金融市场波动频繁，失业率居高不下。但相比较而言，台湾经济在东亚甚至全球范围之内仍属较佳表现，基本上呈现了“低通货、中度增长”的次理想发展模式。全年经济增长率降为4.83%；通货率微涨，全年消费者物价指数仅上升1.68%；失业率持续维持较高水平，全年月平均达到2.7%。

一、经济增长速度放缓

1998年开始，亚洲金融危机对台湾地区经济的影响逐渐出现，在对外贸易出现较大衰退的情况下，台湾经济增长速度也开始放缓，结束了连续近一年半的持续增长期，呈现逐季下降的特征。四个季度的经济增长率分别为5.86%、5.21%、4.66%与3.71%，全年平均为4.83%，跌破5%。经济增长的放慢，主要是由于出口大幅衰退造成的外部需求与岛内消费下降所致；而能够维持适度的经济增长则主要依靠民间投资所带动。1998年，岛内消费增长8.1%，其中民间消费增长8.8%；固定资本投资增长10.9%，其中公营事业投资增长8%，而民间投资增长高达15.9%。特别是民间投资在上半年增幅很大，但受企业财务危机的影响，下半年民间投资增长明显下降，第四季度还衰退3.8%，表明亚洲金融危机对台湾经济的影响逐步显现。就岛内生产总值结构看，其中，民间消费占61.4%，固定资本投资占21.62%。

1998年，生产结构继续向服务业集中。服务业生产比重从上年的62.34%上升为63.12%；工业生产比重从34.93%降为34.01%；农业略有回升，从2.73%上升为2.87%，但所占比重连续两年降至3%以下。

1998年，台湾国民生产总值为2623亿美元；人均为12040美元。

二、工业生产维持适度增长，但不同行业表现各异

1998年，台湾地区工业生产仍有较好地发展状态，维持适度增长，也成为经济增长的主要推动力之一。据统计，1998年，工业生产总值较上年同期增长3.81%。在四大工业门类中，矿业与房屋建筑业仍不景气，而制造业与水电煤气业表现相对不错。其中，水电燃气业较上年增长7.79%；制造业增长3.56%；房屋建筑业增长0.73%；而矿业则衰退14.72%。在制造业内部，电力及电子器材业呈两位数增长，达13.84%；印刷业次之，增长约10%；其次分别为基本金属工业、运输工具业、纺织业与石化业；出现衰退的行业主要是传统工业，主要为木竹制品、杂项工业、食品业与烟草业等。按轻重工业分，重工业较上年增长6.20%；轻工业则下降2.56%；按产品用途分，投资材料与生产材料年产量分别增长6.12%与5.52%，而消费材料下降3.75%；按四大行业分，信息电子工业增长13.22%，金属机械工业增长1.66%，化学工业增长0.30%，民生工业下降3.22%。

但亚洲经济危机的影响也在增大，企业经营困难，倒闭关厂现象趋于严重。1998年，关厂家数达6788家，较上年增长133.75%，创下四年来的最高记录；全年撤销及解散的资本额为766.7亿元台币，较上年增长90.1%。另一方面，登记开工工厂家数却在下降，全年为5726家，下降5.18%，全年投资资本额为1312.8亿元台币，仅增长2.29%。

三、对海外投资持续增长，吸引外资有所下降

台湾地区已是亚洲重要的资本输出者，1998年对外投资仍保持较高增长率。据统计，全年台湾对外投资与件数金额分别为897件与32.96亿美元，分别较上年同期增长30.04%与13.91%。就不同地区而言，台湾地区对受亚洲金融危机影响较大的亚洲地区投资出现较大下降，而对北美及南中美洲投资有较大增加。对外投资居前五名的为中美洲、美国、新加坡、泰国及越南。不过，台湾地区对祖国内地投资有所下降。全年核准投资与件数金额分别为641件与15.19亿美元，分别较上年同期下降11.95%与5.9%。全年对祖国内地及其他地区总投资近达60亿美元。

在吸引外资方面，由于台湾地区投资环境大不如前及受金融危机的影响，对外商的吸引力下降，外商对台投资减少。1998年，外商对台投资金额为32.95亿美元，较上年下降22.78%；但投资件数有所增加，从上年的683件增为918件，显示平均投资规模缩小。投资主要来源地为中美洲、美国、日本、香港与新加坡。其中，外来投资下降的主要原因是，对台投资主力日本因经济不景气，对台投资大幅度下降，衰退达到40%。值得注意的是，在德国拜尔公司在台重大投资案因环保运动的抵制等而最终宣布放弃后，美国波士顿银行也在10月份宣布结束在台业务，另有多家外商银行关闭在台分行与缩小在台业务，显示台湾对外商的吸引力在下降。

四、金融市场出现较大波动

1998年，在岛内政治经济形势复杂多变的情况下，台湾地区股票市场也出现了持续的波动情况。基本上，在5月以前，台湾地区股市出现稳中上涨的大盘走势，股票加权指数从1997年底的8187.27点上涨到2月至3月份平均股价在8700点以上。股市成交量更在2月6日创下2779亿元的全年最大纪录，2月27日股价指数创下9378点的全年最高点。5月中旬后，随着日元的大幅贬值与东亚地区经济的持续衰退，台湾地区股市开始下跌，一度跌破8000点。8月，俄罗斯金融危机与拉美经济的动荡，冲击台湾地区股市，一个月之内股价指数下跌1300多点，在9月3日跌止6351点的最低点。股市下跌将股市投机者套牢，进而引发一系列企业财务危机与企业违约交割事件，造成第三季度台湾股市的持续下跌，虽然在当局一度积极干预下回稳，但在12月再次出现新一波下跌行情，年终还是以6408.43点的低点封盘，与1997年底收盘指数相比，全年下跌了1769点，跌幅达21%。以此计算，股票总市值缩水1.35万亿元，平均每人损失6万元。尽管如此，1998年，台湾股票上市家数与股票交易种类仍持续增加，公司家数从1997年底的404家持续增至1998年底的437家；股票种类从470种一度增至1998年6月的487种，后又下降到9月的479种，主要原因是第三季度企业财务危机与股票违约交割事件对证券市场造成重大冲击。

台湾汇市虽出现波动，但相对平稳，起伏不大。汇率变动总体呈现从升到贬再升的V字型状态。1998年初，东亚地区经济与政治形势一度回稳，台币汇率稳中有升，从1997年12月的32.52元台币兑1美元一度升至1998年的2月的31.85元台币兑1美元。但5月中旬后情况大变，日元持续大贬，加上东南亚主要国家政治经济形势的进一步恶化，台币也出现较大贬值，由年初的32元贬至5月中旬的34元，6月10日一度跌破35元关卡，在当局强烈干预下台币汇率此后维持在34元至35元的水平，其中6月至9月月平均汇率均在34元以上。第三季度开始，受美国经济与日本经济形势变化与美元、日元升贬变化，台币兑美元汇

率基本上呈现小幅升值情况，第三季度基本上保持在32:1的水平上，并以32.2:1收盘。由于台“中央银行”购入美元，避免台币升值过快，造成外汇储备在3个月内增加了60亿美元，年底总计达到903亿美元。

五、爆发企业财务与信用危机

随着亚洲金融危机的蔓延与经济不景气的持续发展，自9月份起，台湾一些大企业开始出现财务危机，相继发生多起企业退票与股票违约交割事件。这次企业财务危机涉及的行业广泛，不仅包括钢铁、造纸、纺织、机械、五金、汽车等众多制造业，而且涉及营建业、房地产业与金融业；牵涉的企业主要是台湾中大型企业或上市、上柜企业，有些更是知名大企业或集团企业，如万有纸业、瑞联集团、安锋集团、振安钢铁、罗杰建设、东隆五金、国产汽车、禾丰集团、新巨群集团、中兴纺织、宏福建设、国扬建设、台中精密机械、台中企银等。

六、对外贸易出现大幅衰退

1998年，亚洲金融危机与东亚地区经济衰退对台湾地区经济特别是对外贸易的影响与冲击加大，台湾对外贸易出现数十年来最严重的衰退，进、出口额及外贸总额均大幅下降。据台湾海关统计，全年对外贸易总额为2153.8亿美元，较上年下降8.9%；出口金额为1106.4亿美元，进口金额为1047.4亿美元，分别较上年下降9.4%与8.5%，也分别创下1955年与1983年以来最大衰退幅度。

第二部分　经济政策调整情况

1998年，为了刺激经济复苏与稳定金融市场秩序，台湾地区采取了一系列重要经济政策措施。

一、推动扩大内需方案，刺激岛内需求

为刺激经济复苏，台湾通过加强公共建设与民间投资刺激需求，维持经济的适度增长。在公共建设方面，预计在未来2年内增加近2000亿元的公共投资，使得两年内公共投资总额达到1.3万亿元，其中1998年公共投资总额为6526亿元。在民间投资部分，推动重点包括加强2亿元以上的投资计划、民间参与BOT等公共建设计划、民营电厂、工商综合区与工区园区、西部观光游息区发展计划及加工出口区仓储转运专区等。

二、采取宽松货币政策，创造经济复苏环境

自1997年7月起，台湾银行采取较为宽松的货币政策，并在1998年因日元贬值幅度增大与亚洲金融危机的蔓延，更采取一系列的宽松货币政策，刺激投资与消费。主要包括①不断投放准货币。②数度调低利率。

三、积极干预金融市场

一是提出因应金融风暴的一套对策。(1) 适时采取适当的货币政策，维持物价及金融稳定。(2) 维持稳当的总体经济政策并加强各部门协调。(3) 加强监督管理。主要包括推动金融监督管理一元化，建立符合国际惯例的会计制度，协助金融机构消除呆帐等。(4) 循序渐进推动金融自由化和国际化。其原则是“境外完全自由，境内逐步开放”的渐进式自由化，放宽资金的进出限制。(5) 积极参与国际金融合作。利用国际金融援助资金减少的机会，寻求适当管道，加入相关合作计划。(6) 做好对厂商的影响评估。(7) 加强办理反倾销措施。

二是推出稳定股市的政策方案。第一次稳定股市方案主要包括证券商及证券金融公司融资融券担保品维持率由140%降为120%；银行承作以股票为担保品的贷款，因股价变动致使抵押值低于债权额而市价乃高于债券者，银行不得追补担保品。第二次稳定股市方案，内容包括融券保证金由70%提高为90%；盘点董事持股情况；会商现金增资案跌破承销价因应办法；约谈卖超投资信托法人。第三次稳定股市方案，内容包括平盘以下不得融券放空；融资比率由50%提高为60%；未满6个月股票型基金须早日持股达70%。第四次股市稳定方案内容包括成立稳定股市专案小组，进行护盘；财务发生困难的公司得申请停止在集中市场买卖；证券融资授信机构得于一定条件下受让标的证券。其中这次主要是针对企业财务危机引起的股票违约交割与退票事件引起的股市波动而采取的。

三是采取严厉措施，阻止国际炒家炒作台币与冲击台湾金融市场。

四、采取一连串措施对付企业财务危机及其引起的市场动荡

① 成立“协助企业经营资金专案小组”，并专门研究解决企业面临的资金不足与财务危机问题，并决定建立“单一窗口”，受理企业申请“纾困贷款”，处理相关危机事宜。②停止财务危机企业的股票交易及提供股价连续暴跌股票的场外交易机制。③对企业提供紧急资金援助。除有关银行拨出邮政储金300亿元救急外，还通过中小企业发展基金、中小企业升级贷款基金及行库等管道协助中小企业融资，以渡过当前困难。④延缓债务期限，减轻企业资金尝还压力。决

定对经评定属企业营运或升级遭遇困难的企业，延长到期融资或注销退票记录，其中将企业到期债务偿还期限展延6个月。⑤接管或收购财务危机严重的企业。此外，采取依法严惩散布谣言与上市公司不法负责人及决定修改“票券商管理办法”、提高票券业的银行持股比例等措施。

五、实施“综合纾困方案”

随着金融危机影响的加深与岛内经济形势进一步恶化，1998年底前，地区又出台一系列政策措施，刺激经济的复苏。其中最重要的是“综合纾困方案”，计划总计提供1200亿元专案资金，解决企业面临的问题，主要内容包括：（1）一般机器设备贷款，在1999年6月底前还款到期者可展延半年，银行可向银行转融资200亿元；（2）中小企业购置机器设备或周转资金贷款专案，银行可提供约300亿元的转融资；（3）策略性机器设备贷款，1999年6月底前还款困难者可后延6个月；（4）开发基金增拨购置自动化机器设备贷款额度增加500亿元等。另外，银行决定增加300亿元供银行办理自用住宅贷款及300亿元办理生产事业专案贷款。这些协助企业渡过难关的措施对经济复苏的影响效果在1999年才得以显示出来。

六、鼓励农业科技发展

台湾地区提出在继续实施稻价保证价格收购、加强落实农地农用政策及调整农业体制等的同时，将在未来5年内编列150亿元发展农业科技。重点是发展农业生物技术和自动化，加强农业科技研发，带动产业升级，全面提升农业竞争力。10月，台又举办“1998年台湾农业科技展”，希望通过科技力量将台湾农业从传统式走向科技化。

由此可见，1998年的台湾经济政策以刺激经济复苏、促进外贸增长、稳定金融市场与解决企业财务危机为主的短期措施为主，没有多少长期的政策方案。这些政策措施取得一定短期效果，台湾经济形势、金融市场、企业财务与信用危机等没有进一步恶化。

第三部分　1999年经济形势展望

1999年，台湾经济仍旧不乐观，但有望逐渐走出低谷，实现5%左右的增长速度。地区计划预计：1999年经济增长率为5.5%，人均GNP为13196美元，消费者物价上涨为1.6%，失业率为2.7%，基本上维持1998年的水平。不过，台民间研究机构中华经济研究院最新预测认为1999年台湾经济增长率为4.92%，显示了对经济前景的不乐观。

总体看，1999年世界经济形势不明朗，既有有利因素与乐观看法，也有不利因素与悲观观点。不过综合评判岛内外经济形势，预计1999年台湾经济将逐渐复苏，增长率仍会保持5%左右的中速增长，失业率维持既有水平，物价增长有限。其主要有利因素包括：扩大内需方案的效果将在1999年逐渐显现，1998年底与1999年初以出台一系列重大刺激经济方案，国际重要农工原料价格持续平稳走低，全球主要经济体纷纷降低了利息，亚洲汇率趋于平稳等，有利台湾地区经济走出低谷。因此，1999年台湾经济不会太差，仍会继续维持中度增长的水平。不过，经济全球化的发展，各国或地区之间经济相互影响增强，金融市场的不确定性增大，随时会爆发新的危机与动荡，偌大的经济环境不能好转或者进一步恶化，台湾外贸与经济发展将面临更大压力，经济景气可能会延后。

（作者所在单位：中国社科院台湾研究所）

亚洲金融危机扩散下的台湾地区企业财务危机

陈元荧

东南亚金融危机爆发后，台湾地区经济在1997年未受多大影响，还实现了“高增长－低通货”的理想发展模式，经济增长率创下五年来最大增幅。1998年以来，亚洲金融危机进一步扩散与蔓延，对台湾地区经济的影响逐渐显现，特别是第三季度开始，岛内接连出现企业财务危机事件，引发信用紧缩、股市大幅波动与市场恐慌。岛内舆论及学界普遍认为台湾出现“本土性金融危机”。1999年2月出版的一期美国“财富”杂志称台湾可能出现金融危机，引起台湾地区的高度重视。为避免引发全面金融危机，台湾地区先后采取了一系列紧急措施，解决企业资金困难与稳定股市，在一定程度上遏制了企业财务危机的蔓延。

一、企业财务危机的主要特征

随着亚洲金融危机的蔓延与经济不景气的持续发展，自1998年9月份起，台湾地区一些大企业开始出现财务危机。首先是知名的万有纸业公司发生严重的退票事件，引起交通银行、华侨银行等债权银行的高度紧张与重视。随后退票事件迅速增加，瑞联集团、东隆五金、振安钢铁、安锋集团和罗杰建设等大中型企业纷纷出现退票与股市违约交割等事件。企业财务危机的蔓延又造成银行业收缩信用，进而影响到金融票券公司的营运与进一步加大企业筹措资金的困难。11月3日，台湾地区最大的票券金融公司——中央票券金融公司发生巨额退票，创下台湾证券历史上第一个券票公司的退票案件，进而引发股市重挫。11月3日与4日，台湾地区股价指数连续两天大跌312点，跌破7000点大关；到11月11日，股市再跌100多点，跌至6700点。在台湾地区采取一系列紧急干预措施后，股价一度回涨。但11月中旬起，又接连出现台中精密机械公司的6家子公司及广三集团的台中区中小企业银行与顺大裕公司的巨额违约交割与退票事件，再度引起股价重挫。11月24日，股价指数一度大跌300多点，在当局动用“股市稳定基金”的积极干预下以7213点收盘，当日平均下跌222点。

台湾地区虽采取一系列短期“纾困”与稳定股市的政策措施，但并没有从根本上扭转总体经济下滑的趋势，企业经营依旧困难，1999年初再次出现企业财务危机，进而影响到金融市场的剧烈波动，台湾地区股价指数在2月4日跌破当局坚守的6000点防守线。由于财务危机企业多以股票抵押向银行大量举债，金融机构受到严重影响，银行断头卖压沉重，坏帐比率上升，信贷收缩，金融业体质恶化。据统计，到1998年底，台湾地区金融机构超贷款金额达7000亿元（新台币，下同），超贷比率上升至4.87%，其中银行呆帐达3500亿元。由企业财务危机引发的金融问题成为台湾经济面临的又一严峻挑战。

这次企业财务与信用危机主要有如下特点：

（一）涉及行业广，资金规模较大 这次企业财务危机涉及的行业广泛，不仅包括钢铁、造纸、纺织、食品、机械、五金、汽车等众多制造业，而且涉及营建业、房地产业与金融证券业。单个企业退票或股市违约交割金额规模大，一般都在亿元或数十亿元以上。

（二）以大中型企业或上市公司为主 这次企业财务危机主要是台湾大中型企业或股票上市、上柜企业，有些更是知名集团企业，而中小企业则相对较少，到目前还没有出现中小企业发生财务危机引起的退票事件。

（三）金融证券业首次发生退票与违约交割事件 1998年11月3日，中央票券金融公司发生财务危机，创下台湾地区证券业退票的首例。票券金融公司的退票引起金融市场的信用危机，银行风险进一步增大。

（四）财务危机形式多样化 这次企业财务危机主要有三种表现形式。一是退票。一些企业因资金吃紧，开户银行不能兑付持票人的票据而发生退票，引发企业财务危机。二是股市违约交割。一些企业因财务发生困难或投资不当，资金被套牢，不能及时按约支付成交股款，发生违约交割。三转移企业资金。一些大股东或企业经营者在发现企业经营困难时，迅速将企业现有资金转移，即“掏空”企业资产，导致企业最终暴发财务危机或倒闭，而留下一个没有资金或资产的“空壳”企业。

二、台湾地区采取的主要对策

面对企业财务危机及其引起的市场震动，台湾地区于1998年第四季度采取一连串紧急措施，解决企业面临的困难与稳定金融市场。这些主要措施可归纳为如下几点：

（一）对财务困难的企业提供援助，减轻企业资金压力 地区宣布旨在缓解工商企业与金融机构和五项“纾困措施”。有关经济部门共同组成“协助企业经营资金专案小组”，专门研究解决企业面临的资金不足与财务危机问题，并决定建立“单一窗口”，受理企业申请“纾困贷款”，处理相关危机事宜。其核心是对财务困难的企业与融资融券的票券金融公司等提供资金援助及对经评定属企业营运或升级遭遇困难的大企业到期债务偿还期限展延6个月。除银行拨出邮政储金300亿元救急外，还通过中小企业发展基金（40亿元）、扎根贷款基金（150亿元）、中小企业升级贷款基金（200亿元）、中小企业信保基金及银行等管道协助中小企业融资，以度过当前困难。到11月20日，申请“纾困”的企业已达30多家，但对个别违法企业则不予以“纾困”。

（二）强力稳定股市 1998年11月12日，地区宣布五项稳定股市的措施。其主要内容包括：成立“稳定股市专案小组”，计划运作3个月；建立“股市稳定基金”，动用劳工退休基金、劳保基金、公务人员退休基金及银行、保险、邮政储金与法人专业机构等总计2800多亿元作为“股市稳定基金”，并已多次进场支撑股市；要求财务发生困难的公司主动提出、并经“证期会”核准后停止股票在集中市场的交易，时间不超过2个月，目前已有近10家企业提出停止股票交易；6个交易日内股价跌破三成以上及成交量在股权2%以下的股票可进行为期6个月的场外交易，交易价格可以较原融资价格为低。

（三）采用利率调节杠杆，宽松银根 1998年11月11日，银行宣布降低担保贷款融通利率及重贴现率各0.125个百分点之后，又于11月16日起提高银行存放在该行的准备金乙种帐户（占准备金的六成，计付利息；占四成的甲种帐户不计利息）利率0.3个百分点，这是近28年来首次采用的货币政策，以宽松银行资金与刺激银行业降低利率。随后多家银行宣布降低存、贷款利率。

（四）采取行政与“道德劝说”等非经济手段进行干预。

三、企业财务危机与市场动荡的主要原因

台湾地区接连发生企业财务危机及其市场动荡，其实是地区经济自由化与企业经营中存在的问题在亚洲金融危机进一步扩散作用下的反应。

（一）亚洲金融危机效应进一步扩散　1998年以来，亚洲金融危机对台湾地区经济的影响日趋明显与扩大。台湾地区外贸进出口大幅衰退，经济增长率不断下调。受此影响，企业经营困难，盈利减少，负债增加，面临资金调度困难与财务危机。金融机构也对授信、贷款等更加谨慎与小心，纷纷收缩信用。特别是短期外国资本流出台湾，国际收支逆差增加。据银行公布的数字，1998年前三季度国际收支逆差累计金额为4.8亿美元，其中第三季度达9.8亿美元，创下近年来单季最大逆差。受景气衰退与企业营运欠佳影响，银行业超额贷款比率自第三季度起逐渐上升，国际金融机构对台湾银行业的信用评级也接着下降。11月20日，美国知名的穆迪投资服务公司发表的银行信用等级评估报告中，台湾有交通、华信及玉山等10家银行信用等级降低。亚洲金融危机的蔓延也使连续8年不景气的房地产市场雪上加霜，导致许多房地产商与营建企业连续发生退票与违约交割事件。在这些不利因素影响下，台湾证券市场也出现较大波动。1998年5月以来，受日元大幅贬值与印尼政局动荡及岛内经营环境的恶化等因素影响，台湾股市开始剧烈波动，股价指数从1998年2月27日的股市最高点9378.5点跌至8月底6550点，创下1997年初以来的最低点。因此台湾地区在1998年6月4日起到11月12日，先后四次推出稳定股市的方案。

（二）企业不当投资与过度扩张信用　这次发生财务危机的企业主要是过度发展本业以外的转投资事业与扩张信用所引起。台湾一些大企业大肆扩充本业之外的转投资事业，特别是盈利大而风险高的房地产、股票、期货等事业，但因业务不熟或资金占用过大而在市场不景气时发生资金调度失灵而引发财务危机。如宏福建设公司前三季度转投资事业失利，造成9亿多元的损失，进而引起其转投资事业宏福票券金融公司因资金吃紧发生退票。国扬实业公司等也是因企业主要负责人过度转投资规模太大。造成资金压力过重，遇上股市持续低沉，在无法支撑的情况下终于发生退票。特别是台湾企业的投机成分浓厚，通过各种方式过度扩张信用，如通过母公司与子公司或关系企业之间的交叉持股进行多元化与扩大事业规模，或大肆向金融机构抵押股票债券以换取现金炒作股票及利用现行融资融券制度的漏洞套取证券金融机构资金进行违规交易。

（三）泡沫经济破灭导致投资高风险事业的企业发生财务危机　近年来，台湾地区不少大财团以各种方式介入房地产与股票市场炒作、投机。但随着亚洲金融危机的蔓延，不仅持续多年疲软的房地产市场未见回升，而且股市波动加剧，泡沫经济终于破灭。1998年股市年底收盘指数较上年收盘指数下跌了1769点，造成股票总市值巨额缩水1.35万亿元。1999年初台湾股市又连创新低。房市连续8年低迷不振，空房率居高不小，目前估计有90万栋房屋卖不出去。一些投机性企业由于房市、股市投资资金占用过大，在无法偿还借贷资金或取得新的资金下，连续出现退票与股票违约交割事件，终于发生财务危机。这种情况反过来又引起股市下挫，股市下跌又加重企业财务危机，形成恶性循环。

（四）金融监管不力，造成漏洞　台湾地区金融市场开放虽较稳健，也制订了不少法规制度，但仍存在不少漏洞与问题。在金融自由化过程中，台湾资本市场开放缓慢，对外商限制也较多，但岛内金融市场的开放却过快，如90年代以来，台湾开放并设立了大批银行、票券金融、证券金融、保险、证券投资信托与证券投资顾问等金融或金融相关企业。其中，1992年一年就设立了15家民营银行，票券金融公司更从1994年以前的3家增至目前的16家。然而，金融管理却未能跟上，特别是具有庞大政商关系的大财团，大企业纷纷介入这些新成立的金融证券业，利用制度和法规上的漏洞进行关系企业之间利益输送与从事股票、房地产等高风险事业的投机。而财经主管单位对上市公司内部稽核制度与不当经营监管不力，造成企业信用过度扩张，为爆发企业财务危机留下后患。尤其是政商关系广的企业通过“关税”及提前得知稽查消息，常常使金融检查单位无法对违规企业进行有效监管，造成金融监管法规与制度“形同虚设”。

四、几点评估

对这次企业财务危机所引起的负面影响与未来台湾经济发展前景，地区各界看法不一。民间与企业界大多不乐观。一些大企业如东帝士集团等修改或取消岛内外重大投资计划，在一定程度上影响台湾扩大内需的政策效果，不利经济尽快复苏。同时，台湾社会

各界与决策部门对解决“问题企业”与当前经济金融问题应采取的经济对策意见也不统一，地区出台的政策也颇受争议。由于庞大复杂的政商关系及财团的巨大压力，地区亦不敢戳破经济泡沫，因而被迫选择“短痛不如长痛”的对策，即依然采取了以维护大财团与金融机构利益为主的“治标”措施，包括大幅降低存款准备率，大幅将外资投资台湾股市比率提高到50%，将银行、保险、信托投资、证券的营业税从5%降到2%，“弹性”调降证券交易税，等等。地区采取这些措施的重要考虑在于，如果让股价继续下滑，势必造成连锁性企业倒闭与金融机构债信恶化，演变成全面性的金融危机。不少经济学家认为“短期激励措施尚不足以彻底扭转危机”，这样的政策取向“可能重蹈日本的覆辙”，为未来台湾经济发展留下更大的隐患。

当然，地区采取的这些应急“纾困措施”也有一定的短期效果，如股市反弹回升，在春节过后开市第一天就大涨270点，很快超过7000点。大举注入资金与减税政策等，减轻了金融机构的财务压力，缓解了企业经营困难。预计金融业因减征营业税与存款准备率降，四年总计可达1000多亿新台币，银行业超贷比率可降低2.5%。但这些措施只是：“治标不治本”，引发企业财务危机问题的根源并没有消除，没有建立起一套有效的金融监管体系，也没有拿出一套切实可行的有关金融与经济制度改革方案，因此未来台湾地区经济发展仍面临挑战。特别是刺激经济复苏措施又导致财政赤字大幅增加。上个年度，台湾地区财政预算由前几年的赤字转为黑字。但由于地区采取多项企业“纾困”及刺激房地产与股市的政策措施，总计向建筑、金融及股市投资人“输血”近3000亿元，占1999年税收预算的20%；而税收却大幅减少，使下个年度预算赤字高达3100多亿元加上正值内债还本付息高峰期，债务支出占总预算的11.6%，总债务总计达5000多亿元，岛内已经有人担心将引发“财政危机”。

值得庆幸的是，台湾地区经济基本面尚呈良好。不论是产业结构，或是出口商品结构，台湾地区的经济结构依然朝着优质化的方向调整。在这次金融危机中，台湾传统产业衰退较为严重，而已成为地区经济支柱产业的电子信息产业仍呈现增长趋势，使制造业仍能维持适度增长。地区中小企业对市场反应灵敏，在这次亚洲金融危机与岛内企业财务危机中具有较佳表现，没有出现严重的财务危机问题。此外，台湾地区外债甚少，“国民生产总值”的比例在东南亚地区是最低的；外汇储备大幅回升，1998年底超过900多亿美元（到1999年2月底增至926亿美元），具有抵御经济危机冲击的一定能力。1996年以来，韩国与东南亚一些国家经济形势开始好转，欧美经济依然活跃，有助于台湾地区经济金融形势的好转。但台湾地区经济能否走出低谷，还取决于对台湾地区经济具有重要影响的日本经济能否好转、能否扭转岛内投资大幅下滑局面及所采取的刺激经济措施能否有效贯彻执行等内外因素。

（作者所在单位：中国社科院台湾研究所）

台湾地区主要社会经济指标

台 湾 地 区 重 要

major indicators of

时　期 PERIOD	人口（期底数）Population（end of period） 人　数（千人）Number（1，000 persons）	与上年比较% % change from previous year	就业增长率（%）Increase Rate of Employment（%）	失业率（%）Unemployment Rate（%）	经济增长率（%）Economic Growth Rate（%）(1)	国民生产毛　额（按当年价格计算，百万美元）GNP（at current prices，US $ - million）	每人国民生产毛额（当年币值，折合美元）Per Capita GNP(at current prices，US $）
1987	19673	1.1	3.7	2.0	12.7	103641	5298
1988	19904	1.2	1.1	1.7	7.8	126233	6379
1989	20107	1.0	1.9	1.6	8.2	152565	7626
1990	20353	1.2	0.3	1.7	5.4	164076	8111
1991	20557	1.0	1.9	1.5	7.6	183736	8982
1992	20752	1.0	2.3	1.5	6.8	216254	10470
1993	20944	0.9	1.3	1.5	6.3	226243	10852
1994	21126	0.9	2.2	1.6	6.5	243934	11597
1995	21304	0.8	1.2	1.8	6.0	262978	12396
1996	21471	0.8	0.3	2.6	5.7	274568	12838
1997	21683	1.0	1.2	2.7	6.8	284777	13198
1998	21871	0.9	1.2	2.7	4.8	262272	12040

时　期 PERIOD	储蓄与投资 Savings and Investment 储蓄毛额 Gross Savings 金　额（新台币百万元）amount（NT $ mill.）	占 GNP % as % of GNP	投资毛额 Gross Investment 金　额（新台币百万元）amount（NT $ mill.）	占 GNP % as % of GNP	超额储蓄 Excess Savings1 金　额（新台币百万元）amount（NT $ mill.）	占 GNP % as % of GNP
1987	1272167	38.5	666934	20.2	539717	18.3
1988	1245194	34.5	833925	23.1	411269	11.4
1989	1253045	31.1	924423	22.9	329622	8.2
1990	1293941	29.3	994119	22.5	299822	6.8
1991	1448830	29.4	1120419	22.7	328411	6.7
1992	1539063	28.3	1329154	24.4	209909	3.9
1993	1659163	27.8	1478128	24.8	181035	3.0
1994	1685245	26.1	1522094	23.6	163151	2.5
1995	1764955	25.3	1630320	23.4	134635	1.9
1996	1874693	24.9	1588471	21.1	286222	3.8
1997	2008526	24.6	1791301	21.9	217225	2.7
1998	2123991	24.2	1957050	22.3	166941	1.9

经　济　指　标
Taiwan Region Economy

工业生产 Industrial Production		产业结构（占GDP%） Structure of Industry (as % of GDP)					消费者物价 Consumer Prices	
总指数 General Index 1991 = 100	与上年比较% % change from previous year	合计 Total	农业 Agri-culture	工业 Industry	制造业 Manu-facturing	服务业 Services	总指数 General Index 1996 = 100	与上年比较% % change from previous year
86.2	10.6	100.0	5.3	46.7	38.9	48.0	73.3	0.5
89.9	4.3	100.0	5.0	44.8	37.2	50.1	74.2	1.3
93.3	3.8	100.0	4.9	42.3	34.6	52.8	77.5	4.4
93.1	-0.2	100.0	4.2	41.2	33.3	54.6	80.7	4.1
100.0	7.5	100.0	3.8	41.1	33.3	55.1	83.6	3.6
104.5	4.5	100.0	3.6	39.9	31.7	56.5	87.3	4.5
108.3	3.7	100.0	3.7	39.0	30.5	57.3	89.9	2.9
115.6	6.7	100.0	3.6	37.3	29.0	59.1	93.6	4.1
120.5	4.2	100.0	3.6	36.3	28.1	60.2	97.0	3.7
122.3	1.5	100.0	3.3	35.5	27.9	61.2	100.0	3.1
131.3	7.4	100.0	2.7	34.9	27.7	62.4	100.9	0.9
136.3	3.8	100.0	2.9	34.0	27.0	63.1	102.6	1.7

存款（期底数） Deposits (end of period)		放款与投资（期底数） Loans & Investments (end of period)		准货币（期底数） Quasi-money (end of period)	
金额（新台币10亿元） amount (NT $ billion)	与上年比较% % change from previous year	金额（新台币10亿元） amount (NT $ billion)	与上年比较% % change from previous year	金额（新台币10亿元） amount (NT $ billion)	与上年比较% % change from previous year
3964.3	23.0	2454.6	…	2362.3	…
4881.2	23.1	3395.4	38.3	2777.2	17.6
5866.4	20.2	4409.0	29.9	3524.1	27.0
6471.5	10.3	5063.5	14.8	4276.2	21.3
7579.5	17.1	6189.7	22.2	5244.5	22.5
9073.7	19.8	7960.5	28.6	6387.9	21.3
10454.4	15.2	9511.0	19.5	7373.1	15.4
12031.4	15.1	10955.6	15.2	8563.5	16.1
13130.9	9.1	12100.3	10.5	9642.3	12.5
14260.9	8.6	13051.8	7.9	10547.8	9.4
15421.3	8.1	14235.8	9.1	11379.1	7.9
16696.9	8.3	15311.8	7.6	12531.9	10.1

时 期 PERIOD	海关对外贸易统计（百万美元） Merchandise Trade（Customs statistics，US $ million）				
	进口 Imports（cif）		出口 Exports（fob）		差 额 Balance
	金 额 amount	与上年比较% % change from previous year	金 额 amount	与上年比较% % change from previous year	
1987	34983.4	44.7	53678.7	34.7	18695.4
1988	49672.8	42.0	60667.4	13.0	10994.6
1989	52265.3	5.2	66304.0	9.3	14038.6
1990	55716.0	4.7	67214.4	1.4	12498.4
1991	62860.5	14.9	76178.3	13.3	13317.8
1992	72006.8	14.6	81470.3	7.0	9463.5
1993	77061.2	7.0	85091.5	4.4	8030.3
1994	85349.2	10.8	93048.8	9.4	7699.5
1995	103550.0	21.3	111658.8	20.0	8108.8
1996	102370.0	-1.1	115942.1	3.8	13572.0
1997	114424.7	11.8	122080.7	5.3	7656.0
1998	104665.3	-8.5	110582.3	-9.4	5917.0

台湾地区核准对外投资及对外技术合作统计总表
OUTWARD INVESTMENT AND OUTWARD TECHNICAL COOPERATION

金额单位（unit）：美金千元（US $ 1000）

项 目 Item	对 外 投 资 Outward Investment		对外技术合作 Outward Technical Coop
年 度 Year	件 数 Case	金 额 Amount	件 数 Case
1952—1987	295	374583	55
1988	110	218736	1
1989	153	930986	5
1990	315	1552206	3
1991	364	1656030	4
1992	300	887259	2
1993	326	1660935	2
1994	324	1616764	…
1995	339	1356878	1
1996	470	2165404	1
1997	759	2893826	1
1952—1997.12	3755	15313607	75

（续）

海峡两岸经香港转口贸易 Trade across the Taiwan Straits through Hong Kong					核（备）准赴祖国内地间接投资 Approved/Reported Indirect Investment in Mainland China	
台湾地区向祖国内地出口 Exports to Mainland China		台湾地区由祖国内地进口 Imports from Mainland China		差额 Balance	件数 number of cases	金额（百万美元）amount（US $ million）
金额（百万美元）amount（US $ million）	与上年比较% % change from previous year	金额（百万美元）amount（US $ million）	与上年比较% % change from previous year			
1226.5	51.2	288.9	100.4	937.6	—	—
2242.2	82.8	478.7	65.7	1763.5	—	—
2896.5	29.2	586.9	22.6	2309.6	—	—
3278.2	13.2	765.4	30.4	2512.8	—	—
4667.2	42.4	1125.9	47.1	3541.3	237	17[illegible].2
6287.9	34.7	1119.0	-0.6	5169.0	264	24[illegible].0
7585.4	20.6	1103.6	-1.4	6481.8	9329	316[illegible].4
8517.2	12.3	1292.3	17.1	7224.9	934	96[illegible].2
9882.8	16.0	1574.2	21.8	8308.6	490	109[illegible].7
9717.6	-1.7	1582.4	0.5	8135.2	383	122[illegible].2
9715.1	-0.03	1743.8	10.2	7971.3	8725	433[illegible].3
8364.1	-13.9	1654.9	-5.1	6709.2	1284	203[illegible].6

台湾地区核准对外投资分区统计表
Approved Outward Investment by Area

单位：千美元
Unit：US $ 1000

时期 PERIOD	合计 Total		亚洲地区 Asian Countries		美洲地区 American Countries		欧洲地区 European Countries		其他地区 Others	
	件数 Cases	金额 Amount	件数 Cases	金额 Amount	件数 Cases	金额 Amount	件数 Cases	金额 Amount	件数 Cases	金额 Amount
1989	153	930986	80	296372	65	624431	7	2333	1	7850
1990	315	1552206	154	602910	137	838711	21	96176	3	14409
1991	364	1656030	176	929819	154	658958	28	60289	6	6964
1992	300	887259	156	369929	100	449096	36	45933	8	22301
1993	326	1660935	181	663514	115	740110	27	255913	3	1398
1994	324	1616764	170	559471	129	988336	21	22209	4	46748
1995	339	1356878	175	467743	134	787105	16	59868	14	42162
1996	470	2165404	197	661717	245	1442953	10	11875	18	48859
1997	759	2893826	204	818743	521	1915948	26	58508	8	100627
1998	897	3296302	226	580819	610	2637021	50	33828	11	44634

台湾地区核准对祖国内地投资及祖国内地技术引进统计总表

STATISTICS ON APPROVED INDIRECT MAINL AND INVESTMENT AND TECHNICAL GUIDE

金额单位（unit）：美金千元（US＄1000）

项　目 Item	对祖国内地投资 Mainland Inverstment		祖国内地技术引进 Mainland Technical Guide
年　度 Year	件　数 Case	金　额 Amount	件　数 Case
1991	237	174158	…
1992	264	246992	…
1993	1262 （8067）	1140365 （2028046）	3
1994	934	962209	10
1995	490	1092713	9
1996	383	1229241	10
1997	728 （7997）	1614542 （2719771）	9
1991—1997.12	20362	11208037	41

台湾地区平均每年经济增长率（%）

Average Annual Economic Growth Rate

终止年 Terminal Year	起 始 年 Initial Year															
	1951	1967	1968	1969	1970	1971	1972	1973	1974	1975	1976	1977	1978	1979	1980	1981
1952	12.0															
1967	8.7															
1968	8.7	9.2														
1969	8.7	9.1	8.9													
1970	8.9	9.8	10.2	11.4												
1971	9.1	10.6	11.1	12.1	12.9											
1972	9.3	11.1	11.6	12.5	13.1	13.3										
1973	9.4	11.4	11.9	12.6	13.0	13.1	12.8									
1974	9.1	9.9	10.0	10.2	9.9	9.0	6.8	1.2								
1975	8.9	9.3	9.3	9.3	8.9	7.9	6.2	3.0	4.9							
1976	9.1	9.8	9.8	10.0	9.7	9.1	8.1	6.5	9.3	13.9						
1977	9.1	9.8	9.9	10.0	9.8	9.3	8.5	7.4	9.6	12.0	10.2					
1978	9.3	10.1	10.2	10.4	10.3	9.9	9.3	8.6	10.6	12.5	11.9	13.6				
1979	9.2	10.0	10.0	10.2	10.0	9.7	9.2	8.6	10.1	11.4	10.6	10.9	8.2			
1980	9.2	9.8	9.8	9.9	9.7	9.4	8.9	8.4	9.6	10.6	9.8	9.7	7.7	7.3		
1981	9.1	9.5	9.5	9.6	9.4	9.1	8.6	8.1	9.1	9.8	9.1	8.8	7.2	6.7	6.2	
1982	8.9	9.1	9.1	9.1	8.9	8.6	8.1	7.6	8.4	8.9	8.1	7.7	6.3	5.7	4.8	3.6
1983	8.9	9.1	9.0	9.1	8.9	8.6	8.1	7.7	8.4	8.9	8.2	7.8	6.7	6.3	6.0	6.0
1984	8.9	9.1	9.1	9.2	9.0	8.7	8.3	7.9	8.6	9.1	8.5	8.2	7.4	7.2	7.2	7.5
1985	8.8	8.9	8.9	8.9	8.7	8.4	8.1	7.7	8.3	8.6	8.1	7.8	7.0	6.8	6.7	6.9
1986	8.9	9.1	9.0	9.0	8.9	8.6	8.3	8.0	8.6	8.9	8.4	8.2	7.6	7.5	7.5	7.8
1987	9.0	9.2	9.2	9.3	9.1	8.9	8.6	8.3	8.9	9.2	8.8	8.7	8.1	8.1	8.3	8.6
1988	9.0	9.2	9.2	9.2	9.1	8.8	8.6	8.3	8.8	9.1	8.7	8.6	8.1	8.1	8.2	8.5
1989	8.9	9.1	9.1	9.1	9.0	8.8	8.5	8.3	8.8	9.0	8.7	8.6	8.1	8.1	8.2	8.5
1990	8.9	9.0	8.9	8.9	8.8	8.6	8.4	8.1	8.6	8.8	8.4	8.3	7.9	7.9	7.9	8.1

（续）

终止年 Terminal Year	起始年 Initial Year															
	1951	1967	1968	1969	1970	1971	1972	1973	1974	1975	1976	1977	1978	1979	1980	1981
1991	8.8	8.9	8.9	8.9	8.8	8.6	8.3	8.1	8.5	8.7	8.4	8.3	7.9	7.8	7.9	8.1
1992	8.8	8.8	8.8	8.8	8.7	8.5	8.2	8.0	8.4	8.6	8.3	8.2	7.8	7.8	7.8	7.9
1993	8.7	8.7	8.7	8.7	8.6	8.4	8.1	7.9	8.3	8.5	8.2	8.0	7.7	7.7	7.7	7.8
1994	8.7	8.6	8.6	8.6	8.5	8.3	8.1	7.9	8.2	8.4	8.1	8.0	7.6	7.6	7.6	7.7
1995	8.6	8.5	8.5	8.5	8.4	8.2	8.0	7.8	8.1	8.3	8.0	7.8	7.5	7.5	7.5	7.6
1996	8.5	8.4	8.4	8.4	8.3	8.1	7.9	7.7	8.0	8.1	7.9	7.7	7.4	7.4	7.4	7.5
1997	8.5	8.4	8.4	8.3	8.2	8.0	7.8	7.6	7.9	8.1	7.8	7.7	7.4	7.3	7.3	7.4
1998	8.4	8.3	8.2	8.2	8.1	7.9	7.7	7.5	7.8	7.9	7.7	7.5	7.3	7.2	7.2	7.3

《中国黄金海岸年鉴》编辑部组成人员

总 编 辑　罗涵先（兼）
副总编辑　贺人瑞　党德信　李晓红
编　　辑　张凤英　郑剑玲　黄　培　徐立敏

特约撰稿人、特约通讯编辑

（按姓氏笔画顺序）

马振业　潍坊市外经贸委办公室信息调研科科长
王玲萍　中共珠海市委办公室综合科科员
王跃进　北京市政府研究室综合处主任科员
王益芳　山东省外经贸委国际经济技术处科长
王建生　河北省对外贸易经济合作厅办公室副主任
王怀中　三亚市政府办公室综合科
王宝欣　烟台市外经贸委秘书
王　磊　青岛市政府办公厅干部
王　红　厦门市人民政府办公厅
仇　红　南通市政府办公室主任科员
叶建中　温州市政府办公室干部
田和友　东营市政府办公室主任
司开明　南京市政府对外经贸委科长
卢嘉权　肇庆市政府体改委副主任
孙乡瑜　深圳市政府办公厅综合处主任科员
孙绍童　丹东市外经贸委综合处处长
孙炳元　张家港市政府办公室综合科科长
刘敬东　锦州市外经贸委综合处处长
江建国　舟山市政府办公室主任
邢福民　海南省政府办公厅调研室副主任
吴忠溪　泉州市政府办公室
吴清辉　晋江市计经贸委科员
杨建强　嘉兴市政府办公室涉外科科长
张伟新　中共江苏省委政策研究室信息处处长

张欣南　舟山市政府办公室综合一处干部
张志华　唐山市政府办公厅综合处科员
李应适　南宁市政府副秘书长
李亦之　广西外经贸厅办公室助理调研员
李梦来　东营市人民政府办公室科长
李　勇　北海市政府办公室一秘科副科长
陈　芳　天津市政府研究室处长
陈　雷　秦皇岛市政府办公室综合一科
陈　哲　沧州市政府办公室综合科秘书
陈　泉　淄博市外经贸委综合科干部
陈喜山　湛江市政府研究室副主任
陈鸿庆　南通市政府办公室研究室主任
陈华鲁　盐城市政府办公室科长
陈健胜　宁波市政府办公厅处长
陈建群　北海市市政府办公室秘书
陈毓玲　汕头市政府办公室
陆卫东　无锡市政府办公室综合一处主任
邵　毅　营口市外经贸委办公室秘书
佟百复　葫芦岛市政府副秘书长
沈灿煌　厦门市政府办公厅综合处副处长
何锦沛　佛山市政府办公室
苏斐华　秦皇岛市政府副秘书长
苏耀光　汕头市政府办公室副主任
严士凡　浙江省人民政府办公厅
严伯英　江阴市政府史志办公室副主任
严关木　绍兴市政府办公室综合调研处
邹双林　沧州市政府办公室主任
延克俭　江阴市史志办公室地方志科科长
杨建强　嘉兴市政府办公室涉外科科长
林乃忠　辽宁省政府办公厅研究室主任
林水土　漳州市政府发展研究中心副主任
林进炎　广州市政府研究室秘书
林秀燕　福州市政府办公厅综合处
郑祖国　上海市政府研究室干部
周兆昌　温州市政府副秘书长
周治玉　朝阳市政府办公室综合三科科长
洪　波　沈阳市政府办公厅外经处处长

范忠智　中共潍坊市外经贸委
赵成武　大连市外经贸委信息中心副处长
赵克贵　佛山市政府办公室调研科科长
赵俊田　葫芦岛市人民政府办公室
姚泽源　广东省政府研究室副主任
姚朝娟　广州市政府研究室
娄东风　海口市政府发展研究中心主任
徐应生　淮阴市政府秘书长
夏善宏　淮阴市政府办公室科长
顾九生　苏州市政府副秘书长
钱荣南　杭州市政府办公厅主任科员
梁书丰　苏州市政府办公室副科长
章大李　宿迁市政府办公室副主任
曹永生　潍坊市外经贸委办公室副主任
黄惠强　中共珠海市委办公室综合科主任科员
戚寿余　淮阴市人民政府办公室
曾锦俊　江门市政府办公室调研科干部
董洪海　滨州市外经贸委外资科科长
楼铁锷　绍兴市政府办公室副主任
窦晖来　滨州市外经贸委
詹朝辉　福建省政府特区办处长
潘成坤　浙江省政府办公厅信息处处长
颜士友　连云港市政府办公室副主任
薛中军　威海市外经贸委办公室副主任

董事单位介绍

河北省纺织品进出口(集团)公司

河北省纺织品进出口(集团)公司是一家具有20多年纺织品进出口经营历史的外贸企业,拥有一支进出口业务经营、管理、运输的专业队伍,具有丰富的营销经验和全方位的服务能力。集团公司成立以来,发扬"团结、奋进、务实、奉献"的企业精神,艰苦创业,开拓进取,各项业务日渐兴旺发达,累计进出口总额达60亿美元,已发展成为全国纺织品进出口的重点企业,是全国最大的500家外贸企业之一,并获得"全国最佳出口创汇企业"和"全国外经贸优秀企业"等荣誉称号。

贺中强总经理

公司主要从事进出口商品经营,开展对外经济技术合作和资本运营、资产经营。在巩固和深度拓展港澳、日韩、美加、欧盟、东南亚等传统市场的基础上,积极开发非洲、中南美、独联体、东欧等市场,广交朋友,现已与世界上80多个国家和地区建立了稳定的贸易关系。公司注册使用的碧桃、赵州桥、红宝石、白羽、绣球等17件商标、22种商品,在国内外享有盛誉。出口商品以其质量高、品种多、规格全、服务好,而深受用户的青睐。

公司积极向实业化、集团化、多元化方向迈进。经河北省人民政府和国家外经贸部审定批准,以河北省纺织品进出口(集团)公司为主发起人,吸纳其他企业法人和社团法人参加成立了河北省纺织品进出口股份有限公司,并控股组建了七个有限责任公司。集团公司还拥有5家子公司,4家驻外企业,15家合资、合作和联营企业,现已发展成为集进出口贸易、纺织印染、服装加工、铸管铸件、仓储运输为一体的综合型工贸集团。

河北圣仑进出口集团公司

河北圣仑进出口集团公司是由原河北省服装进出口公司和原河北省针棉织品进出口公司全部产权合并，按照现代企业制度要求，进行公司制改造组建而成的国有外贸企业。现有职工588人，下辖7个综合部室和26家控股、参股公司。在美国、日本、韩国、香港、沙特、英国、德国、波兰、捷克设有9家海外企业及7家合资企业。总资产4.05亿元人民币，年进出口额2亿美元。公司现代化写字楼——圣仑大厦座落于河北省石家庄市和平西路499号。

集团公司经营的各类梭织服装、针织品、毛织品、各种家用纺织品及粮油食品的进出口业务1999年通过ISO9002国际标准质量体系认证及英国UKAS皇冠标志质量体系认证。

集团公司在进出口贸易中采取灵活的贸易方式，大力开展合资经营、合作经营、易货贸易、进料来料加工等项业务，使集团公司的进出口贸易建立在更广泛、更坚实的基础上，逐步向国际化、多功能、综合经营方向发展。

河北圣仑进出口集团公司将一如既往地本着“平等互利”和“重合同守信用”的原则，与所有新老客户建立和发展良好的贸易关系。总经理陈振国携全体员工竭诚欢迎海内外贸易界人士来函、来电、来人洽谈业务，增进贸易往来。

江苏宁沪高速公路股份有限公司

宁沪高速公路江苏段马群互通

江苏宁沪高速公路股份有限公司成立于1992年8月，是国家基本建设项目社会募集方式股份制试点企业，主营高速公路建设、收费管理及高速公司服务区加油、餐饮、汽修、广告业务。目前管理沪宁高速公路江苏段、广靖高速公路、锡澄高速公路、312国道江苏段。其中宁沪高速公路江苏段1997年11月通过国家竣工验收，工程管理和质量评分居全国已建高速公路之首。国家竣工验收委员会总体评价：整体工程质量国内领先，水网、软土地基工程质量达到国际先进水平，标志着我国高速公路设计、建设、管理迈上了一个新的台阶。1998年宁沪高速公路江苏段获得国家建筑工程最高奖"鲁班奖"和江苏省科技进步特等奖。

江苏宁沪高速公路股份有限公司作为江苏交通基础建设的融资窗口，于1997年7月成功地向全球配售12.2亿股H股，并在香港联交所挂牌，成为国际性上市公司，并成功地走出了一条基本建设项目走向国际资本市场、建设资金滚动使用的新路子，开拓了公司发展空间，有力地支持了江苏交通建设。目前公司注册资金为4887748千元，股份总额为4887748千股，其中国家持股3376135千股，占69.07%，社会法人持股289613千股，占5.93%，境外H股1222000千股，占25%。

作为江苏省内唯一一家基建上市公司，公司凭借雄厚的实力，发挥在江苏省境内交通基础设施投资与收购具有优先权的优势，抓住机遇，积极开展资本运作，现拥有广靖高速公路、锡澄高速公路各85%的股权，312国道江苏段15年经营权，江苏宁沪汽车客运有限责任公司40%的股权，公司规模不断壮大，资产从初期的62亿元增加到141亿元，实现国有资产的保值增值。公司通过狠抓各项基础管理工作，提高服务质量，所辖宁沪高速公路江苏段及312国道江苏段交通量稳定增长，同时注重严格管理、节支降耗，有效控制营运管理成本，公司经济效益稳步逐年提高。1997年总收入人民币约为8.2亿元，每股盈利人民币0.0779元。1998年公司实现收入人民币11.1亿元，除税后综合溢利总计人民币5.66亿元，较1997年增加约59.1%。

1999年、江苏经济仍以高于全国平均速度持续发展，公路运输需求增加，区域交通流量将进一步增长，公司的主营收入将会有稳定增长。公司参与投资建设的广靖高速公路、锡澄高速公路、宜漕公路投入运营，吸引大量的车流，将为公司带来新的投资效益。

随着中国经济的迅速发展，国家宏观政策继续大力发展公路基建，公司发展迎来了新的机遇，公司将以积极的姿态抓住机遇，迎接挑战，充分发挥已有优势，保持公司利润的稳步增长，并将为江苏改革开放和经济建设作出积极的贡献。

浙江省上虞市

上虞市位于浙江省东北部，东离港城宁波62公里，西距省会杭州72公里，总面积1427平方公里，人口78万，辖18个镇6个乡，属长江三角洲经济区域，是国务院批准的首批沿海经济开放城市和杭嘉湖高科技区成员单位。先后被列为全国百名财政大县，全国粮食大县，全国商品棉基地县，全国棉花、夏油菜生产先进县（市），全国科技工作先进县（市）。1992年以来，一直被列为全国农村综合实力百强县（市）。

上虞历史悠久，人杰地灵。公元前222元上虞置县，至今已逾2200余年。王充、嵇康、谢安、章学诚、竺可桢、夏丏尊、马一浮、胡愈之、谢晋等一大批贤人志士，为上虞历史留下了灿烂的篇章。上虞名胜荟萃，古迹众多。曹娥庙、卧龙山、玉水河、白马湖、春晖中学、凤鸣飞瀑、东山指石、峰山道场……上虞已经成为“唐诗之路”旅游线上一颗耀眼的明珠。

上虞向称“九县通衢”，区位优势十分明显。杭甬铁路横贯全境，104国道、329国道、杭甬高速公路、上三高速公路在境内交叉穿越，全市现有公路总里程496公里，其中高级、次高级公路292公里，为省内率先实现“村村通公路”的县（市）。上虞港是杭州湾南岸唯一的出海码头。曹娥江和杭甬运河则是连接周边地区的两条水上大动脉。上虞电力供应充足，现有220千伏变电所1个、110千伏变电所2个、35千伏变电所12个，已通过全国农村电气化县（市）验收。上虞通信设施超前，已建成SDH信息高速公路和移动电话BSC基础管理系统，开通了国际互联网信息业务，程控电话容量达10万门，移动电话容量达5万门。上虞城区面积已达12平方公里，曹娥江上五桥横跨，新老城区连成一体，一个具有江滨特色的现代化新兴城市正在形成。

上虞的经济基础较为扎实。1998年，全市实现工农业总产值411.15亿元，国内生产总值135.6亿元，财政收入4.24亿元，经济总量和运行质量名列全省前茅。农业经济已初步形成农、林、牧、副、渔全面发展，粮、棉、油、茶、茧持续增产的格局。全市现有58万亩耕地，76万亩林地，25万亩海涂，已建成现代农业示范园区41个，其中省级2个。近年来，利用现有资源优势，初步建成了100个优高农业专业村，形成了葡萄、板栗、杨梅、青梅、花卉、畜禽、蔬菜、特种水产等近20个名优特农产品基地，建办了10多个农业龙头企业和农产品产地市场。盖北乡被誉为“中国葡萄之乡”，二都杨梅、下管魁栗、“舜江”牌乳瓜、“范师傅”牌酱菜等名优产品闻名国内外。1998年，全市实现农业总产值25.98亿元，增加值17.2亿元，农民人均收入4325元。

上虞工业结构较为合理，其中机电、化工两大行业已成为全市的支柱行业。全市现有工业企业集团31家，其中省级以上集团企业19家，“小型巨人”企业18家，14家企业被列为省“五个一批”企业。浙江龙盛集团的分散染料产量位居世界第一，浙江阳光集团是亚洲最大的节能灯生产基地，浙江上风集团、浙江联丰集团已分别成为全国最大的专特型风机和玻璃钢冷却塔生产企业。上虞为全省首批技术创新试点县（市），全市共有高新技术企业15家，其中国家级8家，拥有省级以上名牌产品10种。1998年全市完成工业总产值384.7亿元，增加值83.34亿元，工业综合经济效益指标名列全省前茅。上虞建筑行业发展迅速，现有上等级企业97家，其中一

上虞市区鸟瞰

级资质9家，二级资质32家，是省政府首批命名的“建筑之乡”和全国“建筑之乡”联谊会会长单位。1998年全市实现建安产值78亿元，增加值21.2亿元。

改革开放以来，上虞外向型经济发展较为迅猛，其中省级上虞经济开发区和省级上虞精细化工园区已成为上虞对外开放的窗口。截止1998年底，全市已累计批准外商投资项目269个，协议利用外资2.52亿美元，实际利用外资9123万美元。上虞与60多个国家和地区建立了贸易关系，1998年全社会外贸出口交货值达37.3亿元。第三产业已成为上虞国民经济的重要组成部分，全市共有商业网点412个，城乡交易市场96个，1998年实现社会消费品零售总额29.1亿元，城乡集市贸易成交额37.18亿元。

华东独塔第一桥——人民大桥

省级上虞经济开发区

省级重点中学——春晖中学

全国最大的电机生产基地——浙江卧龙集团

全国最大的冷却塔生产基地——浙江联丰集团

电力供应进入充足期（上虞电力大楼）

三星级涉外饭店——上虞宾馆

邮电通信进入超前期——上虞电信大楼

杭甬高速公路上虞段

5000吨级上虞港码头

现代农业园区

沧海桑田——海涂开发农业展示广阔前景

“江南第一庙”——曹娥庙

世界青瓷发源地

部分农产品

浙江温州医药商业集团

集团公司董事长、总经理朱永筱

连锁店经营场地一角

集团所属的百年老店——老香山中药店，即现在集团开展连锁经营的龙头：老香山连锁总店

浙江温州医药商业集团系浙江省批首家医药商业企业集团，1995年6月28日批准组建，1996年4月18日正式成立。集团以经营医药商品为主，为人民群众防病治病、康复保健、计划生育及时提供安全有效的医药商品和优质服务。

集团拥有核心层企业1家、紧密层企业7家、半紧密层企业2家和松散层企业16家，还拥有代管的集体企业15家及有100多个摊位的鞋料专业市场1个。

集团核心层企业——浙江温州医药商业集团有限公司，经过45年的长足发展，现已成为一家经济实力、综合经营能力较强、药学技术力量雄厚的国有大型贸易企业。集团公司党委建制，党工团组织健全，设有5个职能处室、2个配送中心、5个销售分公司和18间“老香山”医药连锁商店。现有员工772人，其中各类专业技术人员520人。是全国医药商业利税总额30强企业，国家级“GSP达标企业”，浙江省第一批大型贸易企业，浙江省商业行业最大企业，浙江省省级“文明单位”、浙江省医药商业“十佳企业”。朱永筱总经理是温州市优秀厂长（经理）金鹿奖获得者。

随着改革开放的进一步深化，集团公司将本着“团结、求实、优质、高效、创新”的企业精神，带领集团中的各层次企业同国内外厂商在科研、生产、贸易等方面进行广泛合作，以总代理、总经销、联合开发、联购分销、连锁经营、资本运营等各种形式积极参与国内外市场的大流通、大循环，发展规模化、集约化、连锁化、多元化经营，使浙江温州医药商业集团成为跨行业、跨部门、跨所有制和跨国经营的大型法人联合体，为建设现代化新温州，为构筑浙江医药大省，实现我国跨世纪的战略目标而积极作出自己的新贡献。

集团公司营业大楼

黄龙体育中心

黄龙体育中心的主体育场

黄龙体育中心是浙江省社会发展的一项重要的形象工程，它位于杭州黄龙洞风景区附近，北临天目山路、南至曙光路、西起玉古路、东至杭大路，占地面积为935亩。根据省委、省政府提出的“功能基本完备，体现综合效应，风貌适当超前，具有现代特色”的要求，采取“一次规划，分步实施，一次征地，分期划拨”的方针，主体育场已于1997年6月正式开工，将于2000年投入使用。黄龙体育中心的主体育场，是一座建筑造型新颖、国内一流水准的斜拉网壳挑蓬的体育场，可容纳观众近6万人，总建筑面积为80000平方米，集体育比赛、文体表演、健身娱乐、商务办公和购物展览为一体。内有按国际田联的建筑标准，可供国际田径比赛使用的标准塑胶跑道，并设有标准草坪足球场；看台按特级体育场要求布置。体育馆按国际比赛要求设计和建设，建筑面积为24000平方米，容纳观众7000人，可进行各种项目的体育比赛，并配备高级音响、灯光、除了承办国内外高水平的比赛外，还可以举行大型文艺演出。看台下部除观众休息厅等服务用房外，布置部分体育娱乐设施（如乒乓室、棋牌室、台球室等）。体育场、体育馆、游泳跳水馆及综合训练馆、训练场建成后，可承办全国综合性运动会和高水平的国际比赛。目前，当务之急是依靠全社会力量，广泛筹集建设资金，全力以赴把前期工作做好。经省政府批准的筹资办法主要有五种：（1）捐赠建设项目；（2）投资合作建设；（3）定额现金捐赠；（4）零散现金和实物捐赠；（5）支援投资，预售荣誉座位和团体包厢。捐赠额占某一项目全部资金一半以上者，可以以捐赠者姓名命名该建筑；投资建设项目可根据投入资金的大小商定投资者的经营管理年限；个人捐赠50万元，集体和单位捐赠100万元的，可在体育中心贡献碑上留名，并由省政府颁发荣誉证书。个人捐赠5万元，集体和单位捐赠10万元的也有相应的待遇给予鼓励，均在体育中心贡献碑上留名；预售主体育场荣誉座位的，每座支援投资2万元，可在体育场建成后享受使用15年。预售团体包厢支援投资120万元的，可使用期限50年。黄龙体育中心的建设是全省人民的一件大事，衷心地希望社会各界都来关心，支持黄龙体育中心的建设，用自己的实际行动来表达对浙江体育事业的关心、热心和爱心！

黄龙体育中心全景

德力西集团

德力西集团公司董事局主席胡成中先生

数控冲床

德力西集团位于浙江乐清德力西柳市工业区，是国家大型乡镇企业，全国性企业集团。集团现有生产型企业100多家、销售公司400多家、协作企业600多家、员工近万人。拥有先进的生产流水线80多条、检测设备600多台（套）。集团现已形成年生产高低压电器、成套设备、仪器仪表、汽车摩托配件3000万台（套）的生产能力，1997年集团实现总产值17亿元，出口创汇1800万美元。

德力西集团公司成功地实现了三次飞跃：第一次飞跃（1984-1990年）作坊企业化，依靠自主经营，自我积累，实现了自我发展；第二次飞跃（1991-1994年）企业股份化组建中外合资股份合作企业，实施联合兼并，使企业上规模，产品上档次，技术上水平；第三次飞跃（1994年-）从总厂式管理发展到现代企业集团化管理，建立股份经济多层次的现代化的企业集团。

德力西集团以工业电氧为主业，现能生产100多个系列6000多个规格的高低压成套及元件产品。此外，还涉足电子节能灯、电线电缆、高速电路护拦、桥架母线槽、煤矿机械、汽车电器等周边行业。横跨化工染料、服装、食品饮料、建筑装璜等其他行业。集团公司通过ISO9001和ISO14000国际认证，部分主业产品获美国UL、法国VQE、欧共体CE及国际CB认证，并被评为“中国名牌产品”和“浙江省名牌产品”。

德力西集团也先后被评为全国最大规模经济效益乡镇企业，中国最大的低压电器出口基地，浙江省五个一批重点企业，浙江省四星级企业，中国农业银行黄金客户，集团董事局主席胡成中也先后被评为“全国优秀企业改革家”、“中国经营大师”、“浙江省功勋乡镇企业家”，并当选浙江省九届人大代表”。

浙江德力西股份有限公司

德力西广场

德力西工业园

温州市中油能源有限公司

温州市中油能源有限公司董事长、总经理徐玉昆

公司油库外景

温州市中油能源有限公司前身为苍南县东海渔需物资油料供应公司，1993年2月，经温州市计划委员会批准，命名为温州市申港能源公司，隶属市计划委员会，后因业务发展的需要，于1998年10月改名为温州市中油能源有限公司，归属温州市人民政府办公室，业务由中国（北京）石油天然气总公司直接领导。公司位于中国第一座农民城——龙港镇。这里素称江南鱼米之乡，交通极为便利，东临东海，北与104国道相衔接，离铁路、机场仅60公里。公司经营范围：主营石油、煤炭、电力、化工产品，兼营建筑材料、金属材料、塑料制品、纸张销售以及国内沿海、内河水路运输、公路运输等。

公司创办几年来，在总经理徐玉昆率领下，全体员工奋发图强，艰苦创业，取得了长足发展。目前基础设施已全部竣工，总占地面积达28800平方米，其中办公楼为1000平方米，汽油库4000立方米，柴油库10000立方米，机油库1000立方米，化工库、罐9个，面积1500立方米，加温油库3000立方米。煤炭堆场4000平方米。专用石油码头1000吨级一座，温州市唯一的一级汽油轮1500立方米一艘，柴油轮1000吨级一艘，还配有小油轮、油罐车专为客户服务。公司现拥有资产3203万元，正式营业以来，汽、柴油，煤炭，化工等产品年进销10万多吨，产值达2亿多元，实现税利1000万元。销售网络遍布浙南、闽东16个县市及全国各相关单位。现已成为温州市能源系统股份经济组合中不可缺少的一大部分。

公司油库庭院风光

各地运油槽车正在装油

公司油轮停靠码头

全国最长的高速公路桥——温州大桥

温州大桥主航道桥远眺

温州大桥是国务院批准兴建的黑龙江省同江至海南省三亚沿海大通道主干线的控制工程，是浙江省境内甬台温高等级公路的重要组成部分，是温州市现代化建设进程中的标志性建筑之一。温州大桥工程全长17.1公里，概算总投资12.86亿元，分桥梁和接线高速公路。其中桥长6977米，是全国最长的高速公路桥。桥面宽27米，为双向六车道，分别由双塔双索面斜拉桥、七都高架桥、南航道混凝土简支梁桥、龙湾双喇叭互通立交桥组成。其中双塔双索面斜拉桥为主航道桥，又称北桥，塔高102米，主跨270米，桥下可通航浅水万吨海轮和7500吨级客货轮。

温州大桥管理处是经市政府批准建立的事业单位。其主要职责是对温州大桥实行依法收取过桥车辆通行费、大桥工程养护、日常管理和周边开发经营服务。管理处成立以来，按照规范、文明、优质、优美的质量方针和高速、高效、安全、畅通的质量目标，对温州大桥实行全天候的管理。一年多来，管理处全体干部职工遵照市委、市政府的统一部署，在上级主管部门的直接领导和市有关部门的大力支持下，艰苦奋斗，团结协作，无私奉献，严格履行职责，在收取通行费、工程养护、保障畅通、强化管理等各方面做了大量卓有成效的工作，取得了显著成绩。到1999年6月5日通车一周年为止，共收取投资还贷通行费近7000万元，为通过大桥的250多万辆车次提供服务和方便。创造并制订了一系列管理措施和制度，过桥费现金管理办法创全省公路通行费现金管理之先河；并具体实施了售票时间≤8秒，照明完好率≥92%，路面完好率≥95%，监控收费电脑设备完好率≥95%的质量目标。同时坚持公开、公平、公正的原则，成功地招聘了首期收费员，公开了收费标准和统缴车辆办事程序，公布了收费文明服务监督举报电话，并向全社会承诺凡举报营私舞弊或不规范行为者给予奖励。为进一步搞好管理，使管理水平逐步与国际接轨，管理处还进行ISO9002质量体系认证工作，并于1999年3月开始试运行。

温州大桥双塔双索面斜拉桥

温州大桥七都高架桥

温州大桥收费站龙湾收费广场

温州大桥龙湾双喇叭互通立交桥

浙江金达丝绸集团公司

董事长：任维明

浙江金达丝绸集团公司位于浙江省海盐县横港镇，创建于1978年，是一家从真丝织造、真丝炼白、真丝印染和真丝制成品专业化生产的企业。公司拥有从日本、意大利引进和国产的各类生产设备和辅助设施1300余（台）套，员工1450人，固定资产9000万元，占地面积9.1万平方米。

经过二十年的艰苦创业，公司已形成从真丝织造、练白、印染到真丝制成品的相互配套，具有较强开发能力的一条龙生产线，并在全生产过程通过了ISO9002质量保证体系认证。年产真丝织造和炼白绸1700万米、真丝印染绸1000万米、真丝服装120万件，年真丝绸吞吐量在3000万米以上，居全国同行业前列。

目前，公司是浙江省政府在“九五”期间重点培育的一百家“小型巨人”企业之一，是省级文明单位和省企业管理示范企业。也是中国丝绸行业重点骨干企业之一。

通过二十年的努力，公司在国内国际两个市场上已初步形成较强的销售网络。“臣臣”牌真丝制品是浙江省名牌产品，也是原中国纺织总会推出的行业名牌产品之一。公司拥有自营进出口权，年出口创汇1200万美元。

浙江正宇机电有限公司

总经理：裘军华

浙江正宇机电有限公司创建于1982年，是我国最早研制和生产手扶变型运输机的专业厂家之一，公司董事长裘宇朝同志是全国百名优秀退伍军人代表，曾受到江泽民、李鹏等党和国家领导人的接见，该厂位于著名的全国五金之乡永康城郊330国道旁，金温铁路穿境而过，交通十分便捷，工厂经过近二十年的艰苦创业，务实进取，现已成为省级重点骨干乡镇企业，浙江省行业最大工业企业，全国500家最大私营企业第80位，并被授予浙江省先进企业，热心社会公益事业先进单位，企业信用等级AAA及模范纳税户等荣誉称号。

车间一角

工厂占地面积58600平方米，建筑面积36500平方米，资产总额1.2亿元，建有先进的手扶变型运输机自动链板装配线，车架焊接生产线，车厢组合生产线，驾驶室组装生产线，喷（烤）漆生产线和钢圈、齿轮二条配件专业生产线，还具备了150多种自制件生产条件。同时形成零部件检验和整机检测能力。工厂具备生产ZY18长头、平头两个系列，单缸、双缸、三缸等多缸动力配置，20多个规格品种的变型运输机3万台的年产能力。

工厂设有总经办、规划、生产、供应、销售、研究所、质检、财务、基建设备和行政等十个职能部门及下料、车架、车厢、驾驶室、油漆、装配、金工、模具等八个生产及辅助单位，520名职工，其中科技专业人员38名，高级职务8名，初步形成了一套较为完整的生产经营指挥系统和一支善战高效的工人队伍。1997年，实现变型运输机销量5580台，完成销售产量1.1亿元，1998年可实现销量12800台以上，完成销售产值2.2亿元，预计至1998年底，累计销售12万台，占全国市场的60%以上。

815吨双动液压机

目前，工厂虽已形成一定的资金、技术、市场优势，但由于社会飞速发展，市场竞争激烈，况且本公司是一个私营企业，我国工业化的后来者之一。因此，与先进的兄弟厂家相比还有一定的差距，将在今后的几年中，继续发扬创业、务实、开拓、进取的精神，坚持以农为本、为农服务的经营方针，在不断地扩大品种、提高质量、优化服务、开拓市场的基础上，逐步推进企业形成跨行业、跨地域、多品种、大批量的规模生产格局，走集团化、专业化的道路；建立一个具有自己特色的管理系统和适应企业发展的现代私营企业管理制度，并将培训一批技术、管理骨干，带动全员以至企业整体素质的提高，从而巩固和不断的发展壮大，造就一个富有生机和活力的私营大型企业带入二十一世纪。

浙江省义乌经济开发区

开发区管委会主任方浩福讲话

浙江义乌经济开发区城中城夜景

浙江省义乌经济开发区，1992年8月8日建立，六年多来，开发区本着“高起点、高技术、高速度、高效益”的要求和“以工业为主、吸引利用外资为主、发展高新技术为主”的方针，自费开发，自求平衡，开拓创新，锐意进取，在城西南1.5平方公里的土地上建立一座设计新、功能全、配套齐、标准高的具有现代化气息的工业城。基础设施投入逾2.1亿元，建成供电、供水、邮电、道路、排水、排污等完善的基础工程；建成基本能满足生产、生活需要的公共服务设施，包括学校、医院、菜市场、停车场、金融网点、垃圾中转站、酒店宾馆等生活服务系统，引进一批技术含量高、出口创汇能力较强的工业企业，到1998年年底，已引进工业企业223家，投产180家，其中三资企业16家，高新技术企业26家，产值2000万元以上40余家，其中5000万元以上15家，亿元左右企业3家，98年实现工业总产值29.2亿元。

政协副主席孙孚凌视察开发区

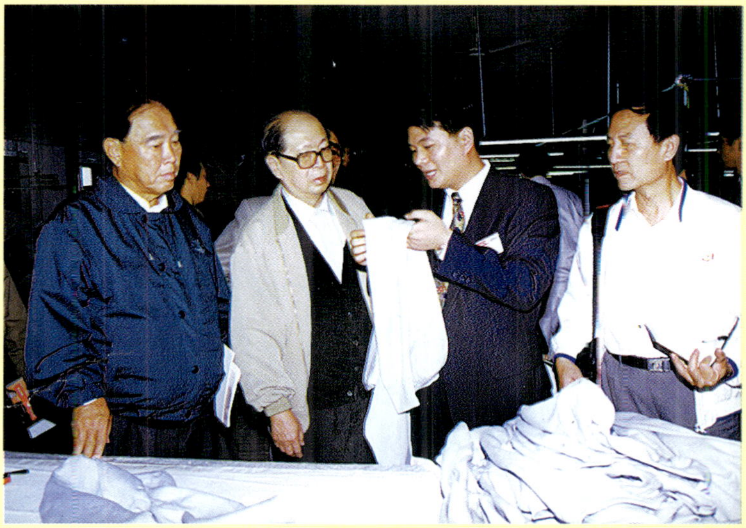

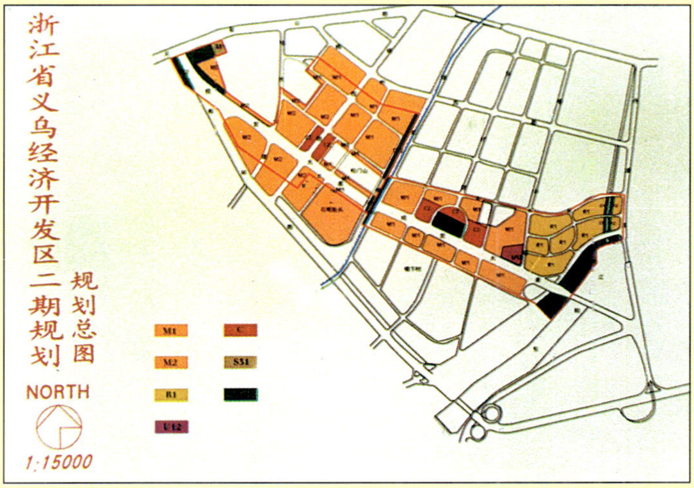

开发区二期规划总图

浙江省义乌经济开发区的开发建设，历经坎坷终有所为。她不仅自身开发建设颇为成功，在省内兄弟开发区中名列前茅，她更改变了义乌市区域经济的旧格局，完善义乌经济发展格局；促进义乌经济结构的改善，提高了外向度，使之发展更具合理性和现代色彩；促进商业资本的融合，形成了商业、工业相互结合、相互促进的良性循环。可以说，义乌经济开发区的建设和发展为义乌市经济的再度腾飞打下了扎实基础。

当前，义乌经济开发区正着手实施二期1.65平方公里的开发任务。义乌经济开发区不仅将为进区企业提供“一站式工作方式”，实施“一条龙”的简洁、高效服务，并在地价款、税收等方面继续给予优惠政策，对上规模、上档次企业，地价款基价下浮10%，中外合资企业下浮15%，高科技、独资企业下浮20%等等，到目前为止，要求进驻二期的已列省重点项目的大德制药有限公司、浙江浪莎袜业有限公司等300多家企业，需用地近4000亩。相信二期开发前景喜人，时机成熟，义乌经济开发区必将创一个跨世纪的辉煌。

外商参观开发区企业

浙江义乌经济开发区夜景

浙江义乌经济开发区学校

邮电局

义乌市世纪商贸中心

为了本世纪末初步建立社会主义市场经济体制，培育和发展市场体系，加快城市建设和培育市场的进程，在机遇与竞争并存的新形势下，继续保持中国小商品城名列全国集贸市场榜首，实现“五连冠”的市场流通优势，为市场高速运转提供强劲的依托，1994年1月，市委、市政府决定在义乌城区北部宾王部开发建设二十一世纪商贸中心区，规划用地66.7公顷，总建筑面积100万平方米，高层建筑18幢，总投资20亿元，市政府下发《关于开发建设二十一世纪商贸中心的决定》，确立了“系统规划、统一管理、分区实施、多方筹资、抓住机遇、重点突破、大干三年，初具规模”的建设方针，由二十一世纪商贸中心管委会具体组织实施。

五年来，商贸中心管委会解放思想，实事求是，务实创新，负重拼搏，创造性地开展工作，以“统一规划、统一征地、统一出让、统一开发、统一管理”为主要工作内容，以国有土地有偿使用，土地资产滚动开发为建设资金的主要经济支柱，给商贸中心的成功开发提供了大量的服务，商贸中心的开发建设取得重大进展，不仅实现了“大干三年，初具规模”的预定目标，66.7公顷土地已全面开发建设，各项建设不断完善和全面建成，用地63.2公顷，完成建筑面积82万平方米，完成投资14亿余元；而且，它以超前规划，新型设计和以其宠大的规模、恢宏的气魄，卓越的品位呈现在世人眼前，一个具有现代化商贸中等城市格局及风貌的综合功能新型商业中心已经形成。

商贸中心的开发建设，成为义乌新的经济增长点，对义乌经济和社会发展产生了强有力的推动作用和深远的影响：一是以商贸中心开发为契机，义乌正步入一个全新的发展阶段；二是实现了义乌市场发展质的飞跃，提高了市场竞争力，增强城市商业功能，完善了义务市场体系，加快了中等城市的建设进程；三是拓宽了城市经济发展空间，带动周边地区经济的发展，扩大建城区约3平方公里余；四是增强了义乌经济发展后劲，为义乌经济持续发展，市场持续繁华提供了重要保障。

浙江江南阀门制造有限公司

浙江江南阀门制造有限公司，致力于阀门新品开发研制取得卓越成效，分别在上海、北京设有分公司，目前公司拥有员工300余人，阀门技术人员和专家50多人，大中型机加工设备近百台，年产能力1.2亿元，分别通过ISO9001和英国劳氏船级社认证。主要新产品有中压调节四氟密封和金属密封蝶阀，防火型截止、节流、止回多功能阀，双向金属硬密封球阀，液压缓闭蝶形止回阀和普通闸阀、截止阀、节流阀、球阀等产品，工作压力：PN0.6-32MPa（150-2500LB），公称通径：DN25-3000mm。调节型DTD蝶阀获得四项国家专利，分别在1995年和1996年列入国家级新产品，并获得国际殊荣43届布鲁塞尔世界发明研究及工业革新尤里卡金奖，发明人黄作兴先生获国际发明一级骑士勋章。防火型JLH截止、节流、止回多功能阀获得两项国家专利，并再次荣获46届尤里卡金奖和国际发明一级骑士勋章。ZSQ型双向金属密封球阀和液压缓闭蝶形止回阀分别获得两项国家专利权。上述系列新产品分别填补国际和国内空白，均达到零泄漏，超过美国API598标准，产品质量责任加入中国太平洋保险公司承保。并列入国家五个部委定点选用产品，产品曾在国际著名ABB跨国集团，首都机场、中南海热力管网、秦山核电站、燕山石化公司、玉门油田、东方明珠电视塔、野战军前方输油管线等国内外3000多家大中型重点工程中，取代传统笨重价高的闸阀、截止阀、节流阀、球阀等产品使用，赢得广大用户高度的好评，取得十分显著的社会效益和经济效益，为我国阀门制造业赢得荣誉，为国际阀门领域的进步创新做出杰出贡献。公司不但具有扎实的全面质量管理体系，而且拥有一批勇于开拓创新的阀门技术专家，在全国各地设立50多家经销处和五个维修点，建立了完整的营销和售后服务网络体系，阀门采用现代化CAD微机设计管理，并建立新品开发研制机构以及寿命试验和高温试验中心，是阀门界新掘起的高科技明星企业。

江泽民总书记视察江南造船(集团)

发明人黄作兴总经理荣获43届、46届世界发明一级骑士勋章

柴松岳副省长视察江南阀门公司与黄作兴总经理亲切会谈

调节型碟阀

双向金属密封球阀

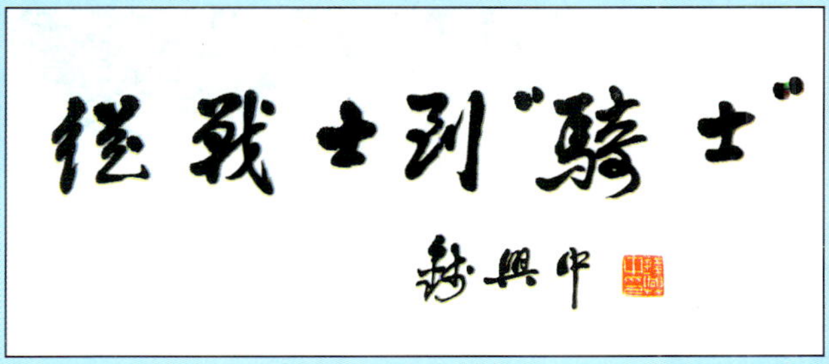

温州市市长钱兴中为黄作兴题词

生产车间一角

国际著名ABB特大型(集团)
技术专家考察江南阀门公司

43届和46届世界发明
尤里卡金奖证书

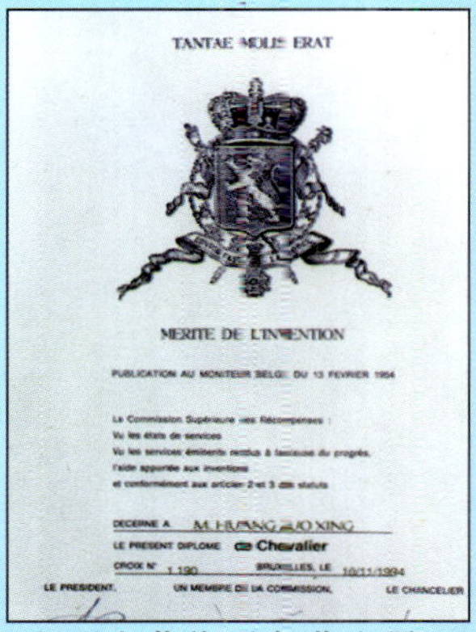

发明人黄作兴荣获世界
发明一级骑士勋章

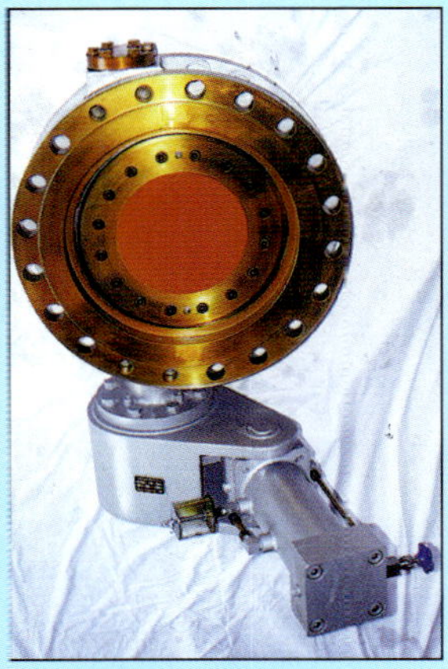

液压缓闭蝶形止回阀

防火型截止、节流、多功能阀

发明人黄作兴获世界发明一级骑士勋章证书

43届和46届世界
发明尤里卡金牌

发明人黄作兴荣获世界
发明一级骑士勋章

大口径2200mm金属硬密封蝶阀

浙江黄岩房地产开发总公司

浙江黄岩房地产开发总公司，是一家台州市黄岩区政府直属企业。1993年成立以来，公司共开发商住房3000余套，建筑面积30余万平方米。1997、1998两年，开发量、销售收入、上缴税利等指标连续荣居全市同行业榜首。公司连年多次被评为“重合同守信用单位”、“纳税大户”和“强企业”等称号。

公司一贯注重质量，狠抓经营管理和售后服务。1998年被浙江日报、浙江省消协等8家单位联合评为“1998服务质量信得过单位”。1998年竣工的180套高规格、高质量、低造价的教师公寓，在“教师节”前交付使用。公司为此工程补贴近200万元，用实际行动为教师“安居工程”作出了贡献。同年底峻工建筑面积6.4万平方米，总投资1.5亿元配套齐全、环境优美的横街路广场主体工程，以优良率100%的过硬质量，顺利通过了有关部门的验收。

公司补贴近200万元建造的180套、2万余平方米的“教师公寓”，改善教师住房，让他们安居乐业

公司里的员工多数是年轻人，文化体育活动十分活跃

总经理陈熙（左三），回头走访购房户，询问他们住得可舒服

百尺竿头，更需进步。公司重点开发项目——“委羽山2000年城乡小康型住宅科技工程示范小区”已通过建设部和国家科委组织的规划设计方案评审，前期工作正紧张进行。公司全体员工正满怀豪情，准备用勤劳智慧的双手去开创我们美好的明天。

由公司投资1.5亿元承建的台州市区繁华地段，黄岩横街路六万平方米城改项目已竣工交付使用，是目前全市档次最高、规模最大的集商贸、住宅、休闲为一体的新型社区，广场中心的转球喷泉、小品雕塑掩映在绿茵碧翠中。给人尽享现代生活乐趣，该工程主体优良品率达100%。

临街商业用房

锦西天然气化工有限责任公司

造粒塔

锦西天然气化工有限责任公司原为锦西天然气化工总厂，坐落在葫芦岛市区西部，占地57.4公顷，建筑面积14.3万平方米。厂外有39公里的运输管线，3.6公里的铁路专用线，附近有沈山铁路、高速公路通过。1996年10月11日，锦天化与辽河化工(集团)强强联合，组建锦西天然气化工有限责任公司，下设合成、尿素、成品等9个车间，13个职能处室和3个公司，年产30万吨合成氨、52万吨尿素。现任党委书记、经理陈世杰。

包装运输线

南宁市——大西南出海通道枢纽

南宁市南湖新区一角

南宁市是广西壮族自治区的首府，全区政治、经济、文化、科技、教育、金融和信息的中心。现辖5个城区1个郊区和2个县，总面积为10029平方公里，全市总人口284.63万人，其中市区人口128.03万人。南宁是个多民族的聚居地，居住着壮、汉、苗、瑶、侗等35个民族，其中壮族人口占总人口的64%。

南宁市位于广西南部偏西，毗邻粤、港、澳，面向北部湾，背靠大西南，具有沿江、沿边、沿海、沿线的“四沿”优势。随着南宁至昆明铁路的建成，南宁不仅成为大西南的云南、贵州、四川等省出海大通道的枢纽，还是连接沿海和西南腹地这两个经济区域的“结合部”，成为人流、物流、信息流的汇流中心。

南宁市公园一角

南宁市——国家园林城市

南宁市青秀山风景区一角

南宁市早在1994年就荣获“全国园林绿化先进城市”称号，1996年末，建成区绿化覆盖率达到36.4%，绿地率达到30.9%，人均公共绿地面积达到6.7平方米。现在，市委、市政府正在加强领导，全民动手，加大园林绿化建设力度，充分利用良好的地理环境、气候条件和园林植物优势，使绿化覆盖率、绿地率、人均公共绿地等各项园林绿化指标达到全国先进水平，公园、街道、居住区、单位庭院等，加强美化、彩化建设，加强维护管理，达到园林城市评选标准。1997年被批准为“国家园林城市”。南宁已成为“绿在城中、城在绿中、终年常绿、四季花开，山、河、湖、溪与绿树鲜花交相辉映，绿化、美化、彩化与亚热带风光融为一体”的现代化园林城市。

南宁市新民路一段

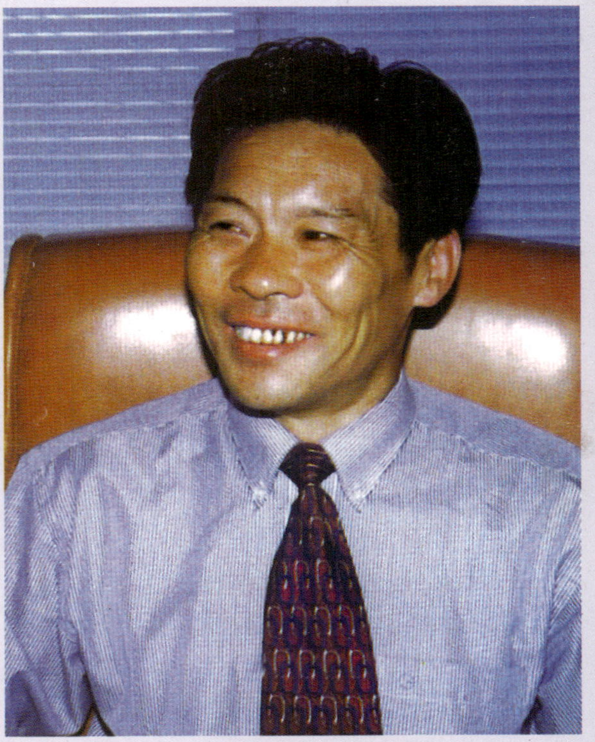

公司电脑室一角

先进的PHBA生产流水线

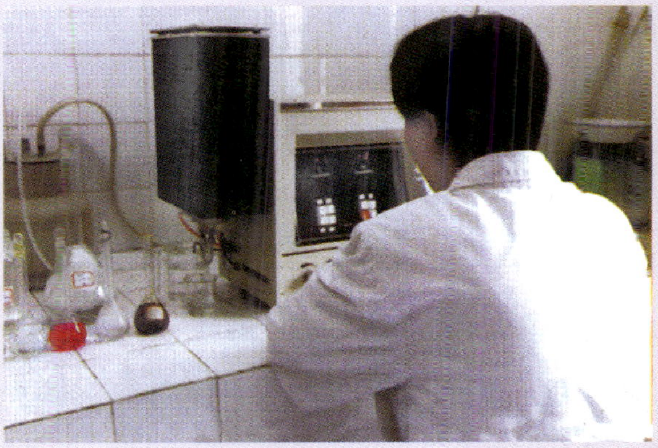

认真分析检验，严把质量关

干燥设备之一

江苏苏建集团

董事长、总经理：韩健

苏建集团办公楼——苏建大厦

江苏省苏建集团是经江苏省人民政府按照现代企业制度和规范化股份制企业要求批准成立、省工商行政管理局登记注册的大型省级集团，其核心企业是江苏省苏建集团股份有限公司。

集团下属有南通苏建房地产开发公司、海安县开发区建筑安装工程公司、海安苏建商厦、海安苏建商贸有限公司、海安苏建物业管理有限公司、海安苏建装饰工程公司等十一家企业。近年来，集团在房地产开发、建筑安装、物业管理等行业都取得了骄人业绩。苏建房产在江苏海安县城中洋广场、人民中路、汽车站附近等黄金地段相继开发了多处商住搂，引人瞩目。目前，公司正致力于二十一世纪经典封闭小区——苏建新村、苏建新区、苏建花园的开发承建，并力争将其建成国家级小康住宅示范小区。同时公司还加大跨地区开发的力度，率先打入南京市场，为海安房产业树立起了新的里程碑。集团十分重视对人力资源的开发，坚持“尊重知识、尊重人才”的原则，广纳贤才，不断为企业增添新的活力。

展望未来，集团将继续发扬“善抓机遇，敢为人先”的苏建团队精神，实施跨世纪的品牌策略，发挥强大的规模优势，争创一流现代企业。

苏建新村

苏建新区

ISBN 7-5017-4766-0

9 787501 747665 >